E* 753

Londres
1777-1783

Robinet, Jean-Baptiste-René

Dictionnaire universel des sciences
morale, économique, politique et diplomatique,
ou bibliothèque
de l'Homme-d'Etat et du Citoyen

3

DICTIONNAIRE

UNIVERSEL.

TOME TROISIEME.

AL – AM.

DICTIONNAIRE
UNIVERSEL
DES
SCIENCES
MORALE, ÉCONOMIQUE,
POLITIQUE ET DIPLOMATIQUE;
OU
BIBLIOTHEQUE
DE
L'HOMME-D'ÉTAT ET DU CITOYEN.

Au Temps & à la Vérité.

TOME TROISIEME.

A LONDRES,
CHEZ LES LIBRAIRES ASSOCIÉS.

M. DCC. LXXVIII.

TABLE

DES ARTICLES

DU TOME TROISIEME.

TABLE.

TABLE.

✠ ✠

TABLE.

TABLE.

TABLE.

A M

TABLE.

Fin de la Table.

BIBLIOTHEQUE

BIBLIOTHEQUE

DE L'HOMME-D'ÉTAT,

ET

DU CITOYEN.

ALLIANCE, f. m.

Principe des Alliances ; leurs motifs ; leurs especes ; droit de faire des Alliances.

'ALLIANCE dans le fens le plus général, en Politique, eft une union, un traité qui fe fait entre des Souverains ou des Etats pour leur avantage commun. La divifion la plus générale des Alliances, eft celle qui les diftingue en Traités qui n'énoncent que des chofes à quoi l'on eft déja obligé par le Droit Naturel, & en traités par léfquels on prend des engagemens autres que ceux que prefcrit la fimple Loi Naturelle. Du nombre des premiers font les Alliances où l'on s'engage feulement à vivre en bonne amitié, à ne fe point nuire, à fe rendre de part & d'autre les devoirs de l'humanité. Il fut des fiecles de barbarie, il y a peut-être encore des Nations fauvages chez qui les principes qui nous repréfentent tous les hommes comme des freres, à qui la Nature défend de fe faire aucun mal, font peu développés. Lorfqu'on croit ne devoir des égards qu'à fes Concitoyens, & être en droit de traiter les étrangers comme des ennemis, fi l'on veut n'être pas toujours en guerre avec fes voifins, il faut des traités d'Alliance qui ftipulent expreffément des devoirs déja ordonnés par le Droit Naturel mal connu. Mais chez les Nations civilifées de l'Europe, ces traités font inutiles. Elles n'ignorent plus qu'elles ne peuvent fe nuire fans crime. Lorfqu'elles font des Alliances, elles prennent des engagemens particuliers qui, pofant pour bafe le Droit de la Nature & des Gens, y ajoutent de nouvelles obligations, telle, par exemple, que celle de fe fecourir mutuellement au befoin.

Cette affiftance réciproque paroît être le principe le plus ordinaire des Alliances entre les Nations ; & quelques Auteurs Politiques ont défini l'Alliance *un traité folemnel par lequel les parties prennent des obligations mutuelles, foit pour une défenfe commune, foit pour l'attaque d'un ennemi commun :* ce qui divife les Alliances en défenfives & offenfives. Mais comme les Alliances offenfives fe nomment plus communément *Ligues* ou *Confédérations*, nous n'en traiterons pas ici, & nous renvoyons aux titres CONFÉDÉRATION & LIGUE.

L'affiftance qui fait l'objet des Alliances défenfives n'eft point univerfelle, indéterminée & fans bornes. Le traité en doit marquer les limites ; & une convention purement générale qui ne fpécifieroit, ni la nature, ni la qualité du fecours que les parties devroient fe prêter, feroit à-peu-près de nul effet, à force de trop dire il ne diroit rien. Les contractans ne font tenus qu'à remplir la lettre du traité, & dans tous les cas douteux & fujets à conteftation, il faut partir de ce principe, que chacune des Puiffances contractantes ne s'eft engagée qu'aux conditions les moins onéreufes qu'il eft poffible : principe commun à tous les traités.

Les Alliances femblent avoir été imaginées pour le bonheur du genre-humain, pour le repos & la fûreté des petits Etats en particulier, & pour réprimer la force ambitieufe des grands. L'inégalité de force entre les Souverains, d'où naît la néceffité d'établir une forte d'équilibre de puiffance générale ; le maintien du fyftème de chaque Gouvernement & le défir naturel de remplir l'objet de la Politique ; l'impoffibilité où fe trouvent certains Etats de faire valoir feuls & par eux-mêmes contre une Puiffance trop formidable, les droits, les prétentions & les griefs qu'ils peuvent avoir à fa charge : tels font les motifs des Alliances, & comme par-tout le befoin fonde le droit, delà naît le droit qu'a tout Souverain, tout Etat de contracter des Alliances.

Du refte, toutes les Alliances font projettées dans le Confeil des Nations, ébauchées par les Miniftres qui en ont commiffion, propofées, conclues par la voie de la négociation, & rédigées par écrit dans un traité figné ou ratifié par les parties contractantes.

Voyez TRAITÉ.

De la bonne foi dans les Alliances.

L'UTILITÉ étant le principe des Alliances, il est permis à chaque partie contractante de chercher son plus grand avantage, à la moindre charge possible. On ne doit cependant pas abuser de cette considération pour projetter des Alliances insidieuses, & tendre des pieges à des Puissances dont on fait profession de rechercher l'amitié. Un Souverain jaloux de sa réputation, plus jaloux encore d'agir avec cette franchise honnête qui caractérise les grandes ames, & qui en impose ordinairement plus que les petites ruses d'une Politique souterraine, tiendra toujours un juste milieu entre la bonne foi trop scrupuleuse, la confiance aveugle, & la fourbe ouverte. Il ne cherchera point à faire goûter par des promesses apparentes des conditions ruineuses; il ne s'exposera point à perdre l'amitié d'un allié en lui faisant acheter trop cher son Alliance. D'ailleurs, un Prince, ou une République qui est dans l'habitude de tromper, perdant son crédit & la confiance de l'Europe, devient tôt ou tard la victime de ses principes dangereux. La ruse est bientôt découverte, parce qu'il n'y a point de Souverain ni de Nation assez imbécille pour se laisser duper toujours & jusqu'à un certain point. Que les Politiques se souviennent que la perte de la confiance est la plus grande qu'ils puissent faire ; qu'elle ne se répare jamais; qu'elle entraîne toutes sortes de malheurs au-dedans & au-dehors.

La bonne foi exige que toutes les conditions d'une Alliance soient exprimées clairement, précisément & sans équivoque dans le traité. Qu'on ne cherche donc pas à en éluder l'effet par des mots susceptibles d'interprétation & de chicane. L'équivoque peut être l'effet du peu de talent d'un Ministre, mais on l'attribuera toujours à un dessein prémédité.

Quelle coupable Politique que de faire des promesses à quelqu'un sous des conditions qu'on le fait ou qu'on le met dans l'impossibilité de remplir, pour se ménager par cette supercherie le moyen de manquer à sa parole ! Velly, un des Ambassadeurs de François I, dit, en plein consistoire, à Charles-Quint qui étoit pour lors à Rome : » J'ose demander à » Votre Majesté qu'Elle déclare, devant cette assemblée, s'il n'est pas vrai » qu'Elle m'a promis le Milanez pour le Duc d'Orléans. — Il est vrai, » répondit l'Empereur, mais c'est à des conditions qu'on n'a pas remplies. » — On peut les remplir encore, dit Velly. — Non, elles sont impossi- » bles. — Pourquoi donc les avez-vous prescrites, si vous les jugiez im- » possibles? »

Nous lisons dans Tite-Live (*) que, dans la vue apparente de termi-

---

(*) *Decad. III. Liv. X. Recueil Hist. & Chronologique des anciens Traités*, par BARBEY-RAC, p. 400, 401.

ner la troifieme guerre que Rome venoit de commencer contre Carthage, il fut fait un traité par lequel le Sénat Romain accordoit aux Carthaginois la liberté & l'ufage de leurs Loix, & leur laiffoit toutes leurs terres & tous leurs autres biens, tant ceux de la République que ceux des particuliers, à condition que, dans l'efpace de trente jours, ils enverroient à Lilybée, trois cens ôtages, tous fils de Sénateurs ou de principaux Citoyens, & qu'ils feroient tout ce que les Confuls leur ordonneroient. Les ôtages furent livrés, fur la bonne foi des Romains & dans la perfuafion que les Confuls n'ordonneroient rien qui fût indigne de Rome ou de Carthage. Mais quand il fut queftion de déclarer ces ordres, le Conful Lucius Marcius Cenforius, après s'être fait délivrer toutes les armes des Carthaginois, leur dit, de la part du Sénat, d'abandonner les murs de Carthage, & de bâtir une autre ville qui fût au moins à quatre-vingt ftades de la mer, enceinte de murs & fans fortifications. Quelle dut être l'indignation des Carthaginois, en fe voyant fi cruellement trompés! Ils repréfenterent inutilement, que cet arrêt terrible étoit contraire au traité felon lequel Carthage devoit demeurer libre. On leur répondit, par une baffe équivoque, que par le mot de *Carthage*, on avoit entendu les Carthaginois, & non pas le lieu où étoit leur ville. La guerre recommença, & Carthage fut totalement détruite, à la honte des Romains qui, pour abufer leurs rivaux, avoient eu l'attention de ne pas faire mention des villes dans le dénombrement des biens qu'ils laiffoient aux Carthaginois. De cette maniere le Sénat, en leur laiffant la liberté, fous-entendoit des conditions qui étoient leur ruine entiere, & cachoit par la réticence infidieufe du mot *Ville*, le deffein perfide de détruire Carthage. Quelle infâme fupercherie!

Les Alliances doivent être inviolables.

Un Prince doit être fidele à fes engagemens, lors même que fon intérêt femble exiger qu'il ne le foit pas; ou plutôt l'intérêt de la probité, de la vertu, de la bonne foi doit l'emporter fur tous les autres. La maxime contraire ouvriroit la porte à la tromperie, & par elle, aux plus grands défordres; autoriferoit la fraude, femeroit la méfiance dans tous les Cabinets, donneroit lieu à mille confufions, & introduiroit l'anarchie la plus dangereufe dans le monde politique. La bonne réputation eft un avantage fi grand, qu'il eft toujours utile de lui facrifier de petits intérêts paffagers qu'on exagere prefque toujours, parce qu'ils flattent des vues particulieres, & qui mis dans la balance ne valent pas le quart de l'autorité que donne la reputation d'être inviolablement attaché à fes alliés. Mais quelle fûreté y a-t-il à traiter avec un Prince auffi peu fcrupuleux que l'étoit Charles-Quint qui juroit toujours *foi d'homme d'honneur*, & faifoit toujours le contraire de ce qu'il juroit; ou que Charles-Guftave, Roi de Suede, qui ne rougiffoit pas de dire qu'il ne favoit quel animal c'étoit qu'un traité. De tels Potentats trouveront difficilement des Alliés, & encore plus difficilement des Alliés fideles, parce que leur exemple les autorise à manquer de parole à leur tour; tandis qu'un Prince reconnu pour être religieux obfervateur de fes engagemens, trouve des amis au befoin; fa renommée jointe à fa puiffance fait ce que celle-ci ne feroit pas feule fans l'autre.

Si pourtant un Prince s'eft laiffé féduire par une Alliance capable d'occafionner la ruine de fon Etat, ou d'attirer quelque grand malheur fur fon Peuple, doit-il toujours y refter fidele, & s'obftiner à remplir les engagemens d'une Alliance fi funefte ? La réponfe eft facile. Le falut de l'Etat eft la Loi fuprême. Une telle Alliance étoit un attentat contre le bien public. Ç'en feroit un fecond que d'être efclave de fa parole aux dépens du bonheur de fes Sujets. On ne doit pas préfumer qu'un Monarque s'engage de gaité de cœur & avec connoiffance de caufe, dans une Alliance qui tend à la ruine de fon Etat. C'eft donc faute de lumieres fuffifantes, c'eft imprudence de fa part, c'eft féduction; & la Puiffance avec laquelle il contracte cette Alliance pernicieufe, abufe vifiblement de fa foibleffe ou de fon inexpérience, à moins qu'elle ne foit dans l'erreur, comme lui. Dans tous ces cas, comme les Princes ne doivent pas prétendre à l'infaillibilité, ils peuvent & doivent revenir fur leurs pas; il eft même glorieux pour les deux parties de redreffer une pareille faute. Si un contrat civil eft nul lorfque l'une des deux parties contractantes eft confidérablement lézée, de moitié, par exemple, ou davantage, à bien plus forte raifon, une Alliance, qui entraine la ruine de l'un des Alliés, ne doit pas être regardée comme obligatoire. La raifon & la politique font d'accord fur ce point.

Ce que l'on vient de dire ne regarde pourtant que les traités frauduleux où l'une des parties feroit confidérablement lezée par furprife ou par artifice. Car hors ce cas la difproportion des ftipulations dans un traité d'Alliance n'en infirme point la validité. » Les fociétés, dit fort bien l'Auteur » de l'*Effai fur les Principes du Droit & de la Morale*, font fujettes à » réfiliation, quand pour un avantage égal, on ne met pas en commun » des valeurs égales; il s'enfuivroit qu'en vue de befoins égaux pour la » défenfe commune, fi les alliés promettoient des fecours inégaux en va- » leur, l'Alliance pourroit-être réfiliée, ou pourroit donner lieu au Sou- » verain qui auroit fourni les plus grands fecours de demander d'en être » dédommagé. Néanmoins cette Alliance doit fubfifter, & fans dédom- » magement; mais cela vient de ce qu'il n'y a point d'injuftice à régler » les valeurs mifes en commun, en proportion de la force des Etats, ou » de la générofité des Souverains qui s'allient enfemble. Ou, fi l'on veut, » une pareille Alliance aura rapport, non à un fimple contrat de fociété, » mais à un contrat fans nom, participant de la nature, de la fociété & de » la donation. »

Le Cardinal de Richelieu, en parlant des fecours que Louis XIII avoit donnés aux Hollandois, & dont les Espagnols s'étoient plaints fort haut à cause des traités qui subsistoient entre la France & l'Espagne , dit à ce sujet : » Il n'y a pas de Théologien au monde qui ne puisse dire, sans » aller contre les principes de la lumiere naturelle, qu'ainsi que la né- » cessité oblige celui à qui on veut ôter la vie, de se servir de quelque » secours que ce puisse être pour la garantir ; aussi un Prince a-t-il droit » de faire le même pour éviter la perte de son Etat. Ce qui est libre en » son commencement, devient quelquefois nécessaire dans la suite; il n'y » en a point aussi qui puisse trouver à redire à la liaison que Votre Ma- » jesté entretient avec ces Peuples, &c. "

Ce principe n'a rien de contraire à l'inviolabilité des Alliances. Car une Alliance, comme nous l'avons dit dès le commencement de cet article, supposant une assistance réciproque, on ne peut pas donner ce nom à un traité où une partie est tellement sacrifiée à l'autre , qu'il doit produire la ruine de celle-là. Ceci servira à apprécier les plaintes des Cours , & les clameurs inconsidérées du vulgaire, On entend souvent dire qu'une Puissance manque à ses Alliés, que ses secours ne sont pas tels qu'ils devroient être, ou même qu'elle rompt ouvertement un traité. L'Homme d'Etat ne pro- nonce pas si précipitamment. Il commence par peser les circonstances, par examiner les traités mêmes , puis il les confronte à la situation géné- rale des affaires, & aux intérêts réels & impérieux de chaque Nation. Son jugement modifié par toutes ces considérations en devient plus équitable.

Je conviens qu'il est facile de se faire illusion lorsque l'on juge des dan- gers que l'on court ; & sûrement un péril imaginaire, ou au moins beau- coup moins grand qu'on ne l'estime, ne doit pas porter une Nation ou un Souverain à manquer à un traité d'Alliance solemnel & exprimé sans équivoque, sur-tout lorsqu'on n'a pas lieu de soupçonner aucune mauvaise volonté, aucune surprise de la partie avec qui l'on a pris des engagemens. Aussi n'est-il question ici que des Alliances absolument & entierement per- nicieuses, qui ne tendent à rien moins qu'à perdre un Etat. Or les Nations qui contractent sont trop clairvoyantes sur leurs intérêts , les Princes & leurs Ministres combinent trop les choses, pour tomber souvent dans de telles fautes.

Mais si le cas arrive, il est d'une ame franche & royale de convenir de sa méprise, de s'en expliquer ouvertement avec la Puissance envers laquelle on a pris des engagemens téméraires que le salut de l'Etat, Loi à laquelle toutes les Loix doivent céder , ne permet pas de tenir. Quoi que cette démarche puisse coûter, lorsqu'elle est jugée nécessaire, il faut la faire, plutôt que de chercher par des subtilités & des chicanes toujours odieu- ses, à éluder l'effet d'une promesse qu'on n'a pas pu faire, parce qu'elle est contraire au droit de la propre conservation, droit inaliénable dans les Nations, comme dans les individus. Craint-on encore de se tromper, on peut s'en rapporter à des arbitres d'une impartialité incorruptible. Le public équitable fera toujours favorable aux Souverains qui , ne cherchant ni à tromper, ni à profiter d'un abus , doivent être eux-mêmes à l'abri de la fraude & de la furprife.

Ces confidérations nous font fentir combien il importe de bien calculer avant que de former des Alliances. Il faut pefer les avantages , & les inconvéniens ; comparer ce que l'on a à craindre , à ce que l'on peut efpérer ; envifager les accidens qui peuvent réfulter des avantages préfens ; proportionner fes engagemens à fes facultés , & aux fruits qu'on doit en recueillir ; en un mot, apprécier à fa jufte valeur ce que chaque allié met & retire. C'eft par le plus fcrupuleux examen qu'on parviendra à ne fe faire illufion fur aucun point, à former des Alliances auffi utiles que folides, parce qu'elles feront fondées fur la bafe d'une utilité réciproque. Il n'y a que celles-là fur lefquelles on doive compter.

Alliances des grandes Puiffances avec les petits Souverains.

LES grandes Puiffances ne doivent pas s'attacher à former des Alliances avec de petits Souverains, à moins qu'il n'y ait des circonftances particulieres qui leur en faffent une Loi. On ne peut pas efpérer de grands fecours d'un petit Prince. Son Alliance eft peu fûre, parce qu'une grande Puiffance ennemie a bien des moyens de l'attirer à fon parti : l'expérience a fait connoître que les petits Souverains font fujets à donner leur amitié aux plus offrans; ordinairement l'argent que l'on donne pour acheter des Alliances eft un argent perdu ; une plus grande fomme en rend l'effet nul. Un petit Prince encore ne pouvant agir par lui-même , on eft obligé de lui payer des fubfides qui énervent l'Etat. Il ne peut pas non plus fe défendre par lui-même contre un ennemi puiffant, & s'il vient à être écrafé, il nous refte fur les bras. On en a vu des exemples dans la guerre du Nord, lorfque le Duc de Holftein fe déclara pour la Suede, & fut abimé par la Ruffie & le Danemarck. La même chofe eft arrivée avec le Duc de Modene , dans la derniere guerre d'Italie. S'allier avec de petits Princes, fur-tout lorfque leurs Etats font voifins de notre ennemi, c'eft fouvent lui donner plus de prife fur nous. Il vaudroit mieux payer alors ces Princes pour être neutres que pour fe déclarer en notre faveur. Je ne vois guere que la néceffité de paffer fur leurs terres qui doive faire rechercher leur Alliance; ou leur habileté perfonnelle, qui en fait des Généraux redoutables qu'on peut mettre avec fuccès à la tête d'une armée d'Alliés ; encore faut-il être bien fûr de leur fidélité; ou d'autres cas femblables qui ne font pas en grand nombre.

Il eft fouvent plus difficile de conferver l'Alliance d'un petit Prince que celle d'un grand. C'eft que la foibleffe de celui-là le rend foupçonneux, inquiet, jaloux, exigeant. Il craint toujours que l'autre n'abufe de fa fupériorité. Facile à s'alarmer, il lui femble qu'on n'a jamais affez de complaifances pour lui, qu'on ne ménage point affez fes intérêts. Ces petites Alliances font donc embarraffantes, vétilleufes, épineufes. Une Puiffance fupérieure acquiert difficilement la confiance d'une autre qui lui eft fort inférieure. Les petits Souverains font toujours plus occupés de ce qu'ils attendent de leur Allié que de ce qu'ils lui doivent. Les grands favent qu'ils ont dans leur force & leur réputation un garant fuffifant des fecours qui leur font promis.

Alliances des Petits Princes avec les grandes Puiffances.

TOUTE fociété d'intérêts avec un plus puiffant que foi eft dangereufe. Cette ancienne maxime s'eft trop fouvent vérifiée dans les Alliances des petits Princes avec les grands, pour qu'on puiffe la révoquer en doute. Sans parler des Romains qui fe faifoient les défenfeurs des autres Peuples pour les affervir, combien de petits Princes & de petits Etats en Italie fe font mis dans la dépendance des Puiffances fupérieures dont ils ont réclamé l'affiftance. Cependant plus un Etat eft foible, plus il eft environné de puiffans voifins, plus il a befoin de fe ménager des Alliances qui puiffent opérer fa tranquillité & fa fûreté. C'eft ce qui a produit la confédération Helvétique, & celle des Provinces-Unies, mais ces Etats ainfi confédérés, font moins regardés comme des Alliés entre eux, que comme un feul corps dont les Membres font unis à perpétuité pour leur intérêt commun. Ce n'eft pas de ces confédérations dont il s'agit ici. Les Suiffes & la République de Hollande ont encore de petites Souverainetés qui leur font alliées, ou qui font, fi l'on veut ainfi s'exprimer, fous leur protection ; & c'eft affurément un grand avantage pour ces Etats de la dernière claffe, de s'être ménagé l'amitié d'un voifin puiffant & non ambitieux, qui en fe les attachant a eu l'avantage d'arrondir fes frontières, ou de n'avoir point d'étrangers dans fon fein.

Il eft d'autres petits Etats qui feroient ifolés, & en butte à l'ambition de quiconque voudroit les affervir, s'ils ne s'allioient à des Puiffances capables de les défendre. Heureufement pour eux, la conftitution actuelle de l'Europe veille à leur confervation ; & la Loi de l'équilibre fera toujours que les grandes Monarchies s'oppoferont à des invafions qui feroient pencher la balance en faveur des ufurpateurs. Après bien des mouvemens & des déplacemens, il paroît que les Principautés les plus foibles, ont pris une affiette qu'elles conferveront foit en vertu de leurs Alliances actuelles, foit par l'intérêt général qui la leur affure.

La révolution de Pologne eft peut-être une exception à ce que je dis ; auffi quelle étrange conftitution que celle de Pologne ! Qui pouvoit la garantir des maux qu'elle a éprouvés ? Si les troubles qui l'ont agitée doivent ramener un calme durable & dans les Provinces qui lui reftent & dans celles qui ont paffé fous une autre domination, qu'aura-t-elle à regretter ?
Une

Une conduite honnête, prévenante, affectueufe dans les petits Souverains envers les Puiffances avec qui ils ont des rapports, fur-tout envers celles qui peuvent beaucoup pour ou contre eux, valent ordinairement mieux que des liaifons particulieres avec quelques-unes. Leur intérêt eft de ménager tous ceux qui peuvent leur être utiles ou nuifibles, de conferver leurs bonnes graces par des procédés nobles & obligeans; au lieu qu'en s'alliant à une Puiffance particuliere, ils courent rifque d'en indifpofer plufieurs autres, fans s'attacher davantage celle avec qui on s'allie. Car un allié puiffant fe mettra peu en peine de manquer à un allié trop foible pour lui en marquer fon reffentiment. Il ofera même fe fervir peut-être du prétexte de leur union pour le maîtrifer, & l'amener hautement à fes vues. Que fera alors un petit Prince qui ne fe fera pas affuré de la bonne volonté de ceux qui pourroient le fervir utilement contre un allié qui abufe des droits de l'amitié?

On voit par-là combien il eft quelquefois dangereux de contracter des Alliances. En croyant augmenter fes forces on les affoiblit. On perd de bons amis pour acquérir un faux allié. Quand on eft trop foible pour être maitre de fes actions, il faut éviter des engagemens qui peuvent devenir très-gênans.

Des grandes Alliances.

LES grandes Alliances, celles qui font compofées de Puiffances formidables, femblent au premier coup d'œil ne devoir être fujettes à aucun des inconvéniens des Alliances entre des Puiffances inégales. Il ne faut pourtant pas s'en laiffer impofer par cette apparence. Les grands Etats ont des intérêts trop compliqués & trop difparates pour être long-temps alliés. Un accident les unit, un autre les défunit. La diverfité & le changement des intérêts rompent plus facilement les grandes Alliances qu'elles n'ont été contractées. Dans ces fortes de liaifons, chacun voulant, non foumettre fes vues particulieres au but général de la ligue, comme il le devroit, mais plier l'objet de l'union à fes intérêts perfonnels, la méfiance, la jaloufie, la rufe s'en mélent, les plaintes ouvertes fuccedent aux murmures, au lieu de fe fervir mutuellement, on fe deffert ou l'on refte dans l'inaction; la diffolution totale de l'Alliance s'enfuit, & c'eft beaucoup, fi l'inimitié des alliés ne lui fuccede pas.

Une Alliance entre de grandes Puiffances eft une machine trop compofée, dont les refforts s'accordent mal; les mouvemens fe gênent; il y a trop de frottemens. L'hiftoire fourmille de preuves de cette vérité. *Voyez* LIGUE, car ces fortes de grandes Alliances font ordinairement offenfives.

Alliances naturelles.

LES Alliances naturelles font celles qui fe font entre des Puiffances naturellement amies. Les Politiques appellent Puiffances naturellement amies, celles dont les intérêts naturels fe trouvent tellement combinés, que, fans pouvoir fe porter aucun préjudice, elles peuvent fe fervir utilement ; celles dont le fyftême politique ne fe heurte point, ou parce qu'il n'a pas le même but, ou parce qu'elles n'emploient pas les mêmes voies pour y parvenir, qui par conféquent loin d'avoir aucune rivalité permanente entre elles, trouvent plutôt un avantage fenfible à concourir mutuellement à leur profpérité réciproque. Deux Puiffances qui, n'ayant rien à craindre l'une de l'autre, font néanmoins dans le cas, par leur fituation, de fe protéger contre un ennemi commun, font encore naturellement alliées. Telles font la France & la Suede.

Entre des Etats de cette nature les Alliances font auffi aifées à conclure, que finceres & durables. Il ne s'agit ni de fineffe, ni de furprife. Plus on fait de bien à fon allié, plus on s'en fait à foi-même. Il ne faut pas craindre de faire un ingrat en lui prodiguant fes bons offices. On doit plutôt appréhender qu'en le fervant avec froideur & réferve, on lui fourniffe un prétexte d'ufer de repréfailles. Si mon allié peche contre fes intérêts en ne me fecourant pas, au lieu d'oublier les miens pour le venger, je le mettrai dans fon tort en l'aidant au befoin; par-là je faurai lui en impofer à lui & à mes ennemis. Je me donnerai bien de garde de rompre un lien qu'il relâche, je travaillerai bien plus avantageufement en le refferrant. C'eft donc un principe fûr qu'il faut faire autant de bien que l'on peut à fon allié naturel.

Mais il arrive quelquefois que des alliés naturels fe trouvent unis par une partie de leurs intérêts, & divifés par l'autre. Telle eft la pofition refpective de la Cour de Vienne & de l'Angleterre. Leurs Domaines font fitués de façon qu'elles ne peuvent fe porter aucun dommage. Les Anglois doivent défirer que la maifon d'Autriche foit dans une fituation floriffante, puifque c'eft l'épouvantail dont ils fe fervent pour intimider la France, & l'empêcher de porter fes principales forces fur mer. La Cour de Vienne de fon côté favorife les Anglois ; n'étant point une Puiffance commerçante, elle n'eft point jaloufe de fon commerce, & le regarde au contraire comme la fource des richeffes qu'ils ont fouvent prodiguées pour fon fervice. L'Angleterre, Puiffance commerçante, ne doit faire la guerre que pour l'avantage prochain, ou éloigné, de fon commerce. La maifon d'Autriche, quoique déchue de fon ancienne grandeur, n'a pas tout-à-fait oublié fes prétentions. Ici les intérêts de ces deux alliés commencent à fe contrarier. Prefque tous les Anglois ont enfin adopté les principes de Mylord Bolingbroke fur la paix d'Utrecht : ils fentent qu'il eft de leur intérêt, que la

Cour de Vienne ne foit pas aſſez puiſſante pour ſe paſſer d'eux, qu'il faut entretenir ſon ambition & la modérer. L'Angleterre dans cette poſition délicate, a preſque toujours montré une conduite digne des plus grands éloges. Conciliant adroitement ſes intérêts à ceux de ſon allié, ſi elle s'op-poſe à ſon établiſſement de commerce à Oſtende, elle ſe rend garant de la Pragmatique-Sanction de Charles VI, & emploie tout ſon crédit à fa-voriſer ce nouvel ordre de ſucceſſion. Les Anglois ne négligent rien pour conſerver la Couronne Impériale à la maiſon d'Autriche; mais ils refuſent de prendre part à ſes guerres de Hongrie, dans la crainte de nuire à leur commerce dans les échelles du Levant. Ils ſe font un mérite à la Porte de cette retenue, & par-là ſe mettent en état d'y ſervir la Cour de Vienne, lorſqu'ayant perdu en Hongrie cette ſurabondance de force qui la rendoit trop inquiette dans l'Occident, il eſt de leur intérêt de lui ménager la paix. Ce fut une choſe, ou fort habile, ou fort heureuſe pour l'Angleterre, de ne point s'armer pendant la guerre qui s'alluma en 1733 entre la France & la Cour de Vienne. Le miniſtère de Londres s'en repoſa ſur le caractere pacifique du Cardinal de Fleury, que les embarras de la guerre tenoient trop mal à ſon aiſe pour qu'il fût tenté d'abuſer des premiers ſuccès des armes Françoiſes. Sans doute que ſi la France n'avoit pas ſigné en 1735 des articles préliminaires de paix, en établiſſant une ſuſpenſion d'armes, les Anglois ſeroient venus au ſecours de l'Empereur Charles VI; mais ils ne dûrent pas être fâchés que la Cour de Vienne eut fait une épreuve malheureuſe de ſes forces, &, en ſe convainquant par ſa propre expérience de la néceſſité de conformer ſes vues à celles de l'Angleterre, fût déſormais moins entreprenante & plus diſpoſée à ſe prêter aux inté-rêts de ſes alliés. Jamais les Anglois ne peuvent que ſervir avantageuſe-ment la maiſon d'Autriche en venant à ſon ſecours; il y a au contraire, des circonſtances où la Cour de Vienne deſſerviroit l'Angleterre en prenant les armes en ſa faveur. Les Anglois, par exemple, ayant une guerre ma-ritime contre la France qui eſt beaucoup moins forte qu'eux ſur mer, il ſeroit de leur intérêt de vuider leur différend par eux-mêmes. S'ils enga-geoient leurs alliés à faire la guerre ſur terre à la France, ils attaque-roient le taureau par les cornes. Obligés de donner des ſecours à leurs alliés, ils feroient eux-mêmes une diverſion à leurs affaires de mer, & vraiſemblablement ils ſeroient forcés, en faiſant la paix, de reſtituer ce qu'ils auroient pris, pour faire reſtituer à leurs alliés ce qu'ils auroient perdu. C'eſt par ces conſidérations qu'au commencement de la derniere guerre les Anglois ne négocierent que pour empêcher qu'elle ne s'allumât ſur terre. Plus d'une fois ils ont été fâchés que la maiſon d'Hannovre eut des poſſeſſions dans le continent qui pouvoient gêner leurs opérations maritimes.

Quand on a des Alliances naturelles à manier, il ne s'agit point de multiplier les difficultés, d'aller en tâtonnant, comme ſi l'on cherchoit à furprendre, ou que l'on craignît d'être furpris. Toutes les fois que les intérêts font communs, on ne fauroit trop fe prévenir par de bons offices, agir avec zele & avec candeur, écarter tous les obſtacles, paſſer par-deſſus de petits intérêts pour obtenir l'eſſentiel. Quand on a bien faiſi le véritable point de vue d'une Alliance naturelle, il ne s'agit plus que d'en combiner les différentes circonſtances où l'on peut fe trouver, pour juger du plus ou du moins d'importance qu'on doit y donner, & ne pas s'expofer à des regrets ou à des reproches. Enfin, lorſque des alliés naturels traitent des affaires qui les forcent à ne pas agir de concert, ils doivent y mettre toute la franchiſe & la bonne volonté qui conviennent à des amis qui n'ont pas envie de fe brouiller.

Des Alliances anciennes & des Alliances nouvelles.

Les Alliances nouvelles, toutes choſes d'ailleurs égales, font auſſi fragiles que les anciennes font aſſurées. Quelque bonnes intentions qu'aient les nouveaux alliés, la lenteur de leurs négociations nuit toujours à l'exécution de leurs deſſeins. Ils font quelque temps à s'entendre, avant que l'habitude leur apprenne à agir de concert, à voir les objets de la même maniere, & ait établi la confiance fans laquelle on ne fait rien qu'à contre-cœur.

Convenons cependant que des changemens d'intérêt peuvent produire des Alliances nouvelles auſſi ſolides que les anciennes qu'elles remplacent. On a vu la République des Provinces-Unies, peu de temps après la paix des Pyrénées, contracter l'Alliance la plus étroite avec la Cour de Madrid qui poſſédoit les Pays-Bas. Comme les Hollandois craignoient moins l'ancienne haine de l'Eſpagne dans l'état de foibleſſe où cette Monarchie étoit tombée, que l'ambition de la France, dont toutes les vues d'agrandiſſement fe tournoient du côté de la Flandre, ils crurent qu'il étoit de leur intérêt de ſoutenir un voiſin qui leur paroiſſoit beaucoup moins redoutable que fon ennemi; & les Provinces-Unies ayant contracté l'habitude de craindre le voiſinage des François, elles ont voulu au commencement de ce fiecle oppoſer une barriere à leurs efforts, & elles regardent aujourd'hui la Cour de Vienne comme leur rempart.

Telle eſt encore l'Alliance de la France avec l'Eſpagne, depuis le commencement de ce fiecle. Les Rois de ces deux Royaumes font unis par les intérêts du fang. Philippe V perſonnellement brouillé avec tous les alliés naturels de fes Etats, ne pouvoit compter que fur la France pour faire valoir les droits de fes fils, du ſecond lit, fur la ſucceſſion de Parme & de Toſcane. Mais nous traiterons plus bas des Alliances fondées fur la parenté.

Alliances forcées.

COMME il y a des Puiſſances naturellement amies, il y en a auſſi qui ſont naturellement rivales & jalouſes l'une de l'autre. Leurs intérêts ſe croiſent. L'agrandiſſement de l'une ne peut qu'être préjudiciable à l'autre. Ce ſont des voiſins qui ne peuvent étouffer une envie ſecrete d'étendre leurs frontieres : ou deux peuples commerçans ſans ceſſe expoſés à la tentation d'envahir le commerce l'un de l'autre ; ou encore des Nations qui ont une antipathie invétérée l'une pour l'autre, ſans qu'on en puiſſe donner d'autre raiſon que l'ancienneté de leur haine. De telles Puiſſances, malgré la diverſité de leurs vues, malgré leurs rivalités, malgré l'incompatibilité de leurs intérêts, ſe voient quelquefois contraintes par une ſituation ſinguliere du ſyſtême général de l'Europe, ou pour des intérêts momentanés, ou par l'approche d'un danger extraordinaire, de contracter enſemble des liaiſons d'amitié, & d'entrer en Alliance, au moins pour quelque temps, juſqu'à ce que le changement des affaires remette les intérêts dans leur ordre naturel. On nomme ces Alliances des Alliances forcées, parce qu'elles ſont contraires aux intérêts naturels des parties qui les contractent. Auſſi n'y a-t-il que la néceſſité du moment qui puiſſe les autoriſer. Comme elles ſont fort ſuſpectes, elles ne durent qu'autant que la néceſſité qui les a produites.

Toute Alliance qui s'accorde mal avec les principes politiques du Gouvernement, avec le génie, les mœurs & les préjugés d'une Nation, ou avec la ſituation topographique de ſon territoire, eſt une Alliance forcée.

On aſſure que, dans le voyage que le Czar Pierre fit en France, pendant la minorité de Louis XV, il y eut quelque négociation entamée pour former une Alliance entre la France & la Ruſſie. Mais une telle Alliance, contraire aux intérêts des Contractans, auroit encore été forcée en ce qu'elle ne pouvoit leur être d'aucun avantage. Ce n'eſt que le commerce qui peut unir les Cours de Péterſbourg & de Verſailles, & le commerce, à moins qu'on ne traite avec un Etat purement commerçant, ne l'emporte jamais, & ne doit jamais l'emporter ſur l'intérêt de la conſervation & de la ſûreté de ſes Provinces. La Ruſſie, par la poſition de ſes Provinces, doit être plus étroitement attachée à la Maiſon d'Autriche qu'à la France, puiſqu'elle n'a d'ennemi commun qu'avec la premiere. Le Czar, par une diverſion favorable, devient le défenſeur de la Hongrie contre les armes de la Porte ; & plus il ſe lie intimement à la Cour de Vienne, plus il en impoſe au Grand-Seigneur, qui doit craindre d'être obligé de ſe défendre ſur le Danube, s'il veut porter la guerre ſur le Nieper. La Ruſſie auroit déplu à Vienne & à Londres par cette Alliance, & la France ſe ſeroit rendue ſuſpecte à la Porte & à la Suede.

Pluſieurs Puiſſances, quoique conſidérables, ſe ſont fait une maxime d'être neutres, elles ne cherchent qu'à ſe conſerver. Vouloir les engager à ſe

mêler dans les affaires qui agitent l'Europe, ce seroit se donner beaucoup
de mouvement sans fruit; & si l'on réussissoit, quel avantage doit-on attendre d'une Alliance forcée?

Qu'un Ambassadeur de Vienne, de France, ou de Londres tâche d'engager la République de Venise à prendre part dans les guerres d'Italie; son
Sénat se décidera pour la paix, parce qu'on ne peut lui proposer que des
avantages trop foibles pour l'emporter sur les craintes que lui cause la
guerre. Emploiera-t-on, pour séduire les Vénitiens, les petites subtilités
de l'intrigue & de la flatterie? Ce sera inutilement. Un Sénat n'est point
comme un Prince, ou comme le peuple dans la Démocratie, la dupe de
quelques cajoleries. Le menacera-t-on? Il espérera qu'une Puissance qui
estime assez ses forces pour vouloir les attirer dans son parti & s'en servir,
ne le contraindra pas à les tourner contre elle. Voudroit-on intéresser sa
prudence, en cherchant à lui faire peur de cette Monarchie universelle à
laquelle on ne sauroit trop tôt s'opposer? Le passé lui apprendra à ne pas
craindre pour l'avenir, & Venise attendra tranquillement que la Puissance
dont on la menace, s'affoiblisse, & trouve dans son ambition même la
cause de sa décadence. Peut-être même que si cette sage République n'occupoit que des terres arides & des montagnes où elle ne pût attirer aucunes richesses par le Commerce, elle feroit un trafic de ses hommes,
comme font les Suisses, qui, sans s'inquiéter des mouvemens d'ambition
qui troublent leurs voisins, vendent des soldats à tous ceux qui veulent
en acheter, & pensent que la forme même des Gouvernemens Européens
met entre les Etats un équilibre qui s'entretient tout seul.

Tout tend chez les Vénitiens à conserver leur liberté, c'est-à-dire, à
empêcher qu'une des familles Patriciennes, en qui réside la Souveraineté,
ne s'élève au-dessus des autres & ne les opprime. Ils savent qu'en devenant une Puissance militaire & ambitieuse, il se formeroit parmi eux
des Sylla, des Pompée, des César; & tandis que les Patriciens se sont
bornés aux fonctions civiles du Gouvernement, leur Général, qui n'est lui-
même qu'un étranger & un mercenaire, n'a aucun crédit dans la République. Les Suisses, dont les Cantons forment autant de Républiques libres, souveraines & indépendantes, ont tout ce qu'il faut pour se défendre chez eux, n'ont rien de ce qui est nécessaire pour faire la guerre avec
avantage au-dehors, &, par conséquent, ne peuvent point être conquérans.

Quand des Peuples ainsi gênés par leur constitution politique, portent
en eux-mêmes un obstacle à l'ambition qu'on veut leur donner, il seroit
inutile de cultiver leur amitié dans la vue de s'en faire des alliés solides
sur lesquels on puisse compter en temps de guerre. Le Négociateur le plus
habile à manier les esprits, échoueroit vraisemblablement en proposant des
traités de ligue; ou si par un hazard singulier il réussissoit dans son entreprise, il n'auroit rendu à sa patrie qu'un service dangereux. Ce nouvel

allié agiroit froidement malgré lui, parce que les refforts de fon gouvernement ne font pas montés pour le faire agir avec vivacité. Il ne rempliroit qu'une partie de fes engagemens; il les rempliroit tard, & après n'avoir été prefque d'aucune utilité pendant la guerre, il finiroit par être à charge à la conclufion de la paix : car il faudroit ou le payer de fes prétendus fervices, ou fe déshonorer en abandonnant fes intérêts.

Les Provinces-Unies fentent aujourd'hui qu'elles n'auroient dû prendre aucune part aux guerres qui n'intéreffoient pas directement leurs domaines. Leur traité d'union n'en fait en quelque forte qu'un Corps de Républiques confédérées, qui ne peuvent avoir cet accord qui eft l'ame des fuccès militaires; & la forme de leurs Etats généraux & particuliers les expofe à d'extrêmes lenteurs. Leurs Citoyens ne font riches que par la pêche & le commerce. D'ailleurs elles ne poffedent qu'un pays affez mauvais, qu'elles défendent à grands frais contre la mer, & qui feroit à charge à tout Prince qui en feroit la conquête.

Tant de raifons auroient, fans doute, fait dans tous les temps, des Provinces-Unies une Puiffance neutre : mais s'étant accoutumées à manier les armes pendant la longue guerre qui les rendit libres, ayant dans leur fein la famille d'un Prince qui avoit créé la République, & une Nobleffe qui ne pouvoit fe réfoudre à mener une vie bourgeoife & commerçante; d'ailleurs les Provinces qui touchent à leurs frontieres, étant devenues le théâtre de la guerre la plus opiniâtre; enfin le courage avec lequel la République avoit conquis fa liberté, & fes richeffes immenfes portant les Princes les plus puiffans à rechercher à l'envi fon alliance; l'orgueil étouffa la politique; & les Hollandois flattés de l'honneur dangereux de traiter avec des Rois, fe firent imprudemment des ennemis. Après cette premiere démarche il n'étoit plus temps de revenir fur fes pas & de changer de conduite. Les Provinces-Unies étoient liées par des engagemens, & fi elles n'avoient pas confenti à facrifier une partie de leurs richeffes à fervir l'ambition des autres Puiffances, peut-être fe feroit-il fait une conjuration générale contre elles; car leurs alliés mêmes étoient jaloux de leur grandeur, & tous les Etats auroient trouvé un avantage particulier à les ruiner. Quelle foule de branches de Commerce ne fe feroit pas en effet formée pour les Anglois, les François, les Danois, les Suédois, les Portugais, les Villes Anféatiques, &c. en accablant un Peuple qui s'étant rendu propres les richeffes de toutes les Nations dont la pareffe étouffe l'induftrie, étoit devenu le facteur du monde entier ?

Ce défaut de conftitution mit dans l'Etat des intérêts oppofés ; une claffe des Citoyens vouloit la guerre, & l'autre la paix ; d'où il réfultoit que la République faifoit prefque toujours ce qu'elle ne devoit pas faire, & prefque toujours mal ce qu'elle faifoit. Qu'on jette les yeux fur les dépêches du Maréchal d'Eftrades & du Comte d'Avaux, on verra que les Etats-Généraux n'offrent qu'une fcene toujours mouvante, & que les opérations des Miniftres étrangers, toujours fubordonnées aux intrigues, aux artifices & aux intérêts des différens partis qui dominent tour-à-tour, ne portoient jamais que fur des conjectures incertaines.

Au lieu de fe plaindre inutilement de la République, pourquoi les Princes qui négocierent les premiers avec elle, ne s'apperçurent-ils pas plus qu'elle-même que, faute d'avoir dirigé leurs négociations à la nature de fon Gouvernement, ils n'avoient fait que des Alliances forcées? Les Hollandois avoient tort, fans doute, de contracter des engagemens que leur conftitution les empêchoit de remplir; mais les Princes qui traiterent avec eux, furent-ils moins blamables d'acheter chérement leur amitié & des promeffes incertaines? Si le Confeil de France avoit exactement calculé les avantages qu'il pouvoit efpérer de fes négociations à la Haye, il fe feroit bien gardé de conclure en 1662 une Alliance dont il fe repentit bientôt après. » Je vous avoue, écrivoit Louis XIV, à la fin de l'année » 1664, au Comte d'Eftrades, que je ne me trouve pas dans un petit » embarras, confidérant que fi j'exécute à la lettre le traité de 1662, je » ferai un très-grand préjudice à mes principaux intérêts; & cela pour des » gens dont, non-feulement, je ne tirerai aucune affiftance, mais que je » trouverai contraires dans le feul cas où j'aurai befoin de les avoir favo- » rables; & alors les affiftances que je leur aurai données, tourneront con- » tre moi-même. "

Les Hollandois, inftruits par leurs fautes, ont tenu une conduite toute oppofée dans la derniere guerre. On a eu beau les folliciter & les tour- menter, les exciter & les chagriner de toutes les manieres; ils ont mieux aimé fouffrir que de fe départir de leur fyftême de neutralité; & ils s'en font bien trouvés.

Une autre confidération doit les affermir dans ces principes, & même arrêter les Princes qui feroient tentés de leur faire des propofitions con- traires à leurs intérêts. C'eft la révolution de 1748.

Je ne veux point prévoir quelle fera la politique des Stathouders héré- ditaires, lorfqu'après avoir affermi & étendu leur autorité, leur intérêt par- ticulier fera devenu l'intérêt général de la Nation; mais en attendant ce moment fatal, il y aura entre le Stathouderat & la Magiftrature les mê- mes divifions qui agiterent les Provinces-Unies depuis la Paix (*) de Ni- megue, jufqu'au temps que le parti du Prince d'Orange prit l'afcendant dans les Etats & gouverna les affaires à fon gré. Il fera facile aux Puif- fances étrangeres d'obftruer, fi je puis parler ainfi, tout le corps de la Ré- publique, d'en arrêter les mouvemens, & de l'empêcher d'agir. Un parti

(*) Voyez les Négociations de Mr. le Comte d'Avaux, Ambaffadeur de France à la Haye, après la Paix de Nimegue. On en trouvera un extrait dans cet ouvrage à l'article MISMES (*Claude de*).

fervira

fervira d'entrave à l'autre. Plus la République paroîtra vouloir agir, moins elle agira ; & les Princes fes alliés qui auront compté fur des fecours proportionnés à fes forces pour le fuccès de leurs entreprifes, courront rifque de les voir échouer.

En négociant avec les Etats libres, il faut avoir égard à leurs paffions & à leurs préjugés ; parce qu'ils ont une grande influence dans leur politique, & en fufpendent ou hâtent les opérations. Je doute, par exemple, quand un intérêt réel uniroit les François & les Anglois pour une même entreprife, qu'ils tiraffent de leur alliance tout l'avantage qu'ils en pourroient attendre. Quoique le Roi d'Angleterre ait droit de traiter à fon gré avec les étrangers, feroit-il prudent de compter fur fes engagemens, s'ils étoient défagréables à fa Nation ? Perfonne n'ignore comment Charles II, gêné par les murmures de fon Parlement, fe comporta dans la guerre de 1672 ; & fi la France avoit formé une entreprife où les fecours des Anglois lui euffent été néceffaires, n'auroit-elle pas échoué dès la feconde campagne ? La convention fignée au Pardo, il y a environ 50 ans, entre la Cour de Londres & l'Efpagne, eft encore une preuve de ce que je dis. Ce Traité devint inutile, & la Nation Angloife, qui ne vouloit aucun accommodement, força le Miniftere à faire la guerre. Mais auffi rien n'eft plus fûr ni plus folide que les Alliances contractées avec les Peuples libres, quand elles font conformes à leur goût & confirmées par l'habitude d'agir de concert.

La pofition topographique d'une Puiffance peut encore rendre une Alliance forcée, & par-là être un obftacle à ce que fon allié puiffe & doive par conféquent en exiger une diverfion en fa faveur ; nous en avons vu un exemple dans la derniere guerre. Lorfque la France & l'Efpagne voulurent attaquer les Etats que l'Impératrice-Reine poffede en Italie, & que le Roi de Sardaigne défendoit, il étoit de leur intérêt que la Cour de Naples fe déclarât pour la neutralité ; fes forces n'étoient point capables d'ouvrir l'entrée de l'Italie à fes alliés, & en faifant une diverfion elle s'expofoit à recevoir plus de mal qu'elle ne pouvoit faire de bien à l'Efpagne & la France. Ces deux Couronnes furent fouvent inquietes pendant le cours de la güerre fur le fort du Royaume de Naples ; & fi les Autrichiens, au lieu d'entrer en Provence par les Etats de Gênes, avoient porté leurs forces contre Naples, quel échec la France & l'Efpagne n'auroient-elles pas fouffert par la perte de leur allié, que l'Angleterre, maîtreffe alors de la Méditerranée, auroit tenu bloqué fans efpérance de fecours, tandis que l'armée Autrichienne auroit fait des conquêtes dans l'intérieur du pays.

Des Alliances fondées fur des intérêts ou des accidens paffagers.

QUAND on a des Alliances qui ne font fondées que fur des intérêts ou des accidens paffagers, la plus grande faute qu'on puiffe commettre, c'eft de les regarder comme ftables, permanentes & naturelles. Cette faute eft plus commune qu'on ne penfe; on ne voit que des Puiffances qui fe trouvant rapprochées l'une de l'autre par quelque événement particulier, profitent d'un inftant d'amitié pour contracter des engagemens éternels. Pourquoi conclure des Traités qui ne doivent jamais être exécutés, & fe mettre dans le cas de nuire à fes intérêts, ou de mériter les reproches de mauvaife foi & d'infidélité?

On n'a, & on ne peut avoir, que des Alliances paffageres avec tout Etat dont on n'eft pas l'allié naturel; & on s'expofe encore à ne faire que de fauffes opérations, lorfqu'on n'eft pas extrêmement attentif à examiner fi l'intérêt qui a formé ces Alliances paffageres, ne s'affoiblit point. Les Princes de l'Empire qui craignoient, après la Paix de Munfter, que la Maifon d'Autriche humiliée ne voulût recouvrer ce qu'elle avoit perdu, & qui regardcient l'Empereur comme l'ennemi capital de leur liberté, étoient étroitement unis à la France. Tant que ces fentimens fubfifteroient, la Ligue du Rhin devoit être inébranlable. Mais les Miniftres qui fuccéderent au Cardinal Mazarin, ruinerent cet intérêt par les coups redoublés qu'ils porterent à l'Empereur & à fa Maifon. A mefure que les Princes de l'Empire fentoient que l'Empereur Léopold, occupé de fes dangers préfens, devoit moins fonger à les fubjuguer, les nœuds de l'Alliance du Rhin devoient fe relâcher, le befoin n'étoit plus le même: le Miniftere de France ne s'en apperçut pas, & il fut furpris que l'Empire fe laiffat engager par l'Empereur à prendre la défenfe des Provinces-Unies dans les guerres de 1672.

Moins votre allié a befoin de votre Alliance, moins il vous fera attaché. Si fes forces augmentent, foyez fûr que fon affection pour vous diminuera; car il eft naturel qu'un Etat qui fe fent des forces, ait une certaine confiance qui le rend plus exigeant & plus hardi. Si ce changement de fortune eft produit par quelque événement auquel la prudence n'ait aucune part, il fera accompagné d'orgueil & de témérité; s'il eft l'ouvrage d'une application induftrieufe à manier les affaires, l'Etat qui connoîtra le prix de fes avantages, ne voudra pas rifquer imprudemment de les perdre. Ses démarches feront lentes & réfléchies; & il ne vous fera attaché qu'autant que vous aurez travaillé à lui faire eftimer votre Alliance par une conduite pareille à la fienne.

On a vu quelquefois des Miniftres qui, en jugeant qu'une Alliance n'étoit fondée que fur des intérêts paffagers, ont commencé à fe défier d'avance des intentions de leur allié, ont été jaloux de fes forces, & pour rendre plus forts les liens de fon union, en le rendant plus dépendant, fe font oppofés fecretement à fes fuccès, ou l'ont fervi avec froideur. Mais cette politique odieufe n'a fouvent fervi qu'à hâter la défection qu'on craignoit, & toujours qu'à fe priver d'une partie des avantages qu'on attendoit de fon Alliance. Tant qu'on eft allié & que l'intérêt de l'être fubfifte, il faut fe conduire par les principes de générofité & de fidélité qui doivent gouverner des alliés finceres. Avec des fineffes, des rufes, des demi-fervices on ne trompe, ni on n'oblige perfonne ; & fi j'aliene un de mes alliés, je me décrie auprès de tous les autres. En voyant qu'une Alliance eft paffagere, fi je n'oublie rien pour la rendre durable, ma réputation préviendra certainement tous les efprits en ma faveur. Quand mon allié m'abandonnera, parce qu'il n'eft plus de fon intérêt de m'être attaché, il craindra encore de m'offenfer ; & les changemens qui furviennent continuellement en Europe, me fourniront l'occafion de former quelque nouvelle Alliance qui me dédommagera de celle que je perds, & qui, dès fa naiffance, fera folide, parce que ma réputation aura donné de la confiance.

Il y a des Alliances que la profpérité des alliés doit détruire, & c'eft ainfi que deux Puiffances éloignées l'une de l'autre, & liguées enfemble contre un ennemi commun qui les fépare, font moins unies à mefure que leurs fuccès rapprochent leurs frontieres, & développent entre elles des intérêts oppofés. Quand les fept Provinces-Unies prirent les armes pour fe fouftraire au joug de la domination Efpagnole, elles devinrent les alliées des ennemis de Philippe II ; la France devoit les feconder de tout fon pouvoir, elle trouvoit un grand avantage à entretenir une révolte qui devoit occuper une partie confidérable des forces de la Cour de Madrid ; & la République naiffante, qui ne fongeoit qu'à faire reconnoître fon indépendance, n'avoit d'abord point d'autre objet que la France ; il falloit humilier l'Efpagne, voilà l'unique intérêt des alliés. Mais dès que leurs fuccès commencerent à répondre à leurs efpérances, leurs vues dûrent commencer à n'être pas les mêmes. La France devoit naturellement fe propofer de profiter de fa fupériorité pour faire des conquêtes, & chaffer même entierement les Efpagnols des Pays-Bas. Il n'importoit, au contraire, aux Provinces-Unies, que d'être libres ; & dès que la Cour d'Efpagne étoit affez humiliée pour être contrainte à reconnoître leur indépendance, il leur étoit plus avantageux de voir la Flandre entre fes mains, que fous la domination de la France.

Il s'en faut bien que le Cardinal de Richelieu, trompé par fon avidité ou par la haine que les Hollandois avoient contre les Efpagnols, fe foit comporté dans cette conjoncture délicate d'une maniere digne de lui. Pour refferrer fon Alliance avec les Provinces-Unies, il devoit n'avoir que le même objet qu'elles fe propofoient, & c'étoit le véritable intérêt de la France ; car que pouvoit-il lui arriver de plus heureux que de voir fur la frontiere des Pays-Bas un voifin incapable de rien entreprendre, &

qu'il eût été facile de contenir dans le devoir, parce qu'il se seroit trouvé resserré entre deux Puissances également intéressées à observer ses démarches, & dont l'Alliance n'auroit souffert aucune altération?

Mais si le Cardinal de Richelieu vouloit sacrifier l'Etat à sa passion de faire des conquêtes, dans ce cas-là même, ne fit-il pas encore une faute considérable, en signant à Paris, le 8 Février 1635, ce célèbre Traité de partage, par lequel il convenoit avec les Provinces-Unies de chasser les Espagnols des Pays-Bas, & de partager leurs dépouilles? Cet accord auroit pu être utile à la naissance de la révolution; il auroit échauffé l'ambition & la haine des Hollandois, qui croyoient ne pouvoir jamais assez se venger de la tyrannie de Philippe II. Ils étoient alors aveuglés par leurs passions; & l'intérêt, comme je l'ai dit, étoit le même à Amsterdam & à Paris. Mais en 1635 les affaires avoient changé de face; les esprits en Hollande, plus calmes & plus instruits par une treve de douze ans dont ils avoient senti les avantages, n'étoient plus capables des mêmes emportemens. Si Richelieu vouloit engager les Provinces-Unies dans une entreprise désormais contraire à leurs intérêts, pourquoi leur montroit-il toute son ambition, au lieu de la cacher? A peine les Hollandois eurent-ils signé la Convention de partage, qu'ouvrant les yeux sur les intentions de la France, ils commencerent à connoître leurs intérêts. Ils furent effrayés, craignirent d'avoir à leur porte un ennemi bien plus redoutable que les Espagnols, & se repentant de leur Traité, suspendirent leurs efforts, & ne firent la guerre que mollement.

Quand deux alliés sont parvenus au terme fatal qui leur donne des intérêts opposés, les finesses & les mensonges qu'ils emploient pour se tromper mutuellement, leur sont également pernicieux: une honnête franchise est le seul procédé qui puisse leur être avantageux. » C'est pour » être libres, devoient dire les Provinces-Unies à la France, que nous » avons secoué le joug des Espagnols; & vous nous avez secourus dans » cette entreprise, parce que vous l'avez regardée comme une diversion » favorable contre une Puissance inquiete, qui, depuis plus d'un siecle, » n'a cherché qu'à troubler le repos de vos Provinces & à les envahir. » Comme votre bienfait n'a été qu'un bienfait politique, ayez la justice » de n'exiger de nous qu'une reconnoissance politique. Si c'étoit vous of- » fenser, que de veiller à notre sûreté, & de préférer le voisinage des » Espagnols à demi-vaincus, à celui d'une Nation que la grandeur de son » courage, & ses secours même, nous ont appris à redouter, vous de- » viendriez pour nous ce qu'a été autrefois l'Espagne; nous devrions vous » haïr. C'est pour conserver votre Alliance, c'est pour être en état de » donner un libre cours à notre reconnoissance, que nous ne voulons pas » être vos voisins, & nous exposer à devenir vos ennemis. Que vous im- » porte que le Roi d'Espagne occupe encore dans les Pays-Bas quelques » Provinces à demi-ruinées, puisqu'étant unis nous la forcerons désormais

» à fe contenter de ce qu'il pollède? Si la foiblelle eft pour vous une
» raifon de vous emparer de fes domaines, vous êtes donc une Puillance
» ambitieufe; & bientôt, quand nos frontieres fe toucheront, la foiblelle
» de notre République fuffira donc pour vous déterminer à nous envahir.
» Nous croyons encore que c'eft plutôt par l'impulfion de votre ancienne
» haine contre la Maifon d'Autriche, que par les motifs d'une ambition
» réfléchie, que vous voulez vous emparer du Pays-Bas. Mais fi vous
» continuez à vouloir que nous préférions vos intérêts aux nôtres, ne
» rompez-vous pas par là-même notre Alliance? & ne feroit-ce pas cou-
» rir ftupidement à notre perte, que de ne nous pas précautionner con-
» tre votre ambition? De quoi la France eût-elle eu à fe plaindre?
Trouver mauvais que les circonftances euflent changé, c'eût été trouver
mauvais d'avoir eu les fuccès qui l'avoient mife en état de faire la loi
à la Maifon d'Autriche; & pouvoit-elle exiger que les Provinces-Unies
facrifiaflent leur liberté à une vaine reconnoillance?

Les Etats-Généraux, au lieu d'agir avec cette candeur fi convenable à
une République qui avoit fait des chofes dignes de la liberté pour laquelle elle combattoit, n'eurent qu'une conduite équivoque, qui tour-à-
tour ôta & laiffa à la France l'efpérance de conferver leur amitié. Cette
Couronne, loin d'efpérer tour-à-tour & de craindre, en cédant fucceffivement à toutes les impreflions qu'on vouloit lui donner, devoit prévoir
que les nouveaux intérêts de fon allié l'emporteroient fur les anciens préjugés. Elle auroit dû fe décider : mais le Traité du Cardinal de Richelieu étoit une chimere trop agréable pour y renoncer. Les Provinces-
Unies fignerent leur paix particuliere à Munfter, & la France n'ouvrit
point encore les yeux. Après avoir fait les reproches les plus amers aux
Etats-Généraux, elle fe perfuada que leur premiere haine contre l'Efpagne
fubfiftoit encore toute entiere; que leurs Ambafladeurs au Congrès de
Munfter s'étoient laiffés corrompre par l'argent de la Cour de Madrid; &
que la République, honteufe de fon ingratitude, feroit capable de tout
faire pour réparer la prétendue faute de fa défection. Le Comte d'Eftrades négocioit encore à la Haye, conformément à ce plan extraordinaire;
& tandis qu'on fe flattoit de tromper Mr. de Wit fur les intérêts de fa
patrie, les Provinces-Unies conclurent avec l'Angleterre & la Suede la
Triple Alliance, pour s'oppofer aux progrès de Louis XIV dans les Pays-
Bas. Les Miniftres de France, obligés de faire la paix à Aix-la-Chapelle, & honteux de leur erreur, voulurent fe venger fur la République
de s'être trompés. Les deux Etats fe haïrent, parce qu'ils n'avoient pas
fu renoncer à une Alliance qu'il leur avoit été impoflible d'entretenir;
& cette haine a été la principale fource de tous les maux que l'un & l'autre ont depuis éprouvés.

Il eft rare que les intérêts refpectifs des Etats fouffrent quelque changement pendant la paix. Dans la chaleur d'une grande guerre les befoins

font plus urgens, les paffions plus timides ou plus fieres; & le gain d'une bataille, ou la prife d'une ville, rapprochent fouvent des ennemis & féparent des alliés. Mais c'eft après la conclufion de la paix, qu'un Miniftre des affaires étrangeres doit principalement examiner quels changemens les Alliances peuvent avoir foufferts. Plus les Princes auront fait de grands facrifices, plus un Miniftre habile trouvera d'ouverture à former de nouvelles liaifons. Un Etat qui abandonne quelque portion de fon territoire, obéit à la néceffité, & ne perd pas l'efpérance de récouvrer ce qu'il a perdu. Le vainqueur craint qu'on ne trame le projet de lui enlever fa conquête. Des alliés qui ont mal fait la guerre, fe reprochent réciproquement leurs malheurs, & font prêts à fe haïr. Ceux qui ont été heureux, fe divifent quelquefois en partageant le butin; ou leur Chef qui les protege, exige de leur reconnoiffance des complaifances qui les humilieroient, & qui les révoltent. De-là il doit néceffairement réfulter de nouveaux intérêts, ou des paffions qui font envifager les anciens fous une face nouvelle.

Tandis que les politiques faififfent ordinairement avec affez d'habileté ces petits intérêts propres à former des Alliances paffageres, il feroit bien furprenant de voir que les grandes révolutions qui changent tout le fyftême général de l'Europe, échappent à leur pénétration, fi on ne favoit que la conftitution de nos gouvernemens eft telle, que le hazard & l'intrigue placent prefque toujours à la tête des affaires les hommes qui doivent les gouverner. Un ignorant ne peut point avoir d'autre politique que la routine de fes bureaux, & un intrigant doit penfer qu'une Nation fait fa fortune par les mêmes moyens qu'il a fait la fienne; & dès-lors c'eft aux paffions, aux préjugés, & aux intérêts particuliers à gouverner le Monde.

La paix de Weftphalie étoit faite, celle des Pyrénées avoit humilié l'orgueil de l'Efpagne, & il n'y avoit encore que les Hollandois qui foupçonnaffent que la Maifon d'Autriche, qui avoit été jufqu'alors la Puiffance dominante de l'Europe, n'étoit plus que la rivale de la France. L'Angleterre, qui depuis la Pacification d'Utrecht forme une Puiffance beaucoup plus confidérable que la Cour de Vienne, n'avoit pas encore découvert en 1734, qu'elle étoit devenue la rivale de la France. Deux hommes (*) célébres dans toute l'Europe, & qui ont le mieux connu l'intérieur de leur pays & fon gouvernement, parloient alors au Parlement, comme on y avoit parlé fous le regne de Guillaume III : il n'étoit queftion que de veiller à la liberté générale, en confervant encore l'équilibre entre la France & la Maifon d'Autriche. Ce font cependant ces grands intérêts qui doivent donner le mouvement à tout le refte. Les ignore-t-on? Il eft impoffible que les Peuples foient tranquilles; & ils fe déchireront par des guerres auffi inutiles aux vainqueurs, que funeftes aux vaincus.

(*) Mr. Robert Walpole, & Mr. Pulteuay, depuis Milord Bath.

A la mort de l'Empereur Charles VI, la plupart des François furent perſuadés que la France touchoit au moment déſiré, où après avoir pris avec peine l'aſcendant ſur la Maiſon d'Autriche, elle alloit enfin dominer l'Europe, en achevant de ruiner une Puiſſance qui en défendoit ſeule la liberté. Cette Cour de Vienne, diſoit-on, va être réduite à poſſéder quelques Provinces qui ne lui permettront de jouer qu'un rôle ſubalterne dans l'Empire même. Les Princes de Baviere, malgré l'acquiſition de la Bohême, n'étant ni aſſez riches, ni aſſez forts pour corrompre ou intimider les Dietes d'Allemagne, & rendre, en quelque ſorte, la Couronne héréditaire ſur leur tête, auront continuellement beſoin de l'amitié, des ſecours & de la protection des François; cette Maiſon ſera forcée par ſon propre intérêt à ſe conduire relativement aux vues de la Cour de Verſailles.

La France, qui croyoit voir alors toutes ſes frontieres en ſûreté, devoit porter toutes ſes forces ſur la mer; & on ne doutoit pas que ſes nombreuſes eſcadres n'euſſent ſur l'Angleterre les mêmes avantages que ſes armées de terre auroient eus ſur la Cour de Vienne. Une perſpective peu éloignée préſentoit déja cette Carthage humiliée; & les François, après s'être enrichis par la ruine de ſon Commerce, recommençoient à former de grandes armées de terre pour effrayer les Puiſſances du continent. Le Roi de France, déja accoutumé à gouverner l'Empire par l'Empereur ſon Lieutenant, devoit enfin ſe mettre ſur la tête la Couronne de Charlemagne, faire ſubir le joug aux Princes de l'Empire; & des bords du Danube ou du Rhin envoyer ſes ordres à toute l'Europe.

Ce beau projet, enfanté par le Public peu inſtruit, n'étoit qu'un beau ſonge. Quand la Cour de Vienne auroit été ruinée, la France n'en auroit pas été plus près de la Monarchie univerſelle; à une tête coupée de l'hydre, il en auroit ſuccédé une autre. Les intérêts de pluſieurs Puiſſances, en particulier, auroient changé; mais le ſyſtême général de l'Europe n'auroit ſouffert aucun changement. Les Princes qui auroient dépouillé l'héritiere de Charles VI. ſe ſeroient hâtés de rechercher l'Alliance de l'Angleterre. L'Europe n'auroit retenti que des mots d'équilibre, de liberté & de tyrannie. Au lieu de la Cour de Vienne, on auroit vu celle de Berlin ou de Munich profiter de la faveur des Anglois pour prendre dans l'Empire l'autorité que les Princes Autrichiens y ont exercée, & devenir ennemies de la France, dans l'eſpérance de s'agrandir à ſes dépens. Ses alliés même les plus fideles auroient vraiſemblablement fait tous leurs efforts pour mériter l'amitié des Anglois; & la France, après bien des ſuccès inutiles à ſa prétendue grandeur, auroit encore été obligée d'employer ſes principales forces ſur terre, & de négliger ſa marine, & l'Angleterre auroit conſervé ſa ſupériorité ſur mer.

Des Alliances perpétuelles.

A l'exception de quelques petits Etats dont le vrai intérêt eſt de ne ſonger qu'à leur exiſtence, en ſe mettant ſous la protection de leurs voiſins ſans ſe mêler de leurs querelles, l'Europe eſt compoſée de Puiſſances qui ne cherchent qu'à s'agrandir, que leur jalouſie tient continuellement éveillées, & dont l'ambition a toujours quelque droit tout prêt à faire valoir. De cette foule d'intérêts oppoſés, d'où naît une haine naturelle entre quelques Nations, il ſe forme auſſi un lien qui en attache quelques autres.

Toutes les Puiſſances n'emploient pas les mêmes moyens pour s'élever. Celles qui ne peuvent agir par elles-mêmes, cachent leur ambition. Leur politique conſiſte à attendre qu'il s'élève des différends dans l'Europe pour en profiter : elles n'ont point d'objet déterminé d'agrandiſſement, parce qu'elles dépendent des conjonctures ; & leur art conſiſte à vendre à propos leur Alliance, & à donner leurs ſecours à l'Etat qui leur propoſe le plus grand avantage. Les Princes qui tirent, au contraire, de leurs propres forces le principe de leur grandeur, ont un ſyſtême ſuivi d'élévation, & ils y rapportent toutes leurs démarches au milieu des événemens que leur politique ou la fortune font naître.

Après ce que je viens de dire, il eſt aiſé de juger des Puiſſances qui peuvent contracter des Alliances perpétuelles, & dans quel cas elles doivent ſe les permettre. Celles du premier ordre, que leur poſition mettoit hors d'état de ſe faire aucun mal, & qui ont cependant un ennemi commun qu'elles ſont également intéreſſées à ruiner, ſeroient blâmables, ſi elles ne ſe lioient pas par les plus longues Alliances : plus leurs engagemens ſeront forts, plus elles en retireront de conſidération. Il n'en eſt pas de même des Traités d'amitié qu'on a vu quelquefois conclure entre deux Princes naturellement ennemis & jaloux l'un de l'autre. Ces Traités qui n'établiſſent aucune liaiſon ſolide, les expoſent au mépris ou à la haine des autres Puiſſances, toujours promptes à les ſoupçonner de ne pas connoître leurs intérêts ou de ſe jouer de leurs promeſſes.

Comme un grand Etat ne peut avec ſageſſe vouloir s'étendre aux dépens de ceux qui lui ſont inférieurs & qui ne lui donnent aucun ombrage, il ne ſauroit être trop attentif à ſaiſir les occaſions de contracter avec eux des alliances perpétuelles. Mais ceux-ci de leur côté ne doivent s'y prêter qu'à la derniere extrêmité, parce qu'ils ſe mettroient dans le cas de violer leurs engagemens, ou de renoncer aux avantages que leur préſente le cours toujours varié des affaires.

Des Alliances fondées sur la parenté.

LES liaisons du sang ont peut-être contribué plus que tout le reste aux inconséquences de notre politique moderne. Elles dérangent tous les systêmes, & mettent de petites affections domestiques à la place des grands intérêts qui devroient faire agir les Princes pour le bien de leur Nation, ou du moins pour l'avantage de leur Maison. On ne peut établir à cet égard aucune regle certaine. *J'aimerois mieux un moulin pour mon fils*, disoit le feu Roi Victor, *que marier ma fille au Duc de Bourgogne*; mais un autre Prince sacrifiera son héritier à l'établissement de sa fille; & il est certain que l'intérêt a fait parmi les Souverains autant de mauvais parens, qu'une tendresse aveugle a fait oublier à d'autres la gloire & la sûreté de leur Royaume.

Plus communément les liens du sang ne forment que des Alliances équivoques. Un Roi qui est entraîné par l'amitié, sait encore ce qu'il doit à son Etat : en voulant concilier des sentimens opposés, il arrive qu'il obéit tour-à-tour aux uns & aux autres, & qu'aussi mauvais politique que mauvais parent, il nuit à ses intérêts, & sert mal ceux qu'il croit servir. Quoi qu'il en soit, la politique a raison de regarder les liaisons du sang, comme des accidens propres à former des Alliances passageres, sur lesquelles elle doit fonder de plus grandes ou de moindres espérances, suivant que les Princes avec qui l'on traite, sont plus ou moins touchés des intérêts de leur Royaume, ou qu'ils se laissent plus ou moins gouverner par l'attrait d'une tendresse particuliere.

Des Princes ont beau avoir une origine commune, ils cessent d'être amis quand leurs Etats ont des intérêts opposés. Un Peuple ne doit donc pas faire la guerre pour placer ses Princes sur des trônes étrangers ; il acheteroit trop chérement un avantage inutile, si la Nation à laquelle il veut donner un Roi, est son alliée naturelle ; & un avantage court & passager, si elle est son ennemie : il arrive même quelquefois que des tracasseries de famille brouillent des Puissances qui auroient été amies. *Il n'y a désormais plus de Pyrénées*, dit Louis XIV, à Philippe V, qui partoit pour l'Espagne. Les ennemis de la France prirent ce compliment poli qui ne signifioit rien, pour le résultat de toute la politique de l'aïeul & du petit-fils. On crut que les deux Monarques avoient fait un complot pour asservir le reste de l'Europe, que les Cours de Madrid & de Versailles désormais étroitement unies, n'auroient qu'un même intérêt, & que l'ambition commune qu'on leur supposoit, ne les diviseroit point, quand il seroit question de partager les conquêtes qu'elles auroient faites à frais communs. En voulant prévenir un mal imaginaire, les alliés s'en firent un réel. Si Philippe V avoit succédé, sans contradiction, à Charles II, il auroit eu nécessairement les mêmes intérêts & la même politique que ses prédécés-

feurs, fa reconnoiffance auroit été courte. Ses ennemis affermirent l'Alliance qu'ils redoutoient, parce que l'Efpagne offenfée par tous fes anciens alliés, ne pouvoit efpérer de fe venger que par le fecours de la
France.

Les Alliances qui fe font entre deux familles Souveraines par des mariages, ne produifent pas communément l'avantage qu'on a en vue en les
formant, parce qu'on ne marie pas les fceptres des Rois comme leurs perfonnes, & que ces liaifons de famille, bornées à peu de perfonnes, doivent céder à l'intérêt de l'Etat qui comprend tous les Citoyens dont il eft
compofé. Il eft donc effentiel qu'un Souverain ne contracte point de cette
maniere des Alliances qui choquent l'intérêt national : il s'expoferoit par
cette imprudence à des chagrins & à des fautes dont il reffentiroit le premier les fuites funeftes.

Mais ces Alliances fervent quelquefois à diffiper des ligues & à rompre d'autres Alliances nuifibles ; elles retiennent toujours au moins pour
un temps les Etats en quelque confidération les uns des autres, & elles
ne doivent, par conféquent, pas être négligées, lorfque d'autres intérêts
plus forts ne s'y oppofent pas. On peut ajouter qu'affez fouvent elles acquierent finon des droits, au moins des prétentions qui tôt ou tard font
utiles à la maifon à qui elles ont paffé ; mais qui peuvent auffi occafionner des guerres longues & cruelles.

Les quatre Souverains de la Maifon de France, dit un excellent Politi-
que, doivent avoir pour principe de ne marier jamais leurs filles qu'à des
Princes de leur fang. Si les Princes de cette Augufte Maifon l'avoient toujours fait, les deux Bourgognes & les Pays-Bas n'en feroient jamais fortis.
Si les Princes de celle d'Autriche avoient toujours fuivi cette maxime, la
Couronne d'Efpagne & des Indes n'auroit point paffé dans la Maifon de
France ; & la fucceffion de l'Empereur Charles VI n'auroit pas couru les
rifques où elle a été expofée à l'occafion de la Maifon de Baviere où font
entrées les Archiducheffes d'Autriche.

Des *Alliances des Princes Chrétiens avec les Infideles.*

EST-IL permis aux Princes Chrétiens de faire Alliance avec les infideles, tels que les Turcs, &c.?

Ce prétendu probléme n'eft pas d'un fiecle philofophe, tel que le nôtre. Cependant, les préjugés religieux font quelquefois fi fort enracinés
dans certains efprits foibles, toujours aux dépens de la faine politique &
de la raifon, qu'il n'eft pas indigne d'un Ecrivain bien intentionné d'entrer par complaifance dans des difcuffions qu'il rougiroit de traiter devant
des hommes qui foulent aux pieds la fuperftition. S'il fut un temps où,
par refpect pour certains jours facrés, on crut être obligé de fe laiffer
maffacrer par fes ennemis, plutôt que de fe défendre, feroit-il étonnant

que chez quelques Nations où la Philofophie n'a pas encore fait de grands progrès, il fe trouvât des Princes ou des Miniftres affez peu éclairés pour fe faire fcrupule de faire Alliance avec les Mufulmans ou les Idolâtres?

Du refte, la queftion dont il s'agit ici, a très-bien été difcutée par un Politique moderne, & je ne puis rien faire de mieux que de le copier en l'abrégeant. Il a fait voir que l'exemple des Patriarches, la pratique conftante des anciens Empereurs & Rois Chrétiens, & l'ufage actuel des Cours Chrétiennes, fans en excepter la Cour de Rome, concouroient avec la raifon pour autorifer de telles Alliances.

Si Dieu défendit aux Ifraélites d'entrer en Alliance avec quelques Nations particulieres, comme les Philiftins, il eft fûr auffi que le Peuple de Dieu s'allia avec d'autres Idolâtres, fans que le Seigneur lui en fît un crime. Les Alliances d'Abraham avec Afcol & Aner, & avec Abimelec; celles de David avec Achis, Roi de Geth; puis avec Naas, Roi des Ammonites, & Hiron Roi de Vir; celles des Machabées, Pontifes & Chefs de la Nation Sainte, avec les Romains, & avec les Spartiates; de Jofué avec les Gabaonites; d'Aza, Roi de Juda, avec Benadad, en font la preuve.

Depuis l'établiffement du Chriftianifme, les Empereurs Théodofe, Arcadius, Honorius, Valentinien, s'allierent avec les Goths, les Alains, les Gepides, les Vandales, les Francs. Sous ces Empereurs Chrétiens, les armées Romaines avoient fouvent pour troupes auxiliaires, non feulement des Goths qui étoient Ariens, mais encore des Païens, plus ennemis du Chriftianifme que ne le font les Mahométans. Alors la foi étoit vive & ardente; le zele de la maifon du Seigneur embrafoit les cœurs chrétiens, & l'Efprit de Dieu, qui a fait parler les hommes Apoftoliques avec une fainte hardieffe, animoit de grands perfonnages. Tels étoient S. Ambroife, accoutumé à avertir & à reprendre Théodofe de fes fautes, S. Jérôme, S. Auguftin, S. Chryfoftome, S. Léon. Aucun de ces Peres ne s'eft élevé contre ces Alliances que la circonftance & le befoin juftifioient.

Alphonfe le Chafte, pour s'oppofer à l'invafion de Charlemagne, s'allia avec Marfile, Roi Maure de Saragoffe; & Alphonfe III, furnommé le Grand, qui avoit tout à craindre de fes fujets & de fes ennemis, fit Alliance avec Lope, Roi Maure (*).

Les Rois de Hongrie, & les Princes de Tranfylvanie ont fouvent fait la guerre avec les Turcs contre les Allemands, & fe font mis fous la protection des Mahométans, contre les Autrichiens.

La raifon juftifie tous ces Traités.

Il faut aimer la Religion, & haïr l'impiété; mais il ne faut pas haïr les hommes. C'eft la Religion du Mahométan qu'on doit abhorrer & non

_____

(*) Forefti, Hift. des Rois d'Efpagne.

sa personne. Y a-t-il une liaison nécessaire entre la Guerre & la Religion? Un Prince Chrétien peut s'allier avec les Mahométans, sans trahir sa patrie ni sa gloire, sans renoncer à sa foi, & sans accorder aucune condition qui y donne atteinte.

L'Eglise, dit-on, tient pour excommuniés tous les Hérétiques, & l'excommunication ne permet pas aux Fideles de communiquer avec eux ; à plus forte raison, doit-on s'abstenir de communiquer avec les Infideles. Raisonner ainsi c'est pousser trop loin l'effet de l'excommunication, qui ne va qu'à empêcher la Communion d'une même Religion, & la participation aux mêmes mysteres.

La société des Nations, comme celle des particuliers, a des Loix indispensables, des Loix également ennemies de l'impiété & des difficultés scrupuleuses. Il n'est pas difficile de suivre le mouvement que l'intérêt de l'Etat imprime, sans cesser de conserver la foi. Toute communication pour des intérêts temporels, est permise ; elle n'est défendue que lorsqu'elle iroit au détriment de la Religion. Il faut distinguer le culte divin & la foi, d'avec la sûreté & l'intérêt temporel des Etats.

Les Princes Chrétiens peuvent traiter avec les Infideles ; ils le peuvent, & ils le font. Des Evêques mêmes ont été employés, les uns par le Grand-Seigneur, les autres auprès du Grand-Seigneur. Il n'y a pas jusqu'aux Papes qui n'aient distingué, en leur propre personne, la qualité de Princes temporels, d'avec celle de Chefs de l'Eglise universelle.

Le Pape Jean I fut envoyé à Constantinople par Théodoric, Arien, Roi d'Italie, grand & équitable Prince, pour solliciter auprès de l'Empereur Justin I, la révocation d'un Edit, qui ordonnoit que les Eglises des Ariens seroient mises entre les mains des Catholiques. Cette Ambassade n'eut pas le succès que le Roi en attendoit. Il en attribua la faute à la mauvaise conduite du Pape, & le soupçonna même d'avoir trahi ses intérêts. Lorsque Jean I fut de retour en Italie, Théodoric le fit arrêter à Ravenne, où il mourut (*).

Le Roi Théodat envoya aussi le Pape Agapet à Constantinople, pour déterminer Justinien à lui accorder la paix (**).

Jean de Montluc, alors Protonotaire du Saint Siege, & depuis successivement Evêque de Valence, & Archevêque de Vienne en Dauphiné, fut Ambassadeur de François I, à la Porte (***). François de Noailles, Evêque d'Acqs, fut aussi Ambassadeur du même Prince à Constantinople. De-là il passa à l'Ambassade de Venise, & il en fut tiré pour être Ambassadeur de Charles IX, auprès de Selim II, en 1572. Les Rois de Hon-

_____

(*) Histoire Civile du Royaume de Naples, par Giannone, liv. 3. ch. 6.
(**) Ibid.
(***) Hist. Thuan. lib. 5. sous l'an 1545.

grie ont fouvent envoyé des Evêques à la Porte. Ferdinand d'Autriche y députa l'Evêque d'Agria, en 1556.

Soliman députa, en 1565, l'Evêque de Hermanftadt en Tranfylvanie, vers l'Empereur Maximilien II, pour le détourner de faire la guerre à Jean, qui, étant fils de Jean Zapoly, prenoit la qualité de Roi de Hongrie, & de Prince de Tranfylvanie.

Les Papes, eux-mêmes, ont recherché l'amitié des Turcs. Alexandre VI, envoya George Bucciardo, Génois, en Ambaffade à Bajazet, pour demander du fecours contre Charles VIII, Roi de France. Bajazet renvoya cet Ambaffadeur au Pape, avec le Chiaoux Daut, chargé de deux cens mille écus qu'il devoit remettre au Pontife, s'il faifoit empoifonner Zizim, frere de Bajazet, qui étoit gardé à Rome, depuis que Louis XI, Roi de France, l'avoit envoyé à Alexandre VI. Il eft trifte d'être obligé de rapporter ces faits, mais ce font des monumens hiftoriques, & il ne faut rien dérober à la vérité. Les deux Miniftres du Pape & du Sultan, paffant de Grece en Italie, furent pris fur mer par les ennemis du Pape, pillés & expofés à terre. Le Chiaoux fut fecouru & envoyé à Conftantinople par le Marquis de Mantoue, qui, étant, à fon tour, devenu prifonnier de la République de Venife, fon ennemie irréconciliable, obtint fa liberté par la protection de la Porte (*).

Toutes les Nations Chrétiennes communiquent avec le Turc, & tous les Etats, qui tiennent un rang confidérable en Europe, ont des Ambaffadeurs à la Porte.

Les Cours d'Autriche & de Ruffie ont toujours, en temps de paix, des Miniftres à Conftantinople, & elles traitent fouvent avec le Grand-Seigneur. Les Cours d'Autriche, de Ruffie & de France ont des alliances avec la Porte, comme on le verra ci-après.

Combien de Traités n'ont pas fait les Polonois, les Hollandois & les Anglois avec le Turc, & avec d'autres Etats Mahométans? Les Polonois ont traité avec la Porte; les Hollandois, avec la Porte & avec les Algériens, avec le Perfan, avec les Saltins, avec les Tunifiens; les Anglois ont traité avec les Algériens, avec les Tunifiens, avec les Tripolitains, & ils trafiquent avec les Juifs, avec les Mahométans, avec les Maures, avec les Negres Païens, avec les Idolâtres de la Chine & de Malabar, avec les Sauvages & les Canibales de Virginie & des Caraïbes; enfin, toutes les Compagnies des Indes, établies en Europe, traitent directement avec les Indiens, Mahométans, ou Idolâtres.

(*) On peut confulter Guichardin, Hift. des Guerres d'Italie, 1, 2 & 9; les Mémoires de Comines, ou plutôt les Preuves & les Obfervations de Godefroi, Edition de Bruxelles, où l'on trouve les Lettres du Pape au Sultan, & celles du Sultan au Pape avec leur Traité.

Que l'on parcoure tous les Etats Chrétiens, on n'en trouvera pas un seul qui n'ait traité, d'une maniere ou d'autre, avec les Infideles, ou qui s'en soit abstenu par d'autres raisons que celles de la politique. On trouvera dans le Corps universel Diplomatique du Droit des Gens, & dans cet Ouvrage, des Traités de toute espece, faits par les Princes Chrétiens avec les Infideles.

Charlemagne envoya une Ambassade solemnelle au Calife Aaron Rachid, pour protéger les Chrétiens qui habitoient l'Asie & l'Afrique, contre les vexations des Officiers Mahométans, & pour entretenir la liberté des pieux pélerinages de Jérusalem & du reste de la Terre Sainte. Ce même Charlemagne reçut des Ambassadeurs & des présens de ce Calife. Louis VII & Philippe II, Rois de France, traiterent avec le Sultan Aladin; S. Louis, avec Melensala; & Robert d'Anjou, avec Sélim I.

Lorsque François I, Roi de France, s'allia avec Sélim en 1534, l'Europe vit avec étonnement, les enseignes Mahométanes mêlées avec les drapeaux François. Comme le Roi de France & l'Empereur de Constantinople ne craignent rien l'un de l'autre, leur commune utilité peut établir entr'eux une union qui est rare entre d'autres Alliés. François ne s'allia avec Sélim, que parce qu'il y étoit forcé, & dans la vue unique d'arrêter le cours des usurpations de Charles-Quint. L'Histoire nous a transmis l'offre que fit le Roi de France de renoncer à cette Alliance, & même de tourner ses armes contre l'ennemi commun du nom Chrétien, pourvu que l'Empereur voulût donner des bornes à son ambition. Si l'alliance de François I, avec Sélim, eût eu quelque chose d'illégitime, il eut moins fallu la reprocher à François I, qu'à Charles-Quint qui l'avoit rendue nécessaire; mais, assûrément, cette Alliance étoit très-raisonnable. François en connoissoit tout l'avantage, & Charles, qui en secret l'approuvoit, lui en faisoit honte publiquement. Les hommes ne se regardoient pas encore alors, comme unis par l'humanité, le premier de tous les liens. Le nom de Turc réveilloit dans le cœur des Chrétiens, toute la haine que les Croisades leur avoient inspirée. Le préjugé du temps avoit persuadé qu'il étoit honteux que les Infideles fussent établis en Europe; & dans le redoublement de zele que les disputes de Religion avoient fait naître, les Catholiques & les Protestans se piquoient naturellement d'une plus grande ardeur pour les intérêts de la Chrétienté. Pressé à la fois par la nécessité & par le préjugé public, François ne fit, avec Sélim, qu'une demi-Alliance, qui lui fit des ennemis, & qui lui fut infructueuse. Les Rois ses successeurs n'ont pas su cultiver l'Alliance que ce Prince leur avoit ménagée, & ont souvent desservi la Porte.

Un Cardinal, le plus grand Ministre que la France ait eu, estimoit juste cette Alliance, quoiqu'il loue le Roi son maître de n'avoir pas voulu la faire. » La seconde remarque, digne de grande considération en ce sujet, » (dit-il,) est que V. M. n'a jamais voulu, pour se garantir du péril de

» la guerre, expofer la Chrétienté à celui des armes des Ottomans, qui
» lui ont fouvent été offertes. Elle n'ignoroit pas qu'elle accepteroit un
» tel fecours avec juftice, & cependant cette connoiffance n'a pas été
» affez forte pour lui faire prendre une réfolution hafardeufe pour la Reli-
» gion, mais avantageufe pour avoir la paix. L'exemple de quelques-uns
» de fes prédéceffeurs, & de divers Princes de la maifon d'Autriche, qui
» affecte particulierement de paroitre auffi religieufe devant Dieu, qu'elle
» l'eft en effet à fes propres intérêts, s'eft trouvé trop foible pour la por-
» ter à ce que l'Hiftoire nous apprend avoir plufieurs fois été pratiqué
» par d'autres (*).

Dans la guerre que le dernier Traité d'Aix-la-Chapelle termina en 1748,
l'Impératrice-Reine de Hongrie employa, contre la France, des troupes
irrégulieres, de toutes fortes de religions : Cofaques, Pandoures, Talpa-
ches, Tartares; & l'Impératrice de Ruffie envoya à fon fecours une armée
de trente fept mille hommes, compofée de Grecs Schifmatiques, de Mahométans, de Payens.

On n'eft plus aujourd'hui retenu par de vaines confidérations. Les
Princes Catholiques fe confédérent, tous les jours, avec ces mêmes Hérétiques, contre lefquels ils fe croifoient autrefois, & les Etats Chrétiens
ne font aucune difficulté de s'allier avec le Turc.

Le Roi de Suede fit non-feulement en 1735 un Traité de commerce &
de navigation avec le Grand-Seigneur, il conclut encore en 1739, avec
ce Prince, une Ligue défenfive contre la Ruffie, Puiffance Chrétienne.

Le Roi des Deux-Siciles fit en 1740, avec la même Porte Ottomane,
un Traité de paix, de commerce & de navigation.

Enfin, François I, Empereur d'Allemagne, figna en qualité de Grand
Duc de Tofcane, en 1747, un Traité de paix perpétuelle & de libre
commerce avec la Porte Ottomane.

*Combien il eft imprudent de faire Alliance avec un Prince qui a plus de
réputation que de forces.*

TITE-LIVE voulant faire voir la faute que firent les Sédicins en s'appuyant fur le fecours des habitans de la Campanie, & celle que firent
ceux-ci, en entreprenant de fecourir les autres, cet Auteur ne pouvoit
pas l'expliquer en des termes plus forts, qu'en difant : *Que les habitans
de la Campanie entreprirent la défenfe des Sédicins avec plus d'éclat d'une
telle protection, & plus de bruit, que de véritables forces propres à les
fecourir* (**).

(*) Teftament Politique du Cardinal de Richelieu, chap. premier.
(**) *Campani magis nomen in auxilium Sedicinorum, quàm vires ad præfidium attulerunt.*

Là-deffus, il faut remarquer que les Alliances qu'on fait avec des Princes, ou trop éloignés pour vous fecourir, ou trop occupés pour le faire, vous donnent bien plus de réputation que de forces. C'eft ce qui arriva aux Florentins, lorfqu'en 1499, ayant le Pape & le Roi de Naples fur les bras, l'Alliance du Roi de France *leur fut plus honorable qu'avantageufe* (*), comme il arriva aux Sédicins par l'Alliance des Campaniens.

Ce fut donc une faute à ces derniers de s'imaginer avoir plus de forces qu'ils n'en avoient en effet. Ainfi, quelquefois, les Etats ont affez d'imprudence pour entreprendre la défenfe d'autrui, pendant qu'ils ne peuvent, ni ne favent pas fe défendre eux-mêmes. C'eft ce que firent les habitans de Tarente, qui, dans le temps que l'armée Romaine & celle des Samnites étoient en vue l'une de l'autre, envoyerent des Ambaffadeurs au Conful Romain, pour lui déclarer, qu'ils entendoient que les deux Peuples vécuffent en bonne intelligence, & qu'ils déclareroient la guerre à celui des deux qui paroîtroit le plus éloigné de la paix. Le Conful, fe moquant de ces Ambaffadeurs & de leur déclaration, fit fonner la charge devant eux, commanda à fes gens de donner fur les Samnites, montrant, par cette conduite, la réponfe que les Tarentins pouvoient mériter.

Les Etats qui font affez forts par leur propre valeur, n'achetent jamais l'Alliance d'aucune Puiffance ; mais ils l'acquierent par leur grandeur, & par leur crédit.

Les Romains étoient affiegés dans le Capitole, & quoiqu'ils attendiffent du fecours du côté de Veies, & par le moyen de Camille, néanmoins, la famine les preffant, ils entrerent en traité avec les Gaulois, & ils convinrent de fe racheter par une certaine quantité d'or ; & comme on le pefoit déja, Camille furvint avec fon armée. Ce que la fortune fit, dit Tite-Live, *afin que les Romains n'euffent pas la honte de vivre après ne s'être délivrés qu'à prix d'argent* (**). C'eft ce qu'il y a de remarquable, non-feulement dans cette conjonèture-ci, mais auffi dans la fuite des aètions de cette République, qui ne fit jamais de conquêtes la bourfe à la main, mais feulement par la valeur de fes armées : ce que je ne crois pas qu'aucune République ait jamais pratiqué ; car, entre les autres chofes qui font connoître la puiffance d'un Etat, c'eft de voir comment il fe conduit avec fes voifins, & lorfqu'il fe conduit de maniere que fes voifins font fes tributaires, en lui payant tribut, c'eft figne qu'il eft puiffant ; mais, lorfque fes voifins, quoique plus petits que lui, l'obligent à leur payer des penfions, c'eft un figne manifefte de foibleffe.

(*) *Magis nomen quàm præfidium.*
(**) *Ut Romani auro redempti non viverent.*

Qu'on

· Qu'on life l'Hiſtoire Romaine , & l'on verra que les habitans de Mar-
feille, les Eduens, l'Iſle de Rhodes, Hiéron, Tyran de Syracuſe, les Rois
Eumenes & Maſſiniſſa, qui étoient tous voiſins de l'Empire Romain, l'on
verra, dis-je, qu'ils fourniſſoient tous aux dépenſes de l'Empire dans les
beſoins, en lui payant tribut, ſans en rien exiger que ſa ſeule protection.

L'on verra le contraire dans tous les Etats foibles. Et pour commencer
par une République célébre ; Florence, dans les ſiecles de ſa plus grande
proſpérité, payoit des penſions plus ou moins fortes aux plus petits Seigneurs dans la Romagne. Elle en donnoit encore à la Ville de Perouſe, à
celle de Caſtello, & à tous ſes autres voiſins. Mais, ſi cette République
eût été vigoureuſe & bien armée, l'on auroit vû, qu'au contraire, ſes voiſins auroient acheté ſa protection & ſon amitié, au-lieu de lui vendre leur
Alliance. Les Florentins ne ſont pas les ſeuls qui aient eu cette lâcheté.
Les Vénitiens l'ont eu auſſi ; il fut même un temps où de grands Monarques ne laiſſoient pas d'être, en quelque ſorte, tributaires d'un Prince ou
d'un Etat qui leur étoit inférieur en forces. On accuſoit ces Potentats de
ne vouloir pas que leurs Peuples fuſſent aguerris, aimant mieux jouir de
l'avantage préſent de les opprimer, & de ſe mettre à couvert d'un péril
imaginaire, que de permettre & d'introduire, dans leurs Etats, une bonne
diſcipline militaire, qui les eut garantis de tous les accidens, & qui eut
rendu leurs Peuples heureux pour toujours. Si une telle conduite a fait naître
pour quelque temps une apparence de repos, elle a produit enfin mille
malheurs inévitables lorſqu'on eſt tombé dans des temps de troubles. Il ſeroit ennuyeux de rapporter ici toutes les occaſions, où les Florentins, les
Vénitiens, & d'autres Etats, ſe ſont rachetés de la guerre, & ont ſubi
une ignominie, à laquelle les Romains n'ont jamais pu ſe ſoumettre, que
cette ſeule fois, où les Gaulois les avoient amenés ſi près de leur entiere
ruine.

Combien faudroit-il de temps pour faire l'hiſtoire de toutes les Places
que les Florentins & les Vénitiens ont achetées ? L'on en a vu enſuite
l'abus; on a ſenti qu'il étoit impoſſible de défendre par le fer les Etats
conquis par de l'or.

Les Romains, au contraire, eurent toujours la grandeur d'ame, de ne
faire des conquêtes, & de ne ſe maintenir, que par la voie des armes;
& tant qu'ils jouirent de la liberté, ils n'en uſerent point autrement. Mais,
dès qu'ils devinrent les eſclaves des Empereurs, & que ces Princes furent
devenus tyrans, & plus amateurs de l'ombre que du ſoleil, alors ces braves Romains prirent auſſi le chemin de ſe racheter, tantôt des Parthes,
tantôt des Allemands, & tantôt d'autres Peuples leurs voiſins; ce qui cauſa
la ruine d'un ſi grand Empire.

Tout ce déſordre n'eſt venu que pour avoir déſarmé les Peuples. Ce qui
produit un plus grand mal, c'eſt que plus l'ennemi avance dans vos Etats,
plus il trouve de foibleſſe. Car quand on ſuit cette Politique blâmable,

l'on ruine ſes Sujets, afin de ne pas manquer de gens qui veulent bien tenir l'ennemi éloigné des Frontieres. Mais, afin de le tenir le plus loin de ſon Pays qu'il ſe peut, ce Souverain penſionne ſes voiſins. Cela fait que, lorſque l'ennemi attaque des Etats qui ſe gouvernent de cette maniere, il trouve un peu de réſiſtance ſur les frontieres ; mais, dès qu'il les a entamées, il ne trouve plus rien qui l'arrête. Comment peut-on ne pas s'appercevoir que cette Politique eſt fort mauvaiſe ? Lorſqu'un homme va à la guerre, il met à couvert, autant qu'il le peut, le cœur & les autres parties nobles, ſans ſe mettre en peine des extrémités, parce que, ſans elles, on peut vivre ; mais, dès que le cœur eſt attaqué, il faut mourir. Ces Etats-là font tout le contraire ; car, ſans penſer au cœur, ils ne s'arment que les pieds & les mains.

Sans citer Florence & Veniſe, avant que la France eût un Militaire formidable, elle éprouva à quoi l'expoſoit l'inconvénient de payer des Alliés pour la défendre. Lorſque les Anglois l'attaquerent en 1513, tout le Pays fut alarmé, le Roi lui-même ſentit, auſſi-bien que les autres, que la perte d'une ſeule bataille mettoit ſa Couronne en riſque.

Il arrivoit tout le contraire chez les Romains ; car, plus l'ennemi approchoit de Rome, plus il trouvoit de réſiſtance. L'on vit, en effet, qu'après qu'Annibal eut gagné trois grandes batailles, où il périt tant d'Officiers de toutes ſortes, & tant de braves ſoldats, la République fut encore en état de ſoutenir cette guerre, & même d'en ſortir victorieuſe. Tout cela ne vient que d'avoir eu ſoin de tenir toujours le cœur de l'Italie bien armé, ſans ſe mettre fort en peine des extrémités. Car, les principales forces de cette République étoient les Peuples de Rome, ceux du Pays Latin, avec les autres Villes d'Italie qui lui étoient aſſociées, &, enfin, ſes Colonies. L'on tiroit tant de ſoldats de tous ces lieux-là, qu'il y en eut aſſez pour conquérir l'Univers, & pour le tenir dans les termes d'une parfaite obéiſſance. Après la perte de la bataille de Cannes, Annibal envoya des Ambaſſadeurs à Carthage, où, comme ils faiſoient de grands éloges des exploits de ce Général, Hannon leur demanda, ſi le Peuple Romain avoit envoyé quelqu'un demander la paix, & ſi quelque Ville du Pays Latin, ou des Colonies, s'étoit ſoulevée contre la République ? ces Députés répondirent que cela n'étoit point encore arrivé. La guerre, dit Hannon, n'eſt donc pas plus avancée qu'elle l'étoit avant cette victoire.

Quelques grandes Puiſſances de l'Europe ſont encore dans l'uſage de payer des penſions à de petits Princes pour ſe conſerver leur amitié ; à quoi ils ſont déterminés par des raiſons particulieres, comme de ſe ménager la liberté du paſſage par leurs terres, ou la facilité d'en tirer des ſubſiſtances, ou au moins de s'aſſurer qu'ils obſerveront une exacte neutralité, &c. Je ne ſais ſi tout cela n'eſt pas un argent mal employé. L'avantage qu'on achete ſi cher ne pourroit-il pas s'obtenir à moins de frais ? Ne vaudroit-il pas mieux les employer au-dedans de l'Etat, ſoit à augmenter

ſon militaire, ſoit à améliorer le ſort de ſes ſoldats, à entretenir ſes places dans le meilleur état. La force réelle, le crédit, une conduite noble,
franche, honnête & généreuſe, font beaucoup plus que l'argent. Il vaut
mieux en impoſer par ſoi-même à ſes voiſins, que d'acheter leur Alliance
qu'ils mettent toujours à trop haut prix.

*Quelles ſont les Alliances les plus aſſurées: celles qu'on fait avec une
République, ou celles que l'on contracte avec un Prince?*

MACHIAVEL qui ſe propoſe cette queſtion, la réſout ainſi.

Comme il arrive tous les jours, dit-il, qu'un Prince fait un Traité avec
un autre, ou que des Républiques en font entr'elles; que même il s'en
fait auſſi entre un Prince & une République; il n'eſt pas inutile d'examiner de qui la fidélité eſt plus conſtante, & ſur qui l'on doit compter plus
à coup ſûr, ou ſur les promeſſes d'une République, ou ſur la parole d'un
Prince; & l'on trouvera, après un mûr examen, qu'en pluſieurs rencontres il y a beaucoup de conformité entr'eux; & qu'en d'autres il s'y rencontre de la différence.

Quand une République & un Prince auront fait un Traité forcé, il ne
ſera obſervé, ni de part ni d'autre. Quand auſſi l'un & l'autre appréhendera de perdre ſes Etats, il ne faut point s'attendre à l'obſervation d'un
traité de leur part, ni en eſpérer aucune reconnoiſſance.

Démétrius, qu'on appelloit *le Preneur de Villes*, avoit accordé mille
faveurs aux Athéniens. Il arriva par la ſuite, que ce Prince étant battu par
ſes ennemis, & voulant ſe réfugier dans Athenes, comme dans une ville
amie, & qui lui avoit de l'obligation, cette ville eut la dureté de lui
fermer ſes portes; ce qui lui parut bien plus rude, que la perte qu'il venoit de faire de ſon armée. Pompée ayant été défait par Céſar dans la
Theſſalie, il ſe retira en Egypte vers Ptolomée, qu'il avoit auparavant
remis ſur le Trône, & qui, pour récompenſe, fit tuer ce malheureux
Chef. L'on voit bien que ces deux effets viennent d'une même cauſe;
cependant la République, auſſi ingrate, n'eut pas tant de cruauté que le
Prince.

Ainſi, quand la peur domine, la foi n'eſt pas mieux gardée de la part
d'une République, que de celle d'un Prince. Et, s'il ſe rencontre un
Prince, ou une République, qui s'expoſe à périr pour vous demeurer
fidele; l'un & l'autre peuvent avoir auſſi les mêmes raiſons. Car, pour
le Prince, il peut arriver aiſément qu'il ſoit ami d'un Potentat aſſez puiſ
ſant, qui, n'ayant pas pour l'heure les moyens de le défendre, peut
pourtant dans la ſuite le rétablir dans ſes Etats. Ou bien, il ſe peut
faire, que celui qui eſt dépouillé, ayant ſoutenu les intérêts de l'autre,
comme étant ſon allié, il ne puiſſe ſe promettre de trouver des aſſurances
& de la bonne foi dans ſon vainqueur; telle étoit la ſituation des Souve

rains du Royaume de Naples, vis-à-vis des François auxquels ils étoient attachés. Pour les Républiques, il faut citer celle de Sagonte, qui périt pour demeurer attachée aux Romains ; & celle de Florence, qui s'exposa au même malheur pour demeurer attachée aux mêmes François.

Je crois pourtant, tout bien compté, que lorsqu'il s'agira d'un péril éminent, l'on trouvera un peu plus d'affûrances dans une République, que dans un Prince ; parce qu'encore que l'un & l'autre aient la même intention, cependant, comme les Républiques ont leurs démarches plus lentes, il arrivera qu'elles emploieront plus de tems à se résoudre, &, par conséquent, elles vous garderont la foi plus long-temps.

Les Alliances se rompent encore souvent par un principe d'intérêt ; mais dans ce cas, les Républiques ont bien plus de fidélité que les Princes, & l'on pourroit rapporter des exemples, où des Princes ont rompu pour un très-petit intérêt, où un avantage considérable n'a pû faire résoudre une République à enfreindre ses Traités. Je n'en citerai qu'un. Thémistocle haranguant les Athéniens, leur dit qu'il avoit les moyens de faire un grand bien à leur Pays ; mais qu'il ne pouvoit s'en expliquer publiquement, de peur de le faire manquer en le découvrant : le Peuple d'Athenes chargea Aristide d'écouter ses propositions, & de former la résolution qu'il y auroit à prendre à ce sujet, selon qu'il le jugeroit à propos. Thémistocle donc lui découvrit, que la flotte de toute la Grece étoit dans un lieu où il étoit aisé de la prendre, ou de la détruire ; &, quoiqu'elle fût sous la bonne foi des Athéniens, que l'on pouvoit passer par-dessus cette difficulté, puisque ce coup les rendroit entierement maîtres de toutes les autres Puissances. Aristide rapporta au Peuple, que la proposition de Thémistocle étoit très-avantageuse, mais, en même temps, très-malhonnête, & très-contraire à la probité, ce qui la fit rejetter de tout le monde.

Je suis sûr que Philippe de Macedoine n'auroit point eu cette délicatesse, non plus que beaucoup d'autres Princes, qui ont plus fait de conquêtes par la perfidie, que par tous les autres moyens. Il me semble donc prouvé, conclut Machiavel, qu'un Peuple ne fait pas tant de fautes qu'un Prince, & qu'il est plus sûr de se fier à une République, qu'à un Monarque.

Récapitulation. Principes sur la justice des Alliances & leur exécution.

I.

L'INTÉRÊT est le seul lien des Alliances. On ne doit compter que sur celles qui sont avantageuses à tous les alliés ; & l'on ne doit compter sur chacun des alliés qu'à proportion de l'avantage que chacun retire de l'Alliance commune. Il n'y a donc que l'utilité réciproque qui puisse ren-

dre les Alliances folides, & elles ne font durables qu'autant que cette utilité fubfifte.

I I.

En contractant une Alliance, il ne faut pas feulement confidérer &
concilier les intérêts actuels des alliés : il faut encore prévoir quels pourront être ces intérêts pour l'avenir, en calculant les événemens poffibles.
Les événemens changent les intérêts, & les intérêts les Alliances.

I I I.

Le bien des Peuples eft le fondement des Alliances, & des changemens qu'on y fait. Si ce bien exige d'autres engagemens, il faut s'y réfoudre. Dans ce cas, on doit avertir fon allié que les changemens arrivés ne permettent pas de demeurer dans fon Alliance, afin que de fon
côté il puiffe prendre d'autres mefures.

I V.

Les Alliances perpétuelles doivent être rares, & avoir des objets fixes
que la juftice avoue.

V.

Les Alliances indéterminées font prefque de nul effet. Tout doit être
fpécifié & déterminé dans un Traité. Tous les cas doivent être prévus.

V I.

On peut s'allier avec un Prince actuellement en guerre, pourvu que
cette guerre foit jufte. Si elle ne l'étoit pas, on fe rendroit complice de
fon injuftice.

V I I.

Enfeigner qu'on ne doit pas donner les fecours promis à un allié, lorfque la guerre ne paroît pas jufte, c'eft donner trop de facilité à éluder
l'exécution d'un Traité, fous le prétexte de cette injuftice. Si l'injuftice de
la guerre eft abfolument évidente, il vaut abfolument mieux rompre l'Alliance que de participer à cette injuftice. Mais dans les cas communs &
ordinaires, même dans les cas douteux où les deux parties femblent être
autorifées à la guerre par des motifs également plaufibles, ou à-peu-près,
on doit défendre les intérêts de fon allié.

V I I I.

On peut s'allier avec différens Princes à la fois. S'ils font en guerre
l'un contre l'autre, on gardera la neutralité. On tâchera de les accommoder, & on offrira fa médiation. Si la juftice veut que l'on fe déclare

pour l'un, pour celui dont la cause est la plus juste, on doit en prévenir l'autre.

I X.

On ne doit aucun secours à un allié qui se fait des ennemis par une
conduite manifestement injuste. Quand il seroit attaqué le premier par la
voie des armes, il n'en est pas moins l'agresseur, ses injures & ses injustices ayant provoqué l'attaque. Faire une Alliance défensive avec quelqu'un, ce n'est pas s'engager à épouser les mauvaises querelles qu'il s'atti-
rera par sa faute. Dans l'avant-dernière guerre, le Ministere de France trouva
mauvais que les Hollandois donnassent des secours à la Grande Bretagne
& à la Reine de Hongrie, prétendant que ces deux Puissances étoient les
agresseurs, quoique la France leur eut déclaré la guerre. De leur côté les
Hollandois répondirent que la France étoit l'agresseur, parce que sa déclaration de guerre n'avoit eu que des prétextes frivoles. C'est ce qui arrivera toujours. Un Allié ne manquera jamais de raisons pour soutenir qu'il
a tout le droit de son côté, & qu'il est injustement attaqué. Si vous l'a-
bandonnez dans cet embarras, il criera à la mauvaise foi, il se répandra
en plaintes, & si l'occasion se présente, il vous fera éprouver son ressentiment. Il n'y a donc qu'une injustice évidente qui puisse autoriser le refus des secours stipulés dans une Alliance défensive.

X.

Le cas de cette injustice évidente est si rare, qu'on a raison de stipuler,
comme on le fait ordinairement, que l'un des contractans donnera son
secours à l'autre, dès que celui-ci sera attaqué hostilement dans quelqu'une de ses possessions. Etant question lorsqu'on forme une Alliance défensive, de marquer d'une maniere claire & précise le cas de l'Alliance, il
faut déterminer un point fixe, certain & qui ne soit sujet à aucune contestation. Quel autre point peut-on choisir qu'un acte d'hostilité. Tout
autre grief, quel qu'il soit, qu'on voudroit prendre pour le cas de l'Alliance, seroit une source intarissable de plaintes, de différends, de chicanes,
de contestations. Les Traités d'Alliance défensive qui sont si avantageux
pour les Nations, deviendroient inutiles, parce qu'il seroit aisé d'en éluder la force.

En suivant la méthode usitée de contracter, on assure le repos public.
Un Prince qui sait qu'en commettant les premieres hostilités, il s'attire
sur les bras les forces des Alliés de son ennemi, est moins prompt à en
venir à une rupture ouverte. Il réprime ses passions ; il tente toutes les
voies de la négociation, & il n'oublie rien pour faire connoître la justice
de sa cause & l'injustice de son ennemi. Tout usage propre à étendre
l'empire de la raison & de la bonne foi sur les hommes, doit être adopté
avidement, quoique dans de certains cas il soit sujet à des inconvéniens

X I.

Si par les suites d'une guerre défensive, l'affailli devient l'affaillant & porte à son tour la guerre dans les Etats de celui qui l'a attaqué le premier, l'allié doit lui continuer les secours stipulés, car les événemens de la guerre, heureux ou malheureux, n'en changent point la nature.

X I I.

Doit-on secourir un allié, lorsqu'en le secourant on s'expose à se perdre entierement avec lui? Si le cas d'une perte évidente n'est pas imaginaire, il a dû être prévu; & s'il a été prévu, on n'a pas dû s'y exposer témérairement. Mais le Traité étant conclu, il faut l'exécuter. Quel seroit l'objet de l'Alliance, si on n'étoit pas obligé de s'exposer à quelque péril pour secourir ses Alliés? si après avoir fait tous ses efforts en faveur d'un allié, avoir essuyé des malheurs, des pertes, avoir négocié pour fortifier son parti, & se mettre en état de soutenir le choc de l'ennemi commun, on voit que, malgré sa bonne volonté, toutes les forces réunies des Alliés sont incapables de résister à une Puissance qui les accable, la seule ressource dans ce cas est la paix; si l'ennemi offre des conditions supportables, la prudence veut que l'on s'y rende. Si votre allié, obstiné à sa perte, refuse la paix, vous n'êtes pas obligé de vous perdre avec lui. Vous avez satisfait à vos engagemens, en le secourant à votre désavantage, comme vous avez fait. Il n'est pas en droit d'exiger que vous soyez aussi téméraire, aussi désespéré que lui. Le salut de l'Etat est toujours la loi suprême.

X I I I.

La clause par laquelle deux alliés se promettent de ne conclure la paix que de concert, a des bornes. Il ne seroit pas juste que le repos de tous les Etats alliés dépendît absolument d'un seul qui s'obstineroit à rejetter des propositions de paix raisonnables. Celui qui veut entrer en négociation pour la paix, ne doit rien conclure avec l'ennemi commun, sans en avoir fait part à ses alliés, & sans leur avoir en même temps déclaré qu'il ne se détachera pas d'eux à moins qu'ils ne rejettent des propositions justes en totalité. Il doit n'agir que conséquemment à cette déclaration; en sorte que tant que ses alliés ne s'obstinent pas à rejetter des propositions telles qu'on en doive regarder l'exécution comme un juste résultat de la guerre, il ne fasse pas sa paix particuliere. Mais s'ils s'obstinent à ne vouloir pas accepter de telles propositions, celui qui a amené la négociation à ce point-là en faveur de ses alliés, peut faire la paix en son particulier, après les avoir avertis de sa disposition à conclure, & des raisons légitimes qu'il a d'en agir ainsi. Ces principes doivent servir de régle aux Puissances qui en s'alliant ensemble n'ont point déterminé l'objet qu'elles se proposent par la guerre.

X I V.

Mais quand les alliés ont stipulé de ne poser les armes qu'après avoir obtenu telle ou telle satisfaction, la these change. Les articles dont on est convenu étant alors regardés comme le juste résultat de la guerre, il faut qu'ils soient remplis, avant qu'aucun des alliés puisse faire sa paix particuliere, à moins qu'il ne soit certain que son allié veut le gagner de vitesse, ou qu'il ne soit menacé de sa ruine entiere en continuant la guerre. Tout allié qui, hors ces deux cas se prête à quelque convention particuliere, contracte invalidement; & il peut revenir sur ce manquement de foi, pourvu qu'il se remette, vis-à-vis l'ennemi commun, dans la situation où il se trouvoit quand il a fait sa paix.

Lorsque la Reine Anne fit sa paix particuliere avec Louis XIV en 1712, le but de la guerre, qui étoit de ne pas laisser l'Espagne & les Indes à la maison de Bourbon, n'étoit pas rempli. L'Empereur Charles VI, disoient les Toris qui firent cette paix, seroit trop puissant, s'il possédoit tous les Etats de la maison d'Autriche avec l'Empire. Ils pouvoient avoir raison; mais n'y avoit-il pas un milieu, & ne pouvoit-on pas mettre la Couronne des Espagnes sur la tête d'un Prince qui ne pouvoit faire ombrage aux deux maisons, comme un Prince de Baviere.

On peut dire la même chose de la paix particuliere que Charles VI fit avec la Porte à Belgrade, par le conseil & sous la médiation de la France, sans y comprendre la Russie qui fut contrainte, se voyant abandonnée de son allié, de renoncer aux avantages qu'elle pouvoit tirer des grandes conquêtes qu'elle avoit faites, jusqu'à l'embouchure du Boristhene & au-delà du Niester dans la Moldavie. Mais la France, qui souhaitoit l'affoiblissement de l'Empereur & de la Russie, n'oublia rien pour engager le premier à faire sa paix dans un temps où la fortune l'avoit abandonné, avant que la rapidité des progrès du Maréchal de Munich l'eût tiré du mauvais pas où il étoit, ensorte qu'il acheta la paix en cédant & Belgrade & le Royaume de Servie.

X V.

Si les Alliances politiques ont des avantages, elles ont aussi des inconvéniens. La protection que le Prince plus puissant doit accorder au plus foible, est souvent une occasion de le vexer; & le Prince le plus foible se voit obligé d'épouser toutes les querelles du plus puissant. Ces Alliances sont néanmoins utiles lorsqu'on a su trouver le vrai point de l'intérêt commun des Puissances alliées, & qu'on a l'adresse d'y accommoder les conditions de l'Alliance avec une si juste précision que chacun soit sûr d'en retirer tout l'avantage qu'il en peut raisonnablement espérer.

X V I.

XVI.

Quelqu'Alliance que l'on ait, il est toujours sage de compter moins sur les engagemens que son allié a contractés, que sur ceux qu'il peut en effet remplir ; & si l'on veut une regle plus précise , que l'on ne compte positivement que sur la moitié de ce qu'il peut ou doit. Quand le moment d'exiger l'exécution d'un traité est arrivé, il faut se conformer aux circonstances actuelles, souvent bien différentes de ce qu'elles étoient lorsque le traité a été conclu. Si l'on prétend forcer ces circonstances, on ne fait encore qu'une opération fausse. Quelques *négociateurs* obstinés parviendront peut-être, à force d'art, d'intrigue & d'instance, à abuser de la foiblesse, de l'ignorance ou de la paresse d'un Prince, pour l'engager dans des démarches qu'il est incapable de soutenir. Qu'y gagneront-ils ? Au lieu d'un allié dont les secours soient utiles, ils en auront un dont il leur faudra sans cesse exciter les lenteurs, réparer les fautes, & indemniser les pertes. *Des Principes des Négociations, par M. l'Abbé* DE MABLY. *Institutions Politiques du Baron* DE BIELFELDT. *La Science du Gouvernement, par M.* DE RÉAL. *Essai sur les principes du Droit & de la Morale. Discours Politiques sur* TITE-LIVE, *par* MACHIAVEL, &c. &c.

PRINCIPAUX
TRAITÉS D'ALLIANCE
CONCLUS
ENTRE LES PUISSANCES DE L'EUROPE
DEPUIS LA PAIX DE WESTPHALIE
JUSQU'A CE JOUR.

N°. I.

TRAITÉ D'ALLIANCE

Entre la France & l'Angleterre, en 1655.

DEPUIS la Paix de Westphalie, la France sembloit ne regarder les avantages qu'elle y avoit obtenus, que comme un acheminement à des plus grands. Elle s'étoit réfervé à Munfter de continuer la guerre contre l'Espagne, qui n'étoit plus que le squelette tronqué de la puissante Monarchie laissée par Charles-Quint ; &, comme si la guerre avec elle eût été une guerre entre Puissances égales, les Plénipotentiaires François à Munfter lui avoient coupé, par un article exprès du Traité, le secours de l'Empire & de l'Empereur. On pouvoit prédire fûrement, qu'à moins de se faire de nouveaux Alliés, l'Espagne avanceroit dans sa décadence aussi long-temps qu'elle différeroit de faire sa paix. Elle s'étoit enfin délivrée, quoique peu glorieusement, de la guerre dispendieuse des Pays-Bas, en reconnoissant les sept Provinces-Unies pour un Etat libre & souverain. Son Traité avec elles avoit précédé d'un an celui de Westphalie. Mais les Hollandois, fatigués de la guerre, & pleins encore de leur haine contre la Puissance tyrannique, à laquelle ils s'étoient dérobés, ne pensoient à rien moins qu'à devenir ses défenseurs. Cependant la révolte de la Catalogne, & la révolution du Portugal, faisoient une fâcheuse diversion à ses forces. Les Puissances d'Italie, ou neutres, ou déclarées contre elle, & soutenues par les François, lui faisoient consumer à la défense des deux Siciles & du Milanez les secours qu'elle avoit accoutumé d'en tirer pour celle de ses autres Etats. Il n'y avoit que du côté de l'Angleterre qu'elle pût espérer de l'appui. Son Ambassadeur, à Londres, eut ordre de proposer à Cromwel un Traité d'Alliance, aux Conditions, qu'il lui plairoit de stipuler pour la grandeur de sa famille & l'accroissement de celle de la Royale République. Il offrit au Protecteur de remettre Dunkerque aux Anglois aussi-tôt après la signature du Traité : & le Roi d'Espagne s'engageoit en outre à agir de concert avec toutes ses forces dans les Pays-Bas, pour faire revenir à l'Angleterre Calais son ancienne possession.

Le Cardinal Mazarin demandoit que l'Alliance de la France fût préférée ; & quoi qu'il n'offrît que des espérances tout-à-fait dépendantes du sort des armes, il fut écouté. Cromwel donna hautement la préférence à la France ; & il s'engagea d'entretenir tant que la guerre dureroit, dans celle des armées Françoises qui agiroit en Flandres, un corps de six mille hommes d'Infanterie Angloise, à condition que le siege de Dunkerque en étant la premiere opération, on lui remettroit la ville aussi-tôt après sa prise. Le Traité fut renouvellé & confirmé en 1657, & l'armée Françoise agit en conséquence.

La plupart des Politiques Anglois ont blâmé le Protecteur du parti qu'il prit. La Puissance de la France, disent-ils, menaçoit déja l'Europe ; l'occasion étoit belle de la contenir dans de justes bornes ; & Cromwel auroit trouvé plus de gloire & d'avantage pour l'Angleterre, si, soutenant l'Espagne sur le penchant de sa ruine, il l'avoit remise en équilibre avec sa rivale. Pour condamner un Politique aussi heureux, il faut autant de pénétration que d'impartialité ; & l'une ou l'autre paroit avoir manqué à ses Censeurs. Le Cardinal Albéroni, qui pese avec toute l'exactitude imaginable les motifs du Protecteur, lui fait honneur de son choix. Il le regarde comme le chef-d'œuvre de la bonne Politique. Une pareille autorité qui se produit avec tout l'appareil des raisonnemens & de l'expérience, est d'un grand poids ; & la sagacité qui paroit dans l'avis de cette Eminence, en fait un morceau curieux d'Histoire Politique, qu'on me saura gré d'avoir donné. Voici comme on fait parler ce fameux Ministre dans son Testament Politique Chap. XIII.

» C'est au Traité de Westphalie qu'il faut marquer l'époque de l'éta-
» blissement de l'équilibre de l'Europe. Tous les Traités qui lui sont pos-
» térieurs, toutes les guerres qui se sont faites depuis, n'ont eu pour objet
» que de troubler, ou de maintenir l'ordre qu'il a fixé. Dès qu'on saisit le
» point de vue de l'usurpateur Cromwel, on ne voit rien dans sa conduite
» qui ne réponde à cette idée.

» Le Cardinal de Richelieu, qui se flatta que ses Successeurs suivroient
» constamment les routes qu'il leur frayoit, avoit mis l'Angleterre hors

» de la balance. Les divifions, que d'habiles Miniftres y pouvoient en-
» tretenir, lui fembloient un sûr garant, que jamais les Rois de France
» n'auroient à difcuter avec elle les affaires Etrangeres. Il prépara tout
» en conféquence pour que l'équilibre une fois établi, le foin de le main-
» tenir tombât au Corps Germanique. Cromwel fe propofa de lui ôter la
» balance, pour la faire paffer à la Nation ; & ce but fut l'ame de fa
» négociation avec l'Efpagne & la France. Ce fut pour y arriver plus fû-
» rement qu'il feignit de ne pas comprendre celui de la paix de Munfter.
» Sans fecours du côté de l'Empereur & de l'Empire, l'Efpagne luttoit
» avec défavantage contre la France. Se joindre à elle, en acceptant Dun-
» kerque, dont elle faifoit la récompenfe du fecours qu'elle demandoit ;
» c'étoit engager l'Angleterre dans une guerre extrêmement longue : puif-
» qu'elle feroit entre Puiffances égales ; c'étoit ne lui procurer pour les
» grandes dépenfes qu'il lui faudroit faire, qu'une paix telle que l'Empire
» la lui dicteroit. C'étoit, outre cela, la mettre dans la néceffité d'entrer
» dans tous les différens des deux Maifons, & de fe tenir toujours du
» côté de la plus foible. En préférant l'Alliance de la France, & recevant
» Dunkerque conquis par les armes combinées, c'étoit décider la fupério-
» rité de la maifon de Bourbon, fur celle d'Autriche, & lui faire termi-
» ner promptement cette guerre par une augmentation de Puiffance, qui
» ébranloit l'équilibre. Dans la guerre fuivante, il faudroit que le Corps
» Germanique fe rendît aux follicitations de fon Chef : autrement la ba-
» lance étoit renverfée ; & il en fouffroit le premier. La guerre feroit donc
» entre Puiffances égales quand l'Empire & la maifon d'Autriche feroient
» unis contre la France.

» Cependant l'Angleterre, un pied en Flandres, ménageroit auprès de
» l'un & de l'autre parti les conditions de fa neutralité, ou de fa déclara-
» tion, & feroit toujours à temps de faire acheter fa médiation au prix
» qu'elle y voudroit mettre. L'Efpagne étoit trop foible, la France n'avoit
» point de raifon pour la troubler dans la poffeffion de Dunkerque. Les
» Hollandois ne pouvoient que fe tenir en garde contre un voifin dange-
» reux. Si le génie Politique de Cromwel avoit animé Charles II, la petite
» guerre que le Traité d'Aix-la-Chapelle étouffa, auroit donné à l'Angle-
» terre, ou par la ceffion de l'Efpagne, ou par accord de partage avec la
» France, la plus importante moitié des Pays-Bas Autrichiens ». D. B. M.

N°. II.

TRAITÉ D'ALLIANCE

Entre la Pologne & le Danemarck, en 1657.

PAR le Traité de Copenhague du 28 Juillet 1657, les Rois & Etats de Danemarck & de Pologne forment une Alliance perpétuelle, & promettent de se secourir mutuellement de toutes leurs forces toutes les fois que l'un ou l'autre des contractans sera attaqué par la Suede. Ils s'engagent de plus, dès qu'une fois ils auront pris les armes, à ne conclure aucun accommodement particulier.

C'est en conséquence de ce Traité d'Alliance défensive contre la Suede, que le Danemarck secourut la Pologne attaquée par Charles-Gustave : cette guerre fut terminée par la paix d'Oliva.

Voyez OLIVA.

Nous avons parlé ci-dessus des Alliances perpétuelles. Nous y renvoyons le Lecteur.

N°. III.

TRAITÉ D'ALLIANCE ET D'AMITIÉ

Conclu à Paris le 12 Décembre 1657, entre Louis XIV & le Duc de Longueville, comme Prince Souverain de Neuchâtel & de Valengin.

EN vertu de ce Traité, le Roi Très-Chrétien pourra faire à sa volonté des levées d'hommes dans les deux Comtés de Neuchâtel & de Valengin, après en avoir averti le Souverain. Tous ceux qui voudront entrer au service de la France, seront les maîtres de le faire. Leur Prince ne les rappellera point qu'il ne soit attaqué; dans ce cas même, ses sujets ne pourront se retirer sans avoir un congé qu'on leur accordera toujours. Ils auront la même paie que les Suisses; & dans toute l'étendue du Royaume ils jouiront des privileges accordés ou qu'on accordera dans la suite, aux Cantons du Corps Helvétique.

Les habitans des Comtés de Neuchâtel & de Valengin ne serviront ni directement ni indirectement contre la France. Ils refuseront tout passage sur leurs terres à ses ennemis, & ils le donneront à toutes les troupes à la solde du Roi Très-Chrétien. Deux Compagnies des Gardes-Suisses de ce Prince seront commandées par des Officiers nés dans ces deux Comtés, ou qui en seront originaires.

Voyez NEUCHATEL.

Nº. IV.

ALLIANCE DU RHIN,

OU

TRAITÉ D'ALLIANCE

Entre le Roi Très-Chrétien & plusieurs Princes & Etats d'Allemagne, signé à Mayence le 15 Août 1658.

» COMME le Roi Très-Chrétien, en qualité de membre de la Paix, entre dans l'Alliance que les Eminentissimes, Sérénissimes, Révérendissimes, Princes & Seigneurs, le Seigneur Jean Philippe, Archevêque de Mayence, le Seigneur Charles Goispard, Archevêque de Treves ; le Seigneur Maximilien Henri, Archevêque de Cologne, Archichanceliers de l'Empire Romain en Allemagne, Gaule, Royaume d'Arles & Italie, & Princes Electeurs ; le Seigneur Philippe Guillaume, Comte Palatin du Rhin, Duc de Baviere, de Juliers, de Cleves & de Mons, le Roi de Suede, comme Duc de Breme & de Verde & Seigneur de Wismar, les Seigneurs Auguste, Christian, Louis, & George Guillaume, Ducs de Brunswic & de Lunebourg, & le Seigneur Guillaume, Landgrave de Hesse, ont fait en vertu du résultat dont ils sont convenus à Francfort le 14 Août de la présente année 1658. Sa Majesté très-Chrétienne approuve en toutes choses ce résultat, & se joint conformément à sa teneur & sous les mêmes conditions, auxdits Electeurs & Princes ; ainsi le Roi très-Chrétien d'une part, & les Electeurs & Princes alliés de l'autre, se sont promis réciproquement amitié, & ont fait Alliance pour leur défense mutuelle & pour la conservation de la tranquillité publique dans l'Empire, & outre cela confirment par ce Traité particulier le susdit résultat qui a été fait & reçu solemnellement de tous, & sont convenus des deux côtés des conditions suivantes ; ensorte néanmoins que comme il est dit dans ledit résultat, il sera libre à tous les autres Princes qui sont membres de la paix, sans en excepter aucun, d'entrer dans cette Alliance, soit qu'ils soient Catholiques, ou qu'ils suivent la Confession d'Ausbourg.

„ I. Il y aura entre le Roi très-Chrétien, & lesdits Electeurs & Princes alliés, & leurs successeurs, héritiers, & descendans, une sincere & ferme union pour ce qui regarde la Paix de Munster & d'Osnabruck, & une obligation réciproque pour leur mutuelle défense, ensorte que l'un défende l'autre, ou que tous en défendent un, & que ceux qui sont compris dans le Traité de Paix s'assisteront mutuellement l'un l'autre s'ils sont attaqués dans leurs Etats, & ils le feront en la maniere suivante. „

,, II. Cette Alliance défensive ne s'étendra pas plus loin, qu'à ce que le Traité de Paix les oblige les uns envers les autres, tant publique que particuliere : le Roi très-Chrétien, & les Electeurs & Princes alliés jouiront chacun à leur égard & en commun, de cette sûreté tant publique que particuliere, étant en affurance par les fecours mutuels qu'ils fe donneront contre tous les agreffeurs qui contreviendront au Traité de Paix. En particulier ils fe fecoureront l'un l'autre contre ceux qui troubleront quelqu'un des Alliés dans ce qu'il poffede par droit de fucceffion ou d'élection, ou en vertu du Traité de Paix. ,,

,, III. Cette convention particuliere pour faire obferver la paix, ne nuira en aucune façon à qui que ce foit, foit dehors ou dans l'Empire ; la guerre même d'entre la France & l'Efpagne en fera entièrement exclue, les Electeurs & Princes alliés ne voulant & n'étant aucunement obligés d'y entrer. ,,

,, IV. Le Roi très-Chrétien entré dans cette Alliance défensive, & promet d'obferver en toutes chofes le Traité de Paix, & lorfqu'il en fera requis, d'affifter ceux qui voudront l'obferver, & prendront intérêt aux droits & à la liberté des Electeurs, & des Princes & Etats de l'Empire en général & en particulier, contre tous ceux qui voudront ou tâcheront de leur nuire ou de les troubler dans la jouiffance de leurs droits, & de leurs libertés. ,,

,, V. Le Roi très-Chrétien promet de ne point porter les armes contre ou dedans l'Empire, de ne pas agir avec hoftilité contre les Electeurs & Princes, ou contre leurs Etats ou Provinces, de ne les point charger de contributions pendant l'hiver, ou d'autres exactions militaires, de ne les point troubler en quelque autre maniere, & de ne point permettre qu'on leve des foldats en France, ou en Alface, pour attaquer l'Empire, ou les Electeurs & Princes Alliés qui font préfentement entrés dans cette Alliance, ou qui y pourront entrer à l'avenir, ni qu'on y arme contre eux, & qu'on y fourniffe à leurs ennemis des canons ou de la poudre à canon. ,,

,, VI. Le Roi en particulier difpofera tous fes autres Alliés, tant ceux qui le font préfentement, que ceux qui pourront l'être à l'avenir dedans, ou dehors l'Empire, à conferver une bonne & conftante amitié, & la paix avec l'Empire, les Electeurs & Princes alliés, & à ne leur nuire, ni préjudicier en aucune maniere directement ni indirectement. ,,

,, VII. Le Roi très-Chrétien s'oblige au fimple d'affifter à fes dépens tous les Alliés enfemble ou chacun d'eux en particulier, de feize cens hommes de pied, & de huit cens chevaux, avec un nombre de canons convenable, fi eux ou quelqu'un de leurs Etats en quelque endroit qu'ils foient fitués en Allemagne, étoient attaqués hoftilement, ou fi on les chargeoit, de quelque maniere que ce fût, de quartiers ou de contributions pendant l'hiver, ou de paffage, ou on exerçât des violences, ou d'exécutions militaires, ou d'autres voies de fait & vexations. ,,

„ VIII. Semblablement les Electeurs & Princes alliés promettent d'obferver la paix avec le Roi très-Chrétien, le Royaume de France & tous les pays qui lui font préfentement foumis, & de ne point affifter directement, ni indirectement de troupes, ou d'argent, ceux qui voudroient au préjudice du Traité de Paix attaquer le Roi, & attaquer avec hoftilité les terres qu'il a acquifes par le Traité de Paix & qu'il poffede, ou dans lefquelles il a droit de garnifon en vertu du Traité de Paix. „

„ IX. Les Electeurs & Princes alliés s'obligent au fimple de fecourir à leurs dépens le Roi très-Chrétien, du nombre de gens de pied & de chevaux qui eft exprimé dans le fufdit réfultat dans & pour les Provinces qu'il poffède par le Traité de Paix, s'il étoit attaqué avec hoftilité par quelque Etat de l'Empire, ou par d'autres qui foient membres de la paix de Munfter, ou fi on donnoit du fecours à fes ennemis qui envahiroient ces Provinces. „

„ X. Si le Traité de Paix n'eft pas obfervé pour lors à la réquifition de la partie offenfée, les Electeurs & Princes alliés & ceux qui feront entrés dans cette Alliance, employeront auffi-tôt conformément au Traité de Paix, tous leurs foins & leurs bons offices, afin que tout ce qui pourroit être contraire à la paix foit ôté & réparé effectivement & fans délai. „

„ XI. En vertu de cette Alliance, tous & un chacun des Electeurs & Princes alliés promettent que pour obtenir la confervation de la paix, ils feront tous leurs efforts, tant dans les Dietes de l'Empire, qu'ailleurs, afin que la garantie générale fondée fur le Traité de Paix au paragraphe *Cependant*, foit établie efficacement & réellement, & quand elle fera établie, ou qu'on en aura fait une particuliere entre les membres de la paix par l'entrée d'un plus grand nombre dans cette Alliance jufqu'à ce que l'on puiffe établir fermement la générale, on conviendra des moyens réels & effectifs de conferver la paix & de la jonction des Confeils & des forces contre ceux qui y contreviendront. „

„ XII. Cependant tous & un chacun des Electeurs & Princes alliés dont les Etats font fur les rivieres, & principalement fur le Rhin, & outre cela en quelque endroit que ce foit, où cela fe pourra à caufe de la fituation du lieu, feront obligés chacun dans fon territoire de prendre garde que les troupes envoyées en Flandre ou ailleurs contre le Roi très-Chrétien, & fes préfens alliés, ne paffent fur leurs terres, & que ceux qui contreviennent à la paix, n'y prennent des quartiers d'hiver, des armes, des canons, & des vivres. „

„ XIII. Le Roi très-Chrétien, & les Electeurs & Princes alliés fe promettent mutuellement, que fi à l'occafion ou fous prétexte de cette Alliance défenfive pour le maintien de la Paix en Allemagne, un d'eux ou tous font attaqués avec hoftilité par quelqu'un quel qu'il foit, foit dedans ou dehors l'Empire, en ce cas ils fe fecoureront l'un l'autre de tout leur pouvoir & avec des forces proportionnées au péril, & ils feront tous obligés de faire

marcher

marcher leurs armées & de joindre leurs troupes en fort bon état pour la défense de leur allié qui sera attaqué. „

„ XIV. Cette Alliance défensive durera trois ans, à compter du jour de la ratification, & si cependant la paix entre les Couronnes de France & d'Espagne n'est pas faite, elle sera prolongée du consentement de tous les Alliés, ou de ceux qui voudront persister plus long-tems dans cette alliance, & on traitera de cette affaire à Francfort une demi année avant que les trois ans soient expirés. „

„ XV. Le Roi très-Chrétien & les Electeurs & Princes alliés se promettent mutuellement d'observer tous & un chacun de ces articles, parce qu'ils sont fondés sur le Traité de Paix & les autres constitutions de l'Empire, qu'ils sont conformes au résultat fait à Francfort le 14 Août de la présente année 1658 entre les Electeurs & Princes nommés ci-dessus & dans lequel le Roi très-Chrétien est entré, & qu'ils ne sont faits au préjudice de qui que ce soit; tous & un chacun des Electeurs & Princes alliés se reservant neanmoins toûjours la foi qu'ils doivent à l'Empire, à leur patrie, & à l'Empereur : en foi & pour sûreté de toutes ces choses, ce traité d'alliance a été signé & scellé par les Ambassadeurs du Roi très-Chrétien & des Electeurs & Princes alliés qui ont promis d'échanger dans un mois les ratifications de leurs Maîtres. Fait à Mayence le 15 Août 1658. „

La Ligue du Rhin fut continuée pour trois ans, par un traité passé à Francfort le 31 Août 1661, entre les mêmes & les Ducs de Wirtemberg & des Deux-ponts.

Elle fut continuée une seconde fois pour trois autres années par un traité passé encore à Francfort entre les mêmes le 25 Janvier 1663.

CAPITULATION

Faite par le Roi & les autres Princes de la Ligue du Rhin, avec les principaux Officiers de l'armée qu'ils doivent mettre sur pied.

SAVOIR,

Avec le Prince de Salm, pour le Clergé général de la Ligue à Francfort, le 25 Juin 1659.

„Nous, Leopold-Philippe-Charles, Prince de Salm, Vildtgrane de Daun, & de Kytburge, Rheingrave de Steind, Comte d'Anholt, Baron de Fenestrage & Baht & Latum, Seigneur de Pulni, Bayon, Neuville, Oginille, Meidericq, Bannerher, héréditaire du Duché de Gueldres, & Comté de Zutphen, Lieutenant-Général de sa Majesté Très-Chrétienne sur toutes ses Troupes Allemandes, Reconnoissons que sadite Majesté, les Electeurs, & les Princes ci-après dénommés, étant convenus ensemble d'une certaine union défensive pour le maintien de la paix, & le repos de l'Empire, en laquelle est entré puis après Monsieur le Landgrave Georges de Hessen Prince de Hersfeld, Comte de Kastenelndbogen, Dietz, Ziegenhein, Nidda, Schavenbourg, Issenbourg, & Badingen, & qu'ayant été établi par sa Majesté, & lesdits Electeurs & Princes, Maréchal Général sur leurs Troupes : lesquelles en cas de besoin l'on doit mettre ensemble, dont ils sont convenus avec nous par leurs Ambassadeurs présens à Francfort sur le Mein, selon la Capitulation suivante translatée de l'original Allemand en latin. ″

» Qu'il soit notoire à tous par ces présentes, que Sa Majesté très-Chrétienne & les Révérendissimes, Sérénissimes, Illustrissimes, Révérends Electeurs & Princes Jean-Philippe, Archevêque de Mayence, Grand-Chancelier de l'Empire en Allemagne, & Electeur, Evêque de Wirtzburg, & Duc de Franconie ; Charles-Gaspard, Archevêque de Tréves, Grand-Chancelier de l'Empire dans les Gaules & dans le Royaume d'Arles, & Electeur Administrateur de Prum ; Maximilien-Henri, Archevêque de Cologne, Grand-Chancelier de l'Empire en Italie & Electeur, Evêque de Hildesheim, & de Liege, Administrateur de Bergtesgaden, & Stablo, Duc de la haute & basse Baviere, du haut Palatinat dans la Westphalie, d'Angrie & de Buillon, Comte Palatin du Rhin, Landgrave de Leuchtenberg, Marquis de Franchimont ; Christophe-Bernard, Evêque de Munster, Prince du saint Empire, Burggrave de Stamberg & Seigneur de Berkelé ; Philippe-Guillaume Comte Palatin du Rhin, Duc de Baviere, de Juliers, de Cleves, & de Monts, Comte de Weldentz, Spanheim, Mark, Ravensburg & Menro, Seigneur de Ravensteins ; & sa Majesté Suédoise, Duc de Breme & Werden, & Seigneur de Wismar, Auguste Duc de Brunswick & de Lunebourg, & Guillaume Duc de Brunswick & de Lunebourg, & Guillaume Landgrave de Hesse, Prince de Hersfeld, Comte de Katzenelndbogen, Dietz, Ziegenhein, Nidda, & de Shavembourg, ayant conclu pour des raisons & motifs très-forts les 14 & 15 d'Août de l'année 1658, à Francfort sur le Mein, & à Mayence, une certaine alliance défensive, & ayant entr'autres choses dans cette union défensive bien clairement réglé : que si lesdits Seigneurs alliés, contre leur espérance & pensée, étoient menacés de quelque danger, & qu'ils fussent obligés pour se conserver & pour protéger leurs sujets d'une injuste force, de se tenir sur la défensive, quelle devroit être en cette occasion la regle qu'il faudroit suivre pour maintenir le bon ordre parmi leurs troupes unies, tant de Cavalerie & d'Infanterie, que pour l'artillerie & pour toutes les choses qui la regardent, & ayant été jugé expédient d'établir un Commandant Général, & la chose étant présentement en cet état, lesdits Seigneurs alliés sont convenus & ont consenti d'offrir à l'Illustrissime Prince Leopold-Philippe-Charles, Prince de Salm, Wildgrave de Daun & de Kirburg, Rheingrave de Stein, Baron de Winfting & Anholt, & à caufe de fa grande expérience dans la guerre qui n'eft inconnue à perfonne, & pour la finguliere affection qu'il a pour la paix de la nation Germanique notre chere patrie, la charge de Maréchal-Général, avec tous les honneurs, droits & prérogatives qui accompagnent cette charge, conformément au traité d'alliance & à cette capitulation, & l'ont ainfi établi Général de toutes leurs troupes d'Infanterie & de Cavalerie qu'on affemblera tant de ceux qui font compris préfentement dans ladite alliance, que des autres qui y entreront dans la fuite, & auffi fur l'artillerie & les autres chofes qui la regardent, & font convenus par leurs Confeillers & Plenipotentiaires députés qui font ici préfens avec l'Illuftriffime Prince, des articles de capitulation en la maniere fuivante. "

» I. L'Illuftriffime Prince promet en premier lieu aufdits Seigneurs confedérés, & à ceux qui entreront dans la fuite dans cette alliance, à tous & à chacun, en vertu de cette capitulation, fidélité, & obéiffance, & qu'il les fervira eux, & leurs pays, & fujets, fans avoir égard à la Réligion, ni aux autres prééminences qui font ufurpées & reconnues dedans ou dehors l'empire, & cela conformément au traité de ladite alliance, dont un exemplaire lui a été donné, enfemble avec celui qui a été fait avec la Couronne de France par les Confeillers des Seigneurs alliés affemblés ici à Francfort afin qu'il lui fervît de regle, comme auffi cette capitulation faite avec lui qu'il doit obferver, exécuter dans tous & chacun de fes points & claufes felon la meilleure interprétation, en s'employant de tout fon pouvoir pour le bien & la défenfe des Seigneurs alliés, & en prévenant tous les périls & dangers qui pourroient les menacer ou leurs Etats, terres & fujets, toutes les fois que fon Alteffe en fera averti, & d'abord qu'il le faura, fuppofé que la chofe foit de quelque conféquence, même quand ce ne feroit pas par des actions militaires & fans que les Troupes foient en campagne, & cela de toutes fes forces, & de la meilleure maniere qu'il pourra le faire; que fi la chofe ne lui eft pas poffible, il en avertira au moins fans délai les Seigneurs alliés, & ceux que la chofe regarde, comme auffi le Directoire Electoral de Mayence, ou les plus proches Electeurs & Princes alliés à leurs communs dépens.

,, II. L'Illuftriffime Prince veut & doit diriger, régler & exécuter tous fes deffeins & actions felon la regle que lui prefcrivent lefdits Traités d'Alliance, & felon tous leurs articles & claufes, comme auffi felon l'inftruction générale qui y eft jointe & approuvée de tous, pour les Confeillers de guerre, pour la diftribution des appointemens & autres Statuts, defquelles chofes comme auffi des Traités d'Alliance on lui a déja communiqué & on lui communiquera dans la fuite des copies authentiques, & dans les cas qui ne font pas compris dans toutes ces chofes, il aura égard aux Loix fondamentales de l'Empire, aux conftitutions & à l'ordre d'exécution, & avant toutes choses au Traité de paix fait à Munster, de Westphalie & Osnabrug. "

„ Il se réglera encore selon les ordonnances des confédérés qu'on publiera dans la suite, les réglemens & articles qu'ils feront, selon les ordonnances de la guerre qu'on y joindra, & les autres choses nécessaires, desquelles choses aussi on lui donnera des copies authentiques ; il suivra aussi les plus louables & raisonnables coûtumes de la guerre, desquelles on pourra se servir utilement à l'avantage, & au bien des Seigneurs alliés, sans blesser, ni préjudicier au Traité d'union, & à cette capitulation. "

„ III. L'Illustre Prince promet à cette fin qu'il aura conjointement avec les autres Conseillers des Alliés, grand soin que les Conseillers de guerre se tiennent selon qu'il est ordonné dans la maniere de les tenir, de les assembler quand la nécessité le demandera, d'y assister, & d'y faire sa fonction dans l'absence du Prince allié qui a le commandement général dans ses terres, ou de celui qu'il auroit substitué à sa place ; & une proposition étant faite après l'avoir déclaré dans le Conseil, selon que le temps & le lieu le permettra, il recueillera les voix & donnera la sienne la derniere ; il prendra garde aussi que le plus grand nombre de voix l'emporte dans ces consultations, comme il est porté dans le Traité d'Alliance, & fera conclurre selon le plus grand nombre, comme aussi que l'exécution des choses dont on sera convenu dans la délibération, soient entreprises & conduites jusqu'à la fin vigoureusement dans le temps & dans les circonstances déterminées. "

» IV. L'Illustrissime Prince promet & s'engage, que si en vertu du Traité d'Alliance quelqu'un des Seigneurs Confédérés vouloit dans ses propres Etats assister par lui-même & en personne aux expéditions militaires, & les régler & diriger, il veut en ce cas le reconnoître comme son Seigneur dans ses propres Etats, & même si on alloit de sesdits Etats dans un autre endroit, il consent d'obéir aux réglemens de son Conseil de guerre, ou même dans les choses qui ne peuvent pas souffrir de retardement à lui-même, en quoi lesdits Seigneurs alliés se sont réservés ce pouvoir : que si quelqu'un d'eux ne vouloit pas assister par lui-même aux expéditions militaires, il pourra pourtant constituer une personne à sa place, à laquelle & à raison de sa qualité & pour les emplois de guerre, qu'il aura exercé avec gloire, son Altesse puisse sans déshonneur ni préjudice donner & céder sa place, afin qu'il leur laisse par-là le commandement général dans les terres de leur Prince, & aussi la direction dans ses Conseils. "

„ V. L'Illustrissime Prince, ni ne veut, ni ne doit rien entreprendre, ni exécuter à l'insçu & sans le consentement desdits Seigneurs alliés, Electeurs & Princes qui dirigent le commandement, & du Conseil de guerre, & au-delà de ce qui y aura été conclu unanimement, & par le plus grand nombre de voix, soit que ce soit pour changer de camp, pour

conduire l'armée, faire des irruptions, pour donner des combats, ou des
batailles générales, pour attaquer l'ennemi, faire des sieges, & pour les
lever, & pour la communication des camps & places, de quelle maniere
que toutes ces choses puissent être appellées, mais il se conduira & exécutera toutes choses à la maniere susdite qui a été déterminée dans le Conseil de guerre, si ce n'est que les troupes fussent attaquées par l'ennemi
à l'improviste, & sans qu'on y pensât, car dans cette occasion il s'opposera à lui de la meilleure maniere qu'il jugera à propos, de sorte que si
d'un côté ou d'autre il étoit nécessaire pour des causes inévitables qu'on
fît quelque dommage aux ponts & édifices, pour éviter & se délivrer de
l'ennemi ; dans ce cas l'Illustrissime Prince ne sera pas tenu d'en répondre, comme il est réglé par les choses qui sont contenues dans les lettres
d'articles. "

„ VI. Pour ce sujet l'Illustrissime Prince aura une entiere confiance &
conservera une mutuelle intelligence avec tous & chacun des Conseillers
de guerre, & communiquera avec eux tous, & avec chacun d'eux ou par
écrit, ou de bouche, des choses qui seront venues à sa connoissance par
une bonne relation & correspondance, & qui seront de quelque conséquence, & ainsi il aura soin par une fidele & sincere correspondance des
avantages communs de tous les Alliés & de chacun en particulier & du
bien de leurs Sujets & pays. "

„ VII. Si le Conseil de guerre trouvoit bon ou que la nécessité le de-
mandât, que son Altesse allât avec toute l'armée ou avec une partie d'i-
celle dans quelque forteresse de quelque Prince des alliés, l'Illustrissime
Prince, conjointement avec le Conseil de guerre qui suit l'armée, réglera
les choses dans les occasions qui arriveront avec le Gouverneur de ladite
forteresse, & on lui signifiera qu'en tant que cela n'est pas contraire à un
ordre particulier de son maître, il donnera les choses qui seront nécessaires sans pourtant que cela expose la place à aucun danger, & qu'on
donne à l'Illustre Prince & à toute l'armée, autant que faire se peut, un
subside, & s'il arrive que l'Illustrissime Prince, les actions continuant, soit
obligé de demeurer dans ce lieu, il sera traité par le Gouverneur avec
tout l'honneur qui lui est dû, en lui demandant le mot du guet ; ce qui
sera pourtant toujours propre au Prince de cet Etat, lors qu'il sera présent ; les troupes que l'Illustrissime Prince aura fait marcher dans un temps
de nécessité & selon que la chose semblera l'exiger, doivent attendre la
même chose des Gouverneurs des forteresses, s'il arrivoit que l'Illustrissime Prince trouvât quelque défaut dans le Gouverneur ou dans la place, il
en avertira sans cesse le Prince à qui elle appartient, & lui dira toutes les
circonstances de la chose ; cependant par ses bons conseils il exhortera le
Gouverneur de la place à faire son devoir. "

„ VIII. L'Illustrissime Prince ne révélera ni ne manifestera à personne
les choses qui lui seront communiquées sous le secret, ou immédiatement

par les Seigneurs alliés, ou dans les Conseils de guerre, & il le gardera
si bien que nul homme au désavantage des Seigneurs alliés ne le saura,
ni par lui, ni par d'autres en quelque manière & par quelle voie que ce
soit, excepté celui à qui, à raison de la charge qu'il exerce, il seroit obligé
de le révéler, qu'il gardera le silence jusqu'à la mort, que si après cela
n'étant plus au service des Seigneurs alliés, & exerçant ailleurs des charges & des emplois, il ne se servira point des connoissances qu'il aura eues
par ce moyen dans le temps qu'il a exercé la charge de Général au désavantage des Seigneurs confédérés & de leurs sujets & pays.

» IX. Son Altesse Illustrissime veut & doit ne pas avoir un moindre soin
& fidélité, ni faire de moindres efforts pour conserver dans toutes les occasions de la guerre qui arriveront, les troupes unies tant de pied, que de
cheval des Seigneurs alliés, & prendre sur tout un soin particulier des chevaux des sujets, comme aussi de tous les habitans qui sont nécessaires à
l'armée, dans laquelle occasion ils ne lui seront pas moins sujets que les
véritables soldats, & auxquels il faut donner de bons Officiers ; il aura soin
encore des choses qui regardent l'artillerie. Pour ce sujet, lorsqu'il le jugera à propos, il proposera à temps, dans le Conseil de son côté, & con-
férera avec lui, afin que chaque Officier supérieur & subalterne satisfasse
fidelement & sans bruit, à son devoir dans l'emploi qu'il exerce pour le
bien des Seigneurs alliés, sous quelque prétexte de compte ou aucune ter-
giversation & égard à son propre intérêt, & que les simples soldats, aussi-
bien que les Officiers & maîtres de l'artillerie, sans différence dans toutes
les occasions en quelque endroit que ce soit de jour & de nuit, se com-
portent sagement & vaillamment, selon le contenu des articles qu'ils ont
fait serment d'observer, & comme il convient à des Généraux & fidelles
Officiers & soldats, qui aiment l'honneur, & qu'il les y oblige de tout son
pouvoir en les traitant avec douceur & honnêtement, n'ayant aucune conduite particulière, ni autre chose quelle qu'elle soit à l'égard de personne,
mais qu'il ne se propose simplement pour but, que l'utilité & l'avantage
des Seigneurs, comme ils le prescrivent eux-mêmes. »

» X. Parce qu'on ne peut pas prescrire en particulier ni spécifier les
services actuels que l'Illustrissime Prince doit rendre à raison des grandes
charges qu'impose un si grand emploi, lesdits Seigneurs alliés ne doutent
en aucune façon, qu'il n'en ait un soin continuel, principalement l'Illustrissime Prince devant se servir de sa prudence pour considérer, qu'il est
celui sur qui on se repose du soin par-dessus tous les autres, de faire ensorte ensemble avec le Conseil de guerre, que le Traité d'Alliance, le
contenu des articles & les autres Edits & réglemens qu'on a publiés, soient
duement observés de tous & d'un chacun, selon que leur devoir particulier l'exige ; son Altesse Illustrissime promet donc & s'engage qu'il sera
d'un bon exemple à ceux qui lui seront inférieurs, aux Officiers tant supérieurs que subalternes & à toute l'armée, entendant avec équité & avec

fageſſe la juſtice, & par toutes ſes autres actions héroïques, qu'il ne les exhortera qu'à faire des choſes qu'il aura fait le premier, & que dans l'occaſion, comme c'eſt la louable coutume de la guerre, il fera toutes les choſes & ſe conduira de la maniere qu'il convient à un ſage, expérimenté, fidele, & brave Prince de l'Empire, & à un Maréchal Général, & il pourra rendre compte devant Dieu & le monde, & à tous les Seigneurs & Princes confédérés, qu'il regarde pendant le temps de ſa commiſſion comme ſes ſupérieurs, qu'il a fait toutes choſes ſans nulle réflexion, dépendance, ou vue d'aucune autre puiſſance, le tout fidelement, n'épargnant ni la vie ni le ſang.

» XI. Pour ce qui regarde les appointemens qui ſont dûs à ſon Alteſſe pour cette charge, on en eſt convenu avec Elle en la maniere ſuivante : c'eſt à ſavoir que leſdits Seigneurs alliés promettent à l'Illuſtriſſime Prince, qu'ils lui payeront toutes les années, lorſqu'il ne ſera pas dans les actions, ni dans les travaux de la guerre, quatre mille écus Impériaux ; que ſi l'Illuſtriſſime Prince eſt obligé d'agir en perſonne, & de ſe défendre contre l'ennemi, en exceptant les choſes qui ont été déclarées plus bas, touchant le tort, pendant que ces actions défenſives dureront, outre leſdits quatre mille écus Impériaux, on lui donnera encore mille florins du prix de Francfort par mois, & il en ſera payé par avance pour trois mois au commencement des actions qu'il faudra entreprendre, comme auſſi d'abord que les ratifications de cette capitulation des Seigneurs alliés lui ſeront données, ſur le champ ils auront ſoin de lui faire donner deux mille écus Impériaux à déduire ſur ſa penſion annuelle, de la bourſe commune ou d'une autre maniere, pourvu que la choſe ſe faſſe exactement. »

» XII. Parce que conformément au réglement des payemens deſdits Seigneurs alliés, il n'eſt pas expédient de donner à aucun Officier ſubalterne ou ſupérieur, ni à aucun ſoldat de pied ni de cheval en général, lorſqu'il marche pour aller en campagne, ou qu'il eſt dans le camp, autre choſe que le ſeul lit, lequel réglement nous laiſſons encore dans cette occaſion dans ſa vigueur ; (de ſorte pourtant que pour ce qui concerne les vivres, conformément à l'ordonnance des Seigneurs alliés, qu'ils ont fait publier, on les leur fera avoir à un juſte prix, & équitable) ainſi l'Illuſtriſſime Prince ne pourra outre cela rien exiger, mais il l'attendra de l'aſſignation que lui en fera le Général de Camp, ou celui qui remplit cette charge, ayant pourtant égard à la dignité de ſa charge. »

» XIII. Les Seigneurs alliés tant en général qu'en particulier déclarent qu'ils veulent défendre ſon Alteſſe Illuſtriſſime dans cette charge, contre tous & en toutes choſes, & ainſi que ſi lui ou ceux qui lui ſont attachés, étoient inquiétés à raiſon du ſoin & des ſervices qu'il a rendus dans cette union défenſive, ou ſi on leur envahiſſoit leur bien & qu'on les en dépouillât, de quelle maniere que cela ſe fît, en ce cas les Seigneurs alliés veulent bien prendre ſon parti, & de ceux qui lui ſont attachés, tenir ſa place, lui donner du secours, & autant que faire se pourra lui aider à recouvrer ce qu'il aura perdu & l'indemniser de toutes ses pertes. »

» XIV. Si son Altesse Illustrissime, (ce qu'à Dieu ne plaise,) étoit prise par l'ennemi en faisant sa charge, les Seigneurs alliés, selon la coutume de la guerre, employeront unanimement tous leurs soins pour le racheter, & l'indemniseront de toutes ses pertes. »

» XV. Enfin on est convenu de part & d'autre, tant des Seigneurs alliés que de l'Illustrissime Prince, que cette Capitulation durera autant de temps que l'Alliance, que s'il arrivoit que les Seigneurs confédérés ne voulussent plus se servir de l'Illustrissime Prince, ou que lui-même refusât de continuer son emploi, il sera libre à l'un & à l'autre parti d'y renoncer trois mois auparavant, de sorte pourtant que si cette renonciation se faisoit par les Seigneurs alliés, on payera encore à son Altesse Illustrissime, à compter depuis la fin des trois mois, une demi année de sa pension; que si c'étoit le Prince lui-même qui renonçât à sa charge on ne lui payera rien, que ce qu'il pourroit lui être dû de reste de sa pension ordinaire : l'Illustrissime Prince fera connoître, par le serment qu'il prêtera d'abord qu'on lui aura fourni les ratifications de cette Capitulation, & par les lettres réversales qu'il en donnera, qu'il veut observer cette dite Capitulation selon tous & chacun de ses points & clauses, comme le doit faire sincerement, fidelement, sans aucun détour, exception ou réserve. »

» En foi de quoi, & pour mieux faire observer cette Capitulation, on en a fait deux exemplaires qui ont été signés & munis du sceau des armes de l'Illustrissime Prince & des Conseillers & Ambassadeurs des Seigneurs alliés, dont on en a donné un à son Altesse Illustrissime, & l'autre au Directoire de Mayence, & on a promis particulierement qu'on obtiendra les ratifications de toutes ces choses dans l'espace de quatre semaines, & qu'on les donnera à l'Illustrissime Prince; cependant il sera obligé de faire sa charge de Maréchal-Général comme s'il les avoit entre les mains; & sa pension annuelle, comme aussi des trois mois, si la nécessité demande qu'on fasse quelque action, commencera à courir dès-à-présent. A Francfort sur le Mein, le 15 Juin de l'an 1659.

R. G R A V E L.
P H I L I P P E W O N W O R B U R G, &c.

N°. V.

N°. V.

TRAITÉ D'ALLIANCE DÉFENSIVE,

Entre divers Princes du Cercle de Westphalie, & autres de l'Empire, comme entr'autres l'Electeur de Cologne, l'Electeur de Brandebourg, les Princes de Brunswick & Lunebourg.

Fait à Brunswick, le 22 Août 1667.

LES Seigneurs Electeurs de Cologne & de Brandebourg, ensemble les Seigneurs Evêque d'Osnabrug & George-Guillaume, comme aussi Rodolphe-Auguste, Ducs de Brunswick & Lunebourg, avec la Dame Lantgravinne, & Régente de Hesse-Cassel, ayant ci-devant, & dans cette présente conjoncture de temps, diligemment considéré & délibéré sur les moyens de conserver & maintenir les Pays & Peuples que Dieu leur a confiés & les défendre avec l'assistance divine contre toute violence, afin qu'ils soient maintenus dans une bonne union, & l'expérience ayant appris que les Constitutions & Ordonnances faites avec grande peine par le Saint-Empire & tous les autres semblables moyens ont été de peu d'effet, ils ont pour l'amour paternel qu'ils portent à leursdits Pays, jugé très-à-propos de persister non-seulement dans la confiance & amitié de bons voisins, ci-devant établies entr'eux, mais aussi de faire entr'eux une Alliance défensive plus ferme & plus étroite. C'est pourquoi lesdits Princes & Electeurs ont député & envoyé leurs Conseillers ici à Brunswick, qui ont, au nom de leurs Seigneurs Principaux, & sous leurs ratification & approbation traité & conclu une Alliance défensive de la maniere suivante. "

„ I. Il y aura entre lesdits Alliés de part & d'autre une sincere & unanime amitié & voisinance, ensorte qu'ils tâcheront de procurer le bien & utilité l'un de l'autre, & s'il leur arrive quelque chose qui les mette en quelque danger, celui que cela regardera en avertira à temps, afin d'éviter les troubles qui en pourroient suivre, & qu'on puisse communiquer à temps sur le secours promis & qui sera désiré. "

„ II. Cette Alliance défensive, ne sera point offensive à l'égard de personne, & encore moins à l'égard de Sa Majesté Impériale & de l'Empire; mais seulement pour la défense & manutention des Pays, Peuples, Droits & Prérogatives d'iceux. "

„ III. Tous & un chacun, Pays des Alliés, qu'ils possedent maintenant dans le St. Empire, seront compris dans la présente Alliance, en telle maniere, que si quelques-uns desdits Pays & Peuples desdits Confédérés venoient à être aſſaillis, ou qu'on vint à commettre contre iceux quelque violence, & entrepriſes, même en y voulant mettre les troupes en quartier, ou les y faire paſſer contre les Conſtitutions de l'Empire & Inſtrumens de Paix, (ſur leſquels eſt fondée la préſente Alliance) & qu'on voulût donner atteinte à ladite préſente Alliance, ceux des Alliés à qui telle violence ſera faite, en donnant avis & notification préalable & à temps à ſes Alliés, ſeront aſſiſtés des Troupes de Cavalerie & d'Infanterie ſans perdre de temps, ſelon qu'il eſt accordé & convenu par les Articles ſuivans. "

„ IV. Mais afin qu'on puiſſe ſavoir ce que chacun ſera obligé de fournir à celui qui ſera attaqué ou lézé lors qu'il demandera du ſecours, il eſt accordé que ſon Alteſſe Electorale de Cologne fournira deux mille quarante Hommes de Cavalerie & ſeize cens Fantaſſins; ſa Sérénité Electorale de Brandebourg, mille hommes de Cavalerie, & deux mille hommes de Pied, le Prince Séréniſſime d'Oſnabrug mille Chevaux & deux mille Fantaſſins, le Séréniſſime Prince George-Guillaume deux cens quarante Chevaux, & ſix cens quarante quatre Fantaſſins, ſa Sérénité le Duc Rodolphe Auguſte deux cens Chevaux & quatre cens Fantaſſins, la Sereniſſime Landgravinne de Heſſe-Caſſel deux cens Chevaux & quatre cens Fantaſſins, leſquels ils tiendront prêts, & les envoyeront ſans perdre de temps, comme il a été dit, quand l'occaſion le requerra. Les Alliés tiendront prête auſſi la moitié de plus que leurdite cotte-part, qui même ſera augmentée ſi on le juge convenable. „

„ V. Chacun des Alliés étant averti par celui qui ſera moleſté, du danger où il ſera, ſera obligé de lui envoyer le ſecours promis en Cavalerie & Infanterie dans quatorze jours, à compter du jour que la réquiſition en aura été faite & ce ſans delai. Et qu'il ne le pourra rappeller & faire revenir, à moins que le requérant, n'en eût plus beſoin lui-même, ou que l'aſſiſtant étant attaqué ou moleſté n'en eut beſoin pour lui-même. „

„ VI. Mais ſi plus d'un des Confédérés venoit à être attaqué & à eſſuyer quelque danger, en ce cas les autres Alliés envoyeront une partie du ſecours à l'un des attaqués, & l'autre partie à l'autre de la maniere que deſſus, & parce qu'il ſe pourroit faire que ſemblable ſecours ne ſeroit pas ſuffiſant, en ce cas les Alliés ſeront tenus de prendre des réſolutions proportionnées au danger, & de convenir d'un tel ſecours qu'il ſoit ſuffiſant pour aſſiſter à bon eſcient celui qui ſera attaqué. „

„ VII. Quand le ſecours effectif aura été envoyé, & qu'il ſera arrivé auprès des Troupes & dans le Pays de celui qui l'aura requis, celui à qui ledit ſecours ſera envoyé, en aura auſſi-tôt le commandement en Chef, & la direction dans toutes les affaires Militaires, ſoit qu'il vienne à agir dans ſon Pays ou dans un autre hors de celui des Confédérés, mais quand il s'agira d'entreprendre quelque choſe, il ſera toutes les fois tenu un Conſeil de Guerre, comme c'eſt la coûtume. „

„ VIII. Chaque aſſiſtant fournira autant d'Artillerie & autres choſes néceſſaires avec les Troupes que les cas de la Guerre le requerront, mais ſi l'on a befoin de groffes pieces de Canon, on les fournira à proportion du befoin du requérant, en cas que ce foit pour agir dans fon Pays, ou dans ceux qui feront le plus près des Alliés, mais en l'un & en l'autre cas, ils feront fournis, & les dommages & réparations en feront payés à frais communs des Alliés. „

„ IX. Chaque Officier des Alliés aura Jurifdiction fur les Troupes qu'ils envoyeront au requérant, mais s'il arrivoit quelque chofe qui requit un Confeil Général de Guerre, on y joindra tous ceux qui y doivent affifter, & le Préfident en fera celui qui fuivant le feptieme Article aura le Directoire, & s'il ne veut ou ne peut pas y affifter, ce fera celui qui fera le premier en charge. „

„ X. Pour l'entretien des Troupes de chaque Allié le requerant fera obligé, quand elles feront dans fon Pays ou près des fiennes & pendant tout le temps qu'elles feront fous fa direction, de leur fournir des quartiers & de les traiter comme les fiennes propres. "

„ XI. Et afin qu'il n'arrive aucune confufion par la conjoncture defdites Troupes, tous les Alliés drefferont enfemblement une Ordonnance de difcipline, fuivant laquelle toutes les Troupes conjointes feront traitées. Et parce auffi que toutes les Troupes auxiliaires ne fauroient porter avec eux toutes leurs provifions à la fois, le requérant fera obligé de leur fournir les provifions néceffaires pendant qu'elles feront dans fon Pays, & le prix lui en fera reftitué par les Alliés à proportion du fecours qu'ils font obligés de fournir. "

„ XII. En outre cette Alliance défenfive durera trois ans confécutifs, à compter de la date des Préfentes, pendant lequel temps elle fera obfervée & fubfiftera inviolablement. Et il fera en liberté des Alliés de fe confédérer encore pendant lefdits trois ans pour prolonger encore cette dite Alliance.

„ XIII. Et fi quelques-uns des Confédérés étoient encore, outre cette Alliance, compris dans quelque autre, en vertu de laquelle ils feroient tenus de donner quelque fecours à d'autres, le fecours ne fera fourni qu'en vertu de l'une ou de l'autre Alliance, & il fera libre au requérant de déclarer à laquelle des deux Alliances il s'en voudra tenir. Et quand un fecours aura été une fois envoyé, il fera fouftrait du *quantum*, de ce que les Confédérés devront fournir. "

„ XIV. Et fi dans le voifinage il venoit à fe faire quelque mouvement dont l'Empire pût recevoir quelque défavantage, les Alliés veulent bien autant qu'en eux fera, apporter tout le foin & la diligence poffible, afin que le point de la fûreté de l'Empire y foit ménagé & qu'il ne foit rien négligé à cet égard. "

„ XV. Et comme dans la négociation de cette Alliance, les Députés du Seigneur Duc Jean-Frédéric de Brunfwick-Lunebourg qui y ont affifté, n'ont pu la figner, faute de Mandement fpécial dudit Prince, & que s'en étant exempté, ils ont défiré qu'ils la puffent figner dans la fuite, cela leur a été accordé, pourvu qu'ils fe déclarent là-deffus avant l'expiration du temps limité pour la ratification des Préfentes, comme il eft contenu dans l'Article fuivant. "

„ XVI. Il eft accordé & convenu que les Seigneurs principaux feront échanger leurs ratifications ici à Brunfwick, dans le quatrieme d'Octobre prochain, vieux ftile. En témoin de quoi ont les Députés-Confeillers defdits Seigneurs Princes & Electeurs, figné & fcellé ces Préfentes, dont a été dreffé un inftrument pour chacun. Ainfi fait à Brunfwick le 22 Août 1667. *Signé*

(L. S.) HENRI-FRANÇOIS NICOLAS.
(L. S.) FRÉDÉRIC DE JENA.
(L. S.) G. CHRIST. DE HAMERSTEIN.
(L. S.) PAUL-JOACHIM DE BULAW.
(L. S.) HIEROME DE GRAPENDORP.
(L. S.) REGNIER BADENHAUSEN.

N°. VI.

ALLIANCE

Entre le Roi d'Angleterre CHARLES II. *& les Etats-Généraux des Provinces - Unies.*

La Haye, *le 23 Janvier 1668.*

CE Traité d'Alliance fut une fuite de la Paix de Breda conclue entre les mêmes Puiffances. *Voyez l'article* BREDA. Du refte il n'étoit ni mieux combiné, ni plus folidement établi que la Triple Alliance qui fut fignée le même jour à La Haye entre le Roi d'Angleterre, les Etats-Généraux des Provinces - Unies & le Roi de Suede, dont nous allons parler plus amplement.

N°. VII.

TRIPLE ALLIANCE

Entre l'Angleterre, la Hollande & la Suede, le 25 Avril 1668.

LES Plénipotentiaires des deux Couronnes, au Traité des Pyrenées, s'étoient exprimés affez nettement fur le peu de folidité des renonciations de l'Infante à fes Droits, pour fixer l'attention de toute l'Europe fur leurs reftriƈtions. Cependant, foit qu'on efperât que le fils de Philippe IV continueroit la branche Autrichienne en Efpagne, foit qu'on jugeât que les prétentions de Louis XIV étoient capables par elles-mêmes de réunir contre lui toutes les Puiffances, lorfqu'il entreprendroit de les faire valoir; l'Empereur & l'Empire, l'Angleterre & l'Italie, que le maintien de l'équilibre intéreffoit également, ne firent aucune difpofition relative à la crife qui le menaçoit. Les Hollandois feuls en témoignoient de l'inquiétude; & les Négociations du Miniftere de France avec eux, jufqu'en 1667, eurent pour objet principal de les familiarifer avec les prétentions du Roi, ou de les mettre hors d'état de les traverfer.

Le Grand Penfionnaire de With avoit formé, en 1663, le projet d'une Barriere perpétuelle entre la France & la République, au moyen du Cantonnement de dix Provinces Efpagnoles, qui, fe dérobant à la Domination de l'Efpagne, auroient fait une feconde République, fous la Protection du Roi de France & des Etats-Généraux. L'Efpagne qui ne voyoit pour elle aucun avantage dans ce projet, lui en avoit oppofé un autre, de l'union des dix-fept Provinces en une feule & même République, liguée avec l'Efpagne pour l'exécution du Traité des Pyrenées. Il eft fort probable que ce n'étoit qu'un piege qu'elle tendoit aux Etats-Généraux pour indifpofer Louis XIV contre eux. Quoiqu'il en foit, le premier plan ne fouffroit point de difficulté fi Louis XIV vouloit concourir à fon exécution. Mais, ainfi que le fecond, il étoit abfolument impoffible, fi le Roi ne l'agréoit pas. Les Pays-Bas étant pour lui, fi j'ofe me fervir de cette expreffion, le morceau friand de la fucceffion d'Efpagne, il étoit bien éloigné d'agréer aucun des deux projets, dont le plus favorable les lui enlevoit. Il rejetta hautement le plan d'union des dix-fept Provinces, & pour faire tomber celui du Cantonnement des dix Provinces Efpagnoles, il feignit de l'agréer, à condition que leurs Hautes-Puiffances reconnoîtroient l'Infante Reine pour l'Héritiere aƈtuelle de l'Infant Don Balthafar, fon frere du même Lit, quant au Pays-Bas; & pour l'Héritiere préfomptive de la Couronne d'Efpagne, au cas que l'Infant, depuis Charles II, mourût fans poſtérité. L'Infant Don Balthazar, fils de Philippe IV, comme la Reine, de fon premier mariage avec Eliſabeth de France, étoit mort; & Louis XIV parloit déja du Droit de dévolution, qui a lieu dans les Dix Provinces. Ainſi fon acceptation du projet de Cantonnement, fous ces conditions, étoit contradictoire. Le Grand Penſionnaire, qui le comprit, en abandonna l'idée.

La guerre commençoit entre l'Angleterre & la Hollande, quand Philippe IV mourut, le 17 Septembre 1665. Le Miniſtere de France appréhenda que les prétentions du Roi, s'il les produiſoit alors, ne portaſſent les deux Puiſſances à ſe reconcilier, pour les traverſer de concert; & il remit à les déclarer dans des circonſtances plus favorables, qu'il s'efforça d'amener. Toute fon application fut à commettre de plus en plus la République avec le Roi d'Angleterre; & lorſque deux grandes batailles lui parurent avoir porté l'animoſité à fon plus haut point, il tâcha de faire trainer la guerre en longueur. On le vit, démentant fon génie & fes principes, recommander aux Hollandois la lenteur & la circonſpection, & leur reprocher leur trop d'ardeur.

Cette prudence timide, dont il donnoit de fort mauvaiſes raiſons, l'auroit conduit à fon but, fi elle avoit été écoutée. Car il n'y avoit gueres que l'épuiſement des parties qui pût faire ceſſer la guerre; & les grandes actions, ou les deux Puiſſances ſe heurtoient de toute la maſſe de leurs forces, ne pouvoient être fréquentes fans devenir déciſives. Mais le Penſionnaire de Hollande, qui pénétroit le fond de la Politique Françoiſe, la déconcerta, en feignant de ſe laiſſer emporter à fon impétuoſité naturelle. Louis XIV, comptant fur le diſpoſitif de la Campagne de 1667, par lequel les Flottes, qui ne devoient fortir des Ports qu'à la fin de Mai, ne pourroient rien entreprendre qu'après leur jonction, eſpéra de s'emparer des Pays-Bas Eſpagnols, avant qu'il y eut eu entre les deux Nations aucune action capable de les déterminer à la paix. Il notifia fes prétentions à la Reine Régente d'Eſpagne, le 9 de Mai; & le 26, il étoit en Flandres à la tête de fon Armée. Les Places étoient fans défenſe; il regardoit fon Expédition plutôt comme une priſe de poſſeſſion, que comme une Conquête; & les conférences qui s'ouvrirent à Bréda, le 28 de Mai, n'avoient point une activité, qui lui dût faire craindre la prompte concluſion de la paix.

Le Penſionnaire redoubla d'ardeur & de vivacité, à la vue du péril. Par ſes ſoins, les Eſcadres mirent en mer plutôt qu'il n'avoit été concerté. Elles firent voile vers la Tamiſe, où s'étant réunies fous les ordres de Ruiter, elles furprirent les Anglois, & leur enleverent, ou brûlerent la meilleure partie de leur Flotte. Le Roi d'Angleterre, que cet échec mettoit hors d'état de paroître en mer cette année, entendit d'autant plus volontiers à la paix, que le Penſionnaire ne prenoit point avantage de ce dernier fuccès des Armes de la République, pour en changer les Conditions.

Les Plénipotentiaires convinrent bientôt des articles généraux, auxquels ils avoient ordre de s'en tenir, & après leur signature, ils chercherent avec leur Médiateur les moyens de régler, ou d'anéantir les prétentions de Louis XIV.

L'Espagne, qui, dans la foiblesse où elle étoit, devoit compter pour gagné tout ce qu'elle éviteroit de perdre, répondit aux demandes de Louis XIV, avec l'orgueil & la hauteur de son ancienne prospérité. Sa décadence étoit décidée, elle espéroit peu du temps ; & elle appréhendoit avec beaucoup de raison que les Cessions, qu'elle feroit pour le bien de la paix, ne passassent pour l'aveu d'un Droit, en vertu duquel la France multiplieroit dans la suite ses prétentions. Elle offrit aux Hollandois Ostende & Namur, & elle leur auroit donné encore au-delà, pour les faire entrer dans un Traité d'Alliance défensive. Mais il étoit trop tard de prendre des mesures. Louis XIV étoit en forces au milieu des Pays-Bas ; & il auroit franchi la Barriere, avant qu'ils se fussent avancés pour la lui disputer. Ce Monarque écoutoit toutes les voies d'accommodement, qui lui étoient présentées ; il en proposoit lui-même plusieurs ; mais sans interrompre sa prise de possession. Les trois Puissances craignirent qu'il n'eut projetté de conquérir les dix Provinces, & qu'il ne les voulût garder, après les avoir conquises.

En conséquence, pour arrêter les progrès de ce Monarque conquérant, le Chevalier Temple, le Comte de Dohna, & le grand Pensionnaire, signerent l'Alliance de leurs Maîtres, qui s'engageoient à obliger l'Espagne de céder, & Louis XIV de se contenter, pour ses prétentions à la Succession de l'Infant Don Balthasar, ou de la Franche-Comté, dont il venoit de s'emparer pendant l'hiver, ou des Places & Pays dont il avoit pris possession en Flandre & en Hainaut, l'année précédente : l'option étoit laissée à la Cour d'Espagne.

Il étoit stipulé de plus que si quelque Puissance sans en excepter aucune, attaquoit l'Angleterre dans quelqu'une de ses possessions, ou commettoit contre elles quelque acte d'hostilité, les Provinces-Unies seroient obligées d'envoyer à son secours, six semaines après qu'on en auroit fait la réquisition, quarante vaisseaux de guerre. Quatorze de ces vaisseaux devoient être depuis soixante jusqu'à quatre-vingt pieces de canon, & de quatre cens hommes d'équipage ; quatorze autres depuis quarante jusqu'à soixante pieces de canon, & de trois cens hommes d'équipage au moins. Des douze autres vaisseaux, aucun ne pouvoit être au-dessous de trente canons, & de cent cinquante hommes d'équipage. Les Provinces-Unies s'engageoient encore à fournir six mille hommes d'Infanterie, & quatre cens chevaux.

Trois ans après l'expiration de la guerre, pendant laquelle les Provinces-Unies auroient fourni ces secours, l'Angleterre devoit leur rembourser leurs avances. Pour prévenir toute contestation sur cet article, les frais des quatorze vaisseaux de la premiere classe étoient fixés à dix-huit mille six cens soixante-six livres sterling ; ceux des quatorze vaisseaux de la seconde classe , à quatorze mille livres sterling ; les douze autres étoient évalués à six mille livres sterling ; les six mille hommes de pied à sept mille cinq cens livres sterling ; les quatre cens chevaux à mille quarante livres sterling , sans compter six mille livres sterling pour les frais de leur levée.

L'Angleterre s'engageoit à remplir les mêmes conditions à l'égard des Provinces-Unies , soit qu'elles fussent attaquées hostilement sur terre ou sur mer.

Les secours étoient obligés de prendre l'ordre de la Puissance à laquelle ils auroient été envoyés, & de lui obéir.

Ce Traité , conclu entre Sa Majesté Britannique Charles II. & leurs Hautes Puissances le 23 Janvier 1668, fut publié & notifié au Ministere de France le 25 d'Avril suivant, & accéléra, comme on l'avoit prévu, la conclusion du Traité d'Aix-la-Chapelle qui se fit la même année entre la France & l'Espagne.

Voyez AIX-LA-CHAPELLE.

Il faut remarquer que ce Traité nommé *Triple* Alliance, parce que la Suede y accéda , n'a jamais été mis en exécution, qu'il perdit même sa force par l'Alliance postérieure que le même Roi d'Angleterre Charles II, fit avec les Etats-Généraux en 1678.

Nous expliquerons sous le titre TRAITÉ , *comment les Traités perdent leur force.* D. B. M.

QU'IL nous soit permis de hasarder ici quelques réflexions sur une Alliance produite par la crainte d'un péril imminent. En donnant de justes éloges à la facilité avec laquelle Louis XIV , renonçant à l'espoir d'une conquête brillante, prit des sentimens plus pacifiques, nous osons croire que tout autre motif l'y porta plutôt que les menaces de la triple Alliance : menaces qui n'avoient aucun fondement solide, & qui n'eussent probablement eu aucun effet, si le Roi de France eût voulu profiter de toute sa fortune. Il auroit continué la guerre, & auroit vraisemblablement conquis les Pays-Bas avant que les Alliés fussent revenus de l'étonnement que leur auroit causé sa fermeté, & eussent eu le temps de réunir leurs forces. La République des Provinces-Unies n'étoit pas dans une situation propre à en imposer sur terre. Sa réconciliation récente avec l'Angleterre étoit mal affermie, & il restoit encore entre les Anglois & les Hollandois des semences de haine & de rivalité qui pouvoit faire regarder leur Alliance comme précaire, facile à traverser ou à détruire. Charles II , Monarque indolent, ami des plaisirs & du repos , esclave de ses Ministres, de ses favoris & de ses maîtresses, ne l'avoit signée que parce qu'on lui avoit persuadé qu'elle en imposeroit à la France ; & si elle n'eût pas produit l'effet

qu'il

qu'il en attendoit, il n'auroit jamais eu la force d'en remplir les conditions. La Suede de son côté n'avoit aucune raison de s'armer contre la France ; & avoit un intérêt réel à conserver son amitié plutôt qu'à affoiblir une Puissance qui avoit bien des moyens de rendre vaines ses mauvaises intentions.

Enfin la ligue que Louis XIV fit quelques années après avec Charles II pour déclarer la guerre à la Hollande, & la facilité avec laquelle il engagea la Suede à faire une diversion dans les Etats de l'Electeur de Brandebourg, prouvent que les liens de cette triple Alliance n'étoient pas bien forts. En effet, quoique les trois Alliés garantissent au Roi d'Espagne le Traité d'Aix-la-Chapelle qui suivit, il n'y eut pourtant aucune liaison sincere entr'eux.

Ces considérations nous autorisent à croire que cette Alliance eut un effet plus heureux qu'elle ne le méritoit, & qu'elle fit moins d'impression sur l'esprit de Louis XIV, que le peu d'espérance qu'il avoit de conserver une conquête qu'il lui étoit facile de faire, mais qu'on lui auroit toujours enviée, & qui auroit soulevé contre lui toute l'Europe.

N°. VIII.

ALLIANCE DÉFENSIVE

Entre l'Empereur LÉOPOLD & l'Electeur de Saxe.

Vienne le 30 Novembre 1668.

CETTE Alliance, par laquelle les deux parties contractantes se garantissent mutuellement leurs Etats, & se promettent des secours en cas d'attaque, n'est stipulée que pour dix ans.

N°. IX.

TRAITÉ D'ALLIANCE,

Entre LOUIS XIV, Roi de France, & MAXIMILIEN-HENRI DE BAVIERE, Prince Electeur de Cologne,

Conclu à Paris le 16 Février 1669.

„ SA Majesté Très-Chrétienne ayant éprouvé les avantages qui provenoient de l'Alliance du Rhin pour le bien & le repos de toute l'Allemagne, & la prospérité & le profit de ses propres Etats, après avoir fait connoître au Sérénissime Electeur de Cologne, le désir qu'elle avoit de rester dans cette Alliance avec les mêmes Princes avec lesquels elle avoit été conclue, & même de la proroger encore pour quelques années, & avoir témoigné qu'attendu qu'il se trouvoit de la part de quelques-uns des difficultés que Sa Majesté ne pouvoit surmonter, Elle étoit encore prête de la renouveller avec ceux à qui elle seroit agréable. Et d'autre part son Altesse Electorale n'ayant pas moins reconnu les avantages que cette Alliance avoit apporté pour le bien de toute la Chrétienté, pour la sûreté de l'Empire, & pour le profit particulier de tous les Princes qui la composoient; & ainsi souhaitant de la maintenir & de la conserver, tant pour ces raisons que pour donner au Roi des marques de son amitié & de sa reconnoissance. Sa Majesté Très-Chrétienne a donné au Sieur de Lionne, Ministre & Secrétaire d'Etat; Et son Altesse Electorale de Cologne au Prince Guillaume de Furstemberg, Ordre & plein-Pouvoir de s'assembler, & les ont établis leurs Plénipotentiaires, lesquels sont convenus des Articles suivans. „

„ PREMIEREMENT. Son Altesse Electorale sera toujours prête de renouveller ladite Confédération, toutes les fois que les autres Princes qui en sont les Membres, ou tous, ou quelques-uns d'entr'eux y donneront leur consentement; Elle promet de plus à Sa Majesté que quand trois, ou du moins deux Princes d'Allemagne voudront faire une nouvelle Alliance avec Sa Majesté, à-peu-près de même nature que celle-ci, son Altesse Electorale y donnera les mains aux mêmes conditions. „

„ II. Sa Majesté aussi pour donner de sa part au Sérénissime Electeur des marques de sa bienveillance & de son amitié, lui fournira du secours contre tous les Princes, qui sous quelque cause & prétexte que ce soit l'attaqueront. „

„ III. A cet effet, Sa Majesté n'étant présentement embarassée d'aucune Guerre, envoyera au susdit Electeur, pour s'en servir en quelle maniere qu'il lui plaira, huit Compagnies du Regiment de Furstemberg, comme il est porté par le Traité fait avec le Prince Guillaume de Furstemberg. „

» IV. Et en cas que le fufdit Electeur eût un jufte fujet de craindre que fes Etats ne fuffent envahis par un ou plufieurs Princes ou Etats fes Ennemis, Sa Majefté en étant requife, lui envoyera jufqu'à cinq mille Hommes de Pied & deux mille Chevaux, felon le nombre que fon Alteffe Electorale jugera lui être néceffaire, lefquels Sa Majefté entretiendra à fa folde, fans que le fufdit Electeur foit obligé de leur fournir autre chofe que le couvert : & Sa Majefté aura foin que la Difcipline Militaire foit exactement obfervée parmi eux dans les Lieux de leur féjour, afin qu'ils ne foient point à charge aux Sujets de fon Alteffe. Sa Majefté ne confentira & ne permettra point qu'ils foient les premiers à commencer la Guerre, & à commettre les premiers Actes d'hoftilité contre qui que ce foit, même qu'elle les rappellera en France à la premiere réquifition de fon Alteffe Electorale. Sa Majefté de plus donnera ordre, que tant les fimples foldats que les Officiers & Commandans foient foumis à fon Alteffe, & à fes ordres en tout & par-tout, & pour plus grande fûreté, qu'ils prêteront ferment de fidélité entre les mains de fon Alteffe Electorale & de fon Chapitre Métropolitain, pour le temps qu'ils refteront à fon fervice ; de maniere que Monfieur l'Electeur ne fera obligé que de leur fournir le couvert, s'obligeant néanmoins d'avertir Sa Majefté de leur retour en France, fix femaines avant leur départ, & de leur fournir le néceffaire pour leur voyage, & de leur procurer de tout fon pouvoir la fûreté de leur paffage en France. »

» V. Que s'il arrivoit par hazard qu'on envahît les Etats du fufdit Electeur, & qu'il eût befoin d'un plus grand nombre de Troupes que des deux mille chevaux & des cinq mille Hommes de Pied ci-deffus mentionnés, Sa Majefté lui en fournira volontiers encore pareil nombre, c'eft-à-dire, deux mille chevaux & cinq mille Fantaffins, que fon Alteffe entretiendra à fa folde, moyennant un Subfide de 10000 Ecus de France, que Sa Majefté lui fera payer exactement à la fin de chaque mois, & Sa Majefté ne rappellera point les fufdites Troupes, ni ne retranchera point le fufdit Subfide, que fon Alteffe Electorale n'ait conclu une Paix ferme & entiere avec fes Ennemis. »

» VI. Le Cardinal Mazarin, d'heureufe mémoire, ayant promis à fon Alteffe Electorale d'obtenir du Roi pour elle douze pieces de canon, & fadite Alteffe ne les ayant pas encore reçû, Sa Majefté lui promet, comme Elle s'y oblige par un Ecrit à part de fa main, de les remettre à Metz ou à Brifac, au Commiffaire ou autre Officier qui y fera envoyé par fon Alteffe Electorale, pour les y recevoir quand il lui plaira. »

» VII. En cas qu'on renouvellât le Traité de l'Alliance du Rhin, ou que Sa Majefté en fît un femblable avec quelques Princes d'Allemagne, ou même avec fon Alteffe Electorale, Sa Majefté ne fera plus obligée d'obferver les conditions ci-deffus mentionnées, & tout ce préfent Traité fera cenfé nul, exceptés les troifieme & quatrieme Articles qui concernent les huit Compagnies du Régiment de Furstemberg, & les douze pieces de canon, que Sa Majesté sera obligée de fournir en tout cas à Son Altesse Electorale, en la forme & maniere ci-dessus dite. Ces présens Articles ont été arrêtés par le Sieur de Lionne, en vertu du plein-pouvoir qu'il en a reçû de S. M. & par le Prince Guillaume de Furstemberg, en vertu du plein-pouvoir de son A. E. dont ils se sont réciproquement promis de fournir les ratifications dans le terme de quinze jours, à compter du jour de la date des présentes. En foi de quoi ils ont signé ledit Traité, & y ont mis le cachet de leurs Armes. Fait à Paris le seiziéme Février 1669.

N°. X.

TRAITÉ D'ALLIANCE ET DE COMMERCE

Entre le Portugal & les Provinces - Unies,

Fait à La Haye, le 30 Juillet 1669.

C'EST uniquement un Traité de Commerce & d'accommodement qui regle quelques difficultés & différends survenus pour l'exécution du Traité de Paix fait à La Haye, le 6 du mois d'Août 1661, entre les mêmes Puissances.

N°. X I.

TRAITÉ D'ALLIANCE

Entre l'Angleterre & le Danemarck. En 1669.

PAR ce Traité de Westminster du 9 Décembre 1669, il est stipulé qu'il y aura une Alliance perpétuelle entre l'Angleterre & le Danemarck; que jamais aucune de ces deux Puissances ne donnera de secours direct ni indirect aux ennemis de l'autre; que si le Roi de Danemarck est attaqué dans quelqu'une de ses possessions en Europe, ou hors de l'Europe, l'Angleterre le secourra de toutes ses forces par terre & par mer. Telle est la substance des articles III & IV. Du reste il n'est point dit dans ce Traité que le Danemarck doive secourir l'Angleterre si elle est attaquée. Voyez ce que nous avons dit ci-dessus de l'inégalité des stipulations dans les Alliances.

N°. XII.

ALLIANCE SECRETE

De Louis XIV avec Charles II Roi d'Angleterre, en 1670

LOUIS XIV imputoit aux Hollandois le Traité de la Triple Alliance (*Voyez ci-devant* N°. VII.); & il s'en prenoit à eux de la perte d'une occasion unique de s'emparer, sans coup férir, des Pays-Bas Espagnols. Il ne leur pardonnoit point d'avoir eu plus d'amour pour leur liberté, que de complaisance pour son ambition, ou de crainte de son ressentiment ; & il avoit déja résolu leur ruine lorsqu'il signoit l'accommodement, dont ils faisoient leur sûreté. Louvois, qui vouloit la guerre à quelque prix que ce fût, l'entretint dans sa haine & ses idées de vengeance, quoiqu'il sût parfaitement que le Traité de la Triple Alliance étoit l'ouvrage du Chevalier Temple ; & que ce Ministre Anglois avoit eu besoin de toute son adresse, pour y faire entrer la République.

Dans le grand nombre de ses alliés, la République n'avoit que l'Angleterre capable, ou de la défendre contre Louis XIV, ou de contenir le ressentiment de ce Monarque. L'Empereur étoit uniquement occupé de l'établissement de son Despotisme en Hongrie. L'Espagne appréhendoit une guerre, dont il lui faudroit essuier le premier feu, & payer à l'une ou l'autre partie les principaux frais. La Suede se repentoit de s'être mêlée d'affaires que son éloignement lui rendoit peu intéressantes ; & les Subsides de son ancien allié l'avoient entierement refroidie envers les nouveaux. Le Roi de Danemarck, tenu en échec par les Suédois, ne pouvoit prendre de parti avant qu'ils se fussent déclarés, sans s'exposer à les avoir en tête. L'Evêque de Munster étoit un ennemi réconcilié, avide de guerres & de butin, & qui soupiroit après l'occasion de se refaire de ses dernieres pertes. L'Electeur de Cologne voyoit à regret les Hollandois maîtres de Rhinberg ; & le désir de recouvrer cette unique Place forte de son Electorat le disposoit à s'unir avec leurs ennemis.

Charles II, Roi d'Angleterre, vendit son Alliance à Louis XIV, & s'en fit payer l'abandon des Hollandois. Le premier, sans cesse dans le besoin d'argent, sacrifia sa gloire à l'autre, que son ambition rendoit prodigue de ses trésors. On ne peut blâmer pourtant que les motifs de Charles II. Un Roi d'Angleterre, qui eut fait de l'intérêt de la Nation la regle de sa conduite, auroit dû s'offrir au Traité, que Louis XIV rechercha avec tant d'empressement, & qu'il se ménagea par des voies si peu glorieuses. Cromwel lui-même auroit conjuré, comme Charles, la ruine des Hollandois. La différence eût été, que se réservant d'en marquer le point, il auroit mis à un prix plus noble la part qu'il auroit promis d'y prendre.

La paix de Breda avoit réconcilié les deux Puissances Maritimes, sans redresser aucun des griefs qui avoient été le sujet de la guerre. Les Négocians Anglois n'étoient pas moins gênés dans leur Commerce d'Asie & d'Afrique. Le Pavillon d'Angleterre n'étoit pas plus respecté par les vaisseaux de la République. Enfin les Hollandois conservoient toujours l'Empire des Mers, & la supériorité, que l'Angleterre devoit un jour leur enlever, après l'avoir partagée avec eux. Charles avoit éprouvé dans la derniere guerre que les forces Maritimes des trois Royaumes étoient à peine en égalité avec celles des Provinces-Unies, & qu'à moins de quelque grand coup du hazard, une guerre particuliere ne pouvoit produire que l'épuisement des deux parties. En ménager une, dont l'Angleterre feroit les moindres frais, tandis qu'elle feroit à portée d'en recueillir tous les fruits, étoit le chef-d'œuvre de la bonne Politique.

Louis XIV auroit été la dupe d'une négociation, dont ses Ministres s'applaudirent, si Charles II avoit suivi constamment son caractere. Après avoir vendu à la France l'Alliance du Roi d'Angleterre, il pouvoit faire acheter aux Hollandois humiliés celle de la Nation Angloise. La République, sur le penchant de sa ruine, lui laissoit dicter les conditions de sa paix avec lui ; & son Parlement lui offroit, pour la guerre contre la France, plus que Louis XIV ne lui donnoit pour son Alliance. En un mot, il auroit fait servir à la grandeur de l'Angleterre l'appareil immense, dont la France avoit espéré la sienne ; & Louis XIV, après avoir été l'instrument de sa jalousie contre les Hollandois, seroit devenu l'Artisan de sa supériorité sur eux.

Tout ce que les efforts de l'ambition & de la prudence humaine peuvent préparer pour détruire une Nation, Louis XIV, dit l'Illustre Panégyriste du régne de ce Monarque, *l'avoit fait pour détruire les Hollandois. Il n'y a pas chez les hommes d'exemples d'une petite entreprise formée avec des préparatifs plus formidables.* La conduite de Louis XIV, en cette occasion, ne nous paroît guere au-dessus de celle de Charles. Ce Monarque, ennemi implacable, vouloit détruire un petit Etat, qu'il craignoit ou dont il convoitoit les richesses. Appréhendant de n'être pas assez puissant de ses seules forces, il lui suscita des ennemis, il s'acheta des alliés ; & ce Prince, si jaloux de sa gloire, si rempli de l'opinion de ses forces, ne sembla voir de sûreté à donner l'essor à son ambition, qu'en permettant à ses Ministres la séduction de l'espece la plus odieuse.

Il se pouvoit très-bien que la belle Mlle. de Karwel manquât le cœur de Charles II. Mais l'Europe savoit que le Ministere de France avoit fait avec elle son Traité ; & que, fondant sur sa beauté le succès de la négociation, il ne lui avoit fait passer la mer, qu'après en avoir concerté avec elle la conduite, qu'après l'avoir résignée, à ce qu'elle y devoit mettre du fien, pour la conclure & la foutenir. Quelle manœuvre pour un grand Roi! Charles fut foible, ainfi qu'on l'avoit efpéré. Mais l'Hiftoire qui lui pardonne fa foibleffe, a de la peine à pardonner le piege qui lui fut tendu.

Madame, fœur de Charles II, Princeffe de vingt fix ans, parut le Plénipotentiaire de Louis XIV. Mais elle n'eut que les apparences & les honneurs de cette qualité. Après avoir demeuré en Angleterre, affez pour donner le temps à la belle Karwel de faire fon impreffion, elle repaffa en France, laiffant fes pleins pouvoirs à la nouvelle favorite, avec le Marquis de Croiffi pour fon Confeil.

Charles figna le Traité, qui lui fut préfenté par fa Maîtreffe. Le Marquis de Croiffi, qui l'avoit dreffé, reçut la promeffe, qu'il faifoit à Louis XIV, d'attaquer & de preffer les Hollandois avec toutes fes forces de mer; & la belle Karwel prit la garantie du Traité, moyennant les penfions dont la Cour de France lui avoit donné parole de récompenfer fes bons offices. Cette dangereufe beauté fut le grand reffort de la Politique du Miniftere François, pendant le cours de la guerre. Si les Hollandois avoient daigné faire ce qu'ils pouvoient, pour s'en rendre les maîtres, & le faire fervir à la leur, ils auroient anticipé fur le Traité d'Utrecht; & Louis XIV eut demandé la paix avec autant d'empreffement, qu'il parut la dicter avec hauteur, à Nimegue. D. B. M.

N° XIII.

TRAITÉ D'ALLIANCE ET DE COMMERCE

Entre le Ro d'Angleterre Charles II, & le Roi de Danemarck Chriftiern V.

Conclu à Copenhague, le 11 Juillet 1670. (*)

„ I. QU'il y aura entre les deux Rois, leurs héritiers & fucceffeurs; comme auffi leurs Royaumes, Principautés, Provinces, Etats, Pays, Ifles, Villes, Sujets & Vaffaux de quelque qualité, & condition, qu'ils foient, par Terre & par Mer, Rivieres, Eaux douces, & en tous Lieux quelconques, tant en Europe, que hors l'Europe dès à préfent & à l'avenir, une fincere, véritable & parfaite amitié, paix, & Alliance, de forte que l'une ni l'autre partie ne faffe aucun tort, dommage, ou préjudice, aux

---

(*) Ce Traité paroit n'être qu'une confirmation & un renouvellement de celui qui fut conclu l'année précédente; le 9 Décembre, entre le Roi d'Angleterre & Frédéric III, Roi de Danemarck, qui mourut peu de temps après. Voyez ci-deffus N°. XI.

Royaumes, Principautés, Provinces, & Etats, ou aux Habitans, & Sujets de l'autre, ni ne souffre qu'il en soit fait aucuns, autant qu'il sera en son pouvoir, mais plutôt qu'ils vivront ensemble comme amis se traitant l'un l'autre avec bienveillance & respect, & avançant en toutes occasions les intérêts & avantages l'un de l'autre, & de leurs Sujets, comme si c'étoient les leurs propres, & en prévenant & empêchant de tout leur pouvoir par leur avis, & assistance, qu'il leur soit fait aucun tort, dommage, & injure. "

„ II. L'un, ni l'autre desdits Rois, ni de leurs héritiers, ne consentira à aucune chose, qui puisse être au préjudice ou dommage de son allié : mais si l'un ou l'autre desdits Rois, sait qu'aucune chose soit proposée, agitée ou projettée, qui puisse apporter du dommage à l'autre, il sera obligé de lui en donner avis, sans aucun délai, & cependant l'empêcher & prévenir par toutes voies possibles. "

„ III. Lesdits Rois, tant pour eux que pour leurs héritiers, & successeurs, s'engagent, & promettent réciproquement qu'ils n'assisteront, ni ne fourniront aux ennemis de l'une ou l'autre partie, qui seront aggresseurs, aucunes provisions de guerre, comme soldats, armes, machines, canons, navires, ou autres choses nécessaires pour l'usage de la guerre, ni ne souffriront, que leurs Sujets en fournissent aucuns. Mais si les Sujets de l'un ou l'autre Prince, osent agir, au contraire de ces présentes, alors le Roi dont les Sujets en auront agi ainsi, sera obligé de faire procéder contre eux, avec toute sévérité, comme contre des séditieux & infracteurs de l'Alliance. "

„ IV. Il est en outre convenu & accordé, que si en quelque temps que ce soit ci-après, aucun Prince, ou Etat, envahit, ou par aucune voie ennemie entreprend sur les Royaumes Héréditaires, Provinces, Pays, Villes, Isles, Terres ou Seigneuries du Roi de Danemarck, qu'il possède à présent, le Roi de la Grande-Bretagne assistera ledit Roi de Danemarck, en temps & lieu, de tel nombre de troupes par terre, & de navires de guerre contre un tel aggresseur, qu'ils suffisent pour repousser la force & selon que l'état des affaires dudit Roi le demandera, & ledit Roi de la Grande-Bretagne entreprendra, pour cet effet d'empêcher de tout son pouvoir, que par une telle invasion, & violence le Roi de Danemarck ne soit en aucune maniere molesté en ses Royaumes, Seigneuries, ou Droits. Et si ledit Roi de la Grande-Bretagne ou ledit Roi de Danemarck, contracte, ou fait aucune ligue, Alliance, ou union avec aucun autre Roi, Prince, République, ou Etat, ils tâcheront respectivement d'y faire comprendre l'un l'autre & leurs Etats, autant qu'il leur sera possible s'ils désirent y être compris. "

„ V. Il sera permis aux Sujets des deux Rois, de venir dans les Royaumes, Provinces, Villes, où l'on tient foires & marchés, ports, & rivieres l'un de l'autre avec leurs denrées & marchandises tant par mer que

par

par terre en temps de paix fans congé ni paffe-port général ou particulier, & d'y féjourner, & trafiquer en payant les Douanes & péages accoutumés, réfervant toutefois à l'un & l'autre Prince la Souveraineté &
Jurifdiction Royale en fes Royaumes, Provinces, Principautés & Terres
refpectivement. "

„ VI. Il eft néanmoins convenu & conclu, que les Sujets du Roi de la
Grande-Bretagne ne viendront en aucune maniere dans les Ports défendus,
dont on a fait mention dans les Traités précédens, ni dans les Colonies,
fans avoir auparavant demandé & obtenu le congé particulier du Roi de
Danemarck, à moins qu'ils ne fuffent contraints d'y relâcher, & entrer
par néceffité de tempête ou par la pourfuite des pirates, auquel cas il ne
leur fera pas permis de rien vendre, ni acheter, de même que les Sujets
du Roi de Danemarck ne viendront pas dans les Colonies Angloifes, à
moins que ce ne foit par un congé particulier qu'ils aient auparavant demandé & obtenu. "

„ VII. Il fera permis aux Sujets du Séréniffime Roi de Danemarck,
d'apporter dans leurs magafins, en Angleterre, Ecoffe & Irlande, & dans
les Ports du Roi de la Grande-Bretagne, en Europe, les denrées qui font
à préfent, ou qui feront ci-après du crû, & production de leurs Etats,
Pays & Seigneuries, fujettes au Roi de Danemarck, ou des manufactures
d'icelles, comme auffi celles qui viendront d'aucun endroit de la riviere
d'Elbe. "

„ Il fera permis de la même maniere, aux Sujets du Roi de la Grande-
Bretagne, de faire venir, & de porter dans le Danemarck, la Norwege, & dans les autres Ports, & Colonies du Roi de Danemarck, qui
ne font pas défendues, toutes fortes de marchandifes, qui font, & feront
produites & fabriquées, ci-après dans les Royaumes, Pays, & Etats de
l'obéiffance du Roi de la Grande-Bretagne, & s'il arrive qu'en quelque
temps que ce foit, ci-après, il foit permis à aucunes Nations étrangeres,
d'apporter toutes fortes de denrées fans exception, en Angleterre, en
Ecoffe, & en Irlande, & dans les autres Ports qui appartiennent au Roi
de la Grande-Bretagne, la même chofe fera auffi permife aux Sujets du
Roi de Danemarck : ce qui fera permis de la même maniere aux Sujets
du Roi de la Grande-Bretagne en pareille occafion, dans les Ports & Colonies dépendans du Roi de Danemarck. »

„ VIII. Il eft auffi convenu & accordé que les Peuples & Sujets du Roi
de la Grande-Bretagne, venant à naviger en aucun des Royaumes Héréditaires,
Pays ou Seigneuries du Roi de Danemarck, & y trafiquer, ils ne payeront pas plus de Douane, de Couftume, de Tolle, ni autres Droits, ni
en aucune autre maniere, que les Habitans des Provinces-Unies des Pays-
Bas, & autres Etrangers (à l'exception de la Suede feulement) qui ont
liberté d'y trafiquer en payant de moindres Droits de Couftume, payent
ou payeront ci-après, & en y allant, y retournant, ou y féjournant, comme

auſſi en y pêchant & trafiquant, & en toutes autres choſes, ils jouiront des mêmes Libertés, Immunités & Privileges, que les Peuples d'aucuns Pays étrangers, qui demeurent & trafiquent dans leſdits Royaumes, & Etats du Roi de Danemarck, jouiſſent ou jouiront ci-après: & d'autre côté les Peuples & Sujets du Roi de Danemarck auront & jouiront des mêmes Privileges dans les Pays & Terres du Roi de la Grande-Bretagne, c'eſt-à-dire, que les Peuples & Sujets du Roi de Danemarck qui navigeront ou trafiqueront en aucun des Royaumes, Pays ou Seigneuries du Roi de la Grande-Bretagne, ne payeront pas plus de Douane, de Couſtume, de Tolle, ni autres Droits ni en aucune autre maniere, que les Habitans des Provinces-Unies, ou autres étrangers qui y trafiquent en payant de moindres Droits de Couſtume, en payent ou payeront en y allant, retournant & y ſéjournant, comme auſſi en y pêchant & trafiquant, & en toutes autres choſes, ils jouiront des mêmes Libertés, Immunités & Privileges dont jouiſſent, & jouiront dans leſdits Royaumes & Etats du Roi de la Grande-Bretagne, les Peuples d'aucun autre Pays étranger. Mais de telle ſorte que le Pouvoir de chaque Roi d'établir, ou de faire quelque changement dans les Douanes, ou autres Droits ainſi qu'ils en verront l'occaſion, dans leurs Royaumes, Pays, Etats, & Ports, demeure plein & entier, & en ſa force & vertu, pourvû que ladite égalité ſoit exactement obſervée de part & d'autre. „

„ IX. Il eſt auſſi accordé qu'après que les Sujets de l'un & l'autre Roi, auront fait entrer leurs Marchandiſes, dans les Etats de l'autre, qu'ils en auront payé les Douanes accoutumées & en auront ſouffert la viſitation, il leur ſera libre & permis de faire porter leſdites Marchandiſes, dans leurs propres Magaſins, ou Celliers, ou dans les Lieux qu'ils jugeront le plus à propos, & les plus commodes, & les y garder, & aucun Magiſtrat, ni autre Officier, ne pourra pas les obliger à ſe ſervir d'aucuns autres Magaſins, ou Celliers, ſi ce n'eſt de leur conſentement. „

„ X. Les Sujets de l'une & l'autre Couronne, trafiquant ſur les Mers, & naviguant près des Côtes de l'un ou de l'autre Royaume, ne ſeront pas obligés d'entrer dans aucun Port, vers lequel ils ne feront pas leur route, mais auront la liberté de pourſuivre leur voyage, où il leur plaira, ſans aucune détention, ni empêchement, & s'ils ſont contraints de relâcher dans les Ports, par la tempête, & qu'ils y demeurent, ils ne ſeront point obligés d'y décharger leurs Marchandiſes, ou d'y échanger, ou débiter aucune partie d'icelles, mais il leur ſera permis d'en diſpoſer, ainſi qu'ils adviſeront bon être, & de faire telle autre choſe, qu'ils jugeront être le plus à leur avantage : pourvu qu'il ne ſe faſſe rien qui tende à frauder les Droits & Douanes de l'un ou l'autre Prince. „

„ XI. Il a été auſſi accordé qu'après que les Planches, Mats & autres ſortes de Bois de Charpente, auront été une fois embarqués ſur les Navires des Sujets, ou Peuples du Roi de la Grande-Bretagne, elles ne ſeront plus expoſées à aucune autre viſitation, mais toutes les viſites, & recherches feront faites auparavant; & fi alors, on y trouve aucun Bois de Chêne, ou autre Bois de Charpente défendu, il fera incontinent faifi & arrêté fur les Lieux; avant qu'il puiffe être mis à bord des Navires, & les Sujets, ni Peuples du Roi de la Grande-Bretagne, ne pourront pour ce fujet être moleftés en leurs Perfonnes ou Biens, par arrêt, ou autre détention quelconque, mais il n'y aura feulement, que les Sujets du Roi de Danemarck, qui fe feront mêlés de vendre & aliéner de tel Bois défendu, qui feront duement punis. „

„ XII. Il a été auffi conclu & accordé, que tous Navires appartenans aux Sujets du Roi de la Grande-Bretagne, & aux Marchands, en paffant par le Sund dépendant du Sérénillime Roi de Danemarck, & de Norwege, &c. jouïront du Bénéfice & Privilege, de différer le payement de leurs Péages, jufqu'à leur retour, de la même maniere qu'ils en ont jouï par le paffé avant la derniere Guerre, à la charge toutefois que lefdits Navires, & Marchands, apporteront avec eux des Certificats fcellés du Scel des Officiers du Roi de la Grande Bretagne, à ce députés, par lefquels il apparoiffe que lefdits Navires appartiennent aux Sujets du Roi de la Grande-Bretagne, comme auffi qu'avant leur paffage, ils donneront bonne & fuffifante caution, pour le payement defdits Droits de Douane en un lieu convenable pour les Receveurs defdits Droits à leur retour, ou dans l'efpace de trois mois au plus tard, au cas qu'ils ne retournent pas : fi mieux ils n'aiment de payer comptant lefdits Droits, au temps de leur premier paffage. „

„ XIII. Item, on eft convenu à l'égard de toutes les Marchandifes, que les Sujets du Roi de la Grande-Bretagne mettront à Terre à Elfeneur, dans la feule vue d'être de nouveau tranfportées en leur entier dans les Vaiffeaux, qu'ils payeront les mêmes Droits, & non plus, qu'ont accoutumé de payer les Hollandois, & autres Etrangers en pareil cas; ce qui récibroquement fera obfervé de la même maniere en Angleterre envers les Sujets du Roi de Danemarck & de Norwege. „

„ XIV. Il a été auffi accordé que les Navires & Sujets du Roi de la Grande-Bretagne, auront leurs dépêches à Elfeneur, auffi-tôt qu'ils y arriveront, fans aucun délai, & fans qu'aucuns autres Navires, de quelque Nation qu'ils foient, puiffent être expédiés devant eux par préférence, à l'exception toutefois des habitans de certains lieux, qui en ont anciennement obtenu le privilege dont ils jouiffent encore à préfent. „

» XV. S'il arrive qu'aucun Sujet de l'un ou l'autre Prince vienne à décéder, dans les Etats, ou terres de l'autre, il lui fera permis de difpofer de fes biens, foit en argent, ou marchandifes, de telle maniere qu'il lui plaira : & fi aucun Sujet vient à mourir dans les Royaumes, ou Provinces de l'autre Prince, fans en avoir fait aucune difpofition, les biens meubles & immeubles qu'il aura laiffés, de quelque nature & efpece qu'ils foient, feront fidelement confervés aux héritiers pour leur ufage & pour le payé-

ment des dettes que le défunt aura été justement obligé de payer, &
pour cette fin, aussi-tôt qu'aucun Sujet de l'un ou l'autre Prince, sera décédé, dans les Etats de l'autre Prince, le Consul ou Ministre public, qui
y sera résident en ce temps-là, aura droit de prendre possession dudit argent & biens, & en fera un inventaire devant quelque Magistrat du lieu;
lesquels biens demeureront par après en ses mains, pour en rendre compte
aux héritiers & aux créanciers comme dit est : mais s'il n'y a pas là de
Consul, ou de Ministre public, il sera permis à deux Marchands du même
Pays que celui du défunt, de se mettre en possession des biens par lui dé-
laissés, pour les conserver & en rendre compte, de la même maniere,
aux héritiers & créanciers : ce qui doit être toutefois entendu de telle
sorte qu'aucuns papiers, ni livres de comptes, ne doivent pas être repré-
sentés au Magistrat, mais seulement les biens & marchandises réelles du
décédé : & que ledit Magistrat sera obligé dans l'espace de quarante-huit
heures, après la notification & requête qui lui en sera faite, d'être présent à l'inventaire qui sera fait, sinon, à faute de ce faire, ledit inventaire
sera fait sans lui. »

» XVI. Il sera permis à l'un ou à l'autre des Alliés & leurs Sujets, ou
Peuples de trafiquer avec les ennemis de l'autre, & de leur porter, ou
fournir toute sorte de marchandises (à l'exception seulement, de celles
qui sont défendues qu'on appelle de contrebande) sans aucun empêchement, à moins que ce ne soit dans des Ports, ou Places assiégées par l'autre : ce que toutefois s'ils faisoient, il leur sera permis de vendre leurs
marchandises aux assiégeants, ou de se retirer en quelqu'autre Port, ou
Place qui ne sera pas assiégée. »

» XVII. Il a été aussi accordé qu'il sera libre, & permis aux Sujets de
l'un ou l'autre Prince, trafiquans dans les Etats ou Ports de l'autre, d'y
demeurer, & séjourner, pour y acheter, & vendre des marchandises sans
aucune prescription, ou limitation de temps, qui pourroit leur être ordonnée par aucun Officier ou Magistrat desdites Seigneuries, ou Ports, en
payant les droits accoutumés pour toutes les denrées & marchandises qu'ils
y porteront, ou en remporteront ; & il a été en outre stipulé, qu'on ne
trafiquera point avec d'autres personnes que des Citoyens ou Bourgeois de
quelque Cité, ou Ville, de l'étendue des Royaumes de Danemarck, ou de
Norwege, & que ce ne sera qu'en gros, & non pas en détail, ou par
parcelles. »

» XVIII. Il a été en outre convenu & conclu, que pour un plus grand
avancement du trafic & commerce, & pour éviter entierement toutes
fraudes & disputes, qui pourroient arriver entre les Officiers des Ports,
& les marchands, que tous & chacuns les droits seront demandés & payés
conformément au tarif imprimé, dans lequel seront compris tous les droits
& impositions, qui doivent être payés tant pour les marchandises dans les
Ports respectifs, que pour le passage par le Sund. Et afin que cela puisse

être obfervé plus exactement, les deux Rois ne défendront pas feulement à leurs Officiers & Collecteurs de leurs Douanes, fous des peines les plus féveres, de faire aucune chofe, qui puiffe éluder l'effet de cette Convention, mais encore, de caufer aucun trouble, ni de faire aucun tort aux Sujets de l'un & l'autre Roi, par aucune moleftation ou exaction. »

» XIX. Il a été en outre conclu & accordé que le Roi de Danemarck ordonnera que les Contrôleurs de fes Douanes, ou d'autres Officiers, foient établis Commiffaires, pour remefurer tous les Navires appartenans aux Sujets du Roi de la Grande-Bretagne, trafiquans en Norwege fuivant leur port, & leur grandeur, de forte que ce qui n'a pas été jufqu'ici duement obfervé, puiffe être à l'avenir remis en meilleur ordre. »

» XX. Mais de peur que cette liberté de navigation, ou de paffage, d'un allié, & de fes fujets & habitans, durant la guerre, que l'autre pourroit avoir par mer ou par terre, contre aucun autre Pays, ne porte préjudice à l'autre allié, & que les denrées & marchandifes appartenantes à l'ennemi ne puiffent être frauduleufement recelées, fous prétexte d'être en amitié, afin d'empêcher les fraudes, & ôter tout foupçon, on a trouvé à propos, que les navires, marchandifes, & les hommes de l'équipage appartenans à l'autre allié, foient munis de lettres, de paffe-ports, & de certificats en leur paffage & voyages, les formulaires defquelles doivent être ainfi qu'il enfuit. »

» *Charles fecond, par la grace de Dieu, Roi de la Grande-Bretagne, &c.*
Chriftian cinquieme, par la grace de Dieu, Roi de Danemarck & de Norwege, &c.

» *Soit notoire à tous & chacun qui nos préfentes Lettres de paffe-port, verront, que,... notre Sujet & Citoyen de notre Cité de.... nous a humblement repréfenté que le Navire nommé.... du port de.... tonneaux.... lui appartient, & à quelques autres de nos Sujets, & qu'ils en font les feuls Propriétaires, & qu'il eft de préfent chargé de denrées, qui font contenues en un Billet des Officiers de nos Douanes, que le navire a à bord, & qu'il appartient à nos Sujets, ou à d'autres intéreffés, qui font en Neutralité & eft prêt à partir du Port de.... pour aller en tel autre lieu, ou lieux, où il pourra commodément trafiquer avec lefdites marchandifes qui ne font pas défendues, ni appartenantes à l'une ou l'autre des parties en guerre, ou bien trouver fon fret : ce que notredit Sujet ayant attefté par écrit figné de fon feing, & affirmé par ferment être véritable fous peine de confifcation defdites denrées, nous avons jugé à propos de lui accorder nos préfentes Lettres de paffe-port : & partant Nous prions & requérons tous Gouverneurs de Pays, & Commandans fur mer, Rois, Princes, Républiques, & Villes libres, & particulierement les Parties qui font préfentement en guerre, & leurs Commandans, Amiraux, Généraux, Officiers, Maîtres de Ports, Commandans de Navires, Capitaines, Fréteurs & tous autres qui ont quelque Jurifdiction par mer, ou la garde d'aucun Port, qu'il lui arrivera de rencontrer, ou parmi la Flotte, ou Navires desquels il lui arrivera de tomber, ou demeurer dans leurs Ports, qu'en vertu de l'Alliance & amitié que nous avons avec aucun Roi ou Etat, ils souffrent ledit maitre, avec le Navire.... Personnes, Biens & toutes marchandises qui sont sur son bord, poursuivre son voyage, vers quelque lieu que ce soit, non seulement avec liberté, & sans aucune molestation, détention ou empêchement, mais encore qu'ils lui rendent tous offices de civilité ; comme à notre Sujet s'il y a occasion ; ce que nous & les nôtres serons prêts à reconnoître en pareille ou autre occasion. Donné le .... jour de ..... de l'année ......*

Nous le Président, Consuls & Sénateurs de la Ville de.... attestons & certifions que N. N..... le.... jour de .... de l'année..... est venu & comparu en personne devant nous ..... N. N..... Citoyen & habitant de la Cité ou Ville de..... & sous le serment qu'il est obligé envers le Roi notre Souverain Seigneur, nous a déclaré que le Navire ou Vaisseau, nommé .... du Port de.... Tonneaux appartient au port, Cité, ou Ville de .... en la Province de .... & que ledit Navire lui appartient justement, & est de présent prêt à partir directement du Port de .... chargé des Denrées mentionnées au Billet qu'il a reçu des Officiers des Douanes, & qu'il a affirmé par le Serment susdit, que le Vaisseau ci-dessus nommé avec les Denrées & Marchandises, dont il est chargé, appartient seulement aux Sujets de Sa Majesté, & ne porte point de Marchandises défendues qui appartiennent à l'une ou à l'autre des Parties, qui sont à présent en Guerre ".

» *En témoignage de quoi nous avons fait signer le présent Certificat par le sindic de notre Ville, & y avons fait apposer notre Sceau.* "

» *Donné , &c.*

» C'est pourquoi lorsque les marchandises, denrées, Navires ou hommes de l'Equipage de l'un ou l'autre des alliés, & de leurs sujets & habitans, rencontreront en pleine mer, dans les Détroits, Ports, Havres, Terres, Places quelconques les Navires de Guerre, soit publics ou particuliers, ou les hommes de l'Equipage, sujets & habitans de l'autre allié, en représentant seulement lesdits Passe-ports & Certificats, on ne leur demandera rien de plus, & on ne fera aucune visitation des marchandises, Navires, ou hommes, & ils ne seront en aucune autre maniere que ce soit, molestés ni troublés, & on souffrira qu'ils poursuivent leur voyage en toute sûreté : mais si on ne représente pas les Passe-ports & Certificats expédiés en cette forme solemnelle & établie, & qu'il y ait quelqu'autre sujet de soupçon juste & apparent, le Navire sera visité, ce qui néanmoins est entendu, n'être permis seulement qu'en ce cas-là. S'il se commet aucune autre chose contraire au véritable sens de cet article, par l'une ou l'autre partie, contre l'un ou l'autre des alliés, chacun desdits alliés fera punir séverement ses sujets & habitans, qui y auront contrevenu , & fera donner une pleine & entiere fatisfaction, incontinent & fans délai, à la partie qui aura été moleftée, & à fes fujets & habitans pour tous leurs dommages & intérêts, & dépens. "

» XXI. Il a été auffi conclu & accordé, que tous Navires des fujets & habitans du Roi de la Grande-Bretagne, enfemble leurs Cargaifons & marchandifes, paffans par le Port de Gluckftadt, ou autres Places, & Villes de l'obéiffance du Roi de Danemarck fituées fur la riviere d'Elbe, tant en allant qu'en retournant, feront exempts & affranchis de toutes Douanes, Impôts, vifitation, faifies & moleftation, excepté feulement le cas de vifitation en temps de guerre, quand le Roi de Danemarck aura guerre contre aucun autre Roi, ou Etat."

» XXII. Si les Sujets de l'un, ou l'autre Prince font moleftés, ou endommagés fur les Terres de l'autre, alors le Roi du lieu où l'injure aura été faite, prendra foin que juftice lui foit faite, fuivant les Loix & coûtumes du Pays, & que les coupables foient duement punis, & que la fatisfaction foit donnée à la partie moleftée."

» XXIII. Il a été auffi accordé qu'aucuns Navires, Vaiffeaux, ou marchandifes chargées, fur lefdits Navires de quelque efpece, nature ou qualité qu'ils foient qui auront été pris, appartenans à aucuns des Sujets de l'un ou l'autre defdits Rois, fous quelque caufe, ou prétexte que ce foit, ne fera jugé de bonne prife, à moins que ce ne foit par un examen judiciaire, & par un procès intenté légitimement pour ce fujet, dans une Cour d'Amirauté établie pour les prifes faites fur mer."

» XXIV. Les deux parties feront rendre juftice avec toute équité, aux Sujets & Habitans l'un de l'autre, fuivant les Loix & Statuts de l'un ou l'autre Pays, promptement & fans aucunes longues formalités de juftice, & dépenfes qui ne font pas néceffaires, en tous procès & différens, tant furvenus dès à préfent, qu'en ceux qui pourront furvenir ci-après."

» XXV. Arrivant que des Navires de l'un ou l'autre des alliés & de leurs Sujets & Habitans, foit de marchands ou de guerre, échouent, ou foient portés fur des écueils, ou foient contraints de fe décharger, ou autrement faffent naufrage, fur les côtes de l'un ou l'autre Roi (ce qu'à Dieu ne plaife) lefdits Navires, avec leurs agrés, Biens, & marchandifes, ou tout ce qui fera fauvé, fera reftitué aux propriétaires & intéreffés, pourvu qu'eux ou leurs Agents, & Procureurs, reclament lefdits Navires, & Biens, dans l'efpace d'un an & un jour, après le naufrage arrivé, fauf toujours les Droits & Douanes des deux Nations. De plus les Sujets & Habitans demeurans fur leurs Côtes & Rivages, feront obligés de venir à leur aide, en cas de péril, & de donner leur affiftance autant qu'il fera en leur pouvoir, & ils feront tous leurs efforts, foit pour délivrer le Navire, ou pour en fauver les biens, marchandifes & agrés, & tout autre chofe qui leur fera poffible, ou pour tranfporter en quelque lieu de fûreté ce qui en fera fauvé, pour être reftitué aux propriétaires, en payant le Droit de fauvement, & en donnant telle recompenfe aux perfonnes par l'aide & diligence defquelles lefdits biens & marchandifes auront été fauvées & préfervées, qu'elles le mériteront. Et finalement, les deux parties, en cas de tel accident, feront obferver de leur part, ce qu'elles voudroient être fait, & obfervé de l'autre part."

» XXVI. Les maîtres de Navires, leurs Pilotes, Soldats, Matelots, & autres gens de mer, comme auffi les Navires mêmes ni les denrées, & marchandifes dont ils feront chargés, ne pourront être faifis, ni arrêtés, en vertu d'aucun ordre général ou particulier, ou pour quelque caufe que ce foit, à moins que ce ne fût pour la défenfe & confervation du Royaume, en quoi toutefois n'eft entendu de comprendre les faifies & arrêts faits par autorité de Juftice, pour de loyales dettes contractées, ou pour aucunes autres caufes légitimes, pour raifon defquelles, il fera procédé par voie de Droit felon la forme de Juftice."

» XXVII. Il fera permis aux marchands des deux Royaumes, leurs Facteurs, & ferviteurs, comme auffi aux Maîtres & Mariniers de Navires, de porter toute forte d'Armes portatives, tant offenfives que défenfives, tant fur mer que fur autres eaux, comme auffi dans les Ports & fur les Côtes, & terres de l'un ou l'autre allié, en allant, en retournant, & cheminant pour la défenfe de leurs Perfonnes & Biens, de telle forte qu'ils ne donnent pas jufte caufe de foupçon aux Commandans & Magiftrats d'aucune Place, d'aucuns complots, ni cabales, contre le repos public, ou particulier."

» XXVIII. Les Convois, ou Navires de guerre, de l'une ou l'autre Partie rencontrant, ou atteignant en leurs voyages, aucuns Navires marchands, ou autres appartenans à l'autre allié, ou à fes fujets, & faifant la même route fur, dans, ou hors l'Europe, feront obligés de les protéger & défendre auffi long-temps qu'ils continueront la même route enfemble."

» XXIX. Pour plus grande fûreté de Commerce, & liberté de navigation, il a été conclu & accordé, que l'une ni l'autre partie, autant que faire fe pourra, & qu'il fera en fon pouvoir, ne fouffrira qu'aucuns Pirates & Forbans publics ayent leur retraite, en aucun des Ports de l'autre, ni qu'aucuns des habitans & Sujets de l'un ou l'autre Prince les reçoivent en leurs maifons, leur fourniffent aucuns vivres, ou leur donnent aucune affiftance; mais au contraire, qu'ils feront leurs efforts pour faire enforte que lefdits Pirates & Forbans, leurs partifans & complices, foient pris, appréhendés & punis, felon leur mérite, & que les Navires & biens, autant qu'on en pourra trouver, foient reftitués aux Propriétaires légitimes d'iceux, ou leurs agens, en faifant duement apparoir du Droit qu'ils y auront, par une preuve certaine de juftice, en la Cour de l'Amirauté."

» XXX. Il a été conclu & accordé qu'il y aura en tout temps libre accès, pour les fujets & habitans de l'une & l'autre partie, dans les ports

&

& fur les côtes des deux Princes, & qu'il leur fera permis d'y demeurer, & d'en partir, comme auffi de paffer dans toutes les mers & territoires de l'un & l'autre Roi refpectivement (fans commettre aucun défordre ni violence) non feulement avec des navires marchands, & de charge, mais encore avec des navires de guerre, équipés pour le compte public, ou pour les commiffions d'Armateurs particuliers, foit qu'ils entrent dans lefdits ports par la néceffité de la tempête, pour éviter le péril de la Mer, ou pour fe radouber & acheter des vivres, de telle forte qu'ils n'excedent pas le nombre de fix navires de guerre, lors qu'ils y entreront de commun accord, & qu'ils ne demeurent pas dans les havres, ou environs des ports, plus long-temps qu'il ne leur fera néceffaire pour radouber leurs navires, & pour y acheter des vivres ou autres chofes néceffaires, & s'ils ont befoin d'entrer dans lefdits ports avec un plus grand nombre de vaiffeaux de guerre, il ne leur fera pas permis de le faire fans avoir donné avis de leur venue auparavant par une lettre, & fans en avoir obtenu la permiffion de ceux à qui lefdits ports appartiennent : mais fi par la violence de la tempête, ou quelque autre urgente néceffité, ils font contraints de relâcher dans un port, en ce cas-là, les navires ne feront pas reftraints à un certain nombre, quoi qu'ils n'aient fait fçavoir leur venue auparavant : mais néanmoins, à condition que leur Amiral, ou Commandant en Chef, incontinent après fon arrivée, en fera favoir la caufe au principal Magiftrat, ou Commandant de la Place du Havre, ou de la Côte fur laquelle il fera, & il n'y demeurera pas plus long-temps, que celui qui lui fera accordé par ledit principal Magiftrat ou Commandant, & il n'y commettra aucun acte d'hoftilité, ni aucune autre chofe préjudiciable à celui des deux Alliés à qui ils appartiendront. ''

» XXXI. Il ne fera permis aux Sujets de l'un & l'autre Roi ni aux habitans des Royaumes & terres de leur obéiffance, de fe charger d'aucunes lettres patentes, appellées commiffions de repréfailles, d'aucun Prince ou Etat, qui aura des différens ou guerre ouverte, contre l'un ou l'autre des alliés, bien moins encore de s'en fervir, pour troubler, ni molefter les Sujets de l'un ou de l'autre defdits alliés, lefdits deux Rois feront de très-expreffes inhibitions & défenfes à leurs Sujets refpectivement, d'obtenir ni accepter, d'aucuns Princes ou Etats, de telles commiffions, & défendront & empêcheront, autant qu'il fera en leur pouvoir, qu'ils commettent aucunes déprédations en vertu defdites commiffions. ''

» XXXII. S'il arrive qu'aucun navire, ou navires appartenans aux fujets de l'un, ou de l'autre Roi, foient pris dans les ports de l'un ou de l'autre, par une tierce partie, l'un ou l'autre dans lefdits ports ou Jurifdiction duquel lefdits navires auront été pris, fera réciproquement obligé de faire fes efforts conjointement avec l'autre, pour trouver & reprendre ledit navire, ou navires, & les rendre aux Propriétaires, ce qui fera neanmoins fait aux dépens des Propriétaires, ou parties intéreffées. ''

» XXXIII. Comme pareillement, fi fur les Navires pris par les Sujets de l'un ou l'autre Allié, & amené en aucun Port appartenant à l'autre, on trouve aucuns Matelots, ou autres perfonnes qui foient Sujets de l'Allié dans les Ports ou rivieres duquel la prife fera amenée, ils feront traités civilement, par ceux qui les auront pris, & remis incontinent en liberté, fans payer aucune rançon. «

» XXXIV. Mais s'il arrive qu'un Navire de Guerre, ou quelqu'autre Vaiffeau, chargé de marchandifes de contrebande, & appartenant à l'autre Couronne, foit pris, il ne fera pas permis aux Capitaines ou Commandans qui l'auront pris, d'ouvrir, ni rompre les coffres, tonneaux ou balles, qui feront fur ledit Navire, ni auffi de les tranfporter, ou autrement aliéner aucunes marchandifes qui y feront, qu'elles n'aient été defcendues à terre, & qu'il n'en ait été fait Inventaire en la préfence des Juges de l'A-mirauté. «

» XXXV. Et pour plus grande fûreté des Sujets des deux Rois, & pour prévenir toute violence qui pourroit leur être faite par lefdits Navires de Guerre, il fera fait de très-expreffes inhibitions & défenfes à tous Commandans de Navires de Guerre, appartenans au Roi de la Grande-Bretagne, & à tous fes autres Sujets, de troubler, ni molefter les Sujets du Roi de Danemarck : s'ils en ufent autrement, ils feront tenus en leurs perfonnes & biens, des dommages & intérêts foufferts & à fouffrir, jufqu'à la reftitution & réparation. Les mêmes défenfes feront pareillement faites à tous Commandans des Navires de Guerre appartenans au Roi de Dane-marck, & à tous fes autres Sujets, de troubler, ni molefter les Sujets du Roi de la Grande-Bretagne, pourvu toutefois que toutes lefdites actions foient examinées & jugées par voie de Droit felon la forme de la Juftice, dans les Cours d'Amirauté des deux Rois, ou fi l'une ou l'autre partie fe trouvant étrangere, dans le lieu où l'affaire doit être décidée, le trouve plus à propos, le fait fera examiné devant des Commiffaires que les deux Rois députeront à cette fin, auffi-tôt qu'ils en feront requis, afin que par ce moyen, les procédures n'en foient pas feulement faites fans beaucoup de dépenfe ; mais encore qu'elles foient terminées en trois mois de temps, tout au plus. «

» XXXVI. Les deux Rois donneront tous les ordres néceffaires pour faire que les jugemens & fentences, qui feront rendues fur les prifes qui feront faites à la mer, foient données avec toute juftice & équité, par des perfonnes non fufpectes, ni intéreffées au fait dont fera queftion, & qu'après qu'elles feront données par de tels Juges, ainfi qu'il eft dit ci-deffus, ils enjoindront & ordonneront à leurs Officiers & autres qu'il appartiendra de les faire duement & promptement exécuter felon leur forme & teneur. «

» XXXVII. Lorfque les Ambaffadeurs de l'un & de l'autre Roi, ou quel-ques autres de leurs Miniftres publics qui feront à la Cour de l'autre Roi, feront plainte defdites fentences, le Roi auquel la plainte fera faite, fera revoir & examiner ledit jugement & fentence en fon Confeil, pour con- noître fi toutes les chofes requifes & néceffaires ont été exécutées fuivant les regles du préfent Traité, & avec les précautions qui y font contenues, & s'il fe trouve que le contraire ait été fait, il y fera pourvu, ce qui fera fait dans le temps de trois mois au plus. Et il ne fera pas permis, avant que le premier jugement ait été donné, ni après icelui pendant la révifion, de décharger, vendre & aliéner les biens & effets qui feront reclamés, fi cela ne fe fait du confentement des Parties pour éviter le dé- périffement defdits biens & marchandifes. «

» XXXVIII. Lefdits Rois auront dans les Cours l'un de l'autre leurs Miniftres, & dans de certains Ports leurs Confuls, pour mieux & plus aifément communiquer & propofer les chofes qu'ils jugeront avantageufes, pour l'intérêt public, ou celui des perfonnes particulieres. «

» XXXIX. Les offenfes particulieres n'empêcheront en aucune façon, l'exécution du préfent Traité, & ne feront naitre aucune haine ni diffen- tion entre lefdites Nations, mais chacun répondra de fon propre fait, & en demeurera refponfable, & l'un ne fouffrira pas, pour l'offenfe qu'un autre aura commife par un recours à des lettres de repréfailles, ou de telles autres voies rigoureufes, fi ce n'eft en cas de déni de Juftice & de délais plus longs qu'on ne doit, auquel cas il fera permis au Roi, dont le Sujet aura reçu du dommage, d'avoir recours aux Regles que prefcrit la Loi des Nations, jufqu'à ce que réparation ait été faite à la partie qui aura fouf- fert le dommage, pourvu toutefois qu'il en ait duement averti l'autre Roi auparavant. «

« XL. Il a été auffi accordé que fi les Hollandois ou quelqu'autre Na- tion que ce foit, (à l'exception de la Nation Suédoife feulement) ont déja obtenu ou obtiennent ci-après du Roi de Danemarck, quelques Articles, Conventions, Exemptions ou Privileges plus avantageux, que ceux qui font contenus au préfent Traité, les mêmes & femblables Privileges feront pa- reillement accordés au Roi de la Grande-Bretagne, & à fes Sujets pleine- ment & efficacement en toutes manieres & difpofitions, & d'autre côté, fi les Hollandois ou quelque autre Nation que ce foit, a déja obtenu ou obtient ci-après de Sa Majefté de la Grande-Bretagne, quelques Articles, Conventions, Exemptions ou Privileges plus avantageux que ceux qui font contenus au préfent Traité, les mêmes & femblables Privileges feront pareillement accordés au Roi de Danemarck & à fes Sujets, & d'une ma- niere auffi ample & auffi efficace. «

» XLI. Il a été pareillement conclu que les précédens Traités qui, en quelque temps que ce foit, ont été faits jufqu'ici, entre lefdits Alliés ou leurs Prédéceffeurs Rois, tant pour les Royaumes de la Grande-Bretagne, *&c.* que pour les Royaumes héréditaires de Danemarck, de Norwege, *&c.* ref- pectivement, ne feront pas, en la moindre chofe, réputés être rompus ni abolis par aucun Accord, Convention ou Article, contenus en ce préfent Traité ; mais qu'ils demeureront en leur pleine force, effet & vertu, en tant qu'ils ne feront point contraires & ne répugneront point audit Traité, ni à aucun Article y contenu. «

» XLII. Finalement, il a été convenu, conclu & accordé que lefdits Rois obferveront, fincerement & de bonne foi, tous & chacun les Articles contenus & inférés au préfent Traité, & les feront obferver par leurs Peuples & Sujets, qu'ils n'y contreviendront point, ni ne fouffriront point que leurs Peuples & Sujets y contreviennent directement ni indirectement, & qu'ils en confirmeront & ratifieront tous & chacun des Articles, ainfi qu'ils font ci-deffus accordés par des Lettres-Patentes fignées de leurs feings, & fcellées de leurs grands fceaux, en bonne, fuffifante & efficace forme, & les délivreront ou feront délivrer, de bonne foi, & réellement avec effet, dans trois mois à compter de la date de ces Préfentes. »

N°. XIV.

ALLIANCE DÉFENSIVE

Entre l'Empereur LÉOPOLD & CHARLES-GASPAR, Evêque de Tréves.

A Coblents le 18 Février 1671.

LE maintien de la Paix de Weftphalie & la fûreté mutuelle des Sujets, Terres & Provinces des Parties contractantes eft l'objet de ce Traité, dans lequel elles ftipulent le nombre des troupes dont elles fe devront affifter réciproquement en cas de befoin.

N°. XV.

ALLIANCE DÉFENSIVE

Entre FRÉDÉRIC-GUILLAUME, Electeur de Brandebourg, CHRISTOPHE-BERNARD, Evêque de Munfter, & PHILIPPE-GUILLAUME, Comte Palatin du Rhin.

A Bilefeldt le 7 Avril 1671.

CETTE Alliance ftipulée pour fix ans feulement, avoit pour objet la défenfe du Cercle de Weftphalie & des Etats des Parties contractantes.

N°. XVI.

TRAITÉ D'ALLIANCE

Entre LÉOPOLD, *Empereur des Romains, &* CHRISTOPHE-BERNARD, *Evêque & Prince de Munster.*

A Saffenberg, le 17 Juillet 1672.

LE but de cette Alliance & de plusieurs autres semblables que firent dans ce temps divers Princes d'Allemagne entr'eux & avec l'Empereur, étoit la Défense de la Liberté Germanique, & le maintien de la Paix de Westphalie.

N°. XVII.

TRAITÉ D'ALLIANCE

Entre l'Empereur LÉOPOLD *&* LOUIS XIV, *Roi de France.*

A Vienne le 1 Novembre 1672.

AU NOM DE LA TRÈS-SAINTE ET INDIVISIBLE TRINITÉ, PÈRE, FILS ET SAINT-ESPRIT. Ainsi soit-il.

»COMME ainsi soit que le Sérénissime & Très-Puissant Prince & Seigneur Léopold, Empereur élu des Romains, toujours Auguste, Roi de Germanie, d'Hongrie, de Bohême, de Dalmatie, de Croatie, & de Sclavonie, Archiduc d'Autriche, Duc de Bourgogne, de Brabant, de Stirie, de Carinthie & de Carniole, Marquis de Moravie, Duc de Luxembourg, de la haute & basse Silesie, de Wirtemberg, & de Tech, Prince de Suabe, Comte de Habspourg, de Tirol, de Kiburg & de Gorice, Marquis du Saint Empire, de Burgau, & de la haute & basse Lusace, & Seigneur de la Marche Esclavonique, de Pornau & de Salins, d'une part. Et le Sérénissime & Très-Puissant Prince & Seigneur LOUIS XIV, Roi Très-Chrétien de France & de Navarre, d'autre. Après avoir considéré l'état présent des affaires, auroient jugé qu'il leur seroit avantageux pour établir leur mutuelle sûreté, de s'engager réciproquement de telle manière qu'ils puiffent avoir une confiance plus entiere dans l'amitié l'un de l'autre, les Députés de leurs Majeftés munis de leurs pleins pouvoirs ; favoir, de la part de fa Majefté Impériale, le Sieur Jean Paul Hocher, Baron Libre, Confeiller du Confeil Secret de Sadite-Majefté, & Chancelier de fa Cour & d'Autriche ; & de la part de fa Majefté Très-Chrétienne, le Sieur Jacques Bréthel de Grémonville, Chevalier & Commandeur de l'Ordre de Saint Jean de Jérufalem, Confeiller du Roi en fes Confeils d'Etat & Privé, Lieutenant-Général de fes Armées, & envoié extraordinaire auprès de l'Empereur, ont fait & conclu le préfent Traité au nom de leurs fufdites Majeftés. "

» I. La paix de Munfter demeurera ferme & inviolable, & ne fera jamais rompue entre fa Majefté Impériale, tous les Etats, vaffaux & fujets de l'Empire, d'une part ; & fa Majefté Très-Chrétienne de l'autre. Un des deux Princes n'aidera point les ennemis préfens ou avenir de l'autre, fous quelque prétexte que ce foit, directement ou indirectement, d'Armes, d'Argent, de Vivres, de Confeil ou autrement, ainfi qu'il eft porté dans le fufdit Traité de Paix auquel on fe rapporte. Et il ne fera point permis à l'une de leurfd. Majeftés d'affifter de quelque efpece de fecours qu'on puiffe imaginer, ni de recevoir fous fa protection les fujets ou vaffaux de l'autre, qui auroient excité contre l'autre une fédition, émotion, rébellion ou défertion, de quelque maniere ou en quelque lieu que ce foit. "

» II. Comme il n'eft pas permis par cette Paix à aucun Etat de l'Empire de pourfuivre fon droit par la force ou par les Armes, mais que s'il y a quelque différend déja mû ou qu'il s'en meuve dans la fuite quelqu'un, chacun doit agir par les voies de la Juftice, & que ce qui a été réglé par la Sentence du Juge doit être commis fans diftinction à l'exécution des Etats; ainfi que les Loix de l'Empire touchant l'exécution des Sentences l'ordonnent. Le Roi T. C. ne donnera aucun fecours directement ou indirectement, foit d'Armes & de Troupes, foit d'Argent, de vivres, de Confeil ou autrement, ni par lui ni par les autres, à ceux qui tâchent ou tâcheront de pourfuivre leurs droits par la voie des Armes : & il n'empêchera point non plus qu'on ne mette en exécution contre ces fortes de perfonnes, les Loix & les Conftitutions de l'Empire, établies pour la défenfe & la confervation de la tranquillité publique. A l'égard des différens qui font ou pourront être à l'avenir entre S. M. I. & S. M. T. C. ils feront terminés par une amiable compofition ; & fi on n'en peut convenir, par des Arbitres nommés de chaque côté en pareil nombre : & s'ils ne peuvent s'accorder, par un Arbitre choifi par les deux Parties. La même chofe fera obfervée entre le Roi T. C. & les fujets ou vaffaux de l'Empire, touchant les différens déja mûs ou qui pourroient s'émouvoir à l'avenir, entre S. M. T. C. & lefdits Etats, fujets & vaffaux de l'Empire, foit qu'il n'y en ait qu'un ou qu'ils foient plufieurs, enforte que tous ces différens ne feront point terminés par les Armes, mais par une amiable compofition, ou par les Arbitres des deux parties, en excluant toute forte de violence. Et comme il a été dit dans le premier article, que l'un des deux Princes ne pourra en aucune façon donner du fecours aux ennemis de l'autre, tout ce qui eft porté dans le Traité de Munfter, touchant les Etats de l'Empire, doit être cenfé répété ici, comme s'il étoit inféré mot à mot. "

» III. Comme il eft de l'intérêt de l'Empereur, de tout l'Empire, & même de toute la Chrétienté, que la Paix d'Aix-la-Chapelle foit confervée en fon entier, & que S. M. I. en défire avec raifon à caufe de cela la confervation, le Roi T. C. promet à l'Empereur de l'obferver exactement dans tous fes Chefs ou Articles, fans aucune exception ; afin qu'il foit ainfi libre à S. M. I. de promettre & de donner au Roi Catholique fa garantie de ladite Paix d'Aix-la-Chapelle : & s'il eft befoin elle emploiera efficacement auprès dudit Roi Catholique, tous les offices néceffaires afin qu'il ne faffe rien contre cette Paix, mais qu'elle demeure ftable pour le bien du repos univerfel. Afin donc que l'Amitié mutuelle entre l'Empereur & le Roi T. C. fe conferve mieux à l'avenir, chacune des parties aura foin de l'utilité, de l'honneur, & des avantages de l'autre, & même du Roi Catholique. S. M. I. en confidération de la promeffe que le Roi T. C. vient de faire d'obferver ladite Paix d'Aix-la-Chapelle, s'oblige & promet que pourvu que ladite Paix foit confervée en fon entier de la part du Roi T. C. s'il s'élevoit une Guerre ouverte hors des Cercles & Fiefs de l'Empire, que les Etats ou vaffaux de l'Empire poffedent, entre le Roi T. C. d'une part, & les Rois d'Angleterre & de Suede, & les Etats des Provinces-Unies de l'autre part ; en ce cas il ne fe mélera point de cette guerre, ni par lui ni par autre, fi ce n'eft par une entremife de fes offices pour procurer la Paix ; & il ne fera aucune confédération avec les uns ni avec les autres pour leur défenfe, & contre le Roi T. C. & il ne donnera dans le cas ci-deffus, foit aufdits Rois d'Angleterre & de Suede, ou aux Etats Généraux, s'ils font ennemis du Roi T. C. aucun fecours en Armes, Argent, Confeil, ou quelque autre chofe que ce foit, & tout cela pour une plus grande confirmation de leur véritable amitié, & des Traités de Paix qui ont déja été faits. "

» IV. On ne dérogera point par cette confédération à celles que l'Empereur a faites jufqu'à préfent, ou fera à l'avenir pour la défenfe des Terres ou Fiefs de l'Empire ou de fes Royaumes & Provinces, de même que par cette convention on ne déroge pas non plus à l'Alliance, ou aux Alliances que le Roi T. C. a fait ou fera pour la défenfe du Royaume de France : Avec néanmoins ce tempérament & explication, que l'Empereur ni le Roi T. C. fous prétexte ou pour raifon des Alliances qu'ils ont conclues ou concluront à l'avenir, ne feront ou ne ftipuleront aucune chofe qui foit contraire à cette convention. Que cette confédération ne préjudiciera auffi en rien aux garanties que l'Empereur ou le Roi T. C. ont promis dans la Paix d'Oliva, & enfuite dans la Paix qui a fuivi en l'année 1666 entre lefdits Etats Généraux, & l'Evêque de Munfter. "

V. " Cette Alliance fera gardée fort fecrette, & ne fera en nulle façon communiquée à qui que ce foit, fans le confentement de l'autre partie. Leurs Majeftés auront auffi foin & feront enforte qu'elle ne foit pas publiée & divulguée par leurs Miniftres qui en ont préfentement connoiffance. "

" Toutes ces chofes ont été conclues entre lefdits Plénipotentiaires de leurs Majeftés, en vertu des pleins-pouvoirs qu'ils en ont reçu de leurs Maîtres, & qu'ils ont échangés réciproquement, fous la promeffe que lefdits Plénipotentiaires des deux parties ont fait de délivrer & échanger dans fix femaines, à compter de ce jour, les Ratifications de l'Empereur & du Roi T. C. En foi de quoi ce préfent Traité a été figné, & muni du Sceau des Armes defdits Sieurs Plénipotentiaires. Fait à Vienne le premier jour de Novembre de l'année 1671. *Signé*,

LE CHEVALIER DE GREMONVILLE.
JEAN-PAUL HOCHER L. B.

N°. XVIII.

ACTE D'ALLIANCE

Entre CHARLES II, Roi d'Efpagne, & les Provinces-Unies des Pays-Bas.

Fait à la Haye le 17 Décembre 1671.

" I. NOUS Don Manuel-Francifco de Lira, Introducteur des Ambaffadeur en Efpagne, & Envoyé extraordinaire du Roi, auprès des Seigneurs Etats-Généraux des Provinces-Unies. "

" Comme ainfi foit, que lefdits Seigneurs aient fait connoître par leurs Députés, qu'ils défiroient favoir ce qu'ils fe pouvoient promettre de la Reine ma Maîtreffe, en cas que le Roi Très-Chrétien vint à attaquer quelques Terres, Villes ou Places de la Jurifdiction defdits Seigneurs Etats, ou dans lefquelles ils ont leur Garnifon, de quoi ayant été rendu compte à Sa Majefté, elle a trouvé bon, portée d'un zéle particulier pour la confervation du Corps Belgique; de nous faire déclarer & promettre (ainfi que nous déclarons & promettons par cette) que toutes & quantefois que
lefdits

lesdits Seigneurs Etats seront attaqués par la France, directement ou indirectement ès dites Terres, Villes ou Places, Sa Majesté les fera secourir,
(bien qu'elle ne s'y trouve obligée par aucun Traité) de toutes les Troupes & de toutes les manieres qu'elle pourra; mais, si pour raison de ces
secours, Sa Majesté étoit attaquée par le Roi Très-Chrétien, en quelqu'un de
ses Etats, en ce cas-là, on fera agir toutes ses forces de part & d'autre
de commun concert, en toutes les entreprises qui seront jugées nécessaires
pour les assistances réciproques, & le bien de la cause commune; & de
ce que dessus, nous nous chargeons d'obtenir la Ratification de Sa Majesté
en bonne & due forme, dans l'espace de deux mois. Fait à la Haye le
dix-septieme du mois de Décembre 1671. *Etoit signé,*

(L. S.) D. MAN. FRANCISCO DE LIRA. »

» II. Les soussignés Députés des Hauts & Puissans Seigneurs Etats-Généraux des Provinces-Unies des Pays-Bas, ayant vu & mûrement examiné
la déclaration & promesse de secours faite, passée & signée cejourd'hui par
Monsieur Don Manuel-Francisco de Lira, Envoyé Extraordinaire du Roi
d'Espagne, au nom & de la part de Sa Majesté, & y voulant correspondre
de même, ont déclaré & promis, déclarent & promettent, au nom & de
la part de Leurs Hautes Puissances, qu'outre l'obligation qui est déja acquise
à Sa Majesté par la Garantie (qui demeure en son entiere force & vigueur)
du Traité de Paix conclu entre les deux Couronnes à Aix-la-Chapelle le 2
de Mai 1668, promise par Leurs Hautes Puissances, que toutes & quantes
fois que Sadite Majesté sera attaquée par la France, directement ou indirectement, ès Provinces, Terres, Villes ou Places, qui appartiennent au susdit
Roi d'Espagne, ou dans lesquelles Sa Majesté aura Garnison, Leurs Hautes
Puissances feront secourir Sa Majesté de toutes les Troupes & en toutes les
manieres qu'elles pourront; mais, si pour raison de ce secours, Leurs Hautes
Puissances étoient attaquées par le Roi Très-Chrétien en quelqu'une des
Provinces, Villes & Places qui leur appartiennent, ou dans lesquelles elles
ont leur Garnison, on fera agir toutes les forces, de part & d'autre, de
concert commun en toutes les entreprises qui seront jugées nécessaires pour
le secours réciproque & pour le bien de la cause commune; & se chargent, lesdits Sieurs Députés de Leurs Hautes Puissances par les Présentes,
de fournir dans deux mois sur ce que dessus la Ratification de Leurs Hautes
Puissances en bonne & due forme. Fait à la Haye le 17 Décembre 1671.
Etoit signé,

(L. S.) J. VAN GENT.   (L. S.) D. VAN WYNGARDEN.
(L. S.) JOHAN DE WITT.   (L. S.) NIC. STABFVENISSE.
(L. S.) G. V. HOOLCK.   (L. S.) E. V. BOOTSMA.
(L. S.) H. TER BORCH.   (L. S.) B. GRUYS.

N°. XIX.

TRAITÉ D'ALLIANCE PERPÉTUELLE

Entre la France & la Suede, en 1672.

LE but général de cette Alliance paroît être le maintien des Traités de Weſtphalie. Il paroît auſſi que le Roi de France ne l'avoit ſollicitée que pour engager le Roi de Suede à renoncer à une Alliance qu'il avoit faite avec le Roi d'Eſpagne, pour le ſervice duquel Sa Majeſté Suédoiſe s'étoit engagée de tenir une armée prête, au cas que Sa Majeſté Très-Chrétienne vint à attaquer les Etats de Sa Majeſté Catholique. Le Roi de France avoit encore pour objet d'attirer le Roi de Suede dans ſon parti, dans la guerre qu'il méditoit alors pour châtier les Hollandois de ce qu'ils ne vouloient pas l'avoir pour voiſin. C'eſt pourquoi on ajouta à ce Traité treize Articles ſéparés qui ne rouloient que ſur les meſures à prendre contre les Provinces-Unies. Un autre Traité de la même année renouvella, prorogea & expliqua celui-ci. C'eſt le Traité qui ſuit. Et un troiſieme Traité d'Alliance, conclu trois ans après, le confirma.
Voyez le N°. XXXVII. *Voyez auſſi* SUEDE.

N°. XX.

ALLIANCE

Entre LOUIS XIV, *Roi de France, &* CHARLES XI, *Roi de Suede.*

A Stockholm le 14 Avril 1672.

NOUS Claude Tott, Comte de Carleby, libre Baron de Surdby, Seigneur d'Ekelſund & de Laclſlehn, Sénateur & Grand Ecuyer de la Sacrée Majeſté Royale & du Royaume de Suede, Gouverneur-Général de Livonie; Sten Bielke, libre Baron de Corp, Seigneur de Haddelholm, de Geſoohca & de Tonga, Sénateur de la Sacrée Majeſté Royale & du Royaume de Suede, & Conſeiller de la Chancellerie; Nicolas Brahé, Comte de Wiſinborg, libre Baron de Cajanc, Seigneur de Ridboholm & de Salvejen, Sénateur de la Sacrée Majeſté Royale & Royaume de Suede, Amiral & Conſeiller de l'Amirauté; & Jean Guldenſtern, libre Baron de Lundholm,

Seigneur de Streche & de Bierksunt, Sénateur de la Sacrée Majesté Royale & du Royaume de Suede, & Conseiller de la Chancellerie, Commissaires-Députés, munis d'un plein-Pouvoir de notre très-puissant Prince & très-clément Seigneur CHARLES, par la grace de Dieu, Roi de Suede, des Gots & des Vandales: Voulons qu'il soit notoire à tous à qui il appartient, que conformément à l'Article 21 de l'Alliance faite à Fontainebleau, entre le Roi de France & le Roi de Suede, le 22 Septembre de l'année 1661, par lequel il est dit que, si on le trouve à propos, ladite Alliance pourra être prorogée du commun consentement des deux Rois, & qu'à ce dessein le Très-Puissant & Très-Chrétien Prince & Seigneur LOUIS XIV, Roi de France & de Navarre, auroit envoyé à Stockholm, au commencement du mois d'Août de l'année derniere 1671, l'Illustrissime & Excellentissime Seigneur le Sieur Simon-Arnaud de Pompone, Conseiller d'Etat ordinaire & Ambassadeur extraordinaire, & ledit Sieur étant choisi pour Secrétaire d'Etat; le Sieur Marquis de Vaubrun, Maréchal des Camps & Armées de S. M., Gouverneur de Philippeville, lequel étant aussi appellé en Lorraine, Sa Majesté Très-Chrétienne auroit envoyé l'Illustrissime & Excellentissime Seigneur le Sieur Honoré Courtin, Conseiller d'Etat ordinaire, & Ambassadeur extraordinaire, muni d'un plein-Pouvoir. Les Sérénissimes & Puissans Rois de France & de Suede, faisant réflexion de quelle utilité & de quel avantage avoient été pour leurs Etats les anciens Traités qui avoient été faits & observés inviolablement & religieusement, tant entre Leurs Majestés qu'entre les Rois d'heureuse mémoire leurs Prédécesseurs: Et se ressouvenant aussi qu'ils ont principalement beaucoup servi pour la sûreté & stabilité de la Paix qui avoit été rendue à l'Empire par la jonction de leurs Conseils & leurs Forces, ils n'ont jamais rien eu plus à cœur que de renouveller non-seulement cette Alliance, mais de lui donner encore plus de force, en s'y engageant d'une maniere plus étroite. Pour ce sujet, Nous Commissaires-Députés, & ledit Ambassadeur extraordinaire, après nous être communiqués mutuellement nos pleins-Pouvoirs, & nous être assemblés plusieurs fois, avons arrêté & sommes convenus d'observer, de part & d'autre, pour marque d'Amitié & d'Alliance, les Articles suivans. «

„ I. Les Sérénissimes Rois de France & de Suede & leurs Royaumes, ayant été unis depuis long-temps par une sincere & véritable amitié, & par une fidelle correspondance avantageuse à leurs deux Royaumes, & ayant depuis été affermis dans cette union par des Alliances très-étroites, ils ont encore aujourd'hui les mêmes raisons de demeurer unis, & de s'y engager plus étroitement, & même il est à propos de renouveller & de rétablir entre ces deux Rois & leurs Royaumes leur ancienne amitié, comme en effet en vertu du présent Traité elle est renouvellée, confirmée & rétablie: De maniere qu'entre les deux Rois, leurs Royaumes, leurs Sujets, & les Habitans des Terres de leur obéissance, il y aura toujours amitié & fidelle correfpondance, qui fera que l'un aura foin des biens & de la fûreté de l'autre, & des avantages & profits communs comme du fien propre ; & que non feulement il avertira fon Allié du danger qui pourra le menacer, mais encore qu'il s'oppofera de tout fon pouvoir au tort qui pourroit lui être fait. „

„ II. Il y aura outre cela, à commencer dès ce jour, entre le Très-Puiffant Roi & Royaume de France d'une part, & le Très-Puiffant Roi & Royaume de Suede, de l'autre, une Alliance défenfive tant pour la confervation mutuelle des deux Rois & de leurs Royaumes, des Provinces & Terres de leur obéïffance, & de tous leurs Droits, que pour la fûreté de la Mer Baltique de l'Océan, à l'avantage du Commerce, & à la liberté de la Navigation. „

„ III. La principale fin de cette Alliance doit être que toutes les chofes qui ont été réglées, foit pour la Politique, foit pour ce qui concerne les affaires Eccléfiaftiques, par la Paix de Munfter & d'Ofnabruch, demeurent dans le même état conformément aux Articles de la Paix, enforte que les deux Rois, & tous les Etats de l'Empire qui font compris dans ladite Paix, en jouiffent entierement: Et afin que les autres qui y font intéreffés l'obfervent d'autant mieux, les deux Rois feront inftance conjointement & féparément auprès de l'Empereur & des Etats de l'Empire, non feulement afin que tout ce qui a été arrêté par les Articles de ladite Paix, foit exécuté dans toute fon étendue, mais encore afin que la Paix & la tranquillité publique, qui a été achetée par l'effufion de tant de fang, par de très-grands travaux & grandes dépenfes, foit maintenue inviolablement. „

„ IV. Et afin que les Traités de Weftphalie, & ceux qui ont été faits depuis fur le même fujet, ne foient pas feulement obfervés, mais qu'ils le foient encore felon toute leur force & dans toute leur étendue, il a été arrêté en premier lieu, entre les Séréniffimes & Très-Puiffans Rois de France & de Suede, que non feulement ils ne donneront aucun fecours aux Ennemis de l'Empire, & aux Perturbateurs de la Paix de l'Empire, mais encore que fi l'Empereur, les Electeurs, ou quelque Etat attaquoit les armes à la main un des deux Rois dans l'Empire, contre la difpofition de la Paix de Weftphalie, ou bien qu'il donnât foit dedans foit dehors l'Empire, un fecours de Troupes, d'Armes, ou de quelque autre maniere, fous quelque prétexte que ce foit, aux Ennemis de l'un des deux Rois, en ce cas les deux Rois fe fecourront mutuellement, & ils uniront leurs Armes pour attaquer l'infracteur de la Paix, s'il ne veut pas écouter l'avertiffement à l'amiable qui lui fera fait auparavant. „

„ V. Les deux Rois Confédérés folliciteront pour le bien commun plufieurs autres Etats de l'Empire, tant Catholiques que Proteftans, à entrer dans cette Alliance, & on agira & conclura avec eux à-peu-près de la même maniere que l'on fit à l'Alliance du Rhin, qui fut faite entre les Couronnes de France & de Suede, & plufieurs Electeurs & Princes de l'Empire. „

» VI. Et comme felon ce qui vient d'être dit dans l'Article précédent, les deux Rois Alliés doivent procurer, que pour le bien public les Etats d'Allemagne qui font amateurs de la Paix, foient invités d'entrer dans cette Alliance, auſſi n'empêchent-ils point que l'Empereur, les Electeurs, les Princes & les Etats de l'Empire, à qui auſſi la Paix peut être agréable, n'entrent encore dans cette Alliance, pourvu qu'ils ſe déclarent dans le temps, & que cela ſe faſſe à des conditions raiſonnables, & du commun conſentement des deux Rois Alliés. „

» VII. Comme il a été propoſé dans le temps paſſé, foit par la voie des Conſeils, foit par celle des Armes aux deux Rois Confédérés & à leurs Alliés, qu'on rétablit conformément aux Loix Fondamentales de l'Empire, les Electeurs, Princes & Etats dudit Empire, dans le droit de ſuffrage dans les délibérations fur toutes les affaires de l'Empire : & qu'à cet effet pluſieurs Réglemens deſdits Traités de Paix, & principalement l'Article 8 des Droits des Etats ait été inſéré dans cette Paix; en conſé-quence, les deux Rois alliés ont arrêté préſentement, & font convenus que les affaires de l'Empire qui ont été décidées, foit dans la Paix de Weſtphalie & par ledit Article 8 , ou qui l'ont été depuis dans les Aſſem-blées de l'Empire, d'un commun conſentement des Etats, ſelon la diſpoſi-tion du Traité de Paix, demeureront dans toute leur force; & pour ce qui regarde celles qui font demeurées indéciſes, & qui ont été remiſes par la Paix de Weſtphalie à la première Diete de l'Empire, les deux Rois Confé-dérés jugent à propos de s'unir pour avertir l'Empereur, ou tous les Prin-ces & États de l'Empire par Lettres, & de faire enforte, par leurs Miniſ-tres dans les Aſſemblées de l'Empire, que leſdites affaires indéciſes & qui ont été renvoyées aux Dietes, y foient décidées d'un commun conſen-tement. «

» VIII. Si quelques-uns de ceux qui font expreſſément nommés dans la Paix de Weſtphalie font encore troublés, & principalement ſi, contre les Articles d'Amniſtie & des Griefs, ils font privés de l'exécution de ladite Paix, enforte qu'ils n'aient pas été rétablis, ou que l'ayant été, ils ne l'aient pas été entierement, ou même qu'après leur rétabliſſement, ils aient été deſtitués une ſeconde fois en quelque maniere que ce foit, ceux qui feront ainſi troublés, de quelque état & condition qu'ils foient, recevront les compoſitions à l'amiable des Rois alliés, & les moyens équitables qui feront ſuggérés par les Membres de la Paix. «

» IX. Que s'il arrive qu'un ou deux Etats de l'Empire, & que ceux-là en particulier, ou pluſieurs d'entr'eux enſemble, foient troublés en quel-que maniere contre la diſpoſition de la Paix de Weſtphalie, & des Conſti-tutions de l'Empire, dans la paiſible poſſeſſion de leurs Terres & de leurs Droits, ou même qu'ils foient attaqués à force ouverte & les armes à la main, & qu'en conſéquence ils implorent le ſecours des Rois alliés comme Garants de la Paix, ces Etats, foit qu'il y en ait un ou pluſieurs, doivent attendre, des Rois alliés conjointement, les remedes qui font marqués dans le Traité de Paix & dans les Articles fuivans. «

» X. Il a été auffi réfolu pour plus grande fûreté des Terres & des Provinces qui ont été acquifes par le Traité de Paix, à l'un & à l'autre des Rois alliés & à leurs Royaumes pour les fatisfaire, que s'il arrive qu'elles foient menacées de quelque danger, ou fi quelqu'un ofe les attaquer par les armes, les deux Rois s'obligent par cette Alliance à la jufte & mutuelle défenfe de leurs Terres, fe promettant d'unir leurs Confeils & leurs armes qui feront néceffaires pour repouffer par la force des armes une telle invafion : & ne défifteront pas qu'on n'ait donné une entiere fatisfaction pour l'injure reçue, & pour les pertes qui pourroient avoir été faites, avec une Garantie certaine de ne plus rien troubler. Celui qui fera attaqué & qui demandera du fecours, aura le choix d'être affifté & de recevoir ce fecours, ou en troupes ou en argent. «

» XI. Si quelqu'un des Etats de l'Empire eft troublé & offenfé contre les Articles de la Paix par les autres Etats, les Rois alliés leur feront premierement une remontrance amiable, & enfuite fi elle eft inutile; on donnera une communication des avis aux Etats de l'Empire, felon la maniere prefcrite dans ledit Traité de Paix, qui n'aura d'autre but que de pourvoir à l'entiere fatisfaction & fûreté de la partie offenfée, & d'empêcher qu'il ne foit fait aucun tort ou préjudice à aucun Membre de la Paix dans fes Droits, Dignités & Privileges. «

» XII. Comme cela doit être entendu, fi quelque Membre de la Paix publique étoit offenfé, non pas à la vérité par les armes; mais en toute autre maniere que ce foit. De même fi quelqu'un, ou parce que les Rois alliés tâchent, par toute forte de moyen, de conferver la tranquillité publique dans fon entier, ou à caufe de la premiere Guerre, & auffi par un efprit de vengeance attaquoit, les armes à la main, quelqu'un des Rois alliés, ou de ceux dont ils défendent la caufe; & que le bon Droit ou l'entremife de l'un ou de l'autre Allié fut inutile dans cette occafion, & qu'il ne pût pas être aidé par aucun moyen ou fecours, pour lors les Rois alliés, après un avertiffement amiable, s'oppoferont conjointement & enfemble à cet infracteur de la Paix de Weftphalie, conformément aux anciens Traités qui ont été plufieurs fois réitérés, & felon la maniere qui a été en ufage pendant la premiere Guerre, & uniront leurs forces pour le pourfuivre d'un commun avis jufques à ce qu'il ait fatisfait aux deux Rois alliés, ou à quelque autre Membre de la Paix qui auroit été offenfé, & qu'on ait fait avec eux une Paix fûre & honnête. «

» XIII. Et afin que le Séréniffime Roi de Suede connoiffe combien la fûreté & l'avantage de la Suede eft à cœur au Séréniffime Roi Très-Chrétien, Sa Majefté Très-Chrétienne veut, en vertu de ce Traité, renouveller & confirmer de nouveau, par fa parole Royale, au Séréniffime Roi de Suede, toutes les Garanties fur la Paix d'Oliva & de Copenhague, qui lui ont été promifes par des Traités particuliers, & principalement pour ce qui regarde le Roi & le Royaume de Danemarck, on eft convenu, d'un commun avis, que comme le Roi de Suede s'eft engagé d'être ami & fidele voifin du Roi de Danemarck, conformément à la teneur des Traités faits au Camp de Copenhague le 27 jour de Mai 1660, & qu'il ne veut rien tenter contre le Roi & les Royaumes de Danemarck & de Norwege, ni contre les Terres que le Roi de Danemarck poffede dans l'Empire, auffi mutuellement le Roi Très-Chrétien empêchera que le Roi de Danemarck n'entreprenne rien contre le Roi & le Royaume de Suede, ni contre fes Droits, Terres, Provinces & Lieux qui lui font foumis en quelque endroit qu'ils foient, foit dans l'Empire ou par-tout ailleurs. «

» XIV. Le Duc de Slefwich & de Holftein Gottorp jouira de la même Garantie, & l'un & l'autre des Rois alliés promettent d'employer tous leurs foins, afin que ledit Duc jouiffe entierement, & fans altération de tout ce qui a été arrêté expreffément dans ladite tranfaction de Danemarck & de Suede, & qui a été inféré dans la Convention, entre le Roi de Danemarck & ledit Duc, pour la fûreté de fon Etat & de fes Droits. «

» XV. Et comme l'un & l'autre des Rois alliés regardent les Ducs de Mecklenbourg, Suerin & Guftrou, qui leur font unis depuis long-temps par des liens particuliers d'Amitié & d'Alliance, comme Membres de la Paix de Weftphalie, & qu'ils aient par conféquent à cœur leur confervation, ils feront, pour cet effet, en vertu de la préfente Convention, tous leurs efforts, afin que lefdits Ducs ne foient pas troublés dans la poffeffion des Terres, Droits, Biens & Avantages qu'ils ont obtenus par le Traité de Paix de Weftphalie, mais qu'ils foient confervés tranquillement dans leur Etat préfent. «

» XVI. De même maniere les Rois Alliés travailleront conjointement, & auront foin que le Marquis de Bade-Dourlac, Membre de la Paix de Weftphalie, foit confervé, autant que faire fe pourra, dans la paifible poffeffion des terres & droits, & de tous les avantages qu'il a obtenus par ladite Paix de Weftphalie. ”

» XVII. Quoique les deux Rois Alliés efpérent que la fûreté publique a été fi bien établie, qu'on a fi bien pourvû à tous les évenemens, & qu'elle a été fi bien confirmée dans l'Empire Romain par la Paix de Weftphalie qu'il n'y a rien à craindre ; cependant comme les chofes paroiffent être hors de l'Empire dans un état qui menace affez certainement de la guerre, de laquelle fans doute il peut naître de grands défordres, les deux Rois Alliés à caufe de l'inclination qu'ils ont pour les avantages de l'Allemagne, ne peuvent s'empêcher de témoigner qu'ils jugent à propos d'y pourvoir par toute forte de moyens poffibles, & d'empêcher que ce feu qui eft fi voifin de l'Allemagne ne foit porté jufques dans le fein de l'Empire. ”

» XVIII. Comme auffi les deux Rois ayant toujours uniquement eu en vue depuis la Paix de Weſtphalie, d'empêcher que l'Empire ne fût engagé dans aucune guerre, & qu'elle ne put facilement s'étendre bien loin au dehors, ſi quelqu'un ſe mêloit dans des affaires étrangeres qui ne regardent point l'Empire, on a jugé à propos de part & d'autre que l'un & l'autre des Rois Alliés témoignent à l'Empereur & aux Electeurs, Princes & Etats de l'Empire, l'inclination ſinguliere qu'ils ont pour la tranquillité de l'Allemagne, & leur faſſent voir que ceux qui demeureront en Paix, ſeront dans une entiere ſûreté à cauſe deſdites proviſions, garanties & Alliances défenſives des Etats de l'Empire, qu'ils ôtent par leurs Ambaſſadeurs toute ſorte de ſoupçon, & qu'ils donnent en ami des avis ſalutaires, & qu'ils leur faſſent voir le danger où ils ſeront, ſi quelqu'un d'eux s'engageoit dans la guerre, qui n'eſt pas à la verité dans l'Empire, mais qui n'en eſt pas éloignée. "

XIX. Après cette précaution jointe aux avis & bons offices qui peuvent ſervir de remede à la guerre, & autant que la prévoyance humaine peut s'étendre, confirmée par la Paix & la tranquillité d'Allemagne, les deux Rois ne peuvent croire que perſonne ait beſoin d'une plus grande ſûreté, ni qu'il en puiſſe ſouhaiter une meilleure. Que ſi pourtant l'on ne fait nulle attention à ces avis qu'on donne ſincerement & en ami pour le repos public, & qu'on ne veuille pas pourvoir à la préſente tranquillité par la voie de la Paix. En ce cas l'un & l'autre des Rois Alliés s'engagent mutuellement, & s'obligent auſſi à l'avenir d'être unis pour la défenſe du Traité de Paix & la ſûreté commune, tant des deux Rois que de tous les autres qui ſervent à la conſervation de la tranquillité publique ; que s'il arrive (ce qu'à Dieu ne plaiſe) que quelque Membre de la Paix de Weſtphalie ſans avoir égard auſdits remedes de la guerre, entre en rupture en prenant les Armes, d'abord les deux Rois conſulteront entr'eux pour trouver un remede proportionné à la grandeur du péril, afin qu'une telle guerre, ſi on voyoit qu'elle dût troubler l'Allemagne, ſoit éloignée & repouſſée. "

» XX. Et afin que Sa Majeſté Suédoiſe ſoit cependant en état de pourvoir au repos commun, & de s'oppoſer au péril qui pourroit la menacer, elle aura ſur pied pour la conſervation de la tranquillité publique une Armée compoſée, tant d'Infanterie que de Cavalerie qui ſera conſidérable, à proportion de la néceſſité du temps & du danger, avec tout l'appareil néceſſaire de canons & d'autres choſes qui regardent la guerre. "

» XXI. Pour ſoutenir ces dépenſes & pour entretenir leſdites Troupes S. M. T. C. s'oblige en vertu de cette Alliance, de donner tous les ans un certain ſubſide qui ſera proportionné à la grandeur de l'Armée que S. M. Suédoiſe entretiendra, lequel ſera payé en Monnoie de Richedales : & il ſera compté tous les ans à Hambourg dans la Banque, ſans aucune conteſtation ni perte de Sa Majeſté Suédoiſe. "

» XXII. Le Roi T. C. n'ayant rien plus à cœur que d'obſerver religieuſement gieufement & de bonne foi le Traité de Paix conclu à Aix-la-Chapelle, le 2. Mai de l'année 1668 entre les Couronnes de France & d'Efpagne, le Roi de Suede ayant auffi affez témoigné par le penchant qu'il a pour la tranquillité publique, & pour l'avantage de S. M. T. C. & de S. M. C. le foin qu'il a de procurer la continuation & confirmation de la bonne amitié & correfpondance renouvellée par ledit Traité, en offrant au Roi T. C. & en accordant au Roi Catholique fa Garantie, ledit Roi T. C. louant, non feulement l'affection finguliere qu'a Sa Majefté Suédoife pour la tranquillité de l'Europe ; mais reconnoiffant auffi en cela une grande marque de fon amitié, déclare & confirme par cet article le fincere & véritable défir qu'il a de ne s'éloigner jamais autant qu'il fera en lui, de l'obfervation dudit Traité d'Aix-la-Chapelle, qu'au contraire il aura foin qu'il foit obfervé très-exactement dans toutes fes claufes. ''

» XXIII. Les Sujets du Roi de Suede & les Habitans des Provinces qui lui font foumifes, jouiront de la liberté de la Navigation & du Commerce dans tous les Royaumes & Terres qui font en Paix, Amitié ou Neutralité avec Sadite Majefté Suédoife, & ils ne feront pas inquiétés par les Vaiffeaux du Roi T. C. à l'occafion de la guerre qui pourroit être avec d'autres Rois, Royaumes & Etats, en telle forte pourtant qu'ils ne donnent point de marchandifes défendues & de contrebande à fon ennemi. ''

» XXIV. Il faut regarder comme marchandifes de contrebande toute forte d'Armes, tant Offenfives que Défenfives, & principalement les Armes à feu & toutes les autres qui fervent pour le même fujet ; il faut comprendre dans ce nombre les canons grands & petits de toute forte de façons, qu'on appelle ordinairement canons & moufquets, mortiers, petards, bombes, grenades, fleches, carcaffes, bales à moufquets foit de fer ou de plomb, nitre ou falpêtre, poudre à canon & toute forte d'épées, fabres, piques, hallebardes, haches, fléaux, & toute autre arme propre à attaquer : comme auffi morions, cafques, cottes de maille, cuiraffes & boucliers de cuivre ou de fer, & autres armes propres pour fervir de défenfes ; outre cela tout ce qui fert pour l'équipage d'une Armée, comme chevaux, felles de chevaux, fourreaux de piftolets : & enfin tout ce qui peut être utile ou néceffaire pour harnacher les chevaux. ''

» XXV. Il ne faut pas entendre fous le nom de marchandifes défendues & de contrebande, les marchandifes qui n'ont pas encore été travaillées, & qui n'ont pas été mifes en œuvre pour l'ufage de la guerre, comme l'acier, le fer, le cuivre, la poix liquide & dure, le bled, le fel, le vin, l'huile & les autres de ce genre, ou toute autre qui fert à l'entretien de la vie ; le tranfport en eft permis chez les ennemis même, excepté dans les Villes & les Lieux affiégés & bloqués. ''

» XXVI. Les marchandifes de contrebande pourront auffi être tranfportées à d'autres nations : & il ne fera pas permis, ni en allant, ni en revenant d'empêcher, de troubler, ni d'inquiéter les Vaiffeaux Suédois, pourvu qu'ils montrent les Lettres de Sauf-Conduit, felon la formule ci-jointe ; laquelle eft conçûe en ces termes. "

„ La Séréniffime & R. M. &c. Nous certifions que le jour... du mois... de l'année ... a comparu devant Nous N. N. Sujet de Sadite Majefté & Citoyen de la Ville ..... lequel en vertu du Serment de fidélité par lequel il eft engagé à notre très-Clément Seigneur Sa Majefté Suédoife, nous a déclaré que ledit Vaiffeau ..... eft de la Ville de ..... & qu'il lui appartient & à fes Affociés, qui font auffi Sujets & Citoyens de Suede, en propre à jufte titre, lequel voulant faire voyage du Port ..... chez des Nations Étrangeres chargé des Marchandifes de Suede, Nous affurant fous le même Serment de fidélité qu'aucun Etranger n'a part dans ledit Vaiffeau pour les Marchandifes qui y font déja, ni pour celles qui y feront mifes : & que le Patron dudit Vaiffeau eft Citoyen de la Ville ..... c'eft pourquoi connoiffant fuffifamment après une exacte recherche que ledit Vaiffeau & toutes ces chofes qui doivent y être mifes pour ce voyage font permifes, & qu'il appartient véritablement aux Sujets de Sa Majefté Sué-doife, Nous requérons humblement & honnétement pour marque d'amirié & de bon office, de toutes les Puiffances de Terre & de Mer, Rois, Prin-ces, Républiques & Villes libres : Comme auffi de tous les Généraux d'Armée, Capitaines, Officiers & Gouverneurs des Ports, & de tous ceux qui ont quelque Charge dans les Ports, ou fur la Mer, de tous ceux que le Vaiffeau pourroit rencontrer en voyage, ou dans les Flottes defquels il pourroit paffer ou être jetté dans les Ports, qu'en confidération de l'Al-liance qui eft entre chacun de ceux qui font ci-deffus nommés, & le Sé-réniffime Roi de Suede notre très-Clément Seigneur, ils permettent non feulement que ledit Pilote avec ledit Vaiffeau aille & vienne librement fans empêchement ni fans être inquiété, mais encore s'il vouloit aller ail-leurs, de lui rendre tous les bons offices d'humanité & de bienveillance comme à un Sujet de Sa Majefté Suédoife, devant s'attendre d'en recevoir autant dans une pareille ou femblable occafion de Sa Majefté Suédoife, & de tous fes Miniftres & Sujets. En foi de quoi nous avons fait mettre le Sceau du College aux Préfentes & les avons fignées. Donné à Stockolm ..... ou ailleurs. "

„ XXVII. Et afin que toute vifite foit défendue fur la Mer, & que la Navigation fe faffe plus fûrement, tout prétexte inutile de vifite s'étant retranché, les Vaiffeaux du Roi T. C. qui iront au devant des Vaiffeaux Suédois, s'arrêteront à la portée du Canon, & envoyeront une Chaloupe aux Vaiffeaux Suédois, & entreront feulement avec deux ou trois Hommes, auxquels on montrera les Lettres de Sauf-Conduit conçues felon la Formule précédente : & on ne prétendra, ni on ne tentera autre chofe, mais on y ajoutera une entiere foi, afin que fans aucun trouble, recherche ou dé-tention le Vaiffeau puiffe continuer fa route. "

„ XXVIII. Tous les Sujets du Roi T. C. jouiront auffi de la même liberté du Commerce & de la Navigation, conformément aux conditions & limitations qui ont été exprimées ci-deſſus, en cas que le Roi de Suède ſoit engagé dans la Guerre avec d'autres Rois, Royaumes & Etats. "

„ XXIX. Que s'il arrive que les Vaiſſeaux d'un des Alliés deſtinés pour un Port Ennemi, ou pour des Lieux qui ſoient ſujets aux Ennemis, ſe trouvent chargés de Marchandiſes défendues en tout ou en partie, les Marchandiſes défendues ſeront confiſquées, par un Juge compétent; & les Vaiſſeaux ni les autres Marchandiſes qui s'y trouveront & qui ne ſeront pas défendues, ne pourront pas l'être. "

„ XXX. Les anciennes Alliances qui ne ſont pas contraires à celle-ci, demeureront dans toute leur force, & principalement l'Alliance faite entre leſdits Rois à Fontainebleau en l'année 1661, doit être cenſée renouvellée dans toutes ſes Clauſes & Articles, ſi ce n'eſt qu'on en ait diſpoſé autrement dans celle-ci. "

„ XXXI. Et afin qu'on connoiſſe que cette Alliance n'eſt faite au déſavantage ni au préjudice de perſonne, les Alliés & Amis des deux Rois qui voudront & ſouhaiteront y être compris, le ſeront. "

„ XXXII. Cette Alliance durera pendant dix années, à compter du jour qu'on échangera les Ratifications, excepté l'obligation mutuelle exprimée dans l'Article 4 & les choſes qui concernent la conſervation & la ſûreté de la Paix de Weſtphalie, que les deux Rois doivent ſe promettre de l'Empire en vertu de ladite Paix, toutes choſes demeureront toujours dans leur entier. "

„ XXXIII. Ces Articles confirmés par la Ratification des deux Rois de France & de Suede, s'échangeront mutuellement à Stockolm dans trois mois à compter du jour qu'ils ſeront ſignés. En foi de toutes ces choſes & pour donner une plus grande force, Nous avons ſigné ces Préſentes & y avons mis le Sceau de nos Armes. Fait à Stockolm le 14 jour d'Avril 1672. "

ARTICLES SECRETS.

„ I. Les deux Séréniſſimes & Puiſſans Rois de France & de Suede ſont convenus expreſſément de la même choſe par l'Article 4 de leur Alliance conclue ce même jour; à ſçavoir, que non-ſeulement ils ne donneroient point de ſecours en aucune maniere aux Ennemis de l'Empire, & aux Perturbateurs de la Paix dans l'Empire; mais encore que ſi l'Empereur, ou quelque Etat vouloit contre la diſpoſition de la Paix de Weſtphalie attaquer dans l'Empire par les Armes & à force ouverte un des deux Rois, ou donner aux Ennemis de l'un ou de l'autre Roi un ſecours de Troupes, ou de quelque autre maniere, ſoit dedans ou dehors l'Empire, ſous quelque raiſon ou prétexte que ce ſoit; en ce cas ils ſe ſecourront mutuellement, & ils joindront leurs Armes pour attaquer l'Infracteur de la Paix, ſuppoſé qu'il mépriſe un avertiſſement à l'amiable qu'on lui donnera auparavant. "

„ II. Quoique le Roi T. C. foit perfuadé que s'il entreprend la Guerre contre les Etats des Provinces-Unies des Pays-Bas, & que les Armes & Troupes de Sa Majefté entrent ou attaquent les Provinces, Villes, Citadelles & Lieux fortifiés defdits Etats, l'Empereur ni aucun Electeur ou Prince de l'Empire ne voudra s'y mêler ni aider par aucun fecours lefdits Etats Ennemis de Sa Majefté ; fi pourtant il arrive contre cette efpérance que l'Empereur ou quelque Electeur & Prince de l'Empire veuille donner des Troupes Auxiliaires aufdits Etats, ou prendre les Armes fous quelque prétexte que ce foit, tandis que cette Guerre durera contre S. M. T. C. & fes Alliés, pour lors, ce qui fans doute excitera la Guerre en Allemagne & troublera la tranquillité de l'Empire, le Séréniffime Roi de Suede s'oppofera premiérement à ce mal naiffant par une voie amiable; & enfuite fi elle eft inutile, par la Force & par les Armes. "

„ III. C'eft pourquoi le Séréniffime Roi de Suede comme très-zélé Défenfeur de la Paix d'Allemagne, tâchera premiérement par un avertiffement amiable de faire défifter l'Empereur, les Electeurs ou Princes de leur entreprife. Et fi ces remontrances faites en ami font inutiles, & fi l'Empereur ou tout autre Prince ne veut pas défifter de fournir du fecours aux Etats des Provinces-Unies contre le Roi Très-Chrétien, pour lors le Roi de Suede qui cherchoit la gloire de conferver la Paix dans l'Empire par une voie amiable, tâchera de le faire par les Armes, les Rois Alliés étant convenus par le moyen fuivant de la maniere dont toute cette entreprife feroit ménagée. "

„ IV. Lorfque l'Empereur, ou un Electeur, ou Prince de l'Empire aura réfolu d'envoyer des Troupes Auxiliaires contre Sa Majefté Très-Chrétienne aux Etats des Provinces-Unies, ou d'attaquer Sa Majefté ou fes Alliés dans l'Empire, pour lors le Séréniffime Roi de Suede requis & averti à tems par le Roi Très-Chrétien à fçavoir trois mois auparavant, promet de faire entrer dans le Duché de Bremen ou dans la Poméranie, une Armée compofée de dix mille fantaffins, & fix mille chevaux, munie de toutes les chofes néceffaires pour la Guerre; laquelle Armée attaquera à force ouverte l'Empereur & les autres Princes de l'Empire qui lui feront unis pour donner du fecours aux Etats des Provinces-Unies, & qui voudroient caufer quelque dommage au Roi T. C. & à fes Alliés; & il empêchera par toute forte de voie felon qu'il le pourra par les Armes, qu'on envoie aucunes Troupes Auxiliaires aux Etats des Provinces-Unies contre le Roi de France, & ledit Séréniffime Roi de Suede ne quittera point les Armes, que l'Empereur ou les autrefdits Princes n'aient défifté de leur entreprife. "

„ V. Au refte, afin de donner une plus grande force à cette Guerre (qui n'aura pour unique but que la Paix & la tranquillité de l'Allemagne) le Roi Très-Chrétien felon l'exigence & le befoin de la chofe, fi les forces du Roi de Suede & de fes Alliés ne fuffifent pas contre l'Empereur, les Electeurs & Princes qui lui font unis, fera paffer une Armée en Allemagne„

laquelle agira conjointement ou féparément avec l'Armée Suédoife felon les
événemens de la Guerre, l'Armée Suédoife demeurant toutefois en cas de
jonction fous le commandement du Général François."

„ VI. Le Roi T. C. promet pour cela, qu'à raifon du foin qu'il a, de
même que le Roi de Suede, de conferver la Paix dans l'Allemagne, de
s'oppofer de la maniere dont on eft convenu par l'Article 5 & par les
avis & par les Armes, à fçavoir par une bonne Armée, & felon l'exigence
du danger par les plus grandes forces qu'il pourra, fi l'Empereur ou quelque Electeur, Prince ou Etat de l'Empire fe mêle dans la Guerre entre
le Roi de Suede & fes Ennemis, foit qu'il fe range entierement de leur
côté, foit qu'il leur envoie des Troupes Auxiliaires, & il ne quittera point
les Armes, que l'Empereur ou les autrefdits Princes ne fe défiftent de leur
entreprife. "

„ VII. Et puifqu'il ne faut pas douter que la Paix de l'Empire, qui eft
fi fort à cœur aux deux Rois Alliés, ne foit troublée fi le Roi T. C. attaque par les Armes les Lieux fitués dans l'Empire, & qui font préfentement
occupés par les Garnifons des Etats des Provinces-Unies, & que néanmoins
on ne peut refufer de Droit au Roi T. C. de pourfuivre en quelque lieu
que ce foit fes Ennemis, dont les Armes pourroient lui nuire; pour cet
effet le Séréniffime Roi de Suede déclare que l'Empire, ou le véritable
Seigneur des Villes & Lieux où il y a des Troupes & Citadelles, donne à
tems une entiere & pleine fûreté au Roi T. C. par laquelle il fera pourvu
que cefdites Villes & Lieux gardés, on ne faffe aucun acte d'hoftilité
fur les Troupes du Roi T. C. que fi on ne veut pas donner cette fatisf-
faction à S. M. T. C. & qu'Elle foit obligée d'attaquer lefdites Places par
les Armes, en ce cas le Séréniffime Roi de Suede regardera ce refus comme
une rupture de Paix dans l'Empire. "

» VIII. Si les deux Rois Alliés fe trouvent obligés d'entrer en guerre
contre l'Empereur & les Alliés, ils fe promettent mutuellement qu'ils ne
feront aucune Paix ni Treve avec l'Empereur & ceux qui lui font unis,
que les deux Rois n'y interviennent & n'y confentent, & qu'avec l'in-
clufion & la fûreté de leurs Terres, comme auffi l'entiere fatisfaction de
l'un & de l'autre. "

» IX. Si le Roi Catholique, contre la difpofition de la Paix des Pirenées, fe joint aux Etats des Provinces-Unies, & que l'Empereur, les Electeurs & Princes de l'Empire, lui donnent du fecours contre la véritable
teneur de la Paix de Weftphalie, & trouble ainfi indirectement la fûreté que le Roi T. C. doit fe promettre de l'Empire en vertu du Traité
de Paix, pour lors le Séréniffime Roi de Suede, par le défir qu'il a qu'il
foit pourvu à la confervation de la Paix dans l'Allemagne, tâchera par une
remontrance à l'amiable de faire défifter l'Empereur & les autres Rois ou
Princes, de leur entreprife; & fi cela eft inutile, il agira de la maniere
qu'il voudra le fecourir dans cet événement.

» X. Comme on n'a rien réfolu dans le Traité public d'Alliance touchant le fecours mutuel qu'on doit fe donner, & qu'on en a parlé feulement en termes généraux, on a jugé à propos de l'exprimer plus en particulier dans ces Articles Secrets : c'eft pourquoi ayant fait réflexion fur la néceffité des dépenfes que le Séréniffime Roi de Suede fera obligé de faire pour la fufdite entreprife, le Roi T. C. pour contribuer aufdites dépenfes par maniere de fubfide, fera payer tous les ans fix cens mille Ecus ; laquelle fomme fera payée en deux termes, à fçavoir tous les fix mois, la moitié à chaque terme à Hambourg, fans aucune dépenfe du Roi de Suede ni de fon Miniftre député pour cela, & le payement fe fera du jour de la réquifition du Roi T. C. & lorfque l'Armée de Suede commencera à entrer en action, & à marcher vers l'Ennemi. »

» XI. Afin que le Séréniffime Roi de Suede puiffe être prêt à toute forte d'événement, & difpofer toutes chofes felon qu'on eft convenu par les Articles précédens, il aura, au commencement de l'Eté prochain, une Armée de feize mille Hommes outre les Garnifons, dans la Poméranie & dans le Duché de Bremen, & le Roi T. C. promet de faire payer tous les ans au Roi de Suede ou à ceux qui auront ordre de lui, en deux termes comme on a dit dans l'Article précédent, à compter du jour de la Ratification des préfens Articles, en forte que la moitié foit payée incontinent après ladite Ratification à Hambourg, quatre cens mille Ecus, lequel payement fera toujours continué pendant que ce Traité durera, fi Sa Majefté Très-Chrétienne juge à propos de demander du fecours au Séréniffime Roi de Suede contre l'Empereur & les autres Princes de l'Empire, ou même que la néceffité étant moins grande, il ne veuille pas s'en fervir, de forte pourtant que fi le Roi de Suede requis & averti par le Roi T. C. envoie ladite Armée en Allemagne ; pour lors il lui fera feulement payé pendant tout le tems qu'elle fera en campagne, la fufdite Somme de fix cens mille Ecus tous les ans ; que fi avant la fin de ce Traité la Paix eft rétablie en Allemagne, & que ni le Roi T. C. ni le Roi de Suede n'aient pas befoin d'avoir une Armée ni des Troupes dans l'Empire ; en ce cas, pendant que ce Traité durera, le Roi T. C. payera feulement tous les ans au Roi de Suede la même Somme de quatre cens mille Ecus, qui lui avoit été promife avant qu'il affemblât les Troupes & l'Armée dont il eft parlé à la fin du fufdit Article, & qu'il l'envoiât en Allemagne. »

» XII. Sa Majefté Très-Chrétienne voyant avec beaucoup de joie que la Paix du Nord qui a été rétablie par fes bons offices & fa Médiation, par le Traité de Coppenhague du 27. May 1660 fubfifte depuis long-tems & s'affermit tous les jours de plus en plus, & Sa Majefté Suédoife faifant affez connoître le défir fincere qu'elle a de demeurer en bonne amitié & en bon voifin avec le Séréniffime Roi de Danemarck, le Roi T. C. connoiffant auffi la bonne intention qu'à Sa Majefté Danoife de conferver de tout fon pouvoir la Paix & la même Amitié, & voulant par fon entremife donner quelque force aux bonnes intentions de ces deux Rois voifins, s'oblige par le préfent Article comme il a déja fait par le fufdit Traité de Coppenhague, d'être leur caution commune, confirmant derechef & promettant très-expreffément d'être le Garant de tout ce dont on eft convenu, & qui eft compris dans ledit Traité de Coppenhague. "

» XIII. Si le cas, dont il eft fait mention dans le préfent Traité, arrive, que l'Empereur ou quelqu'un des autres Princes de l'Empire après avoir été avertis auparavant, ne veulent pas défifter de donner du fecours aux Etats des Provinces-Unies contre la France, le Séréniffime Roi de Suede fera obligé de prendre les armes, conformément à la teneur du Traité contre l'Empereur ou autres Princes. Et parce qu'il peut être de l'avantage commun de faire entrer dans cette Alliance offenfive tous autres Princes ou Etats, les Rois alliés délibereront entr'eux, s'ils doivent inviter le Séréniffime Roi de Danemarck à prendre les armes, & à entrer dans leur Alliance, s'il le juge à propos, pour la guerre d'Allemagne ; de forte pourtant qu'il ne fera permis à aucun des deux Rois de France & de Suede, d'inviter ledit Roi de Danemarck à entrer dans ladite Guerre & de fe joindre dans leur Alliance pour prendre les armes, fi ce n'eft du commun avis & confentement des deux Rois. «

» XIV. Et comme l'intention du Roi de Suede eft de garder très-religieufement la Paix qui eft entre lui & le Séréniffime Roi de Danemarck, le Roi T. C. lui donnera fa Garantie qui eft renouvellée par la force de cet Article ; que fi contre toute efpérance le Roi de Danemarck entreprenoit quelque chofe contre le Roi & le Royaume de Suede, en ce cas le Roi T. C. après avoir employé fon entremife, fecourra promptement de toutes fes forces le Roi de Suede, & travaillera à la confervation des Traités felon leur véritable fens, comme ils ont été confirmés par fa Garantie. «

» XV. Et comme ces Articles fecrets n'ont pas été faits pour nuire aux S. E. des Provinces-Unies des Pays-Bas, ni à aucun autre deffein, mais feulement dans la vue de conferver la tranquillité de l'Empire, conformément à la Paix de Weftphalie : & le Séréniffime Roi de Suede ayant fort à cœur que l'amitié qui eft entre S. M. & les E. G. foit toujours confervée ; auffi ne veut-il rien négliger de fon côté afin que cela foit. C'eft pour cela qu'il efpere que non-feulement les E. G. ne recevront pas lefdits Articles en mauvaife part, mais qu'ils auront auffi un empreffement égal à celui du Roi de Suede, pour donner une nouvelle force à leur mutuelle affection, & qu'ils confentiront lorfqu'ils en feront requis à l'amiable, que tout ce qui peut nuire en quelque maniere que ce foit à leur mutuelle amitié, & fincere & bonne correfpondance foit éloigné. «

» Si pourtant il arrive, contre toute efpérance, quelque autre chofe de contraire ; & que, ou à caufe de cette Alliance les Etats des Provinces-Unies veuillent nuire, en quelque maniere que ce foit, au Séréniffime Roi de Suede, ou même qu'ils veuillent l'empêcher de faire mettre fes Vaiffeaux fur mer, & lui ôter la liberté qu'ont tous les Rois d'ufer de leurs Droits dans toutes les chofes qu'ils trouvent bon d'entreprendre felon l'ufage de leurs Royaumes; en ce cas le Roi T. C. promet qu'il fecourra le Roi de Suede felon l'exigence de la chofe & du danger jufqu'à ce qu'il ait obtenu une raifonnable & entiere fatisfaction : & outre ce, attendu la caufe commune des deux Rois, il ne conclura aucun Traité avec les E. G. des Provinces-Unies qu'il ne foit pourvu auffi à la confervation des Droits de S. M. Suédoife, à la Ceffion & Reftitution de fes revenus, & au Commerce & Immunités de fes Sujets avec la Garantie. «

» XVI. Cette Alliance durera en ce qui regarde l'éloignement des troubles qui pourroient être excités dans l'Empire à l'occafion de la guerre entre le Roi T. C. & les E. G. des Provinces-Unies des Pays-Bas, pendant trois années, à compter du jour qui eft exprimé dans le premier Article du grand Traité, & pour toutes les chofes qui regardent la confervation & la fûreté de la Paix de Weftphalie, que les deux Rois de France & de Suede doivent fe promettre de l'Empire en vertu de ladite Paix, elles demeureront toujours dans toute leur force & vigueur. «

» XVII. Ces Articles fecrets qui auront la même force que s'ils étoient inférés mot à mot dans l'Alliance publique, feront confirmés par la Ratification des deux Rois de France & de Suede, dans trois mois, à compter du jour qu'ils feront fignés à Stockholm, le 14 jour d'Avril de l'année 1672. «

N°. XXI.

ALLIANCE DÉFENSIVE

Entre l'Empereur LEOPOLD & FREDERIC - GUILLAUME, Electeur de Brandebourg.

A Berlin le 23 Juin 1672.

C'EST le renouvellement & la prorogation pour dix autres années d'une pareille Alliance conclue le 9 Février 1658 & le 10 Mai 1666 entre les mêmes Puiffances.

N°. XXII.

Nº. XXII.

TRAITÉ D'ALLIANCE

Entre l'Empereur LÉOPOLD & les Provinces-Unies des Pays-Bas.

A la Haye le 25 Juillet 1672.

CETTE Alliance défensive n'étoit ftipulée que pour dix ans : elle avoit pour objet le maintien des Paix de Weftphalie & de Cleves.

Nº. XXIII.

ALLIANCE DÉFENSIVE

Entre LÉOPOLD, Empereur des Romains ; JEAN-PHILIPPE, Electeur de Mayence ; CHARLES-GASPAR, Electeur de Treves ; JEAN-GEORGE, Electeur de Saxe ; CHRISTOPHE-BERNARD, Evêque de Munfler ; & CHRISTIAN-ERNEST, Marcgrave de Brandebourg-Bareith.

Au Château de Marie-bourg, à Wurizbourg le 10 Octobre 1672.

LES Parties contractantes promettent de s'affifter mutuellement & de réunir leurs forces pour la confervation de leurs droits & dignités, & principalement pour celle de la liberté Germanique & le maintien de la Paix de Weftphalie.

N°. XXIV.

TRAITÉ D'ALLIANCE

Entre FERDINAND-MARIE, *Electeur de Baviere, &* EBERARD, *Duc de Wurtemberg.*

A Munich le 10 Février 1673.

LA guerre allumée en Hollande, donna de juftes alarmes à quelques Princes d'Allemagne. L'Electeur de Baviere & le Duc de Wurtemberg jugerent convenable à leurs intérêts de faire enfemble un Traité d'Alliance & d'affiftance réciproque pour le maintien de la Paix de Weftphalie, & en particulier pour leur défenfe mutuelle contre les dangers qu'ils appréhendoient.

N°. XXV.

TRAITÉ D'ALLIANCE

Entre le Roi de Danemarck & les Provinces-Unies.

Conclu à Copenhague le 20 Mai 1673.

CE Traité fut fait pendant le temps que les Provinces-Unies étoient en guerre avec la France, & il y fut ftipulé expreffément que Sa Majefté Danoife ne fe mêleroit pas dans cette guerre. *Art. XII.* Voici le Traité en entier.

» Soit notoire, que comme depuis l'Alliance d'entre le Séréniffime & très-Puiffant Prince & Seigneur FRÉDÉRIC troifieme Roi de Danemarc, Norwegue, des Vandales & des Gots, Duc de Slefwick, Holftein, Stormar, & de Ditmarfen, Comte d'Oldenbourg, & Delmenhorft, de glorieufe mémoire, & les Hauts & Puiffans Seigneurs les Etats-Généraux des Provinces-Unies des Pays-Bas, conclue ès années 1649, 1657 & 1666, l'état de la République a changé confidérablement, & que l'expérience a fait voir que l'affiftance qui y eft *hinc inde* ftipulée, non-feulement ne fuffit pas, mais qu'il femble néceffaire de convenir réciproquement d'une affiftance plus grande, & que les Seigneurs Etats-Généraux pour ces & autres raifons, ont trouvé à propos de députer à cet effet à Sa Majefté le Roi de Dane-

marc, Norwegue, &c. préfentement regnant, le Sieur Daniel de Win-
gaerden, Baron de Wyngaerden, Ruybroeck & Benthuyſen, Seigneur de
Werckendam, Soetermeer, Moermont & Reneſſe du College des Nobles
de Hollande & Weſt-Friſe, Député ordinaire en l'Aſſemblée des Seigneurs
Etats-Généraux des Provinces-Unies des Pays-Bas de la part de ladite
Province, Baillif, Dick-Grave & Sur-Intendant des Château, Ville &
Pays de Woerden, Grand Heemraat de Delftlandt, & leur Ambaſſadeur
Extraordinaire, & depuis auſſi le Noble, diſcret, ſage & prudent Sei-
gneur, Simon de Beaumont, Secrétaire des Seigneurs Etats de Hollande,
& de Weſt-Friſe, auſſi en qualité de leur Député Extraordinaire, pour
en propoſer la néceſſité à Sa Majeſté de députer auſſi à cet effet le Noble
Seigneur Ulrick Frédéric Guldenleeuw, Conſeiller Privé de Sadite Majeſté,
Gouverneur & Général en Norwegue, & auſſi Grand Chambellan, &c.
le Sieur Pierre Retz, Seigneur de Paltſgaerd, Chevalier, Conſeiller Privé,
Chancelier du College de la Chancellerie, Gouverneur, & Grand Baillif
de Haddelandt, & des Châtellenies de Offre-Rummerige, Buſcherud, auſſi
l'Aſſeſſeur au College d'Etat, & de la Haute Juſtice, le Sieur, Jean Chriſ-
tophle de Corbits, Seigneur Héréditaire de Hellerup, Chevalier, Conſeiller Privé, Maréchal du Royaume, Gouverneur de Zelande, & Baillif des
Châtellenies de Coppenhague, & Roſchilde, comme auſſi l'Aſſeſſeur au
College d'Etat, Haute Juſtice, & College de guerre le Sieur Pierre Griffenvelt, Seigneur Héréditaire de Griffenvelt, Chevalier, Conſeiller Privé,
& en la Chancellerie, Premier Conſeiller d'Etat & Privé, & Secrétaire de
la Chambre, Gouverneur & Grand Baillif de la Châtellenie de Teunis-Berg,
comme auſſi l'Aſſeſſeur au College d'Etat, & Haute Juſtice, le Sieur
Paul de Klingenberg, Seigneur Héréditaire de Buſtrup, Hanrou & Toſtrup,
Conſeiller d'Etat, & Directeur Général des Poſtes de Danemarc, & le
Sieur Conrard Bierman, Conſeiller de la Chancellerie & d'Etat, & Secrétaire de la Chambre, comme auſſi Aſſeſſeur au College d'Etat, & de la
Juſtice Suprême, & qu'après avoir tenu diverſes Conférences, & Aſſem-
blées, ils ont de part & d'autre convenu & accordé ſur les Points &
Articles ci-après en la maniere ſuivante. "

„ I. Il y aura entre Sa Majeſté, & les Seigneurs Etats-Généraux des
Provinces-Unies des Pays-Bas, une conſtante amitié, confiance, & correſpondance, enſorte qu'ils ſont d'intention non-ſeulement de ſe donner avis
l'un à l'autre, toutes & quantes fois que beſoin ſera, de tout ce qui pourroit tendre à leur dommage & malheur, mais s'aſſiſteront l'un l'autre à
détourner effectivement tous les dangers & dommages qui pourroient les
menacer, conformément au contenu des Articles ſuivans. «

» II. Si par conſéquent quelqu'un, qui que ce puiſſe être, nul excepté,
venoit à attaquer Sa Majeſté hoſtilement en Europe, ſoit que ce ſoit ouvertement, par la voie des armes, ou bien par quelque autre acte d'hoſtilité, & voies de fait, à cauſe des Pays & Côtes de Sa Majeſté, ſitués de-

dans ou dehors de l'Europe, & pourquoi rétablir & détourner, S. M. seroit obligée de prendre en main les moyens tant divins que naturels, & tous autres qui sont permis par le Droit des Gens & autre ; c'est pourquoi les Seigneurs Etats-Généraux ont promis à Sa Majesté sur sa réquisition, & notification qu'il en fera, de lui envoyer à leurs propres dépens en secours dans deux mois ou plutôt, si la chose se peut faire, outre les six mille hommes stipulés ès précédens Traités des années 1649, 1657 & 1666, telles forces par mer & par terre, en Vaisseaux & Troupes de Cavalerie & d'Infanterie que par la disposition & situation des affaires, il sera de besoin pour repousser l'ennemi & ses violences, ou au cas que les Seigneurs Etats-Généraux ne puissent pas fournir si promptement autant de Troupes de Cavalerie & d'Infanterie, qu'ils fourniront une partie en troupes, & une partie en argent comptant, pour en mettre sur pied les troupes qui défaudront, & les entretenir, & continuer ainsi tant que la guerre durera ; mais au cas qu'un tel secours ne soit pas suffisant pour repousser l'ennemi, & l'amener à la raison, soit que Sa Majesté entre en guerre, ou avec une Tête Couronnée, ou avec quelque Etat qui seroit appuyé d'une Tête Couronnée, & en seroit assisté, les Seigneurs Etats-Généraux seront obligés, outre le susdit secours, d'assister S. M. à leurs dépens de toutes leurs forces, tant par mer que par terre, & d'attaquer les ennemis de S. M. avec la derniere vigueur, force & pouvoir, de leur faire tout le dommage possible, & de rompre & d'entrer en guerre ouverte avec eux, tout de même, & non autrement que si les hostilités étoient faites à eux-mêmes, & que s'ils étoient attaqués, & d'y persister jusques à ce qu'on ait obtenu la Paix, & que satisfaction ait été faite à Sa Majesté pour le dommage qu'elle aura souffert ; sans que leurs Hautes Puissances soient jamais fondées pour telles ordinaires, & extraordinaires assistances par mer & par terre, de demander, ou prétendre aucune indemnité, refusion, ou récompense, sous quelque prétexte que ce puisse être. «

» III. Semblablement, au cas que les Seigneurs Etats-Généraux des Provinces-Unies des Pays-Bas viennent à être attaqués en Europe par qui que ce puisse être, nul excepté, soit ouvertement par les armes, ou par autre voye de fait, à cause des Pays & Côtes que leurs Hautes Puissances ont en Europe, pourquoi rétablir & détourner, les Seigneurs Etats-Généraux seroient obligés de se servir des moyens que Dieu & la Nature, aussi-bien que le Droit des Gens permet en telles occasions ; Sa Majesté promet auxdits Seigneurs Etats-Généraux, sur leur réquisition & dans deux mois de la Notification qui leur en sera faite, ou plutôt si la chose se peut faire en quelque maniere, de les secourir avec une flotte de quarante bons Vaisseaux de guerre, pourvus de Troupes & de toutes autres choses nécessaires, moyennant les subsides, & sous les conditions stipulées par le précédent Traité du 11. Février mil six cens soixante-six ; excepté que Sa Majesté se charge d'équiper le nombre entier desdits Vaisseaux de guerre,

& ce qui en outre eſt mentionné dans le huitieme Article ſuivant, à l'é-
gard de la conjonction ; & d'aſſiſter auſſi par mer, & par terre, outre ce
L. H. P. au lieu des ſix mille Hommes ſtipulés par les Traités précédens,
& dont les Seigneurs Etats-Généraux ſe déſiſtent entierement , auſſi-bien
que des prétentions mues à cet égard , d'une armée de dix mille Hommes, ſavoir quatre mille Chevaux en huit Régimens , & ſix mille Hommes d'Infanterie en ſix Régimens , avec une Artillerie proportionnée au
nombre des ſuſdites Troupes , pour s'en ſervir , & agir contre l'ennemi
de l'Etat de L. H. P. tant que la guerre durera , pour lequel ſecours par
terre, les Seigneurs Etats-Généraux payeront à Sa Majeſté la moitié des
deniers de levée deſdits dix mille Hommes , ſavoir quarante riſdales pour
un Cavalier, & dix riſdales pour un Fantaſſin, faiſant enſemble cent dix
mille riſdales, & pour l'entretien par mois de la ſuſdite moitié pour un
Régiment de Cavalerie quatre mille ſept cens ſoixante riſdales, trente
ſous ; & pour un Régiment d'Infanterie quatre mille cent quatre riſdales
quatre ſous, auſſi outre cela pour chaque Etat-Major de Régiment, par
mois deux cens dix riſdales, mais pour l'Etat-Major-Général, auſſi-bien
que pour l'Artillerie & dépendance d'icelle , ſept mille quatre cens vingt
riſdales, leſquels deniers d'entretien montent enſemble par mois à quarante
mille deux cens quarante-cinq riſdales. Et Sa Majeſté déchargera de ſa
part les ſuſdits Seigneurs Etats-Généraux de tout autre entretien & fraix
qu'il faudra porter, tant pour la Flotte que pour les Troupes de terre :
mais au cas que ledit ſecours ne fût pas ſuffiſant pour repouſſer l'ennemi,
& l'amener à la raiſon , ou que les Seigneurs Etats-Généraux vinſſent à
entrer en guerre avec une Tête Couronnée, ou avec quelque Etat qui ſeroit ſoutenu, & aſſiſté d'une Tête Couronnée , Sa Majeſté redoublera le
ſuſdit ſecours, juſques à vingt mille Hommes, ſavoir huit mille de Cavalerie, & douze mille d'Infanterie ; & les Seigneurs Etats-Généraux dou-
bleront auſſi leſdits ſubſides de leur côté, & ce, outre l'entretien, qui montera alors par mois à quatre-vingt mille quatre cens quatre-vingt & dix
riſdales , & les deniers de levée deux cens vingt mille riſdales, qu'ils ſeront
obligés de payer. Outre tout le ſuſdit ſecours, Sa Majeſté ſera de plus
obligée d'aſſiſter L. H. P. de toutes ſes forces de mer, & de terre, &
d'attaquer leurs ennemis avec la derniere vigueur, force & puiſſance, pour
leur faire le plus de dommage qu'il ſera poſſible, comme auſſi d'entrer
avec eux en inimitié , guerre & rupture , & non autrement que ſi l'hoſtilité ſe faiſoit à Sa Majeſté même, & qu'elle fût attaquée. Et auſſi d'y perſiſter, tant que la Paix ſoit rétablie, & que L. H. P. aient reçu ſatisfaction pleine & entiere pour le dommage qui leur aura été fait, & qu'ils
auront ſouffert. «

» IV. Outre quoi, il eſt expreſſément ſtipulé que le payement des ſuſdits
ſubſides enſemble ſe fera à Hambourg en banque , & ſans faute comme
au change, en cette ſorte, que la moitié des ſix cens mille riſdales promis

pour la Flotte, ſavoir trois cens mille riſdales, comme terme premier, comme auſſi les deniers de levée ſtipulés pour la ſuſdite armée de terre ſeront payés auſſi-tôt que le ſecours ſera requis; mais le ſecond terme pour la Flotte, ſavoir cent cinquante mille riſdales trois mois après, & après l'expiration de trois autres mois, le troiſieme & dernier terme, ſavoir les cent cinquante mille riſdales reſtans; mais pour ce qui concerne les ſubſides pour l'entretien des Troupes de terre, ils ſeront avant les trois premiers mois remis à Hambourg en banque, ou par des Marchands ſûrs en argent comptant; mais le premier mois la moitié ſeulement ſera comptée, & le payement d'un mois entier ſera fait, ſeulement quatre ſemaines après que l'argent de levée aura été payé, & pour l'autre mois & demi reſtant, à la premiere revue. Mais après l'expiration de ces trois premiers mois, ſeront pour le quatrieme mois, & dès le commencement d'icelui, payés par les Seigneurs Etats-Généraux aux Plénipotentiaires de Sa Majeſté à Hambourg les ſubſides pour l'entretien, & ainſi de ſuite, au commencement de chaque mois, tant que la guerre durera. »

» V. Et nonobſtant que l'entretien, comme il vient d'être dit, ne ſera à chaque fois payé qu'à un mois près par L. H. P. néanmoins les ſubſides continueront de quatre mois en quatre mois tant que la guerre durera, en ſorte qu'encore que la paix vienne à ſe ratifier dans le premier, ſecond ou troiſieme mois, leſdits ſubſides devront cependant être payés pour les quatre mois entiers; mais ſi la paix & ratification vient à ſe faire dans le quatrieme & dernier mois, & que les Troupes puiſſent convenablement, & ſans danger pour l'un & l'autre des Confédérés, être congédiées, les ſuſdits Seigneurs Etats-Généraux ſeront obligés de payer les ſubſides non-ſeulement pour les quatre mois entiers, mais encore pour un mois de plus. Mais à l'égard de la continuation des ſubſides pour la Flotte demeure ce qui eſt accordé, & convenu par le Traité de l'an 1666. »

» VI. Et comme L. H. P. s'obligent en la maniere que deſſus de donner des ſubſides à Sa Majeſté pour l'aſſiſtance promiſe; quand les Troupes ſeront levées & arrivées les unes près des autres au rendez-vous, elles ſeront paſſées en revue en la préſence des Commiſſaires de L. H. P. pour voir ſi elles ſont complettes, & au nombre dont on eſt convenu, & ſeront enſuite conduites & employées réellement auſſi-tôt qu'il ſera poſſible pour le ſecours de L. H. P. mais en après la montre s'en fera tous les trois mois ou plus ſouvent, ſi Sa Majeſté & L. H. P. ou les perſonnes à ce autoriſées le jugent utile & néceſſaire; & la diminution qui ſera trouvée du nombre des Troupes, ſi elle ſe monte juſques à mille Hommes, & que les Officiers puiſſent prouver qu'elle ne vient point de leur négligence, ni d'aucune autre pratique, mais qu'ils ſont demeurés dans l'action ou autrement par mortalité, ſera remplacée pour la moitié par les Seigneurs Etats-Généraux, & les deniers des recrues néceſſaires par eux payés.

» VII. Les Régimens de Cavalerie & de Dragons, (trois Dragons comptés

pour deux Cavaliers & un Soldat,) dont chaque Régiment devra être
compofé de cinq cens Hommes, feront partagés en fix Compagnies, mais
ceux d'Infanterie, chacun de mille Hommes, en dix Compagnies; mais il
dépendra de Sa Majefté de former lefdits Régimens en général, ou chacun
en particulier, comme Elle voudra, pourvû que le nombre ftipulé defdites
Troupes s'y trouve à chaque fois; & que L. H. P. ne foient point chargés
de plus de fubfides & dépenfes que ceux ci-deffus ftipulés. «

» VIII. A l'égard des opérations de la guerre, & comment elles devront
être conduites pour le bien commun, il eft convenu qu'à chaque fois, la
chofe fera concertée entre Sa Majefté, ou celui à qui le Commandement
en Chef de fes Troupes fera confié, & ceux qui feront à ce autorifés par
L. H. P. & qui feront à cette fin admis à toutes les délibérations qui con-
cerneront la Guerre; & fi l'on entreprend quelque exploit de Guerre tendant à la défenfe des Pays & Villes de L. H. P. ou de quelques Places
où ils ont Garnifon, ou pour recouvrer celles dont l'Ennemi pourroit s'être
rendu maître, ce fera le fentiment de celui qui fera autorifé par L. H. P.
qui prévaudra, & fera fuivi dans les délibérations, autant que les raifons
de Guerre pourront le permettre; mais fi lefdites opérations concernent
Sa Majefté, & la défenfe, fûreté & intérêt de fes Royaumes & Pays, en
ce cas ce fera le bon plaifir & fentiment de Sa Majefté, ou de celui qui
fera par Elle autorifé, & il fera, autant que les raifons de la Guerre le
permettront, mis à exécution; enfemble que ceux qui feront autorifés de
part & d'autre, feront inftruits & chargés de fe conformer réciproquement
au contenu de ce Traité, tant à l'égard des opérations de Guerre, qu'en
toute autre chofe, foit que Sa Majefté affifte L. H. P. ou L. H. P. Sa Majefté. Mais pour ce qui concerne la Flotte, demeure ce qui à cet égard
eft convenu par le Traité de l'année mil fix cens foixante-fix. Excepté
feulement que Sa Majefté fera obligée, quand la néceffité l'exigera, &
qu'elle n'aura rien à craindre pour fes propres Royaumes & Pays, de
joindre à la réquifition de L. H. P. près de Fleckeroe, ou Neus en Norwegue, une partie de fes Vaiffeaux de Guerre à la Flotte de L. H. P. jufques au nombre de vingt. «

» IX. Si pendant les opérations de la guerre les Troupes du fecours avoient
occafion de mettre quelque Pays appartenant à l'Ennemi, fous contribution, celles qui fe leveront feront partagées également entre les Confédérés; mais en ce n'eft point compris ce dont le Soldat jouira dans le quartier qu'il y aura; & conféquemment Sa Majefté ne fe départira pas non
plus à cet égard des Subfides promis; mais fi Sa Majefté ou fes Sujets
venoient à fournir quelques vivres ou autres chofes néceffaires aux Troupes
des Seigneurs Etats-Généraux, ou L. H. P. ou leurs Sujets à celles de Sa
Majefté, ceux à qui telle affiftance aura été faite feront tenus de le payer
aux autres rgent comptant. «

» X. L'Adminiftration de la Juftice, tant pour les Troupes de terre, que pour celles de la Flotte, se fera par chacun des Alliés sur ses Troupes & Vaisseaux, sans y pouvoir recevoir d'empêchement, ni de dommage de personne. «

» XI. Quand le secours de l'une ou de l'autre Partie aura une fois été fourni, il ne sera permis ni à l'une ni à l'autre d'entrer en négociation avec l'Ennemi, bien moins encore en aucune paix ou suspension d'armes, sans communication & consentement préalable de son Allié ; mais au cas que quelque chose de semblable vînt à être proposé par l'adverse Partie, ou par les Médiateurs, l'Allié auquel telles ouvertures seront faites, en donnera connoissance sans perdre de tems à son Confédéré, & consultera son intention là-dessus ; & s'il consent qu'on entre en quelque Traité, il ne pourra néanmoins le faire qu'au préalable il n'ait obtenu pour son Co-Allié les assûrances & saufs-conduits nécessaires, afin qu'il puisse envoyer ses Ministres au Lieu du Traité, de même que dans la Négociation ne pourra être rien entrepris par l'un des Confédérés, beaucoup moins rien être conclu, sans la participation, consentement & approbation de l'autre, mais le tout se devra faire d'un commun consentement, & pour l'intérêt réciproque des deux Confédérés *pari passu*, ni ne pourra le moins du monde être rien conclu par l'un avec l'Ennemi, à moins que l'autre n'y soit compris, & s'il le désire, ne soit rétabli dans la possession de tous & tels Pays, Droits, Prérogatives & Justice, qu'il avoit, & dont il jouissoit avant la Guerre ; & que pour lui ne soient stipulés tels Droits & Immunités, lesquels son Co-Allié aura stipulé & obtenu pour lui-même. «

» XII. Mais comme les Seigneurs Etats-Généraux sont déjà à présent en guerre ouverte, avec les Couronnes de France & d'Angleterre, l'Electeur de Cologne, & l'Evêque de Munster ; & que ce n'est pas sans raison, qu'il est à craindre qu'à l'avenir, l'un ou l'autre Etat pourroit se mêler de cette Guerre, & assister les Ennemis des Seigneurs Etats-Généraux, par le moyen de quoi les susdits & leurs Co-Alliés pourroient être empêchés & détournés dans leurs opérations de Guerre, pour s'opposer à temps aux susdits inconvéniens qui sont à appréhender, par des moyens convenables, il a été accordé entre lesdits deux Confédérés, qu'à la vérité, Sa Majesté tiendra bien prêts le nombre de quarante Vaisseaux de Guerre spécifiés dans l'Article troisieme, & mettra sur pied les vingt mille hommes y mentionnés ; mais présentement comme Sa Majesté juge que pour l'intérêt commun Elle ne se doit point mêler dans cette Guerre, elle n'équipera effectivement que vingt Vaisseaux de Guerre pour l'avantage du Commerce, & pour garantir ses Havres & Rivieres autant qu'il se pourra de toutes voies de fait, & par terre mettra sur pied & fera camper dans l'endroit le plus propre suivant la situation de son Pays douze mille hommes, tant Cavalerie, qu'Infanterie, avec l'Artillerie à ce convenable. Pour lequel armement les Seigneurs Etats-Généraux payeront la juste moitié des Subsides, qui autrement sont stipulés pour quarante Vaisseaux de Guerre, & pour vingt mille

hommes,

hommes; fçavoir trois cens mille Risdales pour la Flotte, pour les Deniers de levée, quarante Risdales pour un Cavalier, & vingt Risdales pour un Fantaffin, faifant enfemble cent dix mille Risdales, & pour l'entretien par mois quarante mille deux cens & quarante-cinq Risdales, par mois, & font obligés d'y continuer tant que la guerre d'entre les fufdits Rois & Princes, & L. H. P. & qu'aucun autre Etat, n'étant point préfentement engagé dans cette guerre, ne s'en mêlera point, & n'affiftera point les Ennemis de L. H. P. Et les Etats-Généraux de leur part lorfqu'ils feront un Traité de Paix, comme il eft à efpérer, y comprendront nommément Sa Majefté entre leurs Alliés, comme fans doute les Couronnes de France, & d'Angleterre feront de leur part la même chofe. «

» XIII. Mais fi quelque État voifin vient à joindre fes Armes avec celles des ennemis de L. H. P. à fe mêler de cette guerre, & à affifter lefdits ennemis de L. H. P. ou empêcher par force qu'ils ne foient affiftés & fecourus de leurs alliés, Sa Majefté fera alors obligée d'entrer, à la réquifition de L. H. P. en hoftilité contre celui qui voudra entreprendre quelque chofe contre eux & leurs alliés, ou autrement comme il fera jugé être le plus avantageux pour l'intérêt commun ; que L. H. P. en ce cas feront obligés de fournir à Sa Majefté la moitié reftante defdits deniers de levée, & la fomme entiere des fubfides, de la même maniere & aux mêmes conditions qu'il eft mentionné avec circonftance par les articles de cette Alliance. Et fera Sa Majefté obligée de fa part d'équiper entiérement fadite flotte de quarante vaiffeaux, comme auffi d'augmenter fon armée de terre jufques à vingt mille hommes, & agir effectivement avec icelles flotte & troupes conjointement avec les alliés préfens de L. H. P. contre leurs ennemis, comme il eft dit ci-deffus, auquel cas feront alors applicables les précédens Articles de ce Traité. «

» XIV. Mais comme les Seigneurs Etats-Généraux ont fait particuliérement repréfenter à Sa Majefté qu'il leur eft pour le préfent entiérement impoffible de fournir en argent comptant les fubfides promis dans l'Article douzieme pour ledit armement, & qu'ils ont prié Sa Majefté qu'il lui plaife de recevoir des obligations en leur place, Sadite Majefté par un effet de l'affection qu'elle porte à l'Etat des Provinces-Unies des Pays-Bas, y a donné les mains, & fe contentera de bonnes & valables obligations, tant qu'elle n'entrera point en affiftance effective; mais fous cette expreffe condition que L. H. P. payeront au premier terme pour la flotte, qui font cent cinquante mille rifdales, avec cinquante mille rifdales en argent comptant, & cent mille rifdales en toute forte de munitions pour les vaiffeaux, fuivant le prix ordinaire. Comme auffi les obligations pour l'entretien defdites troupes & flotte par avance précifément pour trois mois, à chaque fois, lefquelles obligations feront, par Sa Majefté ou perfonnes à ce autorifées, négociées, ou vendues au plus haut prix qu'il fe pourra; mais comme les fufdites obligations dans les temps préfens ne peuvent pas être négociées pour la somme y contenue, à moins que d'y perdre ; L. H. P feront obligées de fuppléer & indemnifer de ladite perte par d'autres obligations. Lefquelles obligations il fera loifible à Sa Majefté de négocier avant ou après la paix, s'il le trouve le plus à propos , avec la connoiffance & communication des Seigneurs Etats-Généraux, comme deffus, fans que L. H. P. foient tenues de l'indemnité de la perte qui pourroit être faite fur lefdites obligations de fupplement, en le négociant ; mais fi Sa Majefté en conféquence du précédent Article treizieme fe trouvoit obligée d'entrer en action, & qu'alors on ne pût avoir, ou recouvrer les fubfides convenables & ftipulés, fur des obligations, L. H. P. feront alors obligés de les fournir en argent comptant. «

» XV. Et afin que les navigations dans les rivieres de Sa Majefté foient d'autant plus fûres, & que les Sujets de L. H. P. y puiffent en tout temps faire leur Commerce avec d'autant moins de danger ; Sa Majefté équipera auffi en temps de paix un certain nombre de vaiffeaux de guerre , pour tenir lefdites rivieres libres & exemptes des voies de fait ; que pour le nombre, la grandeur, & l'équipage des fufdits vaiffeaux de guerre à équiper annuellement, & des fubfides à ce requis à proportion, on en traitera & conviendra au plutôt. «

» XVI. Outre quoi L. H. P. s'obligent auffi de payer & fatisfaire en argent comptant le plutôt qu'il fera poffible, ou au plus tard dans deux ans, les arrérages des fubfides des années mille fix cents foixante-fix, & mille fix cents foixante-fept. »

» XVII. Comme de l'autre part, il eft convenu , que comme l'affaire touchant l'arbitrage, (à l'égard duquel Sa Majefté n'a pas voulu fe départir de la fentence rendue par le Roi de France) n'a pas pû être finalement conclue, parce que les Sieurs Ambaffadeur extraordinaire, & Députés ne fe font pas trouvés inftruits à cet égard, on traitera à part de cette affaire, auffi-bien que de la prolongation des années à l'égard des tols déterminés dans le Traité de Chriftianftadt, & en après touchant l'exécution du compromis d'entre la Compagnie Royale de Gluckftadt en Afrique, & la Compagnie Occidentale de Hollande, & ce auffi-tôt que faire fe pourra ; & les fufdites prétentions, & affaires du tol feront terminées felon le droit réciproque qu'ont les alliés, & l'équité & la raifon. Mais que la fufdite négociation, non plus que ce qui eft mentionné dans l'Article quinzieme ci-deffus, à l'égard de l'établiffement de la négociation, fur l'augmentation des fubfides en temps de paix, n'arrêtera point le contenu de ce Traité, ni n'en empêchera l'exécution. «

» XVIII. Enfin, il eft convenu, & accordé qu'auffi-tôt après l'échange des ratifications réciproques de ce Traité, feront par L. H. P. payés pour la flotte de Sa Majefté les cinquante mille rifdales ftipulés, argent comptant, & fournis les matériaux de vaiffeaux pour cent mille rifdales, comme auffi les obligations pour le premier terme des fubfides pour les troupes de terre, afin que Sa Majesté ou celui qui sera par Elle autorisé, puisse négocier les deniers nécessaires sur les susdites obligations, & qu'enfin l'échange des susdites ratifications se fera ici à la Haye en bonne forme, dans le temps de quatre semaines du jour de la signature, ou plutôt, s'il est possible. «

» Lesquels Articles ci-dessus ensemblement & chacun d'eux en particulier seront tenus lesdits deux Hauts Alliés observer fidelement & inviolablement; pour plus grande confirmation de quoi ont des présentes été faits deux instruments de même teneur, & été signés de la main desdits Ministres de Sa Majesté d'une part, & par les Ambassadeur extraordinaire, & Députés de L. H. P. d'autre, & confirmé de leurs seaux. Ainsi fait à Copenhague, le 1⁄2 Mai 1673. «

Etoit signé,

(L. S.) V. F. GULDENLEEUW.
(L. S.) P. RETS.
(L. S.) J. Ch. V. CORBITZ.
(L. S.) P. GRIFFENFELT.
(L. S.) PAUL DE KLINGENBERGH.
(L. S.) C. BIERMAN.
(L. S.) D. DE WYNGAERDEN.
(L. S.) SIMON DE BEAUMONT.

N°. XXVI.

TRAITÉ D'ALLIANCE

Entre l'EMPEREUR, le Roi d'ESPAGNE, & les Etats-Généraux des PRO-VINCES-UNIES des Pays-Bas d'une part, & le Duc de LORRAINE de l'autre.

Fait à la Haye le 1 Juillet 1673.

COMME ainsi soit que Son Altesse le Duc de Lorraine ait fait témoigner à Leurs Majestés Impériale & Catholique, & aux Etats-Généraux des Provinces-Unies, le généreux désir dont elle est portée à contribuer de tout son possible au rétablissement d'une paix honnête & durable, & qu'il étoit prêt d'entrer dans une étroite liaison avec eux pour les mêmes fins ; c'est pourquoi considérant les grands avantages qui en peuvent résulter pour le bien public, & estimant, comme il est juste, ses bonnes intentions, la présente convention a été arrêtée & conclue entre les Ministres & Plénipotentiaires de part & d'autre ci-après dénommés, & à ce duement autorisés en la forme qui s'enfuit.

» I. Que Sadite Alteſſe de Lorraine pour Elle & pour ſes Succeſſeurs, tant en vertu de ſes anciennes liaiſons, que par le préſent Traité, ſera dès à préſent & pour l'avenir allié & confédéré de Leurs Majeſtés Impériale & Catholique, comme auſſi des Etats-Généraux des Provinces-Unies, & qu'une étroite union ſera établie entre eux pour procurer mutuellement les avantages, sûretés & utilités l'un de l'autre, & détourner les dommages autant que faire ſe pourra. «

» II. Que pour donner d'autant plus de moyens à Sadite Alteſſe de Lorraine de mettre en exécution ſes bonnes volontés, & de ſe rendre plus utile à la cauſe commune, on l'aidera à former un corps de dix-huit mille hommes, à ſavoir huit mille chevaux, & dix mille hommes de pied ; & pour cet effet Sadite Alteſſe fournira de ſa part trois mille chevaux, qu'elle a préſentement ſur pied, & levera de plus à ſes propres frais deux mille chevaux, & trois mille hommes de pied ; Sa Majeſté Impériale promet pareillement de donner de ſa part mille chevaux & trois mille hommes de pied, & Sa Majeſté Catholique s'oblige auſſi de donner mille chevaux & quatre mille hommes de pied, & quant aux Etats des Provinces-Unies, comme ils ont préſentement à ſupporter le plus grand poids de la guerre, & qu'ils ne peuvent pas ſe déſaiſir des troupes qui ſont néceſſaires pour leur défenſe, ils ne pourront donner plus de mille chevaux. «

» III. Et afin qu'on puiſſe jouir au plutôt du bon effet que l'on peut attendre de l'emploi deſdites troupes, Sadite Alteſſe s'oblige à mettre ſur pied quatre mille chevaux & deux mille hommes de pied, en quatre ſemaines, après le jour que ce Traité doit être ratifié, & d'y joindre de plus autres mille chevaux, & mille hommes de pied deux mois après ledit terme de quatre ſemaines, & Sa Majeſté Catholique, comme auſſi leſdits Etats-Généraux promettent d'y joindre leur part ci-deſſus ſpécifiée, au même temps que S. A. de Lorraine aura mis ſur pied leſdites premieres troupes, & ſeront Commiſſaires députés & autoriſés de part & d'autre pour faire revue de toutes leſdites troupes, afin d'obſerver ſi elles ſont au nombre qu'elles doivent être ſelon cette préſente convention ; & ſera ladite revue réitérée toutes les fois, que quelqu'une des parties le requerra. «

» IV. Et quand S. A. de Lorraine viendra à agir effectivement pour aider à maintenir ſes propres troupes, tant celles qu'elle a ſur pied, que celles qu'elle fera de nouveau ; comme auſſi pour les frais néceſſaires pour l'artillerie, on lui paſſera durant la guerre la ſomme de (*) laquelle ſera également repartie entre Leurs Majeſtés Impériale & Catholique, & les Etats-

---

(*) Cette ſomme n'eſt pas ſpécifiée.

Généraux des Provinces-Unies, à savoir un tiers pour chaque mois : &
d'autant qu'en la conjoncture présente des affaires il seroit impossible auxdits Etats de payer ledit tiers en argent comptant, il leur sera libre de
fournir ledit tiers en obligations sur les Provinces de Hollande, & West-
frise, Zelande, Frise, Groningue & Ommelande, selon la proportion entr'eux observée, avec promesse de tel intérêt qu'elles sont accoutumées de
payer à leurs autres créanciers, ayant obligations; que par ce moyen
lesdites troupes, qu'on pourra exiger dans le pays ennemi, seront reçues
& administrées par des Commissaires à ce députés du commun consentement des parties, pour être employées aux frais nécessaires pour la subsistance & renforcement dudit corps, & pour les levées & recrues nécessaires, & autres usages de la guerre. «

» V. Que Sadite Altesse de Lorraine sera obligée d'agir avec ledit corps
offensivement contre les ennemis déclarés des Etats des Provinces-Unies,
& pour le bien de la cause commune de concert avec les alliés, selon
qu'il sera jugé plus convenable de commun accord ou par la pluralité d'i-
ceux, soit pour se joindre avec les armes de Sa Majesté Impériale, ou de
Sa Majesté Catholique, ou avec celles des Provinces-Unies, quand le besoin le requerra, soit pour agir par diversion dans le pays ennemi, ou
par telle autre opération, que la raison de la guerre l'exigera. «

» VI. Et en cas que par lesdites opérations ou autrement, les affaires se
réduisent à une guerre ouverte & commune entre lesdits alliés & les ennemis présents ou futurs desdits Seigneurs Etats-Généraux, Leursdites Majestés Impériale & Catholique & lesdits Etats, outre ce qu'elles ont déjà
stipulé entre eux par leurs Traités précédens pour le regard des Traités
de paix, promettent conjointement & de commun accord à S. A. de Lorraine, que le cas eschéant que l'on vint à entrer en négociation de paix
ou de treves de quelques années, ils ne la commenceront point sans sa
participation & sans lui procurer aussi-tôt qu'à eux-mêmes la faculté & sûreté requise & nécessaire, pour envoyer ses Ministres sur le lieu où l'on
traitera, comme aussi sans lui donner de temps en temps communication
de tout ce qui se passera en ladite négociation, & qu'ils ne passeront jusques à la conclusion de ladite paix ou treve, sans l'y comprendre & le
faire remettre, (s'il le désire ainsi) dans la possession des terres, places,
domaines, & jouissances des Droits, immunités, & prérogatives dont il a
joui avant la derniere invasion des François en ses Duchés; & sans stipuler pour lui les mêmes exemptions, sûretés, & prérogatives que pour
eux-mêmes, pourvu que Leurs Majestés Impériale & Catholique s'obligent
aussi aux mêmes choses envers les Etats, pour la restitution des places &
terres, qui leur sont & pourront être ôtées, & par le rétablissement en la
jouissance des Droits, qui leur sont ou pourront être disputés en cette guerre; comme réciproquement S. A. de Lorraine promet & s'oblige dès-à-
présent de n'entrer en aucune négociation ou Traité ou pourparler de

paix ou de treve, fans le fçu & la participation de Leurs Majeftés Impériale & Catholique, & de M. M. les Etats-Généraux ; & de ne venir à aucune conclufion que d'un commun confentement & fans procurer à fes alliés l'entier rétabliffement dans tout ce qui leur a été ou fera enlevé pendant le cours de cette guerre, & ftipuler pour eux les mêmes avantages, prérogatives & fûretés que pour lui-même, fi ce n'eft que puis après ils en convinffent autrement d'un commun accord. «

» VII. Cette Alliance durera le même-temps que celle de Sa Majefté Impériale avec les Etats des Provinces-Unies, à favoir pour le terme de dix ans ; à compter du 22 Septembre de l'année 1672. Pendant lequel, fi la paix vient à fe conclure, toutes les parties demeureront liées par une garantie réciproque de fe fecourir l'un l'autre contre toute forte d'infracteurs de ladite paix, fauf à prolonger ledit terme felon que du confentement commun, il fera convenu. Tous les fufdits Articles ayant été vus & examinés par S. A. Monfeigneur le Prince d'Orange affifté de Monfieur de Beuningen & de Monfieur le Confeiller Penfionnaire Fagel, d'une part, & de Meffieurs le Baron de Lifola & le Chevalier de Crampricht au nom de Sa Majefté Impériale, de Monfieur Don Bernard de Salinas, au nom de Monfieur le Comte de Monterey & de la part de Sa Majefté Catholique ; & de Monfieur le Baron de Serinchamps comme plénipotentiaire de S. A. de Lorraine. Après le rapport fait à Meffieurs les Députés aux affaires de la Triple-Ligue, le tout a été approuvé & concerté d'un commun confentement fous l'aveu néanmoins & ratifications de leurs Principaux, laquelle on promet dans le terme de fix femaines ou plutôt fi faire fe peut. Fait à la Haye, le premier Juillet mille fix cents feptante-trois. «

Etoit figné ,

(L. S.) J. DE LISOLA.
(L. S.) D. BER. DE SALINAS.
(L. S.) D. I. CRAMPRICHT.
(L. S.) SERINCHAMPS.

N°. XXVII.

TRAITÉ D'ALLIANCE

Entre CHARLES II, *Roi d'Efpagne & les Seigneurs Etats-Généraux des* PROVINCES-UNIES *des Pays-Bas, par lequel Sa Majefté s'engage à fe déclarer en guerre ouverte, contre les Rois de France & d'Angleterre : Les Traités de Munfter & d'Aix-la-Chapelle y font confirmés & garantis, avec promeffe réciproque de ne faire ni Paix ni Treve fans une reftitution entiere des Places prifes fur l'un, & fur l'autre. Meffieurs les Etats y promettent de plus la reftitution de Mafricht à Sa Majefté Catholique.*

Fait à la Haye le 30 d'Août 1673.

Avec les Articles féparés, concernant la Rupture du Roi Catholique contre le Roi de la Grande-Bretagne.

APRÈS de fi grandes & de fi confidérables affiftances rendues par la Couronne d'Efpagne avec tant de générofité aux Etats-Généraux des Provinces-Unies du Pays-Bas, & après les obligations extraordinaires que lefdits Etats-Généraux ont témoigné d'avoir à Sa Majefté Catholique, comme à un Prince qui s'eft oppofé avec tant de conftance à la ruine manifefte dont ils étoient menacés lorfqu'ils ont été attaqués par de fi puiffants ennemis. Lefdits Etats-Généraux confidérant que pour affurer leur rétabliffement & confervation à l'avenir, ont befoin d'une ferme union avec Sadite Majefté pour la profpérité & manutention de tous les Pays-Bas en général, ils ont fait plufieurs inftances à Sadite Majefté à ce qu'il lui plût d'accomplir cette grande œuvre, non-feulement par le renouvellement des anciens Traités faits entre Sadite Majefté, & lefdits Etats, mais auffi en leur donnant une marque fignalée de bienveillance Royale en contractant avec eux une alliance nouvelle & inviolable, afin de parvenir par ce moyen à l'unique but qu'ils fe font propofés, à favoir le repos de toute la Chrétienté. Et puis qu'il femble qu'on ne peut point obtenir ce bonheur par les moyens que l'on a employés jufqu'à préfent, lefdits Etats-Généraux ont toujours efperé que Sa Majefté fe rangeroit à leur fecours par une guerre ouverte, & déclarée pour la confervation des Pays-Bas, lefquels font fi fort menacés par les progrès des armes ennemies, afin de changer les troubles de la Chrétienté en une paix générale par l'affiftance & la faveur du Ciel. C'eft pourquoi Sa Majefté fe conformant au défir defdits Etats-Généraux, & étant follicitée outre cela par d'autres motifs de Juftice & d'équité, il a été accordé au nom de Sadite Majesté par Don Emmanuel de Lira, Introducteur des Ambassadeurs en la Cour d'Espagne, & Envoyé extraordinaire de Sadite Majesté à la Haye, d'une part, & les Sieurs Conrard van Beuningen, Gaspar Fagel Conseiller Pensionnaire des Etats de Hollande, Jean de Mauregnault, Isbrant van Viersen & Schako Gockinga, tous Députés ordinaires en l'Assemblée des Etats-Généraux au nom desdits Etats, d'autre.

» I. Qu'il y aura une ferme, sincere & perpetuelle amitié & bonne intelligence entre le Roi, les Rois Catholiques ses Successeurs & ses Royaumes, d'une part, & les Etats-Généraux des Provinces-Unies du Pays-Bas, les Terres & Sujets de leur domination, d'autre, tant par mer que par terre, & en tous lieux tant dedans que dehors l'Europe. «

» II. Il y aura entre Sadite Majesté, les Rois ses Successeurs & leurs Couronnes, & lesdits Etats-Généraux, les Terres & Sujets de leur domination une étroite alliance & fidele union, pour se maintenir & conserver les uns les autres en la possession de tous les Etats, Villes, Places & Pays qui leur appartiennent, & dans l'usage de tous les Droits & franchises du Commerce & de la Navigation de quelque nature qu'ils puissent être, tant par mer, que par terre; dont ils jouissent aujourd'hui, ou dont ils ont droit d'user par le Droit général, ou des franchises qu'ils ont déja acquises, ou qu'ils pourroient encore acquérir à l'avenir par des Traités de Paix, Amitié ou Neutralité qui ont été déja faits par le passé, ou qu'ils pourroient faire à l'avenir par consentement mutuel avec d'autres Rois, Républiques, Princes, Villes & Etats seulement dans l'Europe. «

» III. Ils s'obligent pareillement de se garantir les uns les autres des Traités que Sa Majesté ou les Etats-Généraux pourroient déja avoir faits avec d'autres Rois, Républiques, Princes & Etats, qu'ils se communiqueront les uns aux autres avant l'échange de la Ratification ou Confirmation du présent Traité; comme aussi tous ceux qu'ils pourroient faire ensemble à l'avenir, afin de se défendre, secourir & conserver mutuellement en la possession des Etats, Villes, Places & Pays qui leur appartiennent présentement ou qui pourroient leur appartenir à l'avenir, tant à Sadite Majesté & aux Rois ses Successeurs, qu'auxdits Etats-Généraux, soit par les Traités susmentionnés, ou en quelque autre maniere que ce puisse être & en quelque partie de l'Europe que lesdits Etats, Villes, Places & Pays soient situés; en sorte que si Sadite Majesté ou les Rois ses Successeurs, ou lesdits Etats-Généraux venoient à être troublés ou inquiétés, en quelque maniere que ce puisse être en la possession & jouissance desdits Etats, Villes, Places, Pays, droits & franchises du Commerce ou Navigation, ou de quelques autres Droits tant par mer que par terre, que Sadite Majesté & lesdits Etats possedent, ou dont ils jouissent par les Traités déja faits ou encore à faire, ainsi qu'il a été dit ci-dessus : Sa Majesté & lesdits Etats-Généraux, après communication & enquête des deux côtés feront tous les devoirs possibles pour faire cesser lesdites molestations & hostilités, & faire réparer tous les torts

&

& dommages qui pourroient avoir été faits à l'un ou l'autre des Alliés. «

» IV. Et en cas que ladite agreſſion ou moleſtation fût ſuivie d'une guerre ouverte, celui des deux Alliés qui n'aura point été attaqué, ſera obligé de faire la guerre à l'attaquant trois mois après qu'il en aura été requis par celui à qui on fait la guerre : & pendant ce temps-là, il ſera tous les devoirs poſſibles par ſes Ambaſſadeurs ou autres Miniſtres pour procurer une bonne Paix entre l'attaquant & celui qui eſt attaqué; & cependant demeurera néanmoins obligé d'envoyer un ſecours de 8000 hommes de pied partagés en régimens & compagnies, ſous leurs Colonels & autres Officiers tels qu'il trouvera bon de choiſir pour cet effet. Il ſera auſſi obligé d'envoyer leſdites troupes auxiliaires, & de les entretenir à ſes dépens au ſervice de l'Allié qui eſt attaqué; auquel il ſera permis de recevoir ledit ſecours en argent ou en hommes, ou en partie en hommes, argent, vaiſſeaux, armes, inſtrumens & munitions de guerre : enſorte que 1000 hommes ſeront taxés à 10000 florins par mois, ſuivant le cours du change d'Amſterdam, & à compter 21 mois pour un an. Le payement ſe fera auſſi par mois par égales portions, ſoit à Anvers, ou bien à Amſterdam. Toutefois en cas que ledit ſecours ſe donnât en tout ou en partie, en attirails de guerre, vaiſſeaux, ou autres choſes néceſſaires à la guerre, celui qui eſt aſſiſté ſera obligé d'aller recevoir toutes leſdites choſes dans le Pays de celui qui donnera ledit ſecours; à la charge que ſi celui qui ſera aſſiſté, en demande une partie en cavalerie ou en dragons, chaque cavalier ou dragon ſera compté pour trois ſoldats à pied juſques au nombre de 8000 hommes qui doivent être fournis : Et lorſqu'on donnera ledit ſecours en gens de guerre, leſdites troupes auxiliaires ſeront obligées d'obéir & de recevoir les ordres de l'Allié auquel elles ſeront envoyées, lequel s'en ſervira à la campagne, en des ſieges de villes, ou pour la garde & défenſe de ſes Places, & par-tout où la néceſſité & utilité de ſes affaires le requerra : à la réſerve toutefois que les compagnies ne pourront être ſéparées entiérement les unes des autres, & ne pourront être laiſſées enſemble en moindre nombre que de 2 ou 300 hommes de chaque Régiment; & nullement ſans leurs drapeaux; mais ſi la néceſſité des affaires requéroit que ledit ſecours dût être augmenté, Sa Majeſté & les Etats-Généraux en pourront traiter par enſemble, & s'accorder au mieux qu'il ſera poſſible. Il ſera auſſi du choix de l'Allié qui eſt attaqué, de ſe ſervir du ſecours qui lui ſera envoyé après l'expiration deſdits trois mois, en cas que la conſtitution du temps ou des affaires lui fît plutôt choiſir la continuation dudit ſecours, que la déclaration d'une guerre plus ouverte. «

» V. La garantie ou aſſurance mutuelle ſera établie en cette ſorte : lorſque l'un des Alliés aura été attaqué ou moleſté, & qu'il ſera obligé d'en venir à une guerre ouverte, l'autre Allié ſera auſſi obligé de déclarer la guerre à l'attaquant, & d'employer toutes ſes forces par mer & par terre,

& les joindre à celles de celui qui est attaqué, afin d'obliger l'ennemi commun à entendre à une paix honorable, juste, équitable & assurée. «

» VI. Et en ce cas-là les forces de Sa Majesté & des Etats-Généraux agiront conjointement ou séparément, suivant l'Accord qui se fera alors entre Sadite Majesté & lesdits Etats-Généraux, & délibérant ensemble sur les moyens les plus propres pour endommager l'ennemi commun, soit par diversion ou autrement, & l'obliger, comme il est dit, à entendre au plutôt à une Paix honorable. «

» VII. Et quoique par ce qui a été dit à la fin du deuxieme Article du présent Traité, tout l'effet de cette union se renferme dans les limites de l'Europe, il faut néanmoins entendre en telle sorte que si Sa Majesté Catholique se trouve ci-après troublée ou inquiétée, en quelque sorte que ce puisse être en la possession & jouissance des Etats, Villes, Places, Pays, Droits ou Franchises du Commerce, Navigation ou autres choses de quelque nature qu'elles puissent être, tant par mer que par terre, que Sa Majesté ou lesdits Etats-Généraux possedent, ou dont ils jouissent, ou qu'ils ont droit de posséder hors de l'Europe ou en quelque partie du monde que ce soit, soit par le commun droit des gens, soit par Traités déja faits ou encore à faire, ainsi qu'il a été déja dit ci-dessus; Sa Majesté & lesdits Etats-Généraux après qu'ils · en auront été requis mutuellement, contribueront unanimement tout ce qui sera en leur pouvoir pour faire cesser ladite agression ou hostilité, & faire réparer les torts & dommages qui auront été infligés à l'un des Alliés. Mais en cas, qu'ils ne puissent parvenir à ce but par les voies de la douceur dans le temps ou espace de quatre mois, & que celui des Alliés qui aura été attaqué ou molesté en cette sorte hors de l'Europe, ou en quelque partie du monde que ce soit, se trouvât obligé de prendre les armes contre l'Attaquant ou Agresseur, afin de le mettre à la raison, alors celui des deux Alliés, qui n'est pas attaqué ni molesté, fournira à l'autre le secours mentionné ci-dessus, & déclarera la guerre ouvertement à l'Attaquant ou Perturbateur du repos commun, en la même maniere que si l'agression ou molestation eût été faite dans les limites de l'Europe. «

» VIII. Lorsque lesdits Alliés seront entrés dans une guerre ouverte suivant les obligations du présent Traité, il ne sera permis à l'un ni à l'autre de faire aucune suspension d'armes avec les ennemis, qu'avec le consentement mutuel de l'un & de l'autre. «

» IX. S'il arrivoit qu'on en vint à un Traité, soit de Paix ou de Treve pour quelques années, ledit Traité ne pourra être entamé par l'un des Alliés sans en donner connoissance à l'autre, & sans lui procurer en même temps la liberté & la sûreté nécessaire comme pour lui-même, pour envoyer ses Ministres & Ambassadeurs au lieu du Traité, comme aussi lui donner avis fidele de temps en temps de tout ce qui se passe audit Traité. Ne pourra aussi aucun desdits Alliés venir à une conclusion de ladite Paix ou Treve fans y comprendre fon Allié, & fans le faire remettre, s'il le défire, en la poffeffion des Etats, Places & Pays, & la jouiffance des Droits & Franchifes, dont il a joui devant la guerre. Ne pourra non plus confentir que l'ennemi commun n'accorde point à fon Allié les mêmes Droits, Franchifes, Immunités & avantages qu'il ftipulera pour lui-même, du moins jufqu'à ce que fon Allié fe foit premiérement accordé à d'autres conditions. «

» X. Et afin que la véritable inclination qui eft tant par devers Sa Majefté que du côté des Etats-Généraux pour établir par ce préfent Traité une très-étroite amitié & union entre eux, leurs Etats & leurs Sujets, au bien & au repos commun de tous les deux, puiffe paroître encore davantage, & que leur intention eft de n'épargner aucune peine pour empêcher qu'elle ne foit altérée par aucun accident ou occafion, on eft demeuré d'accord que Sa Majefté Catholique & lefdits Etats non-feulement ne pourront s'engager à l'avenir en aucune Alliance qui pourroit être contraire à la préfente, mais même qu'ils ne pourront faire aucun Traité, fans s'y comprendre l'un l'autre, s'ils le défirent, & fans s'en avertir de bonne-heure mutuellement, afin qu'ils puiffent déclarer, s'ils veulent y être compris. «

» XI. Et afin que la préfente Alliance, dont le but & la fin principale eft le rétabliffement & la confervation du repos commun, puiffe avoir d'autant plus de force & d'efficace, l'Empereur & les autres Rois, Princes & Etats que l'on jugera les plus convenables d'un commun confentement, feront conviés d'y entrer. On travaillera auffi particuliérement de part & d'autre à conferver en fon entier la Triple-Alliance de garantie ou affurance qui a été faite en faveur de Sa Majefté Catholique pour faire obferver le Traité d'Aix-la-Chapelle, auffi-tôt que la préfente guerre avec Sa Majefté de la Grande-Bretagne fera finie. «

» XII. Le Traité de Paix fait à Munfter entre la Couronne d'Efpagne & les Etats-Généraux en l'an 1648; celui de Marine figné le 17 Décembre 1650; la garantie ou affurance de la Paix d'Aix-la-Chapelle promife par Meffieurs les Etats-Généraux, & tous autres Traités faits depuis ce temps-là, feront obfervés en tous leurs points & articles; & Sa Majefté & lefdits Etats-Généraux & leurs Sujets jouiront mutuellement de tout ce qui a été arrêté & conclu dans lefdits Traités, tant pour le fait des affaires générales que des particulieres. «

» XIII. Et d'autant que lefdits Etats-Généraux fe trouvent maintenant engagés en une grande & dangereufe guerre avec le Roi Très-Chrétien & celui de la Grande-Bretagne, comme auffi avec l'Electeur de Cologne & l'Evêque de Munfter, & que les Plénipotentiaires de toutes les Parties font affemblés à Cologne pour y conclure un Traité de Paix, s'il eft poffible, lequel puiffe redonner le repos à l'Europe, & délivrer les Etats-Généraux de l'oppreffion en laquelle ils fe trouvent; Sa Majefté Catholique afin de donner auxdits Etats-Généraux les dernieres preuves de fa Royale générofité, de l'affection dont il les honore, & du foin qu'il a de leur confervation, promet & s'oblige de contribuer tout ce qui eſt en ſon pouvoir pour la concluſion de ladite Paix , ſans différer plus long-temps les conditions qu'on jugera qu'elle pourra accorder pour le bien commun , & pour ſortir du danger & de la déſolation où ils ſe trouvent. Mais en cas que la bonne intention deſdits Etats pour la conclusion de ladite Paix ne pût pas avoir le ſuccès déſiré, Sa Majeſté Catholique entrera conjointement avec Sa Majeſté Impériale en une guerre ouverte auſſi-tôt après la premiere inſtance deſdits Etats envers le Gouverneur Général pour Sa Majeſté des Pays-Bas, & Comté de Bourgogne : Et afin de travailler au plutôt pour le bien commun & ſoulagement deſdits Etats opprimés, ledit Gouverneur-Général employera par avance toutes ſes forces contre le Roi Très-Chrétien, & Sa Majeſté Catholique en fera de même dans les autres parties de l'Europe tant par mer que par terre, ainſi qu'il a été dit ci-deſſus ; & ledit Gouverneur-Général commencera même à faire la guerre devant que la ratification de ce Traité ſoit arrivée d'Eſpagne, & alors on lui mettra ſans aucun délai entre les mains, celle deſdits Etats-Généraux. «

» XIV. La guerre ſe faiſant en cette maniere entre Sa Majeſté & leſdits Etats-Généraux d'une part, & le Roi de France d'autre, Sadite Majeſté & leſdits Etats s'obligent de ne faire aucune ſuſpenſion d'armes ſans un commun conſentement , & de ne point perſiſter en l'Aſſemblée qui eſt préſentement à Cologne, & de ne rentrer ci-après en aucun Traité de Paix ou de Treve pour quelques années, que moyennant une exacte obſervation de tout ce qui a été arrêté ci-deſſus à l'Article 9. «

» XV. Et d'autant qu'il y a pluſieurs Villes, Places & Pays appartenans auxdits Etats-Généraux qui leur ont été ôtés, Sa Majeſté s'oblige de ne point faire la paix, que premiérement, ils ne leur ayent été reſtitués entiérement, avec tous ceux qui pourroient encore leur être ôtés pendant la préſente guerre, à moins que l'on ne ſtipulât d'autres conditions pour le bien de la paix. «

» XVI. Leſdits Etats-Généraux en reconnoiſſance de cette grace de Sa Majeſté & d'un ſecours ſi grand & ſi conſidérable qu'ils ont reçu d'Elle en la préſente guerre, & dans leurs plus grandes néceſſités, s'obligent de ne point faire la paix avec le Roi Très-Chrétien, que premiérement Sa Majeſté Catholique ne ſoit remiſe en la poſſeſſion de toutes les Villes, Places & Pays qui lui ont été ôtés par le Roi Très-Chrétien depuis le Traité de Paix des Pirenées fait en l'an 1659, à moins qu'on n'en ordonnât autrement pour le bien & avancement de la paix. «

» XVII. Et pour ce qui eſt des autres Parties qui ſe trouveront alors en guerre avec Sa Majeſté & les Etats-Généraux, on traitera avec eux pour ce qui concerne les affaires de la paix ainſi qu'il a été accordé ci-deſſus à l'Article 9. «

» XVIII. Leſdits Etats-Généraux promettent outre cela de céder & donner à Sa Majeſté Catholique la ville de Maeſtricht avec la Comté de Vroonhoven, & tout ce qui en dépend dans le Pays d'Outremeufe, avec toutes les prétentions qu'ils ont ou peuvent avoir fur les villages d'alentour fans aucune réferve. Mais en cas tant par la part que Sa Majefté prend en cette guerre, que par la fuite des armes communes, ou en quelque autre maniere que ce puiffe être, les affaires fuffent remifes en un tel état que lefdits Etats-Généraux ne fuffent pas obligés à faire leurs efforts pour procurer la paix, alors lefdits Etats accorderont à Sa Majefté d'un commun confentement ou ladite ville de Maeftricht, ou quelque autre de leur Etat qu'ils ont déja perdue, ou qu'ils pourroient encore perdre pendant cette guerre. »

» XIX. Le préfent Traité ou Alliance durera le temps de 25 années confécutives, avant l'expiration defquelles on traitera du temps que l'on y continuera pour le bien du commun, & on délivrera les Ratifications deux mois après que ledit Traité aura été figné; à condition néanmoins que fi pendant ce temps-là lefdits Etats-Généraux viennent à fentir pour leur bien les effets de la guerre que Sa Majefté a promis de déclarer en leur faveur, en cas qu'ils ne puiffent point avoir la paix ainfi qu'il a été dit ci-deffus, alors lefdits Etats délivreront la leur tout auffi-tôt, fans attendre celle de Sa Majefté Catholique. Fait à la Haye, ce 30 Août 1673. »

Ainfi figné,

> Dom FRANCISCO-EMANUEL DE LIRA.
> VAN BEUNINGEN.
> GASPAR FAGEL.
> JEAN DE MAUREGNAULT.
> YSBRAN VAN VIERSEN.
> SCHARO GOCKINGA.

ARTICLES SÉPARÉS.

» I. Bien que par le Traité, conclu & figné aujourd'hui entre Sa Majefté & les Etats-Généraux des Provinces-Unies, Sa Majefté s'eft engagée feulement à rompre avec la France, en cas que l'on ne pût conclure la paix aux conditions, que l'on auroit jugées raifonnables; & que Sa Majefté feroit obligée avec douleur à rompre l'amitié qu'elle a avec le Roi de la G. B. puifque toutes fortes de raifons font voir, que fi ledit Roi de la G. B. s'attache à ne point vouloir faire la paix avec lefdits Etats-Généraux, l'on ne peut attendre l'effet, que l'on peut défirer des armes de Sa Majefté Catholique, à moins qu'elles agiffent conjointement avec celles defdits Etats, & indiftinctement contre tous ceux, qui voudroient continuer à leur faire la guerre, fans vouloir admettre les conditions d'une paix équitable; il a été convenu qu'en cas qu'on ne puiffe promptement conclure un bon accommodement avec Sadite Majefté de la G. B. & que tous les efforts, qui ont déja été employés à cet effet, & qui s'employe-

ront encore par (*) *l'entremife de Sa Majefté Catholique*, *déclarent la guerre*
au Roi de la G. B. en la même maniere, qu'elle auroit fait au Roi Très-
Chrétien; toutefois pour ne pas manquer à rien de ce qui pourroit contribuer à empêcher cette rupture, lefdits Etats-Généraux, pour fatisfaire
aux défirs de Sa Majefté Catholique, & pour l'inclination, qu'ils ont de
pouvoir rétablir leur ancienne amitié, avec ledit Roi de la G. B. font demeurés d'accord, que Sa Majefté Catholique fera un dernier effort pour
porter le Roi de la G. B. à la paix; & même en lui offrant les conditions
qui font exprimées *ci-deſſus*, (**) bien entendu que fi lefdites conditions ne
font pas acceptées par le Roi de la G. B., & que la paix, avec ledit Roi
ne fe conclue pas trois femaines après que la Ratification du préfent Traité
aura été remife; en ce cas Sa Majefté Catholique rompra avec le Roi de
la G. B. comme elle auroit déja rompu avec le Roi de France, & pour
ce qui regarde les conditions que Sa Majefté Catholique pourra offrir au
Roi de la G. B. & que lefdits Etats-Généraux foufcriront, en cas que par
l'entremife dudit Roi de la G. B. on veuille faire la paix avec eux, il a été
convenu, que bien que lefdits Etats, ni par aucun principe de juftice, ni
par aucun fuccès d'armes ne fe trouvent obligés à donner les mains à des
conditions défavantageufes, & que les grandes dépenfes, & les périls auxquels on les a engagés par tant d'efforts, & dont ils fe font heureufement
défendus par l'affiftance divine, ne les mette pas dans le befoin d'acheter
la paix par des conditions, qu'ils ne doivent pas accorder; que néanmoins
pour finir, s'il fe peut, la guerre avec Sa Majefté de la G. B. Sa Majefté
Catholique ne jugeant pas autrement pouvoir travailler à cette paix, pourra
offrir audit Roi de la G. B. pour toutes les prétentions qu'il a formées
jufques à cette heure, ou qu'il pourroit former encore contre lefdits Etats-
Généraux, premiérement un ajuftement fur les affaires du Pavillon à la
fatisfaction de Sa Majefté Britannique. «
» II. La reftitution des Pays, & Places, que lefdits Etats-Généraux ont
occupés ou pourroient occuper par les armes fur les Anglois durant cette
guerre hors de l'Europe, moyennant une reftitution réciproque. «
» III. Une fomme de 4, 5, 6, 7 ou 8 cens mille écus payables aux
termes fuivans, favoir la quatrieme partie dans le temps que les Ratifications feront délivrées; & le refte en trois termes, le premier dans la premiere année après la fin de la préfente guerre: un autre dans le fecond
& le troifieme en parties égales. Et lefdits Etats-Généraux donneront pour
cet effet des cautions fuffifantes à la fatisfaction des Miniftres du Roi Catholique. «

_____

(*) Cet endroit eft corrompu. On ne doute point qu'il ne faille lire *par l'entremife de Sa Majefté Catholique, fuſſent inutiles, elle déclarera la guerre au Roi de la Grande Bretagne de la
même maniere qu'elle aura fait au Roi T. C.* (Dum.)
(**) *Lifez* ci-deſſous.

Addition aux Articles séparés.

L'Article séparé touchant l'Angleterre signé cejourd'hui entre le Ministre de Sa Majesté Catholique, & les Commissaires des Etats-Généraux des Provinces-Unies du Pays-Bas, n'ayant été accordé par Don Emanuel-Francisco de Lira, Envoyé extraordinaire de Sa Majesté, que sous le consentement & l'approbation qui se doit attendre d'Espagne dans quatre semaines, après la signature du présent Traité, il a été convenu, afin d'ôter tous les scrupules, qui pourroient naître des Articles 15 & 16 du Traité signé d'aujourd'hui avec les soussignés des Ministres & Commissaires, en ce qui regarde la négociation, après la rupture qui sera faite en commun, ne seront obligatoires, si faute de consentement & approbation ledit Article ne subsiste plus en ce qui touche le Roi de la Grande Bretagne : bien entendu qu'en attendant ledit consentement & approbation, & le Gouverneur-Général ayant commencé à y travailler, lesdits Articles 15 & 16 seront observés comme tous les autres, même devant la Ratification dudit Traité. Fait à la Haye, signé, comme ci-dessus. «

N°. XXVIII.

TRAITÉ D'ALLIANCE

Entre Sa Majesté Impériale LÉOPOLD, & CHARLES II. Roi Catholique d'Espagne & les Seigneurs Etats-Généraux des PROVINCES-UNIES d'une part, & CHARLES Duc de Lorraine d'autre part, Contre la France,

Fait au Camp, entre Hanau & Francfort le 6 d'Octobre 1673. Avec la RATIFICATION dudit Duc.

CHARLES par la grace de Dieu, Duc de Lorraine & de Bar, &c. Ayant été conclu de notre part au Traité que nous acceptons pour Nous, nos Héritiers, & Successeurs avec Leurs Majestés Imperiale & Catholique, & les Etats-Généraux des Provinces-Unies signé au Camp Impérial entre Hanau & Francfort le sixieme d'Octobre mille six cent soixante & treize, qui est en la forme suivante.

Comme ainsi soit, que Son Altesse le Duc de Lorraine a fait témoigner à Leurs Majestés Impériale & Catholique, & aux Etats-Généraux des Provinces-Unies le généreux désir, dont Elle est portée de contribuer avec eux tout son possible pour le rétablissement d'une Paix universelle, honnête, sûre & durable, & qu'il étoit prêt d'entrer dans une étroite liaison avec eux pour les mêmes fins : C'est pourquoi considérant les grands avantages, qui en peuvent réfulter pour le bien public, & oftimant comme il eft jufte, fes bonnes intentions, la préfente Convention a été arrêtée & conclue, entre les Miniftres & Plénipotentiaires de part & d'autre ci-après dénommés & à ce duement autorifés en la forme qui s'enfuit.

» I. Que Sadite Alteffe pour elle & pour fes Succeffeurs, tant en vertu de fes anciennes liaifons, que par le préfent Traité, fera dès à préfent & pour l'avenir, Alliée & Confédérée de Leurs Majeftés Impériale & Catholique, comme aufli des Etats-Généraux des Provinces-Unies, & qu'une étroite liaifon fera établie entre eux, pour procurer mutuellement les avantages, fûretés & utilités l'un de l'autre, & fur-tout pour obtenir ladite Paix univerfelle, honnête, fûre & durable, & procurer la réparation & fatisfaction des dommages caufés par le Roi Très-Chrétien, & toutes fortes d'autres infractions de la Paix de Weftphalie, autant que faire fe pourra. »

» II. Que pour donner d'autant plus de moyen à Sadite Alteffe de Lorraine de mettre en exécution fes bonnes volontés, & de fe rendre plus utile à la caufe commune on l'aidera à former un corps de dix-huit mille Hommes, à favoir huit mille Chevaux, & dix mille Hommes de pied, & pour cet effet Sadite Alteffe fournira de fa part trois mille Chevaux, qu'elle a préfentement fur pied, & levera de plus à fes propres frais deux mille Chevaux, & trois mille Hommes de pied : Sa Majefté Impériale promet pareillement de donner de fa part mille Chevaux, & trois mille Hommes de pied. Et Sa Majefté Catholique s'oblige aufli de donner mille Chevaux & quatre mille Hommes de pied. Et quant aux Etats des Provinces-Unies, comme ils ont préfentement à fupporter le plus grand poids de la Guerre, & qu'ils ne peuvent pas fe défaifir des Troupes qui font néceffaires pour leur défenfe, ils ne pourront donner plus que mille Chevaux. Bien entendu que lefdites Troupes agiront ou en un corps féparé, ou jointes avec les autres Armées, felon l'exigence des chofes, & felon que du confentement de plufieurs on trouvera plus à propos. «

» III. Et afin qu'on puiffe jouir au plutôt du bon effet, que l'on peut attendre de l'emploi defdites Troupes, Sadite Alteffe s'oblige à mettre fur pied quatre mille Chevaux & deux mille Hommes de pied, en quatre femaines après le jour que ce Traité doit être ratifié, & d'y joindre de plus, autres mille Chevaux, & mille Hommes de pied en deux mois après ledit terme de quatre femaines, & Sa Majefté Impériale & Catholique comme aufli lefdits Etats-Généraux promettent d'y joindre leur part ci-deffus fpécifiée, en même temps que Son Alteffe de Lorraine aura mis fur pied lefdites premieres Troupes, & feront Commiffaires députés & autorifés de part & d'autre pour faire revue de toutes lefdites Troupes, afin d'obferver, fi elles font au nombre qu'elles doivent être, felon cette préfente Convention, & fera ladite revue réitérée de trois en trois mois, & toutes les fois qu'aucune des Parties le requerra. «

» IV. Et quand Son Alteffe de Lorraine viendra à agir effectivement pour

aider

aider à maintenir fes propres Troupes, tant celles qu'elle a fur pied , que celles qu'elle fera de nouveau, comme auffi pour les frais néceffaires pour l'Artillerie, on lui payera durant la Guerre la fomme de neuf mille Patacons par mois , le payement de laquelle fera également réparti entre Leurs Majeftés Impériale & Catholique, & lefdits Etats-Généraux des Provinces-Unies, à favoir un tiers pour chacun mais d'autant que ; dans la conjon
Ⅽure préfente des affaires il feroit impoffible auxdits Etats de payer ledit tiers en argent comptant , il leur fera libre de payer ledit tiers en obligations fur les Provinces d'Hollande & de Weft-Frife, Zelande, Frife, Groningue & Ommelande, felon la proportion entre eux obfervée avec promeffe de tels interêts, qu'elles font accoutumées de payer à leurs autres Créanciers ayant obligations ; bien entendu, que les contributions que par le moyen defdites Troupes on pourra exiger dans le Pays Ennemi , feront reçues & adminiftrées par des Commiffaires à ce deputés du commun confentement des Parties pour être employées aux frais néceffaires & autres ufages de la Guerre.

» Les autres Articles touchant les opérations futures, les Négociations de Paix ou fufpenfion d'Armes au fçu, & avec participation de Leurs Majeftés Impériale & Catholique, & les Sieurs Etats-Généraux, & le temps pour lequel cette Alliance doit durer, feront obfervés par Son Alteffe le Duc de Lorraine de la même maniere, que Sa Majefté Impériale en a été d'accord avec lefdits Sieurs Etats-Généraux, & de la même forte, que s'ils étoient compris & réitérés ici de mot à mot, vu principalement que ce Traité fait une partie de la Liaifon conclue entre Leurs Majeftés Impériale & Catholique, & les Sieurs Etats-Généraux, & que par conféquent il y appartient comme la part à fon corps entier. »

(L. S.) FLORIMOND D'ALLAMONT.

» NOUS Reymond Comte de Montecucoli, Seigneur de la Baronie de Hochenegg & Ofterburg, Chambellan de Sa Majefté Impériale, Confeiller dans les Confeils d'Etats & Privé, Préfident dans celui de Guerre, Maréchal-Général de Camps, & Lieutenant-Général de fes Armées, Chevalier de la Toifon d'or, ayant Pouvoir de Sa Majefté Impériale daté du vingt-unieme Septembre, mille fix cent feptante & trois, lequel a été produit & reconnu par Monfieur le Comte d'Allamont, Plénipotentiaire & Général de Bataille de Son Alteffe Séréniffime de Lorraine, avons figné avec lui le préfent Traité, muni du Seel de nos Armes, & contrefigné par le Secrétaire de Sa Majefté Impériale ci-bas nommé. Fait au Camp Impérial entre Hanau & Francfort le fixieme d'Octobre l'an mille fix cent feptante & trois. »

(L. S.) R. C. MONTECUCOLI.

A. DE PATOUILLET.

» Nous, ayant ce Traité ſuſdit agréable en tous & chacun des Points & Articles qui y ſont contenus & déclarés, avons iceux tant pour nous que pour nos Héritiers, Succeſſeurs Ducs, accepté, approuvé, ratifié, & confirmé, acceptons, approuvons, ratifions, & confirmons, & le tout promettons de bonne foi, & ſous l'obligation & hypotheque de tous & chacun nos Biens, préſents & avenir, garder, obſerver, & entretenir inviolablement ſans jamais aller ni venir au contraire directement ou indirectement, en quelque ſorte & maniere, que ce ſoit : en témoin de quoi nous avons ſigné ces préſentes de notre main, & à icelles fait mettre & appoſer notre Seel, & fait contreſigner par un de nos Secrétaires d'Etats & Finances. Donné à Coblentz le dix-ſeptieme Décembre, mille ſix cent ſoixante & treize.

CHARLES DE LORRAINE.

J. DE RAULIN.

N°. XXIX.

ALLIANCE DÉFENSIVE

Entre CHARLES XI, *Roi de Suede,, &* FRÉDÉRIC-GUILLAUME, *Electeur de Brandebourg.*

A Cologne ſur la Sprée, le 1 Décembre 1673.

N°. XXX.

ALLIANCE DÉFENSIVE

Entre LÉOPOLD I, *Empereur des Romains, &* Chriſtiern V, *Roi de Danemarck.*

A Copenhague le 26 Janvier 1674.

C'EST un renouvellement de l'Alliance que les mêmes Puiſſances avoient contractée le 22 Septembre 1672.

No. XXXI.

ALLIANCE

Entre Sa Majefté Impériale LÉOPOLD, & le Séréniffime CHARLES-LOUIS Electeur Palatin.

A Vienne le 4 Avril 1674.

L'OBJET de cette Alliance étoit la défenfe du Palatinat du Rhin.

No. XXXII.

ALLIANCE

Entre l'Empereur LÉOPOLD, CHARLES II, Roi d'Efpagne, & les Pro-vinces-Unies des Pays-Bas d'une part, & FRÉDÉRIC-GUILLAUME, Electeur de Brandebourg, de l'autre part.

A Cologne fur la Sprée le 2 Juillet 1674.

No. XXXIII.

TRAITÉ D'ALLIANCE

Entre LÉOPOLD, Empereur des Romains, CHARLES II. Roi d'Efpagne, & les Seigneurs Etats-Généraux des PROVINCES-UNIES d'une part, & CHRISTIAN V. Roi de Danemarck d'autre part ; contenant que Sa Majefté Danoife tiendra fur pied pendant la préfente guerre, une armée de 16 mille Hommes ; favoir 5000 Chevaux, 10 mille Hommes de pied & 1000 Dragons ; pour l'entretien defquels, il lui fera payé 14 mille écus par mois, à la charge, moitié par moitié, de Sa Majefté Catholique, & de L. H. P. & payables à Amfterdam.

Fait à la Haye le 10 Juillet 1674.

Avec un ARTICLE SECRET ET SÉPARÉ contenant une particuliere Pro-longation d'Alliance, pour quinze ans, entre Sa Majefté Danoife & Leurs Hautes Puiffances.

Fait à la Haye le 10 Juillet 1674.

SA Majefté Impériale, Sa Majefté Catholique, & Leurs Hautes Puif-fance Meffieurs les Etats-Généraux des Provinces-Unies, ont plufieurs fois déclaré, qu'ayant été offensés contre les Traités de la Paix conclue à Of-nabrug, à Munster, à Cleves & à Aix ; ils ont été contraints de joindre leurs Armes afin de chercher tant le repos de l'Empire, que celui des Pays voisins, & y rétablir la Paix aux conditions les plus favorables que faire se pourroit. C'est pourquoi ils ont été obligés de requérir S. M. Danoise, de se vouloir en toute occasion porter pour l'intérêt de l'Empire, & contre tous partis contraires à icelui, & aux Confédérés qui sont S. M. I. S. M. C. & L. L. H. P. depuis peu Confédérés. Et S. M. Danoise a vu que S. M. I. S. M. C. & L. L. H. P. n'ont rien fait, qui ne tendît à la sûreté de l'Empire & de ses voisins, & par conséquent qu'il n'y avoit nul pré-judice pour ses Terres & Sujets. Ce que voyant, Sadite M. D. a trouvé bon & a donné ordre à ses Ministres de traiter en son nom avec les Mi-nistres de Sa Majesté Imp. de S. M. C. & de L. L. H. P. comme s'ensuit.

» I. Premiérement, on ne prétend point que cette Alliance soit offen-sive, ni contre aucun Potentat, soit Roi ou Etat ; mais seulement pour le repos des alliés & de leurs voisins. Ayant donc résolu ceci, & les alliés y ayant acquiescé, ont trouvé bon de former la présente Alliance, ayant conclu de l'effectuer, pendant cette guerre contre tous ceux qui pourroient prendre le parti, ou adhérer aux ennemis des alliés, & même contre ceux qui les armes à la main les voudroient attaquer, ou leurs Etats, Vassaux, Domaines ou Sujets. Et pour prévenir tels accidents, lesdits alliés ont trouvé bon de former une armée selon les formes ci-dessous men-tionnées. Afin de se défendre contre tous les susdits ennemis, ou ceux qui pourroient épouser leur parti, ladite armée devant être conduite selon les conditions suivantes. «

» II. Suivant ce présent Traité Sa M. D. sera obligée de tenir sur pied une armée de 16000 Hommes, savoir de cinq mille Chevaux, de dix mille Fantassins, & de mille Dragons, & toujours prête à marcher contre les ennemis, qui pourroient attaquer lesdits alliés, ou leurs adhérans en quelque façon que ce soit. «

» III. Que Sadite M. D. recevra pour les frais qu'elle sera obligée de faire tant pour la levée, que pour l'entretien de ladite armée, la somme de 14000 rixdalers par mois, pendant que cette guerre durera, comptant les années de douze mois. S. M. C. sera obligée de payer la moitié de ladite somme, & l'autre moitié sera payée par LL. H. P. à Amsterdam en banque ou en caisse. Le paiement du premier mois commencera du jour que S. M. D. aura donné la ratification du présent Traité, & sera venue entre les mains des alliés. «

» IV. Et en cas qu'il survînt de nouveaux ennemis aux alliés, Sadite M. D. sera obligée de rompre avec eux & leurs adhérans, & de soutenir contre eux avec ladite armée dans six semaines, après la réquisition faite par les alliés. Ladite armée de seize mille Hommes sera entretenue par les Confédérés, savoir une moitié par S. M. C. & LL. H. P. chacun moitié par moitié ; & l'autre moitié fera entretenue par S. M. D. continuant l'appointement ci-deffus dit de 14000 rixdalers, jufqu'au commencement de l'autre. «

» V. Et afin que ladite Armée de cinq mille Hommes de Cavalerie, de dix mille d'Infanterie & de mille Dragons, foit plutôt mife fur pied au moins au temps ci-deffus prefcrit, S. M. C. & LL. H. P. auront foin, tôt après la réquifition faite, de faire tenir, par Lettres de change, à S. M. dans la Ville de Hambourg, la fomme de 170000 Rixdalers ou 425000 Florins Monnoie d'Hollande : proportionnant ladite fomme à la levée defdites Troupes, favoir 40 Rixdalers pour un Cavalier ou Dragon, & dix Rixdalers pour chaque Fantaffin. «

» VI. Que ladite Armée étant levée fera mife en ordre & divifée en dix Regimens de Cavalerie, dix Régimens d'Infanterie, & dix Compagnies de Dragons. Que chaque Régiment de Cavalerie fera de cinq cens Hommes & fix Compagnies, & chaque Régiment d'Infanterie de mille Hommes, & chaque Compagnie de Dragons de 100 Hommes. Que chaque Colonel, tant de Cavalerie que d'Infanterie tirera par mois fix vingts Rixdalers ou 300 Flor. Monnoie de Hollande. Chaque Lieutenant Colonel aura par mois de Solde 40 Rixdalers ou cent Florins Monnoie d'Hollande. Et chaque Major auffi par mois de Solde 32 Rixdalers ou 80 Florins d'Hollande. Chaque Maréchal des Logis & Prévôt aura 18 Rixdalers ou 45 Florins par mois. Il ne fera fait aucune dépenfe au-delà, foit pour Chariots, Charettes, Voitures ou autres chofes. «

» VII. Que S. M. C. & LL. H. P. fourniront à S. M. D. pour chaque Régiment de Cavalerie mis en l'état fufmentionné, la Somme de 4767 Rixdalers 26 Sols 9 Deniers, ou onze mille neuf cens dix-huit Florins d'Hollande 19 Sols 9 Deniers, pour chaque Mois courant. Et pour chaque Régiment d'Infanterie 4104 Rixdalers 4 Sols ou 12062 Florins 4 Sols Argent d'Hollande. Et le tout fera payé à proportion du monde qu'on paffera en revue tant de Cavalerie, que d'Infanterie. Néanmoins s'il fe trouvoit qu'en paffant montre, on ne trouvât manquer à l'Armée que mille Hommes, fans toutefois que ce fût la faute des Officiers, & que lefdits Officiers fuffent complets, & puffent vérifier que ce n'eft pas leur faute, & que ce qui pourroit manquer, auroit été par quelque défaite ou autrement par déferteurs, on ne laifferoit pas d'accomplir le Payement, comme fi ladite Armée avoit été trouvée entiere, à condition néanmoins, qu'à la premiere montre on rempliroit les places vacantes & rendroit ladite Armée complette. «

» VIII. S. M. D. pourra fe fervir de ladite Armée, felon l'ordre de la Guerre s'il le trouve bon, & augmenter le nombre des Officiers, & former les Regimens & Compagnies ainfi qu'il lui plaira. Néanmoins le Corps de l'Armée doit demeurer dans les formes ci-deffus mentionnées, favoir de 5000 Cavaliers, de 10000 Hommes d'Infanterie & de 1000 Dragons tous effectifs & bons Soldats, & les Officiers susnommés, savoir Colonels, Lieutenans-Colonels, Majors, Capitaines & autres moindres Officiers demeureront comme il a été accordé. Et S. M. D. ne pourra pas prétendre plus d'Appointement qu'il lui en a été promis. «

» IX. Que les Deniers servant au payement desdites Troupes; savoir de la moitié de 16000 Hommes selon que l'on est convenu, doivent être payés au commencement de chaque mois, qui commencera du jour que lesdites Troupes auront passé montre, ce qui se fera aussi à l'égard des Colonels, Lieutenans-Colonels, Majors, Capitaines, Maréchaux des Logis & Prévôts. Et quant à S. M. C. & LL. H. P. elles ne manqueront de faire tenir par bonnes Lettres de change lesdits Payemens à S. M. D. pour en faire une distribution particuliere à chaque Officier & Soldat, selon qu'il le trouvera bon, à condition que jamais les Alliés, savoir S. M. C. & LL. H. P. ne seront inquiétés, pour le payement d'aucun Général ou autres moindres Officiers, soit Cavaliers, ou Soldats. «

» X. Et en cas qu'il avint, que la Paix fût conclue vers la moitié du mois, lesdits Alliés seront obligés néanmoins de payer à Sa M. D. le mois entier, & encore un mois de surplus. Mais en cas qu'elle vint à être conclue un peu après le commencement du mois, alors Sa M. D. sera payée encore d'un Mois en comptant du jour que ladite Paix sera conclue, à moins que lesdits Alliés ne trouvassent bon de tenir encore ladite Armée sur pied, & alors le payement se fera comme devant, jusques à ce que lesdits Alliés déclarent n'avoir plus besoin de ladite Armée. «

» XI. Il sera permis tant d'un côté que d'autre de faire passer montre à ladite Armée, soit toute ensemble ou séparément, comme on le trouvera à propos, afin de voir en quel Equipage sont les Cavaliers & Soldats, & s'ils sont habillés & bien armés, les mettre en ordre. Après quoi les Colonels tant de Cavalerie que d'Infanterie, Capitaines & autres Officiers devront être prêts à obéir aux ordres qu'on leur pourra donner. «

» XII. On joindra à ladite Armée un équipage d'Artillerie proportionné à la grandeur d'icelle, pour être employée où on le jugera à propos, dont le contenu sera comme il suit, & qui sera de

Deux Mortiers.
Deux Cartouches.
Quatre Piéces de Canon portant 12 Livres de balle.
Six Piéces de Canon chacune de 6 Livres de balle.
Vingt piéces de Canon chacune de 3 à 4 Livres de balle.

Livres.	Boulets.	Quintaux.
Deux cens	à 24	48
Quatre cens	à 12	48
Cent	à 60	
Six cens	à 6	36
Cent	à 40	
Deux mille	à 4	80

Quintaux de Boulets 212.

Cent quintaux de Grenades avec autant de poudre qu'il fera néceffaire pour l'ufage d'icelle.

On comptera pour chaque livre de balles un demi-livre de poudre.

Pour huit mille hommes chacun deux livres de poudre.

Et pour chaque livre de poudre deux livres de plomb.

Cent quintaux de poudre pour le canon.

Cent quintaux de poudre pour les Soldats.

Trois cents & vingt quintaux de plomb ou balles à moufquet.

Et outre tout ce que deffus on établira des Officiers tant hauts que fubalternes pour gouverner ladite Artillerie, favoir :

Un Colonel.

Un Major.

Deux Capitaines.

Deux Lieutenants.

Quatre Appointés.

Un Miniftre.

Un Barbier.

Deux faifeurs de feux d'artifices avec leurs aides.

Quarante-deux Canonniers.

Un Maître de pontons avec fes aides.

Un Petardier avec fes gens.

Un Mineur avec fes aides.

Un Maréchal avec fes valets.

Un Charon avec fes valets.

Un Sellier avec fes compagnons.

Deux Racommodeurs de chemins.

Deux Maîtres d'Armes.

Un Contrôleur.

Un Ecrivain.

Quatre-vingts hommes pour faire jouer & manier le canon, qui feront divifés, favoir 4 à chaque courtau, & à chaque piece de canon de douze livres de balle, & deux hommes à chacune des autres pieces.

Quelques Pionniers, & Charons avec leurs compagnons.

Sa M. D. fera obligée de lever & mettre en ordre ladite Artillerie avec chevaux, chariots, charettes, & enfin tout ce qui fera néceffaire, avec tous les Officiers tant hauts que bas, dans le temps de fix femaines, après la réquifition faite par les alliés, afin d'être employés où on le jugera à propos. Si-tôt que ladite armée fera fur pied & paffée en montre, & que ladite Artillerie fera en ordre, les Officiers d'icelles paffés en montre, lefdits alliés, favoir S. M. C. & LL. H. P. feront obligées de payer à S. M. D. chaque mois courant la fomme de 10686 rixdalers, ou 2671 5 florins argent d'Hollande pour la folde des Généraux qui commanderont ladite armée au-deffus des Colonels. A condition que ladite Artillerie fera augmentée de la cinquieme partie, fans que les alliés, favoir S. M. C. & LL. H. P. en foient aucunement inquiétés ou recherchés d'aucun paiement, comme il a été fpécifié en l'Article neuvieme. «

» XIII. Que S. M. D. fera obligée dans l'occafion de tenir cette armée prête & en ordre en un corps, pour être employé contre les ennemis, lorfqu'on le jugera à-propos, & felon la pluralité des voix des alliés, qui tomberont d'accord, favoir de S. M. I. & S. M. C. & S. M. D. & LL. H. P. Et en cas de conjonction de ladite armée avec l'armée des alliés, foit toute ou en partie, les ordres feront donnés felon les quatre voix fufdites en ce qui concerne lefdites troupes. «

» XIV. S'il avenoit que S. M. D. ayant à la réquifition defdits alliés mis ladite armée en ordre, fut attaquée dans fon pays par qui que ce fut, & fous quelque prétexte que ce fut ; elle ne pourra pas feulement employer ladite armée pour fa défenfe; mais auffi lefdits alliés, favoir S. M. Imper. Sa M. C. & LL. H. P. feront obligés de fecourir Sadite M. D. avec autant de troupes qu'il en fouhaitera, lefquelles s'employeront de toutes leurs forces à réfifter aux ennemis de Sadite M. D. «

» XV. Et en cas que S. M. D. après la ratification de cette préfente Alliance avec lefdits alliés, fût attaquée fur fes terres par les ennemis à raifon dudit Traité, & que Sadite M. n'en eût donné aucun fujet directement ou indirectement, & que lefdits alliés n'y trouvaffent rien à redire : dans cette occafion lefdits alliés, favoir S. M. C. & LL. H. P. & Sadite M. D. feront obligés de payer également les frais qui pourroient avoir été faits pour la levée & l'entretenement d'une armée, pourvu que Sadite Majefté Danoife eût requis d'entrer dans la rupture avec les autres. «

» XVI. Et en cas que ladite armée de 5000 hommes de Cavalerie, & de 10000 hommes d'Infanterie, & de mille Dragons ne fût pas capable de réfifter aux ennemis, ni même de les contraindre à contracter, & en fin à faire la paix, on pourra renforcer ladite armée jufques à ce qu'elle foit en état de le faire. «

» XVII. Et en cas que lefdits alliés jugeaffent à propos que S. M. D. équipât une armée navale, & que lefdits alliés le requiffent de tenir quelques efcadres de vaiffeaux de guerre en mer, alors lefdits alliés, favoir S. M. C. & LL. H. P. feront obligés de payer la moitié des frais que pourra faire S. M. D. pour la levée & l'entretenement de ladite armée conformément à l'accord fait entre S. M. D. & LL. H. P. en l'année 1666. «

» XVIII. S. M. D. ayant levé & mis en ordre ladite armée navale, lefdi dits Alliés, favoir S. M. I., S. M. C. & LL. H. P. ne pourront traiter de Paix ni de Treve avec qui que ce foit, que par le commun confentement de tous les autres. Mais en cas qu'aucun defdits Alliés vint à traiter en particulier, foit de Paix ou de Treve pour quelques années, il fera obligé d'en donner avis à fes Alliés avant que de commencer la premiere conférence, afin que lefdits Alliés puiffent avertir leurs Miniftres, d'avoir foin de leurs intérêts. Outre cela ledit Allié en particulier ne pourra rien conclure, qu'il n'y comprenne les Alliés, & qu'il ne leur faffe remettre toutes les Villes, Places, Provinces & Domaines, qui leur pourroient avoir été prifes, pendant cette guerre, avec tous les Privileges qu'ils ont eu auparavant, en cas qu'ils le requierent, faute de quoi, il ne pourra s'accommoder. «

» XIX. Et en cas qu'après la conclufion & ratification de la préfente Alliance S. M. D. fût requife d'entrer dans la rupture, & qu'après on vint à traiter de Paix, lefdits Alliés, favoir S. M. Imp. S. M. C. & LL. H. P. feront obligés de protéger les Miniftres de S. M. D. en toutes occafions, au lieu où on traitera, en leur donnant la facilité & affurance requife, afin qu'ils puiffent garder les intérêts de S. M. D. & avifer Sadite M. de temps en temps, de tout ce qui fe paffe dans la négociation, & venant à conclure la Paix ou quelque Treve pour quelques années, d'y comprendre Sadite Majefté. «

» XX. Qu'à la fin de la guerre préfente lefdits Alliés demeureront en une fidele & inviolable amitié, confervant les intérêts l'un de l'autre autant qu'il fera poffible, & repouffant tout ce qui pourroit être préjudiciable à l'un ou à l'autre Allié, s'entre-aidant les uns les autres dans toutes les rencontres, fans déroger aux articles de ce préfent Traité. Mais au contraire en les fortifiant & obfervant exactement. «

„ Tout ce que deffus a été conclu & arrêté fur l'approbation & ratification defdits Alliés, favoir de S. M. I., de S. M. C., de S. M. D. & de LL. H. P. les Etats-Généraux des Provinces-Unies, dont la Ratification fera rendue dans le temps de deux mois, à commencer du jour de la conclufion de cette préfente Alliance. A la Haye, le 10 de Juillet 1674. "

Et étoit figné,

(L. S.) J. HOEGH. (L. S.) D. van WYNGAERDEN.
     (L. S.) G. FAGEL.
     (L. S.) J. de MAUREGNAULT.
     (L. S.) E. van BOOTZMA.
     (L. S.) B. GRUYS.

Article secret & séparé.

» Et voyant, que suivant le 20e Article de ce présent Traité signé par les Ministres de S. M. I., S. M. C., S. M. D., LL. H. P. les Etats-Généraux des Provinces Unies; il est arrêté qu'à la fin de cette présente guerre lesdits Alliés demeureront en une mutuelle amitié, prenant part aux intérêts les uns des autres, & cherchant à repousser ce qui pourroit préjudicier & nuire à quelqu'un des Alliés, & ainsi qu'il a été expressément spécifié dans ce présent Traité, qu'on ne dérogera à aucun article du présent Traité; mais qu'au contraire, on les exécutera dans les formes autant que faire se pourra. Et suivant ce que dessus S. M. D. & LL. H. P. les Etats des Provinces-Unies donnant plus d'éclaircissement & d'explication, sont convenus & conviennent ensemble, par la conclusion & force dudit 20e. Article, que si à la fin de cette présente guerre, un des deux partis fût attaqué dans l'Europe : que Leurs Hautes Puissances, au lieu des 6000 hommes de secours ci-dessus mentionné, seront obligés d'employer toutes leurs forces tant par mer que par terre, selon que l'occasion le requerra, pour secourir S. M. D. en attaquant les ennemis, & leur faisant autant de dommage comme si c'étoit leurs ennemis propres : Enfin d'entrer en guerre & de rompre avec eux à l'occasion de Sadite M. D., & seront obligés Leursdites Hautes Puissances, de continuer jusqu'à ce que la paix soit conclue entre S. M. D. & lesdits ennemis, contribuant à remettre & rétablir Sadite M. D. dans toutes les Places, Villes, & Châteaux, Terres, Domaines, & Sujettions, qui lui auroient été prises pendant ladite guerre, le remettant en possession de tous Privileges & Prérogatives qu'il avoit auparavant, en cas de réquisition pour cet effet, par Sadite M. D.; & cela se doit faire sans que Leurs Hautes Puissances, puissent jamais prétendre aucun remboursement de leurs frais ni aucune récompense, sous quelque prétexte que ce soit. Et en vûe de ce que dessus S. M. D. promet de se déclarer & de rompre après la fin de cette présente guerre, contre tous ceux qui pourroient déclarer & attaquer Leurs Hautes Puissances de quelque maniere que ce soit, dans l'Europe. Et que les susdits Alliés seront obligés de continuer jusqu'à ce que la Paix soit conclue, & que Sa M. D. & LL. H. P. soient entiérement rétablis, s'ils le requierent ainsi, savoir des Provinces, Villes, Places, Châteaux, & généralement tous les Privileges & Prérogatives qui leur pourroient avoir été pris pendant ladite guerre; & dans telle occasion S. M. D. sera obligée outre les 6000 hommes ci-dessus spécifiés, de lever autant de monde qu'il plaira à Leurs Hautes Puissances jusqu'au nombre de 16000 hommes aux mêmes conditions, & à même solde qu'il a été dit dans le susdit Traité.«

» Et comme en vue des Traités précédens, Sadite M. D. étoit obligée d'assister LL. H. P. dans la présente guerre avec une armée de 6000 hommes, & que S. M. D. à cause de quelque difficulté survenue n'a pû y subvenir : Leurs Hautes Puissances se désistent de toutes les prétentions qu'elles pourroient avoir fur Sa M. D. en ce fait; promettant de n'en jamais rien demander ni prétendre de quelque maniere, ni fous quelque prétexte que ce foit, ni même d'en rien jamais reprocher, foit par rapport de quelques exemples ou autrement. «

» Et on eft de plus convenu, que la préfente Alliance durera l'efpace de quinze années après la fin de cette préfente guerre. «

» Le tout a été ainfi conclu & accordé fur l'Approbation & Ratification de S. M. D. & de Leurs H. P. les Etats-Généraux des Provinces-Unies, laquelle fera apportée & changée à la Haye, deux mois après la conclufion de la préfente, ou plûtôt fi faire fe peut. Fait & figné à la Haye, le 10 de Juillet 1674. «

    Et étoit figné,

        (L. S.) J. HOEGH.
        (L. S.) D. VAN WYNGAERDEN.
        (L. S.) G. FAGEL.
        (L. S.) J. VAN MAUREGNAULT.
        (L. S.) E. VAN BOOTZMA.
        (L. S.) B. GRUYS.

Nº. XXXIV.

TRAITÉ D'ALLIANCE DÉFENSIVE

Entre l'Empereur LEOPOLD , *le Roi d'Efpagne , le Roi de Danemarck & les Provinces-Unies , en 1674.*

PAR un Article fecret, cette Alliance devoit durer 15 ans feulement. Il paroît qu'elle remplaça, à l'égard du Roi de Danemarck & des Provinces-Unies, celle que ces deux Puiffances avoient conclue l'année précédente. Ces deux Traités font dans le même goût.

Voyez ci-deffus Nº. XXV.

N°. XXXV.

A L L I A N C E

Entre CHARLES II, *Roi d'Angleterre &* CHARLES XI, *Roi de Suede.*

A Weſtminſter le 10 Octobre 1674.

C'EST une prorogation pour deux ans du Traité de Stockholm du 1 Mars 1665.

N°. XXXVI.

A L L I A N C E D É F E N S I V E

Entre CHARLES XI, *Roi de Suede &* FERDINAND-MARIE, *Electeur de Baviere.*

A Munich le 9 Mars 1675.

CETTE Alliance, qui avoit pour objet le maintien de la Paix en Allemagne, n'étoit ſtipulée que pour trois ans.

N°. XXXVII.

T R A I T É D'A L L I A N C E

Entre la France & la Suede, le 25 Avril 1675.

CETTE Alliance eſt une confirmation de celle de 1672 rapportée ci-deſſus N°. XIX, & ſur-tout des treize Articles ſéparés contre les Provinces-Unies, afin d'engager Sa Majeſté Suédoiſe à faire agir une armée dans l'Empire contre les Princes qui ſe déclareroient en faveur des Hollandois, particuliérement contre l'Electeur de Brandebourg. D'ailleurs elle ſtipule une Alliance perpétuelle entre la France & la Suede pour le maintien des

Traités de Weſtphalie ; & que ſi l'un des contractans eſt attaqué contre les diſpoſitions de cette Paix, l'autre lui prêtera toutes ſes forces.

Charles XI étoit alors ſur le trône de Suede. Il fut fidele à ſes engagemens, & ſa fidélité, qui lui coûta la perte de tous ſes Etats d'Allemagne, fut généreuſement reconnue par Louis XIV qui ſacrifia la plus grande partie de ſes conquêtes, afin de faire rendre à ſon allié, à Nimegue, les Provinces que ſes Sujets n'avoient pas ſçu ou pu défendre.

Cette Alliance & celle de 1672 ſont la baſe de l'amitié & bonne intelligence qui a depuis ſubſiſté entre les deux Couronnes.

Voyez le mot SUEDE.

N°. XXXVIII.

TRAITÉ D'ALLIANCE

Entre les Hauts & Puiſſants Seigneurs Etats-Généraux des PROVINCES-UNIES *des Pays-Bas, pour eux & pour leurs Hauts Alliés d'une part, & le Seigneur* CHRISTOPHE BERNARD, *Evêque & Prince de Munſter d'autre part.*

Fait à la Haye le 26 d'Octobre 1675.

» PREMIÉREMENT : on ne prétend point, que cette Alliance ſoit offenſive, ni contre aucun Potentat, ſoit Roi ou autre Etat. Mais ſeulement pour procurer le repos des Alliés & de leurs voiſins, ce qu'ayant donc été vu & examiné de part & d'autre ; leſdits Alliés ont trouvé bon de former la préſente Alliance, ſuivant laquelle on ne ſe déclarera pas ſeulement contre les ennemis préſens de S. M. I. de S. M. C. & de leurs Hautes Puiſſances, mais auſſi contre tous ceux qui pourroient directement ou indirectement prendre leur parti, pendant cette préſente guerre, ou ſe déclarer contre leſdits Alliés ou leurs Etats, Pays & Vaſſaux. Et pour y parvenir on a expreſſément ici arrêté par la préſente Alliance, que les troupes ci-deſſous mentionnées ſeront employées contre tous les ennemis, qui pourroient ſurvenir ou leurs Adhérans, & ceux qui pourroient prendre leur parti, ſelon le contenu de ce préſent Traité «.

» II. Et attendu que S. E. S. de Munſter a fait une levée avant le mois d'Août dernier d'une armée de 500 Dragons & de 2500 Fantaſſins, on a réſolu de remettre à S. E. pour les frais qu'elle pourroit avoir faits pour la levée de ladite armée, la ſomme de 24000 Rixdalers, de laquelle ſomme S. M. C. en payera une moitié, & Leurs Hautes Puiſſances l'autre moitié, & que de plus S. M. C. & Leurs Hautes Puiſſances ſeront tenues de fournir à S. E. la ſomme de 800 Rixdalers par mois, pour l'entretene-

ment de ladite Milice, en comptant 12 mois par an, laquelle somme S. M.
C. & Leurs Hautes Puissances payeront moitié par moitié. «

» III. Que ladite armée sera composée de trois Régimens, savoir deux
d'Infanterie chacun de 1250 hommes, & d'un Régiment de 500 Dragons. «

» IV. Que le paiement de la levée de ladite armée sera fait aussi-tôt que
le présent Traité sera ratifié. Et la solde de chaque mois pour lesdites troupes commencera le premier d'Août dernier, parce que Sadite E. S. les a
levées en ce temps-là, & les a fait agir depuis ledit jour pour l'intérèt
commun. «

» V. Il sera permis du consentement desdits Alliés de faire passer montre
auxdites troupes, afin qu'on sache en quel état sont les Cavaliers & les
Fantassins, savoir s'ils sont en bon ordre, & bien armés. C'est pourquoi
tous les hauts & bas Officiers seront obligés d'être présens pendant ladite
montre, afin de recevoir les ordres qu'on leur pourroit donner. «

» VI. Que ladite armée de trois mille hommes demeurera avec l'armée
que S. E. S. est tenue selon le Traité passé avec S. M. I. de tenir sur pied.
Que nonobstant lesdits 3000 soient de plus que de ladite armée, afin que
le Traité fait avec S. M. I. soit accompli, quoiqu'on ne puisse pas détacher lesdits 3000 hommes de ladite armée sans le consentement de S. E.
S. à moins qu'il ne fût jugé très-nécessaire d'en user autrement, & alors
cela se fera par la pluralité des voix, savoir de S. M. C. de Leurs Hautes
Puissances & de S. E. S. & seront aussi lesdites troupes de 3000 hommes employées où les Alliés trouveront bon, selon la pluralité des voix. Et que
lesdites troupes demeureront sous la discipline de leurs Chefs ordinaires ;
mais en fait de commandement seront tenues d'obéir au Général de ladite
armée ci-dessus mentionnée. Et que lesdites troupes ne seront placées ni
commandées en aucun lieu où elles ne puissent pas subsister à bon marché, c'est-à-dire, pour leur dépense. «

» VII. Et en cas que S. E. S. fût attaquée après la Ratification de la
présente, ou pendant cette guerre, par qui que ce soit, ou sous quelque
prétexte que ce soit. Il ne pourra pas seulement pour sa défense, disposer
à sa volonté desdites troupes ; mais aussi sera assisté de Sa Majesté Catholique & de Leurs Hautes Puissances, lesquelles l'assisteront de tout leur pouvoir sans délai, comme s'ils avoient été attaqués eux-mêmes. «

» VIII. Qu'après la Ratification de la Présente, Sa Majesté Catholique,
Leurs Hautes Puissances ni S. E. S. ne pourront faire aucun Traité de paix
ni de trève avec qui que ce soit qu'ensemble. Et si quelqu'un contractoit
en particulier, il seroit obligé d'en avertir lesdits Alliés, sans néanmoins
pouvoir rien conclure, qu'il n'eût fait remettre ses Alliés dans les Terres
& Domaines, Villes, Places & Châteaux, qui leur pourroient avoir été
pris pendant la guerre, avec les mêmes jouissances, privileges & prérogatives qu'ils pourroient avoir eu auparavant, en cas toutefois qu'ils en fussent requis. Et sera tenu le Contractant de donner avis de temps en temps,

de ce qui se passe dans la Négociation, & ce qui touche ce que dessus, à moins que les Parties ne vinssent à quelqu'autre composition. «

» IX. Qu'après cette guerre, lesdits Alliés demeureront en bonne intelligence & amitié; épousant le parti & intérêt les uns des autres, & s'entr'aidant en toute rencontre & occasion où ils pourroient avoir besoin les uns des autres avec toutes leurs forces, & de la maniére qu'il sera dit ci-après. «

» X. Que lesdits Alliés seront obligés de se maintenir les uns les autres, & se déclarer contre tous ceux qui, sous quelque prétexte que ce soit, voudroient faire invasion dans quelques Provinces, Villes ou Domaines: comme la Province de Bourgogne, les Pays-Bas, & tout ce qui appartient dans l'Europe à S. M. C. & à L. H. P. & ce que possède à présent S. S. E. En un mot tout ce que lesdits Alliés pourroient acquérir ou hériter légitimement, y compris Châteaux, Villes, Places, Peuples & Provinces. «

» XI. Que ladite Alliance défensive durera l'espace de dix ans après cette guerre. Et en cas que quelqu'un des Alliés, pendant ledit temps, fût attaqué de qui que ce fût, les autres seront obligés de le secourir avec un secours considérable comme il s'ensuit. S. M. C. & Leurs Hautes Puissances avec 2000 hommes de Cavalerie & 4000 d'Infanterie, & S. S. E. avec un secours de 500 Dragons & de 2500 hommes d'Infanterie, lesquelles troupes seront composées de tels Régimens, Colonels & autres Officiers qu'il plaira à l'Assistant, lequel sera obligé d'entretenir ses propres troupes à ses dépens, & d'assister le requérant Allié toutes les fois qu'il sera attaqué, sauf néanmoins que celui, qui seroit en guerre contre quelqu'un, seroit exempt de donner ledit secours.

» XII. En cas que ledit Secours soit requis, l'Assistant sera obligé dans le temps de six semaines au plutard, de rendre ledit Secours sur les Terres de celui qu'il assiste. Lequel fera desdites Troupes ce qu'il lui plaira, & feront obligées lesdites Troupes d'obéir à tout ce qu'il leur sera commandé, l'Assisté les pouvant employer en Campagne, devant une Ville assiégée, en Garnison, à secourir des Places assiégées, les dispersant comme bon lui semblera, sans toutefois rompre les Régiments entiérement; mais qu'il demeure toujours deux à trois cens hommes d'un Régiment sous la Baniere dudit Régiment. «

» XIII. Après que l'Assistant aura fourni le Secours à l'Attaqué, consistant en Cavalerie & Infanterie bien en ordre, il sera permis à l'Assistant & à ses Officiers ayant cause, de donner toutes les Places tant grandes que petites, qui pourroient devenir vacantes. «

» XIV. Et en cas que Sa Majesté Catholique, & Leurs Hautes Puissances demandassent en leur besoin un plus grand Armement à S. E. S. on conviendra après des frais que Sadite E. S. pourroit avoir faits, tant pour la levée que pour l'entretenement desdites Troupes de renfort. «

» XV. Que lesdits Alliés auront égard, que les Troupes qui ont été mifes fur leurs Frontieres pendant cette Guerre, pourront fubfifter à bon compte. «

» XVI. Que les Troupes ne feront employées par l'Affifté, que contre ceux qui les armes à la main l'auroient attaqué fans lui en avoir donné aucun fujet. «

» XVII. Que celui qui craindroit d'être attaqué, fera obligé de le communiquer à fes Alliés, afin qu'en qualité de Médiateurs ils puiffent accommoder l'affaire, fans toutefois que cela les empêche de contribuer au Secours qu'ils font obligés de donner, comme Alliés, fi-tôt qu'un des Alliés feroit attaqué. «

» XVIII. Que cette Alliance ne dérogera point aux autres Alliances, que lefdits Alliés chacun en particulier pourroient avoir faites, & que la plus grande partie du Secours fera proportionnée à la moindre. «

» Tous les Articles ci-deffus couchés ont été conclus & accordés, & feront de bonne foi exactement & réciproquement obfervés entre les Alliés. Et afin qu'on n'en prétende caufe d'ignorance ils ont été fignés & fcellés par les Miniftres defdits Alliés, dont la Ratification fera livrée à chacun defdits Alliés à part dans le temps de fix femaines, & plutôt s'il fe peut. »

» Et quoi qu'il foit expreffément specifié dans le Traité aujourd'hui conclu entre L. H. P. & l'Evêque de Munfter; que Sa Majefté Catholique & L. H. P. rembourferont chacun moitié par moitié, la Somme de 2400 Rixdalers à fon E. S. pour les frais qu'elle auroit pû faire en la levée defdites Troupes, excepté auffi 800 Rixdalers par mois, comptant chaque Année de douze mois, pour l'entretenement defdites Troupes. Vû auffi les grandes dettes de Leurs Hautes Puiffances à leurs Sujets, & ne pouvant pas payer leur moitié en argent comptant, font convenus & conviennent qu'ils payeront leur moitié en Obligations fur le Pays, tant le principal de la Somme de 2500 Rixdalers, que 400 Rixdalers chaque mois pour l'entretenement defdites Troupes, payant felon leur portion lorfque les termes feront échus à fon E. S. en Obligations; néanmoins que Leurs H. P. s'obligent par la force de ce préfent Contrat de retirer des mains de S. S. lefdites Obligations un an après ladite Guerre, en payant la Somme en icelles contenue. Fait & arrêté à la Haye le 16 Octobre 1675.

Etoit figné,

W. van Heuckelom.   Daniel van Santen.
Gaspar Fagel.   Abraham Scherf.
Mauregnault.   Zur Muhlen.
J. Baron Van Reede Vry-
heer van Renswoude.

N°. XXXVIIII.

Nº. XXXIX.

ALLIANCE

Entre CHRISTOPHE-BERNARD, *Evêque & Prince de Munster*, & JEAN-FRÉDÉRIC, *Duc de Brunswick-Lunebourg.*

A Rottenbourg le 29 Octobre 1675.

CETTE Alliance avoit pour objet la Défense de la Liberté Germanique, & en particulier celle des Terres & Seigneuries des Parties contractantes, & des Terres de leurs Alliés & confédérés.

Nº. XL.

ALLIANCE DÉFENSIVE

Entre le Roi d'Espagne, les Etats-Généraux des Provinces-Unies d'une part, & PHILIPPE-GUILLAUME, Comte Palatin du Rhin & Duc de Neubourg de l'autre part.

A la Haye le 26 Mars 1676.

Nº. XLI.

ALLIANCE

Entre le Roi de Danemarck & l'Electeur de Brandebourg.

A Copenhague le 23 Décembre 1676.

C'EST proprement une confédération contre le Roi de Suede & tous ses Alliés & adhérans.

N°. XLII.

TRAITÉ D'ALLIANCE

Entre l'Empereur LÉOPOLD, comme Chef de la Maison d'Autriche, & JEAN III, Roi de Pologne.

En 1677.

LES Articles I & II de ce Traité conclu à Vienne le 24 Avril 1677, portent que de quelque nature que soient les différends qui pourront s'élever entre la Maison d'Autriche & la République de Pologne, ils seront toujours terminés à l'amiable ; & qu'il sera permis à chacun des contractans de faire des levées d'hommes chez l'autre, pourvu qu'il l'en avertisse auparavant, & que celui-ci ne soit pas lui-même en guerre.

Voyez ci-après l'Alliance entre les mêmes Princes, signée à Varsovie le 31 Mars 1683.

N°. XLIII.

ALLIANCE

Entre CHARLES II, Roi d'Angleterre, & les Etats-Généraux des Provinces-Unies,

A la Haye le 10 Janvier 1678.

L'OBJET de cette Alliance étoit d'engager les François, les Espagnols & leurs Alliés à faire la paix aux conditions les plus avantageuses à toute la Chrétienté.

L'Article I de ce Traité est remarquable en ce qu'il stipule les Places que les différentes Puissances belligérantes doivent rendre. La restitution à faire par la France, est de plus expliquée & éclaircie par une Déclaration expresse à la suite du Traité ; & un Article séparé traite ce qui concerne la restitution du Duché de Lorraine au Duc de ce nom.

N°. XLIV.

TRAITÉ D'ALLIANCE DÉFENSIVE

Entre le Roi d'Angleterre CHARLES II, *& la République des Provinces-Unies des Pays-Bas.*

En 1678.

COMME ainsi soit, que le Sérénissime Roi de la Grande-Bretagne, outre les engagemens étroits dans lesquels il est déjà entré avec les Etats-Généraux des Provinces-Unies pour la conservation des Pays-Bas Espagnols & l'appui des intérêts communs de cette partie de l'Europe, auroit fort désiré d'entrer en même-temps dans une perpétuelle Ligue défensive avec lesdits Etats pour la conservation mutuelle l'un de l'autre, leurs Sujets & Etats, contre tous ceux qui voudroient entreprendre de les attaquer ou molester : & comme lesdits Etats étant de leur part également désireux d'entrer dans ledit lien perpétuel d'un Traité défensif avec Sa Majesté, auroient donné pouvoir au Sieur van Beuningen, leur Ambassadeur auprès de Sadite Majesté, de traiter & conclure ladite Alliance, Sadite Majesté ayant nommé pour Commissaires de sa part, Messieurs Heneage Baron Finch, Grand-Chancelier d'Angleterre ; Thomas Comte de Damby, Grand-Trésorier d'Angleterre ; Henri Comte d'Arlington, Chambellan de la Maison du Roi ; Henri Coventry, Ecuyer ; & Joseph Williamson, Chevalier, Premiers Secrétaires-d'Etat & des Commandemens de Sadite Majesté ; lesdits Commissaires & ledit Ambassadeur après plusieurs Assemblées & Conférences, ont, en vertu de leurs pouvoirs respectifs, Copies desquels sont insérées à la fin de ces Présentes, arrêté & conclu ce qui s'ensuit.

» I. Il y aura à l'avenir entre le Roi, & ses Successeurs Rois de la Grande-Bretagne, & ses Royaumes d'une part, & les Seigneurs Etats-Généraux des Provinces-Unies des Pays-Bas d'autre part, & leurs Etats & Terres appartenantes & leurs Sujets réciproquement, une sincere, ferme & perpétuelle Amitié & bonne Correspondance, tant par mer que par terre, en tout & par-tout, tant dehors que dedans l'Europe. «

» II. De plus, il y aura entre Sa Majesté, ses Successeurs Rois de la Grande-Bretagne & ses Royaumes, & lesdits Seigneurs Etats-Généraux & leurs Etats & Terres appartenantes, une Alliance étroite, & fidele Confédération pour se maintenir & conserver mutuellement l'un l'autre en la tranquillité, paix, amitié & neutralité par mer & par terre, & en la possession de tous les droits, franchises & libertés dont ils jouissent, ou ont

T 2

droit de jouir, ou qui leur font acquis ou qu'ils acquerront par des Traités de Paix, d'Amitié & de Neutralité qui ont été faits ci-devant, & qui feront faits ci-après conjointement, & de commun concert avec d'autres Rois, Républiques, Princes & Villes, le tout pourtant dans l'étendue de l'Europe feulement. «

» III. Et ainfi ils promettent & s'obligent de fe garantir l'un l'autre non-feulement tous les Traités que Sa Majefté & lefdits Seigneurs Etats-Généraux ont déjà faits avec d'autres Rois, Républiques, Princes & Etats, lefquels feront exhibés de part & d'autre avant l'Echange des Ratifications; mais auffi tous ceux qu'ils pourront faire ci-après conjointement, & de commun concert, & de fe défendre, affifter & conferver réciproquement dans la poffeffion des Terres, Villes & Places qui appartiennent préfentement & qui appartiendront ci-après, tant à Sa Majefté & fes Succeffeurs Rois de la Grande-Bretagne, qu'auxdits Seigneurs Etats-Généraux, par lefdits Traités, en quelque endroit de l'Europe que lefdites Terres, Villes & Places foient fituées, en cas qu'en tout ce que deffus, Sa Majefté ou lefdits Seigneurs Etats-Généraux viennent à être troublés ou attaqués par quelque hoftilité ou Guerre ouverte, par qui, ou fous quelque prétexte que ce puiffe être. «

» IV. L'obligation réciproque de s'entre-aider & défendre, s'entend auffi pour être Sa Majefté & lefdits Seigneurs Etats-Généraux, leurs Pays & Sujets, confervés & maintenus en tous leurs droits, poffeffions, immunités & libertés, tant de Navigation que de Commerce & autres quelconques, tant par mer que par terre, qui fe trouveront leur appartenir par le Droit commun, ou être acquis par des Traités faits ou à faire en la maniere fufdite envers & contre tous Rois, Princes, Républiques ou Etats; enforte que fi, au préjudice de ladite Tranquillité, Paix, Amitié & Neutralité préfente ou future, Sa Majefté ou lefdits Seigneurs Etats-Généraux viennent à être ci-après attaqués, ou en quelque autre maniere que ce foit, troublés en la poffeffion & jouiffance des Etats, Terres, Villes, Places, Droits, Immunités & Libertés de Commerce, Navigation ou autres quelconques, dont Sa Majefté ou lefdits Seigneurs Etats-Généraux jouiffent préfentement, ou auront droit de jouir par le Droit commun, ou par les Traités déjà faits ou qui pourront être faits comme deffus, Sa Majefté & lefdits Seigneurs Etats-Généraux en étant avertis & requis l'un par l'autre, feront conjointement tout leur poffible pour faire ceffer le trouble ou hoftilité, & réparer les torts ou injures qui auront été faits à l'un des Alliés. «

» V. Et en cas que ladite attaque ou trouble foit fuivie d'une rupture ouverte, celui des deux Alliés qui ne fera pas attaqué, fera obligé de rompre deux mois après la première réquifition de celui d'entr'eux qui fera déjà en rupture, durant lequel temps, il fera tous devoirs par fes Ambaffadeurs ou autres Miniftres, pour moyenner un accommodement équitable, entre l'agreffeur ou turbateur, & l'attaqué ou troublé, & néanmoins donnera pendant ledit temps un puiſſant ſecours à ſon Allié ; tel qu'il ſera convenu par des Articles ſéparés entre Sa Majeſté & leſdits Seigneurs Etats-Généraux ; leſquels, bien qu'il n'en ſoit fait aucune mention au préſent Article, ſeront tenus & obſervés comme s'ils y étoient inſérés ou écrits, demeurant toutefois après ledit temps de deux mois expirés, au choix de celui des Alliés qui ſera en rupture, de continuer à jouir du fruit du même ſecours, en cas que la conjonĉture du temps & la conſtitution de ſes affaires lui en fît préférer l'effet à celui de la rupture ouverte de ſon Allié. «

» VI. La garantie réciproque étant de cette ſorte établie & promiſe, lorſqu'un des Alliés ſera attaqué ou troublé, ſi l'Etat des Provinces-Unies venoit à l'être, & ſe trouvoit obligé d'entrer en guerre ouverte, Sa Majeſté ſera pareillement obligée de rompre avec l'agreſſeur ou turbateur, & d'employer toute ſa puiſſance & toutes ſes forces par mer & par terre, & les joindre à celles deſdits Seigneurs Etats-Généraux quand il ſera jugé à propos pour réduire l'ennemi commun à un accommodement honnête, ſûr & équitable avec la Grande-Bretagne & leſdites Provinces-Unies. «

» VII. Et en ce cas les forces de Sa Majeſté Britannique, & deſdits Seigneurs Etats-Généraux, agiront conjointement & ſéparément, ſuivant ce qui ſera alors plus particuliérement concerté entre Sadite Majeſté, & leſdits Seigneurs Etats-Généraux, leſquels aviſeront & réſoudront enſemble des moyens les plus propres pour incommoder l'ennemi commun, ſoit par voie de diverſion ou autrement, afin, comme dit eſt, de le réduire plutôt à un accommodement. «

» VIII. Le ſemblable de ce qui eſt contenu aux deux Articles immédiatement précédens, ſe fera par leſdits Seigneurs Etats, en cas que la Grande-Bretagne ſoit attaquée ou troublée en la maniere ſuſdite. «

» IX. Quand une fois la guerre ſe trouvera ouverte avec les deux Alliés, ſuivant le préſent Traité, il ne pourra être fait après par aucun deſdits deux Alliés aucune ſuſpenſion d'armes avec celui qui aura été déclaré & reconnu ennemi, que conjointement & d'un commun conſentement. «

» X. Mais le cas échéant que l'on vînt à entrer en Négociation, ſoit pour traiter de Paix ou de Treve de quelques années, elle ne ſe pourra commencer par l'un des Alliés ſans la participation de l'autre, & ſans lui en procurer en même-temps, & auſſi-tôt qu'à lui-même, la faculté & ſécurité requiſe & néceſſaire pour envoyer ſes Miniſtres ſur le lieu où l'on en traitera, comme auſſi ſans donner ſucceſſivement, & de temps en temps, communication de tout ce qui ſe paſſera dans ladite Négociation ; & ne pourra ni l'un ni l'autre paſſer juſqu'à la concluſion de ladite Paix ou Treve ſans y comprendre ſon Allié, & le faire remettre, s'il le déſire ainſi, dans la poſſeſſion des Pays, Terres ou Places, & jouiſſance des Droits &

Immunités qu'il tenoit & dont il jouissoit avant la guerre, & sans stipuler de l'ennemi commun pour l'Allié les mêmes Droits, Immunités, Exemptions & Prérogatives que pour soi-même, si ce n'est que les Alliés en convinssent autrement. «

» XI. Il sera permis à celui des Alliés qui sera attaqué, de faire des levées de toutes sortes de gens de guerre dans les Etats de l'autre pour servir dans leurs armées de terre, pourvu que cela se fasse sur des Capitulations telles que les Parties conviendront entr'eux. «

» XII. Les Ratifications du présent Traité seront données en bonne forme, & échangées de part & d'autre dans l'espace de quatre semaines, à compter du jour de la signature. «

„ En foi de tout ce que dessus, lesdits Sieurs Commissaires & ledit Sieur Ambassadeur ont signé les Présentes, & y ont fait apposer le cachet de leurs armes. Fait à Westminster ce troisieme jour de Mars de l'an 1678. "

(L.S.) FINCH C.
(L.S.) DAMBY.
(L.S.) ARLINGTON.   (L.S.) VAN BEUNINGEN.
(L.S.) H. COVENTRY.
(L.S.) J. WILLIAMSON.

ARTICLES SÉPARÉS.

» I. Le cas de l'Article cinquieme venant à échoir, ledit Seigneur Roi & ses Successeurs, & lesdits Seigneurs Etats-Généraux, seront obligés de s'assister mutuellement toutes les fois qu'ils seront attaqués ou troublés, ainsi qu'il est exprimé plus au long dans ledit Article, d'un secours, savoir, Sa Majesté Britannique lesdits Seigneurs Etats-Généraux de dix mille, & lesdits Seigneurs Etats-Généraux Sa Majesté Britannique de six mille hommes d'Infanterie bien armés, sous tels Régimens, Compagnies, Colonels, & autres Officiers que Sa Majesté & lesdits Etats trouveront à propos & jugeront le plus propre pour une telle assistance, & de vingt Vaisseaux de guerre bien équipés & pourvus; & livreront & entretiendront ledit secours aux dépens de celui qui l'envoyera pour le service de celui qui sera attaqué. «

» II. Lorsque la nécessité des affaires fera juger & connoître que le secours promis & accordé devra être augmenté, ledit Seigneur Roi & les Seigneurs Etats-Généraux tâcheront d'en convenir ensemble. «

» III. Le secours qui sera envoyé, sera entiérement soumis au commandement & à l'ordre de celui auquel il sera envoyé pour s'en servir, & pour le transporter aux lieux où bon lui semblera, par eau & par terre, à la campagne, aux sieges, à la garde des Places, & par-tout où la nécessité ou l'utilité l'exigera. «

„ En foi de quoi les Sieurs Commiſſaires du Roi de la Grande-Bretagne &
le Sieur Ambaſſadeur des Etats-Généraux des Provinces-Unies ont ſigné
les préſens Articles ſéparés, & à iceux fait appoſer le cachet de leurs armes. Fait à Weſtminſter ce troiſieme jour de Mars de l'an 1678. "

(L. S.) FINCH.
(L. S.) DAMBY.
(L. S.) ARLINGTON.   (L. S.) VAN BEUNINGEN.
(L. S.) H. COVENTRY.
(L. S.) J. WILLIAMSON.

No. XLV.

ALLIANCE

Entre les Seigneurs Etats-Généraux des PROVINCES-UNIES des Pays-
Bas, & FRÉDÉRIC-GUILLAUME, Electeur de Brandebourg, pour la
défenſe de leurs Terres, Pays, Dominations & Sujets, contre tout in-
juſte agreſſeur quel qu'il pût être; par laquelle, ſans rien changer aux
Traités faits à l'occaſion de la préſente guerre, ils conviennent des ſecours
qu'ils devront ſe donner l'un à l'autre dans les cas de néceſſité.

A Cologne ſur la Sprée le 26, Février, 8 Mars, 1678.

Avec un ACTE ſéparé par lequel l'Electeur cede & remet à L. H. P. diverſes
prétentions qu'il avoit juſqu'alors gardées à leur charge. Du même jour & an.

Exhibé le 6 Août 1678.

D'AUTANT qu'il y a eu entre les Seigneurs Etats-Généraux des Provinces-Unies des Pays-bas, & entre Son Alteſſe Sérénissime le Prince Frédéric Guillaume, Marquis de Brandebourg, Grand-Chambellan & Electeur
du S. Empire Romain, comme auſſi entre les Ancêtres de Son Alteſſe
Sérénissime Electorale les Marquis & Electeurs de Brandebourg de glorieuſe
mémoire, non-ſeulement une bonne amitié, correspondance & confiance
en tout temps, mais qu'auſſi les Alliances faites de temps en temps ſelon
l'exigence des conjonctures, ont été entretenues & confirmées en telle maniere qu'on en voit l'effet juſqu'à ce jourd'hui, particuliérement dans les
préſentes guerres commencées dès l'année 1672 : & d'autant que les Seigneurs Etats-Généraux & Son Alteſſe Electorale ayant conſidéré les grands

avantages dont leurs Etats & Sujets ont déja joui & qu'ils ont encore à attendre dans la suite par leur accord & union, ils ont jugé à propos de ne pas négliger une telle Alliance & engagement durable, par où l'intelligence fut non-seulement maintenue entre eux, mais aussi communiquée à leurs descendants pour la sûreté, défense & avantage des Etats & Sujets de part & d'autre. A cette fin, ils ont ordonné & commis de part & d'autre des Ministres & Conseillers, savoir de la part des Etats-Généraux Monsieur Iacob van der Tocht, Conseiller, ancien Bourguemestre & Pensionnaire de la Ville de Gouda; & de la part de Son Altesse Sérénissime Electorale l'Excellent & Noble Otto, Seigneur de Swerin, de Oudenlandsburg &c. Chambellan Héréditaire du Marquisat & Electorat de Brandebourg & Prévôt de l'Eglise Cathédrale de Brandebourg, Conseiller privé & des fiefs, & premier Président de Son Altesse Sérénissime Electorale &c. avec Noble Seigneur Christoffle von Brandt, Conseiller privé & Chancelier dans le nouveau Marquisat de Son Altesse Sérénissime de Brandebourg, & avec Noble Seigneur François Meynders, Conseiller privé de Son Altesse Sérénissime &c. &c. en qualité de leurs Députés plénipotentiaires & extraordinaires, qui là-dessus se sont assemblés; & après avoir présenté leurs pleins-pouvoirs & conféré plusieurs fois ensemble, sont convenus des Points & Articles suivans, au nom de leurs Maîtres & sous leur Approbation & Ratification.

» I. Que le Traité fait entre les Etats-Généraux & Son Altesse Electorale à l'occasion de la guerre présente, subsistant en son entier, on est convenu qu'après la fin de cette guerre il y aura & continuera toujours une correspondance & amitié permanente entre les Etats des Provinces-Unies des Pays-bas & Son Altesse Sérénissime Electorale de Brandebourg & leurs Successeurs; en vertu de laquelle ils chercheront & avanceront l'avantage des uns & des autres, empêcheront tout dommage & tort, & s'en donneront avis. «

» II. Par conséquent s'il arrivoit que Son Altesse Electorale vint à être attaquée par force par qui que ce soit dans tous ou quelques-uns de ses ports & pays situés dans ou hors de l'Empire Romain, nuls exceptés, à elle appartenants ou venant à appartenir dans la suite, & vînt à être lézée, troublée & empêchée dans sa jurisdiction, Souveraineté, Commerce & Droits, alors les Etats-Généraux des Provinces-Unies des Pays-bas seront tenus, comme ils le promettent aussi par ces présentes à Son Altesse Electorale & ses Successeurs, de venir à son secours pour repousser toute telle violence, invasion & dommage, avec quatre mille cinq cent fantassins & mille cinq cent cavaliers à leurs propres frais & dépens, & de continuer sur ce pied jusqu'à ce que Son Altesse Electorale & ses Etats soient remis en paix & sûreté; & aura eu satisfaction des dommages qu'il aura soufferts de ceux qui lui auront fait violence. «

» III. D'autre part Son Altesse Electorale promet & s'engage en pareil cas, que si les Etats-Généraux venoient à être attaqués dans les Provin-

ces-

ces-Unies des Pays-bas, ou dans les pays voifins, villes & places leur appartenant, ou à recevoir dans leurs Domaines, Commerce ou autres Droits
quelque infraction ou violence, elle les affiftera par terre à fes frais de
trois mille fantaffins & mille cavaliers, de la même maniere jufqu'à la fin
de la guerre & jufqu'à ce qu'ils aient obtenu fatisfaction & fûreté. Que
les mêmes fecours auront auffi lieu & feront auffi offerts par Son Alteffe
Electorale, lorfque les Etats-Généraux feront attaqués par mer, à cette
fin, que la Milice que Son Alteffe Electorale accordera en ce cas aux
Etats-Généraux, pourra être mife dans les Garnifons, ou bien employée
hors des Provinces-Unies pour faire par terre diverfion ou dommage à l'ennemi. Comme auffi l'on eft convenu, que fi les Etats-Généraux ou Son
Alteffe Electorale venoient à être attaqués dans la fuite ou troublés en
quelque maniere que ce foit dans la poffeffion ou ufage des Etats, Villes, Places & Pays, Droits, Privileges & Liberté de Navigation, Commerce, ou autre que ce foit, tant par mer que par terre, que les Etats-
Généraux ou Son Alteffe Electorale poffedent & en jouiffent, ou ont Droit
de pofféder ou d'en jouir même hors de l'Europe & dans quelles parties
du monde que ce foit, ou par le Droit commun, ou par des Traités déja
faits ou à faire dans la fuite, alors les Etats-Généraux & Son Alteffe Electorale, étant avertis & priés les uns par les autres, feront de part & d'autre conjointement leur poffible de faire ceffer ces troubles & hoftilités, &
réparer la violence & le tort qui aura été fait à l'un ou l'autre des alliés;
& fi cela ne peut être effectué dans l'efpace de quatre mois par des voies
amiables, & que l'allié qui fera ainfi attaqué & troublé dans quelque partie du monde que ce foit, fe trouve obligé d'employer les armes en Europe contre l'attaquant ou perturbateur, l'allié qui n'eft pas attaqué ou
troublé, donnera, pour le mettre à la raifon, à celui qui fera attaqué,
ledit fecours, de même que fi l'attaque & le trouble étoit fait en Europe. «

» IV. Outre quoi l'on a trouvé à propos & l'on eft convenu qu'un allié avertira l'autre dans le temps qu'il y aura danger; & que le fecours,
après la demande qui en aura été faite, fera donné tout au plus tard dans
le terme de fix femaines. «

» V. S'il arrivoit que le fecours marqué dans le fecond & troifieme Article, ne fuffit pas pour repouffer tout-à-fait la violence, à quoi il eft deftiné, en ce cas felon l'exigence des circonftances, dangers & forces de
l'ennemi, le fecours fera augmenté par telles forces & moyens qu'on jugera néceffaires pour le repouffer; bien entendu, que les parties contractantes devront chaque fois convenir enfemble des conditions fous lefquelles cela fe fera. «

» VI. Que l'affiftance qui fe donne en vertu de cette Alliance, n'enga-
gera pas la partie affiftante à une rupture avec ceux avec qui on eft en
guerre; mais que fi les ennemis, contre qui l'affiftance eft employée, la

prennent pour rupture, alors la partie affiftante rompra auffi avec ces ennemis , & agira contre eux en toute occafion avec hoftilité. «

„ VII. Comme jufqu'à préfent on n'a rien conclu avec aucun Potentat
qui puiffe être préjudiciable & oppofé à cette Alliance, auffi déformais on
ne conclura ni ne contractera avec qui que ce puiffe être rien qui y foit
contraire. "

„ VIII. A l'égard du logement dans les quartiers d'Hiver, ou du paffage
des Troupes, on eft convenu que cela n'aura aucun lieu dans les Etats &
Pays de l'autre fans fon confentement ; mais lors qu'un paffage fera inévitable, le Seigneur du Pays en fera averti à temps, on hâtera le paffage
autant qu'il fera poffible , & on y obfervera un fi bon ordre & une fi
exacte difcipline, que tout foit payé argent comptant, & on ne fera ni commettra aucun excés ni violence. "

„ IX. Aucune des deux parties ne chargera les Sujets & Habitans de
l'autre ni leurs biens, d'impôts, péages, ou pareilles charges & injuftices,
quel nom qu'elles puiffent avoir, au-delà de ce dont font chargés fes propres Sujets, ou au-delà des étrangers les moins chargés, en cas que ces
étrangers fuffent moins chargés que les propres Habitans ; & l'on n'ufera
contr'eux ni de repréfailles, ni d'arrêts ; & l'on ne permettra à aucun
des fiens de le faire, mais le Juge ordinaire rendra juftice à la partie plai-
gnante, comme aux Habitans, promptement & felon qu'il convient. "

„ X. Le commerce & négoce fera exercé & pouffé entre les Sujets des
deux côtés fans aucun empêchement ni trouble, & par conféquent les
Vaiffeaux des deux parties ou de leurs Sujets auront la liberté de fortir des
Ports réciproques, d'y entrer & d'y refter. "

„ XI. De même les Sujets de part & d'autre font déchargés du Droit
appellé *Jus detractus* qui autrement eft en ufage, en forte que lorfqu'une
famille fe retire hors du Pays d'un des alliés dans la jurifdiction de l'autre
& y fait fon domicile, ou y va recueillir un héritage, qu'alors le Souverain
ne peut ni ne doit y donner aucun empêchement pendant la durée
de cette Alliance. "

„ XII. Il ne fera permis aux ennemis ou agreffeurs de faire dans le
Pays de l'allié aucune levée de Troupes de terre ou de mer, ni à eux
accordé aucun paffage ni quelque avantage que ce foit. "

„ XIII. Au contraire il eft permis à l'allié, après en avoir fait la notification & la demande, de faire des levées dans les Pays de part &
d'autre, d'acheter des Vaiffeaux de guerre & autres, & de négocier des
munitions de guerre & vivres, dont l'un ou l'autre peut avoir befoin pour
la défenfe de fon Pays, hormis que l'un ou l'autre allié ne pût pas fe
priver de ces chofes, & qu'il en eût lui-même befoin. "

„ XIV. L'on ne refufera, ni n'empêchera l'allié à qui appartiennent les
déferteurs, de s'en faifir. "

„ XV. S'il arrivoit qu'en conféquence du 6e Article , les deux contractans duffent venir à rompre avec leurs ennemis, en ce cas ils conféreront enfemble avec confiance fur les opérations de la guerre, & agiront en conféquence pour faire le plus de dommage aux ennemis; & en ce cas Leurs Hautes Puiffances & Son Alteffe Electorale ne pourront faire aucune fufpenfion d'armes avec les ennemis finon enfemble & d'un commun confentement : mais en cas qu'on vînt à entrer dans quelque négociation de paix ou de treve pour quelques années, que ladite négociation ne pourra être commencée par un defdits alliés fans la participation de l'autre, & fans avoir procuré à fon allié en même temps & auffi promptement que pour lui-même, la faculté & fûreté néceffaire de pouvoir envoyer fes Miniftres au lieu où l'on doit conférer. Que lefdits alliés feront auffi tenus de fe communiquer l'un à l'autre fucceffivement, & de temps en temps tout ce qui fe traitera & fe fera dans ladite négociation. Qu'aucune defdites deux parties ne pourra auffi conclure ladite paix ou treve de quelques années fans y comprendre fon allié, & fans le faire remettre, s'il le fouhaite ainfi, en poffeffion des Pays, Villes & Places, & de l'ufage des libertés & droits qu'il avoit & dont il jouiffoit avant la guerre, & fans ftipuler defdits ennemis en faveur dudit allié les mêmes libertés, droits, exemptions & prérogatives qu'il avoit ftipulé pour lui-même; hormis que lefdits alliés s'entendiffent là-deffus l'un l'autre. "

„ XVI. Et cette Alliance durera l'efpace de dix années après l'expiration de la préfente guerre; & l'on convient & arrête dès-à-préfent, que lefdites parties contractantes, pour rendre, autant qu'il eft poffible, ladite Alliance éternelle, & pour lui donner par conféquent d'autant plus de force, s'affembleront ou envoyeront à la Haye leurs Plénipotentiaires avec les inftructions néceffaires, une année avant l'expiration defdites dix années, pour convenir enfemble de la prolongation de la préfente Alliance. "

„ XVII. L'approbation & ratification de cette Alliance de la part des Etats des Provinces-Unies, comme auffi de la part de Son Alt. Elect. chacun de fon côté, fera faite dans l'efpace de deux mois après la conclufion & la fignature de ladite Alliance. "

„ Fait, accordé & conclu par les Miniftres, Confeillers & Députés extraordinaires defdits Hauts Alliés, figné par eux, & fcellé de leur cachet ordinaire. A Cologne fur la Sprée le $\frac{26 \text{ Février}}{8 \text{ Mars}}$ 1678. "

Signé,

    (L. S.) JACOB VAN DER TOCHT.
    (L. S.) O. V. SCHWERIN.
    (L. S.) CHRISTOPHLE VON BRANDT.
    (L. S.) FRANÇOIS MEYNDERS.

Exhibé le 6 Août 1678.

ARTICLE SÉPARÉ.

COMME l'expérience fait voir , particuliérement dans cette derniere guerre de 1672, combien il importe à Leurs Hautes Puiſſances les Etats Généraux des Provinces-Unies des Pays-Bas & à Son Alteſſe Electorale de Brandebourg , & par conféquent à leurs Etats de part & d'autre, qu'une amitié durable & ſolide ſoit affermie & entretenue entre eux; tant L. H. P. que Son Alteſſe Electorale ont bien & mûrement conſidéré, qu'en faiſant cette préſente Alliance, il ſeroit néceſſaire d'écarter & lever tout ce qui juſqu'à préſent a été ſouvent traité & débattu avec ardeur au ſujet de pluſieurs affaires. »

„ I. A cette fin & pour ces raiſons, Son Alteſſe Electorale cede & laiſſe en propriété aux Etats le Fort de Schenk tel qu'il eſt préſentement avec ſes fortifications, & le terrain ſur lequel il eſt bâti, en ſorte que Son Alteſſe Electorale pour elle & ſes ſucceſſeurs déſiſte de tous les droits & prétentions qu'elle pourroit y avoir. "

» II. Veut Son Alt. Electorale déſiſter de toutes demandes & actions qui lui appartiennent en vertu des premieres Sentences prononcées à Malines ſur la Dette ainſi nommée de Fers de chevaux, & de ce qu'elle pourroit attendre ſur cet Article lorſque ladite affaire ſeroit exécutée , & qu'à cet égard elle ne prétendra rien dans la ſuite. «

» III. Son A. E. décharge les Etats du Subſide qu'elle a encore à exiger des Etats depuis l'an 1672 juſqu'au Traité ſuivant. «

» IV. Son A. E. déſiſte de même de la prétention qu'elle a ſur les Etats en vertu de l'Alliance de 1666 de ce que les Villes du Duché de Cleves ont été livrées à l'Ennemi en 1672 au dommage irréparable de Son A. E. Promet auſſi en vertu de la préſente, que les Etats ne ſeront jamais ſollicités ni inquiétés ſur ceſdites prétentions, mais qu'elles ſeront toutes détruites & annullées. «

» I. D'autre part Leurs Hautes Puiſſances promettent, qu'auſſi de leur côté ils annullent & déſiſtent de toutes actions & prétentions de la dette de Fers de Chevaux & de tout ce qui à ce ſujet a été traité à Malines, & de tous les Points & Articles qui y ont eu quelque rapport ; en telle maniere que le Procès commencé à ce ſujet eſt entiérement caſſé & annullé, que Son A. E. ni ſes Succeſſeurs ne pourront jamais être ſollicités ni pourſuivis ſur ce point, & que les Obligations qui ſubſiſtent ſeront rendues & caſſées. «

» II. Qu'à l'égard des prétentions que les Seigneurs Etats de Gueldre prétendent avoir ſur Son A. E. & à l'égard de celles que Son A. E. en qualité de Duc de Cleves exige de la même Province de Gueldre, & ſur quoi l'on a déja formé un compromis, que L. H. P. feront leur poſſible que leſdites prétentions ſoient terminées & accommodées par un Accord amiable au contentement des uns & des autres , avec promeſſe qu'en cas que leſdites prétentions ne puſſent être terminées à l'amiable, alors L. H. P. & Son A. E. ne ſe feront aucune hoſtilité à ce ſujet, auſſi long-temps que leſdits différens ne feront pas terminés avec douceur ; & qu'en tout cas, après une telle déciſion, on traitera & procédera entre L. H. P. & Son A. E. de la maniere que cela doit ſe faire entre de tels anciens Alliés, bons amis & voiſins, & non autrement, afin qu'ainſi une telle amitié puiſſe être toujours conſervée. «

» Pour concluſion cet Article Séparé, mentionné dans le traité d'Alliance des Miniſtres, Conſeillers & Députés extraordinaires des deux Hauts Alliés, a été de même par eux ſigné & ſcellé de leur Cachet ordinaire. Fait à Cologne ſur la Sprée le $\frac{26 \text{ Février}}{8 \text{ Mars}}$ 1678. »

Signé,

(L. S.) JACOB VAN DER TOCHT
(L. S.) O. V. SCHWERIN.
(L. S.) CHRISTOPHLE VON BRANDT.
(L. S.) FRANÇOIS MEYNDERS.

Nº. XLVI.

ALLIANCE

Entre CHARLES II, *Roi de la Grande-Bretagne, & les Etats-Généraux des Provinces-Unies.*

A la Haye le 26 Juillet 1678.

C'EST un renouvellement du Traité d'Alliance conclu entre les mémes Puiſſances le 10 Janvier précédent.

Nº. XLVII.

TRAITÉ D'ALLIANCE DÉFINITIVE

Entre CHARLES XI, *Roi de Suede, &* CHRESTIEN V. *Roi de Danemarck.*

Fait à Lunden en Scanie le 7 Octobre 1679.

COMME ainſi ſoit que par la bénédiction du Tout-puiſſant la ſanglante guerre qui a été allumée depuis quelques années entre très-Illuſtre & très-

Puiſſant Prince & Seigneur Chriſtian V, Roi de Danemarc, Norvegue, des Vandales & des Gots, Duc de Sleſvic, Holſtein, Stormarn, & Ditmarſen, Comte d'Oldenbourg & Delmenhorſt, d'une part; & le très-Illuſtre & très-Puiſſant Prince & Seigneur Charles, Roi de Suede, des Gots & des Vandales, grand Prince de Finlande, Duc de Scanie, Eſthonie, Livonie, Carelie, Breme, Verden, Stettin, Poméranie, des Caſſubes & des Vandales, Prince de Rugen, Seigneur d'Ingermanie & Wiſmar, Prince Palatin du Rhin, Duc de Baviere, de Juliers, Cleves & Bergue, & la Couronne de Suede, d'autre, a été enfin heureuſement terminée, & qu'en ſa place a ſuccédé une Paix, ferme, durable & perpétuelle, au bien & à la proſpérité de leurs Royaumes, Provinces, Terres & Villes de leur obéïſſance, comme encore de leurs Sujets & Habitans, laquelle pourra être d'autant plus affermie & établie au bien commun des deux Parties, lorſque les deux Rois, & leurs Royaumes viendront à s'engager mutuellement en une parfaite amitié & correſpondance; C'eſt pourquoi Leurs Majeſtés afin de procurer à leurs Royaumes les fruits & utilités, qui leur en peuvent revenir, ont trouvé à propos de s'engager en une Alliance plus étroite: pour lequel effet Sa Majeſté Danoiſe, notre ſouverain Seigneur, & Maitre, a nommé pour ſes Ambaſſadeurs Extraordinaires, & Commiſſaires Plénipotentiaires, Nous Antoine, Comte du Saint Empire, Baron d'Aldenbourg, Seigneur de Varel, Kniphauſen, & Dooretvaeſt, Chevalier, Conſeiller Privé de Sa Majeſté, & Gouverneur des Comtés d'Oldenburg, & Delmenhorſt; Jens Juël, Baron de Juling, Sieur de Woorgaeſt, Chevalier, Conſeiller d'Etat & de la Chancellerie de Sa Majeſté, Aſſeſſeur du grand Tribunal & Vice-Préſident du College du Commerce; & Conrard Bierman, Seigneur héréditaire de Buſterudſgaart, Conſeiller d'Etat, de Juſtice, & de la Chancellerie de Sa Majeſté, comme encore Secrétaire d'Etat, & ce en vertu du Plein pouvoir à Nous octroyé par Sa Majeſté pour traiter ladite affaire: En conſéquence de quoi nous ſommes entrés en conférence en ce lieu de Lunden en Scanie avec les excellens, & illuſtres Seigneurs Jean Guldenſtern, Baron de Lundholm, Seigneur de Stacket, Biorkeſund, & Heillerid, Conſeiller de Sa Majeſté, & de la Couronne de Suede, Juge Général de Noorden Finnelug-Sogn, & le Sieur François Juël Oernſtedt, Seigneur de Shottorp, Kinſenhof, & Hoogaart, Conſeiller de la Chancellerie, & Secrétaire d'Etat, avec leſquels nous ſommes convenus pour le maintien, & conſervation des Royaumes, Pays, Terres, Provinces, Sujets, Habitans, Droits Royaux, Privileges, & Prééminences de Leurs Majeſtés en la maniere ſuivante.

» I. Il a été accordé, que les deux Rois auront un ſoin tout particulier de procurer l'utilité & l'avantage l'un de l'autre, de ſorte que Leurs Majeſtés caſſent, aboliſſent, & annullent par la Préſente tous Accords & Alliances, qui pourroient avoir été faits au déſavantage, ou préjudice de l'un ou de l'autre, ſoit devant ou pendant la guerre. Elles promettent auſſi de ne faire ci-après aucunes nouvelles Alliances, ou autre choſe, directement ou in-

directement, en quelque sorte que ce soit, qui puisse tendre au dommage
ou préjudice des Royaumes, & Sujets de Leurs Majestés, qu'ils possèdent
présentement ; ni encore de leurs Droits Royaux, Commerces & Revenus ; mais au contraire Elles s'engagent de s'y opposer puissamment en vertu
de la présente Alliance, en cas que quelqu'un eût résolu de l'entreprendre. «

» II. En cas que quelque Potentat, quel qu'il puisse être, se voulût
ingérer d'user de quelque force ou violence à main armée contre les Pays,
Royaumes, Etats, Seigneuries, Commerces, ou quelque autre chose que
ce soit, appartenant à Leurs Majestés, ou d'y apporter quelque dommage
ou préjudice, les deux Rois s'obligent de s'assister & secourir mutuellement
l'un l'autre en la manière & conditions suivantes. «

» III. Celui duquel les Royaumes, Terres, Etats, ou Seigneuries, en
quelque part qu'ils puissent être, auront été attaqués, ou ses Commerces,
Droits, & Revenus affoiblis ou diminués en façon quelconque, sera tenu
d'en donner avertissement de bonne heure : & aussi-tôt que l'autre, qui
ne sera point attaqué, en aura été averti, il sera tenu d'assister l'autre dans
deux mois de temps après la notification & demande de secours, à ses
propres frais & dépens. «

» IV. Lors, que la demande du secours aura été faite, celui qui aura
été imploré, sera obligé d'envoyer deux mille chevaux, & quatre mille fantassins au secours de l'autre, dans le temps susmentionné, lesquelles troupes seront divisées en régimens, dont chacun sera composé de mille hommes, sans les Officiers. Celui qui aura été interpellé, aura ledit nombre de
troupes incessamment sur pied, & les enverra incontinent, & sans délai
à celui qui lui aura demandé du secours, & qui se verra attaqué, à moins
que ce dernier ne se voulût contenter d'une moindre quantité, de quoi il
donnera avertissement de bonne heure à celui qui doit fournir ledit secours. «

» V. Celui qui aura été réclamé, enverra autant de pieces de campagne,
& de munitions qu'il sera nécessaire, sur quoi on divisera mille hommes
en deux bataillons, & chaque bataillon sera pourvû de deux pieces de campagne, ce qui sera ainsi proportionné selon le nombre des troupes. Mais
quant au gros canon, soit pour en battre quelque Place, ou pour le mener en campagne, ce sera à celui qui aura besoin de secours à le fournir,
& ce dans l'état, & dans le nombre qu'il est nécessaire. «

» VI. De plus, celui qui aura été réclamé, sera obligé, après la demande
faite par l'attaqué, de fournir dix vaisseaux de guerre, dont les trois plus
grands seront de nonante à soixante pieces de canon, les trois du milieu
de soixante à quarante, & les trois plus petits de quarante à vingt-quatre.
Outre cela la flotte sera munie des vaisseaux de provision, & petits bâtimens, qui seront nécessaires, comme encore de deux brûlots. Ce qui se
doit entendre en cette maniere, à savoir, que chacune des Parties pourra
bien envoyer trois vaisseaux de nonante, autant de soixante, & quatre de

quarante pieces de canon, à quoi cependant elle ne fera pas tenue d'abord, mais elle fera réputée avoir fatisfait à ce Traité, pourvû que les trois plus grands aient plus de foixante pieces de canon, les trois du milieu plus de quarante, & les trois plus petits plus de vingt-quatre, avec autant d'hommes qu'il eft fpécifié en l'Article fuivant. «

» VII. Les trois plus grands vaiffeaux, dont chacun aura plus de foixante pieces de canon, feront pourvus en tout de mille cinquante hommes, les trois du milieu, dont un chacun aura plus de quarante, de fept cens, & les quatre derniers, dont chacun en aura plus de vingt-quatre, de huit cens; de forte que tout le nombre, fans les Officiers, fe montera à deux mille cinq cens cinquante, tant foldats que matelots, mais fans y comprendre les hommes, qu'on employera pour les brûlots, & autres petits bâtimens. «

» VIII. En cas que ledit fecours, tant par mer, que par terre, ne fuffit pas à celui qui aura été attaqué, celui qui le fournit fera tenu de le doubler, & de l'envoyer à fes propres frais dans trois mois à celui qui le demande. «

» IX. Mais en cas que celui qui le demande, fût fi fort preffé par fes ennemis, qu'il eût encore befoin d'un plus grand fecours, alors les deux Rois délibereront par Traités en quelle maniere on pourra réfifter à l'ennemi, & alors un chacun pourra agir de toutes fes forces, felon les occasions qui fe préfenteront, & fera une telle diverfion dans le Pays de l'ennemi, que cela l'oblige finalement à faire la paix, & que celui qui aura été attaqué reçoive une entiere fatisfaction. On ne fera point auffi de fufpenfion d'armes, ni aucune Paix fans le confentement, & entiere fatisfaction des deux Rois, pour le dommage qu'ils auront reçû, & les frais qu'ils auront été obligés de faire. «

» X. Ledit fecours fera commandé par le Général, ou Amiral de celui qui l'aura fourni, lequel aura la puiffance d'exercer la jurifdiction en toutes rencontres, en telle forte, que fi quelqu'un de fes gens vient à commettre quelque faute, le coupable fera puni felon les ordonnances de guerre ou de marine de celui qui donne le fecours. «

» XI. Soit que le Roi foit préfent à l'armée ou à la flotte, ou le Général, ou Amiral, auquel elle aura été confiée, il aura le commandement abfolu tant fur fes propres troupes & vaiffeaux, que fur les auxiliaires. Il aura auffi l'entiere direction des affaires de la guerre, felon qu'il trouvera à propos pour le bien commun des deux Parties. «

» XII. Lorfqu'on délibererera fur quelque expédition de guerre, le Général, ou Amiral de l'attaqué fera entrer dans le Confeil autant d'Officiers de celui qui aura fourni le fecours, que de fes propres à proportion, & y préfidera toujours en donnant les places aux Officiers felon les charges qu'ils exercent. «

» XIII. Lorfque le Roi qui demande le fecours, ne fera pas préfent en l'armée, l'exécution des affaires de la guerre fe fera toujours à la pluralité

ralité des voix ; mais s'il y eſt préſent, la déciſion fera par devers lui, vû que Leurs Majeſtés ne feront point obligées à la pluralité des voix. «

» XIV. Celui qui fournira ledit ſecours tant par mer, que par terre, fera auſſi obligé de l'entretenir ; à condition que celui qui le recevra, fera tenu de fournir à la Milice de terre le fourrage, pain & ſervice néceſſaire ſans aucun payement ; mais quant à celle de mer elle fera entiérement à la charge de celui qui la donnera. «

» XV. La flotte, & armée auxiliaires ne feront pas employées plus long-témps en l'année, que celles de celui qui les reçoit : mais ſi la ſaiſon étoit fort avancée, celui qui les a demandées, fera obligé de leur fournir les quartiers, le pain, le fourrage, & le ſervice néceſſaire, comme à ſes pro-pres gens, & lorſqu'on les renverra chez eux, ſoit par eau, ou par terre, il fera tenu de leur faire avoir toutes les choſes, dont ils auront be-ſoin pour le voyage, ſans exception quelconque. Auſſi, en cas que la guerre dure fort long-temps, celui qui aura donné ledit ſecours, fera obligé de la faire recruter tous les ans à ſes frais, & de l'envoyer avant la fin du mois de Mai, ſans faute, à celui qui la demande, pour la campagne ſuivante, en cas qu'il le déſire ainſi, ſans qu'il puiſſe le redemander ſous quelque pré-texte que ce ſoit, à moins qu'il ne fût attaqué en ſon propre Pays, ce qu'il fera tenu de faire ſavoir en temps à celui qui l'a demandé, ou à moins qu'ils ne s'accordent par enſemble, qu'il faſſe une diverſion à l'ennemi de quelque autre côté. «

» XVI. Lorſque l'armée commune fera entrée dans le Pays de l'ennemi, l'entretien tant pour les Officiers, que pour les Soldats, fera pris dans ledit Pays, & il en fera de même des quartiers, qu'on y diſtribuera : mais en cas qu'il n'y eut point de moyen de ſubſiſtance dans ledit Pays, chaque Roi fera obligé d'entretenir ſes propres troupes. »

» XVII. La flotte, & armée auxiliaire fera rangée en telle maniere à toutes les occaſions de bataille, qui ſe préſenteront, qu'elles puiſſent de-meurer enſemble, & ſoient commandées autant qu'il eſt poſſible par leurs propres Officiers ; ſur-tout les vaiſſeaux demeureront en une Eſcadre, & ſe-ront commandés par leurs propres Officiers. Et s'il arrivoit qu'en pourſui-vant l'ennemi, ou par quelque diverſion, qu'on lui pourroit faire, on vint à prendre quelques Places ſur lui, il a été accordé, qu'elles feront occu-pées par celui qui aura donné le ſecours, à proportion des troupes qu'il aura envoyées, à la charge d'en donner ſatisfaction à celui qui l'aura de-mandé. Mais, en cas que les terres de ce dernier fuſſent priſes par l'enne-mi à cette occaſion, ou qu'on vint à recouvrer quelque choſe de ſes droits & prétentions, qui ſont maintenues par ces armées jointes enſemble, le tout demeurera & appartiendra ſans aucun contredit à celui qui aura de-mandé le ſecours. Quant aux priſonniers, de quelque qualité qu'ils puiſſent être, auſſi l'artillerie, ou quoi que ce ſoit, qu'on viendra à prendre ſur l'en-nemi, cela fera en commun aux deux Rois ; mais quant au butin que les

Partis pourront faire en particulier, il fera abfolument pour eux feuls. Les contributions qu'on tirera du Pays ennemi feront auffi partagées entre les deux Parties à proportion des troupes qui feront en campagne. "

„ XVIII. Quant à ce qui eft du falut, qu'on fe rendra par mer, on fe tiendra pour ce regard aux accords, qui fe font faits ci-devant fur ce fujet, de forte que les vaiffeaux, qui viendront à fe rencontrer, ne fe falueront qu'à coups de canon, fans laiffer tomber aucune voile, à condition néanmoins que la flotte auxiliaire tirera les premiers coups. "

„ XIX. Il fera permis à un chacun de fe fervir des Ports de mer réciproques, d'y réparer fes vaiffeaux, qui auront fouffert quelque dommage, foit par la tempête ou par l'ennemi, comme auffi d'acheter tout ce qui fera néceffaire pour l'entretien & réparation des hommes & vaiffeaux ; à condition que les Officiers mettront ordre à ce que l'ufage defdits Ports ne caufe aucune jaloufie, ou ombrage ; de forte qu'ils feront obligés d'entretenir une bonne difcipline dans leurs vaiffeaux, & d'avoir une bonne correfpondance avec les Commandans defdits Ports, afin que le tout fe faffe avec leur fçu & communication. Et d'autant que c'eft à celui qui donne le fecours d'affifter fidelement celui qui le demande, en la maniere qui a été dite ; c'eft pourquoi il faudra auffi qu'il ferme fes Ports aux vaiffeaux de l'ennemi de celui qui le demande, & même qu'il l'incommode & endommage le plus qu'il lui fera poffible. "

„ XX. La préfente Alliance durera le temps & efpace de dix années confécutives, & prochainement venantes, après quoi il fera permis à chacune des Parties de la prolonger, ou non ; mais les deux Rois, ou leurs Succeffeurs, lefquels y feront obligés auffi fortement qu'eux-mêmes, en feront traiter la continuation une année avant qu'elle vienne à expirer, afin qu'il puiffe y avoir quelque chofe conclu fix mois avant qu'elle vienne à finir. "

„ XXI. Perfonne ne fera compris en cette Alliance que ceux qu'il plaira aux deux Rois. "

„ XXII. Les ratifications de la préfente Alliance feront échangées dans quinze jours après la Signature, ou plûtot, s'il eft poffible. Fait à Lunden ce feptieme Octobre 1679. "

Ainfi figné,

(L. S.) A. C. V. ALDENB.
(L. S.) J. GULDENSTIERNA.
(L. S.) J. JUEL.
(L. S.) F. I. OERENSTEDT.
(L. S.) BIERMAN.

N°. XLVIII.

TRAITÉ D'ALLIANCE ET D'AMITIÉ

Entre LOUIS XIV. Roi de France & Monfieur l'Electeur de SAXE.

Fait à S. Germain en Laye le 15 Novembre 1679.

COMME les Traités de Weftphalie de l'année 1648 ont fait le fondement le plus affuré de la Paix & de la tranquillité de l'Empire, & qu'ils
viennent d'être rétablis dans toute leur force par le Traité de Nimégue
de l'année derniere ; Sa Majefté Très-Chrétienne touchée, ainfi qu'elle a
toûjours été, du bien & du repos de l'Empire, & portée par fon ancienne
affection pour Monfieur l'Electeur de Saxe, à prendre avec Son Alteffe Electorale les mefures d'une Alliance folide, & à établir des liaifons nouvelles pour la confervation des fufdits Traités de Weftphalie & de Nimégue,
a reçu avec plaifir les affurances que Son Alteffe Electorale lui a fait donner par le Sieur de Wolframsdorf, fon Chambellan & fon Confeiller Aulique, du défir qu'elle auroit en répondant à l'amitié dont Sa Majefté
veut bien lui donner des marques, de fe lier avec elle, pour affermir de
plus en plus l'obfervation des fufdits Traités. C'eft dans cette vue que Sa
Majefté ayant donné Pouvoir au Sieur Arnauld, Chevalier, Seigneur de
Pomponne, fon Confeiller en tous fes Confeils, & Secrétaire d'Etat & des
Commandemens de Sa Majefté, de traiter de cette affaire avec ledit Sieur
Wolframsdorf, ils font convenus des Articles fuivans, après l'échange ré-
ciproque de leurs pleins pouvoirs. «

» I. Il y aura à l'avenir entre le Roi & Monfieur l'Electeur de Saxe,
une amitié fincere & parfaite intelligence, laquelle fera cultivée & obfervée tant de la part de Sa Majefté que dudit Electeur, avec tout le foin &
l'exactitude qui peuvent contribuer davantage à entretenir une bonne &
étroite Alliance, même à l'avantage réciproque de leurs Etats. »

» II. Les Sujets de part & d'autre pourront exercer en toute liberté le
Commerce dans les Terres, Royaume & Pays de S. M. comme aufli dans
les Etats & Pays de Son Alteffe Electorale de Saxe. «

» III. Comme Sa Majefté & Son Alteffe Electorale de Saxe, ont toujours eu particuliérement à cœur d'entretenir & de faire obferver les Traités de Weftphalie, lefdits Traités feront le fondement le plus folide de celui-
ci, & Sa Majefté & Son Alteffe Electorale de Saxe, promettent réciproquement de contribuer tout ce qui fera en eux pour les maintenir dans
toute leur étendue, à l'exception feulement de ce qui a été changé ou
dérogé aufdits Traités de Weftphalie par le Traité de Nimégue du cinquieme

Février, par celui de Zell auffi du cinquieme Février, & par celui d
S. Germain du 29 Juin de la préfente année, figné entre Sa Majefté
Monfieur l'Electeur de Brandebourg. «

» IV. En vertu du préfent Article, Sa Majefté s'oblige & promet
foi & parole de Roi, d'affifter de tout fon Pouvoir, protéger & défe
dre la Perfonne, les Etats, Pays & Peuples de Son Alteffe Electorale
comme auffi les Terres, Parties & Droits qui appartiennent dans lefdi
Etats aux Princes fes Freres, toutes les fois qu'elle en fera recherchée
Sadite Alteffe Electorale, contre tous ceux qui les voudroient attaque
troubler ou empêcher dans la jouiffance des Droits & des avantages q
lui ont été accordés ou confirmés par ledit Traité de Munfter, auffi-bie
que de fon autorité Electorale, & de tout ce qui lui peut & doit appart
nir, & aux Princes fes Freres, dans l'étendue de fes Etats. «

» V. Son Alteffe Electorale de Saxe, s'oblige auffi & promet en foi
parole de Prince, d'affifter de tout fon Pouvoir Sa Majefté en cas qu'el
vienne à être attaquée ou troublée par qui que ce foit, en la jouiffan
des Droits, Etats & Places qu'elle poffede dans l'Empire, & qui lui o
été délaiffés pour être unis & incorporés à la Couronne de France par l
Traités de Munfter & de Nimégue. «

» VI. Le préfent Traité d'Alliance & d'Amitié, entre Sa Majefté & S
Alteffe Electorale, durera l'efpace de quatre ans, à commencer du jo
de la Signature des préfens Articles, & les Ratifications en feront écha
gées dans deux mois du même jour de la Signature, ou plutôt fi fai
fe peut. «

En foi de quoi Nous fouffignés, en vertu de nos Pleins pouvoirs refpecti
avons figné ces préfentes, & y fait appofer les Cachets de nos Armes. F
à S. Germain en Laye le quinzieme jour de Novembre 1679.

Ainfi figné,

(L. S.) ARNAULD.
(L. S.) G. TH. DE WOLFRAMSDORF.

N°. XLIX.

ALLIANCE DÉFENSIVE

Entre CHARLES II, *Roi d'Espagne, &* CHARLES II, *Roi de la Grande-Bretagne.*

Au Château de Windsor, le 10 Juin 1680.

CETTE Alliance avoit pour fondement le Traité du Roi d'Espagne avec les Etats-Généraux des Provinces-Unies du 30 Août 1673, & celui des mêmes Etats-Généraux avec le Roi de la Grande-Bretagne du 31 Mars 1678, & pour objet le maintien & la conservation de la paix générale qui venoit d'être rendue à l'Europe par le Traité de Nimegue.

N°. L.

ALLIANCE

Entre CHARLES XI, *Roi de Suede, & les Etats-Généraux des Provinces-Unies.*

A la Haye, le 10 Octobre 1681.

C'EST une garantie réciproque entre ces deux Puissances, de la Paix de Nimegue & de celle de Munster.

N°. LI.

TRAITÉ D'ALLIANCE

Entre LÉOPOLD, *Empereur, &* CHARLES XI, *Roi de Suede.*

Fait à Stockholm, le 22 Octobre 1682.

COMME ainsi soit que les discordes & désunions s'augmentent dans l'Empire d'Allemagne & aux Royaumes voisins, le très-illustre & très-puissant Seigneur, le Sieur LÉOPOLD, élu Empereur Romain toujours Au-

gufte, Roi de l'Allemagne, de Hongrie, Bohême, Dalmatie, Croatie, Efclavonie, Archiduc d'Autriche, Duc de Bourgogne, de Brabant, Stirie,
Carinthie, Carniole, Marquis de Moravie, Duc de Luxembourg, de la Siléfie fupérieure & inférieure, Wirtemberg & de Tecke, Prince du Pays de
Suabe, Comte de Habfpurg, Tirol, Ferret, Kybburgh, & Goritie, Land-
grave de l'Alface, Marquis du St. Empire Romain, Bourgrave, & de la
Luface fupérieure & inférieure, Seigneur du Marquifat d'Efclavonie, Por-
tas, Nudis, & des Salines ; & le très-illuftre & très-puiffant Prince & Sei-
gneur, le Sieur CHARLES, Roi de Suede, des Gots & des Vandales, Grand
Prince de Finlande, Duc de Scanie, Efthonie, Livonie, Carelie, Breme,
Verden, Stetin, Poméranie, Caffubie, & de Vandalie, Prince de Rugen,
Seigneur d'Ingrie & de Wifmar, Comte Palatin du Rhin & de Baviere,
Duc de Juliers, Cleves, & Bergue ; ont trouvé bon tant pour conferver le
repos public & pour leur propre fûreté, que pour nouer entr'eux une plus
ferme amitié, de faire une Alliance défenfive. C'eft pourquoi après que les
Miniftres Impériaux, & le Sieur Comte Gabriel Oxenftern, Ambaffadeur
& Plénipotentiaire Royal de Suede, affemblés à Vienne, ont eu porté
bien avant quelques Articles & Conditions, l'on a eu foin de faire entreprendre cet Ouvrage par celui que Sa Majefté Impériale a trouvé bon
(pour y mettre la derniere main) d'envoyer à Sa Majefté Royale en qualité de Plénipotentiaire ; à favoir l'Illuftre Seigneur Michel Wenceflaus François, Comte du St. Empire en Atthen, Baron de Goldsburg & Murrette,
Seigneur de Grulich, Mittelwald, Schoonfeld, Wolfersdorf, Durn, Krut,
& Theyhowits, Chancelier de la Comté Royale auprès de Sa Majefté Impériale, & premier Capitaine de la Fortereffe de Glatens. Et afin que cette
Négociation que l'on avoit commencée, pût être conduite à la fin que
l'on fe propofoit, par des foins réciproques, Sa Majefté Royale a établi Commiffaires & Plénipotentiaires, l'Illuftre, l'Excellent & Généreux Seigneur,
le Sieur Benoît Oxenftern, Comte de Norshem, & Vafa, Baron de Mo-
throy & Lindholm, Seigneur de Kifpurcen & Kattila, Confeiller de Sa Majefté Royale de Suede, Chancelier des Académies d'Abóen, & premier
Légiflateur d'Ingrifo & Ketholmi; le Sieur Eduard Ehrenfteen, Héréditaire
de Forsbygan & Barkertorp, Préfident du haut Tribunal Royal de Wifmar,
& le Sieur François Joël Ornfted, Héréditaire & Seigneur de Schottorp,
Kreufenhoff & Hafgaëd, Chancelier de la Cour de Sa Majefté Royale; lefquels ayant réfumé les affaires qui avoient été entamées à Vienne, avec
les Sieurs Ambaffadeurs Impériaux mentionnés ci-deffus, après que les Lettres de pouvoir ou de plein pouvoir ont été approuvées de part & d'autre,
& après avoir conféré enfemble, font convenus des Articles fuivants, & ont
ftipulé au nom de leurs Illuftres Seigneurs & Principaux, qu'ils feroient
obfervés inviolablement.

» I. Qu'il y aura une paix ferme, & un lien inviolable d'amitié entre Sa
Majefté Impériale & la Maifon d'Autriche d'un part, & Sa Majefté Royale

& le Royaume de Suede de l'autre, que l'on employera de côté & d'autre tout ce qui pourra tourner au bien & profit des deux Parties, & que l'on préviendra foigneufement tous les périls & dommages dont les Royaumes, Provinces, & Seigneuries de l'un & de l'autre pourroient être menacés, par une communication amiable & faite à temps, ou par quelqu'autre moyen convenable. «

» II. Que le but de cette Alliance défenfive fera de conferver le repos public & la fûreté mutuelle, & ce fur le pied qu'elle a été établie par la paix de Weftphalie l'an 1648 & les Traités de Nimegue des années 1678 & 1679. «

» III. Que partant les Alliés s'obligent réciproquement d'employer tout ce que leurs forces & leur devoir pourront permettre, & d'adreffer les ré-folutions de leur Confeil à ce que les Traités de Weftphalie & de Nime-gue fufdits puiffent être tellement maintenus en leur pleine & entiere vi-gueur, que leur vrai fens en puiffe être pleinement fatisfait en tous & cha-cun de leurs points. «

» IV. Mais s'il arrivoit qu'il fe levât quelque différend à caufe de l'am-biguité du fens des Traités fufdits, ou que l'on vînt à entreprendre quel-que chofe au contraire, ou tout autrement que ne porte leur contenu, les Alliés s'obligent en ce cas d'ufer de toutes fortes de devoirs, & d'employer tous les moyens poffibles pour affoupir le mal, d'abord qu'il commencera à naître; mais fi cela n'eft pas affez fort pour produire l'effet que l'on fe propofe, les Alliés fufdits feront tenus d'agir contre les Agreffeurs de la Confédération, par confeils & avec forces, felon l'exigence de la chofe, & la grandeur du péril. «

» V. Sous conditions réciproques de défenfe & de fecours, les Alliés fe-ront tenus de fecourir & défendre les Provinces, Pays & Seigneuries les uns des autres, qui font fpécifiés ci-deffus, avec tous leurs droits & préroga-tives, en cas qu'ils foient attaqués par les armes ennemies; à favoir du côté de l'Empereur les Provinces & Seigneuries que Sa Majefté Impériale poffede paifiblement dans l'Empire depuis les Traités de Munfter & de Nimegue, le Royaume de Bohême, avec les Provinces qui lui ont été incorporées; & par même raifon du côté du Roi de Suede, les Provinces & Seigneu-ries qui lui ont été affujetties en vertu des mêmes inftruments de paix, juf-ques à la Province de Scanie inclufivement. «

» VI. Auquel effet il faudra que pour la défenfe mutuelle des Seigneu-ries fufdites, en cas qu'elles foient troublées en quelque maniere que ce foit, l'on tienne prêt dans les Provinces des Alliés, un camp de 11000 hom-mes armés, dont le tiers fera de cavalerie & le refte de gens de pied.

» VII. Il faudra que Sa Majefté Impériale & le Roi de Suede contribuent 3000 hommes au nombre fufdit de gens de guerre, lefquels feront menés fur les lieux où la Partie qui en aura befoin les jugera néceffaires, felon la conjoncture du temps & la grandeur du péril. «

» VIII. Mais fi la néceffité & le péril requéroient une plus grande quantité de monde, il faudra en traiter & convenir expreffément entre lefdits
hauts Alliés. «

» IX. Mais en cas qu'il parût que quelqu'un menaçât de la guerre l'un
des Alliés, ou que quelque infraction ouverte fit naître du péril, l'autre
exhortera la Partie offenfante, par fes Miniftres & Ambaffadeurs, à fe dé-
pörter de toute violence & voie de fait, & ôtera les pierres d'achoppement
qui pourroient empêcher l'accommodement de la querelle. Toutefois fi l'on
ne pouvoit rien effectuer par-là, ou que l'Agreffeur ne voulût pas écouter
cette exhortation amiable, il faudra procéder contre lui par armes & confeils
communs, & le pourfuivre de telle forte, qu'il foit réduit à la réparation
des dommages, & à offrir d'honnêtes conditions de paix, au contentement
& fatisfaction de l'offenfé. «

» X. Mais afin que chacun des Alliés puiffe avoir du temps à fuffifance
pour affembler le nombre fufdit de gens de guerre fur le Lieu affigné, celui qui en fera requis, livrera fes troupes où le Requérant voudra les avoir,
dans trois mois après la réquifition, en cas qu'il ne puiffe le faire plutôt,
à la charge toutefois que fuivant le contenu de l'Inftrument de paix, Sa
Majefté Impériale pourvoira au libre paffage des foldats Suédois, par les terres des autres Etats de l'Empire, en vertu des Conftitutions Impériales. «

» XI. Pour ce qui concerne les moindres inftrumens de guerre, & autres
équipages militaires, chacun des Alliés aura foin de les fournir à fes troupes, mais pour ce qui eft des machines de plus grand volume, ce fera à
la Partie requérante de les contribuer. «

» XII. Les troupes de tous les deux Alliés, lefquelles en vertu de la confédération, l'on aura envoyées pour fécourir, combattront au profit du Requérant, tant qu'elles demeureront dans fes terres, ou qu'elles feront employées ailleurs à fes affaires; mais en cas qu'elles prêtent leur fecours dans
les villes ou fortereffes de l'un des Alliés, il faudra qu'elles faffent auffi le
ferment militaire au même Requérant, & tous les autres obéiront tant que
l'expédition durera, au Général que le Requérant fufdit aura conftitué fur
la Milice avec pouvoir abfolu; de forte pourtant que tous les deux Généraux tant du Requis que du Requérant auront la même dignité & caractere,
& que le Général des troupes auxiliaires affiftera toujours au Confeil de
guerre, & fera participant d'une maniere fpéciale des expéditions que l'on
entreprendra. «

» XIII. En cas qu'il arrive que dans le temps que l'on demande les troupes auxiliaires à un des Alliés, il foit attaqué par guerre dans fon propre
pays, il ne fera pas obligé de fatisfaire à ce préfent accord, ni à fournir
les troupes auxiliaires au nombre mentionné ci-deffus; laquelle invafion il
faudra entendre ne fe pouvoir appliquer à un léger & premier effort d'une
infeftation ennemie, mais feulement à une invafion qui apporte comme une
impoffibilité morale d'envoyer fes troupes ailleurs, pour en avoir befoin

dans

dans son propre pays. Au reste le Requis fournira à ses troupes auxiliaires les frais, la solde, & les équipages nécessaires de guerre, tant que l'expédition durera; mais les logemens & services comme on veut les appeller, leur seront fournis par la Partie requérante, en la même maniere qu'elle les donne à ses propres soldats. «

» XIV. Si l'un des alliés gagne quelque place sur les pays ennemis par l'heureux succés de ses armes, & qu'il la tienne en son pouvoir durant l'expédition, il ne pourra la rendre aux ennemis sans le consentement de l'autre allié; mais l'état de la Religion & des Eglises y demeurera en son entier, sans y rien changer sous quelque prétexte & en quelque temps que ce puisse être. On laissera aussi le libre exercice de la Religion aux troupes militaires de l'armée, sans leur donner aucun empêchement; & pour ce qui est des butins que l'on fera sur l'ennemi, & de ce que l'on prendra pour la subsistance des soldats, cela leur sera distribué à proportion du nombre, entre les limites des pays des deux alliés; mais on gardera les principaux prisonniers, pour en faire des échanges, ou quelqu'autre profit de guerre. «

» XV. La Partie requérante fera en sorte que les choses nécessaires pour l'entretien des soldats ne viennent pas à manquer, tant qu'ils se trouveront dans ses places; mais qu'ils puissent les avoir à juste prix dans les villes voisines, craignant que faute des choses nécessaires ils ne soient contraints de déserter, & de se jetter dans les troupes ennemies. «

» XVI. L'on tiendra les soldats en une bonne discipline, & on en fera une justice rigoureuse, tant dedans que hors des pays des alliés, de peur que ne punissant pas leurs dissolutions, elles ne tournent à la ruine des sujets, & ne causent le défaut des choses nécessaires pour la subsistance de la Milice. «

» XVII. Sa Majesté Impériale pourvoira autant qu'il sera en elle, que Sa Majesté Royale de Suede ait la liberté de conduire ses soldats par-tout dans l'Empire, & d'y acheter toutes sortes d'armes & de chevaux, suivant les Constitutions de l'Empire, mais ce pouvoir sera dénié aux ennemis des deux alliés. «

» XVIII. Les deux alliés promettent aussi que tant que cette Alliance durera, ils ne feront avec personne, sans le consentement mutuel de l'un & de l'autre, aucune paix, ni cessation d'armes, ni Traité, qui soit contraire à la présente Convention, ou qui la détruise en aucune maniere; & comme la présente Alliance a été contractée par amour de la paix & du repos public, & pour la sûreté des deux Parties, les autres Rois & Princes par la conjonction desquels la tranquillité de l'Empire se puisse assurer, & qui désireront d'être compris spécialement dans cette Alliance; y seront admis du consentement des deux alliés. «

» XIX. Cependant l'on reçoit dans la présente Alliance & la Garantie qui en émane, le Duc de Holstein-Gottorp, le Sieur Chrétien Albert, avec fes Domaines de Sleefwyck & Holftein, & Leurs Majeftés Impériale, & Royale de Suede ftipulent de le vouloir protéger & défendre dans fes droits & prérogatives, fuivant les Traités de Weftphalie & de Nimegue, affermis par cet Inftrument d'Alliance, & les Conventions de Rottfchild & Hafnen, en la maniere que le Sieur Duc fufdit les a poffédés devant les troubles de la derniere guerre. Sa Majefté Impériale procurera par la Préfente que ledit Sieur Duc jouiffe de cela même, fuivant les Conclufions du Cercle de la Saxe inférieure, prifes depuis peu à fon avantage, & que réciproquement le Sieur Duc accomplira avec exactitude tout ce qu'il promit alors au Cercle de Saxe pour la confervation, le bien, & tranquillité de l'Empire Romain, & qu'aux occafions il aidera les alliés de toute fa puiffance. «

» XX. Cette Alliance durera & fera obfervée étroitement par les alliés en toute & chaque chofe à part, l'efpace de dix ans, lefquels écoulés l'on traitera de fa prolongation du confentement des deux Parties, ce qui fera conclu dans deux mois, ou d'autant plutôt qu'il fe pourra. Pour affurance de quoi & afin de donner plus de vigueur à la vérité & la bonne foi, Nous les Députés & Plénipotentiaires fufdits avons figné cet Inftrument & en avons échangé réciproquement deux Exemplaires de même contenu, fignés de nos Seings. Fait à Stockholm le 12 du mois d'Octobre de l'année mil fix cens quatre-vingts deux. «

(L. S.) BENOÎT OXENSTIERNA. (L. S.) FRANÇOIS JOEL ORNSTED.
(L. S.) EDUART EHRENSTEIN.

Nº. L I I.

ALLIANCE DÉFENSIVE

Entre LÉOPOLD, *Empereur des Romains,* & MAXIMILIEN-EMANUEL, *Electeur de Baviere.*

Le 26 Janvier 1683.

LA défenfe de l'Empire en général, & en particulier la défenfe des Royaumes, Etats & Seigneuries des parties contractantes fitués dans l'Empire, eft l'objet de cette Alliance.

Nᵒ. LIII.

TRAITÉ D'ALLIANCE

Entre MAXIMILIEN-EMANUEL, Electeur de Baviere, & le louable Cercle de Baviere d'une part, & le louable Cercle de Weſtphalie d'autre part.

Le 28 Mars 1683.

LE maintien de la paix de Weſtphalie & de celle de Nimegue, & la défenſe des terres, pays & ſujets des parties contractantes, étoient l'objet de ce Traité.

Nᵒ. LIV.

ALLIANCE PERPÉTUELLE OFFENSIVE ET DÉFENSIVE

Entre l'Empereur LÉOPOLD comme Chef de la Maiſon d'Autriche, & le Roi & la République de Pologne.

A Varſovie, le 31 Mars 1683.

Nᵒ. LV.

TRAITÉ D'ALLIANCE

Entre l'Empereur LÉOPOLD comme Chef de la Maiſon d'Autriche, & JEAN III Roi de Pologne.

En 1683.

CES deux Princes qui avoient déja fait un Traité d'Alliance en 1677, (*voyez* ci-deſſus) voyant que le Grand-Seigneur faiſoit des mouvemens qui menaçoient la Chrétienté, ſignerent à Varſovie le 31 Mars 1683, un nouveau Traité d'Alliance perpétuelle offenſive & défenſive contre le Turc.

L'Empereur renonçoit, en fa qualité de chef de la maifon d'Autriche, à tout ce que la Pologne pouvoit lui devoir pour les fommes qu'il lui avoit prêtées dans la guerre de Charles-Guftave. Les deux Contractans annuloient auffi toutes les prétentions qu'ils auroient pu former l'un fur l'autre en conféquence de quelque convention ou pacte antérieur que ce pût être.

Les deux Princes demanderent la garantie de ce Traité au Saint Siege, & promirent de faire jurer de leur part, par les Cardinaux Pio & Barberini, entre les mains du Pape, l'entiere obfervation de tous les Articles dont ils convenoient par cette Alliance perpétuelle.

Nº. L V I.

ALLIANCE OFFENSIVE ET DÉFENSIVE

Entre l'Empereur LÉOPOLD , Roi de Hongrie & de Bohême, JEAN SOBIESKI , Roi de Pologne, & la République de Venife.

Le 5 Mars 1684.

C'EST une confédération contre le Turc, fes alliés & fes adhérans.

Nº. L V I I.

TRAITÉ DE RENOUVELLEMENT D'ALLIANCE

Entre JACQUES II, Roi de la Grande-Bretagne , & les Provinces-Unies des Pays-Bas.

A Windfor le 27 Août 1685.

CE Traité eft la confirmation de plufieurs autres qui y font rappellés ; favoir :

Deux Traités, l'un de Paix & d'Alliance, l'autre de Navigation & de Commerce, conclus le 31 Juillet 1667.

Le Traité de paix & d'amitié du 14 Février 1674.

Le Traité de Navigation du 1 Décembre 1674, avec la Déclaration du 30 Décembre 1675 qui lui fert d'explication, ainfi qu'au Traité de Navigation du 17 Février 1668.

L'accommodement du 18 Mars 1674.

L'Alliance défenfive du 3 Mars 1678.

N°. LVIII.

ALLIANCE DÉFENSIVE

Entre CHARLES XI, *Roi de Suede,* & FRÉDÉRIC-GUILLAUME, *Electeur de Brandebourg.*

A Berlin le 10 Février 1686.

CES deux Puiffances promettent de défendre & protéger mutuellement leurs États pendant dix ans; & par des Articles fecrets s'engagent à maintenir la Paix & la Religion en Pologne.

N°. LIX.

ALLIANCE OFFENSIVE

Entre JEAN & PIERRE, *Czars de Mofcovie d'une part,* & JEAN, *Roi de Pologne d'autre part, contre les Turcs.*

Le 14 d'Avril 1686.

„ I. QUe la paix & l'ancienne amitié feroient rétablies entre les deux Couronnes. "

· „ II. Que les titres des Czars & du Roi de Pologne feroient réglés pour éviter toute conteftation fur ce fujet. "

„ III. Que les Polonois céderoient aux Mofcovites les Palatinats de Kiovie & de Smolensko, & quelques autres places fpécifiées par cet Article. "

„ IV. Que les Cofaques des Pays cédés feroient réciproquement déchargés du ferment de fidélité envers l'une ou l'autre Couronne. "

„ V. Que les rebelles & les déferteurs ne recèvroient aucune protection de part ni d'autre. "

„ VI. Que les Czars paieroient quinze cens mille florins, monnoie de Pologne, en deux paiemens égaux; le premier après la fignature du Traité, & le deuxieme à la prochaine diete. "

„ VII. Que les places du long du Boriftene depuis Kiovie jufqu'à la riviere de Tazmin, qui paffe près de Czecherin, demeureroient en l'état qu'elles fe trouvoient fans être repeuplées ni rebâties, jufqu'au réglement des limites, pour lequel les Ambaſſadeurs n'avoient point de pouvoir. "

„ VIII. Ces places ſont ſpécifiées dans le préſent Article. "

„ IX. Que les Catholiques , nonobſtant l'oppoſition du Patriarche de Moſcovie , auroient l'exercice libre de leur religion dans les Fauxbourgs de Kiovie & de Smolensko. "

„ X. Que les Czars promettoient de déclarer la guerre aux Turcs , & que dès la préſente année ils attaqueroient les Tartares de Krimée ; qu'ils aſſiégeroient les places que les Turcs ont vers le Parowis ou Iſles du Boriſtene ; qu'ils feroient avancer par cette riviere & par terre les Coſaques Zaporoges , & ceux du Don par le Volga contre les Tartares ; qu'ils feroient auſſi attaquer du côté de Caſan & d'Aſtrachan. "

„ XI. Que ſi les Turcs attaquoient Kiovie ou quelque autre place des Moſcovites, en ce cas les Polonois enverroient une armée à leur ſecours , comme feroient auſſi les Moſcovites ſi Léopold ou quelque autre place des Polonois étoit attaquée par les Turcs. "

„ XII. Que les Czars donneroient avis aux Turcs de cette Alliance, & leur déclareroient auſſi-tôt la guerre, & ſi la Porte offroit de ſatisfaire les Polonois en leur reſtituant les places uſurpées ſur la Pologne, la paix ne pourroit être conclue ſans le conſentement de tous les alliés. "

„ XIII. Que les Czars s'obligeoient réciproquement à ne point faire de paix particuliere avec les infideles. "

„ XIV. Que les Czars enverroient des Ambaſſadeurs en France, en Angleterre , en Danemarck & en Hollande, pour exhorter ces Puiſſances à joindre leurs forces contre les Ottomans. "

„ XV. Que ſi la paix étoit conclue d'un commun conſentement avec les Turcs , & que quelqu'un des alliés recommençât la guerre, les autres ne feroient pas obligés à la déclarer. "

„ XVI. Que le réglement des limites feroit remis à la déciſion des Commiſſaires. "

„ XVII. Qu'on nommeroit une commiſſion ſpéciale pour régler les limites & les dépendances de Kiovie. "

„ XVIII. Que le commerce feroit retabli de part & d'autre. "

„ XIX. & XX. Qu'on ſe feroit réciproquement juſtice ſur les dettes des particuliers, & ſur tout ce qu'ils pourroient commettre au préjudice du Traité. "

„ XXI. Que les différens qui ne pourroient être terminés par les Commiſſaires , feroient remis à la déciſion des Souverains. "

„ XXII. Que la paix & bonne correſpondance feroit entretenue ſur la frontiere entre les Sujets des deux Etats. "

„ XXIII. Que les moindres différens qui pourroient ſurvenir, feroient réglés par les Palatins, & les autres par des Commiſſaires. "

„ XXIV. Qu'on ne donneroit aucune aſſiſtance ſecrete aux ennemis les uns des autres , & que les Moſcovites ne recevroient pas dans leurs troupes des Polonois, ni les Polonois des Moſcovites. "

„ XXV. Que les Czars jureroient l'obfervation de ce Traité en préfence des Ambaffadeurs de Pologne, & que le Roi de Pologne feroit le même ferment en préfence des Ambaffadeurs Mofcovites qui feroient envoyés à la prochaine diete. "

„ XXVI. Que le Traité feroit échangé en la forme ordinaire. "

„ XXVII. Que ceux de la fuite des Ambaffadeurs pourroient commercer de part & d'autre; mais que les Polonois ne pourroient, au préjudice des défenfes anciennes, porter de l'eau de vie ni du tabac en Mofcovie. "

„ XXVIII. Qu'on donneroit de part & d'autre paffage libre aux Ambaffadeurs. "

„ XXIX. Que pour faciliter la communication des nouvelles, il y auroit une pofte établie que les Polonois entretiendroient jufqu'à Cadzin fur les frontieres de Smolensko, & les Mofcovites jufqu'au même lieu, & que les Lettres du Roi & des Czars feroient franches. "

„ XXX. Qu'ils donneroient part de ce Traité à leurs Confédérés. "

„ XXXI. Qu'il fubfifteroit quand même un des Princes contractans viendroit à mourir avant la ratification à laquelle fon Succeffeur feroit obligé. "

„ XXXII. Que ce Traité fubfifteroit quand même l'acte original feroit perdu. "

„ XXXIII. Et qu'enfin il dureroit à perpétuité, même après la mort des Princes qui l'avoient conclu. "

N°. L X.

ALLIANCE DÉFENSIVE

Entre l'Empereur LÉOPOLD, & FRÉDÉRIC-GUILLAUME, Electeur de Brandebourg.

A Cologne fur la Sprée, le 7 Mai 1686

L'OBJET de ce Traité n'eft pas feulement la commune défenfe & fûreté des Puiffances contractantes, mais fur-tout de défendre la fucceffion de l'Electeur Palatin contre les prétentions du Duc d'Orléans.

No. LXI.

ALLIANCE

Entre les illuftres Cercles de Baviere & de Franconie.

A Augsbourg le 26 Juin 1686.

CE n'eft qu'une Prorogation pour deux ans d'un Traité antérieur que les deux Cercles avoient fait pour leur commune défenfe & fûreté.

No. LXII.

TRAITÉ D'ALLIANCE

Entre les Seigneurs Etats-Généraux des PROVINCES-UNIES des Pays-Bas, & FRÉDÉRIC III, Electeur de Brandebourg, par lequel celui du 26 Février, 8 Mars, 1678 eft renouvellé, avec l'Article féparé de la même date.

Fait à Cologne fur la Sprée, 30 Juin 1688.

LES Hauts & Puiffans Seigneurs les Etats-Généraux des Provinces-Unies des Pays-Bas, & le Séréniffime Prince & Seigneur Frédéric troifieme, Margrave de Brandebourg, Electeur & Archi-Chambellan du S. Empire Romain, Duc de Magdebourg, Juliers, Cleves, Berg, Stettin, Poméranie, Caffubie, Vandalie, Siléfie, Croffe, & Schwiebuhs, Duc, Burgrave de Nuremberg, Prince de Halberftadt, Minden, & Camin, Comte de Hohenzollern, de la Marck, & Ravensberg, Seigneur de Ravenftein, & des Pays de Lawenbourg, & Buttaw, ayant confidéré la grande utilité & les avantages dont leurs Pays & Sujets refpectifs ont joui par les Traités & Alliances, ci-devant faits entre leurfdites Hautes Puiffances les Seigneurs Etats-Généraux des Provinces-Unies des Pays-Bas, & le feu Séréniffime Prince & Seigneur le Seigneur Frédéric Guillaume Margrave de Brandebourg, Archichambellan, Electeur du S. Empire Romain, Duc en Pruffe, de Magdebourg, Juliers, Cleves, Berg, Stettin, Poméranie, Caffubie, & Vandalie, & auffi en Siléfie, de Croffe, & Schwiebuhs, Duc Burgrave de Nuremberg, Prince de Halberftadt, Minden & Camin, Comte de Hohenzollern, de la Marck & Ravensberg, Seigneur de Ravenftein, & des Pays de

Lauwenbourg

Lauwenbourg & Butaw, Seigneur & Pere de Sa Sérénité Electorale d'heureufe mémoire; ils ont trouvé utile & néceffaire non feulement de continuer & renouveller les fufdits Traités & Alliances, tant pour la confirmation d'une bonne & particuliere intelligence, voifinage & confiance, que
pour l'avancement & augmentation de la fûreté & protection commune;
c'eft pourquoi ils ont conftitué pour leurs Plénipotentiaires, favoir leurs
Hautes Puiffances, le Sieur Jacob Hop, Confeiller & Penfionnaire de la Ville
d'Amfterdam, Député dans leur Affemblée de la part de la Province de
Hollande & Weft-Frife, préfentement Envoyé Extraordinaire à la Cour de
la fufdite Sérénité Electorale; & fadite Sérénité Electorale fes Confeillers
privés & de Guerre & Directeur des Fiefs, les Sieurs François de Meinders, Paul de Fuchs, & Everhard de Danckelman, lefquels ayant conféré
par enfemble, & s'étant entre-communiqué leurs Pleins Pouvoirs dont la
Copie eft inférée à la fin des préfentes, ont traité, convenu & accordé en
la maniere fuivante.

» C'eft à favoir que les Traités & Alliances qui ont été faites entre leurs
Hautes Puiffances d'une part, & Sa Sérénité Electorale de glorieufe mémoire d'autre part, le 26 Février vieux ftyle ou dix-huit Mars, ftyle nouveau 1678 avec l'Article féparé de la même date à Cologne fur la Sprée,
& à la Haye le vingt-troifieme Août feront renouvellées & confirmées,
comme elles font renouveliées & confirmées par ces préfentes de même
& de la même maniere que fi lefdits Traités & Alliances étoient ici inférées & répétées mot pour mot. »

» Promettent auffi de plus leurs Hautes Puiffances & Sa Sérénité Electorale d'entretenir & d'obferver lefdits Traités & Alliances de bonne foi; &
de ne point permettre qu'il foit rien entrepris ni fait contre le contenu en
icelles directement ou indirectement de quelque maniere que ce puiffe être,
& fi néanmoins cela arrivoit, contre toute attente, de faire enforte qu'il
foit au plutôt réparé conformément à la teneur defdits Traités. »

» La préfente Convention fera ratifiée par leurs Hautes Puiffances & par
Sa Sérénité Electorale, & les Actes de Ratification d'icelle échangés dans
le temps de deux mois, ou plutôt, fi faire fe peut, à compter du jour de
la fignature : fait à Cologne fur la Sprée le trentiéme Juin, 1688. »

Etoit figné,

(L. S.) J. HOP.

(L. S.) FRANÇOIS DE MEINDERS.
(L. S.) PAUL DE FUCHS.
(L. S.) EBERHARD DANCKELMAN.

N°. LXIII.

ALLIANCE DÉFENSIVE

Entre Sa Majesté Impériale LÉOPOLD, & MAXIMILIEN-EMANUEL Duc de Baviere.

A Vienne le 4 Mai 1689.

L'ELECTEUR de Baviere s'oblige sous certaines conditions à fournir huit mille hommes à l'Empereur.

N°. LXIV.

LA GRANDE ALLIANCE

Entre l'Empereur LÉOPOLD & les Provinces-Unies.

En 1689.

CETTE Alliance conclue à Vienne le 12 Mai 1689, & appellée *la Grande Alliance* parce que tous les ennemis de la France y accéderent, portoit qu'après la conclusion de la paix générale, les Contractans resteroient toujours unis. Ils se promettoient un secours mutuel de toutes leurs forces tant par terre que par mer, en cas que quelqu'un d'eux fût attaqué par l'ennemi commun; & ils s'engageoient de n'entendre à aucune proposition d'accommodement, qu'on n'eût reçu une entiere satisfaction. Cet ennemi commun étoit Louis XIV. Les entreprises de ce Monarque contre l'Empire, Leurs Hautes Puissances & l'Angleterre, furent probablement le premier mobile de cette grande Alliance qui avoit pour but d'arrêter le génie conquérant de ce Prince, à charge à ses voisins. On sait que les Provinces-Unies qui sembloient être l'ame de cette confédération, furent les premieres à s'en détacher. Voyez ce que nous avons dit des grandes Alliances, & ce que nous dirons des grandes Ligues, au mot LIGUE.

No. LXV.

ALLIANCE

Renouvellée entre LÉOPOLD I, *Empereur des Romains*, & *le louable Cercle de Franconie.*

A Vienne le 5 Juillet 1689.

PAR ce Traité Sa Majefté Impériale reçoit le Cercle de Franconie en fa protection & fpéciale garantie, promettant de le défendre contre toute injufte violence; & de fon côte le Cercle de Franconie s'oblige à fournir à l'Empereur un certain nombre de troupes auxiliaires avec un fubfide en argent.

No. LXVI.

TRAITÉ D'ALLIANCE

Entre le Roi de la Grande-Bretagne GUILLAUME III, & *les Provinces-Unies.*

En 1689.

COMME après plufieurs infractions de paix de la part de la France, le Séréniffime Roi de la Grande-Bretagne & les Hauts & Puiffans Seigneurs les Etats-Généraux des Provinces-Unies des Pays-bas, fe trouvent conjointement en guerre avec le Roi Très-Chrétien, & lefdits Seigneurs Etats-Généraux ayant envoyé les Sieurs...... Députés à l'Affemblée des Etats-Généraux & leurs Ambaffadeurs extraordinaires auprés de Sa Majefté le Roi de la Grande-Bretagne, & ayant témoigné leur défir par lefdits Ambaffadeurs non-feulement de confirmer tous les Traités d'Amitié & d'Alliance qui fubfiftent entre la Couronne d'Angleterre & lefdits Etats-Généraux; mais encore d'entrer dans d'autres engagemens d'Alliance plus étroits avec Sadite Majefté pour le maintien & la confervation réciproque de leurs Sujets, Pays & Etats, & pour réduire le Roi Très-Chrétien à une paix jufte & raifonnable, qui puiffe rétablir & affermir le repos & la tranquillité de l'Europe, & comme lefdits Etats-Généraux ayant donné pouvoir auxdits

Ambaſſadeurs extraordinaires de traiter & conclure ledit Traité, Sa Majeſté ſe trouvant dans les mêmes ſentimens, & voulant bien concourir à ce deſſein, auroit nommé pour Commiſſaires de ſa part, Meſſire Thomas Marquis de Carmarthen, Préſident de ſon Conſeil Privé, George Marquis de Hallifax, Garde du Sceau Privé, le Comte de Schrewſbury, ſon premier Secétaire d'Etat, Daniel Comte de Nottingham auſſi ſon premier Secrétaire d'Etat, & Thomas Wharton, Ecuyer, Conſeiller en ſon Conſeil Privé & Contrôleur de ſa maiſon : leſdits Commiſſaires & Ambaſſadeurs, après pluſieurs Aſſemblées & Conférences, ont en vertu de leurs pouvoirs reſpectifs, copies deſquels ſont inſérées à la fin de ces préſentes, arrêté & conclu ce qui s'enſuit.

» I. Il y aura à l'avenir entre le Roi de la Grande-Bretagne & ſes Succeſſeurs, Rois de la Grande-Bretagne & leurs Royaumes d'une part, & les Seigneurs Etats-Généraux des Provinces-Unies des Pays-bas d'autre part, & leurs Etats, Terres, & Sujets réciproquement, une ſincere, ferme, & perpétuelle amitié & bonne correſpondance, tant par terre que par mer, en tout & par-tout, tant dehors que dans l'Europe. «

» II. Et pour mieux aſſurer cette amitié & bonne correſpondance, & ôter toutes les difficultés qui pourroient naître entre les deux parties ſous quelque prétexte que ce ſoit, il eſt arrêté & convenu entre ledit Seigneur Roi de la Grande-Bretagne & leſdits Seigneurs Etats-Généraux, que tous les Traités de Paix, d'Amitié, Alliance, Confédération, Commerce & de Marine ci-deſſous nommés & mentionnés, ſeront approuvés & confirmés de part & d'autre, ſavoir : «

Le Traité de Navigation & de Commerce conclu en même temps & lieu.

Le Traité de Paix & d'Alliance, conclu à Bréda le 3/1 Juillet 1667.

Le Traité de Paix & d'Amitié conclu à Weſtminſter le 1/8 Février 1674.

Le Traité de Marine conclu à Londres le 1 d'Octobre 1674, avec une Déclaration expliquant pluſieurs Articles dudit Traité, & du Traité de Marine du 1/1 Février 166/7 conclu à La Haye le 3/8 Décembre 1675.

Article pour prévenir ou compoſer les diſputes qui pourroient arriver entre les Compagnies des Indes Orientales d'Angleterre & de Hollande conclu à Londres le 1/8 Mars 1675.

La Ligue défenſive conclue à Weſtminſter le 3 jour de Mars 1678.

Le Traité de concert pour les flottes d'Angleterre & de Hollande conclu à Whitehall le 29 Avril 1689.

Le Traité pour défendre le Commerce avec la France conclu à Whitehall le 1/1 jour d'Août 1689.

Comme leſdits Traités & chacun des Articles ſont effectivement approuvés & confirmés par ce préſent Traité, & demeureront en leur premiere force & vigueur, comme s'ils y étoient inſérés mot à mot, en tant qu'ils ne contrediſent ni ne dérogent les uns aux autres ou au préſent Traité, de telle maniere que les points & matieres ſtipulées par un Traité plus nouveau ſeront accomplis dans le ſens dont on y ſera convenu, ſans avoir égard à un Traité plus ancien.

» III. De plus il y aura entre Sa Majeſté & ſes Succeſſeurs, & leſdits Seigneurs Etats-Généraux & leurs Sujets & Habitans réciproquement une Alliance étroite, & fidele Confédération pour ſe maintenir & conſerver mutuellement l'un l'autre en Tranquillité, Paix, Amitié, & Neutralité par mer & par terre, & dans la poſſeſſion de tous les Droits, Franchiſes & Libertés, dont ils jouiſſent ou ont droit de jouir, ou qui leur ſont acquis, ou qu'ils acquerront par des Traités de Paix, d'Amitié & de Neutralité qui ont été faits ci-devant, & qui ſeront faits ci-après conjointement & d'un commun concert avec d'autres Rois, Républiques, Princes, & Villes; le tout pourtant dans l'étendue de l'Europe ſeulement. «

» IV. Et ainſi ils promettent & s'obligent de garantir réciproquement, non-ſeulement tous les Traités que Sa Majeſté ou ſes Prédéceſſeurs & leſdits Seigneurs Etats-Généraux ont déja faits avec d'autres Rois, Républiques, Princes, & Etats, qui ſeront exhibés de part & d'autre avant l'échange des Ratifications; mais auſſi tous ceux qu'ils pourront faire ci-après conjointement & d'un commun concert, & de ſe défendre, aſſiſter & conſerver réciproquement dans la poſſeſſion des Terres, Villes, & Places qui appartiennent préſentement & appartiendront ci-après tant à Sa Majeſté & ſes Succeſſeurs, Rois de la Grande-Bretagne, qu'auxdits Seigneurs Etats-Généraux par leſdits Traités en quelque endroit que leſdites Terres, Villes & Places ſoient ſituées, en cas qu'en tout ce que deſſus, Sa Majeſté & leſdits Seigneurs Etats-Généraux viennent à être troublés ou attaqués par quelque hoſtilité ou guerre ouverte, par qui ou ſous quelque prétexte que ce puiſſe être, auquel cas on ſe gouvernera de part & d'autre ſelon ce qui eſt ſtipulé dans le Traité ſuſdit conclu le 3 jour de Mars 167¾. «

» V. Et comme ledit Seigneur Roi de la Grande-Bretagne & leſdits Seigneurs Etats ſont préſentement en guerre contre le Roi Très-Chrétien, & que leſdits Seigneurs Roi de la Grande-Bretagne & Etats-Généraux ſe trouvent dans une obligation réciproque de s'entre-aider & défendre, & de maintenir & conſerver mutuellement leurs Pays & Sujets en leurs Poſſeſſions, immunités & libertés, tant de Navigation que de Commerce & autres Droits quelconques, tant par mer que par terre, envers & contre tous Rois, Princes & Etats, & particuliérement contre ledit Roi Très-Chrétien, & afin de pouvoir mieux parvenir à une Paix juſte & raiſonnable qui pourroit rétablir le repos & la tranquillité de l'Europe, il eſt convenu entre ledit Seigneur Roi de la Grande-Bretagne & leſdits Seigneurs Etats, qu'il ne pourra être fait par aucun deſdits alliés aucune ſuſpenſion d'armes, treve, ou paix avec ledit Roi Très-Chrétien, ni avec aucun autre Roi, Prince, ou Etat par lequel l'un ou l'autre deſdits alliés ſeroit troublé ou attaqué, que conjointement & d'un commun conſentement. «

» VI. Et comme ledit Seigneur Roi de la Grande-Bretagne & lesdits Seigneurs Etats font déja entrés de concert dans un Traité pour faire agir leurs Forces pendant cette année contre ledit Roi Très-Chrétien, il est arrêté & accordé qu'ils conviendront au plutôt d'autres Articles & stipulations pour le dénombrement & l'emploi de leurs Troupes & Vaisseaux de guerre de telle manière qu'il sera trouvé le plus à propos pour agir avec d'autant plus de succès contre l'Ennemi commun. «

» VII. De plus il est convenu entre ledit Roi de la Grande-Bretagne & lesdits Seigneurs Etats, que si après que la Paix aura été faite avec le Roi Très-Chrétien conjointement & d'un commun consentement, comme il est ci-dessus stipulé, & qu'après l'une ou l'autre Partie sera attaquée derechef par le Roi Très-Chrétien, ou si l'une ou l'autre Partie venoit à être attaquée par quelque autre Roi, Prince, ou Etat, ces cas échéans, le Traité d'Alliance & de Garantie susdit conclu le trois jour de Mars de l'an 1674. entre la Couronne d'Angleterre, & lesdits Seigneurs Etats, qui est aussi approuvé & confirmé par le présent Traité, subsistera alors en toute son étendue, & sera exécuté en tous ses Points & Articles, comme si le même ou semblable Traité avoit été fait de nouveau & depuis la conclusion de la Paix avec ledit Roi Très-Chrétien; avec cette variation seulement, que la guerre arrivant en cas mentionné dans l'Article de ce Traité, aucun desdits Alliés ne pourra faire aucune Suspension d'armes, Treve, ni Paix avec ledit Roi Très-Chrétien, ni autre Attaquant, que conjointement & d'un commun consentement. «

» VIII. En ce présent Traité seront compris tous les Rois, Princes, & Etats qui voudront y entrer avant l'échange des Ratifications, ou six mois après, du consentement commun de Sa Majesté & desdits Seigneurs Etats. »

» IX. Le présent Traité sera ratifié & approuvé par ledit Seigneur Roi, & lesdits Seigneurs Etats, & les Lettres de Ratifications seront délivrées de l'un & de l'autre en bonne & due forme, dans le terme de six semaines, ou plutôt si faire se peut, à compter du jour de la Signature.

Ensuivent les Pleins Pouvoirs du Roi & de la Reine de la Grande-Bretagne.

GULIELMUS & MARIA *Dei Gratiâ Magnæ Britanniæ, Franciæ & Hiberniæ Rex & Regina,* &c. &c.

Ensuivent les Pleins Pouvoirs des Etats-Généraux.

Les Etats-Généraux des Provinces-Unies des Pays-Bas, à tous ceux qui ces présentes verront, salut, &c.

En foi de quoi les Commissaires de Sa Majesté & Ambassadeurs Extraordinaires susdits, en vertu de leurs pouvoirs respectifs, ont signé ces préfentes de leurs Seings ordinaires, & y ont fait appofer les Cachets de leurs Armes. Fait à Weftminfter le 24 jour du mois d'Août de l'an 1689.

(L. S.) CARMARTHEN P. (L. S.) SCHIMMELPENNICK VANDER OYE.
(L. S.) HALIFAX C. P. S. (L. S.) WITZEN.
(L. S.) SHREWSBURY. (L. S.) NASSAU.
(L. S.) NOTTINGHAM. (L. S.) CITTERS.
(L. S.) WHARTON. (L. S.) DYCKVELT.

Cette alliance fut fuivie d'une convention particuliere entre fes mêmes Puiflances que l'on peut regarder comme une fuite du même Traité, ce qui nous autorife à la mettre ici.

Traité & Convention entre GUILLAUME III, *Roi de la Grande-Bretagne, & les Seigneurs Etats-Généraux des* PROVINCES-UNIES, *pour l'union & le concert de leurs armes contre la France, & principalement pour interdire toute forte de Commerce ou Trafic avec les Sujets du Roi T. C. non-feulement de la part de l'Angleterre & des* PROVINCES-UNIES, *mais auffi de la part des Sujets des autres Rois, Princes, ou Etats. A Wittehall le 22 d'Août 1689.*

D'AUTANT que le Roi Très-Chrétien a déclaré la guerre aux Etats-Généraux des Provinces-Unies des Pays-Bas, & autres Alliés du Roi de la Grande-Bretagne, & que le Roi de la Grande-Bretagne l'ayant déclarée au Roi T. C., il importe audit Seigneur Roi de la Grande-Bretagne, & auxdits Seigneurs Etats-Généraux, de faire le plus de dommage qu'il fera poffible, à l'Ennemi commun, pour le réduire à une Paix jufte & raifonnable, & à des conditions qui pourront rétablir le repos & la tranquillité de la Chrétienté, & comme pour cela, il eft néceffaire qu'on emploie toutes fes forces & particuliérement qu'on faffe en forte, que tout commerce & trafic avec les Sujets dudit Roi T. C. foit effectivement rompu & interdit, pour ôter audit Roi & à fes Sujets, les moyens de fournir à une guerre, qui pourra autrement par fa durée être très-nuifible, & caufer une grande effufion de fang chrétien, & Sadite Majefté de la Grande-Bretagne & lefdits Seigneurs Etats-Généraux ayant pour mieux y parvenir ordonné à leurs flottes de faire voile vers les côtes de France, & de bloquer tous les Ports, Havres & Rades dudit Roi T. C.

„ I. Il eft conclu & arrêté entre Sadite Majefté de la Grande-Bretagne, & lefdits Seigneurs Etats-Généraux, qu'il ne fera pas permis aux Sujets dudit Roi, ni defdits Etats avec leurs propres vaiffeaux, ni avec les vaiffeaux d'aucun autre Royaume, Pays ou Etat, de trafiquer, ni de faire aucun Commerce avec les Sujets du Roi T. C. en maniere quelconque, ni ne pourront emmener dans les Ports au Pays dudit Seigneur Roi, ou defdits Seigneurs Etats, ni dans aucun autre Pays, les marchandifes & denrées des Pays & Terres de l'obéiffance du Roi T. C. ni amener auxdits Pays & Terres aucunes marchandifes ou denrées quelconques fur peine de confifcation defdites marchandifes & denrées, & des vaiffeaux qui y feront employés. "

„ II. Et comme plufieurs Rois, Princes & Etats de la Chrétienté font déja en guerre contre le Roi T. C. & qu'ils ont déja défendu, ou défendront dans peu, tout Commerce avec la France, il eft convenu entre Sadite Majefté de la Grande-Bretagne, & lefdits Seigneurs Etats-Généraux, que fi pendant cette guerre, les Sujets d'aucun autre Roi, Prince ou Etat, entreprendront de trafiquer, ou de faire aucun Commerce avec les Sujets du Roi T. C. ou fi leurs vaiffeaux & bâtimens feront rencontrés, faifant voile vers les Ports, Havres ou Rades, de l'obéiffance dudit Roi T. C. fous un foupçon apparent de vouloir trafiquer avec les Sujets dudit Roi, comme ci-deffus, & fi les vaiffeaux appartenans aux Sujets d'aucun autre Roi, Prince, ou Etat, feront trouvés en quelque endroit que ce foit, chargés de marchandifes ou denrées pour la France, ou pour les Sujets du Roi Très-Chrétien, ils feront pris & faifis par les Capitaines des vaiffeaux de guerre, Armateurs, ou autres Sujets dudit Seigneur Roi de la Grande-Bretagne & defdits Seigneurs Etats, & feront réputés de bonne prife par les Juges competens. "

„ III. Il eft conclu & arrêté que ledit Seigneur Roi de la Grande-Bretagne & lefdits *Seigneurs Etats* notifieront au plûtot ce Traité & Accord à tous les Rois, Princes & Etats de l'Europe, qui ne font pas en guerre contre la France, & que lefdits Rois, Princes & Etats foient en mêmetemps informés, que fi leurs vaiffeaux, ou bâtimens de leurs Sujets, fortis en mer avant cette Notification, feront trouvés faifant voile vers les Ports, Havres, ou Rades de l'obéiffance du Roi T. C., ils feront obligés par les vaiffeaux dudit Seigneur Roi de la Grande-Bretagne & defdits Seigneurs Etats de rebrouffer chemin inceffamment, & que fi les vaiffeaux ou bâtimens defdits Rois, Princes ou Etats, ou de leurs Sujets feront rencontrés, faifant voile defdits Ports, chargés des marchandifes ou denrées de France, lefdits vaiffeaux & bâtimens feront obligés de s'en retourner auxdits Ports, & d'y laiffer lefdites marchandifes & denrées, à peine de confifcation, & qu'en cas que les vaiffeaux ou bâtimens defdits Rois, Princes & Etats, ou de leurs Sujets, fortis en mer après ladite Notification, feront trouvés faifant voile vers les Ports, Havres, ou Rades de l'obéiffance du Roi T. C. ou des Ports dudit Roi, ils feront faifis & confifqués avec leurs marchandifes & denrées comme de bonne prife, & quant aux Princes & Alliés, qui font déja en guerre contre la France, il eft auffi arrêté & convenu que Notification leur fera donnée au plûtot de ce que deffus, & qu'ils foient en même-temps priés de vouloir concourir à des moyens fi néceffaires à

l'intérêt

l'intérêt commun, & de donner & faire exécuter des ordres qui tendent à la même fin. "

„ Ce préfent Traité fera ratifié par Sa Majefté & lefdits Seigneurs Etats-Généraux, & les Ratifications feront échangées, dans l'efpace de fix femaines, fi ce n'eft qu'un Traité d'une Alliance offenfive & défenfive entre Sa Majefté & lefdits Seigneurs Etats-Généraux foit conclu & figné avant l'expiration de ce terme, auquel cas, ce préfent Traité y fera compris & confirmé. Cependant il eft arrêté, & convenu qu'on ne laiffera pas de faire exécuter de part & d'autre, tous & chacun les Articles de ce Traité, ponctuellement & de bonne foi, de même que fi les Ratifications étoient déja échangées. Fait à Wittehal le 1/3 jour d'Août 1689.

> *Etoit figné,*

(L. S.) CARMARTHEN P. (L. S.) A SCHIMMELPENNING van der OYE.
(L. S.) HALIFAX C. P. S.
(L. S.) SHREWSBURY. (L. S.) N. WITZEN.
(L. S.) NOTTINNHAM (L. S.) W. DE NASSAU.
(L. S.) T. WHARTON. (L. S.) ARNAUT van CITTERS.
(L S.) E. DE WEEDE.

ARTICLE SÉPARÉ.

Il a été convenu de part & d'autre que Notification fera donnée au plutôt de ce qui eft contenu dans ce Traité, non-feulement aux Miniftres des Rois, Princes, & Etats intéreffés qui fe trouveront auprès de Sa Majefté & defdits Seigneurs Etats-Généraux, mais auffi à ceux qui font aux Cours Etrangeres auprès des Rois, Princes & Etats refpectivement; & de plus, il a été arrêté qu'en cas que l'une ou l'autre Partie vînt à être incommodée ou troublée à caufe de l'exécution du préfent Traité ou d'aucun Article d'icelui, Sa Majefté Britannique, & les Hauts & Puiffants Seigneurs Etats promettent & s'obligent de fe garantir l'une l'autre à cet égard.

N°. LXVII.

TRAITÉ D'ALLIANCE

Entre GUILLAUME III, Roi de la Grande-Bretagne, & CHRÉTIEN V, Roi de Danemarck.

Du 15 Août 1689.

IL fera notoire à un chacun que le Roi de Danemarck & le Roi de la Grande-Bretagne Guillaume III, font convenus & ont accordé par l'intervention de leurs Miniftres de faire une Alliance ferme & ftable pour leur fûreté mutuelle, & pour cet effet en ont paffé préalablement les Articles fuivans.

„ I. Le Roi de Danemarck & de Norvegue promet au Roi de la Grande-Bretagne de lui donner 7000 hommes de fes vieilles troupes aguerries, armes & bagages, pourvues de toutes chofes néceffaires pour combattre, favoir 6000 hommes de pied & 1000 chevaux, y compris leurs Généraux & Officiers, & de les faire conduire en Angleterre, en Ecoffe ou Irlande à la volonté du Roi d'Angleterre, après la Ratification du Traité, fous l'efcorte de fix vaiffeaux de guerre montés les quatre premiers de 300 hommes chacun & 40 pieces de canon, les deux autres de 250 hommes & de 30 pieces de canon, étant pourvus de vivres & de munitions néceffaires, tant pour faire le trajet, que pour combattre. "

„ II. Lefdites troupes avec leurs Généraux & Officiers feront obligées de prêter le ferment de fidélité au Roi de la Grande-Bretagne pendant tout le temps qu'elles combattront fous fon Etendart, & elles feront obligées d'être fous fes Enfeignes tout autant de temps qu'il fera enveloppé dans la préfente guerre, bien entendu cependant, que fi le Roi de Danemarck avoit la guerre chez lui, ou que quelque Prince ou Etat la lui déclarât, le Roi de la Grande-Bretagne fera obligé de lui renvoyer lefdites troupes à fa réquifition, le plus promptement qu'il fe pourra, & ce dans le terme de trois mois tout au plus, à fes propres dépens, & de le fecourir lui-même tant par mer que par terre. "

„ III. Qu'il fera permis au Roi de la Grande-Bretagne de fe fervir de ces Troupes, comme des fiennes propres, tant que la guerre le requerra, & qu'il ne les féparera pas, fans une néceffité évidente. "

IV. Enfuite il a été convenu, que lefdites troupes obéiront au commandement du Duc de Schomberg, ou à tel autre Général, que le Roi de la Grande-Bretagne leur ordonnera d'obéir, auquel lefdites troupes fe joindront, & que les Généraux & Officiers du Danemarck affifteront au Confeil de Guerre, toutes les fois que quelque expédition le requerra, & donneront leurs avis comme les Officiers propres du Roi de la Grande-Bretagne. "

„ V. L'adminiftration de la Juftice fe fera parmi les troupes du Roi de Danemarck, de même qu'elle fe fait dans fon Pays, felon les Articles de Guerre & les Droits de Danemarck, fous le commandement pourtant du Duc de Schomberg, ou tel autre qu'il plaira au Roi de la Grande-Bretagne de donner au Confeil-Général. "

„ VI. Toutefois, comme le tranfport de ces troupes ne fe pourra faire fans beaucoup de frais & de dépens, le Roi de la Grande-Bretagne promet au Roi de Danemarck la fomme de 240 mille écus, fi elles font obligées de paffer en Angleterre ou en Ecoffe, mais fi le Roi de la Grande-Bretagne veut abfolument que ce tranfport fe faffe en quelque Port d'Irlande, il donnera 350 mille écus, favoir la moitié de cette fomme, après

la Ratification du préfent Traité, l'autre moitié, lorfque lefdites troupes feront arrivées au Port deftiné, & que l'argent fera compté à Hambourg en
bonne & valable monnoie; pour l'effet de quoi on baillera de bons & valables Répondants. "

„ VII. Enfuite le Roi de la Grande-Bretagne promet aux Généraux, Officiers & foldats, qui feront envoyés par le Roi de Danemarck, pareils gages & payes, qu'il donne à fes Généraux, Officiers & foldats, tout autant
de temps qu'ils feront dans fon fervice & qu'ils feront en tout égaux aux
Anglois, lorfqu'ils combattront dans fon Royaume, & en cas qu'ils foient
obligés de combattre ailleurs, ils fe contenteront de la paie d'Allemagne
ou de Hollande; leur paie commencera le jour que lefdites troupes arriveront au Port deftiné, duquel temps le Roi de Danemarck ne fera point
tenu de tout le dommage & de toute la diminution, qui arrivera auxdites
troupes après leur arrivée audit Port; & tous les frais tomberont fur le Roi
de la Grande-Bretagne de quelque nature qu'ils puiffent être : pour cet effet
on prendra des Commiffaires de part & d'autre, comme on eft accoutumé
en Angleterre, qui les compteront devant & après, fans aucune diminution. "

„ VIII. La guerre étant finie, le Roi de Danemarck voulant ravoir fes
troupes, le Roi de la Grande-Bretagne fera tenu de les lui rendre dans trois
mois tout au plus, après en avoir reçu la fignification, & il fera tenu de
les lui renvoyer en pareil nombre qu'il les aura prifes, & s'il n'y a pas
lieu de les renvoyer effectivement, le Roi de la Grande-Bretagne fera obligé
de payer au Roi de Danemarck pour chaque foldat 18 écus, & pour chaque
cavalier 60 écus; pour ce qui regarde le retour des troupes en Danemarck,
les deux Rois conviendront de cela entr'eux, lorfqu'ils pafferont le Traité
d'une ferme Alliance. "

„ IX. Enfin lefdits Rois, font convenus & accordés entr'eux de commencer leur étroite Alliance, auffi-tôt à la Ratification dudit Traité, qui
doit être faite dans un mois ou plutôt, & ils tâcheront par toutes fortes
de moyens, & travailleront inceffamment & fans interruption, de parvenir
à leur but, & à leur fin. "

„ Aufquelles chofes ci-deffus mentionnées les Parties ont donné créance
par leurs Seings & leurs Sceaux, & ainfi l'ont juré & promis. Fait le 15
d'Août 1689. "

N°. LXVIII.

ALLIANCE

Entre l'Empereur LÉOPOLD, & VICTOR-AMÉDÉE, *Duc de Savoye.*

A Turin, le 4 Juin 1690.

N°. LXIX.

TRAITÉ D'ALLIANCE

Entre les Seigneurs Etats-Généraux des Provinces-Unies d'une part, & RODOLPHE-AUGUSTE & ANTOINE-ULRIC, Ducs de Brunswick-Lunebourg Wolfenbuttel,

Avec stipulation du nombre de Troupes que lesdits Princes feront obligés de tenir au service de L. H. P. à la solde de la République.

Fait à la Haye le 14 Mai 1691.

Avec un Article séparé du même jour concernant une augmentation de six Compagnies desdites Troupes, que le Roi de la Grande-Bretagne prend à sa charge.

» I. IL y aura pour toujours entre les Seigneurs Etats-Généraux des Provinces-Unies des Pays-Bas d'une part, & LL. SS. d'autre, une constante amitié & correspondance, & s'assisteront & avanceront en tout temps les intérêts les uns des autres, fidélement, de conseil & de fait, ensemble les Ministres respectifs qu'ils ont dans les Cours des Princes étrangers, en quelque endroit qu'ils puissent résider, les y seconderont & détourneront tout ce qui pourroit leur être dommageable & nuisible ; & à cet effet se secourront les uns les autres, comme il sera déclaré ci-après. «

» II. Leurs Sérénités laisseront demeurer au service de leurs Hautes Puissances un Régiment de Cavalerie de quatre Compagnies, & deux Régimens d'Infanterie de cinq Compagnies, pendant le temps de ce présent Traité. «

» III. Et, comme on a trouvé par expérience que les fufdits trois Régimens ne peuvent pas rendre le fervice requis, à moins qu'ils ne foient augmentés chacun de deux Compagnies, LL. SS. joindront encore le 1 Janvier 1692 à chacun defdits trois Régimens deux Compagnies, à moins que Sa Majefté de la Grande-Bretagne ne jugeât néceffaire pour le fervice de l'Etat que cela fe fît plutôt. «

» IV. Les places vacantes des Officiers feront chaque fois remplies par LL. SS. préférant toujours ceux d'entre lefdites Troupes qui feront les plus capables, aux autres qui n'en feront pas. «

» V. Lefdites Troupes ne feront point rappellées durant cette Convention, à moins que LL. SS. ne fuffent attaquées dans leurs Etats & Pays, & réduites en un danger éminent ou inévitable, & alors LL. SS. devront de plus être fecourues par leurs Hautes Puiffances comme il fera dit ci-après en l'Article XIII. «

» VI. LL. SS. fe chargent de tenir fur pied, dans leur Pays, durant le temps de cette Convention, trois mille hommes, tant d'Infanterie que de Cavalerie, de Troupes bien réglées & bien difciplinées. «

» VII. Et s'il arrivoit que durant cette Convention leurs Hautes Puiffances vinffent à être attaqués & affaillis par quelque autre que le Roi de France, avec qui ils font préfentement en guerre, excepté feulement l'Empereur, l'Empire & les autres Membres de la Séréniffime Maifon de Brunfwick-Lunebourg, ou qu'après cette guerre finie & durant cette Convention, ils fuffent pareillement attaqués par le Roi de France, ou quelques autres, excepté comme deffus Sa Majefté Impériale, l'Empire & autres Membres de la Séréniffime Maifon de Brunfwick & Lunebourg, LL. SS. feront marcher au fervice de l'Etat, un mois après qu'ils en feront requis, quinze cens hommes de pied & deux cens de Cavalerie, & les livreront fur les frontieres de l'Etat, en payant, par leurs Hautes Puiffances, un mois de marche pour lefdites Troupes, & les prendront à leur charge & folde, à compter du jour qu'elles feront arrivées fur les Frontieres, prenant LL. SS. fur elles tout le hazard de ladite marche; excepté l'obtention du paffage libre fur les Pays par lefquels elles devront paffer, à quoi il faudra que l'Etat pourvoie, fans pourtant qu'il faille que LL. SS. entrent en rupture avec ceux que leurs Hautes Puiffances pourroient venir à attaquer. «

» VIII. Toutes les Troupes de LL. SS., tant celles qui font préfentement au fervice de l'Etat que celles qui y pourroient venir, fuivant l'Article précédent, feront affignées fur la Province de Hollande, & feront traitées à l'égard du payement, & des autres chofes, comme les propres Troupes de l'Etat, & en conféquence jouiront des mêmes avantages; & en cas de diminution, elles feront recrutées de la même maniere, & à proportion de la force des Compagnies. «

» IX. Et, comme il eft néceffaire que les Compagnies des fufdits Régimens, & fur-tout ceux d'Infanterie, foient, outre leurs Officiers, pourvus d'un Sous-Lieutenant ou Lieutenant en fecond, il fera payé pour ce, une fois par mois, trois cens Rifdales, à commencer du premier Janvier 1692. «

» X. Les fufdites Troupes, lorfqu'elles devront retourner en leur Pays, feront payées en conféquence du V. Article, de tous leurs arrérages, gages, argent de chariots, & tout ce qui leur fera dû par l'Etat, tant pour les Recrues mentionnées en l'Article VIII qu'autrement, jufques à ce qu'elles quittent les Frontieres de l'Etat. «

» XI. Leurs Hautes Puiffances fe chargent, fi le péril mentionné au V. Article venoit à s'augmenter, & que LL. SS. vinffent à être attaqués & affaillis dans leur Pays, de laiffer retourner lefdites Troupes, fans apporter à cet égard le moindre empêchement. «

» XII. Et s'il arrivoit, que durant cette Convention LL. SS. vinffent à être attaqués & infultés par quelque autre que par le Roi de France, avec qui ils font déja en guerre, auffi-bien que l'Empire; ou qu'ils vinffent à l'être après la fin de cette guerre par le Roi de France ou quelques au-tres, leurs Hautes Puiffances feront marcher au fervice de LL. SS. trois mille hommes d'Infanterie & quatre cens de Cavalerie, un mois après qu'ils en feront requis, en payant par LL. SS. un mois de marche pour lefdites Troupes, & qu'ils les prendront à leur charge & folde, dès le temps qu'elles feront arrivées fur les Frontieres de LL. SS. prenant leurs Hautes Puiffances fur eux tout le hazard de ladite marche, excepté l'obtention du paffage libre fur les Pays, par où lefdites Troupes devront paffer, ce que LL. SS. auront foin de procurer; ou que leurs Hautes Puiffances payeront une fois la fomme de cent vingt mille livres, au choix de leurs Hautes Puiffances, fans néanmoins que leurs Hautes Puiffances foient néceffités d'entrer pour cela en rupture avec ceux qui viendront attaquer LL. SS. «

» XIII. Mais s'il arrivoit que le péril fût fi grand, qu'il ne foit pas poffible d'y faire marcher les fufdites Troupes & que LL. SS. les reçoivent, qu'en ce cas leurs Hautes Puiffances leur paieront les fufdits cent vingt mille livres, au-lieu des fufdites Troupes. «

» XIV. LL. SS. étant portés de mettre leurs Fortifications en meilleur état de défenfe, & ayant befoin pour cela d'une bonne fomme d'argent, leurs Hautes Puiffances autoriferont leur Receveur général, en donnant de la part de LL. SS. une atteftation & fûreté fuffifante, de lever fous leur garantie, comme cela s'eft fait à l'égard d'autres Princes, à cinq pour cent d'intérêt par an, une fomme de quatre-vingt dix mille Rifdales, & encore par deffus autant que ce à quoi fe montera le mois de marche; à condi-tion que la fufdite fomme de quatre-vingt dix mille Rifdales en principal foit rachetée & acquittée dans le temps de fix années, & le mois de mar-che apporté en compte au départ defdites Troupes. «

» XV. Ce Traité durera le temps de fix ans, après la date d'icelui; &

pourra être renouvellé ou continué avant que son temps expire, d'un commun consentement, & fera ratifié dans le temps de quatre semaines après la signature des Présentes, & lesdites Ratifications seront ici échangées à la Haye. Ainsi fait à la Haye le 14 Mai 1691. «

ARTICLES SÉPARÉS.

» I. Comme Sa Majesté de la Grande-Bretagne s'est chargé d'entretenir, pendant cette année courante, les deux Compagnies de Cavalerie, & quatre Compagnies d'Infanterie mentionnées au troisieme Article de la Convention précédente, ensemble encore quatre Compagnies de Cavalerie appartenantes aussi à LL. SS. suivant la précédente Capitulation du 8 Mars 1690, & qu'outre cela LL. SS. entretiendront encore à leurs dépens dans l'armée de l'Etat, pendant ledit temps, s'il est requis, sept Compagnies d'Infanterie qui doivent être recrutées au premier jour; & qu'il est jugé nécessaire que toutes ces Troupes de LL. SS. tant celles mentionnées dans la susdite Convention, que dans cet Article séparé soient compris dans une même Capitulation; il a été plus expressément entre, lesdits Contractans, après une communication préalable, avec sadite Majesté, convenu & accordé, qu'à l'expiration de cette présente année courante leurs Hautes Puissances concerteront avec sadite Majesté, que lesdites quatre Compagnies de Cavalerie & sept Compagnies d'Infanterie puissent aussi être mises à la charge de l'Etat, soit par voie d'échange ou réforme d'autres Compagnies; & afin que les susdites Troupes, pour prévenir tous inconvéniens à l'égard du temps du paiement, puissent être traitées d'une même manière, leurs Hautes Puissances tâcheront de faire ensorte par leurs bons offices auprès de Sa Majesté Britannique, afin que lesdites Compagnies, qui sont à leur charge, soient avec celles de l'Etat payées de temps en temps, & que ladite Capitulation soit exécutée selon sa forme & teneur. «

» II. Leurs Hautes Puissances emploieront derechef en tout temps, en étant requis, tout devoir & instance à la Cour de Sa Majesté Impériale, & partout où cela pourra être efficace, afin que l'emploi des sept Compagnies de LL. SS. au service de l'Etat, mentionnées dans l'Article précédent, & qui doivent être envoyées dans des Places de devers le Rhin, ne tourneront à aucun préjudice de LL. SS. Ainsi fait, &c. «

INFANTERIE.

Etat-Major.

1. Colonel.	393. 15
1. Lieutenant-Colonel.	131. 5
Major.	105.
Quartier-Maître du Régiment.	100
Auditeur.	48
Miniftre.	45
Aide-Major ou Ajudant.	50
Chirurgien-Major.	60
Tambour-Major.	20
6. Fiffres à 12. 5.	73. 10
Prévôt.	39
16. Perfonnes.	1065. 10

Compagnie des Gardes.

1. Capitaine.	150
Capitaine-Lieutenant.	45
Enfeigne.	40
3. Sergents à 24.	72
3. Sous-Officiers à 24. 10	73. 10
1. Chirurgien.	20
3. Caporaux à 23.	69. 15
1. Ecrivain.	12
2. Tambours 14. 5.	28. 10
71. Soldats à 12. 5.	869. 15
3. Garçons à 8.	24
108. Têtes.	1661
Ici joint le furplus.	100
	1761
Montant pour fept Compagnies.	7
	12327

CAVALERIE.

CAVALERIE.

Etat-Major.

1. Colonel.	- - - - - -	393. 15
1. Lieutenant-Colonel.	- - - -	131. 5
1. Major.	- - - - -	105
1. Quartier-Maître du Régiment.	- - -	100
1. Auditeur.	- - - - -	48
1. Miniſtre.	- - - - -	45
1. Aide-Major.	- - - -	50
1. Chirurgien-Major.	- - - -	60
1. Timbalier.	- - - -	30
1. Prévôt.	- - - - -	40
10. Têtes.	- - - - - -	1003

Compagnies des Gardes.

1. Capitaine.	- - - - - -	400
1. Capitaine-Lieutenant.	- - - -	180
1. Cornette.	- - - - -	145
1. Quartier-Maître.	- - - -	70
3. Caporaux à 32.	- - - -	96
1. Chirurgien.	- - - -	35
2. Trompettes à 35.	- - -	70
1. Ecrivain.	- - - -	28
52. Cavaliers à 28.	- - - -	1455
1. Maréchal.	- - - -	28
		2508
Pour ſurplus ici pour chaque Compagnie.	- - -	140
		2648

N°. L X X.

RENOUVELLEMENT *de la part des Provinces-Unies, de l'Alliance conclue en 1689, entre* LÉOPOLD, *Empereur des Romains, & lesdites Provinces-Unies & leurs Alliés.*

A La Haye, le 8 Août 1695.

N°. L X X I.

RENOUVELLEMENT *de la part de* FRÉDÉRIC-CHRÉTIEN, *Evêque de Munster, de l'Alliance faite en 1689, entre* LÉOPOLD, *Empereur des Romains, & les Provinces-Unies & leurs Alliés.*

A Munster, le 16 Août 1695.

N°. L X X I I.

RENOUVELLEMENT *de la part D'*ERNEST-AUGUSTE, *Duc de Brunswic & Lunebourg, Electeur, de l'Alliance faite en 1689, entre* LÉOPOLD, *Empereur des Romains, & les Provinces-Unies & leurs Alliés.*

A Limbourg, le 18 Août 1695.

N°. L X X I I I.

RENOUVELLEMENT *de la part de* MAXIMILIEN-EMANUEL, *Electeur, Duc de Baviere, de l'Alliance faite en 1689, entre* LÉOPOLD, *Empereur des Romains, & les Provinces-Unies & leurs Alliés.*

Au Camp de Namur, le 22 Août 1695.

N°. LXXIV.

RENOUVELLEMENT *de la part de* FRÉDÉRIC III, *Électeur de Brandebourg, de l'Alliance faite en 1689, entre* LÉOPOLD, *Empereur des Romains, & les Provinces-Unies des Pays-Bas & leurs Alliés.*

A Cologne fur la Sprée, le 27 Août 1695.

N°. LXXV.

RENOUVELLEMENT *de la part de* CHARLES II, *Roi d'Espagne, de l'Alliance faite en 1689, entre* LÉOPOLD, *Empereur des Romains, & les Provinces-Unies des Pays-Bas & leurs Alliés.*

A Madrid, le 1 Septembre 1695.

N°. LXXVI.

ACTE *par lequel* LÉOPOLD, *Empereur des Romains, renouvelle son Alliance, conclue en 1689, avec les Provinces-Unies des Pays-Bas & leurs Alliés.*

A Ebersdorff, le 12 Septembre 1695.

N°. LXXVII.

RENOUVELLEMENT *de la part d'*ÉLÉONORE, *Reine Douairiere de Pologne & Duchesse Douairiere de Lorraine, de l'Alliance faite en 1689, entre* LÉOPOLD, *Empereur des Romains, & les Provinces-Unies des Pays-Bas & leurs Alliés.*

A Infpruck, le 13 Septembre 1695.

N°. LXXVIII.

RENOUVELLEMENT de la part de VICTOR-AMÉ II, Duc de Savoie, de l'Alliance faite en 1689, entre LÉOPOLD, Empereur des Romains, & les Provinces-Unies des Pays-Bas & leurs Alliés.

A Turin, le 22 Septembre 1695.

N°. LXXIX.

RENOUVELLEMENT de la part de GEORGE-GUILLAUME, Duc de Brunswick-Lunebourg-Zell, de l'Alliance faite en 1689, entre l'Empereur LÉOPOLD & les Provinces-Unies des Pays-Bas & leurs Alliés.

A Ebersdorff le 22 Septembre 1695.

N°. LXXX.

RENOUVELLEMENT de la part de GUILLAUME III, Roi de la Grande-Bretagne, de l'Alliance faite en 1689, entre l'Empereur LÉOPOLD & les Provinces-Unies des Pays-Bas & leurs Alliés.

A Burford, le 7 Novembre 1695.

N°. LXXXI.

RENOUVELLEMENT de la part du Prince JOSEPH-CLEMENT de Baviere, Electeur de Cologne, de l'Alliance conclue en 1689, entre l'Empereur LÉOPOLD & les Provinces-Unies & leurs Alliés.

Le 20 Mars 1696.

No. LXXXII.

LE Cercle de Franconie & plusieurs autres Etats, renouvellerent encore dans le même temps leur accession à la grande Alliance de l'an 1689, entre l'Empereur & les Provinces-Unies; mais nous avons déja dit à quoi cette puissante Ligue aboutit, combien elle en imposa peu à la France, & avec quelle facilité la plupart des Alliés s'en détacherent les uns après les autres.

No. LXXXIII.

TRAITÉ D'ALLIANCE

Entre la Suede, l'Angleterre & les Provinces-Unies.

En 1700.

CES trois Puissances avoient projetté cette Alliance dès 1698, par une convention arrêtée à la Haye, le 14 de Mai. On nomma des Plénipotentiaires pour en dresser les Articles qui ne furent signés que le 23 Janvier 1700. Le Roi d'Angleterre, celui de Suede & les Provinces-Unies, se garantissent mutuellement leurs possessions en Europe, s'engagent à les défendre contre quiconque attaquera les Etats de l'un ou de l'autre des trois contractans; & promettent de plus de se liguer contre toute Puissance qui troublera la paix générale de l'Europe par quelque hostilité que ce soit contre tout autre Prince. L'objet de cette Alliance est de maintenir & garantir la paix de Westphalie, celle de Nimegue, le Traité de Riswick en ce qu'il ne differe pas des précédens, entre l'Empereur, l'Empire & le Roi de France, & le Traité de Riswick entre le Roi d'Angleterre, le Roi de France & les Provinces-Unies. Les trois Contractans renouvellent toutes les Alliances antérieures qu'ils ont faites ensemble, & stipulent que si les secours promis par ces Alliances ne suffisent pas pour assurer l'effet de celle-ci, ils y emploieront toutes les forces possibles & nécessaires; & pour statuer quelque chose de particulier, chacun s'engage à fournir six mille hommes, une fois. Si pourtant on trouvoit que ces six mille hommes ne fussent pas suffisans, on s'oblige d'en fournir davantage suivant l'exigence des cas. Du reste aucun des Contractans ne pourra faire sa paix particuliere, ni même entrer en négociation, sans le consentement des autres, & fans leur communiquer tout ce qui fe négociera à cet égard.

Cette Alliance n'étoit ftipulée que pour dix-huit ans. Elle contenoit en outre fix Articles fecrets. Par le premier les trois Contractans garantiffoient, outre les Traités mentionnés ci-deffus, celui de Rifwick entre la France & l'Efpagne. Par le fecond, le Roi de Suede promettoit dix mille hommes au lieu de fix. Le troifieme portoit qu'aucune des troupes accordées pour la défenfe réciproque de la Suede, de l'Angleterre ou des Provinces-Unies, ne pourroient étre envoyées en Italie, ni en Efpagne. Le quatrieme contenoit la garantie du Traité d'Altena entre le Roi de Danemarck & le Duc de Holftein-Gottorp. Le cinquieme portoit que l'Empereur & le Roi d'Efpagne pourroient accéder à la préfente Alliance, s'ils le vouloient, comme étant les deux Princes que la garantie de la paix de Rifwick intéreffoit le plus. Enfin par le fixieme & dernier Article, le Roi d'Angleterre & les Etats-Généraux, promettoient leurs bons offices auprès du Roi d'Efpagne, pour l'engager à payer au Roi de Suede un dédommagement pour les Vaiffeaux que les Sujets de l'Efpagne avoient pris injuftement à la Suede dans les guerres précédentes.

Cette Alliance fut follicitée par le Roi de Suede, qui ayant appris que le Czar de Ruffie en retournant du voyage qu'il avoit projetté de faire en Italie, pour appaifer dans fon Empire le remuement des Strelitz, s'étoit abouché en Pologne avec le Roi Augufte, craignoit qu'il n'eût concerté avec ce Prince d'attaquer la Suede. La fuite a fait voir que fes craintes étoient fondées.

N°. LXXXIV.

TRAITÉ D'ALLIANCE

Entre les Rois de la Grande-Bretagne & de Danemarck & les Etats-Généraux des Provinces-Unies des Pays-Bas.

A Odenfée, le 20 Janvier 1701.

NOTOIRE foit à tous qui y ont intérêt. Après que les affaires de l'Europe font changées par la mort du Roi Catholique, Sa Majefté le Roi de la Grande-Bretagne & Leurs Hautes Puiffances les Etats-Généraux des Provinces-Unies des Pays-Bas, d'une part, & Sa Majefté le Roi de Danemarck d'autre part, ont mûrement confidéré, que pour la fûreté de leurs Royaumes & Provinces, il feroit d'une grande utilité que leur ancienne amitié & confiance fût rétablie, enforte qu'il y eût une parfaite union d'intérêts & de convenance, & une confidente communication entr'eux à l'égard de toutes les affaires qui pourroient arriver en Europe, & qu'on s'y entre-prêtât les mains fidélement, & qu'on convînt pour cet effet d'une Alliance défenfive; & S. M. le Roi de Danemarck étant informée que Sa Majefté le Roi de la Grande-Bretagne & Leurs Hautes Puiffances auroient envoyé ordre à leurs Miniftres à fa Cour, d'entrer en conférence avec les Minif-tres qu'il plairoit à S. M. de nommer pour travailler à une telle Alliance défenfive, a pareillement donné ordre à fes Miniftres; favoir, le Sieur Con-rad, Comte de Reventlow, Seigneur de Ffrifenwoldt, Loyftrup, Galloë & Clausholm, Chevalier, Confeiller-Privé, & Grand-Chancelier de S. M. le Roi de Danemarck; le Sieur Siegfried de Pleffen, Seigneur de Parin & Hoickendorff, Chevalier, Confeiller-Privé de S. M. le Roi de Danemarck; le Sieur Knudt Thott, Seigneur de Knudftrup & Gaunoe, Chevalier, Con-feiller-Privé, & Député dans la Chambre des Finances de Sa Majefté le Roi de Danemarck; le Sieur Chriftian de Lente, Seigneur de Sarlhaufen, Chevalier, Confeiller-Privé & premier Secrétaire de guerre de Sa Majefté le Roi de Danemarck; & le Sieur Chriftian de Schefted, premier Secré-taire & Confeiller-d'Etat de S. M. le Roi; pour entrer en négociation fur ce fujet avec le Sieur Hugo Greg, Réfident de S. M. le Roi de la Grande-Bretagne à la Cour du Roi de Danemarck, & avec le Sieur Robert Goes, Seigneur de Bouchhorftburg, Réfident de Leurs Hautes Puiffances à la Cour du Roi de Danemarck, lefquels après diverfes conférences, & après la communication & échange de leurs pleins pouvoirs, font convenus des Articles fuivans.

» I. Les Alliances défenfives conclues entre S. M. le Roi de la Grande-Bretagne, & les Seigneurs Etats-Généraux des Provinces-Unies, d'une part, & S. M. le Roi de Danemarck d'autre part, le 3 de Novembre 1690 & le 3 de Décembre 1696 demeureront en leur vigueur, & font confirmées & renouvellées en tous leurs points & claufes hormis ce qui fera changé par le préfent Traité. "

» II. Sa Majefté le Roi de la Grande-Bretagne, & Leurs Hautes Puiffances promettent de payer fans aucun rabais, faute ou délai, les fommes ftipu-lées par la fufdite Alliance de l'an 1696 en bonne monnoie d'Hollande à Amfterdam, la moitié auffi-tôt que les troupes dont il eft parlé dans le dixieme Article de ce Traité commenceront à marcher vers les frontieres de Leurs Hautes Puiffances, & l'autre moitié fix mois après : defquelles fommes il fe trouvera une liquidation exacte à la fin de ce Traité. «

» III. Et comme il importe beaucoup pour les Trafiquans que la mer foit libre & fûre, (*) *S. M. le Roi de Danemarck promet à S. M. le Roi de la Grande-Bretagne, & aux Etats-Généraux que pour la fûreté du Com-*

(*) On eft convenu, qu'en cas qu'on vienne à une guerre, S. M. le Roi de Danemarck, pour la fûreté du Commerce, fermera tous les Ports & Havres de fon obéiffance pour les Armateurs & les vaiffeaux de guerre de l'un & de l'autre Parti, à moins, &c.

merce , en cas qu'on vienne à une guerre , *Elle fermera tous les Ports &* *Havres de son obéissance aux Armateurs & aux Vaisseaux de guerre, à moins* que ces vaisseaux de guerre ne viennent pour convoyer une flotte de vaisseaux marchands; auquel cas ils auront libre entrée dans les ports & fleuves de S. M. mais non pas quand ils convoyeront des vaisseaux particuliers & détachés. Or une flotte marchande ne sera réputée telle, que quand elle sera de quarante vaisseaux, ou au-delà ; & il suffira qu'elle ait été de ce nombre, en passant à la hauteur de la pointe de Jutlande, sans qu'il soit besoin qu'elle soit si nombreuse, quand les vaisseaux de guerre entreront dans les ports de Sa Majesté, puisque les vaisseaux marchands étant arrivés à cette hauteur, tirent vers le Sond, ou se dispersent en plusieurs ports de Norwegue. Pour le reste, on se rapporte au quatrieme Article secret de l'an 1696. «

» IV. Sa Majesté le Roi de Danemarck ne s'opposera plus contre le IX Electorat, mais Elle promet de se conformer au contenu du 3 Article du Traité de 1696 & du 7 Article secret dudit Traité. «

» V. S. M. le Roi de Danemarck ne prendra aucun engagement, ni n'entrera en aucun Traité , par lequel la paix du Nord puisse être troublée, ou par lequel un troisieme parti se puisse former, soit dans le Nord, soit en Allemagne , ni ne fomentera de tels troubles, sous prétexte d'y être engagé par des Traités précédens : mais au contraire, S. M. tâchera d'empêcher que des Traités de cette nature ne se fassent point, en conformité du 4 Article de la susdite Alliance. «

» VI. S. M. le Roi de Danemarck stipule expressément la liberté du Commerce pour ses Sujets , en cas qu'on en vienne à une guerre ; & ne voulant pourtant pas permettre que des étrangers commettent des fraudes, en se servant des Passe-ports Danois, on est convenu, qu'immédiatement après la signature de ce Traité, on examinera la Convention qui fut faite l'an 1690 entre Sa Majesté le Roi de la Grande-Bretagne & Leurs Hautes Puissances d'une part, & Sa Majesté le Roi de Danemarck d'autre part, au sujet du Commerce en France, afin de changer cette Convention autant qu'il sera nécessaire, pour mieux prévenir les fraudes ; & jusqu'à ce qu'on soit convenu d'un commun accord de ce changement, ladite Convention sera rétablie dans sa premiere vigueur, & servira de loi & de regle pour ledit Commerce. «

» VII. Sa Majesté le Roi de la Grande-Bretagne & Leurs Hautes Puissances promettent de payer à Sa Majesté le Roi de Danemarck, trois cens mille écus de subsides par an, tout le temps (*) *que la guerre durera;* & le paiement s'en fera en bonne monnoie de Banca à Hambourg, tous

---

(*) Que la guerre ou les troubles dureront , à compter du jour de la signature du présent Traité.

les trois mois un quart de la somme ſtipulée. Et en cas qu'on n'en vînt pas
à une guerre, mais que les diſſentions préſentes fuſſent aſſoupies par un
accommodement, & que pourtant les troupes de Sa Majeſté le Roi de Danemarck fuſſent actuellement en marche vers les Frontieres de l'Etat, Sa
Majeſté le Roi de la Grande-Bretagne & Leurs Hautes Puiſſances (*) *ne
laiſſeront pas de payer en tel cas toutes les levées deſdites troupes.* «

Et ſi un accommodement ſe faiſoit après la ratification de ce Traité,
mais avant la marche actuelle deſdites troupes vers les frontieres de LL.
HH. PP. S. M. le Roi de Danemarck, ſe contentera d'un an de ſubſide &
d'un quart de la somme ſtipulée pour les levées.

» VIII. Sa Majeſté le Roi de la Grande-Bretagne promet auſſi en particulier, de payer à Sa Majeſté le Roi de Danemarck ce qui lui eſt dû encore en vertu de la convention de 1689, tant pour le tranſport des ſept
mille hommes en Irlande, qu'à l'égard de ce qui reſte à payer encore auxdites troupes de leur ſolde, en cas qu'on trouve par la liquidation qui s'en
fera, que tout n'a pas été payé ; & le décompte de l'un & de l'autre ſera
fait un an après la ratification de ce Traité ; & le paiement enſuite ſans
aucun délai, dans la Ville de Hambourg. «

· » IX. Et pour ôter toute pierre d'achoppement, Sa Majeſté le Roi de
Danemarck veut bien ſe déſiſter de toutes les prétentions qu'il pourroit
avoir à la charge de LL. HH. PP. à condition que LL. HH. PP. obligent
à payer pour S. M. les ſommes que la Province d'Hollande & la Ville
d'Amſterdam prétendent d'elle ; & à reſtituer à Sadite Majeſté les obligations que feu S. M. le Roi Frédéric III. de glorieuſe mémoire a données à la ſuſdite Province & à la ſuſdite Ville. »

» X. S. M. le Roi de Danemarck promet de faire marcher au ſecours
de S. M. le Roi de la G. B. & de LL. HH. PP. auſſi-tôt que le préſent
Traité ſera ſigné, trois mille Cavaliers, mille Dragons, & huit mille Fantaſſins du Royaume de Danemarck & du Pays d'Holſtein, leſquelles troupes ſeront duement montées, armées & pourvues de leurs Officiers & Généraux. Leſdites troupes feront ſerment de fidélité à S. M. le Roi de la
Grande-Bretagne & à LL. HH. PP. tout de même que les 7000 hommes
des troupes Danoiſes firent ci-devant à Sa Majeſté le Roi de la Grande-
Bretagne quand elles entrerent en ſon ſervice. La collation des charges vacantes, & l'adminiſtration de la Juſtice ſe fera ſur le même pied qu'il a
été pratiqué à l'égard deſdits 7000 hommes. Sa Majeſté le Roi de la Grande-
Bretagne & LL. HH. PP. payeront pour la levée deſdites troupes, 80 écus
pour chaque Cavalier, 60 écus pour chaque Dragon, & 30 écus pour chaque Fantaſſin. La moitié de cet argent ſe payera auſſi-tôt que leſdites troupes ſeront effectivement en marche vers les frontieres de LL. HH. PP. &

(*) Payeront en tel cas, outre les levées deſdites troupes, trois mois des ſubſides ſtipulés.

l'autre moitié quand elles feront effectivement arrivées fur lefdites frontieres. La folde & le traitement de ces troupes fera fur le même pied que des autres troupes de LL. HH. PP. favoir, celle des Régimens ordinaires Danois, comme celle des autres Régimens ordinaires de l'Etat. Ce paiement fera mis entre les mains des Commiffaires Danois pour en faire la diftribution fans aucun rabat ou diminution, & commencera du jour que lefdites troupes fe mettront en marche vers les frontieres de l'Etat. Et s'il arrivoit qu'on trouvât à propos de tranfporter les troupes qui doivent venir du Danemarck & du Pays d'Holftein en tout ou en partie par mer vers le Pays de l'obéiffance de l'Etat, ce tranfport fe fera aux dépens de S. M. le Roi de la G. B. & de LL. HH. PP. : & en cas de néceffité, il fera permis de fe fervir des vaiffeaux de S. M. le Roi de Danemarck, ou de ceux de fes Sujets, pour faciliter & pour hâter ledit tranfport. S. M. le Roi de la G. B. & LL. HH. PP. pourront garder lefdites troupes à leur fervice, auffi long-temps qu'ils le trouveront à propos; & quand ils les voudront renvoyer, ils le feront favoir à S. M. le Roi de Danemarck trois mois auparavant. Cependant fi quelque rupture ou guerre furvient, lefdites troupes continueront non-obftant cela dans le fervice de S. M. le Roi de la G. B. & de LL. HH. PP. autant que la guerre durera; à moins que S. M. le Roi de Danemarck ne fût attaqué dans fes Royaumes & Etats pour leur avoir fourni lefdites troupes, auquel cas S. M. le Roi de Danemarck fe réferve le droit & le pouvoir de les rappeller, auffi-tôt qu'il le trouvera néceffaire. «

» XI. En cas que par malheur, un, ou plufieurs Régimens ou Compagnies defdites troupes viennent à être ruinées, S. M. le Roi de la G. B. & LL. HH. PP. promettent de payer fans aucun délai, aux Colonels, ou aux Capitaines des Régimens ou Compagnies ruinées, les levées néceffaires pour les remettre fur le même pied qu'auparavant. Et fur la fin de la campagne, les mêmes recrues feront payées aux Officiers Danois qui fe paient aux autres Officiers de LL. HH. PP. afin que lefdites troupes fe puiffent toujours conferver en bon état, pour être renvoyées un jour fur un auffi bon pied qu'elles ont été recues. «

» XII. Pareillement, S. M. le Roi de la G. B. & LL. HH. PP. promettent, que fi S. M. le Roi de Danemarck eft attaqué, ou troublé dans la poffeffion de fes Royaumes, Provinces, Terres, Prérogatives, Péages, Navigations, Commerce, ou autres Droits, ils renverront promptement lefdites troupes, en leur payant un mois de gage pour les frais de leurs retours; lequel paiement d'un mois de gage fera fait de même quand après la Paix lefdites troupes feront renvoyées; & outre cela, ils enverront à S. M. le Roi de Danemarck le fecours par mer & par terre ftipulé dans les Articles fecrets du Traité de l'an 1690, lefquels fecours ils entretiendront durant la guerre à leurs propres dépens, S. M. le Roi de Danemarck n'étant obligé de fournir à ces troupes que le pain & le fourrage. «

» XIII. Et pour rendre cette Alliance & Union d'autant plus parfaite, & pour ne laisser aucun scrupule aux parties sur la certitude du secours qu'ils ont à espérer l'un de l'autre, de la maniere qu'il a été arrêté ci-dessus, on est convenu expressément, que pour juger à l'avenir, si le cas de cette Alliance existe, ou non, il suffira que quelqu'une des parties soit actuellement attaquée par la force des armes, sans qu'elle ait usé auparavant de force ouverte contre celui qui l'attaque : Mais cet Article ne sera applicable qu'aux occasions qui arriveront ci-après. Pour le présent, le secours de 12000 hommes marchera vers les frontieres de LL. HH. PP. aussi-tôt que ce Traité aura été signé, comme il est dit dans l'Article X. «

» XIV. Et afin qu'il ne puisse à l'avenir arriver aucune brouillerie entre S. M. le Roi de Danemarck & LL. HH. PP. au sujet du Commerce, on est convenu aujourd'hui, que le Projet du Traité de Commerce & de Péage de l'année 1692, sur lequel on a traité premiérement à Copenhague, & puis après à La Haye, sera réassumé, ajusté, conclu & signé en même temps que celui-ci. «

» XV. Cette Alliance durera pendant l'espace de dix ans, à compter du jour de la signature de ce Traité; & les Alliances de 1690 & 1696 étant renouvellées par ce Traité, dureront le même temps de dix ans. »

» XVI. On conviera l'Empereur à entrer dans cette Alliance; & si le Roi de Prusse, la Maison de Lunebourg, ou celle de Hesse-Cassel demandent à y être compris, il sera libre aux Hauts Contractans d'y consentir, quand ils seront convenus entre eux des Conditions sur lesquelles lesdites Puissances y pourront être reçues. «

» XVII. Pour le meilleur éclaircissement de toutes les Clauses de ce présent Traité, qui concernent les frais de la Levée, de l'Entretien, du Transport, de la Marche des Recrues, & du Retour des Troupes mentionnées dans l'Article X. il est expressément stipulé, que S. M. le Roi de la G. B. payera tous ces frais, lorsque lesdites Troupes seront à son service, & que les Etats-Généraux les payeront, lorsqu'elles seront au service de LL. HH. PP. (*) «

» XVIII. Les Ratifications du présent Traité seront échangées à Copenhague à compter du jour de la signature de ce Traité en six semaines, de la part de Sa Majesté le Roi de la Grande-Bretagne, & en quatre semaines de la part des Etats-Généraux. »

En foi de quoi nous avons signé ce Traité, & y avons fait mettre les Sceaux de nos Armes.

H. GREG.

Fait à Odensée ce 20 de Janvier 1701.   (L. S.)

(*) Cet Article n'est pas dans l'Instrument signé par les Ministres Danois, ni en celui signé par le Sieur Goez.

N°. LXXXV.

ALLIANCE

Entre la France, l'Espagne & le Portugal, en Juin 1701.

» I. LA Paix faite l'an 1668 entre la Castille & le Portugal est renouvellée & confirmée. «

  » II. La Castille renonce pour toujours à toute prétention qu'elle pourroit avoir sur le Portugal. «

  » III. Le Roi de Portugal demeurera Maître absolu des Isles de St. Gabriel & Nueva Coloma dans la forme qu'il le prétendit en 1681. «

  » IV. La France lui remet toutes les prétentions qu'elle avoit sur Maranon. «

  » V. On promet satisfaction au Roi de Portugal touchant les affaires de la Compagnie des Negres qui s'envoient de Cacheo aux Indes d'Espagne. «

  » VI. Le Roi de Portugal promet de reconnoître le Roi PHILIPPE V. pour Héritier légitime & universel de la Monarchie d'Espagne, conformément au Testament de Charles II. & de maintenir ledit Testament. »

  » VII. Que si l'Angleterre & la Hollande viennent à rompre avec la France ou la Castille, le Roi de Portugal ne pourra leur donner aucun secours ni retraite en ses Ports. Il pourra seulement y recevoir six de leurs Navires de Guerre au cas qu'ils n'en aient pas davantage dans les Mers ou Côtes de Portugal; mais s'il y en a un plus grand nombre, Sa Majesté Portugaise n'en recevra aucun. «

  » VIII. Que Sa Majesté Portugaise ne recevra dans ses Ports aucune prise de quelque Nation que ce soit, & encore moins aucun débarquement de troupes. «

  » IX. Que si à cause de ce Traité le Portugal se trouvoit inquiété par l'Angleterre ou par la Hollande, alors la Castille & la France seront obligées de le secourir avec trente Navires de Guerre, & lui fourniront de plus un million une fois payé, & 300000 Ecus par an, moyennant quoi le Roi de Portugal s'oblige d'entretenir douze Navires de Guerre. «

  » X. Et au cas que la Guerre avenant, les Anglois voulussent refuser à la Reine Douairiere le paiement de son Douaire, la France & la Castille y satisferont, comme aussi Elles indemniseront Sa Majesté Portugaise pendant l'espace de dix années de toute la diminution qui pourroit arriver en ses Douanes à cause de la Guerre. «

  » XI. Que si les Ennemis du Portugal entreprennent cependant quelque chose contre les Conquêtes qu'il a faites, on lui donnera le secours nécessaire. «

  » XII. On donnera à Sa Majesté Portugaise les Officiers de Guerre, dont Elle aura besoin. «

» XIII. Que fi les Hollandois refufent de reftituer l'Ifle de Ceylan à Sa Majefté Portugaife, en ce cas les Couronnes de France & de Caftille lui aideront à la reconquerir. «

» XIV. Qu'en contemplation de la Paix de l'Europe, Sa Majefté Portugaife trouve bon de ne troubler le Roi Philippe V. dans la Succeffion de Caftille, à l'égard d'aucun des Domaines, dont il eft aujourd'hui en poffeffion. «

» XV. Que fi quelque Prince vouloit le contredire en cette poffeffion, & qu'à cette occafion il furvienne Guerre, Sa Majefté Portugaife lui interdira tous les Ports de fes Royaumes & Etats où il pourroit venir & aborder, & toutes fortes d'embarquement tant de Guerre que de Marchandife, & que tous ceux qui viendront de la part d'un tel Prince feront traités comme Ennemis. «

N°. LXXXVI.

TRAITÉ D'ALLIANCE

Entre l'Empereur, le Roi d'Angleterre & les Etats-Généraux des Provinces-Unies,

Le 7 Septembre 1701.

D'AUTANT que le Roi d'Efpagne, Charles II, de glorieufe mémoire, étant mort fans enfans, Sa Sacrée Majefté Impériale a affuré que la fucceffion des Royaumes & Provinces du Roi défunt, appartiennent légitimement à fon Augufte Maifon, & que le Roi T. C. défirant avoir la même fucceffion pour le Duc d'Anjou, fon petit-fils, & alléguant qu'elle lui vient de Droit en vertu d'un certain Teftament du Roi défunt, il s'eft d'abord mis en poffeffion de tout l'Héritage ou Monarchie d'Efpagne pour le fufdit Duc d'Anjou, & s'eft emparé à main armée des Provinces du Pays-Bas Efpagnol, & du Duché de Milan, & qu'il tient une flotte dans le Port de Cadix toute prête à faire voile, & qu'il a envoyé plufieurs vaiffeaux de guerre aux Indes qui font foumifes à l'Efpagne, & que par ce moyen & plufieurs autres, les Royaumes de France & d'Efpagne font fi étroitement unis, qu'il femble qu'ils ne doivent plus être régardés à l'avenir, que comme un feul & même Royaume, tellement que fi on n'y prend garde, il y a bien de l'apparence que Sa Majefté Impériale ne doit plus efpérer d'avoir jamais aucune fatisfaction de fa prétention : Que l'Empire Romain perdra tous fes Droits fur les fiefs qui font en Italie & dans le Pays-Bas Efpagnol, de même que les Anglois & les Hollandois per-

dront la liberté de leur Navigation & de leur Commerce dans la Mer Méditerranée, aux Indes, & ailleurs : Et que les Provinces-Unies feront pri-
vées de la fûreté qu'elles avoient par l'interpofition entr'elles & la France
des Provinces du Pays-Bas Efpagnol, appellées communément *la Barriere* : Et qu'enfin les François & les Efpagnols étant ainfi unis deviendroient
en peu de temps fi formidables qu'ils pourroient aifément foumettre toute
l'Europe à leur obéiffance & empire. Or comme cette conduite du Roi
T. C. a mis Sa Majefté Impériale dans la néceffité d'envoyer une armée
en Italie, tant pour la confervation de fes Droits particuliers, que pour
celle des Fiefs de l'Empire ; de même le Roi de la Grande-Bretagne a
jugé qu'il étoit néceffaire d'envoyer fes troupes auxiliaires dans les Provinces-Unies, dont les affaires font dans le même état que fi on en étoit
déja venu à une guerre ouverte ; & les Seigneurs Etats-Généraux, dont les
Frontieres font prefque de toutes parts ouvertes, par la rupture de la
Barriere qui empêchoit le voifinage des François, font contraints de faire,
pour la fûreté & pour la confervation de leur République, tout ce qu'ils
auroient dû & pu faire, s'ils étoient effectivement attaqués par une guerre
ouverte. Et comme un état fi douteux & fi incertain en toutes chofes,
eft plus dangereux que la guerre même, & que la France & l'Efpagne
s'en prévalent pour s'unir de plus en plus, afin d'opprimer la liberté de
l'Europe, & ruiner le Commerce accoutumé ; toutes ces raifons ont porté
Sa Sacrée Majefté Impériale, Sa Sacrée Royale Majefté de la Grande-Bretagne, & les Hauts & Puiffans Seigneurs Etats-Généraux des Provinces-
Unies, d'aller au-devant de tous les maux qui en proviendroient ; & défirant d'y apporter remede felon leurs forces, ils ont jugé qu'il étoit néceffaire de faire entr'eux une étroite Alliance & Confédération pour éloigner le grand & commun danger. Pour cet effet ils ont donné leurs Ordres & Inftructions, favoir Sa Sacrée Majefté Impériale aux très-Nobles,
très-Illuftres, & très-Excellens Seigneurs, le Seigneur Pierre de Goez,
Comte du Saint-Empire Romain, Seigneur de Carelsberg, Chambellan de
Sa Majefté Impériale, Confeiller du Confeil Impérial Aulique, & Envoyé
Extraordinaire auprès des Hauts & Puiffans Seigneurs les Etats-Généraux
des Provinces-Unies, & le Seigneur Jean Wenceflas de Wratiflau Mitrowitz, Comte du Saint-Empire Romain, Seigneur de Ginetz & de Mallex-
hitz, Chambellan de Sa Majefté le Roi des Romains & de Hongrie,
Confeiller & Affeffeur de la Chancellerie Privée & Aulique de Bohême,
& Envoyé extraordinaire de Sa Majefté Impériale auprès de Sa Majefté
Britannique, tous deux fes Ambaffadeurs extraordinaires & Plénipotentiaires ; Sa Sacrée Majefté le Roi de la Grande-Bretagne, au très-Noble,
très-Illuftre, & très-Excellent Seigneur, le Seigneur Jean, Comte de Marlborough, Baron Churchill de Sandridge, Confeiller du Confeil-Privé de
Sa Sacrée Royale Majefté, Général de fon Infanterie, & Général de toutes fes forces aux Pays-Bas, fon Ambaffadeur extraordinaire, Commiffaire,

Procureur, & Plénipotentiaire. Et les Seigneurs Etats-Généraux aux Seigneurs Diedrick Eck de Pantéleon, Seigneur de Gent & Erleck ; Friderick, Baron de Rheede, Seigneur de Lier, Dyckgraef de Saint Antoine & de Terlée, Commandeur de Buren, l'un des Nobles agrégés dans l'Ordre des Chevaliers d'Hollande ; Antoine Heynſius, Conſeiller-Penſionnaire des Seigneurs Etats d'Hollande & de Weſt-Friſe, Garde de leur Grand Sceau, & Préſident des Fiefs ; Guillaume de Naſſau, Seigneur d'Odyck, Cortgiene, *&c.* premier Noble, & repréſentant le Corps des Nobles dans les aſſemblées des Seigneurs Etats de Zélande & de leurs Députés ; Everhard de Weede, Seigneur de Weede, Dyckvelt, Ratelés, *&c.* Seigneur Foncier de la Ville d'Oudewater, Doyen du Chapitre de Sainte Marie d'Utrecht ſur le Rhin, premier-Conſeiller & Préſident de l'Aſſemblée de la Province d'Utrecht, Dyckgraef du Leck ; Guillaume van Haren, Grietman du pays de Bilt en Friſé, Curateur de l'Univerſité de Franeker, Député des Nobles à l'Aſſemblée des Seigneurs Etats de Friſe ; Burchard Juſte de Welvelde, Buckhorſt, & Molchate, Seigneur de Zallick & Vekaten, Grand-Baillif du pays d'Iſſelmunde ; & Wiker Wikers, Sénateur de la Ville de Groningue, reſpectivement Députés des Seigneurs Etats de Gueldres, d'Hollande & Weſt-Friſe, Zélande, Utrecht ſur le Rhin, Friſe, Over-Yſſel, Groningue & Ommelande, à l'Aſſemblée des Seigneurs Etats-Généraux des Provinces-Unies du Pays-Bas, leſquels en vertu de leurs ordres ſont convenus des Articles d'Alliance qui ſuivent.

» I. Qu'il y ait dès-à-préſent & à l'avenir une conſtante, perpétuelle & inviolable amitié entre Sa Sacrée Majeſté Impériale, Sa Sacrée Royale Majeſté de la Grande-Bretagne, & les Seigneurs Etats-Généraux des Provinces-Unies, & qu'ils ſoient tenus réciproquement de procurer ce qui leur ſera avantageux, & d'éloigner ce qui leur ſeroit nuiſible & dommageable. »

» II. Sa Sacrée Majeſté Impériale, Sa Sacrée Royale Majeſté de la Grande-Bretagne, & les Seigneurs Etats-Généraux des Provinces-Unies, n'ayant rien tant à cœur que la Paix & la tranquillité de toute l'Europe, ont jugé qu'il ne pouvoit rien y avoir de plus efficace pour l'affermir, que de procurer à Sa Majeſté Impériale une ſatisfaction juſte & raiſonnable, touchant ſes prétentions à la ſucceſſion d'Eſpagne, & que le Roi de la Grande-Bretagne, & les Seigneurs Etats-Généraux obtiennent une ſûreté particuliere & ſuffiſante pour leurs Royaumes, Provinces, Terres & Pays de leur obéiſſance, & pour la Navigation & le Commerce de leurs ſujets. »

» III. Pour cet effet les alliés mettront premiérement en uſage tous les moyens poſſibles, & tout ce qui dépendra d'eux, & pour obtenir amiablement, & par une tranſaction ferme & ſolide, une ſatisfaction juſte & raiſonnable pour Sa Majeſté Impériale, au ſujet de ladite ſucceſſion, & la ſûreté dont il a été fait mention ci-deſſus, pour Sa Majeſté Britannique,

& pour les Seigneurs Etats des Provinces-Unies. Et à cette fin, ils employeront tous leurs soins & offices pendant deux mois, à compter du jour de l'échange des Ratifications de ce présent Traité. »

„ IV. Mais si dans ce temps-là les alliés viennent à être frustrés de leur espérance & de leurs désirs, tellement que l'on ne puisse pas transiger dans le terme fixé, en ce cas ils promettent & s'engagent réciproquement de s'aider de toutes leurs forces, selon ce qui sera réglé par une Convention particuliere, pour obtenir la satisfaction & sûreté susdite. "

„ V. Et afin de procurer cette satisfaction & cette sûreté, les alliés feront entr'autres choses leurs plus grands efforts pour reprendre & conquérir les Provinces du Pays-Bas Espagnol, dans l'intention qu'elles servent de digue, de rampart & de barriere pour séparer & éloigner la France des Provinces-Unies, comme par le passé, lesdites Provinces du Pays-Bas Espagnol ayant fait la sûreté des Seigneurs Etats-Généraux, jusqu'à ce que depuis peu Sa Majesté Très-Chrétienne s'en est emparée, & les a fait occuper par ses Troupes. Pareillement les alliés feront tous les efforts pour conquérir le Duché de Milan avec toutes ses dépendances, comme étant un fief de l'Empire, servant pour la sûreté des Provinces héréditaires de Sa Majesté Impériale, & pour conquérir les Royaumes de Naples & de Sicile, & les Isles de la mer Méditerranée, avec les Terres dépendantes de l'Espagne, le long de la côte de Toscane, qui peuvent servir à la même fin & être utiles pour la navigation & le commerce des Sujets de Sa Majesté Britannique & des Provinces-Unies. "

„ VI. Pourront le Roi de la Grande-Bretagne & les Seigneurs Etats-Généraux, conquérir par la force des armes, selon qu'ils auront concerté entr'eux, pour l'utilité & la commodité de la navigation & du commerce de leurs Sujets, les Pays & les Villes que les Espagnols ont dans les Indes, & tout ce qu'ils pourront y prendre sera pour eux & leur demeurera. "

„ VII. Que si les alliés se trouvent obligés à entrer en guerre pour obtenir ladite satisfaction à Sa Majesté Impériale, & ladite sûreté à Sa Majesté Britannique & aux Seigneurs Etats-Généraux, ils se communiqueront fidelement les avis & résolutions des Conseils qui se tiendront pour toutes les entreprises de guerre, ou expéditions militaires, & généralement tout ce qui concernera cette affaire commune. "

„ VIII. La guerre étant une fois commencée, aucun des alliés ne pourra traiter de Paix avec l'ennemi, si ce n'est conjointement avec la participation & le conseil des autres Parties. Et ladite Paix ne pourra être conclue, sans avoir obtenu pour Sa Majesté Impériale une satisfaction juste & raisonnable; & pour le Roi de la Grande-Bretagne & les Seigneurs Etats-Généraux la sûreté particuliere de leurs Royaumes, Provinces, Terres &

Pays

Pays de leur obéissance, navigation & commerce ; ni sans avoir pris auparavant de justes mesures pour empêcher que les Royaumes de France & d'Espagne soient jamais unis sous un même Empire, ou qu'un seul & même Roi en devint le Souverain ; & spécialement que jamais les François se rendent maîtres des Indes Espagnoles, ou qu'ils y envoient des vaisseaux pour y exercer le commerce, directement où indirectement, sous quelque prétexte que ce soit. Enfin ladite Paix ne pourra être conclue sans avoir obtenu pour les Sujets de Sa Majesté Britannique & pour ceux des Provinces-Unies, une pleine & entiere faculté, usage & jouissance de tous les mêmes privileges, droits, immunités & libertés de commerce, tant par terre que par mer, en Espagne & sur la mer Méditerranée, dont ils usoient & jouissoient pendant la vie du feu Roi d'Espagne dans tous les Pays qu'il possédoit tant en Europe qu'ailleurs, & dont ils pouvoient de droit user & jouir en commun ou en particulier, par les Traités, Conventions & Coutumes, ou de quelque autre maniere que ce puisse être. "

„ IX. Lorsque ladite Transaction ou Traité de Paix se fera, les alliés conviendront entr'eux de tout ce qui sera nécessaire pour établir le commerce & la navigation des Sujets de Sa Majesté Britannique & des Seigneurs Etats-Généraux, dans les Pays & Lieux que l'on doit acquérir, & que le feu Roi d'Espagne possédoit. Ils conviendront pareillement des moyens propres à mettre en sûreté les Seigneurs Etats-Généraux par la barriere susmentionnée. "

„ X. Et d'autant qu'il pourroit naître quelque controverse au sujet de la Religion dans les lieux que les alliés espérent de conquérir, ils conviendront entr'eux de son exercice, au temps susdit de la Paix. "

„ XI. Les alliés seront obligés de s'entr'aider & secourir de toutes leurs forces, au cas que le Roi de France, ou quelque autre que ce soit, vint à attaquer l'un d'entr'eux à cause du présent Traité. "

„ XII. Soit que l'on puisse maintenant transiger sur ladite satisfaction & sûreté, ou soit que la Paix se fasse après que l'on aura entrepris une guerre nécessaire, il y aura & demeurera toujours entre les Parties contractantes une Alliance défensive, pour la garantie de ladite Transaction, ou de ladite Paix. "

„ XIII. Tous les Rois, Princes & Etats qui ont la Paix à cœur, & qui voudront entrer dans la présente Alliance, y seront admis. Et parce qu'il est particuliérement de l'intérêt du Saint-Empire Romain de conserver la Paix publique, & qu'il s'agit ici entr'autres choses de recouvrer les fiefs de l'Empire, on invitera spécialement ledit Empire d'entrer dans la présente Alliance. Outre cela tous les alliés ensemble, & chacun d'eux en particulier, pourront y inviter ceux qu'ils trouveront bon. "

„ XIV. Ce Traité d'Alliance & confédération sera ratifié par tous les alliés dans l'espace de six semaines, & plutôt si faire se peut. "

°„ En foi de quoi, nous Plénipotentiaires susnommés avons signé le présent Traité de nos mains, & l'avons muni de nos sceaux & cachets. A la Haye le 7 du mois de Septembre de l'an 1701. "

Etoit signé en chacun des Instrumens séparés ; savoir, de la part de Sa Majesté Impériale,

PIERRE COMTE DE GOEZ.
JEAN-WENCESLAUS COMTE DE WRATISLAU & MITROWITZ.

De la part de Sa Majesté le Roi de la Grande-Bretagne,

MARLBOROUGH.

Et de la part des Seigneurs Etats-Généraux des Provinces-Unies „

D. ECK DE PANTELEON.
HR. VAN GENT.
F. B. VAN RHEEDE.
A. HEYNSIUS.
W. VAN NASSAU.
E. DE WEEDE.
W. VAN HAREN.
B. J. VAN WELVELDE.
W. WICKERS.

N°. LXXXVII.

ALLIANCE

Entre l'Empereur LÉOPOLD, GUILLAUME III, Roi d'Angleterre & les Provinces-Unies des Pays-Bas.

A Ebersdorff, le 29 Septembre 1701.

CETTE Alliance, toute en faveur de la maison d'Autriche, avoit pour objet de maintenir & défendre ses prétentions à la succession d'Espagne.

No. LXXXVIII.

ALLIANCE PARTICULIERE ET PERPÉTUELLE

Entre GUILLAUME III, Roi de la Grande Bretagne, & les Seigneurs Etats-Généraux des Provinces-Unies, pour leur commune sûreté & défense, dans les présentes conjonctures dangereuses, comme aussi dans tous les temps à venir, & en particulier pour le maintien de l'Alliance faite le 7 Septembre dernier avec Sa Majesté Impériale, au sujet de la succession d'Espagne.

A la Haye, le 22 Novembre 1701.

LE Roi de la Grande Bretagne, & les Seigneurs Etats-Généraux des Provinces-Unies des Pays-Bas ayant fait une réflexion mûre & sérieuse sur le grand changement arrivé dans l'Europe par la funeste mort du feu Roi d'Espagne de glorieuse mémoire, ont considéré, que par là, le Roi Très-Chrétien s'étant rendu maître de toute la succession d'Espagne, en faveur de son petit-fils le Duc d'Anjou, en étoit devenu si formidable, que selon le consentement unanime de tout le monde, l'Europe étoit dans un danger imminent de perdre sa liberté & de subir le joug dur d'une Monarchie universelle ; & comme lesdites Puissances ne souhaitent rien davantage, que de prévenir ces grands maux, par une paix sûre, générale & de durée, & qu'ils ont crû que cela ne se pourroit, que par des Alliances étroites, & un concours extraordinaire d'autres Princes & Potentats, ils ont trouvé bon de faire à cet effet, une Alliance ferme & solide, avec Sa Majesté Impériale, & d'inviter d'autres Princes & Etats d'y entrer ; mais comme ils sont persuadés, qu'on ne manquera pas de faire tous les efforts imaginables pour rendre inutile ladite Alliance : soit avant, ou après la paix faite ; & qu'entre plusieurs moyens, il n'y en auroit aucun plus sûr, que de séparer ledit Roi de la Grande Bretagne desdits Seigneurs Etats-Généraux ; ou de mettre l'un ou l'autre hors d'état à ne pouvoir agir, soit par la perte de leur commerce, ou que leur sûreté leur fût ôtée, à quoi pourroit toujours servir infailliblement la combinaison des Royaumes de France & d'Espagne, & l'occupation des Pays-Bas Espagnols : ils se sont trouvé obligés de se lier si étroitement ensemble, qu'il sera humainement possible, & de convenir des moyens nécessaires pour se mettre en état de pouvoir toujours veiller à la liberté commune de l'Europe, à la conservation de leur commerce, & à leur sûreté particuliere, & d'ôter à leurs voisins toute espérance de les pouvoir séparer à jamais, ni les rendre inutiles au public ; & à cette fin , ſedit Roi de la Grande-Bretagne a donné ſon plein pouvoir au Sieur Jean, Comte de Marlboroug, Baron Churchil de Sandridge, Conſeiller-Privé de Sadite Majeſté , Général de ſon Infanterie, & Commandant en Chef les troupes de Sadite Majeſté aux Pays-Bas , & ſon Ambaſſadeur extraordinaire & Plénipotentiaire : & leſdits Seigneurs Etats-Généraux, aux Srs. Chriſtian-Charles , Baron de Lintelo, Seigneur d'Elſe ; Frédéric , Baron de Reede , Seigneur de Lier, St. Antoine & ter Lee , de l'Ordre de la Nobleſſe de la Province d'Hollande & de Weſtfriſe ; Antoine Heinſius , Conſeiller-Penſionaire de la Province d'Hollande & Weſtfriſe , Garde du grand Sceau & Surintendant des Fiefs de la même Province ; Guillaume de Naſſau , Seigneur d'Odyk, Cortgene, premier Noble & repréſentant la Nobleſſe dans les Etats & au Conſeil de Zelande ; Everhard de Weede, Seigneur de Weede, Dykvelt, Rateles &c. Seigneur Foncier de la ville d'Oudewater, Doyen & Ecolâtre du Chapitre Impérial de Sainte Marie , à Utrecht , Dykgraef de la Riviere-le-Rhin dans la Province d'Utrecht, & Préſident des Etats de la même Province ; Guillaume de Haren Grietman du Bilt , Député de la part de la Nobleſſe aux Etats de Friſe , & Curateur de l'Univerſité de Franequer ; Burchard Juſte de Welvelde à Bukhorſt & Molekate , Seigneur de Zallik & Vekate , Droſſard de Yſſelmuyden , & Wichers Wichers , Sénateur de la ville de Groningue, reſpectivement Députés à l'aſſemblée deſdits Seigneurs Etats-Généraux de la part des Provinces de Gueldre , Hollande & Weſtfriſe, Zelande , Utrecht , Friſe, Over-Yſſel, & de Groningue & Ommelanden, Députés & Plénipotentiaires deſdits Seigneurs Etats-Généraux, qui ſont convenus de la maniere ſuivante.

» I. L'Alliance défenſive & perpétuelle, faite entre le Roi Charles II, de glorieuſe mémoire & leſdits Seigneurs Etats-Généraux, le 3 Mars 167½, ſera renouvellée & confirmée par celle-ci dans toutes ſes formes, comme ſi elle y étoit inſérée, & ſera inviolablement exécutée de part & d'autre à l'avenir. «

» II. Et comme leſdits Hauts Confédérés ſe ſont promis dans le troiſieme Article de ladite Alliance, de garantir l'un l'autre tous les Traités qu'ils avoient faits juſques alors avec d'autres Rois, Princes & Etats, & qu'ils pourroient faire après ; ils garantiront ſpécialement les Traités que leſdits Confédérés ont faits avec le Roi Très-Chrétien à Ryſwyk, le 20 Septembre 1697, & qu'ils feront de concert l'un de l'autre ci-après. «

» III. Et pour éviter toute ſorte de diſputes ſur le cas de l'Alliance, on regardera toujours plus l'eſſentiel ou matériel que le formel, pour la conſervation & la défenſe de l'un & de l'autre. «

» IV. Ainſi on réputera *pro caſu Fœderis*, non-ſeulement, ſi l'un ou l'autre des alliés ſera attaqué ; mais auſſi ſi quelqu'un des voiſins des parties ſe prépare à attaquer, ou menacer quelqu'un des alliés, tant par la levée extraordinaire des troupes , équipage des vaiſſeaux ou autrement, en quelque maniere que ce foit, pourvu qu'un defdits alliés, par une jufte crainte, foit obligé de s'armer. "

» V. Et puifqu'on a eu un foin particulier, dans ladite Alliance faite avec l'Empereur, pour récupérer lefdits Pays-Bas Efpagnols d'entre les mains dudit Roi T. C. & qu'outre cela le principal intérêt defdits Confédérés confifte dans la confervation de la liberté de l'Europe, comme ci-deffus, on exécutera fidélement & de bonne foi le Traité fait par lefdits Confédérés avec Sa Majefté Impériale, le 7 Septembre dernier, & les uns & les autres le garantiront, & l'on tâchera de le confirmer & rendre plus fort de temps en temps. "

» VI. Et comme la fûreté defdits Hauts Confédérés confifte particuliérement en ce que les Pays-Bas Efpagnols, comme les plus voifins de leurs Etats, ne demeurent pas entre les mains du Roi Très-Chrétien, ou que directement ou indirectement il en foit le maître, comme préfentement; ils s'engagent auffi fpécialement de s'entr'aider avec toutes leurs forces à ladite récupération, & après qu'ils feront récupérés, on confidérera toujours auffi *pro cafu Fœderis*, lorfque le Roi T. C. voudra s'en emparer, directement ou indirectement, ou qu'il faffe faire des préparations pour les occuper ou y envoyer fes troupes : comme l'on fera auffi en cas, que ledit Roi T. C. voudroit s'emparer directement ou indirectement de quelques terres, ou Pays appartenants audit Roi de la Grande-Bretagne, ou auxdits Seigneurs Etats-Généraux, ou qu'il fît des préparations pour les occuper, ou y envoyer des troupes. "

» VII. En cas que lefdits Hauts Alliés tombent conjointement en guerre, ou à caufe de cette Alliance défenfive, ou en vertu de celle qui eft nommée ci-deffus dans l'Article 5, ou par d'autres raifons & motifs, il y aura entr'eux une Alliance offenfive & défenfive contre ceux avec qui ils feront en guerre, & y employeront toutes leurs forces, tant par mer, que par terre, & agiront conjointement ou féparément felon le concert qu'ils en feront enfemble. "

» VIII. Et afin que tout puiffe être dirigé au but propofé, lefdits Hauts Confédérés feront un dénombrement des forces par mer & par terre par une convention féparée. "

» IX. La guerre étant ouverte, on agira de concert, felon le 7 & 8 Article dudit Traité du 3 Mars de l'an 167⅚, & on ne négociera, ni l'on fera ni paix ni treve, ni fufpenfion d'armes, que felon le 9 & 10 Article dudit Traité. "

» X. En faifant la paix, on aura un foin particulier pour le commerce & trafic des deux nations, comme auffi pour leur fûreté, tant à l'égard des Pays-Bas Efpagnols, que des pays adjacents. "

» XI. Pour les affaires de la mer, ils fe régleront, en cas de guerre, provifionnellement, jufques à ce qu'on aura difpofé autrement, felon le Traité fait à Whitehall le 29 d'Avril mil fix cens quatre vingt neuf, qu'on tiendra à cet effet comme renouvellé , & inféré dans cette Alliance entant que cela fera applicable à la préfente conftitution des affaires , & particu- liérement à l'égard des prifes, de la proportion des vaiffeaux de guerre & du Confeil de guerre & ce qui en dépendra. "

» XII. Et à l'égard des reprifes, le Traité qui en a été fait ontre lefdits Hauts Alliés le 22 d'Octobre mil fix cens quatre vingt neuf , aura fes forces , comme s'il étoit fait tout nouvellement. "

» XIII. Cette Alliance fera perpétuelle , comme celle de l'an 1674 ci-deffus mentionnée , & en fera regardée comme une partie entant qu'elle y pourra être appliquée à l'avenir.

» XIV. Les Ratifications de la préfente Alliance feront échangées de part & d'autre, dans l'efpace de trois femaines, à compter du jour de la fignature. «

En foi de quoi ledit Ambaffadeur de fadite Majefté, & les Députés def- dits Seigneurs Etats-Généraux, ont figné la préfente & y ont fait appofer le cachet de leurs armes.

A la Haye l'onzieme Novembre mil fept cens & un.

(*Etoit figné*)

(L. S.) MARLBOROUGH.
(L. S.) C. C. B. D. LINTELO.
(L. S.) F. B. DE REEDE.
(L. S.) A. HEINSIUS.
(L. S.) W. DE NASSAU.
(L. S.) D'WEEDE.
(L. S.) W. V. HAREN.
(L. S.) B. V. WELVELDE.
(L. S.) W. WICHERS.

N°. LXXXIX.

ALLIANCE OFFENSIVE ET DÉFENSIVE

Entre l'Empereur LÉOPOLD, ANNE, Reine d'Angleterre , & les États-Géné- raux des Provinces-Unies d'une part , & PIERRE II, Roi de Portugal d'autre part.

A Lisbonne le 16 Mai 1703.

C'ETOIT encore une Alliance ménagée par l'Empereur pour affurer fes droits à la fucceffion d'Efpagne fous prétexte de maintenir & protéger la liberté des Efpagnols.

N°. X C.

ALLIANCE DÉFENSIVE

Entre CHARLES XII, Roi de Suede, d'une part, & le Séréniſſime Electeur de Brunſwic-Lunebourg & le Duc GEORGE GUILLAUME, d'autre part.

A Stockholm le 28 Avril 1704.

C'EST un renouvellement & une prorogation pour cinq ans d'une Alliance antérieure. Les parties contractantes ſtipulent la ſûreté & défenſe de leurs Etats reſpectifs contre toute hoſtilité, & contre toute exaction ou vexation contraire aux conſtitutions du Cercle. Ce Traité contient de plus des articles ſéparés pour la commune défenſe & aſſiſtance de la maiſon Ducale de Sleſwich-Holſtein contre la Couronne de Danemarck, & pour le maintien de la tranquillité dans le Cercle de la Baſſe-Saxe. Un autre Article ſéparé regarde la défenſe particuliere du pays de Hadeln.

N°. X C I.

TRAITÉ D'ALLIANCE

Entre la Reine ANNE & les Catalans.

Le 20 Juin 1705.

CE Traité ſingulier eſt contre le Duc d'Anjou, en faveur de Charles VI, Archiduc d'Autriche, que les Catalans ſont invités à reconnoître pour véritable Roi d'Eſpagne. La Reine Anne promet de garantir à perpétuité les droits & privileges de la Catalogne.

On ſeroit porté à croire, en liſant ce Traité, que la Catalogne étoit ſur le point de ſe révolter. Cependant rien de plus faux, & pour prévenir la méprife où les Hiſtoriens pourroient tomber à cet égard, nous devons dire pour l'honneur de la vérité & des Catalans, que les principaux de la nation le déſavouerent publiquement, & que cette eſpece d'intrigue venoit d'un parti qui cherchoit à brouiller les Cours de Madrid & de Londres dans un temps où il y avoit aſſez de diſpoſitions apparentes qui pouvoient faire eſpérer un heureux ſuccès de cette entrepriſe téméraire.

N°. XCII.

ALLIANCE PERPÉTUELLE

Entre CHARLES XII, Roi de Suede, & STANISLAS LECZINSKI, Roi de Pologne.

A Varfovie le 18 Novembre 1705.

L'OBJET de ce Traité étoit de foutenir le Roi Staniflas contre Augufte II, auffi Roi de Pologne.

N°. XCIII.

ALLIANCE

Entre la Séréniffime République de Veniſe & les Seigneurs des trois Ligues Griſes.

A Coire le 17 Décembre 1706.

CES deux Républiques fe promettent, pour vingt ans, une réciproque affiftance en cas de befoin, favoir de la part de Veniſe en argent, & de la part des trois Ligues Griſes en foldats.

N°. XCIV.

TRAITÉ D'ALLIANCE ET DE GARANTIE

Entre ANNE, Reine de la Grande-Bretagne, & les Etats-Généraux des Provinces-Unies.

A la Haye, le 29 Octobre 1709.

C'EST l'Alliance connue fous le nom de *Traité de la Barriere*, pour le maintien de la fucceffion à la Couronne de la Grande-Bretagne dans la ligne Proteftante, felon qu'elle eft établie par les Loix ; & affurer à Leurs Hautes Puiffances une Barriere fuffifante aux Pays-Bas contre la France & autres qui les voudroient furprendre & attaquer.

Ce

Ce premier Traité de la Barriere fut fuivi d'un fecond en 1713. On les trouvera l'un & l'autre en entier au mot BARRIERE, avec les négociations & pieces qui y ont rapport.

N°. XCV.

ALLIANCE ET CAPITULATION

Entre Leurs Hautes Puiffances les Etats-Généraux des Provinces-Unies, & le louable Canton de Berne.

A la Haye, le 22 Juin 1712.

C'EST le projet d'une Alliance perfectionnée & conclue le 8 Juin 1714. On la trouvera ci-après dans fon ordre chronologique.

N°. CXVI.

TRAITÉ D'ALLIANCE

Entre les Etats-Généraux des PROVINCES-UNIES des Pays-Bas, & les LIGUES GRISES.

Fait à la Haye, le 19 Avril 1713.

LES Seigneurs Etats-Généraux des Provinces-Unies des Pays-Bas, & les Seigneurs Chefs, Confeillers & Communes des louables trois Ligues de la Haute Rhœtie ayant depuis long-temps eu réciproquement les uns pour les autres, une véritable & fincere amitié, & une entiere confiance, ont jugé qu'il leur feroit utile & convenable de contracter enfemble une étroite & perpétuelle union défenfive qui puiffe fervir à leur maintien, & à leur confervation réciproque, & à cimenter indiffolublement les fentimens d'amitié & de confiance, qu'ils ont eu jufqu'ici les uns pour les autres: pour cet effet, les Seigneurs Etats-Généraux des Provinces-Unies des Pays-Bas, ont autorifé les Sieurs de Broekhuifen, Fagel, Heinfius, de Spanbroeg, de Weede, de Burum, d'Iffelmuiden, & Wichers, leurs Députés; & la louable République des trois Ligues, le Sieur de Salis, qui en vertu de leur autorifation, font convenus des Articles fuivans.

» I. Il y aura à perpétuité une étroite Union défenfive entre les Seigneurs Etats-Généraux des Provinces-Unies des Pays-Bas, d'une part, &
la louable République des trois Ligues Grifes, de l'autre, en vertu de
laquelle étroite union, les Parties Contractantes s'engagent d'avoir réciproquement un fidele foin de leurs intérêts mutuels, de s'affifter par
tous les bons offices poffibles, de prévenir le mal, dont l'une ou l'autre
Partie pourroit être menacée, & s'entre-fecourir réciproquement en cas
d'attaque. "

„ II. Ce Traité d'union s'étend de la part de la louable République des
Ligues Grifes, à la défenfe des Pays de Leurs Hautes Puiffances en Europe & à celle de leurs Barrieres, telles qu'elles feront réglées, & cela,
foit que leurfdits Pays ou Barrieres fuffent attaquées, foit que Leurs Hautes Puiffances fuffent obligées d'entrer en guerre pour la défenfe de leurs
Pays ou Barrieres. Leurs Hautes Puiffances feront de plus dans le pouvoir
d'employer les troupes de la louable République des Ligues Grifes, qu'elles auront à leur fervice pour la défenfe de tous les Etats du Royaume de
la Grande-Bretagne, qui font en Europe. "

„ III. Les louables Ligues Grifes s'engagent dans ce Traité de laiffer au
fervice de Leurs Hautes Puiffances, les dix Compagnies qu'elles ont à leur
fervice : favoir le Régiment Grifon de Smit avec fon Etat-Major, & deux
autres Compagnies difperfées dans des Régimens Suiffes. Les louables
Ligues Grifes avoueront lefdites dix Compagnies, qui ont toutes été levées dans leur Pays; & permettront aux Capitaines, qui les commandent,
& qui les commanderont dans la fuite, de faire les recrues néceffaires
dans leurfdits Pays pour ces dix Compagnies, fans qu'elles puiffent être
rappellées, dans aucun temps. "

„ IV. Les louables Ligues Grifes s'engagent de plus à accorder à Leurs
Hautes Puiffances, en cas qu'elles fuffent attaquées, ou en péril inévitable
de l'être, une nouvelle levée de deux mille hommes, fans que lefdites
louables Ligues Grifes puiffent fe difpenfer d'exécuter cet engagement, à
moins que lors qu'on leur demandera ladite nouvelle levée, elles ne fuffent elles-mêmes en guerre, ou dans le péril inévitable d'y entrer; & quand
ces troupes feront levées, il fera permis aux Officiers, d'y faire les recrues
néceffaires. "

» V. D'autre part Leurs Hautes Puiffances s'engagent aux Louables Ligues Grifes, en vertu du préfent Traité, à la défenfe defdites trois Ligues Grifes, & à la confervation de leur domination, de leur Souveraineté & de tous leurs Droits fur les Pays qui leur font foumis. Et comme
Monfieur de Stanian, Envoyé de Sa Majefté la Reine de la Grande-Bretagne, a fait un Traité en l'année 1707, tant au nom de Sa Majefté qu'en
celui de Leurs Hautes Puiffances, touchant la rénovation & l'amélioration
du Capitulat de Milan, & à l'égard d'autres chofes à l'avantage des
Louables Ligues Grifes : lequel Traité a enfuite été approuvé par Leurs

Hautes Puissances dans leur résolution donnée le 3 Juin 1710 au Sieur de Salis Envoyé de ladite République des Grisons, & dans une autre résolution confirmative du 21 Avril 1711; Leurs Hautes Puissances s'engagent à continuer à faire tous les efforts possibles, & à tenir la main pour procurer aux Louables Ligues Grises l'accomplissement dudit Traité, conformément auxdites résolutions de Leurs Hautes Puissances. «

» VI. Si les Louables trois Ligues, ou les Pays qui sont sous leur Domination, étoient attaquées, ou en péril évident d'être attaquées, ou si quelque Puissance étrangere suscitoit, ou appuyoit, soit directement, soit indirectement, quelque rébellion ou mutinerie des Sujets des Louables trois Ligues contre leurs Souverains, de telle maniere que lesdites Ligues fussent en guerre, ou en danger de guerre, ou si quelque Puissance étrangere suscitoit ou soutenoit dans la République des trois Ligues, des divisions contre la constitution du Gouvernement; & que par-là elle entrât en guerre, ou en péril évident de guerre, ou si les Louables trois Ligues, pour défendre leurs Droits sur les Pays, qui sont sous leur Domination, étoient forcées d'entrer en guerre, en tous & chacun des cas susdits; aussitôt que les Louables trois Ligues seront obligées de mettre des troupes sur pied, Leurs Hautes Puissances s'obligent de leur payer chaque mois, une somme pareille à ce à quoi monte la paie présente d'un État Major, & de leurs dix Compagnies qui sont au service de Leurs Hautes Puissances; & ce subside sera payé réguliérement de mois en mois, pendant tout le temps que la guerre, ou le péril évident de guerre durera, & que les susdites troupes resteront sur pied; ce subside commencera à courir du jour que les Louables trois Ligues seront obligées de mettre sur pied des troupes pour quelqu'un des cas susdits; & quoique Leurs Hautes Puissances fussent dans ce temps-là elles-mêmes en guerre, les Louables Ligues Grises pourront néanmoins, outre le subside, rappeller le tiers de leurs Officiers qui se trouveront au service de Leurs Hautes Puissances, à savoir le Lieutenant Colonel, un tiers des Capitaines, & des Capitaines-Lieutenants *promiscué* & un tiers des Lieutenants & des Enseignes; & si elles n'étoient point en guerre alors, les Ligues Grises pourroient rappeller les deux tiers de leurs Officiers : à savoir le Lieutenant-Colonel & deux tiers des Capitaines, & Capitaines-Lieutenants, *promiscué*, & deux tiers des Lieutenants & des Enseignes, lesquels dans l'un & en l'autre cas, conserveront cependant leurs places & leurs appointemens, dans le service de Leurs Hautes Puissances. «

» VII. Le Régiment de Smit & toutes les Compagnies qui le composent, aussi bien que les deux autres Compagnies Grisonnes, seront conservées en temps de paix; mais Leurs Hautes Puissances auront alors le Droit de réduire les Compagnies à cent cinquante hommes, chacune : ledit Régiment de Smit & les huit Compagnies qui le composent, aussi bien que les susdites deux autres Compagnies, ne pourront être données qu'à des

Officiers, Sujets des trois Ligues. Et quant en particulier au Régiment de Snut, & aux huit Compagnies qui le composent, les louables Ligues Grises se réservent d'avoir à-présent le Droit de choisir les Capitaines de telle maniere, qu'à chaque vacance, le Colonel nommera pour la remplir le plus vieux Capitaine-Lieutenant du Régiment, & le Capitaine-Lieutenant de la Compagnie yacante, pourvu que ce dernier ait huit années de service en qualité d'Officier, sans quoi les deux plus vieux Capitaines-Lieutenants du Régiment seront nommés, & les louables Ligues Grises auront le Droit de donner ladite Compagnie à l'un des deux Capitaines-Lieutenants nommés par le Colonel. «

» VIII. Lorsque Leurs Hautes Puissances feront de nouvelles levées dans le pays des Louables Ligues Grises, en vertu de l'engagement que lesdites Louables Ligues Grises prennent dans ce Traité ; lesdites Ligues auront le choix des Capitaines qui commanderont les nouvelles levées; mais elles s'engagent à n'en choisir que d'expérimentés & de capables. Quand cette nouvelle levée sera faite, soit en tout, soit en partie, les deux Compagnies Grisonnes, qui sont dans des Régimens Suisses, seront mises dans un même corps avec cette nouvelle levée, & seront, à l'égard de la nomination, sur le même pied que les autres. «

» IX. Leurs Hautes Puissances choisiront parmi les Capitaines, qui auront été élus par les Louables Ligues Grises, les Officiers de l'Etat Major & prendront les trois Officiers de l'Etat Major un par Ligue, autant que cela pourra convenir au bien de leur service. «

» X. Lorsqu'un nouveau Régiment sera formé, & qu'il y aura une Compagnie vacante, les Louables Ligues Grises, auront le droit de choisir les Capitaines, de la maniere dont il est expliqué dans l'Article septieme de ce Traité. »

» XI. Leurs Hautes Puissances donneront pour les nouvelles levées la même somme qui a été donnée aux Capitaines Suisses qui en ont fait de particulieres pour elles. «

» XII. La Capitulation pour les nouvelles levées, sera la même qui a été faite pour les troupes Suisses protestantes, qui sont déja au service de Leurs Hautes Puissances, avec cette observation, que sans y rien changer par rapport à la paie, cette Capitulation doit être mise le plus clairement qu'il sera possible, afin qu'il n'en puisse naître aucune difficulté à l'égard de son exécution ; & tout ce qui n'est pas réglé dans le présent Traité, le doit être dans la Capitulation, de la maniere la plus avantageuse pour les deux Parties Contractantes. «

Cette nouvelle Capitulation regardera toutes les troupes Grisonnes, qui sont ou qui seront, au service de Leurs Hautes Puissances, & devra être par-tout & en tout conforme à celle qui doit se faire pour les troupes de Berne, de maniere que les susdites troupes Grisonnes jouissent des mêmes avantages que celles de ce louable Canton ; & cette Capitulation étant bien éclaircie, devra avoir la même force que le présent Traité.

» XIII. L'Union héréditaire & toutes les Alliances antérieures de la louable République des Ligues Grifes, & fpécialement celle qu'elle a avec les louables Cantons de Zurig & de Berne, font ici réfervées : nonobftant laquelle réfervation, les Louables Ligues Grifes s'engagent à exécuter tout ce qui eft contenu dans le préfent Traité. «

» XIV. Comme Sa Majefté Britannique eft déja dans un engagement pofitif avec la République des trois Ligues, comme garant du Traité fait pour le paffage en 1707, Sadite Majefté fera conviée d'un commun confentement d'entrer dans cette Alliance. «

» XV. L'échange des ratifications du préfent Traité fe fera dans deux mois au plus tard, & plutôt s'il fe peut. «

Ainfi fait & conclu entre les fouffignés Députés de Leurs Hautes Puiffances, & le Sieur de Salis autorifé à cet effet de la part de la louable République des trois Ligues de la haute Rhœtie. A la Haye le dix-neuvieme Avril mil fept cens treize.

(L. S.) W. V. BROEKHUISEN.   (L. S.) PIERRE DE SALIS.
(L. S.) F. FAGEL.
(L. S.) A. HEINSIUS.
(L. S.) C. V. GHEEL VAN SPANBROECK.
(S. L.) A. VAN BURUM.
(S. L.) H. VAN ISSELMUDEN.
(S. L.) J. WICHERS.

N°. XCVII.

TRAITÉ D'ALLIANCE

Entre les Seigneurs Etats-Généraux & le louable Canton de Berne, projetté & figné à la Haye le 22 Juin 1712, perfectionné & conclu le 8 Juin 1724.

Avec la Capitulation pour les Troupes.

LES Seigneurs Etats-Généraux des Provinces-Unies des Pays-Bas & les Seigneurs l'Advoyer, petit & grand Confeil de la louable République & Canton de Berne, ayant depuis long-temps, & réciproquement les uns pour les autres une véritable & fincere amitié & une entiere confiance, ont jugé qu'il leur feroit utile & convenable de contracter enfemble un Traité de perpétuelle Union défenfive, qui puiffe fervir à leur confervation & maintien réciproque, & à cimenter indiffolublement les fentimens d'amitié & de confiance qu'ils ont eu jufqu'ici les uns pour les autres. Pour cet effet les Etats-Généraux des Provinces-Unies des Pays-Bas ont autorisé les Srs. de Broekhuisen, van Alphen, Heinsius, Coning, Ploos van Amstel, de Burum, Steenberg & Steenhuys, leurs Députés ; & la République &·Canton de Berne le Sr. Pesme de St. Saphorin, qui en vertu de leurs autorisations, sont convenus des Articles suivans.

„ I. Il y aura à perpétuité une étroite union défensive entre les Seigneurs Etats-Généraux des Provinces-Unies des Pays-Bas d'une part, & le louable Canton de Berne de l'autre, en vertu de laquelle étroite union, les Parties contractantes s'engagent d'avoir réciproquement un fidele soin de leurs intérêts mutuels, & de s'assister par tous les bons offices possibles, de prévenir le mal dont l'une ou l'autre Partie pourroit être menacée, & de s'entre-secourir réciproquement en cas d'attaque. “

„ II. Ce Traité d'Union s'entend de la part du louable Canton de Berne à la défense du Pays de Leurs Hautes Puissances, & à celle de leurs Barrieres, telles qu'elles seront réglées dans le Traité de Paix, & cela, soit que leursdits Pays & Barrieres fussent attaquées, soit que Leurs Hautes Puissances fussent obligées d'entrer en guerre pour la défense de leurs Pays ou Barrieres. Leurs Hautes Puissances de plus seront dans le pouvoir d'employer les troupes du louable Canton qu'elles auront à leur service pour la défense de tous les Etats du Royaume de la Grande-Bretagne, qui sont dans l'Europe. “

„ III. Le louable Canton de Berne s'engage dans ce Traité de laisser au service de Leurs Hautes Puissances, non-seulement les 16. Compagnies de Berne qui avoient déja été avouées par le louable Canton dans le Projet (*) de la Capitulation faite ci-devant, mais encore huit autres Compagnies commandées l'une par un Bourgeois de Berne, & les sept autres par des Sujets du Canton. Il avouera toutes les 24 Compagnies, & fournira aux Capitaines qui les commandent, & qui les commanderont dans la suite, les recrues nécessaires pour les maintenir, sans que le louable Canton puisse rappeller en nul temps lesdites 24 Compagnies, que dans les cas marqués dans l'Article VI. du présent Traité. “

„ IV. Le louable Canton de Berne s'engage de plus d'accorder à Leurs Hautes Puissances en cas qu'elles fussent attaquées, ou en péril inévitable de l'être, une nouvelle levée de 4000 hommes, sans que ledit Canton puisse se dispenser d'exécuter cet engagement, à moins que lorsqu'on lui demandera la nouvelle levée, il fût lui-même en guerre, ou dans le péril éminent d'y entrer, & quand les troupes seront levées, il leur fournira les recrues nécessaires. “

„ V. D'autre part Leurs Hautes Puissances s'engagent au louable Canton

(*) Ce Projet a été fait par feu Mr. de Reboulet, Résident de Leurs Hautes Puissances en Suisse.

de Berne, en vertu du préfent Traité, à la défenfe de la Ville de Berne, & à celle de tous les Etats qui font fous fa Domination, & fur lefquels elle a le Droit de Souveraineté, de même qu'à la défenfe de fes Combourgeois, & à celle de la ville de Geneve, qui eft fa barriere; fes Combourgeois font le Comte de Neufchatel, Vallangin, Bienne, la Neufve & la Bonne-ville & le Munfterthal. "

» VI. Si le louable Canton de Berne étoit attaqué, ou fe trouvoit engagé dans une guerre, foit pour fa défenfé, foit pour celle de fes Combourgeois, ou fes Sujets, ou de la Barriere, Leurs Hautes Puiffances lui fourniront pour fubfide une fomme pareille à ce à quoi monte la paie préfente des 24 Compagnies tant de Berne que des Sujets du louable Canton qui font préfentement à leur fervice. Ce fubfide fera payé réguliérement de mois en mois pendant tout le temps que la guerre durera; mais fi le louable Canton de Berne fe trouvoit engagé, ou qu'il fe vît dans le péril inévitable d'une guerre fi redoutable, qu'il fe crût dans la néceffité abfolue & indifpenfable de rappeller fes troupes qui feront au fervice de Leurs Hautes Puiffances, elles feront obligées de les lui renvoyer à fa premiere demande au choix du louable Canton, foit une partie, foit toutes les Compagnies qui font préfentement à leur fervice, & cela, foit que Leurs Hautes Puiffances foient elles-mêmes en guerre ou non ; mais avec ces reftrictions, que fi Leurs Hautes Puiffances étoient en guerre, & que le louable Canton s'y trouveroit de fa part engagé avec d'autres parties du louable Corps Helvétique, ce dont Dieu veuille les préferver, fans qu'aucune Puiffance étrangere affiftât ni directement ni indirectement lefdites parties du Corps Helvétique, avec lefquelles il feroit en guerre, ledit louable Canton fe devra en ce cas-là contenter du fubfide fans pouvoir rappeller lefdites 24 Compagnies; de plus, quand même le louable Canton de Berne feroit en guerre avec quelque Puiffance étrangere, Leurs Hautes Puiffances ne feroient pas dans l'obligation de lui envoyer, en cas qu'elles fuffent elles-mêmes en guerre, ce qu'elles pourroient avoir alors de troupes du Canton de furplus que les 24 Compagnies. Quoique ledit louable Canton de Berne s'engage de bonne foi à ne les rappeller, par rapport même à des guerres étrangeres, que lorfqu'il fe trouveroit engagé, ou dans le péril d'une guerre fi redoutable, qu'il ne puiffe fe difpenfer de rappeller ou toutes, ou une partie des 24 Compagnies; il fera toujours à lui à connoître, fi la néceffité éminente requiert qu'il les rappelle, & lorfqu'il les demandera, Leurs Hautes Puiffances les lui enverront inceffamment, fans y pouvoir apporter aucune difficulté, & en faifant les offices convenables vers les Princes & Etats, par où lefdites troupes devront paffer, pour avoir le libre paffage & l'affiftance néceffaire : fi une partie, ou toutes les 24 Compagnies fe trouvoient dans le cas fufdit, rappellées par le Canton, Leurs Hautes Puiffances s'engagent de les payer & entretenir pour le fervice dudit Canton pendant tout le tems qu'il fera en guerre, & ce que leur coûtera ledit entretien, fera défalqué fur les fubfides qu'elles s'engagent de lui payer ; cette défalcation fera comptée & commencera depuis le jour que les troupes partiront pour la Suiffe, jufqu'au jour qu'elles partiront pour revenir dans les Etats de Leurs Hautes-Puiffances, avec cette obfervation, que fi Leurs Hautes Puiffances jugeoient à propos de fe prévaloir dans la fuite du pouvoir qu'elles ont par l'Article XI. du préfent Traité, de réduire les 24 Compagnies à 150 hommes chacune en temps de paix, elles ne feroient obligées de payer & d'entretenir pour le fervice du Canton les Compagnies que ledit Canton rappellera, que fur le pied de la réduction qui aura été faite par Leurs Hautes Puiffances avant ledit rappel ; bien entendu qu'elles feront toujours payées complettes fur le pied de ladite réduction avec l'Etat-Major, tel qu'il eft néceffaire pour le nombre des Compagnies que l'on rappellera, & avec la gratification qui eft accordée aux Capitaines pour leur paie & pour celle des Officiers ; mais fi le Canton fe contente, foit pour une partie, ou pour le tout du fubfide, alors on le lui payera, ainfi qu'il eft dit au commencement de cet Article, fur le pied que les Compagnies le font préfentement. "

„ VII. Ces troupes refteront toujours au fervice de Leurs Hautes Puiffances, quoiqu'employées pour la défenfe du louable Canton, & reviendront enfuite dans les Etats de Leurs Hautes Puiffances d'abord que le louable Canton ne fera plus dans la néceffité de s'en fervir. "

„ VIII. Les 24 Compagnies, qui font préfentement au fervice de Leurs Hautes Puiffances, feront mifes dans trois ou dans deux régimens au choix de Leurs Hautes Puiffances. Si c'eft dans trois, deux régimens feront compofés chacun de huit Compagnies uniquement commandées par des Bourgeois de Berne ; les Compagnies de l'autre régiment feront indifferemment commandées par des Bourgeois ou Sujets du Canton de Berne. Si on n'en compofe que deux régimens, chacun de 12 Compagnies, les Capitaines de l'un des deux régimens devront tous être Bourgeois de Berne, & dans l'autre les quatre Compagnies qui font préfentement commandées par des Bourgeois de Berne & qui devront être dans ledit régiment, refteront à des Bourgeois de Berne, & les autres feront indifféremment données & commandées par des Bourgeois de Berne ou Sujets du Canton. "

„ IX. Leurs Hautes Puiffances ne feront dans l'obligation qu'après que la paix fera faite, de mettre les Compagnies du louable Canton de Berne dans deux ou trois Régimens ; mais qu'en attendant que cette féparation fe faffe, les Compagnies du Régiment de May, commandées par les Bourgeois de Berne, ne pourront être redonnées qu'à des Bourgeois de Berne, & le louable Canton aura à préfent la nomination des Capitaines du Régiment. "

„ X. Quant aux autres feize Compagnies, foit des Bourgeois de Berne, foit des fujets du louable Canton, qui font répandues dans divers autres Régimens Suiffes au fervice de Leurs Hautes Puiffances, les huit Compagnies

gnies déja avouées par le Canton , & commandées par des Bourgeois, resteront toujours entre les mains des Bourgeois, les autres huit Compagnies
feront données indifféremment à des Bourgeois de Berne ou à des sujets
dudit Canton & non à d'autres ; mais, du reste, jusques à cette séparation
des Compagnies qui sont dans divers Régimens, le choix des Capitaines,
lorsque les Compagnies viendront à vaquer, se fera ainsi qu'il a été pratiqué jusqu'à présent. "

„ XI. Les 24 Compagnies qui sont présentement au service de Leurs
Hautes Puissances, seront conservées en temps de paix ; mais Leurs Hautes
Puissances auront le pouvoir de les réduire à 150 hommes chacune. "

„ XII. Lorsque Leurs Hautes Puissances feront de nouvelles levées dans
le louable Canton de Berne, en vertu de l'engagement que le louable
Canton prend dans ce présent Traité, ledit Canton aura le choix des Capitaines, qui commanderont les nouvelles levées ; mais il s'engage à n'en
choisir que d'expérimentés & de capables. "

„ XIII. Leurs Hautes Puissances pourront choisir parmi les Capitaines
qui auront été nommés & choisis par le Canton de Berne, les Officiers
de l'Etat-Major. "

„ XIV. Lorsqu'un Régiment sera formé, & qu'il y aura une Compagnie vacante, le Colonel nommera toujours le plus vieux Capitaine-Lieutenant du Régiment, & le Capitaine-Lieutenant de la Compagnie vacante,
pourvu que le dernier ait huit ans de service, en qualité d'Officier, sans
quoi les deux plus vieux Capitaines-Lieutenants du Régiment seront nommés ; le louable Canton de Berne aura droit de donner ladite Compagnie
à l'un des deux Capitaines-Lieutenants, nommés par le Colonel. "

„ XV. Leurs Hautes Puissances donneront pour la nouvelle levée la même
somme qui a été donnée aux Capitaines Suisses qui en ont levé de particulieres pour elles. "

„ XVI. La Capitulation pour les nouvelles levées sera la même que celle
qui a été faite pour les Troupes Suisses Protestantes, qui sont déja au service de Leurs Hautes Puissances, avec cette observation, que sans rien changer
par rapport à la paie, cette Capitulation doit être mise le plus clairement
possible, afin qu'il ne puisse naître aucune difficulté à l'égard de son exécution ; & tout ce qui n'est pas réglé dans le présent Traité, le doit être dans
la Capitulation de la maniere la plus avantageuse pour les deux Parties contractantes : cette Capitulation étant bien éclaircie devra avoir la même force
que le présent Traité. "

„ XVII. Toutes les Alliances du louable Canton, soit avec la Suisse en
général, soit avec quelque partie en particulier, sont ici réservées ; les
Troupes du louable Canton de Berne ne pourront pas être employées au
préjudice des Traités que les louables Cantons ont fait, avec la France ; soit
avec la Souveraine Maison d'Autriche ; mais, comme ces Alliances sont de
même que ce présent Traité d'Union défensive, le louable Canton ne per-

mettra pas que les susdites deux Puissances emploient leurs Troupes Suisses au delà des termes que prescrivent ces Alliances, ni qu'Elles s'en servent contre les Etats de Leurs Hautes Puissances ni contre leurs barrieres. "

„ XVIII. Sa Majesté la Reine de la Grande-Bretagne sera en droit d'entrer dans le présent Traité d'Union, sur le pied du projet qui avoit été proposé de faire avec Sadite Majesté, conjointement avec Leurs Hautes Puissances. "

„ XIX. Les autres parties du louable Corps Helvétique Protestant auront aussi droit d'entrer dans ce Traité, proportionnant le secours de Leurs Hautes Puissances en leur faveur aux Troupes qu'ils s'engagent de donner. "

„ XX. L'Echange des Ratifications se fera dans deux mois au plus tard, & plutôt, s'il se peut. Ainsi fait & conclu entre les soussignés Députés de Leurs Hautes Puissances, & le Sr. Pesme de St. Saphorin de la part du louable Canton de Berne. "

A la Haye le 21 Juin 1712.

A R T I C L E   S É P A R É.

„ Comme avant la conclusion & la signature du Traité d'Union conclu & signé aujourd'hui entre Leurs Hautes Puissances & le louable Canton de Berne, il s'est élevé depuis peu une guerre intestine dans la Suisse, il est stipulé par cet Article séparé, qui aura la même force, comme s'il étoit inséré dans le Traité principal, que Leurs Hautes Puissances ne seront pas obligées, par ledit Traité de fournir à la République de Berne pour la guerre intestine présentement allumée en Suisse, le secours ici stipulé ; mais si des Puissances étrangeres prenoient occasion de cette guerre pour attaquer sa Domination, & les Terres sur lesquelles elle a droit de Souveraineté, de même que ses combourgeois & sa barriere, Leurs Hautes Puissances seront alors obligées à remplir les conditions du Traité. Le présent Article sera ratifié en même-temps que le Traité principal. Ainsi fait & signé entre les soussignés Députés de Leurs Hautes Puissances, & le Sieur Pesme de St. Saphorin de la part du louable Canton de Berne. «

(*Signé,*)

BROEKHUISEN.   PESME DE ST. SAPHORIN.
HEINSIUS.
PLOOS VAN AMSTEL.
STEENBERG.
VAN ALPHEN.
CONINCK.
VAN BURUM.
VAN STEENHUYSEN.

A la Haye ce 21 Juin 1712.

*Extrait du Regiſtre des Réſolutions de Leurs Nobles & Grandes Puiſſan-
ces les Etats de Hollande & Weſt-Friſe , du Mercredi 13 Décembre 1713.*

» AYANT été délibéré réſumptivement ſur la Lettre des Seigneurs Etats-
Généraux des Provinces-Unies écrite ici à La Haye, le 23 d'Août dernier, ayant pour annexe un projet de Capitulation touchant les Compagnies Suiſſes du Canton de Berne , dreſſé par les Seigneurs Députés de
Leurs Hautes Puiſſances conjointement avec les Députés du Conſeil d'Etat,
en conſéquence & en exécution du dernier Traité conclu avec le ſuſdit
Canton de Berne mentionné plus au long dans les notules dudit 23 Août;
les Seigneurs du College des Nobles & les Députés des Villes reſpectives
au nom & de la part des Bourguemaîtres & Conſeils des Seigneurs leurs
commettans, ont conſenti comme leurs Nobles & Grandes Puiſſances con-
ſentent par ces préſentes à la Capitulation ſuſdite pour les Compagnies
Suiſſes du Canton de Berne , ainſi qu'elle eſt inſérée ci-après. »

Accorde avec ledit Regiſtre.

Etoit ſigné,

SIMON VAN BEAUMONT.

No. XCVIII.

*Capitulation pour les nouvelles levées que Leurs Hautes Puiſſances feront
à l'avenir en droit de faire dans le louable Canton de Berne , en conformité de leur Traité d'Alliance avec ledit Canton & pour l'entretien de
toutes les Troupes dit Canton.*

» I. LEURS Hautes Puiſſances avanceront pour la levée d'une Compagnie ſix mille livres de France , 3 livres pour l'Ecu en eſpece, qui feront
enſuite rabattues aux Capitaines à raiſon de 250 livres par mois, à commencer du jour que la Compagnie ſera complette, ſans que les Capitaines ſoient obligés de payer aucun intérêt pour cette ſomme. »

» II. Leurs Hautes Puiſſances donneront , ſans les pouvoir rabattre,
cinq Ecus pour chaque ſoldat, pour ſe rendre au lieu d'aſſemblée dans
une Ville de la dépendance des ſept Provinces-Unies la plus à portée de
la Suiſſe , laquelle on aſſignera de bonne héure , & à meſure de leur arrivée au lieu d'aſſemblée, la paie ordinaire commencera ; & afin que le Capitaine puiſſe payer les Officiers, il jouira de la moitié de la gratification

dès qu'il aura cent hommes, mais si les nouvelles levées ou recrues étoient ou arrêtées en chemin par les pays où elles devront passer, ou enlevées par les ennemis de l'Etat, sans qu'il y eut de la faute du Capitaine, Leurs Hautes Puissances auront les égards convenables. »

» III. Leurs Hautes Puissances donneront aussi sans les pouvoir rabattre cinq Ecus par homme pour les frais de Suisse en Hollande. »

» IV. Chaque Compagnie doit être composée pour le moins de deux tiers Suisses, & il sera permis aux Capitaines de remplir l'autre tiers par des hauts Allemands, savoir des Cercles de Suabe, d'Autriche, de Baviere, de Franconie, du Haut Rhin & de la Haute Saxe, & les Capitaines auront deux mois pour remplir par de bons hommes, tels qu'ils sont obligés de les avoir suivant cet Article, ceux qu'ils viendront à perdre autrement que par congé ou par l'expiration du terme pour lequel ils auront été engagés ; bien entendu que les Compagnies devront être complettes à la revue générale qui se fait au printemps, sans que les Capitaines puissent prétendre les deux mois pour ceux qui manqueront alors. Il ne sera pas permis aux Capitaines de donner des congés pour quelque raison que ce soit, depuis la revue générale jusqu'au 15 du mois de Novembre, à moins qu'ils n'eussent après ladite revue générale plus de monde que le compte de leurs compagnies ; auquel cas seul & en le faisant voir préalablement, ils pourront congédier ceux qu'ils ont de surplus, & les Capitaines seront obligés de marquer distinctement dans les Rôles des recrues que Leurs Hautes Puissances seront en droit de faire toutes les fois qu'elles voudront, la maniere, soit désertion, mort ou autre, dont ils auront perdu les hommes qui manqueront depuis la revue précédente, & dont ils prétendront la paie pendant ledit terme de deux mois, & de confirmer le contenu des rôles par serment. Si les Capitaines négligent de prendre le soin nécessaire pour la conservation de leurs Compagnies, & qu'ils causent par là de la désertion, ou bien s'ils donnent des congés depuis la revue du printemps jusqu'au 15 de Novembre, à moins que ce ne soient les congés de ceux qu'ils auront plus que le compte de leurs Compagnies, ils seront mis au Conseil de guerre & cassés ou punis autrement, suivant les loix Militaires de Leurs Hautes Puissances. »

» V. Le Capitaine fournira à ses dépens à sa Compagnie les armes & les habits. »

» VI. Une Compagnie nouvellement levée ne pourra être congédiée que trois ans après qu'elle aura commencé à jouir de la gratification. »

» VII. Leurs Hautes Puissances payeront en temps de guerre pour chaque homme 16 livres 4 sols de France, c'est 13 livres 10 sols d'Hollande, par mois à compter douze mois dans l'année, mais en temps de paix elles pourront diminuer ladite paie de 10 sols d'Hollande par homme, sans la pouvoir mettre plus bas. »

» VIII. Chaque Compagnie doit être pourvue de tous les Hauts & Bas-

Officiers néceſſaires, à ſavoir, d'un Capitaine, d'un Capitaine-Lieutenant, d'un Lieutenant, d'un ſous-Lieutenant, d'un Enſeigne, de ſix Cadets, de 4 Sergeants, de 4 bas-Officiers, ſavoir, un Fourier, un Port-Enſeigne, un Capitaine d'armes & un Prévôt ; item, d'un Secrétaire, un Chirurgien, de 4 Trabants, de 6 Caporaux & d'autres Appointés en temps de guerre ; mais en temps de paix les Capitaines ne ſeront obligés d'avoir que 4 Caporaux & autant d'Appointés ; il devra de plus avoir 4 Tambours avec un Pfifre, & le Capitaine ſera obligé de payer leſdits Hauts & Bas-Officiers auſſi-bien que les Soldats de la Compagnie ſur le pied ſuivant, ſavoir, en temps de paix au Capitaine-Lieutenant cent livres par mois, à 3 livres pour un écu en eſpece, au Lieutenant 75, au ſous-Lieutenant 60, à l'Enſeigne 50, aux premiers Sergeants 24 chacun, aux deux derniers Sergeants chacun 20, aux quatre Bas-Officiers chacun 18, aux Caporaux chacun 15, aux Appointés 14 chacun, aux Trabants chacun 15, aux Cadets 18 chacun, & les Capitaines ſeront obligés de faire le décompte aux Soldats ſur le pied de 12 livres 3 ſols par mois, dont ils leur payeront chaque ſemaine la valeur de 40 ſols & demi de France, ce qui eſt la même paie qu'ils ont eu juſqu'à préſent. En temps de guerre les Capitaines ſeront obligés de payer par mois au Capitaine-Lieutenant 120 livres, au Lieutenant 80, au ſous-Lieutenant 75, à l'Enſeigne 60, & à chacun des Cadets 20 livres ; ils bonifieront auſſi 10 ſols par mois à chaque Soldat de plus qu'en temps de paix, mais ils ne leur donneront toujours que le même argent de ſemaine, bien entendu, que cela eſt bon argent de France à 3 livres pour l'Ecu en eſpece ou pour 40 ſols d'Hollande. »

» IX. Lorſqu'une Compagnie Suiſſe ſera ſur le pied de deux cens hommes effectifs, on payera au Capitaine 27 hommes de gratification. »

» X. Si même une Compagnie qui devroit être de deux cens hommes effectifs, n'en avoit que 175, le Capitaine jouira toujours de ſa gratification de 27 hommes, & ſera outre cela payé pour les préſents & effectifs, pourvu qu'ils ne ſurpaſſent pas 200 hommes. »

» XI. Mais ſi une Compagnie qui devroit être de 200 hommes, n'en avoit au-delà de 174 effectifs, le Capitaine perdra alors la moitié de la gratification. »

» XII. Et s'il laiſſoit diminuer ſa Compagnie juſqu'au deſſous de 165, il perdroit alors toute la gratification & ne lui ſeront payés que les effectifs. »

» XIII. Si Leurs Hautes Puiſſances jugeoient à propos de réduire leurs Compagnies Suiſſes, ainſi qu'elles ont été pendant quelque temps à 178 hommes effectifs, en y comprenant tous les Hauts & Bas Officiers, comme auſſi les Tambours, Pfifres & Trabants, on payera, outre les effectifs, aux Capitaines 27 hommes de gratification. "

» XIV. Et même lorſqu'une Compagnie ſur le pied de 178 hommes n'auroit réellement que 153 hommes, le Capitaine, outre le paiement des effectifs, jouira encore de la gratification de 27 hommes. "

„ XV. Mais fi elle fe trouvoit au-deffous de 152 hommes, le Capitaine ne jouira que de la moitié de la gratification. "

„ XVI. Et fi elle tombpit au-deffous de 140 hommes, le Capitaine perdroit toute fa gratification, & ne feroit payé que pour les préfents & effectifs. "

„ XVII. Leurs Hautes Puiffances feront dans le pouvoir de réduire en temps de paix les Compagnies à 150 hommes & non à moins, & alors elles ne payeront que 25 hommes de gratification, comme il a été réglé après la paix de Ryfwick. "

„ XVIII. Lorfqu'une nouvelle Compagnie fera congédiée, Leurs Hautes Puiffances lui payeront deux mois de gage pour fon retour en Suiffe. "

„ XIX. Si Leurs Hautes Puiffances diminuent conformément au droit qu'elles en auront par le Traité d'Union, le nombre d'hommes qui font dans les Compagnies du Canton, qu'elles s'engagent par le même de conferver fur pied; Elles donneront pour le renvoi de tout ce qu'Elles réformeront, deux mois de gage par tête. "

„ XX. L'Etat-Major des Régimens tant des Bourgeois de Berne que des fujets du Canton, fera payé au Colonel à raifon de 600 Rixdales à 50 fols la piece par mois en temps de guerre, & 400 en temps de paix, & le Colonel payera fur cela tous les Officiers & perfonnes comprifes dans l'Etat-Major, le tout ainfi qu'il eft pratiqué jufqu'à préfent en temps de paix & en temps de guerre. Le Colonel ne fera pas en droit de demander augmentation des gages, en cas qu'il fût trouvé à propos de mettre le Régiment à trois ou 4 Bataillons. "

„ XXI. Leurs Hautes Puiffances, ou bien fi les Régimens font repartis fur les Provinces, celles fur lefquelles les Officiers de l'Etat-Major font payés, auront le choix, foit en cas de vacance, foit dans les nouvelles levées, de Colonels, Lieutenants-Colonels & Majors, qui dans les nouvelles levées devront être pris parmi les Capitaines choifis par le Canton; & qui dans les vacances devront être remplis, pour les deux Régimens compofés uniquement des Bourgeois de Berne, par d'autres Bourgeois qui font actuellement au fervice de l'Etat; & dans les Régimens où les Bourgeois & les Sujets font également admiffibles par des Bourgeois ou Sujets, qui font de même au fervice de l'Etat, à moins qu'il n'y ait des raifons particulieres très-preffantes & très-fortes qui y fuffent contraires, les places de l'Etat-Major qui viendront à vaquer, feront remplies par des Officiers du même Régiment, où la vacance arrivera. Les places vacantes de l'Etat-Major feront remplies dans fix femaines après l'advertance, qui en fera donnée par l'Officier Commandant du Régiment au Colonel-Général, lequel étant expiré fans que la place vacante ait été remplie, l'Officier du Régiment qui eft le plus proche par rang & ancienneté pour remplir la place vacante, fera cenfé d'en être pourvû, & fera en vertu de cette Capitulation admis au ferment, bien entendu que les Etats de la Province, qui auront le droit de remplir les charges de l'Etat-Major, aient été aſſemblés pendant leſdites ſix ſemaines; s'ils ne l'auroient pas été, ils devront remplir leſdites charges aux conditions ſuſdites à leur première ſéance. Quant aux Compagnies de tous les Régimens du Canton de Berne déja formées, ſoit de ceux qui ſe formeront à l'avenir; lorſqu'elles viendront à vaquer, le choix des Capitaines appartiendra audit louable Canton ſous la reſtriction marquée dans le 14e Article du Traité d'Union, qui contient : lorſqu'un Régiment ſera formé & qu'il y aura une Compagnie vacante, le Colonel nommera toujours le plus vieux Capitaine-Lieutenant du Régiment, & le Capitaine-Lieutenant de la Compagnie vacante, pourvu que ce dernier ait huit ans de ſervice en qualité d'Officier, ſans quoi les deux plus vieux Capitaines-Lieutenants ſeront nommés, & le louable Canton de Berne aura le droit de donner ladite Compagnie à l'un des deux Capitaines-Lieutenants nommés par le Colonel; & immédiatement après que la vacance ſera arrivée, le Colonel enverra au Canton la nomination en conformité dudit Article, dont il enverra en même temps la copie au Colonel-Général, & ſix ſemaines au plus tard après que le Canton aura reçu ladite nomination, celui à qui on aura conféré ladite Compagnie, devra préſenter au Colonel-Général la Patente du Canton, ſur laquelle Patente on expédiera de la part de Leurs Hautes Puiſſances, ou des Provinces reſpectives les Actes néceſſaires, lequel terme de ſix ſemaines étant expiré, ſans que le Canton ait envoyé la Patente, Leurs Hautes Puiſſances, ou bien la Province ſur laquelle la Compagnie eſt payée, ſeront en droit de remplir la place vacante, en ſe conformant pour le choix de la perſonne à l'Article XIV du Traité d'Union; mais s'il arrivoit une vacance, ſoit dans une bataille, ou dans un ſiege, alors ce terme de ſix ſemaines, qui eſt donné au Canton pour le choix des Capitaines, ſera reſtreint à un mois après que ledit Canton aura reçu la nomination. "

„ XXII. Les Capitaines des Régimens du louable Canton de Berne auront la nomination des Officiers ſubalternes de leurs Compagnies, ſous l'agrément du Colonel reſpectif & du Colonel-Général, bien entendu, que le rang & l'ancienneté ſeront obſervés, autant que le bien du ſervice, la conſervation des Compagnies le pourront permettre, & lorſqu'il y aura vacance dans une Compagnie, le Capitaine devra nommer dans trois ſemaines au plus tard l'Officier qu'il choiſira pour la remplir, & cette nomination agréant au Colonel, celui-ci en donnera avis au Colonel-Général, qui devra auſſi dans trois ſemaines au plus tard faire expédier ſon attache; mais ſi elle n'arrive dans ledit temps, le Colonel pourra toujours faire reconnoître l'Officier qui lui aura été préſenté par le Capitaine, de telle maniere qu'au plus tard ſix ſemaines après qu'il y aura une place d'Office ſubalterne vacante, ladite place devra être remplie; ce à quoi les Colonels & Commandans des Régimens ſeront obligés de tenir exactement la main, cependant avec cette diſtinction, que ſi le Capitaine de la Compagnie, où il y aura une place vacante, ou le Colonel du Régiment ſe trouve alors en Suiſſe, ou bien que le Colonel-Général ſoit hors du Pays de l'obéiſ-ſance de Leurs Hautes Puiſſances, ils auront en ce cas cinq au lieu de trois ſemaines. "

„ XXIII. Il ſera permis au Capitaine & non pas au Colonel de pour-voir la Compagnie d'armes & d'habits, à condition que les armes ſeront, du même calibre que celles des autres troupes de l'Etat, & que pour la fabrique, façon & couleur de l'habillement, le Capitaine ſuivra l'Ordon-nance ou Réglement de l'Etat, & au défaut de telle Ordonnance ou Ré-glement, ce qui ſera réglé par le Colonel, de l'aveu & du conſentement de la pluralité des Capitaines du Régiment. "

„ XXIV. Les munitions de guerre ſeront données *gratis* par Leurs Hau-tes Puiſſances à chaque Compagnie. "

„ XXV. Les troupes du louable Canton auront leur propre Juſtice, comme la Nation Helvétique en jouit par-tout, ſans que l'on puiſſe en diſtraire perſonne du Conſeil de Guerre de la Nation pour des faits per-ſonnels, bien entendu que la Juſtice ſera rendue ſuivant les Loix Militaires de Leurs Hautes Puiſſances. Le Colonel-Général nommera à ſon tour & rang les Aſſeſſeurs pour les Conſeils de Guerre, qui ſeroient compoſés d'Officiers de pluſieurs Régimens, mais il ne pourra y préſider. "

„ XXVI. Il ſera permis à chaque Compagnie d'avoir en campagne ſon propre Vivandier. "

„ XXVII. Chaque Compagnie doit être réguliérement & entiérement payée chaque mois. "

„ XXVIII. Le Capitaine fera les recrues de ſa Compagnie à ſes pro-pres frais; mais en cas qu'une Compagnie fût affoiblie dans une action de guerre, le Capitaine aura deux mois pour la rétablir, & ſera payé cepen-dant ſur le pied de la revue qui aura précédé l'occaſion; mais s'il arrivoit de grands malheurs à une Compagnie, ou une grande déſertion provenue, ſoit d'extrêmes fatigues & marches dans le mauvais temps, ou par d'autres accidens où l'on verroit viſiblement, qu'il n'y auroit point de la faute du Capitaine, Leurs Hautes Puiſſances y auront les égards convenables, afin que les Capitaines aient le temps & les moyens de remplacer par d'autres bons ſoldats, le monde qu'ils auront perdu. "

„ XXIX. A l'égard du logement, ſervice, pain de munition, hôpi-taux pour les malades, bleſſés & eſtropiés, les Officiers & les Soldats ſeront traités de la même maniere que le font les autres Officiers & Soldats de l'Etat, & les Colonels pourront, de l'aveu & du conſentement de la plura-lité des Capitaines de leurs Régimens, dont les Compagnies ſeront payées ſur la même Province, employer quels Solliciteurs ils trouveront convena-bles; mais ils ne pourront en changer ſans payer préalablement à celui, dont ils ſe ſeront auparavant ſervi, tout ce qu'il auroit avancé pour eux

ou

ou pour le Régiment, ils traiteront eux-mêmes avec le Solliciteur qu'ils choifiront, & on ne pourra point les obliger à payer des penfions à qui que ce foit. Les Réglemens qui ont été faits par Leurs Hautes Puiffances du Confeil d'Etat en date du 5 Décembre 1711, par rapport aux cinq écus que l'on doit payer au Capitaine pour chaque Soldat que l'on perdra devant l'ennemi, & que les Officiers recruteront en Suiffe, de même que pour les 1500 florins par Bataillon pour les chariots de Bagage, fubfifteront toujours en temps de guerre, & l'on paffera conformément à la même Réfolution un homme par Compagnie pour la follicitation. "

» XXX. A l'égard des fourages qu'ils feront obligés de prendre dans les Magafins de Leurs Hautes-Puiffances en tant qu'on ne peut pas les trouver ailleurs, ils ne les payeront qu'au prix que les autres troupes Nationales paient. «

» XXXI. Les troupes du louable Canton ne pourront point être employées par mer, ni être tranfportées par mer dans les Pays étrangers, hormis au Royaume d'Angleterre pour fa défenfe. «

» XXXII. A l'égard des Congés dont les Officiers auront befoin pour fortir de leur Garnifon, ils feront fujets aux mêmes ordres & réglemens que les autres Officiers de l'Etat, avec cette diftinction, que l'avis du Colonel Général fera pris fur les Congés pour aller en Suiffe, ou autres qui feront demandés pour plus de trois mois. «

Ainfi fait & conclu entre les fouffignés Députés de Leurs Hautes Puiffances & le Sieur de Pefmes de S. Saphorin, autorifé à cet effet de la part de la République & Canton de Berne. A la Haye le 8 Janvier 1714.

(Etoit figné.)

(L. S.) BROECKHUISEN. (L. S.) DE PESMES DE ST. SAPHORIN.
(L. S.) DE RHEEDE.
(L. S.) A. HEINSIUS.
(L. S.) A. VELTRES.
(L. S.) A. E. V. HAREN.
(L. S.) VAN YSSELMUYDEN.
(L. S.) L. TAMINGA.

N° XCIX.

ALLIANCE

Renouvellée entre le Roi de France & de Navarre d'une part, & les louables Cantons Catholiques de la Suisse &c. & la Louable République de Valais d'autre part

A Soleure le 9 Mai 1715.

ON trouvera ce Traité à la suite de l'article SUISSE, auquel nous renvoyons le Lecteur.

N°. C.

TRAITÉ D'ALLIANCE

Entre Sa Majesté Impériale & Sa Majesté Britannique, ainsi qu'il a été corrigé & conclu le 25 Mai 1716.

LE ministere Britannique ayant envie de rétablir la tranquillité en Europe en reconciliant l'Espagne avec l'Empereur, jugea qu'il falloit attirer le Duc Régent de France dans ses vues, & l'empêcher de se lier avec l'Espagne qui trop puissante par un tel allié, auroit fermé l'oreille à toutes les propositions. Il s'agissoit pour réussir de donner de la jalousie au Régent, & l'on y parvint en négociant à Londres avec l'Empereur, en sorte que ce Traité qu'on va lire, devint la base de l'étroite union qui se forma peu de temps après entre les Cours de Versailles & de Londres; mais il devint en même temps la source du refroidissement qu'il y eut entre le Roi George & l'Empereur, parce que le premier ayant requis de Sa Majesté Impériale les secours stipulés pour les employer à la pacification du Nord, en reçut un refus, sous prétexte que la Cour Impériale avoit alors lieu de craindre quelque entreprise de la part des Turcs. On fit beaucoup de mystere de ce Traité dans sa naissance, & on peut dire que c'est lui qui donna lieu à la plupart de ceux qui le suivirent.

Du reste, ce n'étoit qu'une stipulation réciproque entre ces deux Puissances de se fournir un secours de huit mille hommes d'infanterie & quatre mille hommes de Cavalerie, en cas que l'une ou l'autre fût attaquée.

Par un article séparé, il étoit formellement convenu que cette Alliance ne regarderoit point les guerres que l'Empereur pourroit avoir à foutenir contre le Turc.

N°. C I.

TRIPLE ALLIANCE DÉFENSIVE

Entre la France, l'Angleterre & les Provinces-Unies, en 1727.

LA mort de Louis XIV arrivée deux mois avant la fignature du Traité de la Barriere, (*Voyez ce Traité au mot BARRIERE.*) apporta dans les affaires générales de l'Europe un changement qui donna lieu à plufieurs Traités.

Les véritables intérêts d'un Etat changent rarement, ou plutôt ils ne changent jamais, mais fouvent des intérêts particuliers fe mêlent à l'interêt public, & fous le voile de celui-ci on pouffe fouvent ceux-là avec chaleur. Louis XIV vivant, les Miniftres de fa Cour n'avoient qu'un intérêt à ménager, c'étoit celui de fa Couronne & de fes Peuples : Louis XIV parvenant à la Couronne, dans un âge tendre autant que foible, tout change de face, & celui qui devint le dépofitaire de l'Autorité Royale, joignant à ce Titre celui d'*Héritier préfomptif de la Couronne*, fe trouva chargé d'intérêts compliqués, intérêts de l'Etat, intérêts particuliers.

Ceux-ci avoient pour bafe les renonciations du Roi d'Efpagne à la Couronne de France, tant pour lui que pour fes defcendans. Louis XV étoit d'un tempérament foible & délicat ; & Philippe V avoit des partifans fans nombre dans le Royaume, dont les Peuples chériffent tendrement le fang de leurs Rois. Que n'avoit-on pas fait pour rendre équivoque la validité des renonciations ? Les fentimens de la Cour de France avoient été pleinement expliqués fur ce fujet, (*) lors qu'on avoit publié au nom de Louis XIV que » tout fe rallie pour combattre ces fortes de renonciations, » la Nature ne les peut fouffrir ; car les Royaumes ne venant point au » plus proche par hérédité, mais par droit du Sang, nul n'y peut re- » noncer par quelque droit que ce foit, parce que les droits du Sang » font les droits de la Nature, inféparables de la perfonne, inaliénables, » & inceffibles par renonciation, ou par quelque autre voie que ce puiffe » être. La Juftice y réfifte auffi, d'autant que la fucceffion aux Royaumes » eft un droit tout public, qui regarde particuliérement les Sujets, Dieu » n'ayant pas donné les Couronnes aux Rois pour l'amour d'eux mêmes,

---

(*) Dans un Manifefte de 1667.

Gg 2

» mais bien pour le gouvernement & la conduite des Peuples, qui ne peu-
» vent pas fe paffer d'un Chef; tellement que les Pactions n'étant jamais
» reçues contre ce qui regarde le droit Public, il n'eft rien de plus nul,
» par toutes ces Loix, que ces renonciations. La Religion ne les peut fouf-
» frir, puifque le droit du Sceptre & de la Couronne n'eft pas comme ces
» poffeffions vénales qui tombent dans le Commerce, & qui font fujettes
» à toutes les viciffitudes que produit l'intérêt & l'inconftance des parti-
» culiers, mais une efpece de Sacerdoce, de Vocation, & de Miffion
» toute. facrée, qui forme un lien fpirituel, conjugal, indiffoluble du Prince
» avec fon Etat, & qui, comme une portion précieufe de la Divinité qui
» s'eft écoulée du Ciel en terre, conferve toujours l'immutabilité de fon
» principe, n'ayant point d'autre fphere pour fon mouvement que celle
» du Ciel où la main de Dieu l'a attachée, c'eft-à-dire, la perfonne à la-
» quelle il a attaché cette Souveraineté qui fait partie de lui-même. *Voy.*
l'Art. RENONCIATION *où les principes font difcutés.*

Que peut-on employer de plus fort contre les renonciations, la Nature, la Juftice, la Religion? Ces maximes étant favorables aux intérêts du
Roi d'Efpagne, pouvoit-on douter que, fi le Trône de France venoit à vaquer, il ne fe préfentât pour y monter; par conféquent pour renverfer
tous les droits & toutes les prétentions de la Maifon d'Orleans, qui n'é-
toit appellée à la Couronne que par les renonciations. C'étoit affez, dira-
t-on, toute l'Europe avoit intérêt d'appuyer la Maifon d'Orleans; il eft
vrai en un fens, mais fi Philippe V. n'eut afpiré qu'à la Couronne de
France, & qu'il eut remis celle d'Efpagne à fon fils aîné, comme cela eft
arrivé depuis, quel fujet de plainte euffent eu les Puiffances de l'Europe?
Les deux Couronnes reftoient autant féparées qu'elles avoient été par les
ftipulations du Traité d'Utrecht. C'eft ce que le Duc d'Orléans avoit à craindre, & voilà ce qui rendoit fort douteufes fes prétentions au Trône, au
cas que quelque accident enlevât le jeune Roi. Pour qui le Trône n'a-t-il point
d'appas? fur-tout pour peu que l'on ait goûté de l'autorité fouveraine. Les
renonciations étoient telles que Philippe V pouvoit en appeller, puifque
l'on n'avoit pas encore exécuté ce qui y concernoit la Maifon d'Autriche.

D'ailleurs le Régent pouvoit-il voir d'un œil indifférent l'Alliance de Weftminfter? (*Voyez ci-devant* N°. LXXXIII.) Quand même les fujets de mécontentement qu'il avoit reçus autrefois de la Cour de Madrid, l'euffent rendu
peu fenfible au préjudice que cette Alliance pouvoit caufer à Philippe V,
en fuppofant encore qu'il n'eût pas été fâché de voir ce Prince réduit à demander fon fecours pour fe maintenir fur le trône d'Efpagne; au moins
il ne pouvoit pas ignorer que fi l'Empereur difputoit cette Couronne à Philippe V, celui-ci fe trouvoit rétabli dans fa qualité naturelle d'Héritier
préfomptif de celle de France. L'Angleterre étant le feul garant capable de
maintenir l'Acte qui lui avoit fait perdre cette qualité, le Duc d'Orléans en
ne s'oppofant pas au Traité d'Alliance qui reconnoiffoit à l'Empereur tous

les droits auxquels il n'avoit pas renoncé, auroit semblé lui-même consentir à déchoir du Titre alors si précieux en apparence de premier Prince du Sang, habile à succéder.

Une opposition formelle à cette Alliance avoit aussi ses inconvéniens. Elle l'auroit mis en communauté d'intérêts avec Philippe V, qu'il ne vouloit peut-être pas favoriser. Elle eut été sur-tout un coup d'éclat qui, sans retirer le Roi d'Angleterre d'un engagement que son intérêt, comme Electeur d'Hanovre, lui rendoit cher, eût réveillé l'inquiétude des Puissances sur la liaison intime des deux branches de Bourbon régnantes.

Telles étoient les circonstances où se trouvoit le Duc d'Orléans. Tout demandoit qu'il assurât ses droits sur quelque chose de plus solide que ces renonciations & le serment dont on les avoit confirmées. Mais d'un autre côté la prudence vouloit que ce Prince traitât cette affaire d'une maniere indirecte, qui ne pût faire appercevoir au Roi d'Espagne que l'on doutoit de sa bonne foi, & qui fût dirigée contre le Traité de Westminster, sans paroître avoir cette Alliance en vue.

La Grande Bretagne voyoit de mauvais œil le Prétendant sur les frontieres (*) de la France, & à portée d'y rentrer à tous momens. Elle regardoit comme contraire aux Traités les ouvrages que l'on avoit faits à Mardyck, sur la fin de la vie de Louis XIV.

L'Article IX du Traité d'Utrecht portoit que non seulement le Port de Dunkerque seroit comblé, & que les Digues qui formoient le Canal seroient détruites, mais que les Fortifications, le Port & les Digues de cette ville ne pourroient jamais être rétablis. Louis XIV, préférant en cette occasion, contre ses propres maximes, la Lettre à l'Esprit du Traité, avoit fait travailler dès 1714 à une lieue de Dunkerque, à un nouveau Port, en creusant & élargissant le Canal de Mardick, auquel on ajouta de prodigieuses Ecluses. Le Roi de la Grande-Bretagne nouvellement monté sur le Trône, ne l'apprit qu'avec étonnement, & aussi-tôt Mr. Prior, son Plénipotentiaire à Paris, eut ordre de représenter à Sa Majesté Très-Chrétienne » Que tant que ce Canal subsisteroit, on ne pourroit nier qu'il ne restât à » Dunkerque un Port de mille toises de long, & par conséquent capable » de contenir plusieurs centaines de vaisseaux. On ne pouvoit s'imaginer, » dit le Mémoire présenté par ce Ministre, que le Roi voulût se prévaloir » du mot *dicta munimenta*, qui étoit dans ledit Article IX, pour soutenir » que pourvu qu'on ne rétablit pas le même vieux Canal, qu'on n'y em- » ployât pas les mêmes matériaux, & qu'on ne relevât pas les mêmes » Batteries & les mêmes Courtines, il lui étoit libre d'y élever de nou- » veaux ouvrages, ou de construire un nouveau Port, meilleur que le vieux. «

La bonne foi qui doit régner dans les Traités n'admettoit point une pareille

---

[*] Dans le Comtat Vénaissin.

fuppofition. Quoique des Vaiffeaux puiffent aborder à Dunkerque par le vieux Canal qui étoit du côté du Nord, ou par le nouveau du côté de l'Oueft, Dunkerque étoit toujours également un Port incommode & dangereux au Commerce de la Grande-Bretagne, & le Traité dans l'un & dans l'autre de ces deux cas étoit également violé.

Cependant, comme on ne manque jamais de prétexte pour colorer fes entreprifes, lors même qu'elles femblent les plus dénuées de raifons, le Roi dans fa Réponfe au Mémoire de Mr. Prior, dit » que les termes *Portus compleatur*, ne pouvoient jamais s'appliquer au vieux Canal très-dif- » férent du Port ; & que certainement le Roi ne fe feroit pas engagé à » combler un Canal de mille toifes de long. Qu'il avoit été forcé de faire » cet ouvrage, pour empêcher la fubmerfion d'une grande étendue de Pays, » que la deftruction des Eclufes de Dunkerque auroit fait perir. Que les » eaux des Canaux de Furnes, de la Mœre, de Bergue & de Bourbourg » s'écoulant par les Eclufes de Dunkerque, & la feue Reine de la Grande- » Bretagne n'ayant pas voulu confentir à en laiffer fubfifter une pour cet » effet, comme le Roi le lui avoit demandé, il avoit fallu chercher un » autre moyen de donner un écoulement aux eaux de ces quatre Canaux. Que » s'agiffant d'empêcher les marées d'entrer dans le Pays, & de retenir les » eaux des anciens Canaux à marée haute, l'Eclufe devoit néceffairement » être proportionnée à la largeur du Canal, & à la quantité des eaux qu'il » devoit contenir. Que la faifon preffoit la fin de cet ouvrage, & que fi » le travail n'eut été fait avec beaucoup de diligence, tout étoit à crain- » dre du défordre que les pluies de l'automne pouvoient caufer ; Que fa Ma- » jefté n'avoit nulle vue & nulle intention de faire un nouveau Port à » Mardick, ni d'y bâtir une Place, & que moyennant que tous les foup- » çons ceffaffent de part & d'autre, il efpéroit que rien ne troubleroit la » bonne intelligence entre les deux Cours. «

On peut croire que cette réponfe ne fatisfit point la Cour Britanique, & l'affaire étoit trop importante pour la négliger ; c'eft pourquoi le Roi George envoya le Comte de Stairs à Paris pour faire de nouvelles remontrances, & avec ordre de ne prendre ni audience ni caractere qu'il n'eût reçu de Sa Maj. Très-Chrétienne une réponfe fatisfaifante. Le Mémoire que ce Mi- niftre préfenta, contenoit en fubftance. „ Que quoiqu'il y eut 22 mois que „ le Traité d'Utrecht étoit conclu, & que le Port de Dunkerque dût être „ comblé deux mois après fa fignature, il l'étoit fi peu qu'il y entroit & „ en fortoit tous les jours un fi grand nombre de vaiffeaux, dont plufieurs „ étoient de 7 à 800 tonneaux, que les digues du Port étoient encore de 6 „ à 7 pieds plus hautes que l'Eftrant du côté de la mer ; que le Baffin & „ Havre fubfiftoient encore, & qu'en ôtant feulement de batardeau dans „ le Canal de Bergues, ils étoient en état de recevoir d'auffi gros vaiffeaux „ qu'auparavant. Qu'on pouvoit fermer le Port de Dunkerque fans y laif- „ fer aucunes ouvertures pour les eaux du Pays, lefquelles pouvoient s'é-

„ couler dans la mer avec très-peu de dépenſe par les écluſes de la riviere
„ d'Aa à Gravelines, ou ſans aucuns frais par les écluſes de la Riviere d'I-
„ perlé auprès de Nieuport ; qu'à l'égard des quatre anciens canaux, le Pays ne
„ fourniſſant que très-peu d'eau, comme l'expérience le faiſoit voir, il étoit
„ évident qu'on ne les avoit faits de la longueur & de la profondeur dont
„ ils étoient, que dans la vue de faire un nouveau port qui corrigeât les
„ défauts de celui de Dunkerque. Que ce canal étoit ſi large & ſi profond
„ qu'un vaiſſeau de guerre du troiſieme rang y pouvoit entrer & ſortir avec
„ tous ſes agrêts. Que pour preuve que le principal deſſein avoit été d'y
„ recevoir de tels vaiſſeaux, plûtot que pour faire un écoulement d'eaux,
„ on n'avoit qu'à conſidérer la grandeur de cette nouvelle écluſe, pour voir
„ combien elle étoit plus grande que celle de Dunkerque. Quant à la dé-
„ claration que le Roi avoit faite, qu'il n'avoit nulle intention de fortifier
„ ce nouveau canal, on diſoit qu'elle ne contribuoit que fort peu à calmer
„ les inquiétudes de la Grande-Bretagne, puiſqu'on ne peut en approcher
„ que par les Dunes entre Furnes & Dunkerque, & que l'étendue de cette
„ ouverture eſt ſi petite qu'on la pourroit bien fortifier en moins d'une
„ ſemaine, &c. Enfin que le véritable ſens du Traité d'Utrecht & la vue
„ de la Grande-Bretagne, étant de n'avoir jamais plus de port à Dunker-
„ que, & que celui de Mardick étant auſſi bien port de Dunkerque que
„ l'autre, le Roi d'Angleterre aimeroit autant qu'on eût changé le nom
„ de Dunkerque, que de voir un autre port plus grand & plus commode
„ s'ouvrir à une lieue ſeulement vers l'Oueſt, &c.

La réponſe que le Roi Très-Chrétien fit à ce Mémoire, n'étoit pas plus
ſatisfaiſante que celle qui avoit été faite à Mr. Prior, & l'on étaloit la néceſſité du Canal de Mardick, pour ſauver le Pays d'une inondation infaillible, d'une maniere à faire croire que le Roi Très-Chrétien ne renonceroit
point à cette entrepriſe ; ce qui donna lieu à un troiſieme Mémoire de la
part de l'Angleterre, & à une réponſe qui ſuivit de près & qui contentoit
ſi peu l'Angleterre que le Comte de Stairs ne prit point de caractere : cependant on interrompit tout d'un coup ces ouvrages, ſans doute pour faire
ceſſer les plaintes, & dans l'intention de les recommencer avec plus de chaleur à la premiere occaſion favorable ; où il ſeroit d'autant plus aiſé de les
perfectionner avant qu'on pût s'y oppoſer, qu'ils étoient fort avancés. La
Cour d'Angleterre ſentit bien cette ruſe ; c'eſt pourquoi elle ne ceſſa de
proteſter contre cette infraction des Traités, & d'en témoigner ſon mécontentement.

L'adroit Régent ſe ſervit utilement de ces deux ſujets de mécontentement
pour engager la Grande-Bretagne dans un Traité, dans lequel ſes intérêts
particuliers ſeroient ménagés de la maniere qu'il le déſiroit. Le Roi d'Angleterre reçut avidement la garantie de la Succeſſion Proteſtante, en échange
de celle qu'on lui demandoit de la Paix d'Utrecht. L'abandon du Chevalier
de St. George, qu'on lui promettoit, lui parut quelque choſe de plus ſo-

lide que les subsides auxquels on l'obligeoit en cas que la France fût attaquée. Il stipuloit en outre la ruine du canal & des écluses de Mardick avec
la démolition de ce qui restoit encore des digues, & des jettées de Dunkerque. L'Abbé du Bois, ci-devant Précepteur de Son Altesse Royale, &
depuis son confident & son favori, fut chargé de ménager cette affaire,
sous le nom d'une Alliance défensive, dans laquelle on jugea à propos de
faire entrer la République des Provinces-Unies. C'est même en Hollande que
le Traité se négocia. L'Abbé du Bois s'y rendit *incognito*; il resta long-
temps caché chez le Marquis de Château-Neuf, Ambassadeur de France,
d'où il ne sortoit que la nuit pour voir les personnes qui étoient du secret.
Il parut enfin quand toutes les conditions furent réglées, & lorsqu'il fut
question de signer ce Traité de la Triple Alliance, que les Ministres Anglois & Hollandois signerent le 4 de Janvier 1717. Cette Triple Alliance
renouvellant sans distinction ni réserve les Articles du Traité d'Utrecht,
fixoit les droits & les prétentions de l'Empereur aux Pays dont ils lui avoient
adjugé la possession, & confirmant ainsi Philippe V. dans la possession de
la Couronne d'Espagne, lui ôtoit tout prétexte de ce côté de songer à celle
de France en cas d'événement.

Du reste les principes établis plus haut sur la nature des Alliances, serviront à apprécier celle-ci & les autres de la France avec l'Angleterre, &c.

TRAITÉ DE LA TRIPLE ALLIANCE DÉFENSIVE

Entre la France, l'Angleterre, & les Provinces-Unies.

Conclu à la Haye le 4 Janvier 1717.

Au nom de la Très-Sainte & indivisible Trinité.

COMME le Sérénissime & très-Puissant Prince & Seigneur Louis XV.
par la grace de Dieu Roi Très-Chrétien de France & de Navarre; le Sérénissime & très-puissant Prince & Seigneur George, par la grace de Dieu Roi
de la Grande-Bretagne, Duc de Brunswick & de Lunebourg, Electeur du
Saint Empire Romain, &c. & les Hauts & Puissans Seigneurs les Etats-Généraux des Provinces-Unies des Pays-Bas, désirent d'affermir de plus en plus
la Paix établie entre leurs Royaumes & Etats respectivement, d'éloigner
entiérement de part & d'autre tout sujet de soupçon qui pourroit en quelque
maniere que ce soit troubler la tranquillité de leurs Etats, & de resserrer plus
fortement encore par de nouveaux nœuds l'amitié qui est entre eux, ils
ont cru que pour parvenir à une fin si salutaire, il étoit nécessaire de convenir entre eux, & pour cet effet Leursdites Majestés & lesdits Seigneurs
Etats-Généraux ont nommé, savoir:

Le Roi Très-Chrétien, ses Ambassadeurs Extraordinaires & Plénipotentiaires,

tiaires, le Sieur Guillaume du Bois, Abbé de Saint Pierre d'Airvault, de Saint Juſt & de Nogent, ci-devant Précepteur de Son Alteſſe Royale Monſeigneur le Duc d'Orleans, Régent du Royaume de France, Conſeiller d'Etat ordinaire; & le Sieur Pierre-Antoine de Chaſteauneuf, Marquis de Caſtagnere, Conſeiller honoraire au Parlement de Paris, & Ambaſſadeur de Sa Majeſté Très-Chrétienne auprès des Seigneurs Etats-Généraux des Provinces-Unies.

Le Roi de la Grande-Bretagne, ſon Ambaſſadeur Extraordinaire & Plénipotentiaire le Sieur Guillaume Cadogan, Baron de Reading, Chevalier de l'Ordre de St. André, Maître de la Garderobe du Roi de la Grande-Bretagne, Lieutenant-Général des Armées, Colonel du ſecond Régiment de ſes Gardes, Gouverneur de l'Iſle de Wicht.

Et les Seigneurs Etats-Généraux, leurs Députés & Plénipotentiaires, les Sieurs Jean van Eſſen, Bourguemaitre de la ville de Zutphen, Curateur de l'univerſité à Hardewik, Wigbold vander Does, Seigneur de Noortwik, de l'Ordre de la Nobleſſe de Hollande & Weſtfriſe, Grand Bailly & Dyckgrave de Rhynlande, Antoine Heinſius, Conſeiller Penſionnaire, Garde du Grand Sceau & Surintendant des Fiefs de la Province de Hollande & Weſtfriſe, Samuel Conink, Sénateur de la ville de Veere, Frédérik Adrien, Baron de Rheede, Seigneur de Renſwoude, Emminckhuyſen & Moetkerken, &c. Préſident de la Nobleſſe de la Province d'Utrecht; Ubbe Aylva van Burmania, Grietman de Lecuwaarderadeel; Antoine Eckout, Bourguemaitre de la ville de Groningue, tous Dépu tés dans leur aſſemblée de la part des Etats de Gueldre, de Hollande, & Weſtfriſe, de Zéelande, d'Utrecht, de Friſe, d'Overyſſel, & de Groningue & Ommelandes.

Leſquels après s'être communiqué réciproquement leurs pleins pouvoirs, dont les copies ſeront inſérées mot à mot à la fin du préſent Traité, & après en avoir fait l'échange en la maniere accoutumée, ſont convenus du Traité d'Alliance défenſive entre le Roi Très-Chrétien, le Roi de la Grande-Bretagne & les Etats-Généraux des Provinces-Unies, leurs Royaumes, Etats & Sujets, aux conditions qui ſuivent.

» I. Qu'il y ait dès ce jour & à l'avenir pour toujours une paix véritable, ferme & inviolable, une amitié encore plus ſincere & plus intime, une Alliance & une union plus étroite entre leſdits Séréniſſimes Rois, leurs Héritiers & Succeſſeurs, & les Seigneurs Etats-Généraux, les Terres, Pays & Villes de leur obéiſſance reſpectivement & leurs Sujets & Habitans, tant au dedans qu'au dehors de l'Europe, & qu'elle ſoit conſervée & cultivée de maniere que les parties contractantes ſe procurent réciproquement & fidélement leur utilité & leurs avantages, & qu'elles détournent & empêchent, par les moyens les plus convenables, les pertes & dommages qui pourroient leur arriver. "

» II. Et comme l'expérience a fait connoître que la proximité du ſéjour de celui qui a pris le titre de Prince de Galles, pendant la vie du feu

Roi Jacques fecond, & après la mort dudit Roi, celui de Roi de la Grande-Bretagne, peut exciter des mouvemens & des troubles dans la Grande-Bretagne, & dans les Etats qui en dépendent, il a été convenu & arrêté, que le Séréniffime Roi Très-Chrétien s'oblige par le préfent Traité d'engager ladite perfonne de fortir du Comtat d'Avignon, & d'aller faire fon féjour au-delà des Alpes, immédiatement après la fignature du préfent Traité, & avant l'échange des ratifications. Et le Roi Très-Chrétien, afin de témoigner encore davantage le défir fincere qu'il a non-feulement d'obferver religieufement & inviolablement tous les engagemens que la couronne de France à pris ci-devant touchant ladite perfonne, mais auffi pour ôter à l'avenir tout fujet de foupçon & de défiance, promet & s'engage de nouveau pour lui, fes Héritiers & Succeffeurs, de ne donner ni fournir en quelque-temps que ce foit, directement ni indirectement, fur mer ou fur terre, aucun confeil, fecours, ou affiftance d'argent, armes, munitions, attirails de guerre, vaiffeaux, foldats, matelots, ou de quelque autre maniere que ce foit, à ladite perfonne, qui prend le titre ci-deffus exprimé, ou à d'autres quelles qu'elles foient qui ayant commiffion d'elle, pourroit dans la fuite troubler la tranquillité de la Grande-Bretagne, par une guerre ouverte ou par des conjurations fecretes, ou des féditions & des rébellions, & s'oppofer au Gouvernement de Sa Majefté Britannique.

De plus le Roi Très-Chrétien promet & s'engage de ne permettre en aucun temps à l'avenir, à la perfonne ci-deffus défignée, de revenir à Avignon ou de paffer par les terres dépendantes de la Couronne de France, fous prétexte de retourner ou à Avignon ou en Lorraine, ou même de mettre le pied en aucun lieu de la domination de Sa Majefté Très-Chrétienne, & encore moins d'y demeurer fous quelque nom, ou fous quelque apparence que ce foit. «

» III. Lefdits Séréniffimes Rois & lefdits Seigneurs Etats-Généraux promettent encore, & s'engagent réciproquement, de refufer toute forte d'azile & de retraite aux Sujets de l'un d'entr'eux qui auront été ou pourront être déclarés rebelles, auffi-tôt que la réquifition en aura été faite par celui des contractans même, & de contraindre lefdits rebelles de fortir des terres de leur obéiffance dans l'efpace de 8 jours, après que le Miniftre dudit allié en aura fait la réquifition au nom de fon maître. «

» IV. Et le Roi Très-Chrétien défirant fincerement exécuter pleinement tout ce dont il a été ci-devant convenu avec la Couronne de France, touchant la ville de Dunkerque, & de ne rien omettre de ce que le Roi de la Grande-Bretagne peut croire néceffaire pour l'entiere deftruction du port de Dunkerque, & pour ôter tout foupçon qu'on ait intention de faire un nouveau port au canal de Mardick, & qu'on veuille le faire fervir à autre ufage qu'à l'écoulement des eaux qui inonderoient les pays, & au commerce néceffaire pour la fubfiftance & pour l'entretien des peuples de cette partie des Pays-Bas, qui fera feulement fait par des bâtimens qui ne pourront avoir plus de 16 pieds de large ; Sa Majesté Très-Chrétienne s'engage & promet de faire exécuter tout ce dont le Sr. d'Iberville, Envoyé du Roi Très-Chrétien , & muni de son pouvoir, est convenu à Hamptoncourt, comme il est contenu dans le mémoire du 1⅜ Septembre de l'année 1716, signé par le Sr. d'Iberville , & par le Sr. Vicomte de Townshend & le Sr. Methwen, Secrétaire d'Etat de la Grande-Bretagne , dont la teneur suit.

Explication de ce qui se doit inferer dans le quatrieme Article du Traité touchant le canal, & les éclufes de Mardick.

PREMIEREMENT, que le grand passage de la nouvelle écluse de Mardick, qui a 44 pieds de largeur, sera détruit de tout fond en comble, c'est-à-dire, en ôtant ses bajoyers, planchers, busques, longrines & traversines, sur toute sa longueur, & en enlevant les portes dont les bois & la ferrure seront désassemblés , & tout ceci pourra être employé ailleurs à tel usage que Sa Majesté Très-Chrétienne jugera à propos, pourvu cependant qu'on ne s'en serve jamais pour aucun port, havre ou écluse à Dunkerque, ou à Mardick, ou en quelqu'autres endroits que ce soit, à deux lieues de distance d'aucune de ces deux places; l'intention des parties contractantes & le but qu'on se propose par ce Traité étant qu'aucun port, havre, fortification , écluse ou bassin, ne soit fait ou construit à Dunkerque, à l'écluse de Mardick, ou en quelque autre endroit que ce soit, sur l'estrant dans une telle distance sur cette côte.

Secondement, que la petite écluse restera à l'égard de sa profondeur comme elle est à présent, pourvu que sa largeur soit réduite à 16 pieds, c'est-à-dire, en avançant de 10 pieds du côté de l'occident le bajoyer de la pille, après avoir ôté 6 pieds du plancher & busques du radier de toute sa longueur du même côté, les quatre pieds du plancher restans, étant nécessaire pour servir de fondement au nouveau bajoyer; & comme on doit avancer ledit bajoyer de 10 pieds vers l'orient, on détruira pareillement 10 pieds de la même pille du côté de l'occident depuis sa fondation, afin que le présent radier ne puisse jamais servir pour une écluse de la largeur de 26 pieds comme celle-ci est à présent.

Troisiemement : les jettées & les fascinages depuis les dunes ou l'endroit où la marée monte sur l'estrant, quand elle est la plus haute, jusques à la plus basse mer, seront rasés des deux côtés le long du nouveau chenal par-tout au niveau de l'estrant, & les pierres & les fascinages, qui sont au-dessus de ce niveau, pourront être emportés & employés à tel usage que Sa Majesté Très-Chrétienne jugera à propos, pourvu cependant qu'on ne s'en serve jamais pour aucun port ou havre à Dunkerque ou à Mardick, ou en quelqu'autre endroit que ce soit à deux lieues de distance d'aucune de ces deux places , l'intention des parties contractantes, & le but qu'on se propose par ce Traité, étant qu'on ne sera jamais plus de jettées ou fascinages dans cette distance sur chacun endroit de l'estrant de cette côte.

Quatriemement : il est encore stipulé qu'immédiatement après la ratification du présent Traité on employera un nombre suffisant d'ouvriers à la destruction des susdites jettées le long du nouveau canal, afin qu'elles soient rasées, & cet ouvrage sera accompli dans deux mois après la ratification s'il est possible. Mais comme il a été représenté, qu'à cause de la saison, on ne pourroit jusqu'au printemps prochain, commencer à rétrécir le radier du petit passage, ni détruire le grand radier, il est accordé que cet ouvrage sera commencé le (5 Avril, 25 Mars,) & entiérement achevé de la maniere ci-dessus mentionnée, s'il est possible, à la fin du mois de Juin 1717.

Cinquiemement : la démolition de digues ou jettées des deux côtés du vieux canal ou port de Dunkerque, sera entiérement achevée par-tout au niveau de l'estrant depuis la plus basse mer jusqu'en dedans de la ville de Dunkerque. Et s'il reste encore quelques morceaux du Fort Blanc & des Châteaux-Verd & de Bonne-Espérance, ils seront rasés totalement égaux avec l'estrant.

Quand ce Traité sera ratifié, le Roi de la Grande-Bretagne, & les Seigneurs Etats-Généraux des Provinces-Unies pourront envoyer des Commissaires sur les lieux, pour être témoins oculaires de l'exécution de cet Article.

Nous avons signé cet Article provisionnellement & à condition qu'il soit approuvé par Sa Majesté Très-Chrétienne, Sa Majesté Britannique & les Seigneurs Etats-Généraux des Provinces-Unies. A Hamptoncourt, ce $\frac{7}{18}$ de Septembre de l'année 1716. Signé d'IBERVILLE, TOWNSHEND & P. METHVEN.

» V. Comme l'objet & le véritable but de cette Alliance, entre lesdits Seigneurs Rois & Etats-Généraux, est de conserver & maintenir réciproquement la paix & la tranquillité de leurs Royaumes, Etats & Provinces, établis par les derniers Traités de paix conclus & signés à Utrecht, entre le Sérénissime Roi Très-Chrétien, la Sérénissime Reine de la Grande-Bretagne & lesdits Hauts & Puissans Seigneurs les Etats-Généraux des Provinces-Unies l'onzieme Avril 1713; on est convenu & demeuré d'accord que tous & chacun des Articles desdits Traités de paix, en tant qu'ils regardent les intérêts desdites trois Puissances respectivement, & de chacune d'icelles en particulier. Et ensemble les successions à la Couronne de la Grande-Bretagne dans la ligne Protestante, & à la Couronne de France suivant les susdits Traités, demeureront dans toute leur force & vigueur; & que lesdits Sérénissimes Rois & lesdits Seigneurs Etats-Généraux, promettent leur garantie réciproque pour l'exécution de toutes les conventions contenues dans lesdits Articles, en tant comme ci-dessus qu'ils regardent les fucceſſions & les intérêts defdits Royaumes & Etats ; & enſemble pour le maintien & la défenſe de tous les Royaumes, Provinces, Etats, Droits, Immunités & avantages que chacun defdits Alliés reſpectivement poſſédera réellement au temps de la ſignature de cette Alliance. Et à cette fin leſdits Seigneurs Rois & Etats-Généraux ſont convenus entr'eux & demeurés d'accord que ſi quelqu'un defdits Alliés étoit attaqué par les armes par quelque Prince ou Etat que ce fût, les autres Alliés interpoſeront leurs Offices, auprès de l'Agreſſeur, pour procurer ſatisfaction à la partie lézée, & engager l'Agreſſeur à s'abſtenir entiérement de toutes ſortes d'hoſtilités. «

» VI. Mais ſi ces bons offices n'avoient pas l'effet que l'on ſe promet pour concilier l'eſprit des deux parties, & pour obtenir une ſatisfaction & un dédommagement dans l'eſpace de deux mois, alors ceux des contractans qui n'auront point été attaqués, ſeront tenus de ſecourir ſans retardement leur Allié, & de lui fournir les ſecours ci-deſſous exprimés, ſavoir : «

Le Roi Très-Chrétien, huit mille hommes de pied & 2000 de Cavalerie.

Le Roi de la Grande-Bretagne 8000 hommes de pied & 2000 de Cavalerie.

Les Etats-Généraux 4000 hommes de pied & 1000 de Cavalerie.

Que ſi l'Allié qui ſera engagé dans la guerre, comme il a été dit cideſſus, veut plutòt avoir des ſecours par mer, ou même préférer de l'argent aux troupes de terre & de mer, on lui en laiſſ:ra le choix & gardant toujours cependant une proportion entre les ſommes qu'on donnera & le nombre de troupes marquées ci-deſſus.

Et afin qu'il n'y ait aucune conteſtation ſur ce ſujet, on eſt convenu que 1000 hommes de pied ſeront évalués à la ſomme de 10000 livres par mois, & 1000 de Cavalerie à celle de 30000 livres, le tout monnoie de Hollande & par mois, en comptant douze mois dans un an & que les ſecours par mer ſeront évalués ſuivant la même proportion.

» VII. On eſt convenu pareillement & il a été ſtipulé que ſi les Royaumes, Pays, ou Provinces de quelqu'un des Alliés ſont troublés par des diſſentions inteſtines, ou par des rebellions au ſujet defdites ſucceſſions, ou ſous quelqu'autre prétexte que ce ſoit, celui des Alliés, qui ſe trouvera dans ces troubles, ſera en droit de demander, que ſes Alliés lui fourniſſent les ſecours ci-deſſus exprimés, ou telle partie d'iceux qu'il jugera être néceſſaire ; & ce aux frais & dépens des Alliés, qui ſont tenus de fournir ces ſecours, qui ſeront envoyés dans l'eſpace de deux mois après que la réquiſition en aura été faite, ſauf cependant le choix, comme on l'a dit ci-deſſus, à la partie requérante de demander qu'on lui fourniſſe ces ſecours par terre ou par mer, & les alliés ſeront rembourſés dans l'eſpace d'un an après que ces troubles auront été calmés & appaiſés, des dépenſes qu'ils auront faites pour les ſecours donnés en vertu de cet Article. Mais au cas que leſdits ſecours ne fuſſent pas ſuffiſans, leſdits Alliés conviendront de concert de ſe fournir de plus grands ſecours, & même ſi le cas le requéroit, déclareront la guerre aux Agreſſeurs & s'aſſiſteront de toutes leurs forces. «

» VIII. Le préſent Traité ſera ratifié par Sa Majeſté Très-Chrétienne & Britannique & les Seigneurs Etats-Généraux ; & les lettres de ratification en bonne forme ſeront livrées de part & d'autre dans l'eſpace de quatre ſemaines ou plutôt s'il ſe peut faire, à compter du jour de la ſignature.

En foi de quoi nous ſouſſignés munis des pleins pouvoirs de Sa Majeſté Très-Chrétienne & Britannique ; & les Seigneurs Etats-Généraux des Provinces-Unies, avons eſdits Noms ſigné le préſent Traité, & y avons fait appoſer les cachets de nos Armes. Fait à la Haye ce quatrieme jour de Janvier de l'an mil ſept cens dix-ſept.

(L. S.) Du Bois.   (L. S.) Cadogan.   (L. S.) J. van Essen.
(L. S.) Castagnere de Chateauneuf.
(L. S.) W. vander Does.
(L. S.) A. Heinsius.
(L. S.) S. Conink.
(L. S.) Le Baron de Reede de Renswoude.
(L. S.) V. A. V. Burmania.
(L. S.) A. Eckhout.
(L. S.) W. Wichers.

ARTICLE SÉPARÉ

Signé & ratifié entre la France & la Hollande.

COMME dans l'Article cinquieme du Traité d'Alliance conclu ceſour-d'hui entre le Séréniſſime Roi Très-Chrétien, le Séréniſſime Roi de la Grande-Bretagne, & les Hauts & Puiſſans Seigneurs les Etats-Généraux des Provinces-Unies, on eſt convenu d'une garantie réciproque pour l'exécution de toutes les conventions mentionnées dans le même Article ; & enſemble pour le maintien & défenſe de tous les Royaumes, Provinces, Etats, Droits, Immunités & avantages que chacun deſdits Alliés reſpectivement poſſédera réellement au temps de la ſignature de cette Alliance ; les ſouſſignés Ambaſſadeurs Extraordinaires & Plénipotentiaires de Sa Majeſté Très-Chrétienne, & les Députés & Plénipotentiaires deſdits Seigneurs Etats-Généraux, ſont convenus, que ſans déroger en aucune maniere à l'Article premier de ladite Alliance, ſuivant lequel il y aura une paix inviolable & une étroite Alliance entre leurſdites Majeſtés & leſdits Seigneurs Etats-Généraux, leurs Etats & Sujets, tant au dedans qu'au dehors de l'Europe, la garantie ſtipulée dans l'Article V. du même Traité n'aura lieu à l'égard de Sa Majeſté Très-Chrétienne & des Seigneurs Etats-Généraux, que pour les Etats & poſſeſſions qu'ils ont reſpectivement dans l'Europe ;

ce qui s'entend auffi des fecours ftipulés & promis réciproquement dans l'Article VI. du Traité, lefquels fecours feront auffi limités dans l'Europe par rapport à Sa Majefté Très-Chrétienne & aux Seigneurs Etats-Généraux.

Le préfent Article féparé aura la même force que s'il étoit inféré mot pour mot dans le Traité, & fera ratifié dans le même temps que le Traité, & les ratifications feront pareillement fournies avec celles du Traité.

En foi de quoi nous fouffignés munis des pleins pouvoirs de Sa Majefté Très-Chrétienne & des Seigneurs Etats-Généraux des Provinces-Unies, avons efdits Noms figné le préfent Article & y avons fait appofer les cachets de nos Armes. Fait à la Haye ce quatrieme jour de Janvier de l'an mil fept cens dix-fept.

(L. S.) DU BOIS.
(L. S.) CASTAGNERE CHATEAUNEUF.

(L. S.) J. VAN ESSEN.
(L. S.) V. V. VANDER DOES.
(L. S.) A. HEINSIUS.
(L. S.) S. CONINCK.
(L. S.) LE BARON DE REEDE DE RENSWOUDE.
(L. S.) V. A. V. BURMANIA.
(L. S.) A. ECKHOUT.
(L. S.) W. WICHKERS.

N°. C I I.

QUADRUPLE ALLIANCE

Entre l'Empereur, le Roi de France, le Roi de la Grande-Bretagne & les Provinces-Unies.

En 1718.

LE Cardinal Jules Alberoni, éleve de la fortune, & favori de la Reine d'Efpagne, qui lui avoit procuré la Pourpre, étoit à la tête du Miniftere Efpagnol; Prélat d'un génie profond, capable de conduire cette grande barque, mais ambitieux & téméraire, & qui s'appuyant fur la faveur de la Princeffe, qui le protégeoit, fe croyoit permis tout ce qu'il ofoit entreprendre, fous le prétexte de la grandeur, de la gloire & de l'intérêt de fon Maitre. *Voyez* ALBERONI.

Le Traité de Neutralité pour l'Italie, & la convention pour l'évacuation de la Catalogne avoient établi entre l'Empereur & le Roi Philippe V. une efpece de treve, ou plutôt de fufpenfion d'armes, & ces Princes fans être en paix, n'étoient point en guerre, plutôt parce que leurs Etats n'étoient point à portée de s'entr'attaquer que par aucune autre raison.

L'Empereur étant entré en 1716 dans la querelle des Vénitiens avec les Turcs, le Cardinal Ministre d'Espagne jugea que le destin lui offroit l'occasion la plus favorable de témoigner son zele pour son Maître, de se rendre nécessaire, & de réparer les brèches que la derniere paix avoit faites aux vastes Domaines de la Couronne d'Espagne; & peut-être aussi de faire repentir l'Empereur de son opiniâtreté à méconnoître Philippe pour l'Héritier de Charles II. Il forma donc le grand dessein de réunir à cette Couronne celles de Sardaigne & des deux Siciles. Tout favorisoit cette entreprise. La guerre des Vénitiens contre les Turcs avoit armé l'Espagne à la priere de ces Républicains appuyés par le Pape, qui, par deux copieux Indults, avoit accordé à Sa Majesté Catholique une levée de deux millions & demi sur les biens Ecclésiastiques des Indes, & une autre de cinq cens mille ducats sur ceux du Clergé d'Espagne. Une Escadre qui passa au Levant sauva Corfou, & fit beaucoup parler des Espagnols. Sous prétexte de mériter encore mieux cette renommée, le Cardinal Ministre arma avec plus d'appareil l'année suivante 1717: la Chrétienté, le Pape, les Vénitiens & leurs alliés en attendoient un utile & puissant secours, lorsque tout d'un coup toutes les forces d'Espagne tomberent sur la Sardaigne (*) dépourvue, & qui ne s'attendoit à rien de pareil; ensorte que la conquête en fut facile. L'entreprise étoit trop singuliere & trop surprenante pour ne pas informer le public des motifs qui l'avoient fait commencer, c'est ce que le Roi Catholique, ou plutôt son Ministre, fit dans la Lettre suivante en forme de Manifeste, que le Marquis Grimaldo, Secrétaire d'Etat, écrivit aux Ministres Espagnols dans les Cours étrangeres; le prélude de cette Lettre est singulier.

MONSIEUR,

VOTRE Excellence aura sans doute été surprise, à la premiere nouvelle que les Armes du Roi notre Maître alloient être employées à la conquête de Sardaigne, dans le temps que tout le monde étoit persuadé, & que toute la Chrétienté se promettoit qu'elles alloient renforcer l'Armée Navale des Chrétiens qui agit contre les Turcs, & ensuite des offres que Sa Majesté, poussée par les sentimens de sa religion & de son cœur, en avoit fait faire au Pape. Je vous avouerai, Monsieur, que je ne m'attendois pas encore sitôt à cette destination des armes du Roi. L'Emploi que j'ai l'honneur d'exercer, me donnant de fréquentes occasions d'approcher de sa personne, je dois, ce semble, connoître mieux que beaucoup d'autres, sa jus-

(*) Elle étoit restée à l'Empereur depuis qu'elle avoit été conquise sur le Roi Philippe V, par les Anglois.

tice,

tice, fa droiture, la religion avec laquelle il obferve fa parole, la délica-
teffe de fa confcience, enfin fa grandeur de courage à l'épreuve des adver-
fités les plus durables ; qualités qui le rendent fi digne d'être le Succeffeur
de ces Princes, qui par leur piété, ont mérité d'être mis au nombre des
Saints, & d'avoir le titre particulier de Rois Catholiques.

En effet, qui peut ne point être étonné d'abord, qu'un Prince, dont le
monde vante les vertus, & qu'il reconhoît pour être incapable de facrifier
jamais la juftice à fa gloire, commence les premieres hoftilités contre l'Ar-
chiduc, actuellement en guerre ouverte avec le Sultan des Turcs ; & dans
un temps où les Côtes de l'Etat Eccléfiaftique paroiffent expofées à fes in-
vafions ? Mais un peu de réflexion fur cette conduite fait bientôt compren-
dre, qu'un tel deffein n'a pas été formé, fans un motif important, qui
rendoit l'entreprife abfolument néceffaire.

Après avoir gardé un profond filence fur ce fujet, Sa Majefté a enfin
daigné me faire part elle-même des caufes & des motifs de fa réfolution ;
& elle m'a en même temps ordonné d'en informer Votre Excellence. C'eft
ce que je vais faire auffi fuccinctement que l'importance de la matiere le
permet.

Les Perfonnes qui firent le Plan de la derniere paix, ayant cru que
pour y parvenir, il falloit que le Roi notre Maître cédât une partie de
fes Etats, il en a bien voulu faire un facrifice, pour parvenir au rétablif-
fement de la tranquillité dans la Société des Nations. S. M. eft entrée
dans les mefures qu'elle avoit prifes, avec fa grandeur d'ame ordinaire,
fe flattant que du moins les Traités feroient exécutés, & que fes peuples,
dont les malheurs le touchoient plus que fes propres difgraces, jouiroient en
repos de la gloire due à leurs vertus.

Mais après avoir cédé le Royaume de Sicile, pour obtenir l'évacuation
de la Catalogne & de Majorque, afin de procurer à l'Efpagne la tranquil-
lité qu'il vouloit bien acheter pour elle à ce prix, il reconnut bientôt qu'il
n'avoit pas traité avec des Puiffances auffi jaloufes que lui, d'accomplir
leurs engagemens : ceux qui devoient évacuer la Catalogne, cacherent long-
temps les ordres qu'ils avoient reçus. Ce ne furent pas leurs Supérieurs qui
les contraignirent à les montrer, mais leurs Alliés qui les obligerent à fein-
dre du moins de vouloir exécuter les Traités. Ce qui donna lieu au Roi
notre Maître de demander qu'on lui remît les places qui devoient lui être
rendues. Rien n'étoit plus facile aux Officiers de l'Archiduc, que de les
configner à ceux du Roi, fuivant la forme en ufage entre les Puiffances,
lorfqu'elles ont promis de rendre quelque Place, en fe fervant dans le Traité
des mêmes termes, dont on s'étoit fervi pour ftipuler que les Places de Ca-
talogne feroient remifes au Roi. Mais ces Officiers manquant à leur pa-
role, & violant la foi que l'on garde à fes ennemis fe contenterent de re-
tirer leurs Troupes ; & ils firent même efpérer aux Catalans, qu'ils revien-
droient bientôt avec d'autres forces, fomentant ainfi la déloyauté des fé-

ditieux, & les encourageant à une réfiftance opiniâtre. Afin que la réfiftance des rebelles fût plus longue & plus déshonorable aux armes du Roi,
les Généraux de l'Archiduc leur enflerent encore le courage, en leur donnant tous les moyens poffibles de la prolonger. Ils permirent que les Chevaliers, avant que de s'embarquer, laiffaffent leurs chevaux aux plus mutins,
& même ils voulurent leur livrer la Place d'Oftalric, que le Roi avoit eu
la condefcendance d'accorder aux Troupes de l'Archiduc, comme une derniere retraite, pour y demeurer en fûreté jufqu'à leur embarquement. Cette
infraction des Traités, cette infulte faite à la foi publique, a fait fouffrir
de nouveaux malheurs à l'Efpagne, en la jettant dans la néceffité de faire
encore des dépenfes immenfes, lors qu'elle fe voyoit déja fort épuifée par
celles des Campagnes précédentes. Ces dépenfes auroient été moins onéreufes & plus honorables, fi elles s'étoient faites dans une continuation de
guerre.

La paffion du Roi pour le rétabliffement de la tranquillité publique, lui
fit diffimuler cet outrage, auffi-bien que les fecours continuels que les révoltés recevoient du Royaume de Naples, lefquels entretenoient leur audace.
Sa Majefté voulut bien encore acheter, pour ainfi dire, une feconde fois
le repos de fes Sujets, en recouvrant pied à pied fes propres Domaines;
mais il obferva toujours la paix avec ceux qui lui faifoient la guerre fous
les Etendarts des rebelles. Il lui auroit été plus facile de combattre les
troupes de l'Archiduc dans les propres Etats de ce Prince, s'il avoit voulu
y porter la guerre, qu'on lui donnoit un jufte fujet de déclarer.

Les autres conditions du Traité ne furent pas plus religieufement exécutées. Il eft vrai que les Généraux de l'Archiduc délivrerent des Ordres
adreffés à ceux qui commandoient pour ce Prince à Majorque, de remettre
l'Ifle aux Officiers du Roi; mais ceux de l'Archiduc differerent toujours
de les exécuter; & une preuve qu'en cela ils ne défobéiffoient point à la
volonté de leurs Supérieurs, c'eft que peu après ils reçurent un renfort de
Troupes Allemandes. Ainfi l'Efpagne fe vit forcée à faire de nouveaux ar-
memens de terre & de mer, & il fallut qu'elle conquît Majorque, qui devoit lui être remife par le Traité.

On ne s'eft pas même borné à des manquemens de foi fi authentiques
& fi fcandaleux. Le Miniftere de Vienne les a avoués par plufieurs démonf-
trations publiques, comme par les récompenfes qu'il a données aux féditieux, en diftinguant par des bienfaits plus confidérables, ceux des révoltés
qui s'étoient diftingués par les plus grands crimes, & en fe déclarant ainfi
l'Auteur de tous les excès où fe font portés ces malheureux.

Voilà une partie des juftes motifs que le Roi notre Maître avoit de reprendre les armes, lorfque la guerre que l'Archiduc déclara l'année derniere
au Sultan des Turcs, fournit à Sa Majefté une fi belle occafion de recouvrer par la voie d'une repréfaille légitime, les Etats qu'elle a perdus. Au
lieu de profiter des conjonctures, non-feulement elle vouloit bien s'engager à

ne point troubler l'Italie, mais sacrifiant encore ses propres intérêts, elle contribua par voie de diversion aux conquêtes de son ennemi. Elle renforça par une puissante Escadre l'armée navale des Vénitiens, les Alliés de l'Archiduc, & dont les efforts affoiblissoient le même ennemi que ce Prince attaquoit.

Le Roi pensoit qu'un procédé si honorable engageroit l'Archiduc, sinon à faire la paix avec lui, du moins à garder à son égard les mesures, que gardent l'un envers l'autre les Généraux de deux armées, prêtes à donner bataille. Mais ce Prince n'a pas jugé à propos de se soumettre à ces bienséances. L'Allemagne, l'Italie, & les Pays-Bas viennent de voir des déclarations injurieuses à la Couronne & à la personne du Roi. La Cour de Vienne s'est même oubliée, jusqu'à faire arrêter prisonnier le Grand Inquisiteur d'Espagne, qui passoit par Milan avec un Passe-port du Pape, que Sa Sainteté lui avoit donné du consentement exprès du Cardinal de Schrotembach, qui est chargé auprès d'Elle des affaires de cette Cour.

Ce dernier coup a fait rouvrir les premieres blessures, & a obligé le Roi notre Maître à faire les plus sérieuses réflexions sur l'obligation, où sont les Souverains de se ressentir des injures faites à leur Couronne, dont l'impunité avilit la Majesté Royale, en faisant regarder les Princes qui souffrent avec indolence pareils outrages, comme des Maîtres incapables de défendre l'honneur & les biens de leurs Sujets.

Il a fait encore réflexion que la Cour de Vienne a voulu se prévaloir de ces manquemens, pour aliéner de lui l'esprit d'une Nation aussi sensible sur le point d'honneur, que l'est la Nation Espagnole ; en donnant à croire à ses Sujets, que leur gloire étoit blessée par les affronts, & par les outrages qui se faisoient impunément à leur Chef & à leur Souverain.

Des considérations d'un si grand poids, ont suspendu pour quelque temps les effets du zele & de la Religion du Roi, en l'obligeant d'employer ses forces à faire de justes représailles, pour les outrages qu'il a reçus de la part de l'Archiduc, avant que de les faire passer une seconde fois au secours des alliés de ce Prince.

La prudence consommée de Votre Excellence lui aura déja fait concevoir, qu'il ne falloit pas un motif moins important pour retarder les secours, dont le Roi veut continuer d'aider la cause de la Religion, pour laquelle il est toujours plein du zele, dont il a donné des preuves si éclatantes dans son accommodement avec la Cour de Rome. Le Roi lui-même en est trèsaffligé, & je puis vous assurer que je vois aussi avec douleur qu'une entreprise si juste retienne pour un temps les secours, que le Pape souhaiteroit de voir unis à l'armée Chrétienne. Sa Sainteté n'auroit pas vu reculer l'accomplissement de ses désirs, si les Ministres d'un aussi grand Prince que l'Archiduc, avoient su mieux ménager les véritables intérêts de leur maître, & ne pas exposer sa personne & ses affaires aux mauvais discours & aux inconvéniens, qui sont les suites nécessaires de la mauvaise foi.

Je prie Dieu, Monfieur, qu'il conferve Votre Excellence auffi long-temps que je le défire.

Signé,

Le Marquis de GRIMALDO.

A Madrid le 9 Août 1727.

Voilà les raifons qu'eut, ou que prétexta d'avoir la Cour d'Efpagne de rompre la neutralité de l'Italie, garantie par la France & par la Grande-Bretagne. Ce n'eft pas à moi à porter un jugement fur ces motifs; toute l'Europe frappée d'étonnement fe recria contre cette rupture, fur-tout à caufe de la circonftance d'une guerre importante dans laquelle l'Empereur fe trouvoit embarraffé contre l'ennemi du nom Chrétien, dont les armes étoient favorifées par cette invafion d'un Royaume de l'Empereur. Le Pape ne fut pas des derniers à fe plaindre de l'ufage que l'on faifoit des deniers Eccléfiaftiques qu'il avoit accordés : c'étoit Clément XI que l'on a toujours accufé de n'avoir pas été fort Autrichien, auffi les plaintes fe terminerent-elles à quelques larmoyantes réprimandes.

L'attention de toutes les autres Puiffances fe réveilla, on voyoit, ce que l'on avoit tant appréhendé, que ce refte d'animofité entre ces deux Princes ne rallumât en Europe le feu d'une guerre difficile à éteindre. L'Empereur implora les bons offices de la France & de la Grande-Bretagne; celle-ci qui venoit de contracter (*Voyez ci-deffus* Nº. C.) de nouveaux engagemens avec la Cour Impériale, fut la première à fe remuer. Sa Majefté Britannique envoya en diligence le Comte Stanhope à Madrid pour feconder les preffantes inftances de Mr. Bubb; & Milord Cadogan, fon Ambaffadeur extraordinaire & plénipotentiaire, eut ordre de fe rendre inceffamment à la Haye pour engager Leurs Hautes Puiffances à entrer dans les vues de Sa Majefté Britannique, & à fe joindre à elle pour étouffer dans fa naiffance un incendie qui menaçoit la plus grande partie de l'Europe. C'étoit le fujet d'une Lettre qu'il remit aux Etats-Généraux de la part du Roi fon maitre le lendemain de fon arrivée. Sa Majefté Britannique leur marquoit qu'*une guerre entre l'Empereur & le Roi d'Efpagne jetteroit immanquablement toute l'Europe dans le trouble, & que c'étoit pour détourner ce malheur, dont leurs Etats refpectifs ne pouvoient manquer de fe reffentir, que Sa Majefté prioit Leurs Hautes Puiffances de prendre, autant qu'elle, cette affaire à cœur, & d'employer leurs bons offices de concert avec elle pour empêcher que l'infraction de la foi publique, qui venoit de commencer en Sardaigne, ne paffât jufques dans l'Italie, ce qui ne manqueroit pas d'arriver, à moins qu'on ne perfuadât à l'Efpagne de rappeller fes forces.*

La voie qui parut la plus courte à Leurs Hautes Puiffances fut de conférer fur ce qui venoit d'arriver avec le Marquis Beretti Landi, Ambaffadeur de Sa Majefté Catholique auprès d'elles; Miniftre habile & que l'on ne doutoit pas qu'il n'eût du crédit fur l'efprit du Cardinal Miniftre, puifqu'étant l'un & l'autre nés sujets du Duc de Parme, il paroissoit qu'ils poussoient également les vues de la Reine d'Espagne. Mais on se trompoit, ce Ministre élevé parmi les Vénitiens faisoit consister sa politique dans une profonde, continuelle & étudiée dissimulation, ensorte que quoiqu'il ne pût souffrir le Cardinal, il feignoit d'être le confident, auquel il avoit le plus de confiance. L'affaire de Sardaigne avoit été conçue, résolue & entreprise sans que le Marquis Beretti en eût rien sçu, & il ne l'apprit qu'avec mortification, prévoyant tous les obstacles qu'alloit rencontrer le Roi son maître, dont il étoit fidele & zélé Ministre, & que l'on jettoit, selon lui, par cette entreprise, dans des embarras dont il ne pouvoit sortir avec honneur. Il parut bien par sa réponse à une Députation solemnelle que lui firent les Etats-Généraux, combien il ignoroit le secret du Cabinet dans cette occasion : *il est impossible*, leur dit-il, *de défaire ce qui est fait ; suivant toutes les apparences la Sardaigne est déja réduite, mais il n'y a pas de doute que Sa Majesté Catholique n'ait égard aux instances de Sa Majesté Britannique & de Leurs Hautes Puissances, & qu'elle ne suspende le cours de ses armes pour remettre à leur médiation la décision de sa quetelle avec l'Empereur.*

La conduite que cet Ambassadeur tint quelques jours après, fit voir combien il avoit été pris au dépourvu dans cette conférence, car aussi-tôt qu'il eut reçu la Lettre que l'on a rapportée ci-dessus, il demanda à son tour une conférence où, avec l'emphase qui lui étoit naturelle, il tenta de justifier la conduite de sa Cour, ainsi que l'on peut voir dans le Mémoire ci-joint qu'il remit le lendemain à *Leurs Hautes Puissances*, & qui contient les raisons qu'il avoit alléguées dans cette conférence.

„ Vos Hautes Puissances ayant fait l'honneur au Marquis Beretti Landi, Ambassadeur d'Espagne, de lui dire dans la conférence de hier, qu'elles désiroient d'avoir par écrit les raisons que ledit Ambassadeur allégua, pour faire connoitre les justes raisons du Roi son maître d'envoyer une flotte & des troupes s'emparer de la Sardaigne ; il tâchera dans ce Mémoire, d'exposer au moins les plus essentielles, & sur-tout d'y déclarer les intentions généreuses de Sa Majesté pour le repos public, & son entiere confiance en Messieurs les Etats-Généraux. "

„ La Lettre du Marquis de Grimaldo, faite en forme de Manifeste, & que l'Ambassadeur a laissée entre les mains de Vos Hautes Puissances, vous aura déja donné de plus grands éclaircissemens ; mais Vos Hautes Puissances auront la bonté de savoir, s'il leur plaît, une particularité assez remarquable, qui est que lorsque Sa Sainteté, pour ôter à l'Archiduc tout le doute qu'il avoit de faire la guerre aux Turcs, obtint du Roi mon maître le consentement que rien ne se tenteroit de sa part en Italie contre la neutralité, pendant ladite guerre ; le Saint Pere ayant exigé de l'Archiduc, que ce Prince ne feroit pas par ses Emissaires & Rebelles Espagnols, qui sont à Vienne, les moindres intrigues pour tenter des troubles en Espagne, ledit Prince ne donna jamais la moindre réponse à Sa Sainteté sur ces

Articles ; & bien loin de répondre aux diligences du Roi d'Espagne, qui avoit envoyé une escadre au Levant, il a fait au contraire tout ce qu'il a pu pour chercher des mutins & des féditieux. Que l'Archiduc fasse des efforts, tant qu'il lui plaira, il se peut bien que dans une vaste Monarchie, il se trouve quelques esprits corrompus : mais il devroit être convaincu que ses menées feront inutiles avec une Nation pleine d'honneur & de fidélité.«

» On voit pourtant clairement, que Sa Majesté Catholique s'étant enga-gée à maintenir de son côté la Neutralité d'Italie, malgré tant d'injures & d'infractions précédentes ; l'Archiduc, quant à lui, se croyoit libre de femer en Espagne tous les désordres qu'il pouvoit. «

» Cette Neutralité d'Italie paroit déja à tout le monde un Traité & violé & méprisé, contre les égards & respects dus aux Potentats, qui en ont voulu être les Garants. «

» J'ai l'honneur de dire à vos Hautes Puissances que sans oublier Mon-fieur de Molines, Grand Inquisiteur (dont la Lettre du Marquis de Gri-maldo parle amplement ;) en vertu de ladite Neutralité, ce Prélat auroit pû traverser le Milanez fans aucun Passeport, quoique pourtant il en a été muni d'un de Sa Sainteté, appuyé des assurances données au Saint Pere, par le Cardinal de Schrotenbach. «

» Vos Hautes-Puissances n'ont qu'à réfléchir sur les demandes que la Cour de Vienne fait actuellement aux Princes d'Italie, des Contributions excessives, contre ce qui a été stipulé dans le Traité de Neutralité. «

» Qu'il leur plaise d'examiner la derniere Déclaration, affichée en forme d'Edit public à Vienne, contre la pacifique & tranquille Domination de la République de Venise sur la Mer Adriatique : C'est un cas bien surpre-nant. La République de Venise est en guerre, comme l'Archiduc contre les Turcs : Venise fit avec ce Prince une Alliance, dont Dieu fait quels font les Articles, auxquels Elle fut forcée de consentir. L'Archiduc & la République se trouvoient dans un interêt & un péril commun ; & juste-ment l'Archiduc prend ce temps, pour faire contre Venise cette Déclara-tion insultante, ce qui lui met, pour ainsi dire, le poignard dans le sein. On n'a qu'à lire les Histoires Vénitiennes, pour en être convaincu. Je prends la liberté, par parenthese, de m'adresser très-humblement à Vos Hautes-Puissances & de leur dire à ce sujet, que ce cas seul avec des circonstan-ces si agravantes, est une leçon pour ceux qui feront requis par la Cour de Vienne a faire des Alliances. «

» Le Roi mon Maître a découvert bien d'autres trames de cette Cour, qui de gaieté de cœur se plaint à présent si fort de la prétendue infraction de la Neutralité d'Italie, faite par Sa Majesté Catholique. Que Vos Hautes-Puissances trouvent bon de savoir, qu'on a tenu & qu'on tient sans dis-continuer à Vienne Conférences sur Conférences, par le Conseil nommé en ce Pays-là, *Conseil d'Espagne*, pour se saisir l'Hiver prochain du Port de Livourne. Qui est-ce qui ne frémira pas d'un avis si terrible, & dont on n'a qu'à se figurer les suites fâcheuses & dangereuses, que son succès entraîneroit à l'avenir; Qui ne concluera par ce manege, & par toutes les autres choses que j'ai eu l'honneur de vous représenter, que l'Archiduc est l'Infracteur & l'Agresseur, & que le Roi d'Espagne devoit, pour le bien de l'Europe, ne plus se borner à de simples représentations exposées à des Puissances amies; car tout ce qu'on alléguoit pour propositions de remede, n'étoit qu'un amusement, que l'Archiduc donnoit pour gagner la bonne volonté des Médiateurs. Il s'agit pourtant de réfléchir, que si l'Archiduc se rend Maître de Livourne, il peut par là se faire des forces maritimes: Si ensuite d'un tel événement, il vient à s'emparer de toute l'Italie, (comme il est évident que son ambition l'y porte, & comme il en prendra l'acheminement par toutes les voies les plus violentes, & sans égard à qui que ce soit) toute l'Europe enfin, quoique trop tard, en ressentira les effets, & déplorera sa négligence. Combien de Princes, soit d'Italie, soit d'Allemagne, ont été invités d'envoyer leurs Plénipotentiaires à Baden, pour y faire l'exposition de leurs griefs, parce, disoit-on, qu'on n'avoit pû les résoudre dans le Congrès d'Utrecht, & dont les Ministres ont ensuite été renvoyés brusquement, & avec une sanglante intimation que leurs Maîtres n'avoient qu'à s'adresser à la Cour de Vienne pour obtenir justice. Pour faire mention du sort de quelques-uns, Vos Hautes-Puissances savent que l'Archiduc retient Mantoue, qui par sa situation est comme la Citadelle de toute l'Italie; & il retient cette Ville sur une Maison qui pourtant lui a toujours été trop attachée, pour que nulle chicane du Conseil Aulique en puisse autoriser l'usurpation. Allons outre, que Vos Hautes-Puissances me permettent de me servir de ces Phrases. Les approches sont faites de tous côtés: Si les Princes de l'Europe, qui ont tant d'intérêt à ne pas souffrir ce spectacle, ne prennent des mesures convenables, l'Italie est sur le point de sa ruine entiere. «

» Le Roi d'Espagne (selon que Sa Majesté m'a fait la grace de m'informer,) a fait faire au Roi de la Grande-Bretagne toutes les Représentations nécessaires: Sa Majesté se promet que Sa Majesté Britannique, outre les Réflexions convenables au repos public, voudra bien se souvenir des avantages que l'Angleterre a remportés dans les deux Traités faits à Madrid après la Paix d'Utrecht, & de plusieurs autres démonstrations importantes que le Roi d'Espagne lui a données de sa bonne foi. C'est pourquoi Sa Majesté Britannique saura maintenant, & Vos Hautes-Puissances trouveront bon d'apprendre de moi, que nonobstant les raisons citées, que le Roi mon Maître a eues de prendre les Armes; néanmoins Sa Majesté, pour faire voir sa modération, veut bien pour le présent s'en tenir à l'entreprise de Sardaigne, ayant ordonné de suspendre les plus grandes expéditions qui étoient prêtes, comme il est notoire; laissant temps & lieu aux Puissances de l'Europe de prendre des mesures, & songer aux expédiens, pour assurer la tranquillité d'Italie, dont dépend l'Equilibre de l'Europe. C'est cet Equilibre, qui fervit de fondement à la derniere Guerre. Sa Majefté demande, s'il eft vrai que cet Equilibre ait été obtenu, & fi on n'a pas plutôt contribué à augmenter les Forces d'un Prince, qui, par fes démarches, n'a d'autre objet que le feul intérêt de fon agrandiffement, & qui, par tout ce qui paroit, aura peu de difficulté à commencer par ceux-là mêmes auxquels il eft le plus obligé? «

» Ledit Ambaffadeur d'Efpagne a un ordre bien agréable du Roi fon Maître, de marquer la confidération que Sa Majefté a pour Meffieurs les Etats-Généraux. «

» Pendant cette fufpenfion d'Armes, que Sa Majefté a bien voulu généreufement ordonner, pour fournir un moyen aux Potentats de l'Europe, de travailler à des remedes conformes à la Juftice & à la Tranquillité univerfelle, & propres pour affurer un Equilibre : Sa Majefté déclare, que contente de la conduite de Vos Hautes-Puiffances, & applaudiffant aux égards que vous avez pour elle, & pour lefquels Sa Majefté ne laiffera pas de fon côté de vous faciliter votre Commerce & le protéger, & d'avoir à cœur tous vos intérêts comme les fiens propres, Elle ne fera aucune difficulté de mettre fes prétentions entre les mains de Meffieurs les Etats-Généraux. Que de gloire ne leur reftera-t-il point d'un fi illuftre Arbitrage ? Sa Majefté aura une docilité, une modération, & une grandeur d'ame, au delà de ce qu'on peut s'imaginer ; & fauf fon honneur, & ce qui fera indifpenfable, Elle fe fera un plaifir de donner à Vos Hautes-Puiffances dans une affaire fi grave, toutes les marques de fon amitié & de fa confiance. »

A la HAYE ce 21 Septembre 1717.

figné ,

Le Marquis BERETTI LANDI.

Pendant que les chofes prenoient la voie de la Négociation à la Haye & à Londres, on fut informé que le Cardinal Alberoni, enflé du fuccès de l'invafion de la Sardaigne, faifoit des préparatifs pour pouffer la guerre & l'étendre jufqu'en Sicile, & même dans le Royaume de Naples, fi l'occafion fe préfentoit, dans la perfuafion où étoit fon Eminence que les Napolitains fouffroient impatiemment la Domination Allemande, & qu'elle trouveroit les Efprits difpofés à rentrer fous l'obéiffance de leurs anciens Souverains.

Ces avis firent juger au Roi de la Grande-Bretagne qu'il falloit preffer les moyens de pacifier ces troubles. On eut recours à deux qui paroiffoient efficaces. Le premier fut de perfectionner une négociation entamée quelque temps après la conclufion de la Triple Alliance, qui confiftoit à régler les conditions fous lefquelles on pourroit réconcilier l'Empereur & le Roi d'Efpagne, & par ce moyen fixer l'équilibre & affurer le repos &
la

la tranquillité de l'Europe. C'étoit depuis la mort de Louis XIV. le but de toutes les démarches de la France & de la Grande-Bretagne, comme nous l'avons déja fait remarquer ci-deſſus. Le Duc Régent chargea l'Abbé du Bois de perfectionner cette négociation, & les Miniſtres de France à la Haye & à Madrid eurent ordre d'agir de concert avec ceux de la Grande-Bretagne pour pacifier les choſes. Le Roi d'Angleterre & le Duc Régent jugerent qu'à un Miniſtre tel qu'Alberoni, dont ils craignoient de ne pas pénétrer toutes les vues & les menées, il falloit oppoſer quelque choſe de plus fort encore que le Traité de la Triple Alliance.

On dreſſa ce projet de paix de concert avec la Cour de Vienne, & l'on peut juger de la peine que l'on eut de la faire entrer dans les vues pacifiques de la France & de l'Angleterre, par l'irritation où l'avoit miſe l'invaſion de ſes Etats. Néanmoins l'Empereur ſe laiſſa perſuader & il donna les mains à tout, ſur-tout auſſi-tôt qu'on eut propoſé l'expédient d'engager le Duc de Savoye à lui remettre la Sicile en échange de la Sardaigne, qu'on obligeroit le Roi d'Eſpagne de céder à Son Alteſſe Royale. Ce projet de pacification parut juſte & équitable à toutes les Puiſſances qui n'étoient pas dans les intérêts de l'Eſpagne, & l'on en donna communication à Sa Majeſté Catholique, à qui le Roi de la Grande-Bretagne envoya même le Comte Stanhope, ſur l'habileté duquel on avoit tout lieu de compter. Il arriva à Madrid le 12 d'Août, & le 14 il eut à l'Eſcurial une longue conférence avec le Cardinal Miniſtre qui le reçut & lui parla d'une maniere à lui faire eſpérer un heureux ſuccès; mais le 18 ayant reçu la nouvelle des ſuccès de la flotte Eſpagnole en Sicile & de l'arrivée des Gallions à Cadix, le Cardinal changea de langage & parut auſſi fier qu'intraitable, enſorte que Mylord Stanhope perdit d'abord toute eſpérance & préſenta les cinq Articles ſuivans dans la troiſieme conférence qu'il eut avec ce premier Miniſtre.

Les Puiſſances alliées, en conſéquence du Traité ſigné & communiqué à M. le Cardinal Alberoni, ſont convenues des meſures ſuivantes.

» I. Que le Roi Catholique aura trois mois pour accepter ce Traité, à compter du jour de ſa ſignature. «

» II. Que ſi Sa Majeſté Catholique ne l'accepte pas dans ce terme, les Contractans fourniront à l'Empereur les ſecours ſtipulés dans l'Alliance. «

» III. Que ſi à l'occaſion des ſecours fournis à l'Empereur, le Roi d'Eſpagne déclaroit ou faiſoit la guerre à l'un des Contractans, ſoit en attaquant ſes Etats, ſoit en ſaiſiſſant ſes Sujets, vaiſſeaux & effets, les autres Contractans déclareront & feront inceſſamment la guerre à Sa Majeſté Catholique, & la continueront juſqu'à ce que ſatisfaction ſoit faite à leur Allié lézé. «

» IV. Qu'au cas que Sa Majeſté Catholique refuſât d'accepter ledit Traité, les Contractans diſpoſeront de concert des Expectatives pour les Etats de Toſcane & de Parme en faveur de quelque autre Prince. «

» V. Que l'Empereur n'agira point pendant ledit terme de trois mois, pourvu que le Roi d'Espagne n'agisse pas de son côté : mais que si Sa Majesté Catholique au lieu d'accepter ledit Traité, exerçoit pendant ce terme des hostilités tendantes à empêcher l'exécution de quelque disposition que ce soit de ce Traité ; les Contractans fourniront, sans attendre l'expiration de ce terme, incessamment à l'Empereur, les secours stipulés. «

Dans la quatrieme conférence que Mylord Stanhope eut avec le Cardinal Alberoni, Son Eminence lui délivra les Articles suivans pour entrer en négociation.

» I. Que la Sicile & la Sardaigne restent à perpétuité à la Couronne d'Espagne. «

» II. Que l'Empereur donne au Duc de Savoye un équivalent dans le Milanès. «

» III. Qu'on satisfasse à toutes les prétentions des Princes d'Italie. «

» IV. Que les troupes qui marchent vers l'Italie, soient incessamment contremandées. «

» V. Qu'à l'avenir l'Empereur n'ait qu'un certain nombre de troupes dans ses Etats en Italie. «

» VI. Qu'il s'engage de ne point se mêler de la succession de Toscane & de Parme. »

» VII. Qu'il renonce à ses prétentions sur les fiefs de l'Empire. «

» VIII. Que l'Angleterre rappelle incessamment son escadre de la Méditerranée. «

Cette réponse chassoit d'elle-même le Ministre Britannique ; ainsi après quelques efforts inutiles, il prit congé de leurs Majestés le 26 Août, & reprit en diligence la route de Paris, où il trouva que deux Ministres Plénipotentiaires abouchés avec le Maréchal d'Uxelles & M. de Chyverney, avoient conclu le 18 de Juillet 1718, un nouveau Traité qui fut signé à Londres le 2 d'Août suivant, & qu'on nommoit Quadruple Alliance, parce que l'on comptoit sur l'accession des Etats-Généraux qu'on y invitoit. Son objet principal étoit de tellement fixer les dispositions de la paix d'Utrecht, qu'on fût désormais en droit d'obliger par toutes sortes de voies, les Puissances qui y étoient intéressées, de s'y soumettre sans retour.

L'invasion de la Sardaigne par l'Armée d'Espagne, & la répugnance du Roi Victor Amédée à échanger la Sicile avec l'Empereur, obligerent les Puissances contractantes à stipuler pour ce dernier & pour Philippe V. sans leur aveu. Aussi la suscription des Articles étoit, *Conditions du Traité à faire*, &c.

L'Empereur promettoit de reconnoître Philippe V. pour légitime Roi d'Espagne, & de renoncer à toutes ses prétentions sur cette Monarchie dans l'un & l'autre continent, sauf les Etats que le Traité d'Utrecht lui avoit adjugés. Il assuroit aux Princes Espagnols du second lit & à leurs descendans la succession éventuelle aux Duchés de Toscane, de Parme & de

Plaifance, fiefs de l'Empire, dont il ne fe réfervoit que le Droit d'inveftiture.

Il fut ftipulé pour Philippe V. qu'il renonceroit à tout droit, même à celui de réverfion fur les Royaumes de Naples & de Sicile, fur la Lombardie, & les Pays-bas; en un mot fur tous les Etats que la paix d'Utrecht avoit détachés de la Monarchie. Il devoit céder Porto-Longone & ce qu'il tenoit de l'Ifle d'Elbe, à celui des enfans fes fils qui auroit les trois Duchés. Il devoit renoncer à jamais réunir cet Etat à la Couronne d'Efpagne; ainfi qu'à jamais en prendre le Gouvernement à titre de Tuteur. Enfin il devoit avouer l'échange que Sa Majefté Impériale faifoit de la Sardaigne contre la Sicile.

On engagea le Roi Victor à foufcrire pour lui & pour fa poftérité à cet échange défavantageux; & en récompenfe on lui confirmoit les ceffions que Léopold lui avoit faites en Lombardie, ainfi que la préférence que le Traité d'Utrecht lui donnoit fur la maifon d'Orléans pour la fucceffion à la Couronne d'Efpagne.

La double renonciation des Princes François à la Couronne d'Efpagne, & des Princes Efpagnols à la Couronne de France; l'abandon du Prétendant, une garantie refpective, & une défenfive générale, furent des Articles communs à tous les Contractans. La France s'obligea de faire la guerre à l'Efpagne, & l'Empereur au Roi Victor Amédée, au cas qu'ils refufaffent les conditions qui leur étoient plutôt impofées que propofées.

Le Roi Victor Amédée fe fit preffer pour l'acceffion jufqu'au mois de Novembre. Les Etats-Généraux différerent de donner l'acte de la leur jufqu'à l'année fuivante, par l'envie de conferver le commerce d'Efpagne; & Philippe V. tint bon jufqu'en 1720. Après cette unanimité un peu forcée, la paix d'Utrecht fut jointe à celles de Weftphalie, de Nimegue & de Rifwick, pour former avec elles la bafe de la conftitution politique de l'Europe. Voici le Traité.

Traité de la Quadruple Alliance entre l'Empereur, le Roi de France & le Roi de la Grande-Bretagne pour la pacification de l'Europe, conclu à Londres le 22 Juillet, 2 Août, 1718.

Au nom de la Très-Sainte & indivifible Trinité.

„QU'IL foit notoire & évident à tous ceux à qui il appartient, ou peut appartenir de quelque maniere que ce foit. „

„Qu'après que le Séréniffime & Très-Puiffant Prince Louis XV. Roi Très-Chrétien de France & de Navarre, & le Séréniffime & Très-Puiffant Prince George Roi de la Grande-Bretagne, Duc de Brunfwick & de Lunebourg, Electeur du Saint Empire Romain, &c. & les Hauts & Puiffans Etats-Généraux des Provinces-Unies des Pays-bas, appliqués continuellement au maintien de la paix, ont reconnu parfaitement, qu'ils avoient pourvu en quelque forte à la fûreté de leurs Royaumes & Provinces, par la Triple Alliance conclue entr'eux le 4 Janvier 1717, mais non entiérement, & fi folidement, que la tranquillité publique pût fubfifter long-temps, & être confervée par ce moyen, fi l'on ne détruifoit en même-temps les inimitiés & les fources perpétuelles des différends, qui augmentent encore entre quelques Princes de l'Europe, comme ils en ont fait l'expérience par la guerre qui s'eft élevée l'année derniere en Italie ; dans la vue de l'éteindre affez à temps, ils font convenus entre eux de certains Articles par le Traité conclu le 18 Juillet 1718, felon lefquels la paix pourroit être établie entre Sa Majefté Impériale & le Roi d'Efpagne, & entre Sadite Majefté Impériale & le Roi de Sicile, après avoir invité amiablement Sa Majefté Impériale, de vouloir bien, pour l'amour de la paix, & de la tranquillité publique, approuver & recevoir lefdits Articles, & entrer elle-même dans le Traité conclu entr'eux, dont la teneur s'enfuit. "

Conditions de la paix entre Sa Majefté Impériale & Sa Majefté Catholique.

» I. POUR réparer les troubles faits en dernier lieu contre la paix conclue à Bade, le 7 Septembre 1714, & contre la neutralité établie pour l'Italie, par le Traité du 14 Mars 1713, le Séréniffime & Très-Puiffant Roi d'Efpagne s'engage de reftituer à Sa Majefté Impériale, & lui reftituera effectivement, immédiatement après l'échange des ratifications du préfent Traité, ou au plus tard deux mois après, l'Ifle & Royaume de Sardaigne en l'état où il étoit lorfqu'il s'en eft emparé, & renoncera en faveur de Sa Majefté Impériale, à tous droits, prétentions, raifons, & actions fur ledit Royaume, de forte que Sa Majefté Impériale puiffe en difpofer de pleine liberté, & comme de chofe à elle appartenante, de la maniere dont elle l'a réfolu pour le bien public. "

» II. Comme le feul moyen qu'on ait pû trouver pour établir un équilibre permanent dans l'Europe, a été de régler que les Couronnes de France & d'Efpagne ne pourroient jamais, ni en aucun temps, être réunies fur la même tête, ni dans une même ligne ; & qu'à perpétuité ces deux Monarchies demeureroient féparées, & que pour affurer une regle fi néceffaire pour le repos public, les Princes qui par leur naiffance, pourroient avoir droit à ces deux fucceffions, ont renoncé folemnellement à l'une des deux, pour eux, & pour toute leur poftérité, & que cette féparation des deux Monarchies eft devenue une loi fondamentale, qui a été reconnue par les Etats-Généraux, nommés communément LAS CORTES, affemblés à Madrid le 9 Novembre 1712, & confirmée par les Traités conclus à Utrecht le 11 Avril 1713, Sa Majefté Impériale, pour donner la derniere perfection à une loi fi néceffaire & fi falutaire, & pour ne laiffer plus à l'avenir aucun fujet de mauvais foupçon, & voulant aflurer la tranquillité publique, accepte & confent aux difpofitions faites, réglées, & confirmées par le Traité d'Utrecht touchant le droit & l'ordre de fucceffion aux Royaumes de France & d'Efpagne, & renonce, tant pour elle, que pour fes héritiers defcendans, & fucceffeurs mâles & femelles, à tous droits & à toutes prétentions généralement quelconques, fans aucune exception, fur tous les Royaumes, Pays & Provinces de la Monarchie d'Efpagne, dont le Roi Catholique a été reconnu légitime poffeffeur par les Traités d'Utrecht ; promettant de plus d'en donner les actes de renonciation authentiques, dans toute la meilleure forme, de les faire publier & enrégiftrer où befoin fera, & d'en fournir des expéditions en la maniere accoutumée à Sa Majefté. Catholique, & aux Puiffances contractantes. "

» III. En conféquence de ladite renonciation, que Sa Majefté Impériale a faite par le défir qu'elle a de contribuer au repos de toute l'Europe, & parce que le Duc d'Orleans a renoncé pour lui & pour fes defcendans, à fes droits & prétentions fur le Royaume d'Efpagne, à condition que l'Empereur, ni aucun de fes defcendans ne pourroient jamais fuccéder audit Royaume ; Sa Majefté Impériale reconnoit le Roi Philippe V, pour légitime Roi de la Monarchie d'Efpagne & des Indes, promet de lui donner les titres & qualités dûs à fon rang, & à fes Royaumes, de laiffer jouir paifiblement, lui, fes defcendans, héritiers, & fucceffeurs mâles & femelles, de tous les Etats de la Monarchie d'Efpagne en Europe, dans les Indes & ailleurs, dont la poffeffion lui a été affurée par les Traités d'Utrecht, de ne le troubler directement ni indirectement dans ladite poffeffion, & de ne former jamais aucune prétention fur lefdits Royaumes & Provinces. "

» IV. En confidération de la renonciation, & de la reconnoiffance, que Sa Majefté Impériale a faites par les deux Articles précédens, le Roi Catholique renonce réciproquement, tant pour lui, que pour fes héritiers, defcendans & fucceffeurs mâles & femelles, en faveur de Sa Majefté Impériale, & de fes fucceffeurs, héritiers, & defcendans mâles & femelles, à tous droits & prétentions quelconques, fans rien excepter, fur tous les Royaumes, Pays & Provinces, que Sa Majefté Impériale poffede en Italie, & dans les Pays-Bas, ou devra y poffeder en vertu du premier Traité, & généralement à tous les droits, Royaumes, & Pays en Italie, qui ont appartenu autrefois à la Monarchie d'Efpagne, entre lefquels le Marquifat de Final, cédé par Sa Majefté Impériale à la République de Gênes l'an 1713, doit être cenfé expreffément compris ; promettant de donner les actes folemnels de renonciation ci-devant énoncés, dans toute la meilleure forme, de les faire publier & enregiftrer où befoin fera, & d'en fournir des expéditions à Sa Majefté Impériale, & aux Puiffances contractantes en la maniere accoûtumée. Sa Majefté Catholique renonce de même au droit de réverfion à la Couronne d'Efpagne, qu'elle s'étoit réfervée fur le Royaume de Sicile, & à toutes autres actions , & prétentions, qui lui pourroient fervir de prétexte pour troubler l'Empereur, fes héritiers , & fucceffeurs, directement ou indirectement, tant dans lefdits Royaumes & Etats, que dans tous ceux qu'il poffede actuellement dans les Pays-Bas, & par tout ailleurs. "

» V. Comme l'ouverture aux fucceffions des Etats poffédés préfentement par le Grand Duc de Tofcane, & par le Duc de Parme & de Plaifance, fi eux & leurs fucceffeurs venoient à manquer fans poftérité mafculine, pourroit donner lieu à une nouvelle guerre en Italie , d'un côté par les droits que la préfente Reine d'Efpagne, née Ducheffe de Parme , prétend avoir fur lefdites fucceffions, après le décès des héritiers légitimes plus proches qu'elle ; & d'un autre côté par les droits que l'Empereur & l'Empire prétendent avoir auffi fur lefdits Duchés; afin de prévenir les fuites funeftes de ces conteftations, il a été convenu que lefdits Etats ou Duchés, poffédés préfentement par le Grand Duc de Tofcane, & par le Duc de Parme & de Plaifance feront reconnus à l'avenir, & à perpétuité, par toutes les parties contractantes, & tenus indubitablement pour fiefs mafculins du Saint Empire Romain ; & lorfque la fucceffion auxdits Duchés viendra à échoir au défaut de fucceffeurs mâles, Sa Majefté Impériale, pour elle, comme chef de l'Empire, confent que le fils ainé de la Reine d'Efpagne, & fes defcendans mâles nés de légitime mariage, & à leur défaut le fecond fils ou les autres cadets de ladite Reine, s'il vient à en naitre quelques-uns, pareillement avec leurs defcendans mâles nés de légitime mariage, fuccedent dans tous lefdits Etats : & comme le confentement de l'Empire eft requis pour cet effet, Sa Majefté Impériale employera tous fes foins pour l'obtenir, & après l'avoir obtenu, elle fera expédier des lettres d'expectative ; contenant l'inveftiture éventuelle pour le fils , ou les filles de ladite Reine, & leurs defcendans mâles légitimes, en bonne & dûe forme, & les fera remettre auffi-tôt après entre les mains de Sa Majefté Catholique, ou du moins deux mois après l'échange des ratifications, fans cependant qu'il en arrive aucun dommage ou préjudice, & fauf dans toute fon étendue la poffeffion des Princes qui tiennent actuellement lefdits Duchés. "

» Leurs Majeftés Impériale & Catholique font convenues, que la place de Livourne demeurera à perpétuité un port franc de la même maniere qu'il eft préfentement. "

» En conféquence de la renonciation que le Roi d'Efpagne a faite dans tous les Royaumes, Pays & Provinces en Italie qui appartenoient autrefois au Roi d'Efpagne, il céde a & remettra audit Prince fon fils, la place de Porto-Longone, avec ce que Sa Majefté Catholique poffede actuellement de l'Ifle d'Elbe, auffi-tôt que par la vacance de la fucceffion du Grand Duc de Tofcane, au défaut de defcendans mâles, ledit Prince d'Efpagne aura été mis en poffeffion actuelle defdits Etats. "

» Il a été réglé pareillement & ſtipulé ſolemnellement, qu'aucun deſdits Duchés & Etats, ne pourra ou ne devra jamais dans quelque temps ou quelque cas que ce ſoit, être poſſédé par aucun Prince, qui ſera en même temps Roi d'Eſpagne, & qu'un Roi d'Eſpagne ne pourra jamais prendre & gérer la tutelle du même Prince. »

» Enfin il a été convenu entre toutes & chacune des parties contractantes, & elles ſe ſont pareillement engagées, à ne point permettre que pendant la vie des préſens poſſeſſeurs des Duchés de Toſcane & de Parme, ou de leurs ſucceſſeurs mâles, l'Empereur & les Rois de France & d'Eſpagne, & le Prince déſigné ci-deſſus pour cette ſucceſſion, puiſſent jamais introduire aucuns ſoldats, de quelque nation qu'ils ſoient, de leurs propres troupes, ou autres à leur ſolde, dans les Pays & Terres deſdits Duchés, ni établir des garniſons dans les villes, ports, citadelles & fortereſſes qui y ſont ſituées. «

Mais afin de procurer une ſûreté encore plus grande contre toute ſorte d'événemens, audit fils de la Reine d'Eſpagne déſigné par ce Traité, pour ſuccéder au Grand Duc de Toſcane, & au Duc de Parme & de Plaiſance, & de le rendre plus certain de l'exécution de ce qui lui eſt promis pour ladite ſucceſſion, de même que pour mettre hors de toute atteinte la féodalité établie ſur leſdits Etats, en faveur de l'Empereur & de l'Empire ; il a été convenu de part & d'autre, que les Cantons Suiſſes mettront en garniſon dans les principales places de ces Etats, ſavoir à Livourne, à Portoferraio, à Parme & à Plaiſance, un corps de troupes, qui n'excédera cependant pas le nombre de ſix mille hommes; que pour cet effet les trois parties contractantes, qui ſont l'office de Médiateurs, payeront auxdits Cantons les ſubſides néceſſaires pour leur entretien, & qu'elles y reſteront, juſqu'à ce que le cas de ladite ſucceſſion arrive, & qu'alors elles ſeront tenues de remettre au Prince déſigné pour le recueillir, les Places qui leur ont été confiées, ſans cependant que cela cauſe aucun préjudice ou aucune dépenſe aux préſens poſſeſſeurs, & à leurs ſucceſſeurs mâles, à qui leſdites Troupes prêteront ſerment de fidélité ; & elles ne prendront point d'autre autorité, que celle de défendre les Places dont elles auront la garde. »

» Et comme le temps que l'on pourroit employer à convenir avec les Cantons Suiſſes, du nombre de ces Troupes, des ſubſides qu'on leur fournira, & de la maniere de les lever, apporteroit peut-être trop de rétardement à un ouvrage auſſi ſalutaire, ſa Sacrée Majeſté Britannique, par le déſir ſincere qu'elle a de l'avancer, & pour parvenir encore plutôt au rétabliſſement de la tranquillité publique, qui eſt le but qu'on ſe propoſe, ne refuſera pas, ſi les autres contractans le jugent à propos, de fournir de ſes propres troupes pour l'uſage marqué ci-deſſus, en attendant que celles qui ſeront lévées en Suiſſe puiſſent prendre la garde deſdites Places. »

» VI. Sa Majeſté Catholique, pour donner une preuve ſincere de ſes bonnes intentions pour le repos public, conſent à la diſpoſition qui ſera faite ci-après du Royaume de Sicile, en faveur de l'Empereur ; renonce pour elle & pour ses héritiers, & successeurs, mâles & femelles, au Droit de réversion dudit Royaume à la Couronne d'Espagne, qui lui avoit été réservé expressément par l'acte de cession du 10 Juin 1713, & en faveur du bien public, déroge autant que besoin seroit audit acte du 10 Juin 1713, & à l'Article VI. du Traité conclu à Utrecht, entre Sa Majesté Catholique & Son Altesse Royale le Duc de Savoye, & généralement à tout ce qui pourroit être contraire à la rétrocession, disposition, & échange dudit Royaume de Sicile, ainsi qu'il est stipulé par les présentes conventions ; à condition toutefois, qu'en échange, le Droit de réversion sur l'Isle & Royaume de Sardaigne à la même Couronne lui sera cédé & assuré, comme il est expliqué plus au long ci-dessous, dans l'Article II des Conventions entre Sa Majesté Impériale & le Roi de Sicile. »

» VII. L'Empereur & le Roi Catholique promettent mutuellement, & s'engagent à la défense ou garantie réciproque de tous les Royaumes & Provinces qu'ils possedent actuellement ; ou doivent posséder en vertu du présent Traité. »

» VIII. Leurs Majestés Impériale & Catholique exécuteront immédiatement après l'échange des Ratifications des présentes conventions, toutes & chacune des conditions qui y sont contenues, & cela dans l'espace de deux mois au plus tard, & les ratifications desdites conventions seront échangées à Londres dans l'espace de deux mois, à compter du jour de la signature, ou plutôt si faire se peut ; & immédiatement après l'exécution préalable desdites conditions, leurs Ministres Plénipotentiaires qui seront autorisés d'elles, conviendront dans le lieu du Congrès dont elles seront demeurées d'accord, & cela le plutôt que faire se pourra, des autres détails de leur paix particuliere, par la médiation des trois Puissances contractantes.

De plus, il a été convenu, que dans le Traité particulier de paix à faire, entre l'Empereur & le Roi d'Espagne, il sera accordé une amnistie générale pour toutes les personnes, de quelque état, dignité, rang & sexe qu'elles soient, tant de l'Etat Ecclésiastique, que du Militaire ou du Civil, qui auront suivi le parti de l'une ou de l'autre Puissance, pendant le cours de la derniere guerre, en vertu de laquelle Amnistie, il sera permis à toutes lesdites personnes, & à chacune d'elles, de rentrer dans la pleine possession & jouissance de leurs Biens, Droits, Privileges, Honneurs, Dignités & Immunités, pour en jouir aussi librement qu'elles en jouissoient au commencement de la derniere guerre, ou au temps que lesdites personnes se sont attachées à l'un ou à l'autre parti, nonobstant les confiscations, arrêts & sentences donnés, ou prononcés pendant la guerre, lesquels seront comme nuls & non avenus ; & de plus en vertu de ladite amnistie, toutes & chacune desdites personnes qui auront suivi l'un ou l'autre parti, seront en droit & liberté de rentrer dans leur patrie, & de

jouir

jouir de leurs biens, comme fi la guerre n'étoit point avenue, avec plein droit d'adminiftrer leurs biens en perfonnes, fi elles font préfentes, ou par Procureur fi elles aiment mieux être hors de leur Patrie, de les pouvoir vendre ou en difpofer, de telle maniere qu'elles jugeront à propos, comme elles étoient en droit de le faire avant le commencement de la guerre. »

Conditions du Traité à faire entre Sa Majefté Impériale, & le Roi de Sicile.

» I. TOUTE l'Europe ayant reconnu, que la difpofition de la Sicile en faveur de la Maifon de Savoye, qui avoit été faite par les Traités d'Utrecht, uniquement dans la vue d'affurer la Paix, fans que le Roi de Sicile prétendît avoir aucun droit à ce Royaume; loin de contribuer à cette fin, avoit été le principal obftacle qui avoit empêché jufqu'à préfent l'Empereur d'y donner les mains; parce que la féparation des Royaumes de Naples & de Sicile, qui ont été fi long-temps unis fous la même Domination, & fous le nom des deux Siciles, eft contraire, non-feulement aux intérêts communs de ces deux Royaumes, & à leur mutuelle confervation, mais encore au repos du refte de l'Italie, pouvant donner lieu tous les jours à de nouveaux troubles, par la correfpondance & les anciennes liaifons des deux Peuples, qu'on ne détruiroit pas aifément, & par la diverfité des intérêts de leurs Maîtres, qu'il feroit difficile de concilier. Les Puiffances qui ont mis la premiere main aux Traités d'Utrecht, ont cru qu'on feroit bien fondé, même fans le confentement des Parties intéreffées, à déroger à l'Article feul du Traité d'Utrecht, qui regarde la difpofition du Royaume de Sicile, qui n'eft pas effentiel au Traité; en confidération de l'accroiffement, & de la perfection que ce même Traité reçoit par la renonciation de l'Empereur, qu'on préviendroit, par l'échange du Royaume de Sicile, avec celui de Sardaigne, les guerres dont l'Italie eft menacée, fi Sa Majefté Impériale revendiquoit par les armes la Sicile, à laquelle elle n'a jamais renoncé, & qu'elle eft en droit d'attaquer, depuis l'atteinte qui a été donnée à la Neutralité d'Italie, par l'occupation de la Sardaigne, & qu'on affureroit en même temps au Roi de Sicile un Etat certain & permanent, par un Traité auffi folemnel avec Sa Majefté Impériale, & par la garantie des principales Puiffances de l'Europe. Sur des motifs fi puiffans, on eft convenu, que le Roi de Sicile remettra à l'Empereur l'Ifle & Royaume de Sicile, avec toutes fes dépendances, & annexes dans l'état où ils fe trouvent actuellement, immédiatement après l'échange des ratifications du préfent Traité, ou au plus tard deux mois après; renonçant à tous droits & prétentions audit Royaume, pour lui, fes héritiers, & fucceffeurs, mâles & femelles, en faveur de Sa Majefté

Impériale, ſes héritiers, & ſucceſſeurs, mâles & femelles, ſans clauſe de réverſion à la Couronne d'Eſpagne. »

» II. En échange Sa Majeſté Impériale remettra au Roi de Sicile, l'Iſle & Royaume de Sardaigne dans le même état qu'elle l'aura reçu du Roi Catholique, & renoncera à tous Droits & actions audit Royaume de Sardaigne, pour elle, ſes héritiers & ſucceſſeurs mâles & femelles, en faveur du Roi de Sicile, ſes héritiers & ſucceſſeurs pour le poſſéder déſormais, & à toujours, à titre de Royaume, avec tous les honneurs attachés à la Royauté, comme il avoit poſſédé le Royaume de Sicile, ſauf cependant, comme il a été ſtipulé ci-deſſus, la réverſion dudit Royaume de Sardaigne à la Couronne d'Eſpagne, au défaut de deſcendans mâles du Roi de Sicile, & des ſucceſſeurs mâles de toute la Maiſon de Savoye, de la même maniere, que ladite réverſion avoit été ſtipulée & réglée pour le Royaume de Sicile, par les Traités d'Utrecht, & par l'Acte de ceſſion faite en conſéquence par le Roi d'Eſpagne. »

» III. Sa Majeſté Impériale confirmera au Roi de Sicile, toutes les ceſſions qui lui ont été faites par le Traité ſigné à Turin le 8 Novembre 1703, tant de la partie du Duché de Montferrat, que des Provinces, Villes, Bourgs, Châteaux, Terres, Lieux, Droits, & revenus dans l'Etat de Milan qu'il poſſede, & de la maniere, dont il les poſſede actuellement; & promettra pour elle, ſes deſcendans & ſucceſſeurs, de ne le jamais troubler, ni ſes héritiers, deſcendans, & ſucceſſeurs dans ladite poſſeſſion, à condition toutefois, que toutes les autres actions ou prétentions, que ledit Roi de Sicile pourroit former en vertu dudit Traité, ſeront & demeureront à jamais éteintes. »

» IV. Sa Majeſté Impériale reconnoîtra le Droit du Roi de Sicile & de ſa Maiſon, pour ſuccéder immédiatement à la Couronne d'Eſpagne & des Indes, au défaut du Roi Philippe V & de ſa poſtérité, de la maniere qu'il eſt établi par les renonciations du Roi Catholique, du Duc de Berry, du Duc d'Orleans, & par les Traités d'Utrecht; & Sa Majeſté Impériale promettra, tant pour elle, que pour ſes ſucceſſeurs & ſes deſcendans, de n'y jamais faire aucune oppoſition, directement ni indirectement, & de ne jamais former aucune prétention contraire. Bien entendu pourtant qu'aucun Prince de la Maiſon de Savoye, qui ſuccédera à la Couronne d'Eſpagne, ne pourra jamais poſſéder en même temps aucun Etat ou Pays, dans le continent d'Italie; & qu'alors ces Etats paſſeront aux Princes collatéraux de cette Maiſon, qui y ſuccéderont, l'un après l'autre, ſelon la proximité du ſang. »

». V. Sa Majeſté Impériale & le Roi de Sicile, ſe garahtiront mutuellement tous les Royaumes & Etats qu'ils poſſedent actuellement en Italie, ou qu'ils y doivent poſſéder, en vertu du préſent Traité. ».

» VI. Sa Majeſté Impériale & le Roi de Sicile exécuteront, immédiatement après l'échange des ratifications des préſentes conditions, toutes &

chacune les conditions qui y font contenues; & ce dans l'efpace de deux mois, au plus tard ; & les Ratifications defdites conventions feront échangées à Londres, dans l'efpace de deux mois, à compter du jour de la fignature, ou plutôt fi faire fe peut. Et immédiatement après l'exécution, leurs Miniftres Plénipotentiaires autorifés d'elles, conviendront dans le lieu du Congrés dont elles feront demeurées d'accord, des autres détails de leur Traité particulier, par la médiation des trois Puiffances contractantes.,,

,, Que Sadite Majefté Impériale Catholique, étant d'elle-même très-portée à avancer l'ouverture de la Paix, & éloigner les fujets funeftes de la guerre, par un défir fincere d'affermir la tranquillité publique, a accepté comme elle accepte, en vertu du préfent Traité, les conventions inférées ci-deffus, & tous & chacun de leurs articles ; & en conféquence, elle a conclu avec lefdites trois Puiffances une Alliance particuliere dont les Articles fuivent. "

,, I. Il y aura entre fa Sacrée Majefté Impériale Catholique, Sa Sacrée Majefté Très-Chrétienne, fa Sacrée Majefté Britannique, & les Hauts & Puiffants Seigneurs Etats-Généraux des Provinces-Unies des Pays-Bas, leurs héritiers & fucceffeurs, une Alliance très-étroite, en vertu de laquelle chacune de ces Puiffances fera tenue de défendre les Etats & Sujets des autres, de maintenir la Paix, de procurer leurs avantages comme les fiens propres, & de prévenir & détourner toutes fortes de dommages & d'injures. "

,, II. Les Traités conclus à Utrecht, & à Bade en Suiffe, fubfifteront en leur entier, & dans toute leur force & vigueur, & feront partie de celui-ci, à l'exception des Articles, auxquels le bien public a exigé expreffément qu'il fût dérogé par le préfent Traité : comme auffi des Articles des Traités d'Utrecht, auxquels il a été dérogé par le Traité de Bade ; cependant le Traité d'Alliance conclu à Londres le 25 Mai de l'année 1716 entre fa Sacrée Majefté Impériale Catholique, & fa Sacrée Majefté Britannique, demeurera en pleine force & vigueur dans toute fon étendue, auffi bien que le Traité d'Alliance, conclu à la Haye le 4 Janvier 1717, entre Leurs Majeftés Très-Chrétienne & Britannique, & les Etats-Généraux des Provinces-Unies des Pays-Bas. "

,, III. Sa Majefté Très-Chrétienne, conjointement avec Sa Majefté Britannique, & les Seigneurs Etats-Généraux des Provinces-Unies des Pays-Bas, promettent pour eux, leurs héritiers & fucceffeurs, de ne jamais troubler, directement, ni indirectement, fa Sacrée Majefté Impériale Catholique, fes héritiers & fucceffeurs, dans aucun des Royaumes, Pays & Provinces, qu'elle poffede préfentement en vertu des Traités d'Utrecht & de Bade, ou dont elle obtiendra la poffeffion par le préfent Traité; mais au contraire, de garantir tous les Royaumes, Provinces & Droits qu'elle poffede ou poffédera, en vertu de ce Traité, tant en Allemagne, & dans les Pays-Bas, qu'en Italie ; s'engageant de défendre lefdits Royaumes & Pays de fa Sacrée Majefté Impériale Catholique, contre tous & un chacun de ceux qui pourroient les attaquer, & de fournir à fa Sacrée Majefté Impériale Catholique, le cas arrivant, les fecours dont elle aura befoin, fuivant les conditions & la répartition ci-après ftipulées. Pareillement Leurs Majeftés Très-Chrétienne & Britannique, & les Etats-Généraux s'obligent expreffément de ne donner ou accorder aucune protection ni afyle, dans aucun endroit de leurs Etats, à ceux des Sujets de fa Sacrée Majefté Impériale Catholique, qui font actuellement, ou qui feront à l'avenir déclarés rebelles; & en cas qu'il s'en trouve de tels dans leurs Royaumes, Pays & Provinces, ils promettent férieufement & fincérement de donner les ordres néceffaires, pour les en faire fortir, huit jours après qu'ils en auront été requis de la part de Sa Majefté Impériale. «

„ IV. Sa Sacrée Majefté Impériale Catholique promet réciproquement pour elle, fes héritiers & fucceffeurs, conjointement avec fa Sacrée Majefté Britannique, & les Etats-Généraux des Provinces-Unies des Pays-Bas, de ne jamais troubler, directement, ni indirectement fa Sacrée Majefté Très-Chrétienne, dans aucun des Etats que la Couronne de France poffede actuellement; mais au contraire de les garantir & défendre contre tous & chacun de ceux qui pourroient les attaquer, & de fournir en ce cas les fecours dont le Roi Très-Chrétien aura befoin, fuivant qu'il eft ftipulé ci-après. "

„ Pareillement fa Sacrée Majefté Impériale Catholique, fa Sacrée Majefté Britannique & les Seigneurs Etats-Généraux, promettent & s'engagent de maintenir, garantir & défendre le Droit de fucceffion au Royaume de France, fuivant la teneur des Traités conclus à Utrecht le 11 Avril 1713, s'obligeant à foutenir ladite fucceffion, fuivant la renonciation qui a été faite par le Roi d'Efpagne le 5 Novembre 1712, & acceptée dans les Etats-Généraux d'Efpagne, par un Acte folemnel le 9 defdits mois & an, dont en conféquence il a été fait une loi le 8 Mars 1713, & qui a enfin été réglée & établie par ledit Traité d'Utrecht, & cela contre tous ceux qui voudroient troubler l'ordre de ladite fucceffion, au préjudice des Actes fufdits, & des Traités faits en conféquence, & fournir pour cet effet les fecours, fuivant la répartition convenue ci-après, & même fi le cas le demande, d'y employer toutes leurs forces, & déclarer la guerre à celui qui tenteroit d'enfreindre, ou attaquer ledit ordre de fucceffion. "

„ De plus Sa Majefté Impériale Catholique, Sa Majefté Britannique, & les Etats-Généraux s'obligent auffi de ne donner ou accorder aucune protection ni afyle dans aucun endroit de leurs Etats, à ceux des Sujets de Sa Majefté Très-Chrétienne, qui font actuellement, ou feront à l'avenir déclarés rebelles; & en cas qu'il s'en trouve de tels dans les Royaumes, Etats & Pays de leur obéiffance, ils leur ordonneront d'en fortir, huit jours après qu'ils en auront été requis de la part de Sa Majefté Très-Chrétienne. "

„ V. Sa Sacrée Majefté Impériale & Catholique, fa Sacrée Majefté Très-Chrétienne, & les Etats-Généraux des Provinces-Unies des Pays-Bas, s'engagent pour eux, leurs héritiers & fuccefleurs, à maintenir & garantir la fucceffion au Royaume de la Grande-Bretagne, telle qu'elle eft établie par les Loix du Royaume, dans la Maifon de Sa Majefté Britannique, à préfent regnante : comme auffi garantir tous les Etats & Pays que Sa Majefté Britannique poffede, & de ne donner & accorder aucun afyle ni retraite dans aucune partie de leurs Etats, à la Perfonne, qui pendant la vie de Jacques II, a pris le titre de Prince de Galles, & depuis fa mort le titre de Roi de la Grande-Bretagne, ni aux defcendans de ladite Perfonne, en cas qu'elle vint à en avoir : Promettant pareillement pour eux, leurs héritiers & fuccefleurs, de n'aider jamais ladite Perfonne, ni fes defcendans, directement ni indirectement, par mer ni par terre; par confeil, fecours, ni affiftance quelconque, foit en argent, armes, munitions, vaiffeaux, foldats, matelots, ou en quelque autre maniere que ce puiffe être; & d'obferver la même chofe à l'égard de qui que ce foit qui pût avoir ordre ou commiffion de ladite Perfonne, ou de fes defcendans, pour troubler le Gouvernement de Sa Majefté Britannique, ou le repos de fon Royaume, foit par une guerre ouverte, foit par des confpirations fecretes, ou en excitant des féditions & des rebellions, ou en exerçant la Piraterie contre les Sujets de Sa Majefté Britannique, auquel dernier cas, fa Sacrée Majefté Impériale Catholique s'oblige à ne pas permettre qu'on donne retraite auxdits Pirates dans fes Ports des Pays-Bas; & fa Sacrée Majefté Très-Chrétienne, & les Etats-Généraux des Provinces-Unies des Pays-Bas s'obligent à la même chofe, par rapport aux Ports de leurs Etats : Tout comme Sa Majefté Britannique s'engage de ne donner aucune retraite dans les Ports de fon Royaume aux Pirates qui croifent fur les Sujets de fa Sacrée Majefté Impériale Catholique, de fa Sacrée Majefté Très-Chrétienne, & des Seigneurs Etats-Généraux. Enfin Sa Majefté Impériale Catholique, fa Sacrée Majefté Très-Chrétienne, & les Seigneurs Etats-Généraux s'obligent à ne donner aucune protection ou afyle, dans aucun endroit de leurs Etats, à ceux des Sujets de Sa Majefté Britannique, qui font actuellement, ou qui feront à l'avenir déclarés rebelles, & en cas qu'il s'en trouve de tels dans leurs Royaumes, Pays & Provinces, ils leur ordonneront d'en fortir, huit jours après en avoir été requis de la part de Sa Majefté Britannique. "

„ Et en cas que fa Sacrée Majefté Britannique fût attaquée en quelque endroit que ce fût, Sa Majefté Impériale Catholique, comme auffi Sa Majefté Très-Chrétienne, & les Etats-Généraux des Provinces-Unies des Pays-Bas s'obligent à lui fournir les fecours ftipulés ci-après, de même qu'à fes defcendans, s'il arrivoit qu'ils fuffent troublés dans la fucceffion au Royaume de la Grande-Bretagne. "

„ VI. Sa Majefté Impériale Catholique, & Leurs Majeftés Très-Chrétienne & Britannique s'obligent pour elles, leurs héritiers & fuccefleurs, à la garantie & défenfe de tous les Etats, Pays & Droits, que les Seigneurs Etats-Généraux des Provinces-Unies des Pays-Bas poffedent actuellement, contre

tous ceux qui pourroient les troubler & attaquer, & de leur fournir, le
cas exiſtant, les ſecours ſtipulés ci-après. Sa Majeſté Impériale Catholique,
& Leurs Majeſtés Très-Chrétienne & Britannique s'obligent pareillement de
n'accorder aucune protection ni aſyle dans aucun endroit de leurs Royaumes, à ceux des Sujets des Etats-Généraux, qui ſont actuellement, ou ſeront à l'avenir déclarés rébelles, & en cas qu'il s'en trouve de tels dans
leurs Royaumes, Etats & Provinces, elles auront ſoin de les en faire ſortir,
huit jours après qu'elles en auront été requiſes de la part de la République. "

» VII. Si quelqu'une des quatre Puiſſances contractantes étoit attaquée
ou troublée, ſoit dans la poſſeſſion de ſes Royaumes & Etats, ſoit par
détention violente de ſes Sujets, ou de leurs vaiſſeaux & effets, par mer
ou par terre, par quelqu'autre Prince ou Etat que ce puiſſe être, les trois
autres Puiſſances employeront leurs Offices, d'abord qu'elles en ſeront requiſes, pour lui faire donner ſatisfaction de l'injure qu'on lui aura faite,
& du dommage qu'on lui aura cauſé, & pour empêcher l'agreſſeur de
continuer les hoſtilités. "

» Et ſi ces offices amiables n'étoient pas ſuffiſans pour la reconciliation
des Parties, & pour la ſatisfaction & la réparation de la Puiſſance lézée,
en ces cas, les Hauts Contractans fourniront à leur allié attaqué, deux
mois après ſa requiſition, les ſecours ſuivans conjointement ou ſéparément,
ſavoir. "

» Sa Majeſté Impériale Catholique, huit mille hommes de pied, & quatre
mille hommes de Cavalerie. "

» Sa Majeſté Très-Chrétienne, huit mille hommes de pied, & quatre
mille hommes de Cavalerie. "

» Sa Majeſté Britannique, huit mille hommes de pied, & quatre mille
hommes de Cavalerie. "

» Et les Seigneurs Etats-Généraux, quatre mille hommes de pied, &
deux mille hommes de Cavalerie. "

» Que ſi le Prince, ou le Parti lézé, au-lieu de Troupes déſiroit des vaiſſeaux de guerre ou de tranſport, ou même des ſubſides en argent comptant,
en ce cas il lui ſera libre de choiſir, & on lui fournira leſdits vaiſſeaux ou
ledit argent, à proportion de la dépenſe des Troupes. Et afin d'ôter tout
ſujet d'ambiguité ſur l'eſtimation de ladite dépenſe, les Puiſſances contractantes conviennent, que mille hommes de pied ſeront évalués à 10000 florins
de Hollande, & mille hommes de Cavalerie à 30000 par mois, en obſer-
vant la même proportion, par rapport aux vaiſſeaux. "

» Si les ſecours ci-deſſus ſpécifiés ne ſuffiſent pas pour les beſoins exiſtans,
les Puiſſances contractantes conviendront ſans différer des ſecours ultérieurs
à fournir, & même s'il étoit néceſſaire, elles aſſiſteront leur allié lézé de
toutes leurs forces, & déclareront la guerre à l'agreſſeur. "

» Les Princes & Etats, dont les Puiſſances contractantes conviendront unanimement, pourront être compris au, préfent Traité, & nommément le Roi de Portugal. «

» Le Traité ci-deffus fera approuvé & ratifié par Leurs Majeftés Impériale, Très-Chrétienne & Britannique, & par les Hauts & Puiffans Seigneurs Etats-Généraux des Provinces-Unies des Pays-Bas, & les Lettres de Ratification feront échangées refpectiyement dans le terme de deux mois, ou plutôt s'il eft poffible. «

» En foi de quoi, Nous fouffignés, munis de pleins-pouvoirs qui ont été communiqués de part & d'autre, & dont les copies collationnées par Nous, & trouvées conformes aux Originaux, font inférées de mot à mot à la fin du préfent Traité, l'avops figné, & y avons appofé les cachets de nos armes. Fait à Londres le 22 Juillet, 2 Août, mil fept cens dix-huit. «

(L.S.) Christof. Penterridter ab Adelshausen.

(L.S.) Joseph Hoffman.   (L.S.) Du Bois.   (L.S.) W. Cant.
       (L.S.) Parker C.
       (L.S.) Sunderland P.
       (L.S.) Kingston C. P. S.
       (L.S.) Kent.
       (L.S.) Holles Newcastle.
       (L.S.) Bolton.
       (L.S.) Roxburghe.
       (L.S.) Berkeley.
       (L.S.) J. Craggs.

ARTICLE SÉPARÉ.

» Que fi les Seigneurs Etats-Généraux des Provinces-Unies des Pays-Bas trouvoient qu'il leur fût trop à charge de fournir leur quote-part des fubfides qui feront payés aux Cantons Suiffes; pour les garnifons de Livourne, de Porto-Ferrario, de Parme & de Plaifance, felon la teneur du Traité d'Alliance conclu cejourd'hui, il a été déclaré expreffément par cet Article féparé, & convenu entre les quatre Parties contractantes, que dans ce cas le Roi Catholique pourra fe charger de la portion qu'auroient à payer les Seigneurs Etats-Généraux. «

» Cet Article féparé aura la même force que s'il avoit été inféré de mot à mot dans le Traité conclu & figné cejourd'hui; il fera ratifié de la même maniere, & les Ratifications en feront échangées dans le même temps que celles du Traité. «

» En foi de quoi, Nous souffignés, en vertu des pleins-Pouvoirs communiqués cejourd'hui réciproquement, avons figné cet Article féparé, & y avons appofé les cachets de nos armes. Fait à Londres le 22 Juillet, 2 Août. «

(L. S.) Christof. Penterridter ab Adelshausen.

(L. S.) Joseph Hoffman. (L. S.) Du Bois. (L. S.) W. Cant.

(L. S.) Parker C.

(L. S.) Sunderland P.

(L. S.) Kingston C. P. S.

(L. S.) Kent.

(L. S.) Holles Newcastle.

(L. S.) Bolton.

(L. S.) Roxburghe.

(L. S.) Berkeley.

(L. S.) J. Craggs.

ARTICLE SÉPARÉ.

» Comme dans le Traité d'Alliance, qui doit être figné cejourd'hui avec fa Sacrée Majefté Impériale Catholique, & dans les conditions de Paix qui y font inférées, leurs Sacrées Majeftés Très-Chrétienne & Britannique, & les Seigneurs Etats-Généraux des Provinces-Unies des Pays-Bas, donnent au préfent poffeffeur des Efpagnes & des Indes, le titre de Roi Catholique, & au Duc de Savoye celui de Roi de Sicile ou de Sardaigne, & que fa Sacrée Majefté Impériale Catholique ne peut pas reconnoître ces deux Princes pour Rois, avant qu'ils foient auffi entrés dans ce Traité; fa Sacrée Majefté Impériale Catholique déclare & protefte, par cet Article féparé, & figné avant le Traité d'Alliance, qu'elle ne prétend point, par les titres qui y font employés ou omis, fe caufer aucun préjudice, ni accorder ou donner le titre de Roi aux deux Princes nommés ci-deffus, que dans le cas feulement qu'ils accéderont au Traité qui doit être figné cejourd'hui, & qu'ils accepteront les conditions qui y font ftipulées. «

» Cet Article féparé aura la même force que s'il avoit été inféré de mot à mot dans le Traité conclu & figné cejourd'hui; il fera ratifié de la même maniere, & les Ratifications en feront échangées dans le même temps que celles du Traité. «

» En foi de quoi, Nous souffignés, en vertu des pleins-Pouvoirs communiqués cejourd'hui de part & d'autre, avons figné cet Article féparé, & y

avons

avons appofé les cachets de nos armes. Fait à Londres le 22 Juillet, 2 Août, de l'année 1718. «

(L.S.) Christof. Penterridter ab Adelshausen.
(L.S.) Joseph Hoffman. (L.S.) Du Bois. (L.S.) W. Cant.
              (L.S.) Parker C.
              (L.S.) Sunderland P.
              (L.S.) Kingston C. P. S.
              (L.S.) Kent.
              (L.S.) Holles Newcastle.
              (L.S.) Bolton.
              (L.S.) Roxburghe.
              (L.S.) Berkeley.
              (L.S.) J. Craggs.

ARTICLE SÉPARÉ.

» Comme fa Sacrée Majefté Très-Chrétienne ne peut pas reconnoître quelques-uns des titres que fa Sacrée Majefté Impériale prend dans les pleins Pouvoirs, ou dans le Traité d'Alliance qui doit être figné cejourd'hui, elle déclare & protefte par cet Article féparé, & figné avant le Traité d'Alliance, qu'elle n'entend nullement, par les titres employés dans ce Traité, préjudicier à elle-même, ou à toute autre Puiffance, ni attribuer aucun droit à fa Sacrée Majefté Impériale. «

» Cet Article féparé aura la même force que s'il avoit été inféré de mot à mot dans le Traité conclu & figné cejourd'hui; il fera ratifié de la même maniere, & les Ratifications en feront échangées dans le même temps que celles du Traité. «

» En foi de quoi, Nous fouffignés, en vertu des pleins Pouvoirs communiqués cejourd'hui réciproquement, avons figné cet Article féparé, & y avons appofé les cachets de nos armes. Fait à Londres le 22 Juillet, 2 Août 1718. «

(L.S.) Christof. Penterridter ab Adelshausen.
(L.S.) Joseph Hoffman. (L.S.) Du Bois. (L.S.) W. Cant.
              (L.S.) Parker C.
              (L.S.) Sunderland P.
              (L.S.) Kingston C. P. S.
              (L.S.) Kent.
              (L.S.) Holles Newcastle.
              (L.S.) Bolton.
              (L.S.) Roxburghe.
              (L.S.) Berkeley.
              (L.S.) J. Craggs.

Déclaration donnée par les Plénipotentiaires du Roi de la Grande-Bretagne.

COMME felon l'ufage, que l'on eft convenu réciproquement de fuivre dans les Traités conclus entre Leurs Majeftés Britannique & très-Chrétienne à Ryfwick, Utrecht & à la Haye pour la Triple Alliance, on a dreffé les Actes en Latin, pour le Roi de la Grande-Bretagne, & en François pour le Roi très-Chrétien, en déclarant cependant que s'il y a eu précédemment un autre ufage, le Roi très-Chrétien s'y conformera dans la fuite; & comme l'on n'a pu obferver ledit ufage, dans le Traité figné cejourd'hui, entre l'Empereur des Romains, le Roi de la Grande-Bretagne, le Roi très-Chrétien, & les Etats-Généraux des Provinces-Unies des Pays-Bas, fans tomber dans l'inconvénient d'en dreffer encore plufieurs Actes, ce qui obligeroit de différer plus long-temps la fignature de ce Traité. D'ailleurs quelques-uns des Plénipotentiaires ayant demandé avec inftance, qu'il ne fût dreffé aucun Acte du Traité de ce jour, fans être muni en même temps de la fignature de toutes les Parties contractantes, ce qui a fait que tous les Actes dudit Traité ont été dreffés en Langue Latine. Dans cette vue, afin que cet exemple ne paffe point en ufage entre le Roi de la Grande-Bretagne & le Roi très-Chrétien, Nous Plénipotentiaires de Sa Majefté Britannique, à la réquifition du Plénipotentiaire de Sa Majefté très-Chrétienne, déclarons que tout ce qui a rapport à la Langue dans laquelle eft écrit le Traité de ce jour, ne pourra fervir d'exemple, ni être cité à l'avenir, mais que l'ufage qui étoit reçu auparavant entre l'une & l'autre Couronne aura lieu ; de forte que ce qui s'eft fait aujourd'hui n'y dérogera en aucune maniere, & ne donnera point de nouveau droit pour en ufer autrement.

En Foi de quoi, Nous Plénipotentiaires de Sa Majefté Britannique, avons figné cette Déclaration, & y avons appofé les cachets de nos Armes.

A Londres, le 22 Juillet, 2 Août de l'an.

        (L. S.) SUNDERLAND P.
        (L. S.) ROXBURGHE.
        (L. S.) J. CRAGGS.

Ratification de l'Empereur.

NOUS, après avoir vû & diligemment examiné les Articles defdits Traités & Conventions, avons tous lefdits Articles en général & en particulier, agréés & approuvés, ainfi qu'ils font ici conclus, arrêtés & tranfcrits, les approuvons & ratifions en vertu des Préfentes : Promettons en foi & parole d'Empereur, de Roi & d'Archiduc, les obferver & accomplir fermement & religieufement, fans pouvoir en aucun temps par Nous,

ou aucuns des nôtres aller au contraire. En foi de quoi Nous avons signé
de notre propre main le préfent Acte de Ratification, & à icelui fait mettre & appofer notre Sceau ordinaire. Donné à Vienne, le 14 du mois de
Septembre l'an de N. S. 1719. & de nos Regnes des Romains le 7, d'Efpagne le 15, de Hongrie & Bohême le 8, CHARLES. *Par Mandement
exprés de Sa Sacrée Majefté Impériale & Catholique Majefté*, JEAN-GEORGE
BUOL, & à côté, PHILIPPE-LOUIS, Comte de ZINZENDORF, & fcellé
du Sceau de l'Empereur, dans une boëte d'argent.

Ratification du Roi de France.

NOUS, ayant agréables les fufdits Traités & Articles féparés, en tous
& chacun les points qui y font contenus, avons de l'avis de notre très-
cher & très-aimé Oncle, le Duc d'Orleans, Régent de notre Royaume,
iceux, tant pour nous que pour nos Héritiers & Succeffeurs, Royaumes,
Pays, Terres, Seigneuries & Sujets, accepté, approuvé, ratifié, & confirmé, & par ces Préfentes fignées de notre main, acceptons, approuvons,
ratifions, confirmons, & le tout promettons, en foi & parole de Roi,
garder & obferver inviolablement, fans jamais aller ni venir au contraire,
directement ou indirectement, en quelque forte & maniere que ce foit. En
témoin de quoi Nous avons fait mettre notre fcel à ces Préfentes. Donné
à Paris, le trente-unieme jour d'Août l'an de grace mil fept cens dix-huit,
& de notre Regne le troifieme : Signé LOUIS ; & plus bas. Par le Roi,
LE DUC D'ORLÉANS, Régent préfent. Signé PHELYPEAUX, & fcellé du
grand fceau de cire jaune, fur lacs de foie bleue treffés d'or, le fceau enfermé dans une boëte d'argent, fur le deffus de laquelle font empreintes &
gravées les Armes de France & de Navarre, fous un Pavillon Royal foutenu par deux Anges.

Ratification du Roi de la Grande-Bretagne.

NOUS, après avoir vû & examiné le Traité ci-deffus, avons icelui approuvé, ratifié, agréé & confirmé, en tous & chacun fes Articles & claufes
y contenues ; & par ces Préfentes l'approuvons, ratifions, agréons & confirmons pour nous, nos héritiers & fucceffeurs, promettant en parole de
Roi, d'accomplir & obferver fincérement & de bonne foi, toutes & chacunes les chofes contenues audit Traité, & de ne jamais permettre, en tant
qu'à nous eft, qu'aucun aille au contraire en quelque maniere que ce foit.
En foi de quoi, & pour donner plus de force à ces Préfentes ; Nous les
avons fignées de notre main Royale, & à icelles fait mettre notre grand
fceau de la Grande-Bretagne. Donné en notre Palais de Kenfington, le feptieme jour du mois d'Août, l'an de N. S. 1718, & de notre regne le cinquieme. GEORGE R. fcellé du grand fceau, dans une boëte d'argent.

ARTICLES SÉPARÉS ET SECRETS.

„ I. LE Sérénissime & très-puissant Roi très-Chrétien, le Sérénissime & très-puissant Roi de la Grande-Bretagne, & les Hauts & Puissans Seigneurs Etats-Généraux des Provinces-Unies des Pays-Bas, étant convenus par le Traité conclu entr'eux, & signé cejourd'hui, de certaines *conditions*, conformément auxquelles la Paix pourroit se faire entre le Sérénissime & très-Puissant Empereur des Romains, & le Sérénissime & très-Puissant Roi d'Espagne, & entre sa Sacrée Majesté Impériale & le Roi de Sicile, (lequel on juge à propos de nommer désormais Roi de Sardaigne,) & ayant communiqué lesdites conditions à ces trois Princes, pour servir de base fixe de la Paix à faire entr'eux : sa Sacrée Majesté Impériale, émue par les puissans motifs qui ont porté le Roi très-Chrétien, le Roi de la Grande-Bretagne, & les susdits Etats-Généraux, à entreprendre un Ouvrage si grand & si salutaire, & déférant à leurs sages & pressantes instances, déclare qu'elle accepte lesdites Conditions ou Articles, sans en excepter aucun, comme des Conditions fixes & immuables, suivant lesquelles elle consent à conclure une Paix perpétuelle entr'elle, le Roi d'Espagne, & le Roi de Sardaigne. "

„ II. Le Roi Catholique & le Roi de Sardaigne n'ayant pas encore consenti auxdites Conditions, Leurs Majestés Impériale, Très-Chrétienne & Britannique, & les susdits Etats-Généraux, sont convenus de leur laisser, pour y consentir, le terme de trois mois, à compter du jour de la signature de ce présent Traité, estimant cet espace de temps suffisant, pour examiner lesdites Conditions, pour prendre enfin leurs dernieres résolutions, & pour déclarer s'ils veulent les accepter aussi pour Conditions fixes & immuables, de leur Paix avec Sa Majesté Impériale, comme on peut espérer de leur piété & de leur sagesse qu'ils le feront, & que suivant l'exemple de Sa Majesté Impériale, ils modéreront leurs ressentimens, qu'ils auront l'humanité de préférer le repos public à leurs vues particulieres, & qu'en même temps qu'ils épargneront l'effusion du sang de leurs Sujets, ils détourneront des autres Nations, les calamités inséparables de la Guerre; & pour cet effet Leurs Majestés Très-Chrétienne & Britannique, & les Etats-Généraux des Provinces-Unies des Pays-bas, employeront conjointement & séparément leurs offices les plus efficaces, pour porter lesdits Princes à ladite acceptation. "

» III. Mais si contre toute attente des Hauts Contractans, & *contre* les vœux de toute l'Europe, le Roi d'Espagne & le Roi de Sardaigne, après ledit terme de trois mois écoulé, refusoient d'accepter lesdites conditions, qui leur sont proposées, pour leur Paix avec Sa Majesté Impériale; comme il n'est pas juste, que le repos de l'Europe dépende de la réticence, ou des projets cachés desdits Princes, Leurs Majestés Très-Chrétienne & Britannique, & les Etats Généraux, s'engagent à joindre leurs forces à celles de Sa Majefté Impériale, pour les obliger à l'acceptation & exécution des fufdites Conditions ; & pour cet effet, Elles fourniront conjointement ou féparément à Sa Majefté Impériale les mêmes fecours, qui font ftipulés pour leur défenfe réciproque, par l'Article feptieme du Traité d'Alliance figné ce jourd'hui, confentant unanimement, que Sa Majefté Très-Chrétienne fourniffe des Subfides en argent, au lieu de Troupes ; & fi les fecours ftipulés dans ledit Article feptieme ne fuffifoient pas pour la fin que l'on fe propofe, alors les quatre Puiffances contractantes conviendront inceffamment entr'elles des fecours ulterieurs à fournir à Sa Majefté Impériale, & les continueront, jufqu'à ce que Sa Majefté Impériale ait foumis le Royaume de Sicile, & foit en pleine fûreté pour fes Royaumes & Etats en Italie. «

Il a auffi été convenu expreffément, que fi à caufe des fecours que Leurs Majeftés Très-Chrétienne & Britannique, & les Seigneurs Etats-Généraux fourniront à Sa Majefté Impériale, en vertu & pour l'exécution de ce préfent Traité, les Rois d'Efpagne & de Sardaigne, ou l'un d'eux, déclaroient ou faifoient la guerre à l'une defdites trois Puiffances Contractantes, foit en l'attaquant dans fes Etats, foit en faififfant par force, fes Sujets, ou leurs vaiffeaux & leurs effets par mer ou par terre, en ce cas les deux autres Puiffances contractantes déclareront & feront inceffamment la Guerre auxdits Rois d'Efpagne & de Sardaigne, ou à celui des deux Rois qui l'aura déclarée, ou faite à l'un defdits Princes contractans, & ne poferont pas les armes que l'Empereur ne foit en poffeffion de la Sicile, & en fûreté pour fes Royaumes & Etats d'Italie, & qu'une jufte fatisfaction ne foit faite à celle des trois Puiffances contractantes, qui aura été attaquée ou lézée, à l'occafion du préfent Traité.

» IV. Si l'un feulement defdits deux Rois, qui n'ont pas encore confenti auxdites conditions de Paix avec Sa Majefté Impériale, les accepte, il fe joindra auffi aux quatre Puiffances contractantes, pour contraindre celui qui les aura refufées, & il fournira fa part des fubfides, fuivant la répartition qui en fera faite. «

» V. Si le Roi Catholique touché du bien public, & perfuadé, que l'échange des Royaumes de Sicile & Sardaigne eft néceffaire pour le maintien de la Paix générale, y confent, de même qu'aux autres fufdites conditions de fa Paix avec l'Empereur, & que le Roi de Sardaigne au contraire, refufant cet échange, perfifte à retenir la Sicile ; en ce cas, le Roi d'Efpagne reftituera la Sardaigne à l'Empereur, qui (fauf fa Souveraineté fur ce Royaume) en confiera la garde au Séréniffime Roi de la Grande-Bretagne, & aux Seigneurs Etats-Généraux, jufqu'à ce que la Sicile étant foumife, le Roi de Sardaigne foufcrive aux fufdites conditions de fon Traité avec l'Empereur, & confente de recevoir pour équivalent du Royaume de Sicile, celui de Sardaigne, qui lui fera remis pour lors par le Roi de la Grande-Bretagne, & les Etats-Généraux. Et fi Sa Majefté Impériale ne pouvoit parvenir à conquérir la Sicile, & à la foumettre à fa puiffance, le Roi de la Grande-Bretagne & les Etats-Généraux lui reftitueront en ce cas le Royaume de Sardaigne, & Sa Majefté Impériale jouira cependant des revenus de ce Royaume qui excéderont les frais de garde. «

» VI. Et s'il arrive que le Roi de Sardaigne confente audit échange, & que le Roi d'Efpagne refufe d'y acquiefcer, l'Empereur en ce cas attaquera la Sardaigne, aidé des fecours des autres Contraċtans, lefquels ils s'engagent de lui continuer, comme Sa Majefté Impériale s'oblige également de ne pas pofer les armes, jufqu'à ce qu'elle fe foit emparée de tout le Royaume de Sardaigne, lequel elle remettra auffi-tôt après au Roi de Sardaigne. «

» VII. En cas d'oppofition à l'échange de la Sicile & de la Sardaigne, de la part du Roi d'Efpagne & de la part du Roi de Sardaigne, l'Empereur attaquera premiérement le Royaume de Sicile, conjointement avec les fecours des Alliés, & lorfqu'il l'aura conquis, il attaquera la Sardaigne, avec tel nombre de Troupes qu'il jugera néceffaire pour l'une & l'autre expédition, outre les fecours des Alliés; & la Sardaigne étant foumife, Sa Majefté Impériale en confiera la garde au Roi de la Grande-Bretagne, & aux Seigneurs Etats-Généraux, jufqu'à ce que le Roi de Sardaigne foufcrive aux fufdites conditions de paix avec l'Empereur, & confente de recevoir pour équivalent du Royaume de Sicile, le Royaume de Sardaigne, qui lui fera remis pour lors par Sa Majefté Britannique & par les Etats-Généraux, & Sa Majefté Impériale jouira cependant des revenus de ce Royaume qui excéderont les frais de garde. «

„ VIII. Au cas que le refus du Roi Catholique & du Roi de Sardaigne, ou de l'un d'eux d'accepter & d'exécuter lefdites conditions de Paix, qui leur font propofées, obligeât les quatre Puiffances contraċtantes, de venir aux voyes de fait contr'eux, ou l'un d'eux, il a été convenu expreffement, que l'Empereur devra fe contenter des avantages ftipulés pour lui, d'un commun confentement dans les fufdites conditions, quelques fuccès que puffent avoir fes armes contre les deux Rois ou l'un d'eux, fauf pourtant à Sa Majefté Impériale de revendiquer par armes, ou par la négociation de paix, qui fuivroit une telle guerre, contre le Roi de Sardaigne, les droits qu'elle prétend avoir fur les parties de l'Etat de Milan que ce Roi poffede, & fauf auffi aux trois autres contraċtans, en cas qu'il leur fallût entreprendre une pareille guerre contre le Roi d'Efpagne & contre le Roi de Sardaigne, de convenir & de défigner avec Sa Majefté Impériale, en faveur de quel autre Prince elle devra difpofer alors de la partie du Duché de Montferrat, que le Roi de Sardaigne poffede actuellement, à l'exclufion de ce Roi, & à quel autre Prince, ou à quels autres Princes, elle devra donner des Lettres d'Expeċtative, contenant l'inveftiture éventuelle des Etats poffédés préfentement par le Grand Duc de Tofcane, & par le Duc de Parme & de Plaifance, à l'exclufion des fils de la préfente Reine d'Efpagne, avec le confentement de.l'Empire; bien entendu que jamais en aucun cas, ni Sa Majefté Impériale, ni aucun Prince de la Maifon d'Autriche, qui poffédera des Royaumes, Provinces & Etats dans l'Italie, ne pourront s'approprier lefdits Etats de Tofcane & de Parme. "

„ IX. Mais fi Sa Majefté Impériale, après avoir employé des troupes fuffifantes avec les moyens & les fecours fournis par les Alliés, & après avoir fait les diligences convenables, ne pouvoit fe rendre maitre de la Sicile par la force des armes, ni s'établir dans la poffeffion de ce Royaume; les Puiffances contractantes conviennent & déclarent, qu'en ce cas, Sa Majefté Impériale eft & fera entiérement libre & déliée de tous les engagemens qu'elle a pris par ce préfent Traité, en confentant aux fufdites conditions de la Paix à faire entr'elle & les Rois d'Efpagne & de Sardaigne, fans préjudice cependant des autres Articles du préfent Traité, qui regardent mutuellement Sa Majefté Impériale & Leurs Majeftés Très-Chrétienne & Britannique, & les Seigneurs Etats-Généraux des Provinces-Unies. "

„ X. Toutefois la fûreté & le repos de l'Europe, étant l'objet des renonciations à faire, par Sa Majefté Impériale & par Sa Majefté Catholique, pour elles & pour leurs defcendans & fucceffeurs, à toutes prétentions d'un côté fur le Royaume d'Efpagne & des Indes, & de l'autre fur les Royaumes, Provinces & Etats d'Italie, & fur les Bays-Bas Autrichiens, lefdites renonciations feront faites de part & d'autre, de la maniere & en la forme, qu'il eft ftipulé par les Articles II. & IV. des conditions de Paix à faire entre Sa Majefté Impériale, & Sa Majefté Catholique. Et quoique le Roi Catholique refufât d'accepter les fufdites conditions, l'Empereur fera néanmoins expédier les Actes de fes Renonciations; dont la publication fera différée jufqu'à la fignature de la Paix entre l'Empereur & le Roi Catholique; & fi le Roi Catholique perfiftoit à ne vouloir pas foufcrire cette Paix, Sa Majefté Impériale remettra cependant au Roi de la Grande-Bretagne, en mêmetéms que fe fera l'échange des Ratifications de ce préfent Traité, un Acte authentique defdites renonciations, lequel Sa Majefté Britannique, du confentement unanime des Contractans, n'exhibera au Roi Très-Chrétien, qu'après que Sa Majefté Impériale aura été mife en poffeffion de la Sicile : Et après que Sa Majefté Impériale fera en poffeffion de ce Royaume, tant l'exhibition, que la publication dudit Acte des renonciations de Sa Majefté Impériale, fe fera à la première réquifition du Roi Très-Chrétien; & ces renonciations auront lieu, foit que le Roi Catholique ait figné la Paix avec l'Empereur ou non, vû qu'en ce dernier cas, la garantie des Puiffances contractantes devra tenir lieu à l'Empereur de la fûreté que les Renonciations du Roi Catholique auroient donnée à Sa Majefté Impériale pour la Sicile, & les autres Etats d'Italie, & pour les Provinces des Pays-Bas.

„ XI. Sa Majefté Impériale promet de ne rien entreprendre, ni tenter contre le Roi Catholique, ni contre le Roi de Sardaigne, ni généralement contre la Neutralité d'Italie, pendant les trois mois qui ont été accordés à ces deux Princes, pour accepter les suſdites conditions de leur Paix avec l'Empereur; mais ſi pendant ce terme de trois mois le Roi Catholique, au lieu d'accepter les suſdites conditions, continuoit ſes hoſtilités contre Sa Majeſté Impériale, ou ſi le Roi de Sardaigne attaquoit à main armée les Etats qu'elle poſſede en Italie, en ce cas, Leurs Majeſtés Très-Chrétienne & Britannique, & les Etats-Généraux, s'engagent de fournir inceſſamment à Sa Majeſté Impériale pour ſa défenſe, les ſecours qu'ils ſont convenus de ſe donner mutuellement, pour la défenſe réciproque de leurs Etats, par l'Alliance ſignée cejourd'hui, conjointement ou ſéparément, & même ſans attendre que le terme de deux mois, fixé par ladite Alliance pour employer des offices amiables, ſoit écoulé; & ſi les ſecours ſpécifiés dans ledit Traité ne ſuffiſoient pas pour la fin propoſée, les quatre Puiſſances contraĉtantes conviendront ſans délai entr'elles des ſecours plus conſidérables, à fournir à Sa Majeſté Impériale. "

„XII. Les onze articles ci-deſſus demeureront ſecrets entre Leurs Majeſtés Impériale, Très-Chrétienne & Britannique, & les Etats-Généraux, pendant l'eſpace de trois mois, à compter du jour de la ſignature, à moins que les quatre Puiſſances contraĉtantes, d'un commun conſentement, ne jugeaſſent à propos d'abréger ou de prolonger ce terme : & quoique leſdits onze articles ci-deſſus ſoient ſéparés du Traité d'Alliance, ſigné cejourd'hui entre leſdites Puiſſances contraĉtantes, ils auront cependant la même force & vigueur, que s'ils y étoient inſérés mot à mot, étant cenſés en faire une partie eſſentielle : & les Ratifications en ſeront fournies en même temps que celles du Traité. "

„ En foi de quoi, nous souſſignés, en vertu des pleins pouvoirs communiqués cejourd'hui réciproquement, avons ſigné ces articles ſéparés & ſecrets, & y avons appoſé les cachets de nos armes. Fait à Londres le 22 Juillet, 2 Août 1718. "

(L. S.) CHRISTOF. PENTERRIDTER AB ADELSHAUSEN.
(L. S.) JOANNES HOFFMAN. (L. S.) DU BOIS. (L. S.) W. CANT.
(L. S.) PARKER. C
(L. S.) SUNDERLAND P.
(L. S.) KINGSTON C. P. S.
(L. S.) KENT.
(L. S.) HOLLES NEWCASTLE.
(L. S.) BOLTON.
(L. S.) ROXBURGHE.
(L. S.) BERKELEY.
(L. S.) J. CRAGGS.

ARTICLE SÉPARÉ.

„ Comme le Traité conclu & ſigné cejourd'hui par Leurs Majeſtés Impériale, Très-Chrétienne & Britannique, & qui renferme, tant les conditions,

qui

qui ont été estimées les plus équitables & les plus propres pour établir la Paix entre l'Empereur & le Roi Catholique, & entre ledit Empereur & le Roi de Sicile, que celles de l'Alliance conclue entre lesdites Puissances contractantes, pour le maintien de la Paix, a été communiqué aux Hauts & Puissans Seigneurs, les Etats-Généraux des Provinces-Unies des Pays-Bas, & que les Articles séparés & secrets qui ont aussi été signés cejourd'hui, & qui contiennent les moyens dont on a trouvé à propos de se servir, pour exécuter ledit Traité, doivent être proposés incessamment aux mêmes Etats-Généraux: le zele que cette République témoigne pour rétablir, & assurer le repos public, ne laisse aucun lieu de douter qu'elle ne veuille d'elle-même accéder audit Traité. C'est pourquoi lesdits Etats-Généraux sont compris nommément dans ce Traité, comme Parties contractantes, dans la confiance, que lesdits Etats y entreront aussi promptement, que les formalités requises par la constitution de leur Gouvernement pourront le permettre. "

» Et si contre l'espérance & les vœux des Parties contractantes (ce que cependant l'on ne doit point soupçonner) lesdits Seigneurs Etats-Généraux ne prenoient point la résolution d'accéder audit Traité, il a été convenu & arrêté expressément entre lesdites Parties contractantes, que ledit Traité, signé cejourd'hui, ne laissera pas d'avoir son effet, & d'être exécuté par lesdites Puissances, dans toutes ses clauses & articles de la même maniere qu'il a été stipulé, & que les Ratifications en seront échangées dans le temps marqué. "

„ Cet article séparé aura la même force, que s'il avoit été inséré de mot à mot dans le Traité conclu & signé cejourd'hui; il sera ratifié de la même maniere, & les Ratifications en seront échangées dans le même temps que celles du Traité. "

„ En foi de quoi, nous soussignés, en vertu des pleins pouvoirs communiqués cejourd'hui réciproquement, avons signé cet Article séparé, & y avons apposé les Cachets de nos Armes. Fait à Londres le 22 Juillet, 2 Août, de l'an 1718. "

(L.S.) CHRISTOF. PENTERRIDTER AB ADELSHAUSEN.
(L.S.) JOANNES PH. HOFFMAN. (L.S.) DU BOIS. (L.S.) W. CANT.
(L.S.) PARKER.
(L.S.) SUNDERLAND P.
(L.S.) KENT.
(L.S.) HOLLES NEWCASTLE.
(L.S.) BOLTON.
(L.S.) ROXBURGHE.
(L.S.) STANHOPE.
(L.S.) J. CRAGGS.

Ratification de l'Empereur.

» NOUS, après avoir vû les Articles ci-deſſus, arrêtés & ſignés par nos Plénipotentiaires, en vertu de nôtre Mandement, enſemble le Traité d'Alliance y énoncé, dont ces Articles ſont cenſés faire partie, avons tous iceux approuvés & ratifiés, les approuvons & ratifions en vertu des Préſentes : Promettons en parole d'Empereur, de Roi & d'Archiduc, les accomplir & obſerver fidélement & religieuſement tous & chacun en particulier. En foi de quoi, nous avons ſigné de notre main le préſent Acte de Ratification, & à icelui fair mettre notre Sceau. Donné à Vienne le 14 du mois de Septembre 1718, l'an de nos regnes des Romains le ſeptieme, d'Eſpagne le quinzieme, & de Hongrie & de Boheme le huitieme. CHARLES, *par Mandement de ſa Sacrée Impériale Catholique Majeſté*, JEAN-GEORGE BUOL. *Et à côté*, PHILIPPE-LOUIS COMTE DE ZINZENDORF, & ſcellé du Sceau de l'Empereur, dans une boëte d'argent doré. «

Ratification du Roi de France.

» NOUS, ayant agréables les ſuſdits Articles ſéparés & ſecrets, en tous & chacun les points qui y ſont contenus, avons de l'avis de notre très-cher & très-aimé Oncle le Duc d'Orleans, Régent de notre Royaume, iceux tant pour nous, que pour nos héritiers & ſucceſſeurs, Royaumes, Pays, Terres, Seigneuries & Sujets, accepté, approuvé, ratifié & confirmé ; & par ces Préſentes, ſignées de notre main, acceptons, approuvons, ratifions & confirmons, & le tout promettons en foi & parole de Roi, garder & obſerver inviolablement, ſans jamais aller ni venir au contraire, directement ou indirectement, en quelque ſorte & mànière que ce ſoit. En témoin de quoi nous ayons fait mettre notre Scel à ces Préſentes. Donné à Paris le trente-unieme jour d'Août, l'an de grace 1718. Signé LOUIS. Et plus bas, par le Roi, LE DUC D'ORLEANS, Régent préſent ; ſigné, PHELIPEAUX, & ſcellé du grand Sceau de cire jaune, ſur lacs de ſoie bleue treſſés d'or, le Sceau enfermé dans une boëte d'argent, ſur le deſſus de laquelle ſont empreintes & gravées les Armes de France & de Navarre, ſous un Pavillon Royal ſoutenu par deux Anges. «

Ratification du Roi de la Grande-Bretagne.

» NOUS, après avoir vû & examiné les Articles ſéparés & ſecrets ci-deſſus, avons iceux approuvés, ratifiés, agréés & confirmés, en tout leur contenu, les approuvons, agréons, ratifions & confirmons, pour nous, nos héritiers & ſucceſſeurs ; promettant & nous engageant, en parole de Roi, d'obſerver & accomplir ſincérement & de bonne foi toutes & chacunes les choſes, contenues dans les Articles ci-deſſus, ſéparés & ſecrets, de ne ſouf-

frir jamais, autant qu'il fera en notre pouvoir, qu'aucun aille au contraire, en quelque maniere que ce puiffe être. En foi de quoi, & pour
donner plus de force à ces préfentes, nous les avons fignées de notre main
Royale, & à icelles fait mettre notre grand Sceau de la Grande-Bretagne.
Donné en notre palais de Kenfington, le 7 jour du mois d'Août, l'an
de N. S. 1718, & de notre Regne le cinquieme. GEORGE R. Et fcellé
du grand Sceau, dans une boëte d'argent.

Quoique les intérêts du Roi de Sicile, Duc de Savoye, fuffent ménagés
& réglés dans ce Traité, il eft certain que ce fut fans le concours de ce
Prince. Il eft fûr auffi que le Cardinal Alberoni n'avoit rien oublié pour
faire entrer ce Prince dans fes vues; c'eft pourquoi il lui avoit fait les propofitions fuivantes dès le mois de Mai de cette même année 1718.

» I. Qu'il y auroit une Ligue offenfive & défenfive entre les deux Rois
pour le temps que celui de Sicile fouhaiteroit. «

» II. Que l'Efpagne après avoir conquis le Royaume de Naples, & pas
plutôt, donneroit & entretiendroit à fes dépens pendant la guerre en Lombardie, trois mille chevaux & douze mille hommes de pied, pour faire la
conquête de l'Etat de Milan conjointement avec les troupes du Roi de Sicile, & s'obligeroit de plus d'entretenir fa flotte dans les mers d'Italie. «

» III. Que l'Efpagne cederoit & remettroit au Roi de Sicile l'Etat de
Milan. «

» IV. Qu'elle continueroit la guerre jufques à ce que tout l'Etat de Milan fût conquis, & pendant tout le temps que le Roi de Sicile voudroit. «

» V. Qu'en attendant, & par maniere de dépôt le Roi de Sicile remettroit le Royaume de Sicile entre les mains du Roi d'Efpagne. «

» VI. Que lorfque l'Etat de Milan feroit conquis, & feroit cédé, &
remis au Roi de Sicile, le Royaume de Sicile refteroit à l'Efpagne. «

Et peu de jours après il ajouta l'offre d'un million d'écus, afin que
le Roi de Sicile pût pendant l'hiver prochain faire des levées dans la Suiffe, demandant que ce Prince envoyât inceffamment fes ordres en Sicile,
pour que l'on y reçût des troupes Efpagnoles, même avant la conclufion
du Traité.

Pour engager ce Prince à donner dans le panneau, Son Eminence lui
faifoit entendre que la France & la République des Provinces-Unies feroient de la partie; mais c'étoit trop avancer pour en être cru : ainfi après
quelques négociations du Comte Lafcaris à Madrid, qui n'aboutirent à rien,
puifque le Cardinal exécuta fon projet fur la Sicile, ce qui attira à l'Efpagne le revers qu'elle effuya dans le combat de Syracufe où fa flotte fut
entiérement défaite, le Roi de Sicile pour fauver du naufrage le plus qu'il
pourroit, accéda au Traité de la Quadruple Alliance, après avoir livré aux
Impériaux les places de la Sicile dont il étoit encore le Maître.

Accession du Roi de Sardaigne, Duc de Savoye, &c. &c. au Traité de la Quadruple Alliance; du 8 & 18 Novembre 1718.

„COMME les Plénipotentiaires de Sa Majesté Impériale Catholique, de Sa Majesté Très-Chrétienne, & de Sa Majesté Britannique, ont conclu & signé, avec les formalités requises, à Londres le 22 du mois de Juillet, 2 d'Août dernier, un Traité entre les parties contractantes, & des Articles séparés & secrets, aussi-bien que quatre autres Articles séparés, qui y ont rapport, & qui ont tous la même force que le Traité principal ; de tous lesquels la teneur s'enfuit ici de mot à mot. „

(*Ici font insérés le Traité & les Articles secrets.*)

„ Mais comme le Roi de Sicile, que l'on est convenu de nommer présentement Roi de Sardaigne, selon l'esprit du Traité & des Articles cidessus insérés, a été invité de vouloir accéder pleinement & dans toute leur étendue, à tous & chacun d'eux & de se joindre en la forme requise, aux autres parties contractantes, comme s'il avoit été lui-même partie contractante dès le commencement ; & d'autant que ledit Roi de Sardaigne, après avoir examiné mûrement les conditions portées expressément par le Traité, & les Articles insérés ci-dessus, a non-seulement déclaré qu'il vouloit accepter ces mêmes conditions, & les approuver par son accession ; mais même qu'il a donné des pleins pouvoirs suffisans aux Ministres qu'il a nommés, pour consommer cet ouvrage ; pour parvenir à une fin aussi salutaire & aussi désirée, Nous soussignés Ministres Plénipotentiaires de Sa Majesté Impériale Catholique, de Sa Majesté Très-Chrétienne, & de Sa Majesté Britannique, au nom & de l'autorité de Leursdites Majestés, avons admis, adjoint & associé, & par ces présentes admettons, adjoignons & associons pleinement & entièrement le susdit Roi de Sardaigne, au Traité inséré ci-devant, & à tous & chacun des Articles qui y ont rapport. Promettant, en vertu de la même autorité, que Leursdites Majestés conjointement & séparément, exécuteront & accompliront entièrement, & exactement, à l'égard du Roi de Sardaigne, toutes & chacune des Conditions, Cessions, Conventions, Garanties & Obligations contenues & exprimées dans ledit Traité & Articles : bien entendu que toutes & chacune des Conventions, faites par les Articles secrets, contre ledit Roi de Sardaigne, cessent, & sont abolies, au moyen de sa présente accession. Et Nous soussignés Ministres Plénipotentiaires du Roi de Sardaigne, en vertu du plein pouvoir dûement communiqué & reconnu, dont copie est jointe à la fin de cet Acte, attestons de notre part par ces présentes, & nous engageons en son nom, que le susdit Roi, notre Maître, accede pleinement & sans réserve au Traité, & à tous & chacun des Articles ci-dessus insérés : que par cette acceſſion ſolemnelle, il ſe joint , comme partie ſtipulante dès le commencement, aux parties contraĉtantes ci-deſſus nommées. Qu'en vertu & par la force de cet Aĉte, la ſuſdite Majeſté du Roi de Sardaigne , tant pour elle que pour ſes héritiers & ſucceſſeurs, s'oblige & s'engage mutuellement envers Sa Majeſté Impériale Catholique, Sa Majeſté Très-Chrétienne, & Sa Majeſté Britannique, leurs héritiers & ſucceſſeurs , conjointement & ſéparément, d'obſerver, exécuter & accomplir toutes & chacune des Conditions, Ceſſions, Conventions, Garanties & Obligations contenues & énoncées dans le Traité & dans les Articles ci-deſſus inſérés, à l'égard de toutes leſdites Púiſſances conjointement, & de chacune d'elles ſéparément, de la même maniere & auſſi fidélement & religieuſement, que ſi elle avoit été une des parties contraĉtantes dès le commencement , & qu'elle eût contraĉté , conclu & ſigné les mêmes Conditions , Ceſſions, Garanties & Obligations, conjointement ou ſéparément avec Sa Majeſté Impériale Catholique, Sa Majeſté Très-Chrétienne, & Sa Majeſté Britannique. «

» Cet Aĉte d'admiſſion & d'acceſſion dudit Roi de Sardaigne, ſera ratifié par toutes les parties contraĉtantes, & les ratifications, expédiées en bonne forme, ſeront échangées & délivrées de part & d'autre à Londres , dans l'eſpace de deux mois, à compter du jour de la ſignature, ou plutôt, ſi faire ſe peut. «

» En foi de quoi , nous Plénipotentiaires des parties contraĉtantes, munis de part & d'autre de pouvoirs ſuffiſans, avons ſigné ces préſentes de notre main , & y avons appoſé les cachets de nos armes ; ſavoir, les Plénipotentiaires de Sa Majeſté Impériale Catholique, de Sa Majeſté Britannique, & Sa Majeſté le Roi de Sardaigne, à Londres le 22 Octobre, 2 Novembre , & les Plénipotentiaires de S. M. Très-Chrétienne, à Paris le 18 du mois de Novembre de l'an 1718. «

(L.S.) CHRIS- (L.S.) DU BOIS. (L.S.) PARKER. (L.S.) PROVANA.
TOFORUS   (L.S.) SUNDER- (L.S.) DE LA PER-
PENTERRID-   LAND. P.   ROUSE.
TER AB   (L.S.) KENT.
ADELSHAU-   (L.S.) HOLLES
SEN.   NEWCASTLE.
(L.S.) JOAN-   (L.S.) BOLTON.
NES PH.   (L.S.) ROXBUR-
HOFFMAN.   GHE.
                          (L.S.) STANHO-
                          PE.
                          (L.S.) J. CRAGGS.

Cette acceſſion fut ratifiée par les parties contraĉtantes avant la fin de l'année.

Quoiqu'il parût par ce que nous avons rapporté ci-dessus, qu'il n'y avoit eu aucune collusion entre le Roi de Sicile & les Puissances de la quadruple Alliance, & même que la Cour de Madrid en parût très-persuadée, néanmoins elle accusa ce Prince d'avoir donné lieu par sa conduite équivoque, & ses démarches auprès de l'Empereur, à sa résolution d'envahir la Sicile.

Les hostilités étant commencées entre la Grande-Bretagne & l'Espagne, la France différa tant qu'elle put de prendre part directement à la querelle, dans la vue de concilier les esprits par sa médiation ; je dis directement, car elle fournit en argent à ses Alliés, les secours qu'elle auroit pu leur donner en hommes & en vaisseaux. Mais lorsque le Régent eut découvert le complot que le Cardinal Alberoni tramoit dans le sein même de la France, par le ministere du Prince de Cellamare, Ambassadeur de Sa Majesté Catholique ; (*Voyez l'Article* CELLAMARE.) il fut contraint de renoncer à la modération dont il avoit usé jusqu'alors avec l'Espagne. La guerre fut déclarée à cette Couronne. Une armée se jetta dans la Navarre & la Biscaye où elle fit de faciles conquêtes.

Cependant le Marquis Beretti Landi, Ambassadeur d'Espagne à la Haye, employoit toute son adresse pour empêcher les Etats-Généraux de ratifier ce qui avoit été conclu en leur nom tant à Hanovre qu'à Paris & à Londres. Il arrêta long-temps l'effet des instances des Ministres de la Grande-Bretagne & de France qui sollicitoient vivement l'accession des Etats. Il trouva mille expédiens pour gagner du temps, & tant par ses discours & ses mémoires que par quelques écrits qu'il répandit à propos dans le public, il sut persuader à toutes les Provinces qu'il y alloit autant de leur honneur que de leur intérêt à ne pas adhérer à ce Traité, où on les avoit mis sans les consulter, dont ils ne pouvoient tirer aucun profit, & qui au moins les rendroit ennemis du Roi Catholique, qui depuis la paix d'Utrecht avoit eu les plus tendres égards pour la République. L'honneur, l'intérêt & la reconnoissance étoient des motifs trop pressans ; l'Ambassadeur d'Espagne triompha, & la quadruple Alliance resta triple.

Cette négociation avoit duré jusqu'au mois de Novembre 1719, & pendant tout ce temps le Roi Catholique avoit toujours différé de répondre cathégoriquement à l'invitation des Puissances contractantes, d'accepter les conditions de la convention de Londres ; Leurs Hautes Puissances faisant en quelque maniere le personnage de médiateurs, ou plûtôt d'amis de toutes les parties, y joignoient leurs exhortations, donnant à entendre que si à la fin Sa Majesté Catholique refusoit de se déclarer, elles seroient obligées de prendre parti elles-mêmes. C'est enfin pour terminer cette importante affaire qu'elles engagerent les trois Puissances contractantes à signer une convention, par laquelle on accorda trois mois de délai à Sa Majesté Catholique pour se déterminer définitivement.

Leurs Hautes Puissances qui, lorsque cette convention fut signée à leur sollicitation, avoient promis d'accéder suivant l'avis de la Province de Hollande, au cas que Sa Majesté Catholique temporisât plus long-temps, écrivirent à ce Monarque le 16 Décembre une Lettre fort pressante, qui lui fut remise par Mr. Colster, leur Ambassadeur à Madrid, & à laquelle Sa Majesté Catholique répondit ce qui suit.

TRÈS-CHERS ET GRANDS AMIS,

» MONSIEUR de Colster, votre Ambassadeur, m'a remis la Lettre du
» dixieme de Décembre, par laquelle vous me marquez, que l'intérêt
» que vous prenez à maintenir l'amitié & la bonne correspondance
» avec moi, & le défir que vous avez d'arrêter les suites fâcheuses de la
» présente guerre, vous ont porté à employer vos bons offices envers les
» Princes qui ont contracté la quadruple Alliance, pour obtenir un nou-
» veau terme de trois mois, afin de me laisser dans la liberté d'admettre
» les conditions qui m'y ont été proposées, à cause que le premier qui
» fut établi, étoit déja expiré; mais que vous espériez de négocier un
» autre terme de trois mois, à compter du jour de la date de votre Let-
» tre : & comme à cette occasion vous m'exhortez à me conformer en ce
» temps aux conditions de paix qui sont déclarées dans ladite Alliance,
» je dois vous assurer de l'estime & de la reconnoissance avec laquelle je
» reçois cette nouvelle marque de votre amitié & bonnes intentions; &
» comme je m'intéresse également à la paix & tranquillité de l'Europe,
» malgré le grand sacrifice que je devrois faire pour y réussir, & souhai-
» tant aussi de condescendre à vos persuasions & instances réitérées, j'ai
» consenti d'adhérer au substantiel dudit Traité de la quadruple Alliance,
» avec quelques additions & conditions, dont vous serez informé par mon
» Ambassadeur le Marquis Beretti-Landi, qui a ordre de vous en rendre
» compte, afin que vous puissiez les communiquer aux alliés intéressés
» dans ce Traité. J'ai lieu d'espérer de votre amitié, & de la sincérité de
» vos désirs pour le repos public, que vous écouterez favorablement mes
» propositions, que vous y ferez l'attention & les réflexions qu'elles méri-
» tent, & que vous continuerez à employer vos bons offices, afin qu'elles
» soient acceptées & approuvées, non-seulement parce qu'elles sont justes
» & équitables, mais aussi parce qu'elles tendent à rendre plus solide &
» plus ferme la tranquillité qu'on va établir, & pour laquelle je suis l'uni-
» que qui sacrifie & ses intérêts & ses droits. Sur quoi nous prions Dieu,
» qu'il vous ait, très-chers & grands Amis, en sa sainte garde;

Votre bien bon Ami,

PHILIPPE.

JOSEPH DE GRIMALDO.

De Madrid le 4 Janvier 1720.

CONDITIONS, &c.

» I. Que l'on restituera toutes les places conquises sur l'Espagne, pendant cette guerre, tant en Europe qu'en Amérique. "

» II. Qu'on transportera en toute sûreté en Espagne, les troupes du Roi qui sont en Sicile, avec l'artillerie, armes, munitions, &c. "

» III. Qu'on restituera tous les vaisseaux & galeres enlevés, spécialement ceux de la bataille du 11 Août 1718, dans les mers de Sicile ; de même que le vaisseau de l'escadre du Sr. Martinet, qui ayant été obligé de relâcher à Brest venant de l'Amérique, a été arrêté, avec l'argent & la cargaison qui appartenoient au Roi. "

» IV. Que la cession de la Sicile, en faveur de la maison d'Autriche, sera couchée dans les mêmes termes, & avec les mêmes conditions, que celle qui fut faite à Utrecht en faveur du Duc de Savoie ; c'est-à-dire, qu'on stipulera le droit de réversion en faveur de l'Espagne, au défaut de lignée masculine. "

» V. Que Gibraltar & Port-Mahon seront restitués à l'Espagne. "

» VI. Que le Royaume de Sardaigne restera à l'Espagne. "

» VII. Que les places d'Orbitello & de Porto-Hercole seront restituées à l'Espagne. "

» VIII. Que les successions des Etats de Toscane & de Parme en faveur du Prince Don Carlos & autres enfans de la Reine d'Espagne, seront libres de toute investiture Impériale ; qu'on y comprendra les femelles, aussi-bien que les mâles ; qu'on ne mettra d'autres garnisons dans les places desdits Etats, que des troupes Espagnoles ; & que le Prince Don Carlos passera en même temps à Florence, pour la satisfaction des peuples. "

» IX. Qu'on doit solliciter la restitution de l'Etat de Castro & de Ronciglione, que possede présentement le Pape, au préjudice du Duc de Parme & de toute sa maison ; puisque par l'investiture, que le Pape Paul III donna lors de l'érection de ce Duché, les femelles furent nommées après les mâles, & même les enfans naturels de la maison de Farnese. "

» X. Que la domination & le commerce des Indes Occidentales doivent être réglés suivant les Traités qui ont été faits à Utrecht. "

» XI. Que Sa Majesté Catholique se réserve d'exposer par ses Ministres au Congrès, d'autres affaires qui regardent les Sujets, &c. & qu'elle nommera des Plénipotentiaires, dès qu'on sera convenu du lieu du Congrès. "

Lorsque Sa Majesté fit cette réponse, le Cardinal Alberoni étoit disgracié, & le système étoit changé. Ainsi Mr. Colster ayant continué à presser ce Prince magnanime de se rendre aux sages Conseils des Etats-Généraux, Sa Majesté signa à Madrid le 26 Janvier un Acte solemnel, par lequel elle accéda à ce Traité, & donna ordre à son Ministre à la Haye d'en signer

l'Acte

l'Acte avec les Miniftres de l'Empereur, de France & de la Grande-Bretagne. Cette fignature fe fit dans la Salle de l'Hôtel du Prince Maurice le 17 Février au foir.

Pour lever l'obftacle du rang dans la fignature, on convint que l'on feroit douze copies ou inftrumens du Traité; dont il y auroit deux exemplaires où Sa Majefté Très-Chrétienne feroit nommée la premiere dans le préambule & dans le corps du Traité, & deux autres où Sa Majefté Britannique feroit nommée à fon tour la premiere; arrangement qui feroit obfervé dans les Ratifications. On convint auffi qu'on omettroit les pleins pouvoirs, la déclaration au fujet des langues, & l'acceffion du Roi de Sardaigne; ainfi après le Traité & la Convention fuivoit l'Acte d'acceffion figné par tous les Miniftres, & après la fignature, l'Acte d'acceffion de Sa Majefté Catholique en Efpagnol & en Latin.

Voici l'ordre que l'on garda pour la fignature de ces douze Exemplaires; le Plénipotentiaire de l'Empereur figna toujours le premier; on figna fix Exemplaires pour l'Empereur, deux pour l'Efpagne, deux pour la France & deux pour la Grande-Bretagne, à caufe de la variation du rang pour figner, ainfi qu'on le remarquera ci-deffous.

6. Exemplaires pour l'Empereur.

2. de l'Efpagne.
L'Empereur, l'Efpagne, l'Angleterre, la France.
L'Empereur, l'Efpagne, la France, l'Angleterre.

2. de la France.
L'Empereur, la France, l'Angleterre, l'Efpagne.
L'Empereur, la France, l'Efpagne, l'Angleterre.

2. de l'Angleterre.
L'Empereur, l'Angleterre, l'Efpagne, la France.
L'Empereur, l'Angleterre, la France, l'Efpagne.

2. Exemplaires pour l'Efpagne.
L'Empereur, l'Efpagne, l'Angleterre, la France.
L'Empereur, l'Efpagne, la France, l'Angleterre.

2. Exemplaires pour la France.
L'Empereur, la France, l'Angleterre, l'Efpagne.
L'Empereur, la France, l'Efpagne, l'Angleterre.

2. Exemplaires pour l'Angleterre.
L'Empereur, l'Angleterre, l'Efpagne, la France.
L'Empereur, l'Angleterre, la France, l'Efpagne.

Cette acceffion fufpendit les hoftilités, & l'on ne parla plus que d'affembler un Congrès pour difcuter & terminer tous les différens.
Voyez CAMBRAI.

N°. CIII.

TRAITÉ D'ALLIANCE

Entre la Grande - Bretagne & la Suede.

A Stockholm le 22 Janvier 1720.

CETTE Alliance fut la confirmation & la consommation du Traité de Paix conclu entre les mêmes Puissances, le 20 Novembre de l'année précédente.

N°. CIV.

TRAITÉ D'ALLIANCE DÉFENSIVE

Entre la France, l'Espagne & la Grande-Bretagne.

A Madrid le 13 Juin 1721.

LES différens qui sont survenus entre Leurs Majestés Britannique & Très-Chrétienne d'une part, & Sa Majesté Catholique de l'autre, n'ayant pas donné peu d'atteinte à l'amitié qu'ils se sont toujours portés l'un l'autre, ils ont continuellement souhaité, avec une pareille ardeur, de rétablir la bonne correspondance & la sincere amitié qui devroient regner entr'eux, & qui seront toujours les plus fermes supports de la grandeur à laquelle Dieu les a élevés, & les plus sûrs moyens de conserver la tranquillité publique, aussi-bien que le bonheur & les avantages mutuels de leurs Sujets: & c'est en vue de cimenter & de fortifier encore davantage, s'il est possible, ces dispositions, qui ne sont pas moins propres à la gloire, & à la sûreté mutuelle de leurs Couronnes, qu'elles sont conformes au bien & à la tranquillité de toute l'Europe, que Leurs Majestés Britannique, Très-Chrétienne & Catholique ont pris la résolution de s'unir d'une maniere si étroite qu'ils n'agissent dans la suite que comme s'ils n'avoient que la même vue & le même intérêt; & pour cette fin le Sérénissime Roi de la Grande-Bretagne, &c. ayant donné plein-pouvoir de traiter en son nom à Mr. Guillaume Stanhope, Colonel d'un Régiment de Dragons, Membre du Parlement de la Grande-Bretagne, & Ambassadeur Extraordinaire de Sa Majefté Britannique à la Cour du Roi Catholique; le Séréniſſime Roi Très-Chrétien ayant donné plein pouvoir par la même fin à Mr. Jean-Baptiſte-Louis Andrault de Langeron, Marquis de Maulevrier, Lieutenant-Général de ſes Armées, Commandeur & Grand-Croix de l'Ordre Militaire de St. Louis, Son Envoyé Extraordinaire à Sa Majeſté Catholique; & le Séréniſſime Roi d'Eſpagne ayant pareillement confié ſon plein pouvoir, pour obtenir la même fin, à Mr. Joſeph de Grimaldo, Chevalier de l'Ordre de St. Jacques, Commandeur de Rivera & d'Auzechal, Conſeiller au Conſeil des Indes, & ſon premier Secrétaire d'Etat & des Dépêches; ils ont convenu entr'eux des Articles ſuivans.

» I. Il y aura doreſnavant & pour toujours une exaɩte union, & une ſincere & permanente amitié entre le Séréniſſime Roi de la Grande-Bretagne, le Séréniſſime Roi Très-Chrétien, & le Séréniſſime Roi d'Eſpagne, leurs Royaumes & leurs Sujets, & les habitans des Pays qui ſont ſous leur domination, enſorte que les injures, ou les dommages ſoufferts, durant la guerre, laquelle a été terminée par l'acceſſion du Séréniſſime Roi d'Eſpagne aux Traités de Londres du 2 Août 1718, demeureront dans un oubli éternel, & qu'à l'avenir on prendra le même ſoin du bon état, de la ſûreté de l'un & l'autre que du ſien, qu'on n'informera pas ſeulement ſon allié du danger qui pourroit le menacer; mais même qu'on s'oppoſera de tout ſon pouvoir au tort qui pourroit lui être fait. «

» II. Afin d'établir fermement cette Union & cette Correſpondance, & de la rendre encore plus profitable aux Couronnes de Leurs Majeſtés Britannique, Très-Chrétienne & Catholique, ils promettent & s'engagent par le préſent Traité d'Alliance défenſive, de garantir mutuellement leurs Royaumes, leurs Provinces, leurs Etats, & les Pays qui ſont ſous leur domination, en quelque partie du monde qu'ils ſoient ſitués; de ſorte que Leurs Majeſtés étant attaquées contre ce qui a été réſolu aux Traités d'Utrecht & de Bade, & contre les Traités de Londres & les ſtipulations qui ſe feront à Cambrai, ils ſe ſecourront mutuellement l'un l'autre, juſqu'à ce que le trouble ceſſera, où qu'ils feront ſatisfaits de la réparation des dommages qu'ils auront ſoufferts. »

» III. En conſéquence de l'Article précédent, le maintien & l'obſervation des Traités d'Utrecht, de Bade, de Londres, & de celui qui doit ſe faire à Cambrai, pour terminer les différens qui ſont à démêler entre le Séréniſſime Roi d'Eſpagne & l'Empereur, feront la principale fin de la préſente Alliance; & pour la fortifier davantage, le Séréniſſime Roi de la Grande-Bretagne, le Séréniſſime Roi Très-Chrétien & le Séréniſſime Roi d'Eſpagne inviteront de concert les Puiſſances qu'ils jugeront à propos d'entrer dans le préſent Traité, pour l'avantage commun & pour la conſervation de la tranquillité générale. »

» IV. S'il arrivoit, ce qu'à Dieu ne plaiſe, que contre les ſuſdits Traités d'Utrecht, de Bade, de Londres, ou de ce qui ſera ſtipulé dans ceux qui feront faits à Cambrai, Leurs Majeftés Britannique, Très-Chrétienne & Catholique fuffent attaquées ou troublées en aucune maniere, dans la poffeffion de leurs Royaumes & terres par aucune Puiffance, ils promettent & s'engagent d'employer leurs bons offices auffi-tôt qu'ils en feront requis, pour procurer au parti attaqué la fatisfaction du tort qui lui fera fait, & pour empêcher que l'agreffeur ne continue fes hoftilités ; & s'il arrivoit que fes bons offices ne fuffent pas fuffifans pour procurer promptement cette réparation, leurs fufdites Majeftés promettent de fournir le fecours fuivant, conjointement ou féparément ; favoir, »

» Sa Majefté Britannique huit mille hommes d'Infanterie & quatre mille de Cavalerie. »

» Sa Majefté Très-Chrétienne huit mille hommes d'Infanterie & quatre mille de Cavalerie. »

» Sa Majefté Catholique huit mille hommes d'Infanterie & quatre mille de Cavalerie. »

» Si la partie attaquée, au-lieu de Troupes demande des Vaiffeaux de Guerre ou de tranfport, ou même des fubfides en argent comptant, en ce cas là elle fera en liberté de choifir, & ils lui fourniront lefdits vaiffeaux ou argent, à proportion des dépenfes des Troupes ; & afin d'éloigner toute occafion de doute dans le compte defdits frais, Leurs Majeftés conviennent, que mille hommes d'Infanterie feront réglés à dix mille florins d'Hollande, & mille hommes de Cavalerie à trente mille par mois, gardant la même proportion eu égard aux Vaiffeaux ; Leurfdites Majeftés promettant de continuer & maintenir ledit fecours autant que le trouble continuera, & fi le fecours n'eft pas fuffifant pour repouffer les attaques de l'ennemi, ils conviendront de l'augmenter ; & s'il eft néceffaire, leurs fufdites Majeftés s'affifteront mutuellement, même de toutes leurs forces, & déclareront la guerre à l'agreffeur. »

». V. Leurs Majeftés Britannique, Très-Chrétienne & Catholique, étant entiérement fatisfaites des fentimens que Mr. le Duc de Parme a toujours témoigné à leur égard, & fouhaitant de lui donner des marques de l'eftime & de l'affection finguliere qu'elles ont pour lui, elles promettent & s'engagent, en vertu de ce préfent Traité, de lui accorder une protection particuliere pour la confervation de fes Terres & de fes Droits, & pour le foutien de fa dignité ; de forte que s'il eft troublé, contre les Traités de Paix & contre ce qui fera ftipulé dans ceux qui feront faits à Cambrai, ils uniront leurs bons offices & leurs efforts pour obtenir une jufte fatisfaction, & fi elle eft refufée, ils conviendront des mefures pour la lui procurer par tous les autres moyens qui feront en leur pouvoir. »

„ VI. Sa Majefté Catholique défirant donner à Sa Majefté Britannique & à Sa Majefté Très-Chrétienne une marque particuliere de fon amitié, confirme autant qu'il peut y avoir occafion, tous les avantages & tous les Privileges qui ont été accordés par les Rois fes Prédéceffeurs à la Nation

Angloife & à la Nation Françoife; de forte que les Sujets négocians du Séréniffime Roi de la Grande-Bretagne, & du Séréniffime Roi Très-Chrétien, puiffent toujours jouir en Efpagne des mêmes Droits, prérogatives, avantages & privileges pour leurs perfonnes, leur commerce, marchandifes, biens & effets, dont ils ont joui, ou dont ils devroient avoir joui en vertu des Traités ou accords, ou en vertu de tous ceux qui ont été ou feront accordés en Efpagne à la Nation la plus favorifée. „

„ VII. Le préfent Traité fera ratifié par Leurs Majeftés Britannique, Très-Chrétienne & Catholique; & les Lettres de Ratification feront mutuellement délivrées en bonne forme, & échangées dans l'efpace de fix femaines, à compter du jour de la fignature, ou plutôt s'il eft poffible. „

„ En témoignage de quoi, Nous fouffignés Miniftres Plénipotentiaires de Sa Majefté Britannique, de Sa Majefté Très-Chrétienne & de Sa Majefté Catholique, ayant pleins pouvoirs, qui ont été mutuellement communiqués, & dont Copie a été inférée, avons figné le préfent Traité, & y avons mis les Sceaux de nos Armes. Fait à Madrid le 13 Juin 1721. „

(*Signé*,)

(L. S.) WIL. STANHOPE.   (L. S.) LAGERON MAULEVRIER.   (L. S.) EL MARQUIS DE GRIMALDO.

ARTICLE SÉPARÉ.

„ LES Miniftres Plénipotentiaires de Leurs Majeftés Britannique, Très-Chrétienne & Catholique, ayant cejourd'hui, en vertu de leurs pleins pouvoirs, figné un Traité d'Alliance défenfive entre Leurfdites Majeftés; ils ont en outre convenu que le Traité particulier, qui a été pareillement figné aujourd'hui entre Leurs Majeftés Britannique & Catholique, dont la teneur s'enfuit, fera partie dudit Traité d'Alliance défenfive, conclu entre l'Angleterre, la France & l'Efpagne. „

(*Ici eft inféré mot à mot le Traité entre la Grande-Bretagne & l'Efpagne, conclu à Madrid, le 13 Juin 1721. N. St.*)

„ LE fufdit Traité particulier aura la même force, que s'il étoit inféré mot pour mot dans le Traité d'Alliance défenfive, figné cejourd'hui entre les trois Couronnes; & les Lettres de Ratification feront échangées à Madrid de la maniere qu'on a accoutumé, dans l'efpace de fix femaines, à compter du jour de la fignature, ou plutôt s'il eft poffible. „

» En témoignage de quoi nous avons figné ces préfentes en vertu de nos pleins pouvoirs, & y avons mis les Sceaux de nos Armes. Fait à Madrid le 13 Juin 1721.

(*Signé,*)

(L. S.) WILL. STAN-   (L. S.) LANGERON MAU-   (L. S.) EL MARQUIS
    HOPE.   LEVRIER.   DE GRIMALDO.

» LEs Miniftres Plénipotentiaires de Leurs Majeftés Britannique & Très-Chrétienne, ayant cejourd'hui figné avec les Miniftres Plénipotentiaires du Roi d'Efpagne, en vertu de leurs pleins pouvoirs particuliers, un Traité d'Alliance défenfive; les fufdits Miniftres de Leurs Majeftés Britannique & Très-Chrétienne ont auffi convenu entr'eux en vertu du même pouvoir; que comme le principal but de cette Alliance eft de maintenir & de conferver la paix & la tranquillité de l'Europe, auquel on ne fauroit douter que les Etats-Généraux des Provinces-Unies des Pays-Bas ne foient difpofés de concourir & de donner leur affiftance, de prendre de concert la premiere occafion convenable pour les y inviter; & Leurfdites Majeftés Britannique & Très-Chrétienne promettent & s'engagent en même temps de maintenir le Traité d'Alliance défenfive fait à la Haye entre le Roi de la Grande-Bretagne, le Roi Très-Chrétien & les Etats-Généraux, le 4 Janvier 1717. N. St. & que rien ne fe fera directement ou indirectement au préjudice d'icelui. »

„ En témoignage de quoi nous avons figné ces préfentes, en vertu de nos pleins pouvoirs, & y avons fait mettre les Sceaux de nos armes. Fait à Madrid, le 13 Juin 1721. „

(*Signé,*)

(L. S.) W. STANHOPE.   (L. S.) LANG. MAULEVRIER.

No. C V.

TRAITÉ D'ALLIANCE

Entre l'Empereur de RUSSIE & le Roi de PERSE.

Conclu à Petersbourg, le 12 Septembre 1723. V. St.

Au nom de Dieu tout-Puissant.

SOIT notoire par ces Présentes, que les troubles arrivés en Perse il y a déja quelques années, ayant donné lieu à quelques-uns des Sujets de ce Royaume d'exciter de dangereuses révoltes contre leur légitime Souverain, & de lui causer par là un préjudice inexprimable, ils auroient porté leurs violences jusques contre les Sujets de S. M. Impériale de Russie, non-seulement en leur enlevant leurs marchandises montant à des sommes très-considérables, mais encore en les maltraitant & les massacrant inhumainement ; quoiqu'en vertu des Traités conclus depuis long-temps entre les deux Puissances, & la bonne amitié qu'elles entretenoient l'une avec l'autre, il leur fût permis de négocier ensemble paisiblement : & attendu que S. M. le Roi de Perse qui régnoit alors, n'étoit pas en état, dans la conjoncture fâcheuse de ces troubles, de donner aux Sujets de S. M. Impériale de Russie la satisfaction qui leur étoit due, pour les insolences commises envers eux ; Sadite Majesté Impériale, en vertu de l'estime & de la bonne amitié qu'elle porte à S. Maj. Royale de Perse, comme aussi pour ne pas permettre l'entiere destruction de son Royaume, ni que le mal, qui va toujours en augmentant, s'étendît enfin jusques sur ses propres frontieres, a jugé à propos de prendre elle-même les armes contre lesdits Rebelles, de s'emparer de quelques-unes de leurs Places situées sur la mer Caspienne, & d'y mettre Garnison de ses troupes : ce qui ne peut être que très-juste dans la conjoncture présente, pour arrêter les progrès de ces Rebelles, qui ne sont déja que trop puissans. On jugera de leurs excès par la hardiesse qu'ils ont eue, non-seulement de se rendre maitres de la Capitale du Royaume, mais même de détrôner la Personne Sacrée du Roi, & de mettre en prison toute la Famille Royale, excepté le plus jeune des Princes, nommé Fachmasib, qui a échappé à leur fureur, & qui comme véritable & légitime Successeur aux Royaumes & Pays du Roi son Pere, a voulu non-seulement renouveller l'ancienne amitié contractée depuis si long-temps entre les deux Etats, mais la resserrer encore plus étroitement : A l'effet de quoi il auroit envoyé ici avec le caractere de son Ambassadeur Plénipotentiaire, & une Lettre de fa part pour S. M. Impériale de Ruffie, la perfonne d'Ifmaël Begh, dont l'affection & la fidélité lui font connues, tant pour notifier à Sadite Majefté fon élévation au Trône du Roi fon Pere, en vertu de fon droit légitime de fucceffion, que pour lui demander du fecours contre les violences infupportables defdits Rebelles; l'ayant muni de pleins pouvoirs, pour conclure avec Sadite Majefté Impériale un Traité formel à cet égard. A ces caufes, en vertu de l'ordre fpécial préalablement donné aux Miniftres fouffignés de Sadite Majefté, pour traiter avec ledit Ambaffadeur de Perfe; ils font convenus des Articles fuivans.

„ I. Promet S. M. Impériale de Ruffie au Roi Fachmafib, une amitié fincere, & une prompte affiftance contre les Rebelles de fon Royaume; & jufqu'à ce qu'ils foient totalement détruits, & que le Gouvernement de Perfe foit rétabli dans une tranquillité parfaite, S. M. Impériale de Ruffie s'engage de faire marcher de ce côté-là, avec toute la diligence poffible, & de faire agir contre lefdits Rebelles, un Corps confidérable de Cavalerie & d'Infanterie. „

„ II. D'autre part, ledit Roi de Perfe cede pour toujours à Sadite Majefté Impériale de Ruffie & à fes Succeffeurs, fpécialement les villes de Derbent & de Baku, avec toutes leurs appartenances & dépendances, le long de la mer Cafpienne; comme auffi les Provinces de Ghilan, Mazanderan, & Afterabat, qui demeureront à perpétuité à Sadite Majefté Impériale, pour fervir à la fubfiftance de fes troupes, fans être autrement à charge à Sadite Majefté le Roi de Perfe. „

„ III. Mais attendu l'impoffibilité qu'il y a de tranfporter fi loin & par mer les chevaux & l'artillerie néceffaires, auffi bien que les bagages, provifions & munitions dont on peut avoir befoin, & d'autant que l'Ambaffadeur de Perfe a affuré qu'il s'en trouveroit abondamment dans les places & pays cédés à Sadite Majefté : Elle a ordonné à fes Généraux qui font déja en ce pays-là, d'en raffembler autant qu'il leur en faudra; & en cas qu'il ne s'y en trouve pas fuffifamment, S. M. le Roi de Perfe s'oblige de leur fournir, pour le prix de 12 Roubles, chacun, tous les chameaux dont ils pourront avoir befoin pour le tranfport des bagages; comme auffi de pourvoir abondamment les troupes de vivres dans leur marche, fpécialement de pain, de viande & de fel : à condition néanmoins que le grain, la chair & le fel leur foit livré au prix convenu, qui fera payé comptant; favoir, la mefure de grain appellée *Batman*, du poids de 60 livres de Ruffie, 10 copecks; le batman de bœuf, 16 copecks; le batman de fel, 2 copecks; un mouton pefant 4 batmans, un roubel; bien entendu que le cas arrivant que le prix defdits vivres vienne à augmenter dans la marche, ce fera au Roi de Perfe à payer le furplus de ce à quoi ils font taxés par le préfent Article de ce Traité. Et afin qu'il foit pourvu à temps à la fubfiftance de nos troupes, lefdites provifions commenceront à fe faire auffi-tôt que l'Ambaffadeur de Perfe fera arrivé dans le Pays. „

„ IV.

„ IV. Il y aura donc déformais entre S. M. Impériale de Ruffie &, fes Etats d'une part, & le Roi de Perfe & fes Royaumes de l'autre, une conftante amitié & bonne intelligence, en vertu de laquelle les Sujets des deux Etats auront une pleine & entiere liberté de voyager, paffer & repaffer, féjourner & trafiquer fur les terres l'un de l'autre, toutes & quantes fois que bon leur femblera, foit qu'ils aillent pour la premiere fois, ou qu'ils retournent refpectivement dans lefdits pays, ou ailleurs, fans qu'il leur foit caufé aucun empêchement ni dommage : à quoi S. M. Impériale de Ruffie & S. M. Royale de Perfe s'obligent réciproquement, comme auffi de punir tous ceux qui oferoient contrevenir à leurs intentions. "

„ V. Promet en outre S. M. Impériale de Ruffie, de tenir pour fes ennemis tous les ennemis du Royaume de Perfe, & d'agir contre eux comme tels pour le bien dudit Royaume ; comme au contraire, de reconnoître pour fes amis tous ceux qui le feront de Sadite Majefté Royale de Perfe, laquelle de fon côté promet d'en ufer de même envers les amis & ennemis de l'Empire de Ruffie. "

„ En foi de quoi, & pour plus grande fûreté & exécution de tout le contenu au préfent Traité, Moi Ifmaël Begh, Ambaffadeur Plénipotentiaire du Séréniffime Roi de Perfe, ai figné ledit Traité de ma propre main, & y ai appofé mon cachet, avec ferment fur ma foi, en vertu du plein pouvoir à moi donné, fcellé du grand fceau Royal : ledit Traité échangé contre un autre de même teneur, fcellé du grand fceau de S. M. Impériale de Ruffie, & figné par fes Miniftres députés à cet effet. "

Etoit figné de la part de S. M. Impériale de Ruffie : C. GABRIEL DE GOLOFSKIN, Grand Chancelier. ANDRÉ D'OSTERMANN, Confeiller intime d'Etat. BAZILE DE STENPHANOFF, Confeiller de la Chancellerie.

Et de la part du Roi de Perfe : ISMAEL BEGH, Grand Ambaffadeur Plénipotentiaire.

N°. CVI.

TRAITÉ D'ALLIANCE

Entre la Russie & la Suede.

Le 22 Février 1724.

QUOIQUE la Paix ait été rétablie entre la Russie & la Suede par le Traité de Neustadt, (*Voyez* NEUSTADT.) on ne pouvoit pas dire que la confiance & la bonne intelligence le fussent ; les plaies de la Suede étoient encore trop récentes, & le Traité de Neustadt, conclu avec toute la précipitation qu'exigeoit la crainte de quelque nouvelle invasion, si la négociation traînoit trop long-temps, ne contenoit pas plusieurs Articles nécessaires par rapport à la bonne correspondance & au voisinage ; c'est pourquoi on fut obligé d'y joindre un nouveau Traité qui suppléât à ce qui manquoit au précédent & qui, contenant des Articles d'une Alliance défensive, rétablit enfin une parfaite bonne intelligence entre ces deux Couronnes.

Au nom de la Très-Sainte Trinité.

Savoir faisons à tous & un chacun, que comme par la Paix conclue à Neustadt le 30 Août 1721, l'ancienne, & pendant un long-temps interrompue, amitié & la bonne intelligence de voisinage entre Sa Majesté le Roi de Suede & Sa Majesté Impériale Russienne, & entre leurs Etats & Sujets a été rétablie, & que Leurs Majestés gardent une sincere intention, non-seulement de conserver sans interruption l'amitié rétablie, mais aussi de serrer davantage ce lien, & d'avancer le mieux possible leurs intérêts communs ; sa susdite Majesté Suédoise a ordonné les respectifs Sénateurs du Royaume, le Président de Chancellerie, le Chancelier de Cour & Secrétaire d'Etat, les respectifs Seigneurs Comtes & Barons, le Seigneur Comte & Président Arwed Horn, le Seigneur Comte Charles Gyllenborg, le Seigneur Baron Josias Cederhielm, comme aussi le Sr. Baron Jochem van Duben & le Seigneur Daniel Nicolas van Hopken, & muni d'un plein pouvoir spécial pour s'assembler avec le Seigneur Michel de Bestuchef, Chambellan & Envoyé Extraordinaire de Sa Majesté Impériale Russienne, de traiter d'une Alliance défensive entre leurs susdites Majestés, & négocier là-dessus & conclure. Lesquels ayant pour cette fin exhibé réciproquement & échangé leurs pleins pouvoirs, sont convenus de ce présent Instrument, & l'on conclu & signé de la maniere qui suit.

» I. Il y aura une Paix ferme & une bonne intelligence de voisinage entre les deux Etats, & le Traité de Paix conclu à Neustadt sera censé être répété ici, & s'il y a de-part & d'autre encore quelque point non exécuté, il le sera incessamment. «

» II. Cette Confédération & Alliance défensive ne tendra au préjudice ni offense de qui que ce soit, mais uniquement à la conservation de la paix & du repos général, & particuliérement à ce que Sa Majesté Royale de Suede & Sa Majesté Impériale Russienne veulent entretenir une bonne & confidente correspondance dans tous les cas concernant leurs Etats, & travailler conjointement à les garantir & leurs Sujets de toutes vexations, & les conserver dans un état de repos & de constante prospérité. «

» III. Pour obtenir ce but salutaire & pour faire voir que les Hauts Contractants, de côté & d'autre, sont dans une sincere intention à cet égard, ils s'assisteront de conseil & d'effet pour avancer l'avantage, l'un de l'autre, & avertiront & détourneront les dommages & préjudices, communiqueront diligemment & confidemment toutes les occasions, d'où il peut venir des troubles & dangers, & prendront avec soin de telles mesures qui seront avantageuses à l'intérêt commun & au repos, sûreté & avantages des Royaumes & Etats de part & d'autre & de leurs Sujets. «

» IV. Si contre toute meilleure attente, & nonobstant ce but paisible & innocent, il arrive, qu'après la Conclusion & la Ratification de cette Alliance un des deux hauts Pacifians fut, pour quelque vieille ou nouvelle cause, attaqué dans ses Royaumes, Etats & Provinces situées en Europe, par quelque Puissance Chrétienne Européenne, non-seulement chacun d'eux, après la Réquisition, fera ses efforts par son Ministre Résident à la Cour de l'agresseur, ou bien par celui qu'il y dépêchera, par ses bons offices, & représentations, & demandera une pleine satisfaction; mais aussi en cas qu'ils fussent infructueux, livrera sans objection dans deux, trois ou tout au plus tard dans quatre mois après la réquisition faite, selon la qualité de la saison de l'année & l'éloignement du lieu, le nombre de Troupes là où le Requérant le désirera. «

» V. Pour ce qui est du nombre des Troupes auxiliaires, dont les alliés de part & d'autre, s'obligent de s'assister en tel cas, il est convenu que le Roi de Suede, le cas de Traité venant à exister, à la réquisition de Sa Majesté Impériale Russienne, l'assistera avec huit mille fantassins & deux mille cavaliers ou dragons réguliers & bonnes Troupes, selon la convenance de celui qui en est requis, comme aussi de six vaisseaux de ligne de 50 à 70 pieces de canon, avec deux frégates chacune de 30 pieces de canon. D'un autre côté, Sa Majesté Czarienne assistera Sa Majesté Royale Suédoise à sa réquisition avec douze mille fantassins & quatre mille cavaliers & dragons, bonnes Troupes & régulieres, selon la convenance de celui qui en est requis, & avec neuf vaisseaux de ligne de 50 à 70 pieces de canon, & trois frégates, chacune de 30 pieces de canons; lesquelles Troupes auxiliaires

feront pourvues de l'artillerie de campagne néceffaire ; comme par chaque
bataillon deux pieces à trois livres de balle, & des amunitions : de même
les vaiffeaux de guerre, & frégates feront pourvues de l'équipage néceffaire,
matelots & foldats, le nombre defquels derniers, en ce cas, fera déduit du
nombre des fantaffins ci-deffus ftipulés, & feront pourvus de tout le néceffaire felon l'ufage de guerre. «

» VI. Ces Troupes auxiliaires feront entretenues par la partie requife elle-
même ; mais le requérant leur fournira les rations & portions ordinaires
de munitions & de fourrage, comme auffi les quartiers néceffaires, le tout
fur le même pied que ces Troupes font entretenues en campagne par leur
propre Maître. «

» VII. Les vaiffeaux de guerre que l'une des parties doit felon le contenu
du VI. Article envoyer au fecours de l'autre, feront, felon l'ufage de guerre,
montés, équipés & avitaillés pour quatre mois ; mais, fi après les quatre
mois paffés ils font obligés de demeurer auprès du Requérant pour quelque opération de guerre ou quelque autre raifon, alors le Requérant fera
obligé de leur fournir l'entretien dû, & les provifions fur le même pied
que leur propre Maître les leur donne. Les Officiers néanmoins defdits
vaiffeaux recevront leur folde du haut Contractant requis. «

» VIII. Chaque Officier Commandant gardera le commandement des
Troupes auxiliaires qui lui ont été confiées : mais le commandement général en campagne, & aux autres opérations de guerre appartient fans dif-
pute à celui à qui le Requérant l'a confié fur terre & fur mer ; de maniere néanmoins, qu'il ne s'entreprendra rien d'importance qui n'ait été
avifé & conclu auparavant dans un Confeil de guerre & en préfence du
Général ou Officier Commandant de la partie requife. «

» IX. Afin qu'il ne furvienne aucun différent ni mal-entendu dans le
commandement, le Requérant indiquera de bonne heure quel chef il employera au commandement général, afin que l'allié requis puiffe régler &
proportionner le caractere de celui qui commandera les Troupes auxiliaires
ou les vaiffeaux de guerre. «

» X. Les Troupes auxiliaires auront leurs propres Prêtres & exerceront
leur culte particulier librement : elles ne feront jugées que par leurs propres Officiers, & felon aucunes autres loix, articles de guerre & ordonnances que celles de leurs refpectifs Maîtres ; mais s'il furvient quelque
différend entre les propres officiers & foldats du Requérant & ceux des
Troupes auxiliaires, il fera examiné & jugé par des Commiffaires à cela
commis, en nombre égal & choifi des Troupes de part & d'autre, & les
coupables feront par conféquent punis felon les articles de guerre de leur
propre Maître. Sera pareillement libre au Général comme aux autres Officiers des Troupes auxiliaires d'avoir correfpondance chez eux par des lettres ou par des exprès. «

» XI. Les Troupes auxiliaires feront tenues d'obéir en tout aux ordres du Général commandant en chef, de fe tranfporter où il le veut, & fe laiffer employer aux opérations de guerre, en obfervant néanmoins la maniere convenue dans l'Article II ci-deffus. Mais ces Troupes & Efcadres, quand elles auront été demandées en même-temps, feront refpectivement dans les marches, commandemens, actions, quartiers & autrement, tenues, autant qu'il eft poffible, l'une près de l'autre, & ne feront pas trop féparées & éloignées l'une de l'autre, & enfin, que les Troupes auxiliaires ne foient dans les opérations de guerre ou autrement, fatiguées & expofées plus que les autres troupes du Requérant; mais qu'il y foit obfervé entre elles une parfaite égalité, le Général Commandant en Chef fera tenu d'obferver dans tous les Commandemens une jufte & exacte proportion entre elles felon la force de toute l'armée. «

» XII. D'un autre côté & afin que les Sujets du Requérant ne foient point furchargés, mais qu'ils jouiffent tranquillement du leur, & qu'ainfi le tranfport des vivres & autres befoins de chez eux, & d'ailleurs, ne foit point empêché, le Général ou Officier Commandant des troupes auxiliaires fera obligé de garder parmi les troupes de fon Commandement un bon ordre & difcipline, & de punir exemplairement les délinquans, fans retardement, connivence ou autre vue, felon le contenu du précédent Article X. «

» XIII. Eft convenu de part & d'autre, que chacun remplira & recrutera le manque de fes troupes auxiliaires. Mais fi dans des marches ou l'entiere retraite des troupes auxiliaires des Etats du Requérant, quelques-uns de leurs Officiers ou foldats demeuroient en arriere, pour maladie ou autres caufes, le Requérant promet de faire donner aux malades tout fecours, & d'ailleurs de leur laiffer, & aux autres, toute liberté de continuer leur voyage fans empêchement, de leur accorder toute affiftance poffible, & de ne les point retenir fous quelque prétexte que ce puiffe être. «

» XIV. Si l'une & l'autre partie avoit befoin de plus de troupes ou de vaiffeaux qu'il a été fpécifié, les contractans de part & d'autre s'engagent, en tant que l'état des Royaumes de chaque partie le peut fouffrir, de le fournir pareillement aux Conditions ci-deffus, & de fe montrer favorable en cela. »

XV. » Il fera permis à chaque partie pendant que l'une eft en guerre, de tirer des Etats de l'autre tous les matériaux & effets néceffaires pour la guerre, au prix courant dans ces endroits-là. «

» XVI. Les deux hauts contractans déclarent, qu'ils ne font avec perfonne dans aucun engagement qui puiffe être contraire à cette Alliance, par conféquent les engagemens antérieurs, comme n'étant nullement contraires à celui-ci, conferveront leur force entiere; mais afin que l'intention des deux hauts contractans, de remplir fincérement ce qui a été ftipulé & conclu entre eux, paroiffe clairement, Leurs Majeftés s'obligent par les préfentes de faire chacun en fon endroit exécuter fidellement chacun des Articles conclus de bonne foi, & de ne permettre en aucune maniere qu'on y contrevienne, foit fous prétexte d'aucun engagement antérieur, ou fous aucun autre nom quelqu'il foit. «

» XVII. Si le contractant requis étoit attaqué pour telle affiftance ou autrement, & qu'ainfi tous les deux fuffent engagés dans une guerre, aucun d'eux n'entrera en négociation pour une paix ou treve, encore moins conclura à cet égard, finon du confentement & pleine concurrence de l'autre partie ; & que particuliérement on ait fait à la partie lézée réparation du dommage fouffert. «

» XVIII. Si l'une ou l'autre Puiffance défiroit d'être comprife dans cette Alliance, il fe fera, mais pas autrement que du confentement des deux parties. «

» XIX. Si les Sujets de part & d'autre fe croyent en droit de porter des plaintes de juftice retardée ou déniée, on ne paffera pas d'abord aux repréfailles, mais on en demandera auparavant information à l'autre partie par le Miniftre Réfident, & ceux qui ont alors fait des plaintes fans fondement fuffifant, feront châtiés felon l'exigence du cas. «

» XX. Il fe fera inceffamment un Traité de Commerce, & les deux parties y apporteront toute facilité. «

» XXI. Cette Alliance durera l'efpace de douze ans, & en cas que les hauts contractans de part & d'autre après l'expiration de ce terme, jugeaffent néceffaire de le prolonger, ils feront de bonne heure conférer & négocier là-deffus, & tout au plus tard fix mois avant fon expiration. «

» XXII. Eft convenu en dernier lieu que les ratifications de ce Traité feront expédiées & échangées de part & d'autre ici à Stockholm dans trois mois, à compter depuis le jour d'aujourd'hui ou même plutôt. «

En foi de quoi, il a été expédié cet inftrument double & figné par les Miniftres Plénipotentiaires de Sa Majefté Royale de Suede, & de Sa Majefté Impériale de Ruffie, & muni de leur cachet. Fait à Stockholm le 22 Février 1724.

A. Horn.   M. Bestuchef.
C. Gyllenborg.
J. Cederhielm.
J. v. Duben.
D. N. v. Hopken.

ARTICLE SECRET.

» Comme Son Alteffe Royale le Duc de Holftein s'eft vu depuis tant d'années privé de fon Duché de Holftein-Slefwig avec fes annexes, & qu'il importe beaucoup à Sa Majefté Royale de Suede, auffi-bien qu'à Sa

Majefté Impériale de Ruffie, que ce Prince qui leur appartient de fi près à tous deux, foit reftitué dans ce qui lui appartient, & que par-là la parfaite tranquillité foit rétablie dans le Nord ; les deux hautes parties s'obligent par ces préfentes le plus fortement qu'il fe puiffe, de pouffer efficacement par leurs bons offices, & de confeils communiqués cette affaire tant à la Cour de Danemarck qu'à d'autres ; & en cas que ces bons offices & repréfentations n'euffent pas un effet fuffifant, les deux hauts contractans délibéreront confidemment entre eux & avec d'autres Puiffances garantes auparavant à cela engagées, & particuliérement avec Sa Majefté Impériale Romaine, & examineront de quelle maniere cette affaire pourroit s'entreprendre le mieux avec fûreté & felon les circonftances des conjönctures, & enfin comment cette fource dangereufe de troubles infinis au Nord fe peut terminer entiérement. »

A Horn.   M. Bestuchef.
C. Gyllenborg.
J. Cederhielm,
J. v. Duben
D. N. v. Hopken.

Acceffion de l'Empereur au Traité de Stockholm, du 22 Février 1724.

Au nom de la Très-Sainte Trinité, le Pere, le Fils, & le Saint-Efprit.

» Soit notoire à tous & un chacun à qui il appartient ou peut appartenir. «

» Qu'un Traité d'Alliance défenfive entre les Cours de Suede & de Ruffie, ayant été figné à Stockholm le 22 de Février de l'an 1724, les Miniftres de ces Cours réfidans alors à la Cour Impériale ont invité fa Sacrée Majefté Impériale & Catholique à entrer dans ce Traité d'Alliance & dans l'Article fecret, tendant à affermir & confirmer la tranquillité publique & la paix ; & d'affifter lefdits Alliés de fes fecours & confeils, Sa Majefté Impériale & Catholique ayant toujours eu à cœur la tranquillité publique de l'Europe en général, & celle du Nord en particulier, avoit réfolu, il y a déja long-temps, d'entrer dans cette Alliance défenfive ; ainfi Sa Majefté Impériale & Catholique portée par fon attachement & fon attention fincere aux intéréts de l'Univers & en particulier du Nord, a reçu favorablement cette amiable invitation, enforte que depuis long-temps elle a réfolu d'accéder au fufdit Traité comme fi elle avoit été dès le commencement une des hautes parties contractantes. C'eft pourquoi Sa Majefté Impériale & Catholique a commis & muni des pleins pouvoirs néceffaires, les fouffignés fes Confeillers Privés, pour traiter, conformément à cette réfolution, de cette Acceffion avec les Miniftres des fufdites Cours munis auffi des inftructions & pleins pouvoirs néceffaires, & ce en conféquence pour dreffer un inftrument ou acte dans les formes, dont les Plénipotentiaires refpectifs font convenus ainfi qu'il s'enfuit, après avoir conféré enfemble & échangé leurs pleins pouvoirs. «

» Les Miniftres Plénipotentiaires de Sa Majefté Impériale & Catholique déclarent, certifient & promettent en fon nom que Sa Majefté Impériale & Catholique pour elle & pour fes Héritiers légitimes & fes Succeffeurs, prend part & entre dans le fufdit Traité d'Alliance de Stockholm & dans l'Article fecret; que Sa Majefté Impériale & Catholique comme *pars compacifcens* fe joint & s'allie par le préfent Acte d'Acceffion avec Leurs Majeftés confédérées de Suede & de Ruffie, & qu'elle s'oblige & s'engage à elles & à leurs légitimes Héritiers & Succeffeurs, tant en commun qu'en particulier, d'obferver & exécuter les conditions, claufes & conventions de cette Alliance, toutes en général & chacune en particulier, telles qu'elles font contenues & exprimées dans ledit Traité & dans l'Article fecret, & ce pour tous les Royaumes, & Pays Seigneuries qu'elle poffede : & fi le *cafus fœderis* ou quelque cas demandant l'exécution de fa promeffe & de la Garantie ftipulée dans ce Traité, arrivoit, de fournir 12 mille hommes d'Infanterie, & 4 mille de Cavalerie, & quant aux vaiffeaux on conviendra enfemble d'une compenfation ; tout ce que Sa Majefté Impériale & Catholique promet d'exécuter de la même maniere & avec la même fidélité, exactitude & fincérité que fi elle avoit été dès le commencement une des Parties contractantes, & comme fi elle avoit conclu, arrêté & figné lefdites conditions, promeffes & articles avec lefdites deux Puiffances alliées ou avec chacune d'elles féparément. „

» De même, d'autre part les Plénipotentiaires de Leurs Majeftés de Suede & de Ruffie ont en leur nom admis, reçu & compris Sa Majefté Impériale & Catholique dans la pleine & entiere Alliance du Traité de Stockholm & de l'Article fecret, comme en vertu du préfent Traité ils y admettent, reçoivent & comprennent Sa Majefté Impériale & Catholique, fes Héritiers légitimes & Succeffeurs; promettant que lefdites deux Majeftés & chacune d'elles en particulier, feront jouir enfemble ou en particulier, Sa Majefté Impériale & Catholique, fes Royaumes, Terres & Seigneuries, de toutes les conditions, claufes & promeffes en général & en particulier conclu dans ledit Traité d'Alliance. «

» Les Commiffaires Impériaux & les Miniftres Plénipotentiaires Suédois & Czariens promettent, que le préfent Inftrument & acte d'acceffion, d'entrée, d'admiffion & d'acception dreffé dans la forme dont on eft convenu fera ratifié par Sa Majefté Impériale & Catholique, & par Leurs Majeftés Suédoife & Czarienne, & que les Actes publics de Ratification feront échangés ici à Vienne dans trois mois, ou plutôt fi faire fe peut, à compter de ce jour-ci, en foi de quoi &c. Fait à Vienne en Autriche le 16 d'Avril. 1716.»

L

La Cour de Ruſſie ne fit aucune difficulté de ratifier cette convention, mais le Roi de Suede trouva à propos de ne le faire qu'avec les Reſtrictions ſuivantes.

Articles Séparés de la Ratification Suédoiſe de l'Acceſſion de l'Empereur des Romains au Traité de Stockholm, du 22 Février 1724.

» I. QUOIQUE par l'Article IV du Traité d'Alliance défenſive conclu le 22 Février 1724 entre la Suede & la Ruſſie (auquel il a plu à Sa Majeſté Impériale & Royale Catholique d'accéder ſuivant la teneur de l'Acte d'acceſſion, dreſſé & ſigné le jour marqué ci-deſſus par les Miniſtres Impériaux de même que par les Miniſtres Plénipotentiaires de Suede & de Ruſſie) il ſoit ſtipulé, eu egard à la Paix & à la tranquillité publique, que ſi après la concluſion & la ratification de ce Traité, il arrivoit par cas fortuit, ou contre toute attente, que les Pays, Domaines & Provinces de l'un des Contractans en Europe vinſſent à être attaqués par les armes de quelque Prince Chrétien, ſous quelque prétexte que ce puiſſe être, ſoit pour des prétentions anciennes ou nouvelles, l'autre des contractans, après en avoir été requis, ſeroit indiſpenſablement obligé de fournir les ſecours promis aux conditions & en la maniere dont on eſt convenu par ledit Art. IV & ſuivans : néanmoins il a été convenu entre ſa Sacrée Majeſté Royale de Suede & ſa Sacrée Majeſté Impériale, par cet Article ſeparé, que ſi par cas fortuit il vient à s'élever des troubles contre l'Empereur, ou en Italie, ou en quelque autre Etat hors de l'Europe, S. S. Majeſté Royale de Suede & ſon Royaume ne ſeront point obligés d'y prendre part, ni d'envoyer en des Pays ſi éloignés les ſecours ſtipulés d'ailleurs par le ſuſdit Traité.

Pareillement, à l'égard des diſputes élevées à l'occaſion de l'établiſſement de la Compagnie d'Oſtende, il eſt expreſſément réſervé à ſa Sacrée Majeſté Royale de Suede & à ſon Royaume, en vertu de cet Article ſéparé, que ni elle, ni ſon Royaume n'y prendront part qu'autant que leurs bons offices pourront être agréables & acceptés. «

» II. D'autant que dans l'Alliance défenſive, conclue le 22 Février 1724 entre la Suede & la Ruſſie, & à laquelle ſa Sacrée Majeſté Impériale & Royale Catholique accede auſſi préſentement, il eſt ſtipulé & pourvu au § 16 que les précédens Traités doivent reſter en toute leur force, comme n'étant nullement contraires à la ſuſdite Alliance ; & que Sa Majeſté Royale & le Royaume de Suede n'ont pas moins fortement à cœur que Sa Majeſté Impériale & Catholique de prendre ſoin que les Traités de Paix de Weſtphalie & d'Oliva ſubſiſtent toujours en leur entier, ſans aucune infraction : pour ces raiſons, on eſt convenu de part & d'autre, par cet Article ſéparé, de déclarer & de ſtipuler expreſſément, qu'au cas que la Paix publique fut effectivement troublée & enfreinte (ce qu'à Dieu ne plaiſe) à l'occaſion des ſuſdits Traités de Paix de Weſtphalie & d'Oliva, & d'autres

Tome III.   Q q

fondés fur ceux-ci , qui n'auroient pas été entiérement obfervés & cultivés , comme il auroit été convenable à l'égard des Points concernans la
Religion , & que l'un & l'autre des Hauts Contractans fe trouvât impliqué
dans ces troubles , alors les cas imprévus & inopinés de cette nature ne
devront en aucune maniere être regardés , & encore moins foutenus, comme
compris dans cette Alliance. «

Nº. C V I I.

T R A I T É D'A L L I A N C E D É F E N S I V E

Entre Sa Majefté Impériale & Catholique CHARLES VI, *& Sa Majefté
Royale & Catholique* PHILIPPE V,

Conclu à Vienne le 30 Avril 1725.

NOUS ne rapporterons point ici ce Traité d'Alliance que l'on trouvera à
l'article VIENNE, comme étant la fuite du Traité de Paix conclu entre les
mêmes Puiffances, le même jour, dans cette ville : nous dirons feulement
que cette Alliance qui dut étonner l'Europe, vu le peu de fuccès apparent du Congrès de Cambrai, fut caufe que les Rois de France, d'Angleterre & de Pruffe lui oppoferent l'Alliance d'Hanovre qu'on trouvera
ci-après.

Nº. C V I I I.

T R A I T É D'A L L I A N C E D É F E N S I V E

Entre leurs Majeftés les Rois de France, d'Angleterre & de Pruffe,

Conclu à Hanovre le 3 Septembre 1725.

ON favoit combien l'Efpagne étoit irritée contre la France : la Grande-
Bretagne & la France, médiatrices au Congrès de Cambrai, fe voyoient
jouées par la conclufion du Traité de Vienne du 30 Avril, (*voy.* VIENNE.)
pendant qu'on les amufoit au Congrès par des difficultés & des obftacles
prétendus infurmontables, & que Ripperda applaniffoit fans peine avec les
miniftres Impériaux. Enfin le mécontentement du paffé & la crainte de
l'avenir réunit les Rois de France & de la Grande-Bretagne ; & dans un
voyage que S. M. Britannique fit à Hanovre en Juin 1725, où le Roi de

Prusse se rendît, on entama une négociation dans laquelle le Roi d'Angleterre engagea ce Prince son gendre.

, Le Duc Régent étoit mort, & le Duc de Bourbon étoit alors le principal Ministre de S. M. Très-Chrétienne : il perfectionna ce que le premier, avoit commencé; & la France vit enfin ce qu'elle avoit souhaité depuis long-temps, ce pour quoi elle avoit dépensé en vain des sommes immenses, elle se vit intimement unie avec l'Angleterre. Tout se fit de concert, & sans examiner quels en furent les ressorts, quelles en devoient être les suites, ni quelle solidité pouvoit avoir une telle union, l'intérêt commun pour le moment entre ces deux Couronnes en serra les nœuds.

Au nom de la Très-Sainte & indivisible Trinité.

LEURS Majestés le Roi de la Grande-Bretagne, le Roi Très-Chrétien & le Roi de Prusse, ayant vû avec plaisir combien l'union étroite qui subsiste entre elles, a contribué non-seulement au bonheur de leurs propres Royaumes & Sujets, mais aussi au bien & à la tranquillité publique, étant persuadées en même-temps qu'il n'y a point de moyen plus propre à assurer & affermir les mêmes avantages contre tous les évenemens qui pourroient naître, que de serrer de plus en plus ladite union & de la rendre indissoluble; & ayant réfléchi mûrement sur tous les Traités qui subsistent entre Leursdites Majestés (auxquels elles déclarent qu'elles ne véulent, par le présent Traité, déroger en aucune maniere) elles ont trouvé bon de prendre d'avance de nouvelles mesures, pour le cas où il pourroit arriver quelques troubles dans l'Europe, en convenant entre elles de ce qui seroit nécessaire non-seulement pour la sûreté & les intérêts essentiels de leurs propres Royaumes, mais aussi par rapport au bien & à la tranquillité publique. Par ces considérations & dans cette vue, Leursdites Majestés Britannique, Très-Chrétienne, & Prussienne ont donné leurs pleins pouvoirs, savoir S. M. B. au Sr. Charles Vicomte de Townshend, Baron de Lynn, son Lieutenant dans le Comté de Nortfolck, Chevalier de l'Ordre de la Jarretiere & son Secrétaire d'Etat. Sa Majesté Très-Chrétienne au Sr. François Comte de Broglio, Lieutenant-Général de ses Armées, Directeur-Général de sa Cavalerie & des Dragons, Gouverneur de Mont-Dauphin & son Ambassadeur auprès dudit Sérénissime Roi de la Grande-Bretagne, & Sa Majesté Prussienne au Sieur Jean-Christophle de Wallenrodt, Son Ministre d'Etat, & son Envoyé Extraordinaire auprès dudit Sérénissime Roi de la Grande-Bretagne; lesquels en vertu desdits pleins pouvoirs (dont les copies seront insérées de mot à mot à la fin du présent Traité) ayant pesé avec toute l'attention possible les mesures les plus propres pour parvenir au but que Leursdites Majestés se proposent, sont convenus des Articles suivans.

„ I. Il y aura dès à présent & pour tout le tems à venir une Paix véritable, ferme, & inviolable, une amitié la plus sincere & la plus intime, & une

Alliance & union la plus étroite entre lesdits trois Sérénissimes Rois, leurs héritiers & successeurs, leurs Etats, Pays, & Villes situées sur leurs terres respectivement & leurs Sujets & habitans tant dedans que dehors l'Europe, & ils seront cultivés & conservés de maniere que les Parties contractantes puissent avancer fidelement leurs intérêts & avantages réciproques; & prévenir & repousser tous les torts & dommages par les moyens les plus convenables qu'elles puissent trouver. "

„ II. Comme c'est le véritable but & intention de cette Alliance entre lesdits Rois de conserver mutuellement la paix & la tranquillité de leurs Royaumes respectifs, Leurs Majestés susdites s'entre-promettent leur garantie réciproque pour protéger & maintenir généralement tous les Etats, Pays, & Villes, tant dedans que dehors l'Europe, dont chacun des Alliés sera actuellement en possession au temps de la signature de cette Alliance, aussibien que les droits, immunités, & avantages & en particulier ceux qui regardent le Commerce, dont lesdits Alliés jouissent, ou doivent jouir respectivement. Et pour cette fin lesdits Rois sont convenus que si, en haine de cette Alliance, ou sous quelque autre prétexte, aucun desdits Alliés étoit attaqué hostilement ou qu'il souffrît quelque tort dans les choses ci-dessus spécifiées, par aucun Prince ou Etat quel qu'il soit, les autres Alliés employeroient leurs bons offices pour faire faire raison à la partie lézée, & pour porter l'agresseur à s'abstenir d'aucune hostilité ou tort ulterieur. "

„ III. Et s'il arrivoit qu'aucune des Parties contractantes fut attaquée ouvertement, ou qu'elle fut troublée dans le cas susdit, & que les bons offices ci-dessus mentionnés ne fussent pas assez efficaces pour procurer aucune juste satisfaction & réparation pour les torts & dommages faits à la partie lézée, alors les autres Parties, deux mois après que la réquisition leur en aura été faite, fourniront les secours suivans, c'est-à-dire. "

„ Sa Majesté le Roi de la Grande-Bretagne donnera huit mille hommes d'Infanterie & quatre mille chevaux. "

„ Sa Majesté le Roi Très-Chrétien fournira en pareil cas huit mille hommes d'infanterie & quatre mille chevaux. "

„ Et Sa Majesté le Roi de Prusse fournira aussi en pareil cas trois mille hommes d'infanterie & deux mille chevaux. "

„ Mais si la partie attaquée aimoit mieux avoir des vaisseaux de guerre & de transport, ou même des subsides en argent, ce qu'on laissera toujours à son choix, alors les autres Parties lui fourniront des vaisseaux ou de l'argent à proportion de la dépense des troupes à donner, comme ci-dessus. Et pour ôter toute sorte de doute par rapport à cette dépense, les Parties contractantes conviennent que mille hommes de pied seront évalués à dix mille florins de Hollande par mois : & mille chevaux à trente mille florins de la même monnoie aussi par mois; & on fera le calcul pour les vaisseaux de guerre & de transport à proportion. "

„ Si les secours ci-dessus spécifiés ne suffisent pas pour faire faire justice à la partie lézée, alors les Parties contractantes conviendront enfemble des forces ultérieures qui devront être fournies. "

„ Et enfin, qu'en cas de néceffité lefdits Alliés affifteront la partie lézée de toutes leurs forces, & même déclareront la guerre à l'agreffeur. "

„ IV. Et comme lefdits trois Séréniffimes Rois font réfolus de refferrer de plus en plus l'étroite union qui regne entr'eux, par toutes les marques poffibles d'une bonne foi & d'une confiance mutuelle, ils font convenus réciproquement non-feulement de n'entrer dans aucun Traité, Alliance, ou engagement quelconque qui pourroit être contraire en quelque maniere que ce fût aux intérêts les uns des autres, mais même de s'entre-communiquer fidélement les propofitions qui pourroient leur être faites, & de ne prendre fur ce qui leur feroit propofé aucune réfolution que de concert & après avoir examiné conjointement ce qui feroit convenable à leurs intérêts communs, & propre à maintenir l'équilibre de l'Europe qu'il eft fi néceffaire de conferver pour le bien de la Paix générale. "

„ V. Sa Majefté Très-Chrétienne, intéreffée particuliérement par fa qualité de Garant des Traités de Weftphalie, au maintien des Privileges & Libertés du Corps Germanique ; & Leurs Majeftés Britannique & Pruffienne, comme Membres de ce Corps, voient avec une peine égale des femences de divifion & des plaintes qui pourroient enfin éclater & entraîner une guerre qui embraferoit toute l'Europe par les fuites funeftes qui en réfulteroient ; Leurfdites Majeftés étant toujours attentives à ce qui pourroit un jour troubler la tranquillité de l'Empire en particulier & de l'Europe en général, s'engagent & promettent de s'entr'aider mutuellement pour le maintien & l'obfervation des fufdits Traités, & des autres actes, qui ayant ftatué fur les affaires de l'Empire, font regardés comme la bafe & le fondement de la tranquillité du Corps Germanique & le foutien de fes Droits, Privileges, & Immunités, auxquels leurs fufdites Majeftés défirent véritablement de pourvoir d'une maniere folide. "

„ VI. La préfente Alliance fubfiftera pendant l'efpace de quinze ans à compter du jour de la fignature du préfent Traité. "

„ VII. Leurs Majeftés Britannique, Très-Chrétienne & Pruffienne inviteront les Princes & Etats dont elles conviendront entr'elles, à accéder au préfent Traité, & elles font convenues dès-à-préfent d'y inviter nommément les Seigneurs Etats-Généraux des Provinces-Unies. "

„ VIII. Ce préfent Traité fera approuvé & ratifié par Leurs Majeftés le Roi de la Grande-Bretagne, le Roi Très-Chrétien, & le Roi de Pruffe, & les Ratifications en feront fournies dans l'efpace de deux mois, du jour de la fignature, ou plutôt s'il eft poffible. "

„ En foi de quoi, Nous, en vertu des pleins pouvoirs refpectifs, avons figné le préfent Traité, auquel nous avons fait appofer les Cachets de nos armes. Fait à Hanovre le 3 Septembre 1725.

(L. S.) BROGLIO. (L. S.) TOWNSHEND. (L. S.) DE WALLENRODT.

PREMIER ARTICLE SÉPARÉ.

„ COMME l'affaire arrivée derniérement dans la Ville de Thorn, & ce qui s'en eſt enſuivi, ont alarmé pluſieurs Princes & Etats, qui craignent qu'au préjudice du Traité d'Oliva il n'arrive à cette occaſion des troubles non ſeulement dans la Pologne, mais auſſi dans les Pays voiſins, leurs Majeſtés Britannique, Très-Chrétienne & Pruſſienne, qui, comme Garantes du ſuſdit Traité d'Oliva, ſont intéreſſées à ce qu'il ſoit maintenu & obſervé dans toute ſon étendue, s'engagent d'employer leurs offices le plus efficacement qu'elles pourront, pour faire réparer ce qui auroit pu être fait de contraire audit Traité d'Oliva, & pour cet effet leurſdites Majeſtés s'inſtruiront de concert, par leurs Miniſtres en Pologne, des infractions qui auroient pu être faites audit Traité d'Oliva, & des moyens d'y remédier d'une maniere qui aſſure entiérement la Tranquillité publique contre les dangers auxquels elle ſeroit expoſée, ſi un Traité auſſi ſolemnel que celui d'Oliva ſouffroit quelqu'atteinte. „

SECOND ARTICLE SÉPARÉ.

„ SI en haine des ſecours que Sa Majeſté Très-Chrétienne donneroit à Sa Majeſté Britannique, & à Sa Majeſté Pruſſienne, pour les garantir du Trouble qu'elles pourroient ſouffrir dans les Etats qu'elles poſſedent, l'Empire déclaroit la Guerre à Sa Majeſté Très-Chrétienne; comme dans ce cas une pareille déclaration ne regarderoit pas moins le Séréniſſime Roi de la Grande-Bretagne & le Séréniſſime Roi de Pruſſe, dont les intérêts auroient été les occaſions de la guerre que Sa Majeſté Très-Chrétienne eſſuyeroit, non-ſeulement ils ne fourniront point leur contingent en troupes ni en quelqu'autre nature de ſecours que ce pût être, quand même leurſdites Majeſtés Britannique & Pruſſienne ne ſeroient pas compriſes & nommées dans la déclaration de guerre que l'Empire feroit à la France, mais même elles agiront de concert avec Sa Majeſté Très-Chrétienne, juſqu'à ce que la paix troublée à cette occaſion fut rétablie; Sadite Majeſté Britannique promettant d'ailleurs ſpécialement d'exécuter dans ce cas, comme dans tous les autres, les Traités qu'elle a conclus avec Sa Majeſté Très-Chrétienne, laquelle de ſon côté promet de les obſerver fidélement. „

TROISIEME ARTICLE SÉPARÉ.

„ S'IL arrivoit que nonobſtant la ferme réſolution dans laquelle eſt Sa Majeſté Très-Chrétienne, d'obſerver exactement tous ſes Traités à l'égard de l'Empire, en ce à quoi il n'a point été dérogé par le préfent Traité, l'on voulût de la part dudit Empire prendre quelque réfolution contre la France au préjudice de la garantie générale des Poffeffions, telle qu'elle eft ftipulée par le Traité figné cejourd'hui, Sa Majefté Britannique & Sa Majefté Pruffienne promettent dans ce cas d'employer leurs bons offices, crédit & autorité le plus efficacement qu'elles pourront, foit par leurs voix & celles des Princes leurs amis à la Diete, foit par tous les autres moyens convenables, pour empêcher qu'il ne fe commette rien qui y foit contraire; mais fi contre toute attente, & malgré tous leurs efforts, la guerre étoit déclarée à la France de la part dudit Empire, quoiqu'en ce cas, n'étant plus une défenfive, elles ne feroient pas obligées fuivant fes conftitutions de fournir aucun Contingent, cependant pour ôter tout doute entre leurfdites Majeftés, fi elles croyoient ne pouvoir fe difpenfer de remplir leurs devoirs de Membres de ce corps, leurfdites Majeftés Britannique & Pruffienne fe réfervent la liberté de fournir leur Contingent en Infanterie, ou en Cavalerie de leurs propres troupes, ou de celles qu'elles prendront à leur folde de quelqu'autre Prince, à leur choix, fans que Leurs Majeftés Britannique & Pruffienne, à raifon de leurs Contingens, ainfi fourni, foient cenfées avoir contrevenu au Traité figné cejourd'hui, qui demeurera dans toute fa force. Leurs Majeftés Britannique & Pruffienne promettent de ne donner en ce cas, autres, ni plus grand nombre de Troupes contre Sa Majefté Très-Chrétienne, que celui qu'elles font obligées de donner pour leur Contingent; & qu'elles rempliront d'ailleurs dans le cas prévus, leurs engagemens envers fadite Majefté Très-Chrétienne, laquelle de fon côté ne pourra pour raifon dudit Contingent, exercer contre les Etats & Sujets dudit Séréniffime Roi d'Angleterre, & dudit Séréniffime Roi de Pruffe, dans l'Empire ou ailleurs, aucune hoftilité, ni demander ou prendre aucunes contributions, fourrages, logemens de gens de guerre, paffages, ou autre chofe à la charge defdits Pays & Etats, fous quelque prétexte que ce foit; & de même lefdits Etats, places, lieux, & fujets ne pourront auffi fournir aucune defdites chofes aux ennemis de Sa Majefté Très-Chrétienne, laquelle s'oblige auffi & promet de fon côté, que fi dans l'Empire on venoit à prendre des réfolutions pareilles à celles dont il eft parlé dans cet Article, au préjudice des Rois de la Grande-Bretagne & de Pruffe, Sa Majefté Très-Chrétienne prendra ouvertement leur parti, & ne manquera pas de les affifter avec toute la vigueur néceffaire en conformité de ce Traité, jufqu'à ce que les troubles, torts & infractions ceffent entiérement. „

„ Ces Articles féparés auront la même force, que s'ils avoient été inférés de mot à mot dans le Traité conclu & figné cejourd'hui; ils feront ratifiés de la même maniere, & les ratifications en feront échangées dans le même temps que le Traité. „

„ En foi de quoi nous fouffignés, en vertu des pleins pouvoirs communiqués cejourd'hui de part & d'autre, avons figné ces Articles & y avons appofé les Cachets de nos Armes. Fait à Hanovre le 3 Septembre 1725. „

(L. S.) Broglio. (L. S.) Townshend. (L. S.) De Wallenrodt.

INVITATION

Des Alliés d'Hanovre à Leurs Hautes Puiffances.

Dès que l'Alliance d'Hanovre fut conclue, les trois Puiffances la firent communiquer aux Etats Généraux des Provinces-Unies, conformément à l'Article VII, par leurs Miniftres, le Marquis de Fénélon, & Mrs. Finch & Meindertzhagen, le 13 Octobre 1725. Deux jours après, ces Miniftres eurent une conférence avec les Députés des Etats Généraux qui leur déclarerent, » que Leurs Hautes Puiffances avoient reçu avec plaifir la communication du Traité & des Articles féparés conclus le 3 du mois de Septembre dernier à Hanovre entre Leurs Majeftés les Rois de France, de la Grande-Bretagne & de Pruffe, & qu'elles étoient très-obligées à Leurs Majeftés de la diftinction, avec laquelle Leurs Hautes Puiffances font invitées nommément à l'Acceffion audit Traité; que fuivant la conftitution du Gouvernement de l'Etat, Leurs Hautes Puiffances étoient d'intention d'envoyer ledit Traité aux Etats des Provinces refpectives, pour favoir leur réfolution fur ce fujet; mais qu'avant cela Leurs Hautes Puiffances avoient jugé à propos de demander, fi Meffrs. les Miniftres fufdits pourroient donner quelques éclairciffemens fur le fufdit Traité; que ces Miniftres ayant demandé fur quoi rouloient les éclairciffemens que l'on requéroit d'eux, Meffrs. les Députés leur avoient expliqué leurs fentimens particuliers; fauf les remarques plus précifes, qui pourroient être faites fur ledit Traité, favoir. »

» En premier lieu, que ce Traité leur paroiffoit impliquer une garantie des Traités de Weftphalie & d'Oliva, mais que Leurs Hautes Puiffances n'étant point garantes de ces Traités, ne fauroient que s'engager par leur Acceffion à cette garantie, & que comme ce feroit un nouvel engagement, cette affaire pourroit trouver de grandes difficultés dans les délibérations fur cette Acceffion. „

» En fecond lieu, qu'il étoit notoire que felon les principes de Leurs Hautes Puiffances, les Habitans des Pays-Bas Autrichiens ne font pas en droit de naviger & trafiquer aux Indes, & cela en vertu du Traité de paix conclu en 1648 entre l'Efpagne & l'Etat; que par conféquent, il feroit néceffaire de favoir, fi l'intention des trois Puiffances étoit de garantir le droit, que Leurs Hautes Puiffances ont acquis par le Traité de Munfter, & en cas que Leurs Hautes Puiffances fe ferviffent de leur droit,

que

que des inconvénients & troubles en survinssent, & que spécialement les subsides & intérêts dûs à l'Etat fussent arrêtés aux Pays-Bas Autrichiens, si cela seroit considéré comme un *Casus Fœderis*. "

„ En troisieme lieu, que dans le deuxieme Article dudit Traité étant stipulé une garantie mutuelle des Etats, Pays & Villes de chaque Puissance, tant en Europe que hors de l'Europe, par une suite dudit Article, cette garantie seroit étendue aux droits, immunités & avantages d'un chacun, & en particulier à ceux, qui concernent le Commerce, mais que la clause, tant en Europe que hors de l'Europe, n'étant point répétée, il en pourroit naitre quelque réflexion d'ambiguité qui devroit être levée par une élucidation. "

„ Que Monsieur le Marquis de Fenelon prenant la parole avoit répondu, à l'égard du premier point, que Sa Majesté le Roi de France avoit prévu la difficulté formée sur ce sujet, puisque ses ordres portoient, que par rapport à la garantie des Traités de Westphalie & d'Oliva, à laquelle Leurs Hautes Puissances n'étoient point obligées, Sa Majesté ne prétendoit autre chose qu'une égalité, en sorte que Sa Majesté se chargeant de la Garantie du Traité de Munster & de celui de la Barriere, sans y être obligée, Leurs Hautes Puissances, en conséquence de cette regle d'égalité, se chargeroient de la garantie des Traités de Westphalie & d'Oliva; mais que cette difficulté pourroit être levée, si Leurs Hautes Puissances, en accédant audit Traité, garantissoient non pas les Traités de Westphalie & d'Oliva en général, mais le droit que les Puissances contractantes toutes & chacune en particulier ont acquis par lesdits Traités, de la même maniere que Sa Majesté le Roi de France de son côté garantiroit non pas le Traité de Munster entre l'Espagne & l'Etat, ni le Traité de la Barriere en général, mais le droit que Leurs Hautes Puissances ont acquis par ces Traités, & que de cette maniere l'obligation seroit mise à l'égal, & que par la négociation, on conviendroit plus précisément sur les termes pour exposer tous les points auxquels la garantie seroit étendue. "

„ Que quant au quatrieme point, Mr. le Marquis de Fenelon avoit dit, qu'il avoit ordre de déclarer que l'intention du Roi son maître n'étoit pas d'exclure aucune partie du Commerce de l'Etat, & qu'au cas qu'on vint à traiter, & qu'on exigeât de la part de l'Etat quelque dénomination plus particuliere au sujet des inconvéniens, qui pourroient naitre à son préjudice à l'occasion du Commerce tant en Europe qu'ailleurs, il ne seroit laissé aucune réflexion de doute ou d'ambiguité par rapport à l'étendue de l'intention de Sa Majesté sur ce sujet, ni par rapport à la disposition de Sa Majesté, pour comprendre dans ces engagemens tout ce qui pourroit causer du préjudice à l'Etat en général & en particulier, tant à l'égard du Commerce d'Ostende, qu'à l'égard des sommes négociées & hypothéquées sur les Pays-Bas, des subsides pour l'entretien des Garnisons de l'Etat, & des conséquences & suites qui pourroient résulter de la saisie ou retenue du paiement d'iceux, si bien que dans les négociations on trouveroit toute facilité, en ce que, selon l'équité, on pourroit demander de Sa Majesté pour la sûreté de l'Etat, & pour la conservation de son droit à tous les égards que ci-dessus est dit. "

„ Que pour le troisieme point, Mr. le Marquis de Fenelon avoit cru d'y avoir répondu suffisamment par ce qui est expliqué sur les premiers deux points. "

„ Que Mrs. Finch & Meindertzhagen avoient témoigné, que quoiqu'ils n'eussent aucun ordre qu'en général, d'aller de concert pour le même but avec Mr. l'Ambassadeur de France, ils ne doutoient nullement que les Rois leurs maitres seroient du même sentiment à l'égard des éclaircissemens susdits, Mr. Finch ayant ajouté touchant la navigation des Pays-Bas Autrichiens aux Indes, qu'il savoit que l'intention de Sa Majesté Britannique étoit de garantir le droit de Leurs Hautes Puissances à cet égard en toutes ses parties. "

Leurs Hautes Puissances ayant reçu ces explications, en firent la matiere de la Lettre qu'elles écrivirent aux Provinces pour leur proposer cette importante affaire. Nous n'entrerons pas ici dans le détail des délibérations & des remarques de chaque Province sur cette proposition, afin de voir tout ce que firent les Cours de Vienne & de Madrid pour détourner la République de donner un nouveau poids à cette Alliance, en y accédant. Il est vrai que peut-être cette délibération auroit pu être moins longue, même suivant la Constitution du Gouvernement, mais des raisons d'Etat & l'espérance que l'on avoit conçu d'obtenir de l'Empereur le redressement du plus important grief, c'est-à-dire, la suppression de la Compagnie d'Ostende, sans entrer dans cette Alliance, fit trainer cette affaire, ce qui donna lieu aux Ministres de l'Empereur & d'Espagne de faire briller leurs talens pour la négociation & leur zele pour leurs maitres.

Le premier étoit le Comte de Konigsegg-Erps, Envoyé Extraordinaire de l'Empereur, & qui avoit succédé dans ce poste au Comte Léopold de Windisgratz en 1725.

Le Ministre d'Espagne étoit le Marquis de Saint Philippe, Ambassadeur de Sa Majesté Catholique, qui releva le Marquis de Monteleon, en Février 1726.

Nous regrettons de ne pouvoir entrer ici dans les détails de cette négociation aussi adroite qu'intéressante, qui produisit quantité de Mémoires, de Lettres & d'autres pieces très-bien raisonnées. Après une année presque entiere de délibérations, de débats & de conférences, les Etats-Généraux prirent le parti d'accéder au Traité d'Hanovre. L'Acte en fut signé assez subitement & dans le temps qu'on s'y attendoit d'autant moins que la Province d'Utrecht refusoit encore son consentement: on fit jouer quelques ressorts pour terminer cette affaire tout-d'un-coup.

ACTE D'ACCESSION DES PROVINCES-UNIES

Au Traité d'Alliance défensive

Signé à Hanovre, le 3 Septembre 1725.

Au nom de la très-sainte & indivisible Trinité.

„COMME Leurs Majestés le Roi très-Chrétien, le Roi de la Grande-Bretagne & le Roi de Prusse, tant pour serrer les nœuds de l'étroite Union qui subsiste entre elles, que pour la sûreté de leurs propres Royaumes & États, aussi bien que pour la conservation de la Paix, & de la tranquillité publique, ont jugé à propos de faire entr'eux une Alliance, dont le Traité a été conclu à Hanovre le 3 Septembre 1725, avec trois Articles séparés, lesquels ont été communiqués à Leurs Hautes Puissances les Seigneurs États-Généraux des Provinces-Unies des Pays-Bas, par le Sieur Marquis de Fenelon, Ambassadeur de France, par le Sieur Finch, Envoyé extraordinaire de la Grande-Bretagne, & par le Sieur Meyndertzhagen, Envoyé extraordinaire du Roi de Prusse, qui au nom des Rois leurs maîtres conjointement ont invité lesdits Seigneurs États-Généraux d'accéder à ce Traité & aux Articles séparés, conformément à ce dont ils étoient convenus dans le septieme Article du même Traité, lequel avec les Articles séparés sont ici mot à mot insérés. "

Fiat insertio.

„Et comme lesdits Seigneurs États-Généraux après avoir vu & examiné ce Traité & ses Articles séparés, ont témoigné qu'ils sont entièrement sensibles à l'honneur que Leursdites Majestés leur ont fait par une invitation si prompte & si obligeante d'accéder à cette Alliance, & qu'ils reconnoissent en même temps les soins qu'elles ont eu en faisant ce Traité tant pour la conservation du repos public en général (sans lequel celui de leur République ne peut être assuré) qu'en particulier pour le maintien de son Commerce, sans lequel elle ne peut point subsister, & comme ils ont ajouté qu'ils sont pleinement convaincus que le but de cette Alliance ne tend nullement à donner la moindre atteinte à aucun Traité ou Alliance précédente, contractée soit entre les Hauts Contractans de celle-ci, soit par eux ou par l'un d'eux avec d'autres Princes ou Etats ; mais que plutôt l'intention est de les maintenir & de les corroborer, & que le grand but de cette Alliance tend uniquement à se lier plus étroitement ensemble, sans offense de qui que ce soit, pour la garantie, la protection & le maintien de tous les Etats, Pays & Villes, tant en dedans que dehors de l'Europe,

dont chacun des alliés fera actuellement en poffeffion au temps de la fignature de cette Alliance, auffi bien que des droits, immunités & avantages,
& en particulier ceux qui regardent le Commerce, tant dedans que dehors
de l'Europe, dont chacun des alliés jouit au temps de la fignature de cette
Acceffion."

„ De plus lefdits Seigneurs Etats-Généraux, étant dans une ferme perfuafion
qu'en accédant audit Traité d'Hanovre, l'on n'exige pas d'eux de fe
charger de la Garantie générale des Traités de Weftphalie & d'Oliva,
dont il eft fait mention dans l'Article 5 du Traité d'Hanovre & dans le
premier des Articles féparés, à laquelle Garantie générale ils ne fe font
jamais engagés; mais que leur Garantie, à cet égard, s'étend uniquement
aux droits & poffeffions que les Hauts Alliés ou quelqu'un d'eux ont acquis
par ces Traités & dont ils jouiffent au temps de la fignature, & au cas
du Traité defdites poffeffions & droits, & que c'eft là l'intention de Leurs
Majeftés. "

„ Quant aux affaires de Thorn, dont il eft fait mention dans le premier
des Articles féparés du Traité d'Hanovre, ils s'engagent feulement d'employer, conjointement avec les Hauts Contractans, leurs offices amiables pour
obtenir une raifonnable fatisfaction & réparation des infractions qui pourroient être faites au Traité d'Oliva; & en cas que ces amiables offices fuffent fans effet & qu'on trouvât néceffaire de faire quelque chofe de plus,
alors ils auront en cela une pleine liberté dans leur délibération, fans être
obligés à rien de plus qu'aux bons offices, à moins qu'ils n'y donnent un
nouveau confentement. "

„ Enfin puifque cette Alliance entr'autres a pour but l'établiffement d'une
entiere confiance entre les parties contractantes, les Seigneurs Etats-Généraux fuppofent que les alliés fe communiqueront mutuellement en toute
confidence leurs penfées fur les voyes & moyens qu'on jugera les plus
efficaces en cas de befoin, pour conferver & maintenir les poffeffions &
droits fufmentionnés, tant par rapport au commerce qu'autres, tant au
dedans que dehors de l'Europe."

„ Et comme dans la perfuafion & ferme confiance, que c'eft là le véritable but & intention de leurfdites Majeftés, lefdits Seigneurs Etats-Généraux, pour donner une marque de leur défir de s'unir étroitement avec
elles, & de la haute eftime qu'ils ont pour leur amitié & Alliance, ont
réfolu d'accéder au Traité & aux Articles féparés ci-deffus inférés, & à cet
effet ils ont nommé les Srs. Chrétien Charles Baron de Lintelo, Seigneur
d'Effe, Baillif de Lochum & Droffart de Bedevors: Arnold de Zuylen de
Nievelt, ancien Bourg-meftre & Sénateur de la ville de Rotterdam, Ruard de
la terre de Putten, Baillif & Dyckgraaf de Shieland: Ifaac van Hoornbeeck, Confeiller-Penfionnaire des Etats de la Province de Hollande & de
Weftfrife, Garde du Grand Sceau & Sur-Intendant des fiefs de la même
Province; Nicolas-Henri Noey, ancien Bourg-meftre de la ville de Tho-

len; Gerard Godart Tats van Ameronge, Chevalier de l'Ordre Teutonique, Commandeur du même Ordre à Doelburgh, élu dans le premier membre des Etats de la Province d'Utrecht, Grand-Veneur de la même Province; Jean-Abraham van Schurman, Bourg-meftre & Sénateur de la ville de Slot; Evrard Roule, Bourg-meftre de la ville de Deventer; & Lambert-Henri Emmert, Sénateur de la ville de Groningen, tous Députés à l'aſſemblée deſdits Seigneurs Etats-Généraux de la part des Etats de Gueldre, de Hollande & de Weftfriſe, de Zeelande, d'Utrecht, de Friſe, d'Overyſſel, de Groningue & Omme-Landen; & les ont munis d'un plein pouvoir pour convenir de cette Acceſſion avec les Srs. Marquis de Fenelon, Plénipotentiaire de Sa Majefté Très-Chrétienne; Finch, Plénipotentiaire de Sa Majefté le Roi de la Grande-Bretagne, & de Meyndertzhagen, Plénipotentiaire de Sa Majefté le Roi de Pruffe, pareillement munis de pleins pouvoirs. «

» Leſquels ayant conféré enſemble, ſont convenus de la maniere ſuivante. Que leſdits Seigneurs Etats-Généraux accéderont (ainſi que leſdits Srs. Députés & Plénipotentiaires ont déclaré d'accéder en leur nom & de leur part, audit Traité & Articles ſéparés :) les obligeant envers leurſdites Majeftés à tout ce qui y eft contenu, tout de même comme s'ils avoient contracté avec elles dès le commencement. Et que leurs Majeftés avouant leur but & intention être tels qu'il eft exprimé ci-devant, accepteront l'Acceſſion de Leurs Hautes Puiſſances, ainſi que leſdits Srs. Ambaſſadeurs, Miniftres & Plénipotentiaires ont déclaré d'accepter, au nom & de la part de leurſdites Majeftés, cette Acceſſion, les obligeant envers Leurs Hautes Puiſſances à tout ce qui eft contenu dans ledit Traité & Articles ſéparés, tout de même comme ſi elles avoient contracté avec leurs Majeftés dès le commencement. «

» Le ſecours que donneront Leurs Hautes Puiſſances en cas de beſoin n'ayant pu être réglé dans le Traité, on eft convenu qu'il ſera de 4 mille hommes d'Infanterie & de mille de Cavalerie. En élucidation de l'Article ſixieme du Traité, il eft déclaré qu'après l'expiration des quinze années y mentionnées, le tout retombera dans les termes des Traités précédens qui ſubſiſteront entre les hauts contractans, & ſpécialement dans les termes de la ſtipulée Alliance de l'an mil ſept cent & dix-ſept. «

„ Ce préſent Traité pour l'Acceſſion des Etats-Généraux ſera approuvé & ratifié par Leurs Majeftés le Roi Très-Chrétien, le Roi de la Grande-Bretagne & le Roi de Pruffe & par les Seigneurs Etats-Généraux des Provinces-Unies des Pays-Bas, & les ratifications feront fournies ici à la Haye, dans l'eſpace de deux mois du jour de la ſignature du préſent, ou plutôt s'il eft poſſible : en foi de quoi nous ſouſſignés, conſtitués Plénipotentiaires à l'effet des précédentes, & munis des pleins pouvoirs de Leurs Majeftés le Roi Très-Chrétien, le Roi de la Grande-Bretagne & le Roi de Pruffe, & deſdits Seigneurs Etats-Généraux, avons ſigné le préſent

Traité, & y avons fait apposer le cachet de nos armes. Fait à la Haye le 9 d'Août 1726. «

Etoit signé,

(L. S.) LE MARQUIS (L. S.) C. C. DE LINTELO.
DE FENELON. (L. S.) A. v. ZUYLEN VAN NYVELT.
(L. S.) W. FINCH. (L. S.) IS. VAN HOORNBEECK.
(L. S.) N. J. H. NOEY.
(L. S.) A. v. SCHURMAN.
(L. S.) EVRARD ROUSE.
(L. S.) L. A. EMMERT.

ARTICLE SÉPARÉ ET SECRET.

» LES Seigneurs Etats-Généraux ayant repréfenté qu'il pouvoit arriver des cas, où en haine de l'Acceffion fignée cejourd'hui, ils pourroient être attaqués ou troublés de maniere qu'ils feroient obligés d'avoir d'abord recours à la voie des armes pour leur défenfe, & qu'alors le temps nécef-faire pour attendre le fuccès des offices qui auront été employés, & après lefquels feulement leurs alliés font obligés de leur fournir les fecours fti-pulés par l'Article troifieme du Traité d'Hanovre, pouvoit leur caufer un préjudice confidérable, & les laiffer expofés aux attaques les plus vives fans les fecours des Princes leurs alliés, Leurs Majeftés Très-Chrétienne, Britannique, & Pruffienne, pour donner aux Seigneurs Etats-Généraux une nouvelle preuve de l'intérêt qu'elles prennent à la confervation de leur République, ont bien voulu s'engager & promettre que dans les cas fufdits qui mettoient ladite République dans un danger évident, elles fourniront les fecours ftipulés par l'Article troifieme fufmentionné, même fans attendre le fuccès des offices & des inftances qu'elles auroient commencé à employer auprès de l'agreffeur pour procurer la fatisfaction ou réparation requife. «

» Cet Article demeurera fecret & aura la même force que s'il avoit été inféré de mot à mot dans le Traité conclu & figné aujourd'hui ; il fera ratifié de la même maniere, & les ratifications en feront échangées dans le même temps que le Traité. En foi de quoi nous fouffignés conftitués Plé-nipotentiaires, en vertu des pleins pouvoirs de Leurs Majeftés le Roi Très-Chrétien, le Roi de la Grande-Bretagne & le Roi de Pruffe, & les Sei-gneurs Etats-Généraux des Provinces-Unies, avons figné le préfent Article, & y avons fait apposer le cachet de nos armes. Fait à la Haye le 9 d'Août 1726. «

Signé,

(L. S.) LE MARQUIS DE FENELON.
(L. S.) W. FINCH.

(*Etoit figné par les mêmes Députés qui ont figné l'Acte d'Acceffion.*)

DÉCLARATION.

» COMME dans le quatrieme Article du Traité figné à Hanovre le 3 Septembre 1725, entre Leurs Majeftés le Roi Très-Chrétien, le Roi de la Grande-Bretagne & le Roi de Pruffe, il eft parlé, entr'autres cas y mentionnés, de l'examen de ce qui feroit propre à maintenir l'équilibre de l'Europe qu'il eft néceffaire de conferver pour le bien de la paix en général, les Députés des Etats-Généraux des Provinces-Unies, du confentement des Miniftres des trois Puiffances contractantes, ont réfervé que Leurs Majeftés venant à juger néceffaire de concerter enfemble & avertir lefdits Seigneurs Etats-Généraux fur des points qui auroient pour objet le maintien d'un équilibre dans l'Europe, les Seigneurs Etats-Généraux conferveront fur tout ce qui leur feroit propofé de concerter à cet égard, la même liberté qu'ils ont eue avant leur Acceffion audit Traité, fans que par leur Acceffion ils fuffent tenus de prendre part aux mefures dont ils ne demeureront point d'accord. «

» Cette Déclaration fera ratifiée de la même maniere, & les ratifications en feront échangées dans le même temps que celles du Traité. De quoi nous fouffignés, conftitués Plénipotentiaires', en vertu des pleins pouvoirs de Leurs Majeftés le Roi Très-Chrétien, le Roi de la Grande-Bretagne & le Roi de Pruffe, & des Seigneurs Etats-Généraux des Provinces-Unies, avons figné la préfente déclaration, & y avons fait appofer le cachet de nos armes. Fait à la Haye le 9 d'Août 1726. «

Signé,

(L. S.) LE MARQUIS DE FENELON.
(L. S.) W. FINCH.

(*Etoit figné par les mêmes Députés
qui ont figné l'Acte d'Acceffion.*)

Article féparé touchant le Commerce des Pays-Bas Autrichiens aux Indes.

» QUOIQU'IL foit clair & inconteftable que Leurs Hautes-Puiffances les Seigneurs Etats-Généraux des Provinces-Unies des Pays-Bas, par le cinq & fixieme Article du Traité de Munfter de l'an 1647, entre l'Efpagne & la République des Provinces-Unies, ont acquis un droit qui exclut les Sujets des Pays-Bas Autrichiens auffi-bien que de tout autre Pays, qui a fait alors partie de la Monarchie d'Efpagne, de la Navigation & du Commerce aux Indes, dans les limites des Privileges ou Octroi que lefdits Seigneurs Etats-Généraux ont accordés à leurs Compagnies des Indes d'Orient & d'Occident, & que par conféquent ce droit tombe notoirement dans la Garantie des droits à laquelle les Alliés se font mutuellement obligés par l'Article deuxieme du Traité conclu à Hanovre le trois Septembre 1725; néanmoins pour ôter là-dessus tout sujet de doute & de scrupule, les soussignés Ambassadeurs, Envoyés Extraordinaires & Plénipotentiaires de Leurs Majestés Très-Chrétienne & Britannique, à la réquisition des soussignés Députés Plénipotentiaires de Leurs Hautes-Puissances, ont bien voulu déclarer, comme ils déclarent par ces présentes au nom & de la part de Leurs Majestés, que le susdit droit résultant des Articles cinquieme & sixieme du Traité de Munster est compris sous les droits que les Alliés garantissent dans l'Article second du Traité de Hanovre, & que si à cause de l'exercice de ce droit, ou en haine de cette Alliance, il arrivoit quelque brouillerie, & que Sa Majesté Impériale, contre toute attente, voulût suspendre ou retenir le paiement des subsides dûs à la République pour l'entretien de ses Troupes dans les places de la Barriere, ou le paiement des intérêts & Capitaux hypothéqués sur divers fonds assignés par Sa Majesté Impériale pour la sûreté de ce paiement, ou voulût user de quelque sorte de représailles ou voies de fait, que l'intention de Leursdites Majestés est, que les Alliés protégeront & maintiendront lesdits Seigneurs Etats-Généraux, conformément à l'Alliance à laquelle ils ont accédé aujourd'hui, & se concerteront sans aucun retardement sur les moyens les plus efficaces & les plus propres, à maintenir lesdits Seigneurs Etats-Généraux dans ce droit & dans l'exercice de ce droit, & les garantiront de toutes les suites qui en pourroient résulter, sans pourtant que l'on puisse procéder aux voies de fait contre la Compagnie d'Ostende dans les Indes ou ailleurs, avant que les Puissances contractantes de cette Alliance se soient concertées là-dessus. Cet Article séparé aura la même force que s'il avoit été inséré de mot à mot dans le Traité conclu & signé cejourd'hui. Il sera ratifié de la même maniere, & les Ratifications en seront échangées dans le même temps que le Traité. En foi de quoi nous soussignés, constitués Plénipotentiaires, en vertu des pleins pouvoirs de Leurs Majestés le Roi Très-Chrétien, & le Roi de la Grande-Bretagne & des Seigneurs Etats-Généraux, avons signé le présent Article, & y avons fait apposer les Cachets de nos Armes. Fait à la Haye ce 9 Août 1725.

(Etoit signé par les deux Ministres de France & d'Angleterre, de même que par les Députés, comme ci-dessus)

D É C L A R A T I O N.

» LES Députés des Seigneurs Etats-Généraux des Provinces-Unies ayant communiqué aux Ministres de Leurs Majestés le Roi Très-Chrétien, le Roi de la Grande-Bretagne & le Roi de Prusse, la Résolution prise par Leurs Hautes-Puissances d'accéder au Traité d'Hanovre, sur l'invitation qui leur en avoit été faite par lesdits Ministres de la part de Leurs Majestés, &

ayant

ayant ajouté qu'eux Srs. Députés étoient munis d'un plein pouvoir, & qu'ils étoient prêts à procéder à la Conclusion & à la Signature du Traité & des Articles séparés, dressés sur cette accession. Le Sr. Marquis de Fenelon, Plénipotentiaire de Sa Majesté Très-Chrétienne, & le Sr. Finch, Plénipotentiaire de Sa Majesté Britannique, ont déclaré, que de même ils étoient munis de pleins pouvoirs, & qu'ils étoient prêts à conclure & signer; mais le Sr. de Meinertzhagen, Ministre de Sa Majesté Prussienne, ayant dit qu'il n'avoit point encore reçu les ordres, ni le plein pouvoir du Roi son Maître au même effet; les Ministres Plénipotentiaires de Leurs Majestés Très-Chrétienne & Britannique, comme aussi les Députés & Plénipotentiaires des Seigneurs Etats-Généraux, considérant qu'il n'y avoit plus de temps à perdre, & que tout ultérieur délai qu'on apporteroit à perfectionner l'Accession de la République au Traité d'Hanovre, ne pourroit être que très-désavantageux au but qu'on s'est proposé dans ce Traité, & en même temps n'ayant aucun lieu de douter que Sa Majesté le Roi de Prusse n'autorise aussi son Ministre pour la Signature du Traité de l'Accession & des Articles séparés; c'est par cette considération & dans cette ferme confiance, qu'ils ont procédé à la Signature du présent Traité & des Articles séparés, laissant la place ouverte pour le Ministre de Sa Majesté le Roi de Prusse pour signer de même, aussi-tôt qu'il aura reçu son plein pouvoir. «

» Cependant il a été convenu & stipulé par cet Article séparé, que si contre toute attente, Sa Majesté le Roi de Prusse ne prenoit pas cette Résolution, ledit Traité & les Articles séparés ne laisseroient pas d'avoir leur effet & d'être exécutés par les Puissances Contractantes dans toutes leurs clauses, de la maniere qu'il a été stipulé, & que les Ratifications en seront échangées dans le temps marqué. «

» En foi de quoi, nous soussignés, constitués Plénipotentiaires en vertu des pleins pouvoirs de Leurs Majestés le Roi Très-Chrétien, & le Roi de la Grande-Bretagne, & des Seigneurs Etats-Généraux, avons signé le présent Article, & y avons fait apposer le cachet nos armes. Fait à la Haye le 9 Août 1726. «

Étoit signé par les Ministres & Députés comme ci-devant.

Acte d'Accession de la Couronne de Suede à l'Alliance de Hanovre.

Au Nom de la Très-Sainte Trinité.

NOTOIRE soit à tous & chacun, à qui il appartient, ou qu'il pourra appartenir. Sa Majesté le Sérénissime Roi de Suede, ayant été amiablement invité de la part de Leurs Majestés les Sérénissimes Rois de la Grande-Bretagne, Très-Chrétien, & de Prusse, par leurs Ministres, de vouloir bien accéder à l'Alliance défensive que Leurs Majestés ont conclue à Hanovre le 3 Septembre 1725, & aux trois Articles séparés y joints, lesquels, aussi-bien que ladite Alliance, auroient uniquement pour objet le maintien & la confervation de la tranquillité publique, & en particulier de celle du Nord, & dont la teneur s'enfuit.

Fiat Infertio.

Et Sa Majefté le Séréniffime Roi de Suede étant toujours difpofé à concourir à un but fi falutaire, & voulant faire connoître combien cette invitation lui a été agréable, a muni de fon plein pouvoir en forme due, fes Commiffaires les Sénateurs du Royaume de Suede & Membres de la Chancellerie fouffignés, pour entrer en conférence avec les fouffignés Miniftres de Leurs Majeftés le Roi de la Grande-Bretagne & le Roi Très-Chrétien, munis de pleins pouvoirs pareils, pour négocier & convenir de l'acceffion de Sa Majefté le Roi & la Couronne de Suede audit Traité d'Alliance conclu à Hanovre, & pour en dreffer & figner un Acte formel. Lefdits Commiffaires & Miniftres Plénipotentiaires ayant été fur ce fujet plufieurs fois en conférence, & ayant produit leurs pleins pouvoirs de part & d'autre, font convenus de ce qui fuit.

» Sa Majefté le Séréniffime Roi & la Couronne de Suede déclarent & promettent, que Sadite Majefté, fes héritiers & fucceffeurs accédent pleinement à l'Alliance défenfive conclue à Hanovre, & ci-deffus inférée, de même qu'aux trois Articles féparés, qui s'y trouvent joints, & que Sa Majefté & la Couronne de Suede, en vertu de cette Acceffion, fe joignent & s'affocient, comme partie principale contractante, à Leurs Majeftés les Séréniffimes Rois de la Grande-Bretagne & Très-Chrétien, s'obligeant & s'engageant Lefdites Majeftés, leurs héritiers & fucceffeurs, conjointement & féparément, d'obferver & de remplir de bonne foi & réellement toutes les conditions & claufes, comprifes dans ledit Traité d'Alliance défenfive, & fes trois Articles féparés, & de fournir, quand le cas d'Alliance exiftera, un fecours de trois mille hommes d'Infanterie, & de deux mille hommes de Cavalerie, conformément aux obligations du Traité, le tout de la maniere & auffi fidélement, comme fi Sa Majefté & la Couronne de Suede avoient été, du commencement, partie principale contractante avec les fufdits Séréniffimes Rois Alliés, & avoient conclu avec Leurfdites Majeftés conjointement ou féparément les Articles, conditions exprimées dans cette Alliance défenfive, & fes Articles féparés. »

» Leurs Majeftés les Séréniffimes Rois de la Grande-Bretagne & Très-Chrétien admettent & affocient Sa Majefté & la Couronne de Suede au fufdit Traité d'Hanovre, de même qu'aux trois Articles féparés, qui s'y trouvent joints, comme partie principale contractante; déclarent & promettent de leur côté, que Leurs Majeftés, leurs héritiers & fucceffeurs, obferveront & rempliront conjointement & féparément, de bonne foi & réellement envers Sa Majefté le Séréniffime Roi & la Couronne de Suede, toutes les conditions & claufes contenues dans ladite Alliance défenfive & fes Articles féparés. «

» Cet Acte d'Acceffion fera approuvé & ratifié de la part de Sa Majefté & de la Couronne de Suede & de Leurs Majeftés les Rois de la Grande-Bretagne & Très-Chrétien, & les ratifications en feront fournies dans l'efpace de deux mois, à compter du jour de la fignature du préfent Acte, ou plutôt fi faire fe peut. «

En foi de quoi, Nous, en vertu de nos pleins pouvoirs refpectifs, avons figné ce préfent Acte, & y avons appofé les cachets de nos Armes. Fait à Stockholm le 14 Mars V. St. l'an 1727.

ARTICLES SÉPARÉS.

QUOIQUE par l'Acte d'Acceffion & d'admiffion, figné cejourd'hui, Sa Majefté & la Couronne de Suede accedent purement & fimplement au Traité d'Hanovre, les Commiffaires de Sa Majefté font néanmoins convenus avec les Miniftres Plénipotentiaires de Leurs Majeftés Britannique & Très-Chrétienne des exceptions & Articles qui fuivent.

» I. Comme l'Alliance défenfive, conclue à Hanovre le 3 Septembre 1725, n'a pour but que la paix & la tranquillité de l'Europe, & particuliérement celle du Nord, Sa Majefté le Roi & la Couronne de Suede, auffi-bien que Leurs Majeftés les Rois de la Grande-Bretagne & Très-Chrétienne déclarent, que n'étant point engagées par aucun Traité ni conventions avec d'autres Puiffances qui feroient contraires à cette Alliance, lefdits Traités & conventions ne pourront être affoiblis par cette Acceffion, mais refteront dans leur entiere vigueur; & Leurs Majeftés déclarent en même temps, qu'elles font dès-à-préfent, & feront toujours dans la ferme réfolution de garder & de remplir inviolablement tout ce qui eft ftipulé par la fufdite Alliance d'Hanovre, s'obligeant de part & d'autre, d'obferver fidélement tous les engagemens pris par le préfent Traité d'Acceffion & fes Articles féparés & fecrets, fans y manquer ni contrevenir en aucune maniere, fous prétexte des Traités & engagemens antérieurs, ni fous quelqu'autre que ce foit. «

» II. Sa Majefté & la Couronne de Suede n'ayant point préfentement des poffeffions hors de l'Europe, fe réfervent que leur garantie ne s'étendra point hors des limites de l'Europe. «

» III. Le Roi & la Couronne de Suede ayant témoigné qu'ils fouhaiteroient de n'être pas dans l'obligation d'envoyer les troupes ftipulées de leur part dans l'Acte d'Acceffion au Traité d'Hanovre, & par l'Article fecret du préfent Traité d'Acceffion, dans des pays trop éloignés, il eft convenu entre les parties contractantes, que le cas du préfent Traité arrivant, lefdites troupes ne pourront être employées en Italie ni en Efpagne, mais bien par-tout ailleurs. Leurs Majeftés Britannique & Très-Chrétienne con-

fervant toujours le Droit d'exiger le contingent de cinq mille hommes, ftipulé de la part du Roi & de la Couronne de Suede, dans l'Acte de leur
Acceffion au Traité d'Hanovre, en argent ou vaiffeaux, conformément à ce
qui eft réglé dans ledit Traité d'Hanovre. «

» IV. Sa Majefté & la Couronne de Suede , pour ôter toute poffibilité
de doute par rapport aux Actes mentionnés dans le cinquieme Article du
Traité d'Hanovre, comme ayant ftatué fur les affaires de l'Empire, déclarent, que par lefdits Actes elles n'en entendent point d'autres que ceux
qui ont été acceptés & approuvés par les Etats de l'Empire de la maniere
accoutumée. «

» V. Sa Majefté le Roi & la Couronne de Suede déclarent, qu'elles accedent aux deux derniers Articles féparés du Traité d'Hanovre, n'y trouvant rien qui foit contraire aux obligations , dont Sadite Majefté eft tenue envers l'Empereur & l'Empire en qualité de Prince de l'Empire. «

» Comme par cette Acceffion Sa Majefté le Roi & la Couronne de
Suede n'entrent en aucun engagement avec quelqu'autre Puiffance que ce
foit, horfmis celles qui font nommément comprifes dans le Traité d'Hanovre, & dont les Miniftres fignent à-préfent, Sadite Majefté & la Couronne
de Suede, de même que Leurs Majeftés le Roi de la Grande-Bretagne & le
Roi Très-Chrétien s'entre-promettent réciproquement, de ne point entrer
à l'infu l'un de l'autre, & fans un concours mutuel, dans aucun engagement avec quelque autre Puiffance qui puiffe être contraire, ou invalider en
quelque maniere ce Traité , ces Articles féparés & fecrets. «

» VII. Leurs Majeftés Suédoife, Britannique & Très-Chrétienne font
convenues & s'entre-promettent réciproquement, que fi en haine du préfent Traité, ou fous quelque autre prétexte également injufte , elles venoient à être attaquées, troublées ou infeftées, conjointement ou féparément par quelque Puiffance que ce fut, elles feront caufe commune contre l'Agreffeur, qu'elles fe fecourront & s'entre-aideront mutuellement, de
bonne foi & de la maniere la plus efficace , felon l'exigence du danger ,
& felon la fituation de leurs affaires refpectives, fans s'excufer fous le prétexte d'être elles-mêmes en guerre, ou fous quelque autre prétexte que ce
puiffe être. »

ARTICLE SECRET.

„ Leurs Majeftés Britannique & Très-Chrétienne, pour témoigner leur
amitié envers le Roi & la Couronne de Suede, promettent & s'engagent,
en vertu du préfent Article fecret, de payer à Hambourg, Amfterdam, ou
Londres, au choix de la Suede, chacune pendant trois années confécu-
ves, la fomme de cinquante mille livres fterling par an, ou leur valeur,
fuivant le change, payable en deux termes par an de fix en fix mois d'a-
vance, & dont le premier terme pour l'année courante fera payé d'abord
après l'échange des Ratifications, & le fecond terme de la même année peu

après, & auſſi-tôt que les arrangemens néceſſaires pour cela pourront être faits ; le troiſieme, prenant ſon commencement un an après l'échange des Ratifications, & ainſi des autres de ſix en ſix mois. "

„ Sa Majeſté & la Couronne de Suede s'obligent & promettent de leur côté par cet Article de tenir prêt, outre le ſecours, dont on eſt convenu par l'Acte de la préſente Acceſſion, encore un corps de ſept mille hommes d'infanterie, & trois mille hommes de cavalerie, pour être employés là où le cas d'Alliance le rendroit néceſſaire. "

„ Bien entendu, que lorſque Leurs Majeſtés Britannique & Très-Chrétienne requerront le ſervice de ces dix mille hommes, ils ſeront à leur ſolde, & non pas à celle du Roi de Suede, laquelle ſolde, auſſi-bien que ce qui regarde les recrues & autres circonſtances, qui en dépendent, ſeront alors réglées par une Convention particuliere, Sa Majeſté le Roi de Suede ſe réſervant le droit de rappeller ce corps de troupes, ou bien de ne le pas envoyer hors du Royaume toutes les fois qu'un danger réel & éminent le rendra néceſſaire pour la défenſe de ſes propres Etats & Provinces. "

„ Ces Articles ſéparés & ſecrets auront la même force, que s'ils avoient été inſerés de mot à mot dans l'Acte d'Acceſſion conclu & ſigné cejourd'hui ; ils ſeront ratifiés de la même maniere, & les Ratifications en ſeront échangées dans le même temps que l'Acte d'Acceſſion. En foi de quoi nous, en vertu de nos pleins pouvoirs reſpectifs, avons ſigné les préſens Articles ſéparés & ſecrets. Fait à Stockholm le 14 Mars V. St. l'an 1727. "

Pendant cette longue Négociation en Suede, le Comte de Camilly, Ambaſſadeur de France & le Lord Gleonarchy, Miniſtre de la Grande-Bretagne à la Cour de Danemarck, ne travaillerent pas avec moins d'application & de fruit à faire entrer cette Couronne dans les vues de l'Alliance qui uniſſoient leurs Maîtres. On peut croire que Sa Majeſté Danoiſe ne manquoit pas de diſpoſition à pencher de ce côté-là : tout l'y attiroit, il ſembloit même que pour ſe mettre à couvert des menaces continuelles des Ruſſiens & des Miniſtres de Holſtein, elle auroit pû ne pas attendre une invitation. Néanmoins cette Négociation fut longue & difficile pour deux raiſons principales, 1°. parce que la garantie des Droits reſpectifs ſtipulée dans l'Alliance ne pouvoit s'accorder avec les démêlés que cette Couronne avoit avec quelques Membres de l'Alliance ; & que quelques-uns de ces Membres ne pouvoient, ſans contrevenir à d'autres Traités, garantir à Sa Majeſté Danoiſe des choſes contraires aux Traités d'Altena & de Travendael. 2°. Parce qu'en changeant l'Acceſſion en une Convention ou Traité particulier entre le Roi de France & de la Grande-Bretagne & le Danemarck, celui-ci trouvoit un intérêt réel dans de gros ſubſides qui demanderent une longue diſcuſſion. Enfin la choſe fut terminée à la ſatisfaction mutuelle par une convention, par laquelle Sa Majeſté Danoiſe s'engage à avoir ſur pied un certain nombre de troupes au ſervice des deux Couronnes & de leurs Alliés, moyennant certains fubfides ftipulés. De cette maniere on évita de parler de reftitutions & autres Articles fcabreux, mais fur lefquels le Danemarck a la garantie des mêmes Couronnes par des Traités antérieurs. Quoiqu'il en foit, dès le moment de la fignature de cette Convention, la Couronne de Danemarck fut confidérée comme de l'Alliance de Hanovre.

Le Landgrave de Heffe-Caffel fe conduifit à-peu-près comme Sa Majefté Danoife, non que ce Prince ne fût volontiers entré dans une Alliance, dont la Religion étoit un article garanti ; mais Son Alteffe Séréniffime ayant été invité formellement par l'Empereur à accéder à l'Alliance de Vienne, même avec des offres confidérables, & n'ayant pas jugé à propos d'accepter ce parti, il lui fembla qu'il ne lui convenoit plus d'accéder à l'Alliance oppofée, ainfi il fe contenta de la Convention fuivante, qu'il fit avec le Roi d'Angleterre.

Convention entre le Roi de la Grande-Bretagne & le Landgrave de Heffe-Caffel, le 12 Mars 1726.

APRÈS que la Déclaration du Roi de la Grande-Bretagne faite au Landgrave de Heffe-Caffel, eut été acceptée & approuvée à Caffel le 25 Janvier 1726, par Son Alteffe Séréniffime ; Sa Majefté Britannique ayant approuvé les Conditions fpécifiées dans la fufdite Déclaration, a ordonné à fon principal Secrétaire d'Etat & Confeiller Privé le Vicomte Thownshend fouffigné, d'entrer en négociation avec le Miniftre de Sadite Alteffe Séréniffime, le Major-Général Diemer, & de dreffer une Convention en due forme fur le pied de ladite Déclaration, qui ayant conféré enfemble làdeffus, font convenus au nom du Roi & du Landgrave fufdits, des Articles fuivans.

„ I. Son Alteffe le Landgrave de Heffe-Caffel tiendra prêt, pour le fervice de Sa Majefté le Roi de la Grande-Bretagne, un Corps de 12000 hommes, favoir 8000 fantaffins & 4000 chevaux : lequel Corps fera employé, lorfque Sa Majefté le requerra, dans tous les lieux où il fera befoin, & toutes les fois que le cas de l'Alliance Défenfive, conclue à Hanovre le 3 Septembre dernier, le demandera. "

„ II. Comme Sadite Alteffe n'a pas préfentement un Corps de 12000 hommes effectifs fur pied, elle fera obligée de lever immédiatement ce qui manque, pour rendre ce Corps-là complet & en état de marcher. Elle fera auffi tenue à maintenir à fes propres frais ledit Corps de troupes pendant le terme de deux ans entiers, pour être toujours prêt à entrer en campagne, & au moment que Sadite Majefté le requerra pendant ledit temps. "

„ III. Le Miniftre dudit Landgrave ayant repréfenté que Sadite Alteffe, fon Maître, pour rendre ledit Corps complet, comme il eft mentionné cideffus, feroit obligée de lever au-delà de 3000 fantaffins & plus de 2000 chevaux, & de pourvoir de chevaux la plûpart des cavaliers qui n'en font pas pourvûs; Sa Majefté le Roi de la Grande-Bretagne, en confidération de la très-grande dépenfe que ledit Landgrave eft obligé de faire pour ces levées d'hommes & de chevaux pour monter les cavaliers fufdits, & pour l'entretien dudit Corps pendant le temps qu'il ne fera pas employé dans fon fervice, payera audit Landgrave la fomme de 125000 livres fterling, en deux payemens; favoir 72000 livres après la Ratification des préfentes Conventions, & 50000 livres au mois de Février 1727. "

„ IV. Mais en cas que Sa Majefté le Roi de la Grande-Bretagne eut befoin dudit Corps de troupes avant ledit mois de Février, Sa Majefté paffera à Son Alteffe le Landgrave ladite fomme de 50000 livres fterling, pour le moins deux mois avant que lefdites troupes commencent à marcher. "

„ Lorfque lefdites troupes entreront au fervice de Sadite Majefté le Roi de la Grande-Bretagne, elles feront fous fon commandement & entiérement à fa difpofition, pour être employées là où la néceffité de fes affaires & le cas de l'Alliance défenfive, conclue à Hanovre le 3 Septembre dernier, le requerra. "

„ VI. Pour ce qui regarde les fubfides, le paiement & l'entretien des fufdites troupes, lorfqu'elles feront prifes au fervice de Sadite Majefté, comme il eft dit ci-deffus, le tout fera réglé fur le pied de la Convention faite à Londres le 13 Février 1702. "

„ VII. S'il arrivoit que Sadite Alteffe le Landgrave fut attaquée ou inquiétée en haine d'avoir fourni le fufdit Corps de troupes, Sa Majefté le Roi de la Grande-Bretagne ne manquera pas d'affifter puiffamment ledit Landgrave, afin de mettre une fin à cette attaque ou moleftation. "

„ VIII. Cette Convention fera ratifiée, & la Ratification d'icelle fera échangée de part & d'autre, auffi-tôt qu'il fera poffible, après la fignature des Préfentes. "

„ En témoignage de quoi nous, les Miniftres dudit Roi & dudit Landgrave, étant fuffifamment autorifés à ce fujet, avons figné la préfente Convention & appofé les Cachets de nos Armes. Fait à Weftmunfter le 12 Mars 1726. "

(L. S.) TOWENSHEND. (L. S.) DIEMAR.

Nº. CIX.

TRAITÉ D'ALLIANCE DÉFENSIVE

Entre l'Impératrice de Ruſſie & le Roi de Pruſſe.

Le 10 Août 1726.

LE Baron de Mardefeldt, Miniſtre Pruſſien à Petersbourg, y conclut avec l'Impératrice Catherine, le 10 d'Août, un Traité d'Alliance défenſive, ou plutôt de garantie, dans lequel les deux Puiſſances, après s'être garanties mutuellement les Etats dont elles étoient en poſſeſſion, ſtipulent les ſecours qu'elles ſe donneroient en cas que l'une ou l'autre fût attaquée ; on comprend aiſément que ce furent les démêlés que le Roi de Pruſſe avoit alors avec les Polonois & les Lithuaniens, tant par rapport à Elbing qu'aux griefs de religion & des enrôlemens forcés, qui donnerent lieu à cette négociation de la part de la Cour de Berlin ; & du côté de celle de Petersbourg, on n'étoit gueres plus d'accord avec les Polonois, ſoit par rapport à la Courlande, ſoit par rapport aux prétentions reſpectives ; en ſorte que l'on n'avoit pu convenir de rien avec les Miniſtres Polonois de la part de ces deux Cours, ni avant la Diete de Varſovie, ni avant la Réſumption de Grodno. Comme ce Traité eſt entiérement particulier, nous nous contenterons d'en mettre ici un Article ſecret, après avoir remarqué que, quelque inſtance que firent les Miniſtres Ruſſiens dans le cours de la négociation, pour obtenir de la Cour de Pruſſe le libre paſſage des Troupes Ruſſiennes par ſes Etats pour entrer en Allemagne, ils ne purent y déterminer Sa Majeſté Pruſſienne qui le refuſa toujours conſtamment.

Article ſecret du Traité d'Alliance défenſive conclu à St. Petersbourg entre l'Impératrice de Ruſſie & le Roi de Pruſſe, le 10 d'Août 1726.

» SA Majeſté Impériale de Ruſſie déclare, qu'Elle, auſſi-bien que d'autres Puiſſances, ſe trouvent dans un engagement d'aſſiſter ſon très-cher Gendre Son Alteſſe Royale le Duc de Sleſwig-Holſtein, pour obtenir une ſatisfaction équitable au ſujet de ſon ancien patrimoine le Duché de Sleſwig, uſurpé ſur lui depuis pluſieurs années par la Couronne de Danemarck, & du grand dommage qu'il en a ſouffert, & que, par conſéquent, elle ſonge abſolument de quelle maniere remplir effectivement cette obligation où Elle ſe trouve. «

» Et, comme Sa Majeſté Pruſſienne ſera bien-aiſe à l'avenir, de même que

que par le paffé, que Son Alteffe Royale ledit Duc foit, fans plus de délai, délivré des inconvéniens qu'il a foufferts jufqu'ici; auffi employera-t-elle encore de fon côté fes bons offices par-tout où il fera convenable, afin que Son Alteffe Royale ledit Duc parvienne le plutôt qu'il fera poffible à un accommodement raifonnable & fatisfaifant fur ce fujet. «

» Mais en cas qu'on ne puiffe pas obtenir le but défiré par des repréfentations amiables, & que Son Alteffe Royale le Duc foit d'intention de folliciter des fecours plus efficaces, & de s'en fervir actuellement; qu'Elle obfervera une exacte neutralité, & ne fe déclarera point contre Son Alteffe Royale. D'un autre côté, Son Alteffe s'offre à ne point infifter davantage fur cette réfervation qu'elle a interpofée auprès de Sa Majefté Impériale des Romains au fujet de l'Invefliture du Diftrict de Stettin, mais plutôt à s'en défifter entièrement. «

» Sa Majefté Impériale de Ruffie, en vertu de cet Article féparé, fe charge auffi de difpofer Monfieur le Duc, fuivant cette ftipulation, qu'il annulle & caffe effectivement ladite réfervation. «

» En foi de quoi on a expédié, figné, fcellé & échangé deux exemplaires de même teneur de cet Article fecret, qui fera du même pouvoir & effet, que s'il avoit été inféré mot à mot dans le Traité principal conclu cejourd'hui. Fait à St. Pétersbourg le 10 d'Août 1726. «

La conduite douteufe du Roi de Pruffe, par rapport aux deux Rois alliés par le Traité d'Hanovre, ne les empêcha pas de pouffer autant qu'ils purent les intérêts de cette Alliance dans les autres Cours, fur-tout dans celles de Danemarck & de Suede, & dans celle de Turin.

No. C X.

ALLIANCE DÉFENSIVE

Entre l'Empereur CHARLES VI, & CATHERINE, Impératrice de Ruffie.

Le 6 Août 1725.

L'EMPEREUR avoit projetté cette Alliance; mais elle éprouvoit bien des difficultés. D'un côté, il vouloit fe faire un allié puiffant qui nourriffoit depuis long-temps un violent défir d'en venir aux mains avec l'Electeur de Hanovre, & qui feroit bien-aife encore d'envahir les Etats du Roi de Danemarck, pour l'obliger à donner une jufte fatisfaction au Duc de Holftein. D'un autre côté, la Ruffie épuifée par une longue guerre, s'expoſoit à être bientôt obligée à reprendre les armes, puiſqu'augmentant les forces des alliés de Vienne, c'étoit les rendre moins traitables envers ceux de Hanovre. Auſſi la négociation fut-elle longue, & l'Empereur fut obligé d'envoyer à Pétersbourg le Comte de Rabutin pour aplanir une foule de difficultés que formoient ſucceſſivement les Miniſtres Ruſſiens, qui ſentoient bien la gloire que leur Nation retireroit de cette Alliance; mais qui craignoient toujours quelque ſecrette entreprise contre le nouveau gouvernement d'une Princeſſe qui n'étoit pas encore bien affermie ſur un trône où elle étoit montée comme par miracle. Ainſi, une difficulté étoit à peine levée par les Miniſtres de l'Empereur, qu'ils en faiſoient naître une nouvelle. Le Duc de Ripperda, premier Miniſtre d'Eſpagne, qui étoit perſuadé du poids que donneroit à l'Alliance de Vienne cette Alliance de l'Empereur avec la Ruſſie, crut qu'il ne falloit rien épargner pour la faire réuſſir, & le Prince Galitzin, qui avoit réſidé quelque temps à Madrid, retourna tout d'un coup à Pétersbourg avec des promeſſes très-amples de ce Miniſtre Eſpagnol, qui le fit ſuivre d'abord par un certain Lambelly, Gentilhomme Breton, qui s'étoit retiré en Eſpagne depuis les exécutions de la Chambre de Juſtice de Nantes. Pendant que cet émiſſaire faiſoit toute la diligence poſſible avec des remiſes très-conſidérables, le Duc de Ripperda tomba dans la diſgrace que chacun ſait, & dans l'inſtant même que les ordres furent ſignés pour l'arrêter, un Courier fut dépêché en toute diligence au Marquis de St. Philippe à la Haye, avec ordre d'empêcher Lambelly de paſſer outre, ou de faire courir après lui, s'il étoit paſſé la Hollande. Il ſe trouvoit alors à Amſterdam où ſe rendit l'Ambaſſadeur d'Eſpagne, quoique malade, enſorte qu'ayant fait appeller ce Gentilhomme près de ſon lit, il lui lut ſes ordres, & celui-ci lui remit les dépêches & remiſes dont il étoit chargé, & qui furent cachetées en ſa préſence & envoyées ſur le champ à Sa Majeſté Catholique. Deux jours après, cet Ambaſſadeur revint à la Haye où il mourut en arrivant.

Ce contre-temps retarda tout au plus de quelques ſemaines la concluſion du Traité qui ſe négocioit à Pétersbourg; & le Comte de Rabutin ſuppléa par ſon génie au ſecours ſur lequel il avoit compté. Le Conſeil de l'Impératrice conſentit à tout, & le Traité fut envoyé à Vienne où il fut ſigné tel que le voici.

Au nom de Dieu. *Amen.*

Comme le repos public & le bien de toute l'Europe requierent que l'ancienne amitié qui a conſtamment regné entre les Prédéceſſeurs de ſa Sacrée Majeſté Impériale & Royale Catholique, & de ſa Sacrée Majeſté de toute la Ruſſie, ſoit renouvellée & reſſerrée plus étroitement par une nouvelle Alliance; c'eſt pour cela que S. S. Majeſté Impériale & Catholique, comme Souverain de Royaumes & de Provinces Héréditaires, & ſa

Sacrée Majesté de toutes les Russies, pour avancer un Ouvrage si salutaire, ont choisi leurs Ministres Plénipotentiaires ci-dessous signés ; savoir, sa Sacrée Majesté Impériale & Catholique, Son Altesse le Prince Eugene de Savoye & de Piémont, Conseiller actuel & intime de sadite Sacrée Majesté Impériale & Catholique, Président de son Conseil de Guerre, son Lieutenant Velt-Maréchal-Général du Saint Empire Romain, & Vicaire-Général de ses Royaumes & Etats en Italie, Chevalier de la Toison d'Or ; l'Illustrissime & Excellentissime Philippe-Louis, Trésorier Héréditaire du Saint Empire Romain, Comte de Sintzendorf, Baron d'Irnstbrun, Seigneur de Gsoël, Selowitz, Poulitz, Carlswald, Stecken, Scrifentz, &c. Burggrave de Rheineck, Grand-Ecuyer Héréditaire & Echanson de la Haute & Basse Autriche, Pincerne Héréditaire de l'Autriche sur l'Anase, Chevalier de la Toison d'Or, Chambellan de Sa Majesté Impériale & Catholique, son Conseiller actuel & intime, & Grand-Chancelier de la Cour ; l'Illustrissime & Excellentissime Gundacre-Thomas de Staremberg, Comte du Saint Empire Romain, de Schaumburg, Waxemberg, &c. Chevalier de la Toison d'Or, Chambellan de Sa Sacrée Majesté Impériale & Catholique, son Conseiller actuel & intime, Maréchal Héréditaire de l'Archiduché de la Haute & Basse Autriche ; l'Illustrissime & Excellentissime Ernest de Windisgratz, Comte du Saint Empire Romain, Baron de Wallenstein & de Walle, Grand-Ecuyer Héréditaire de Stirie, Chevalier de la Toison d'Or, Chambellan de sa Sacrée Majesté Impériale & Catholique, son Conseiller actuel & intime, & Président du Conseil Aulique de l'Empire ; l'Illustrissime & Excellentissime Frédéric-Charles, Comte de Schonborn, Bucheim & Wolffsthall, Baron du Saint Empire Romain, de Reichelberg, & Comte de Wiesentheid, Grand-Echanson Héréditaire de la Haute & Basse Autriche, au-delà & en deçà de l'Anase, Conseiller actuel & intime de sa Sacrée Majesté Impériale & Catholique, & Vice-Chancelier du Saint Empire Romain : Et de la part de sa Sacrée Majesté de toute la Russie, le très-Illustre Louis Lanczinski, son Chambellan & son Ministre à la Cour Impériale. Leur ayant ordonné d'agir entr'eux, de traiter & de signer une Alliance proposée ; lesquels après avoir tenu des conférences & délibéré des affaires de part & d'autre, & communiqué leurs pleins pouvoirs, sont convenus de l'Alliance, des Articles & Conditions suivantes.

» I. Il y aura & demeurera entre sa Sacrée Majesté Impériale & Catholique, ses Successeurs & Héritiers, & sa Sacrée Majesté Impériale de toute la Russie, ses Successeurs & Héritiers, une amitié véritable, perpétuelle & constante, & elle sera si sincérement cultivée entr'eux, que l'un s'appliquera à procurer le bien de l'autre, & à éloigner son dommage, & qu'ils travailleront de concert à ce qui pourra tendre à leur bien commun, & tourneront toutes leurs vues, pour faire ensorte que la paix heureusement établie en Europe, y soit conservée & maintenue. "

„ IL D'autant que sa Sacrée Majesté Impériale & Catholique a accédé au Traité de Paix, conclu à Nieuſtad le 30 Août 1722, entre les Couronnes de Ruſſie & de Suede ; de même qu'à l'Alliance entre les mêmes Couronnes, conclue à Stokholm le 22 Février 1725. Et les Parties contractantes ſe propoſant de reſſerrer plus étroitement le nœud de leur amitié par la préſente Alliance ; c'eſt pourquoi Sa Majeſté de toute la Ruſſie accede au Traité de Paix, conclu à Vienne le 30 Avril 1725, entre Sa Majeſté Impériale & Catholique, & le Séréniſſime Roi des Eſpagnes Philippe V, s'engage & promet de maintenir & garantir ce Traité de Paix dans tous ſes Articles & Conditions, de la même maniere, & avec la même obligation, que ſi elle eût été dès le commencement dudit Traité une des Parties contractantes ; & cela à l'égard de tous les Royaumes & de toutes les Provinces poſſédés actuellement par ſa Sacrée Majeſté Impériale & Catholique, pour ſoi & ſes Succeſſeurs, & dont la poſſeſſion lui eſt confirmée ſuivant la teneur de l'Article XII. de cette même paix : En ſorte que, s'il arrivoit qu'à l'occaſion de cette paix conclue avec le Roi des Eſpagnes, ou pour quelqu'autre raiſon que ce ſoit, Sa Majeſté Impériale & Catholique fût attaquée par qui que ce ſoit ; ou que l'on entreprît quoi que ce ſoit à ſon préjudice, en ce cas Sa Majeſté de toute la Ruſſie promet & s'engage d'envoyer exactement à ſa Sacrée Majeſté Impériale & Catholique, non-ſeulement les ſecours promis ci-deſſous dans l'Article VI. de cette Alliance, mais auſſi, les affaires & la néceſſité le requérant, de déclarer la guerre à l'Agreſſeur, d'agir de concert contre ledit Agreſſeur par la voie des armes & de ne point faire la paix avec lui, ſans avoir auparavant obtenu réparation des injuſtices & dommages, & ſans un entier conſentement de ſa Sacrée Majeſté Impériale & Catholique. "

„ III. D'un autre côté, Sa Majeſté Impériale & Catholique promet réciproquement, & prend ſur ſoi la garantie de tous les Royaumes, Provinces & Etats, poſſédés en Europe par Sa Majeſté de toute la Ruſſie ; &, ſi ſa Sacrée Majeſté de toute la Ruſſie, pour quelque cauſe que ce ſoit, eſt attaquée hoſtilement par qui que ce ſoit, alors ſa Sacrée Majeſté Impériale & Catholique promet réciproquement, non-ſeulement de lui envoyer exactement les ſecours ci-deſſous ſtipulés dans l'Article VI. de ce Traité ; mais auſſi, les affaires & la néceſſité le requérant, de déclarer la guerre à l'Agreſſeur, d'agir d'un commun conſentement, & de ne point faire la paix, ſans avoir tiré raiſon des dommages, & ſans une entiere approbation de ſa Sacrée Majeſté de toute la Ruſſie. "

„ IV. En vertu de cette confédération & amitié, les Princes contractans promettent de recommander ſérieuſement à leurs Miniſtres réſidens dans les Cours des Princes étrangers, de conférer amiablement enſemble ſur les affaires qui ſe préſenteront, de s'entr'aider conjointement à ſoutenir les intérêts de l'un & de l'autre, & de travailler d'un effort commun à tout ce qui paroîtra être de l'avantage de leurs Principaux. "

„ V. Nulle des deux Parties contractantes n'accordera refuge, ni ſecours, ni protection à leurs Sujets & Vassaux rebelles ; &, si l'une vient à découvrir quelques desseins ou machinations, qui se trameront contre l'autre à son désavantage, elle en donnera d'abord communication à l'autre, de la maniere due & convenable, & l'on travaillera par les secours & les efforts de l'Alliance à les prévenir & les renverser. "

„ VI. Pour ce qui regarde les secours mutuels qu'on doit se donner, on est convenu que l'Empereur, en cas que qui ce soit, sous quelque prétexte que ce soit, fasse la guerre à sa Sacrée Majesté de toute la Russie, dans ses Royaumes, Provinces & Etats, qu'elle possede en Europe, lui enverra un secours de 30 mille hommes ; savoir, 20 mille hommes d'Infanterie, & 10 mille Dragons : & sa Sacrée Majesté de toute la Russie promet d'envoyer le même secours, tant d'Infanterie que de Cavalerie, à sa Sacrée Majesté Impériale & Catholique, en cas de guerre. A l'égard de la subsistance des susdites troupes auxiliaires, les Parties contractantes en conviendront incessamment entre elles "

„ VII. Or, comme à l'occasion d'une guerre il pourroit arriver, qu'il conviendroit aux deux Parties de repousser l'ennemi commun de leurs propres Provinces, en ce cas on délibérera en commun de quelle maniere on pourra le mieux l'effectuer. "

„ VIII. Si par hazard sa Sacrée Majesté de toute la Russie prenoit la résolution d'équiper une flotte de vaisseaux de guerre contre les ennemis, & de l'employer du consentement de sa Sacrée Majesté Impériale & Catholique, on promet une retraite assurée à cette flotte, non-seulement dans tous les ports de l'Empereur, mais aussi dans tous ceux de sa Sacrée Majesté Catholique, tant dans l'Ocean que dans la Méditerranée ; au nom du Sérénissime Roi des Espagnes, qui accédera pleinement à ce Traité d'aujourd'hui, & qui a donné pour cet effet ses instructions à son Ministre résidant à Vienne. "

» IX. Comme la paix, la tranquillité & la sûreté du Royaume & de la République de Pologne sont fort à cœur à sa Sacrée Majesté Impériale & Catholique, il a été convenu d'inviter le Roi & le Royaume de Pologne à accéder à cette Alliance. «

» X. Mais, si le Royaume de Pologne n'y accédoit pas, cependant le Roi de Pologne, comme Electeur de Saxe, sera, du consentement des Sérénissimes Contractans, amiablement invité à l'Accession de cette Alliance. «

» XI. Et, comme la paix entre le Roi & le Royaume de Suede, & entre le Roi & le Royaume de Pologne, n'est pas encore entierement bien affermie, (ce qui cependant se peut faire par la médiation de sa Sacrée Majesté de toute la Russie,) sa Sacrée Majesté Impériale & Catholique travaillera & employera volontiers ses bons offices, pour que cet ouvrage si salutaire soit entiérement accompli par la médiation de sa Sacrée Majesté de toute la Russie, suivant la teneur de la paix de Nieustad. "

» XII. A l'égard du Sérénissime Prince, le Duc de Slesvyk-Holstein, fa Sacrée Majefté Impériale & Catholique déclare & promet de faire ce que Son Alteffe Royale fouhaite, & à quoi elle eft engagée comme Garant, en vertu du Traité de Travendahl, tant par rapport au Séréniffime Roi de Danemarck & de Norvegue, qu'aux autres Rois & Princes étrangers, qui fe font chargés de la même Garantie du fufdit Traité : & comme il s'eft fait fur ce fujet une Convention particuliere entre les Parties Contractantes, elle fera tenue comme inférée dans le préfent Traité. "

» XIII. On donne une année de temps à tous ceux qui voudront accéder à ce Traité d'Alliance. «

» XIV. Le préfent Traité fera ratifié par les Princes Contractans dans l'efpace de trois mois, & les Ratifications feront échangées ici à Vienne en la maniere accoutumée. «

En foi de quoi les fufdits Miniftres Plénipotentiaires ont figné de leurs propres mains le préfent Acte expédié fur deux Exemplaires de la même teneur, & y ont appofé les cachets de leurs armes. Fait à Vienne le 6 Août 1726.

(*Signé.*)

(L. S.) EUGENE DE SAVOYE.
(L. S.) PHILIPPE-LOUIS, Comte DE SINZENDORF.
(L. S.) GUNDACRE, Comte DE STARREMBERG.
(L. S.) FRÉDÉRIC-CHARLES, Comte DE SCHONBORN.
(L. S.) LOUIS LANCZYŃSKI DE LANCZYN.

Il eft parlé dans l'Article XII. de ce Traité d'une Convention particuliere entre l'Empereur & le Duc de Holftein touchant la reftitution de fes Etats, mais on l'a tenue fi fecrette qu'il n'a pas été poffible d'en avoir une copie.

Nº. CXI.

TRAITÉ D'ALLIANCE

Entre les Rois de France, de la Grande-Bretagne & de Danemarck.

A Copenhague le 16 Avril 1727.

LES deux partis qui divifoient alors l'Europe, travailloient également à mettre chacun de fon côté la Couronne de Danemarck ; mais la fituation de fes affaires étoit telle, que l'Article fecond du Traité de Hanovre ne lui permettoit pas de se joindre à cette Alliance pendant que ses intérêts exigeoient qu'elle s'unît à quelques-uns de ses membres ; quant à l'Alliance de Vienne, il étoit impossible de l'ajuster à ses intérêts, depuis que la Cour de Russie en étoit considérée comme partie contractante, & qu'un accord particulier engageoit l'Empereur des Romains à favoriser les prétentions du Duc de Holstein. Ainsi, nonobstant les insinuations du Comte de Freytag, qui passa de Stockholm à Copenhague, & celles qu'on fit à Vienne au Ministre Danois, les Ministres de France & de la Grande-Bretagne, dirigerent les choses de maniere à la Cour de Danemarck, qu'après une très-longue négociation, on coucha par écrit un Traité d'Alliance défensive, qui fut signé tel que le voici.

„ Comme Leurs Majestés, le Roi de la Grande-Bretagne, & le Roi Très-Chrétien, sont toujours attentifs à remplir leurs engagemens, & à veiller au repos & à la sûreté de leurs amis & alliés ; & comme Leursdites Majestés ont effectivement lieu de croire, que les Moscovites & leurs adhérans pourront bientôt concerter les moyens, & se disposer à venir attaquer les Etats de Sa Majesté le Roi de Danemarck, soit pour ôter par la force à Sa Majesté Danoise le Duché de Schleswic ; ou pour se préparer les moyens d'exécuter d'autres projets contraires à la tranquillité du Nord & de la Basse-Saxe, & des Pays qui intéressent les Hauts Contractans dans le Cercle de Westphalie. Et d'autant que Leurs Majestés Britannique & Très-Chrétienne sont si fort intéressées à se précautionner contre tout ce qui pourroit, en troublant la paix desdits Pays, donner en même temps atteinte au Traité d'Hanovre, confirmatif spécialement des Traités de Westphalie, & à se mettre en état d'exécuter fidélement les garanties données contre toute invasion ou hostilité de la part de la Czarine, ou de quelqu'autre Puissance que ce puisse être, qui viendroit pour attaquer le Duché de Schleswic ; Leurs Majestés Britannique, Très-Chrétienne, & Danoise, ont trouvé à propos de donner leurs pleins pouvoirs, c'est-à-dire, Sa Majesté Britannique au Sieur Jean Lord Glenorchy, Chevalier de l'Ordre du Bain, & Envoyé extraordinaire de Sa Majesté le Roi de la Grande-Bretagne auprès de Sa Majesté le Roi de Danemarck ; Sa Majesté Très-Chrétienne au Sieur Pierre Blouet, Comte de Camilly, Chevalier Grand-Croix de l'Ordre de saint Jean de Jérusalem, Capitaine des Vaisseaux de Sa Majesté Très-Chrétienne, & son Ambassadeur Plénipotentiaire auprès de Sa Majesté le Roi de Danemarck ; ainsi que Sa Majesté Danoise à ses Ministres ; savoir le Sieur Ulric Adolphe de Holstein, Comte de Holstenbourg, Chevalier de l'Ordre de l'Eléphant & Grand-Chancelier, Conseiller-Privé du Conseil, & Chambellan de Sa Majesté le Roi de Danemarck ; le Sieur Jean George de Holstein, Seigneur de Mollenhagen, Chevalier de l'Ordre de l'Eléphant, Conseiller-Privé du Conseil, & Gouverneur du Bailliage de Sodern de Sa Majesté le Roi de Danemarck ; & le Sieur Ludowig de Plessen, Seigneur de Fusingoe, & Glorup, Chevalier de l'Ordre de Dannebrog, Conseiller-Privé du Conseil de Sa Majesté le Roi de Danemarck. Lesquels ayant pesé mûrement toutes les circonstances du temps, & des dangers qui menacent les Etats de Sa Majesté Danoise, & qui pourroient troubler le repos de la Basse-Saxe, & des Pays susmentionnés, sont convenus des Articles suivans. "

» I. Sa Majesté Danoise étant pleinement persuadée, que Leurs Majestés Britannique & Très-Chrétienne, rempliront leurs engagemens & garanties, données par rapport au Duché de Schlefwic, & feront tous les efforts imaginables, pour maintenir le repos de la Basse-Saxe, Sa Majesté Danoise, pour concourir à la même fin, promet de tenir sur pied un corps de troupes de vingt-quatre mille hommes, leurs Officiers, équipages & artilleries, qui s'assemblera sans aucun retardement au lieu qui sera le plus à propos, & se portera par-tout où besoin sera, sur les premiers avis certains qu'on aura du mouvement des troupes Moscovites ; & de toute autre Puissance que ce puisse être, qui viendront pour attaquer le Schlefwic, & pour troubler le repos & la tranquillité de la Basse-Saxe, & des Provinces appartenantes aux Hauts Contractans dans le Cercle de Westphalie. «

» II. Sa Majesté Danoise s'oblige en outre à ce que ledit corps de troupes de vingt-quatre mille hommes venant à se mettre en marche, elle auroit encore sur pied un corps de six mille hommes, lequel sera destiné à renforcer ce corps, s'il en étoit besoin. «

» III. Et pour aider dès à présent Sa Majesté Danoise à soutenir la dépense, qu'elle sera obligée de faire pour remplir l'engagement porté par les précédens Articles, Sa Majesté Très-Chrétienne promet de faire payer à Sa Majesté Danoise, un subside annuel de trois cens cinquante mille rixdalers, argent courant de Danemarck, lequel sera continué pendant le cours de quatre années, à compter du jour de la ratification du présent Traité, & payé exactement tous les trois mois par avance à Hambourg. «

» IV. Sa Majesté Très-Chrétienne promet encore, pour soulager Sa Majesté Danoise d'une partie des frais qu'elle auroit à faire, dans le cas que lesdits vingt-quatre mille hommes se mettent en marche pour se rendre au lieu du rendez-vous, de prendre douze mille hommes à sa solde ; en sorte que s'agissant premiérement de la défense du Roi de Danemarck, Sa Majesté Très-Chrétienne ne les payera que sur le pied de neuf mille dans la proportion que Sa Majesté Danoise donne à ses troupes quand elles sont en campagne, tant pour la solde de chaque régiment d'Infanterie & de Cavalerie, que pour celle de l'Etat-Major-Général & de l'Artillerie proportionnée au nombre de douze mille hommes de troupes, Officiers, & autres gens nécessaires pour son service. «

» V. La solde, ainsi qu'il vient d'être dit, ne commencera à être à la charge de Sa Majesté Très-Chrétienne que du jour de la premiere revue qui se fera devant le Commissaire-Général de Sa Majesté, lorsque les troupes

troupes feront affemblées en corps d'armée pour entrer en campagne, le premier mois fera payé d'avance, & ainfi de mois en mois., auffi long-temps que lefdites troupes feront foudoyées par Sa Majefté Très-Chré-tienne. «

» VI. Et quoique Sa Majefté Très-Chrétienne pût prétendre avec juftice, que le fubfide cefferoit au jour que la folde commenceroit à courir ; cependant comme il pourroit arriver, que le paiement de cette folde viendroit avant que le Roi de Danemarck eut pût recevoir un fecours effectif par ledit fubfide, Sadite Majefté Très-Chrétienne veut bien confentir à ce que fi ladite folde commençoit à courir avant que le Roi de Danemarck eut pû recevoir deux années du fubfide, alors elle feroit continuer le fubfide autant de temps qu'il faudroit que le Roi de Danemarck tou-chât toujours deux années de fubfide, compris ce qui feroit échu & ce qui refteroit à échoir ; & fi après lefdites deux années lefdites troupes ne reftent plus à la folde de Sa Majefté Très-Chrétienne, alors le fubfide fti-pulé dans le troifieme Article continuera d'être payé à Sa Majefté Danoi-fe, jufqu'à la fin des quatre années, qui eft le terme du préfent Traité. «

» VII. Sa Majefté Très-Chrétienne enverra fur les lieux, dès qu'elle en fera requife, un Commiffaire pour affifter à la revue qui fera faite def-dites troupes, pour fe mettre en marche ; le même Commiffaire prendra le nom des régimens, qui pafferont ainfi à la folde de Sa Majefté Très-Chrétienne ; il examinera s'ils font duement équipés, montés & armés. La collation des charges vacantes, & l'adminiftration de la Juftice fe feront comme auparavant, par Sa Majefté Danoife ; le Commiffaire-Général de Sa Majefté affiftera à toutes les délibérations pour les opérations militaires ; & quoiqu'il ne foit pas poffible de ftatuer d'avance fur le cas non avenu de la guerre, l'on convient cependant en général, que les douze mille hommes de troupes à la folde de Sa Majefté Très-Chrétienne fur le pied de neuf mille hommes, feront traités en tout dans une parfaite égalité avec les douze mille hommes entiérement à la folde du Roi de Dane-marck. «

» VIII. S'il arrive que Sa Majefté Très-Chrétienne ne crût plus avoir befoin pour le fecours de fes Alliés, de continuer le paiement de ladite folde, elle fera obligée d'en avertir Sa Majefté Danoife deux mois au-paravant. »

» IX. Sa Majefté Britannique de fon côté tiendra prêt à marcher un Corps de douze mille hommes, pour être joints aux vingt-quatre mille hommes de Troupes Danoifes fufmentionnées, fur les premiers avis certains qu'on aura du mouvement des Troupes Mofcovites, ou de toute autre Puiffance que ce puiffe être qui viendroit pour attaquer le Schlefwick, & pour troubler le repos & la tranquillité de la Baffe-Saxe. »

» X. Sa Majefté Danoife ayant fait entendre à Sa Majefté Britannique, qu'étant engagée par le préfent Traité de faire marcher un corps de Troupes considérable dans la Basse-Saxe, ses Provinces maritimes se trouveroient exposées aux entreprises de ses Ennemis, Sa Majesté Britannique étant toujours disposée à pourvoir, selon ses engagemens, en bon & fidele allié, à la sûreté des Etats de Sa Majesté Danoise, promet & s'engage d'envoyer au secours de Sa Majesté Danoise, sur les premiers avis des mouvemens de la flotte Moscovite, qui donneront de justes sujets de crainte, une Escadre suffisante de bons Vaisseaux de guerre, pour aider à couvrir les Côtes de mer de Sadite Majesté Danoise, & empêcher que les Moscovites ne puissent les attaquer. »

» XI. Et quoique Leurs Majestés Britannique & Très-Chrétienne ne soient obligées à aucun secours fixe envers le Roi de Danemarck, cependant comme elles veulent éloigner des Etats de ce Prince toute invasion, dont la suite seroit sans doute d'allumer la guerre, en violation du Traité d'Hanovre; aussi bien que des Traités de Westphalie; qui les obligeroient au soutien de leurs garanties, & d'aller au secours de leurs alliés, qui seroient attaqués, ou en danger de l'être, à cette fin sa Majesté Très-Chrétienne s'engage de tenir toujours prêt un corps, au moins de trente mille hommes, lequel Corps sera destiné, dès qu'il en sera requis, à être porté par-tout où le besoin sera, & dont on conviendra, ou à faire des diversions, ou autres opérations nécessaires pour l'avantage commun, & pour la sûreté de ses alliés dans l'Empire, ou dans le Nord; & en même temps Sa Majesté Britannique s'engage de tenir aussi en état un autre Corps de Troupes qui ne pourra être moindre de douze mille hommes, pour être destiné de la même maniere à être porté par-tout où le besoin sera, & dont on conviendra, ou à faire des diversions, ou autres opérations nécessaires pour la sûreté de ses alliés dans l'Empire, ou dans le Nord, selon que le cas l'exigera. „

» XII. Comme les Moscovites ou autres Troupes qui pourront se joindre à eux, pour venir attaquer les Etats du Roi de Danemarck, pour lui ôter le Duché de Shleswick, pourront tâcher de passer par les pays sujets au Roi de Prusse; ce que les alliés se persuadent que ce Prince ne manquera pas de refuser : en cas donc que la Czarine, ou toute autre Puissance, qui que ce puisse être, voudroit forcer les passages par le territoire du Roi de Prusse, ou l'attaquer, ou lui faire aucun tort ou dommage, à cause du refus que Sa Majesté pourroit faire de laisser passer par ses pays les Moscovites ou leurs adhérans, comme ci-dessus; alors les Rois contractans feront marcher leurs armées combinées au secours du Roi de Prusse, & feront la guerre à ceux qui l'auront envahi, ou troublé, jusqu'à ce que l'attaque & danger cessent, & que tout tort ou dommage soit réparé. »

» XIII. Les ratifications du présent Traité seront échangées à Copenhague dans six semaines, à compter du jour de la signature de ce Traité, ou plutôt si faire se peut. »

» En foi de quoi nous avons figné ce Traité, & y avons fait mettre le Sceau de nos Armes. »

» Fait à Copenhague ce feizieme d'Avril l'an mil fept cens vingt-fept. »

(L. S.) GLENORCHY.

ARTICLES SÉPARÉS ET SECRETS.

» I. Quoique Sa Majefté Très-Chrétienne puiffe juftement prétendre que les Troupes qu'elle prendra à fa folde lui duffènt prêter ferment ; cependant Sa Majefté Danoife ayant réfolu de commander en perfonne l'armée combinée, on eft convenu, par confidération pour Sa Majefté Danoife, de s'en remettre à fa parole Royale, pour agir conformément aux engagemens qu'elle a pris par le Traité figné cejourd'hui. Mais s'il arrivoit que Sa Majefté Danoife changeât la réfolution fufdite, & que les Rois Contractans jugeaffent à propos de féparer le Corps de Troupes, pour l'avantage de la Caufe commune, alors lefdites Troupes, à la folde de Sa Majefté Très-Chrétienne, lui prêteroient le Serment en la forme ordinaire. »

» II. Comme Leurs Majeftés Britannique & Très-Chrétienne font des efforts extraordinaires pour les intérêts du Roi de Danemarck, Sa Majefté Danoife promet de ne point difpofer d'aucune partie de fes Troupes, foit directement ou indirectement, contre les intérêts de Leurs Majeftés Britannique & Très-Chrétienne ; & on convient que pendant que ce Traité durera, Sa Majefté Danoife ne donnera ni ne vendra aucune partie de fes Troupes à quelque Puiffance que ce foit, qu'après en avoir concerté avec leurs Majeftés Britannique & Très-Chrétienne ; contre les intérêts defquelles elle promet de ne rien faire ; s'engageant même de s'oppofer partout où befoin fera, à tout ce qui pourroit être fait, ou projetté de contraire par quelques Puiffances que ce foit ; ce que Leurs Majeftés Britannique & Très-Chrétienne promettent réciproquement. »

» III. L'on eft convenu que fi Sa Majefté Très-Chrétienne défiroit employer lefdits 12 mille hommes qu'elle paie fur le pied de neuf mille, pour des affaires qui n'ayant aucun rapport à la fûreté du Roi de Danemarck, n'intérefferoient que le bien du fervice de Sa Majefté Très-Chrétienne, ou celui de l'Alliance d'Hanovre ; alors le Roi de Danemarck ne feroit aucune difficulté de les donner au fervice de Sa Majefté Très-Chrétienne, & dont on conviendroit fix femaines après la demande qui en auroit été faite par Sa Majefté Très-Chrétienne. »

» IV. Et attendu que fi les Mofcovites venoient par terre pour pénétrer dans l'Empire & troubler la paix du Nord, ils ne pourroient avoir d'autre paffage que par les Etats de Pologne, & que l'on ne peut douter que ce Royaume ne fe fouvienne encore des défordres qu'y ont commis les Mofcovites, il y a peu d'années, l'on est convenu, par le présent Article, de communiquer au Roi & à la République de Pologne, le concert que l'on a formé pour empêcher leur entrée dans l'Empire, & de les inviter à prendre aussi de leur côté les mesures les plus efficaces, pour fermer aux Moscovites les passages qu'ils voudroient prendre sur les terres de la République de Pologne. „

„ Fait à Copenhague ce seizieme d'Avril l'an mil sept cens vingt-sept. »

(L. S.) GLENORCHY.

<hr>

N°. CXII.

ACTE D'ALLIANCE

Entre le Roi de la Grande-Bretagne & le Duc de Brunswick-Wolffenbuttel.

Le 25 Novembre 1727.

APRÈS la mort du Roi George I, le Duc de Brunswick-Wolffenbuttel, son parent, envoya en Angleterre le Comte Dehn son premier Ministre, pour complimenter le Roi George II, sur son avénement au Trône. Le séjour que ce Ministre fit à Londres donna occasion de parler des intérêts communs de Sa Majesté comme Electeur de Brunswick & du Duc de Wolffenbuttel; celui-ci avoit fait avec l'Empereur une Alliance, qui, dans la situation où étoient dans l'Empire les affaires de Religion, dont sa Maison a toujours été la protectrice, avoient donné lieu à une infinité de raisonnemens, mais on fut bientôt persuadé qu'elle n'étoit pas contraire aux intérêts de la Maison de Brunswick en général, car on n'eût pas de peine à engager Son Altesse Sérénissime à donner les mains non-seulement à un renouvellement des accords & Traités qui étoient entre les deux familles, mais même à un Traité d'Alliance défensive dans les formes, tel que le voici.

„ Comme la Sérénissime Maison de Brunswick-Lunebourg a toujours tâché de conserver & de cultiver une amitié intime entre toutes ses Branches, ce qui a contribué non-seulement à la gloire & au bonheur de ladite Sérénissime Maison, mais aussi à l'avantage de la Religion Protestante, dont ladite Maison a de tout temps eu les intérêts à cœur; S. M. le Sérénissime Roi de la Grande-Bretagne, Electeur de Brunswick-Lunebourg, & Son Altesse Sérénissime Monseigneur le Duc de Brunswick-Lunebourg-Wolffenbuttel, jugeant qu'il sera fort à propos, tant pour le bien mutuel de leur Maifon, que pour celui de la Religion Proteftante, de raffermir l'antique union par de nouvelles liaifons faites entre Sadite Majefté & Sadite Alteffe Séréniffime, en vue feulement de fe donner une Garantie réciproque pour leurs propres Pays, & fans le moindre deffein de caufer aucun trouble, ou d'apporter aucun préjudice, ni à l'Empereur ni à l'Empire, ni à quelque Puiffance que ce foit : pour cet effet, elles ont muni de part & d'autre de plein pouvoir fuffifant, c'eft-à-dire, Sadite Majefté le Séréniffime Roi de la Grande-Bretagne, fes Confeillers Privés, les Sieurs Pierre Lord King, Baron d'Ockham, Grand Chancelier de la Grande-Bretagne ; Guillaume Duc de Devonshire, Thomas Lord Trevor, Garde de fon Sceau Privé, Préfident de fon Confeil Privé ; Thomas Holles, Duc de Neuwcaftle, un de fes principaux Sécrétaires d'Etat ; Charles Vicomte Townshend, l'autre de fes principaux Secrétaires d'Etat, & Robert Walpole, Chevalier du Très-Noble Ordre de la Jarretiere & prémier Commiffaire de la Tréforerie ; & Sadite Alteffe Séréniffime le Seigneur Duc de Brunfwick-Lunebourg-Wolffenbuttel, le Sieur Conrad Derleff, Comte de Dehn, fon Miniftre d'Etat Privé, Préfident de la Chambre des Comptes, Doyen du Chapitre de Saint Blaife à Brunfwick, Echanfon Héréditaire de l'Abbaye de Gandersheim, Seigneur de Windhaufen & Riddaghaufen, Chevalier des Ordres Danois, & fon Plénipotentiaire auprès de Sa Majefté de la Grande-Bretagne ; lefquels ayant conféré enfemble fur les moyens le plus propres pour parvenir aux buts ci-deffus mentionnés, fans faire tort à perfonne, font tombés d'accord des Articles fuivans.

» I. Qu'il y aura une amitié intime & union fincere, ferme & invariable, entre ledit Seigneur Roi, & ledit Seigneur Duc, Leurs Héritiers & Succeffeurs ; laquelle fera fi exactement & fidélement gardée, que les Parties contractantes non-feulement avanceront leurs intéréts réciproques, mais auffi elles éloigneront tout tort & dommage quelconque l'un & l'autre, & traverferont au poffible tout deffein préjudiciable, qui pourra fe former contre l'un ou l'autre defdites Parties contractantes, conformément aux Traités & Conventions qui confiftent déja dans les deux Branches de ladite Séréniffime Maifon. «

» II. Qu'en vertu de cette union étroite, lefdites Parties contractantes prométtent de s'affifter mutuellement par leurs confeils ; & par leurs bons offices, par-tout où il en fera befoin. Et comme le Séréniffime Roi de la Grande-Bretagne promet de garantir audit Séréniffime Duc tous fes Pays & Etats, ainfi ledit Séréniffime Duc promet fa Garantie audit Séréniffime Roi pour la défenfe de fes Royaumes de la Grande-Bretagne & de l'Irlande, & de fes Pays & Etats en Allemagne. Et d'autant que le Traité conclu à Zell le fixieme de Mai *1671* entre les Séréniffimes Ducs de Brunfwick-Lunebourg, oblige déja le Séréniffime Duc à maintenir toujours au poffible la poffeffion de la Ville & Fortereffe de Brunfwick, pour la fûreté commune de ladite Maifon, Sadite Alteffe Séréniffime renouvelle ici toute la teneur de cedit Article, & s'engage de ne livrer jamais sadite Ville & Forteresse de Brunswick, en mains, possession, ou pouvoir de qui que ce soit. «

» III. Qu'en cas que les susdits Pays & Etats de l'une ou de l'autre des Parties contractantes soient menacées d'une attaque ou invasion, alors elles concerteront ensemble, sans perte de temps, sur les moyens de repousser leurs Ennemis, & régleront d'abord & sans délai, les proportions des secours à se prêter mutuellement, bien entendu que le secours qui devra être fourni à Sa Majesté Britannique de la part dudit Sérénissime Duc, selon ledit concert à faire, ne pourra pas être réglé à moins de cinq mille hommes. «

» IV. Que le susdit Sérénissime Duc ayant représenté au susdit Sérénissime Roi, que pour le mettre & se maintenir dans un état, & dans une situation à remplir d'autant mieux & plus sûrement les obligations qu'il alloit contracter avec Sa Majesté, il seroit obligé de se charger de grosse dépenses, qu'il faudra faire pour un Corps de Troupes suffisant pour garder son propre Pays, Villes & Forteresses, en cas de danger, & pour aller au secours des Pays & Etats dudit Sérénissime Roi, s'il y en est besoin ; Sa Majesté ledit Seigneur Roi, en considération de ce qui est ci-dessus, promet de payer audit Seigneur Duc la somme de vingt-cinq mill livres sterling par an, pendant l'espace de quatre ans, laquelle somme annuelle de vingt-cinq mille livres sterling sera payable par portion égale de trois mois en trois mois, à compter du jour de la Ratification du présent Traité. «

» V. En cas que, contre toute attente, quelque Prince ou Etat que ce soit, voulut en haine du Traité d'amitié & de défense mutuelle, fait & signé cejourd'hui, faire quelque insulte au Pays, Villes & Territoires appartenant au Sérénissime Duc de Brunswick-Lunebourg-Wolffenbutel, o lui causer quelque tort ou dommage, Sa Majesté le Roi de la Grande-Bretagne promet & s'engage de garantir ledit Sérénissime Duc de telle insulte & de faire tout son possible pour faire cesser tout tort & dommage qu pourroit lui arriver en haine du susdit Traité. «

» VI. Que ce Traité d'Alliance & d'Amitié sera ratifié en due forme pa lesdits Sérénissimes Roi & Duc, & les Ratifications en seront échangée dans l'espace de six semaines, à compter du jour de la Signature, ou plu tôt, si faire se peut. «

» En foi de quoi, nous soussignés, munis des pleins pouvoirs du Sérénissim Roi de la Grande-Bretagne, & du Sérénissime Duc de Brunswick-Lunebour Wolffenbuttel, avons ès dits noms signé le présent Traité d'amitié, & avons fait apposer les Cachets de nos Armes. Fait à Westminster le ving cinquieme jour de Novembre, l'an mil sept cens vingt-sept. «

(L. S.) DEVONSHIRE P. (L. S.) C. D. Comte DE DEHN.
(L. S.) TREVOR C. P. S.
(L. S.) HOLLES NEWCASTLE.
(L. S.) TOWNSHEND.
(L. S.) R. WALPOLE.

ARTICLE SÉPARÉ.

Comme Son Alteſſe Séréniſſime le Seigneur Duc de Wolffenbuttel a promis par l'Article troiſieme du Traité ſigné cejourd'hui, de fournir à Sa
Majeſté le Roi de la Grande-Bretagne, au cas y ſpecifié, un Corps de cinq
mille hommes, & Sadite Alteſſe Séréniſſimé ayant fait repréſenter les grands
inconvéniens qui pourroient lui arriver, ſi ledit Corps de Troupes devoit
être tranſporté dans les Royaumes de la Grande-Bretagne, & de l'Irlande,
ſelon le contenu de l'Article ſecond dudit Traité, ledit Séréniſſime Roi conſent que les Troupes, que ledit Séréniſſime Duc doit lui fournir, ne ſeront pas obligées de paſſer dans leſdits Royaumes de Sadite Majeſté ; mais
qu'elles ſeront plutôt employées, ou à remplacer celles qui ſeroient tirées
des Etats de Sa Majeſté en Allemagne, ou à être miſes dans les Garniſons des Etats-Généraux, à la Place des Troupes deſdits Etats qui pourroient
paſſer dans les Royaumes de Sadite Majeſté, ſelon que le tout ſera plus
exactement réglé lorſque le cas exiſtera.

Cet Article ſéparé aura la même force que s'il avoit été inſéré de mot
à mot dans le Traité conclu & ſigné cejourd'hui ; il ſera ratifié de la
même maniere, & les Ratifications en ſeront échangées dans le même
temps que le Traité.

En foi de quoi, nous ſouſſignés, munis des pleins pouvoirs du Sérénif-
ſime Roi de la Grande-Bretagne, & du Séréniſſime Duc de Brunſwick-Lu-
nebourg-Wolffenbuttel, avons ès dits noms ſigné le préſent Article ſéparé,
& y avons fait appoſer les Cachets de nos Armes. Fait à Weſtminſter le
vingt-cinquieme jour de Novembre, l'an mil ſept cens vingt-ſept.

(L. S.) DEVONSHIRE P. (L. S.) C. D. Comte DE DEHN.
(L. S.) TREVOR C. P. S.
(L. S.) HOLLES NEWCASTLE.
(L. S.) TOWNSHEND.
(L. S.) R. WALPOLE.

N°. CXIII.

TRAITÉ D'ALLIANCE

Entre l'Empereur CHARLES VI & GEORGE II, Roi de la Grande-Bretagne.

A Vienne le 16 Mars 1731.

ON trouvera ce Traité à l'Article VIENNE, ainſi que celui dont il fut ſuivi le 22 Juillet, entre les Cours de Vienne, de Madrid & d'Angleterre. Ces deux Traités ſuivirent de près ceux que Ripperda avoit ſi heureuſement ou plutôt ſi ſubitement conclus, & ils peuvent en être regardés comme la ſuite.

N°. CXIV.

TRAITÉ D'ALLIANCE

Entre les Cours de Saxe & de Hanovre.

Conclu à Dreſde le 3 Août 1731.

QU'IL ſoit notoire comme ainſi ſoit que les Prédéceſſeurs des Maiſons Electorales de Saxe & de Brunſwick-Lunebourg, ayent de toute ancienneté entretenu enſemble une bonne intelligence particuliere, laquelle non-ſeulement a donné lieu au Traité d'Union héréditaire perpétuelle dont l'on eſt convenu dans l'année 1687, entre les deux Maiſons, & a été continuée ſans interruption juſqu'à préſent, & tranſmiſe aux deux Princes régnans, mais depuis a été augmentée par la proximité que le ſang établit entr'eux, & par la conſidération perſonnelle qu'ils ſe portent l'un à l'autre; & que, ſur ce motif & fondement, il ait été agréé de part & d'autre de cultiver & cimenter ultérieurement ce lien d'union, d'amitié, de confidence & de bon voiſinage, dont on s'eſt ſi bien trouvé juſqu'ici, & à cette fin de dreſſer enſemble un nouveau Traité défenſif accommodé aux circonſtances du temps préſent, & à la ſûreté & proſpérité de leurs Pays & Sujets reſpectifs; à ces cauſes, les deux Parties ſont convenues des Articles ſuivans vâns qu'elles ont fait traiter & conclure par leurs Miniftres, munis de pleins pouvoirs à ce fujet.

» I. Cette Convention & Alliance défenfive n'a pour but de lézer ni d'offenfer perfonne, moins encore l'Empereur & le Saint-Empire Romain ; mais elle eft faite uniquement en vue de maintenir les Droits & les Privileges des deux hauts Contractans, comme auffi pour conferver & défendre leurs Etats & Sujets, contre toutes attaques & violences, de même que toute, prétentions, entrées dans leurs Pays, invafions ennemies, paffages de troupes & établiffemens de quartiers, affemblées & revues d'armées, contributions & exactions contraires aux Conftitutions & aux Ordonnances d'exécutions de l'Empire, par qui & fous quelque nom & prétexte que ce puiffe être. «

» II. Pour cette fin, les deux Confédérés veulent prendre une entiere confiance l'un en l'autre, & fe tenir étroitement liés pour s'entr'aider de confeil & d'effet, procurer le bien l'un de l'autre, s'avertir du mal & du dommage qui pourroit les ménacer & les détourner, communiquer & confulter fouvent & confidemment enfemble, fur tous les événemens dont il pourroit réfulter des troubles & des dangers, & fur les moyens de les éloigner, & autant qu'il fera poffible, prendre enfemble des mefures conformes, & telles qu'elles puiffent être avantageufes au public, principalement au fervice, à l'honneur, au bien, à la liberté & fûreté de Sa Majefté Impériale & de l'Empire, auffi les hauts Contractans veulent ordonner aux Miniftres qu'ils auront, tant à la Diete de l'Empire, qu'aux Affemblées des Cercles, & par-tout ailleurs, de correfpondre & communiquer confidemment enfemble, & afin que cette bonne intelligence foit d'autant moins interrompue, en cas qu'il furvint quelques différends entre les deux Maifons Electorales & leurs Sujets refpectifs, l'on tâchera, avant toutes chofes, de les compofer à l'amiable, & l'on n'en viendra point à des voies de fait, avant que d'avoir au préalable tenté tous les moyens propres à accommoder les chofes d'une maniere équitable. «

» III. En vertu de la préfente Alliance, les hauts alliés fe promettant réciproquement qu'au cas que l'un d'eux vienne à être attaqué par qui que ce puiffe être dans fes Pays & Provinces, & dans fes Droits & Privileges contre les Conftitutions de l'Empire, ou bien à être incommodé, troublé & molefté dans fes Pays par des enrôlemens, des revues, des quartiers, des garnifons, des marches, des contributions, des demandes, des provifions, & des munitions, ou par d'autres charges & exactions femblables, ou au cas que l'on eut des avis certains que telles chofes duffent arriver, l'autre prendra fidélement le parti du lézé, & fera tenu de lui prêter réellement & en effet le fecours promis dans cette Alliance; mais aucun des alliés ne pourra être requis de fournir du fecours à l'autre, fi l'un d'eux, fans communication avec fon allié, & fans fon confentement, attaquoit quelqu'un en ennemi, & à main armée, & que par-là il fût attaqué & pourſuivi lui-même dans ſes propres Pays, ou dans ſes Droits par l'offenſé ou par ſes alliés. «

» IV. Dans cette Alliance ſont compris les deux Electorats & les Pays qui y ſont incorporés, comme auſſi tous les Pays y appartenans, ſitués en Allemagne ; auſſi le Traité d'Union héréditaire de 1687, dont il eſt fait mention ci-deſſus, demeure, à cet égard & à tous autres, dans toute ſa force, comme s'il étoit effectivement inſéré dans la préſente Alliance. «

» V. Pour ce qui concerne le ſecours, les hauts alliés ſont convenus pour cette fois-ci, ſans que cela puiſſe tirer à conſéquence, que l'une des deux parties aſſiſtera & aidera l'autre, le cas de l'Alliance exiſtant, de trois mille hommes de Troupes Allemandes, ſavoir deux mille hommes d'infanterie & mille de cavalerie; mais au cas que le Requérant trouvât néceſſaire qu'il y eût une autre proportion de cavalerie par rapport à l'infantèrie, ou de celle-ci par rapport à la premiere, en tel cas, celui qui aura été requis, ſera tenu de lui complaire, & de lui prêter la main autant qu'il le pourra avec l'infanterie ou la cavalerie qu'il aura ſouhaité, moyennant qu'il ſoit pourvu lui-même de l'une ou de l'autre au-delà du nombre marqué dans l'Alliance, & qu'il puiſſe la tenir prête, & pour lors, un cavalier ou dragon ſera évalué pour trois hommes de pied, & afin que la différence des armes & de leurs qualibres dans les opérations, qui pourront ſurvenir, ne cauſe aucun déſordre, comme il arrive ſouvent, l'on a trouvé bon que le cas de l'envoi du ſecours arrivant, l'on s'entendra enſemble auparavant & à temps, l'on conviendra de l'égalité des armes. «

» VI. Si le ſecours dont on eſt convenu dans cette Alliance, n'étoit pas ſuffiſant à pouvoir détourner le danger où ſe trouvera l'offenſé, en ce cas les hauts alliés conviendront pour l'augmenter au double & même au triple, & ils le régleront de façon que la partie requérante ait du moins chaque fois autant de troupes que la partie requiſe ; auſſi dépendra-t-il de la volonté du Requérant de demander tout, ou en partie le ſecours ſtipulé. «

» VII. Chaque allié eſt tenu de fournir dans le terme de quatre ſemaines depuis la réquiſition faite, réellement, ſans excuſe, oppoſition, ni délai, ſous quelque prétexte que ce puiſſe être, dans le pays du Requérant le ſecours ſtipulé; cependant il ne ſera point obligé de rompre avec l'Agreſſeur, mais bien autant qu'il ſera poſſible, d'interpoſer auprès de lui tous les bons offices les plus propres à procurer à l'offenſé une ſatisfaction & une ſûreté convenable; mais ſoit que ces bons offices portent leur effet ou non, la partie requiſe n'en ſera pas moins tenue de prêter réellement le ſecours ſtipulé, & le continuer juſqu'à ce que la partie lézée ſoit pleinement rétablie dans l'état où elle ſe trouvoit avant l'invaſion, & juſqu'à ce que le dommage & le tort qu'elle aura ſouffert, ait été dûment réparé, à moins que celui qui fournit le ſecours ne fût envahi & pourſuivi lui-même, & que pour fa propre défenfe & délivrance, il n'eut befoin en tout ou en partie de fes troupes auxiliaires. «

» VIII. Lorfque les troupes fe feront jointes, l'Officier qui commandera les troupes auxiliaires, exercera fur elles, fans difficulté ni empêchement aucun, le commandement & la jurifdiction ; mais il fera obligé de tenir bon ordre & difcipline militaire, & de châtier exemplairement les coupables fans délai, connivence, ni égard quelconque, & au cas que la partie à qui aura été fourni le fecours, ne foit pas fatisfaite du châtiment qu'aura infligé le Général ou l'Officier Commandant de la partie requife, cet Officier tiendra les Délinquans, de quelque état ou condition qu'ils foient, auffi long-temps en arrêt, jufqu'à ce que les hauts Confédérés en aient communiqué enfemble. Pour le Commandement général en campagne, & dans les expéditions militaires, il reftera à celui des alliés & à fon Général à qui fera envoyé le fecours, de maniere pourtant que l'on n'entreprendra rien d'important avant que d'avoir délibéré & pris préalablement réfolution fur la chofe dans un Confeil de guerre, en préfence du Général ou Officier Commandant, qui aura été envoyé par la partie requife. «

» IX. Celui des alliés qui aura befoin, fera connoître à temps la qualité de l'Officier qu'il deftine à commander en Chef, afin que la partie qui affiftera puiffe fe régler là-deffus, & envoyer avec fes troupes auxiliaires un Officier Commandant qui n'ait pas de plus haute charge que l'autre. »

» X. Le Requérant eft tenu de fournir à fes dépens le gros canon, les munitions, & tout ce qui appartient à l'artillerie de campagne dont on aura befoin pour l'opération militaire ; en quoi cependant la partie requife lui prêtera la main, moyennant un paiement & une fatisfaction raifonnable, s'il a provifion de ces chofes dans le voifinage, & qu'il puiffe s'en paffer fans fe faire tort ; la partie requife de fon côté pourvoira fes troupes de pieces de canon de Régiment, & des petites pieces néceffaires. «

» XI. Celui qui donne le fecours eft obligé d'entretenir fes troupes auxiliaires à fes dépens ; mais le Requérant mettra ordre à ce qu'on leur fourniffe & vende à un prix raifonnable, & fur le pied qu'il le peut avoir pour fes propres troupes, les vivres & l'avoine néceffaires, que l'on payera réguliérement tous les mois : à l'égard du foin, de la paille & du pâturage, on en donnera aux troupes auxiliaires gratuitement. »

» XII. Lorfqu'on enverra réellement le fecours, les hauts alliés conviendront au jufte des réglemens pour l'entretien des troupes ; pour la formation des Régimens, des Compagnies, & autres chofes femblables, l'on obfervera en toutes chofes une parfaite égalité autant qu'il fera poffible, & l'on évitera & fe précautionnera du mieux qu'il fe pourra faire contre toutes confufions & défordres. «

» XIII. Aucun des alliés ne demandera à l'autre des paffages inutiles de troupes par fes pays ; mais en cas qu'une néceffité indifpenfable, eu égard à la situation du pays , exige ce paffage , l'on fe conformera en tout au réglement pour la marche des troupes, dont l'on eft convenu de part & d'autre, établi le 27 Décembre 1687, fans rien faire qui y foit contraire. «

» XIV. Les deux hauts alliés fe réfervent expreffément ce à quoi ils font tenus envers leurs maifons , conformément aux pactes de familles , & ils s'en tiennent également aux Alliances, engagemens & réglemens, par lefquels ils fe trouvoient liés avec d'autres, & cela d'autant plus qu'ils font d'une nature à ne point les empêcher de remplir les obligations de la préfente Alliance. «

» XV. Cette Alliance doit durer trois ans , & avant qu'ils foient écou-lés, l'on traitera de la néceffité de la continuer ; mais fi vers la fin du temps fixé l'on fe trouvoit dans un danger réel, & en des opérations militaires, l'on continuera de fournir ce à quoi l'on eft obligé en vertu de la pré-fente Alliance jufques à ce que le danger ait ceffé. «

» XVI. L'on a agréé & l'on eft convenu que fi quelque Etat de l'Em-pire avoit intention d'accéder à la préfente Alliance, & donnoit à con-noître en avoir envie, il y fera admis par commun accord & confente-ment, moyennant des conditions proportionnées, fur lefquelles les deux alliés délibéreront quand le cas y écherra. «

» XVII. Le préfent Traité fera en outre ratifié par les deux hauts con-tractans , & les ratifications feront échangées dans le terme de fix fe-maines , à compter du jour de la date d'icelui , ou plutôt fi faire fe peut. «

» XVIII. Enfin, de ce qui eft contenu ci-deffus, tout ce qui a été ainfi traité, & dont l'on eft convenu , a été expédié en double, & en ont figné & fcellé les Miniftres Plénipotentiaires des deux parties, chacun un exem-plaire , & ont été les deux exemplaires échangés. Ainfi fait & donné à Drefde le 3 Août 1731. «

N°. CXV.

TRAITÉ D'ALLIANCE ET DE GARANTIE

Entre l'Empereur des Romains , l'Impératrice de Ruffie & le Roi de Danemarck.

A Copenhague , le 26 Mai 1732.

LA Pragmatique-Sanction Caroline , étoit une loi trop importante pour la Maifon d'Autriche , pour que l'Empereur oubliât aucun des moyens proprès à en aſſurer la garantie. Il crut pouvoir attirer le Roi de Danemarck dans le nombre des Garans ; le Comte de Seckendorff, l'un des plus heureux Négociateurs de ſon temps, fut chargé de conduire cette affaire ; il leva toutes les difficultés & conclut enfin le Traité ſuivant, qui étonna une partie de l'Europe.

Au Nom de la Très-Sainte Trinité.

» Savoir faiſons à qui il appartiendra. Leurs Majeſtés l'Empereur des Romains, & l'Impératrice de Ruſſie, ayant mûrement conſidéré que rien n'étoit plus néceſſaire pour maintenir & affermir la tranquillité générale en Europe, que de mettre les affaires du Nord ſur un tel pied ſûr & fixe qu'il ne puiſſe être troublé par qui que ce ſoit ; & que pour parvenir à ce but, il n'y avoit point de moyen plus ſûr que de rétablir avec le Roi de Danemarck l'étroite amitié & bonne intelligence qu'il y a eu ci-devant avec ſes illuſtres Prédéceſſeurs, & de la confirmer par une Alliance qui n'ait pour but qu'une plus grande ſûreté des Royaumes & Etats reſpectifs ; & Sa Majeſté le Roi de Danemarck ayant témoigné de vouloir concourir à un ſi ſalutaire deſſein, leurs Miniſtres Plénipotentiaires ; ſavoir de la part de l'Empereur le C. de Seckendorff (*cum cæteris titulis*) de la part de l'Impératrice de Ruſſie, le Baron de Brackel (*cum cæteris titulis*) d'une part ; & de l'autre, de la part du Roi de Danemarck, les Conſeillers privés Louis de Pleſſen, Iver Roſenkrantz, Charles Adolf de Pleſſen & Otto Blome (*cum cæteris titulis*), ſont convenus entr'eux d'un Traité d'amitié & de garantie aux conditions ſuivantes, qui doivent être ratifiées. »

» I. Tous les Hauts Contractans s'obligent, puiſqu'ils ont conclu & arrêté entr'eux par le préſent Traité, qui ne porte préjudice à perſonne, une ferme & perpétuelle amitié, de ſe conduire l'un envers l'autre à l'avenir comme véritables alliés, fideles & ſinceres amis, avançant les intérêts l'un de l'autre, comme les ſiens propres, & détournant, autant que faire ſe pourra, tout ce qui pourroit être préjudiciable. »

» II. A cet effet ils entretiendront toujours une ſincere Correſpondance ; & au cas de quelque révolution dangereuſe, ils délibéreront entr'eux & conviendront de ce qui ſera le plus convenable à leur utilité commune ; en quoi ils ſe ſecourront mutuellement & donneront à cet égard les inſtructions néceſſaires à leurs Miniſtres dans les Cours étrangeres. »

» III. D'autant que les Hauts Contractans ſe promettent mutuellement de procurer de leur mieux & en toute maniere l'avantage des uns des autres, ils s'engagent de ne contracter dorénavant avec d'autres Puiſſances aucune Alliance contraire au préſent Traité, & de ne rien faire qui puiſſe, ni directement ni indirectement de quelque maniere que ce ſoit, être préjudiciable à leurs Royaumes & Terres ; mais au contraire ſi quelqu'un vouloit entreprendre quelque choſe, ils l'empêcheront de tout leur pouvoir :

& pour donner plus de force au préſent engagement, ils s'obligent de garantir reſpectivement, de la maniere la plus forte, tous leurs Royaumes
Principautés, Comtés, Seigneuries, Provinces, Territoires & Villes en Europe, de la maniere qu'ils les poſſedent actuellement, lors de la concluſion du préſent Traité, comme auſſi tous leurs droits, régales, franchiſes
& privileges, ſans en excepter aucun, & de ſe maintenir & défendre mutuellement de toute leur force contre qui que ce ſoit, dans la paiſible &
entiere poſſeſſion d'iceux. „

» IV. D'autant que Sa Majeſté Impériale & Catholique en particulier
juge qu'il eſt très-néceſſaire, pour prévenir toute ſorte de trouble en Europe, que l'ordre de Succeſſion établi dans ſa Maiſon Archiducale d'Autriche reſte dans ſon entier, & que pour plus grande ſûreté elle ſoit appuyé
& ſoutenue par des Puiſſances Etrangeres ; & Sa Majeſté le Roi de Danemarck & de Norwegue voulant faire connoître à Sa Majeſté Impériale &
Catholique ſes ſinceres intentions à cet égard, & qu'il eſt porté à lui donner toute ſorte de marques d'amitié & de bonne volonté : à cet effet
s'engage & promet par le préſent Article pour lui, ſes héritiers & ſucceſſeurs, tant mâles que femelles, de garantir la Succeſſion établie dans la
Maiſon Archiducale d'Autriche, & qui depuis a été acceptée avec très-
humble reconnoiſſance par tous ſes Royaumes & Pays héréditaires, & de
la maintenir invariablement de toutes ſes forces contre un chacun, de
maniere que Sa Majeſté de Danemarck & de Norwegue, ſes héritiers &
ſucceſſeurs exécuteront cette garàntie toutes les fois que Sa Majeſté Impériale & Catholique, pendant ſa vie, ou ſes héritiers & ſucceſſeurs, après
ſa mort (que Dieu veuille encore éloigner long-temps) ſeront troublés
ou attaqués par qui que ce ſoit, contre le contenu dudit ordre de Succeſſion du 19 Avril 1713, dans la Succeſſion de tous & chacun deſdits Royaumes & Etats héréditaires, au-dedans ou au-dehors de l'Empire, nul excepté.

» V. Si l'un des Contractans du préſent Traité d'Amitié & de garantie
étoit préjudicié par quelqu'un, qui que ce ſoit & pour quelque raiſon
que ce puiſſe être, dans ſes droits, privileges & juſtes prétentions, ou
étoit actuellement attaqué ou envahi dans les Terres qu'il poſſede en Europe, les Hauts Contractans, en conſéquence de la garantie mutuelle promiſe dans les Articles précédens, promettent qu'à la réquiſition de la partie offenſée, ou qui ſeroit en danger, ils employeront auſſi-tôt leurs bons
offices auprès de l'Aſſaillant, pour lui faire donner entiere ſatisfaction, &
que s'ils étoient inutiles, ils viendront d'abord au ſecours du Requérant
conformément à une convention qui ſera réglée après la ratification du
préſent Traité & le plutôt poſſible, à des conditions convenables & avan-
tageuſes à toutes les parties, & qu'ils continueront à l'aſſiſter, ſans mettre bas les Armes, juſqu'à ce que la partie offenſée ait été rétablie dans
ſon premier état, & ait eu ſatisfaction des dommages & dépenſes qu'on lui
aura cauſés. »

» VI. Il a été résolu & statué que si quelque Puissance témoignoit vouloir accéder au présent Traité, ou qu'elle y fût invitée par l'un ou l'autre des Contractans, elle y sera admise, après que les Parties contractantes en auront communiqué entr'elles & y auront consenti. »

». V. En foi de quoi, Copies semblables du présent Traité de garantie & d'Amitié ayant été dressées, ont été signées & scellées séparément par les Ministres à ce autorisés des trois Hauts Contractans ; & les Ratifications en seront échangées dans trois mois ou plutôt, si faire se peut. Fait à Coppenhague le 26 Mai 1723. "

Etoit signé,

F. H. Comte DE SEC-   CASP. CHR. BARON DE   CH. L. VON PLES-
KENDORFF.   BRACKEL.   SEN.
                                      IVER ROSENKRANTZ.
                                      C. A. VON PLESSEN.
                                      OTTO BLOME.

I. ARTICLE SÉPARÉ.

„ D'autant que Sa Majesté Impériale & Catholique & Sa Majesté Impériale de tous les Russes ont fait connoître dès le commencement des Négociations du Traité signé cejourd'hui, qu'il étoit nécessaire pour la conservation du repos dans la Basse-Saxe, & pour prévenir les troubles qui pourroient arriver dans le Nord, que les démêlés qui subsistent entre Sa Majesté le Roi de Danemarck & Norwegue, & Son Altesse Royale le Duc Charles Frédéric de Holstein-Gottorp, soient accommodés à l'amiable ; Sa Majesté Impériale & Catholique l'Empereur des Romains & Sa Majesté Impériale de tous les Russes ont proposé à cet effet, que S. A. R. le Duc renonçât pour lui, ses Héritiers & Agnats à la partie du Slefwyck qu'elle possédoit ci-devant, & que Sa Majesté Royale de Danemarck & Norwegue lui payât pour équivalent deux millions de Ryxdalders, qui seroient désignés au Duc en effets. Sur quoi Sa Majesté Royale de Danemarck & Norwegue a prétendu prouver par de bonnes raisons, qu'on ne peut exiger d'elle avec justice aucun équivalent ; qu'il lui est impossible de payer cette somme en argent, & remontrant d'un autre côté qu'elle ne peut céder ni effets, ni terres. Cependant Sa Majesté a enfin déclaré uniquement en considération de Sa Majesté Impériale & Catholique & de Sa Majesté Impériale de tous les Russes, & pour donner une preuve de sa disposition à conserver la tranquillité publique, qu'elle payera audit Seigneur Duc de Holstein un million de ryxdalders en florins de l'Empire, ou en monnoie d'égale valeur, comme un dédommagement ; elle promet donc qu'aussitôt que ledit Duc de Holstein aura fait & délivrera à Sa Majesté une ces-

fion & renonciation dans les formes (munie du confentément de tous fes
Héritiers & Agnates) à toutes les prétentions qu'il forme, ou pourroit former fur la partie du Duché de Slefwyck qui a autrefois appartenu au Danemarck, Sadite Majefté lui fera auffi-tôt payer 500 mille ryxdalders &
enfuite 100 mille ryxdalders par an., jufqu'à l'entier paiement de ladite
fomme d'un million promis; lequel paiement fe fera à Hambourg fans
aucun frais pour le Duc. "

„ Sa Majefté Impériale & Catholique & Sa Majefté Impériale de tous les
Ruffes promettent de leur côté, qu'elles employeront tout leur pouvoir pour
perfuader à Son Alteffe Royale le Duc de Holftein d'accepter cette offre, en
faifant la Ceffion & Renonciation fufdite pour lui, fes Héritiers & Agnates. En foi de quoi le préfent Article, &c. ce 26 Mai 1732.

II. ARTICLE SÉPARÉ.

„ D'autant que Sa Majefté le Roi de Danemarck s'eft laiffé perfuader par
Sa Majefté Impériale & Catholique & par Sa Majefté Impériale de tous les
Ruffes, de promettre, par l'Article féparé figné aujourd'hui & qu'elle ratifiera le 10 Juin, d'accorder à Son Alteffe Royale Charles Frédéric Duc de
Holftein un million de ryxdalders, en donnant une Ceffion de renonciation
des prétentions que lui, fes Héritiers Agnates croient avoir fur la portion
qu'elle a eue dans le Duché de Slefwick; Sa Majefté Impériale & Catholique & Sa Majefté Impériale de tous les Ruffes déclarent de leur côté, qu'elles fixeront au Seigneur Duc de Holftein un terme peremptoire de deux ans,
à compter du jour de la Ratification du Traité figné aujourd'hui pour recevoir ledit million promis. Mais fi, contre toute efpérance, Son Alteffe
Royale le Duc de Holftein, refufoit avant la fin de ce terme d'accepter cette
offre, Sa Majefté Royale de Danemarck & de Nortwegue ne fera plus tenue ni obligée à rien, & elle fera à couvert pour toujours de toutes
prétentions que ledit Duc de Holftein pourroit former; Sa Majefté Impériale
& Catholique & Sa Majefté Impériale de tous les Ruffes ne faifant aucune
difficulté de déclarer d'avance, qu'en ce cas elles ne feront plus obligées aux
engagemens dont elles fe font chargées en faveur dudit Duc. En foi de
quoi ce fecond Article féparé, &c. Ce 26 Mai 1732. Signé comme le
Traité.

Nº. CXVI.

TRAITÉ D'ALLIANCE ET DE SUBSIDE

Entre le Roi de la Grande-Bretagne & celui de Danemarck.

Conclu le 9 Septembre 1734.

» I. IL y aura entre Leurs Majestés Britannique & Danoise, leurs successeurs & héritiers, Royaumes & Sujets, une amitié & une union très-étroite. «

» II. Tous les précédens Traités, conclus entre les deux Etats, seront censés renouvellés & confirmés par celui-ci. «

» III. Le Roi de Danemarck s'engage de fournir pendant trois ans, pour le service du Roi de la Grande-Bretagne, 1000 hommes de cavalerie & 5000 d'infanterie. «

» IV. Pour subvenir à l'entretien de ces 6000 hommes, Sa Majesté Britannique s'engage de payer au Roi de Danemarck 80 écus pour chaque cavalier dûment monté, & 30 écus pour chaque fantassin, savoir la moitié immédiatement après la signature du présent Traité, & l'autre moitié dès que lesdites troupes seront entrées à la solde du Roi d'Angleterre. De plus, Sa Majesté Britannique s'engage encore de payer au Roi de Danemarck un subside annuel de deux cens cinquante mille écus de banque, pendant que les susdites troupes seront à la solde de Sa Majesté Danoise; mais, lorsqu'elles auront passé à la solde d'Angleterre, ce Prince ne recevra que cent cinquante mille écus de banque par an. «

» V. Le Roi de la Grande-Bretagne se chargera de la solde & traitement, tant ordinaire qu'extraordinaire, des Officiers & soldats, de même que de ce qui regarde les recrues, sur le pied que cela a été réglé par les Traités antérieurs. «

» VI. Il sera libre à Sa Majesté Britannique d'employer ces troupes partout où elle jugera à propos, excepté en Italie & sur mer : elles ne pourront non plus être transportées en Angleterre, à moins qu'il ne s'agisse de la défense de la Grande-Bretagne ou du Royaume d'Irlande. «

» VII. Si le Roi de Danemarck venoit à être attaqué, celui de la Grande-Bretagne promet de lui renvoyer promptement ses Troupes; & de donner outre cela à Sa Majesté Danoise tout le secours par mer & par terre, que le cas exigera; lequel secours lui sera continué jusqu'à la conclusion d'une Paix avantageuse. Le Roi de Danemarck s'engage de son côté au réciproque envers celui de la Grande-Bretagne, & se réserve expressément la liberté du Commerce pour ses Sujets qui trafiquent, tant en France,

Tome III. Yy

que par-tout ailleurs, pendant tout le temps de la préfente guerre; à quoi Sa Majefté Britannique confent. «

» VIII. Pour juger, fi le cas de cette Alliance exifte ou non, il fuffira qu'une des Parties Contractantes foit actuellement attaquée par la force des armes, fans qu'elle ait auparavant ufé de force ouverte contre l'agreffeur.«

» IX. Le premier Traité durera trois ans. «

» X. Les Ratifications en feront échangées à Londres deux mois après la fignature: en foi de quoi, &c. «

Nº. CXVII.

RENOUVELLEMENT DE L'ALLIANCE

De 1724.

Entre la Ruffie & la Suede.

A Stockholm, le 5 Août 1735.

SAVOIR faifons à tous & chacun, que comme le Traité défenfif, conclu pour 12 ans entre Sa Majefté Impériale de toutes les Ruffies, & Sa Majefté Royale de Suede, l'année 1724, le 22 Février, fera bientôt expiré, & que les deux auguftes Contractans y font convenus, Article 21, d'entrer en négociation, & de conférer fur la prolongation de ce Traité défenfif pour le moins fix mois avant fon expiration; que d'ailleurs LL. MM. ont témoigné réciproquement un défir fincere de renouveller ce Traité défenfif, & de n'entretenir pas feulement cette parfaite correfpondance & amitié, qui a fubfifté jufqu'à préfent entre elles; mais auffi de ferrer encore davantage ce lien, pour avancer autant qu'il fera poffible leurs intérêts communs; Sa Majefté Impériale de toutes les Ruffies a ordonné, & muni d'un plein pouvoir fpécial le Seigneur Michel de Beftucheff, fon Confeiller d'Etat & fon Envoyé extraordinaire, pour s'affembler & pour entrer en conférences avec les refpectifs Sénateurs & Commiffaires de Sa Majefté Royale de Suede, le Seigneur Comte de Horn, Préfident de la Chancellerie; le Seigneur Comte de Bonde, Sénateur; le Seigneur Comte Oloft de Tornflycht, Sénateur; le Seigneur Baron Jean Henri de Kochen, Chancelier de la Cour; le Baron Herman Cedercreutz, Secrétaire; le Seigneur Jean Friderich de Schantz, Confeiller de la Chancellerie; le Seigneur Joachim Kerés, Confeiller de la Chancellerie, pour renouveller cette Alliance défenfive entre LL. MM. Ruffienne & Suédoife; lefquels ayant pour cette fin exhibé réciproquement, & échangé leurs pleins pouvoirs, sont convenus de ce présent instrument, & l'ont conclu & signé de la maniere qui suit :

» I. Il y aura une paix ferme, & une bonne intelligence de voisinage entre les deux Etats, & le Traité de paix conclu à Neustad sera censé être répété ici, & s'il y a de part & d'autre encore quelque point non exécuté, il le sera incessamment. «

» II. Cette Confédération & Alliance défensive ne tendra au préjudice ni offense de qui que ce soit, mais uniquement à la conservation de la paix & du repos général, & particulièrement à ce que Sa Majesté Impériale Russienne, & Sa Majesté Suédoise veulent entretenir une bonne & confidente correspondance dans tous les cas concernant leurs Etats, & travailler conjointement à les garantir & leurs sujets, de toutes vexations, & conserver dans un état de repos & de constante prospérité ? »

» III. Pour obtenir ce but salutaire, & pour faire voir, que les Hauts Contractans de côté & d'autre sont dans une sincere intention à cet égard, ils s'assisteront de conseil & d'effet pour avancer l'avantage l'un de l'autre, & avertiront & détourneront les dommages & préjudice, communiqueront diligemment & confidemment toutes les occasions, d'où il peut venir des troubles & dangers, & prendront avec soin de telles mesures, qui seront avantageuses à l'intérêt commun, & au repos, sûreté, & avantage des Royaumes & Etats de part & d'autre, & de leurs sujets. «

» IV. Si contre toute meilleure attente, & nonobstant ce but paisible & innocent, il arrive, qu'après la conclusion & la ratification de cette Alliance, un des deux Hauts Pacifians fût pour quelque vieille ou nouvelle cause, attaqué dans ses Royaumes, Etats, & Provinces situées en Europe, par quelque Puissance Chrétienne Européenne, dont on excepte pourtant les troubles, qui pour le présent sont survenus en Pologne, & toutes les suites qu'ils pourroient avoir; non-seulement chacun d'eux après la réquisition, fera ses efforts par son Ministre résident à la Cour de l'Agresseur, ou bien par celui qu'il y dépêchera, par ses bons offices, & représentations, & demandera une pleine satisfaction; mais aussi en cas qu'ils fussent infructueux, livrera sans objection dans deux, trois, ou tout au plus tard dans quatre mois après la réquisition faite, selon la qualité de la saison de l'année, & l'éloignement du lieu, le nombre des troupes stipulé, là où le requérant le désirera. «

» V. Pour ce qui est du nombre des troupes auxiliaires, dont les alliés de part & d'autre, s'obligent de s'assister en tel cas, il est convenu, que Sa Majesté Russienne, le cas de Traité venant à exister à la réquisition de Sa Majesté Suédoise, l'assistera avec douze mille Fantassins, & quatre mille Cavaliers & Dragons, bonnes troupes & régulieres, selon la convenance de celui qui en eſt requis, & avec neuf vaiſſeaux de ligne de 50 à 70 pieces de canon, & trois frégates chacune de 30 pieces de canon d'un autre côté Sa Majeſté Suédoiſe s'oblige dans le même cas, d'aſſiſte Sa Majeſté Impériale Ruſſienne à ſa réquiſition avec huit mille Fantaſſin & deux mille Cavaliers réguliers & bonnes troupes, ſelon la convenanc de celui qui en eſt requis; comme auſſi de ſix vaiſſeaux de ligne de 50 à 7 pieces de canon, avec deux frégates chacune de 30 pieces de canon; leſ quelles troupes auxiliaires ſeront pourvues de l'artillerie de campagne né ceſſaire, comme par chaque bataillon deux pieces à trois livres de balle & de munition : de même les vaiſſeaux de guerre, & les frégates ſeron pourvues de l'équipage néceſſaire, matelots, & ſoldats, le nombre deſquel derniers, en ce cas ſera déduit du nombre des Fantaſſins ci-deſſus ſtipulés & ſeront pourvus de tout le néceſſaire ſelon l'uſage de la guerre. «

» VI. Ces troupes auxiliaires ſeront entretenues par la partie requiſ elle-même ; mais le requérant leur fournira les rations & portions ordi naires de munition & de fourrage, comme auſſi les quartiers néceſſaires le tout ſur le même pied, que ces troupes ſont entretenues en campagne par leur propre maitre. «

» VII. Les vaiſſeaux de guerre, que l'une des parties doit, ſelon le contenu du cinquieme Article, envoyer au ſecours de l'autre, ſeront ſe lon l'uſage de la guerre montés, équipés, & avitaillés pour quatre mois mais ſi après les quatre mois paſſés ils ſont obligés de demeurer auprès d requérant pour quelque opération de guerre ou quelqu'autre raiſon, alor le requérant ſera obligé de leur fournir l'entretien dû, & les proviſion ſur le même pied, que leur propre maitre les leur donne; les Officier néanmoins deſdits vaiſſeaux, & tout le reſte de l'équipage recevront leu ſolde du Haut Contractant requis. «

» VIII. Chaque Officier-Commandant gardera le commandement de troupes auxiliaires, qui lui ont été confiées. Mais le commandement gé néral en campagne & aux autres opérations de guerre appartient ſans diſ pute à celui, à qui le requérant l'a confié ſur terre & ſur mer ; de ma niere néanmoins, qu'il ne s'entreprendra rien d'importance, qui n'ait ét aviſé & conclu auparavant dans un conſeil de guerre, & en préſence d Général ou Officier-Commandant de la partie requiſe. «

» IX. Afin qu'il ne ſurvienne aucun différend ni mal-entendu dans l commandement, le requérant indiquera de bonne-heure quel Chef il em ployera au commandement-général, afin que l'allié requis puiſſe régler, & proportionner le caractere de celui qui commandera les troupes auxiliaires ou les vaiſſeaux de guerre. «

» X. Les troupes auxiliaires auront leurs propres Prêtres, & exerceron leur culte particulier librement : elles ne ſeront jugées que par leurs prê pres Officiers, & selon aucunes autres Loix, Articles de guerre, & Ordonnances, que celles de leurs respectifs maitres; mais s'il survient quelque différend entre les propres Officiers & Soldats du requérant, & ceux des troupes auxiliaires, il sera examiné & jugé par des Commissaires à cela commis; en nombre égal, & choisi des troupes de part & d'autre, & les coupables seront par conséquent punis selon les Articles de guerre de leur propre maître; sera pareillement libre au Général, comme aux autres Officiers des troupes auxiliaires, d'avoir correspondance chez eux par des lettres, ou par des exprès. «

» XI. Les troupes auxiliaires seront tenues d'obéir en tout aux ordres du Général-Commandant en Chef, & se transporter où il veut, & se laisser employer aux opérations de guerre; en observant néanmoins la maniere convenue dans l'Article VIII ci-dessus; mais ces troupes & escadres, quand elles auront été demandées en même temps, seront respectivement dans les marches, commandemens, actions, quartiers & autrement, tenues, autant qu'il est possible l'une près de l'autre, & ne seront pas trop séparées & éloignées l'une de l'autre, & enfin, que les troupes auxiliaires ne soient dans les opérations de guerre ou autrement, fatiguées, & exposées plus que les autres troupes du requérant; mais qu'il y soit observé entre elles une parfaite égalité, le Général-Commandant en Chef sera tenu d'observer dans tous les commandemens une juste & exacte proportion entre elles selon la force de toute l'armée. «

» XII. D'un autre côté, & afin que les sujets du requérant ne soient point surchargés, mais qu'ils jouissent tranquillement du leur, & qu'ainsi le transport des vivres & autres besoins de chez eux & d'ailleurs, ne soit point empêché, le Général ou Officier Commandant des Troupes auxiliaires sera obligé de garder parmi les Troupes de son commandement, un bon ordre & discipline, & de punir exemplairement les délinquans, sans retardement, connivence, ou autre vue, selon le contenu du précédent Article X. «

» XIII. Est convenu de part & d'autre, que chacun remplira & recrútera le manque de ses Troupes auxiliaires; mais si dans des marches ou l'entiere retraite des Troupes auxiliaires des Etats du Requérant, quelques-uns de leurs officiers ou soldats demeuroient en arriere pour maladie, ou autre cause, le Requérant promet de faire donner aux malades tout secours, & d'ailleurs de leur laisser, & aux autres, toute liberté de continuer leur voyage sans empêchement, de leur accorder toute assistance possible, & de ne les point retenir sous quelque prétexte que ce puisse être. «

» XIV. Si l'une ou l'autre partie avoit besoin de plus de troupes ou de vaisseaux qu'il a été spécifié, les Contractans de part & d'autre s'engagent, entant que l'Etat des Royaumes de chaque partie le peut souffrir, de le fournir pareillement aux Conditions ci-deſſus, & de ſe montrer favorable en cela. «

» XV. Il ſera permis à chaque partie, pendant que l'une eſt en guerre, de tirer des Etats de l'autre tous les matériaux & effets néceſſaires pour la guerre, au prix courant dans ces endroits-là. «

» XVI. Les deux hauts Contractans déclarent, qu'ils ne ſont avec perſonne dans aucun engagement, qui puiſſe être contraire à cette Alliance, par conſéquent, les engagemens antérieurs, comme n'étant nullement contraires à celui-ci, conſerveront leur force entiere; mais afin que l'intention des deux hauts Contractans, de remplir ſincérement ce qui a été ſtipulé & conclu entr'eux, paroiſſe clairement, Leurs Majeſtés s'obligent, par les préſentes, de faire, chacun en ſon endroit, exécuter fidélement chacun des Articles conclus de bonne-foi, & de ne permettre en aucune maniere, qu'on y contrevienne, ſoit ſous prétexte d'aucun engagement antérieur, ou ſous aucun autre nom, quel qu'il ſoit. «

» XVII. Si le Contractant requis étoit attaqué pour telle aſſiſtance ou autrement, & qu'ainſi tous les deux fuſſent engagés dans une guerre, aucun d'eux n'entrera en négociation pour une Paix ou Treve, encore moins conclura à cet égard, ſinon du conſentement & pleine concurrence de l'autre partie, & que particuliérement on ait fait à la partie lézée réparation du dommage ſouffert. «

» XVIII. Si l'une ou l'autre Puiſſance déſiroit d'être compriſe dans cette Alliance, il ſe fera, mais pas autrement, que du conſentement des deux Parties. «

» XIX. Si les ſujets de part & d'autre ſe croyent en droit de porter des plaintes de juſtice retardée ou déniée, on ne paſſera pas d'abord aux repréſailles, mais on en demandera auparavant information à l'autre Partie, par le Miniſtre Réſident, & ceux qui alors ont fait des plaintes ſans fondement ſuffiſant, ſeront châtiés ſelon l'exigence du cas. «

» XX. Il ſe fera inceſſamment un Traité de commerce, & les deux Parties y apporteront toute facilité. «

» XXI. Cette Alliance durera l'eſpace de douze ans, & en cas que les hauts Contractans de part & d'autre, après l'expiration de ce terme, jugeaſſent néceſſaire de le prolonger, ils feront de bonne heure conférer & négocier là-deſſus; & tout au plus tard dans ſix mois avant ſon expiration. «

» XXII. Eſt convenu en dernier lieu, que les ratifications de ce Traité ſeront expédiées & échangées de part & d'autre ici à Stockholm dans trois mois, à compter depuis le jour d'aujourd'hui, ou même plutôt. «

» En foi de quoi ce préfent inftrument a été expédié en double , & figné par les Miniftres Plénipotentiaires de Sa Majefté Impériale de toutes les Ruffies & de Sa Majefté Royale de Suede, & muni de leurs cachets. Fait à Stockholm le 5. d'Août 1735. «

(L. S) MICHEL DE BESTUCHEF.
(L. S.) ARVID HORN.
(L. S.) CUSTAFF BONDE.
(L. S.) CHARLES-JEAN DE STROMFELD.
(L. S.) OLOST DE TORNFLYCHT.
(L. S.) SAMUEL BARCK.
(L. S.) HERMAN CEDER-CREUTZ.
(L. S.) JEAN-FREDERIC DE SCHANTZ.
(L. S.) JOACHIM KERÉS.

PREMIER ARTICLE SÉPARÉ.

» SA Majefté Impériale de toutes les Ruffies, ayant accordé à Sa Majefté Royale de Suede dans le Traité de Neuftadt , Article VI, une fortie libre de grains pour cinquante mille roubles par an ; Sa Majefté Impériale de toutes les Ruffies s'engage & promet encore par ces préfentes, qu'outre cela il fera encore permis à Sa Majefté Suédoife d'acheter , dans les Ports & Villes de Sa Majefté Impériale, fitués à la mer Baltique , pour autant de milliers de roubles, du chanvre, du lin & des mats , & de les emporter fans aucune charge, pour autant d'années que durera cette Alliance défenfive ; enforte qu'on peut acheter & emporter fans aucune charge defdits Ports & Villes de Sa Majefté Impériale, pour la fomme entiere de cinq mille roubles, partie en grains, & l'autre partie en chanvre, lin & mats , à condition pourtant , que les Commiffaires , qui feront chargés de Sa Majefté Suédoife, d'en faire l'achat ; feront indifpenfablement obligés de fe légitimer auparavant, & de le déclarer aux endroits convenables : & en cas qu'il arrivât une année de mauvaife recolte, & que Sa Majefté Impériale fe trouvât obligée de défendre , pour cette année, le tranfport des grains, foit en tout ou en partie, il fera permis à Sa Majefté Suédoife, d'y acheter , pour toute la fomme accordée, du chanvre , du lin & des mats , & tranfporter le tout fans être obligée à aucune charge. «

» En foi de quoi cet Article féparé, qui aura autant de force, comme s'il avoit été inféré de mot à mot dans le Traité d'Alliance défenfive conclu cejourd'hui, a été conclu & figné des Plénipotentiaires réciproques, avec l'appofition de leurs cachets. Fait à Stockholm le cinquieme d'Août 1735. «

SECOND ARTICLE SÉPARÉ.

» COMME dans l'année 1702 quelques particuliers Hollandois ont fait un prêt de sept cents cinquante mille florins d'Hollande, au feu Roi Charles XII, de glorieuse mémoire, sous la garantie des Etats-Généraux, & sur l'hypotheque de la douane de Riga, de laquelle dette, la Couronne de Suede a payé déja une partie considérable, mais dont il reste une autre partie à acquitter, tant du capital que des intérêts. Et comme Sa Majesté Impériale de Russie a déclaré être dans la disposition de s'en charger, & de satisfaire entiérement les créanciers existans à ce sujet, pourvu que, de la part de Sa Majesté Suédoise, il fût délivré une spécification & un compte exact de ce que la Couronne de Suede devoit encore payer aux Hollandois, pour extinction de cette dette; ainsi, il a été convenu & arrêté entre les deux Parties contractantes, que le restant de cette dette, tant du capital que des intérêts, sera payé par Sa Majesté Impériale de Russie, auxdits créanciers Hollandois, & qu'ils seront par elle entiérement satisfaits à cette occasion; ensorte que la Couronne de Suede est par-là absolument dégagée de toute réquisition ultérieure, concernant la prétention de cette dette; au surplus, Sa Majesté Impériale de Russie s'engage par le présent Article, de faire remettre à Sa Majesté Suédoise & à la Couronne de Suede, l'écrit original & l'obligation expédiée par rapport à la même dette. «

» Ce deuxieme Article séparé aura la même force, comme s'il avoit été inséré de mot à mot dans le Traité d'Alliance défensive conclu cejourd'hui; en foi de quoi Nous, Plénipotentiaires réciproques, l'avons signé & y avons apposé nos cachets. Fait à Stockholm le cinquieme d'Août 1735. «

Signé comme le Traité même.

No. CXVIII.

TRAITÉ D'ALLIANCE

Entre le Roi de France & la République de Pologne confédérée en faveur du Roi STANISLAS.

A Versailles le 18 Septembre 1735.

LORSQUE le Roi Stanislas se fut retiré à Konigsberg, les Députés de la confédération de Dziskow lui remontrerent qu'il conviendroit aux intérêts des confédérés d'avoir un Ministre auprès de Sa Majesté Très-Chrétienne qui fût là à portée de faire les représentations nécessaires à ce Prince, suivant

vant que les affaires de la caufe commune le demanderoient. Sa Majefté Polonoife choifit, pour remplir cet important pofte, le Comte Ozarowski, Maréchal des *Logis de la Couronne*, qui, ayant reçu fes inftructions, fe rendit d'abord en France, où il fut reçu comme Ambaffadeur du Beau-Pere de Sa Majefté Très-Chrétienne. Il négocia avec les Miniftres du Roi de France un Traité d'Alliance entre ce Monarque & le Roi & la Répu-blique confédérée de Pologne. Sa Majefté Très-Chrétienne promettoit de foutenir l'Election du Roi Staniflas. Mais on fait quel fut le peu de fuccès des prétentions & des efforts de ce Prince pour garder une Couronne dont il étoit digne.

» I. II. III. IV. Qu'il y aura comme auparavant une amitié entre les deux Contractans, & que quoique Sa Majefté Très-Chrétienne fe foit enga-gée dans la préfente guerre pour la défenfe de l'unanime Election de fon Beau-Pere, il la pourfuivra jufqu'à ce qu'il foit parvenu à faire jouir le Roi & la République de leurs droits & privileges, & que fi la liberté d'élire le Roi de Pologne étoit troublée, le Roi Très-Chrétien fera tout ce que la République peut fe promettre, & employera toutes fes forces pour délivrer la Pologne de cette préfente oppreffion tant que la guerre durera. «

» V. VI. Continuera d'employer fes foins Sa Majefté Très-Chrétienne pour que non-feulement le Roi, qui par rapport aux violences de la Po-logne s'eft retiré en Pruffe, mais encore un grand nombre de familles qui l'ont fuivi ou qui fe font répandues dans d'autres Pays voifins, puiffent y être en fûreté, & fera fes efforts dans le Congrès de Paix-Générale, pour que le Royaume de Pologne ne foit point deftitué de fa liberté & privileges. «

» VII. Le Roi Très-Chrétien donnera les fubfides perfonnels à tous ceux qui ont été fideles au Roi, fi long-temps qu'ils n'auront point la faculté de retourner dans leurs biens & poffeffions. «

» VIII. Continuera fes bons Offices le Roi Très-Chrétien, auprès de la Cour de Vienne & des autres Puiffances, fur tout ce qui peut regarder le Roi & la République Confédérée avec laquelle il a agi de concert jufques-ici. «

» IX On conviendra des autres Puiffances qui feront invitées d'accéder à ce Traité, dont les ratifications feront échangées dans l'efpace de deux mois ou plutôt s'il fe peut. «

En foi de quoi nous, Miniftres Plénipotentiaires, après nous être commu-niqués nos pleins pouvoirs, avons ces préfentes figné & fcellé. Fait à Ver-failles ce 18 Septembre 1735.

Etoit figné,

CHAUVELIN. OSSAROWSKI.

N°. CXIX.

TRAITÉ D'AMITIÉ ET D'ALLIANCE

En la Porte & la Suede.

A Conftantinople le 22 Décembre 1739.

LES Etats de Suede & de la Porte Ottomane cherchant les moyens de rendre leur amitié ftable, comme ils comprennent par-là qu'il leur en réfulte de très-grands avantages, ont, pour perfectionner un fi falutaire ouvrage, nommé à cet effet leurs Miniftres, qui après une mûre délibération, font convenus de ce qui fuit.

» I. II. III. IV. V. VI. Qu'il y aura entre ces deux Etats une Amitié conftante ; que quoiqu'il y ait une paix perpétuelle entre la Suede, la Porte & la Ruffie, fi cette derniere faifoit quelque entreprife contre l'une ou l'autre defdites Puiffances contractantes, elles repousferont les infultes, en fourniffant les fecours convenables, en attaquant conjointement la Ruffie fi elle venoit à rompre avec une des deux dont les hoftilités feront réputées faites aux deux parties fi l'une ou l'autre en font averties, & s'engagent d'attaquer férieufement l'Agresfeur fans difcontinuer la diverfion jufques à une entiere fatisfaction. «

» VII. Comme ce Traité n'a d'autre but que la fûreté commune, il fera permis de propofer à d'autres Etats d'y accéder. «

» VIII. D'autant que le Royaume de Suede eft allié avec les Régences d'Alger & de Tunis, & qu'il eft fur le point de s'allier avec celle de Tripoli, ces trois Régences étant de la domination de l'Empire Ottoman, la fublime Porte leur donnera part de la préfente Alliance. «

» IX. Les fujets de la Suede auront les mêmes immunités dans l'Empire Ottoman. «

» L'échange des ratifications fe fera à Conftantinople dans quatre mois, & la teneur en fera communiquée amiablement à la Ruffie. «

» En foi de quoi, nous, Miniftres de Suede avons figné & appofé notre Sceau & l'avons remis aux Miniftres de la Porte, échangé avec le Grand-Vifir de l'Empire Ottoman contre un exemplaire en Langue Turque, figné & fcellé en vertu de fes pleins pouvoirs. Fait à Conftantinople le 22 Décembre 1739.

Etoit figné,

CHARLES HOPKEN, Z. CARLSON.

N°. CXX.

TRAITÉ D'ALLIANCE

Entre les Rois de la Grande-Bretagne & de Pruſſe.

Conclu à Weſtminſter le 28 Novembre 1742.

Au nom de la très-ſainte Trinité.

SOIT connu à tous ceux qu'il appartiendra, que le Séréniſſime & très-Puiſſant Prince & Seigneur George II, Roi de la Grande-Bretagne, de France & d'Irlande, d'une part; & le Séréniſſime & très-Puiſſant Prince & Seigneur Frédéric II, Roi de Pruſſe, &c. d'autre part, ayant réfléchi mûrement ſur la ſituation périleuſe où l'Europe ſe trouve actuellement, & ſur les inconvéniens qui en pourroient réſulter pour eux, leurs Royaumes, Etats, Pays, Provinces, Terres & Sujets reſpectifs, ſi, à l'exemple de leurs Prédéceſſeurs, ils n'y veilloient conjointement de concert avec une attention & application particuliere : C'eſt pourquoi, animés d'un égal déſir & empreſſement d'affermir encore davantage & de reſſerrer plus étroitement les liens de leur ancienne amitié, alliance & confiance, afin qu'étant unis de ſentimens comme d'inclinations, ils puiſſent plus efficacement pourvoir à leur conſervation & défenſe reſpective & à celle de la Cauſe Proteſtante, & agir en tout & dans tous les temps comme n'ayant qu'un même intérêt & un même objet, leſdits Seigneurs Rois ont autoriſé leurs Miniſtres Plénipotentiaires à régler enſemble, par ce préſent Traité Défenſif, les Conditions d'une Union ſi ſalutaire; ſavoir, au nom & de la part de Sa Majeſté Britannique, ſes Conſeillers-Privés Philippe, Lord Hardwick, ſon Chancelier de la Grande-Bretagne; Thomas Holles, Duc de Neuwcaſtle, l'un de ſes principaux Secrétaires d'Etat; Spencer, Comte de Wilmington, premier Commiſſaire de ſa Tréſorerie; & Jean, Lord Carteret, Baron de Hawnes, un autre de ſes principaux Secrétaires d'Etat : & au nom & de la part de Sa Majeſté le Roi de Pruſſe, le Sieur Jean-Henri Andrié, ſon Conſeiller de la Juſtice & Miniſtre de Sadite Majeſté le Roi de Pruſſe à la Cour de Sa Majeſté Britannique; leſquels, après s'être communiqués réciproquement leurs pleins pouvoirs, dont les copies ſont inſérées mot à mot à la fin du préſent Traité, ſont convenus des Articles ſuivans.

„ I. Il y aura à perpétuité une amitié ferme & inaltérable, une Alliance défenſive & Union étroite & inviolable, avec une harmonie & correſpondance intime & parfaite, entre leſdits Séréniſſimes Rois, leurs Héritiers & Succeſſeurs, leurs Royaumes, Etats, Pays, Provinces, Terres & Sujets respectifs, laquelle sera entretenue & cultivée avec soin, de maniere que les Puissances Contractantes veillent constamment ensemble à la tranquillité & sûreté publique, se procurant fidélement & réciproquement leurs avantages & utilité, & se garantissant mutuellement leur sainte Religion de tant de dangers, leurs pertes, torts & dommages, par les moyens les plus justes, les plus convenables & les plus efficaces dans tous les Etats, & Pays, où la Religion Protestante a été garantie autrefois par les Hautes Parties Contractantes. "

„ II. Et comme l'objet immédiat & le véritable but de cette Union & Alliance défensive & perpétuelle entre lesdits Seigneurs Rois, est de maintenir, défendre & conserver réciproquement dans ce temps de troubles, comme à l'avenir, la paix, la tranquillité & sûreté de leurs Royaumes, Etats, Pays, Provinces, Terres & Sujets respectifs, conformément aux Traités de Paix & d'Alliance qui subsistent entre les Hautes Parties Contractantes, ils conviennent & demeurent d'accord de tous lesdits Traités en tant qu'ils peuvent regarder les intérêts & la sûreté desdites Puissances Contractantes respectivement, ou de chacune d'elles en particulier, & qu'il n'y aura pas été dérogé de leur propre consentement, demeureront en toute leur force & vigueur comme s'ils étoient insérés dans le présent Traité; & de plus, le Sérénissime Roi de la Grande-Bretagne, par le présent Traité défensif, garantit en la meilleure forme que faire se peut, au Sérénissime Roi de Prusse son Royaume, ses Etats, Pays, Provinces, Terres, Possessions & Sujets, en confirmant ici derechef & très-expressément l'Acte accordé le 24 Juin de cette année audit Sérénissime Roi de Prusse, par lequel il s'est aussi constitué garant de l'exacte & constante observation des Articles préliminaires de Paix conclus & signés à Breslaw le 11 dudit mois de Juin de cette année, entre Sadite Majesté Prussienne & la Sérénissime Reine de Hongrie & de Bohéme, Sadite Majesté Britannique garantissant aussi par le présent le contenu en son entier du dernier Traité de Paix conclu à Berlin le 28 Juillet N. St. de l'année présente entre Sadite Majesté la Reine de Hongrie d'une part, & le Sérénissime Roi de Prusse de l'autre. "

„ III. Réciproquement le Sérénissime Roi de Prusse garantit aussi, en la meilleure forme que faire se peut, au Sérénissime Roi de la Grande-Bretagne les Royaumes, Etats, Provinces, Terres, Possessions & Sujets situés en Europe. "

„ Au moyen de quoi, si l'un desdits Seigneurs Rois venoit à être hostilement attaqué ou envahi par quelque Prince ou Etat, & sous quelque prétexte que ce fût, l'autre Contractant interposera, sans délai, ses meilleurs offices auprès de l'Agresseur pour procurer satisfaction à la Partie lézée, & pour engager l'Agresseur à s'abstenir de toute hostilité ultérieure. "

„ V. Et si, dans l'espace de deux mois, ces bons offices n'avoient pas l'effet désiré pour procurer la Paix à l'Allié ainsi offensé, avec une juste satisfaction & dédommagement, alors celui des Hautes Parties Contractantes qui en fera requis par celui qui eft attaqué, fera tenu de lui envoyer & de lui fournir à fes dépens les fecours ci-après fpécifiés; favoir, le Roi de la Grande-Bretagne 8000 hommes de pied & 2000 de Cavalerie, & le Roi de Pruffe 2000 de Cavalerie, & 8000 d'Infanterie; bien entendu que fi la Partie lézée préféroit aux troupes de terre des fecours de mer ou en argent, elle en aura le choix; & afin de prévenir toute conteftation fur la proportion à garder en ce cas, il eft convenu que 1000 hommes de pied feront évalués à la fomme de dix mille florins par mois, & 1000 hommes de Cavalerie à la fomme de 30000 florins par mois; le tout monnoie de Hollande, en comptant 12 mois dans l'année, & que les fecours de mer feront évalués felon la même proportion. "

„ VI. Et au cas que lefdits fecours ne fuffent pas fuffifans, lefdits Seigneurs Rois conviendront inceffamment de fe fournir de plus grands fecours dans la même proportion, & même fi le cas le requéroit, déclareront la guerre à l'Agreffeur & s'affifteront mutuellement de toutes leurs forces. "

„ VII. Lefdits Séréniffimes Rois inviteront à cette préfente Alliance & Traité définitif les Princes & Etats dont ils conviendront, & en attendant ils conviennent dès-à-préfent d'y inviter nommément les Seigneurs Etats-Généraux des Provinces-Unies. "

„ VIII. Le préfent Traité fera ratifié par Sa Majefté le Roi de la Grande-Bretagne & par Sa Majefté le Roi de Pruffe, & les Lettres de Ratification en bonne forme, feront délivrées de part & d'autre dans le temps d'un mois, ou plutôt, fi faire fe peut, à compter du jour de la fignature du préfent Traité. "

„ En foi de quoi, Nous fouffignés, munis de pleins pouvoirs de Leurs Majeftés les Rois de la Grande-Bretagne & de Pruffe, avons en leur nom figné le préfent Traité & y avons appofé le cachet de nos armes. Fait à Weftminfter, le 18 jour de Novembre l'an de grace 1742. "

Etoit figné,

HARDWICK, HOLLES, NEWCASTLE, WILMINGTON, CARTERET.
J. H. ANDRIÉ.

N°. CXXI.

TRAITÉ D'ALLIANCE

Entre l'Impératrice de Ruffie & le Roi de la Grande-Bretagne.

A Mofcou le 11 Décembre 1742.

VOYEZ l'Article ABO dans le premier Tome de cet Ouvrage. Vous y trouverez ce Traité d'Alliance en entier.

N°. CXXII.

TRAITÉ D'ALLIANCE

Entre Sa Majefté Brítannique, la Reine de Hongrie, & le Roi de Sardaigne.

Conclu à Worms le 13 Septembre 1743.

CE Traité eft la fuite & la confirmation d'une convention conclue le 1 Février 1742, entre la Reine de Hongrie & le Roi de Sardaigne. On trouvera l'une & l'autre à l'Article WORMS.

N°. CXXIII.

TRAITÉ D'ALLIANCE

Entre les Cours de Vienne & de Saxe.

Le 20 Décembre 1743.

» I. IL y aura pour jamais entre Sa Majefté la Reine de Hongrie & de Bohême, & S. M. le Roi de Pologne, Electeur de Saxe & leurs héritiers & fuccefleurs, une amitié & union perpétuelle, de maniere qu'on fera de part & d'autre obligé & tenu d'avancer, chacun de tout fon pouvoir, l'intérêt, le repos & l'avantage de l'autre, & à en détourner au poſſible tout dommage & préjudice. »

» II. S. M. le Roi de Pologne, Electeur de Saxe, renouvelle ſes obligations & engagemens pris pour lui & pour ſes héritiers & ſucceſſeurs, par l'Article du Traité de 1733, qui regarde la Sanction Pragmatique & ſa garantie; en échange S. M. la Reine de Hongrie & de Bohême reconnoît & aſſure de nouveau pour elle & ſes héritiers & ſucceſſeurs, le Droit de ſucceſſion dans tous les Royaumes & Etats héréditaires de la Maiſon d'Autriche, qui appartient, en vertu de la Sanction Pragmatique, immédiatement après les Deſcendans mâles & femelles de feu l'Empereur Charles VI, de glorieuſe mémoire, à Sa Majeſté la Reine, Epouſe de Sa Majeſté le Roi de Pologne, comme fille aînée du feu Empereur Joſeph, de glorieuſe mémoire, & à ſes Deſcendans, tant mâles que femelles, préférablement à tout autre; Sa Majeſté la Reine de Hongrie & de Bohême, promettant, de n'en rien céder ni aliéner, ſoit à perpétuité ou pour un temps, à d'autres, au préjudice direct ou indirect du Droit de ſucceſſion éventuelle de la Maiſon Royale & Electorale de Saxe. »

» III. Sa Majeſté le Roi de Pologne s'engage pour lui, & pour ſes héritiers & ſucceſſeurs, de garantir à Sa Majeſté la Reine de Hongrie & de Bohême, & à ſes héritiers & ſucceſſeurs, la paiſible poſſeſſion de tous les Royaumes & Etats qu'elle poſſede, quand même elle y ſeroit troublée ou attaquée ſous tout autre prétexte que celui de l'Ordre de Succeſſion mentionné dans l'Article précédent; & Sa Majeſté la Reine de Hongrie & de Bohême s'engage réciproquement, de garantir de même à Sa Majeſté le Roi de Pologne & à ſes héritiers & ſucceſſeurs, tous ſes Etats, ſoit Electoraux ou qui y ſont incorporés; & tous ſes Etats d'Allemagne ou dans l'Empire, avec leurs appartenances & Droits de Supériorité territoriale, quels qu'ils puiſſent être, contre tout agreſſeur & perturbateur; & la preſtation des garanties & du ſecours réciproque doit ſe régler ſur ce qui a été ſtipulé dans le IV Article dudit Traité d'Alliance de 1733, ſelon lequel la Reine de Hongrie & de Bohême aſſiſtera; à ſes propres frais & dépens, le Roi de Pologne de 12000 hommes, 4000 de Cavalerie & 8000 d'Infanterie, & le Roi donnera à ladite Reine, à la charge de celle-ci, 6000 hommes, 2000 de Cavalerie, & 4000 d'Infanterie. »

» IV. Les deux Hautes Parties contractantes s'engagent pour elles, & pour leurs héritiers & ſucceſſeurs, qu'elles ne prendront jamais avec aucune Cour ou Puiſſance, ſoit dans l'Empire ou hors de celui-ci, aucun engagement qui ſoit directement ou indirectement contraire à ceux qu'elles ont pris par le préſent Traité; & elles déclarent, qu'elles avanceront aux Dietes de l'Empire & aux convocations des Cercles, leurs avantages communs & ceux de l'Empire, comme auſſi qu'elles ſoutiendront & maintiendront réciproquement les droits & les intérêts de leurs Cours. »

» V. Leurs Majeſtés feront enſorte, que d'autres Puiſſances, & ſur-tout

Sa Majefté Impériale de toutes les Ruffies & Sa Majefté Britannique, tant comme Roi, qu'en qualité d'Electeur, fauf les engagemens pris outre cela entr'elles, prennent particuliérement part au préfent Traité ; & elles fe promettent d'employer, de bonne-foi, l'une en faveur de l'autre, leurs bons offices auprès de leurs alliés & ailleurs. »

„ VI. Les différends touchant les limites, & d'autres points pareillement conteftés entre elles, doivent être difcutés & équitablement terminés au plutôt par des Commiffaires qu'on nommera de part & d'autre, & qui s'affembleront à Prague ou à Drefde ; & en attendant on eft convenu d'ufer de la complaifance qu'exige le bon voifinage, & de ne pas interdire ou fe refufer réciproquement la fortie des denrées dont Leurs Majeftés pourroient avoir befoin pour leurs Cours, ou Mines refpectives; mais de laiffer paffer librement l'une & l'autre de ces denrées, fans en exiger aucun droit, pourvu qu'elles foient munies de paffe-ports néceffaires, autant que le propre befoin de chaque Pays le pourra permettre. "

Le VII. & dernier Article regarde l'échange des Ratifications à faire dans l'efpace de fix femaines.

On voit que le Traité de 1733 eft la bafe de celui-ci, qui ne fait que le renouveller en l'ajuftant aux circonftances.

N°. CXXIV.

QUADRUPLE ALLIANCE

Entre le Roi de la Grande-Bretagne, la Reine de Hongrie & de Boheme le Roi de Pologne, Electeur de Saxe, & la République des Provinces-Unies.

A Varfovie le 8 Janvier 1745.

LES Alliés qu'on vient de nommer, oppoferent cette Alliance à l'Union de Francfort, (*Voyez* UNION.) dont il faut fe faire une idée jufte, furtout par rapport à fes fuites, pour appercevoir toute l'équité de ce Traité-ci

Au Nom de la très-fainte Trinité. Amen.

COMME à l'occafion de la mort de l'Empereur Charles VI. de glorieufe Mémoire, décédé fans enfans mâles, les Traités les plus facrés & les plus explicites n'ont pû empêcher qu'il ne fe foit élevé dans l'Empire des troubles qui l'ont rempli de calamités, & qui menacent fa Liberté auffi-bien que fa Conftitution : & comme ces troubles font contraires au engagemen engagemens folemnels, aux intentions pacifiques, aux juftes droits & aux intérêts effentiels des Hauts Contractans : ainfi, afin d'obvier, autant qu'il eft en eux, aux dommages qui peuvent réfulter pour eux-mêmes & pour toute l'Europe, de la continuation & du progrès de ces troubles, & afin d'animer & d'encourager à fuivre leur exemple, tous les Princes & Etats intéreffés, comme eux, à fauver l'Europe, en général, & l'Empire, en particulier, des maux fous lefquels ils gémiffent & des dangers dont ils font menacés, & de maintenir la Foi des Traités qui affurent la liberté & la tranquillité publiques ; le Séréniffime & très-puiffant Prince George II. (le titre en plein du Roi de la Grande-Bretagne) la Séréniffime & très-puiffante Princeffe Marie-Thérefe, (le titre en plein de la Reine d'Hongrie) le Séréniffime & très-puiffant Prince Frédéric-Augufte, (le titre en plein du Roi de Pologne, Electeur de Saxe,) & les Seigneurs Etats-Généraux des Provinces-Unies des Pays-Bas, &c. ont réfolu de fe lier enfemble plus étroitement & plus inféparablement, & d'unir leurs confeils & leurs forces, afin de pourvoir plus efficacement, & d'un commun concert, à leur fûreté tant préfente que future, à leur confervation réciproque & à celle de l'Empire, & fpécialement pour appaifer les troubles qui y ont été excités, & pour en détourner toute invafion nouvelle. A cet effet, & ne voulant pas, dans un cas auffi urgent, tarder à effectuer des intentions fi louables, ils ont autorifé leurs Miniftres Plénipotentiaires, à en difcuter & régler les détails; favoir le Sieur Thomas Villiers, &c.; le Sieur Nicolas, Comte d'Efterhafi, &c.; le Sieur Henri, Comte de Brühl, &c. & le Sieur Corneille Calkoen, &c. (le titre de chacun de ces Miniftres exprimé en plein) lefquels après s'être entre-communiqués leurs pleins pouvoirs refpectifs, font convenus des Articles fuivans.

„ I. Il y aura dès-à-préfent, & pour tous les temps à venir, une Amitié, Union & Alliance ferme, conftante & inaltérable, & une confiance & correfpondance parfaite & intime entre Sa Majefté le Roi de la Grande-Bretagne, Sa Majefté la Reine d'Hongrie & de Bohême, Sa Majefté le Roi de Pologne, Electeur de Saxe, & les Seigneurs Etats-Généraux des Provinces-Unies, leurs Royaumes, Etats, Terres & Sujets. Ils feront tenus, tant pour eux que pour leurs fucceffeurs, de fe foutenir & de s'entr'aider réciproquement ; de veiller à leur fûreté mutuelle, comme à la leur propre ; de procurer, avec foin & affection, ce qui leur fera avantageux, & d'éloigner & empêcher, autant qu'ils le pourront, tout ce qui fera nuifible à eux-mêmes, ou à la Caufe publique."

„ II. Pour cet effet, les Hauts Contractans prendront enfemble, dès-à-préfent & de concert, les mefures les plus efficaces pour rétablir & raffermir la Paix & le bon ordre en Europe, particuliérement dans l'Empire, de même que pour s'entr'aider réciproquement à protéger & à défendre tous les Royaumes, Etats, Pays, Provinces, Terres, Droits & Poffeffions, dont ils jouiffent actuellement ou doivent jouir en vertu des Traités de Paix, d'Alliance

& de Garantie qui fubfiftent entr'eux, ou entre quelqu'un d'entr'eux; tou lefquels Traités, fpécialement ceux d'Alliance, de garantie & de défenf mutuelle, refteront en pleine vigueur, entant qu'ils concernent les Haut Contractans refpectivement. "

„ III. Sa Majefté Polonoife, Electeur de Saxe, confirme & renouvell fur-tout très-expreffément, en la maniere la plus ftable & la plus irrévo cable, tant pour elle que pour fes héritiers & fucceffeurs, la garantie d l'Ordre de Succeffion établi dans la Séréniffime Maifon d'Autriche, par l Sanction-Pragmatique, comme Sa Majefté Britannique, & les Seigneur Etats-Généraux s'y font engagés; auquel Ordre de Succeffion le Corps d l'Empire a auffi donné fa garantie & fa Sanction; promettant de concou rir, de toutes fes forces, à ce qu'il ne foit jamais porté aucune atteint ultérieure à un réglement fi falutaire, qui eft néceffaire à la fûreté de l'Em pire, & au repos de l'Europe, en général, & qui intéreffe fi effentiellemen la propre poftérité de Sa Majefté Polonoife, à laquelle ce réglement affur ladite fucceffion, après l'extinction des defcendans du feu Empereur Char les VI. "

„ IV. A cet effet, le Royaume de Bohême fe trouvant attaqué actuelle ment, Sa Majefté Polonoife, Electeur de Saxe, agira immédiatement, ave une armée de trente mille hommes de troupes auxiliaires, pour la défenf dudit Royaume & pour la fûreté de S. Majefté la Reine d'Hongrie. "

„ V. Pour fubvenir aux frais d'un armement auffi confidérable, fait e faveur de la Caufe commune, S. M. Britannique & les Seigneurs Etats-Généraux s'engagent de fournir à Sa Majefté Polonoife, Electeur de Saxe tant que la néceffité le requerra, un fubfide annuel de cent cinquante mille livres fterling à commencer du 1 Janvier 1745 nouveau ftyle, & paya ble réguliérement de trois en trois mois; duquel fubfide Sa Majefté Britannique payera cent mille livres fterling, & les Seigneurs Etats-Généraux, cinquante mille, évalués à la fomme de cinq cens cinquante mille florins d'Hollande. '

„ VI. Auffi-tôt que tout danger aura ceffé du côté de la Bohême & de l'Electorat de Saxe, à la fatisfaction des Parties Contractantes, Sa Majefté Polonoife, Electeur de Saxe, fera marcher à la première réquifition, & en tretiendra à fes propres frais, (moyennant la continuation d'un fubfide de quatre-vingt dix mille livres fterling, payable fur le pied de la fomme fpé cifiée dans l'article précédent, favoir 60 mille livres fterling de la part de la Grande-Bretagne, & 30 mille livres fterling, évaluées à la fomme de 330 mille florins d'Hollande, de la part de Leurs Hautes Puiffances) un Corps de dix mille hommes de fes troupes, confiftant en deux mille Cavaliers & huit mille fantaffins, lequel fera employé dans les Pays-Bas, ou bien dans l'Empire, là où Sa Majefté Britannique & les Seigneurs Etats-Généraux le jugeront néceffaire pour le bien de la Caufe commune. "

„ VII. Si à l'occafion des engagemens que Sa Majefté Polonoife, Electeur de Saxe, contracte par la préfente Alliance, fes Etats en Allemagne ve noient à être attaqués ; outre l'affistance effective que les Alliés lui donneront pour fa défenfe immédiate, ils s'efforceront à lui procurer de la part de l'agreffeur, une fatisfaction entiere du dommage qui aura été caufé dans lefdits Etats. Pour cet effet, fi l'un ou l'autre de fes Pays venoit à être faifi, ils ne mettront pas les armes bas, que fes Etats ne lui foient pleinement reftitués ; comme Sa Majefté Polonoife, Electeur de Saxe, perfiftera de fon côté, inviolablement dans les mêmes engagemens jufqu'à la Paix, fur-tout tant qu'il y aura, foit dans les Etats de la Reine d'Hongrie & de Bohême, foit dans ceux des autres Hauts Contractans, des troupes ennemies, ou bien qu'il y aura quelque danger qu'il n'en rentre, foit dans lefdits Etats, foit dans le refte de l'Empire. "

» VIII. S'il plaît à Dieu de benir les mefures & les précautions que Sa Majefté Polonoife, Electeur de Saxe, concourra ainfi à prendre avec les autres Hauts Contractans, pour la fûreté préfente & future de l'Europe, en général, & de l'Empire, en particulier ; dans ce cas, Sa Majefté Polonoife, Electeur de Saxe, participera, par des convenances qu'on lui procurera, aux avantages qui en réfulteront. Les Hauts Contractans promettent, en général, de prendre à la pacification prochaine, tous les foins poffibles des intérêts de Sa Majefté Polonoife, Electeur de Saxe, & de ceux de fa Maifon. «

» IX. Après la Paix faite, les Hauts Contractans demeureront de même, & pour toujours, étroitement unis, & ils concerteront alors de quelle maniere ultérieure ils pourront pourvoir le plus efficacement à leur fûreté & à leur avantage réciproques. «

» X. Sa Majefté l'Impératrice de toutes les Ruffies, ainfi que le Royaume & la République de Pologne font nommément & dès-à-préfent invités à accéder, comme Parties contractantes, à la préfente Alliance. Et l'on y admettra pareillement tous les Rois, Electeurs, Princes & Etats, qui ayant à cœur la liberté & la fûreté publiques, ainfi que la confervation du fyftême de l'Empire, voudront y accéder. «

» XI. Le préfent Traité d'Alliance fera approuvé & ratifié par Sa Majefté le Roi de la Grande-Bretagne, par Sa Majefté la Reine d'Hongrie & de Bohême, par Sa Majefté le Roi de Pologne, Electeur de Saxe, & par les Seigneurs Etats-Généraux des Provinces-Unies. Les ratifications feront échangées, en due forme, à Drefde, dans l'efpace de deux mois, ou plutôt s'il fe peut. «

» En foi de quoi, les fufdits Miniftres Plénipotentiaires refpectifs ont figné le préfent Traité d'Alliance, & y ont appofé les fceaux de leurs armes. Fait à Varfovie le 8 de Janvier 1745. «

(*Signé.*)

(L. S.) T. VILLIERS. (L. S.) N. Comte D'ESTERHASI.
(L. S.) Comte DE BRUHL. (L. S.) C. CALKOEN.

Les Puissances contractantes se promettoient beaucoup de cette Alliance, à laquelle elles comptoient que l'Impératrice de Russie accéderoit ainsi que plusieurs Princes & Etats de l'Empire, dont la liberté sembloit être le principal objet de ce Traité. En effet, l'Impératrice de Russie fut invitée & même vivement pressée d'y accéder. Elle se contenta de répondre par le Comte de Bestucheff-Rumin, son Grand-Chancelier, » qu'elle étoit extrê- » mement sensible à cette invitation, qu'elle ne désiroit rien de plus que de » seconder les vues équitables des trois Puissances, & que, sans multiplier » les engagemens, elle se feroit un plaisir de leur donner des marques » convaincantes de ses sinceres dispositions à cet égard. «

Sa Majesté Impériale fit déclarer de plus au Ministre de Saxe, qui l'avoit informé des menaces de la Cour de Berlin, » que Sa Majesté Polonoise » pouvoit compter que l'Impératrice rempliroit, avec la plus grande exac- » titude, les conditions de l'Alliance qui subsistoit entre Elle & Sa Ma- » jesté Polonoise. «

N°. CXXV.

TRAITÉ D'ALLIANCE DÉFENSIVE.

Entre les Cours de Vienne & de St. Pétersbourg,

En 1746.

Au Nom de la Très-Sainte & Indivisible Trinité.

» LA Sérénissime & très-puissante Princesse & Dame, Dame Elisabeth premiere du Nom, Impératrice & Autocratrice de toutes les Russies, &c d'une part, & de l'autre la Sérénissime & très-puissante Princesse & Dame Dame Marie-Thérèse, Impératrice des Romains, Reine de Germanie Hongrie & Bohême, &c.

» Ayant jugé nécessaire, pour la tranquillité & le bien commun de toute l'Europe, de renouveller, dans une nouvelle Alliance défensive, l'amitié réciproque qui subsiste depuis long-temps entre S. M. Imp. de toutes les Russies & S. M. Imp. & Royale l'Impératrice des Romains, Royale de Hongrie, &c. sur le pied du Traité d'Alliance conclu à Vienne le 6. Août 1726, entre S. M. Imp. de toutes les Russies, l'Impératrice Catherine Alexiewna, de très-glorieuse mémoire, & S. M. Imp. & Royale l'Empereur des Romains Charles VI, aussi de très-glorieuse mémoire, avec quelques changemens proportionnés à l'état présent des conjonctures, & d'en resserrer les nœuds avec tout le foin imaginable, afin que dans aucun cas quelconque que ce pût être, où il arriveroit que l'une ou l'autre des Parties contractantes fût attaquée hoftilement, il ne puiffe fe rencontrer ni délai ni retardement par rapport aux fecours dus mutuellement ; Sadite Maj. Imp. de toutes les Ruffies, & Sadite Maj. Imp. & Royale, en qualité de Dame héréditaire de fes Royaumes & Etats, ont bien voulu nommer & munir des pleins pouvoirs néceffaires à l'accompliffement d'un ouvrage fi falutaire, leurs Miniftres fouffignés ; favoir, de la part de S. M. Imp. de toutes les Ruffies, le très-illuftre & très-excellent Seigneur, le Seigneur Alexy, Comte de Beftucheff-Rumin, Chancelier & Confeiller-Privé de Sadite M. Imp. &c. & de la part de S. M. Imp. des Romains, & Reine de Hongrie, &c. le très-illuftre & très-excellent Seigneur, le Seigneur Jean-François de Bretlach, libre Baron du St. Empire Romain, Ambaffadeur extraordinaire de Sadite Majefté Imp. des Romains à la Cour Impériale de Ruffie, comme auffi le très-Noble Sr. Nicolas-Sébaftien de Honenholtz, Chevalier du St. Empire Romain, Confeiller Impérial & Réfident accrédité de L. M. Imp. & Royales l'Empereur & l'Impératrice des Romains à la Cour Imp. de Ruffie ; lefquels Miniftres, en vertu de leurs pleins pouvoirs, après avoir conféré entr'eux, font convenus des Articles fuivans du Traité d'Alliance. «

» I. Il y aura une amitié fincere, conftante & perpétuelle entre S. M. I. de toutes les Ruffies, fes Succeffeurs Héritiers d'une part, & S. M. I. & l'Imp. des Romains, fes Héritiers & Succeffeurs d'autre part, & cette Paix fera cultivée conjointement de telle forte, que chaque Partie s'efforce de procurer le bien & l'avantage de l'autre, & d'en détourner tout dommage. «

» II. Pour cet effet, il a été réfolu que fi, dans la fuite, S. M. I. de toutes les Ruffies, ou S. M. I. & R. l'Imp. des Romains venoit à être attaquée par qui que ce puiffe être, l'une des Parties devra inceffamment envoyer à l'autre, fur fa réquifition préalable, le fecours néceffaire, lequel fera déterminé, tant par rapport à fa nature qu'à fa qualité, de la maniere qu'on en eft convenu dans les Articles fuivans du préfent Traité. «

» III. Comme le but principal de cette Alliance eft de fe munir réciproquement contre toutes attaques & dommages quelconques, & que chacune des hautes Parties contractantes ne défire rien avec plus d'ardeur que d'accomplir en tous temps ces engagemens mutuels, de la façon la plus utile & la plus avantageufe auxdites Parties alliées, felon les moyens que Dieu leur a mis en mains ; c'eft pourquoi l'on eft convenu par le préfent Article, que s'il arrivoit que S. M. Imp. de toutes les Ruffies fût attaquée ou inquiétée par qui que ce fût dans fes Empires, Provinces, Territoires ou autres Poffeffions quelconques fituées en Europe, enforte que Sadite M. I. de toutes les Ruffies jugeât néceffaire de reclamer les fecours de fon alliée, S M. I. & R. l'Imp. des Romains lui enverra, dans le terme de trois mois, à compter du jour de la réquifition, un fecours de trente mille hommes, savoir vingt mille hommes d'infanterie & dix mille de cavalerie lequel corps auxiliaire restera de la part de ladite M. Imp. Reine à S. M. I de toutes les Russies, pendant tout le temps que ladite attaque ou vexation subsistera. «

» Par contre, si S. M. I. & R. l'Imp. des Romains étoit attaquée ou inquiétée par qui que ce puisse être dans ses Royaumes, Provinces, Etats ou autres Possessions, quelconques héréditaires, de maniere qu'Elle trouvât nécessaire de requérir du secours de son alliée, Sadite M. I. de toutes les Russies lui enverra pareillement le nombre susmentionné de trente mille hommes, dans le terme de trois mois, depuis le jour de la réquisition faite, lequel corps auxiliaire, restera à Sadite M. l'Imp. Reine de la part de S. M. I. de toutes les Russies, aussi long-temps qu'Elle continuera à être attaquée ou inquiétée: à l'occasion de quoi il a néanmoins été expressément réglé, entre les deux hautes Parties contractantes, que le cas de cette Alliance dans la prestation du secours ci-dessus spécifié, ne doit & ne pourra s'étendre, ni à l'égard de l'une des Parties, lorsque l'Empire de S. M. I. de toutes les Russies seroit attaqué par la Perse, ni à l'égard de l'autre Partie, au cas que les Etats que S. M. I. & R. l'Imp. des Romains possede en Italie fussent attaqués; comme aussi ledit cas de l'Alliance, ne pourra point s'étendre ni à la guerre qui existe non-seulement actuellement en Italie, ni même à aucune autre guerre, qui pour quelque sujet que ce soit pourroit naitre à l'avenir entre Sad. M. I. comme Reine de Hongrie & de Bohême & la Couronne d'Espagne. Toutefois les deux hautes Parties contractantes se sont concertées, qu'au cas que Sad. M. I. & R. l'Imp. des Romains vînt à être attaquée en Italie, elle ne requerra à la vérité aucun secours pour la défense de ces Etats-là, mais qu'alors néanmoins S. M. I. de toutes les Russies devra tenir prêt un corps de 30 mille hommes, savoir 20 mille hommes d'Infanterie & 10 mille hommes de Cavalerie. «

» Que pareillement aussi, si S. M. I. de toutes les Russies étoit attaquée par la Perse, S. M. I. des Romains, Reine de Hongrie & de Bohême, tiendra aussi prêt un corps de 30 mille hommes, savoir 20 mille d'Infanterie & 10 mille de Cavalerie. Lequel préparatif réciproque desdites troupes se fera par les deux hautes Parties contractantes, dans la vue d'être d'autant plutôt en état de se fournir mutuellement le secours nécessaire, s'il arrivoit qu'il se suscitât une autre guerre, tandis que celle qui existeroit en Italie ou en Perse ne seroit pas terminée. «

» IV. Si la partie requise, après avoir fourni le secours, en conformité du précédent Article III., venoit à être elle-même attaquée, ensorte qu'elle se vit contrainte de rappeller ses troupes pour sa propre sûreté, il lui sera libre de le faire deux mois après en avoir dûment averti la partie requérante. Il a de même été réglé, qu'au cas que la partie requise se trouvant elle-même impliquée dans une guerre lors de la réquisition faite, de maniere qu'elle eût indispensablement besoin de garder pour sa propre fûreté & défenfe , le fecours qu'en vertu de ce Traité-ci elle feroit obligée de fournir à fon Alliée , alors & dans une telle conjoncture, ladite partie requife ne fera point tenue à la preftation dudit fecours , auffi long-temps que le befoin fufmentionné fubfiftera. «

» V. Les troupes auxiliaires de Ruffie devront être fournies d'Artillerie de campagne , à raifon de deux pieces de canon de trois livres de balle par bataillon, comme auffi de munitions de guerre : elles feront auffi fou+ doyées, complettées & recrutées par S. M. I. de toutes les Ruffies; néanmoins S. M. l'Imp. des Romains leur fera fournir les portions & rations, favoir une livre de viande par jour, 60 livres de pain ou de farine de feigle par mois, 4 livres de gruau, une livre de fel, le tout au poid dé Hollande; les rations ou fourrages fe délivreront fuivant la tabelle Ruffienne , mefure de Hollande, tant en avoine, foin, qu'autres provifions femblables ; elle leur procurera auffi les quartiers, le tout fur le même pied que lefdites troupes font ordinairement entretenues par S. M. l'Imp. de toutes les Ruffies; bien entendu néanmoins que dans cet entretien naturel à fournir, la partie requérante pourra faire entrer en déduction les livraifons qui auront été exigées & tirées des pays ennemis, fans comprendre le butin, qui fuivant les loix de la guerre, doit appartenir aux troupes. »

» VI. Si lefdites troupes auxiliaires de Ruffie font obligées, fur la réquifition de S. M. I. & R. l'Imp. des Romains, de paffer fur le territoire de quelques Puiffances étrangeres, en ce cas-là, Sad. M. l'Imp. Reine aura le foin de leur obtenir le libre paffage, & de leur faire avoir le pain & les fourrages, ainfi qu'il eft réglé dans le précédent Article V. Pareillement S. M. I. de toutes les Ruffies s'engage réciproquement d'obtenir le paffage au travers des territoires étrangers, pour les troupes de S. M. l'Imp. Reine, lorfqu'elle en aura befoin, & de leur procurer l'entretien fur le pied que l'on vient de régler ; mais au cas que S. M. I. de toutes les Ruffies foit obligée , en conféquence dudit Vme. Article, d'envoyer des recrues à fes troupes Ruffiennes, S. M. I. & R. l'Imp. des Romains fe chargé des frais néceffaires à leurs tranfports, ce qui doit s'entendre auffi du retour defdites troupes Ruffiennes, jufqu'aux frontieres de leur pays, foit lorfque Sadite Majefté l'Imp. des Romains les renverra , ou lorfque S. M. I. de toutes les Ruffies les rappellera pour fa propre défenfe en vertu du IVme. Article de ce Traité. Par contre, on fera tenu de la part de la Cour Imp. de Ruffie d'en ufer précifément de même à l'égard des troupes auxiliaires de S. M. I. & R. l'Imp. des Romains. «

» VII. Bien que chaque Officier commandant les troupes auxiliaires, qui fera nommé par l'une ou l'autre des hautes Parties contractantes , doive conferver le Commandement qui lui aura été confié, cependant le Commandement en Chef appartiendra fans difficulté à celui que la partie réquérante aura deftiné à cet emploi, avec cette condition néanmoins , qu'on ne fera nulle entreprife importante fans en avoir préalablement dé+

libéré & formé la réfolution dans le Confeil de guerre en préfence du Général Commandant & Officier de la partie requife. «

» VIII. Pour obvier aux inconvéniens & aux méprifes qui pourroient naître fur le rang & le caractere des Officiers, la partie requérante devra faire connoître de bonne heure le Chef, auquel elle aura deffein de remettre le Commandement général de fes troupes ; en conféquence de quoi la partie requife pourra régler le rang & caractere de celui qui devra commander le corps auxiliaire. «

» IX. Les troupes auxiliaires auront leurs propres Prêtres, & le libre exercice de leur Religion : elles ne feront jugées dans tout ce qui concerne le fervice militaire, que fuivant les Réglemens, Articles & Conftitutions militaires de leur propre pays ; mais s'il fe fufcitoit quelques difficultés entre les Officiers, ou les foldats des troupes combinées, elles feront examinées & décidées par un nombre égal de Commiffaires refpectifs des deux parties, & les Délinquans feront punis fuivant les Loix militaires de leurs Souveraines : on laiffe de même tant au Général qu'aux troupes auxiliaires qu'il commandera, la liberté d'entretenir correfpondance fans nul empêchement dans leur Patrie, foit par lettres, foit par des exprès. «

» X. Les troupes auxiliaires de l'une & de l'autre partie devant, autant qu'il fera poffible, refter réunies en un corps ; & afin qu'elles ne foient pas expofées à de plus grandes fatigues que les autres, & qu'on obferve une parfaite égalité dans toutes les expéditions & opérations, le Commandant en Chef fera tenu de garder dans toutes les difpofitions qu'il fera, une jufte proportion, fuivant l'état & la force de l'armée entiere. De plus, on eft convenu entre les hautes Parties contractantes, que les troupes auxiliaires devront dans les pays & lieux ennemis, quels qu'ils puiffent être, jouir de tout le même butin, fans abfolument aucune exception, dont la partie requérante permettra à fes propres foldats de jouir. «

La même chofe s'entendra auffi réciproquement de part & d'autre, à l'égard des Trophées, comme canons, drapeaux & autres dépouilles femblables, qui auront été remportées fur l'ennemi même par lefdites troupes alliées à l'occafion d'une bataille ou action, & qui feront reftées en leur pouvoir.

» XI. S'il arrivoit que fuivant la raifon de guerre, il fût plus avantageux aux deux hautes Parties contractantes d'attaquer l'ennemi commun, chacun du côté de fes propres Provinces, en ce cas-là on devra délibérer d'un commun confentement fur les moyens les plus propres à mettre ce plan en exécution ; de plus, il a été réfolu ici préalablement & à l'avance, que fi le fecours déterminé dans le 3me. Article de ce Traité, n'étoit pas fuffifant, il faudroit en ce cas-là convenir fans perte de temps, d'un plus grand fecours que l'une des parties devra fournir à l'autre.

» XII. Si le cas arrive qu'on foit contraint de recourir aux armes, il ne pourra fe faire ni paix, ni treve, fans y comprendre celle des hautes Parties

ties contractantes qui n'aura pas été attaquée, afin qu'il ne lui soit porté aucun dommage en haine du secours qu'elle aura prêté à son alliée. «

» XIII. Les deux hautes Parties contractantes s'engagent, en conformité de la présente Alliance & amitié solidement établie entre elles, de faire expédier des ordres formels à leurs Ministres résidens dans les Cours étrangeres, pour que dans toutes les occurrences & occasions, ils se concertent amiablement entr'eux, qu'ils s'entr'aident & s'appuyent mutuellement avec tout le soin & diligence possible dans leurs affaires & négociations, & qu'ils réunissent leurs efforts, pour avancer conjointement tout ce qui peut tendre au bien & à l'avantage de leurs Maîtres respectifs. «

» XIV. Aucune des hautes Parties contractantes n'accordera ni asyle, ni assistance, ni protection quelconque aux sujets ou vassaux rebelles de l'autre, & s'il se découvroit quelques intrigues secrettes & machinations qui se tramassent au préjudice & désavantage de l'une des Parties, & qui parvinssent à la connoissance de l'autre, on les révélera aussi-tôt convenablement & dans l'ordre à la Partie intéressée, & l'on s'aidera mutuellement en travaillant de concert à les étouffer & les détruire. «

» XV. Comme S. M. I. de toutes les Russies & S. M. l'Imp. des Romains ont également fort à cœur la conservation de la paix, tranquillité & sûreté du Royaume & de la République de Pologne, les hautes Parties contractantes ont trouvé bon & concerté entr'elles d'inviter conjointement à l'Accession de la présente Alliance, sur le pied d'alliés, non-seulement le Roi & la République de Pologne, mais aussi d'autres Puissances, & en particulier S. M. le Roi de la Grande-Bretagne en qualité d'Electeur de Brunswick-Lunebourg, en cas que S. M. I. de toutes les Russies & S. M. I. & R. l'Imp. des Romains jugent à propos d'y inviter quelques-unes desdites Puissances. «

» XVI. Mais si la République de Pologne ne vouloit pas accéder à cette Alliance, on ne laissera pas néanmoins d'y inviter amiablement le Roi de Pologne, en qualité d'Electeur de Saxe, de la part des deux Hautes Parties Contractantes. «

» XVII. La Paix, l'Amitié & la bonne Intelligence doivent subsister à perpétuité entre les deux Hautes Parties Contractantes ; mais comme il est d'usage dans les Traités de fixer un certain temps à la durée d'une Alliance formelle ; on est convenu que le présent Traité subsistera vingt-cinq ans, à compter du jour de la Signature. «

» XVIII. Le présent Traité d'Alliance défensive sera ratifié par les deux Hautes Parties Contractantes dans le terme de deux mois, ou plutôt si faire se peut, & l'échange des Ratifications se fera ici à St. Pétersbourg en la forme accoutumée. „

„ En foi de quoi les Ministres-Plénipotentiaires susnommés ont signé deux doubles du présent Instrument, & l'ont muni de leur Cachet ; après

Tome III. Bbb

quoi Ils en ont fait l'échange entre eux. Ainfi fait à St. Péterfbourg le 22 Mai l'an 1746. «

> ALEXY, Comte de BESTUCHEFF-RUMIN.
> JEAN-FRANÇOIS DE BRETLACH.
> NICOL. SEBASTIEN DE HONENHOLTZ.

N° CXXVI.

TRAITÉ D'ALLIANCE ET D'UNION

Entre les Maifons d'Autriche & de Baviere, en 1746.

Au nom de Dieu & de la Très-Sainte Trinité, Dieu le Pere, le Fils, & le Saint-Efprit. *Amen.*

DEPUIS qu'une parfaite réconciliation entre Sa Majefté la Reine de Hongrie & de Bohême d'une part, & Son Alteffe Electorale de Baviere d'autre part, a été une fuite des Préliminaires de Paix conclus à Fueffen, le 22 d'Avril 1745, les deux Puiffances Contractantes ont fouvent témoigné combien elles fouhaitoient de refferrer encore plus les liens du fang, & des Alliances qui uniffent déja les deux Maifons; c'eft pour parvenir à un but fi falutaire que, le Traité de Subfide ayant été conclu entre les Parties, le zele de Sa Majefté l'Impératrice-Reine l'a déterminé à donner de nouveau à Son Alteffe Electorale des preuves du cas qu'Elle fait de fon Alliance & de fes bonnes difpofitions à l'égard de la Patrie Germanique, en s'empreffant de renouveller de la maniere la plus efficace cette Union fi défirée, qui a été conclue aux conditions fuivantes propofées par les Miniftres de part & d'autre.

» I. La préfente Convention ne dérogera en rien aux Préliminaires de Paix de Fueffen, ni à ce qui y a été ftipulé, qui reftera dans toute fa force & validité. «

» II. D'autant qu'en vertu du Traité de Subfide, conclu comme il a été dit, entre les deux Maifons, & de l'accord y compris, il s'enfuit que Son Alteffe Séréniffime Electorale doit tenir prêt un Corps de 5000 hommes de fes Troupes à la difpofition des deux Maifons. »

» III. Sa Majefté Impériale & Royale, pour perfectionner ce Traité de Subfide, & faciliter l'exécution de l'accord du 18 de Mai pour l'entretien d'un Corps de 7000 hommes au fervice des Puiffances Maritimes, & des autres Articles y contenus, renonce en faveur de Son Alteffe Séréniffime Electorale de Baviere, à une fomme de 300 mille florins, fur celle de 400 mille qui lui a été prêtée l'année derniere ; enforte que dès ce jour Sa Majeſté Impériale & Royale tient ladite ſomme de 300 mille florins pour comptée & payée, & en tient quitte Son Alteſſe Séréniſſime Electorale. «

» IV. Pour donner des preuves encore plus fortes de ſes ſinceres & favorables diſpoſitions, Sa Majeſté l'Impératrice des Romains, Reine de Hongrie & de Bohême, renouvelle ici les aſſurances poſitives, que jamais elle ne demandera ou exigera, ni de Son Alteſſe Séréniſſime Electorale de Baviere, ni des Etats de ſon Pays ou de ſes ſujets & arrérages, des contributions, autres charges & livrances dont on étoit convenu pendant la derniere guerre dans les Etats & Villes de Son Alteſſe Séréniſſime Electorale, ſoit en argent ou en proviſions, & auxquelles on n'a pas ſatisfait alors ; bien entendu néanmoins que, par contre, tous les arrérages à la charge du Tréſor Impérial, ou des Troupes Impériales & Royales pour les livrances, en vivres & fourrages & tout ce qu'on pourroit prétendre pour les excès qui pourroient avoir été commis ſous quelque nom ou titre que ce pût être, ſeront de même conſidérés comme liquidés de part & d'autre. Et dans la ſuite, en conformité de la Convention du 17 Juin ratifiée, on ſatisfera & payera dans les paſſages inévitables de Troupes tout ce qui a rapport aux conſomptions, vivres, fourrages & voitures, en conformité de la Capitulation Impériale, & l'on exemptera de ces paſſages les Etats de Baviere, autant qu'il ſera poſſible. «

» V. Les 100 mille florins reſtant des 400 mille, dont 300 mille ont été défalqués, non ſeulement continuent de reſter en nature, mais ſont aſſignés ſur le fond du Subſide, qui ſeront payés à Son Alteſſe Séréniſſime Electorale en quatre termes de 25 mille florins par an ; par conſéquent on en aſſigne ici le paiement ſur les Subſides qui ſont & ſeront reçus de la Grande-Bretagne, enforte que pour ce *quantum* annuel, les quittances valideront au lieu & place d'argent en barres ; Sa Majeſté Impériale & Royale remettant & quittant, en conformité de la Convention d'*interim* du 18 Mai de cette année, tout ce qui concerne l'intention d'un Corps de Troupes livrées aux Puiſſances Maritimes. «

» VI. Quoiqu'on ait poſé comme la Baſe de la reconciliation dans les Préliminaires de Paix de Fueſſen, & comme une condition *ſine quâ non*, que Son Alteſſe Séréniſſime Electorale de Baviere ſe ſépareroit abſolument des Ennemis de la Reine, on renouvelle & réitere ici de nouveau les aſſurances de cette ſéparation. «

» VII. D'autant que par le Réſultat de l'Empire du 17 Décembre 1745, il a été abſolument ſtipulé que, pour la conſervation de la ſûreté publique & ſans cauſer le moindre préjudice à perſonne, un triple Contingent de tous les Cercles ſe tiendroit prêt à marcher, pourvu de tout le néceſſaire, pour mettre à couvert les frontieres de l'Empire expoſées à quelque invaſion, Son Alteſſe Séréniſſime Electorale promet qu'auſſi-tôt que les deux louables Cercles de Frauwde & de Suabe, ou l'un des deux, faiſant marcher leurs Troupes vers les Frontieres de l'Empire, fans attendre un Réfultat ultérieur de l'Empire, elle fera de même marcher fon Contingent vers les Frontieres, pour le maintien de la fûreté publique, fans vouloir caufer le moindre préjudice à perfonne ; mais uniquement pour la confervation de la tranquillité intérieure & extérieure de l'Empire, & même ce qui pourroit être jugé néceffaire au delà de fon triple contingent, fans vouloir s'oppofer en aucune maniere à tel Réfultat de l'Empire. «

» VIII. Outre cela, Son Alteffe Séréniffime Electorale s'engage à agir de concert avec Sa Majefté Impériale & Royale de Hongrie & de Bohême, dans toutes les affaires de l'Empire, & de communiquer fidélement avec elle particuliérement dans les délibérations fur le fecond Décret de Commiffion Impériale touchant la tranquillité publique de l'Empire, tendant au maintien du Syftême de l'Empire, & de contribuer à fon exécution par leurs fuffrages à la Diete. Son Alteffe Séréniffime Electorale ftipule de plus très-expreffément que, d'autant que les concordats Domeftiques fubfiftent entr'elle & les Agnats de fa Séréniffime Maifon ; qui entr'autres les oblige tous à une parfaite & bonne intelligence réciproque, elle communiquera le préfent Traité d'Union aux fufdits Agnats qui ne manqueront pas d'employer leurs bons offices pour le rétabliffement de cette Union & Concorde refpectives ; au refte on eft convenu qu'on n'a pas intention de préjudicier par aucun Article du préfent Traité aux Conftitutions de l'Empire, par lefquelles Son Alteffe Séréniffime Electorale eft liée audit Empire. «

» IX. On fera l'échange des ratifications du préfent Traité dans quinze jours, ou plutôt fi faire fe peut, à compter du jour de la fignature ; En foi de quoi nous en avons figné deux Exemplaires parfaitement femblables. A Munich ce 21 Juillet 1746. «

RODOLPHE C. DE CHOTECK.
JEAN-GEORGE C. de KONINGSFELD.
MAXIM. Comte de TESTENBACH.
J. F. Comte de SENSHEIM.
FRANÇOIS ANDRÉ BAR. DE BRAIIDLHON.

N°. CXXVII.

TRAITÉ D'ALLIANCE

Entre les Cours de Suede & de Prusse.

Le 29 Mai 1747.

Au Nom de la Sainte Trinité.

» SA Majesté le Roi de Prusse & Sa Majesté le Roi de Suede, également animés d'un désir sincere, non-seulement de cultiver avec soin la bonne intelligence & l'étroite union qui subsistent maintenant entre Leurs Majestés & leurs Royaumes & Etats respectifs, mais de la cimenter & de la resserrer encore davantage par de nouveaux nœuds d'une amitié indissoluble ; & persuadés que rien ne sauroit contribuer plus efficacement à obtenir un but aussi salutaire, que de convenir entr'elles d'un Traité d'Alliance défensive : elles ont trouvé à propos d'autoriser à cet effet, pour la conclusion d'un pareil Traité, leurs Commissaires ; savoir, de la part de S. M. le Roi de Prusse, Mr. Jacques Frédéric de Rhod, Conseiller-Privé d'Ambassade & Envoyé Extraordinaire de Sadite Majesté à la Cour de Suede ; & de la part de Sa Majesté le Roi de Suede, *Son Excellence Mr. Charles Ehrenpreus,* Sénateur du Roi & du Royaume ; Son Excellence Mr. le Comte Charles Gustave de Tessin, Sénateur du Roi & du Royaume, Conseiller de la Chancellerie, Grand-Maître de la Maison de S. A. R. le Prince Successeur, Chancelier de l'Académie d'Abo, & Chevalier de l'Ordre de l'Aigle Noire ; Son Excellence Mr. le Baron Herman Cedercreutz, Sénateur du Roi & du Royaume, Chevalier des Ordres de St. André & de St. Alexandre ; Mr. le Comte Charles-Frédéric Piper, Président du Conseil de la Chambre ; Mr. Eric-Matthieu de Nolcken, Chancelier de la Cour, & Mr. André Skutenhielm, Conseiller de la Chancellerie : lesquels ayant communiqué entr'eux, & trouvé en bonne & due forme leurs pleins pouvoirs respectifs, sont convenus des Articles suivans. »

» I. Il y aura dès-à-présent & pour toujours une amitié des plus sinceres & une Alliance défensive & union des plus étroites entre Leurs susdites Majestés, leurs Couronnes, Etats, Pays & Sujets ; de maniere que les Hautes Parties Contractantes tâcheront d'avancer fidélement leurs intérêts & avantages réciproques, & ceux de leurs sujets, dans le commerce aussi bien que par-tout ailleurs, & de prévenir & repousser tous les préjudices & dommages qu'on pourroit faire à Leurs Majestés & à leurs Royaumes, Etats & Sujets. »

» II. Comme Leurs Majeſtés déclarent n'avoir nuls engagemens contraires à leurs intérêts communs, ou préjudiciables au préſent Traité ; ainſi elles promettent de ſe communiquer fidélement & réciproquement tout ce qui peut influer ſur leurs intérêts, & elles donneront les ordres néceſſaires à leurs Miniſtres dans les Cours & Pays étrangers, d'y vivre enſemble dans une bonne & étroite correſpondance, pour avancer les intérêts mutuels de leurs Royaumes & Etats reſpectifs, ſi étroitement unis, & de s'avertir, de part & d'autre, de tout ce qui pourroit ſe tramer, ou aboutir au déſavantage des Hautes Parties Contractantes. «

» III. Comme le principal but de cette Alliance eſt de ſe maintenir dans la poſſeſſion & jouiſſance tranquille des Etats que chacune des Hautes Parties Contractantes poſſede actuellement en Europe, S. M. le Roi de Pruſſe & S. M. le Roi de Suede ſe garantiſſent réciproquement tous leurs Royaumes, Etats, Provinces & Pays ſitués en Europe ; ceux que S. M. le Roi de Pruſſe poſſede en vertu des Traités de Breſlau du 11 Juin 1742, & de Dreſde du 25 Décembre 1745, y étant nommément & ſpécialement. »

» IV. Au cas qu'une des Hautes Parties Contractantes fût attaquée dans ſes ſuſdits Royaumes, Etats & Provinces, par qui & ſous quelque prétexte que ce puiſſe être, l'autre allié, dès qu'il en aura été requis par la partie lézée, employera d'abord, & durant le terme de deux mois, à compter du jour de la réquiſition, ſes bons offices auprès de l'Agreſſeur, pour qu'il ſe déſiſte de toute hoſtilité, & qu'il faſſe à la Partie lézée une réparation raiſonnable de tout le tort & dommage qu'il pourroit lui avoir cauſé : mais au cas que l'agreſſeur ne voulût pas s'y prêter inceſſamment, les ſuſdites Hautes Parties Contractantes, après ledit terme expiré, ſe donneront réciproquement, & ſans aucun délai, ni difficulté, l'aſſiſtance réelle, de la maniere dont il a été convenu dans l'Article ſuivant. »

» V. Sa Majeſté le Roi de Pruſſe fournira en pareil cas à S. M. le Roi de Suede, un Corps auxiliaire de 9000 hommes, ſavoir 6000 d'Infanterie & 3000 de Cavalerie, accompagné d'un train d'Artillerie de campagne, proportionné au nombre des Troupes. S. M. le Roi de Suede enverra de même, ſur la réquiſition de S. M. le Roi de Pruſſe, & à ſon ſecours, un Corps auxiliaire de 6000 hommes, ſavoir 4000 d'Infanterie & 2000 de Cavalerie, accompagné d'un train d'Artillerie de campagne, proportionné au nombre des Troupes. Et ſi les deux Hautes Parties Contractantes trouvent convenable à l'avenir, pour leur ſûreté & défenſe réciproque, de négocier entre elles un ſecours ultérieur de Troupes, elles ſe réſervent la liberté d'en convenir alors à leur gré, & d'un commun accord, ainſi que de la maniere de les employer & de les faire agir. »

» VI. Ces contingens auxiliaires ſeront fournis & entretenus aux dépens de celui qui les donnera, excepté les fourrages & les vivres néceſſaires, qui ſeront fournis par la Partie qui les aura réclamés. Sur quoi, auſſi bien que fur le Commandement des Troupes, on fe réglera fuivant l'ufage reçu en pareil cas. „

„ VII. Le préfent Traité d'Alliance défenfive fubfiftera pendant l'efpace de 10 ans, à compter du jour de la fignature; & avant que le terme en foit écoulé, on tâchera de le renouveller. „

„ VIII. Comme les deux Puiffances Contractantes font déja liées par des Traités antérieurs d'amitié & d'Alliance avec S. M. Impériale de Toutes les Ruffies, & que ce Traité ne comporte rien qui puiffe en aucune façon y déroger; ainfi S. M. Impériale fera confidérée comme comprife dans cette Alliance, & nommément invitée d'y accéder. D'ailleurs, on fe réferve auffi la liberté d'y pouvoir inviter dans la fuite, & d'un commun accord, les Puiffances dont on pourra convenir. „

„ IX. Les Ratifications de ce Traité feront échangées dans le courant d'un mois, après la fignature. „

„ En foi de quoi, Nous, Miniftre Plénipotentiaire de S. M. le Roi de Pruffe, & Commiffaires de S. M. le Roi de Suede, autorifés pour cet effet, avons figné le préfent Traité d'Alliance défenfive, en y faifant appofer les Cachets de nos armes. „

„ Fait à Stockholm, le 29 Mai 1747. „

(*Signé*,) J. F. RHOD.
C. EHRENPREUS. C. G. DE TESSIN. H. CEDERCREUTZ.
C. F. PIPER. E. M. DE NOLCKEN. A. DE SKUTENHIELM.

ARTICLE SÉPARÉ.

„ La Succeffion à la Couronne de Suede étant réglée, du confentement unanime des Etats, en faveur de S. A. R. le Prince Adolphe-Frédéric, élu Prince héréditaire de Suede, des Goths & des Vandales, héritier de Norwege, Evêque de Lubec, Duc de Holftein-Slefwich, de Stormarn & de Dittmarffen, Comte d'Oldenbourg & de Delmenhorft, &c. &c. & de fes héritiers après le décès de S. M. le Roi de Suede, à qui le Tout-Puiffant veuille prolonger les jours; S. M. le Roi de Pruffe, en confidération des liens du fang qui l'attachent à la perfonne de S. A. R., comme auffi pour donner une nouvelle preuve de fon amitié à S. M. le Roi & la Couronne de Suede, & eu égard aux événemens imprévus que l'élévation de la Maifon de Holftein pourroit faire naître dans la fuite des temps, s'engage expreffément par le préfent Article, de ne pas fouffrir qu'il foit donné la moindre atteinte au fufdit Ordre de Succeffion; mais de le maintenir de toutes fes forces, le cas exiftant, contre tous ceux qui voudroient le troubler, de la part de qui & fous quelque prétexte que cela puiffe arriver. Le préfent Article féparé aura la même force que s'il avoit été inféré dans le corps du Traité, & il fera ratifié de même. „

N°. CXXVIII.

TRAITÉ D'ALLIANCE

Entre la Reine de Hongrie & de Bohême, le Roi d'Espagne, & le Roi de Sardaigne.

Signé à Aranjuez, le 14 Juin 1752.

Au nom de la très-sainte & indivisible Trinité, Dieu le Pere, le Fils & le Saint-Esprit. *Amen.*

„COMME, tant sa Sac. Maj. Imp. la Reine de Hongrie & de Bohême, que sa Sac. Maj. Cath. de même que sa Sac. Maj. le Roi de Sardaigne, n'ont rien plus à cœur, que de conserver non-seulement entre elles, leurs héritiers & successeurs, pour toujours en entier & inviolablement, l'heureuse Paix, qui, sous la Bénédiction divine a été rétablie; mais aussi de l'affermir de plus en plus autant qu'il dépend d'elles, pour le bien commun de l'Europe, & de pourvoir à ce qu'elle ne puisse plus être troublée en aucune façon à l'avenir; Leursdites Majestés, dans la vue de parvenir à un but si salutaire, ayant résolu de former entre elles une Alliance d'amitié & d'union plus étroite, sans le moindre préjudice de personne, mais tendant uniquement à un plus grand affermissement de la tranquillité publique, ont nommé pour travailler à la consommation d'un Ouvrage si salutaire, des Ministres dûment caractérisés & revêtus des pleins pouvoirs nécessaires; savoir, sa Sac. Maj. Imp. la Reine de Hongrie & de Bohême, le Réverend, Illustre & Magnifique Seigneur, Christophe, Comte de Migazzi, Archevêque de Carthage, Coadjuteur de Malines, son Conseiller Intime-Actuel & Ministre Plénipotentiaire auprès de Sa Maj. Catholique: Sa Sac. Maj. Catholique, l'Illustre & Magnifique Seigneur D. Joseph de Carvajal & Lancastre, Chevalier de la Toison d'Or, Ecuyer du Roi, Gentilhomme de la Chambre, Conseiller d'Etat & Doyen du même Conseil, Gouverneur suprême des Indes, Président du Conseil de Commerce & de la Monnoie, Inspecteur Général des Postes & Couriers, tant en dedans qu'au dehors de l'Espagne, ainsi que des mines de vif-argent, & Directeur de l'Académie de la Langue Espagnole. Et sa Sac. Maj. le Roi de Sardaigne, l'illustre & magnifique Seigneur Philippe-Valentin Asinari, Marquis de saint Marsan, son Chambellan, Lieutenant du Régiment des Gardes-du-Corps, & son Ambassadeur auprès de Sa M. Catholique; lesquels après avoir conféré là-dessus, & avoir échangé leurs pleins pouvoirs, sont convenus des Articles suivans. „

„I. Il

ALLIANCE. (Traités d')

385

„ I. Il y aura dès-à-préfent & pour toujours entre fa Sac. Maj. Impériale la Reine de Hongrie & de Bohême, fa Sac. Maj. Catholique & fa Sac. Maj. le Roi de Sardaigne, leurs héritiers & fucceſſeurs, Royaumes & Etats héréditaires, une amitié véritable, fincere, conftante & folide; & une union fi bien affermie, qu'on avancera de part & d'autre refpectivement les avantages d'un chacun comme les fiens propres, & qu'on écartera tout ce qui pourroit lui porter préjudice. "

„ II. Cette amitié & cette union auront pour bafe & pour fondement, la Paix de l'année 1748, conclue à Aix-la-Chapelle, felon qu'elle a été confirmée par l'Acceffion & la Ratification, tant de fa Sac. Maj. Impériale la Reine de Hongrie & de Bohême, que de fa Sac. Maj. Catholique & de fa Sac. Maj. le Roi de Sardaigne ; ainfi que la Convention de Nice qui fut faite enfuite, pour l'exécution de la même Paix. "

„ III. Sous cette Alliance d'amitié & d'union purement défenfive, feront cenfés compris, s'ils veulent y accéder, d'une part, fa Sac. Maj. Impériale, comme Grand-Duc de Tofcane ; & d'autre part, fa Sac. Maj. le Roi des deux Siciles, & le Séréniffime Infant d'Efpagne Don Philippe, Duc de Parme, de Plaifance & de Guaftalla, leurs héritiers & fucceffeurs, Royaumes & Etats ; & cela fur le pied de la Paix & Convention mentionnées dans l'Article précedent. "

„ IV. Sa Sac. Maj. Impériale la Reine de Hongrie & de Bohême, s'oblige de la maniere la plus folemnelle, pour elle, fes héritiers & fucceffeurs, à l'éviction ou garantie des Royaumes & Etats que fa Sac. Maj. Catholique poffede en Europe ; ainfi que des Etats poffédés actuellement par fa Sac. Maj. le Roi de Sardaigne ; de même qu'à l'éviction ou garantie des Royaumes des deux Siciles & des Duchés de Parme, de Plaifance & de Guaftalla, fur le pied de la Paix d'Aix-la-Chapelle & de la Convention de Nice ; & cela envers fa Sac. Maj. Cath. & fa Sac. Maj. le Roi de Sardaigne, d'abord que la préfente Alliance d'amitié aura été conclue & ratifiée ; & envers fa Sac. Maj. le Roi des deux Siciles, & le Séréniffime Infant d'Efpagne Don Philippe, auffi-tôt qu'un chacun d'eux aura accédé à la préfente Alliance défenfive, & fe fera obligé réciproquement à en remplir les conditions : auquel cas, fa Sac. Maj. Impériale, comme Grand-Duc de Tofcane, s'oblige également pour elle & fes fucceffeurs, de prêter la même garantie, tant à fa Sac. Maj. le Roi de Sardaigne, qu'à fa Sac. Maj. le Roi des deux Siciles, & au Séréniffime Infant d'Efpagne Don Philippe. "

„ V. Sa Sac. Maj. Catholique renouvelle réciproquement, pour elle, fes héritiers & fucceffeurs, non-feulement l'éviction ou garantie de la Sanction pragmatique en la maniere qu'elle a été ftipulée & renouvellée par l'Article XXI du Traité de Paix d'Aix-la-Chapelle, & s'oblige également à l'éviction ou garantie de tous les Royaumes & Etats héréditaires que fa Sac. Maj. la Reine de Hongrie & de Bohême poffede actuellement ; & de plus, du Grand-Duché de Tofcane ; mais elle fe charge encore de l'évic-

Tome III.

Ccc

tion ou garantie des Etats poſſédés actuellement par ſa Sac. Maj. le Roi de Sardaigne. Sa Sac. Maj. le Roi des deux Siciles, ainſi que le Séréniſſime Infant d'Eſpagne Don Philippe ne ſeront tenus chacun pour ſoi, ſes héritiers & ſucceſſeurs, qu'à prêter la garantie des Etats que ſa Sac. Maj. Impériale la Reine de Hongrie & de Bohême poſſède actuellement en Italie, le Grand Duché de Toſcane y compris; de même que celle des Etats poſſédés actuellement par ſa Sac. Maj. le Roi de Sardaigne. "

„ VI. Pareillement ſa Sacrée Majeſté le Roi de Sardaigne, pour elle, ſes héritiers & ſucceſſeurs, non-ſeulement renouvelle l'éviction ou garantie de la Sanction pragmatique, en la maniere qu'elle a été ſtipulée & renouvellée par l'Article XXI du Traité de paix d'Aix-la-Chapelle, & s'oblige également pour elle, ſes héritiers & ſucceſſeurs, à l'éviction ou garantie de tous les Royaumes & Etats Héréditaires, poſſédés actuellement par ſa Sac. Maj. Imp. la Reine de Hongrie & de Bohême, ainſi que du Grand Duché de Toſcane; mais elle ſe charge encore de l'éviction ou garantie de tous les Royaumes & Etats que Sa Maj. Cath. poſſede actuellement en Europe; & finalement de l'éviction ou garantie des Royaumes des Deux Siciles & des Duchés de Parme, de Plaiſance & de Guaſtalla, en conformité du Traité de paix d'Aix-la-Chapelle & de la convention de Nice; bien-entendu néanmoins, qu'elle n'y ſera pleinement tenue envers ſa Sac. Maj. Imp. la Reine de Hongrie & de Bohême, & envers ſa Sac. Majeſté Catholique, qu'après que la préſente Alliance d'amitié & d'union aura été conclue & ratifiée; mais envers ſa Sac. Maj. Imp. comme Grand-Duc de Toſcane, & envers ſa Sacrée Majeſté le Roi des Deux Siciles, & le Séréniſſime Infant d'Eſpagne Don Philippe, qu'après qu'ils auront accédé à la préſente Alliance défenſive, & ſe ſeront obligés à en remplir les conditions. "

„ VII. En vertu de cette éviction ou garantie mutuelle, les parties contractantes concerteront d'abord enſemble les moyens les plus propres à aſſurer la tranquillité publique, & à empêcher toutes entrepriſes & mouvemens quelconques qui pourroient l'ébranler & la détruire, & feront conjointement tous les efforts pour diſſuader les Princes qui, les premiers, voudroient envahir les Etats des autres, en leur déclarant formellement qu'elles ne prendront jamais parti pour un tel Agreſſeur; mais qu'elles mettront d'un commun accord, tout en œuvre pour rétablir la tranquillité. "

„ VIII. Si nonobſtant ces mêmes ſoins & bons offices, il arrivoit cependant que ſa Sac. Maj. la Reine de Hongrie & de Bohême, dans les Etats qu'elle poſſede en Italie, ou le Grand-Duché de Toſcane, ou ſa Sac. Maj. Cath. dans ceux qu'elle poſſede actuellement en Europe; ou enfin ſa Sac. Maj. le Roi de Sardaigne dans les Etats qu'elle poſſede, fuſſent attaqués hoſtilement par quelqu'autre Prince; en ce cas les trois hautes Parties contractantes ſuſmentionnées; ſavoir, ſa Sac. Maj. Imp. la Reine de Hongrie

& de Bohême, fa Sac. Maj. Catholique & fa Sac. Maj. le Roi de Sardaigne, s'obligent mutuellement entre elles, à fournir dans l'efpace de deux mois de temps, à compter du jour de la réquifition, huit mille hommes d'Infanterie & quatre mille de Cavalerie, qui devront être entretenus aux propres frais de celui qui les envoie ; fauf la liberté à chacune des parties de donner, au lieu de Soldats, un fecours en argent comptant ; en ajoutant de plus cette condition, que fi les troupes ne peuvent être prêtes fitôt qu'on vient de le dire, l'argent devra être payé dans la ville de Gênes, d'abord après l'expiration des deux mois de temps, laquelle fomme on eft convenu de fixer par mois pour mille hommes d'Infanterie, à huit mille florins d'Empire, & pour mille hommes de Cavalerie, à vingt-quatre mille florins d'Empire, qui feront continués de mois en mois jufqu'à ce que le fecours ait joint les troupes de la Partie attaquée ; cependant fi ces fecours ne fuffifent pas pour repouffer l'invafion, en ce cas, les hautes Parties contractantes fufmentionnées feront obligées de s'entr'aider mutuellement de toutes leurs forces. "

„ IX. A l'égard des fecours que les Parties contractantes qui poffedent des Etats en Italie ; & les autres Princes qui accéderont au préfent Traité, devront fe prêter les uns aux autres, on eft convenu de la maniere fuivante. Que fi les Etats que fa Sac. Majefté la Reine de Hongrie & de Bohême poffede en Italie, ou le Grand-Duché de Tofcane, ou bien les Etats poffédés par fa Sac. Maj. le Roi de Sardaigne, viennent à être hoftilement attaqués ; en ce cas, fa Sac. Maj. le Roi des Deux-Siciles fera tenue de fournir un fecours de quatre mille hommes d'Infanterie & mille de Cavalerie, & le Séréniffime Infant d'Efpagne Don Philippe un fecours de mille hommes d'Infanterie & cinq cens de Cavalerie. Et au cas que les Royaumes ou Etats de fa Sac. Maj. le Roi des Deux-Siciles, ou les Etats du Séréniffime Infant d'Efpagne Don Philippe viennent à être hoftilement attaqués, fa Sac. Maj. Imp. la Reine de Hongrie & de Bohême fera réciproquement tenue de fournir (un fecours de quatre mille hommes d'Infanterie & mille de Cavalerie, de même que fa Sac. Maj. Imp. comme Grand-Duc de Tofcane, mille hommes d'Infanterie & cinq cens de Cavalerie,) & fa Sac. Maj. le Roi de Sardaigne un fecours de quatre mille hommes d'Infanterie & mille de Cavalerie. Lequel fecours de mille hommes d'Infanterie & de cinq cens de Cavalerie fera également fourni par fa fufdite Sac. Maj. Imp. comme Grand-Duc de Tofcane à fa Sac. Maj. le Roi de Sardaigne, au cas que fes Etats fuffent hoftilement attaqués, tout comme fa Sac. Maj. le Roi de Sardaigne, s'oblige réciproquement, au cas d'une invafion dans le Grand-Duché de Tofcane, de fournir un fecours de quatre mille hommes d'Infanterie & de mille de Cavalerie. "

„ En outre on eft convenu, que ces fecours mutuels tous & chacun, doivent être fournis par les hautes Parties mentionnées, foit contractantes ou accédantes, dans l'efpace de deux mois, à compter du jour que la réquifition aura été faite ; & qu'ils feront entretenus aux propres frais de celui qui les fournit. «

» X. Afin d'avancer, pour le bien commun, l'accroiſſement du commerce réciproque entre les Sujets des Hauts Contraſtans, il a été convenu, qu'ils jouiront dans leurs Etats & Ports reſpectifs ſitués en-Europe, des mêmes Privileges qui y ſont accordés à la Nation la plus amie; & que pour reſſerrer d'autant plus étroitement les nœuds de l'union entre ſa Sac. Majeſté la Reine de Hongrie & de Bohême; ſa Sac. Maj. Cath. & ſa Sac. Majeſté le Roi de Sardaigne, on apportera avec une égale ardeur de part & d'autre, la plus ſcrupuleuſe attention à ſe procurer réciproquement tout ce qui pourra tendre à cette fin ſi déſirée. «

» XI. La préſente Convention ſera ratifiée dans l'eſpace de deux mois, ou plutôt ſi faire ſe peut, & les lettres de ratification ſeront mutuellement échangées à Madrid. «

» En foi de quoi, & pour donner d'autant plus de force à tout ce que deſſus, Nous ſouſſignés Miniſtres Plénipotentiaires, avons ſigné de nos propres mains le préſent inſtrument de Traité, & l'avons muni de notre cachet ordinaire. Fait à Aranjuez, le 14 du mois de Juin 1752. «

(L. S.) Christophe (L. S.) D. Jos. de Car- (L. S.) Ph. Val. Asin.
Comte de Migazzi.   Vajal y Lancaster.   Miſ. de St. Marsan.

Nº. CXXIX.

Alliance

Entre Sa Majeſté Très-Chrétienne & Sa Majeſté l'Impératrice-Reine de Hongrie & de Bohême.

En 1756.

COMME ce Traité d'Alliance & d'amitié purement défenſif, comme on le verra, fut accompagné d'une Convention ou Acte de Neutralité, & que ces deux Actes furent auſſi ratifiés le même jour, nous avons cru ne devoir pas les ſéparer.

Convention de Neutralité entre S. M. Très-Chrétienne, & S. M. l'Impératrice, Reine de Hongrie & de Bohême, &c. &c.

» LEs différens qui ſe ſont élevés entre Sa Majeſté Très-Chrétienne & Sa Majeſté Britannique au ſujet des limites de leurs poſſeſſions reſpectives en Amérique, paroiffant de plus en plus menacer la tranquillité publique, Sa Majefté Très-Chrétienne & Sa Majefté l'Impératrice-Reine de Hongrie & de Bohême, qui défirent également l'inaltérable durée de l'amitié & de la bonne intelligence qui fubfiftent heureufement entr'elles, ont jugé à propos de prendre des mefures pour cet effet. „

„ Sa Majefté l'Impératrice-Reine déclare & promet à cette fin, de la façon la plus folemnelle & la plus obligatoire que faire fe peut, que non-feulement elle ne prendra, ni directement ni indirectement, aucune part aux fufdits différends, dont l'objet ne la regarde pas, & fur lefquels elle n'a aucuns engagemens; mais, qu'au contraire elle obfervera une parfaite & exacte neutralité pendant tout le temps que pourra durer la guerre occafionnée par les fufdits différens entre la France & l'Angleterre. „

„ Sa Majefté Très-Chrétienne, de fon côté, ne voulant envelopper aucune autre Puiffance dans fa querelle particuliere avec l'Angleterre, déclare & promet réciproquement, de la façon la plus folemnelle & la plus obligatoire que faire fe peut, qu'elle n'attaquera, ni envahira, fous quelque prétexte & par quelque raifon que ce puiffe être, les Pays-bas, ou autres Royaumes, Etats & Provinces de la Domination de S. M. l'Impératrice-Reine, & qu'elle ne lui fera aucun tort, foit directement, foit indirectement, ni dans fes Poffeffions, ni dans fes Droits; ainfi que le promet réciproquement Sa Majefté l'Impératrice-Reine à l'égard des Royaumes, Etats & Provinces de Sa Majefté Très-Chrétienne. „

„ Cette Convention, ou Acte de Neutralité, fera ratifiée par Sa Majefté l'Impératrice-Reine dans l'efpace de fix femaines, ou plutôt, fi faire fe peut. „

„ En foi de quoi, Nous Miniftres Plénipotentiaires de Sa Majefté Très-Chrétienne & de Sa Majefté l'Impératrice, Reine de Hongrie & de Bohême, avons figné le préfent Acte & y avons fait appofer les Cachets de nos Armes. »

» Fait à Verfailles, le premier de Mai 1756. »

(L. S.) A. L. DE ROUILLÉ.
(L. S.) G. C. DE STHARENBERG.
(L. S.) F. J. DE PIERRE DE BERNIS.

TRAITÉ D'AMITIÉ ET D'ALLIANCE DÉFENSIVE

Entre Sa Majeſté Très-Chrétienne , & Sa Majeſté l'Impératrice-Reine de Hongrie & de Bohême, &c. &c.

Au Nom de la Très-Sainte & Indiviſible Trinité, Pere, Fils & St. Eſprit. *Ainſi ſoit-il.*

SOIT notoire à tous ceux qu'il appartiendra, ou peut appartenir en maniere quelconque, que Sa Majeſté Très-Chrétienne, & Sa Majeſté l'Impératrice-Reine de Hongrie & de Bohême, ayant conclu une Convention ou Acte de Neutralité, qui a été ſigné aujourd'hui par leurs Miniſtres Plénipotentiaires reſpectifs, dans l'intention d'empêcher que le feu de la guerre que pourroient allumer les différens qui ſe ſont élevés entre la France & l'Angleterre, au ſujet des Limites de leurs Poſſeſſions reſpectives en Amérique, ne s'étende ſucceſſivement, & ne trouble le repos & la bonne intelligence qui ſubſiſtent heureuſement entre Leurſdites Majeſtés.

Sa Majeſté Très-Chrétienne & Sa Majeſté l'Impératrice-Reine perſiſtant dans des vues ſi ſalutaires, & déſirant de reſſerrer de plus en plus & pour toujours entre Elles les liens de la plus ſincere amitié & de la plus parfaite harmonie, ont jugé à propos d'ajouter à l'arrangement de Neutralité ſuſdite celui d'un Traité d'Amitié & d'Union purement défenſif, & ne tendant au préjudice d'aucune autre Puiſſance, dans la ſeule vue d'aſſurer encore plus ſolidement la Paix entre les Royaumes & Etats de leurs dominations, & de contribuer, autant qu'il peut dépendre d'Elles, au maintien de la tranquillité générale.

A cet effet, Sa Majeſté Très-Chrétienne a nommé & autoriſé les très-Illuſtres & très-Excellens Seigneurs Antoine-Louis Rouillé , Chevalier, Comte de Gouy & de Fontaine-Guérin, Conſeiller en tous les Conſeils de Sa Majeſté, Miniſtre & Secrétaire d'Etat, ainſi que de ſes Commandemens & Finances, Commandeur & Grand-Tréſorier de ſes Ordres ; & François-Joachim de Pierre de Bernis, Comte de Lyon, Abbé Commendataire de l'Abbaye Royale de St. Arnould de Metz, l'un des Quarante de l'Académie Françoiſe, & Ambaſſadeur de Sa Majeſté auprès de Sa Majeſté Catholique. Et Sa Majeſté l'Impératrice a pareillement nommé & autoriſé le très-Illuſtre & très-Excellent Seigneur George, Comte de Stahrenberg, & du St. Empire Romain, Conſeiller actuel du ſuprême Conſeil Aulique de l'Empire, Chambellan de Leurs Majeſtés Impériales, & leur Miniſtre Plénipotentiaire auprès de Sa Majeſté Très-Chrétienne, leſquels, après s'être communiqué leurs pleins pouvoirs en bonne forme, dont les copies ſont ajoutées à la fin du préſent Traité, & après avoir conféré entr'eux, ſont convenus des Articles ſuivans.

» I. Il y aura une amitié & une union finccre & conftante entre Sa Majefté Très-Chrétienne, & Sa Majefté l'Impératrice-Reine de Hong. ie & de Bohême, leurs Héritiers & Succeffeurs, Royaumes, Etats, Provinces, Pays, Sujets & Vaffaux, fans aucune exception. Les hautes Parties contractantes apporteront en conféquence la plus grande attention à maintenir entr'elles & leurfdits Etats & Sujets, une amitié & correfpondance réciproque, fans permettre que de part ni d'autre on commette aucune forte d'hoftilité, pour quelque caufe, ou fous quelque prétexte que ce puiffe être, en évitant tout ce qui pourroit altérer à l'avenir l'union & la bonne intelligence heureufement établies entr'Elles, & en donnant, au contraire, tous leurs foins à procurer en toutes. occafions leur utilité, honneur & avantages mutuels. «

» II. Le Traité de Weftphalie de 1648, & tous les Traités de Paix & d'Amitié, qui, depuis cette époque, ont été conclus & fubfiftent entre Leurfdites Majeftés, & en particulier la Convention, ou Acte de Neutralité figné aujourd'hui, font renouvellés & confirmés par le préfent Traité dans la meilleure forme, & comme s'ils étoient inférés ici mot à mot. «

» III. Sa Majefté l'Impératrice-Reine promet & s'engage de garantir & de défendre tous les Royaumes, Etats, Provinces & Domaines actuellement poffédés par Sa Majefté Très-Chrétienne en Europe, tant pour Elle, que pour fes Succeffeurs & Héritiers fans exception, contie les attaques de quelque Puiffance que ce foit, & pour toujours; le cas néanmoins de la préfente guerre entre la France & l'Angleterre uniquement excepté, & conformément à la Convention, ou Acte de Neutralité paffé aujourd'hui. «

» IV. Sa Majefté Très-Chrétienne s'engage envers Sa Majefté l'Impératrice-Reine, & fes Succeffeurs & Héritiers, felon l'ordre de la Sanction Pragmatique établie dans fa Maifon, à garantir & à défendre, contre les attaques de quelque Puiffance que ce foit, & pour toujours, tous les Royaumes, Etats, Provinces & Domaines qu'Elle poffede actuellement en Europe, fans aucune exception. «

» V. Par une fuite de cette garantie réciproque, les hautes Parties contractantes travailleront toujours de concert aux mefures qui leur paroîtront les plus propres au maintien de la Paix, employeront, dans les cas où les Etats de l'une ou de l'autre d'entr'Elles feroient ménacés d'une invafion, leurs bons offices les plus efficaces pour l'empêcher. «

» VI. Mais, comme les bons offices qu'elles promettent, pourroient ne point avoir l'effet défiré, Leurs Majeftés s'obligent dès-à-préfent de fe fecourir mutuellement avec un corps de 24000 hommes, au cas que l'une ou l'autre d'entr'elles vint à être attaquée par qui que ce foit, ou fous quelque prétexte que ce puiffe être; la guerre préfente entre la France & l'Angleterre, uniquement exceptée, ainfi qu'il a été dit à l'Article III du préfent Traité. «

» VII. Le fecours fera compofé de 18000 hommes d'infanterie & de

6000 de cavalerie, & il se mettra en marche six semaines ou deux mois au plus tard, après la réquisition qui en sera faite par celle des deux hautes Parties contractantes qui se trouvera attaquée, ou menacée d'une invasion dans ses Possessions. Ce corps de troupes sera entretenu aux frais & dépens de celle des hautes Parties contractantes, qui se trouvera dans le cas de le devoir donner ; & celle qui le recevra, fournira audit corps de troupes des quartiers d'hiver ; mais il sera libre à la Partie requérante de demander, au-lieu de secours effectif en hommes, l'équivalent en argent, qui sera payé comptant par chaque mois, & qui sera évalué pour la totalité & sans qu'on puisse, ni de part ni d'autre, rien exiger de plus, sous quelque prétexte que ce soit, à raison de 8000 florins d'argent d'Empire pour chaque mille hommes d'infanterie, & 24000 florins pour chaque mille hommes de cavalerie. «

» VIII. Sa Majesté Très-Chrétienne . & Sa Majesté l'Impératrice-Reine se réservent d'inviter, de concert, d'autres Puissances à prendre part à ce présent Traité purement défensif. «

» IX. Le présent Traité sera ratifié par Sa Majesté Très-Chrétienne & par Sa Majesté l'Impératrice-Reine de Hongrie & de Bohême, & les ratifications en seront échangées dans l'espace de six semaines, à compter du jour de la signature, ou plutôt si faire se peut. «

» En foi de quoi, Nous soussignés Ministres Plénipotentiaires de Sa Majesté Très-Chrétienne & de Sa Majesté l'Impératrice-Reine de Hongrie & de Bohême, avons signé le présent Traité, & y avons fait apposer les cachets de nos armes. Fait à Versailles le premier de Mai 1756. «

(L.S.) A. L. DE ROUILLÉ.
(L.S.) G. C. DE STAHRENBERG.
(L.S.) F. J. DE PIERRE DE BERNIS.

ARTICLES SÉPARÉS.

» I. Il a été convenu entre Sa Majesté Très-Chrétienne & Sa Majesté l'Impératrice-Reine de Hongrie & de Bohême, que l'ordre dans lequel les Articles III & IV. du Traité défensif, signé aujourd'hui, ont été ou seront placés dans les différens exemplaires dudit Traité, ne pourra tirer à aucune conséquence, ni préjudicier en rien à l'alternative reconnue, établie & observée entre Leursdites Majestés. La même chose a été convenue par rapport à l'ordre dans lequel ont été ou seront placés les deux Articles séparés. Cet Article séparé aura la même force que s'il étoit inséré mot à mot dans le, Traité défensif signé d'aujourd'hui. «

Signé comme le Traité.

» II.

„ I. Il a été convenu entre Sa Majefté Très-Chrétienne & Sa Majefté l'Impératrice Reine de Hongrie & de Bohême, que la Langue Françoife qui a été employée dans la redaction de l'Acte de Neutralité & du Traité défenfif, fignés aujourd'hui, ou qui pourra être employée dans les Actes d'Acceffion d'autres Puiffances audit Traité, ne pourra point être citée à l'avenir comme un exemple qui puiffe tirer à conféquence, ni porter préjudice en aucune maniere à quelqu'une des Parties Contractantes; & que l'on fe conformera à l'avenir à ce qui a été obfervé & doit être obfervé à l'égard, & de la part des Puiffances qui font en ufage & en poffeffion de donner & de recevoir des Exemplaires de femblables Traités & Actes en une autre Langue que la Françoife. "

„ Le préfent Article féparé aura la même force que s'il étoit inféré mot à mot dans le Traité figné aujourd'hui. "

Signé comme le Traité.

N°. CXXX.

TRAITÉ D'ALLIANCE

Entre Sa Majefté le Roi de Pruffe, & Sa Majefté l'Impératrice de toutes les Ruffies.

A St. Pétersbourg le 11 Avril 1764.

Au Nom de la fainte Trinité.

SA Majefté le Roi de Pruffe & Sa Majefté l'Impératrice de toutes les Ruffies, ayant mûrement confidéré que rien n'eft plus conforme à leurs intérêts & à leurs avantages communs, ni plus propre à affurer la durée de la Paix fi heureufement rétablie en Europe, que de refferrer les nœuds de l'amitié & de la bonne intelligence, qui a toujours régné ci-devant, & qui fubfifte à préfent entre les deux Cours, & de confirmer cette union par un Traité d'Alliance défenfive, qui n'ait pour but que la fûreté de leurs Etats & Poffeffions refpectifs, fe font propofés de porter à fa perfection un ouvrage fi falutaire, & ont choifi & nommé pour cet effet leurs Plénipotentiaires; favoir Sa Majefté le Roi de Pruffe, le Sieur Victor-Frédéric Comte de Solms, fon Chambellan Actuel, Confeiller-Privé de Légation, & Envoyé Extraordinaire & Miniftre Plénipotentiaire à la Cour de Sa Majefté l'Impératrice; & Sa Majefté Impériale de toutes les Ruffies, le Sieur Nifcita de Panin, Gouverneur de Son Alteffe Impériale Monfeigneur le Grand-

Duc, fon Conſeiller-Privé Aƈtuel, Sénateur & Chevalier de ſes Ordres, & le Prince Alexandre de Gallitzin, ſon Vice-Chancelier, Conſeiller-Privé, Chambellan Aƈtuel, & Chevalier des Ordres de St. Alexandre-Newski & de l'Aigle-blanc de Pologne : leſquels Miniſtres Plénipotentiaires, après s'être communiqué & avoir échangé leurs pleins pouvoirs trouvés en bonne & due forme, ſont convenus des Articles ſuivans.

„ I. Sa Majeſté le Roi de Pruſſe & Sa Majeſté l'Impératrice de toutes les Ruſſies s'engagent pour eux & pour leurs héritiers & ſucceſſeurs, par le préſent Traité d'Amitié & d'Alliance défenſive, à ſe conduire l'un en-vers l'autre comme il convient à de véritables Alliés & ſinceres Amis, en regardant, chacun de ſon côté, les intérêts de l'autre comme les ſiens pro-pres, & en écartant, autant qu'il ſera poſſible, tout ce qui pourra y pré-judicier. „

„ II. Les Hautes Parties Contraƈtantes, poſant pour premiere regle & pour baſe du ſyſtême politique de cette Alliance, d'affermir ſolidement, pour le bien du Genre humain, la tranquillité générale, ſe réſervent en con-ſéquence, d'un côté, la liberté de conclure même à l'avenir, d'autres Trai-tés avec des Puiſſances, qui, loin de porter par leur union quelque préju-dice & empêchement à l'objet principal de celui-ci, y pourront encore don-ner plus de force & d'efficacité; elles s'obligent d'un autre côté à ne point prendre d'engagement contraire au préſent Traité, auquel elles ſont con-venues d'un commun accord d'inviter & d'admettre d'autres Cours, qui ſe-ront animées des mêmes ſentimens; voulant non-ſeulement ne rien faire, mais même empêcher de tout leur pouvoir, qu'il ſoit rien fait, ni direƈte-ment ni indireƈtement, de quelque maniere que ce ſoit, qui puiſſe leur nuire & être contraire à cet engagement mutuel; &, pour donner plus de force à cette Alliance, elles s'engagent à ſe garantir réciproquement, & ſe garantiſſent en effet l'une à l'autre, de la maniere la plus forte & ſans exception, tous les Etats, Principautés, Comtés, Seigneuries, Provinces, Territoires & Villes qu'elles poſſedent aƈtuellement en Europe, lors de la concluſion de ce Traité, & à ſe maintenir & ſe défendre avec toutes leurs forces, contre qui que ce ſoit, dans la paiſible & entiere poſſeſſion de leurs ſuſdits Etats. „

„ III. En conſéquence de la garantie ſtipulée dans le II. Article, &, au cas qu'il arrivât, ce qu'à Dieu ne plaiſe, que l'un ou l'autre des Hauts Con-traƈtans fût attaqué ou troublé par quelqu'autre Puiſſance, en quelque ma-niere que ce fût, dans la poſſeſſion de ſes Etats & Provinces, ils promet-tent & s'engagent mutuellement d'employer, avant toutes choſes, leurs bons offices, auſſi-tôt qu'ils en ſeront requis, pour détourner toute hoſtilité & pour procurer à la partie lézée toute la ſatisfaƈtion qui lui ſera due; &, s'il arri-voit que ces bons offices ne fuſſent pas ſuffiſans pour effeƈtuer une prompte réparation, ils promettent de ſe donner mutuellement, trois mois après la pre-miere réquiſition, dix mille hommes d'infanterie & deux mille de cavalerie. „

„ IV. Leurs Majeſtés promettent en même-temps de continuer & de maintenir les ſuſdits ſecours juſqu'à la ceſſation entiere des hoſtilités. S'il arrivoit cependant que les ſecours ſtipulés ne fuſſent pas ſuffiſans pour repouſſer & faire ceſſer les attaques de l'ennemi, & pour éteindre entiérement le feu de la guerre, elles ſe réſervent dans cette extrêmité, conformément à leur premiere intention, de ſe ſervir des voyes les plus propres au rétabliſſement & à l'affermiſſement de la tranquillité, de ſe concerter ſur les moyens d'augmenter les ſuſdits ſecours, & d'employer, ſi cela eſt inévitable, toutes leurs forces pour leur défenſe mutuelle, afin de finir plus promptement les malheurs de la guerre & d'en empêcher les progrès. „

„ V. Les troupes auxiliaires doivent être pourvues de l'artillerie de campagne, des munitions & de tout ce dont elles auront beſoin, à proportion de leur nombre, & être payées & recrutées annuellement par la Cour qui ſera requiſe. Quant aux rations & portions ordinaires en vivres & en fourrages, elles leur feront données, ainſi que les quartiers, par la Cour requérante, ſur le pied qu'elle entretient & entretiendra ſes propres troupes en campagne & dans les quartiers. „

„ VI. Ces mêmes Troupes Auxiliaires feront ſous le commandement immédiat du Chef de l'Armée de la Cour requérante; mais elles ne dépendront que des ordres de leur propre Général, & feront employées dans toutes les opérations militaires, ſelon les uſages de la guerre ſans contradiction; cependant ces opérations feront auparavant réglées & déterminées dans le Conſeil de guerre & en préſence du Général qui les commandera. „

„ VII. L'ordre & l'économie militaires dans l'intérieur de ces troupes dépendront uniquement de leur propre Chef : elles ne feront fatiguées & expoſées, qu'autant que le feront celles de la Cour même qui les aura demandées; & l'on ſera obligé d'obſerver dans toutes les occaſions une égalité parfaite & exactement proportionnée à leur nombre & à leurs forces dans l'armée où elles ſerviront. En conſéquence, elles demeureront enſemble autant qu'il ſera poſſible, & l'on fera en ſorte de ne point les ſéparer dans les marches, commandemens, actions, quartiers & autres occaſions. „

„ VIII. De plus, ces troupes auxiliaires auront leurs propres Aumôniers & l'exercice entiérement libre de leur Religion, & ne feront jugées que ſelon les loix & les articles de guerre de leurs propres Souverains, & par le Général & les Officiers qui les commanderont. „

„ IX. Les trophées & tout le butin qu'on aura fait ſur les ennemis, appartiendront aux troupes qui s'en feront emparées. „

„ X. Sa Majeſté le Roi de Pruſſe & Sa Majeſté l'Impératrice, s'obligent non-ſeulement de ne point conclure de Paix ni de treve avec l'ennemi, à l'inſu l'une de l'autre & ſans un conſentement mutuel, mais encore de n'entrer dans aucun pourparler à ce ſujet ſans la connoiſſance & l'aveu des deux Parties Contractantes. Elles promettent au contraire de ſe communiquer ſans délai & fidélement toutes les ouvertures qu'on pourroit leur faire à ce fujet à l'une ou à l'autre, directement ou indirectement, de bouche ou par écrit. "

„ XI. Si la Partie requife, après avoir donné le fecours ftipulé dans le III. Article de ce Traité, étoit attaquée, de forte qu'elle fût forcée de rappeller fes troupes pour fa propre fûreté, elle fera libre de le faire, après en avoir averti deux mois auparavant la Partie requérante. Pareillement, fi la Partie requife étoit elle-même en guerre dans le temps de la réquifition, de maniere qu'elle fût obligée de garder auprès d'elle pour fa propre fûreté & pour fa défenfe les troupes qu'elle eût dû donner à fon Alliée en vertu de ce Traité, elle aura la liberté de ne point donner de fecours pendant tout le temps que cette néceffité durera. "

„ XII. Le Commerce, tant par terre que par mer, continuera de fe faire librement & fans aucun empêchement entre les Etats, Provinces & Sujets des deux Cours alliées, & dans les Forts, Villes & Provinces de Commerce, tant de S. M. le Roi de Pruffe, que de S. M. l'Impératrice; on ne mettra pas de plus grands droits, charges & impôts fur les vaiffeaux & les Sujets des deux Cours que fur ceux des autres Nations amies & alliées, & on ne les traitera pas avec plus de rigueur. „

„ XIII. La durée de ce Traité d'Alliance fera de huit ans; &, avant l'expiration de ce terme, il fera renouvellé felon les circonftances. „

„ XIV. Le préfent Traité fera ratifié & les Ratifications échangées ici dans l'efpace de fix femaines ou plutôt fi faire fe peut. „

„ En foi de quoi les Miniftres fouffignés ont fait faire deux exemplaires femblables, fignés de leur propre main, & y ont appofé le Cachet de leurs Armes. „

„ Fait à Saint-Pétersbourg, le 11 Avril (31 Mars V. S.) 1764. „

(L. S.) V. F. DE SOLMS.   (L. S.) N. PANIN.
　　　　　　　　　　　　　 (L. S.) PR. A. GALLITZIN.

ARTICLE SECRET.

„ COMME il eft de l'intérêt de Sa Majefté le Roi de Pruffe & de Sa Majefté l'Impératrice de. toutes les Ruffies d'employer tous leurs efforts, pour que la République de Pologne foit maintenue dans fon droit de libre élection, & qu'il ne foit permis à perfonne de rendre ledit Royaume héréditaire dans fa famille, ou de s'y rendre abfolu; Sa Majefté le Roi de Pruffe & Sa Majefté Impériale ont promis & fe font engagés mutuellement & de la maniere la plus forte, par cet Article fecret, non-feulement à ne point permettre, que qui que ce foit entreprenne de dépouiller la République de Pologne de fon droit de libre élection, de rendre le Royaume héréditaire, ou de s'y rendre abfolu dans tous les cas où cela pourroit arriver; mais encore à prévenir & à anéantir par tous les moyens poffibles,

& d'un commun accord, les vues & les deffeins qui pourroient tendre à ce but, auffi-tôt qu'on les aura découverts, & à avoir même, en cas de befoin, recours à la force des armes pour garantir la République du renverfement de fa conftitution & de fes loix fondamentales. »

» Ce préfent Article fecret aura la même force & vigueur que s'il étoit inféré mot pour mot dans le Traité principal d'Alliance défenfive figné aujourd'hui, & fera ratifié en même temps. »

» En foi de quoi il en a été fait deux Exemplaires femblables, que Nous les Miniftres Plénipotentiaires de Sa Majefté le Roi de Pruffe & de Sa Majefté l'Impératrice de toutes les Ruffies, autorifés pour cet effet, avons fignés & fcellés du cachet de nos armes. »

» Fait à Saint-Péterbourg, le 11 Avril (31 Mars V. S.) 1764. »

(L. S.) C. DE SOLMS.　　(L. S.) PANIN,
　　　　　　　　　　　　(L. S.) GALLITZIN.

N°. CXXXI.

ALLIANCE

Renouvellée entre les Cours de Ruffie & de Danemarck.

En 1765.

CE nouveau Traité d'Alliance & de défenfe eft du 22 Mars, & reffemble affez à celui de la Ruffie avec la Pruffe. Il contient de plus des arrangemens effentiels au fujet du Holftein.
Voyez HOLSTEIN.

N°. CXXXII.

TRAITÉ D'ALLIANCE

Entre l'Angleterre & la Suede.

En 1766.

» I. LES Hauts Alliés s'engagent, eux & leurs Succeffeurs, à fe procurer mutuellement, ainfi qu'à leurs Sujets refpectifs, tous les avantages qui dépendront d'eux. »

» II. Les deux Puiffances jouiront réciproquement, dans les Villes, Ports, Rades & Rivieres de leurs Etats respectifs, de tous les droits, avantages & immunités dont y jouiffent ou pourront y jouir à l'avenir les Nations les plus favorifées : excepté dans les cas mentionnés en l'Article III du Traité Préliminaire de Commerce, conclu le 25 Avril 1741 entre les Cours de France & de Suede, concernant les droits à payer dans le port de Wifmar. »

» III. Ce Traité d'Alliance ne pourra être nuifible à aucune autre Puiffance, fpécialement à celles qui font amies & alliées des Contractantes : mais il fervira uniquement à cimenter & fortifier la bonne harmonie, la confiance & l'amitié réciproque entre les Rois de ces deux dernieres Puiffances, ainfi qu'à procurer le bien-être de leurs Sujets refpectifs. »

» IV. Pour que cette Alliance puiffe contribuer de plus en plus au bien, à l'avantage & à la fûreté des deux Couronnes, Leurs Majeftés fe concerteront entr'elles, lorfque le temps & les conjonctures le requerront, fur d'autres engagemens à contracter pour leurs intérêts refpectifs. »

» V. Les deux Monarques s'engagent, comme de bons & fideles amis & alliés, à fe rendre réciproquement tous les bons offices que les circonftances exigeront pour la fûreté de leurs Royaumes, Pays, Poffeffions & Sujets en Europe. »

» VI. Les Ratifications & les Echanges de ce Traité fe feront avant deux mois. »

N°. CXXXIII.

RENOUVELLEMENT DE L'ALLIANCE

Entre la France & le Corps Helvétique.

Le 28 Mai 1777.

IL y a plus de 250 ans qu'il fubfifte une Alliance étroite & défenfive entre la France & le Corps Helvétique.

Le premier Traité en fut conclu, en 1521, entre François I & les Cantons, à l'exception de celui de Zurick, que fon attachement pour la Maifon d'Autriche, contre laquelle le Roi préparoit alors une guerre, empêcha d'y entrer.

Les Articles principaux de ce Traité fe réduifoient à la ftipulation des fecours réciproques que les deux alliés auroient à fe fournir, en cas qu'ils fuffent affaillis par un ennemi étranger : ils régloient la maniere de lever & d'entretenir les auxiliaires Helvétiens, & la nature des fervices qu'ils devoient rendre : ils déterminoient les penfions accordées par le Roi aux Cantons, enfin ils établiſſoient la maxime, que l'une des Parties Contractantes ne pourroit recevoir à Bourgeoiſie dans ſes Etats les ſujets fugitifs de l'autre, ni protéger ſes ennemis, & que le Roi accorderoit aux Helvétiens la liberté de s'approviſionner en France du ſel néceſſaire à leur conſommation. La durée de cette premiere Alliance fut fixée à la vie du Roi & à trois ans après ſa mort.

Ce Traité fut renouvellé en 1549, entre le Roi Henri II d'une part, & les Cantons, excepté Zurick & Berne, de l'autre part : on y inſéra quelques ſtipulations nouvelles concernant l'exemption des Sujets reſpectifs de la perception des Péages nouvellement établis de part & d'autre, & l'on régla la maniere dont les procès ſurvenus entre leſdits Sujets devoient être jugés & décidés.

Le renouvellement ſuivant ſe fit en 1564, entre le Roi Charles IX & les mêmes Cantons : ſa durée fut encore fixée à celle de la vie du Roi & ſept ans par delà, & l'on y fit entrer la ſtipulation que ſi Charles IX ſe mettoit en devoir de reconquérir les Etats que la France avoit poſſédés en 1521, les Cantons ne fourniroient point de ſecours contre elle à leurs poſſeſſeurs actuels.

Le Traité conclu en 1582, entre le Roi Henri III & les Cantons, excepté Zurick, ne differe abſolument en rien du précédent : ſa durée étoit fixée à dix ans par delà la mort du Roi Contractant.

Le Roi Henri IV, renouvella, en 1602, les Traités précédents avec le Corps Helvétique & en aſſûra la durée pour ſa vie, pour celle de ſon ſucceſſeur immédiat & huit ans après le décès de celui-ci. Les articles ne different en rien de ceux des Alliances antérieures.

Le Traité de 1602 ſervit de baſe & de modele à celui que le Roi Louis XIV conclut, en 1663, avec l'univerſalité du Corps Helvétique, & qui ne devoit expirer que huit ans après la mort du fils ſucceſſeur de Sa Majeſté.

Mais comme le Dauphin, nommé dans ce Traité, mourut cinq ans avant le Roi ſon Pere, Louis XIV, propoſa en 1715 au Corps Helvétique le renouvellement de l'Alliance de 1663 pour la vie du Roi Louis XV, ſon arriere-petit-fils. Mais les jalouſies & l'animoſité qui régnoient encore entre les Cantons Catholiques & Proteſtants, & l'éloignement qui ſubſiſtoit depuis quelque temps entre la France & les Cantons de Zurich, & de Berne, empêcherent la concluſion d'une Alliance-Générale ; & le Traité de 1715, ne fut conclu qu'entre le Roi, & les Cantons Catholiques.

Il fut rédigé d'une maniere toute différente que les précédents, parce qu'en effet, le changement des temps & des circonſtances avoit rendu la plupart de ceux-ci illuſoires ou inutiles. Le nouveau Traité fut déclaré perpétuel, ſauf les corrections que les circonſtances néceſſiteroient d'y faire au commencement de chaque nouveau regne. Quoique conclu avec les ſeuls Catholiques, on ſe réſerva mutuellement le droit d'y agréger auſſi les

Cantons Proteftans. On y ftipula les fecours que les deux Parties contractantes auroient à fe fournir en cas de guerre pour leur défenfe feulement :
on articula les privileges & les prérogatives dont les militaires Suiffes devoient jouir en France, leur folde, le remplacement des Officiers & des
Soldats, & on détermina les droits & les prérogatives, qui devoient ap-
parrenir en France aux Suiffes non-militaires, nommément l'exemption du
droit d'Aubaine : On ftipula l'extradition réciproque des malfaiteurs, &
l'on renouvella les difpofitions des anciens Traités concernant l'adminiftration de la Juftice aux fujets refpectifs : enfin le Roi fe déclara garant des
Traités fubfiftants entre les Cantons refpectifs.

Quoique cette nouvelle Alliance ne renfermât rien qui ne fût conforme
à l'efprit des Traités précédents, les Cantons Proteftants refuferent conftamment, pendant toute la durée du regne du feu Roi, d'y accéder. Ce ne
fut qu'au commencement du regne actuel que les Cantons Catholiques,
ayant ufé de la faculté qu'ils s'étoient réfervée en 1715, d'y appeller les
Proteftants, & ceux-ci ayant marqué les difpofitions les plus favorables à
y accéder, le Roi déclara que fon intention étoit de réunir tous les Etats
Helvétiques en une feule & même Alliance, avec fa Couronne. Le Traité
formel en fut conclu le 28 Mai 1777. Il porte en fubftance que la paix
perpétuelle de 1521, doit fervir de bafe à cette Alliance, purement défenfive : les deux Parties fe garantiffent réciproquement leurs Etats fitués
en Europe : en conféquence le Roi s'engage de fecourir & de défendre
de toutes les forces de fon Royaume les Etats Helvétiques qui feroient attaqués par une Puiffance étrangere : le Corps Helvétique promet au Roi
pour le cas femblable un fecours de 6000 hommes par delà les Troupes
Suiffes que le Roi entretiendroit déjà à fa folde, & dont le fort & les prérogatives feront conftamment confervés fur le pied porté par leurs Capitulations : les deux Parties s'engagent à ne point contracter avec les autres
Puiffances quelques obligations contraires au préfent Traité : on regle la
maniere d'adminiftrer la Juftice aux fujets refpectifs, & l'on adopte pour
cet effet l'expédient des *Pareatis* : On fe promet réciproquement l'extradition des criminels & l'expulfion des autres malfaiteurs. Le Roi accorde
aux Helvétiens la liberté de la traite du fel en France, & celle du paffage
des denrées qu'ils tireroient de l'étranger, & leur promet rélativement à
l'achat des grains toutes les facilités compatibles avec les befoins de fes
propres fujets. On convient de tenir des conférences particulieres, touchant
les prérogatives dont les commerçants Helvétiens devront jouir en France,
foit pour leurs perfonnes, foit rélativement aux péages & aux traites fo-
raines : on confirme & rappelle les exemptions du droit d'Aubaine, fauf
le droit de détraction : enfin on fixe la durée du Traité, & des engagemens qui en réfultent, à 50 ans.

Voilà le contenu de l'Alliance-Générale, qui a été nouvellement conclue, entre le Roi, & l'Univerfalité du Corps Helvétique, par les foins de
M. le

M. le Comte de Vergennes, Miniftre & Secrétaire d'Etat au Département des Affaires étrangères, & par le Miniftere de M. le Préfident de Vergennes fon frere, Ambaffadeur du Roi en Suiffe, à la fuite d'une négociation qui a fait autant d'honneur aux Souverains refpectifs, qu'aux perfonnes qui en ont été fpécialement chargées. L'obfervation du Traité a été folemnellement jurée à Soleure le 25 Août paffé.

A L L I É, f. m.

ON nomme *Alliés*, les Princes ou les Etats qui s'uniffent, fe conféderent ou fe liguent enfemble pour fe prêter une mutuelle affiftance lorfqu'ils font attaqués, ou pour attaquer conjointement un ennemi commun. *Voyez* ALLIANCE, CONFÉDÉRATION, LIGUE.

De l'indépendance des Alliés.

LES Alliés, par leurs alliances, ne perdent point leur liberté ni leur indépendance, malgré l'inégalité de pouvoir & de jurifdiction qui pourroit fe trouver entr'eux; & quand même dans un Traité d'alliance il y auroit la claufe que l'Allié inférieur doive refpecter la majefté de l'Allié fupérieur, une telle claufe emporte feulement que le peuple qui doit témoigner du refpect & de la déférence à l'autre, lui eft inférieur, & non pas, qu'il foit moins libre & moins indépendant. Les mots de fupérieur & d'inférieur, fe doivent entendre ici par rapport au pouvoir ou à la jurifdiction plus étendue d'un Allié que de l'autre. Si l'Efpagne s'allioit avec un petit Souverain d'Allemagne, il eft fûr que celui-ci devroit du refpect à fon Allié, à caufe du pouvoir très-confidérable & de la jurifdiction très-étendue du Monarque Efpagnol : mais ce refpect n'ôteroit point au petit Allié fa Souveraineté, ni fon indépendance.

Des différens qui peuvent furvenir entre les Alliés.

CES différens peuvent être de quatre fortes : 1°. Lorfque les fujets du peuple ou du Roi allié, font accufés d'avoir fait quelque chofe contre le Traité d'alliance. 2°. Lorfqu'on en accufe le peuple même ou le Roi. 3°. Lorfque les Alliés qui font fous la protection d'un même peuple ou d'un même Roi, portent devant lui les griefs qu'ils ont les uns contre les autres. 4°. Enfin, lorfque les fujets fe plaignent des mauvais traitemens ou du tort qu'ils reçoivent de leur Souverain.

Quant au premier cas, fi un fujet d'un peuple ou d'un Roi allié, a commis quelque chofe qui donne atteinte aux Articles du Traité, le Roi ou le peuple est tenu ou de punir le coupable, ou de le livrer à celui qui a été offensé ou lézé par-là ; ce qui a lieu entre Alliés égaux aussi-bien qu'entre un Allié inférieur & un Allié supérieur. Dans le second cas, l'Allié supérieur est en droit de contraindre l'inférieur à tenir les Articles de l'alliance, & de le punir même, s'il y manque. Mais cela n'est pas non plus particulier aux alliances inégales ; la même chose a lieu entre Alliés égaux. Pour ce qui est du troisieme cas, comme les différens qui s'élevent entre Alliés égaux, se portent ou devant l'assemblée du reste des Alliés non intéressés à l'affaire dont il s'agit, ou sont remis à la décision des arbitres, ou même au jugement du Chef de l'alliance en qualité de l'arbitre commun de tous les membres ; de même dans une alliance inégale, on convient ordinairement que les démêlés qui naîtront entre les Alliés inférieurs, se vuideront par celui qui est également leur Allié supérieur ; ainsi cela n'emporte aucune jurisdiction, que l'Allié supérieur ait sur eux ; car les Rois plaident souvent dans leurs propres Etats, devant les juges qu'ils ont eux-mêmes établis. Enfin dans le dernier cas, un Allié, quoique supérieur, n'a aucun droit de connoître des plaintes des sujets contre leur propre Souverain ; ce qui est une suite de l'indépendance que les Alliés conservent après le Traité d'alliance.

Voyez ci-devant ALLIANCE. *L'Encyclopédie ou Dict. Universel des connoissances humaines, in-4to. Yverdon.*

Du choix des Alliés dans des vues de guerre.

IL est peu de Puissances assez présomptueuses sur la faveur des événemens, & il n'en est point, pour ainsi dire, d'assez fortes pour se livrer à des engagemens de guerre sans s'être assuré des Alliés. Le choix en est bien important, & quelquefois bien délicat ; il influe essentiellement sur le sort des armes ; il est même d'autant plus difficile, ce choix, que les mêmes alliances ne conviennent pas à tous les genres de guerre ; c'est-à-dire, que telles alliances peuvent être bonnes pour un cas de défensive, qui ne le seroient pas pour l'offensive. D'ailleurs, elles doivent l'une & l'autre, autant qu'il est possible, se décider par des intérêts évidens, constans & invariables. Rien ne seroit plus dangereux que de tabler sur des intérêts momentanés. Nous distinguons trois especes de Puissances ; les Puissances majeures, les Puissances moyennes & celles du troisieme ordre.

Les Puissances majeures sont plus communément dans le cas de l'offensive que dans le cas de la défensive, parce que leurs forces ordinaires & leurs ressources les mettent à l'abri des fréquentes entreprises ; ainsi elles ont moins besoin de l'espece des alliances qui ne conviendroient qu'à la défensive. Si elles ont peu de défenseurs, il n'en est point qui n'ayent besoin de coopérateurs, quand elles veulent agir.

Les Puissances moyennes au contraire, & plus encore celles du troisieme rang, ont plus befoin des alliances convenables à la défenfive, parce qu'étant plus expofées à l'ambition des grandes, il faut qu'elles fe préparent des points d'appui qui puiffent opérer leur tranquillité & leur fûreté.

Dans tous les cas d'alliances pour guerre, la feule bafe folide eft une parfaite conformité & un entier uniffon des intérêts, foit actifs ou paffifs; & tout Allié qu'on débauchera, pour ainfi dire, dans un moment d'humeur, ou en profitant d'un mécontentement accidentel, fera toujours une dangereufe compagnie, parce que les réconciliations reftent toujours faciles, ou du moins poffibles, & que fouvent les engagemens mêmes que l'on a furpris & qui ne font qu'un faux appas pour l'amour-propre politique, ne fervent qu'à en accélérer le moment. Dès-lors, la défertion d'un Allié fur lequel on avoit cru pouvoir faire fond, mécompte d'autant plus dangereux, que quelquefois il n'y a point de remede, ou que s'il y en a quelqu'un, il tombe entiérement à la charge de la partie abandonnée, qui fouvent n'eft pas en état d'y fuppléer par fes propres forces, ou du moins ne le peut pas faire à temps. Tel dans un combat, un pofte ou un terrein abandonné, ouvre le chemin de la victoire à l'ennemi, qui fait en profiter pour percer un centre ou pour prendre une ligne en flanc; car la guerre politique a auffi fes poftes & fes pofitions.

Les Puiffances majeures égales qui prendroient les armes l'une contre l'autre, devront, en bonne politique, trouver moins d'Alliés fideles que de Puiffances neutres. Les Alliés qui s'attacheroient à l'un ou l'autre côté, pourroient craindre de mettre dans la balance un poids trop fort & trop dangereux. Les autres Puiffances majeures, & plus encore les Puiffances moyennes, trouveroient plus davantage à demeurer dans un parti de neutralité qui les rendroit, fans rifque, fimples fpectatrices d'événemens propres à affoiblir & à ufer, pour ainfi dire, l'une par l'autre, des forces qui leur feroient redoutables.

C'eft affez fouvent le triomphe que les grands préparent aux petits, lorfque pour des caufes légeres, ils s'épuifent, & que fe rendant par-là inutiles pour fort long-temps aux Puiffances d'un ordre inférieur, ils perdent d'autant de leur confidération dans le monde politique.

Si l'on veut dans les cas d'offenfive des Alliés certains, il en faut choifir qui aient en même temps un intérêt décidé à l'accroiffement de l'un & à l'affoibliffement de l'autre. Il n'y aura point alors d'abandon volontaire à craindre.

Si l'on en veut de pareils dans les cas de défenfive, il eft effentiel de fe fixer à ceux qui de même auront un intérêt abfolu à la confervation de l'Etat qui les recherche; fans cela, ce fera bâtir fur le fable, & tout autre pivot d'alliance ne fera pas folide.

Lorfque les Anglois, prefque totalement exclus de la France dès le temps de Louis XI, voulurent prendre les armes contre elle, ils ne pouvoient point avoir d'Alliés plus naturels que le Duc de Bretagne & la Maison de Bourgogne, qui, s'ils n'avoient point d'intérêt marqué à l'agrandissement de l'Angleterre, en avoient un décidé à donner de l'occupation à la France, par laquelle ils pouvoient craindre d'être subjugués, encore pouvoit-on dire que l'un & l'autre ne pouvoit point avoir de meilleur défenseur que l'Anglois, dont par conséquent la prospérité les intéressoit.

François I, portant ses armes en Italie pour y soutenir ses prétentions ou ses droits, avoit plus besoin de neutralités que d'alliances, parce que ses forces pouvoient toujours être censées suffisantes pour remplir son objet, dès qu'il n'avoit point de diversions à craindre de la part de ses voisins ; ou s'il avoit besoin d'alliances, c'étoit dans le pays-même, ou de ceux qui pouvoient lui ouvrir les passages.

Tandis que la même Maison régnoit sur l'Espagne & sur l'Allemagne, un intérêt commun & permanent lioit les Princes qui occupoient l'un & l'autre Trône ; aussi ne les a-t-on point vus se désunir, ou s'il y a eu quelques momens de désunion, on les a toujours vus dans les occasions essentielles rentrer dans leurs intérêts naturels, qui étoient d'abaisser la France, ou du moins d'empêcher son agrandissement, & pour cela de troubler sa prospérité intérieure. Nul Roi d'Espagne n'a agi, quoiqu'avec peu de succès, plus conséquemment à ce principe que Philippe II.

Lorsqu'en 1671 Louis XIV se disposa à porter ses armes en Hollande, le secours de l'Empereur ne lui étoit pas absolument nécessaire, & d'ailleurs il y auroit eu de la témérité à se flatter de son concours ; sa neutralité lui suffisoit. Aussi est-ce à elle en partie que l'on dut le succès de la campagne de 1672. On verra ailleurs, & à l'occasion du même sujet, pourquoi cet état de neutralité de la part de l'Empereur, ne dura pas & ne pouvoit pas durer.

Cette uniformité d'intérêts entre l'Espagne & l'Empire cessa par l'extinction de la branche d'Espagne dans la personne de Charles II. Aussi le système politique changea, & les inverses prévalurent, si l'on peut appliquer à la politique ce terme de l'école géométrique.

Si dans le cas de guerre offensive nous ne devons regarder comme Alliés solides que ceux que nos prospérités ne peuvent point alarmer, & dans les cas de guerre défensive, que ceux que notre conservation doit intéresser sincérement, il ne doit pas être difficile de fixer son choix ; mais il y a des degrés dans ce genre de combinaison, sur-tout dans les cas de guerre offensive, & il ne faut pas alors abuser des raisons qui fondent notre confiance. Telle Puissance passera des prospérités qui tendront à humilier ou à châtier un voisin incommode ou inquiet, qui ne souffrira pas qu'il soit entiérement écrasé, parce qu'il en résulteroit un dérangement dans la balance politique C'est ainsi que Léopold, malgré l'engagement de neutralité qu'il avoit pris en 1671, se mit du parti des Hollandois, parce que croyant que les premiers progrès de Louis XIV annonçoient leur ruine totale, ce Prince ne crut point devoir laisser aller les choses aussi loin.

Quelqu'intérêt naturel qui détermine un Allié, il est bien rare que ses engagemens soient gratuits, &. peut-être est-il raisonnable & sensé qu'ils ne le soient point; mais de-là naît un principe important sur ce qui peut contribuer à leur solidité, c'est-à-dire, qu'il faut que le prix de l'engagement soit d'espece & assez fort pour n'avoir pas à craindre de pouvoir être contre-gagé par des offres égales ou plus avantageuses. Il n'est alors que trop à craindre que la Puissance tentée trouvant moins de risques à courir en changeant de parti, ne prête l'oreille aux sollicitations, même en gagnant moins. *Damnum cessans*, ou *lucrum emergens*, sont d'un grand poids dans les considérations politiques, plus encore si les deux s'y trouvent à la fois.

De-là suit encore qu'il faut beaucoup consulter les facultés & la situation de l'Allié que l'on sollicite.

Si sa situation est exposée par l'espece & la nature de ses frontieres; si les efforts de concours qu'on lui demande sont au-dessus de ses facultés & de ses moyens, comment peut-on se flatter qu'il soit constant dans ses engagemens, ou se plaindre s'il cherche à s'en libérer? Il peut y avoir eu de sa faute à s'engager trop légérement, mais cela peut, intention à part, n'avoir été qu'une faute d'imprudence, & l'effet d'une prévoyance mal entendue.

Mais à supposer un pareil Allié demeurant fidele, il ne faudra pas moins que la partie sollicitante examine si les secours qu'on lui peut accorder joint à ses propres moyens, sont suffisans pour être en proportion, soit avec ce qu'elle craint ou avec ce qu'elle veut entreprendre, & pour procurer une supériorité décisive, sauf le droit des événemens. C'est sur-quoi souvent & fort aisément on tombe en mécompte, faute de prévoir & de calculer les non-valeurs; car dans le calcul politique il s'en trouve comme dans le calcul arithmétique & dans les produits particuliers.

Jamais la justesse de ce calcul n'est plus importante à saisir que quand il s'agit d'Alliés éloignés qui ne peuvent agir que par diversion, ou seuls, par mesures combinées sur celles de l'acteur principal.

Un pareil Allié ne pouvant être soutenu que par des secours d'argent, il faut qu'il puisse trouver chez lui ou à portée de lui tout ce qui d'ailleurs est nécessaire à la guerre. Si c'est un pays stérile en hommes ou subsistances, à quoi l'argent lui servira-t-il? Si cet Allié peut être aisément écrasé dans le même temps qu'il ne peut pas espérer de secours directs, de quelle utilité sera-t-il? Que pourra-t-on sensément en espérer pour le bien de la cause commune? Car tel est le sort des alliances générales, quelque puissantes qu'elles paroissent, qu'elles échouent nécessairement s'il y a quelque partie foible.

Voyez LIGUE.

Du ménagement qu'on doit avoir pour les intérêts de ses Alliés, dans les temps de réconciliation.

PUISQU'IL eſt rare, comme on l'a obſervé précédemment, qu'une Puiſſance faſſe ou ſoutienne la guerre ſans des Alliés ou des Coopérateurs, leurs intérêts ne doivent donc point être négligés dans les temps de réconciliation. L'équité naturelle le demande, la reconnoiſſance l'exige; & dans les ſiecles les plus reculés cette regle de fidélité a fait partie des devoirs les plus reſpectés. A peine voyons-nous un Traité fait par les Romains où leurs Alliés ne ſoient pas compris, ſoit ceux qui avoient concouru avec eux, ſoit ceux qui ſans agir avoient par leur aſſociation ce titre & cette qualité permanente, & à la ſûreté deſquels les Romains ne ſe croyoient pas diſpenſés de pourvoir, au moins par des clauſes & des ſtipulations générales. Cette forme ſe renouvelle encore tous les jours dans les Traités dans leſquels chaque partie contractante comprend les Puiſſances & les Princes qu'elle dénomme comme ſes Alliés.

Il y a toujours un certain prix mis aux alliances, ſur-tout quand c'eſt une Puiſſance du ſecond ordre qui ſe joint à une Puiſſance majeure, & qui eſt dans le cas de prétendre un dédommagement des riſques & des haſards auxquels elle s'expoſe. Car aux Puiſſances majeures, il ne faut quelquefois d'autre avantage que celui d'avoir concouru à la conſervation d'une Puiſſance moindre, que ſon intérêt ou celui de l'équilibre ne lui permettoit pas de laiſſer opprimer. Et alors tout ce qu'elle peut attendre de la fidélité de cette Puiſſance protégée, eſt qu'il ne ſe faſſe pas d'accommodement particulier qui la laiſſe ſeule expoſée à la haine de la protection qu'elle a accordée.

On ſeroit dans le cas de ne pas manquer même aux apparences de la fidélité, ſi l'on ne promettoit jamais à ſon Allié que des choſes qui dépendiſſent de ſoi & de ſa ſeule volonté libre; mais il eſt rare qu'on ne le veuille pas payer aux dépens du Prince attaqué ou agreſſeur; & dès-lors l'exécution des promeſſes devient ou peut, malgré les intentions les plus pures, devenir dépendantes du haſard des événemens.

C'eſt pourquoi du moins faudroit-il, dans les cas d'alliances pour guerre, ne demander ni promettre que des avantages très-vraiſemblables & proportionnés au degré des efforts qu'on peut faire; ſans quoi, d'un côté, c'eſt ſe faire illuſion gratuitement, & de l'autre, préparer matiere à des reproches & à des mécontentemens qui ſouvent vont fort loin, & entraînent les plus grandes ſuites; mais rien n'eſt ſi ordinaire que de voir avec des yeux de microſcope les objets qui flattent notre goût & nos eſpérances; & pour peu que l'on ne ſoit pas très-juſte eſtimateur des choſes, on ſe laiſſe facilement éblouir.

Les différentes ſtipulations des Traités d'alliances offrent ou préparent différentes occaſions de manquemens; ou bien l'on promet de procurer des avantages fixes & déterminés, ou bien l'on promet de n'entendre à la paix & de ne poſer les armes que de concert.

Pluſieurs choſes peuvent donner lieu de manquer à cette derniere eſpece de ſtipulation ; un Allié du ſecond ordre peut être écraſé & réduit à l'impuiſſance de façon à être obligé de mettre les armes bas. Le plus puiſſant eſt rarement dans ce cas malheureux, & rien ne l'excuſeroit de faire ſa paix ſans aſſurer l'Etat de ſon Allié. On peut être juſtement mécontent des opérations de ſon Allié ; on peut avoir à ſe plaindre de la foibleſſe & de la tiédeur de ſon concours, & l'on eſt fondé à ſoupçonner ſes intentions dès qu'on eſt ſûr qu'il pouvoit faire mieux. On a quelquefois de juſtes raiſons de prévoir ſon abandon. Or une infidélité prévue avec les caracteres de la certitude, réſout les engagemens réciproques.

Dans la premiere eſpece de ſtipulations, avec les intentions les plus droites, on peut ſe trouver hors d'état de procurer à ſon Allié la totalité de ce que, de la meilleure foi du monde, on lui avoit promis, parce que l'on ne commande point aux événemens. Dans de ſemblables poſitions évidentes & bien démontrées, il n'eſt ordinairement point d'Allié aſſez déraiſonnable pour ſe refuſer à des circonſtances forcées, s'il voit qu'on ne ſacrifie point ſes eſpérances ou ſes prétentions à des intérêts particuliers, qui, mis de côté, auroient laiſſé plus d'étoffe à ſa ſatisfaction ; car quelqu'artifice qu'on y puiſſe apporter, il vient un moment où néceſſairement les voiles tombent, & où le vrai des intentions éclate & ſe manifeſte. C'eſt alors plus qu'en aucune autre occaſion, que l'on peut dire avec raiſon que le public eſt juſte. Tout eſt Argus, & quand tous les ſuffrages de l'Europe ſe réuniſſent pour juger en mal, les juſtifications les plus étudiées & les plus éloquentes ne ſont d'aucun poids, & ne laiſſent pas moins aux yeux de la poſtérité la tache d'infidélité que le témoignage de la mauvaiſe conſcience feroit déſirer de pouvoir effacer ou affoiblir. Nous connoiſſons encore le Peuple Carthaginois par ces mots *Fides Punica*, qui, quelle qu'en ſoit l'origine, ſont bien un monument qu'il eſt des réputations qui ne finiſſent pas.

Mettons en oppoſition ici les avantages ſans nombre de la fidélité. Une Puiſſance a réſiſté à des offres particulieres ; elle n'a point abandonné l'objet de la ſûreté de ſon Allié ; elle a donné à ſes intérêts quelque préférence ſur les ſiens propres ; elle a pourvu à ſes dédommagemens, elle a même en ſa faveur couru les hazards & les riſques d'une campagne dont, à la rigueur, elle ſe pouvoit diſpenſer. Une pareille Puiſſance peut-elle, en aucun cas, manquer d'Alliés ? La bonne-foi n'eſt pas moins le pivot des ſociétés publiques que des ſociétés particulieres ; & il eſt dans la vie des grands Princes de ces traits de fidélité qui ne meurent pas, & qui ſouvent valent plus à un Etat que quelques places ou diſtrict d'augmentation.

Il eſt pourtant des hommes injuſtes : il ſe trouve quelquefois dans une alliance nombreuſe des parties inquietes, défiantes & jalouſes, qui jamais ne font contentes de rien, toujours prêtes à crier à l'infidélité, fi elles imaginent qu'à leur gré on ne va pas affez droit ou affez promptement à l'objet de leur fatisfaction, & qui, traitant comme des points mathématiques chaque point de leur intérêt, y exigent une précifion géométrique. Ceux qui penfent ainfi, comptent le refte pour rien, & mettant à part le calcul des événemens, ne veulent connoître d'autre regle de politique que ce qui fait leur affaire particuliere. C'eft un malheur, pourtant quelquefois néceffaire, que d'avoir de femblables affociés. Eft-ce une raifon pour les facrifier? Non. Faut-il auffi facrifier à leurs fantaifies fes propres intérêts & ceux du repos de l'Europe entiere? Je ne le penfe pas non plus. Il faut donc chercher un point milieu entre ces deux extrêmes; & nous n'héfiterons pas de dire que c'eft le cas où il peut être permis à une Puiffance majeure (car il n'y a que celles du fecond ordre qui puiffent être fufceptibles de ces inquiétudes incommodes) de prendre elle-même la balance en main & d'y pefer fcrupuleufement ce que les conjonctures & les événemens peuvent obliger de retrancher fur les chofes promifes. C'eft, à la vérité, décider fur les intérêts de fes Alliés, ce qui paroît répugner à la maxime générale qu'on ne doit point tranfiger fur le droit d'autrui; mais c'eft un acte très-légitime de fageffe & de prudence, que de ne pas adopter aveuglément un délire politique qui peut entraîner des fuites dangereufes, & ce n'eft plus autre chofe que fervir fes amis mieux qu'ils ne veulent l'être eux-mêmes. C'eft ce qu'on voit arriver tous les jours dans l'ordre de la fociét: particuliere, où il faut que les fages conduifent les fols. Il eft fort vraifemblable (car ne connoiffant point le détail des engagemens particuliers pour guerre que contractoient les Romains, nous n'en pouvons pas avoir de certitude entiere) il eft vraifemblable, dis-je, que c'eft ainfi qu'en agiffoit ce Peuple fi religieux dans la foi de fes paroles, lorfque dans fes traités de paix, dont nous avons plufieurs, il décidoit fur le fort de fes Alliés: d'ailleurs, toujours ou prefque toujours vainqueur, quand il quittoit les armes, il lui étoit aifé d'être fidele à remplir fes engagemens.

Cette forte de ftipulations non-concertées, eft, à la vérité, fort délicate dans l'objet de la réputation; il faut qu'un Allié foit dédommagé, autant qu'il eft poffible; il faut connoître affez bien fes vrais intérêts pour ne fe point méprendre dans le choix du partage qu'on lui procure; enforte que ce qu'on lui réferve ne lui foit point une chofe inutile ou à charge, fans quoi ce feroit le traiter plutôt en ennemi qu'en Allié. Il eft particuliérement effentiel de ne point contracter l'obligation de le contraindre à l'acceptation; ce feroit fe charger fort gratuitement d'un procédé indécent, puifque dans ces cas-là, faute de pouvoir faire mieux, l'acceptation eft fûre & indubitable, fur-tout de la part d'une Puiffance du fecond ordre, qui n'eft pas en état de foutenir tout le poids d'une guerre qu'on ne partage plus avec elle.

Il

Il est impossible que ces acceptations-là soient exemptes d'humeur & de démonstrations de mécontentement. L'on s'en fait une espece de mode politique, à la vérité mal entendue & peu sensée, lors même qu'au fond de son ame on n'est point mécontent de son partage, bien qu'il n'ait pas rempli toute l'étendue des espérances que l'on avoit conçues. Dans ce cas, à la vérité, la comédie ne se soutient pas long-temps. Quelquefois il faut plus de temps & de patience dans la maniere de placer de bonnes raisons, & l'on pourroit même dire ses justifications, de quelqu'ordre que soit la Puissance qui a transigé, parce que bien qu'elle ait pu avoir raison au fond, le procédé extérieur est contr'elle, & a besoin, pour être justifié, de la nécessité bien prouvée des événemens & des conjonctures, en même temps que de l'évidence du désintéressement.

Il est aux œuvres de fidélité différens degrés de délicatesse de devoirs. Plus un Allié est foible par lui-même, plus il a mis au jeu & couru de risques; plus il a montré de fermeté & d'exactitude dans l'exécution de ses engagemens, & plus il est dû d'égards & d'attention à ses intérêts. Ces égards doivent être même d'autant plus faciles à remplir vis-à-vis un Allié foible, que les objets en sont ordinairement moins considérables & moins mal-aisés à arranger. C'est sur quoi cependant l'Histoire des pays partagés en un grand nombre de Principautés & de Seigneuries, tels que l'Allemagne & l'Italie, nous apprend que l'on a été dans tous les temps trop peu scrupuleux. Il y a moins de mérite à ne pas manquer à un Allié qui pourroit s'en venger; mais rien n'excuse le sacrifice des autres, dont il semble alors qu'on ne s'est soucié que tant qu'on a pu en tirer quelque service; maxime basse & indigne de la grandeur des Puissances majeures, dont le relief le plus éclatant est la protection & la défense des foibles.

Il n'est cependant que trop ordinaire de traiter bien de préférence ceux de qui l'on croit avoir plus à attendre ou à espérer. Et c'est sans doute cet abus de la supériorité, qui a donné lieu de dire assez légérement que les Princes ne se piquoient pas de reconnoissance. Il peut être que quelquefois la voix de l'intérêt affoiblisse chez eux celle du sentiment; mais il est dans l'Histoire, tant ancienne que moderne, nombre d'exemples contraires, qui font autant de preuves que les conseils hazardés de ceux qui les environnent ne prévalent pas toujours sur les mouvemens de leur probité.

De ce que nous venons de dire, savoir qu'on se met dans le cas de manquer de parole quand on s'est engagé trop légérement, suit la nécessité & l'importance de bien méditer les premiers pas & d'y apporter le discernement le plus réfléchi; sans quoi il faut un jour en venir ou à avouer son erreur, ou à laisser croire que, semblables à ceux qui dans l'ordre particulier empruntent sans s'occuper des moyens qu'ils peuvent avoir de rendre, on n'a songé qu'à faire l'affaire du moment, sauf à se tirer d'affaire par la perfidie ou l'infidélité, si l'on n'en a point d'autres moyens. Nous ne tomberons point dans un pareil machiavélisme, & nous croyons qu'on ne peut rendre un meilleur service à la chose publique, que d'en inspirer l'horreur.

L'esprit des maximes Politiques par PECQUET.

ALLUVION, s. f.

Du Droit d'Alluvion.

L'ALLUVION est un accroissement par lequel une riviere, en se retirant ou changeant de cours, ajoûte imperceptiblement quelque chose aux terres voisines. Les Jurisconsultes anciens & modernes traitent fort au long des Alluvions; mais la plûpart de leurs décisions sont plutôt fondées sur les Loix positives de chaque Peuple, que sur des Principes invariables, tirés du droit naturel, Principes qui néanmoins devroient servir de base à toutes les Loix positives.

Il y a ici deux Questions principales à examiner : l'une, si l'Alluvion accroît au Pays en général ; & l'autre si elle accroît aux fonds des Particuliers.

La premiere Question est la plus importante ; parce qu'une riviere servant souvent à régler les limites des deux Etats voisins, cela peut donner lieu à de fréquentes contestations. On demande donc, si lorsqu'une riviere change son cours, elle change en même-temps les bornes de la jurisdiction d'un Etat? & si ce que la riviere laisse à sec, accroît au territoire du Peuple qui est de ce côté-là? Sur quoi il faut d'abord distinguer les terres *limitées*, c'est-à-dire, environnées de limites faites par la main des hommes, d'avec les terres *arcifinies*, c'est-à-dire, environnées de bornes très-propres à empêcher les courses des ennemis, telles que sont d'ordinaire les limites naturelles, comme les rivieres, les hautes montagnes, &c. Il faut ensuite examiner, si les deux Peuples voisins ont laissé vacante la riviere qui les sépare, ou s'ils ont fixé leurs limites respectives au milieu de la riviere, en sorte que la moitié en appartienne à l'un & l'autre moitié à l'autre : ou bien enfin, si la riviere toute entiere appartient à un seul, en sorte que ses limites soient dans le bord même de l'autre Peuple.

Cela posé, je dis que si les terres de deux Peuples voisins sont limitées, ou renfermées dans un certain espace vacant, le territoire ne laisse pas d'être toujours le même, quoique la riviere ait changé de cours, puisque toute cette étendue appartient à l'un ou à l'autre Peuple. Que si la riviere a été laissée vacante, les Alluvions & les isles qui en naissent, sont au premier occupant ; il faut seulement remarquer qu'il est naturel que celui qui se trouve du côté de la riviere auquel un morceau est ajoûté par Alluvion, ou qui eſt le plus près de l'endroit où l'on découvre une nouvelle iſle, ſoit cenſé s'en emparer plutôt que tout autre, comme étant le plus à portée. Si enfin la riviere appartient entiérement à l'un des Peuples voiſins, les iſles qui s'y forment, ſont à lui ſeul ; & pour les Alluvions du côté oppoſé de la riviere, il vaut mieux dire qu'elles doivent être toutes laiſſées à l'autre Peuple. Mais il eſt plus ordinaire & en même-temps plus convenable, que les terres voiſines, qui ſont ſur le bord d'une riviere, ſoient *arcifinies* de part & d'autre ; de ſorte que l'on conçoit alors les confins des deux territoires comme placés au milieu de la riviere. En effet, une riviere marque très-clairement les bornes d'un Pays, & lui ſert en même-temps de rempart. Lors donc qu'un Peuple a des terres arcifinies, ce que l'on préſume dans un doute (bien entendu que la riviere n'ait pas accoutumé de ſe faire tous les ans de nouveaux lits) en ce cas-là, dis-je, à meſure que la riviere change ſon cours, elle change auſſi les limites du territoire & de la juriſdiction ; & tout ce qu'elle ajoute à ſes bords, accroît à celui dont les terres ſont de ce côté-là, pourvu que le changement ſe faſſe peu-à-peu, & que la riviere ne ſe fraie pas tout d'un coup une autre route. Car les accroiſſemens, les diminutions & les autres changemens peu conſidérables, des parties qui laiſſent ſubſiſter l'enſemble dans ſon ancienne forme, n'empêchent pas qu'on ne regarde la choſe comme dans ſon entier ; & d'ailleurs, ces ſortes de limites naturelles ſont trop commodes, pour qu'une petite perte doive les faire changer. Mais ſi la riviere abandonne entiérement ſon ancien lit, & que le Peuple, dans le Pays duquel elle a pris ſon cours, ne juge pas à propos de perdre une partie de ſes terres pour conſerver les limites naturelles des eaux qui lui ſervoient de rempart, les confins ſont alors cenſés être au milieu du canal que la riviere a quitté. Car comme une pierre ne tient pas lieu de borne préciſément en tant que pierre, mais en tant que placée en tel ou tel endroit ; de même une riviere ne regle pas les limites des deux Etats voiſins, en tant qu'elle eſt un amas d'eaux formé par certaines ſources, par certains ruiſſeaux, ou par quelques rivieres, & déſigné par un certain nom ; mais en tant qu'elle eſt une eau qui coule dans tel ou tel canal & environnée de tels ou tels bords.

A l'égard des terres des particuliers, il faut diſtinguer ſi la riviere qui confine au champ d'un particulier ſépare les territoires de deux Etats, ou ſi elle coule uniquement dans l'enceinte des terres du pays, & ſi la riviere appartient au public, ou ſi elle eſt à quelque particulier. Lorſque la riviere ſépare les territoires de deux Etats voiſins, il dépend abſolument du Souverain d'abandonner aux particuliers ces morceaux de terre que l'eau laiſſe à ſec, ou de les réſerver au public. Cependant parce que le débordement des rivieres cauſe ſouvent beaucoup de dommage aux champs voiſins, & que d'ailleurs les Alluvions ſe faiſant inſenſiblement, ne paroiſſent pas être d'un revenu conſidérable pour le public, on a jugé à propos dans pluſieurs Etats, de les laiſſer aux propriétaires des terres joignantes ;

ce qui eſt d'autant plus juſte, que pour l'ordinaire ils ſont obligés d'entretenir à leurs dépens les bords de la riviere voiſine. Mais ſi l'Alluvion eſt conſidérable, enſorte qu'elle ſurpaſſe de beaucoup l'étendue ordinaire du fonds d'un ſimple particulier, en ce cas-là il faut la regarder comme appartenante au public.

Que ſi les deux bords de la riviere ſont occupés par des ſujets d'un même Etat, comme en ce cas-là l'eau ne ſauroit ajouter aux terres des uns ſans l'ôter à celles des autres, il eſt juſte certainement que celui dont le fonds a été inondé, ou en tout, ou en partie, s'en dédommage en s'appropriant l'Alluvion ; mais lorſqu'on ne ſait ni ce qui a été emporté d'une terre, ni de combien elle eſt diminuée, le maître de cette terre ne ſauroit ſe dédommager ſur l'Alluvion laquelle, en ce cas-là, demeure au peuple à qui appartient la riviere, & non pas au propriétaire du champ voiſin. Car la raiſon veut que dans une riviere qui n'eſt à aucun particulier, on regarde comme appartenant au public, non-ſeulement les eaux & tout ce qu'elles contiennent, mais encore les lits & les bords avec leurs accroiſſemens.

A l'égard des rivieres ou ruiſſeaux qui appartiennent à un particulier, & qui par leur cours, ôtent en un endroit à ſes terres, ce qu'elles y ajoutent en d'autres, il n'y a point de difficulté. Mais on demande ſi, lorſque la riviere de tel ou tel particulier ſe feroit un nouveau lit dans les terres d'autrui, cette partie de l'eau qui les couvre, appartient à ſon ancien maître, ou aux propriétaires des terres inondées. Je réponds que c'eſt aux derniers, mais que l'autre conſerve le droit de détourner la riviere dans ſon premier canal. Que s'il ne veut pas le faire, il ne peut alors ni demander un dédommagement de la partie de ſa riviere qu'il a perdue, ni prétendre même la poſſéder en commun avec ceux dont elle couvre les terres. Car les choſes qui n'appartiennent à quelqu'un que parce qu'elles ſont renfermées dans l'eſpace de ſon fonds, & qui par conſéquent ne paſſent que pour un acceſſoire, ces ſortes de choſes, dis-je, du moment qu'elles en ſont ſorties, ceſſent d'être à lui, s'il ne les y remet, & deviennent déſormais un accroiſſement naturel de l'eſpace où elles ont été tranſportées.

ALMAIN, (Jacques) *né à Sens & mort à Paris en 1525.*

LE Cardinal Cajétan avoit prétendu établir expreſſément l'infaillibilité du Pape, Dogme étrange que la Cour de Rome tâchoit depuis long-temps d'introduire dans le monde Chrétien. Le Concile de Piſe envoya l'ouvrage du Cardinal à la Faculté de Théologie de Paris, afin qu'elle le fît refuter. Almain, Docteur en Théologie, Profeſſeur au Collège de Navarre, célebre par ſa ſcience & la ſubtilité de ſa Dialectique, fut chargé de ce ſoin, dont il s'acquitta par deux ouvrages intitulés, l'un *De Poteſtate ſummi Pontificis*, l'autre *De Autoritate Eccleſiæ & Sacrorum Conciliorum eám repræſentantium*. L'Auteur y prouve la Supériorité du Concile ſur le Pape, & y fait voir que le privilege de ne pouvoir ſe tromper dans la déciſion des queſtions Dogmatiques, n'appartient pas au Pape.

Les raiſonnemens d'Almain ſont ſolides; mais l'évidence même pourroit-elle réduire au ſilence des diſputeurs déterminés à ne pas céder ? Lorſqu'on lit dans Cajétan, que l'Egliſe, qui eſt l'Epouſe de Jeſus-Chriſt, eſt l'eſclave du Pape, *Servam natam, reſpeƈlu Pontificis Romani*, on ſent combien il étoit éloigné de ſe rendre aux argumens les plus convaincans de ſon adverſaire.

Almain, qui montra tant de zele pour le ſentiment reçu en France ſur l'autorité & la prétendue infaillibilité du Pape, n'étoit pourtant pas Royaliſte. Il ſoutient en pluſieurs endroits „ que l'inſtitution de la Police civile „ & naturelle ſeroit mauvaiſe, ſi la ſociété ne pouvoit pas dépoſer ſon „ Roi, lorſqu'il la trouble. Tant s'en faut, ajoute-t-il, qu'elle ne le puiſſe, „ qu'au contraire, la ſociété ne pourroit pas ſe démettre du pouvoir de le „ dépoſer, & de le retrancher comme un membre qui gâteroit tout le „ corps. ” Cependant il ne paroît pas que ce fût alors le ſentiment le plus communément reçu dans la Faculté de Théologie de Paris.

ALMANACH, ſ. m.

JE n'ai pas beſoin de dire qu'un Almanach eſt une Table où ſont marqués les jours & les Fêtes de l'année, le lever & le coucher du Soleil, les phaſes de la lune, &c. Nos Almanachs répondent à ce que les Romains appelloient *Faſtes*.

Le Roi de France Henri III., par une Ordonnance de l'an 1579, défendit à tous faiſeurs d'Almanachs d'avoir la témérité de faire des prédic- » tions ſur les Affaires civiles, ou de l'Etat, ou des particuliers, ſoit en » termes exprès, ou en termes couverts. « Il eſt encore des pays en Europe où l'on devroit faire une pareille défenſe. Par-tout, le peuple avide de prédiƈtions, écoute avec une crédulité imbécille les ſottiſes qu'on lui débite. Avec quelle avidité ne reçoit-il pas les légendes apocriphes, les hiſtoriettes extraordinaires, les faits monſtrueux, les ſecrets abuſifs, &c. dont on remplit les Almanachs qu'on vend publiquement, & que la Police devroit proſcrire avec la plus grande ſévérité, comme tendant à corrompre les mœurs publiques, à remplir les eſprits d'erreurs dangereuſes, de préjugés ridicules, de fables impertinentes, qui avec le temps s'y enracinent tellement que toute la raiſon des philoſophes, & l'éloquence des prédicateurs ne ſont pas capables d'en effacer l'impreſſion fâcheuſe ? Les Alma-

nachs pourroient devenir , entre les mains d'un Gouvernement fage &
éclairé, un moyen fûr & commode d'inftruire le peuple des villes & des
campagnes, d'une infinité de chofes utiles qu'il ne doit pas ignorer ; &
par un étrange abus, on entend crier dans les villes, on voit colporter
tous les ans dans les campagnes, de petits calendriers farcis de fottifes af-
trologiques, de contes abfurdes, d'aventures puériles, de fauffes prédic-
tions, qui ne font propres qu'à entretenir des gens groffiers dans l'ignorance & la fuperftition, toujours aux dépens de leur bonheur. Tout cela
devroit être remplacé par des maximes de la morale fociale , adaptées
aux différentes folemnités religieufes & civiles, de détails utiles dans le
commerce ordinaire de la vie, d'inftructions propres aux différentes pro-
feffions des artifans, de traits hiftoriques qui fiffent fentir les avantages de
toute efpece attachés à l'accompliffement des devoirs, d'exemples frappans
de fidélité conjugale, de piété filiale, de charité chrétienne, de bienveillance patriotique. Le bas peuple a befoin d'inftruction, & l'on néglige les
moyens de l'inftruire. Que dis-je ! une négligence coupable laiffe corrompre ces moyens d'inftructions, & la corruption tourne en poifons des remedes qu'on auroit pu employer utilement contre l'ignorance, l'erreur &
le vice.

Un Almanach, tel que je le conçois, feroit le livre unique, le feul néceffaire au petit peuple, tant des villes que des campagnes. Il contiendroit
en abrégé tout ce qu'il lui importe de favoir : chaque jour lui donneroit
une leçon utile aux mœurs, aux arts, à la fociété civile, à la patrie. Ce
feroit le livre de tous les âges, de toutes les conditions. Ce feroit le livre dans lequel les enfans apprendroient à lire, & puiferoient, dès leur
plus bas âge, des connoiffances propres à influer avantageufement fur le
bonheur de toute leur vie. Ce feroit le livre que les pafteurs explique-
roient dans les chaires : car il contiendroit ce qu'il faut croire à côté
de ce qu'il faut pratiquer. Je n'y mettrois point de difcuffions théologi-
ques, mais le dogme fimple clairement énoncé ; la morale pure, fans fineffe, fans myfticité ; les principes de l'agriculture & du jardinage ; ceux
de l'économie domeftique ; des notions élémentaires fur les arts & les
fciences, &c. J'ai lu avec un fingulier plaifir le Calendrier de Philadelphie
qui a paru au commencement de cette année 1777 : c'eft une ébauche de
ce que je propofe ; je dis une ébauche, parce que ce Calendrier ne renferme qu'une partie de ce que j'y voudrois faire entrer. On y trouve d'excellens préceptes applicables à tous les états, & à toutes les circonftances
de la vie civile : ce font de courtes fentences qui renferment un grand
fens : elles tendent directement à établir parmi les hommes l'empire de
la bonne foi, de la concorde, de la juftice. Elles apprennent à bien penfer, & à agir en conféquence. Il eft à défirer que cet effai fe perfectionne
d'après les vues que préfente cet article. Il feroit digne d'une police bien-
faifante, attentive à tout ce qui peut épurer les mœurs nationales, d'enga-

ger des patriotes éclairés à compofer un pareil ouvrage qui n'excéderoit pas la groffeur d'un petit volume ; on pourroit l'intituler : *l'Almanach du Citoyen.*

ALMANZOR, *fecond Calife Abbaffide.*

Né avec des qualités propres à faire un grand Roi, à même de cultiver fon efprit par les leçons des maîtres de la fageffe, Almanzor enivré de fon autorité, fe livra à l'ambition des conquêtes, aux pratiques d'une religion fuperftitieufe, & aux excès d'un zele perfécuteur. Il étoit en route pour la Mecque, lorfqu'il reçut la nouvelle de la mort du Calife Abbas, fon frere. (*Voyez* CALIFAT.) Son neveu Ifa, profitant de fon éloignement de la Capitale, fuccomba à la tentation d'ufurper le Califat. Ses partifans furent vaincus & difperfés. Il n'obtint lui-même fa grace qu'à condition de paffer le refte de fa vie dans l'obfcurité. Un Concurrent plus dangereux fe fit proclamer Calife à Damas ; ce fut Abdala, oncle d'Almanzor, dont les victoires avoient le plus contribué à la grandeur de fa Maifon. Les deux Princes rivaux déciderent leur querelle par une bataille où Abdala fut entiérement défait par Moflem, qui fut le plus grand-homme de guerre de fon fiecle. Ce héros de l'Arabie fut le principal inftrument de la révolution qui plaça les Abbaffides fur le trône des Mufulmans. L'éclat de la gloire du Général offenfa les yeux de fon Maître, qui crut avoir tout à craindre d'un fujet qui pouvoit tout exécuter, & dès qu'il parut redoutable, on crut devoir le traiter en criminel. Le Calife, pour humilier fa fierté, lui demanda compte du butin fait fur les ennemis ; Moflem répondit, pourquoi le Calife ne m'oblige-t-il pas à lui rendre compte du fang de fix cens mille ennemis que j'ai paffés au fil de l'épée, pour cimenter la grandeur de fa maifon ? Senfible à cet affront qu'il regardoit comme un attentat contre fa gloire, il fe retira dans le Khorofan, où il vécut indépendant, fans fe fouftraire ouvertement à l'obéiffance du Calife. Quelque-temps après, féduit par trop de confiance dans fes fervices, il fe rendit à la Cour d'Almanzor où il ofa prétendre à tout, parce qu'il avoit tout fu mériter : mais lorfqu'il croyoit partager la fortune de fon maitre, il fut affaffiné fous prétexte d'être l'auteur d'une conjuration en faveur des Alides qu'il vouloit, difoit-on, rétablir fur le trône.

Rien n'eft plus propre à nous donner une idée de la richeffe des Califes, que les profufions de leurs Lieutenans. Moflem, fenfuel & voluptueux, étaloit le fafte des Monarques Afiatiques. Il confumoit par jour trois mille gâteaux, mille moutons, cent bœufs, fans compter le gibier & la volaille. Il avoit à fes gages mille cuifiniers. Dans tous fes voyages, douze cens bêtes de charge portoient fa batterie de cuifine. On dit que

dans un pélerinage de la Mecque, il se fit suivre de deux cens chameau
chargés de provisions. Sa table étoit ouverte deux fois par jour à to
les pélerins, & à la fin du repas, il faisoit présent d'une veste à ch
que convive.

Le meurtre de ce Héros excita l'indignation publique contre le Cali
ingrat. Ce fut sur-tout dans Hassemie où il faisoit sa résidence, que le f
de la sédition fit le plus de ravage. Almanzor, pour punir les habitan
changea le Siege de son Empire, & jetta les fondemens d'une Ville no
velle à une journée de l'ancienne Babilone près du confluent de l'Euphra
& du Tigre, dont il fit la Capitale de son Empire sous le nom de Ba
dat, qui signifie *Jardin de Dat*, parce qu'elle est située dans une plai
riante & fertile, où l'on voyoit autrefois l'Hermitage d'un Moine nomm
Dat qui cultivoit un jardin délicieux. Tandis qu'il ornoit sa nouvelle Vil
de Palais & de Mosquées magnifiques, ses Lieutenans remportoient d
victoires dans l'Arabie où le feu de la rebellion s'étoit allumé. Un Prin
Alide, nommé Mahomet, fut proclamé Calife dans Médine; Almanzor, sa
sortir de son sérail, triompha par ses Généraux de cet ennemi redout
ble qui avoit armé cent mille hommes pour appuyer ses droits. Mahom
vaincu perdit la vie, & sa tête fut portée en triomphe dans les principal
Villes de l'Empire. Son frere Ibrahim eut les mêmes prétentions &
même destinée. L'an quarante-cinq de l'Hégire, les Turcs, jusqu'alo
obscurs, commencerent à se faire connoître. Après avoir franchi les port
Caspiennes, ces Barbares se répandirent dans l'Armenie, dont les habita
qui ne périrent point par l'épée, furent emmenés en captivité. Fiers
ces premiers succès, ils traverserent l'année suivante l'Iberie, & firent u
invasion sur les terres de la Domination Musulmane. L'an cent quarant
sept de l'Hégire, il s'éleva dans le désert de Palmire de grands troubl
dont l'histoire ne nous a pas donné le détail.

Le Calife intolérant devint le persécuteur des Chrétiens, & pour mie
les avilir, il les condamna à croupir dans l'ignorance, & adopta la pol
tique de l'Empereur Julien, qui crut que plus les hommes étoient ign
rans, plus ils étoient faciles à séduire. Les écoles où les enfans appr
noient à lire, furent fermées; les Croix qui étoient sur le faîte des Eglis
furent abattues, & le culte public perdit toute sa pompe extérieure. I
Calife persécuteur se rendit à Jerusalem où il célebra le jeûne du Ram
dan, & pendant cette solemnité, les Chrétiens eurent ordre de se retir
sur les terres de l'Empereur Grec. Il enjoignit à tous les Monasteres
lui donner une liste exacte des ornemens & vases sacrés de leurs Eglis
mais cet édit resta sans exécution. Les Chrétiens d'Armenie, de Mésop
tamie & de Syrie, furent assujettis à une capitation qui épuisa leur fortun
& pour mieux les couvrir d'opprobres, on leur imprima la flétrissure
l'esclavage sur le front, le col, la poitrine, les bras & les épaules. C'e
ce qui a donné naissance à la coutume pratiquée encore aujourd'hui p

les pélerins de Jerufalem de porter fur les bras & fur les autres parties de leurs corps des caracteres qui retracent les fouffrances de leurs généreux ancêtres. Les Chrétiens de toutes les fectes, qui étoient dans l'impuiffance de payer les taxes, furent jettés dans des cachots où la plupart périrent de mifere.

Le Calife, qui jufqu'alors s'étoit plus occupé du gouvernement intérieur de l'Empire que de la guerre dont il laiffoit tout le foin à fes Généraux, parut humilié de ne pas partager avec eux la gloire militaire ; il fe mit à la tête de fon armée, & fit une invafion fur les terres de l'Empire Romain. La fortune fervit mal fon courage, & la perte de l'élite de fes troupes ternit un peu l'éclat de fon regne triomphant. Le chagrin qu'il en conçut, altéra fa fanté. Dès qu'il fentit fa fin approcher, il voulut faire le pélerinage de la Mecque. Son corps foible ne put réfifter aux fatigues du voyage. Il fut attaqué fur la route d'une maladie dont il mourut à l'âge de foixante & trois ans lunaires, & felon d'autres, de foixante & huit. Ce Prince fembla réunir deux natures. Doux & populaire dans la vie privée, il exigeoit une efpece d'adoration des peuples, lorfqu'il fe montroit à eux avec tout l'appareil de fa grandeur. Son regne fut un regne de guerre, & quoiqu'il portât par-tout la tempête, il ne fe livra qu'à des occupations pacifiques. Naturellement humain & clément, il fut fanguinaire par politique. Nourri dans les préjugés de fa religion, il fe fit une étude particuliere de la loi Mufulmane. Son exemple annoblit le culte public. Des Philofophes éclairés furent appellés à fa Cour, & il eut pour eux de la confidération ; mais il les contint dans la fphere d'une philofophie purement fpéculative, & ne les initia jamais aux fecrets du gouvernement ; il redoutoit l'œil perçant de la vérité ; il aimoit le fafte de la fcience, fans fe foucier d'en tirer aucun avantage pour la perfection de fa raifon. Il aima les femmes fans être leur efclave ; toujours précautionné contre leur caractere intriguant, il les affocioit à fes plaifirs, & jamais à l'adminiftration des affaires. Protecteur des Savans, il acquit lui-même quelques connoiffances dans les Mathématiques & l'Aftronomie ; mais il négligea la fcience des mœurs & du gouvernement. Auffi fes qualités naturelles furent étouffées par fon avarice & fon orgueil. Il laiffa dans fon tréfor fix cens millions de drachmes, & vingt-quatre millions d'or. Sa piété le rendit perfécuteur, & il crut avoir droit de punir fur la terre ceux que Dieu deftinoit à éprouver un jour fes vengeances. T.

ALPHONSE.

LE nom d'Alphonſe eſt célebre dans les Annales d'Eſpagne & de Portugal, pluſieurs Rois l'ont porté. Quelques-uns l'ont illuſtré, d'autres l'ont déshonoré. Préſentons à l'inſtruction des Princes le Tableau de ces regnes, les uns vertueux, les autres vicieux, & le plus grand nombre mêlés de vices & de vertus.

ALPHONSE I, ſurnommé *LE CATHOLIQUE*, *Roi d'Oviédo*, *de Léon*
& des Aſturies.

SI c'eſt avoir beaucoup de zele pour le Catholiciſme que de porter le ravage & la mort dans le ſein des Nations infidelles ; ſi c'eſt être embraſé de l'amour du Catholiciſme, que d'égorger impitoyablement ou de réduire en eſclavage les Sectateurs des Religions étrangeres, jamais Prince ne mérita, comme Alphonſe I, le ſurnom de *Catholique* : c'eſt dommage que cet excès de piété, qui reſſemble ſi fort au fanatiſme, ſoit réprouvé par la raiſon & proſcrit par l'humanité. Cependant Alphonſe I mérita à d'autres égards l'attachement de ſes ſujets, l'eſtime de ſes contemporains & les éloges de la poſtérité. Iſſu en droite ligne, de Recared, Roi des Viſigoths, beau-frere de D. Froïla, dernier Monarque, & gendre de Pélage, Fondateur du trône des Aſturies, Alphonſe fut proclamé Roi par les Goths, refugiés dans les montagnes des Aſturies en 739 : ſes grandes qualités, ainſi que les ſervices qu'il avoit rendus à la patrie, juſtifioient ce choix. Diviſés, épuiſés par leurs guerres civiles, les Maures avoient interrompu le cours de leurs conquêtes, pour s'entre-déchirer. Dès la troiſieme année de ſon regne, Alphonſe, profitant des fautes & des diviſions de ce Peuple forcené, qui, plus uni, eut pu accabler & ſoumettre l'Eſpagne entiere, raſſembla une armée, inſpira ſon ardeur guerriere aux ſoldats qui la compoſoient, leur dit, au nom du Ciel, qu'il étoit temps de laver dans le ſang des Mahométans les outrages qu'ils avoient faits à la Religion Chrétienne ; deſcendit avec ſon frere Froïla, & ſuivi de ſes troupes, des montagnes des Aſturies, paſſa comme un torrent deſtructeur dans la partie ſeptentrionale de la Galice, joignit quelques détachemens de Maures, qu'il maſſacra, s'empara de Tuy, d'Orenſe, de Lugo ; dévaſta la Galice, égorgeant ſans diſtinction d'âge ni de ſexe, tous les Muſulmans qui avoient le malheur de tomber entre ſes mains. Les Arabes, au lieu de ſe réunir tous contre ce cruel ennemi, continuerent à s'affoiblir par des guerres civiles, & laiſſerent Alphonſe ſe rendre ſucceſſivement maitre d'Aſtorgue, de Saldagne & de Léon ; mais, trop prudent pour s'affoiblir lui-même en diviſant ſes forces par les nombreuſes Garniſons qu'il eut été obligé de laiſſer dans ces Places, le Prince des Aſturies aima mieux les évacuer que de les retenir, bien assuré de les reprendre & de les conserver dans d'autres temps. Pendant que les Califes, plus occupés en Afrique à se soutenir sur leur trône chancelant, qu'à garder ou étendre leurs anciennes conquêtes, étoient hors d'état d'envoyer des secours nécessaires aux Rois Musulmans, établis en Espagne, & chancelans eux-mêmes; Alphonse poursuivant le cours de ses succès, s'empara de Ségovie, de Salamanque, & d'Avila, massacrant, égorgeant, mettant aux fers les Maures que la fuite ne pouvoit dérober à sa poursuite; démantelant les places, saccageant les villes, ruinant la campagne, & laissant par-tout des traces effrayantes de la plus horrible destruction. Contens alors de leur expédition, Alphonse & ses soldats se retirerent dans les montagnes des Asturies, couverts de gloire, s'il peut y en avoir à massacrer des malheureux qui fuient, & à ravager des contrées sans défense. Enhardi par ces avantages, il recommença dès l'année d'ensuite, sa marche conquérante, & de succès en succès, il passa en vainqueur, jusqu'aux frontieres du Portugal; & dans la campagne suivante, il changea en un affreux désert tout le Pays qu'il parcourut, jusqu'aux montagnes qui séparent les deux Castilles.

Alors rassasié de victoires & de conquêtes, Alphonse, songeant à goûter les douceurs du repos, & voulant se mettre à l'abri de la vengeance des ennemis qu'il avoit accablés, trop foible encore pour conserver à force ouverte, le plat-pays qu'il venoit de conquérir, le ruina entiérement, n'y laissant ni champs cultivés, ni arbres, ni maisons, & obligea tous les Chrétiens, qui y étoient établis, de venir se fixer dans ses Etats, où les Mahométans ne pourroient l'attaquer, sans s'exposer à périr de faim dans le désert immense qu'il avoit mis entr'eux & lui. Les nouveaux sujets, qui le suivirent, & le nombre de Maures qu'il avoit amenés dans son Royaume, y accrurent si considérablement la population, qu'Alphonse, voyant ses Etats prodigieusement peuplés, & sa Nation assez puissante pour occuper, & défendre une partie des contrées qu'il avoit conquises, recula les frontieres de sa domination, s'étendit fort avant dans la Galice, & fit rebâtir Astorgue, Léon & plusieurs autres villes. Puissant & redouté, Alphonse ne s'occupa plus que du soin de rendre florissante la Monarchie qu'il venoit de fonder; & les moyens qu'il prit réussirent en partie. On ne reconnut plus en lui ce guerrier sanguinaire, ce conquérant terrible, ce fanatique zélateur, qui avoit rempli l'Espagne de la terreur de ses armes, & du bruit de ses dévastations : il se montra doux, pacifique, ami, bienfaiteur de ses Peuples. Ce Monarque, formidable & redouté pendant sa vie conquérante, chéri & respecté sur la fin de son regne, mourut en 757, &, suivant ses dernieres volontés, il fut enterré auprès de son épouse, Hermesinde, ou Ormisinde, fille du Roi Pélage, de laquelle il avoit eu Froïla I, qui lui succéda, & D. Bimaran. Il avoit eu aussi d'une esclave Maure, qui avoit été sa concubine, malgré la haine irréconciliable qu'il portoit au Mahométisme, un fils naturel, qui fut surnommé Mauregat. C.

A L P H O N S E II, *furnommé LE CHASTE , Roi de Léon & des Afluries.*

CE Prince fut l'un des Souverains les plus éclairés de fon fiecle, illuf-tré cependant par le célebre Charlemagne : il eut des talens, des vertus ; plein de valeur & de prudence, il fçut vaincre fes ennemis & travailler au bonheur de fes peuples; mais il outra la vertu, par le vœu le plus infenfé que puiffe faire un Monarque & un Epoux. Il étoit marié, il aimoit fon époufe, il en étoit aimé, & il jura de vivre dans la plus aufter chafteté; il fit plus, il remplit dans toute fa rigueur ce fol engagement, fe priva d'héritiers, fans fonger qu'il pourroit expofer l'Etat aux troubles que fuf-cite communément le défaut de fucceffeurs légitimes au trône. L'hiftoire ne nous apprend point fi fon époufe fut de moitié dans ce vœu, plus in-difcret que fage.

Le fceptre ne devoit avoir que peu d'attraits pour Alphonfe II ; l'exemple effrayant de Froïla fon pere, affaffiné dans fon Palais, devoit lui préfenter moins de charmes que de dangers dans l'éclat de la Royauté. D'ailleurs, éca té de la Couronne par Silo, l'un des Confpirateurs qui s'étoient ren-dus maîtres de la vie de Froïla, par Mauregat fon frere naturel; relégué pendant plufieurs années au fond de la Bifcaye, il ne fongeoit guere à régner, lorfque D. Bermude, fucceffeur de Mauregat, le rétablit dans tous fes droits, & abdiqua généreufement la Couronne qu'il pofa lui-même fur la tête du fils de Froïla, le 14ᵉ Septembre 791. La Nation applaudit à l'action héroïque de D. Bermude; mais le choix qu'il avoit fait, ne fut point également approuvé de tous les Citoyens. Les affaffins de Froïla fré-mirent, & tous les Seigneurs, qui, fous l'Ufurpateur Mauregat avoient con-tribué à l'exil du nouveau Souverain, craignirent avec raifon qu'Alphonfe ne vengeât & la mort de fon pere, & fes propres outrages. Ils furent les uns & les autres agréablement détrompés. Alphonfe II, fur le trône, oublia les injures qu'il avoit reçues, le crime qu'il pouvoit punir, & ne voulut connoître de la fouveraine puiffance que le droit vraiment facré, de ré-pandre des graces & des bienfaits. Il fixa la réfidence de fa Cour à Oviédo, depuis long-temps abandonné par fes prédéceffeurs, qu'il rétablit, qu'il peu-pla & qu'il embellit.

Occupé du foin refpectable de rendre fes Sujets heureux, & de réprimer les abus qui s'étoient fucceffivement introduits, & qui pouvoient troubler la tranquillité publique, Alphonfe ne penfoit qu'à rendre fes Etats floriffans, lorfque dès la troifieme année de fon regne, Iffem, Roi de Cordoue, l'o-bligea, malgré lui, de voler à la défenfe de fes Sujets. L'ambitieux If-fem, toujours dévoré du défir des conquêtes, & croyant triompher aifé-ment d'un Souverain dont il ne connoiffoit encore ni les talens, ni la va-leur, raffembla une nombreufe armée de Maures en Portugal, & donna

ordre à Macheit, fon Général, d'entrer dans la Galice, & d'aller porter
le ravage & la défolation fur les terres d'Alphonfe. On lit dans un Abrégé
chronologique, d'ailleurs affez exact, de l'Hiftoire d'Efpagne, depuis fa
fondation jufqu'à nos jours, publié il y a quelques années (en 1758,)
qu'Iffem ayant fommé Alphonfe II de lui délivrer le tribut de cent filles,
auquel fon oncle Mauregat s'étoit foumis, le refus du Roi d'Oviédo avoit
été la caufe de cette guerre. Il n'y a guere eu que quelques Romanciers
Efpagnols qui aient parlé de cet abfurde tribut de cent filles, que le Miramolin Iffem n'impofa dans aucun temps, & auquel Mauregat ne s'étoit
jamais foumis. Il eft vrai que Mauregat, afin d'entretenir la bonne intelligence qui régnoit entre lui & les Nations infidelles établies en Efpagne,
encouragea, autant qu'il fut en lui, les mariages entre fes Sujets de différente religion; mais cette politique ne prouve point du tout qu'il fe fût
engagé à fournir, tous les ans, cent filles Chrétiennes au Miramolin : ces
fables ridicules ne devroient point être fi légérement répétées par des Ecrivains judicieux. Au refte, quel que fut le fujet de cette guerre, les armes
de Miramolin ne furent point heureufes; les Maures fe flattant d'autant
plus d'aller à une conquête infaillible, qu'ils ne trouverent dans leur marche rien qui leur réfiftât, s'engagerent infenfiblement dans un terrein
marécageux & rempli de lagunes, où ils ne pouvoient avancer fans rifquer de périr, ni retourner fans s'expofer à la plus cruelle famine, par l'é-
tendue du défert qu'ils avoient à traverfer fans reffource, fans provifions,
les vivres qu'ils avoient apportés, étant déja confommés, & le terrein fur
lequel ils étoient n'en fourniffant d'aucune efpece. Alphonfe II, inftruit de
la pénible fituation de fes ennemis, fondit alors fur eux à la tête d'une armée aguerrie & nombreufe, les attaqua, & remporta la plus éclatante victoire : les Hiftoriens contemporains difent tous unanimement, qu'il périt
dans cette action foixante mille Maures, foit dans le combat, foit dans les
marais où ils fe noyerent. Cette défaite rendit plus circonfpect le Miramolin ; il n'ofa plus inquiéter Alphonfe II, qui profita de ce calme pour
achever d'établir le bon ordre dans fes Etats, & travailler avec fuccés à
rendre heureufe la Nation qui vivoit fous fes loix.

Cependant la mort d'Iffem, Roi de Cordoue, alluma entre les Maures
les feux de la guerre civile; par les efforts que firent les deux oncles d'Alhacan, fils & fucceffeur de Miramolin, pour lui ravir la Couronne : mais
nul d'entr'eux n'étoit en état de fuccéder à ce Monarque, digne de l'amour
de fes peuples & de l'admiration de la poftérité par fon zele éclairé pour
le bien public & les Arts, par fes talens, & les magnifiques ouvrages,
les monumens fuperbes dont il décora l'Efpagne, par les foins généreux
qu'il prit des enfans des foldats, auxquels il accorda la même folde qu'à
leur pere, jufqu'à ce qu'ils fuffent en état de porter les armes : fon goût
pour les Sciences & les encouragemens qu'il donna à l'induftrie, méritent les
plus grands éloges; ce fut lui qui fit conftruire le beau Pont de Cordoue,

dont on admire encore la hardieſſe & la ſolidité; on le vit travailler lui-même à cet ouvrage, dont il avoit donné le plan, & dont il dirigeoit l'exé-cution. Sa mort remplit l'Eſpagne de troubles, par l'avidité des prétendans à la Couronne : Alphonſe II profita de ces diſſentions, & après avoir re-peuplé la ville de Brague, il ſe mit à la tête de ſon armée, fit une ir-ruption ſur les terres des Mahométans, remporta de grandes victoires, pouſſa ſes conquêtes juſqu'à Lisbonne, dont il ſe rendit maître, & retourna dans ſes Etats couvert de lauriers, enrichi de butin, & ſuivi d'une pro-digieuſe quantité d'eſclaves. Dans ce temps où l'Europe étoit dans toutes ſes parties, embraſée des feux de la guerre, les Souverains armés les uns contre les autres, imploroient non l'alliance, mais la protection de Char-lemagne, le plus grand Potentat de la terre, & pour tâcher de ſe le rendre favorable, ils s'empreſſoient de ſe déclarer ſes Vaſſaux. Trop généreux, trop grand pour reconnoître un maître, Alphonſe recherche en Roi l'amitié de Charlemagne, & lui envoya des Ambaſſadeurs, chargés de lui offrir de magnifiques préſens : cette ambaſſade fut reçue avec diſtinction, & l'Em-pereur promit de donner au Roi de Léon, dans toutes les occaſions, des preuves de ſon eſtime & de ſon amitié; engagement d'autant plus flatteur, que Charlemagne, qui avoit fait de très-grandes conquêtes ſur les Maures, étoit maître alors de beaucoup de places très-importantes en Eſpagne. Ce-pendant l'Empereur étant mort, après avoir inconſidérément partagé ſes Etats entre ſes enfans, Louis Roi d'Aquitaine, ſon fils, déclara la guerre aux Maures, & alla aſſiéger Barcelone. Alhacan, fils & ſucceſſeur d'Iſſem, ayant fait d'inutiles efforts pour défendre cette place, remonta l'Ebre, &, dans la vue de ſe dédommager des ſuccès de Louis, il fondit tout-à-coup ſur les Etats d'Alphonſe, qui, marchant auſſi-tôt contre les Maures, les joignit, les combattit, remporta ſur eux une victoire complette, & éprouva dans le ſein du ſuccès un revers auquel il ne devoit point s'attendre.

Quelques factieux, mécontens de la juſtice que ce Prince faiſoit obſer-ver dans ſes Etats, cabalerent contre lui, corrompirent une partie des ſoldats qui compoſoient l'armée, l'attaquerent inſolemment, & malgré la valeur du reſte des ſoldats qui lui demeuroient attachés, ſe rendirent maî-tres de ſa perſonne, le dépoſerent tumultuairement & l'enfermerent dans le Monaſtere d'Abelia. Aucun hiſtorien ne nous apprend, ni comment ſe paſſa cette rebellion, ni les ſuites de cet attentat, ni combien de temps le Monarque dépoſé reſta dans la priſon où les traitres l'avoient renfermé. On ſait ſeulement que cet acte de violence répandit la conſternation dans les Etats d'Alphonſe II; que le peuple le redemandoit hautement; que le nombre de ſujets fideles, excédant de beaucoup celui des mauvais citoyens qui avoient préparé cette révolution, Theudis, l'un des plus puiſſans Sei-gneurs du Royaume, forma de concert avec ſes parens & ſes amis, le deſſein de remettre le Roi dépoſé ſur le Trône : ce généreux projet ne fut pas plutôt connu, que le peuple ſe joignant à Theudis, prit les armes, courut au Monastere d'Abelia, & en fit sortir le Monarque, qui fut ramené en triomphe à Oviédo, où il reprit le sceptre. Les Conjurés qui avoient osé attenter à la liberté de leur maître, & disposer de sa Couronne, méritoient d'expirer dans les supplices, & ils s'attendoient aux effets de la plus redoutable vengeance; mais le bon Alphonse II ne savoit se venger, même des plus cruelles injures, que par les bienfaits : il pardonna aux coupables; & par cet acte de clémence, plus héroïque mille fois que le pardon accordé, après les plus longues délibérations, par César à Cinna, il détruisit une faction qu'une sévérité trop méritée sans doute, n'eut fait peut-être qu'accroître & irriter.

Pendant que les sujets de ce Prince respectable jouissoient du bonheur de le revoir à la tête du Gouvernement, les François & les Maures continuoient de se faire la guerre la plus meurtriere; Alphonse II, qui n'avoit pris aucun parti dans ces dissentions, profitoit habilement de la paix dont les infideles le laissoient jouir, travailloit à rendre ses Etats florissans, [& par de sages moyens assuroit la tranquillité publique. Mais à peine la paix fut conclue entre les François & les Maures, qu'Alhacan, tournant inopinément ses armes contre le Roi d'Oviédo, fit une éruption dans ses Provinces; Alphonse dont rien n'égaloit la valeur & l'activité, lorsqu'il étoit question de défendre ses peuples, vola à la rencontre de l'armée des Maures, commandée par Alcorman, Général du Miramolin, la battit & la dispersa. Furieux de cette défaite, Alhacan, dès l'année suivante, envoya sur les terres d'Alphonse, une nouvelle armée, sous les ordres d'Omar; Alphonse la combattit encore, & l'éclatante victoire qu'il remporta, contraignit le Miramolin à conclure une treve, qui rendit le Roi de Léon à ses occupations les plus chéries, aux moyens d'ajouter à la prospérité actuelle de ses peuples.

Le perfide Alhacan ne cherchoit qu'à tromper la vigilance d'Alphonse, & lorsqu'il crut l'avoir désarmé par cette treve, il fit faire inopinément une nouvelle irruption dans ses Etats, par son Général Abdelcarin, qui alla mettre le siege devant Calahora, place forte & très-importante, qu'il se flattoit d'emporter aisément : il se trompa; la vigoureuse résistance que cette ville fit, donna le temps au brave Alphonse de marcher à son secours; le Général du Miramolin n'osa, ni continuer le siege, ni hasarder une bataille, & il se retira honteusement. Alhacan toujours plus irrité, attendit impatiemment quelques années, rassembla toutes ses forces, & en forma deux armées, qu'il confia à deux de ses plus proches parens, avec ordre d'aller mettre tout à feu & à sang dans les possessions d'Alphonse II. Les deux Généraux fondirent en même temps sur la Galice, par deux endroits différens, & y commirent les plus affreux ravages; mais la dévastation ne dura que peu de temps; le Roi d'Oviédo & son cousin Ramire, chacun à la tête d'une armée plus formidable par la valeur que par le nombre des combattans, arrêterent les deux armées ennemies, & dans le même jour, remporterent sur elles deux victoires complettes, qui ne laisserent plus à Alhacan l'espoir de tromper, ni de vaincre le Roi d'Oviédo. Il mourut, & la vacance du trône de Cordoue fut un nouveau sujet de troubles, de guerres intestines & de dissentions.

Abderame, l'aîné de ses quarante fils, guerrier déja célebre par sa valeur & ses victoires, se vit disputer la Couronne par Abdalla son grand-oncle, qui se fit proclamer Roi, & par le Gouverneur de Mérida, Mahamut, Général habile, à qui l'ambition faisant oublier son devoir, inspira également l'audace de prendre le titre de Roi, au préjudice de l'héritier légitime d'Alhacan. Abdalla ne fut point heureux, & Mahamut, vaincu par Abderame, affoibli, & craignant de tomber entre ses mains, s'enfuit avec les débris de son armée, & alla chercher un asyle à la Cour du Roi d'Oviédo. La réputation de Mahamut, ses talens militaires, son expérience, & la haine dont il paroissoit animé contre le Miramolin, parloient en sa faveur. Alphonse l'accueillit, ne se contenta point de lui donner asyle & de le protéger; mais lui confia même la défense des frontieres du Portugal, sans réfléchir à la perfidie naturelle des Maures, & aux malheurs que pourroit entraîner son imprudente confiance. Pendant sept ans Mahamut répondit en homme zélé, aux bienfaits du Roi d'Oviédo; mais alors, fatigué de se contraindre, & impatient de retourner chez ses concitoyens, il entreprit d'appaiser la colère d'Abderame & de se réconcilier avec lui: dans cette vue, il lui fit proposer de lui livrer la Galice entiere, s'il vouloit oublier son infidélité passée, & lui fournir des troupes. La condition étoit trop brillante pour que le Miramolin crût devoir s'y refuser; il envoya un corps de Sarrasins au traître Mahamut, qui se mettant à leur tête, passa en conquérant dans la Galice, s'avança jusqu'aux environs de Lugo, s'empara du château de Ste Christine où il se fortifia, & ravagea, ou mit tout le pays d'alentour à contribution.

Alphonse II ne fut pas plutôt informé de cette défection, qu'accourant, secondé par Dom Ramire, qu'il avoit déja désigné son successeur, à la défense de la Galice, il eut bientôt joint Mahamut; l'armée de celui-ci étoit infiniment supérieure à celle du Roi d'Oviédo; il la rangea lui-même en bataille, & attendit courageusement l'attaque des Chrétiens: le combat s'engagea; mais dès le premier choc Mahamut fut tué; sa mort mit le désordre parmi les Sarrasins, qui, vivement pressés par Alphonse & Ramire, prirent la fuite, après avoir laissé cinquante mille de leurs combattans sur le champ de bataille. Il ne paroit pas qu'Abderame s'empressa de venger cette défaite: sans doute que des soins plus importans l'occupoient dans ses Etats; car, si Charlemagne fut le Souverain le plus puissant de son siecle, on ne peut disconvenir qu'Abderame fut le Monarque le plus sage, & le Politique le plus habile de son temps: il n'avoit rien de barbare, & il étoit bien éloigné de partager l'espece de férocité de caractere qui distinguoit les concitoyens: il remporta plusieurs victoires, & fit un nombre

prodigieux

prodigieux de captifs : mais loin que ces esclaves surchargeassent ses Etats, ils y étoient, au contraire, d'une très-grande utilité : le Miramolin Abderame ne les retenoit que quelques années dans l'esclavage, &, après les avoir employés aux travaux publics, il leur donnoit la liberté, & dès-lors ils étoient comptés au nombre des Citoyens. Fortement attaché à ses dogmes, il ne partageoit point le fanatisme qui, dans ce temps sur-tout, distinguoit les Musulmans ; la différence de Religion ne l'empêchoit point d'accueillir les Chrétiens, & de les laisser s'établir dans ses Etats : au contraire, il facilitoit, autant qu'il le pouvoit, les mariages entre les Chrétiens & les Mahométans ; il versoit ses bienfaits sur les apostats qui avoient abjuré le Catholicisme, n'admettoit aux charges & aux emplois que les Citoyens de sa Religion, &, sur-tout, prenoit grand soin de priver les Chrétiens d'Evêques : par ces moyens adroits, plus sûrs que l'intolérance & la persécution, il sappoit sourdement le Catholicisme ; & sans rigueurs, sans fanatisme, sans s'exposer à des révoltes, il voyoit le Mahométisme faire dans ses Etats de rapides progrès, & y devenir la Religion dominante & unique. On sait que Julien, connu parmi nous sous le nom d'Apostat, en usa de même : il haïssoit le Catholicisme ; sa haine fut très-répréhensible ; notre Religion réprouve assurément les moyens qu'il prit pour l'affoiblir ; mais il faut convenir qu'il agissoit en politique adroit, & employoit des moyens convenables au but qu'il se proposoit.

Alphonse II après avoir délivré la Galice & le reste de ses Provinces de la fureur des Maures, fatigué de la Royauté, épuisé par ses longs travaux, assembla les Seigneurs de sa Cour, & les principaux Citoyens de son Royaume ; il parla avec modestie des services qu'il avoit rendus à la Nation, demanda qu'il lui fût permis de goûter le repos qu'il n'avoit point encore trouvé sur le Trône, leur recommanda pour son Successeur à la Couronne, son cousin Don Ramire, fit approuver son choix, lui remit le Gouvernement, vécut sept ans encore en simple Citoyen, & vit en Philosophe, les troubles & les scenes ou cruelles ou scandaleuses qui agitoient l'Europe ; l'Empire des François déchiré par les divisions de l'Empereur & de ses trois fils ; ces enfans dénaturés accuser lâchement l'Impératrice Judith leur mere d'entretenir un commerce adultere avec Bernard, Comte de Barcelone ; ensuite, plus hardis par l'impunité, riches & puissans par les bienfaits & la foiblesse de Louis le Débonnaire leur pere, porter l'ingratitude jusqu'à le faire déposer à Soissons, & à le faire condamner à une pénitence publique, par une troupe d'Evêques factieux, scélérats & corrompus. Ce fut alors, sans doute, qu'Alphonse II se félicita d'être resté fidele au vœu de chasteté qu'il avoit fait dans sa jeunesse. Il mourut admiré, respecté, regretté, en 842, à l'âge de soixante dix-sept ans, après un regne de 44 années, & une retraite paisible de sept ans. C.

ALPHONSE III, *furnommé* LE GRAND, *Roi d'Oviédo & de Léon.*

EST-CE être Grand que de troubler le repos des Nations, porter, de contrée en contrée, le ravage & la défolation, la terreur & la mort? C'eft aux tigres, aux monftres des forêts à difputer aux conquérans cette forte de grandeur, acquife par le meurtre, fondée fur le malheur des Peuples. Eft-ce être Grand que de gouverner par la crainte des fujets abattus fous les fers de la fervitude? Ils furent donc bien grands ces tyrans de l'Egypte & ces affaffins couronnés, ce Phalaris, cet Alexandre de Pherès, & cette foule de brigands, fléaux de leur patrie, cruels oppreffeurs de leurs concitoyens. Ce n'eft qu'aux Princes juftes, vertueux, équitables; occupés fans ceffe du bonheur de leurs Sujets, modérés dans la profpérité, fermes, inébranlables dans le revers, qu'appartient le furnom de Grand, trop prodigué depuis tant de fiecles par la crainte, ou par la lâche adulation. De tous les Rois qui fe font décorés eux-mêmes, ou que de vils flatteurs ont décorés de ce titre déshonorant, lorfqu'il n'eft point mérité, en eft-il un feul par toutes les vertus qui conftituent la véritable grandeur? Où eft le Prince jufte fans rigueur, bienfaifant fans foibleffe, courageux fans cruauté, dont le regne ait conftamment été celui de la juftice & de la bonté, & à qui l'on ne puiffe reprocher aucune action qui démente le caractere de la vertu?

Inftruit dès fon enfance dans le métier des armes, Alphonfe III s'étoit fi fort diftingué avant fa quatorzieme année, par fa valeur & fes fuccès à la tête des armées, qu'Ordogne I, fon pere, le fit reconnoître à cet âge pour fon Succeffeur, & qu'il reçut dès-lors le ferment de fidélité de tous les Grands du Royaume. Ordogne ne furvécut que quatre ans à cette cérémonie, & fon Sceptre paffa dans les mains du jeune Alphonfe en 866. La Nation applaudit à fon avénement au Trône; mais ces applaudiffemens ne le mirent point à l'abri des troubles & des agitations qu'on croiroit ne devoir s'élever que dans les Etats des Princes peu dignes de gouverner: mais tel fut le deftin d'Alphonfe III, que, malgré fes talens & fes vertus, femblable au Neptune de la Fable, il ne régna qu'au milieu des tempêtes & des orages: les trahifons, l'ingratitude, les confpirations l'environnerent perpétuellement: fon ame fupérieure, fon courage héroïque, fon inébranlable conftance lui firent éviter tous les dangers: il triompha des traîtres, confondit les ingrats, & déconcerta les complots multipliés des conjurés, qui tenterent fi fréquemment de lui arracher la Couronne & la vie. A peine il fut monté fur le Trône, que Don Froïla, Comte de Galice, homme d'une ambition outrée, entreprenant, audacieux, gagna ou corrompit une partie des foldats, fe mit à leur tête, & marcha vers Oviédo, dans le deffein de s'emparer de la Couronne. Alphonfe n'avoit point de troupes à oppofer à ce concurrent : quelques Seigneurs qui lui étoient attachés, lui conseillerent de prendre le seul parti qu'il eut à suivre, & de se retirer en Castille, où ils offrirent de l'accompagner. Le jeune Souverain frémit d'indignation ; mais ne pouvant mieux faire, il suivit cet avis prudent.

Pendant qu'il alloit attendre des temps plus heureux, le Comte de Galice entra dans Oviédo, s'empara du Palais du Monarque, & s'assit sur son Trône. Il étoit venu en usurpateur, & il commençoit de régner en tyran, lorsque ses hauteurs, son insolence & sa cruauté, irritant les principaux Citoyens d'Oviédo, ils formerent contre lui une conspiration avec tant de secret, de conduite & de célérité, qu'un peu moins d'un an après son usurpation, Froïla fut poignardé dans ce même Palais dont il s'étoit rendu maître.

Alphonse III, informé de cette révolution, se hâta de rentrer, suivi de ses amis, à Oviédo, où il fut reçu avec acclamation, & remis sur le Trône par les troupes mêmes du Comte de Galice. Quoique le Roi n'ignorât point quels avoient été les complices de Froïla, il feignit de n'en rien savoir, ne fit aucunes recherches, & ne s'occupant que du soin de pourvoir à la sûreté du Royaume, il fit construire le Fort de Sublancia ou Sollanco, afin de mettre les Asturies à l'abri des invasions des Maures. La Ville de Céa, plusieurs fois ravagée par les Infideles, étoit déserte, abandonnée depuis plusieurs années ; il la repeupla, & y fit construire une citadelle en état de la protéger.

Ces occupations utiles furent interrompues par un nouveau soulevement : le Comte d'Eylon se révolta dans la Province d'Alava, forma une faction puissante, inspira son esprit de rebellion à la Province entiere, & forma le même projet qu'avoit exécuté le traître Froïla ; moins effrayé de sa fin tragique, que séduit par l'appas d'un meilleur succès. Plus en état alors d'opposer la force à la force, Alphonse, suivi de son armée, marcha contre les féditieux, qui, saisis de terreur, mirent bas les armes, & obtinrent de sa clémence un généreux pardon. A peine ce Prince étoit de retour à Oviédo, qu'il apprit que les rebelles avoient repris les armes, & que la fédition étoit plus violente qu'auparavant : suite fatale d'un pardon trop facile. Il revint sur ses pas, & rentrant avec ses troupes dans la Province d'Alava, il réduisit de nouveau les rebelles. Sa douceur naturelle & la générosité de son caractere, le portoient encore à la clémence ; mais quelques exemples de sévérité étoient nécessaires pour contenir les factieux. Alphonse jouit peu de temps de la paix qu'il venoit de rétablir au dedans de son Royaume ; le Miramolin Mahomet, étonné des précautions que prenoit le Roi d'Oviédo, & craignant tout de l'activité de ce Prince, lorsqu'il auroit achevé de fortifier ses places frontieres, crut devoir commencer les hostilités, dans la vue d'arrêter les travaux & de déconcerter les projets d'un voisin qui pouvoit se rendre redoutable. D'après ce plan, Mahomet leva deux armées, confia l'une à son frere Abulmanda, & l'autre à Alcanatel, l'un de ses meilleurs

Généraux, avec ordre de se jetter en même-temps sur les terres d'Alphonse, l'un du côté de Léon, & l'autre du côté de la Galice. Cette double invasion n'effraia point Alphonse. Au lieu de diviser son armée à l'exemple de Mahomet, il rassembla toutes ses forces, courut à la défense de Léon, rencontra Abulmanda, se jetta sur son armée, en fit un horrible carnage, & sans se donner le temps de goûter le fruit de sa victoire, vola à la rencontre d'Alcanatel, qu'il mit également en déroute.

Encouragé par deux triomphes, le Roi d'Oviédo porta à son tour le ravage & la désolation dans le Pays des Infideles; il s'empara de plusieurs Places importantes, chassa tous les Maures de plusieurs Provinces où ils s'étoient établis, & couvert de lauriers, enrichi de butin, rentra dans ses Etats, où, peu de temps après, il épousa Ximene ou Chimene de la Maison illustre de Navarre. L'une des conditions de ce mariage, fut une alliance offensive & défensive contre les Mahométans, entre le Roi d'Oviédo & le Comte de Navarre. Quelque forte que fut la tendresse d'Alphonse III pour sa jeune épouse, il ne lui donna que peu de jours, & à peine il eut vû se terminer les fêtes données à l'occasion de son mariage, qu'il alla ravager les terres des Mahométans, d'où il revint chargé de dépouilles, & suivi d'un nombre prodigieux d'esclaves. Il se remit en campagne dès les premiers jours du printemps suivant, passa le Duero, se rendit maître de tout le Pays, alla mettre le siege devant Coimbre, qu'il démolit après s'en être emparé. Ce fut par ces exploits sanguinaires qu'il acquit le titre de Grand. Quelle affreuse grandeur !

Ces conquêtes intimiderent si fort le Miramolin, qu'il envoya vers Alphonse des Ambassadeurs chargés de lui demander une treve, qu'il ne lui accorda qu'à des conditions aussi avantageuses pour lui, qu'elles étoient humiliantes pour le Roi de Cordoue. Ce calme ne fut point infructueux au sage Alphonse, qui employa ce temps de paix à repeupler Orense, Brague, Porto, & à distribuer les terres entre les nouveaux habitans qu'il avoit envoyés dans ces villes. L'année d'ensuite il s'occupa encore du soin de repeupler également Lamego & Visée, & de faire rebâtir & fortifier Coimbre, qu'il avoit démolie; ensorte qu'il parvint à mettre ses Etats à couvert de toute invasion. Cependant la treve fut expirée à peine, que le Miramolin, honteux des conditions qu'il avoit été forcé d'accepter, recommença la guerre; ses hostilités ne furent point heureuses, ses troupes furent constamment battues, & le Roi d'Oviédo, leur vainqueur, s'avança en Conquérant, jusqu'à Mérida. Furieux de n'éprouver que des défaites, & rempli du désir de se venger, le Roi de Cordoue fit les derniers efforts pour rappeller la fortune sous ses drapeaux; il mit sur pied une armée plus nombreuse qu'aucune de celles qu'il eut encore rassemblées, & il la confia au guerrier Abuhalit, le plus habile & le plus expérimenté de ses Généraux: mais ces préparatifs & ces précautions ne servirent qu'à ajouter un triomphe de plus aux anciennes victoires du Roi d'Oviédo; cette puissante armée fut battue par Alphonfe, & enfuite par fes Généraux, qui fe faifirent du Général Abuhalit, & le menerent aux pieds de leur maître, auquel le captif paya une riche rançon.

Tant de revers euffent dû engager le Miramolin à vivre en paix avec un voifin auffi formidable ; mais moins humilié qu'irrité de fes pertes, & jaloux de la gloire de fon ennemi, Mahomet fit encor de nouveaux efforts ; il affembla une armée nombreufe dans l'Andaloufie, ordonna de nouvelles levées dans toutes fes Provinces, & promit les plus grands privileges à celles qui lui en fourniroient le plus. Ces brillantes promeffes eurent l'effet qu'il en avoit attendu, & il eut dès le printemps, une armée beaucoup plus forte que celle de l'année précédente. Almundar, fils du Miramolin, guidé par Ybengamin, excellent Capitaine, en eut le commandement, & marcha vers Léon & les Afturies, où le Roi de Cordoue devoit le faire joindre par d'autres troupes. Alphonfe III marcha aux ennemis, & rencontrant les troupes que le Roi de Cordoue envoyoit pour renforcer l'armée de fon fils, il fondit fur elles, & en fit un tel carnage, qu'elles périrent prefqu'en entier. Le vainqueur marcha dès le jour même à la rencontre d'Almundar ; mais celui-ci inftruit de la défaite des troupes que fon pere lui envoyoit, & n'ofant s'expofer au même événement, il profita des ombres de la nuit, s'éloigna promptement & rentra fur les terres du Roi de Cordoue, d'où il envoya des députés demander à Alphonfe une treve de trois ans, qui lui fut accordée.

Abenlope-Abdalla, fils de Mufa, dont l'efprit factieux avoit caufé tant de troubles, marchant fur les traces de fon pere, fe révolta contre Mahomet, fe rendit maître de Saragoffe, & fe ligua avec le Roi d'Oviédo, qui faifant une irruption fur les terres du Miramolin, paffa le Tage & la Guadiana, livra bataille aux Maures, les défit & leur tua quinze mille hommes. Cependant Alphonfe n'étoit pas tellement occupé à faire la guerre aux Sarrafins, au dehors de fon Royaume, qu'il négligeât d'en mettre l'intérieur en fûreté. Il faifoit entourer de fortes murailles la Ville d'Oviédo, & l'on y conftruifoit un palais pour le Souverain. Il peuploit de Colonies chrétiennes les villes & les Provinces conquifes fur les Maures, qu'il en chaffoit impitoyablement. Cette Politique, trop fuivie par fes fucceffeurs, affoibliffoit fes Etats à mefure qu'il en reculoit les limites. Dégarniffant les anciennes contrées pour peupler les Pays conquis, il étendoit la population fur une plus grande furface, fans l'augmenter, au lieu que les Maures chaffés des villes qu'ils perdoient, refluoient dans les Provinces qui leur reftoient : d'où il arriva que l'Andaloufie & le Royaume de Grenade, où ils fe maintinrent plus long-temps, devinrent plus peuplées que tout le refte de l'Efpagne, quoiqu'elles en fiffent à peine le quart.

Abdalla, craignant de tomber tôt ou tard au pouvoir de Mahomet, ménagea un accommodement avec lui, & abandonna fon Allié. Peu de temps après il fe révolta de nouveau, & voulut fe liguer encore avec Alphonfe III ;

mais éclairé par l'expérience, le Roi d'Oviédo refufa de le foutenir, & voulut à des conditions auffi honorables qu'elles étoient avantageufes, une treve de fix ans avec le Roi de Cordoue.

Fatigué de combats, de triomphes & de conquêtes, Alphonfe III parut touché d'une gloire plus folide, celle de confacrer le refte de fa vie au bien de fes Etats & au bonheur de fes Sujets. Pour remplir avec fuccès ce plan, digne d'un grand Roi, Alphonfe confia au Comte de Caftilles, Don Diego, le foin de peupler, d'embellir & de fortifier Burgos : le Comte répondit avec tant de zele aux vues de fon maître, que Burgos eft depuis devenue la capitale de la Caftille. Le Roi d'Oviédo établit en même-tems des Evêques à Brague, à Vifée, à Lamego, à Porto, à Coimbre, à Orenzo & à Mondoguedo. Il accueillit une multitude de Prêtres & de Religieux chaffés par le Roi de Cordoue, & leur donna des Eglifes, où ils vécurent en communauté. Telle fut l'origine de cette foule de Monafteres répandus dans les Afturies, la Galice & le Royaume de Léon.

Une opération plus utile, mais plus dangereufe, étoit de réformer les abus qui génoient la liberté des Citoyens fous l'oppreffion des Grands. Les fages mefures que le Roi prit pour cet effet, cauferent bien des troubles. Les Grands, irrités des bornes que le Prince mettroit à leur autorité exceffive, firent éclater leur mécontentement. Ano, l'un des principaux Seigneurs du Royaume, fit révolter la Galice, & cette émeute auroit eu les fuites les plus funeftes, fi elle n'avoit pas été arrêtée, avant que le Chef eût le tems d'exécuter fon complot audacieux. Il fut févérement puni & fes biens furent confifqués.

L'exemple que le traitre avoit donné, fut plus fort que le châtiment qu'il fubit. Hermegilde, de concert avec fon époufe Iberie, femme hardie & intriguante, excita une nouvelle fédition, vers le cap de Finifterre & la Corogne : le danger étoit preffant ; Alphonfe III envoya contre les rebelles une armée qui les défit, & fe faifit des principaux chefs de la révolte : ils furent punis de mort.

Le calme qui fuccéda à ces agitations fut de courte durée ; Witiza, Seigneur riche & puiffant, fit révolter de nouveau la Galice : les troupes que le Roi envoya dans cette Province, y étoufferent la rebellion avant qu'elle eut pu faire de plus grands progrès, & Wiriza fait prifonnier, fut conduit à Oviédo. Une autre fédition fut également éteinte par la punition des coupables.

Cette fuite de troubles & de rebellions n'étoit qu'un mouvement léger, en comparaifon de la révolte fufcitée par Froïla, fecondé par fes trois freres Nugnez, Veremond & Odoaire : ces quatre factieux fouleverent une foule de mécontens, & ne fe propoferent rien moins que de faire tomber Alphonfe III du trône : leurs complots furent découverts ; trop lâches pour attendre, les armes à la main, les troupes envoyées contr'eux, ils prirent la fuite, & ils étoient déja près des terres de Caftille, lorfqu'ils furent pris & conduits au palais d'Alphonse III, qui, après leur avoir fait crever les yeux, les condamna à une prison perpétuelle. Plus heureux que ses freres, Veremond rompit les liens de sa captivité, se rendit à Astorgue, en souleva les habitans, fit déclarer les pays des environs en sa faveur, implora le secours des Sarrasins, en obtint quelques troupes, & brava hautement l'autorité d'Alphonse, qui vint investir Astorgue. L'aveugle Veremond se défendit avec une valeur digne d'une meilleure cause, sortit de la Ville assiégée & se joignit aux Infideles. Alphonse combattit Veremond & les Maures, fixa encore la victoire sous ses étendarts, mit les ennemis en déroute, en massacra la plus grande partie, & ne put se saisir du rebelle Veremond, qui alla chercher un asyle à la Cour du Roi de Cordoue: mais le Miramolin n'osant plus se commettre avec un Prince toujours victorieux, envoya des Ambassadeurs au Roi Alphonse, & après quelques difficultés parvint à faire renouveller la treve.

Délivré, du moins pour quelque temps, de factieux & de rebelles, le Roi d'Oviédo continua de se livrer aux affaires du Gouvernement, & surtout aux affaires de l'Eglise qui, par l'influence des derniers troubles, exigeoient une attention particuliere: afin d'y rétablir l'ordre & la décence, Alphonse III convoqua dans le même temps à Oviédo un concile national, & une Assemblée générale des Etats. Depuis que les Papes dominent en Espagne, nul Historien de cette Monarchie n'a osé dire, que ce fut sans avoir demandé le consentement du Pape qu'Alphonse convoqua ce concile : cependant la vérité est, comme l'assurent unanimement tous les Historiens contemporains, que le Pape n'eut aucune part à cette Assemblée, qu'il ne paroît pas même qu'il en fût averti, & qu'alors, en Espagne, ainsi que chez les Goths, les Rois avoient le droit exclusif de convoquer des conciles nationaux, toutes les fois qu'ils le jugeoient à propos.

Le Roi d'Oviédo satisfait des avantages qu'il avoit retirés, pour la sûreté de ses peuples, des Places qu'il avoit ou construites ou fortifiées, entreprit de fortifier le reste de celles qu'il avoit conquises sur les Maures : il voulut présider lui-même aux fortifications de Zamora, tandis que Don Garcie son fils feroit travailler à celles de Tora, & quelques Seigneurs de sa Cour à celles de Simencas & de Duenas. Ce plan, dont l'exécution devoit empêcher les Mahométans de passer le Duero, donna de l'ombrage au Miramolin Abdalla, qui, résolu de s'y opposer, envoya demander des secours aux Rois d'Afrique : il en obtint de si considérables, qu'il se vit en état d'envoyer une puissante armée vers Zamora, sous le Commandement d'un Général habile, accompagné d'Alcaman, prêtre Mahométan, qui, promit, au nom du Prophete, la victoire aux Sarrazins. L'événement ne justifia point cette promesse ; Alphonse III remporta une victoire complette & tua une incroyable multitude de Sarrazins, au nombre desquels fut trouvé le fanatique Alcaman. Peu de temps après, le Roi de Cordoue forma de nouveau le projet d'inquiéter Alphonse III, mais ce Prince belliqueux ne lui en laissa ni le temps, ni la liberté, & prévenant ses ennemis, il entra dans le Royaume de Tolede qu'il dévasta presque dans toutes ses parties, portant le fer & la flamme par-tout où il dirigeoit sa marche ; ce fut ainsi qu'après avoir parcouru les montagnes qui séparent les deux Castilles, & n'ayant plus ni ennemis à combattre, ni pays à conquérir, il rentra dans ses Etats, emportant avec lui des richesses immenses. Ni la gloire dont il s'étoit couvert, ni la crainte qu'inspiroit sa valeur, ne purent effrayer l'ambitieux Adalpin & ses fils, qui oserent former une conspiration nouvelle ; leur complot fut découvert & ils périrent dans les supplices. De toutes les conjurations que l'ambition avoit formées contre la vie & l'autorité d'Alphonse, il n'y en eut aucune qui lui fut aussi sensible que celle qui éclata quelque temps après la mort d'Adalpin.

Affoibli par les années, épuisé par ses longs travaux, & sa gloire ne pouvant plus s'accroître, Alphonse III ne soupiroit qu'après une retraite paisible, & il se proposoit de remettre les rênes du Gouvernement à son fils Don Garcie, l'aîné de ses enfans, & celui qu'il chérissoit le plus, lorsqu'il apprit que cet enfant dénaturé, qui venoit d'épouser la fille de Nunno Fernandez, l'un des plus grands Seigneurs du Royaume, avoit formé le projet de le détrôner & de s'emparer de la Couronne. Cette nouvelle fut un coup de foudre pour le Roi d'Oviédo, qui dans le premier mouvement de son indignation, maudit le coupable, assembla quelques troupes, marcha vers Zamora, où étoit le conspirateur, se saisit de lui, & se contenta de l'envoyer prisonnier dans le fort de Gauzou. Ximene, mere de Don Garcie, affoiblissant le crime de son fils, se plaignit de la sévérité du châtiment, & joignit ses instances à celles de Nunno Fernandez, qui demandoit aussi la grace & la liberté de son gendre. Le Roi d'Oviédo resta inéxorable, & se refusa pendant trois ans aux prieres & aux sollicitations de la Reine & de Fernandez. Irrité d'une si longue résistance, Ximene corrompit Don Ordogno son second fils, qui avec sa mere & Nunno, forma le plan d'une conjuration nouvelle, & afin de la rendre plus redoutable & plus facile dans l'exécution, les trois conspirateurs émurent le peuple sur le sort de Don Garcie, accusant hautement le Roi de cruauté : leurs plaintes & leurs discours séditieux en imposerent à la multitude, & la guerre civile étoit prête à s'allumer, quand Alphonse fatigué d'avoir sans cesse des conjurés à punir, ou des rebelles à réduire, assembla les Etats du Royaume, au château de Boides, dans les Asturies, fit sortir Don Garcie de sa prison, & l'obligea de se trouver à cette assemblée Nationale. Là le généreux Monarque, après avoir remis sous les yeux de la Nation & les bienfaits dont il l'avoit comblée, & le bonheur dont il l'avoit fait jouir, ajouta que ne voulant point troubler, même indirectement, sur la fin de sa vie, la tranquillité publique, il alloit remplir les vœux du peuple, en résignant la Couronne à Don Garcie, & en

donnant

donnant la Galice à Don Ordogno. Ce trait de grandeur d'ame pénétra
ſes deux enfans ; ils tomberent à ſes genoux, le conjurant de pardonner
à leur ingratitude. Le bon Alphonſe les embraſſa, plaça lui-même la Couronne ſur la tête de Don Garcie, & parut encore plus grand, plus généreux dans cette action, qu'il ne l'avoit été ſur le trône. Il ne reſta que
peu de temps dans ſa retraite ; le déſir de ſervir encore l'Etat l'en arracha,
& malgré ſon goût pour la tranquillité, il voulut combattre encore contre
les Maures, triompha d'eux, ravagea leurs terres, & vint, après une campagne brillante & glorieuſe, ſe retirer à Zamora, où peu de jours après
il tomba malade, & expira le 20 Décembre 912, deux ans après ſon
abdication, & 49 ans après avoir été déſigné par ſon pere Roi de Léon
& d'Oviédo.

A ſes talens militaires, à ſon habileté dans l'ordre de gouverner, Alphonſe le Grand, joignit un goût éclairé pour les lettres ; il protégea les
ſciences, il écrivit une chronique exacte des Rois ſes prédéceſſeurs, depuis
le Roi Receſvinthe ou Receſvind, excluſivement, juſqu'à la mort d'Ordogno, ſon pere. Du reſte, Alphonſe III avoit reculé les frontieres de ſon
Royaume plus que ne l'avoit fait aucun de ſes prédéceſſeurs, puiſque ſes
Etats comprenoient les Aſturies, le Royaume de Léon, la Galice, une
partie du Portugal & de la vieille Caſtille : la Navarre avoit alors un Roi ;
Barcelone un Comte, & le Miramolin ou le Roi de Cordoue commandoit au reſte de l'Eſpagne ; d'où l'on peut voir combien Alphonſe avoit
reſſerré les poſſeſſions des Maures.

ALPHONSE IV, Roi d'Oviédo & de Léon.

QUOIQUE ſans talens, ſans mérite, foible, inconſtant, léger, ce
Prince mérite d'être propoſé pour exemple (au moins à quelques égards)
à tous ceux qui ont auſſi peu de talens que lui pour gouverner. Il connut ſon incapacité & l'avoua publiquement ; il ſe ſentoit plus fait pour
végéter au fond d'un Cloître que pour être aſſis ſur le trône, & il eut la
prudence de ſuivre les impulſions de ſon inſtinct : il mériteroit plus d'éloges encore, s'il eut perſévéré dans ſa retraite monacale ; car s'il n'eut aucune des vertus qui font les grands Rois, la nature lui donna toutes les
qualités d'un moine. Fils d'Ordogno II, & petit-fils du grand Alphonſe,
il ſuccéda au cruel Froïla II, ſon oncle, & monta ſur le trône en 924,
& s'y fit mépriſer par ſes inconſéquences, ſon imbécillité, & ſur-tout par
la lâche indifférence avec laquelle il vit démembrer ſes Etats. En effet,
les Caſtillans, profitant de ſa foibleſſe, s'affranchirent du joug des Rois
de Léon, & ſe donnerent eux-mêmes, par la voie de l'élection, des Souverains, ſous le nom de Comtes. Le Miramolin Abderame ſaiſit auſſi cette
occaſion de venger les défaites qu'il avoit eſſuyées ſous les Prédéceſſeurs
d'Alphonſe IV, & il perſécuta les Chrétiens de la plus cruelle maniere.

Si l'indolent Alphonse IV ne prit aucune part à ces troubles, il parut du moins très-sensible à la mort de la Reine Urraque, son épouse ; & il en fut si profondément pénétré, que dégoûté de la Couronne, fatigué des honneurs de la Royauté, & ne se souvenant point qu'il avoit un fils de cette même Urraque, dont il regrettoit si amèrement la perte, il prit la résolution d'abdiquer la Couronne en faveur de Don Ramire, son frere, qui étoit sur les frontieres du Portugal. Inébranlable dans ce projet, qui lui paroissoit très-sage, il fit venir son frere à Zamora, convoqua une assemblée générale des Etats, parla en homme instruit des qualités nécessaires à un Roi, & déclara que ne se sentant aucune de ces qualités, il croyoit ne pouvoir rendre de service plus important à la Nation, que de descendre du trône, & d'abdiquer la Couronne en faveur de Don Ramire. Ce discours fut fort applaudi, & Ramire fut couronné des mains de son frere, en 927. Dès le jour même, Alphonse IV alla se renfermer dans l'Abbaye de Sahagun, où il eut resté oublié, si, peu de temps après, croyant avoir acquis dans l'obscurité du Cloître des talens supérieurs, & l'art de gouverner, il ne fût sorti du Monastere, pour prendre la route de Léon, où il prétendoit se faire rendre la couronne. Ramire qui ne croyoit point devoir céder la Souveraineté, mais qui souffroit aussi d'être obligé d'en venir aux dernieres extrêmités pour la conserver, fit tous ses efforts pour engager son frere à se désister, & à en venir à un accommodement. Alphonse ne vouloit point rentrer dans son couvent, & pour la premiere fois de sa vie, il persista avec la plus ferme obstination dans son dessein ; afin même que l'on ne pût douter de sa résolution, il prit le titre de Roi, & se ligua avec Ordogno & Ramire, fils de Don Froïla. Le Roi de Léon ne gardant plus des mesures, pressa si vivement les Rebelles, qu'ils furent contraints d'abandonner la cause d'Alphonse, qui, n'ayant plus de moyens de soutenir la guerre, vint se jetter aux pieds de Ramire. Le vainqueur ne lui ôta point la vie ; mais trop prudent pour s'exposer encore aux troubles que pourroit susciter le caractere inconstant de son frere, il lui fit perdre la vue & le fit renfermer dans le Monastere de St. Julien, où, après avoir végété forcément en paix durant quelque temps, il mourut, après avoir cependant survécu à son fils. C.

ALPHONSE V, *Roi d'Oviédo & de Léon.*

IL semble que ce soit moins à la nature qu'à l'éducation, que les peuples sont redevables des bons ou des méchans Rois. Avec des dispositions communes, des talens ordinaires, un jeune Souverain, formé par des instituteurs habiles, devient un excellent Prince : avec les plus brillantes qualités, une rare sagacité, des talens distingués, un jeune Prince, confié aux soins d'un instituteur faux, lâche adulateur, ou sans mœurs & sans probité, ne sera inévitablement qu'un mauvais Roi, qui séparant ses intérêts

des intérêts de fes Sujets, fera leur oppreffeur, & finira par être leur tyran.
L'hiftoire offre mille exemples qui ne prouvent que trop la vérité de cette
obfervation : arrêtons-nous quelques inftans à celui que nous préfente le
regne du bon Alphonfe V, fils de Bermude II, il n'avoit que cinq ans
lorfque la mort lui enleva fon pere. Les Grands s'affemblerent, fuivant
l'ufage de ce temps, & déférerent la Couronne au jeune Prince, en 999,
fous la tutele de Dona Elvire fa mere ; & ils chargerent du foin de fon
éducation le Comte de Galice, Don Melando ou Menendo Gonzalez, que
Bermude II avoit déja choifi pour élever fon fils. Gonzalez répondit dignement aux défirs du dernier Souverain & à la confiance des Grands ; par
fes leçons & fes exemples, le jeune éleve apprit à être vertueux, doux,
équitable, bienfaifant : la Régente fe diftinguoit auffi par fon zele pour le
bien de l'Etat, & par fon intelligence dans les affaires les plus épineufes,
& les circonftances les plus embarraffantes.

Abdelmelic, Miniftre du Roi de Cordoue, le plus ftupide des hommes
& le plus lâche des Souverains, voulant faire oublier la honte de fon maître, fondit fur la Caftille qui fut expofée aux plus cruels ravages : le
Comte de Caftille implora le fecours du Roi de Léon. La Régente lui envoya des troupes qui délivrerent les Caftillans du malheur qui les menaçoit. Abdelmelic fut vaincu, & abandonné d'une multitude de Chrétiens,
qui, depuis les dernieres diffentions de Léon, étoient à fon fervice. Elvire connoiffant combien cette multitude de transfuges pouvoit nuire aux
intérêts de fes Etats, les rappella, & leur rendit leurs biens : fon exemple fut imité par tous ceux des Princes Chrétiens Efpagnols, dont une
foule de Sujets étoient également paffés au fervice des Mahométans.

Sous les Rois foibles, le miniftere eft corrompu, & comme le refte des
charges de l'Etat, le prix du crime, de l'intrigue, de la vénalité. Pendant
que le voluptueux Hiffem, enfeveli dans le fommeil ou la débauche, végétoit à Cordoue, au fond de fon Palais, l'affaffinat, la corruption, les crimes de toutes les efpeces difpofoient du miniftere qui opprimoit le peuple. Abdelmelic étoit mort, & fon fucceffeur Abderame, le plus pervers
des hommes, avoit obtenu cette place infiniment au-deffus de lui. Ses
vices furent fi fcandaleux, fes débauches fi déshonorantes, fon infolence
fi révoltante, & fon avidité fi fort infatiable, que les Seigneurs de Cordoue, même ceux qui avoient contribué à l'élever au miniftere, ne pouvant plus fouffrir l'excès de fon orgueil, ni la violence de fes déprédations,
le poignarderent eux-mêmes, au milieu du palais, & fous les yeux du
Miramolin. Enhardis par l'impunité, ces mêmes Seigneurs, pleins de mépris
pour Hiffem, devenu odieux au peuple par les vices de fes Miniftres,
l'arrêterent & l'enfermerent dans une obfcure prifon ; mais n'ofant encore
attenter à fa vie, Almahadi, l'un d'eux, poignarda un Chrétien qui ref-
fembloit parfaitement au Miramolin, fit expofer fa victime aux yeux du
peuple, qui applaudit au meurtre, & s'empara du Trône de Cordoue.

Cette ufurpation fut le fignal d'une horrible guerre civile, qui déchira l'E-
tat pendant plufieurs années. Almahadi inquiété dans fon rang, s'y main-
tint en verfant des torrens de fang : on apprit qu'Hiffem exiftoit ; il fe
forma un parti en fa faveur ; la tyrannie d'Almahadi, devenant chaque
jour plus féroce, les mécontens appellerent d'Afrique, les Bérébéres, Nation inquiete, violente, cruelle, accoutumée au brigandage & ne vivant
que de rapine : ils vinrent par effaims ravager les Etats de Cordoue; les
factions fe multiplierent ; chacune avoit un chef, & chacun de ces chefs
fe faifoit proclamer Roi, & portoit la deftruction & l'incendie de Province en Province ; enforte qu'armés les uns contre les autres , les Mahométans, femblables aux antiques enfans de Cadmus, n'étoient plus
occupés que du foin de s'entre-détruire; & livrés tout entiers à la vengeance
& aux moyens de rendre plus terrible cette longue guerre civile, ils laiffoient dans une paix profonde le refte des Puiffances établies en Efpagne.

Pendant cet intervalle, Elvire qu'aucune hoftilité ne troubloit , continuoit de gouverner le Royaume de fon fils, avec autant d'habileté que de
fageffe ; enforte que, lorfque ce Prince parvint à fa majorité, & prit les
rênes du Gouvernement, il trouva fes Etats floriffans & fes Sujets heureux.
Elevé par le fage Gonzalez, il étoit lui-même bien capable de marcher
fur les traces de Dona Elvire, & d'ajouter encore à la félicité publique.
Pénétré de reconnoiffance pour les foins & les fages inftructions de fon
Gouverneur, il époufa la jeune Elvire, fille de ce Seigneur, Princeffe d'une
vertu éminente, éclairée & digne à tous égards du rang auquel fon époux
l'élevoit. A peine ce mariage fut fait, que la Reine Douairiere applaudiffant, ainfi que la Nation, au choix que fon fils venoit de faire, & au
bonheur que préfageoit le commencement de fon regne, n'afpirant elle-
même qu'à fe repofer après une régence auffi glorieufe , fe retira avec
fes deux filles, dans le Monaftere de St. Pelage d'Oviédo.

Alphonfe V. fe confacra tout entier aux foins du Gouvernement ; il
commença par faire rebâtir les villes détruites dans les guerres paffées, engagea fes Sujets à aller les repeupler; il fit fleurir l'agriculture, encouragea l'induftrie, fut imité par les Grands, & fe concilia l'eftime & l'affection de tous les Citoyens. Les guerres meurtrieres que les Mahométans continuoient de fe faire entr'eux, lui donnerent non-feulement le loifir de travailler avec affiduité au bien de fon Royaume ; mais ces guerres lui procurerent encore une prodigieufe multitude de Sujets, par le grand nombre
de Chrétiens qui fortant en foule des terres dévaftées des Mahométans,
venoient chercher dans les Provinces de Léon une fûreté qu'il n'y avoit
plus dans les Etats du Roi de Cordoue. Encouragé par le fuccès des établiffemens qu'il avoit fondés, Alphonfe V., voyant la population s'accroître confidérablement, & fon Royaume s'embellir, invita les Seigneurs de
fa Cour, à le feconder dans le projet qu'il avoit formé de rebâtir la ville
de Léon. Les moindres défirs des bons Princes font des ordres qu'on fe

fait un devoir & un plaifir d'exécuter. Bientôt on vit s'élever une ville plus grande & plus magnifique qu'elle ne l'avoit été avant fa deftruction. Alors Alphonfe V y convoqua les Etats, & y fit plufieurs réglemens très-utiles, foit pour la difcipline eccléfiaftique, foit pour les affaires du Gouvernement. Il fit enfuite relever les murs de Zamora, & y ajouta des fortifications qui rendoient cette place capable de défendre cette partie des frontieres du Royaume de Léon.

Depuis près de vingt-huit ans, Alphonfe jouiffoit d'une paix que rien n'avoit troublé ; mais il craignit qu'un plus long calme n'amollît le courage des foldats. Il crut qu'il falloit les remettre en haleine, & leur rendre l'habitude où ils avoient été, fous les regnes précédens, de faire des incurfions fur les terres des Mufulmans. Dans cette vue, Alphonfe V affembla une puiffante armée, paffa le Duéro, & alla mettre le fiege devant Vifée, place importante défendue par une forte garnifon. Plus courageux que prudent, ce Prince que l'expérience n'éclairoit point fur les dangers que courent les guerriers, monta à cheval fans cuiraffe, & fe promenoit tranquillement fous les murs de la Place, pour la reconnoître par lui-même. Son imprudence lui coûta la vie ; il fut bleffé mortellement d'une fléche, & à peine on l'eut tranfporté dans fa tente, qu'il y expira, le 5 Mai 1027, dans la 34e. année de fon âge, & la 28e. de fon regne. Son corps fut tranfporté à Léon, où la nouvelle de fa mort avoit répandu la plus profonde confternation : il fut enterré à Léon, dans l'églife de St. Jean-Baptifte, & les larmes des Citoyens qui baignerent fa tombe, honorerent plus ce bon Roi, que ne le fait la pompe des honneurs funéraires qu'on rend aux Souverains. C.

ALPHONSE VI, *Roi de Léon & de Caftille.*

LA prévention eft de tous les défauts le plus répréhenfible dans un Hiftorien, qui ne doit époufer aucun parti, ni approuver ou condamner la conduite des Rois dont il écrit la vie, d'après les paffions des ennemis ou des flatteurs de ces mêmes Souverains. C'eft néanmoins dans cette faute, fouvent impardonnable à un Biographe, qu'eft tombé l'Auteur de l'*Abrégé Chronologique de l'Hiftoire d'Efpagne, depuis fa fondation jufqu'à nos jours* ; fur-tout lorfqu'il s'eft occupé à tracer, ou d'imagination, ou d'après des Ecrivains fort mal inftruits, le caractere d'Alphonfe VI. J'ignore par quelles raifons cet Auteur s'eft attaché à peindre ce grand Roi des plus noires couleurs, à lui fuppofer, fort gratuitement, les qualités les plus odieufes, le cœur mauvais, l'ame féroce ; mais je fais que ce n'eft ni Mariana, ni Ferreras, ni Moret, ni Pelage, ni aucun des Hiftoriens Efpagnols modernes & eftimés, ni dans aucun Auteur contemporain d'Alphonfe VI, qu'il a trouvé les matériaux plus que fufpects dont il a fait ufage. Qu'y a-t-il à gagner à changer ainfi en tyran, en fcélérat, chargé de crimes, un Roi qui montra de la fageſſe, de l'équité, de la modération ? Rendons à ce Prince eſtimable la juſtice qu'il mérite ; & ſans conſacrer ſes défauts, ne diſſimulons pas le bien qu'il fit.

Don Ferdinand ayant une égale tendreſſe pour ſes trois fils, qui ne méritoient pas également ſon affection, partagea fort imprudemment ſes Etats entr'eux, quelque temps avant ſa mort. Par cette diſpoſition, réprouvée par la ſaine politique, il donna à Don Sanche, l'aîné de ſes enfans, le Royaume de Caſtille ; il aſſigna la Couronne de Léon à Don Alphonſe, & les Royaumes de Galice & de Portugal à Don Garcie. Sanche, très-irrité de n'avoir qu'une Couronne, diſſimula ſon mécontentement juſqu'après la mort de Dona Sanche ſa mere, qui, ayant des droits inconteſtables ſur Léon, le Portugal & la Galice, avoit engagé ſon époux à faire ce partage. Mais à peine Dona Sanche fut-elle morte, que Sanche ne s'occupa plus que des moyens de détrôner ſes freres, & de réunir leurs Royaumes à celui de Caſtille. Alphonſe VI, bien éloigné de ſe douter du malheur qui le menaçoit, attendoit la jeune Agude, Princeſſe d'Angleterre, fille de Guillaume I, qui lui avoit été accordée en mariage, & qui s'étoit embarquée pour l'Eſpagne : elle mourut dans le trajet, & le Roi de Léon déploroit cette perte, lorſqu'il apprit que le Roi de Caſtille, à la tête de ſes troupes, attaquoit ſes frontieres, où il avoit déja commis des ravages affreux. Alphonſe ſe hâta de marcher à la défenſe de ſes Etats. Les deux Rois ſe rencontrerent aux environs de Lantada ; Sanche impatient d'uſurper l'appanage du Roi de Léon, donna le ſignal du combat ; la bataille fut ſanglante ; la victoire ſe déclara pour Sanche ; ſon frere fut défait & contraint de prendre la fuite ; il alla ſe réfugier à Léon, où il ſe préparoit de s'enſevelir ſous les débris du Trône ; mais, dans le temps où il ſe diſpoſoit à recevoir ſon ennemi, les deux Infantes ſes ſœurs, Dona Urraque & Dona Elvire, négocierent un accommodement entre les deux freres, & engagerent Sanche à s'éloigner des frontieres de Léon. Sanche ne tarda point à ſe repentir de la déférence qu'il avoit eue pour ſes ſœurs, & toujours enflammé du déſir d'uſurper la Couronne d'Alphonſe, il revint, ſuivi d'une armée nombreuſe, porter le carnage & l'horreur dans le Royaume de Léon : Alphonſe raſſembla ſes troupes, &, ſecondé par le Roi de Galice, Don Garcie, ſon frere, qui lui envoya des ſecours, il marcha contre Sanche, le combattit, remporta la victoire ; & trop doux pour profiter de l'avantage qu'il avoit ſur les vaincus, eut la foibleſſe d'épargner un ennemi cruel, qui ne méritoit de lui ni tendreſſe ni égards : il fut bientôt puni de ſon imprudente amitié.

Don Sanche, accompagné du célebre Rodrigue, ſi connu ſous le nom de Cid, abuſant en uſurpateur de la clémence de ſon frere, rallia ſon armée, & dès le lendemain à la pointe du jour, il vint fondre ſur l'armée victorieuſe, en fit un horrible maſſacre, ſe ſaiſit de ſon frere, le fit lier & conduire priſonnier à Burgos. La vie du Roi de Léon étoit dans le plus grand

danger, & son frere ne l'eut point épargné, si Elvire & Urraque ses sœurs, se
jettant à ses pieds, ne l'eussent conjuré de ne point se déshonorer par un
assassinat aussi atroce; Sanche ne se rendit qu'avec peine à leurs vives instances, & ne laissa la vie à son frere, qu'à condition que celui-ci abdi-
queroit la Couronne de Léon, & qu'il se feroit Moine dans le Monastere
de Sahagun, où il resteroit enfermé à perpétuité. Alphonse n'avoit point à
balancer, & menacé de perdre la vie s'il refusoit de se soumettre à la
dureté de ces loix, il céda aux circonstances, & alla, le désespoir dans
l'ame, prendre l'habit religieux à Sahagun. L'ambition de Sanche étant plus
irritée qu'assouvie par ce premier succès; il alla porter la guerre dans les
Etats de Don Garcie son troisieme frere, usurpa également le Sceptre de
Galice, & força le Roi détrôné à se sauver dans les Etats du Roi de Seville,
le plus puissant Monarque Mahométan d'Espagne; il y trouva un asyle inaccessible aux efforts & aux attentats de l'usurpateur de son Trône. Cependant Don Alphonse, peu fait pour la condition humiliante qu'on l'avoit
obligé de prendre, fit savoir aux Infantes ses sœurs le désir pressant qu'il
avoit de rompre les liens de sa captivité, & le dessein où il étoit, dut-il
exposer ses jours, de sortir du Monastere. Ses sœurs seconderent ses vues,
lui fournirent tout ce qui pouvoit favoriser son évasion, & le firent enlever
adroitement de Sahagun.

Alphonse fugitif, se rendit à la Cour d'Ali-Maimon, Roi de Tolede,
dont il eut bientôt captivé la confiance & l'amitié par ses rares qualités,
& sur-tout par la douceur & la bonté de son caractere.

Instruit de la fuite de son captif, & de la part que ses sœurs avoient eue
à son évasion, Don Sanche se livra aux transports les plus violens, &,
plus furieux en apparence qu'il ne l'étoit en effet, mais cherchant un prétexte pour dépouiller les Infantes des Souverainetés qu'elles possédoient,
comme il avoit ravi le patrimoine de ses freres, il leur fit dire qu'elles
eussent à leur livrer les Places & les terres que le Roi leur pere leur avoit
données. Elvire & sa sœur n'obéissant point assez promptement à cet ordre
tyrannique, Sanche, suivi d'une puissante armée, alla d'abord attaquer Dona
Elvire à Toro, dont il se rendit maître : il se flattoit qu'Urraque ne lui
opposeroit pas une plus longue résistance à Zamora, & il fut l'y assiéger :
il se trompa; Dona Urraque se défendit aussi courageusement que l'eut pu
faire le guerrier le plus intrépide & le plus expérimenté. Le siege fut long,
& la Ville étoit réduite aux dernieres extrémités, lorsqu'un Citoyen intrépide, Ataulphe, passant dans le camp du Roi de Castille, délivra sa Patrie
du danger qui la menaçoit, vengea sa Souveraine par la mort de Don
Sanche qu'il tua, & eut le temps de se sauver à Zamora, avant que les
ennemis eussent pu le joindre. Le premier soin de Dona Urraque, après
la levée du siege de la Place où elle commandoit, fut de faire donner avis
à Don Alphonse de l'événement qui venoit de se passer, l'invitant à se
hâter de venir reprendre son rang.

Ali-Maimon prit le plus vif intérêt à la fortune de son hôte & de son ami ; il lui donna une escorte qui le conduisit à Zamora, où il étoit attendu par les principaux Seigneurs de Léon & de Galice, qui lui donnerent les plus fortes assurances de leur zele & de leur fidélité. La Cour de Castille parut moins empressée, soit à cause de la haute idée qu'ils avoient de leur dernier Roi, soit par les conseils du Cid Rodrigue, qui regrettoit amérement la perte de Don Sanche. Les Castillans se contenterent d'envoyer à Don Alphonse des Députés chargés de l'assurer du désir que la Nation avoit de le voir à Burgos, & de l'empressement qu'elle avoit à le reconnoître pour Souverain, pourvu qu'il fît serment de n'avoir eu aucune part à la mort de Don Sanche. Alphonse accepta d'autant plus volontiers cette condition, qu'il étoit vrai que le désir seul de délivrer Urraque & Zamora de la tyrannie de Sanche, avoit porté Ataulphe à poignarder l'usurpateur. Alphonse VI se rendit à Burgos, & le Cid chargé de recevoir le serment exigé par la Nation, & voulant le lui faire répéter trois fois, il s'attira la disgrace du nouveau Souverain, qui ne pouvoit en effet, qu'être vivement offensé d'une telle répétition, pour lui très-insultante. Le Cid fut hautement blâmé, & Alphonse prit possession du trône aux acclamations des Castillans, qui connoissoient la bonté de son ame & la générosité de son cœur. Don Garcie, délivré de ses craintes par la mort de Sanche, son frere, se rendit en Galice, & n'y trouva point l'accueil que le Souverain de Castille avoit reçu à Zamora & à Burgos. Le caractere inquiet & turbulent de Don Garcie le rendoit peu cher à ses sujets. On ignore les motifs de mécontentement qu'il donna bientôt à son frere ; on ne sait quel projet il formoit contre lui, mais on sait que déterminé par les conseils de Dona Urraque, Don Alphonse crut devoir s'assurer de la personne de ce Prince, qu'il fit enfermer dans le Château de Luna, où il passa le reste de ses jours. Nous sommes bien éloignés de faire l'apologie d'un procédé aussi rigoureux ; & sans prétendre décider entre les Auteurs qui le qualifient de perfidie horrible, & ceux qui l'appellent un acte de prudence, nous dirons qu'Urraque, aimant également ses deux freres, avoit eu nécessairement les plus fortes raisons pour donner au Roi de Castille les avis qu'elle lui donna ; que l'humeur inquiete & remuante de Don Garcie avoit, sans doute, donné à son frere de justes sujets de mécontentement, peut-être aussi que l'ambition de réunir trois Couronnes ; ou au moins l'exemple de Don Sanche, contribua à rendre Don Garcie plus suspect, plus coupable qu'il ne l'étoit, & à faire sortir Alphonse de son caractere de douceur naturelle. Le cœur des Rois a des profondeurs que l'on ne peut sonder.

Quoi qu'il en soit, le Château de Luna n'étoit point une affreuse prison : cette captivité fut si peu rigoureuse que Don Garcie y vécut très-long-temps.

Les Galicéens ne firent aucune difficulté de se soumettre au frere de

Garcie

Garcle qui réuniffant tous les Etats de fon pere, régna fur la Caftille, la Galice & Léon, en forte qu'il devint le plus puiffant Monarque d'Efpagne, comme il eut été l'un des plus puiffans Rois de l'Europe, fi dans ce temps, un Souverain, jufqu'alors plus refpecté que formidable, n'eut entrepris d'élever fon autorité au-deffus de tous les trônes de la terre, & de foumettre les Rois & les Empires à fa domination : ce Souverain étoit le Pape, qui, fatigué du rôle peu important de fes Prédéceffeurs, entreprit de fe rendre le plus redoutable des Princes.

Grégoire VII, qui venoit de fuccéder à Alexandre II, plein de la noble ambition de commander aux Rois, imagina d'étendre fa domination en Efpagne, mais il lui falloit un prétexte pour commencer à faire valoir fes prétentions outrées ; il le trouva fans peine ; l'Office Romain étoit introduit en Arragon, & l'Office Gothique dans la Caftille & à Léon ; Grégoire envoya des Emiffaires à Burgos pour infpirer au Prince de défirer l'Office Romain. Peu de temps après cette premiere tentative, il envoya, en qualité de Légat, dans les Etats d'Alphonfe, le Cardinal Hugues le Blanc, homme fin & rufé, qui gagna fi adroitement la confiance d'Alphonfe VI, que le temps de la Légation expiré, ce Prince trop crédule, eut la foibleffe de faire accompagner le politique Cardinal par des Ambaffadeurs, chargés de donner l'obédience au Pontife, & de lui demander l'établiffement de l'Office Romain dans les Eglifes de Caftille, de Galice & de Léon. Cette démarche imprudente affujettit l'Efpagne à la Cour de Rome, qui, dans la fuite, a, comme on fait, porté fi loin, dans cette partie de l'Europe, fa puiffance, fes foudres & fa domination.

Il y avoit plufieurs années qu'Alphonfe VI avoit contracté mariage avec Agude, Princeffe d'Angleterre, que la mort avoit enlevée dans fon paffage d'Angleterre en Efpagne, & qui n'avoit jamais vu fon époux. Quand il fut affermi fur le trône de Caftille, il fongea à fe donner un héritier, & il jetta les yeux fur Agnès, fille du Duc de Guêne, Comte de Poitiers ; il l'époufa : mais à peine il eut paffé quelques jours avec elle, que l'intérêt de fon hôte & de fon ami, Ali-Maimon, Roi de Tolede, ne lui permit point de goûter les douceurs de cette nouvelle union, Mahomet-Aben-Habet, Roi de Séville, étoit entré à force armée fur les terres de Tolede, & le Roi de Caftille n'eut rien de plus preffé que de voler au fecours de Maimon ; il le fervit avec tant de zele, & combattit avec tant de valeur & de fuccès, que l'armée de Mahomet fe retira précipitamment, & laiffa au généreux Alphonfe l'honneur & la gloire d'avoir terminé cette guerre, & prouvé fa reconnoiffance à fon ancien protecteur.

Cependant le fier Hildebrand, Grégoire VII, pouffé par fa dévorante ambition, & enhardi par la démarche inconfidérée d'Alphonfe, envoya de nouveaux Députés fommer tous les Souverains Efpagnols de le reconnoitre pour Seigneur fuzerain. Cette demande audacieufe n'excita que de l'indignation & de fanglantes railleries : le Pontife irrité envoya de nouveaux

Légats ordonner aux Rois Espagnols d'avoir à lui prêter serment & se déclarer ses vassaux. Il eut fallu répondre à cet ordre insultant par la voie des armes; les Rois d'Espagne se contenterent de refuser de se soumettre; quelques-uns allerent même jusqu'à ne pas vouloir changer le rit Mozarabique, pour le rit Romain; ce qui au fond étoit fort indifférent au Saint Siege, si, d'ailleurs, on eut eu la foiblesse de céder à ses prétentions. Pendant que l'Espagne défendoit les droits de son indépendance, Don Sanche, Roi de Baviere, fut cruellement assassiné par son frere & ses proches. L'Infant Don Ramire implora le secours du Roi de Castille, qui se mit en possession de la Biscaye, tandis que le reste des Navarrois se soumettoit à Don Sanche, Roi d'Arragon. A peu près vers ce temps, la dispute sur la prééminence de l'Office Mozarabique ou de l'Office Romain, s'étant échauffée en Espagne, on tint, à Burgos, un Concile qui, jugeant cette affaire d'une maniere qui nous paroîtroit aujourd'hui fort comique, ordonna que la décision entre les deux Offices seroit remise à l'événement d'un duel : cette grave sentence fut tout de suite exécutée, & le champion de l'Office Gothique ayant été victorieux, la Reine qui s'intéressoit beaucoup pour l'Office Romain, fit tant par ses intrigues, que les Peres du Concile ordonnerent que les deux Lithurgies seroient jettées dans un brasier ardent, & que celle qui échapperoit aux flammes, seroit reçue & conservée; sans doute, les deux missels devoient périr, mais un Auteur contemporain, grand partisan du S. Siege, assure que la Lithurgie Romaine fut épargnée par les flammes, & que ce miracle, fort étonnant, en effet, fit prévaloir le rit Romain. Hildebrand ne commettoit point le fort de ses prétentions à de pareilles épreuves, & pour les soutenir, il n'avoit besoin que de lui-même & de sa fiere obstination. Il cassa, de son autorité Pontificale, le mariage d'Alphonse avec la Reine Agnès, & le prétexte de cette cassation fut la parenté éloignée qu'il y avoit eue entre Agnès & Agude premiere femme d'Alphonse, qui vraisemblablement ne se fut point soumis à cette cassation, si, dégoûté de sa femme, & épris de Constance qu'il épousa bientôt après, il n'eût été d'accord avec le Pape. Agnès de son côté, épousa le Comte de Lesmans, & parut aussi peu regretter son premier mari, qu'elle en étoit regrettée.

Ali-Maimon, Roi de Tolede, & son fils Hissem, tous deux amis du Roi de Castille, étoient morts, & Hiaya, jeune Prince sans mœurs, violent & cruel, avoit pris la Couronne pour le malheur de ses Sujets, qui abhorroient sa tyrannie; elle devint si fort insupportable, que les habitans de Tolede appellerent à leur secours Alphonse VI. Hiaya, détesté pour ses crimes, ne pouvoit conserver ses Etats attaqués en même temps par le Roi de Séville & par celui d'Arragon, quand Alphonse, sensible à la situation des Sujets de son ancien ami, entra dans la nouvelle Castille, & de succès en succès, s'avança jusqu'aux murs de Tolede, où il assiégea le tyran. Hiaya, après quelques jours de défense, demanda à capituler, & il fut convenu que le Roi détrôné fortiroit librement, avec tous ceux qui voudroient le fuivre, & qu'il iroit où il jugeroit à propos; que les habitans de Tolede auroient la liberté de confcience, qu'ils conferveroient leurs Loix, & qu'ils n'éprouveroient aucune forte de dommage. Hiaya fe rendit à Valence; corrigé par fa chûte, il y fixa fa réfidence, & y vécut paifible Poffeffeur d'une petite Souveraineté.

Quelques Hiftoriens ont blâmé févérement le Roi de Caftille d'avoir porté fes armes contre Hiaya, fils de fon bienfaiteur; mais pour juger de cette action, il faut fe rappeller que les premiers enfans d'Ali-Maimon étoient fes Sujets, qu'ils étoient opprimés par la tyrannie d'Hiaya, & que d'ailleurs, le Roi de Caftille n'avoit juré une amitié inviolable qu'à Maimon & à fon fils Hiffem. Il voloit au fecours d'une nation entiere, qui le conjuroit de venir la délivrer de l'oppreffion. Maimon lui-même eut-il fouffert la tyrannie d'Hiaya? On peut donc dire qu'Alphonfe ne fit que ce qu'eût fait Maimon lui-même. Eft-ce affez pour le juftifier?

Auffi-tôt que le Roi de Caftille fut maître de Tolede, il s'attacha à gagner l'affection des habitans, & il y parvint par fa bienfaifance, fa douceur & fur-tout par la liberté de confcience dont il les laiffa jouir, quelle que fut leur Religion. Cependant les Mahométans confternés de voir cette ville, qui leur avoit été foumife pendant 372 ans, au pouvoir des Chrétiens, fe liguerent tous contre Alphonfe, & envoyerent des Ambaffadeurs en Afrique demander des fecours aux Princes de leur Religion : ils en obtinrent de très-confidérables, & nommerent pour Chefs de l'entreprife qu'ils méditoient, les Rois de Séville & de Badajoz. Alphonfe VI, inftruit de ces préparatifs, prévint fes ennemis, & entrant le premier en campagne, fuivi d'une forte armée, il fe jetta fur les terres du Roi de Badajoz, envahit l'Eftramadure, & vint affiéger Coria, dont il fe rendit maître. Les Princes Mahométans ayant réuni toutes leurs troupes, allerent à fa rencontre, lui préfenterent bataille, & remporterent fur lui une victoire complette. Alphonfe VI ne fe laiffa point abattre par cet échec, il affembla une armée encore plus nombreufe, & écrivit à Philippe-Augufte, Roi de France, pour lui demander du fecours : les Comtes Raymond de Bourgogne, & Henri de Befançon s'empefferent de conduire des troupes en Efpagne contre les Infideles; mais ces deux braves Alliés n'étoient point arrivés encore, que la guerre étoit terminée; les deux Rois Mahométans, effrayés de la nombreufe armée d'Alphonfe, n'oferent hafarder une bataille, & s'empefferent de demander la paix, qui leur fut accordée.

Le Roi de Caftille profita du loifir que lui donnoit le calme, pour repeupler les villes ruinées dans les dernieres guerres; plein de reconnoiffance pour le zele du Comte Raymond de Bourgogne, il lui donna Urraque, fille unique qu'il avoit eue de la Reine Conftance, qui ne furvécut guere à cette union, ainfi que Don Garcie qui finit fes jours au Château de Luna. Le Roi de Caftille époufa, dans l'efpérance d'avoir un fils, la jeune Berthe, sœur de Don Raymond son gendre. Aussi-tôt qu'il put se mettre en campagne, il conduisit une armée en Portugal dans le dessein d'en faire la conquête; il réussit, & sans presque éprouver aucune résistance, il s'empara successivement de Sanctaren, de Lisbonne & de Sintria; il s'engagea aussi, en qualité d'Auxiliaire, à combattre pour le Roi d'Huesca contre celui d'Arragon, dont la mort suspendit la suite de cette guerre. Les succès d'Alphonse ne le dédommagèrent point de la douleur que lui causa la mort de Berthe son épouse; il chercha à se distraire en donnant en mariage Dona Thérèse, sa fille naturelle, au Comte Henri de Besançon, auquel il céda tout le pays qu'il venoit de conquérir en Portugal. La guerre s'étant rallumée entre Don Pedre Roi d'Arragon & le Successeur du Roi d'Huesca, le Prince de Castille envoya des secours à ce dernier; mais ses troupes ni celles de son Allié ne furent point heureuses; le Roi d'Arragon fut vainqueur, s'empara de Huesca, & cet événement mit fin à cette Principauté Mahométane.

Des affaires plus agréables retenoient Alphonse VI à Tolede; toujours impatient d'avoir un fils, & jusqu'alors trompé dans ses espérances, il prit pour cinquieme épouse Zaïde, jeune & belle Princesse, fille de Mahomet Aben Habet, après qu'elle eut embrassé le catholicisme. Mahomet, le plus ambitieux des Souverains, persuada à son gendre d'entrer en négociation avec Joseph, Roi de toute la partie Occidentale d'Afrique, afin d'être en état de remplir un projet très-extraordinaire, de ruiner toutes les Principautés Maures en Espagne, que les Rois de Séville & de Léon se proposoient de partager entr'eux. Encore plus ambitieux que les deux Princes confédérés, Joseph, qui depuis long-temps ne cherchoit qu'une occasion de conquérir l'Espagne pour lui-même, saisit avidement cette proposition, & vint, à la tête d'une armée nombreuse d'Almoravides, nation & secte conquérante, cruelle & dévastatrice. Les succès & les cruautés de Joseph dans le Royaume de Murcie, jetterent les Chrétiens dans la consternation: Alphonse comprit alors, mais trop tard, la faute qu'il avoit commise; il chercha à combattre ce cruel ennemi des Chrétiens & des Maures, & ne pouvant l'engager à une bataille, il fut obligé de se contenter de ravager les environs de Séville d'où il se retira dans ses Etats, couvert de gloire & chargé de butin. Joseph qui n'avoit pas cru devoir se commettre avec une armée infiniment supérieure à la sienne, passa en Afrique, & leva de nombreuses troupes, qu'il envoya en Espagne sous la conduite d'Almohait, l'un de ses meilleurs Généraux. Mais Almohait ne remplit point les espérances de Joseph, & tous ses exploits aboutirent à s'emparer d'une Place frontière, où il se renferma, dans le dessein de faire des incursions dans le pays, lorsqu'il se présenteroit quelqu'occasion favorable.

Ce fut vers ce temps que l'épidémie des croisades qui dévastoit l'Europe, gagna les guerriers Espagnols, qui, sans songer que leur patrie étoit en proie aux fureurs des Mahométans, allerent en foule à Rome,

pour paſſer delà dans la Terre Sainte, ſous les ordres de Godefroid de
Bouillon. Le Pape Paſchal II penſa plus ſenſément que ces guerriers in-
conſidérés; il leur conſeilla ſagement de retourner en Eſpagne, & d'aller
s'y défendre contre les mêmes ennemis qu'ils vouloient combattre au-delà
des mers. Cependant les Mahométans aſſiégerent Valence, dont ils ne purent s'emparer, & qu'Alphonſe VI abandonna, prévoyant que tôt ou tard
cette place, d'ailleurs éloignée de ſon Royaume, tomberoit au pouvoir
des Infideles. Cependant la victoire, que depuis tant d'années Alphonſe VI
fixoit ſous ſes drapeaux, paſſa du côté des Maures. Le Roi de Caſtille,
ſatisfait de voir ſa famille augmentée par la naiſſance de Don Alphonſe,
fils de l'Infante Dona Urraque & de Don Raymond, Comte de Galice,
réſolut d'ajouter au bonheur de cet événement, en ſe couvrant de gloire:
mais Joſeph, Roi des Almoravides, qui étoit paſſé en Eſpagne, accompagné d'une formidable armée, déconcerta ſes projets : il étoit campé à la
vue d'Uclis : Alphonſe vint à ſa rencontre, la bataille s'engagea, les Chrétiens furent enfoncés, diſperſés & pourſuivis par les Mahométans qui en
firent un horrible maſſacre. Tout ce que le Roi de Caſtille put faire, fut
de raſſembler les malheureux débris de ſes troupes vaincues, & de jetter
une nombreuſe garniſon dans Tolede : mais ces ſoins ne le diſtrayant
point de la douleur que lui cauſa cette défaite, ſe ſentant d'ailleurs accablé
par les années & les infirmités, il convoqua les Grands de ſon Royaume
à Léon, & faiſant amener ſon petit fils Alphonſe, fils de l'Infante, veuve
de Raymond de Bourgogne, il voulut que ces Seigneurs le reconnuſſent
pour leur Souverain & lui prêtaſſent ſerment de fidélité. Il maria enſuite
la mere de ce jeune Prince avec Don Alphonſe le Batailleur, Roi d'Arragon & de Navarre, & mourut peu de temps après la célébration de ce
mariage, ſans laiſſer d'enfans mâles d'aucune de ſes épouſes, le 30 Juin
1109; après un regne de 37 ans, depuis ſon rétabliſſement ſur le Trône,
& 43 depuis ſon avénement à la Couronne. Le plus grand reproche qu'on
peut lui faire, c'eſt d'avoir trop aimé la guerre. C'étoit peut-être moins
ſon crime que celui de ſon ſiecle, celui de la Nation même à qui un
zele mal-entendu pour le Chriſtianiſme mettoit ſans ceſſe les armes à la
main contre les Mahométans, qui de leur côté haïſſoient avec le même
emportement, tout ce qui portoit le nom de Chrétien. C.

ALPHONSE VII, *ſurnommé* LE BATAILLEUR, *ou* ALPHONSE I,
Roi d'Arragon, de Caſtille & de Léon.

A VOIR toujours les armes à la main, irriter les anciens ennemis de
l'Etat, lui en ſuſciter de nouveaux, n'être ſans ceſſe occupé que de ſieges,
de batailles, d'invaſions, de conquêtes; ce ne ſont pas là les moyens les
plus aſſurés de régner avec gloire, d'être aimé de ſes peuples, d'être con-

fidéré de ſes voiſins, & de ſe maintenir ſoi-même ſur le Trône. Alphonſe VII, fut la terreur des Souverains qu'il attaqua ; mais tandis qu'il les fatiguoit par ſes hoſtilités, il ne faiſoit lui-même que d'impuiſſans efforts pour lutter contre une ennemie qui le couvroit de honte, s'emparoit de ſon autorité, & finit par lui ravir le ſceptre. Cette redoutable ennemie fut Urraque ſa femme, fille d'Alphonſe VI, & mariée en premieres noces avec Raymond de Bourgogne, Comte de Galice.

La Couronne de Léon & celle de Caſtille, ſembloient devoir appartenir ſans difficulté au jeune Alphonſe, fils d'Urraque & de Raymond : mais par une diſpoſition auſſi bizarre que fatale à ſes ſujets, Alphonſe VI, quelques jours avant que de mourir, maria ſa fille Urraque, qui avoit perdu ſon époux, avec Alphonſe, Roi d'Arragon, & déclara que ſans avoir égard aux prétentions fondées du jeune fils de Raymond, les enfans qui proviendroient de ce dernier mariage, hériteroient du Royaume. A peine il fut mort que le Roi d'Arragon entra en Caſtille, ſuivi d'une puiſſante armée, pour ſoutenir les droits qu'il avoit à la ſucceſſion de ſon beaupere, du chef de la Reine Urraque ſon épouſe. Cette maniere violente de prendre poſſeſſion d'une Couronne offenſa les Caſtillans, & les Etats aſſemblés, lui firent dire qu'ils n'étoient point dans l'uſage de voir leurs Souverains entrer ainſi dans le Royaume avec des troupes étrangeres, & que perſonne ne ſongeánt à lui conteſter les droits de la Reine ſon épouſe, il étoit le maître de venir, non en Conquérant, mais en Roi, partager le Trône avec elle. Alphonſe VII, ſe conforma aux volontés des Etats, congédia ſon armée, & fut reconnu Roi, en 1109 : mais il ne jouit pas long-temps en paix de ſon autorité : ſi la fidélité des Caſtillans flattoit ſon amour-propre, les hauteurs & la réſiſtance de ſon épouſe, qui n'étoit rien moins que diſpoſée à ſe ſoumettre à lui, l'irritoient & bleſſoient ſon orgueil. Urraque accoutumée à dominer, & jadis maîtreſſe abſolue des volontés de Raymond ſon premier mari, prétendoit ne voir dans le Roi de Caſtille que le premier de ſes ſujets : Alphonſe VII, tenta d'abord les voies de la douceur, & s'efforça, mais inutilement, de faire ſentir à Urraque la ſoumiſſion qu'elle lui devoit : ſes conſeils irriterent la Reine ; il ſe flatta de réuſſir en uſant d'autorité ; mais ce moyen ne fit qu'échanger en averſion irréconciliable le mécontentement d'Urraque. Alphonſe VII eut recours à la violence, & fit enfermer ſon épouſe dans le château de Caſtellar ; elle y reſta peu de temps, & quelques Seigneurs Caſtillans vivement offenſés qu'un étranger oſât traiter ainſi leur Souveraine, la remirent en liberté.

Profondément ulcérée, Urraque ne ſongea plus qu'à ſe venger & à priver ſon mari de la Couronne qu'elle lui avoit apporté en dot : dans cette vue, elle affecta des ſcrupules inquiétans ſur la validité de ſon mariage, qu'elle prétendit être réprouvé par l'Egliſe, à cauſe de la parenté qui l'uniſſoit à ſon époux ; & dès lors elle eut mis tout en uſage pour faire déclarer ce mariage nul, fi de nouveaux embarras n'euſſent fuſpendu l'exécution de ſes projets. Le feu de la guerre civile éclata tout-à-coup en Galice, & le ſignal de cette guerre fut un attentat puniſſable contre le Souverain de ce Pays. Avant que de mourir, Don Raymond de Bourgogne avoit chargé le Comte Frolaz de Traba de l'éducation du jeune Alphonſe ſon fils. Jaloux de la préférence donnée au Comte de Frolaz, quelques Seigneurs allerent inveſtir le Château où étoit l'Infant, qu'ils enleverent, après avoir arrêté l'Evêque de Compoſtelle, qui s'étoit oppoſé à cet acte de violence. Les habitans de Compoſtelle demanderent, les armes à la main, qu'on leur rendît leur Evêque; les rebelles le remirent en liberté; mais ils retinrent l'Infant; & ſa captivité remplit la Galice de troubles & de rebellion.

Pendant que cette Souveraineté étoit en proie à la guerre civile, Ali, fils & ſucceſſeur de Joſeph, Roi de Maroc & des Almoravides, paſſa, accompagné d'une formidable armée, en Eſpagne, qu'il ſe propoſoit de conquérir, après s'être emparé de Séville. Dans cette vue, il raſſembla toutes ſes troupes à Cordoue, & prit le chemin de Tolede, mettant tout à feu & à ſang, & portant la ruine, la mort & la dévaſtation par-tout où il alloit. Il fut cependant moins heureux qu'il ne s'en étoit flatté dans cette Ville, &, forcé d'en lever le ſiege, il tenta, pour ſe dédommager, d'aller inſulter Madrid; mais il fut encore trompé dans ſes eſpérances; & la Garniſon de Madrid, ſecondée par les habitans, ſe défendit avec tant de valeur, qu'Ali humilié fut contraint de repaſſer dans ſes Etats d'Afrique, où, avec un très-grand nombre de captifs, il emmena tous les Chrétiens qu'il trouva établis ſur ſes poſſeſſions Eſpagnoles, & qu'il diſperſa dans les environs de Maroc, afin d'y remplacer les ſoldats qu'il en avoit tirés pour les faire paſſer en Eſpagne.

Cependant la Caſtille ſouffrant beaucoup de la méſintelligence qui diviſoit le Roi & ſon épouſe, les Grands de ce Royaume, ainſi que ceux de Léon, ſolliciterent ſi vivement Urraque de ſe réconcilier avec Alphonſe VII, qu'elle conſentit enfin à ſe rendre auprès de lui: mais, comme cette réconciliation n'avoit été de part & d'autre rien moins que ſincere, la paix entre les deux époux ne ſubſiſta que peu de jours. L'indifférence d'Alphonſe & les marques de mépris qu'il ne ceſſoit de donner à Urraque, la révolterent au point que, s'éloignant encore de ſon Palais, elle jura de ne ſe rapprocher jamais d'un mari qu'elle déteſtoit. Cette ſeconde rupture eut des ſuites funeſtes pour l'Etat, qui tomba dans la confuſion & le déſordre de l'anarchie. Alphonſe, maître des places les plus importantes des deux Caſtilles, où commandoient, ſous ſes ordres, des Seigneurs Arragonois, comptoit mal-à-propos ſur la fidélité des Caſtillans, & il étoit déterminé à ne jamais reſtituer ce Royaume à ſa femme. Ses prétentions étoient injuſtes, & le Trône appartenoit trop évidemment à Urraque, pour que ſon époux dut eſpérer de s'y maintenir. Auſſi, la Reine comptoit-elle au nombre de ſes partiſans les plus zélés, les principaux Seigneurs du Royaume ; la Nation entiere lui étoit fortement attachée, en forte qu'à la premiere fommation qu'elle fit aux Seigneurs Caftillans, qui commandoient dans les forterefles au nom du Roi d'Arragon, de lui remettre ces places, ils s'empreflerent d'obéir.

Alphonfe comprenant alors que la force des armes étoit le feul moyen qu'il put mettre en ufage pour acquérir l'autorité qu'il vouloit ufurper, entra dans la Caftille, à la tête d'une nombreufe armée. Les partifans d'Urraque avoient raffemblé, fur les frontieres, toutes les forces du Royaume, dans le deffein de lui difputer le paffage. Les deux partis étant également animés, ne tarderent point à en venir à une action décifive ; les deux armées fe rangèrent en bataille dans la plaine d'Efpina, & le combat fut engagé : il ne fut point avantageux aux Caftillans, qui, enfoncés de tous côtés, & contraints de prendre la fuite, après avoir laiffé un nombre prodigieux de morts fur le champ de bataille, céderent la victoire à Alphonfe VII : il profita de ce fuccés en Général habile, &, en très-peu de temps, il fe rendit maître de Burgos, Palence, Carrion, Sahagun & Léon. Il porta la terreur & le pillage dans toutes ces Places ; & la crainte de fes armes engagea plufieurs forterefles, même dans la Galice, de fe déclarer pour lui. Urraque vaincue & prefque dépoffédée de fes Etats, ne fe laiffa point abattre ; elle leva à Léon une nouvelle armée, &, tandis qu'elle fe difpofoit à aller réparer fes malheurs, les factions oppofées qui, depuis fi long-temps, déchiroient la Galice, fe rapprocherent ; l'Evêque de Compoftelle prit, par fon patriotifme, tant d'afcendant fur les efprits, que l'Infant Don Alphonfe fut mis en liberté & couronné folemnellement par les mains de ce même Evêque, dans l'Eglife de St. Jacques. Tous les Seigneurs Galiciens réunis, & ne fongeant plus qu'à venger les injures faites à la mere de leur Prince, leverent des troupes, qu'ils conduifirent à Urraque : cette Reine active, demanda auffi des fecours à Henri, Comte de Portugal, époux de Dona Thérefe, fille naturelle d'Alphonfe VI : Henri embraffa vivement la caufe de fa belle-fœur, & lui conduifit une armée moins formidable par le nombre, que par la valeur des foldats aguerris qui la compofoient.

Tandis qu'Urraque, encouragée par ces puiffans fecours, ne cherchoit plus que l'occafion de fe venger, fon époux fut battu par un corps de Caftillans, qui lui laifferent à peine le temps de fe retirer à Carrion, où il alla fe renfermer : la Reine informée de cette défaite, fuivit fon ennemi de près, inveftit la Place, & touchoit au moment de voir l'époux qu'elle abhorroit tomber entre fes mains, quand le Légat du Pape, dans la vue d'épargner un meurtre à cette Princeffe, l'engagea, à force d'inftances & d'exhortations, à laiffer à Alphonfe la liberté de fe retirer, à condition qu'il reftitueroit toutes les Places dont il s'étoit rendu le maître dans les deux Caftilles. Urraque fe croyant fuffifamment vengée, & fon époux affez humilié, confentit à ces conditions ; mais à peine Alphonfe VII fut forti de Carrion, qu'oubliant le danger qu'il venoit de courir, & les promeffes qu'il avoit faites

au

au Légat, il ne fongea plus qu'aux moyens de réuffir dans fes projets d'u-
furpation. Furieufe d'avoir été trompée, Urraque, dévorée du défir de fe
venger, fit avancer fes troupes vers Burgos, & ne prévoyoit pas qu'elle y
éprouveroit de la réfiftance; mais le Roi d'Arragon avoit laiffé dans la citadelle de cette Ville une très-forte garnifon : d'ailleurs, par fa conduite
indécente & fcandaleufe, la Reine, depuis quelque temps, offenfoit le
Peuple & les Grands; fa paffion peu ménagée pour le Comte de Lara, la
faifoit méprifer : ce Seigneur, fans jouir exclufivement des faveurs de fa
Souveraine, trop violemment entraînée par fon penchant à la volupté, pour
fe contenter d'un amant, abufoit, avec infolence, de l'autorité fans bornes
que lui donnoit la confiance de cette Princeffe; & fes hauteurs mécontente-
rent fi fort les Grands de Caftille, que leur zele pour Urraque fe refroidit
beaucoup. La même perverfité de mœurs nuifit auffi, en Galice, aux
intérêts de la Reine, &, fans les foins de l'Evêque de Compoftelle, il eft
vraifemblable que les Galiciens fe fuffent foulevés. Cependant la Ville de
Burgos ouvrit fes portes à la Reine, qui ne put fe rendre maîtreffe du
Château que long-temps après.

Tandis qu'elle faifoit tous fes efforts pour remonter fur le Trône, les Maures,
profitant des troubles que caufoient ces diffentions, fe jetterent fur les Provinces du Royaume de Tolede, porterent le ravage jufques fur les frontieres de Galice, & euffent pénétré plus loin, fi, touchés des prieres de la
Reine, plus encore que des maux que fouffroit la Patrie, les Galiciens ne
fe fuffent réunis contre les Infideles, qui, après quelques jours de dévaftation, fe retirerent chargés de butin.

Urraque, comprenant combien cette guerre inteftine étoit fatale aux Caftillans & favorable aux projets des Sarrafins, convoqua les Etats-Généraux
à Burgos. Les efprits s'échaufferent, la querelle devint très-vive; la plupart
des Seigneurs Caftillans, foutenus par les Députés de Burgos, déclarerent
hautement que la Reine devoit fe réconcilier avec fon époux : mais l'Evêque
de Compoftelle, s'oppofant de toute fa puiffance à cet avis, prétendit que
le mariage d'Alphonfe VII avec Urraque étant nul, on ne devoit pas même
fonger à la poffibilité de cette réconciliation. Les Etats fe féparerent, après
avoir remis la décifion de cette affaire au jugement que porteroit le Concile
de Palence, qui devoit fe tenir inceffamment. Ce Concile ne fe tint que
l'année fuivante, & d'une commune voix, le mariage d'Alphonfe avec Urraque
fut déclaré nul. Cette fentence fut un coup de foudre pour le Roi d'Arragon,
qui vit toutes fes prétentions fur la Caftille renverfées. Afin de fe venger,
autant qu'il le pouvoit, de ce revers, il ne s'occupa plus que des moyens
d'exciter le défordre & le trouble dans tous les Etats de la Reine : il parvint, par fes émiffaires, à faire révolter une partie des Galiciens; mais
bientôt la rebellion fut éteinte par les foins de l'Evêque de St. Jacques.

La Reine étoit enfin parvenue au comble de fes vœux, & il ne lui reftoit plus qu'à rentrer dans les Places que le Roi d'Arragon retenoit encore :

afin d'y réuffir, elle fe rendit en Galice, & invita tous les Seigneurs du Pays à la feconder ; mais elle eut la foibleffe de fe laiffer prévenir contre le plus zélé de fes ferviteurs, l'Evêque de Compoftelle, qui lui avoit rendu des fervices fi diftingués : elle oublia en un inftant tout ce qu'elle lui devoit, & elle l'eut fait arrêter, fi quelques Grands, diffipant fes foupçons, ne l'euffent obligée de lui rendre juftice. Mais, quelque fignalés que fuffent les nouveaux fervices que l'Evêque de Compoftelle rendit encore à Urraque, cette Reine, ingrate & toujours extrême dans fes paffions, fe laiffant prévenir derechef contre ce Prélat, chargea le Comte de Frolaz de l'arrêter. Moins injufte qu'Urraque, le Comte de Frolaz avertit l'Evêque de S. Jacques, qui, ayant tout à craindre fous les ordres d'une telle Souveraine, fe ligua étroitement avec Frolaz, &, de concert avec la plupart des Seigneurs Galiciens, fit déclarer le Royaume en faveur du jeune Alphonfe, fils d'Urraque & du Comte Raymond. La Reine irritée, raffembla toutes les troupes de Caftille & de Léon, déterminée à traiter en rebelles l'Evêque & fes adhérans ; mais la paix fe rétablit encore entr'eux : à la fin, la Nation irritée & fcandalifée de l'inconduite d'Urraque, de la perverfité de fes mœurs, de fon caractere ingrat & turbulent ; plus ulcérée encore de l'abus que les amans de cette Princeffe faifoient de l'autorité qu'elle leur laiffoit prendre, l'obligerent, après avoir arraché de fes bras Don Pedre de Lara, que l'on renferma dans une étroite prifon, de céder le Trône à fon fils, & de fe contenter du titre de Reine, & d'une penfion convenable à fon rang : elle ne furvécut que peu de temps à cette difgrace, & la plupart des Hiftoriens affurent qu'elle mourut d'une fauffe couche.

Pendant que fon fils fuccédoit à fes Etats, Alphonfe VII faifoit d'impuiffans efforts pour remonter fur le Trône de Caftille ; mais le jeune Souverain rendit inutiles toutes fes tentatives ; & le Roi d'Arragon fe dédommagea par de nouveaux fuccès, prit Bayonne fur le Roi d'Aquitaine, fut battu enfuite devant Fraga qu'il affiégeoit, s'enfuit, accompagné de dix gardes, & fe fauva dans le Monaftere de S. Jean de la Pegna, où il mourut en 1134, moins des bleffures qu'il avoit reçues à ce fiege, que du dépit que lui caufa fa défaite, & peut-être le fouvenir de l'inutilité de fes tentatives réitérées fur le Royaume de Caftille.

Ainfi finit Alphonfe VII, qui n'eut que de la valeur ; il manquoit de prudence, de modération, & des autres qualités pacifiques fi néceffaires à un Roi : il fut combattre & ne fut point régner ; déshonoré, vaincu, détrôné par fa femme, il n'eut pas même la confolation de voir fes fujets le plaindre dans fon infortune. C.

ALPHONSE VIII, *Roi de Castille & de Léon.*

S'IL est vrai que ce Prince porta jusqu'à la vanité, son goût pour les honneurs; s'il est vrai que, dans quelques circonstances, il parut plus orgueilleux que grand, plus fastueux que magnifique; il faut avouer aussi qu'il fut un des plus illustres Souverains de son siecle, soit que l'on considére en lui le guerrier, le héros, ou le négociateur, le défenseur de la patrie. A de brillantes qualités, il réunit quelques vertus; inaccessible à la crainte, sa prudence & son activité, dissipant les orages que l'envie ou la haine élevoient autour de son Trône, il recula les frontieres de ses Etats, qu'il étendit depuis les montagnes de Biscaye, jusqu'aux montagnes de Sierra Morena; & ce ne fut qu'après avoir obligé les Souverains les plus puissans de l'Espagne, les Rois de Navarre & d'Arragon, de se déclarer ses Vassaux, qu'il se fit proclamer & couronner solemnellement Empereur d'Espagne; titre à la vérité plus pompeux que solide, & qui avoit au fond si peu de réalité, que malgré ses succès, ses victoires & ses conquêtes, toutes les possessions d'Alphonse VIII ne formoient pas un tiers de l'Espagne. Quelques Historiens lui reprochent avec raison cette vanité puérile, qui dut le rendre ridicule aux autres Souverains de l'Europe, & qui ne fut tout au plus respectée que par ses Sujets & ses Vassaux. Mais avant que de condamner les démarches des Souverains, il seroit bon de réfléchir sur les motifs qu'ils ont pu avoir, & sur les avantages qu'ils ont dû se promettre. En général, on sait que les Rois ont pris dans tous les temps, des titres, qui, pour n'avoir jamais été justifiés par le fait, n'en ont pas moins été confirmés par l'usage, & que les plus légeres prétentions leur ont suffi pour se déclarer possesseurs de régions entieres, qui ne leur ont jamais appartenu. Alphonse VIII étoit d'ailleurs d'autant plus autorisé à se faire couronner Empereur d'Espagne, que trois de ses prédécesseurs avoient été décorés du même titre, sans qu'aucun Prince Européen eût reclamé contre cette dénomination. A ces raisons, je pense que le Roi de Léon en joignoit de bien plus puissantes encore, qui l'autorisoient à se décorer de ce titre. La plûpart des Princes Chrétiens qui régnoient en Espagne, étoient ses Vassaux. Les Princes Maures, armés les uns contre les autres, s'y faisoient une guerre cruelle quand ils ne se réunissoient point contre les Chrétiens. Par lui-même & par ses Vassaux, Alphonse VIII étoit leur plus redoutable ennemi; le titre d'Empereur étoit propre à en imposer aux uns & aux autres. Il y avoit peut-être encore plus de prudence que de vanité à prendre ce titre, autorisé par les circonstances, comme il l'étoit par l'exemple de plusieurs Rois de Castille & de Léon.

Délivré par la mort de Dona Urraque sa mere, des troubles que cette Reine ambitieuse, turbulente & scandaleuse avoit suscités, Alphonse VIII fut unanimement reconnu, en 1126, Roi de Castille, de Léon, & des As-

turies ; il ſe trouvoit encore paiſible poſſeſſeur de la Souveraineté de Galice, du chef du Comte Raymond de Bourgogne ſon pere. Il eut quelques
factieux à ſoumettre, quelques rebelles à réprimer ; il les vainquit les armes
à la main, & ſe les attacha par ſa clémence & ſes bienfaits. Alphonſe VII,
Roi d'Arragon, tenta auſſi de faire valoir les prétentions qu'il croyoit avoir
encore ſur la Caſtille & Léon ; mais ce différent fut terminé ſans guerre ;
les deux Rois qui s'eſtimoient l'un l'autre, firent la paix, & celui d'Arragon reſtitua toutes les places & les châteaux qu'il poſſédoit en Caſtille.

Dona Thereſe, Souveraine du Portugal, digne ſœur de la Reine Urraque,
par l'inquiétude de ſon caractere, par ſes deſſeins ambitieux, & plus encore
par la dépravation de ſes mœurs, fit une irruption en Galice, d'où elle
fut chaſſée par le Roi de Léon ſon neveu, qui la ſuivit en Portugal, où
il mit tout à feu & à ſang. L'Archévêque de Compoſtelle appaiſa la juſte
colere du Roi de Caſtille, qui accorda la paix à ſa tante : elle n'en jouit
pas long-temps, & l'indécence de ſa paſſion pour Don Ferdinand Perez, mé-
contenta ſi fort les Portugais, qu'ils ſe ſouleverent, & forcerent Dona Thereſe d'abdiquer la Couronne, qui fut placée ſur la tête de Don Alphonſe
Henriquez, ſon fils.

Pendant que le Portugal étoit agité par cette révolution, plus tranquille
dans ſes Etats, Alphonſe VIII y épouſoit la jeune Dona Berengere, fille
de Don Raymond, Comte de Barcelone, Princeſſe qui joignoit à la plus
éclatante beauté, l'avantage des talens & un mérite diſtingué. Mais les fêtes
de ce mariage furent troublées par la nouvelle inattendue que Don Alphonſe
reçut de l'entrepriſe formée par le Roi d'Arragon ſur Moron, ville de Caſtille. L'activité d'Alphonſe rendit cette tentative inutile, & le Roi d'Arragon levant honteuſement le ſiege, ſe retira précipitamment dans ſes Etats.
Quelques-uns de ſes partiſans, profitant de l'éloignement du Roi, ſe révolterent, & ayant à leur tête Don Pedre, Comte de Lara, & Roderic Gonçalez, ſon frere, tâcherent de faire ſoulever la ville de Palence : ils ne
réuſſirent point, & la crainte du châtiment qu'ils méritoient, les engagea
de ſe retirer dans les montagnes de Santillane, où Alphonſe les ſuivit de
ſi près, qu'il ſe ſaiſit de Roderic Gonçalez. Le crime de Roderic étoit atroce, & méritoit la mort ; mais le Roi de Léon, toujours diſpoſé à la clémence, ſe contenta de dépouiller le coupable de ſes biens, & de le bannir du
Royaume : encore même, peu de temps après, ce bon Roi, touché du
repentir de Roderic, le rappella, le reçut avec bonté, lui rendit ſon rang
& ſes biens. Cependant le Roi d'Arragon étant paſſé en France, ſans avoir
encore rempli les engagemens qu'il avoit pris de reſtituer les Places qu'il
tenoit en Caſtille, Alphonſe profitant de ſon abſence, alla s'emparer de
ces Places, ne prit que ce qu'il avoit droit de reprendre, & par la plus
rare modération, ne commit aucune hoſtilité ſur les terres d'Arragon.

Cette expédition étoit finie à peine, que les Mahométans, excités &
réunis par Texefin-Ben-Ali, Roi de Maroc, récemment arrivé d'Afrique,

à la tête d'une armée nombreuse, se jetterent sur le Royaume de Tolede ; mais ils n'eurent point le temps d'y commettre de grands ravages ; leur camp fut attaqué, pendant la nuit, par un corps de mille cavaliers & de trois ou quatre mille hommes seulement d'Infanterie. Le choc fut si violent, l'attaque si fort imprévue, & la valeur des agresseurs si héroïque que les Mahométans, ne comptant plus sur la supériorité du nombre, ni sur le peu de troupes qui les attaquoient, se laisserent massacrer ; quelques-uns seulement échapperent au carnage, & s'enfuirent à Cordoue, suivis par Texefin lui-même qui, blessé à la cuisse, & tout aussi épouvanté que le reste de ses soldats, abandonna son camp au pillage des Chrétiens qui se retirerent chargés d'un immense butin. Alphonse VIII n'eut pas manqué de tirer de ce succès tout l'avantage qu'il offroit aux Puissances Chrétiennes établies en Espagne, & il eut achevé d'accabler les Sarrasins, si des affaires importantes & des troubles inattendus ne l'eussent obligé de porter ses armes contre Don Gonçale Pelaez & Don Roderic Gomez, qui cherchoient à soulever les Asturies. Le Roi de Léon ne fut pas plutôt informé de cette révolte naissante, que marchant contre les rebelles, il les surprit, fit prisonnier Roderic, qui fut dégradé de Noblesse, privé de ses biens & banni : Gonçale plus heureux eut le temps de se renfermer à Tudelle, où il se défendit avec opiniâtreté ; mais ne pouvant plus résister, il sortit de Tudelle, & vint se jetter aux pieds de son maître, qui eut la générosité de lui pardonner : mais à peine il se fut éloigné que le traître reprit les armes, & s'empara de plusieurs forteresses. Alphonse VIII, indigné de tant d'ingratitude, eut fait de ce rebelle un exemple effrayant, si l'irruption du Roi de Portugal dans la Galice, n'eût point différé sa vengeance. Le Roi de Léon se hâta de marcher contre les Portugais ; il les chassa des terres de Galice, & pour les punir de cette invasion, il soumit toute la Contrée de Limia.

De cette expédition il vola au secours de Tolede, vivement attaquée par les Maures, commandés par Texefin : ils furent battus, & le Roi de Maroc, n'osant risquer une seconde bataille, se retira dans ses Etats, ruinant dans sa retraite précipitée, tous les lieux par où il passoit. La campagne suivante fut encore plus glorieuse pour Alphonse VIII. Texefin-Ben-Ali, toujours occupé du projet de s'emparer de Tolede, rassembla toutes ses forces, résolu de périr ou de vaincre : mais le Roi de Castille & de Léon fit encore échouer cette entreprise. Il eût dû se contenter d'avoir mis Tolede à couvert des armes des Mahométans : mais la fureur guerriere une fois exaltée n'a point de bornes : il se jetta sur le territoire de Cordoue, ravagea la campagne, ruina les moissons, réduisit les villages en cendres, se rendit maître d'une foule de Maures, alla exercer les mêmes dévastations dans les environs de Séville, rencontra, comme il se retiroit, l'armée du Roi de Maroc, la força d'en venir à une bataille, fut vainqueur, mit les Musulmans en fuite, & rentra sans obstacle dans ses Etats.

Le Roi d'Arragon n'eût pas autant de succès; au contraire, il éprouva les plus cruels revers; il fut vaincu par les Maures, & il périt les armes à la main. Sa mort suscita de grands troubles en Arragon : ce Prince ne laissoit point d'enfans; & le choix d'un Successeur divisa les Arragonnois, qui, à la fin, élurent Don Ramire, son frere, moine imbécille, & qui depuis quarante années végétoit dans le cloître; & les Navarrois procla-mierent Don Garcie Ramirez, issu des anciens Rois de Navarre. Al-phonse VIII, informé des troubles qui agitoient ces deux Royaumes, & désirant de les pacifier, marcha, suivi de son armée, vers la Rioja, & à la priere même des habitans, se rendit maître de Nagera & de Calahorra : cet exemple fut suivi par les Commandans de toutes les places situées au midi de l'Ebre; en sorte qu'il ajouta des Contrées fort étendues à ses an-ciennes possessions : arrivé à Sarragosse, il y reçut du Roi, Don Ramire, l'accueil le plus distingué, & trouva dans cette ville Don Raymond, Comte de Barcelone, & Don Alphonse, Comte de Toulouse, qui s'y étoient rendus pour se déclarer ses vassaux. Ebloui de l'éclat d'un aussi Puissant Monarque, Don Ramire, de concert avec les Evêques & les Seigneurs les plus distingués d'Arragon, lui donna Saragosse, & quelques jours après, comme il étoit en marche, pour rentrer dans la Castille, il reçut la visite du nouveau Roi de Navarre, qui étoit venu exprès à sa rencontre pour lui faire hommage de son Royaume. Ce fut après tant de victoires éclatantes, mais payées beaucoup trop cher par le sang de tant de victimes humaines, qu'Alphonse VIII, de retour en Castille, fut pro-clamé Empereur des Espagnols.

Ce titre excita l'envie de quelques Souverains : le Roi de Navarre, qui depuis si peu de temps lui avoit fait hommage de son Royaume, & le Prince de Portugal, qui avoit éprouvé la force de ses armes, se liguerent contre lui : & tandis que le premier tentoit de recouvrer la Province de Rioja, le second se jetta brusquement sur la Galice, se rendit maître de Tuy, & de quelques autres Places. Alphonse VIII se contenta d'envoyer des troupes commandées par ses Généraux contre les Portugais; mais ces Généraux qui n'avoient ni les talens, ni la valeur du Roi, furent battus, tandis qu'Alphonse VIII fondit sur la Navarre, qu'il ravagea, sans qu'il lui fût possible d'engager les Navarrois à en venir à un combat. La défaite des Castillans battus en Galice par le Prince de Portugal, fut réparée par l'éclatante victoire que Roderic Ferdinandez, Général du Roi de Castille, remporta dans la même campagne sur l'ambitieux Texefin-Ben-Ali, & bien-tôt Alphonse VIII eut vengé l'honneur de ses armes, si le Prince de Por-tugal ne se fut hâté de demander la paix, qui lui fut accordée.

Ces contestations & ces guerres presque perpétuelles qui divisoient les Princes Chrétiens, affoiblissoient le nouvel Empire d'Alphonse, plongeoient les Peuples dans la misere, dans le dérèglement des mœurs, & dans tous les désordres physiques & moraux qui accompagnent les temps de troubles ; mais elles tournoient à l'avantage des Maures ; ils réunirent leurs forces, contre Tolede, dont ils n'avoient point encore perdu l'espoir de s'emparer. Alphonse se hâta de secourir cette ville, & entrant en Andalousie, il se proposoit d'écraser les Musulmans, lorsque ceux-ci tombant sur une partie de son armée, séparée du reste par une large riviere, la mirent en déroute, à la vue d'Alphonse, qui ne pouvoit la secourir, & qui eut la douleur d'en voir faire un horrible massacre. Afin d'assurer la vengeance qu'il méditoit, le Roi de Léon termina, non-seulement tous les differents qu'il avoit avec ses voisins, mais il mit fin encore à tous les sujets de dispute qu'il pouvoit y avoir entre les Princes Chrétiens ; & ils formerent tous une confédération générale, sous les ordres d'Alphonse, contre les Sarrasins. Telle étoit la situation fatale où la fureur des armes avoit plongé l'Espagne, & ses Souverains ! Ils ne pouvoient terminer une guerre que pour en entreprendre une autre : & n'avoient d'autre moyen de faire la paix entre eux, que de s'armer contre un ennemi commun ; & souvent encore cette ligue mal affermie n'étoit pas à l'épreuve des inimitiés particulieres.

Le Roi de Léon ouvrit la campagne suivante par le siege du Château d'Oreja, défendu par une forte garnison, & qu'il prit malgré tous les secours que Texefin y avoit fait jetter, & les efforts des Maures désespérés de voir tomber cette place au pouvoir des Castillans. Par bonheur pour les Mahométans, la bonne intelligence qui unissoit les Princes Chrétiens ne se soutint pas : le Roi d'Arragon qui désiroit depuis long-temps de réunir la Navarre à son Royaume, persuada à l'Empereur, qui n'avoit déja que trop de sujets de mécontentement contre le Roi de Navarre, de se liguer avec lui contre ce Souverain ; de son côté, le Roi de Navarre se lia étroitement, contre l'Empereur, avec le Roi de Portugal, & la guerre suivit de près cette double négociation. Si l'Empereur fut heureux dans la Navarre, où il ne trouva point d'obstacles qui lui résistassent, il eut le chagrin d'apprendre, pendant qu'il assiégeoit Pampelune, que Don Garcie, Roi de Navarre, venoit de remporter une victoire complette sur les Arragonois : en sorte que cette guerre, mêlée, comme toutes celles qui ont dévasté l'Europe depuis les temps les plus reculés, de succès & de défaites, fut terminée par les soins de quelques négociateurs, qui convinrent que Don Sanche, fils aîné de l'Empereur, épouseroit Dona Blanche, fille du Roi de Navarre. Le Roi de Portugal fit aussi la paix avec Alphonse VIII, à des conditions avantageuses ; & le Roi d'Arragon, affoibli par ses pertes, n'eût rien qui le dédommageât des revers qu'il avoit essuyés. Encouragés par ces divisions, les Sarrasins enleverent aux Chrétiens le Château de Mora, tandis qu'ils perdoient eux-mêmes le fort de Coréa, & qu'ils étoient battus, presque sous les murs de Cordoue, par Munne Alphonse, l'un des Généraux du Roi de Léon.

Au milieu de ces orages, Alphonse VIII se rendoit plus redoutable, soit par la terreur de ses armes, soit par les alliances qu'il contractoit: il donna la jeune Urraque, sa fille naturelle, à Don Garcie, Roi de Navarre; & moins occupé des fêtes qui suivirent cette union, que des guerres civiles & des révolutions qui se passoient parmi les Maures, armés les uns contre les autres, il forma le projet important de se rendre maître du port d'Almérie, place très-forte, & qu'il étoit d'autant plus intéressant d'ôter aux Sarrasins, qu'elle étoit depuis long-temps l'asyle des Corsaires Africains, qui, de là faisoient des ravages affreux sur les côtes d'Espagne, de France & d'Italie. Afin de réussir dans cette épineuse entreprise, le Roi de Castille, sentant le besoin indispensable d'avoir une armée navale, se ligua avec le Prince d'Arragon, le Duc de Montpellier, & les Républiques de Gênes & de Pise. Le plan de cette expédition fut si sagement concerté, il fut exécuté avec tant d'intelligence, que, quoique défendue par une garnison formidable, Alméric tomba au pouvoir des Chrétiens, qui y firent un très-riche butin. Satisfait de rester maître de la place, l'Empereur distribua la plus grande partie des richesses qui y étoient rassemblées à ses alliés. Cette prise que l'Empereur lui-même regardoit avec raison, comme la plus brillante de ses expéditions, n'adoucit point l'amertume du chagrin que lui causa la mort de Dona Berengere, son épouse : vivement affligé de cette perte, il convoqua les Etats à Léon, & fixant l'appanage de ses deux fils, il les déclara Rois, Don Sanche, de Castille, des Montagnes de Burgos, de la Biscaye & de Tolede; & Don Ferdinand, de Léon, des Asturies & de la Galice.

Pendant qu'il disposoit ainsi de ses Etats, les Almohades, Nation dévastatrice, plus cruelle & plus sanguinaire que les Almoravides, passant par essaims, d'Afrique sur les côtes d'Espagne, pénétrerent dans l'Andaloulie, mettant tout à feu & à sang, & y exterminant jusqu'au nom de Christianisme. Alphonse, pénétré de douleur à cette nouvelle, prit les armes, & alla venger, autant qu'il étoit possible, dans le sang des Almohades, le massacre des malheureux habitans de l'Andaloulie; il remporta sur cette féroce Nation, une victoire complette; & retournant dans ses Etats, il y fit solemniser le mariage arrêté, depuis plusieurs années, entre Don Sanche, son fils aîné, & Dona Blanche, fille du dernier Roi de Navarre, & sœur du Prince régnant. Il se maria lui-même avec la Princesse Riche, fille de Ladislas II, Roi de Pologne, & d'Inez d'Autriche. Dans ce siecle barbare où l'art de régner sembloit réduit à celui de combattre & de vaincre, la renommée de l'illustre Empereur des Espagnes étoit si grande en Europe, & il y jouïssoit d'une si haute estime, que Louis VII, Roi de France, dont le mariage avec Eléonor, Duchesse d'Aquitaine, venoit d'être déclaré nul, demanda & obtint en mariage Dona Constance, fille d'Alphonse VIII. Les soins & les plaisirs de ces diverses alliances ne purent distraire l'Empereur de l'envie insatiable d'aller combattre les infideles; c'étoit une fievre ardente qui ne lui laissoit point de moment de relâche : aussi-tôt que la saison le lui permit, rassemblant son armée, il entra sur leurs terres, accompagné de Don Sanche, Roi de Castille, son fils : chaque jour de cette sanglante campagne fut marqué par un succès ; Alphonse VIII se rendit maître de plusieurs places, rencontra dans l'Andalousie, l'armée nombreuse des Maures, marcha fièrement à elle, l'attaqua avec intrépidité, mit en fuite ou tailla en pieces les Mahométans, se rendit maître du champ de bataille, & n'eut pas le temps de goûter les avantages de cette grande victoire ; car dès le lendemain, il fut attaqué d'une maladie, qu'il jugea lui-même mortelle : ce funeste événement ne l'attrista point ; il laissa le commandement de l'armée à son fils, & reprit la route de Castille : mais arrivé au village de Fresneda, il sentit qu'il étoit inutile d'aller plus loin ; il s'arrêta & expira quelques momens après, le 21 Août 1157.

Telle fut la brillante vie d'Alphonse VIII, & tel fut son regne plus éclatant qu'utile à ses sujets. Ses victoires, ses conquêtes, ses succès sur les Mahométans lui méritèrent le titre d'Empereur ; tandis qu'avec moins de peines & de danger, il eut pu mériter le nom glorieux de pere de ses sujets, en s'attachant à les gouverner en paix au sein de la justice, à favoriser la pureté des mœurs, à faire observer les loix. Il fut le défenseur de la patrie contre les Maures : ce n'est pas assez pour obtenir d'être mis au nombre des bons Rois. C.

ALPHONSE IX, *surnommé* LE NOBLE, *Roi de Castille, de Biscaye & de Tolede.*

LA Puissance des Maures affoiblie en Espagne, & presque anéantie ; leur tyrannie renversée, leurs armées vaincues, massacrées, ou honteusement chassées, leurs Souverains humiliés, contraints de repasser la mer, & d'aller chercher en Afrique un asyle qui les dérobe à la vengeance des vainqueurs ; le Christianisme vengé & rétabli ; la plupart des Contrées Espagnoles délivrées de leurs maîtres farouches, ne sont pas ce que j'admire le plus dans Alphonse IX. J'aime mieux le voir prendre les moyens de substituer des loix justes à l'affreuse loi du plus fort, de réprimer ou d'abolir des abus consacrés par le temps & par la barbarie, de rétablir l'ordre, d'épurer les mœurs, d'exciter le patriotisme, introduit, respecté & florissant parmi les mêmes peuples, qui, jusqu'alors n'avoient connu que le trouble, le désordre & la confusion de l'Anarchie. A la vue du bien qu'il fit, je me persuade qu'il eût voulu en faire plus, & qu'il en eût réellement fait davantage dans des circonstances plus favorables à ses bonnes intentions. Mais l'histoire, qui nous a transmis ses exploits militaires, n'entre pas dans les mêmes détails sur son Administration intérieure, bien assez importante cependant & bien plus instructive que le récit de ses victoires. Les Historiens ont reproché à ce Prince, & la postérité ne cessera de condamner cette obstination, qu'il prenoit malheureusement pour de la fermeté, & qui plus d'une fois l'empêcha de ſervir la patrie auſſi utilement qu'il eût pu le faire. Ce défaut, qui, pouſſé trop loin, eſt, ſur-tout dans un Roi, un vice dangereux, ternit l'éclat de la gloire d'Alphonſe, & lui faiſant ſacrifier l'intérêt général à ſes reſſentimens particuliers, l'engagea de tourner ſes armes contre les Princes Chrétiens, & de les ſoulever les uns contre les autres; il eſt vrai qu'il les réunit dans la ſuite contre les Sarraſins, leurs ennemis communs, lorſque ſa colere exhalée, il ſentit les malheurs que ſa funeſte obſtination avoit occaſionnés, & les grands avantages que les Maures retiroient des diſſentions qu'il avoit ſuſcitées. Etoit-ce réparer ſa faute, que de la laver dans le ſang de deux cens mille Sarraſins, qui périrent dans la mémorable bataille qui l'a immortaliſé, comme ſi la gloire des Rois étoit attachée à la deſtruction de leurs ſemblables. Alphonſe IX. n'avoit que trois ans, lorſque Don Sanche ſon pere, Roi de Caſtille, étant mort à Tolede, en 1158, lui laiſſa la Couronne, & des Etats violemment agités par les factions & les intrigues de deux Maiſons puiſſantes qui ſe diſputoient la tutelle du jeune Souverain. Sanche pourtant, afin de prévenir ces dangereuſes intrigues, avoit nommé Don Guttiere de Caſtro Régent du Royaume & Tuteur du jeune Prince : mais cette diſpoſition même avoit excité la jalouſie de Don Manrique, Chef des Seigneurs de la Maiſon de Lara, & la crainte des troubles que cet homme ambitieux alloit ſuſciter dans l'Etat, engagea Don Guttiere à ſe décharger de l'éducation du Prince ſur Don Garcie d'Oza, neveu de Don Manrique, qui, gagné par celui-ci, eut la foibleſſe de lui remettre ſon pupille : Guttiere au déſeſpoir tenta, mais vainement, de ravoir le précieux dépôt dont il avoit eu l'imprudence de ſe déſaiſir; mais les efforts qu'il fit, animant la haine des Lara, jaloux de l'autorité abſolue que la tutelle leur donnoit en Caſtille pendant une longue animoſité : enflammés du déſir de ſe venger, ils dépouillerent tous les Caſtro leurs ennemis des poſtes éminens qu'ils rempliſſoient & des charges qu'ils occupoient : plus irrités qu'humiliés, les parens de Guttiere trop animés par la colere, pour ſonger aux intérêts de l'Etat, engagerent Ferdinand, Roi de Léon, à venir prendre lui-même la Régence du Royaume de Caſtille, & ſe charger de l'éducation d'Alphonſe ſon neveu. Ferdinand, qui ne cherchoit qu'un prétexte pour prendre part à cette querelle, entra, ſuivi d'une nombreuſe armée, ſur les terres de Tolede, ſe fit reconnoître pour Tuteur du jeune Souverain, s'avança juſqu'aux murs de Tolede qui lui ouvrit ſes portes, & pénétra dans la Caſtille, ne trouvant nulle part aucune réſiſtance : mais pendant qu'il s'occupoit du ſoin de faire reconnoître ſon autorité par le peuple; les factieux Lara s'emparerent du jeune Alphonſe, & le conduiſirent à Soria, où ils ſe renfermerent. Ferdinand moins ambitieux d'être chargé de la tutelle de ſon neveu, que de conquérir quelques villes qui étoient à ſa bienſéance, affecta d'être fort courroucé; laiſſa l'éducation d'Alphonſe aux Seigneurs de Lara, & s'empara de pluſieurs villes pour les gouverner en qualité de

Tuteur. Mais à peine il se fut retiré, que les Lara prenant les armes, tenterent de recouvrer ces Places. Irrité de leur audace, le Roi de Léon, revenant sur ses pas, marcha contre eux, les attaqua, remporta la victoire, & les mit hors d'état de lutter contre lui. Pendant que ces dissentions remplissoient le Royaume de troubles, les Maures, profitant des circonstances, mais moins qu'ils n'eussent pu le faire, entrerent en Castille, & se contenterent d'y commettre quelques ravages, & de remporter sur le petit nombre de troupes qui s'opposerent à leur incursion, quelques légers avantages. Don Sanche, Roi de Navarre, qui avoit formé des projets plus étendus, se jetta sur la Province de Rioja, & avant que le Régent Monarque eût pu se mettre en état de défense, les Navarrois s'étoient déja saisis de plusieurs Places importantes : toutefois il ne put les conserver, & l'année suivante, tandis qu'il étoit occupé à se défendre lui-même contre les Sarrasins, les Castillans se rendirent en armes dans la Province de Rioja, & reprirent toutes les places, qui étoient tombées au pouvoir de Don Sanche. Ces hostilités continuerent pendant toute la minorité d'Alphonse, & la haine mutuelle des Maisons de Lara & de Castro agitoit le Royaume & divisoit les Castillans. En vain le Roi de Léon tenta, par les conseils les plus sages & les plus modérés, d'engager Don Manrique à mettre fin à des querelles aussi funestes au Gouvernement, qu'elles étoient préjudiciables aux intérêts de son pupille ; l'inflexible Manrique n'écoutant que les conseils de sa haine, s'attacha uniquement à poursuivre les ennemis de sa Maison.

Guidé, instruit par cet homme implacable, & par Don Nunne de Lara, tout aussi violent, Alphonse IX, formé au milieu des orages & des factions, parvint à sa quatorzieme année. Fatigués d'une Régence ambitieuse & turbulente, les Grands de la Nation désiroient vivement de voir leur Roi se marier, & prendre en main les rênes du Gouvernement. Les Etats convoqués à Burgos, répondirent aux vœux de la Nation, & d'après la délibération qui y fut prise, Alphonse IX épousa la Princesse Eléonore, fille de Henri II, Roi d'Angleterre & d'Eléonore, Duchesse d'Aquitaine.

Pendant que les jeunes époux étoient occupés des fêtes de leur mariage, le Roi de Portugal chassoit de dessus ses terres les Maures, qui y avoient assiégé Santaren, où ils furent vaincus en bataille rangée, mis en déroute & vivement poursuivis dans leur fuite. Joseph, Roi de Maroc, honteux de sa défaite, & cherchant à la réparer, se jetta, dès le commencement de la campagne suivante, sur les possessions du Roi de Castille, & mit le siege devant Huete, qui, réduite à l'extrêmité, étoit au moment de se rendre, quand Don Alphonse accourant au secours de cette Place, obligea les Mahométans de lever le siege, & de se retirer avec précipitation. Joseph ne tarda point à se dédommager de cet échec par la conquête de Murcie, qu'il envahit après la mort de Mahomet Roi de Valence ; il eut poussé plus loin cette invasion, si des affaires importantes ne l'eussent rappellé dans ses Etats d'Afrique ; & il n'est pas cependant vraisemblable qu'il se fût aussi, facilement emparé de Murcie, si les Rois d'Arragon & de Castille, qui n'eussent dû se réunir que contre les Sarrasins, ne se fussent ligués contre le Roi de Navarre, sur les terres duquel ils porterent leurs armes sans succès. Tandis qu'ils étoient occupés de cette irruption aussi mal concertée qu'elle étoit peu réfléchie, Don Ferdinand, Roi de Léon, attaqua brusquement, & avec peu de troupes, les Maures qui s'étoient jettés sur ses tertes; il les mit en désordre, remporta la victoire, & les tailla en pieces. Alphonse IX, qui n'eut dû employer sa valeur que contre de tels ennemis, & le Roi d'Arragon ligué avec ce jeune Souverain contre celui de Navarre, qui sans hazarder d'action décisive, les épuisoit l'un & l'autre, fatigués d'une guerre qui n'étoit ni glorieuse ni utile pour eux, & cherchant également les moyens de rompre la ligue qui les unissoit, cesserent d'agir de concert; la mésintelligence s'accrut; ils se plaignirent hautement l'un de l'autre, & des plaintes ils en vinrent aux hostilités. Le plus impétueux des deux, Alphonse, reprit à main armée l'une des forteresses qu'il avoit livrées pour sûreté de la ligue; & le Roi d'Arragon, indigné de ce procédé, refusa de conclure son mariage avec Dona Sanche, tante d'Alphonse IX, & sœur du Roi de Léon : afin même d'empêcher toute voie de conciliation, il envoya des ambassadeurs à Constantinople, chargés de demander en mariage à l'Empereur Emmanuel, sa fille Eudoxie, qui lui fut accordée, & qui s'embarqua aussi-tôt pour passer en Espagne. Cette démarche inconsidérée offensa également le Roi de Castille qu'elle insultoit, & Ferdinand Roi de Léon, qui jura de venger l'affront fait à sa sœur; ensorte que le Roi d'Arragon, qui avoit à se défendre contre les Navarrois, se voyant à la veille d'avoir une guerre encore plus cruelle à soutenir contre Alphonse & Ferdinand, fut obligé par les circonstances, de remplir son premier engagement, & de renoncer à Eudoxie, qui arrivée en France, lorsqu'elle apprit que le Roi d'Arragon, manquant à sa promesse, l'avoit abandonnée, fut profondément affligée de l'humiliation qu'elle essuyoit, & tâcha d'oublier cette injure dans les bras du Comte de Montpellier qui l'épousa.

Pleins d'estime pour la valeur & les talens distingués de leur Souverain, les Castillans se promettoient les temps les plus heureux; mais leurs flatteuses espérances étoient troublées par l'esprit factieux que fomentoit la haine, chaque jour plus envenimée, des Maisons de Castro & de Lara; cette haine fut poussée si loin, que ces irréconciliables ennemis prenant les armes, eux & leurs adhérans, se livrerent une bataille sanglante dans la Province de Tierra de Campos; ils combattirent avec l'acharnement le plus cruel, s'entre-détruisirent presque tous, & laisserent la victoire à Don Ferdinand de Castro : la Castille eut été trop heureuse, si dès les premiers jours de la minorité d'Alphonse, ces deux Maisons eussent ainsi terminé leurs querelles. Cependant le Roi d'Arragon, que son mariage avec Dona Sanche avoit réconcilié avec Alphonse IX, se ligua de nouveau avec ce Prince contre le Roi de Navarre; mais ce dernier, l'un des Généraux les plus habiles de son siecle, ayant encore rendu infructueuses toutes les tentatives de ses deux ennemis ; les trois Rois, fatigués de la guerre, entrerent en négociation, & consentirent à remettre la décision de leurs différens à Henri II, Roi d'Angleterre, qui malgré ses lumieres & l'équité du jugement qu'il prononça, ne put cependant parvenir à contenter aucun des trois Souverains.

A-peu-près dans le même-temps on vit s'élever en Espagne une contestation d'un autre genre ; contestation fort sérieuse alors, & qui ne paroîtroit de nos jours, que singuliere & ridicule. Depuis plusieurs années Don Ferdinand, Roi de Léon, vivoit avec la Reine Urraque, son épouse, dans la plus intime union, & Alphonse, leur fils, ne faisoit qu'ajouter à leur tendresse mutuelle, lorsque, par un caprice indigne de son auteur, il plût au Pape de troubler & de rompre cette union. Ce Pontife, sans doute, afin d'essayer sa puissance, ordonna tout-à-coup au Roi Ferdinand de répudier son épouse, & cela, parce qu'ils étoient parens au troisieme dégré de consanguinité, étant l'un & l'autre arriere-petits fils d'Alphonse VI. Ferdinand irrité de cet ordre, & ne prenant point pour regle de ses sentimens les volontés de Rome, refusa d'obéir, & sentit au contraire son amour pour sa femme s'accroître : le Pape, qui de son côté, ne prétendoit point éprouver de la résistance, réitera ses ordres absolus, menaçant le Roi de Léon de l'excommunier, & de mettre son Royaume en interdit. L'une des prérogatives les plus sacrées, les plus utiles même du Pontife Romain, est d'accorder des dispenses pour les mariages entre parens : Ferdinand demanda une dispense de ce genre ; mais son refus avoit irrité le Pape, qui ne voulant entrer en aucune espece d'accommodement, lança toutes ses foudres sur Ferdinand, Urraque & le Royaume. On sait combien alors elles étoient redoutables & redoutées ces foudres, qui renversoient les trônes, & dépouilloient les Rois. Aussi, après un an entier de résistance, Ferdinand épris d'Urraque, dont il étoit idolâtré, fut contraint de la répudier, & de se contenter de lui conserver des sentimens qui ne finirent qu'avec lui.

Tandis que le Roi de Léon luttoit ainsi, mais vainement, contre l'autorité Papale, Alphonse IX, combattoit avec autant de gloire que d'avantage, contre les Maures, sur lesquels il prit la ville de Cuença, place forte, qui, après une longue résistance, fut obligée de se rendre, à la vue même des Maures accourus pour la secourir, & qui pour se venger firent une irruption sur les terres de Tolede, où ils furent vaincus, & en partie massacrés. Animé par ces succès, Alphonse IX, ligué avec Don Ferdinand, continua pendant plusieurs années de suite, à faire des incursions sur les terres des Sarrasins, & tandis qu'il se rendoit maître d'Alençon, son allié s'emparoit de Caceres. Don Ferdinand fut même plus heureux que le Roi de Castille ; puisqu'il eut la gloire de concourir, en qualité d'auxiliaire du Roi de Portugal, à l'éclatante victoire de Santaren, qui coûta tant de sang aux Maures & la vie à Joseph, Roi de Maroc. Alphonse, quelque temps après éprouva, pour la premiere fois, la vicissitude des armes, & fut battu par les Maures près de Sotille, dans l'Eſtramadure ; mais il ne tarda point à ſe venger de cet échec par pluſieurs avantages qu'il remporta ſur les ennemis : il fit cependant une perte qui lui fut très-ſenſible, & qui dut l'être auſſi à tous les Princes Chrétiens d'Eſpagne, celle de Don Ferdinand, Roi de Léon, qui avoit rendu tant de ſervices à ſa Nation, & répandu tant de fois la terreur parmi les Infideles. Il laiſſa ſa couronne à Alphonſe, ſon fils & celui d'Urraque ; car le Pape qui avoit déclaré nul le mariage de Ferdinand avec Urraque, ne prétendoit pourtant point rendre illégitime l'enfant né de ce même mariage : on pourroit dire que les effets d'un acte illégitime & nul, doivent être illégitimes auſſi ; mais le Pape jugea que la bonne foi des conjoints, légitimoit le fruit d'une union qu'ils avoient contractée innocemment.

Quelque conſidérable que fut la perte qu'avoit fait le Roi de Caſtille dans celui de Léon, il eut pu la réparer, s'il eut ſu ménager & conſerver l'amitié d'Alphonſe, fils & ſucceſſeur de Ferdinand ; mais il ne reſta lié avec lui que pendant une année, & ſecondé par la valeur de ce jeune Souverain, il pouſſa fort loin ſes conquêtes dans l'Eſtramadure, paſſa la Sierra Morena, & alla ravager tout le territoire de Séville juſqu'à la mer. Alors, ſoit qu'il fût jaloux de la gloire qu'avoit acquiſe le Roi de Léon, ſoit qu'il oubliât la juſtice qu'il avoit juſqu'alors exercée, & qu'il devoit à ſon allié, il prétendit être en droit de retenir tout ce qu'ils avoient conquis ſur les Maures, & refuſa de céder quelques Places qui n'étoient pour lui d'aucune utilité, & qui étoient à la bienſéance du Roi de Léon. Le jeune Monarque, offenſé d'un tel procédé, renonça à l'alliance d'Alphonſe IX, & rechercha celle du Roi de Portugal, dont il épouſa la fille Dona Théreſe, ſa couſine germaine, ſans ſonger aux obſtacles que la Cour de Rome pourroit lui ſuſciter dans la ſuite. Irrité de l'éloignement du Roi de Léon, & ne réfléchiſſant point à la cauſe qui l'avoit produit, Alphonſe IX, laiſſant les Maures reſpirer, porta ſes armes, & commit quelques hoſtilités ſur les terres de Léon ; mais le Roi d'Arragon ne lui donna pas le temps de porter plus loin ſes ravages, & il entra dans la Caſtille, ſoit pour faire diverſion, ſoit pour y faire des conquêtes à ſon profit. Alphonſe IX, informé de cette irruption, revint promptement ſur ſes pas, & s'oppoſa aux entrepriſes du Roi d'Arragon. Les deux Souverains perdirent également à cette guerre, terminée à la fin par la *négociation de quelques Prélats,* qui réconcilierent les deux Monarques, à condition que celui de Caſtille, n'inquiéteroit plus celui de Léon ſon couſin.

Ce dernier eut bientôt un chagrin plus amer que ne lui en avoient cauſé les hoſtilités d'Alphonſe. Le Cardinal *Grégoire,* envoyé en Eſpagne pour pacifier les différens qui diviſoient les Princes Chrétiens, & non pour porter le trouble dans le ſein de leurs familles, condamna durement l'alliance formée entre le Roi de Portugal & celui de Léon ; ordonnant à celui-ci de répudier au plutôt Dona Théreſe ſon épouſe, attendu qu'elle étoit sa cousine. Le jeune époux se défendit par les mêmes raisons que son pere avoit employées, résista comme lui, demanda vainement une dispense au Pape ; il fut de même excommunié, son Royaume mis en interdit, & forcé de se soumettre au divorce que le Pape exigeoit de lui. Le Roi de Léon étoit trop occupé contre la Cour de Rome, pour qu'il lui fût possible de songer à combattre les Infideles, qui, de leur côté, fuyoient épouvantés devant le sanguinaire Archevêque de Toledo, Général du Roi de Castille : ce terrible Prélat les écrasoit en Andalousie, où il mettoit tout à feu & à sang, n'épargnant ni âge, ni sexe, égorgeant tout, détruisant tout, arrachant les maisons, renversant les oliviers, réduisant les Villes en cendres, après en avoir massacré les habitans. Le Roi de Maroc lui-même, quelque peu compatissant qu'il fût, étonné d'une telle maniere de faire la guerre, écrivit à Alphonse IX, & se plaignit de l'inhumanité de l'Archevêque de Tolede : mais le Roi de Castille, au lieu d'exhorter son Général à moins de férocité, l'approuva hautement, & répondit au Roi de Maroc par une lettre insultante & pleine de hauteur. Outré d'indignation, le Prince Mahométan, résolu d'en venir aux dernieres extrémités, fit publier dans ses Etats d'Afrique & d'Espagne une *Gazie* contre les Chrétiens ; une Gazie est, chez les Musulmans, ce qu'est une Croisade parmi nous ; peut-on se persuader qu'à notre exemple, & autant à notre honte qu'à la leur, les Mahométans croient que ce soit gagner le Paradis que de périr, les armes à la main, pendant une Gazie, sur-tout s'ils ont le bonheur d'égorger force Chrétiens, comme si ces assassinats étoient pour eux des gages assurés de la rémission de leurs péchés, quelque grands qu'ils fussent ? Aussi la Gazie fut à peine publiée, qu'une foule innombrable de Mahométans vinrent se ranger sous les drapeaux du Roi de Maroc, qui assigna Séville pour le rendez-vous de ces nombreuses troupes.

Alphonse IX instruit de ces énormes préparatifs, & ne pouvant soutenir seul la guerre contre toutes les forces réunies des Maures, demanda du secours aux Rois de Léon & de Navarre, qui promirent de le seconder, & de conduire eux-mêmes leurs troupes à Tolede, où ils se joindroient à lui. Mais tandis que ces deux Souverains, impatiens de remplir leurs engagemens, rassembloient leurs armées, Jacob-Aben-Joseph, Roi de Maroc, entra avec toutes ses forces dans le Royaume de Tolede, & vint camper à la vue d'Alarcos & de Calatrava, Places fortes qui l'eussent arrêtés fort long-temps, lorsque le Roi de Castille, trop bouillant, trop ambitieux de se couvrir de gloire, fit avancer son armée, &, sans attendre ses deux Alliés, vint prendre poste près des Maures. Ses Généraux, ses Officiers lui conseillerent, & le conjurerent d'attendre, lui montrant l'impossibilité de vaincre une armée aussi supérieure. Alphonse IX rejetta ces conseils, parla avec mépris du secours du Roi de Navarre, & présenta fiérement la bataille aux Mahométans, qui investissant son armée, & l'accablant par le nombre, en firent un horrible carnage, malgré tous les efforts du Roi de Castille, qui se seroit jetté dans le fort de la mélée, si quelques Seigneurs ne l'eussent entraîné par force, loin du champ de bataille, où les Castillans laisserent tous leurs bagages, & plus de vingt mille morts. Alphonse furieux, se renferma dans Tolede, où presque dans le même-temps arriva le Roi de Léon, qui, sans vouloir l'aigrir par de trop durs reproches, se contenta de lui représenter avec douceur, l'imprudence de sa conduite. Trop orgueilleux pour convenir de ses torts, & trop fier, du moins dans ce moment, pour écouter de sang froid, les représentations de son cousin, Alphonse IX, lui répondit avec emportement, & joignant l'injure à la violence, il rejetta sa défaite sur les lenteurs, & la timidité de ses Alliés. Ce reproche outrageant, & d'autant plus mal fondé, qu'Alphonse ne pouvoit imputer qu'à lui-même le revers qu'il avoit essuyé, ulcéra le Roi de Léon, qui sortant aussi-tôt de Tolede, alla, suivi de son armée, se jetter sur les terres de Castille, tandis que le Roi de Navarre, également animé du désir de se venger, faisoit une irruption dans le même Royaume. Alphonse IX, au-lieu de chercher les moyens d'appaiser ces deux ennemis justement irrités, courut à la vengeance, & se rendit promptement à Burgos, pour arrêter les hostilités des deux Souverains.

Cependant le Roi de Maroc, profitant de sa victoire, & des divisions qui régnoient entre les Princes Chrétiens, après s'être emparé d'Alarcos & de Calatrava, fondit sur les terres de Portugal, les dévasta, fit inhumainement périr une foule innombrable d'habitans, commit impunément les plus horribles cruautés, & revint exercer les mêmes fureurs sur les terres de Castille; tandis qu'Alphonse IX, tout entier à la vengeance, & laissant ses Etats en proie aux Sarrasins, portoit sa fureur & ses armes dans le Royaume de Léon, où il prit quelques Places, ruina les Fauxbourgs de la Capitale, assiégea vainement Astorgar, dévasta les environs, aussi cruellement que le Roi de Maroc eut pu le faire, & s'en retourna à Tolede, traversant des campagnes ruinées par les Infideles qu'il eut dû arrêter, au-lieu de seconder leur rage. Peu satisfait de ces hostilités, il forma une ligue avec le Roi d'Arragon, qui s'engagea à l'aider à détruire les Royaumes de Navarre & de Léon : mais dans ce temps-là même, ses Etats étoient menacés d'une entiere ruine par le Roi de Maroc, qui se disposoit à y faire une invasion. Alphonse IX suspendant pour quelque temps le cours de sa vengeance, vint mettre son Royaume à l'abri de l'irruption des Sarrasins, fortifia les Places les plus importantes, fit échouer toutes les tentatives des Maures, qu'il força de se retirer en Andaloufie, & revint fondre sur le Royaume de Léon, avec toutes ses forces, s'empara de quelques Places, & ravagea le pays. Le Roi de Léon, à la tête d'une armée aussi nombreuse que celle de son ennemi, vint à la rencontre d'Alphonse IX, déterminé à lui livrer bataille. Déja les deux armées également disposées à une action décisive, n'attendoient plus pour

se

se charger, que le signal du combat, lorsque Don Pedre Fernandez de Castro, entreprit seul de détourner l'orage qui menaçoit les deux Rois : puissamment secondé par les Prélats & les Seigneurs de Castille & de Léon, & surtout par la Reine épouse d'Alphonse IX, il réussit après bien des difficultés ; la paix fut rétablie entre les deux Rois, & pour la mieux cimenter, celui de Léon épousa l'Infante Dona Berangere, fille d'Alphonse IX.

Cette réunion ne tarda point à être fatale aux Infideles ; & ils eussent été punis plutôt de leurs dévastations, si les Rois de Castille & d'Arragon eussent plutôt abandonné leurs projets sur la Navarre. Tandis qu'ils s'occupoient à faire des conquêtes dans ce Royaume, le Pape Innocent III, envoya ordre aux Rois de Léon & de Castille, de séparer incessamment Dona Berangere de son époux, avec lequel, étant parente, elle avoit contracté un mariage nul. Les deux Rois, fatigués des prétentions de Rome, mais ne croyant pas devoir offenser cette Cour alors si redoutable, envoyerent prier Innocent III, d'accorder une dispense qui légitimât cette union. Le Pape refusa la dispense ; mais il menaça les deux Rois de mettre leur Royaume en interdit, si celui de Léon ne se hâtoit point de répudier son épouse. Pendant cette dispute, la sœur de Dona Berangere fut mariée avec le Prince Louis, Dauphin de France, & Dona Berangere mit au monde Don Ferdinand, qui, dans la suite, occupa les Trônes de Castille & de Léon, & que la cour de Rome a mis au nombre de ses Saints : mais ni les prieres réitérées du Roi de Castille, ni la naissance de Don Ferdinand, & de plusieurs autres enfans, ni la forte tendresse qui unissoit le Roi & la Reine de Léon ; rien ne pût toucher Innocent III, qui constamment déterminé à refuser la dispense qu'on sollicitoit, & à faire exécuter ses ordres absolus, excommunia solemnellement le Roi de Léon, mit son royaume en interdit, & menaça de délier ses sujets du serment de fidélité. Dona Berangere, & son époux, pénétrés de la situation de leurs Peuples consternés, abattus sous les foudres de Rome, consentirent, en gémissant, à se séparer, & Berangere en pleurs, s'éloigna d'un mari qu'elle adoroit, de cinq enfants qui faisoient sa joie & son bonheur, & que le Pape eut l'indulgence de déclarer légitimes, quoique provenus d'une union illégitime : de maniere que, par l'irrésistible autorité de la Cour de Rome, le Roi de Léon se trouvoit célibataire, quoiqu'il eut deux épouses vivantes, & six ou sept enfans. Cependant cette dispute constamment malheureuse pour les Rois, n'empêcha point celui de Castille, de songer aux moyens d'abattre la Puissance trop formidable des Mahométans en Espagne : dans cette vue, ne pouvant attendre de bien puissans secours des Princes Espagnols, divisés par des contestations qui les tenoient presque continuellement armés les uns contre les autres, il eut recours au Pape, qui fit prêcher une Croisade Contre les Sarrasins oppresseurs de l'Espagne, en Italie, en Allemagne & en France. Cette ressource, très-heureuse dans le temps où elle fut employée, attira sous les drapeaux d'Alphonse une foule incroyable de guerriers. Le rendez-vous de cette innombrable armée fut fixé à Tolede : le Roi de Caſtille, à la tête de cette puiſſante Croiſade, & ſecondé par le Roi d'Arragon & celui de Navarre, avec lequel il s'étoit réconcilié, marcha contre les Maures, raſſemblés avec toutes leurs forces au delà des montagnes de Sierra Morena, aux environs de Tolede. Alphonſe IX fit les diſpoſitions les mieux concertées, engagea la bataille, & après un combat opiniâtre & meurtrier il enfonça les Maures, les obligea de reculer, les mit en déroute, & en fit un tel carnage, que les Hiſtoriens contemporains aſſurent qu'il en reſta deux cens mille, ſoit ſur le champ de bataille, ſoit dans leur fuite. Cette grande victoire aſſura pour long-temps le repos de l'Eſpagne, & décida, en très-grande partie, du ſort des Maures dans ce Pays, où ils n'éprouverent plus que des déſaſtres, juſqu'à l'époque de leur expulſion totale. Plus modéré dans la proſpérité qu'il ne l'avoit été dans le revers, Alphonſe IX ne s'attacha plus qu'à vivre en bonne intelligence avec les Rois ſes voiſins : il fit même des ſacrifices pour aſſurer la paix, comprenant combien il étoit de leur intérêt commun de ſe réunir tous contre les Infideles : c'étoit dans cette vue, qu'il ſe rendoit à Placentia, où il vouloit concerter avec le Roi de Léon, le plan des opérations de la Campagne ſuivante, lorſqu'il fut attaqué d'une fievre maligne, qui l'obligea de s'arrêter dans un petit Village, où il expira le 6 Août 1214, entouré de ſa femme, de ſes enfans, & dans les bras, peut-être encore enſanglantés, de l'Archevêque de Tolede. Sa mort répandit la conſternation dans la Caſtille entiere, & pénétra de douleur la plûpart des Princes Chrétiens de l'Europe. C.

ALPHONSE X, *Roi de Léon, des Aſturies & de la Galice:*

IL reſte peu de choſes à dire de ce Prince après ce qu'on a lu dans l'Article précédent. Fils de Don Ferdinand, Roi de Léon, & de Dona Urraque, Infante de Portugal, forcément répudiée par ſon époux, Alphonſe X ſuccéda à ſon pere en 1188.

Henri, fils & Succeſſeur d'Alphonſe IX, ne ſurvécut que fort peu de temps à ſon pere ; & Dona Berengere, jadis épouſe du Roi de Léon, & par lui forcément répudiée, fut proclamée Souveraine des deux Caſtilles ; mais elle ne reçut la Couronne que pour l'abdiquer en faveur de Ferdinand, ſon fils, qu'elle avoit eu de ſon époux, Alphonſe X, quelques années avant que le Pape l'eût contrainte au divorce. Il eſt vrai que le Roi de Léon, juſtement irrité que Berengere eût, ſans lui en donner avis, élevé ſon fils ſur le trône, & qu'elle eût même uſé d'une eſpece de ſupercherie pour attirer Ferdinand à Valladolid, croyant avoir lui-même des prétentions ſur la Caſtille, entra dans ce Royaume à la tête d'une puiſſante armée, & vivement excité à cette démarche par le Comte Don

Alvar de Lara, ennemi déclaré de la Reine Berengere. On ne sait point, au reste, quelles étoient les vues du Roi de Léon; peut-être n'avoit-il d'autre dessein que de diriger son fils dans l'administration du Gouvernement, & d'écarter du trône les factieux qui l'environnoient. Il est vraisemblable que c'étoit là son unique projet, puisqu'après s'être avancé jusqu'auprès de Burgos, sans avoir fait aucune hostilité, il se retira dans ses Etats, & témoigna, au Comte Don Alvar, son mécontentement de la démarche inconsidérée qu'il l'avoit engagé de faire. Il donna cependant une seconde fois dans le piege que lui tendit ce même factieux, qui, environ un an après, lui peignit le Royaume de Castille dans une si cruelle situation, le Roi si chancelant sur son Trône, & les Citoyens si violemment divisés, qu'Alphonse X, rassemblant son armée, entra sur les terres de Castille, investit une Place peu importante, fut mieux informé de la vérité des faits, leva le siege qu'il avoit formé, & se retira dans ses Etats sans causer le plus léger dommage sur les terres de son fils, avec lequel il ne cessa plus de vivre en bonne intelligence; il le seconda même très-utilement dans la guerre que le Roi de Castille fit aux Mahométans, & entrant dans l'Estramadure, il se rendit maitre de Caceres, place très-importante, & dont les Rois de Léon avoient jusqu'alors envain tenté de s'emparer : bientôt il se saisit aussi de Mérida, & marchant avec peu de troupes contre les Maures, dont l'armée étoit forte de vingt mille chevaux & de soixante mille hommes d'infanterie; il leur donna bataille, remporta la victoire, & vola à de nouvelles conquêtes. Il portoit la terreur & la mort parmi ses ennemis, lorsqu'allant à Saint Jacques rendre graces du triomphe de Mérida, il se sentit attaqué d'une maladie mortelle; il connut que la fin de sa vie approchoit, il en vit le terme sans pâlir, & mourut le 23 Septembre 1230. La plupart des historiens ont donné à Alphonse X, cet éloge, qu'il se distingua par son zele pour la justice, par son exactitude à veiller à l'administration des affaires du Gouvernement, par son désintéressement, très-rare dans son siecle, par sa modération à créer des impôts. Il en est d'autres cependant qui lui reprochent d'avoir été un Prince inquiet, turbulent, inconstant dans son amitié, comme dans ses amours, & sur-tout de s'être fait une malheureuse habitude de vivre dans les troubles & les guerres. Il est difficile de le disculper à cet égard; & sans le juger trop sévérement, on peut dire que son caractere fut mêlé de vice & de vertu, & son regne de bien & de mal. C

ALPHONSE XI, *surnommé* LE SAGE & L'ASTRONOME, *Roi de Castille & de Léon.*

L'HOMME le plus instruit n'est pas toujours le plus éclairé dans ses propres affaires; & la plus vaste érudition ne suppose pas toujours de la prudence. Le plus sage des Rois, est celui qui contribue le plus au bonheur de ſes Peuples. Qu'importe qu'un Souverain ſe diſe philoſophe, ſi ſon regne eſt ſans ceſſe agité par des guerres qu'il eut pû éviter; ſi la Nation qu'il gouverne eſt perpétuellement diviſée par des factions, des troubles, des révoltes qu'il n'appaiſe pas; ſi le Royaume en proie aux invaſions des ennemis, attirés par des rebelles, eſt encore déchiré par des Grands qu'il ne peut réprimer; eſt-ce être ſage que d'accabler l'Etat d'impôts, de l'épuiſer par des dépenſes inſenſées ou inutiles, de le remplir de Citoyens indigens, malheureux, & de déprédateurs riches & inſolens? Un Roi honoré du nom de ſage perd ce titre, quelles que ſoient les actions qui le lui ont mérité, dès qu'il paroît plus jaloux de celui de Conquérant. Quelque grand qu'il ſe ſoit montré ſur le théâtre de la guerre, à la paix il rentre dans la claſſe des Rois vulgaires, parce qu'il n'a pas été un Roi Citoyen. Alphonſe VIII avoit paru jaloux du titre d'Empereur des Eſpagnes. Alphonſe XI ambitionna celui d'Empereur d'Allemagne : il voulut joindre la Couronne Impériale à la Couronne de Caſtille; cette démarche inconſidérée cauſa ſon malheur & celui de l'Etat. Il ſacrifia à cette ambition & ſa tranquillité & le bonheur de ſes Sujets. Il aſpiroit à étendre ſa domination, tandis qu'il ne ſavoit ni faire reſpecter ſes volontés dans ſa famille, ni ſe faire obéir par les Grands, ni mettre un frein aux entrepriſes de ſes enfans ingrats. Avant lui, depuis pluſieurs ſiecles, l'Eſpagne végétoit plongée dans les ténébres de l'ignorance & de la barbarie; par ſon exemple & ſes bienfaits, il inſpira, autant qu'il fut en lui, aux Caſtillans le goût des Sciences, des Belles-Lettres & des Arts : Phyſicien & Géometre, il publia des tables aſtronomiques, connues ſous le nom de *Tables Alphonſines*; Littérateur ſavant, il écrivit en langue Caſtillane, une *Hiſtoire d'Eſpagne*, qui étoit très-eſtimée encore fort long-temps après lui : Juriſconſulte, il fit paroître dans les derniers temps de ſon regne le fameux *Code d'Eſpagne*, conſulté encore de nos jours. Il compoſa pluſieurs autres ouvrages, plus ou moins eſtimés, plus ou moins utiles; mais la gloire qu'il mérite à tous ces égards, s'éclipſe lorſque l'on conſidere les maux cauſés par ſa coupable ambition.

Né en 1222, de Ferdinand, Roi de Caſtille, & de Dona Beatrix, fille de Philippe, Duc de Souabe, Empereur d'Allemagne; Alphonſe XI avoit près de trente ans, lorſqu'à la mort du Roi ſon pere, arrivée en 1252, il fut reconnu Souverain de Caſtille & de Léon : les Caſtillans parurent d'autant plus ſatisfaits de ſon avénement au trône, qu'il avoit montré en quelques occaſions du zele pour le bien public, des talens diſtingués pour la guerre, de l'équité & de la bienfaiſance. D'ailleurs à ſon expérience, Alphonſe joignoit les leçons, les préceptes & les réflexions qu'il avoit puiſées dans l'Hiſtoire, dont il avoit fait une étude particuliere. Auſſi s'étoit-il fait déja une réputation ſi diſtinguée, qu'à peine aſſis ſur le trône, il reçut les ambaſſadeurs d'Alhamar, Roi de Grenade, & d'Afon, Roi de Niébla, qui vinrent lui rendre hommage au nom de leurs maitres, empreſſés de les déclarer ſes Vaſſaux.

Ses prétentions sur la Gascogne, que Henri III, Roi d'Angleterre, refusoit de restituer, ne lui permirent point de vivre long-temps en bonne
intelligence avec ce Prince, auquel il déclara la guerre, chargeant le Comte
de Béarn de cette expédition ; mais le Pape, qui se mêloit alors de tout,
même des affaires qui lui étoient les plus étrangeres, excommunia le Comte
de Béarn, parce qu'il retardoit le départ du Roi d'Angleterre, qui, ayant
pris la croix, s'étoit follement engagé d'aller en Palestine. Alphonse s'occupa sérieusement aussi du projet assez mal réfléchi, que Ferdinand son
pere avoit formé d'aller porter la guerre en Afrique. Les grands préparatifs qu'on avoit déja faits pour cette guerre, & ceux que fit encore le nouveau Souverain, épuiserent si fort les ressources de l'Etat, qu'on fut obligé
d'en venir à altérer les monnoies ; cette opération, mauvaise d'elle-même,
toujours pernicieuse, plus propre encore à décréditer les Princes, qu'à leur
procurer le secours momentané qu'ils s'en promettent, fit hausser prodigieusement le prix de toutes les denrées, & causa le plus grand mécontentement. Cependant les contestations entre la Castille & l'Angleterre
furent terminées par un Traité de Paix, par lequel il fut convenu que Dona
Eléonore, sœur du Roi de Castille, épouseroit le Prince Edouard, héritier
présomptif de la Couronne d'Angleterre. Toutefois, le même Pape qui
avoit excommunié le Général d'Alphonse, enchanté des préparatifs que celui-ci faisoit pour passer en Afrique, lui permit de lever à son profit, le tiers
des dixmes Ecclésiastiques.

Ce n'étoit pourtant point de la guerre d'Afrique qu'Alphonse s'occupoit
le plus sérieusement ; il méditoit un autre projet plus important au gré de
sa vanité, & qui, par malheur pour ses peuples & pour sa gloire, réussit
en partie ; ce grand projet étoit de se faire élire Empereur d'Allemagne.
Pour y parvenir, il épuisa totalement ses trésors ; à force de profusions,
il réunit les suffrages de l'Electeur de Trêves, du Roi de Bohême, du Duc
de Saxe & du Marquis de Brandebourg. Son Compétiteur, Richard, Duc de
Cornouaille, frere de Henri III, Roi d'Angleterre, fut, de son côté, &
dans le même temps, élu Roi des Romains par l'Electeur de Cologne,
& le Palatin du Rhin ; ensorte que cette rivalité produisit un très-long
schisme, les deux rivaux se décorant du titre de Roi des Romains, chacun d'eux aspirant à la Couronne Impériale, que ni l'un ni l'autre n'obtint. On assure cependant que le Roi de Castille eût réussi dans ce projet,
s'il se fût rendu à temps en Italie & en Allemagne : mais il tramoit alors
une intrigue tout aussi peu réfléchie ; il vouloit répudier son épouse Yolande, Infante d'Arragon, dont il étoit dégoûté, parce que jusqu'alors elle
n'avoit point eu d'enfans : déja même, avant de s'assurer s'il pourroit
parvenir à faire rompre son mariage, il avoit fait venir une Princesse,
fille du Roi de Danemarck, qu'il vouloit placer sur le trône, quand, à
son grand étonnement, il s'apperçut qu'Yolande étoit grosse ; ensorte qu'il
prit le parti de garder son épouse, & de marier à son frere Philippe,

Archevêque de Séville, la jeune Danoiſe, qui, déchue de ſes hautes eſpérances, mourut de honte & de chagrin. Que de foibleſſe, que d'imprudence, que de vanité, que d'inconſéquence dans un Roi décoré du titre
de Sage

Le divorce médité n'ayant pas lieu, le Roi de Caſtille ne ſongea plus
qu'à ſatisfaire ſon ambition pour la Couronne Impériale; dans cette vue,
renonçant à la guerre d'Afrique, il s'attacha uniquement à ſe faire de nombreux partiſans en Italie, & à force d'y répandre l'argent que ſes Sujets
lui fourniſſoient, & qu'il eût dû conſacrer à de plus utiles emplois, il attira dans ſon parti pluſieurs petites Républiques, & quelques petits Princes, prêts à l'abandonner auſſi-tôt qu'il ceſſeroit d'acheter leur attachement.
Ces prodigalités exciterent des murmures; elles furent vivement déſapprou-
vées par la Famille Royale; le mécontentement produiſit des haines perſonnelles, & la diviſion fut portée ſi loin, que l'Infant Don Henri prit
les armes contre Alphonſe ſon frere, & fut ſoutenu par Afon, Souverain de
Niébla. Alphonſe eut peu de peine à diſſiper cette rebellion naiſſante, il
triompha, les armes à la main, de Don Henri, qui s'enfuit en Afrique, à
la Cour du Roi de Tunis; & le Roi de Niébla, aſſiégé dans ſa Capitale,
fut, par compoſition, obligé de renoncer à ſes Etats qui furent réunis à
la Caſtille. Ce fut immédiatement après la pacification de ces troubles,
qu'Alphonſe acheva l'exécution du beau plan formé par Ferdinand ſon pere,
en faiſant mettre la derniere main au recueil des loix de ſes prédéceſſeurs;
Code auſſi parfait qu'il pouvoit l'être alors, & dans lequel les Compilateurs
eurent ſoin de ſuivre les Loix Romaines, autant, & plus même, que celles des Viſigoths, dont la plus grande partie tomba dès-lors en déſuétude.
C'eſt ce Code, intitulé *Las Partidas*, qui lui fit donner le ſurnom de *Sage*.
Alphonſe ordonna auſſi que déſormais les actes qu'on étoit dans l'uſage
d'écrire moitié en Latin & moitié en Langue vulgaire, ſeroient écrits
en Langue Caſtillane. Il donna dans ce même temps les preuves les
plus ſignalées de ſon goût pour les Sciences & les Arts: inſtruit, autant
qu'on pouvoit l'être en Eſpagne, de l'aſtronomie, il écrivit au Soudan
d'Egypte, auquel il envoya des Ambaſſadeurs, & dont il reçut auſſi une
ambaſſade ſolemnelle; cette liaiſon & celle qu'il entretint avec quelques
Savans Egyptiens, lui firent faire de rapides progrès dans la Science Aſtro-
nomique. Il eût été à déſirer pour lui-même & pour ſes peuples, qu'il ne
ſe fût jamais occupé de ſoins plus dangereux; mais dans le même temps,
il ne perdoit point de vue ſes prétentions à l'Empire, & ne ceſſoit de
faire des dépenſes énormes pour réaliſer cette chimérique eſpérance. Les
impôts exceſſifs dont il chargeoit ſes peuples, ne ſuffiſant pas à ſes profu-
ſions, il oſa retenir pluſieurs fois les appointemens des principaux Officiers
de la Couronne. Il fut cependant obligé de ſuſpendre la pourſuite de cette
affaire.

Les Rois de Grenade & de Murcie, qui s'étoient empreſſés dès les premiers jours de fon regne, de renouveller leur hommage, fatigués d'être Vassaux, & ne suppofant pas beaucoup de fermeté à leur Suzérain, projetterent de s'affranchir du vasselage, formerent cette trame dans le plus grand fecret, fe liguerent avec le Roi de Fez & de Maroc, & firent éclater leur révolte, fans qu'Alphonfe eût feulement pu fe douter de leur deffein. Il fit tout ce qu'il put pour éviter une guerre, qu'il prévoyoit pouvoir éloigner le fuccès dont il fe flattoit en Allemagne ; mais les Rois de Murcie & de Grenade ne voulant écouter aucune propofition d'accommodement, il fut obligé de prendre les armes. Le Roi d'Arragon fe joignit à lui, & il alla porter le fer & le feu dans le Royaume de Grenade : les Maures foutinrent vainement la caufe des Vaffaux rebelles ; Alphonfe les vainquit, humilia les Souverains de Grenade & de Murcie, affiégea & prit Xérès, chaffa de fon trône le Roi de Murcie, conquit fes Etats, voulut bien confentir à laiffer régner celui de Grenade, à condition qu'il renouvelleroit fon hommage, régla avec une forte de générofité les limites de Caftille & de Portugal, & céda tout l'Algarve à cette derniere Couronne.

Pendant qu'il étoit occupé à foumettre la Murcie & la Grenade, l'Allemagne, qui, par l'élection de deux Chefs, n'en avoit réellement aucun, fouffroit impatiemment, &, à la demande de la plupart des Princes & des Electeurs même, on tenta d'engager les deux compétiteurs à renoncer à leurs prétentions. Richard eût cédé volontiers, fi fon concurrent eût montré les mêmes difpofitions ; mais Alphonfe ne voulut renoncer à aucun de fes droits ; l'Empire avoit pour lui trop de charmes, & le vain titre d'Empereur lui coûtoit trop cher, pour qu'il pût confentir à s'en dépouiller. Il eft vrai qu'alors tout concouroit à flatter l'orgueil d'Alphonfe : fes fuccès militaires, la réputation de grand Roi, qu'il s'étoit acquife par fa Légiflation & fes utiles Réglemens, la foumiffion des Souverains de Murcie & de Grenade, l'empreffement des plus puiffans Monarques à rechercher fon alliance ; car ce fut précifément alors que la Princeffe Blanche de France, accompagnée du Prince Philippe, fon frere, fe rendit à Burgos, où elle fut mariée avec l'Infant de Caftille, Don Ferdinand. Auffi fes efpérances s'accroiffant chaque jour, il forma le deffein de paffer en Italie, & alloit l'exécuter, lorfque les Etats affemblés s'oppoferent fortement à ce voyage, qui, dans les conjonctures où le Royaume étoit, pouvoit devenir très-préjudiciable. Alphonfe fentit la juftefle & la force des raifons qu'on lui oppofoit ; il les combattit vainement, & ne confentit qu'à regret à refter dans fes Etats : il le promit, mais toujours plein de fon objet, il ramaffa, par toutes fortes de moyens, même par des impôts inufités, & des vexations inouies, tout l'argent qu'il lui fut poffible ; déja il avoit fixé le jour de fon départ pour l'Italie, lorfqu'il apprit qu'il s'étoit formé une dangereufe confpiration contre lui, & à la tête de laquelle étoient l'Infant Don Philippe, Don Nunne de Lara, Don Lopez de Haro, Don Ferdinand de Caftro, Don Lopez de Mendofa & beaucoup d'autres Seigneurs, qui se voyoient forcés de prendre des mesures pour réprimer ses extorsions & les abus de son Gouvernement. Alphonse ne pouvoit se dissimuler ses torts. Dans d'autres conjonctures, il se fut porté à une sévérité outrée, ressource ordinaire des Princes lorsqu'ils n'ont pas le bon droit de leur côté, remplaçant la justice par une autorité accablante. Alphonse, qui ne craignoit rien tant que de voir son départ différé, envoya demander aux conjurés de quoi ils se plaignoient, leur promettant de les satisfaire : ils répondirent qu'ils se plaignoient de n'être point payés des appointemens de leurs charges & de leurs emplois. Sans prendre d'autres informations, Alphonse leur fit donner de l'argent & ils l'employerent à lever des troupes contre lui. Bientôt cessant de se contraindre, ils arborerent l'étendart de la rebellion, & allerent jusqu'à demander du secours au Roi de Maroc, l'ennemi le plus cruel de leur patrie. Alphonse, que son ambition rendoit timide, leur fit dire, qu'il alloit assembler incessamment les Etats à Burgos, & que là, s'ils vouloient suspendre les effets de leur mécontentement, il feroit cesser leurs plaintes, & satisferoit pleinement à leurs demandes. Ne doutant plus de la foiblesse & de la pusillanimité du Souverain, les factieux, à la tête de leurs troupes, se rendirent à Burgos, rejetterent toutes les propositions d'accommodement qui leur furent faites, &, lorsque l'on s'opposa à leur retraite, ils s'en allerent à Grenade, d'où bientôt ils revinrent armés, commettre des hostilités sur les terres de Castille : ils le pouvoient impunément ; Richard, élu Roi des Romains, venoit de mourir, & Alphonse étoit trop occupé des moyens d'obtenir la Couronne Impériale, pour qu'il pût songer en même temps à les réprimer. Cependant ceux-ci persistant dans leur révolte, & fortement soutenus par le Roi de Grenade, exercerent tant de ravages dans leur irruption, & garderent si peu de mesures, que, pour sa propre sûreté, le Roi de Castille fut contraint de se disposer à leur faire la guerre, & il s'y préparoit lorsque la nouvelle de l'élévation de Rodolphe de Habsbourg, au Trône de l'Empire, lui étant parvenue, il livra ses Etats aux brigandages des Seigneurs révoltés, pour songer aux moyens de renverser un rival heureux. Il risquoit de perdre la Couronne qu'il possédoit en poursuivant celle qu'il ne devoit pas posséder, si à force de propositions avantageuses aux mécontens & au Roi de Grenade, il ne fût parvenu à faire cesser leurs hostilités.

Ainsi Alphonse se vit obligé de récompenser leur rebellion ; mais il n'en tira aucun avantage pour le projet dont il berçoit son amour-propre. Toutes ses tentatives, soit auprès des Etats d'Allemagne, soit auprès du Pape, furent infructueuses. Il fit demander une entrevue au Pape, & partit pour la France, ne pouvant perdre le désir violent dont il étoit possédé, & qui sembloit s'irriter davantage à mesure que les apparences de pouvoir jamais le satisfaire, diminuoient.

Le Roi de Grenade, ne fut pas plutôt instruit de son éloignement, que,

se

fe liguant avec le Roi de Maroc, il fondit fur la Caftille, tailla en piecei le peu de troupes que Don Nunne de Lara put lui oppofer, & continua fes ravages, malgré tous les efforts de l'Infant Don Ferdinand, qui périt pendant ces troubles, & de Don Sanche, fon frere, qui fut honteufement défait.

Don Ferdinand avoit été déclaré fucceffeur du Roi, fon pere, & il laiffoit de Dona Blanche, fon époufe, deux fils, Don Alphonfe, & Don Louis de la Cerda, qui héritoient naturellement de fes Droits; mais Don Sanche penfa différemment, & à peine il eut appris la mort de fon frere Don Ferdinand, qu'il conçut le perfide projet, non-feulement de dépouiller fes neveux de leurs Droits, mais encore de détrôner fon pere, qui, à la vérité, continuoit à mécontenter la Nation par le peu de foin qu'il prenoit des affaires du Gouvernement, & par fon obftination à facrifier tout au défir d'obtenir le Sceptre de l'Empire : mais étoit-ce à Don Sanche à fe foulever contre lui ? Quoiqu'il en foit, Alphonfe ne gagna rien dans fon entrevue avec le Pape; & inftruit des progrès des rebelles, liés avec les Maures, il fe hâta de retourner dans fes Etats; mais il y arriva trop tard pour fes intérêts : Don Sanche avoit déja formé une faction puiffante, & la premiere chofe qu'il propofa à fon pere, fut de le déclarer fon Succeffeur, au préjudice des enfans de Ferdinand. Alphonfe, qui ne favoit réfifter, ni à fon fils, ni aux rebelles, affembla les Etats à Ségovie. Don Emanuel, frere du Roi, déclara, au nom de l'affemblée, que Don Ferdinand étant mort du vivant de fon pere, Don Sanche fuccédoit de plein droit à la Couronne. Philippe le Hardi, Roi de France, s'intéreffa vainement pour les enfans de Dona Blanche, fa fœur; vainement il fe difpofa à porter la guerre en Caftille : la délibération des Etats fut maintenue, & les enfans de Dona Blanche furent facrifiés à l'ambition de leur oncle. Cependant Yolande, époufe du Roi de Caftille, indignée de l'injuftice qu'on faifoit aux enfans de Ferdinand, fon fils aîné, s'enfuit avec fa belle-fille & fes petits-fils en Arragon, à la Cour du Roi, fon pere. Don Sanche furieux de cette retraite, & découvrant qu'elle avoit été favorifée par l'Infant Don Frédéric, fon oncle, & par Don Simon Ruis, fit inhumainement étrangler le premier, & l'autre périt dans les flammes.

A la fuite de ces fcenes horribles, Alphonfe qui en avoit été tranquille fpectateur, entra en négociation avec Philippe Roi de France, & fongea enfin à fe venger du Roi de Grenade, qui depuis tant d'années, l'infultoit impunément ; il remit, par malheur, à Don Sanche le Commandement de l'armée deftinée à agir contre le Souverain Mahométan, & Don Sanche ne s'en fervit que pour fortifier fon parti. En effet, le Roi de Caftille ayant convoqué les Etats à Séville, & y ayant déclaré qu'il étoit convenu avec le Roi de France, que fon petit-fils Alphonfe de la Cerda, fuccéderoit au Royaume de Murcie, Sanche, indigné fortit brufquement avec fes partifans, & dès-lors, levant le mafque, il ne cacha plus fes perfides intentions : elles eurent tant de fuccès, que les Etats ayant été convoqués de nouveau à Valladolid, l'Infant Don Emanuel propofa de donner le titre de Roi à Don Sanche, qui orgueilleufement modefte fe contenta de l'autorité Royale, & du titre de Régent du Royaume. Alphonfe inftruit de cet événement, écrivit envain aux Grands, aux Prélats, & aux Gouverneurs pour les rappeller à leur devoir. Il étoit déja abandonné de tout le monde ; il n'y eut que la ville de Badajos qui fe déclara en fa faveur, & Don Alvar de Lara qui lui reftant fidele fe faifit de Palence, où il fit refpecter l'autorité du Roi malheureux. Dans cette cruelle extrêmité, Alphonfe fe prépara à combattre contre fon fils ingrat, & il implora le fecours du Roi de Maroc, qui volant à fa défenfe, lui dit en l'abordant : *Je viens venger les Droits facrés des Peres & des Rois, en combattant pour vous. Mais une fois rétabli par mes armes fur le trône, fongez que je fuis votre ennemi : vous êtes Chrétien, & moi Mufulman. Je ne fufpens ma haine que pour venger la nature, & la Majefté Royale violée en votre perfonne.* Malgré la fierté généreufe de cette déclaration, le Roi de Maroc ne put point venger Alphonfe, qui l'ame pénétrée de douleur & de défefpoir, deshérita, par un Acte public, l'Infant Don Sanche, & le maudit par le même Acte lui & fes partifans, inftituant fes héritiers les Infants de la Cerda, & leur fubftituant, au défaut de defcendans, les Rois de France.

Pendant que cette fcene affligeante fe paffoit en Caftille, la Sicile donnoit à l'Europe indignée, un fpectacle encore plus affreux, c'étoit celui du maffacre des François, fi connu fous le nom des *Vêpres Siciliennes* ; conjuration affreufe, pendant laquelle on vit la vengeance la plus barbare fe fignaler par les coups les plus atroces, des peres ouvrir le ventre de leurs filles, & y chercher les fruits de l'amour qu'elles avoient pour les François ; des prêtres & des moines maffacrer leurs pénitentes jufques fur les Autels ; quel fiecle affreux ! le crime alors triomphoit avec impunité : celui de Sanche eut le fuccès le plus complet, & à force de follicitations, Alphonfe XI qui fe fentoit affoibli par l'âge & le chagrin, informé que fon rebelle fils étoit lui-même attaqué d'une maladie dangereufe, & qu'il paroiffoit fe repentir, fut vivement touché de fa fituation, lui rendit fa tendreffe paternelle, rétracta fes malédictions, & mourut de chagrin, le 4 Avril 1284, après un Regne orageux de 34 années, âgé de 64 ans.

Ce Prince fit plus, par l'excellence de fes loix, pour les générations futures, que pour celle fur laquelle il régna : elle n'en put reffentir la bénigne influence, à caufe des troubles & des guerres où fa folle ambition l'entraina. Fléau d'un Peuple qu'il pouvoit rendre heureux, il mérite que l'équitable poftérité fubftitue le furnom d'*Ambitieux* à celui de *Sage*. C.

ALPHONSE XII, ſurnommé *LE VENGEUR*, *Roi de Caſtille & de Léon.*

FILS de Ferdinand IV, ſurnommé l'Ajourné, & de Conſtance de Portugal, Alphonſe avoit à peine trois ans lorſque ſon pere, mort ſubitement à Jaen, lui laiſſa la Couronne. La foibleſſe de ſon âge & la perſpective d'une longue minorité, remplirent la Cour de cabales & le Royaume de troubles ; quatre partis, également puiſſans, également ambitieux, ſe diſputerent la Régence ; Marie de Molina, grand-mere du jeune Souverain, Conſtance de Portugal ſa mere, l'Infant Don Pedre ſon oncle, & l'Infant Don Juan ſon grand-oncle. La mort de Dona Conſtance, qui ne ſurvécut que peu de temps à ſon époux, laiſſa les trois autres partis s'acharner les uns contre les autres. Plus patriote que ſes deux concurrens, la Reine Marie prit tant de ſoins & fit tant de démarches, qu'elle obtint enfin des deux compétiteurs, que la perſonne & l'éducation du Roi lui ſeroient confiées, tandis que les Infans Don Pedre & Don Juan ſeroient enſemble Régens dans les Provinces. La bonne intelligence ne ſubſiſta que peu de temps entre les deux co-Régens. La jalouſie de Don Juan penſa tout brouiller ; mais la Reine-mere prévint les ſuites de leur méſintelligence, qui eut vraiſemblablement duré, ſi les Maures, mettant fin à la haine mutuelle des deux Princes, n'euſſent auſſi terminé la vie de l'un & de l'autre ; ils périrent dans une même bataille qu'ils perdirent. La mort de ces deux rivaux, qui paroiſſoit devoir mettre fin aux diſſentions, fut au contraire le ſignal de nouveaux troubles. Indifférens aux progrès des Maures, qui profitoient du déſordre public, une foule de Prétendans aſpirerent à la Régence ; les principaux d'entr'eux furent l'Infant Don Philippe, oncle du Roi, Don Juan-Emanuel, fils de l'Infant Don Emanuel, Don Juan, fils de l'Infant Don Juan, & Don Ferdinand de la Cerda. Chacun d'eux leva des troupes, & ſe diſpoſa à faire valoir par les armes ſes prétentions : vainement la Reine Marie s'efforça d'inſpirer des ſentimens plus déſintéreſſés & plus patriotiques à ces hardis factieux ; envain le Pape interpoſa ſes bons offices, & ſon autorité, toute puiſſante alors, rien ne put engager aucun des aſpirans à renoncer aux droits qu'il prétendoit avoir à la Régence. Conſumée par le chagrin, Dona Marie mourut, après avoir, à force de prieres, obtenu des Prétendans une ſuſpenſion d'armes pour le reſte de l'année. La treve n'étoit point expirée encore, que le feu de la diſcorde ſe ralluma plus vivement que jamais. Don Juan-Emanuel fit aſſaſſiner une foule de Seigneurs, qu'il croyoit lui être oppoſés. Sa cruauté le rendit odieux, & la plupart de ceux qui formoient ſon parti l'abandonnerent, & allerent groſſir la faction de Don Philippe.

Le jeune Alphonſe croiſſoit au milieu de ces orages, & ſentant déja la force de ſon autorité, il écrivit aux Magiſtrats des Villes principales, qu'il régneroit bientôt, & qu'ils n'oubliassent point qu'ils n'avoient d'autre maître que lui. En effet, il atteignoit à peine sa quinzieme année, qu'il prit les rênes du Gouvernement, assembla les Etats à Valladolid, & déclara la Régence expirée. Don Juan se retira mécontent de la Cour, & Don Emanuel, plus sage, se soumit & rentra dans le devoir. La premiere démarche que fit le jeune Souverain, fut de se mettre à la tête de quelques troupes, & de poursuivre, de Province en Province, des bandits qui, profitant du désordre public, infestoient le Royaume; il se rendit maître de la plupart, & les fit punir de mort; les autres allerent se joindre au rebelle Don Juan: le Roi fit les plus grands efforts pour ramener ce Prince séditieux aux loix de l'obéissance & de la subordination; mais, n'ayant pu rien gagner, il substitua la ruse à la force: il le fit inviter à se rendre à Toro, lui faisant espérer qu'il lui donneroit en mariage l'Infante Dona Eléonore. Don Juan se laissa prendre au piege, & se rendit à Toro, où le Roi le reçut avec les marques extérieures de l'estime la plus distinguée, mais la plus fausse; le lendemain Alphonse l'invita à un grand festin; mais à peine Don Juan étoit entré dans la salle, qu'il fut percé de coups de poignard par des gens apostés par le Roi. Après cette scene, Alphonse parut en public, &, s'asseyant sur un Trône, qu'il avoit fait préparer, il déclara que c'étoit par ses ordres que le traître Don Juan venoit d'expirer, & que c'étoit ainsi qu'il puniroit désormais tout Citoyen rebelle. Cette déclaration en imposa aux Grands, qui, du moins pendant quelque temps, n'oserent point conspirer contre leur maître. Cependant Alphonse se rendit à Ségovie, afin d'y châtier quelques particuliers qui y avoient excité une émeute il y avoit deux ans: il fit périr les principaux auteurs de cette révolte; & passant à Madrid il y exerça aussi une justice rigoureuse, capable d'effrayer quiconque eut songé à troubler le repos public. Don Juan-Emanuel osa pourtant fomenter de nouveaux troubles; le Roi, instruit de ses démarches, le dépouilla de toutes ses charges, renonça au mariage de Dona Constance, fille du rebelle, & épousa Dona Marie, Infante de Portugal. Don Juan-Emanuel, ligué avec le Roi d'Arragon, fit une irruption sur les terres de Castille, & fit soulever quelques Villes; mais la vengeance & l'inflexible rigueur d'Alphonse dissiperent ces troubles, & le Roi d'Arragon, renonçant à l'alliance qu'il avoit contractée, se ligua avec les Rois de Castille & de Portugal contre les Maures. Avant que d'en venir aux dernieres extrêmités, Alphonse tenta tous les moyens possibles de ramener Don Juan-Emanuel, qui persista dans sa rebellion, & fut abandonné à son sort. Pendant les préparatifs de la guerre projettée contre les Maures, le Roi de Castille, étant allé à Séville, y devint éperdument amoureux de Dona Léonore de Guzman, dont il eut dans la suite plusieurs enfans, sans toutefois qu'il témoignât ni plus d'indifférence, ni moins d'égards à la Reine son épouse. Mais, malgré la décence de sa conduite & l'estime générale où étoit Dona Léonore de Guzman, qui avoit captivé jusqu'à la bienveillance de Dona Marie, Don Emanuel, toujours

ambitieux & toujours turbulent, n'ayant pu perſuader à Dona Léonore de
Guzman de répandre le trouble & la diviſion dans la Famille Royale,
écrivit au Roi de Portugal, que la Reine ſa fille étoit la plus malheureuſe
des femmes, le Roi ayant donné ſon cœur & ſa confiance à une concubine
qui traitoit avec hauteur l'épouſe de ſon maître. Alphonſe XII n'ignora
point ce trait d'ingratitude, & il feignit de n'en rien ſavoir, afin de ne
pas être obligé de ſévir contre le calomniateur.

Cependant Abul-Malik, fils & général du Roi de Maroc, récemment
arrivé d'Afrique avec une flotte nombreuſe, vint aſſiéger Gibraltar; le Roi
de Caſtille raſſembla toutes ſes forces, & marcha au ſecours de cette Place,
qui étoit pour l'Eſpagne entiere d'une extrême importance. Don Emanuel,
toujours occupé des moyens de trahir la Patrie & ſon maître, fit dire au
Roi que ſi on lui payoit les appointemens qui lui étoient dus, il iroit
attaquer Jaen, & que, par cette diverſion, il empêcheroit le Roi de Grenade de ſe joindre à Abul-Malik. Sans ajouter beaucoup de foi à ces promeſſes, Alphonſe, par une imprudence impardonnable, fit donner ſur le
champ des ſommes très-conſidérables à Don Emanuel, qui, manquant lâchement à ſa parole, ſe ſervit de l'argent qu'il venoit de recevoir, pour
exciter tant de troubles en Caſtille, qu'après avoir eu la douleur de voir
Gibraltar tomber au pouvoir des ennemis, le Roi fut contraint de conclure
une treve avec les Maures, pour marcher promptement au ſecours de ſes
Etats dévaſtés par les rebelles, Don Emanuel, Don Juan de Lara & Don
Alphonſe de Haro. Le ſupplice d'une foule de rebelles qui furent pris,
intimida les autres : le ſang des traîtres fut verſé ſur les échaffauds, & la
terreur qu'inſpira ce ſpectacle, effraya ſi fort leurs complices, que bientôt
les chefs de la rebellion furent abandonnés de preſque tous leurs partiſans.
Don Juan fut le premier qui eut recours à la clémence d'Alphonſe; il ne
méritoit point de grace; le Roi voulut bien cependant lui pardonner à des
conditions humiliantes pour l'Infant. Dom Emanuel alla auſſi ſe jetter aux
pieds du Roi, qui, après bien des difficultés, lui permit enfin de rentrer
à ſon ſervice; & il ne tarda point à ſe repentir de ſon indulgence envers
ces ſéditieux incorrigibles. Il penſoit, en mêlant ainſi la douceur à la ſévérité, rendre la paix à ſon Royaume, il ſe trompoit. La conduite d'Alphonſe XI avoit laiſſé dans les eſprits un levain de rebellion qui ne pouvoit être détruit que par les remedes les plus violens.

Ces troubles furent à peine appaiſés, que le Vice-Roi de Navarre, inſtruit des diſſentions qui diviſoient les Caſtillans, lui déclara la guerre, ſans
ſujet, ſans prétexte. Il paya cher cette démarche indiſcrete; Alphonſe marcha contre lui, rencontra ſon armée, la battit, & la mit en déroute,
après en avoir fait un horrible carnage. Cette guerre glorieuſement terminée, le Roi de Caſtille ſe diſpoſoit à combattre les Maures qui projettoient
une ligue générale contre lui, lorſqu'il découvrit une conſpiration nouvelle
formée par Don Juan Emanuel, & par Don Juan de Lara, qui avoient

engagé dans leur complot Don Pedre, Fernandez de Caſtro & Don Juan Alphonſe d'Albuquerque, auxquels il avoit conſtamment marqué la plus intime confiance; il les ramena l'un & l'autre,. & convoquant les Etats, il expoſa la conduite criminelle de Don Emanuel & de Don Juan de Lara: les Etats indignés déclarerent ces deux Seigneurs traîtres à la patrie, & conjurerent le Roi de les immoler l'un & l'autre à la tranquillité publique. Don Juan de Lara n'attendit point qu'Alphonſe fit exécuter la délibération des Etats : à force de ſollicitations & d'interceſſeurs, il parvint à déſarmer encore la colere du Roi, qui, non-ſeulement lui rendit ſes charges, mais qui eut la généroſité de lui donner diverſes places : cette magnanimité fit tant d'impreſſion ſur Don Juan, qu'il ſervit fidélement ſon maître pendant le reſte de ſa vie. Don Emanuel, fatigué de l'inutilité des factions qu'il avoit fomentées, & des révoltes qu'il avoit ſuſcitées, ſe ſoumit également, &, malgré tous ſes crimes, rentra auſſi en grace.

. Après avoir terminé par une treve, la guerre qui duroit depuis quelques années entre le Portugal & la Caſtille, Alphonſe ſe prépara à oppoſer la plus vigoureuſe défenſe à l'invaſion dont le Roi de Maroc le menaçoit; mais avant que d'aller s'oppoſer à la deſcente des Sarraſins ſur les côtes d'Eſpagne, il tint les Etats de Caſtille, & fit, pour le bonheur de l'Etat & la tranquillité publique, les plus ſages Réglemens. Il voulut que tous les châteaux & toutes les fortereſſes fuſſent déformais & excluſivement, ſous la protection & la garde du Souverain : il ordonna qu'à l'avenir, toutes les conteſtations particulieres ſeroient portées devant les Juges, & non pas décidées, comme elles l'étoient auparavant, par la voie des armes. Enfin il publia des Loix ſomptuaires, réforma le luxe des habits, & prévint, autant qu'il étoit poſſible, les dépenſes ruineuſes.

Déja les Infideles étoient entrés en force ſur les terres de Caſtille, quand Alphonſe, à la tête de ſes troupes, allant à leur rencontre, remporta ſur eux les plus grands avantages. Les Maures furent mis en déroute dans tous les combats qu'ils livrerent; ils perdirent un très-grand nombre de ſoldats, & Abul-Malik, fils du Roi de Maroc, reſta mort ſur le champ de bataille dans l'une de ces actions. Abul-Aſſan, ſon pere, fit les plus grands efforts pour rétablir l'honneur de ſes armes, & venger la mort de ſon fils; il vainquit les Caſtillans ſur mer, battit leur flotte & remporta une victoire ſi complette, qu'il ne ſe ſauva que cinq galeres de la flotte Caſtillanne, tous les autres vaiſſeaux furent pris ou coulés à fond. Alphonſe, moins découragé de ſa défaite, qu'impatient de la réparer, fit les plus grands préparatifs pour accabler les Maures. Cependant, Abul-Aſſan pourſuivant le cours de ſes ſuccès, alla mettre le ſiége devant Tariffe, ville forte par elle-même & défendue par une nombreuſe garniſon, commandée par Don Juan de Benavidez, l'un des meilleurs Officiers du Roi de Caſtille. Alphonſe XII accourut au ſecours de cette Place, & ſecondé par le Roi de Portugal, il livra bataille au Roi de Maroc, maſſacra une partie de ſon armée, diſperſa l'autre, & fans perdre de temps, après avoir délivré Tariffe, alla fe rendre maître du Château de Moclin, & affiéger Algezire, Place qu'on regardoit alors comme imprenable, & qui, malgré tous les efforts des Maures & la plus forte réfiftance, tomba au pouvoir des Affiégeans. Cette conquête couvrit de gloire Alphonfe, qui, ayant fait prifonnieres des filles du Roi de Maroc, eut la généroſité de les lui renvoyer, richement vêtues, & efcortées par un cortege, digne de leur rang & de leur naiffance.

Pendant que le Roi de Caftille fe couvroit de gloire par fa valeur & la nobleffe de ces procédés, le Pape Clément VI, qui, comme fes prédécefſeurs, accordoit libéralement des Couronnes & des Etats dans des régions où il n'avoit aucune puiffance, conféra à Don Louis de la Cerda le titre du Roi des Iſles Canaries, à condition qu'il releveroit, lui & fes fuccefſeurs, du faint Siége, auquel il payeroit un tribut annuel de 400 piftoles. Alphonfe avoit fur ces Iſles des prétentions plus légitimes & mieux fondées que ne pouvoient l'être celles de Clément VI; mais, aux preſſantes follicitations du Pape, il voulut bien s'en défifter en faveur de Louis de la Cerda, & il fut imité par le Roi de Portugal, qui avoit également des droits fur la propriété des Canaries.

Quelque temps après, la nouvelle de la révolte excitée en Afrique par un des fils d'Abul-Aſſan, s'étant répandue en Efpagne, Alphonfe crut devoir profiter des diſſentions qui retenoient le Roi de Maroc dans fes Etats, & tenter la conquête de Gibraltar; les Etats de Caftille approuverent ce projet, & fournirent, pour le fuccès, le fecours le plus abondant à leur Souverain : Alphonfe fe hâta d'aller former le fiege de cette Place, qu'il entoura d'un foſſé très-large & très-profond, tandis que fa flotte, renforcée par quatre galeres d'Arragon, empêchoit la ville d'être fecourue : le fuccès eût vraifemblablement couronné cette grande entreprife; car déja la garnifon manquant de vivres, & voyant les fortifications en partie ruinées, commençoit à penfer à capituler, lorfque la pefte fe mit dans l'armée des Affiégeans : on preſſa vainement le Roi de Caftille de fe mettre à l'abri du danger qui le menaçoit, il crut qu'il feroit honteux de ne pas emporter cette Place, ou de renoncer à fa conquête; au moment où elle étoit comme aſſurée; il s'obftina à continuer le fiege, mais il fut attaqué de la pefte, & mourut le 26 Mars 1350. L'eftime générale que l'on avoit pour ce Prince, même parmi fes ennemis, étoit telle, que malgré les conjonctures critiques où l'on fe trouvoit dans le camp des Caftillans, & la certitude du fuccès d'une fortie, les Maures ne firent aucun acte d'hoftilité pendant le jour où l'on tranfporta le corps, & qu'ils ne voulurent profiter du trouble ni de la douleur que cette pefte caufoit aux Chrétiens. Il périt, âgé de 40 ans, après 37 ans de regne.

Les Caftillans parurent peu fenfibles à fa mort, fans doute parce qu'ils ne pouvoient oublier le grand nombre d'exécutions fanglantes que ce Monarque avoit ordonnées, & qu'alors on ne penfoit pas d'une maniere aſſez défintéreſſée pour voir, combien ces exécutions avoient contribué à assurer le repos & la gloire du Royaume. La sévérité dont il s'arma, jugée trop dure, étoit peut-être nécessaire pour faire rentrer les Grands dans le devoir ; & si l'on doit le blâmer d'avoir ajouté quelquefois la ruse & la trahison à la rigueur, cette rigueur peut à d'autres égards devenir un sujet d'éloges, si l'on considere qu'elle purgea la Castille des brigands qui l'infestoient, qu'elle donna une nouvelle force aux Loix ; qu'elle réforma un grand nombre d'abus dans l'administration de la Justice ; qu'elle réprima souvent la tyrannie des Grands qui opprimoient le Peuple, & faisoient des usurpations injurieuses à la Couronne. Il n'est pas sûr que la douceur eût produit les mêmes effets, dans un temps où l'esprit de révolte animoit presque tous les ordres de Citoyens, sur-tout les Seigneurs, qu'Alphonse XI, avoit accoutumés à l'impunité. La rigueur de ses jugemens, lui mérita le surnom de *Vengeur*, titre plus terrible que glorieux, qu'il faut néanmoins apprécier sans prévention. Alphonse XII se montra généreux, magnanime ; nous avons vu qu'il pardonna plusieurs fois aux mêmes rebelles, & que sa clémence cruellement déçue, fut encore à l'épreuve de la plus noire ingratitude. Du reste il fut équitable, ami des bons Citoyens, protecteur des malheureux, vengeur des opprimés ; terrible seulement pour les méchans, & les rebelles. Plaignons un Roi, qui se voit dans la dure nécessité de faire couler le sang des plus puissans de ses sujets, pour assurer la tranquillité & le bonheur des autres. Conseillons-lui toujours de n'avoir recours à la Justice rigoureuse, qu'après avoir épuisé prudemment tous les autres moyens que l'humanité prescrit. S'il est des circonstances fâcheuses, où il faut en imposer par des exemples terribles, plus souvent encore la douceur ramene les esprits. Il est vrai qu'Alphonse eut affaire à des caracteres intraitables, aussi prêts à abuser de la clémence la plus généreuse, qu'incapables d'être subjugués par une sévérité excessive.

Alphonse XII, fit un grand mal à l'Espagne, & ce mal fut irréparable : ce fut de donner le jour à un monstre tel que Don Pedre, ou Pierre le cruel, un des plus féroces tyrans, qui aient jamais écrasé les hommes sous le poids de leur méchanceté. (*Voyez* PIERRE, *surnommé* LE CRUEL.) C.

ALPHONSE I, *Roi d'Arragon*. (*Voyez ci-devant* ALPHONSE VII, *surnommé* LE BATAILLEUR, *Roi de Castille & de Léon*.)

NOUS avons parlé ci-devant des démêlés de ce Prince avec la Reine Urraque son épouse qui le chassa de la Castille, & le força de se borner à ses Etats héréditaires. Il tourna avec succès contre les Maures ses armes impuissantes contre l'Espagne Chrétienne. Il se trouva à vingt-neuf batailles rangées, dont toute la gloire se borne au vain nom de *Batailleur*, aujourd'hui que l'on sait apprécier la grandeur réelle des Rois par le bien qu'ils font. Il conquit tout le pays de la partie Méridionale de l'Ebre, & augmenta

gmenta des deux tiers la Monarchie Arragonnoife, mais ce fut au grand dommage de l'autre tiers qui fouffrit cruellement de cette continuité de guerres. Mariana (*) prétend que ce Prince, qui n'avoit point d'enfans, inftitua pour héritiers de fes Etats, les Chevaliers du Temple & ceux de S. Jean de Jérufalem; mais ce prétendu teftament eft contefté par tous les autres hiftoriens; & il eft fûr que, fuppofé qu'il ait exifté, les Arragonnois n'y eurent aucun égard.

ALPHONSE II, *Roi d'Arragon.*

CE Prince étoit encore enfant, lorfque la mort lui enleva Don Raymond Comte de Barcelone, fon pere, Roi d'Arragon, du chef de Dona Pétronille fon époufe, fille de Don Ramire, fixieme Roi d'Arragon. A la mort de Don Raymond, fa Couronne paffa fur la tête de Pétronille, qui affemblant les Etats, & partageant fes Domaines, donna l'Arragon à Don Alphonfe fon fils aîné, dont elle fe réferva la tutelle ainfi que le Gouvernement du Royaume : elle céda le Comté de Cerdaigne à Don Pedre, fon fecond fils, auquel elle fubftitua Don Sanche fon troifieme enfant, dans le cas où Don Pedre viendroit à mourir fans poftérité, & confia le Gouvernement de la Catalogne, & de tout le refte de fes poffeffions à Don Raymond Bérenger, frere de fon époux.

Ce partage fut à peine réglé, que la tranquillité publique fut troublée par un impofteur, qui fe difant Don Alphonfe I, prétendoit qu'après la bataille de Fraga, il avoit paffé en Paleftine, où il n'avoit ceffé de combattre contre les Infideles. Déja cette fable groffiere commençoit à s'accréditer parmi le peuple, quand Dona Pétronille, afin de prévenir de plus grands troubles, fit faifir & pendre publiquement l'impofteur à Saragoffe. Plus tendre pour fon fils, qu'ambitieufe de régner, Pétronille ne garda la régence que quelques mois, & convoquant les Etats à Barcelone, le 14 Juin 1163, elle renonça à la régence, & remit toute l'autorité à fon fils, qu'elle accompagna à Saragoffe, où la même cérémonie fut renouvellée. Alphonfe II n'avoit que 12 années lorfqu'il régna par lui-même, & il donna de fa prudence & de fes vertus une fi haute idée, que dès-lors la Nation lui déféra les furnoms de *Sage* & de *Chafte*. Dès la deuxieme année de fon regne, apprenant la mort de Raymond Bérenger, Comte de Provence, fon oncle, qui avoit projetté de marier fa fille unique avec le Comte de Touloufe; & informé que ce dernier, fondé fur ce projet, formoit le deffein de fe mettre en poffeffion de la Provence, le Roi

---

(*) L'Auteur de l'*Abrégé Chronologique de l'Hiftoire d'Efpagne*, a foutenu la réalité de ce teftament, fur la feule autorité de Mariana.

Tome III.   P p p

d'Arragon prit lui-même le titre de Comte de Provence, & envoya des troupes pour s'affurer de cette Province : il y paffa bientôt à la tête de fon armée, remporta la victoire, refta maître de la Provence, où il ne tarda point à mettre le Clergé, les Grands & le Peuple dans fes intérêts, & en donna le commandement à vie, à Don Pedre fon frere. De retour dans fes Etats, il déclara la guerre aux Maures, leur enleva un très-grand nombre de Places, & pouffa fort loin fes conquêtes qu'il réunit à fes Etats.

Sa réputation s'étendoit, & la célébrité que le fuccès de fes armes lui donnoit en Efpagne, étoit fi éclatante, que le Roi de Caftille, s'em-preffa de faire avec lui une ligue offenfive & défenfive. Les Mahométans établis dans les montagnes de Catalogne tenterent de fe foulever ; mais il les réprima, leur prit Teruel, place importante, qu'il annexa au Royau-me d'Arragon, & qui lui ouvroit l'entrée du Royaume de Valence. Il y porta fes armes dès l'année fuivante, & pénétra jufqu'à Xativa ; mais la nouvelle de l'irruption faite foudainement par le Roi de Navarre fur les terres d'Arragon, ne permettant point à Alphonfe II de continuer fes con-quêtes, il revint fur fes pas, & de concert avec le Roi de Caftille, il entra à fon tour dans la Navarre, où il ne put cependant commettre de bien violentes hoftilités, par les foins que Don Sanche avoit pris de pourvoir à la fûreté de toutes fes Places. Cette guerre ne fut avantageufe à aucun des deux Souverains, & pendant qu'ils combattoient infructueu-fement l'un contre l'autre, le Roi de Caftille, croyant avoir quelque fujet de mécontentement contre fon allié, fit une irruption fur les terres d'Arragon, fans avoir déclaré la guerre, & s'empara de la ville d'Ariza. Juftement irrité d'un tel procédé, Alphonfe II renonça à l'alliance du Roi de Caftille, & refufant d'époufer Dona Sanche, tante de ce Souverain, avec laquelle il étoit engagé, il envoya des Ambaffadeurs à Conftantino-ple, pour demander en mariage la Princeffe Eudoxie, fille de l'Empereur Manuel, qui, flatté de cette démarche, fe hâta d'accorder fa fille & de la faire embarquer pour l'Efpagne ; mais à peine elle étoit arrivée fur les côtes de France, qu'Alphonfe, fentant l'imprudence de fa démarche, & ramené à des fentimens moins violens par le Cardinal Hyacinte, Légat du Pape, fe réconcilia avec le Roi de Caftille, époufa Dona Sanche, & re-nonça à Eudoxie, qui irritée & confufe, époufa le Comte de Montpel-lier. Cette Paix fut fincere de part & d'autre, & les deux Alliés portant enfemble leurs armes contre les Infideles, remporterent fur eux, à la vue de Cuença, une victoire fignalée. Alphonfe II donna dans le combat, des preuves fi diftinguées de fa valeur, que fon Allié, pénétré pour lui d'eftime & d'admiration, le releva de l'hommage qu'il rendoit à la Caftille, pour la ville de Saragoffe, & pour toute la partie de fon Royaume, fituée au midi de l'Ebre. Cependant l'infatigable Alphonfe II paffant de Cuença, dans le Royaume de Valence, y porta le ravage & la dévaftation ; mais il interrompit le cours de ses conquêtes, pour aller s'assurer du Comté de Roussillon, que Guillaume ou Girand, dernier Comte de ce Pays, venoit, avant que de mourir, de lui léguer par testament.

Le Roi d'Arragon songeoit à venir reprendre la suite de ses opérations dans le Royaume de Valence, quand quelques différens avec le Comte de Toulouse l'obligerent d'aller porter la guerre dans les Etats de ce Souverain : il le pressoit très-vivement, lorsqu'il apprit l'affligeante & funeste nouvelle de la mort de Don Raymond Bérenger, son frere, Comte de Provence, qui venoit d'être assassiné : enflammé du désir de la vengeance, Alphonse II passa en France, à la tête de ses troupes, poursuivit les meurtriers, les attaqua dans la forteresse de Morvelle, les prit & les fit tous périr. Delà, il revint se jetter sur le territoire de Toulouse qu'il ravagea, & il se rendit à Bordeaux, où il eut une entrevue avec Henri II, Roi d'Angleterre, & après deux années d'une guerre fatigante, il consentit enfin à donner la paix au Comte de Toulouse.

Cependant la puissance du Roi de Castille s'étoit si fort accrue, que tous les Princes Espagnols, craignant son ambition, songerent aux moyens d'en arrêter les progrès. Alphonse, dans les mêmes vues se ligua avec les Rois de Navarre & de Léon, déclara la guerre à celui de Castille, & entra dans ses Etats, où il remporta quelques avantages; mais bientôt par la médiation du Légat du Pape, les deux Souverains se réconcilierent. Alphonse II, profitant de la Paix, envoya des secours en Gascogne au Roi Richard contre le Comte de Toulouse ; il passa lui-même en Provence, dont il confia le gouvernement, ainsi que de tous les Etats qu'il possédoit en France, à Don Sanche son frere.

Il est triste pour un Historien ami de l'humanité, de n'avoir que des exploits militaires à raconter. Il semble que tous les Rois qui régnerent sur les différentes Contrées de l'Espagne, pendant plusieurs siecles, ne montassent sur le trône que pour se faire la guerre les uns aux autres, & aux Maures. Et quel bien pouvoient faire à leurs Sujets, ces Princes toujours occupés de projets de vengeance & de conquête, dans un temps où la vertu guerriere étoit presque la seule qu'on admirât ? L'Histoire dit néanmoins qu'Alphonse II fit quelques sages réglemens, pour l'administration de la Justice ; qu'il tâcha de remédier aux abus introduits dans le tumulte des armes ; qu'il offrit encore sa médiation pour terminer des différens qui divisoient les Princes ses voisins; que ses négociations rétablirent la Paix entre les Rois de Castille, de Léon & de Navarre, qui s'étoient récemment brouillés ; foibles actes de bienfaisance qu'il fit pendant sa vie. Quelques affaires importantes l'ayant appellé en Roussillon, il tomba malade à Perpignan, où il mourut le 26 Avril 1196, âgé de 44 ans, dans la 34 année de son regne ; il fut amérement regretté de ses Peuples & des Nations étrangeres; à beaucoup d'égards il méritoit de l'être. C.

ALPHONSE III, Roi d'Arragon.

LES hommes vertueux vivent toujours trop peu, & les bons Rois devroient être immortels. Mais les bons Rois sont si rares, qu'on seroit encore tenté de souhaiter l'immortalité à ceux qui, n'ayant ni de grandes vertus ni de grands vices, ne font ni beaucoup de bien ni beaucoup de mal. On se contenteroit volontiers de la foible dose de bonheur dont on jouit sous un Monarque qui n'a qu'une sagesse & une bienfaisance médiocres, par la crainte de tomber dans une condition pire en changeant de maître. Tels dûrent être les vœux des Arragonois sous le regne d'Alphonse III, Prince d'un mérite ordinaire, mais assez bien intentionné envers ses Peuples, pour vouloir les gouverner plutôt selon leur gré, que suivant les caprices d'une volonté absolue.

Pierre III, son pere, lui transmit, en mourant, ses Etats d'Arragon en 1285. Fils tendre & frere généreux, il apprit avec douleur la nouvelle de son élévation au trône, & s'empara de la Capitale de l'Isle de Majorque, dont il formoit alors le siege, avant de s'en retourner à Valence. Il est vrai qu'il prit le titre de Roi avant que de se faire couronner solemnellement dans l'Assemblée des Etats, & que, suivant les dispositions de son pere, il fit aussi proclamer son frere Don Jayme, Roi de Sicile. Les Etats d'Arragon formoient alors sous le nom d'*Union*, une autorité rivale de la Puissance Souveraine pour lui servir de contrepoids. Ils envoyerent des Députés au nouveau Monarque, chargés de lui témoigner leur surprise, de ce qu'il avoit pris le titre de Roi, avant que d'être couronné, & avant que d'avoir juré de maintenir les Privileges des Grands & du Peuple. Alphonse III se rendit à leurs remontrances, & se fit couronner solemnellement suivant les cérémonies accoutumées, & porta même la déférence jusqu'à permettre que les Etats lui choisissent ses Ministres & les principaux Officiers de sa Maison.

Don Pedre, son pere, avoit eu des démêlés très-vifs avec la Cour Britannique ; mais Edouard, Roi d'Angleterre, termina ces différens à des conditions également avantageuses aux deux Puissances, & qui eussent prévenu bien des troubles, si le Pape ne se fut opposé à leur exécution. Cependant, à peine Alphonse III eut pourvu à la sûreté de ses Etats & à la tranquillité de ses Sujets, qu'il alla, dès la seconde année de son regne, achever de réduire les Isles de Minorque & d'Ivica, dont il fit l'entiere conquête avant que de se rendre en Catalogne, où ayant convoqué les Etats, il fit recevoir plusieurs Réglemens, qui en diminuant la puissance des Grands, augmentoient l'autorité royale, & sembloient favoriser le Peuple. Quelque temps après, dans une conférence qu'il eut avec le Roi de France, il fut convenu entre les deux Souverains, que celui d'Arragon donneroit sa fille en mariage à Charles de Valois, & qu'il lui céderoit le Duché d'Anjou, à condition que Charles renonceroit au titre de Roi d'Arragon; titre vain, qu'il ne tenoit que de la turbulente libéralité de la Cour de Rome. Mais bien loin de ratifier ces conditions, le fier Nicolas IV excommunia le Roi d'Arragon, qui ne parut pas fort effrayé de l'excommunication, releva Charles d'Anjou de ses engagemens, & le couronna Roi de Sicile; Etat, sur lequel Nicolas IV avoit tout aussi peu de droits que sur l'Arragon. On parvint dans la suite à désarmer la colere de Nicolas, qui retirant ses foudres, annulla tout ce que son Prédécesseur & lui-même avoient fait contre le Roi d'Arragon & contre Don Pedre son pere.

Dès que cette contestation fut terminée, Alphonse III ordonna les préparatifs des fêtes qu'il vouloit donner pour la conclusion de son mariage avec la jeune Eléonore, Princesse d'Angleterre, & il se disposoit à la recevoir dans ses Etats, lorsque se sentant tout-à-coup indisposé, comme il alloit monter à cheval, il se fit porter dans son lit, où il mourut très-peu de temps après, le 18 Juin 1291, à la fin de la 6ᵉ. année de son regne. C.

ALPHONSE IV, surnommé le DÉBONNAIRE, Roi d'Arragon.

CE fut par des actes multipliés d'une bonté qui dégénéra quelquefois en imprudence & en foiblesse, qu'Alphonse mérita le surnom de *Débonnaire.* Aussi les Etats d'Arragon se crurent plus d'une fois obligés de mettre des bornes à une générosité excessive & peu éclairée. Les graces sont dans la main des Rois, non pour être la proie de l'intrigue & de la basse flatterie, mais la juste récompense du mérite & des services rendus à la patrie. Heureux le Monarque qui n'a point de reproches à se faire à cet égard. J'ai entendu des Princes, des Ministres se plaindre de ce qu'ils avoient trop peu de pensions, d'honneurs, de places à accorder! C'est qu'ils les distribuoient mal. C'est qu'ils les prodiguoient à leurs créatures, à ceux qui leur faisoient une Cour assidue, qui entroient dans leurs vues & leurs intrigues, qui prônoient leur sagesse vraie ou prétendue. J'en conviens, jamais il n'y a assez de graces pour ces Courtisans, aussi avides que rempans. Mais, dans tout Etat, il y a une juste proportion entre les récompenses à donner & le mérite modeste qui se contente de peu. L'art est de saisir cette proportion & de l'observer exactement; économiser les honneurs & les pensions, c'est les doubler par le prix qu'y ajoute la sagesse de la distribution.

Alphonse regrettoit amérement la perte de Dona Thérèse, son épouse, qui lui laissoit trois enfans, Don Pedre, dans l'adolescence, Don Jayme & Dona Constance, lorsque la mort lui enlevant aussi Don Jayme II, son pere, les Etats assemblés à Saragosse, le reconnurent pour leur Roi, en 1328. La conduite du nouveau Souverain justifia les espérances que la Nation avoit conçues de sa valeur, & sur-tout de sa bienfaisance. A peine eut-il reçu la Couronne, qu'il conclut une treve avec les Rois de Tunis & de Tremécen, pirates dangereux & cruels; mais qui le redoutoient depuis qu'à main armée, il s'étoit mis, au nom & par les ordres de Don Jayme, son pere, en possession de la Sardaigne. Dès le commencement de la seconde année de son regne, il resserra les nœuds de l'Alliance qui l'unissoient avec le Roi de Castille, dont il épousa la sœur, l'Infante Dona Eléonore. Ce mariage fut heureux, & suivi de la naissance de l'Infant Don Ferdinand, que son pere fit reconnoître, dès le berceau, Marquis de Tortose & Seigneur d'Albarracin. Ligué avec le Roi de Castille, Alphonse IV arma contre les Maures, leur fit une guerre sanglante, & attaqua par mer & par terre le Royaume de Grenade.

Tandis qu'il désoloit en Espagne, les possessions de ces anciens ennemis, il faisoit une guerre sanglante aux Génois, irrité du procédé de cette République, qui avoit excité les mécontens de Sardaigne à se soulever contre leur Souverain, & qui les avoit secondés dans leur rebellion. Pendant qu'il les faisoit repentir de leur démarche, le Roi de Grenade épuisé, conclut une treve avec le Roi de Castille, dans laquelle il ne fut point fait mention du Roi d'Arragon, seul exposé à la vengeance du Souverain de Grenade, qui se jettant sur le Royaume de Valence, y commit des ravages affreux. Obligé de se défendre en Espagne, en Italie, & abandonné de son allié, Alphonse IV ne se découragea point; ce fut, au contraire, dans ces conjonctures critiques qu'on le vit opposer à l'orage, la fermeté la plus inébranlable. Les Génois, dont les côtes étoient envahies & désolées par les Arragonois, engagerent le Pape & le Roi de Naples à porter Alphonse à la paix. Manquant alors à son caractere débonnaire, le Roi d'Arragon répondit que lorsque les Génois, retirant leurs troupes de Sardaigne, se seroient engagés à ne plus secourir les rebelles, il voudroit bien oublier le passé, & leur rendre son amitié; mais qu'il les traiteroit en ennemis, & comme les rebelles mêmes de Sardaigne, lorsqu'oubliant leurs véritables intérêts & les égards qu'ils lui devoient, ils oseroient encore l'offenser. Vainement, pour l'obliger de prendre un ton moins impérieux, les Génois envoyerent une flotte de 40 vaisseaux sur les côtes de Catalogne & de Valence; vainement ils attaquerent, en Sardaigne, les vaisseaux Catalans; la vigoureuse résistance que les Arragonnois leur opposerent de tous côtés, & les grandes pertes qu'ils éprouverent, les contraignirent de renoncer à leurs projets, & de se retirer, pour éviter leur entiere défaite. Egalement effrayé de la valeur d'un aussi redoutable ennemi, le Roi de Grenade, qui venoit de faire une seconde irruption dans le Royaume de Valence, informé que le Roi d'Arragon s'approchoit, suivi d'une armée, se retira précipitamment, & cessa des hostilités dont il craignoit de trop funestes représailles.

Alphonse, qui s'étoit peut-être fait violence pour entreprendre & soutenir tant de guerres, désiroit de vivre tranquille au sein de ses Etats, de s'y faire aimer de fes Sujets par fes libéralités, lorfque des diffentions domeftiques vinrent troubler fon repos. Le refte de fes jours fut agité par la turbulente ambition du plus chéri de fes enfans. Les preuves exceffives que ce bon Roi avoit données d'un défintéreffement, & d'une libéralité fouvent prodigues, avoient engagé les Etats, dès fon Couronnement, à le prier du moins de ne rien aliéner des biens de la Couronne, & il l'avoit promis avec ferment, ne fuppofant pas que cette promeffe folemnelle le privât du précieux Droit de la puiffance paternelle, celui d'affurer à fes enfans un fort convenable. Nous avons vu qu'il avoit donné à l'Infant Don Ferdinand, le Marquifat de Tortofe, & la Seigneurie d'Albarracin; il avoit auffi donné à la Reine Éléonore de Caftille fon épouse, Xativa & quelques autres Places. Ces dons irriterent fon fils aîné, l'Infant Don Pedre, qui ofa accufer hautement fon pere d'avoir violé fon ferment, & demanda la révocation de ces aliénations. Surpris de cet excès d'ingratitude, Alphonfe IV crut fe juftifier fuffifamment, en répondant que lorfqu'il avoit juré de ne rien aliéner de la Couronne, il n'avoit pû entendre renoncer aux devoirs facrés d'un pere, au devoir d'appanager fes enfans, & de leur affurer un fort convenable à leur naiffance. Don Pedre, qui jufqu'alors avoit refpecté les volontés de fon pere, ne s'étoit porté à élever cette conteftation, que par les confeils perfides, & les fuggeftions de l'Archevêque de Saragoffe, mauvais Citoyen, Prélat ambitieux & Sujet infolent. La Reine découvrit cette intrigue : le Prélat fut banni de la Cour, & fes menées criminelles méritoient une punition plus exemplaire. Toutefois, Don Pedre furieux contre la Reine Eléonore, qui avoit dévoilé le caractere de l'Archevêque, jura de fe venger, & alla s'emparer de Xativa. Cette Princeffe, voyant le mauvais état de la fanté de fon époux, attaqué d'hydropifie, & prévoyant les fuites de la haine que l'Infant lui avoit vouée, implora le fecours du Roi de Caftille fon frere; mais ce prudent Monarque répondit, que tant qu'Alphonfe IV refteroit fur le trône, il ne foutiendroit en aucune maniere les mécontens d'Arragon, de quelque rang qu'ils fuffent; mais que fi le Roi venant à mourir, fon Succeffeur Don Pedre lui faifoit quelque injuftice, alors il ne manqueroit pas d'armer pour fa vengeance. Cependant, maître de Xativa, Don Pedre, dans la vue de fe faire un puiffant parti, engagea le Roi fon pere à demander pour lui l'Infante de Navarre en mariage, & cette union fut conclue par les foins de l'Archevêque de Saragoffe, qui lui fit accorder l'Infante Dona Marie, en faveur de laquelle il fut ftipulé, qu'elle fuccéderoit à la Couronne de Navarre, au préjudice de Dona Jeanne fa fœur aînée, qui, dans la fuite époufa le Vicomte de Rohan. Ce mariage ne put ranimer les forces abattues d'Alphonfe IV, qui vivoit depuis quelques mois dans une accablante langueur; il paffa dans le Royaume de Valence, fe flattant que la douceur du climat pourroit lui procurer quelque foulagement, mais fes efpérances & celles des médecins furent trompées, & il y ceffa de vivre le 24 Janvier 1336, dans la 9ᵐᵉ année de son Regne. Sa sensibilité aux procédés de son fils contre la Reine Éléonore, accrut les progrès de sa maladie : il aimoit son épouse, il chérissoit son fils ; il prit le plus vif intérêt à la situation de la premiere, & la tendresse paternelle, ne lui permettant point de réprimer l'autre, l'agitation de son ame influa si sensiblement sur la foiblesse de son corps, que tous les soins qu'on prit d'arrêter le progrès du mal, devinrent inutiles ; de maniere que ce fut, en quelque sorte, par le sacrifice de sa vie, qu'il justifia le titre de Débonnaire. C.

ALPHONSE V, *surnommé LE MAGNANIME, Roi d'Arragon.*

FRANC, généreux, bienfaisant, Guerrier intrépide, habile Politique, Ami des Arts, Protecteur des Sciences, Savant lui-même, Galant à l'excès, Alphonse V, sut allier toutes ces qualités, & c'est de leur assemblage, qu'il se forma ce caractere de grandeur qui lui fit donner le surnom de *Magnanime.*

Ce Prince, fils de Ferdinand *le Juste,* lui succéda au Royaume d'Arragon, en 1416 ; c'étoit un des plus beaux hommes de l'Europe, & peut-être le plus accompli de son siecle ; mais, pour son malheur, Dona Marie, son épouse, d'autant plus jalouse qu'aux agrémens de la figure, elle joignoit de l'esprit & des talens, ne lui permit pas de vivre en paix au sein de ses Etats. Il est vrai que cette jalousie n'étoit pas sans fondement. Alphonse aimoit éperduement une Dame de la Cour, dont il avoit eu un fils, nommé Don Ferdinand. Outrée de dépit, Dona Marie trouva le moyen d'empoisonner sa Rivale. Alphonse, trop grand pour se venger d'une femme, quelque sensible qu'il fut à cette perte, prit le parti de s'éloigner d'une épouse, qu'il ne pouvoit plus aimer après ce trait, & de distraire sa douleur par des voyages, & des opérations Militaires. Ce fut à cet événement, qui l'exila de ses Etats, qu'Alphonse fut redevable des conquêtes qui le rendirent alors si célebre, & dont le souvenir est aujourd'hui presque effacé par des actions plus louables.

Dès les premiers jours de son regne, il se vit obligé de réprimer les hauteurs & l'insolence même du Pape Benoît XIII, qui, piqué de ce que ce Souverain, dont il avoit joué le pere par de fausses promesses, renonçoit à son obédience, & le pressoit d'abdiquer la Thiare, & de rendre la paix à l'Eglise, comme il s'y étoit engagé, le déclara schismatique, & déchu de la Couronne. Alphonse méprisa ces foudres impuissantes, lancées par un Pape Schismatique lui-même, & persista à lui refuser l'obédience ; une plus importante affaire l'occupoit alors, les attentats & la conspiration de plusieurs Seigneurs, que Don Antoine de Lune avoit soulevés, dans la vue de placer la Couronne sur la tête de Don Jayme,

Comte

Comte Durgel. L'un des conjurés, plus fidele au Roi qu'à ses complices, l'avertit du complot tramé contre sa vie, & lui donna même la Liste de tous ceux qui avoient part à la conspiration. Alphonse, aussi tranquille, que si on l'eut informé de la nouvelle la plus indifférente, reçut la Liste, & la déchirant sans la lire, lui dit » Je vous pardonne afin que vous alliez » dire aux conjurés, que je prends plus de soin de leur vie qu'ils n'en » prennent eux-mêmes. « Il dissipa aisément les projets ambitieux du rebelle Antoine de Lune, & il fut moins embarrassé des intrigues de Benoît XIII, que des moyens de continuer la guerre que son Pere avoit portée dans la Sardaigne, & dans l'Isle de Corse. Il se proposoit de passer dans cette Isle, mais il ne put se procurer les subsides qu'il demandoit ; au lieu de lui accorder des secours, les Etats de Catalogne lui firent d'ameres remontrances sur le grand nombre de Castillans qui vivoient à sa Cour. Il reçut mal ces plaintes, parce que les Castillans, qu'il avoit auprès de sa personne, méritoient sa confiance. Cependant il trouva dans l'amitié du Pape Martin V, les ressources que les Etats de Catalogne lui avoient refusées ; & les sommes considérables que ce Pontife lui fournit, l'ayant mis en état de passer en Sardaigne, sa présence y rétablit le calme ; les insulaires même lui offrirent un don de 100000 florins, soit pour le défrayer de son voyage, soit afin qu'il put passer plus commodément en Sicile, où il étoit fort important qu'il se rendit : il n'y parut cependant point, une affaire imprévue, & beaucoup plus intéressante, l'engagea dans une expédition d'un autre genre. Au moment où il alloit s'embarquer pour la Sicile, Antoine Caraffe vint lui demander du secours, au nom de la Reine Jeanne de Naples, que le Pape, le Duc d'Anjou, & le Connétable Sforce confédérés, se proposoient de détrôner ; Jeanne de Naples, hors d'état de se défendre seule contre ces trois ennemis, promettoit au Roi d'Arragon de l'adopter pour son fils, de lui assurer la Couronne de Naples, & de lui donner le Duché de Calabre. Ebloui par ces brillantes propositions, Alphonse V les accepta, & quoiqu'il fut informé de la ligue que le Duc d'Anjou venoit de faire avec les Génois, il se hâta d'envoyer à la Reine Jeanne une armée qui obligea les trois confédérés de lever le siege de Naples. Pénétrée de l'importance du service, Jeanne adopta solemnellement son protecteur pour son fils, le déclarant son successeur à la Couronne, & Duc de Calabre.

A la suite de quelques tentatives qui ne réussirent point, & de quelques opérations qui ne furent point heureuses dans l'Isle de Corse, le Roi d'Arragon, passa en Sicile, il y forma une puissante flotte, leva une armée nombreuse, & se rendit à Naples, où il fit son entrée en héritier présomptif de la Couronne. Jeanne lui fit un accueil distingué, lui témoigna la plus vive reconnoissance, & le trompa en femme consommée dans l'art de dissimuler ; car, dès-lors la Reine de Naples oubliant ce qu'elle devoit à son libérateur, ne songeoit qu'aux moyens d'annuller son adoption, &

elle étoit puissamment secondée par le Pape, qui, dans la vue de mieux tromper Alphonse, contre lequel il cabaloit, confirma solemnellement cette même adoption, & lui fit même remettre les Places les plus importantes du Royaume de Naples. Trop vrai pour suspecter la bonne-foi de Jeanne & du Pontife, le Roi d'Arragon s'occupoit du soin de réduire les villes qui tenoient encore pour le Duc d'Anjou, & ses succès, qui eussent dû lui mériter la confiance & l'amitié de Jeanne, ne servirent au contraire, qu'à augmenter sa jalousie, ou plutôt celle de son Ministre & de son Amant, par les avis duquel elle se conduisoit. Alphonse V ne tarda point à démêler les sentimens de la Reine de Naples; il la fit observer, & il fut informé que dans le temps même qu'il se sacrifioit pour elle, cette ingrate Souveraine se liguoit étroitement contre lui, avec le Pape, le Duc de Milan & le Duc d'Anjou même qu'elle avoit tant haï. Le Roi d'Arragon n'en témoigna aucun ressentiment. Jeanne cessa de couvrir ses projets sous le voile de la bonne intelligence. Elle laissa éclater ses projets; & sachant qu'ils étoient venus à la connoissance d'Alphonse, dont elle avoit à craindre la valeur & la colere, elle alla s'enfermer dans le château de Capoue, pendant que le Roi d'Arragon, qui avoit aussi à pourvoir à sa sûreté, se logea dans un autre château. Lorsque la Reine eut achevé de s'assurer de ses deux alliés, & que le Pape eut promis d'annuller l'adoption faite en faveur d'Alphonse, & de confirmer celle qui avoit appellé antérieurement le Duc d'Anjou au Trône de Naples; à l'instigation de son Ministre, elle résolut de se défaire par le poison ou le poignard, de son second fils adoptif: dans cette vue, elle lui députa son Sénéchal pour l'inviter à une conférence: Alphonse V fut informé du complot: indigné de la perfidie, il fit arrêter le Sénéchal, & se rendit, suivi de l'élite de ses troupes, au château de Capoue: mais à peine il se fut approché des murs de ce fort, que la garnison lança sur lui & sur ses gens, une nuée de fléches: au même instant la guerre civile s'alluma dans la ville de Naples; mais le parti du Roi y fut le plus fort, & Jeanne se crut trop heureuse de se sauver, & de laisser la capitale au pouvoir de son ennemi.

Cependant Alphonse V ne resta que peu de temps à Naples, dont il confia le commandement à l'Infant Don Pedre, avant de s'embarquer pour ses Etats, où des affaires très-pressantes rendoient sa présence nécessaire. Le principal motif de son retour étoit de rompre les liens qui retenoient captif l'Infant Don Henri son frere, à la Cour de Castille, où il avoit excité quelques troubles; & pour y parvenir, Alphonse eut porté la guerre dans les Etats de Henri IV, si par la médiation de l'Infant Don Juan d'Arragon, devenu Roi de Navarre, Don Henri n'eût recouvré la liberté.

Benoît XIII étoit mort, empoisonné, dit-on, & l'on avoit élu en sa place Gilles de Munoz, protégé par le Roi d'Arragon, contre Martin V.

Pendant que les deux Pontifes luttoient l'un contre l'autre, Henri IV, ou plutôt fes Miniftres, car il étoit trop imbécille pour former & fuivre aucun projet, irrités contre Alphonfe, fe liguerent avec quelques Seigneurs Arragonnois, à la tête defquels étoit le turbulent Arguello, Archevêque de Saragoffe, & formerent une confpiration contre les jours du Roi : Alphonfe inftruit à temps, fe contenta de faire arrêter les conjurés, & dans la néceffité de punir, le fang d'un feul lui parut fuffifant pour expier le crime de tous. Quant au plus coupable, au perfide Arguello, il fut enlevé par ordre du Souverain, qui par une prifon perpétuelle fatisfit à ce qu'il devoit à fa fûreté, & aux égards que méritoit la famille du coupable, & on n'entendit plus parler de lui.

Tandis que la prudence de Don Alphonfe diffipoit cet orage en Arragon, il s'en formoit un autre plus formidable à Naples, où la faction du Duc d'Anjou ayant pris le deffus fur celle d'Arragon, avoit repris Naples & conquis la plus grande partie du Royaume. L'Infant Don Pedre, ne pouvant plus foutenir les intérêts de fon frere, étoit repaffé en Efpagne, où il avoit apporté ces fâcheufes nouvelles. Cette révolution ne déconcerta point Alphonfe ; & bien loin de renoncer à la fucceffion de la Reine Jeanne, il envoya des troupes pour foutenir le petit nombre de partifans qu'il avoit encore à Naples, & il fe difpofoit à y paffer lui-même, lorfqu'il reçut une invitation très-inattendue, de la Reine Jeanne, qui le priant d'oublier le paffé, le conjuroit de venir la fecourir : il hâta fon départ ; mais afin de ne mettre rien au hafard, il s'affura du Pape Martin V, qui promit de le feconder de toute fa puiffance ; il fit de grands préparatifs pour cette expédition, & pour donner le change à fon compétiteur, il annonça que l'armement qu'il préparoit étoit deftiné contre le Roi de Tunis. Quelque défir qu'Alphonfe V, fit paroître de s'affurer de la Couronne de Naples, un motif plus puiffant l'obligeoit de quitter fes Etats, l'impoffibilité totale où il étoit de vivre plus long-temps avec la Reine Marie fon époufe, dont la jaloufie & les tracafferies perpétuelles donnoient chaque jour à la Cour, des fcenes fcandaleufes ou ridicules. Il partit, alla faire une invafion dans l'Ifle de Gérber, fur la côte d'Afrique, remporta une victoire complette fur le Roi de Tunis, foumit l'Ifle, & fit voile vers la Sicile. A peine il y étoit arrivé, qu'il reçut des Ambaffadeurs du Pape Eugene IV, fucceffeur de Martin V, chargés de le folliciter à fe liguer avec les Vénitiens & les Florentins. Alphonfe promit d'entrer dans cette ligue à condition que le Pape lui donneroit l'inveftiture du Royaume de Naples ; condition à laquelle Eugene s'étant refufé, le Roi d'Arragon ne fongea plus qu'à fe lier étroitement avec Jeanne de Naples, qui jura de caffer tout ce qu'elle avoit fait en faveur du Duc d'Anjou. Il fembloit que rien ne pourroit rompre la force de ces engagemens ; mais l'inconftante Jeanne, qui n'agiffoit que par les volontés & d'après les confeils de fes amans, manqua bientôt à fa parole, &, contre la foi des Traités, appella

le Prince René, frere du Duc d'Anjou qui venoit de mourir, à la fucceffion de fa Couronne, & reçut Ifabelle, époufe de René, avec les marques
les plus éclatantes de joie & d'amitié.

Alphonfe, trompé deux fois, rougit de fa crédulité imbécille aux fermens d'une femme qui avoit déja donné tant de preuves de fon humeur
changeante : il prit la réfolution d'obtenir par la force ce que l'ingratitude lui refufoit, & infenfible aux vives follicitations de la Reine Marie, qui
ne ceffoit de lui envoyer des Députés pour le conjurer de revenir en Arragon, il fit voile vers la côte de Naples, & commença fon expédition
par le fiege de Gaëtte, qu'il bloqua par mer : cette Place où commandoient
Otton, Zopo & François Spinola, ne pouvoit gueres plus tenir, & elle étoit
réduite aux dernieres extrémités, lorfqu'elle reçut des Génois, le fecours
d'une efcadre de douze gros vaiffeaux & de trois galeres, fous la conduite
d'Acereto, Chancelier de la République. La flotte Arragonnoife préfenta le
combat, & la fortune abandonna fi cruellement Alphonfe, que, pour fauver ceux qui étoient avec lui dans la Capitane, prête à couler à fond, il
fe rendit, & tout le refte des vaiffeaux qui compofoient fa flotte, furent
pris, à l'exception d'un feul. La victoire des Génois fut complette, fix cens
Arragonnois périrent dans le combat, & fix mille furent faits prifonniers ;
du nombre de ceux-ci étoient Alphonfe, le Roi de Navarre, l'Infant Don
Henri, le Prince de Tarente, le Duc de Seffa, & beaucoup d'autres Seigneurs Arragonnois, Caftillans, Valenciens & Napolitains. Acereto conduifit
le Roi prifonnier, & prenant la route d'Ifchia, il lui demanda d'ordonner
qu'on lui remît cette ville; mais Alphonfe, à qui l'infortune n'avoit point
fait oublier ce qu'il fe devoit à lui-même, lui répondit avec fierté, que,
dut-il être précipité dans la mer, il ne permettroit pas qu'on livrât à fes
ennemis un feul créneau d'Ifchia : l'Amiral Génois ne pouvant ébranler fa
fermeté, le conduifit à Savonne, & de là à Porto-Venere, où Nicolas Piccino, Général du Duc de Milan, vint le prendre avec une efcorte de fix
cens chevaux, & le conduifit à Milan, où il fut reçu par le Duc, & traité
avec autant de magnificence que de refpect. Mais quelque diftingué que
fut cet accueil, il ne réparoit point le malheur qu'Alphonfe venoit d'éprouver ; fa fituation paroiffoit défefpérée, fur-tout relativement à fes prétentions à la Couronne de Naples; toutefois, par une viciffitude, que le Roi
d'Arragon lui-même étoit fort éloigné de prévoir, cette même difgrace fut
la fource de fon bonheur, de fes fuccès & de fa gloire.

Ce Prince infortuné ne tarda point à captiver la confiance & l'amitié du
Duc de Milan, auquel il fit entendre qu'ayant les mêmes intérêts, bien loin
d'être ennemis, ils devoient au contraire travailler de concert à s'oppofer
à l'avidité des Génois, qui ne manqueroient pas de dépouiller le Duc de
fes Etats, auffi-tôt que l'occafion s'en préfenteroit. Ces raifons firent tant
d'impreffion fur le Duc de Milan, que, changeant auffi-tôt de parti, il
rendit la liberté au Roi de Navarre, à l'Infant, & à Alphonfe V, avec

lequel il fit une ligue offenſive & défenſive envers & contre tous les Souverains, qui ſe déclareroient ennemis de l'Arragonnois, fut-ce le Pape lui-même. Le premier effet de ce Traité fut la priſe de Gaëtte, dont l'Infant Pedre s'empara, & qui fraya au Roi d'Arragon le chemin de la conquête de Naples.

Cependant la nouvelle de la captivité d'Alphonſe répandit la plus grande conſternation en Arragon. Marie, au-deſſus de ſon ſexe, ne ſe laiſſa point abattre, elle pourvut à la ſûreté du Royaume, obtint du Roi de Caſtille ſon frere, une prolongation de la derniere treve prête à expirer, & convoqua les Etats, qui étoient à peine aſſemblés, que le Roi de Navarre vint porter l'heureuſe nouvelle de la délivrance d'Alphonſe, & des brillantes eſpérances qu'il avoit de réuſſir en Italie. Les Etats d'Arragon empreſſés de concourir aux vues du Roi, lui accorderent les ſecours les plus abondans : & avant même que de les recevoir, Alphonſe avoit la ſupériorité ſur Iſabelle de Lorraine, épouſe de René, Duc d'Anjou, femme illuſtre par ſa valeur, & qui défendit avec la plus héroïque réſiſtance les débris du trône de Naples : mais la fortune acheva de ſe déclarer pour l'Arragonnois, qui, après avoir pris Terracine ſur le Pape, Protecteur déclaré de la Maiſon d'Anjou, demanda au Concile de Baſle l'inveſtiture du Royaume qu'il alloit conquérir. Dès-lors Alphonſe en fut regardé comme le Souverain, quoiqu'il ne parvint à s'en rendre entiérement le maître, que quelque-temps après, & par la force des armes. Les Etats d'Arragon l'inviterent ſouvent à revenir en Eſpagne ; mais, ſoit que le climat d'Italie eût pour lui trop de charmes, pour conſentir à s'en éloigner, ſoit qu'il ne voulût point venir s'expoſer derechef à la mauvaiſe humeur de la Reine, qui ne ſe feroit jamais faite à ſon penchant décidé pour la galanterie, il ne reparut plus en Arragon, & fit venir auprès de lui Ferdinand, ſon fils naturel, que la Reine Marie avoit fait élever avec le plus grand ſoin, quelqu'atroce qu'eut été le traitement qu'elle avoit fait à la mere.

Pour ſe venger, le Duc d'Anjou raſſembla une foule d'avanturiers, & tenta, ſans ſuccès, une irruption en Arragon. En Italie, la puiſſance d'Alphonſe allumant les Princes ſes voiſins, ils ſe liguerent contre lui ; mais il rendit leur confédération inutile, &, malgré les intrigues du Pape, & les efforts réunis du Duc de Milan, du Comte Sforze, des Vénitiens, des Florentins & des Génois, il triompha de tous les obſtacles qu'on lui oppoſa, ſoumit les Provinces du Royaume, ſe fit aimer des habitans, & fut ſolemnellement reconnu Roi de Naples par les Etats convoqués à Bénévent. Après avoir fait ſon entrée dans la Capitale, où il fut reçu avec acclamation, il aſſembla de nouveau les Etats à Naples, fit reconnoître Dón Ferdinand, ſon fils, pour ſon héritier, & ſon Succeſſeur à la Couronne, malgré les oppoſitions, & les menaces du Souverain Pontife, qui fut pourtant obligé à la fin, d'accorder l'inveſtiture du Royaume de Naples au Roi d'Arragon, & de légitimer ſon fils.

A-peu-près dans ce temps, deux Officiers, gagnés par Sforce, conspirerent contre Alphonse, & promirent de le faire périr : mais leur complot fut découvert, &, quoiqu'ils méritassent d'expirer dans les supplices, le Roi se contenta de les envoyer en Arragon, où ils resterent, pendant quelques années, prisonniers au Château de Xativa. Tous les projets d'Alphonse V, lui réussirent ; Ferdinand épousa Isabelle de Clermont, niece du Prince de Tarente ; les Génois, qui jusqu'alors n'avoient cessé d'être ses ennemis, forcés de reconnoître sa supériorité, furent obligés encore de devenir ses tributaires ; quelque mécontens que fussent les Etats d'Arragon des refus réitérés du Roi, de repasser en Espagne, ils lui resterent fideles, & lui donnerent, dans toutes les occasions, les preuves les plus fortes de leur attachement ; en un mot, Alphonse eut pu se regarder comme un des plus heureux Rois de la terre, si les derniers mois de sa vie n'eussent été marqués par des chagrins cuisans : il avoit rendu les services les plus essentiels à Don Carlos, son neveu, fils du Roi de Navarre, & Don Carlos fut un ingrat : le Pape, Calixte III, né son sujet, & qui lui avoit des obligations, se conduisit, à-peu-près, comme Don Carlos. Don Ferdinand, Duc de Calabre, sombre, froid, réservé, autant que son pere étoit bon, populaire, plein de franchise, se rendit peu agréable aux Napolitains, & la haine de quelques Seigneurs pour ce Prince alla si loin, qu'ils offrirent la Couronne à Don Carlos, qui sachant que son oncle étoit instruit de tout, se retira en Sicile. La tendresse paternelle d'Alphonse V, ne put résister à ce coup, & il fut si sensible à l'aversion des Napolitains pour son fils, que le chagrin lui causa une fievre violente, qui le mit au tombeau le 27 Juin 1458 dans la 43me année de son regne en Arragon, & dans la 15me de son regne à Naples.

Une réflexion qui n'échappera pas aux Lecteurs attentifs qui chercheront à apprécier le regne de ce Monarque, c'est combien une seule circonstance peut influer sur toute la vie des hommes, même des Rois, & modifier toute leur existence future. La mort tragique d'une maîtresse porte Alphonse à se bannir volontairement de ses Etats où il est adoré. Entraîné par le goût du plaisir, & n'aspirant naturellement qu'à vivre dans un doux repos, il a presque toujours les armes à la main. Préférant les avantages d'une vie privée & tranquille aux soins pénibles & à l'éclat importun de la vie Royale, il semble quitter un sceptre qu'il possede, & c'est pour aller, loin de sa patrie, conquérir un nouveau Royaume. Protecteur des lettres, ami de l'étude, faisant un tel cas de la science qu'il prend pour sa devise un livre ouvert, & répete souvent qu'*un Prince ignorant n'est guere plus estimable qu'un âne couronné*, il se condamne à vivre au milieu du tumulte des armes, & des fatigues d'une dissipation continuelle qui lui laissent à peine quelques instans de loisir qu'il puisse donner à la lecture. Enfin l'amour de la liberté, plus fort en lui que toute autre passion, l'expose à tous les hazards d'une conquête, à la captivité, au péril de perdre la vie, aux caprices d'une femme inconftante dont il eft deux fois le jouet, aux intrigues des Courtifans, à la haine des factions.

Quoiqu'il en foit, on ne tarit point pour les traits de fa clémence & de fa magnanimité. Après la conquête de Naples, il aimoit à fe promener à pied & prefque fans fuite dans les rues de fa nouvelle capitale. Lorfqu'on lui repréfentoit que c'étoit expofer fa perfonne, il répondoit : „ Que péut craindre un „ pere qui fe promene au milieu de fes enfans? ” Plein de valeur, grand Capitaine, il fit la guerre fans cruauté, fans dureté : il refpiroit encore l'amour de l'humanité, lors même que fon bras étoit armé pour la détruire.

Alphonfe d'un tempérament vif & ardent aima les femmes à l'excès. Sa folle paffion pour Lucrece Alania, jetta quelque ridicule fur les derniers jours de fa vie ; au moins on ne lui reprochera point d'avoir facrifié fes fujets à l'avidité de fes maîtreffes, ni fes devoirs à leurs fantaifies. C.

ALPHONSE I, ou ALPHONSE-ENRIQUEZ, Roi de Portugal.

QU'UN jeune Prince, iffu d'une longue fuite de Rois, monte, au bruit des acclamations, fur un trône que depuis plufieurs fiecles on a vu fucceffivement occupé par fes ancêtres, il n'y a dans fon avénement à la Souveraine Puiffance, ni dans les éclats tumultueux, & fouvent équivoques de l'alégreffe nationale, rien qui ne foit confacré par l'ufage, rien qui prouve, qui fuppofe même dans le nouveau Monarque, les talens & les vertus néceffaires à l'augufte rang qu'il va remplir. Il reçoit la Couronne, comme un fils, à la mort de fon pere, fe met en poffeffion du Patrimoine que la nature & les loix lui avoient affuré dès le moment de fa naiffance. Prudent ou imbécille, éclairé ou ftupide, vertueux ou méchant, doux ou cruel, il eft né pour régner, & les loix fondamentales de l'Etat, placent dans fes mains les rênes du Gouvernement. Mais, engager par fes brillantes qualités, par l'importance des fervices rendus à la patrie, par fon héroïque valeur, & fur-tout par l'exercice habituel des vertus bienfaifantes, une nation entiere à renoncer aux avantages de l'indépendance, à fonder un trône, à fe foumettre aux devoirs de l'obéiffance ; c'eft le comble de la gloire qui puiffe illuftrer un mortel. Porter fans effort, fans violence, fans intrigue, une foule de Citoyens libres, à renoncer aux douceurs de la liberté, dont ils ont conftamment joui, pour fe donner un Chef, ou plutôt un Maître, cela annonce, ou l'afcendant d'un mérite extraordinaire d'un côté, ou un enthoufiafme imprudent de l'autre. Les victoires qu'Alphonfe-Enriquez remporta fur les Maures, le firent d'abord proclamer Roi de Portugal, par fes troupes, en 1130. Jufqu'alors les Portugais, Nation fiere & libre, n'avoient voulu reconnoître que des Comtes, & environnés de peuples foumis à des tyrans ou à des Souverains, avoient obftinément refufé de fe choifir un Monarque.

Fils de Henri, Comte de Portugal (*), & de Dona Thérèse, fille naturelle de Don Alphonse, Roi de Caftille & de Léon, Alphonse-Enriquez avoit à peine trois ans, lorfque la mort de fon pere le laiffa fous la tutelle de Dona Thérèse, fa mere, femme auffi ambitieufe que peu décente dans fes mœurs. Thérèse prit en main les rênes du Gouvernement, & fe choifit pour Miniftre & pour amant, Don Ferdinand Perez de Traba, dont la rare capacité & la modération procurerent au Portugal, pendant près de neuf années, une paix d'autant plus précieufe, qu'elle fe trouve rarement dans les Etats pendant une longue minorité, fur-tout lorfqu'ils font gouvernés par des femmes; mais Perez de Traba avoit un tel empire fur l'efprit de Thérèse, & l'amour de Thérèse pour ce Miniftre étoit fi véhément, qu'elle ne fe guidoit que d'après fes confeils & fuivoit aveuglément toutes fes volontés. Cependant fon ambition l'emportant à la fin fur fa paffion, elle déclara, fans prétexte, la guerre à fa fœur Dona Urraque, & fit une invafion dans la Galice, où elle s'empara de Tuy, qu'elle ne put conferver, & de quelques autres Places. Pendant qu'elle méditoit de porter encore plus loin fes conquêtes & fes ufurpations, fon fils Alphonfe-Enriquez, formé par les leçons d'Egas Munitz, fon gouverneur, qui lui avoit donné une excellente éducation, pour le temps, entroit dans fa dix-huitieme année, & brûlant du défir de marcher fur les traces du Comte Henri, fon pere, & de fe fignaler par quelqu'action éclatante, attendoit avec impatience que fa mere dépofât en fes mains les rênes de l'Etat; mais Dona Thérèse étoit fort éloignée de fe défaifir de l'autorité que fon époux lui avoit confiée. Quelques Seigneurs Portugais, jaloux du crédit de Perez de Traba, ou peut-être indignés de la fcandaleufe paffion de la Reine pour ce favori, qu'elle avoit déclaré vouloir prendre pour époux, & lui donner le titre de Comte de Portugal, confeillerent au jeune Alphonfe de ne pas fe laiffer dépouiller impunément de fes droits & d'un titre qui n'appartenoit qu'à lui feul, comme fils de Henri. Ces repréfentations firent fur le jeune Alphonfe, la plus forte impreffion, & fans confulter fa mere, il déclara la tutelle expirée, & fe mit à la tête des affaires.

La plupart des Portugais reconnurent fa puiffance; Therefe qui avoit dans l'Etat un parti redoutable, leva des troupes, réfolue d'en venir aux dernieres extrémités, & marcha contre fon fils, qu'elle qualifioit de fujet rebelle & puniffable. Alphonfe étoit trop avancé dans fon entreprife pour l'abandonner, & rentrer fous la tutelle d'une femme ambitieufe & irritée;

(*) Quelques Hiftoriens l'ont nommé Henri de Lorraine, le croyant en effet de cette Maifon. Mais il eft très-certain, d'après les monumens cités par MM. de Sainte-Marthe, qu'il étoit originaire de la Maifon de Bourgogne, & qu'il defcendoit de Robert, Roi de France, fils de Hugues-Capet. *Anecdotes Efpagnoles.*

il prit donc le feul parti convenable ; raffemblant le peu de troupes qui
lui reftoient attachées, il vola à la rencontre de l'armée de Thérefe, &
lui préfenta fiérement la bataille. La fortune feconda fa valeur, il remporta une victoire complette, battit & maffacra les troupes de Thérefe, qui
eut bien de la peine à échapper au carnage, & à fe fauver dans le château de Leganofo ; mais fa fuite ne la déroba point au défaftre qui la menaçoit, & qu'elle avoit bien mérité ; Alphonfe l'affiégea dans le château,
l'obligea de fe rendre, & afin qu'il ne lui reftât plus l'efpérance de former
une faction, il la fit renfermer pour le refte de fa vie. Thérefe furieufe
s'abandonna à la plus violente colere, & vomit contre fon fils, qu'elle n'a-
voit pu dépouiller, les plus terribles malédictions.

Alphonfe, tranquille poffeffeur de fes Etats, tourna fes armes contre les
Maures, qui, profitant des derniers troubles, avoient fait des invafions fur
les terres de Portugal : il les vainquit, s'empara de la ville de Troncofo,
& rentra en triomphe dans Guimaraens, chargé des dépouilles des Infideles. Encouragé par ce fuccès, il entreprit de recouvrer les Places que fa
mere avoit jadis poffédées dans la Galice ; il fit une irruption dans ce pays,
réuffit dans fes projets ; & eût porté plus loin fes conquêtes, fi la nouvelle de l'approche de l'Empereur Alphonfe, Roi de Caftille & de Léon,
qui s'avançoit à la tête d'une armée fupérieure & accoutumée à vaincre,
ne l'eût obligé de renoncer à fon entreprife, d'abandonner les Places dont
il s'étoit emparé, & de rentrer dans fes Etats. Il fe vengea fur les Maures,
de l'impuiffance où il avoit été de lutter contre l'Empereur : il s'empara
de Leiria, de Torres-Nova, de Beja, de Serpa, de Moura & d'Evora ; fa
marche victorieufe menaçoit les Infideles d'une ruine totale ; mais ils furent
délivrés, du moins pour quelque temps, de la terreur que leur infpiroient
fes armes, par l'Empereur Alphonfe, qui, irrité des défordres commis par
les Portugais en Galice, fe jetta fur les terres de Portugal où il mit tout
à feu & à fang. Alphonfe Enriquez, enflammé du défir de fe venger,
s'avança contre l'Empereur à la tête de fes troupes, & malgré l'inégalité
du nombre, après avoir battu Don Ramire, qui s'étoit détaché de l'armée
du Roi, il marcha droit à l'Empereur lui-même, & il fe difpofoit à lui
préfenter la bataille, lorfque quelques Seigneurs, fecondés par le Légat du
Pape, négocierent avec tant de fuccès, que le Roi de Caftille, qui peut-
être n'ofa commettre fa gloire au hazard d'un combat, confentit à un Traité
de Paix qui fut encore plus glorieux à Don Alphonfe que n'eût pu l'être
une victoire ; auffi parut-il fi fenfible aux foins heureux que le Légat s'é-
toit donnés pour lui, qu'il rendit, foit par reconnoiffance, foit pour mettre la Cour de Rome dans fes intérêts, fes Etats tributaires du faint Siege,
s'engageant à lui payer annuellement quatre onces d'or.

Cependant Ali Texefin, Roi de Maroc, l'ame encore ulcérée des victoires d'Alphonfe fur les Maures, & informé de la guerre qu'il avoit à foutenir contre le Roi de Caftille, réfolut de profiter de cette circonftance,

pour fe remettre en poffeffion des Places que ce fier ennemi lui avoit enlevées, & même d'envahir le Portugal. Dans cette vue, il ordonna à Ifmar
ou Ifmaël, fon Lieutenant en Efpagne, de raffembler toutes les forces des
Provinces méridionales, & de chaffer Alphonfe & fes troupes jufques au
delà du Douro. Afin de s'affurer du fuccès, il envoya d'Afrique une puiffante flotte pour féconder les troupes d'Ifmaël. Au bruit de cet armement
formidable, Alphonfe accourut, à la tête de fon armée, paffa le Tage, &
vint camper dans la plaine d'Ourique aux environs d'un lieu nommé Cam-
po-Verdo. Ifmar, ne doutant point de la victoire, avoit fait préparer les
fers qu'il deftinoit à enchaîner les vaincus qui échapperoient au maffacre;
& fon armée étoit en effet fi fupérieure à celle des Portugais, que les Généraux d'Alphonfe, ne voyant point de poffibilité à fe défendre contre cette
innombrable foule d'ennemis, lui confeillerent de s'éloigner, & d'éviter par
une prudente retraite une perte qu'ils regardoient comme affurée. Bien
éloigné de penfer comme fes Généraux, Alphonfe hâta, au contraire, le
moment du combat, & infpirant à fes foldats l'ardeur qui l'enflammoit,
il attendit avec impatience que les ennemis vinffent l'attaquer dans fes retranchemens. Trop fûr de vaincre, Ifmar fit avancer toutes fes troupes vers
les retranchemens des Chrétiens, mais elles furent repouffées avec perte;
les Maures honteux de fe voir accabler par une fi petite armée, réitérerent
plufieurs fois leurs attaques, & toujours infructueufement : lorfqu'Alphonfe
les vit découragés & affoiblis par leurs vaines tentatives, il fortit impé-
tueufement, fe jetta fur ces ennemis déja déconcertés, acheva de les mettre en déroute, & en fit un horrible carnage; en forte que de toute cette
nombreufe armée, quelques foldats à peine échapperent à la mort.

Dans l'enthoufiafme de la victoire, les troupes d'Alphonfe le proclame-
rent Roi fur le champ de bataille, comme s'il fuffifoit d'être un habile
guerrier pour être un bon Roi. Alphonfe connoiffoit trop l'inconftance du
Peuple, & l'amour de l'indépendance qui caractérifoit les Portugais, pour
regarder comme bien ftable une puiffance fondée fur une proclamation
auffi tumultueufe, &, fans refufer le titre qu'on lui offroit, il remit à des
circonftances plus favorables le foin de le faire valoir. Vainqueur des Maures, & voulant étendre la terreur de fes armes & fa célébrité, il fe ligua
avec le Roi de Navarre, contre les Rois d'Arragon & de Caftille; mais il
fut peu heureux dans cette guerre, & quoiqu'il s'y couvrit de gloire, il y
perdit beaucoup plus qu'il n'y gagna. Pendant qu'il combattoit avec défavantage contre ces deux puiffans Souverains, il apprit que les Maures avoient
fait une irruption dans fes Etats où ils avoient commis des défordres affreux; auffi-tôt fufpendant le cours de fes hoftilités contre les Rois d'Arragon & de Caftille, il porta fes armes contre les Maures, & afin de fe
venger pleinement du dommage qu'ils lui avoient caufé, il projetta de
s'emparer de Santaren, & il s'en rendit maître malgré les efforts réunis
des Maures, d'autant plus intéreffés à conferver cette Place importante,

qu'elle donnoit une étendue de pays considérable à Alphonse, & mettoit les frontieres de ses Etats à couvert de toute invasion.

Enhardi par le succès de cette expédition, il songea à se faire enfin confirmer le titre glorieux qui lui avoit été déféré, & qu'il avoit eu soin de se faire confirmer par le Pape : car il sentoit tout le poids que pouvoit avoir le suffrage du Souverain Pontife, sur-tout après la démarche imprudente qu'il avoit faite de rendre ses Etats tributaires du St. Siege. Il convoqua à Lamego, les Prélats de son Royaume & les principaux Citoyens des Villes. Dans cette brillante assemblée, il parut assis sur un Trône, mais sans Sceptre, sans Couronne, sans aucun des attributs de la Royauté ; Laurent de Viégas qui faisoit les fonctions de Chancelier, demanda à l'assemblée, si, conformément à la proclamation faite dans la plaine d'Ourique, & confirmée par un Bref du Pape Eugene III, ils vouloient Alphonse pour Roi ; la réponse fut unanime : alors Viégas demanda, s'ils vouloient que la Royauté fût bornée à la personne d'Enriquez, ou s'ils consentoient que ses enfans lui succédassent ? La réponse fut encor unanime, & tous ceux qui formoient l'assemblée, dirent que leur intention étoit que les enfans mâles d'Alphonse lui succédassent à perpétuité. Alors Don Viégas, Archevêque de Brague, mit la Couronne sur la tête du Roi, qui mettant l'épée à la main, & se tournant vers l'assemblée, dit ; » Béni » soit Dieu qui m'a assisté, lorsque je vous ai délivrés de vos ennemis » avec cette épée que je ne cesserai de porter pour votre défense ; vous » m'avez fait Roi, & c'est avec vous que je dois partager les soins de » l'Etat : puisque par votre volonté pure & libre je suis Roi, faisons des » loix qui assurent la tranquillité du Royaume «. De concert avec les plus notables de cette assemblée, Alphonse, dès ce même jour, dressa dix-huit statuts, qui furent aussi-tôt publiés & approuvés. Don Viégas demanda aux Etats, s'ils vouloient que le Roi allât à Léon pour faire hommage à ce Souverain & lui payer tribut. A cette question tous les Seigneurs & les Députés des Villes, se leverent, & mettant l'épée à la main, dirent à haute voix : » Nous sommes libres, & Alphonse l'est comme » nous : c'est à notre courage que nous devons notre liberté ; & si notre » Roi consentoit à faire hommage à quelque Souverain, ou à lui payer » tribut, il seroit indigne de vivre, encore plus indigne de régner sur » nous «. Alphonse qui pensoit à cet égard, comme les Seigneurs Portugais, approuva leur colere, & jura que jamais il ne deviendroit vassal ni tributaire d'aucun Souverain, consentant que celui d'entre ses descendans qui seroit assez lâche pour se soumettre à un tribut, fût dès-lors déclaré déchu du Trône & indigne de régner.

Quelque temps après cette célebre assemblée, le Roi épousa Malfade, fille de Don Manrique de Lara, Seigneur de Molina, un des plus grands Seigneurs & des plus puissans de la Castille ; mais les fêtes de ce mariage ne retarderent point l'exécution du grand projet qu'il avoit médité de s'emparer de Lisbonne ; entreprise importante & qui paroissoit impossible , soit par la situation & les fortifications de cette Place , soit par le grand nombre de Maures qui la défendoient : mais ces difficultés, en apparence insurmontables, excitoient la valeur d'Alphonse , qui malgré la résistance de la garnison , assiégea cette ville, qu'il emporta enfin, secondé par une flotte de François, d'Anglois, d'Allemands & de Flamands, qui , allant à la Terre Sainte, vinrent mouiller à l'embouchure du Tage, & donnerent du secours au Roi de Portugal, qui en reconnoissance de leurs services , leur donna la plus grande partie du butin que lui procura le sac de Lisbonne. Cette brillante conquête ajouta un nouvel éclat à la réputation d'Alphonse, & le mit en état de s'emparer successivement de Cintra, d'Almada, de Mafra , de Palmela, d'Alenquez, Obidos , Serpa, Trancoso, Beja, Coruche, Elvas & Cezimbra.

Ses Etats sembloient désormais à l'abri des incursions des Maures , qui n'osoient plus approcher des terres de sa Domination. Alphonse ne devoit alors s'appliquer qu'à rendre ses Sujets heureux & son Royaume florissant. Il fit de bons réglemens pour la police des villes, & fondateur de la Monarchie Portugaise, il mérita à bien des égards le titre de Légiflateur de sa Nation. Celui de Roi lui fut confirmé par une Bulle d'Alexandre III qui avoit succédé à Eugene. Cette confirmation, indifférente en elle-même, pouvoit lui servir contre les prétentions des Rois de Léon, qui se disoient Souverains d'une partie du pays qu'il occupoit. Alphonse ayant entiérement chassé les Maures de l'Estramadure & de la Province de Beira , songea à peupler les Provinces qu'il venoit de conquérir. Il invita les étrangers qui venoient commercer, ou qui, pendant les Croisades, relâchoient dans ses ports pour se rafraîchir, à s'établir dans le pays, où il leur offroit des terres, & les encouragemens les plus capables d'engager des voyageurs à se fixer dans un pays embelli par la nature , & gouverné par des loix douces. La langue Portugaise mêlée d'Espagnol, de Latin , de François, de Flamand, d'Anglois & d'Allemand, & qui se forma sous Alphonse, prouve jusqu'à quel point ce Prince réussit dans ses invitations ; & en effet, comment ces étrangers , la plupart venus des pays soumis à des tyrans, ou perpétuellement dévastés par la guerre civile, eussent-ils résisté au plaisir de s'établir dans une aussi belle Contrée, & sous un Prince généreux qui protégeoit l'agriculture & le commerce.

Heureux par ses armes, & plus heureux encore dans le sein de sa famille, par les soins éclairés de la Reine, Alphonse étayoit son autorité par les grandes alliances qu'il faisoit avec les Souverains les plus puissans de son siecle ; il avoit marié Dona Mathilde, sa fille aînée, à Don Alphonse, Roi d'Arragon ; Dona Urraque à Don Ferdinand , Roi de Léon, fils de l'Empereur Don Alphonse ; Dona Thérèse à Philippe , Comte de Flandres ; & Don Sanche son fils, se signaloit par la valeur la plus distinguée, & les plus belles qualités.

Le bonheur d'Enriquez fut cependant troublé par les démêlés qu'il eut vers la fin de son regne, avec le Roi de Léon son gendre, qui lui déclara la guerre, le vainquit même, le fit prisonnier, fut assez généreux pour ne pas oublier que son captif étoit son beau-pere, mais ne le fut point assez pour lui rendre la liberté sans conditions ; celles qu'il proposa furent très-dures au contraire, & il n'y eut que le désir extrême de se voir libre qui pût engager Alphonse à les accepter. Il promit de venir en personne à Léon, se reconnoître le vassal de son gendre, aussi-tôt que la guérison des blessures qu'il avoit reçues lui permettroit de monter à cheval. Il est vrai que le Roi de Portugal sut éluder sa promesse, & que dès-lors, affectant de ne pouvoir plus aller qu'en chariot, il ne voulut plus monter à cheval. Toutefois ce malheur, ni le poids des années, ne purent diminuer en lui cette ardeur martiale qui l'avoit caractérisé dès sa premiere jeunesse : tant il est vrai que c'est une manie dont on ne guérit pas ! Il combattit encore avec autant de gloire que de succès contre les Maures ; il les vainquit toutes les fois qu'ils oserent se présenter devant lui, & remporta, dans sa caducité, la plus éclatante victoire sur ces ennemis, dont il fit un horrible massacre sous les murs de Santaren le 24 Juillet 1178. Ce triomphe lui procura un repos de quelques années, qu'il passa à Conimbre, occupé, avec les Prélats & la Noblesse de ses Etats, à prendre les plus sages mesures pour conserver les conquêtes qu'il avoit faites, & transmettre à ses descendans le titre de Roi, que ses sujets lui avoient volontairement donné. Usé de travaux, accablé de vieillesse & couvert de lauriers, il mourut le 6 Décembre 1185, & sa mort, quoiqu'arrivée dans les derniers jours de sa caducité, répandit la consternation sur tout le Royaume : il fut amérement regretté par les Portugais, quoiqu'il laissât pour successeur, Don Sanche son fils, le Prince après lui le plus digne de tenir les rênes de l'Etat. C.

Sans adopter les louanges exagérées que les Historiens de son siecle lui ont données, on ne peut douter qu'il n'en méritât une partie. Mais cette valeur meurtriere qu'ils ont tant exaltée, obscurcit, au contraire, l'éclat des grandes qualités & des vertus qu'il possédoit. Il montra dans la paix qu'il auroit gouverné sagement la Nation qui le fit Roi, s'il eût moins aimé la guerre. Mais la Nation, mal-instruite de ses véritables intérêts, applaudit trop à ses conquêtes, & en lui donnant une Couronne pour prix de ses victoires, sembla l'inviter à avoir toujours les armes à la main.

C'est sur-tout à ce fondateur de la Monarchie Portugaise qu'on peut appliquer ce vers tant de fois cité,

Le premier qui fut Roi fut un soldat heureux.

ALPHONSE II, furnommé LE GROS, Roi de Portugal.

SANCHE I, ne voulant pas que les cadets de fes enfans fuffent dans la dépendance de l'aîné, avoit appanagé non-feulement fes deux fils Don Ferdinand & Don Pedre, mais encore fes deux filles Dona Thérefe & Dona Sanche, à qui il avoit donné, outre beaucoup d'argent & de joyaux précieux, la Souveraineté de plufieurs Villes avec leurs revenus. L'amour paternel l'avoit emporté dans fon cœur fur les devoirs de la Royauté; c'étoit en quelque forte, aliéner les biens de la Couronne, au préjudice de fon fucceffeur : auffi, la mort eut à peine terminé les jours de ce Monarque qu'Alphonfe II, fon fils aîné, montant fur le Trône, en 1212, tenta d'abord par la voie de la douceur & des repréfentations, de perfuader à Dona Thérefe & à Dona Sanche fes fœurs, de lui remettre les Places, que Don Sanche n'avoit pu démembrer des domaines de l'Etat. Ces remontrances ne réuffirent point ; il tâcha d'obtenir, par les menaces, ce qu'il n'avoit pu gagner par la perfuafion ; elles furent inutiles, & il eut recours aux armes Dona Thérefe & Dona Sanche avoient pour elles les Infans Don Ferdinand & Don Pedre, leurs freres, ainfi que beaucoup de Grands, qui avoient juré à Don Sanche I, de faire exécuter & refpecter fes volontés. Ces confidérations auroient dû peut-être arrêter l'impétuofité du Roi. Il lui étoit fi dangereux d'allumer le feu d'une guerre civile, au commencement de fon regne, que malgré la juftice de la caufe qu'il foutenoit, il devoit prendre tout autre parti que celui de la violence. L'événement prouva l'imprudence de fa conduite.

La guerre fe déclara, les Infantes fe défendirent avec une valeur à laquelle le Roi ne s'attendoit point ; Dona Thérefe & Dona Sanche mirent dans leurs intérêts le Roi de Léon, qui, fuivi d'une puiffante armée, entra en Portugal. Elles gagnerent auffi le Pape qui menaça le Roi de l'excommunier. Alphonfe fe défendit courageufement contre le Roi de Léon, & ne put appaifer le Pape. Le Pontife de Rome en feroit venu aux dernieres extrémités, fi le Roi de Caftille n'eût, par fa médiation, rétabli le calme dans la Famille Royale. Mais, comme ce n'étoit que forcément qu'Alphonfe confentoit à cette paix, elle ne produifit qu'une fufpenfion d'hoftilités, fans réconcilier fincérement le Roi & fes proches. L'Infant Don Ferdinand fe retira à la Cour de Caftille, & Don Pedre alla chercher un afyle à la Cour du Miramolin. Au mépris des claufes du traité, Alphonfe continua d'inquiéter fes fœurs; le Pape Innocent III l'excommunia & mit fon Royaume en interdit. Le Roi fit peu de cas de cette arme fpirituelle : mais elle fit une vive impreffion fur le Peuple. Alphonfe en fut alarmé ; il eut recours aux promeffes, aux prieres, aux follicitations ; rien ne put adoucir le courroux du Pape. Le Roi de Portugal vit, mais trop tard, qu'il s'étoit engagé dans une guerre dont il ne fortiroit pas avec honneur. Il lui importoit de faire lever l'excommunication. Dona Thérefe & Dona Sanche forcerent leur frere à foufcrire à la ceffion des Places que le Roi leur pere leur avoit données, & Alphonfe reçut folemnellement l'abfolution des mains du Légat du St. Siege.

Profondément ulcéré contre fes fœurs, contre le Pape; défefperé de n'avoir pu caffer le teftament de fon pere; furieux, mais abfous, Alphonfe II s'en vengea fur les Maures, qui, profitant de ces divifions inteftines, s'étoient jettés fur les terres de Portugal. Il les vainquit en bataille rangée, & les mit hors d'état de fonger de long-temps à de nouvelles invafions. Cette guerre, fi glorieufe pour lui, fi toutefois il peut y avoir de la gloire à répandre le fang humain, lui devint encore plus funefte par les nouvelles querelles qu'elle lui occafionna avec le Pape & avec tout le Clergé de fon Royaume. En pere tendre & bien affectionné pour tous fes Sujets, fans nulle acception, il jugea qu'il n'étoit pas jufte que les feuls Laïques fupportaffent les frais d'une guerre entreprife pour la Religion; en conféquence, il crut pouvoir taxer les Eccléfiaftiques dont l'opulence étoit exceffive, & qui, fans contredit, formoient la partie la plus riche de fes Sujets. L'Archevêque de Brague en jugea autrement. Il ne fe contenta pas de refufer le fecours qu'on lui demandoit, il excommunia les Officiers chargés par le Roi de lever les taxes impofées. Alphonfe, juftement irrité de cet excès d'audace, fit faifir les revenus de l'Archevêque, & l'obligea de fortir de fes Etats, châtiment modéré, & qui pourtant fcandalifa fi fort l'Archevêque & le Pape, que le dernier envoya auffi-tôt en Portugal des Commiffaires qui excommunierent le Roi, & mirent de nouveau le Royaume en interdit. Dans un autre temps, Alphonfe II fe fut vengé du Pape; mais alors un Souverain frappé des foudres du Vatican, étoit le plus malheureux des hommes: le Roi fentit tout le défagrément de fa fituation, &, pour rétablir le calme que l'interdit avoit banni de fes Etats, il entra en négociation avec le Clergé. Mais il ne vit point la fin de cette malheureufe affaire; il mourut excommunié, le 25 Mars 1223, dans la douzieme année de fon regne, & la trente-neuvieme de fon âge.

La plupart des Hiftoriens exaltent fon équité, fa valeur, fon amour pour fon peuple. Il fit des loix & des réglemens utiles, & veilla à leur exécution; mais il déplût au Clergé qui fe prétendoit exempt de contribuer aux charges de l'Etat. Auffi les Annaliftes Eccléfiaftiques l'ont jugé avec une partialité révoltante, le traitant de Prince avide, cruel, oppreffeur de fes Sujets. Ce qui anima encore la haine des Prêtres contre Alphonfe, ce furent quelques Loix fages qu'il publia, entr'autres celle qui accorda aux Laïques la liberté de demander juftice aux Juges civils, quand ils avoient à fe plaindre des Juges Eccléfiaftiques. Indigné de cette Loi, l'Archevêque de Brague excommunia Gonzale Mendez, Chancelier du Royaume, & le Roi s'étant plaint de cet acte de violence au Pape Honorius, il en reçut une lettre infultante, dans laquelle Sa Sainteté le traitoit de tyran, comme s'il y eût eu de la tyrannie à empêcher les Prêtres d'opprimer les autres Ctoyens de l'Etat. C.

ALPHONSE III, *Roi de Portugal.*

Mauvais frere, sujet rebelle, usurpateur ambitieux, Alphonse III voulut être un bon Roi. Il s'efforça de faire oublier par l'éclat de son regne les vices & les emportemens de sa jeunesse. Monté sur le trône, par un crime, il crut pouvoir effacer la honte de son usurpation par une administration juste & modérée.

Fils d'Alphonse le Gros, il vit avec douleur son frere aîné, Don Sanche II, succéder à son pere, & lui vouant dans son cœur une haine implacable, il fomenta des mécontentemens & des rebellions qui ne cesserent d'agiter le regne de Don Sanche. Celui-ci trop doux, trop clément pour sévir contre les factieux, arrêter & punir les projets ambitieux de son frere, enhardit les révoltés à de nouveaux excès. Assurés de l'impunité, ils se porterent aux plus extrêmes violences, & excités par Alphonse, ils allerent jusqu'à député au Pape Innocent IV, qui, pour lors, s'occupoit au Concile de Lyon, du soin peu charitable de déposer l'Empereur Frédéric, l'Archevêque de Brague, les Evêques de Porto & de Conimbre, & deux Seigneurs chargés de demander au Pontife de Rome, la déposition du Souverain régnant. Innocent IV, qui venoit de renverser Frédéric du Trône Impérial, se fit un jeu de dépouiller Don Sanche de ses Etats; il le déclara déchu de ses droits à la Couronne, qu'il possédoit depuis plusieurs années, & nomma Don Alphonse, son frere, Régent pendant la vie du Souverain détrôné. Alphonse étoit pour lors à Paris; il reçut les mêmes Députés, & après avoir juré de rétablir incessamment la tranquillité du Royaume dont il alloit prendre l'administration, il se rendit en Portugal, d'où l'infortuné Sanche II s'éloigna, &, pour mettre sa personne en sûreté, se retira à la Cour de Ferdinand, Roi de Castille, celui que l'Eglise a mis au rang des Saints. Avec plus de fermeté, il eut pû cependant rendre inutiles & les complots de son frere, & l'injuste déposition prononcée par le Pape Innocent IV. Car, quelque générale que parut la défection des Portugais, il pouvoit compter encore sur la fidélité des principaux Seigneurs & sur celle de plusieurs Places fortes, qui, malgré son éloignement, lui resterent soumises, & résisterent opiniâtrement à tous les efforts de Don Alphonse. Celui-ci fut obligé de lever le siege de la plupart de ces Places, que les Gouverneurs défendirent avec la plus intrépide valeur, quelques menaces qu'il leur fit, & quelques moyens qu'il tentât pour les séduire ou pour les intimider.

Le Roi de Castille, sensible aux malheurs de Don Sanche, entreprit de le rétablir sur le trône, & fit une irruption en Portugal; mais les Prêtres de la faction du Régent, passerent dans l'armée Castillane, & y publierent la Bulle du Pape, qui excommunioit tous ceux qui s'opposeroient au nouveau Gouvernement. A ce mot d'excommunication, la frayeur s'empara des Castillans, & leur Souverain qui n'usa se commettre avec le fier Innocent IV cent IV, prit le parti de la retraite, & laissa son malheureux ami éprouver toutes les rigueurs de son sort : ces rigueurs ne furent pas de longue durée, & Don Sanche, consumé de douleur, dévoré de chagrin, expira à Tolede, où il fut inhumé avec beaucoup de pompe. Sa mort laissa le trône sans partage à Don Alphonse, qui y monta dans le mois de Janvier 1248.

A son avénement, les factieux qui avoient soutenu ses intérêts, se flatterent de jouir de toutes les faveurs, & d'obtenir toutes les graces ; mais ils furent cruellement trompés dans leur attente ; aussi-tôt qu'il fut devenu légitime Roi de Portugal, il parut faire peu de cas de ceux qui l'avoient servi aux dépens de leur honneur, & il donna les marques les plus éclatantes d'estime & de confiance à tous les Seigneurs & Gouverneurs de Places, qui étoient restés fideles à Don Sanche. Dès la seconde année de son regne, il porta la guerre dans l'Algarve, où il attaqua les Maures avec un succès qui ne servit pas peu à lui attacher le cœur de ses Sujets. Il tâcha encore de mériter leur estime, leur respect & leur confiance, par des soins assidus à éloigner d'eux tout ce qu'il prévoyoit pouvoir nuire à la tranquillité publique ; il réforma, sans presque exciter aucun mécontentement, des abus qui s'étoient introduits à la faveur des troubles de la Régence ; il publia de bonnes loix, & réprima les factieux que l'impunité passée enhardissoit encore ; il les attaqua les uns après les autres, & par quelques coups d'une sévérité nécessaire, il se ménagea les moyens d'user souvent de clémence. Il fut sur-tout très-attentif à flatter sans bassesse, & ménager avec adresse l'amitié du fier Innocent IV.

Ambitieux d'acquérir de la gloire, & d'étendre le domaine de sa Couronne, il tenta la conquête du petit Royaume de Niebla ; mais Mohammed, Souverain de cet Etat peu étendu, se mit sous la protection d'Alphonse le Sage, Roi de Castille & de Léon, qui venoit de succéder à Ferdinand, & qui, pour défendre son protégé, se mit en campagne à la tête d'une puissante armée. Alphonse III, pour conjurer l'orage, eut recours au Pape, qui ménagea un accommodement également avantageux aux deux Souverains. Afin de mieux cimenter cette paix, le Roi de Portugal demanda en mariage Doña Beatrix, fille naturelle du Roi de Castille, & qui avoit dix ans à peine. Un obstacle puissant s'opposoit à ce mariage ; Alphonse III étoit marié avec Mahaud ou Mathilde, fille de Renaud, Comte de Dammartin & de Boulogne, veuve de Philippe de France, Comte de Mante : mais le Roi de Portugal trouva sans peine des Théologiens qui déciderent que la stérilité de Mathilde suffisoit pour autoriser le divorce ; & d'après cette décision, Alphonse répudia sa femme, & épousa Beatrix, sa proche parente, à laquelle le Roi de Castille donna en dot le Royaume d'Algarve. Cependant ce mariage fut à peine célébré, que le Pape Alexandre IV, Successeur d'Innocent IV, chargea l'Archevêque de S. Jacques de séparer incontinent les deux époux ; mais Alphonse, assuré de l'amitié du Roi de Castille, n'eut aucun égard aux ordres d'Alexandre : Urbain IV, Succeſſeur de ce Pontife, ſe rendit plus favorable au Roi de Portugal, & accorda d'autant plus volontiers la diſpenſe que ce Souverain demandoit, que la Cour de Portugal avoit paru juſqu'alors très-peu diſpoſée à ſe ſoumettre aux volontés du S. Siege.

Cette grande affaire terminée comme il le déſiroit, Alphonſe envoya la Reine Dona Beatrix, ſon épouſe, avec ſon fils Denis, rendre viſite à ſon beau-pere le Roi de Caſtille, qui fut ſi enchanté du jeune Denis, qu'il remit au Portugal l'hommage perpétuel que cette Monarchie devoit à la Caſtille pour le Royaume d'Algarve. Ainſi, tout le Regne d'Alphonſe fut une ſuite de procédés politiques auſſi ſagement conçus qu'adroitement exécutés.

Sur la fin de ſa vie, il aſſembla les Etats à Santaren, pour y examiner les abus qui s'étoient introduits parmi le Clergé ; le Pape, loin d'approuver une réforme utile, regarda cet acte de Gouvernement de la part d'Alphonſe, comme un attentat à ſa Puiſſance. Il menaça le Roi de délier ſes Sujets du ſerment de fidélité. Ces obſtacles firent échouer le louable projet de ce Prince. L'exemple d'Alphonſe II lui fit craindre les troubles qu'une méſintelligence plus long-temps prolongée avec la Cour de Rome pourroit occaſionner ; il demanda la paix à l'Egliſe, ſe ſoumit aux volontés du Pape, chargea ſon fils & ſon Succeſſeur Denis, de l'exécution de ce que le Pontife avoit exigé, reçut ſolemnellement l'abſolution d'Etienne, Abbé d'Alcobaça, & expira le 16 Février 1279, âgé de 69 ans dans la 31me. année d'un Regne glorieux.

Prince actif, vigilant, bien intentionné, il parut ſérieuſement occupé des ſoins du Gouvernement. Il témoigna ſouvent, & par des paroles, & par des faits, qu'il déſapprouvoit une uſurpation injuſte dont il rougiſſoit ; il fonda pluſieurs Villes, en rétablit d'anciennes, accorda des Privileges aux Places qui s'étoient diſtinguées par leur fidélité envers ſon frere Sanche. Il ſoulagea le Peuple autant qu'il fut en lui ; ſi la politique le porta à témoigner en public le plus profond reſpect pour le Pape & ſes Légats, il n'en ſentoit pas moins vivement combien l'empire, que le Souverain Pontife uſurpoit ſur les Rois, & encore plus ſur leurs Sujets, nuiſoit au bon Gouvernement des Etats. C.

ALPHONSE IV, ſurnommé **LE BRAVE,** *Roi de Portugal.*

LES Hiſtoriens Eſpagnols & Portugais ne parlent de ce Prince qu'avec admiration : leur admiration me paroît peu réfléchie. Ce fut, à les entendre, le plus grand Roi de ſon ſiecle, ſes vertus furent héroïques, ſes qualités brillantes, ſes actions illuſtres. Ces éloges ſont outrés, & quelques talens qu'ait montrés Alphonſe IV, ils ne peuvent me faire oublier ſes vices monſtrueux, ni les crimes de ſa jeuneſſe. Il eſt vrai qu'il fut très-brave, mais il eut mieux valu qu'il eût été très-juste : on dit, pour excuser les forfaits qui souillerent sa vie, qu'au fond, son caractere étoit bon & vertueux, mais que malheureusement il étoit trop facile à se laisser prévenir, trop crédule, trop soupçonneux. Eh ! qu'importe qu'un Souverain qui peut disposer de la vie d'un million d'hommes, soit cruel & méchant par caractere, ou par foiblesse ? Qu'est-ce qu'une vertu qui n'est pas à l'épreuve des conseils pernicieux des favoris ? Il me semble, au contraire, qu'un Roi d'un naturel dur & impérieux, mais du reste, juste, éclairé, est beaucoup moins à craindre qu'un Roi crédule & facile à prendre les impressions des méchans qui l'entourent. Sous un Prince cruel on n'a à redouter que lui-même & les transports de son humeur violente & trop prompte à s'enflammer ; mais sous un Prince foible, le peuple est à la merci de tous les flatteurs, de tous les scélérats qui l'obsedent ; & ordinairement la Cour d'un Prince de ce caractere est remplie d'êtres avides, ambitieux, mal-intentionnés, qui fondent leur fortune sur sa foiblesse. D'ailleurs, Alphonse IV me paroît avoir été cruel par lui-même, autant qu'il le fut par les suggestions d'autrui. Fils ingrat, frere dénaturé, pere barbare, il fut tour-à-tour le fléau de son pere, l'oppresseur de son frere, le tyran de son fils, l'assassin de sa belle-fille. A ces vices près, je conviens qu'il eut des qualités estimables ; il fit quelque bien, mais il fit de très-grands maux, & ces maux furent irréparables. Il se repentit, dit-on, mais ses remords furent stériles.

Fils de Denis, Roi de Portugal, & d'Elisabeth d'Arragon, placée par la Cour de Rome dans la liste des Saints, Alphonse IV avoit atteint à peine la 16me année de son âge, qu'impatient de régner, & fatigué de voir son pere tenir les rênes de l'Etat, il fit, sous divers prétextes, plusieurs voyages en Castille, où la Reine Douairiere, qui brûloit d'impatience aussi de voir sur le trône Béatrix, sa fille, épouse du jeune Alphonse, irrita les désirs de l'infant. De retour en Portugal, il commença à cabaler sourdement contre son pere, à blâmer tout ce qu'il faisoit, & à rendre sa conduite odieuse. Instruit des intrigues de son fils, le bon Denis lui représenta la folie, l'ingratitude & l'atrocité de ses projets, & tâcha, par les plus douces remontrances, de le ramener aux sentimens de respect & d'obéissance qu'il lui devoit. Ces exhortations ne firent qu'animer le jeune Alphonse, qui levant le masque, & n'observant plus aucun ménagement, forma une faction, & se déclara hautement le protecteur & le Chef de tous les mécontens du Royaume. Denis dissimula, & feignant d'ignorer ou de mépriser les lâches complots de son fils, il continua de se livrer aux soins de l'Administration publique, & à mettre ses Etats à l'abri des incursions des infideles ; mais sa prudente dissimulation, bien-loin de désarmer son fils, ne fit que l'aigrir davantage, & l'ingrat alla jusqu'à publier un manifeste contre son pere, dans lequel il l'accusoit d'avoir fait légitimer Don Sanche, son fils naturel, & de vouloir lui transmettre sa Cou-

ronne; Denis, au lieu de punir févérement fon fils, protefta contre le
manifefte, & déclara qu'il n'avoit jamais fongé, ni à la légitimation de
Don Sanche, ni à détourner le fceptre des mains où il devoit paffer : le
Pape confirma la vérité de la déclaration de Denis, & Alphonfe décon-
certé, changeant de batterie, prétendit que fon frere avoit voulu l'empoifonner. Cette accufation fut aifément détruite, & l'ingrat, au-lieu de
rentrer en lui-même, tenta de faire affaffiner fon frere. Il ne put y réuffir, & furieux de voir tous fes projets déconcertés, il raffembla une foule
de fcélérats, fe mit à leur tête, & leva contre fon pere, l'étendart de la
rebellion. Denis fut forcé de marcher à la tête de fon armée contre fon
fils. Il le vainquit en bataille rangée, & n'écoutant que fa tendreffe paternelle, il défendit à fes troupes de le prendre, ni de lui faire aucun mal.

Cet excès d'indulgence ne toucha point l'Infant; il ne parut fenfible qu'au
chagrin d'avoir été vaincu, & raffemblant les débris de fon armée, il fe
remit en campagne, brûlant & dévaftant toutes les Provinces où il porta
fes pas. Girard, Evêque d'Evora, crut le ramener, en lui repréfentant l'indignité de fon procédé, & en lui déclarant que s'il perfiftoit dans fa rebellion, il feroit obligé d'en venir aux Cenfures Eccléfiaftiques. Enflammé
de courroux, Alphonfe fit faifir le Prélat & le fit maffacrer; enfuite, continuant le cours de fes dévaftations, il alla à la rencontre de l'armée de
Denis, qui fe préparoit à le combattre, lorfqu'à force de prieres & de follicitations, la Reine Elifabeth obtint enfin de fon fils qu'il viendroit fe
jetter aux pieds de fon pere; Denis l'embraffa, & lui pardonna généreufement fes excès. Le trop indulgent Denis, accablé de chagrin, tomba
dangereufement malade, fit venir fon fils auprès de lui, & lui donna les
plus fages avis; mais il fut rendu aux vœux de fon peuple, & Alphonfe,
irrité de voir encore fon avénement au Trône retardé, publia un Mémoire,
dans lequel peignant fous des traits odieux la conduite de fon pere, il faifoit
à celui-ci les demandes les plus outrées : Denis, fans témoigner ni colere,
ni reffentiment, remit ce Mémoire audacieux à fon Confeil, qui rejetta avec
indignation les demandes de l'Infant. Celui-ci, vivement irrité contre fon
Pere & le Confeil, prit les armes, & tenta, mais vainement, de s'emparer de Lifbonne. La tendre Elifabeth diffipa encore cet orage, & perfuada à fon fils de fe rendre auprès de fon pere, qui lui pardonna une
feconde fois & le conjura, les larmes aux yeux, d'épargner fa vieilleffe.
Cette clémence ne rendit le fils ni moins ambitieux, ni moins ingrat; il
demanda au Roi de dépouiller Don Sanche, fon fils naturel, des charges qu'il
poffédoit, & de l'éloigner de la Cour. Cette demande audacieufe indigna
le Roi : mais Don Sanche, afin de prévenir les fuites que pourroit avoir
cette nouvelle demande, fe démit de fes charges & fe retira en Caftille.

Alors l'Infant revint à la Cour de fon pere, parut changer de conduite,
& éloigna de lui tous ceux qui l'avoient foutenu dans fa révolte; mais le
chagrin qu'il avoit donné au Roi, étoit trop fenfible pour qu'il y réfiftât:

il tomba malade & mourut, après avoir indiqué à son fils les moyens de prévenir les suites que pouvoient avoir les fautes qu'il avoit commifes, & les exemples de perfidie & de révolte qu'il avoit donnés. Telle fut la jeuneffe d'Alphonfe ; voyons fi, fur le trône, il fe conduifit avec plus de fageffe, avec plus d'équité.

Cet ambitieux fuccéda à fon pere, en Janvier 1325. Il parut d'abord avoir envie de faire oublier fes crimes & fes égaremens ; bien loin de protéger les complices de fes révoltes, il les punit, non pour les mauvais confeils qu'ils lui avoient donnés, & les troubles qu'ils avoient fufcités, mais pour les divers crimes dont ils s'étoient rendus coupables, & dont ils efpéroient l'impunité, à caufe des fervices qu'ils avoient rendus au nouveau Souverain. Il témoigna le plus profond refpect pour la mémoire de fon pere ; mais il l'avoit fi cruellement perfécuté pendant fa vie, qu'il n'eft gueres poffible de fuppofer quelque fincérité dans cette apparente vénération. D'ailleurs, fi Don Alphonfe eût réellement confervé quelque refpect pour Don Denis, il me femble qu'il eût eu plus d'égards pour les objets que ce bon pere avoit le plus chéris. Cependant il s'attacha à opprimer, autant qu'il fut en lui, Don Sanche, fon frere naturel, qui jamais ne lui avoit donné le moindre fujet de mécontentement. Peu de temps après fon couronnement, il fit affembler les Etats, ordonna qu'on fît le procès à Don Sanche, comme à l'auteur des troubles qui avoient agité les dernieres années du regne de fon pere ; &, fur cette dénonciation d'autant plus odieufe, qu'il avoit lui-même caufé tous les troubles dont il fe plaignoit, il fit condamner fon frere comme traître à la patrie, & le dépouilla de tous fes biens. Sanche, toujours modéré, écrivit au Roi la lettre la plus refpectueufe, prouva la fauffeté des accufations portées contre lui, & le conjura de ne point faire exécuter l'injufte fentence prononcée par les Etats qui fervoient fa haine injufte contre leur confcience & leur honneur. Alphonfe n'eut aucun égard à la lettre, ni aux foumiffions de fon frere ; & celui-ci, réduit aux dernieres extrémités, prit les armes, entra en Portugal, où il commit d'affreux ravages, attaqua & battit l'armée Royale, & écrivit une feconde lettre à Alphonfe, par laquelle il le fupplioit de rentrer en lui-même, d'épargner le fang de fes fujets, & de lui donner la paix. Alphonfe, furieux de la victoire de Sanche, fe mit lui-même en campagne, déterminé à périr ou à fe baigner dans le fang de fon ennemi.

La Reine Elifabeth arrêta fes tranfports de colere & de rage ; elle dit hautement à fon fils Alphonfe IV, qu'il ne cherchoit que des prétextes pour opprimer Don Sanche, qui, bien loin d'être coupable d'aucun des crimes que la calomnie lui imputoit, étoit un homme d'honneur, digne d'un meilleur fort, & qu'en continuant de le perfécuter il fe déshonoroit aux yeux de fes Sujets, & fe rendoit le plus odieux des tyrans. Ces généreufes remontrances firent une forte impreffion fur Alphonfe ; ce Prince, ne pouvant fe diffimuler l'iniquité de fes procédés, confentit, après bien des difficultés, à voir son frere : Don Sanche se rendit aussi-tôt auprès du Roi de Portugal ; & bientôt l'ascendant de son mérite & de ses talens supérieurs forcerent Alphonse à lui accorder sa confiance, sinon son amitié.

Alphonse sembloit presque changé : il s'occupa des soins du Gouvernement ; il pourvut à la sûreté de ses Etats ; il songea à établir solidement sa famille. Dans cette vue, il donna l'Infante, sa fille, en mariage au Roi de Castille & de Léon, & son fils Don Pedre, promis à Dona Blanche, fille de l'Infant de Castille, n'ayant pu l'épouser à cause des infirmités qui la rendoient inhabile à avoir des enfans, épousa Dona Constance, fille de Don Juan Emanuel, Prince du sang, jadis promise au Roi de Castille. Le mariage de l'Infante de Portugal ne fut heureux ni pour les Castillans, ni pour les Portugais. Les charmes de Dona Léonore de Guzman ayant fait une vive impression sur le Roi de Castille, il aima éperduement cette maitresse, se dégoûta de son épouse & la traita avec indignité. L'atrocité de ses procédés irriterent Alphonse IV, qui, pour venger sa fille, porta ses armes contre son gendre, & la guerre que cette mésintelligence occasionna, épuisa pendant près de douze années, les deux Royaumes ; ensorte que le sang des Castillans & des Portugais ne cessa pendant tout ce temps de couler pour les querelles domestiques des deux Souverains. Les Maures qui profiterent de ces divisions, & qui firent une cruelle invasion en Castille, réunirent les deux Monarques. Il étoit temps ; les mêmes ennemis qui ravageoient la Castille, entrerent dans l'Algarve où ils porterent le ravage & la désolation : la valeur d'Alphonse IV, mit bientôt fin à leurs dévastations.

Le Portugal jouit alors de quelque calme. On vit le Monarque se faire un devoir de rendre ses Etats florissans par de bonnes loix, & par les encouragemens qu'il donnoit au Commerce, aux Arts, & à l'Agriculture. Ses soins ne furent pas sans quelque fruit, malgré l'imperfection où étoit dans ce temps-là le régime économique des Etats ; & ils auroient eu un plus grands succès sans les nouveaux troubles qui les suspendirent, & dont on ne peut s'empêcher de rejetter la faute sur Alphonse.

L'Infant Don Pedre vivoit paisiblement avec Dona Constance son épouse dont il avoit plusieurs enfans ; la mort la lui enleva, & il la regretta amérement. Parmi les femmes de Dona Constance, Dona Inés ou Agnès de Castro se distinguoit par sa beauté, ses graces, ses talens : ses charmes avoient fait la plus vive impression sur le cœur de Don Pedre, & lorsqu'il eut perdu son épouse, il se lia plus étroitement avec cette belle Castillane. On assure, & il dit dans la suite qu'il l'avoit épousée secretement. Leur passion, sans indécence, les rendoit heureux l'un & l'autre ; mais la jalousie de quelques favoris d'Alphonse, piqués de la protection qu'Inés & Don Pedre donnoient aux Castillans, troubla cruellement le bonheur mutuel des deux amans. On persuadoit à Alphonse que tôt ou tard la protection que Don Pedre accordoit aux mécontens qui s'éloignoient de la Cour de Pierre le Cruel, alors Roi de Castille, attireroit au Portugal une guerre malheureuse, & que comme ce n'étoit qu'aux sollicitations de sa maîtresse que Don Pedre accueilloit ces étrangers, le moyen le plus sûr de prévenir les suites du ressentiment du Roi de Castille, & d'empêcher cette foule de mécontens de venir chercher un asyle en Portugal, étoit de faire périr Inés. Alphonse IV se rendit à ce détestable conseil, & choisissant un jour où Don Pedre étoit à la chasse, il se rendit avec Alvaro Gonsalez, Diegue Lopez Pacheco & Pedre Coëllo, à Conimbre, au Couvent de Ste Claire, où la belle Inés, avertie du malheur qui la menaçoit s'étoit réfugiée. Le Roi se fit annoncer ; Inés pâle, éplorée parut devant lui, se jetta à ses pieds avec ses enfans. Alphonse IV, ému à ce spectacle, se retira ; mais ses traitres favoris lui reprochant sa foiblesse, il rentra furieux dans l'appartement d'Inés, & la fit poignarder.

Informé de cet atroce assassinat, Don Pedre, le désespoir dans l'ame, & ne respirant que vengeance, rassembla une foule d'amis, prit les armes, leva l'étendart de la révolte, & dans son ressentiment, mit à feu & à sang toute la Province, entre Minho & Douro. Il eut porté plus loin sa vengeance & sa fureur, si la Reine sa mere & l'Archevêque de Brague n'eussent, à force de prieres, appaisé son courroux : il dissimula & alla se jetter aux pieds d'Alphonse, qui, bien loin de se justifier du crime atroce qu'il avoit eu la foiblesse, ou la barbarie de commettre, au lieu de punir les traitres qui l'avoient porté à cette action détestable, ne cessa au contraire, de les combler de ses bienfaits. Cependant, l'Infant Don Pedre d'un naturel plein de candeur, ne put feindre avec assez d'art pour qu'on ne devinât pas ses véritables sentimens. Le Public, toujours intéressé à croire le bien, pût supposer qu'il avoit oublié Inés & sa fin malheureuse. Alphonse IV ne s'y trompa point. Ce Roi, accablé de vieillesse, d'infirmités, & sentant sa fin approcher, fit tout ce qu'il put pour mettre ses trois favoris, les assassins d'Inés, à couvert de la vengeance de son fils ; il leur donna de grandes sommes d'argent, & les pressa de s'éloigner avant l'avénement de Don Pedre à la Couronne.

Alphonse IV mourut au mois de Mai 1357, âgé de 77 ans, & dans la 32 année de son regne. Il mérite des éloges pour le soin qu'il prit de réformer plusieurs abus dans l'administration des affaires, & sur-tout dans celle de la justice, d'exciter l'industrie, de mettre de l'ordre dans ses finances, & de la douceur dans la perception des revenus ordinaires, sans se permettre d'introduire de nouvel impôt pendant la guerre de douze ans qu'il eut à soutenir contre la Castille. Mais sa noire ingratitude envers le Roi Denis son pere, ses iniques procédés à l'égard de Don Sanche son frere, l'assassinat de l'Evêque d'Evora qu'il commit de sang froid, sa cruauté envers Inés de Castro, & son aveugle attachement pour d'indignes favoris, sont des crimes qui déshonorerent à jamais sa mémoire. L'on peut dire que son animosité contre sa famille fit plus de mal à l'Etat, qu'il ne put d'ailleurs lui faire de bien. C.

A L P H O N S E V, *furnommé L'A F R I C A I N, Roi de Portugal.*

EPOUX fidele, pere tendre, habile négociateur, Roi jufte, Alphonfe V eût mérité d'être mis au rang des plus grands hommes, fi l'ambition des conquêtes n'eût pas été fa paffion dominante. Plus occupé du défir d'agrandir fes Etats que du foin d'y faire fleurir l'abondance & la paix, il régna prefque toujours fous la tente. Ses armes furent heureufes, mais un Guerrier illuftre, un habile Général eft fouvent le fléau de l'humanité ; & les Rois ne devroient s'illuftrer que par la bienfaifance & l'amour de la juftice.

Alphonfe étoit encore dans l'enfance, lorfqu'Edouard, fon pere, attaqué de la pefte qui ravageoit le Portugal, mourut, & lui laiffa le trône, en 1438 ; les commencemens de la Régence furent très-orageux, par les efforts que fit contre le gré de la Nation, la Reine Eléonore d'Arragon, fa mere, pour obtenir l'adminiftration des affaires que les Etats affemblés confierent à Don Pedre, Duc de Conimbre, & oncle du jeune Monarque. Don Pedre remplit cette importante charge avec tant de fageffe, de douceur & d'équité, que les Magiftrats & les habitans de Lisbonne lui demanderent la permiffion de lui faire ériger une ftatue ; mais, comme l'intérêt de l'Etat étoit le feul objet de fes foins & de fes travaux, il refufa cet honneur, & fe contenta de la reconnoiffance des Citoyens. Mais l'eftime générale qu'il fut fe concilier, & la réputation dont il jouiffoit dans toute l'étendue de l'Efpagne, exciterent la jaloufie de quelques Grands, & furtout de fon frere & du Comte d'Ourem, fon neveu, qui, dès-lors, ne s'occuperent plus que des moyens de le perdre. Il n'y avoit cependant point apparence qu'ils puffent réuffir, foit par la grande autorité que la Régence donnoit à Don Pedre, foit par le tendre attachement que le jeune Souverain avoit pour lui, foit par la haute confidération que lui méritoit fa naiffance, foit enfin, par le grand crédit que lui donnoit le mariage arrêté par Edouard lui-même, entre fa fille & le jeune Alphonfe V. Le bon ordre rétabli dans les finances, le bien-être des peuples procuré à plufieurs égards, les loix mifes en vigueur, le jeune Roi formé à l'art de gouverner par une affez bonne éducation ; tels furent les fruits heureux de la Régence de Don Pedre, qui ne put cependant, quelques moyens qu'il mît en ufage, éteindre dans le cœur de fon frere & du Comte d'Ourem, fon neveu, la haine qu'ils lui avoient vouée : au contraire, le Comte de Barcelos & fon fils, ulcérés du crédit de Don Pedre, cabalerent avec quelques Seigneurs, qui étoient auprès du Roi, leur repréfentant le Régent comme un homme auftere & dur, qui, bien loin de récompenfer leurs fervices, ne s'occuperoit que du foin de les éloigner des graces & des bienfaits. Telles étoient les intrigues de la Cour, lorfque le jeune Souverain atteignit fa 14e année, âge de la majorité des Rois, fuivant les loix de Portugal. Dès que le moment fut venu, le Régent convoqua les Etats, se déchargea du soin du Gouvernement, rendit compte de son adminiſtration, & finit par demander au Roi & au peuple, pardon des fautes & des négligences qu'il avoit pu commettre, sans le savoir, & contre ses intentions.

Alphonse V, qui respectoit Don Pedre comme il eut respecté son pere, le pria de continuer de l'aider de ses conseils, lui accorda toutes les graces que Don Pedre lui demanda, non pour lui-même, mais pour les Citoyens qu'il croyoit devoir être récompensés, &, suivant le vœu des Etats, il épousa Dona Isabelle, fille du Régent, qui, pendant deux années continua à gouverner, suivant le plan, & presque avec la même autorité qu'il avoit gouverné pendant la minorité. Mais vainement il fit tout le bien qu'il put faire; envain pour captiver l'amitié de son frere, il lui donna le Duché de Bragance ; rien ne put adoucir le caractere violent de cet homme cruel, qui, de concert avec l'Archevêque de Lisbonne, ne cessa de cabaler contre lui ; tantôt ils tournoient en ridicule sa gravité, tantôt ils jettoient dans l'ame du Monarque des soupçons odieux sur la haute estime & la considération que les Magistrats de Lisbonne avoient pour l'ancien Régent ; ils engagerent dans leur complot une foule de Courtisans, & ceux-ci n'étoient occupés qu'à répéter au Roi les dangereux propos que leur dictoient le Duc de Bragance, le Comte d'Ourem, & l'Archevêque de Lisbonne. A force de dénonciations, les scélérats parvinrent enfin à indisposer le Roi contre son beau-pere. Alors ne gardant plus de ménagemens, ils accuserent hautement Don Pedre des plus grandes malversations pendant sa Régence. Celui-ci, fatigué d'être perpétuellement en butte à la haine & à la calomnie, ulcéré d'ailleurs, de la froideur d'Alphonse, lui demanda la permission de se retirer, l'obtint facilement, & alla chercher dans ses terres un repos dont il n'avoit jamais joui à la Cour.

Sa retraite causa sa perte. A peine il se fut éloigné, que ses ennemis furent assez audacieux pour l'accuser d'avoir empoisonné le feu Roi Edouard, la Reine Eléonore & l'Infant Don Juan. Cette atroce imputation indigna tous les Citoyens : mais le jeune Roi, trop facile, publia une Ordonnance par laquelle, il défendoit à qui que ce fût d'avoir aucune liaison avec son beau-pere. Le but des ennemis de Don Pedre étoit de l'engager, à force d'outrages, à se révolter, afin de le perdre plus sûrement : dans cette vue on lui fit demander toutes les armes qu'il avoit dans ses châteaux. Don Pedre, irrité de tant de noirceurs, répondit que le Roi étant en paix, n'avoit nul besoin d'armes, mais qu'il ne pouvoit s'en désaisir, ayant, ainsi que ses amis, à se défendre contre les lâches ennemis qui les persécutoient. Dona Isabelle fit tant par ses prieres, qu'elle obtint enfin du Roi que, si Don Pedre se soumettoit & lui demandoit pardon, il oublieroit le passé. La Reine envoya aussi-tôt un Courier à son Pere, pour lui donner avis des dispositions favorables du Roi. Don Pedre écrivit à Alphonse & à la Reine, marquant à celle-ci, que c'étoit uniquement par complaisance pour elle, qu'il écrivoit la lettre qu'elle exigeoit de lui. L'imprudente Isabelle, croyant tout appaisé, montra au Roi la lettre qu'elle avoit reçue de son Pere, & Alphonse furieux, déchirant la lettre de Don Pedre, déclara que, puisque ce n'étoit que par complaisance pour la Reine, que cette lettre avoit été écrite, il rétractoit le pardon qu'il avoit accordé. Cependant le Comte d'Abrantes, qui connoissoit la perfidie des ennemis de Don Pedre, conseilla à celui-ci de venir à la Cour, mais escorté de cinq cens hommes d'Infanterie & de mille chevaux. Don Pedre suivit ce conseil; mais pendant qu'il étoit en route, le Roi le fit déclarer traître à la patrie, rebelle envers le Prince, & il envoya des troupes contre lui. Don Pedre furieux, & n'ayant plus de ménagemens à garder, se saisit d'un poste avantageux, & s'y retrancha. Il y fut attaqué par la nombreuse armée du Roi, & dans le feu du combat il fut tué d'un coup de fleche : la colere & la prévention d'Alphonse V, étoient telles, qu'il défendit qu'on enterrât son beau-pere; mais bientôt il regretta amérement celui qu'il haïssoit si vivement alors. Les implacables ennemis de Don Pedre le poursuivirent encore après sa mort, avec plus de violence qu'ils ne l'avoient persécuté pendant sa vie. Ils firent saisir plusieurs de ses partisans, qu'on appliqua à la question, & qui protesterent tous de l'innocence de leur bienfaiteur : on saisit tous ses papiers, & malheureusement pour ses ennemis, le Roi voulut les voir lui-même ; il les lut, &, au lieu de plans de conjuration, qu'il croyoit y découvrir, il ne vit que de sages & d'excellens projets pour le service de la Couronne & le bien de l'Etat. Le Pape Nicolas V fut indigné contre la noirceur des oppresseurs de ce grand homme, & traitant de Libelles diffamatoires les Mémoires publiés contre lui, menaça d'excommunication les traîtres qui l'avoient fait proscrire, & ceux qui lui avoient refusé la sépulture. Le Roi, pénétré de remords, arrêta toutes les poursuites formées contre la mémoire de Don Pedre, & bannissant de sa présence ses dénonciateurs, il déclara tous ceux qui avoient suivi le parti du Régent bons & fideles sujets.

Afin de se distraire de la douleur profonde que cette perte lui causoit, Alphonse désira d'entreprendre quelque expédition éclatante : il médita de déclarer la guerre aux Maures; mais en attendant qu'il pût exécuter ce projet, il seconda les vues de son oncle Don Henri sur les côtes de Guinée, d'où les Portugais avoient déja rapporté beaucoup d'or. Don Juan II, Roi de Castille, s'opposa, autant qu'il put, à cette expédition, envoya même des Ambassadeurs à la Cour de Lisbonne, prétendant avoir seul des droits sur la côte de Guinée, & menaçant de déclarer la guerre aux Portugais, s'ils continuoient à y envoyer des vaisseaux. La mort de Don Juan suspendit l'effet de ces menaces, & Henri IV, son successeur, ayant épousé la sœur d'Alphonse V, les contestations entre la Couronne de Portugal & celle de Caſtille, au ſujet du domaine de la Guinée, n'eurent point de ſuites, ou du moins, elles furent ſuſpendues. A-peu-près dans ce temps, la Reine Iſabelle mit au monde un fils, dont la naiſſance combla les vœux d'Alphonſe & de la Nation; mais l'infortunée Iſabelle ne ſurvécut gueres à cet événement; elle mourut après quelques jours de maladie, & l'on ſoupçonna les anciens ennemis de Don Pedre d'avoir terminé, par le poiſon, les jours de cette Princeſſe, dans la crainte qu'après avoir fait réhabiliter la mémoire de ſon pere; elle ne tirât vengeance des outrages qu'ils lui avoient faits. Iſabelle fut amérement regrettée des Portugais, & beaucoup plus encore du Roi ſon époux, qui en étoit épris, & qui depuis, ne voulut avoir aucune ſorte de commerce avec les femmes, ce qui lui fit donner auſſi le ſurnom de Chaſte.

Quelques mois après ce funeſte événement, le Pape Calixte III, ayant publié une Croiſade contre les Turcs, le Roi de Portugal fit équiper une forte eſcadre, montée d'un corps nombreux de troupes; mais la guerre civile s'étant enflammée en Italie, & la mort de Calixte III ayant fait évanouir le projet de cette Croiſade, Alphonſe V, qui avoit fait les plus grands préparatifs, & qu'il ne voulut pas rendre inutiles, réſolut de porter la guerre en Afrique; il partit à la tête de vingt mille combattans, débarqua ſur la côte d'Afrique, aſſiégea Alcaçar, qu'il emporta malgré la vigoureuſe réſiſtance du Roi de Fez, qui tenta vainement de reprendre cette Place; & il revint triomphant à Liſbonne. La joie que ſes ſuccès & ſon retour cauſerent, fut bien tempérée par la conſternation que répandit la mort imprévue de pluſieurs Princes du ſang, qui avoient beaucoup contribué à la gloire de la nation; le premier qu'on eut à regretter, fut le Comte d'Ourem, neveu de l'Infant Don Pedre, jeune Seigneur d'une grande capacité, à qui l'on pardonnoit d'avoir conſpiré contre ſon oncle, parce qu'on ſavoit qu'il avoit été engagé dans cette conſpiration, par ſon propre pere, à un âge où l'on n'eſt pas en état de juger ſainement de ce que l'on fait, & que d'ailleurs il avoit témoigné donner depuis les preuves les plus fortes de fidélité à ſon Roi : on le regardoit comme l'un des plus habiles négociateurs, & des plus profonds politiques de ſon ſiecle. Cette mort fut ſuivie de celle de l'Infant Don Henri, aux lumieres & aux conſeils duquel Alphonſe V, & les Portugais étoient redevables des découvertes & des conquêtes qu'ils avoient faites en Afrique. Don Henri fut le plus illuſtre Portugais de ſon temps; c'eſt à lui que les Européens ſont redevables des avantages qu'ils ont retirés juſqu'à préſent de la découverte de la plus grande partie de l'Afrique, & de ceux qu'ils en retireront dans la ſuite des temps; il tenta le premier de grandes entrepriſes à ſes dépens, des découvertes utiles & des conquêtes brillantes ſur les côtes de cette partie du globe. Par les périlleuſes expéditions qu'il entreprit, & qui lui réuſſirent, il inſpira à ſes contemporains, & à ſa poſtérité le goût heureux des découvertes. Le Duc de Bragance, moins connu par ſes talens, que par ſon ingratitude envers Don Pedre ſon frere, mourut auſſi peu de jours après le Comté d'Ourem ſon fils.

Le Portugal jouiſſoit d'une paix & d'une ſituation aſſez proſpere. Alphonſe pouvoit régner avec honneur en maintenant & aſſurant la proſpérité de l'Etat. Mais il étoit poſſédé de la manie des conquêtes. Il entreprit une nouvelle expédition en Afrique, & tenta de conquérir Tanger, Place importante pour le commerce, & pluſieurs fois attaquée ſans ſuccès. Il ne fut point heureux dans cette entrepriſe; il fut vaincu, tenta de ſe dédommager en dévaſtant le pays, manqua d'être fait priſonnier, & eut réellement perdu la liberté, ſans la généroſité vraiment héroïque du Comte de Viane, qui le dégagea aux dépens de ſa vie, ayant été inhumainement maſſacré par les Maures. Cet accident eut arrêté un Prince jaloux d'épargner le ſang de ſes plus fideles Sujets. Alphonſe n'en fut que plus jaloux de venger ſa gloire, qu'il croyoit ternie par ce mauvais ſuccès. De retour en Portugal, il fit équiper une flotte formidable, raſſembla une nombreuſe armée, & la fit embarquer ſous les ordres de ſon frère Don Ferdinand, Duc de Viſeu. Don Ferdinand eut les plus grands ſuccès; il ſe rendit maitre d'Anafe ſur le bord de l'Océan atlantique, & ſe procura des lumieres ſi ſûres ſur l'état de quelques autres Places très-importantes, qu'Alphonſe, à la tête de trente mille hommes, & d'une flotte de plus de trois cens voiles, paſſa lui-même en Afrique, après avoir laiſſé la régence du Royaume à l'Infante Dona Jeanne ſa fille, aidée des conſeils du Duc de Bragance. Cette expédition fut plus heureuſe encore que toutes celles que l'on avoit faites juſqu'alors. Le Roi ſe préſenta devant Arzile, l'une des Villes les plus conſidérables de ce pays, & malgré la réſiſtance des habitans, il l'emporta d'aſſaut, & y fit un butin immenſe. Cette conquête répandit la terreur parmi les Maures; ils abandonnerent Tanger, dont le Roi de Portugal ſe ſaiſit. Après avoir pourvu à la ſûreté de ces Places nouvellement conquiſes, il revint dans ſes Etats, couvert de gloire, & décoré du ſurnom d'Africain, que l'Europe entiere lui donna.

La célébrité de ce Conquérant ſembloit parvenue au comble. L'adminiſtration intérieure de ſon Royaume, réclamoit tous ſes ſoins. L'ambition l'occupa de nouveau, & l'engagea dans une affaire épineuſe, qui ne lui procura que des chagrins & des malheurs. Il y avoit quelques années que, dans une entrevue qu'il avoit eue avec l'imbécille Henri, ſurnommé l'impuiſſant, Roi de Caſtille, les deux Souverains, afin de cimenter la paix entre les deux Royaumes, étoient convenus que l'Infant Don Juan, fils d'Alphonſe, épouſeroit Dona Jeanne, prétendue fille de Henri. Cette convention n'avoit point été exécutée, & Henri étoit mort, après avoir déclaré Jeanne ſa fille, & ſon héritiere; mais les Caſtillans ne vouloient point la reconnoître, parce qu'en effet, il paſſoit pour conſtant que Jeanne n'étoit point ſa fille. Ébloui de l'éclat de la Couronne de Caſtille, Alphonſe réſolut de ſoutenir les prétentions de Jeanne, & de riſquer toutes les forces du Portugal, dans l'espérance de conquérir la Castille, au nom de cette Princesse, qui épousant l'Infant Don Juan, lui porteroit en dot le plus beau Royaume de l'Espagne. Ce projet étoit plus brillant que solide. L'exécution en fut très-malheureuse, le Roi de Portugal n'essuya que des revers; il fut battu complettement à Toro, & ce désastre eut de si funestes suites, qu'Alphonse ne voyant plus de ressources dans ses Etats, épuisés d'hommes & d'argent, prit, fort mal-à-propos, le parti d'aller demander lui-même du secours à la Cour de France.

Louis XI, alors en guerre avec l'Arragon, fit l'accueil le plus distingué au Roi de Portugal, lui donna les plus magnifiques promesses, & le trompa cruellement; car on sçait que Louis XI, incapable d'une résolution généreuse, étoit le Souverain de son siecle le plus habile à amuser par de fausses promesses. Alphonse en fit une triste expérience, & ne voyant dans le Monarque François, que la plus profonde dissimulation, il fut si vivement ulcéré du traitement qu'il avoit reçu, qu'il prit la résolution d'aller à Jerusalem, & de passer le reste de ses jours dans la solitude : rempli de cette idée, il écrivit au Prince Jean, son fils, de se faire proclamer Roi, parce qu'il étoit déterminé à ne plus rentrer dans ses Etats. Don Jean exécuta les intentions de son pere, & s'appliqua à réparer, autant qu'il étoit possible, les malheurs causés par l'ambition insatiable de son pere.

Cependant Alphonse se repentit de la démarche indiscrete à laquelle l'avoit porté le désespoir. Sans annoncer son retour, il revint en Portugal, où Don Jean lui rendit la couronne. Les revers ne l'avoient point corrigé. Remonté sur le trône, il continua la guerre contre la Castille, & fit de nouveaux efforts pour conquérir ce Royaume : cette guerre dura deux années, & fut également désavantageuse aux deux Nations, qui fatiguées de combats & de leurs pertes mutuelles, entrerent en négociation, & conclurent un Traité de Paix qui ne déplût qu'à Jeanne, dont on avoit stipulé les intérêts sans la consulter, & qui, de dépit, alla prendre le voile dans le couvent de sainte Claire de Conimbre.

Quelque temps après la conclusion de ce Traité, la peste fit en Portugal les plus cruels ravages; Alphonse lui-même en fut attaqué; cependant il ne succomba point; il se rétablit; mais l'esprit frappé des maux qu'il avoit soufferts, & de la dévastation que ce fléau causoit, il tomba dans une noire mélancolie, se dégoûta du trône, abdiqua la couronne pour la seconde fois, remit son sceptre dans les mains de son fils Don Juan, qui fit tous ses efforts pour persuader à son pere de le garder, ou du moins de gouverner avec lui en l'aidant de ses conseils. Les prieres furent inutiles : Alphonse V avoit fait vœu d'aller passer le reste de sa vie dans un monastere, & il partit secrétement, dans le dessein de se retirer dans le couvent de S. Antoine de Varatojo : mais, arrivé à Sintra, il y fut attaqué derechef de la peste, & mourut le 28 Août 1481, âgé de 49 ans, dans la 43e. année de son regne. La nouvelle de sa mort consterna ses Sujets, qui l'aimoient comme leur pere, & dont il fut le bienfaiteur pendant toute la durée de son glorieux regne. C.

ALPHONSE VI, *Roi de Portugal.*

L'ECLAT de la Couronne éblouit ce Prince imbécille, & ses foibles mains ne purent conserver le sceptre, que les droits & le hazard de la naissance lui avoient transmis. Il fut puni d'avoir osé régner malgré son inhabileté ; & son avénement au trône causa tous ses malheurs. On interdit les Citoyens qui se montrent inhabiles à gérer leurs biens ; pourquoi la même Loi n'a-t-elle pas lieu à l'égard des enfans des Rois? Pourquoi ne sont-ils pas déchus du trône, lorsque, par des actes réitérés de folie ou d'imbécillité, ils se sont déclarés eux-mêmes hors d'état de régner? Est-ce que le bonheur des nations entieres, est moins précieux que l'administration, bien ou mal faite des biens d'un simple particulier?

Alphonse VI avoit un frere aussi éclairé qu'il étoit ignorant lui-même, aussi capable de tenir les rênes du Gouvernement, qu'il étoit lui-même peu digne de commander aux Portugais : mais ce frere n'étoit venu au monde qu'un ou deux ans après la naissance d'Alphonse, & cette raison bien foible au jugement des personnes qui pensent, prévalut en faveur d'Alphonse, qui, à la mort de son pere, Jean IV, surnommé *le Fortuné,* jadis Duc de Bragance, & Restaurateur de la Monarchie Portugaise, fut proclamé Roi en 1656, malgré ses infirmités. Il n'avoit alors que 13 ans, & il étoit également difforme de corps & d'esprit : heureusement pour le Portugal, la Reine sa mere, Louise de Guzman, Princesse d'une grande capacité, & d'un courage au-dessus de son sexe, ayant été nommée Régente par Jean IV, fut chargée des soins du Gouvernement, & régna sous le nom de son fils, malgré la cabale de plusieurs d'entre les Grands, qui, piqués de n'avoir aucune part à l'administration des affaires, tenterent de la dépouiller de son autorité ; mais elle renversa leurs projets, leurs intrigues, & nommant Don François de Faro, Comte d'Odemira, de la Maison de Bragance, Gouverneur du jeune Souverain, elle le choisit aussi pour son Ministre, ainsi que Don Antoine Louis de Menesès, Comte de Cartenheda. Secondée par ces deux Ministres éclairés, elle se défendit avec avantage contre l'Espagne, qui cherchant à profiter de la minorité d'Alphonse, entreprit de subjuguer le Portugal. Sa régence fut glorieuse, soit par les succès éclatans de ses armes, soit par la brillante alliance qu'elle fit, en mariant l'Infante Catherine sa fille, à Charles II, Roi de la Grande-Bretagne.

Cependant, quelques soins que le Comte d'Odemira se donnât pour former son pupille, il ne put parvenir à en faire seulement un homme raisonnable, bien loin de le rendre un Prince éclairé, comme peut-être il s'en étoit flatté. Le malheureux Alphonse VI, attaqué d'une espece de paralysie dès sa plus tendre enfance, n'avoit pu recevoir qu'une éducation né-

négligée, & son incapacité s'accrut avec l'âge. La Reine Dona Louise, qui ne connoissoit que trop son imbécillité, & qui avoit pour lui autant d'éloignement qu'elle avoit de tendresse pour l'Infant Don Pedre, son second fils, eut ardemment désiré de placer la couronne sur la tête de ce dernier; mais les Grands, strictement attachés aux Loix, ne voulurent point consentir que l'on changeât rien à l'ordre de la succession, quoiqu'ils fussent témoins du peu de capacité qu'avoit Alphonse pour soutenir le poids d'une couronne. Ce Monarque, sans goût, sans talent pour les affaires, & les connoissances utiles, ne savoit qu'une chose qu'on lui avoit répétée dès le berceau, qu'il étoit Roi, & à ce titre maître de ses actions : connoissance qui lui devint fatale à lui & à ses Sujets. Du reste, il ne se plaisoit qu'avec les jeunes gens de son âge, & infiniment au-dessous de lui, parce qu'ils avoient une complaisance aveugle pour ses volontés, & qu'ils applaudissoient bassement à tout ce qu'il disoit & faisoit. Parmi les compagnons & les apologistes de ses extravagances, se distinguoient sur-tout Antoine & Jean Conti, fils d'un Marchand Génois, & originaires de Vintimiglia. Par leurs lâches adulations, ces deux Favoris avoient acquis l'ascendant le plus puissant sur son esprit. Le Comte d'Odemira les éloigna de la Cour; mais Alphonse VI, accoutumé à leurs basses flatteries, & ne se conduisant que par leurs avis, les vit en secret pendant quelque tems, & cessant ensuite de se contraindre, il les fit revenir à la Cour, & irrita la principale Noblesse du Royaume, en créant Antoine Conti, Chevalier de l'Ordre de Christ : mais le crédit du nouveau Chevalier croissant de jour en jour, ces mêmes Nobles indignés de son élévation, recherchèrent son amitié. Antoine qui se crut assez puissant pour se soutenir par lui-même, persuada au jeune Roi, d'éloigner les vieux Seigneurs, & de donner aux jeunes les postes les plus éminens de l'Etat, dans l'espérance de gagner sur eux le même ascendant qu'il avoit pris sur le Monarque. Alphonse suivit ce conseil, & les changemens qu'il fit, irritèrent si fort la plupart des Seigneurs, que cessant de faire leur cour au Roi, ils s'attachèrent à gagner les bonnes graces de l'Infant Don Pedre.

Cette conduite chagrina beaucoup Alphonse, qui, quoique très-borné, s'appercevoit pourtant de la préférence que la Reine donnoit à Don Pedre, & de la haute estime que la Noblesse avoit pour lui : il se consola avec son cher Antoine Conti, qui devenant ambitieux, entreprit d'être Ministre d'Etat, & de prendre la plus grande part aux affaires publiques; dans cette vue, il conseilla au Roi de prendre en main les rênes du Gouvernement, & de ne plus se laisser conduire en enfant par la Reine; ces conseils firent une très-vive impression sur Alphonse. Il devint indocile aux avis & aux représentations de sa mere, à laquelle il fit entendre qu'il étoit résolu de la dépouiller par force de son autorité, si elle tardoit à s'en démettre elle-même. La Reine, trop fiere ou trop prudente pour céder la Régence, imagina, pour dissiper cet orage, de faire déclarer l'Infant Don Pedre héritier préfomptif de la Couronne, fous prétexte que le Roi étant impuiffant, le fceptre devoit naturellement paffer dans fes mains : mais elle trouva dans la Nobleffe des obftacles infurmontables, & une réfiftance à laquelle elle ne s'attendoit pas. Alors, prenant de nouvelles mefures, elle crut qu'il n'y avoit, pour reprendre fon ancien empire fur l'imbécille Alphonfe, d'autre moyen que celui d'écarter Antoine Conti & fes adhérans ; elle ne trouva point d'oppofitions à ce projet, & amenant avec elle le Roi, fous prétexte d'affaires, le Duc de Cadeval, fuivi de plufieurs Seigneurs, alla fe faifir de Conti & de fes partifans, que l'on fit embarquer à l'inftant même fur un vaiffeau prêt à faire voile pour le Bréfil, où ils furent conduits.

Ce coup d'autorité ne fit qu'irriter davantage Alphonfe contre fa mere, & le Comte de Caftelmelhor, d'une naiffance illuftre, & plus lâche adulateur encore que Conti, prit la place de ce dernier auprès du Roi, auquel il perfuada de gouverner par lui-même. Alphonfe, déterminé à régner feul, écrivit aux Gouverneurs des Provinces, aux Commandans des Places & des Troupes, qu'étant majeur, & ayant pris poffeffion du Gouvernement, c'étoit déformais à lui feul qu'ils devoient obéir. La Reine Louife fit envain tous fes efforts pour fe maintenir dans la Régence ; elle fut contrainte de s'en démettre ; mais feignant de vouloir fe retirer dans un Couvent, & différant fa retraite de jour en jour fous divers prétextes, elle ne ceffa d'intriguer à la Cour, en faveur de Don Pedre. Cependant elle avoit un puiffant obftacle à furmonter, les confeils du Comte de Caftelmelhor, qui devenu tout-puiffant auprès du Roi, difpofant de tout, & defpotiquement de l'efprit de fon maître, s'attachoit à renverfer toutes les tentatives & les intrigues de la Reine. Informé des mefures qu'elle prenoit pour placer Don Pedre fur le Trône, il la contraignit de fe retirer dans un Couvent, mais il y gagna peu ; l'Infant Don Pedre ne ceffa de la voir, & de cabaler contre fon frere de concert avec elle.

Par fa retraite, Caftelmelhor demeura feul maître de tout, le Roi fe déchargeant fur lui des affaires & des graces. Sa haute faveur excita la jaloufie de quelques Grands, qui, pour balancer fon crédit, perfuaderent au Roi de rappeller Antoine Conti. Alphonfe le rappella en effet, lui fit l'accueil le plus diftingué ; mais ne lui redonna point fa confiance qu'il avoit accordée toute entiere à Caftelmelhor, qui bientôt trouva moyen d'écarter ce rival, auquel il fit donner un emploi très-confidérable à l'extrêmité du Royaume. A-peu-près dans ce temps le Marquis de Sande arriva à Lifbonne, venant de France, où il avoit conclu le mariage d'Alphonfe VI avec la Princeffe de Nemours ; pendant les préparatifs des fêtes de ce mariage, la Reine Louife mourut, & le Roi ne redoutant plus fes intrigues, traita fon frere avec plus de froideur ; cette indifférence alla jufqu'à lui refufer un état de maifon convenable à fa naiffance & à fon rang. Irrité de ce traitement, il fortit de Lifbonne & fe retira à Quelus, à une demi-lieue de la capitale : fon parti à Lifbonne étoit plus nombreux & plus

puiffant

puiffant que celui d'Alphonfe, qui, craignant avec raifon les fuites de ce mécontentement, le fatisfit, lui donna la liberté de fe choifir des Gentils-hommes & des Officiers, & approuva fon choix. Cependant cette bonne intelligence dura peu; la jeune Reine avoit fait fur le cœur de fon beau-frere, du premier inftant où il l'avoit vue, la plus vive impreffion, & elle ne fut point infenfible à fon amour; époufe d'un Prince imbécille & im-puiffant, elle fentoit l'extrême différence qu'il y avoit entre fon époux & Don Pedre. Elle prit fon parti dans toutes les occafions, le foutint dans toutes fes demandes, & époufa la haine qu'il avoit conçue contre le Comte de Caftelmelhor, au point que, malgré le Souverain lui-même, ce Minif-tre fut obligé de fortir de la Cour & de fe retirer dans un Monaftere; tous fes partifans furent chaffés, & Alphonfe VI, alarmé de la violence de ces en-treprifes, doubla fa garde, & completta quelques compagnies nouvellement levées pour mettre en fûreté fa perfonne & le petit nombre de courtifans qui lui reftoient encore attachés.

Ces précautions, d'ailleurs fort inutiles, hâterent fa chûte, au lieu de lui conferver la fuprême puiffance. Les habitans de Lifbonne, échauffés par les amis de Don Pedre, & s'imaginant que cette double garde, & ces recrues étoient deftinées contre l'Infant & le Peuple qui le foutenoit, mur-murerent hautement. D'accord avec Don Pedre, la Reine chercha de nouveaux prétextes pour rendre fon époux odieux, & elle eut peu de peine à y réuffir. Ses émiffaires répandirent que le Roi alloit partir pour fe mettre à la tête de l'armée, & que bientôt il reviendroit punir fon frere & tous les mécontens : on ajoutoit qu'il n'y avoit qu'un moyen d'éviter ce malheur, & ce moyen étoit d'implorer la protection de Don Pedre, qui pouvoit feul affranchir les Portugais de l'oppreffion & de la tyrannie. Il ne reftoit plus à Alphonfe qu'un Miniftre fur la fidélité duquel il pût compter; Macedo, odieux à la Reine, & par qui elle prétendoit avoir été infultée. Elle écrivit au Roi pour qu'il lui fît juftice, & chaffât Macedo du Palais; Alphonfe n'ofant refufer, & ne pouvant confentir à éloigner fon Miniftre, prit le ridicule parti de cacher la lettre de fon époufe, & de ne pas lui répondre; la Reine vivement offenfée, fe plaignit à l'In-fant, qui fe tranfportant à l'appartement de fon frere, l'obligea de chaffer à l'inftant même Macedo.

Alphonfe VI étoit dans la plus déplorable fituation, abandonné de fes favoris qu'on avoit écartés, fans amis, en butte aux entreprifes des factieux, n'ofant s'adreffer à fon Confeil dévoué à Don Pedre. Celui-ci étoit fecondé par la Reine, & foutenu par la Nobleffe. Quel parti prendre? On preffoit le Roi de convoquer les Etats, afin de faire ceffer, s'il étoit poffible, le défordre & la confufion où étoient les affaires; il preffentoit que fa chûte feroit inévitablement la fuite de cette affemblée nationale, & il refufa d'y confentir. On l'y contraignit. Il figna malgré lui les lettres de convocation.

La Reine alors fe retira dans un Couvent, d'où elle écrivit à fon époux, qu'ayant quitté pour lui ses parens & sa patrie, & se voyant traitée d'une maniere indigne, elle supplioit Sa Majesté de lui permettre de retourner en France ; qu'il savoit bien qu'elle n'étoit point sa femme , & qu'aucun lien ne l'attachoit à sa personne. Alphonse furieux , courut au Couvent, suivi de ses gardes. Il demanda d'entrer, & fut refusé ; il menaça d'user de violence ; mais Don Pedre, à la tête d'un nombre très-considérable de Seigneurs , survint, & engagea son frere à retourner au Palais. Le lendemain, la Reine écrivit au Chapitre de la Cathédrale de Lisbonne , & le suppliant de faire des informations sur l'impuissance du Roi , elle le conjura de lui rendre justice, & de prononcer le divorce. Dans cette crise violente , l'Infant assembla le Conseil, & il fut convenu qu'on inviteroit Alphonse VI, pour la sûreté même de sa personne, & pour le rétablissement de la tranquillité publique, à abdiquer la Couronne. Le Marquis de Cascaés, chargé d'exécuter cette délibération, alla au Palais, suivi de tous les Conseillers d'Etat ; & après une longue résistance, le Roi signa, non-seulement son abdication, mais encore une déclaration , par laquelle il reconnoissoit que son mariage étoit nul, n'ayant pas été consommé. Le malheureux Alphonse VI pensoit qu'en signant ces deux Actes il conserveroit du moins sa liberté, un revenu honnête, & tous les biens de la maison de Bragance ; il se trompa ; Don Pedre le fit arrêter dans son appartement, d'où il ne lui fut pas permis de sortir. Le Conseil & les Seigneurs assemblés déférerent la régence à l'Infant, qui refusa de prendre le titre de Roi , tant que son frere vivroit. Quant à la Reine, son mariage fut cassé par le Chapitre de Lisbonne, & elle obtint du Pape une dispense en vertu de laquelle elle épousa le Prince Régent. On dit que le bruit des réjouissances & le son des cloches s'étant fait entendre du Roi prisonnier, il demanda quel heureux événement annonçoit cette joie publique ; on lui apprit que c'étoit à l'occasion du mariage de la Reine avec le Régent ; il parut accablé de cette nouvelle ; & comme on lui demanda d'où venoit son étonnement ; je plains, répondit-il, le sort de mon frere ; il sera, comme moi, bientôt las de la Françoise, & comme moi , il ne tardera point à se repentir vivement d'avoir eu rien à démêler avec elle. Cependant quelques momens après il les envoya complimenter sur leur mariage. Il se flattoit toujours d'être libre. Les Etats en déciderent autrement, & ils prononcerent que la sûreté du Régent & la tranquillité du Royaume ne permettant pas que l'on mît le Roi en liberté, Don Pedre resteroit le maître de la maniere de le garder. Le Régent se détermina à l'envoyer, escorté d'une escadre & accompagné de plusieurs personnes de distinction, dans l'Isle Tercere. Alphonse y passa plusieurs années, & ne parut point regretter le Trône, ni désirer d'y remonter. Cependant Don Pedre ayant découvert dans la suite, une conspiration, dont le but ou le prétexte étoit de rétablir Alphonse, après avoir poignardé le Régent & la Reine ; & les auteurs de cette conspiration ayant répandu dans le public, qu'au lieu de laisser à Alphonse une liberté honnête, ainsi qu'on le lui avoit promis, on le traitoit cruellement dans l'Isle Tercere, le Régent envoya une escadre dans cette Isle, fit revenir le Roi de Portugal, & à son arrivée, le fit enfermer dans le château de Cintra, près de Lisbonne, où ce Prince malheureux demeura prisonnier quelques années, & mourut subitement le 12 Septembre 1683, dans la 40ème année de son âge, après avoir porté le titre de Roi pendant 27 ans, & dans la 15ème année de sa captivité. Il importoit au repos & à la sûreté du Portugal, que ce Prince fût déposé; il ne mérita jamais de régner; & la perte de son rang & de sa liberté fut une suite nécessaire de ses inconséquences, de sa mauvaise conduite, & de son incapacité. C.

ALSACE, s. f. *Province de France, bornée à l'Est, par le Rhin, au Sud, par la Suisse & la Franche-Comté, à l'Occident, par la Lorraine, & au Nord, par le Palatinat du Rhin.*

§. 1.

Idée générale de l'Alsace.

L'ALSACE est une Province qui a 40 lieues dans sa plus grande longueur sur une largeur commune de 4 à 5 lieues. Elle peut passer pour une des plus fertiles & des plus abondantes qui soient dans le monde, si l'on excepte quelques Cantons de la forêt de la Hart, & quelques terreins sablonneux du côté de Haguenau.

On la divise en haute & basse, & cette division étoit établie dès le temps des Romains: la haute faisoit partie de la *Maxima Sequanorum*, & la basse étoit de la *première Germanie*.

Après la ruine de l'Empire Romain, la basse Alsace fut occupée par les François, & la haute par les Bourguignons, sur qui les François la conquirent ensuite. Par le partage que Louis le Débonnaire fit de ses Etats, l'Alsace, comme comprise dans le Royaume d'Austrasie, échut à Lothaire. Louis IV, dit d'Outremer, est le dernier des Rois de France qui l'ait possédée: elle passa après lui sous la domination des Empereurs d'Allemagne, fut jointe à la Souabe, fit partie de l'Empire & fut comprise dans le Cercle du haut Rhin.

L'Alsace fut gouvernée par des Ducs, jusques vers l'an 770, que Charlemagne redoutant leur excessive puissance, & craignant qu'ils n'usurpassent la souveraine autorité, les obligea de se contenter du titre de Landgraves, c'est-à-dire, Comtes, Juges ou Préfets provinciaux, en exceptant de leur jurisdiction les Maisons Royales, les Villes Episcopales & celle de Stras-

bourg, ainfi que plufieurs fiefs particuliers : & la qualité de Duc, dont plufieurs Hiftoriens font encore mention dans les fiecles fubféquens, ne doit
être confidérée que comme un titre d'honneur que ces Landgraves ou Juges, joignoient à l'état effectif & réel dont l'exercice leur étoit confié.

Quoique les fonctions de Landgraves fuffent bornées à rendre la juftice
aux peuples de leurs territoires, cependant, la négligence & la foibleffe
des Empereurs leur ayant préfenté des occafions favorables de fecouer le
joug, ils empiéterent peu à peu fur l'Autorité Souveraine, & ainfi que
les Margraves, Burgraves, &c. ils fe rendirent maîtres, propriétaires &
Souverains des Provinces, Pays & Villes dont ils n'étoient que Juges ou
Gouverneurs, de même qu'il étoit arrivé en Egypte fous Antiochus II, en
Efpagne fous les Miramolins d'Afrique, & que la France l'éprouva en
paffant de la feconde à la troifieme race de fes Rois.

Il paroît que la Maifon de Hapsbourg, maintenant Autriche, a été en
poffeffion du Landgraviat d'Alface depuis l'an 1210 jufqu'au Traité de
Munfter en 1648, par lequel l'Empereur & l'Empire céderent à Louis XIV
& à fa Couronne, à perpétuité & en toute Souveraineté, le Landgraviat
d'Alface, comme la Maifon d'Autriche en avoit joui, avec le Suntgaw,
la Ville de Brifac, la Préfecture de Haguenau & dix Villes fituées en Alface, à la charge que ces Villes & les Seigneuries féculieres & eccléfiaftiques feroient maintenues *in ftatu quo*, & que le Roi n'exerceroit & ne
pourroit prétendre fur eux aucune Souveraineté Royale ; qu'il fe contenteroit des droits quelconques qui appartenoient à la Maifon d'Autriche,
& que Sa Majefté banniroit toutes les nouveautés qui pourroient s'être in-
troduites pendant la guerre.

Comme les Archiducs d'Infpruck étoient anciens propriétaires de plufieurs
Seigneuries & notamment du Comté de Ferrette, & de partie du Suntgaw, il fut dit, par l'Article VI dudit Traité, que le Roi, pour compenfation des chofes à lui cédées, feroit payer à l'Archiduc Ferdinand-Char-
les, trois millions de livres tournois, en trois payemens égaux, pendant
les trois années fuivantes, & qu'en outre Sa Majefté fe chargeroit des
deux tiers des dettes de la Chambre d'Enfisheim. La branche d'Efpagne
de fon côté a renoncé, par le XXXI Article du Traité des Pyrénées, à
toutes prétentions fur l'Alface, & a ratifié la ceffion faite à la France par
celui de Munfter. C'eft cette partie de l'Alface acquife des Archiducs d'Autriche que l'on appelle ancienne domination, ainfi qu'il fera expliqué plus
au long par la fuite.

M. d'Obrecht dans fon Prodrôme d'Alface, a prouvé que les Comtes de
Gersheim prenoient le titre de Landgraves d'Alface, dans le même temps
que la Maifon d'Autriche ; qu'il paffa enfuite aux Comtes d'Oetingen, qui
le tranfporterent à Jean de Lictemberg, Evêque de Strasbourg, dont les
Succeffeurs en ont joui depuis l'an 1376 jufqu'à préfent, fans que la Maifon d'Autriche s'y foit oppofée.

La liberté des Villes Impériales fubfifta jufqu'en 1670, que le Roi de France voyant l'Empereur Léopold prêt à lui déclarer la guerre, vint en Alface, s'affura defdites Villes, les fit démanteler, & fit confirmer, par le Traité de Nimegue de 1679, les ftipulations de celui de 1648.

L'année 1680, Louis XIV établit un Confeil Royal dans la Ville de Brifac, qui procéda contre toutes les Villes, les Seigneurs & les Nobles, qui ne vouloient pas reconnoître fa Souveraineté, ce qui occafionna beaucoup de plaintes à Vienne & à la Diete de l'Empire, & fut fuivi d'une treve conclue à Ratisbonne au mois d'Août 1684, par laquelle on convint que tout ce qui avoit été adjugé au Roi, tant par le Confeil Royal de Brifac, que par les Parlemens de Metz & de Befançon, & dont ce Prince étoit en poffeffion actuelle, lui demeureroit, pendant 20 ans feulement; mais la guerre de 1689 n'ayant pas été heureufe à l'Empire, les Villes Impériales, celle de Strasbourg, & les autres Pays & Territoires immédiats, fitués en Alface, furent cédés en toute Souveraineté, par le Traité conclu à Rifwic au mois de Septembre 1697, les arrêts defdits Tribunaux n'ayant été révoqués que pour ce qui étoit fitué hors de l'Alface, & les chofes font encore en cet état.

La Ville de Strasbourg s'étoit foumife au Roi de France par une capitulation particuliere, le 30 Septembre 1681, ratifiée par le Monarque, le 3 Octobre audit an, à la charge de la confervation de fes privileges.

Voyez STRASBOURG.

§. I I.

Diftinction de l'ancienne & nouvelle Domination.

ON appelle ancienne Domination, les Pays & Territoires qui compofoient en Alface la Souveraineté médiate de la Maifon d'Autriche, ainfi qu'ils ont été cédés & acquis de l'Empereur, de l'Empire & de l'Archiduc Ferdinand, par le Traité de Munfter, ce qui comprend le Comté de Ferrette, les Bailliages d'Altkire, Landzer, Betfort, Delle, Enfisheim & autres fitués dans la haute Alface, avec le Bailliage d'Haguenau, fitué dans la baffe.

La nouvelle Domination s'étend fur tout ce qui étoit immédiatement fujet à l'Empereur & à l'Empire, ce qui comprend les Terres de l'Evêché & du grand Chapitre de Strasbourg, des Abbayes de Murbac & d'Andlaw, de la Maifon d'Hanau, de la Baronnie de Flekenfteim, du Comté d'Horbourg, de la Seigneurie de Richwir, de la Nobleffe de la baffe Alface & des dix Villes Impériales qui reconnoiffent la Préfecture d'Haguenau : le tout par le Traité de Rifwic.

On appelle Etats immédiats, ceux qui relevent nuement & immédiatement de l'Empereur & de l'Empire, & Etats médiats, tous Monafteres,

Chapitres, Comtes, Gentilshommes, Villes, Patrices, Bourgeois & Paysans qui dépendent & relevent de ces Etats immédiats, & qui, par leur moyen, font, aussi-bien qu'eux, Sujets de l'Empire. Telles étoient les Terres de la Maison d'Autriche, parce qu'elles relevoient de l'Evéché de Basle, qui avoit la Seigneurie directe & féodale.

. Ces Etats immédiats jouissoient autrefois, comme jouissent actuellement ceux de l'Empire, des droits régaliens, & de toute supériorité territoriale, entr'autres du droit de lever des tributs sur le Peuple, sur les marchandises & sur les denrées, de celui de la navigation, de battre monnoie, d'exercer toute Justice civile & criminelle, d'accorder des privileges & des dispenses, de donner asyle aux Juifs, &c.

Suivant la lettre de M. d'Obrecht, écrite de Francfort à Louis XIV, le 5 Mai 1699, la supériorité territoriale comprend tous les droits que la France appelle Seigneuriaux, & la plupart de ceux attachés à la Souveraineté.

Le Domaine suprême s'étend sur les mêmes droits, avec cette différence que le Domaine ou la Souveraineté est indépendante, & que la supériorité territoriale lui est soumise & subordonnée dans l'exercice de tous les droits qu'elle renferme : de maniere que ce que les Etats de l'Empire peuvent dans leur territoire, en vertu de ladite supériorité, l'Empereur & l'Empire le peuvent dans ces mêmes Etats, en vertu de la Souveraineté. Mais depuis que la France a la paisible possession de cette Province, tous les droits territoriaux se trouvent réduits, & ne consistent gueres que dans celui d'Aides appellé *Umgeld*, dans celui de vendre du sel nommé *Accisa*, & dans le droit de protection des Juifs. Le Roi y impose les tributs, & lorsque les Seigneurs veulent lever quelques deniers pour leur utilité ou pour les besoins de leurs territoires, ils doivent en obtenir permission du Souverain, qui ne l'accorde qu'après avoir été amplement informé de la nécessité & de la destination de l'impôt.

§. I I I.

Du Gouvernement Ecclésiastique.

LA Province d'Alsace est de quatre Dioceses différens ; savoir, Besançon, Basle, Spire & Strasbourg. Il y a environ 24 Paroisses qui dépendent du premier : près de 240 Paroisses qui forment presque toute la haute Alsace relevent de celui de Basle, dont l'Evêque tient un Official à Altkire petite Ville sur les frontieres de la Suisse. Les appels simples de cet Official se relevent pardevant celui de Besançon, qui est son métropolitain ; & les appels comme d'abus se portent au Conseil supérieur d'Alsace : une partie de la basse Alsace, au nombre de 110 Paroisses, est sous l'Evêché de Spire, dont l'Official juge définitivement les appels simples ; mais on releve au Conseil supérieur les appels comme d'abus. Pour ce qui regarde l'Evêché de Strasbourg.

Voyez STRASBOURG.

Il y a dans la dépendance de ces Evêchés plusieurs Abbayes d'hommes & de filles, des Chapitres Nobles & non Nobles, des Eglises Collégiales & des Communautés de Prêtres, des Prieurés simples & à charge d'ames, des Commanderies des Ordres de Malthe & Teutonique, & autres Bénéfices dans le détail desquels on croit inutile d'entrer.

§. I V.

Du Gouvernement civil.

TOUTE l'Alsace est du ressort du Conseil supérieur, maintenant séant à Colmar. Il fut originairement institué en la Ville d'Ensisheim l'an 1658, au-lieu de la Régence ou Conseil ci-devant établi par les Archiducs dans la même Ville. Il fut supprimé en 1661, & en sa place le Roi créa un Conseil Provincial sous le ressort du Parlement de Metz, ce qui subsista jusqu'en 1679, que le Roi lui rendit sa premiere autorité de Conseil supérieur. Il fut transféré à Brisac en 1675, à l'occasion de la guerre, les Membres de ce Tribunal ne se croyant pas en sûreté dans un lieu ouvert comme l'étoit Ensisheim.

Jusqu'en l'année 1694, les Offices en avoient été conférés gratuitement, mais alors le Roi jugea à propos de les rendre héréditaires, & les soumit à payer finance, en établissant, par le même Edit, une seconde Chambre & une Chancellerie.

Il connoît en premiere instance de toutes les affaires qui se portoient autrefois à la Régence d'Autriche, & par appel des jugemens de tous les autres Tribunaux de la Province, tant des Justices Royales, que de celles des Villes, des Communautés, des Seigneurs Ecclésiastiques ou Séculiers & de la Noblesse; & même des Appels comme d'abus, à l'exception des Jugemens rendus par la Table de marbre, dont les Appels se relevent au Parlement de Metz, & des Jugemens criminels du Magistrat de Strasbourg qui sont en dernier ressort.

Le Conseil reçoit en outre les foi & hommage, aveux & dénombrement des fiefs dépendant du Roi.

Les Justices Royales sont les Bailliages d'Haguenau & de Vissembourg, & les Prévôtés du Neuf-Brisac, Huningue, Ensisheim & Fort-Louis, toutes créées en 1694.

Il y a en outre un Juge Royal pour les Forts & la Citadelle de la Ville de Strasbourg.

Les Terres de l'Evêché, celles de la Maison de Hanau, & la Noblesse de la Baſſe-Alſace, ont conſervé des Juſtices particulieres : les premieres ſont appellées *Régences*, & les dernieres portent le nom de *Directoires*.

La Régence de l'Evêché eſt compoſée de différens Offices qui autrefois ſe conféroient gratuitement ; mais l'Evêché s'étant trouvé obéré, le Prélat, de l'agrément du Roi & avec le conſentement du Chapitre, les a rendus héréditaires en l'année 1694, moyennant finance.

Par Lettres Patentes du mois de Septembre 1692, le Conſeil ou Régence ſéant à Saverne, a été maintenu dans l'exercice de ſa Juriſdiction, ſelon l'uſage, coûtume & conſtitution du Pays : il connoît de tous les différens qui arrivent entre les habitans des Bailliages de l'Evêché, & juge en dernier reſſort, quand il n'eſt queſtion que de la ſomme de 500 livres & 1000 de proviſion, ſauf l'appel au Conſeil Supérieur d'Alſace pour le fond de la proviſion des Procès, où il s'agira de plus groſſes ſommes.

Par ces mêmes Lettres, l'Evêque & ſes Succeſſeurs ſont pareillement maintenus dans la faculté d'acheter du ſel par-tout où bon leur ſemblera, & de le faire vendre aux habitans dépendans de l'Evêché & du Chapitre, au même prix qu'il eſt débité par les Fermiers-Généraux.

Pour dédommager les Evêques des Droits de Péage ſupprimés par l'Arrêt du 30 Octobre 1680, il leur eſt permis de percevoir le 30e. denier de toutes les ventes des immeubles, & le 50e. de celles des meubles qui ſe feront dans les Terres de l'Evêché & du Chapitre.

Les minéraux d'or & d'argent, qui ſe trouveront dans l'étendue de l'Evêché, leur appartiendront.

Ils peuvent recevoir 36 livres annuellement pour chaque famille Juive qui viendra s'établir dans les Terres de l'Evêché, au moyen de quoi les Juifs ſeront exempts de toutes charges ordinaires ; mais on aura auſſi le droit de les congédier. Ils jouiſſent excluſivement du débit du fer dans les Terres de l'Evêché.

La Régence & Droits du Comte de Hanau Lictemberg ont été réglés par Lettres Patentes d'Avril 1701, & ſont à peu de choſe les mêmes que ceux de l'Evêché : le Siege eſt à Bouxweiller.

Le Directoire de la Nobleſſe de la Baſſe-Alſace, ſéant ci-devant au Château de Niderheim, a été transféré dans la ville de Strasbourg par Lettres Patentes du 7 Juillet 1682. Il eſt compoſé de ſept Conſeillers, parmi leſquels eſt choiſi le Directeur qui y préſide. Ces Conſeillers ſont du Corps de la Nobleſſe, & doivent être confirmés par le Roi, qui leur accorde des lettres. Ils connoiſſent en premiere inſtance de toutes les affaires qui concernent les Gentilshommes & les Membres dudit Corps, & par Appel, des Communautés & Habitans de leur dépendance, qui ont pour Juges en premiere inſtance les Baillifs & Juges Seigneuriaux, aux termes des Lettres Patentes du 5 Maî 1681. Ce Tribunal juge, tant pour le civil que pour le criminel, ſouverainement & en dernier reſſort, juſqu'à la ſomme de 250 livres ſeulement pour le fond, & 500 livres pour la
proviſion,

provifion, au-delà defquelles eft Appel au Confeil fupérieur d'Alface.

Du temps des Empereurs, le Directoire étoit commun aux Gentilshommes de Suabe, de Franconie & du Rhin, chez lefquels ce Tribunal étoit transféré à tour de rôle, à l'exception cependant de la Noblefle de la baffe Alface, qui faifoit une trop petite partie du corps pour jouir de cet honneur.

Il y avoit autrefois un pareil Directoire dans la ville d'Enfisheim pour la Noblefle de la haute Alface ; mais il ne fubfifte plus depuis les guerres de Suede.

Nous n'avons point parlé du Droit des corvées, réglé par les lettres que nous venons de citer, au profit des Chefs de ces trois Jurifdictions, parce que nous en ferons bientôt une mention particuliere.

Sous les juftices de ces terres, de même que dans celles de l'ancienne domination, les Baillifs jugent en premiere inftance les caufes mues entre les habitans des Villages & des Communautés comprifes dans leurs bailliages. Ces Baillifs font à la nomination des Seigneurs; ils doivent être gradués & reçus au Confeil fupérieur d'Alface dans les terres de l'ancienne domination, attendu que leurs appels fe relevent directement au Confeil. Quant à ceux de la nouvelle domination, il n'eft pas de néceffité que les Baillifs foient gradués, parce que leurs appels fe relevent aux Régences & Directoires qui font médiats entre leurs Baillifs & le Confeil fupérieur.

Outre l'Adminiftration de la Juftice, les Baillifs font encore chargés du maniement des deniers Royaux de leurs Bailliages; & pour l'exercice de l'une & de l'autre partie, ils ont fous eux des Prévôts dans chaque Village & Communauté de leur reffort.

Le Prévôt eft l'homme du Seigneur, qui le nomme & le révoque à fa volonté : fes fonctions confiftent à veiller à l'ordre, à la police & à la voyerie du Diftrict. Ce Prévôt & les Jurés, dont il fera ci-après parlé, font appellés gens de Juftice & compofent enfemble le corps du Magiftrat : cependant ils ne peuvent rendre de jugement, leur procédure n'eft qu'une efpece d'inftruction & de conciliation provifoire, qui peut être portée devant le Baillif fi les parties ne font pas fatisfaites. Pour concevoir avec plus de facilité les fonctions de ces Officiers, on peut les confidérer comme les arbitres de toutes les difcuffions fommaires & Seigneuriales, qui font en France l'objet des baffes Juftices.

Les Jurés font quatre ou cinq des plus intelligens & des principaux habitans du lieu, choifis annuellement par la Communauté, agréés & confirmés par le Seigneur pour affifter aux délibérations, & former fous le Prévôt, le Confeil de la Paroiffe : ils tirent leur dénomination du ferment qu'ils prêtent au Baillif; on leur donne abufivement le nom de Bourguemeftres, qui n'eft dû qu'aux Officiers municipaux des Villes.

Le Roi ayant voulu que le contrôle des exploits eût fon exécution dans la Province, voici les remontrances qui furent faites, par lefquelles on

Tome III. X x x

connoîtra facilement la nature de ces Tribunaux fubalternes. Elles repréfentent que jufqu'à préfent il n'y avoit eu ni Procureurs, ni Avocats, la juftice étant rendue pour les caufes peu importantes par les Prévôts & Bourguemeftres des Lieux, gens non lettrés, qui ne favent pas la Langue Françoife, ni aucunes formalités de juftice; que les affaires médiocres étoient jugées par les Baillifs établis en différens Cantons fans Siege fixe; qu'ils vont
rendre la juftice de village en village fur des affignations verbales, & que
les parties plaident elles-mêmes fans miniftere d'Avocats ni de Procureurs,
ce qui étoit avantageux au peuple & leur deviendroit à charge, s'il y étoit
apporté du changement : & fur cela le Roi révoqua l'Edit pour la Province feulement, par celui du 8 Mai 1696, voulant que l'ufage ordinaire
de la procédure y fût obfervé comme auparavant.

La ville de Strasbourg a différens Tribunaux, mi-partis Catholiques &
Luthériens, appellés les Chambres des Treize, des Quinze, des Vingt-un,
des grand & petit Sénats, Chambre de police, matrimoniale & de tutelle,
dont les jugemens reffortiffent, en cas d'appel, de l'un à l'autre pour le
civil feulement, dans les caufes qui n'excedent pas mille livres.

Tous ces Officiers compofent ce que l'on appelle le Corps de Magiftrats,
& font Officiers municipaux élus par le fuffrage des Citoyens. Le Préteur
Royal & le Procureur Syndic font nommés par le Roi; ils ont entrée,
voix & féance dans toutes les Chambres, pour veiller à ce qu'il ne s'y
paffe rien de contraire aux intérêts du Monarque. Les uns & les autres
font perpétuels.

La Chambre des Treize a l'Adminiftration des affaires publiques; celle
des Quinze a la direction de la ville, des greniers, des moulins, des ca-
ves, des magafins du bois & du charbon, du fel, des bàtimens, de la police, des arts & métiers, des puits, des drogues & épiceries, du taux des
denrées, du maintien des Loix & Statuts : elle doit veiller à la conduite
des Magiftrats, Officiers & Employés de la ville, faire les Réglemens pour
prévenir ou arrêter les incendies, & nommer les Infpecteurs du pain, de
la viande, des moulins, des épiceries, des huiles, du tabac & de toutes
fortes de marchandifes fujettes à vifite. Celle des Vingt-un a entrée & voix
délibérative dans toutes les autres Chambres; & c'eft à toutes ces Chambres affemblées avec le grand Sénat, que les comptes fe rendent toutes les
femaines, tous les trois & fix mois & tous les ans.

Le Sénat juge en dernier reffort des affaires criminelles, & pour le civil
jufqu'à 1000, & 2000 livres de provifion, au-delà défquelles fommes, il
y a appel au Confeil fupérieur d'Alface. Le petit Sénat connoît de toutes
les difcuffions au-deffous de 1000 livres, de la validité des teftamens, des
fervitudes & autres pareilles matieres.

La Chambre de Police a toutes les affaires de police, dont celle des
Quinze ne connoit point : elle veille à l'obfervance des Dimanches &
Fêtes, à l'éducation des enfans, à la Religion, aux mœurs, à toutes ma-

tieres d'injures réelles, verbales ou par écrit, à la bonne ou mauvaise qualité des denrées, au monopole, aux faux poids & mesures, & aux autres cas amendables : elle pourvoit à l'approvisionnement de la ville, à la propreté & à la sûreté des rues, & à ce qui concerne les domestiques.

La Chambre matrimoniale connoît des mariages entre Luthériens.

Celle des tutelles a dans son ressort les dations de tutelle, curatelle & les comptes qui en résultent.

La Chancellerie, dont le Syndic est Directeur, est composée de trois Avocats généraux, de deux Référendaires, au petit Sénat & en la Chambre de Police ; de trois Secrétaires pour les Chambres de Treize, Quinze & Vingt-un ; de trois Greffiers civils & criminels du grand Sénat, d'un Procureur Fiscal du petit Sénat, du Lammeifter Régent, de deux Substituts, d'un Econome, d'un Commissaire aux enquêtes & de trois Archivistes.

Les Corps de Métiers sont divisés en vingt Tribus qui connoissent les affaires les plus sommaires qui ont rapport à l'ordre, à la police & aux Statuts de chaque Corps. Ces Colleges d'Artisans & de Marchands étoient établis à Lacédémone & à Rome, & ils avoient même droit de chasser, de leur seule autorité, ceux qui ne se comportoient pas bien, ou qui trahissoient le secret de leur Compagnie.

Dans les autres villes de cette Province, ci-devant Impériales, il y a un Corps d'Officiers municipaux sous le nom de Magistrat, lequel est composé au moins de quatre Bourguemestres & de huit ou dix Conseillers. Les villes de Landaw, Haguenau, Colmar & Turckheim ont un Préteur Royal, & les Corps de Métiers y sont divisés en tribus.

Le Roi créa, en 1694, deux maîtrises particulieres des eaux & forêts à Haguenau & Enfisheim, qui relevent de la grande maîtrise de Champagne ; mais elles ne connoissent que de ce qui a rapport aux forêts du Roi.

Avant que Strasbourg fût sous la domination de la France, & même jusqu'en 1694, le Magistrat faisoit battre monnoie au coin de la ville, au titre d'environ un huitieme plus foible. Sa fabrication n'étoit pas considérable, puisqu'on trouve qu'elle n'avoit fourni que 7,056,750 livres depuis 1632 jusqu'en 1689, & que depuis ce temps jusqu'en 1694, elle n'avoit point travaillé. Ce fut dans cette même année que le Roi supprima cette monnoie particuliere & en établit une Royale, dont la fabrication se fit par entreprise jusqu'en 1702, que le Roi par Edit de Marsau, dit An, créa tous les Officiers nécessaires, tant pour la fabrication que pour la police : elle continua à travailler au titre ancien jusqu'en 1718, que le Roi fit retirer toutes les especes de bon alloi par une refonte générale, & fixa les especes de cette monnoie au titre commun de celle de France.

L'Intendant a inspection sur tout ce qui concerne Finance, Douane, revenus du Roi, voyerie, grands chemins, ponts & chaussées, deniers communs & patrimoniaux, à l'exception de la ville de Strasbourg.

Il n'y a point d'élection dans cette Province : mais elle est soumise par rapport à la Finance, à la Cour des Aides & au bureau des Finances de Metz.

Le Droit Ecrit ou le Droit Romain est la seule Loi sur laquelle on rend la justice en Alsace.

Après que la ville de Strasbourg se fût séparée de la Communion Romaine, l'Empereur Maximilien II établit, à la réquisition du Magistrat, le 30 Mai 1566, une Académie pour enseigner les Humanités, la Philosophie, la Théologie, le Droit & la Médecine.

Pour en soutenir l'exercice, Erasme, Evêque de Strasbourg, consentit que les biens & revenus du Chapitre Catholique de St. Thomas, qui étoient déja occupés par les Protestans, fussent appliqués & assignés à l'entretien des Docteurs & Professeurs, avec permission de se qualifier Chanoines.

Ferdinand II, par ses lettres du 5 Février 1621, érigea cette Académie en Université avec le droit de créer des Docteurs, Licentiés, Maîtres ès Arts, Poëtes Couronnés & Bacheliers dans toutes les Facultés, ce qui a été confirmé par le Traité de Westphalie, & aussi par la capitulation Royale du 30 Septembre 1681.

Cette Université fait corps avec toutes celles de France & d'Allemagne; c'étoit la seule du Royaume où il y eût une Chaire de Droit Public, avant celle qu'on vient d'établir à Paris. Tous les Professeurs suivent la confession d'Ausbourg: elle se gouverne suivant les anciens statuts des Empereurs & du Magistrat. Les réglemens du Roi pour les études des Universités de France ne s'y observent point.

§. V.

Des Nobles & des Fiefs.

LA Noblesse d'Alsace est illustre par son ancienneté & par sa pureté, qu'elle est toujours en état de prouver avec certitude & facilité, en produisant les Actes & Procès-Verbaux d'entrées dans les charges, ce qui se fait avec toute la rigueur qu'exigent les statuts de chaque maison.

Avant les arrêts de réunion du Conseil supérieur d'Alsace de l'an 1680, l'on distinguoit en basse Alsace la Noblesse immédiate d'avec la Noblesse médiate. La Noblesse immédiate étoit celle qui possédoit des Fiefs, dont elle avoit été investie par l'Empereur comme chef de l'Empire: elle se qualifioit la Noblesse franche de l'Empire, de Suabe, & de Franconie, du Rhin & du Canton de la basse Alsace: elle reconnoissoit l'Empereur pour son seul & unique Souverain, Chef & Seigneur; elle avoit cependant le droit de servir les autres Princes & Seigneurs dans les choses justes, qui n'intéressoient point Sa Majesté Impériale: elle jouissoit de tous les Droits de supériorité Territoriale, & ses Membres étoient exempts de tous Droits de péage, redevance, cottisation & autres charges de l'Empire: la Chambre Impériale étoit la confervatrice de leurs privileges & ils étoient exempts de toutes jurifdictions étrangeres. La Noblefle médiate étoit celle qui ne poffédoit que des Arriere-Fiefs, dont elle n'étoit inveftie que par des Seigneurs particuliers.

Les Fiefs fe gouvernent par les conditions attachées aux inveftitures qui en ont été accordées ; & ces inveftitures font principalement de deux efpeces fuivant l'ufage d'Allemagne.

La premiere eft lorfque l'Empereur, ou un autre Prince ou Seigneur a démembré un Fief qui lui appartenoit pour en donner une partie fous le même titre, à quelqu'un qu'il en a voulu gratifier.

La feconde eft lorfqu'un particulier qui a des biens allodiaux ou en roture, veut fe ménager une protection plus finguliere de l'Empereur, d'un Prince ou Seigneur, ou qu'il défire foutenir fa maifon en faifant paffer fa fucceffion aux mâles fans diminution ni légitime ; alors il offre fes biens allodiaux pour s'en faire inveftir en Fiefs, ce qui s'appelle *Oblation* ; & fi-tôt que cette inveftiture eft donnée, fi les claufes & conditions qui y font énoncées viennent à ne pouvoir s'exécuter, le Fief retourne au Seigneur féodal ou direct, qui peut en inveftir qui bon lui femble, & prefcrire dans l'inveftiture les conditions qu'il lui plait.

La condition ordinaire & la plus effentielle, eft le fervice du vaffal en perfonne en temps de guerre ; c'eft cette condition qui exclut les Filles & les Ecciéfiaftiques des Fiefs qui viennent à vaquer dans leur famille, du chef de leurs afcendans, à moins qu'il ne plaife à l'Empereur & maintenant au Roi, aux Princes & autres Seigneurs directs, de paffer par-deffus cette confidération : il y en a des exemples, mais ils font rares.

Lorfque les filles font appellées par l'inveftiture au défaut des mâles, ces Fiefs s'appellent féminins, non que les filles y foient appellées directement, mais parce qu'elles peuvent les pofféder au défaut des mâles. Mais dans quelque efpece que ce foit, ces Fiefs ne paffent jamais par fucceffion aux collatéraux. C'eft par cette raifon que ceux qui poffedent des Fiefs en Allemagne & en Alface, ne peuvent les vendre, aliéner, affecter ou hypothéquer, fans le confentement du Seigneur féodal ou direct, de forte que la jouiffance du poffeffeur n'eft regardée que comme un fimple dépôt ou ufufruit. Si quelque Noble de la baffe Alface veut vendre fon bien Noble, il doit préalablement l'offrir juridiquement au corps de la Nobleffe ; s'il paffe à l'étranger, il demeure toujours affujetti à la contribution envers elle & eft compris dans la matricule. Il eft bien vrai que des créanciers peuvent faire faifir le revenu, tant que le Fief eft en la main du débiteur ; mais dès qu'il paffe aux enfans ou autres appellés par l'inveftiture, l'action des créanciers ceffe, & ils perdent ce qui leur eft dû, s'il n'y a point d'allodiaux dans la fucceffion.

Les veuves mêmes n'ont aucune hypotheque ni privilege pour leurs droits, douaire & conventions matrimoniales fur ces Fiefs. Lorfqu'ils viennent à vaquer, ils font un des plus beaux Droits du Seigneur dominant, qui pourroit, dans le cas de défaillance, les unir à fon domaine, fuivant le fentiment de plufieurs Jurifconfultes, qui prétendent que la jurifprudence des Fiefs d'Allemagne n'a rien de contraire à cette faculté; cependant cela ne s'eft point pratiqué jufqu'à préfent & n'eft pas en ufage dans l'Empire, à moins que ces Fiefs n'aient été autrefois aliénés du domaine. A l'égard des autres, ils font obligés d'en difpofer; & ils peuvent en gratifier qui bon leur femble, pourvu que ce foient des Sujets du Roi qui ne font point engagés dans aucun fervice étranger.

Les biens qui ne font pas nobles s'appellent *allodiaux*, qui fe tranfmettent par fucceffion de pere & mere aux enfans & aux plus proches parens, fans diftinction de mâles ou femelles, & qui font fufceptibles de difpofitions teftamentaires & de toutes celles autorifées par le Droit & par les Loix.

§. VI.

Du Droit de Corvée

LA Corvée eft une redevance corporelle due au Seigneur dominant, à caufe de quelques droits ou héritage tenus de lui à cette charge; c'eft une fervitude qui offenfe la liberté publique, & qui marque la violence du Seigneur fur fes Sujets. L'Ordonnance de Louis XII, en 1499 a extrémement modéré en France la rigueur de ces exactions.

Avant que l'Alface fût fous la domination des François, les Corvées étoient illimitées, & les Seigneurs obligeoient leurs Sujets d'en faire autant qu'il leur plaifoit, ou ils exigeoient d'eux des fommes confidérables pour les en exempter.

Pour faire ceffer cette forte de vexation, le Roi les a fixées à un certain nombre, de la maniere fuivante : pour les Seigneurs de la haute Alface cinq Corvées par année, avec faculté de les faire en nature, ou d'obliger les habitans de les payer en argent, favoir, pour chaque Corvée de charrue 30 fols, pour celle de cheval 15 fols, & pour chaque perfonnelle 10 fols.

Dans les Terres dépendantes du Corps de la Nobleffe, nommée immédiate, elles ont été réglées par arrêt du Confeil d'Etat du 24 Décembre 1685 à 12 par an, laiffant au choix de la Nobleffe de les faire faire en nature, ou d'obliger les habitans de les payer en argent fur le pied ci-deffus dit.

L'article XIV des lettres accordées à la Maifon de Hanau, fixe le nombre des Corvées des Terres & Seigneuries qui en dépendent de la même maniere déterminée pour le Corps de la Nobleffe.

Dans les Terres des Seigneurs particuliers, qui ne font point Corps avec la Nobleſſe immédiate, elles ont été fixées par arrêt du Conſeil d'Etat du 4 Avril 1683, à 10 par an, avec cette différence des précédentes, qu'il eſt au choix des habitans de les faire en nature ou de les payer : étant à obſerver que les laboureurs qui paient pour leurs charrues, & les habitans qui paient pour leurs chevaux, ne donnent rien pour leur perſonne.

Enfin par lettres-patentes de Septembre 1682, le Roi accorde à l'Evêque de Strasbourg la faculté de jouir de 12 Corvées perſonnelles par an ſur tous les habitans des Terres de l'Evêché, de 7 Corvées de chariots ſur ceux qui en ont, & de 7 Corvées de cheval de ſomme ſur ceux qui en nourriſſent. Chaque Corvée rachetable, ſavoir, celle des chariots attelés de quatre chevaux à trois livres, celles de cheval de ſomme à 15 ſols, & les Corvées perſonnelles à 10 ſols : étant ici à remarquer que la Corvée des chariots ou des chevaux n'exempte point le propriétaire de ce qu'il doit pour ſa Corvée perſonnelle, comme dans les eſpeces précédentes, enſorte que s'il paie 21 livres pour le rachat de 7 Corvées de chariots, il doit en outre 6 livres pour ſes douze Corvées perſonnelles ; ce qui fait en tour 27 livres, & ainſi du propriétaire du cheval de ſomme, ce qui n'a lieu que pour les Sujets de l'Evêché.

§. VII.

Du Gouvernement Militaire.

L'IMPORTANCE de cette frontiere a engagé le Prince à augmenter les fortifications des anciennes Places, & à y en conſtruire de nouvelles, dans leſquelles il entretient un Etat-Major & de nombreuſes garniſons. Ces Places ſont Landaw, le Fort-Louis du Rhin, le Château de Lichtemberg, Strasbourg, Scheleſtat, Neuf-Briſac & Fort-Mortier, Huningue, Landskroon & Betford : Phalsbourg dépend des Evêchés pour le temporel, & de Strasbourg pour le ſpirituel & le militaire.

Dans toutes ces Places il y a des caſernes pour le logement des troupes. Celles de Strasbourg & de Scheleſtat ont été bâties par les Magiſtrats de ces Villes, & l'entretien en eſt à la charge des habitans ; la première fournit de plus la chandelle & le bois des corps-de-garde ; mais pour ce qui regarde la citadelle & toutes les autres Places fortifiées de la Province, les dépenſes ſont à la charge du Roi, ainſi que leurs hôpitaux.

La Province a un Gouverneur, un Lieutenant-de-Roi, deux autres Lieutenans-de-Roi à titre de Finance, & un Commandant-Général : il y a auſſi une Maréchauſſée, compoſée d'un Prévôt-Général, deux Lieutenants & quarante-ſix Cavaliers diviſés en dix brigades.

§. VIII.

Des Finances.

L'ALSACE qui, fous les Empereurs, étoit un Pays d'Etats, eft maintenant un Pays d'impofition. La taille y porte le nom de fubvention; & la capitation y a auffi lieu : nous en parlerons plus bas. Le Roi perçoit encore les droits fur le fel & fur le vin, dans les Pays de l'ancienne domination feulement, & fur les marchandifes entrantes & fortantes de la Province, & des autres parties comprifes fous le nom du domaine d'Alface.

Le papier timbré, le contrôle des actes & des exploits, le privilege exclufif de la vente du tabac n'ont point lieu dans cette Province; elle prétend même avoir été déchargée de toutes créations d'offices & autres nouveaux établiffemens, au moyen de fes privileges, & d'une fomme de 210,000 liv. qu'elle paie annuellement en augmentation de la fubvention : ce qui n'empêche pas qu'on ne lui demande l'exécution de la plupart des édits burfaux qui paroiffent en France; mais elle a foin de fe racheter plutôt que de fouffrir les nouveaux établiffemens. Quoi qu'il en foit, on croit pouvoir dire qu'il n'y a point à balancer pour la France d'accepter les offres de la Province, toutes les fois qu'elle propofe de fe racheter de l'exécution de ces édits, attendu que, par ce moyen, le Roi en tire les mêmes fecours, & que le Pays, en évitant les frais & les pourfuites, s'occupe utilement, fans trouble & fans agitation, à l'agriculture & au commerce.

Les bois appartenans au Roi confiftent dans les forêts d'Haguenau & de la Hart, qui renferment en tout environ 60 mille arpens : le furplus des terres domaniales a été donné par Louis XIV au Cardinal Mazarin, à M. Dervard & à d'autres.

Le Roi de France retire, année commune, de la Province d'Alface, environ deux millions quatre-vingt-onze mille fix cens livres.

SAVOIR,

Recette générale des Finances.	1,500,000
Domaines & Gabelles.	520,000
Coupe des bois du Roi.	41,600
Don gratuit du Clergé.	30,000
Total.	2,091,600

Outre ces droits, il fe leve encore plufieurs fommes, en vertu d'arrêts du Confeil, au profit des Seigneurs particuliers, fur les ordonnances de l'Intenl'Intendant, pour les frais extraordinaires des Bailliages ; lesquelles jointes aux dépenses que la Ville de Strasbourg fait pour les fortifications & l'entretien de près de 300 ponts, & aux corvées d'hommes & de chevaux que la Province fournit au Roi & aux troupes, peuvent encore être considérées comme une charge d'environ un million, ce qui double au moins en temps de guerre.

Les habitans de l'Alsace, accoutumés dans tous les temps aux contributions, & peut-être mieux instruits qu'un autre Peuple, de la justice & de la nécessité des subsides, se sont toujours prêtés de bonne grace à satisfaire au paiement de leurs impositions ; il n'en faut point venir avec eux aux contraintes ni aux poursuites : cependant on commence à trouver de la difficulté à payer les recouvremens : plusieurs Communautés & même des Bailliages sont arriérés de quatre, cinq & six mois, qui s'accumulent sur les impositions subséquentes.

De plusieurs personnes qui ont réfléchi sur cette situation, les uns soutiennent qu'elle provient de l'augmentation des impôts, les autres de la diminution des Peuples, quelques-uns de la rareté de l'argent, & presque tous de la chûte du commerce ; mais je croirois assez volontiers qu'aucuns ne s'en prennent à la véritable cause.

1°. En 1695, qui étoit un temps de guerre & de confusion, les impositions montoient, argent d'Alsace, qui étoit environ un huitieme au-dessus du cours de France, aux sommes qui vont être détaillées ci-dessous.

SAVOIR,

Subvention.	99,000 l.
Impositions extraordinaires.	660,000
Capitation.	546,433 — 5 f.
Fortifications & épics du Rhin.	40,000
Entretien de dix Compagnies franches pour la garde du Rhin.	50,265

Somme totale. 1,395,698 — 5

L'imposition actuelle monte, année commune, à 1,500,000 liv. ce qui n'opere que 104,301 liv. 15 sols d'augmentation, & ne peut faire un objet ; si on veut seulement considérer que l'argent étoit à environ 32 liv. le marc, & qu'il est aujourd'hui à 48 liv., & que suivant cette proportion, en supposant la Province au même état qu'en 1695, les impositions devroient être aujourd'hui de 1,850,000 liv. monnoie d'Alsace, ou de 16,190,000 livres, monnoie de France, à cause du 8e. de différence ci-devant observé ; & il faut ajouter que la Province, outre les impositions en argent, fournissoit encore en nature les fourrages des magasins des Places & ceux du Plat-Pays

en hiver, le logement & le supplément du travail des troupes, l'entretien
des deux Régimens de milice & les corvées & voitures pour les armées,
ce qui excédoit de beaucoup la totalité desdites impositions.

2°. Suivant le dénombrement qui sera ci-après, le nombre des habitans
n'étoit en ladite année 1695 que de 245,000, & aujourd'hui il est de
339,650 : ce qui fait un quart d'augmentation, & en auroit dû produire
une de 400,000 sur les impôts, étant un principe incontestable, que les
terres ne valent qu'à proportion qu'elles sont cultivées, & qu'elles ne sont
cultivées qu'à proportion que le pays est peuplé : or cette augmentation
de Sujets, est encore démontrée par une preuve naturelle. Presque tout le
Domaine en Alsace consiste dans la vente du sel, & dans un Droit d'Aides sur le vin ; l'un & l'autre en 1694, ne produisoient pas plus de
200,000 liv., & maintenant ils passent 400,000 sans que la quotité du
Droit ait été augmentée : la consommation est donc la seule cause de ce
produit : donc le nombre des consommateurs est augmenté.

3°. L'argent n'est pas plus rare à présent qu'en 1694, sans compter celui arrivé depuis ce temps-là de l'Amérique, l'augmentation de la valeur
numéraire de 32 à 48, a produit une augmentation d'un tiers à la partie
qui circule : cette augmentation attire l'argent étranger, & tient l'espece
dans un mouvement perpétuel, parce que la valeur ordonnée par le Prince, quoiqu'imaginaire, seroit une perte réelle pour ceux sur qui elle tomberoit en cas de diminution ; d'ailleurs, tout l'argent qui se leve dans la
Province, y reste, & en outre le Souverain y fait passer tous les ans plus
de trois millions de fonds extraordinaires, pour la subsistance de 15 ou
20 mille hommes de troupes, pour les fortifications, les étapes, l'artillerie, l'entretien des chemins des épics du Rhin, &c.

4°. A l'égard du Commerce, on ne peut s'empêcher de conclure, en
voyant l'augmentation des habitans, le rétablissement des villes & des villages qui avoient été ruinés, le grand nombre des troupes, les travaux,
la grande quantité d'especes qui y est annuellement voiturée, l'augmentation successive des Droits de péage, pour l'entrée & la sortie des marchandises, on ne peut, dis-je, s'empêcher de conclure que le Commerce d'Alsace, loin d'être diminué, est augmenté.

La difficulté des recouvremens ne pouvant être attribuée à aucune des
quatre causes alléguées, il faut la chercher ailleurs : elle se trouve dans la
défectuosité du cadastre, ou évaluation des biens sujets à l'imposition ; les
premiers vices de cette évaluation se sont perpétués depuis son établissement jusqu'à ce jour, & depuis ce temps les variations & les vicissitudes
auxquelles toute la nature est sujette, ont presque entièrement changé la
face de la terre, d'où naît cette disproportion ruineuse.

En effet, quelle perte immense pour une Communauté, pour la Province, pour l'Etat, lorsqu'un particulier rebuté de sa surcharge, cesse de
faire valoir une portion de terre, de laquelle le produit est l'origine de

la fubfiftance de plufieurs familles, dont l'inaction accable fucceffivement tout ce qui les environne.

Il paroîtroit néceffaire, pour faire ceffer cette funefte inégalité, & remédier aux défordres dont elle menace, de faire de nouveaux arpentages, & de nouvelles eftimations des héritages de la Province. Les Seigneurs & les habitans le défirent, ainfi nulle oppofition de leur part ; & d'ailleurs, nulle contradiction à craindre, parce que tout le monde convient de l'avantage qui en réfulteroit. L'ancien plan faciliteroit ce nouvel ouvrage, & peu de Provinces offrent autant de moyens pour le conduire à fa perfection avec diligence, avec fuccès & à peu de frais.

Plufieurs Communautés jouiffent de revenus communs & patrimoniaux, dont l'adjudication fe fait pardevant l'Intendant de la Province, qui en arrête auffi les comptes chaque année ; ces revenus montoient en 1695, à 345,063 liv. ils font à préfent d'environ 400,000 liv. non compris ceux de la ville de Strafbourg, qui en 1695, étoient de 500,000 liv. & qui font maintenant de 750,000 liv. lefquels font adminiftrés par le Magiftrat, fans que l'Intendant foit en droit d'en prendre connoiffance en quelque maniere que ce foit.

§. I X.

Produit des terres de l'Alface.

SUIVANT le dénombrement fait par M. Guévin, qui a travaillé d'après M. de Vauban, au projet de la dixme Royale, l'Alface contient 245,500 habitans, 429 lieues quarrées & 2,011,152 arpens, à raifon de 4,688 arpens par lieue quarrée, dans lefquels fe trouvent.

S A V O I R,

Nature des Terres	Arpens	Produit	fur quel pied.
Terres à froment . .	415,701	2,494,206 feptiers	16 f. par an.
Orge & avoine . . .	415,701	2,494,206 feptiers	16
Vignes	128,700	514,800 muids	4
Prairies communes .	150,150	4,504,500 qx.	10 qx. par cha.
Prairies non communes	64,350	3,861,000 qx.	6 char. par an.
Bois	3,580		

Suivant un autre dénombrement fait en l'année 1731, l'Alface contient 339,650 habitans & en terres.

Terres labourables 590,992 arpens {
640,866 feptiers, froment, feigle & orge.
98,970 f. pois, feves, bled turc.
80,369 f. avoine.

Vignes 52,430 arp.   165,640 muids.
Prés communs 72,428
Non communs 96,226. 990,214 quintaux.
Bois . . . 40,510
Bœufs, 19,931. Vaches, 70,430. Veaux, 12,860.
Moutons & Brebis, 140,580. Porcs, 82,930.

L'extrême différence qui se trouve entre ces deux opérations, fait qu'on est aussi peu instruit que si on ne les avoit pas lues ; elles ont cependant été faites par les ordres de personnes constituées en dignité ; mais, sans doute, ces ordres ont été mal exécutés, & leurs bons desseins n'ont pas été secondés. Le premier paroît avoir travaillé sur un plan général & systématique de la lieue quarrée qu'il divise, par comparaison, à quelque canton de sa connoissance, à un certain nombre d'arpens de terre de chaque nature : le second a ramassé ce qu'on lui a dit sur les lieux, & s'en est contenté : & aucun ne s'est rendu utile.

§. X.

Du Commerce.

L'EXTRÊME fertilité de cette Province sembleroit promettre un Commerce fort étendu au-dedans & au-dehors ; mais sûrs du nécessaire & bornés au débit de leurs denrées, les habitans se contentent d'être les commissionnaires de l'étranger sans vouloir négocier pour leur compte.

Le produit de la terre & les fabriques consistent en tabac qui fait un objet considérable, chanvre, garance pour la teinture en écarlate, cuirs de chamois, suifs, tapisseries de Moquette & de Bergame, petites étoffes, comme tiretaine & futaine ; couvertures de laine, cannevas & treillis, quelques toiles de lin & de chanvre, vin, eau-de-vie, vinaigre, porcs & bestiaux engraissés ; thérebentine, tartre, bleds de toutes especes, prunes, chataignes & autres fruits, graines de toutes sortes de légumes & de plantes, bois à brûler, à bâtir & pour la marine.

Les Hollandois, les Suisses & les habitans du Palatinat consomment presque toutes les denrées, à l'exception de ce qui s'enleve pour la subsistance des troupes du Roi & pour l'approvisionnement des places.

La plus grande partie du commerce se fait par chariots, dont le tirage est très-facile, au moyen des chaussées qui traversent toute la Province. La riviere d'Ill, qui se jette dans le Rhin à deux lieues au-dessous de Strasbourg, est navigable depuis Colmar.

La navigation du Rhin est dangereuse en descendant, à cause des arbres qu'il roule ; & très-difficile en montant, à cause de l'extrême rapidité du fleuve ; cependant elle est fort fréquentée & avec beaucoup de précautions il arrive peu de naufrages. Ce fleuve est fort poissonneux & roule de l'or avec ses eaux; la pêche & la recherche de cet or appartiennent aux Seigneurs fonciers, qui l'afferment aux paysans voisins. L'or du Rhin est peu abondant, mais très-pur, & c'est cette pureté qui contribue à la beauté du vermeil de Strasbourg.

Il se fabrique une assez grande quantité de fer du côté de Betfort; des verres dans les montagnes, & de la fa‌ïence à Haguenau.

Il y a des mines de cuivre mêlées d'argent à Girolmani, S. Marie, Affembac & autres lieux le long de la chaîne des Vosges: mais les unes & les autres ont été abandonnées depuis quelque temps, les propriétaires ayant vu que la dépense excédoit le bénéfice; elles donnoient en cuivre environ 25,000 milliers de ce métal, & en argent autour de 15 à 1600 marcs de matiere purifiée.

Par l'abondance des prairies & du fourrage, il seroit possible d'établir de bons haras dans la Province; comme l'espece des jumens y est trop basse pour en tirer des chevaux propres à la Cavalerie & aux Dragons, il faudroit les réformer toutes. Mais outre la perte de ces petites jumens & l'achat des grandes, il faudroit nourrir ces dernieres à l'écurie, pendant que les autres ne vivent que de pâture : d'où il arriveroit que les paysans seroient frustrés de la vente des fourrages aux entrepreneurs & munitionnaires ; que les approvisionnemens & fournitures des magasins deviendroient plus difficiles & plus chers, parce qu'il faudroit les tirer de l'étranger ; & que ces grandes jumens, peu accoutumées au travail & à la sobriété, ne seroient pas capables de servir dans des corvées longues & rudes, comme les petites bêtes du pays; d'où il s'ensuit qu'il ne paroit aucun avantage, ni pour la Province, ni pour le Souverain, de faire à cet égard aucun changement, ni aucun nouvel établissement. C'est ainsi que les Ministres avoient pensé jusqu'en 1702 & 1704 que l'on fit venir de grands étalons des pays étrangers, & que l'on réforma toutes les jumens de petite espece. Elles produisirent, en effet, quelques chevaux taille de Dragons, dont on fit une remonte, quelques années après, pour l'armée d'Italie ; mais comme on a reconnu, par la suite, que les avantages ne balançoient pas les inconvéniens, on a laissé tomber peu-à-peu l'établissement, & les choses sont aujourd'hui sur le pied où elles étoient anciennement.

Les Privileges de la Ville de Strasbourg & la liberté que l'Arrêt du Conseil de 1683, accorde aux Négocians de faire seulement déclaration du poids des marchandises, sans en accuser la qualité, ne permettent pas de faire l'évaluation & la balance du Commerce de cette Province, ni par conséquent de connoître l'entrée & la sortie.

La forêt de la Hart contient environ 30,000 arpens; mais comme le terrein en est sec & aride, le bois n'y est pas de belle venue, & ne sert gueres que pour le chauffage. Celle de Haguenau contient près de 31,000 arpens. Le bois qui croît dans la partie la plus proche du Rhin, est gras, tendre & fe pourrit aifément : celle du côté dé la montagne, fournit des chênes d'une très-bonne qualité & fort propres à la charpente.

Les isles du Rhin produifent de très-bons ormes, propres au charonnage & à l'artillerie. Les montagnes des Vofges donnent beaucoup de chênes & de fapins, dont on tireroit un grand avantage pour la marine, fi le tranfport en étoit pratiquable : cette difficulté réduit tous ces avantages à un Commerce intérieur de madriers & de planches de fapin, qui fe débitent principalement à Strasbourg.

Il fe trouve beaucoup de falpêtre dans les montagnes du Suntgaw & dans la Baffe-Alface, ce qui donne lieu à une fabrication de poudre affez confidérable, & cette poudre paffe pour être des meilleures de l'Europe.

Il y a deux foires franches à Strasbourg de quinze jours chacune, à Noël & à la S. Jean : mais le commerce qui s'y fait, n'eft pas fort confidérable. Celles des autres lieux ne méritent pas qu'on en faffe mention.

Il a été établi par Lettres Patentes du 14 Septembre 1720, & 4 Août 1732, deux Manufactures de fer-blanc, l'une à Moiffevaux, & l'autre à Morvillars en Haute-Alface, qui réuffiffent très-bien. Par autres Lettres Patentes du 15 Juillet 1730, il a été formé une Manufacture d'armes blanches auprès d'Obernheim, dont le fuccès a été long-temps douteux ; l'Entrepreneur manquant d'habiles ouvriers en avoit tiré de Solingen, mais ils refuferent de faire des éleves, & débauchés par les Allemands, leurs compatriotes, ils retournerent dans leur Pays, & la Manufacture feroit tombée dès fon commencement, fi l'Entrepreneur n'avoit eu le bonheur de réunir des François au fait de ce travail.

Il y a des prairies & des pâturages excellens en plufieurs endroits, qui fourniffent beaucoup de fourrages ; & ils feroient inépuifables, fi on étoit parvenu à défricher plufieurs terreins bas & marécageux. La Province en retireroit un grand avantage pour la nourriture d'une plus grande partie de beftiaux, & le Roi trouveroit avec facilité, en temps de paix & de guerre, l'approvifionnement de fes magafins & la fubfiftance d'un grand Corps de cavalerie, au lieu qu'il faut maintenant avoir recours à l'étranger. C'eft un projet qui a été plufieurs fois examiné, & qui a été trouvé pratiquable, y ayant une pente fuffifante pour l'écoulement des eaux.

§. X I.

Origine de la Subvention.

L'ALSACE ayant été foumife par les armes, & réunie à la Couronne de France par le Traité de Munfter de l'an 1648, il étoit jufte que cette Province fournît à l'Etat, dont elle étoit devenue membre, des fecours proportionnés à fon pouvoir, afin de réfifter aux ennemis qui oferoient l'attaquer par la fuite : mais expofée depuis 12 ou 15 ans aux malheurs & aux ravages de la guerre, Louis XIV se contenta de lui demander une taille modique, au-delà de ce qu'elle fournissoit en nature pour la subsistance des milices & de la cavalerie. Cette taille fut réglée à 99,000 livres & nommée *Subvention*, nom qu'elle a retenu jusqu'à ce jour. Elle demeura sur ce pied jusqu'en 1700, que la plupart des habitans, tant Séculiers que Réguliers se trouvant exposés aux poursuites & aux procédures des Officiers des Maitrises particulieres des eaux & forêts d'Ensisheim & d'Haguenau, créées par Edit d'Août 1694, pour avoir contrevenu à l'Ordonnance dans l'exploitation de leurs bois; ils offrirent au nom de la Province, de payer annuellement la somme de 300,000 livres de Subvention, cours de France, au lieu de 99,000 livres cours d'Alsace, à la charge qu'il seroit fait défenses auxdits Officiers, de s'immiscer à l'avenir en la connoissance des matieres concernant les bois des Particuliers; & encore que l'Edit du mois d'Octobre 1699, portant création d'Officiers de Police, & autres Edits de créations & d'établissement de nouveaux Droits qui venoient d'être publiés, n'auroient à leur égard aucune exécution pendant le tems de la Paix.

Ces offres furent acceptées par arrêt du Conseil du 29 Novembre 1700; en conséquence l'imposition de ladite somme de 300,000 livres fut faite pour la premiere fois en 1701, & les choses ont subsisté de la sorte jusqu'à ce jour sans aucun changement.

§. XII.

Origine de l'imposition des Epics du Rhin.

CETTE imposition est fixée à 30,000 livres & se remet au Trésorier-Général des fortifications, pour être employée à la construction & aux entretiens de certaines digues appellées *Epics*.

Comme le Rhin est fort rapide & que son lit est tortueux, le fleuve heurtant avec violence les angles, & les sinuosités du terrein, l'ébranle, l'entraîne & pénétreroit l'intérieur des terres avec beaucoup de promptitude & de danger pour la Province, si l'on n'avoit l'industrie de l'arrêter.

A cet effet on assure avec des pieux, sur le terrein solide du rivage, des fascines que l'on aboutit & que l'on pousse successivement en avant dans le lit du fleuve jusqu'à une distance suffisante, en observant de diriger ce fascinage obliquement suivant la pente des eaux, & de conduire le travail de maniere que les couches de fascines, qui partent de l'enracinement du rivage, aient le temps de se charger de sable, ce qui forme promptement, & sans grande dépense, une espece d'épaulement qui acquiert assez de solidité & d'élévation pour rejetter les eaux dans le véritable lit du fleuve, & défendre par ce moyen la rive que l'on a eu intention de protéger. Pour se représenter plus nettement la masse d'un ouvrage de cette nature, on peut imaginer que c'est une piramide triangulaire couchée sur l'un de ses côtés ayant la base appuyée sur le rivage, la pointe obliquement allongée dans l'eau, & dont l'angle ou arrête supérieure forme un double talus.

§. XIII.

Origine de l'imposition du Fourrage.

L'USAGE étant dans l'Empire que les pays fournissent aux troupes qui y sont en quartier, les denrées en nature, la France laissa subsister les choses de la sorte jusqu'à la paix de Riswic, ou plutôt jusqu'en 1701, temps auquel la guerre recommença à cause de la succession d'Espagne. La Province fournit donc jusqu'alors le fourrage non-seulement pour les quartiers d'hiver du plat pays, mais aussi pour les magasins des Places, ce qui étoit très-préjudiciable à l'engrais des terres & à la nourriture des bestiaux, qui font une partie de la richesse des habitans.

Le Roi ayant été informé du préjudice qui en résultoit, chargea en 1702, un entrepreneur de cette fourniture, ordonnant qu'il seroit payé du fond de l'extraordinaire des guerres, sauf à imposer sur la Province la partie de cette dépense, qu'elle seroit en état de supporter; cependant quoique l'imposition ait eu lieu dès ce temps-là, elle ne porta pas encore le nom de fourrage, parce qu'elle fut confondue avec les autres impositions extraordinaires.

Les désordres du grand hiver de l'année 1709, & les malheureux événemens de la guerre depuis Hochstet, épuiserent si fort les Finances, que faute de fonds on fut obligé de rétablir, au mois d'Octobre, la fourniture du fourrage en nature de la même manière qu'elle étoit avant 1701.

Enfin la paix ayant été conclue avec toutes les Puissances, la France commença à respirer, & le Roi, toujours attentif au soulagement de l'Alsace, qu'il consideroit comme le boulevard de ses Etats du côté de l'Allemagne, ordonna qu'à commencer au premier Janvier 1716, la fourniture du fourrage seroit faite par entreprise; que le fond de la consommation seroit payé par le Trésorier-Général de l'extraordinaire des guerres jusqu'à la concurrence de 5 sols par ration; qu'à l'égard du surplus, si le prix de la ration montoit plus haut, il seroit imposé chaque année sur la Province, par forme de supplément, & c'est ce supplément qui porte actuellement le nom de l'*Imposition du Fourrage*.

Cet arrangement a toujours subsisté depuis ce temps-là, si ce n'est lorsque le prix de la ration s'est trouvé excessif, auquel cas le Roi a bien voulu partager la dépense par moitié, c'est-à-dire, que si la ration a été à 20 sols, la Province au lieu d'en payer 15 n'en a payé que 10.

Dans les commencemens de cet établissement, le prix ordinaire de la ration n'a gueres passé 7 à 8 sols; & le nombre des chevaux, soit en garnison, soit en quartier, n'excédoit pas 1500 ou 1600, en sorte que le supplément

plément n'étoit que de 40 ou 50 mille livres : mais depuis plusieurs années la ration étant augmentée de prix, & le nombre de chevaux ayant doublé, la partie à fournir par la Province a été portée jusqu'à 4 ou 500 mille livres, sur quoi il est à propos d'observer que plusieurs impositions extraordinaires, qui avoient lieu auparavant, ayant cessé, la Province se trouve, pour la quotité des subsides en especes, au niveau de l'année 1695, malgré l'augmentation ci-dessus dite.

Outre ce Supplément on impose encore d'autres dépenses sous le nom de fourrages ; savoir, les appointemens des Directeur, Contrôleur, Inspecteur, Caissier ; les fourrages des Généraux, de l'Intendant & des Commissaires provinciaux, la construction des ponts & chaussées, des ouvrages imprévus, &c. ce qui peut monter, année commune, à la somme de 110 à 120 mille livres au-delà de celle du fourrage.

Cette imposition, comme toutes les autres, se remet aux Baillifs, qui en portent le fond aux Receveurs particuliers, & ceux-ci aux Receveurs-Généraux des Finances de la Province, sur lesquels le Caissier du fourrage est assigné ; & si par l'événement il se trouve un excédent de recette, il est employé aux dépenses imprévues de l'année suivante, à la décharge de l'imposition future. Le Caissier acquitte les différentes parties du service sur les ordonnances de l'Intendant, pardevant lequel il compte ; & le Receveur-Général en compte au Conseil & à la Chambre des Comptes, sur la quittance comptable de ce Caissier.

§. XIV.

Inconvéniens de faire fournir le Fourrage en nature.

COMME rien ne pouvoit être plus avantageux à la Province que le rétablissement du fourrage en argent, nous croyons que rien ne lui seroit plus préjudiciable que d'abandonner cette imposition, pour retourner à la contribution en nature, & si ce changement, même en temps de guerre, arrivoit jamais comme on l'a déja vu, on ne peut l'attribuer qu'à des conseils dictés par l'ignorance ou par l'intérêt.

Cette contribution a souvent excédé trois millions de rations par an réparties sur les Communautés, eu égard à leur force & étendue, lesquelles souvent sont obligées de voiturer ce fourrage, dans les différens magasins qui leur sont indiqués.

Il y a apparence que le prétexte dont on s'est servi, quand on a porté la Cour à consentir à la fourniture du fourrage en nature, a été la crainte que l'espece ne manquât & d'exposer par-là le service ; mais en continuant la fourniture par traité, loin de courir ces risques, on évitera une multitude d'inconvéniens à charge aux Communautés, & beaucoup d'infidélités de la part des Commis très-préjudiciables au service & à la Province ; c'est ce que l'on va démontrer.

Pour reconnoître que l'espece ne courroit aucun risque de manquer, il ne s'agit que d'une réflexion très-simple ; c'est que de tous les fourrages que l'Alsace fournit au Roi, il n'en vient que la plus petite partie du dehors ; que ce fourrage est originaire de la Province, qu'il y croît, qu'il y existe réellement & nécessairement après la récolte, & que par conséquent l'Entrepreneur l'y trouvera pour son argent, toutes les fois qu'il en aura besoin.

On objectera peut-être que les grands approvisionnemens à faire, pourroient porter la denrée à un prix si excessif, qu'il faudroit traiter avec l'Entrepreneur sur le pied de cette plus-value pour l'année suivante, & être exposé à des demandes en indemnité pour celle du service passé.

On répond 1°. que l'Entrepreneur aura un trop grand intérêt à empêcher le haussement de prix, pour douter qu'il néglige, de sa part, les soins, les attentions, le secret & les manœuvres, que tout homme intelligent & au fait met en usage en pareil cas. En 1734, par exemple, les vivres, l'artillerie, & l'étape enleverent 12 à 1300 mille rations de fourrage, sans qu'on se soit apperçu d'une autre augmentation, que celle qui avoit été occasionnée par les enlevemens que le Roi avoit fait faire ouvertement pour son compte.

2°. Si l'on remarquoit que les prix de la denrée se portassent au-delà d'une juste proportion, soit par l'avidité concertée des habitans, soit par des achats clandestins de quelques monopoleurs, l'Intendant pourroit y mettre ordre sur le champ par une fixation raisonnable & par des défenses séveres, comme on le pratique pour le grain, l'avoine, &c.

De ce qui vient d'être dit, il résulte que l'on ne doit point appréhender que l'espece y manque, ni même qu'elle augmente au-delà du prix ordinaire, tant que le ciel ne sera pas contraire. Voyons maintenant les inconvéniens de la répartition en nature

Il ne croît pas également du fourrage dans toutes les parties de la Province ; il y a des Cantons où il abonde, d'autres où l'on n'en voit point ou peu ; d'autres où il est bon, d'autres où il est mauvais : certains villages se trouvent à portée des magasins, d'autres en sont à 14 ou 15 lieues, dans quelques-uns il y a beaucoup de chevaux, dans d'autres il y en a peu.

Pour suppléer à ces différens besoins & fournir leur contingent, les Communautés sont forcées de faire des Traités usuraires avec les Juifs ou autres, ce qui cause une surcharge capable de les ruiner, & une disproportion dans le traitement qui est ordinairement plus fâcheuse & plus insupportable au cottisé, que la dépense même qu'elle occasionne : voilà en gros l'image des inconvéniens particuliers, mais il en est de généraux qui ne méritent pas moins d'attention.

Comme les Communautés se mettent en mouvement presque toutes en même-temps, soit à cause des ordres circulaires qui leur sont notifiés, soit à cause des temps de récolte & de culture qui sont précieux, soit enfin à cause de la diligence que le service requiert, il se présente à la fois, une si grande quantité de voitures aux magasins, que les hommes & les chevaux sont forcés d'attendre plusieurs jours avant que de pouvoir être expédiés, exposés eux & leur fourrage aux injures du temps, ce qui les ruine en frais, cause des maladies souvent mortelles aux hommes & aux bestiaux, retarde la culture des terres, & préjudicie infiniment à cette abondance ordinaire de la Province, si utile & si nécessaire au bien du service.

Si l'on ajoute à ces séjours, aux pluies qui surviennent & aux autres accidens, le peu d'économie des Préposés, qui n'ont point d'intérêt personnel à la chose, on concevra sans peine qu'il se perd, & se pourrit une grande quantité de fourrage, en sorte que, pour avoir un million de rations effectives, & de bonne qualité, on est obligé d'en imposer plus de 1500 mille, ce qui empêche les engrais & la multiplication du bétail.

Outre ces surcharges considérables & infructueuses, l'avidité & l'infidélité des Commis & Préposés en font encore éprouver d'autres à la Province. Ils exigent de l'argent pour la prompte expédition & pour les préférences, pour approuver la qualité du fourrage : mais sur quoi ils font leur plus gros gain, c'est sur la quantité, & voici comment ils y procedent.

Ils demandent au Conducteur d'une Communauté combien il y a de quintaux de foin dans sa voiture ? on suppose qu'il réponde qu'il y en a quinze : le Commis, dont l'intérêt & la pratique ont rendu le coup d'œil juste, lui dit que cela ne se peut, qu'il n'y en a que douze, que s'il veut le laisser pour cela, il est le maître, sinon qu'il faudra en faire la pesée, après que les voitures en décharge seront expédiées. Le Paysan, informé par sa propre expérience ou par ses camarades, que sa résistance lui coûtera deux ou trois jours de retard, après lesquels on rebutera peut-être son foin, sous prétexte de défectuosité, se hâte de terminer le moins mal qu'il peut ; & ces compositions répétées, forment bientôt, avec le secours des Places de rachat, ce qu'ils appellent *bons de magasins*, qui les mettent en état de traiter & de donner quittance à des Communautés éloignées ou mal fournies. Moyen prompt & facile, par lequel quelques-uns ont déja fait des fortunes au grand détriment de la Province. On prétend qu'ils trouvent aussi des bénéfices considérables par des procès verbaux, qu'ils ont l'adresse de surprendre pour de prétendus dégats, pertes, &c.

Après avoir parcouru une partie des désordres qu'entraîne la répartition du fourrage en nature, il faut examiner la possibilité & l'avantage de le fournir aux troupes par entreprise.

Nous avons observé que tout le foin, qui se fournit par les Communautés, est originaire de la Province ; & nous venons de remarquer que les pluies & le peu de ménagement en occasionnent la perte d'un tiers environ. Or, il n'y a perſonne qui puiſſe diſconvenir que ſi les Communautés en fourniſſent une quantité ſuffiſante avec ce déchet, un Entrepreneur, qui agit avec économie & pour ſon propre compte, ne trouve encore mieux que les Communautés cette quantité ſuffiſante ; par conſéquent, nulle inquiétude à avoir ſur la pénurie de la denrée.

Quant aux prix, on ſuppoſera la demande portée à trois millions de rations, que le quintal du meilleur foin ſera fixé par l'Intendant à 40 ſols, & la voiture à-peu-près ſur le pied des vivres, c'eſt-à-dire, un ſol ſix deniers le quintal par lieue, qui ſont des prix très-forts ; il ſe trouvera, par cette ſuppoſition, que la ration du foin de 15 livres pourra revenir l'une dans l'autre à 7 ſols 6 deniers, ce qui fera 1, 120, 000 pour les trois millions de rations demandées.

On eſt convaincu que, ſi les Baillifs & les principaux Habitans des Communautés étoient conſultés, ils conſentiroient avec joie à cette impoſition & que les Receveurs-Généraux & Particuliers ſe ſoumettroient, moyennant leurs remiſes & gratifications ordinaires, à la payer en douze mois, à commencer de Janvier, ce qui mettroit l'Entrepreneur en état de faire face à ſes engagemens ; ainſi voilà la poſſibilité reconnue, quant aux fonds & à la quantité de la durée, voyons à préſent les avantages qui la ſuivent.

L'Entrepreneur prendra ſes meſures pour que le fourrage ſoit voituré dans un temps ſec & convenable ; il aura autant d'intérêt à bien conſerver ſa denrée, que les Commis Régiſſeurs en ont à la diſſiper, pour donner matiere à des Procès verbaux où ils trouvent leur compte : il tirera le foin des meilleurs Cantons, il emploiera toute ſon induſtrie & ſes ſoins à éviter les plaintes fondées des troupes, dont les Commis Régiſſeurs ne ſe mettent nullement en peine ; d'où il ſuit qu'elles en ſeront mieux ſervies, que le Souverain ne paiera que la fourniture réelle & effective, & épargnera les frais de régie : le fardeau de l'impoſition deviendra égal à toutes les Communautés, & par cette raiſon elles ſeront en état de le ſupporter bien plus long-temps ; l'argent qui proviendra de ce recouvrement, ſe répandra ſur le champ dans la Province & animera la circulation ; tous les inconvéniens & toutes les vexations, ſi à charge aux Communautés, ceſſeront abſolument par la forme propoſée : enfin, on conſervera une Province dont le Monarque tire des ſecours preſque incroyables.

§. X V.

Domaine du Roi de France en Alſace.

LE Domaine, dans la Province d'Alſace, conſiſte dans la gabelle, les Droits de péages, le *maſphéning*, aubaine, déſhérence, tranſmigration, bâtardiſe, amendes édictées du Conſeil ſupérieur d'Alſace & autres Juſtices Royales, préſentations & affirmations dudit Conſeil ſupérieur, & protection des Juifs.

10. Quoique le Roi de France possede l'Alsace en toute Souveraineté, cependant il n'y jouit pas généralement du Droit de *gabelle*, parce que la plupart des terres des Seigneurs, autrefois Etats immédiats de l'Empereur & de l'Empire, ont été conservés dans leurs Privileges ; c'est pourquoi, comme nous l'avons dit, on distingue la Province en ancienne & nouvelle Domination.

Le Receveur de chaque magasin fait la distribution des sels aux Communautés de son département, entre les mains d'un habitant appellé *magasineur*. Le Fermier a le droit de le nommer, mais à son défaut les Seigneurs & les Communautés peuvent procéder à sa nomination. Lorsque l'on a pourvu à cet emploi de l'une ou de l'autre maniere, le Préposé leve la quantité de sel qu'il juge nécessaire à la consommation des habitans de sa Communauté, auxquels il fait la distribution. Il paie le quintal au magasin 10 liv. 16 sols 2 deniers, mais il a la liberté de le revendre 2 sols 8 deniers la livre, au moyen de quoi, il se trouve un bénéfice de 2 liv. 10 sols par quintal, pour lui tenir lieu de salaires & de frais de voiture : ce prix est égal dans toutes les terres de l'ancienne Domination.

Les habitans du Neuf-Brisac, Huningue & Fort-Louis ne paient le sel que 7 liv. 10 sols le quintal, en conséquence des Privileges qui leur ont été accordés par Louis XIV, lors de la fondation de leurs villes.

L'Abbaye de Newbourg ne paie que 8 liv. du quintal, parce qu'étant un lieu libre, le Fermier a cru devoir traiter sur ce pied, pour l'empêcher de se fournir ailleurs.

Le produit total de la gabelle peut être estimé, année commune, à 220 ou 230 mille livres, déduction faite du prix de la fabrication des sels & des voitures.

Le sel se tire de la saline de Moyenvic dans les trois Evêchés.

20. Le Roi perçoit seul le Droit de *péage* dans toute l'étendue de la Province, soit ancienne, soit nouvelle Domination. Les Seigneurs immédiats en jouissoient autrefois dans le district de leurs Terres & Seigneuries ; mais ces Privileges ont été supprimés, à l'exception de ceux de la ville de Strasbourg.

Il y a plusieurs lieux dépendans du Diocese de Spire en basse Alsace, qui ne paient au Roi aucunes impositions ni Droits, quoique ce Prince y exerce actuellement la Souveraineté, parce que les Princes & Seigneurs voisins prétendent qu'ils font partie de leurs Etats, les limites n'ayant pas été réglées depuis la paix de Rastat.

Le titre, en vertu duquel les Droits du Roi de France sont perçus, est un tarif arrêté en 1663, autorisé par l'Ordonnance de M. Poncet, alors Intendant ; & il est le même qui subsistoit du temps de la Maison d'Autriche, pour les terres qui en dépendoient, & le paiement a continué à se faire en monnoie d'Alsace sous le nom de florins, creutzers & hellers. Le florin eſt évalué à 33 ſols 4 deniers tournois : le creutzer 6¾ deniers, & le heller 1 denier ⅖.

Ce Droit eſt dû ſur toutes les marchandiſes & denrées entrantes & ſortantes de la Province, à l'exception de ce qui appartient aux marchands & habitans de la ville de Straſbourg. Son produit total peut être eſtimé, année commune, à la ſomme du 135 ou 140 mille livres.

3°. Le Droit de *Maſphéning* eſt un impôt ſur le vin, qui ſe perçoit dans l'étendue de la gabelle, c'eſt-à-dire, ſeulement dans les lieux de l'ancienne domination de la Maiſon d'Autriche, & concurremment avec les Seigneurs, qui appellent la partie dont ils jouiſſent *Umgueld*. Les Seigneurs des terres de la nouvelle domination ont le même Droit à l'excluſion du Roi.

Il n'y a d'autre titre pour la perception du *Maſphéning*, que l'uſage pratiqué avant la ceſſion faite au Roi des terres de la Maiſon d'Autriche; c'eſt à proprement parler, un Droit d'Aide de 16 ſols 8 den. par meſure de vin, de quelque qualité qu'il ſoit, qui ſe débite en détail par les cabaretiers, & de 8 ſols 4 den. pour la bierre. La meſure eſt de 32 pots ou de 64 pintes.

Les maîtres des poſtes aux chevaux, qui ſont la plupart cabaretiers, ſont exempts de ce droit & de l'*Umgueld* juſqu'à la concurrence de cent meſures de vin par an, mais ils paient l'excédant. La totalité du droit peut aller, année commune, à la ſomme de 50,000 liv. Les eaux-de-vie & autres boiſſons ne ſont pas ſujettes au Droit de *Maſphéning*.

4°. Le Droit d'*Aubaine* s'exerce ſur les ſucceſſions des étrangers qui ſont établis dans cette Province, & qui y meurent ſans être naturaliſés & ſans laiſſer des enfans légitimes. L'on excepte les Suiſſes alliés à la France, les habitans de Straſbourg, de quelque pays qu'ils ſoient, les étrangers qui étoient établis dans la baſſe Alſace avant les arrêts de réunion, les Lorrains & ceux qui ſont nés au Vieux-Briſac & dans d'autres lieux, pendant que Sa Majeſté en avoit la Souveraineté, leſquels par des capitulations, privileges ou droits reſpectifs, ſont réputés régnicoles, & peuvent, par conſéquent, diſpoſer par teſtament, donation à cauſe de mort, ou par toute diſpoſition, de leurs ſucceſſions; au-lieu que les étrangers ne peuvent abſolument diſpoſer que par contrats de mariage ou donation entre-vifs.

Le cas d'Aubaine arrive rarement, & s'il échoit, c'eſt ſans objet, parce que la plupart de ceux qui y ſont ſujets, ſont de ſimples manouvriers, qui meurent auſſi pauvres qu'ils ont vécu.

5°. Le Droit de *déshérance* que l'on prétend acquis au Roi, ſur les ſucceſſions délaiſſées, ſeroit infailliblement diſputé au Fermier par les Seigneurs, ſi l'eſpece ſe préſentoit, parce qu'ils prétendent qu'en ayant joui ſous la Souveraineté de l'Empereur & de l'Empire comme Etats immédiats, & comme étant en poſſeſſion de pluſieurs autres Droits Régaliens, il leur appartient inconteftablement. Mais on n'a point encore trouvé l'occafion de lier cette conteftation, parce qu'il s'eft toujours trouvé confondu avec celui d'Aubaine, n'y ayant prefque que les fucceffions étrangeres qui puiffent le faire naître, attendu que, fuivant le Droit écrit, les femmes fuccédent à leurs maris, quand ils ne laiffent pas de parens jufqu'au dixieme dégré.

6°. Le Droit de *Tranfmigration* confifte dans le dixieme de la valeur des effets que les habitans de l'ancienne Domination tranfportent hors du Royaume, lorfqu'ils quittent l'Alface, ou de ceux que les étrangers, capables de fuccéder en cette Province, recueillent des fucceffions qui leur échoient & qu'ils emportent.

7°. Le Droit de *Bâtardife* n'a pas lieu en Alface, comme dans le refte du Royaume, parce que, fuivant le Droit écrit qui y eft fuivi, & auquel le Roi n'a point dérogé, les meres fuccédent à leurs enfans & les enfans à leurs meres.

8°. Les *Amendes édictées* confiftent dans les condamnations prononcées par les Juges Royaux, au profit du Roi, contre les prévenus de crime ; dans celles acquifes pour caufe de fol appel, & encore dans les amendes confignées pour requêtes civiles & prifes à partie : le tout conformément aux ordonnances & réglemens concernant le civil & le criminel, fuivant lefquels les tribunaux de cette Province font tenus de juger. Le produit de cette partie peut monter en total, année commune, à la fomme de 13, à 14 cens livres.

9°. Le neuvieme Droit prend fon nom des actes fur lefquels il fe perçoit ; il fe paie en effet par les parties, pour les actes de *préfentations*, défauts, congés & *affirmations*, qui s'expédient au Confeil fupérieur d'Alface, conformément aux édits, déclarations, tarifs, arrêts & réglemens. Le produit monte, année commune, à 1200 livres.

10°. Il n'exifte aucun acte qui établiffe que la contribution levée fur les Juifs, foit à titre de *Protection*. Il ne paroît pas même que la Maifon d'Autriche en ait joui, pendant qu'elle poffédoit la haute Alface. Voici ce qui femble avoir donné lieu à fon inftitution.

On ne doit attribuer qu'au hafard la dénomination de ce Droit. Suivant le tarif de 1663, chaque Juif entrant & fortant de la Province, devoit payer, pour le péage corporel, un florin, 12 creutfers, faifant deux livres, s'il étoit à cheval ; ou s'il envoyoit pour fes affaires un meffager Chrétien, il payoit 36 creutfers, faifant une livre ; & s'il étoit à pied & mendiant, 7 creutfers 1 heller, faifant 4 fols. Ceux qui avoient une fois payé le péage, en étoient francs pour fept jours, eux & les marchandifes qu'ils portoient fur leurs corps ; d'où il réfultoit un abus confidérable en ce que les Droits de ces marchandifes excédoient de beaucoup la valeur du péage corporel auquel ils étoient affujettis.

A cet inconvénient préjudiciable aux Fermiers, il s'en joignoit un autre onéreux aux Juifs, qui est que l'ancienne Domination de la Maison d'Autriche, se trouvant mêlée avec plusieurs Etats immédiats de l'Empire, dont les Seigneurs avoient aussi des bureaux pour la perception des Droits de péage, il arrivoit souvent que, pour peu de chemin qu'un Juif eut à faire, il payoit plusieurs fois en un jour le péage corporel.

Après la réduction des Villes de Fribourg & du Vieux-Brisac, M. Poncet trouva un expédient pour régler cette affaire d'une maniere équitable & convenable aux intérêts des parties : qui fut de fixer, par forme d'abonnement, la somme que chaque chef de famille Juive, demeurant dans les lieux cédés au Roi par l'Empereur, comme Archiduc d'Autriche, paieroit, par chaque année, pour être exempt du péage corporel, au moyen de quoi il seroit expédié à chacun un passe-port, ou billet d'exemption, avec lequel il pourroit aller & venir librement, sans rien payer dans les Bureaux par où il passeroit. Quelqu'un appella ces passe-ports, *Billets de Protection*, & le nom leur en est resté.

Il est à présumer que le droit de protection des Juifs, est un droit purement seigneurial & non régalien; que le Roi ne l'a établi que comme acquéreur des terres de la Maison d'Autriche, & non comme Souverain : trois raisons semblent décider cette question.

La premiere est que tous les Seigneurs particuliers d'Allemagne, ainsi que d'Alsace, le perçoivent à titre de propriétaires de leurs Seigneuries, dans tous les lieux où il y a des Juifs domiciliés, les uns le faisant payer plus, les autres moins : le droit le plus fort ne passe cependant pas 38 livres par chef de famille.

La seconde est que, si c'étoit un droit attaché à la Souveraineté, le Roi l'auroit indubitablement établi dans les lieux de la nouvelle Domination, comme dans ceux de l'ancienne.

La troisieme enfin est que, lorsque ce Monarque a fait don au Cardinal de Mazarin des Bailliages de Betfort, Delle, Altkirih, Ferrete, Thaun & Ensisheim, & à M. Dervard de celui de Landzer, qui étoient des terres de l'ancienne Maison d'Autriche, il ne s'est point réservé le droit de protection des Juifs, le leur ayant abandonné, comme un droit seigneurial & foncier : avec cette différence seulement que ces Seigneurs & autres de la haute Alsace, ne sont pas en droit d'expulser les Juifs, comme le sont l'Evêque de Strasbourg & le Comte de Hanau, qui ont ce privilege par lettres patentes.

Quoi qu'il en soit, le Fermier perçoit 17 liv. 10 sols par famille Juive dans les lieux de l'ancienne Domination; pour cet effet, les Receveurs principaux se font fournir, au commencement de l'année, un dénombrement des familles de leur département, dont la vérification se fait par les Contrôleurs ambulans qui vont de Village en Village.

Le Directeur fournit aussi auxdits Receveurs principaux, autant de billets ou passe-ports, signés de lui & cachetés du sceau de la Ferme, qu'il y a

de

de familles; & cela fur papier qui change tous les ans, pour la couleur, portant le nom, furnom, la taille, le poil, l'âge & la demeure du chef de famille, lefquels billets ils font obligés de repréfenter aux Bureaux où ils paffent; & s'il arrive que quelqu'un de ces chefs de famille quitte le Pays avant que d'avoir payé le droit, le corps des Juifs en eft refponfable pour le quartier qui eft dû. Il n'en eft pas de même quand ils deviennent infolvables, les Receveurs, en ce cas, font les pourfuites néceffaires, qu'ils rapportent pour en être déchargés.

Comme la Ville de Landaw, ci-devant Impériale, eft de la nouvelle Domination, les Juifs qui y font domiciliés ne font pas fujets au droit de protection.

Il y a auffi une douzaine de familles Juives au Vieux-Brifac, qui, fuivant l'abonnement fait avec les chefs, paient chacune 21 livres pour l'exemption du péage corporel, quand, pour leurs affaires, ils paffent le Rhin, & en conféquence chaque année, on leur délivre, comme aux autres, des billets de franchife.

Comme il n'eft pas permis aux Juifs d'acquérir & de poffeder des biensfonds, toute leur reffource eft dans le commerce, & ils y appliquent toute leur induftrie. On ne peut rien imaginer, depuis les chofes les plus viles jufqu'aux plus précieufes, qu'ils ne foient prêts à vendre ou à acheter; ils fe fecourent mutuellement dans leurs entreprifes, ils ont des correfpondances par tout l'univers; la nuit, le froid, le chaud, les dangers mêmes, rien ne fufpend leurs courfes quand il s'agit du gain.

Le produit de tout ce qui fe perçoit pour cette protection peut aller, année commune, à 11000 livres.

§. XVI.

Ancienne maniere de lever les Impofitions.

Sous la domination des Empereurs, l'impofition ordinaire deftinée à l'entretien des troupes, à la néceffité publique & à la défenfe de l'Empire, s'appelloit *Mois Romains*. Afin que chacun y contribuât à proportion de fes facultés, l'Empereur Sigifmond, du confentement des Princes & Etats de l'Empire, fit un réglement l'an 1431, par lequel on ftatua ce que chacun d'eux auroit à payer, non-feulement pour s'oppofer aux ravages des Huffites, mais encore pour toutes les autres guerres dans lefquelles l'Empire fe trouveroit intéreffé par la fuite. Ce réglement fut inféré dans un regiftre appellé *Matricule*, & c'eft là l'origine de ce fameux livre ou cadaftre appellé *Matricule de l'Empire*.

L'origine du nom de *Mois Romains* vient de ce que les Etats de l'Empire étoient autrefois obligé de lever & d'entretenir à leurs dépens vingt mille hommes de pied & quatre mille chevaux, pour accompagner l'Empereur, quand il faisoit le voyage de Rome pour se faire couronner : mais Ferdinand I n'ayant pas cru qu'il convînt à la dignité d'un Chef de l'Empire d'aller mendier la confirmation du Pape, abolit l'an 1558, cette coutume inutile, onéreuse & odieuse à tout le Corps Germanique. Cependant la levée des milices continua toujours sous le nom de *Mois Romains* : mais si quelques-uns d'entre les Princes & Etats ne pouvoient fournir des troupes, ils en étoient déchargés en donnant l'équivalent en argent : l'Empereur Charles-Quint régla cet équivalent à 12 florins par cavalier, & à 4 florins par fantassin, le florin au prix d'environ quarante sols, monnoie de France, argent fort ; mais les choses ayant augmenté de beaucoup depuis ce temps, l'entretien du cavalier a été fixé à 60 florins, & celui du fantassin à 12. Cependant, pour ne point déroger à l'ancienne regle, on multiplie les mois jusqu'à ce qu'ils puissent atteindre à cette augmentation, ensorte qu'il faut maintenant cinq mois Romains pour un cavalier, & trois pour un fantassin.

Lorsque quelque Province, Etat, ou Ville immédiate a souffert quelque perte & dommage par la guerre, ou quelques autres événemens fâcheux, elle se pourvoit pour être modérée ; mais ce ne peut être que par l'autorité d'une Diete.

Outre les mois Romains, il y a encore une autre imposition destinée au paiement des Gages des Officiers de la Chambre Impériale, qui est ordinaire & annuelle, lorsque les mois Romains ne s'imposent que dans les occasions où l'intérêt commun & la conservation de l'Empire l'exigent : la Diete en regle le nombre proportionnément aux besoins, & on les a quelquefois vus centuplés.

En vertu de la taxe imposée par les Directeurs des Cercles, les Princes & Etats immédiats dont ils sont composés, la répartissent sur leurs Sujets.

Par la division que l'Empereur Maximilien I fit de l'Allemagne dans les années 1500 & 1512, l'Alsace fut comprise dans le Cercle du Haut Rhin, & employée dans la matricule de l'Empire. La ville de Strasbourg y est taxée à 25 Cavaliers, 135 Fantassins & 275 florins pour la Chambre Impériale ; les autres Villes & Etats immédiats de cette Province à proportion ; mais elle fut rayée de la matricule, au désir du IIe Article du Traité de Riswik.

Ces sommes ainsi imposées doivent se remettre à la caisse du Cercle ; & lorsque quelque partie est en retard d'y satisfaire, elle peut y être contrainte par exécution militaire, ainsi qu'il se pratiquoit du temps des Empereurs de Rome.

Outre les impositions générales & communes des mois Romains, chaque Etat avoit encore sa dépense particuliere, soit pour l'entretien des ponts & chaussées, pour les hôpitaux, les édifices publics, &c. Mais comme l'union de la Province d'Alsace à la Couronne de France a fait cesser l'ancienne forme, & donné lieu à une nouvelle, nous allons maintenant l'expliquer, en faisant observer préliminairement, que tous les Bailliages n'operent pas toujours dans les mêmes détails avec la même uniformité, & que l'on a suivi ce qui se pratique le plus ordinairement dans le plus grand nombre.

§. XVII.

Maniere nouvelle de répartir les Impôts.

LA forme de l'imposition de la taille, qui porte en cette Province le nom de *Subvention*, ne peut être exactement comparée à aucune des deux généralement connues en France, sous les noms de *Taille réelle* & *Taille personnelle* ou *Mixte arbitraire*. Celle-ci a des parties semblables à l'une & à l'autre : mais elle en comprend en même temps plusieurs qui en different & qui lui sont propres, d'où il résulte une troisieme espece inconnue dans le Royaume, de laquelle nous allons donner l'explication.

Le Gouvernement établi du temps des Empereurs ne pouvant compatir ni subsister sous un Gouvernement monarchique, le Roi de France, après la réunion de la Province à sa Couronne, pourvut non-seulement à ce qui concernoit le civil, le criminel & le militaire; mais encore fit des Réglemens pour l'Administration des Finances & la perception des Impôts, suivant lesquels l'Alsace fut divisée en deux Recettes ou Bureaux ; ce qui subsista jusqu'en 1696, qu'il en fut établi trois, & qu'on créa des Receveurs pour chacun, qui sont Strasbourg, Colmar & Landaw, qui comprenent environ chacun le tiers de la Province & qui sont subdivisés en Bailliages.

Chaque Bailliage renferme un certain nombre de Paroisses ou Communautés qui forment des especes de Recettes particulieres, ce qui feroit considérer les trois Bureaux comme des Recettes générales. Outre ces divisions, on estima encore ce que chaque Bureau étoit à l'égard de toute la Province, & par subdivision ce que chaque Bailliage étoit au respect de tout le Bureau.

Exemple. Supposant que le Bureau de Colmar soit le tiers de l'Alsace, & que le Bailliage de Betfort soit un douzieme de ce Bureau, il fut dit que lorsque l'Impôt de la Subvention seroit à 36,000 liv. sur la Province, elle devroit être de 12,000 liv. sur le Bureau de Colmar comme tiers de la Province, & de 1,000 liv. sur le Bailliage de Betfort comme douzieme dudit Bureau.

Lorsque par les événemens de la guerre, quelqu'un de ces bureaux augmente ou diminue trop par des conquêtes ou par des pertes, on les égalise de nouveau, en faisant entre eux une nouvelle répartition des Paroisses, comme il arriva après la paix de Riswik, à cause de la restitution du grand bailliage de Quermesheim & du Brisgaw.

C'est sur ces principes que le Conseil s'est conduit jusqu'à présent pour répartir la totalité de l'imposition sur les bureaux, & les Intendans s'en font rarement écartés, lorsqu'ils ont divisé l'imposition des bureaux sur les bailliages. A l'égard du département des Paroisses & des Communautés, voici la maniere dont on y procede.

Chaque année & quelque temps avant celui de l'imposition, le Bailli du Bailliage, après en avoir reçu l'ordre de l'Intendant, convoque les Prévôts & les Jurés de chaque Communauté pour convenir entre eux de la répartition d'une somme de 100 livres, de laquelle on donne à chaque Paroisse, Village ou Communauté la portion qu'elle est en état de supporter, eu égard à la fertilité & à l'étendue de son terroir, à son Commerce, au nombre de ses habitans & aux hasards bons ou mauvais qu'elle peut avoir eu pendant le cours de l'année précédente.

Le Prévôt assiste à la répartition du pied de 100 liv. pour soutenir les intérêts de sa Communauté, représenter les accidens particuliers qui peuvent être arrivés aux héritages ou aux récoltes, & solliciter en conséquence la modération due à l'état de la Paroisse pour laquelle il occupe.

Le Bailli préside à l'assemblée, & autorise l'Acte qui en résulte; s'il survient des différens entre les Prévôts sur les divers intérêts des Communautés, ils les concilie à l'amiable, & il y a peu d'exemples que la contestation ait été portée plus loin; cependant, si le cas se présentoit, il seroit jugé par l'Intendant auquel la connoissance de tout ce qui regarde la Finance appartient, à l'exclusion de tout autre Juge, comme nous l'avons déja observé.

Cette somme de 100 livres étant ainsi répartie sur les Communautés, qui composent le Bailliage, le Bailli en adresse l'état à l'Intendant qui établit sans peine & sans crainte d'être chargé des injustices qui en peuvent résulter, la somme à laquelle l'imposition du Roi se trouve monter, suivant le pied de cent livres.

Exemple. Si un Bailliage supporte en tout 5,000 liv. & qu'une Paroisse soit employée dans la distribution des 100 liv. à la somme de 5 liv., le montant de sa taille sera de 250 liv. & ainsi des autres Paroisses & impositions.

Après cette opération, l'Intendant expédie ses mandemens pour toutes les Paroisses du département, lesquels sont remis aux Receveurs des bureaux & à leur diligence envoyés aux Baillis qui les distribuent aux Prévôts des Communautés dont le Bailliage est composé.

Les impositions de toute nature, tant ordinaires qu'extraordinaires, capitations, fourrage, milice, &c. même la dépense commune des Bailliages, s'imposent en vertu du même mandement par un seul & même rôle.

Lorsqu'il se trouve dans l'étendue du bureau, des Villes qui ne sont pas comprises dans les Bailliages, & qui font un corps particulier, le Receveur fait l'adresse des mandemens aux Magistrats d'icelles,

Le Prévôt fait assembler les Jurés & met devant eux le dénombrement de la Communauté, dont on fait le récollement tous les ans, contenant la quantité & la qualité des arpens de terre dont elle est composée, ensemble le nombre des habitans & leurs facultés.

On établit ensuite, d'un commun consentement, une somme par chaque arpent, qui n'est pas la même dans toutes les Communautés, mais qui est assez ordinairement de 2 sols par arpent de terre labourable, & un sol pour celui tenu à ferme, à loyer ou à emphitéote, sans faire distinction des bonnes ou mauvaises terres, tout étant dans une même classe & assujetti à la même charge, à la réserve toutefois des prés qui, dans la plupart des Communautés, sont taxés un tiers plus haut que les terres labourables, & des maisons & moulins qui ne sont imposés qu'à la moitié des fonds de terres.

Ces deux sols font le pied de la taille des fonds, & sont multipliés autant de fois qu'il est nécessaire pour former la totalité de la somme imposée sur la Paroisse.

Exemple : Si la taille d'une Communauté est de mille livres, & que tout le contenu du terroir ou du ban de cette Communauté, soit de 2,000 arpens, on levera, pour trouver ces mille livres, cinq fois deux sols par arpent, ce qu'on appelle cinq tailles, ensorte que chaque arpent paiera dix sols, & comme la Communauté en renferme 2,000, le produit se trouvera de 1,000 liv. qui est le montant de l'imposition supposée.

La taxe sous le nom d'industrie, n'est connue que dans les Villes; le titre de Manance ou de Bourgeoisie, est celui qui opere l'assujettissement à l'impôt dans les Villages. Comme on n'y a point égard à la bonne ou à la mauvaise nature des terres labourables, en procédant à l'imposition sur les fonds; de même pour établir la cotisation des personnes, on ne considere ni la différence des professions ni les facultés. Tout Habitant, Chef de Famille, paie pour sa tête, s'il n'a exemption; quoiqu'il soit déja employé sur le rôle des fonds allodiaux ou exploitations à loyer.

La maniere de faire cette imposition est aussi simple que la premiere: mais elle n'est pas égale par-tout; en quelques Communautés on impose 4 sols, en d'autres 6, & dans quelques-unes 8 sols pour chaque taille : c'est-à-dire, que l'on impose autant de fois l'une de ces sommes, qu'il se leve de fois 2 sols par arpent, en sorte que si l'arpent paie cinq tailles, le taux du Chef de Famille pour sa Manance, Bourgeoisie ou industrie, si on veut l'appeller ainsi, sera de cinq fois 4, 6, ou 8 sols, selon ce qui est arrêté pour le lieu qu'il habite.

Le rôle doit être fait quinze jours après la récepion du mandement, & il n'y a jamais de retard ni de difficulté à ce sujet.

Le Bailli jouit de 3 deniers pour livre de taxation sur la Subvention, & de 4 deniers sur la capitation & fourrage, & en outre de 9 livres pour l'établissement du pied de cent livres, lorsque le Bailliage n'est composé que de dix Communautés & au-dessous; & de 18 livres, lorsque les Communautés excedent le nombre de dix; plus de 6 livres pour l'audition des comptes, de 75 livres pour la publication des mandemens & écritures; s'il n'y a que dix Communautés & au-deſſous, & de 100 livres, lorſqu'il y en a dix & au-deſſus; de 60 livres pour frais de voiture, de meſſagers, & de ports de lettres pour ceux qui ne ſont éloignés des Bureaux de Recette que de dix lieues; & de 90 livres pour ceux dont l'éloignement eſt plus conſidérable : on leur paſſe en outre les frais de Ports de Lettres ſur les Etats certifiés des Poſtes & des Subdélégués, & les frais des Meſſagers : le tout autoriſé par une Ordonnance de M. d'Augervilliers du 10 Avril 1718.

Le recouvrement des deniers impoſés ſe fait par un des Jurés appellé abuſivement Bourgmeſtre, qui eſt ſeul dans les petites Communautés, & a un Adjoint dans les grandes : il en fait la remiſe au Baillif & celui-ci au Receveur-Général des Finances du Bureau dont il dépend.

Le Bourgmeſtre ne jouit d'aucunes taxations, on lui paſſe ſeulement, dans la plupart des Bailliages, vingt ou trente ſols par jour, ſuivant la diſtance des lieux pour la voiture de ſa Collecte au Baillif.

Dans les Villes qui ne dépendent point des Bailliages, les Receveurs des deniers patrimoniaux ſont ordinairement chargés de la Collecte; ils jouiſ-ſent de taxations ſemblables à celles du Baillif, & en outre de quelques appointemens qui leur ſont accordés par la Ville : ils font la remiſe de leur Recette directement au Receveur du Bureau, duquel ils font partie.

L'impoſition ſur les fonds ſe diſtribue ſur les contribuables des Villes, de la même maniere que ſur ceux de la campagne; mais pour l'induſtrie on fait attention à la qualité du Commerce, aux profeſſions plus ou moins lu-cratives, au débit & à l'ouvrage que l'un peut faire plus que l'autre.

Dans les Villes ci-devant Impériales, le Magiſtrat convoque les Chefs des Tribus, auxquels on fait lecture du Mandement : après quoi, dans quelques-unes des Villes le Magiſtrat procede ſeul à la répartition de l'im-pôt, & dans d'autres l'impoſition ſe fait par leſdits Chefs en préſence du Magiſtrat & conjointement avec lui; ce qui eſt toujours ſans réplique & ſans oppoſition. Lorſqu'un Particulier craint qu'on ne lui rende pas juſti-ce, & qu'il ſe croit en droit de faire des repréſentations, il peut lui-même donner ſon mémoire aux Aſſéeurs, ou agir par le miniſtere d'un Pro-cureur.

Dans les autres Villes & gros Bourgs de la Province, où l'on eſtime néceſſaire d'avoir attention au Commerce, à la différence des profeſſions & aux facultés pour taxer l'induſtrie, le Magiſtrat fait aſſembler la Com-munauté, qui nomme, pour repréſenter les Tribus, ſept à huit des prin-cipaux Habitans, avec leſquels il procede à l'établiſſement des cotiſations.

S'il arrive qu'un Baillif ne ſoit pas jugé aſſez ſolvable, aſſez exact, ou aſſez intelligent pour faire le recouvrement & le maniment des impoſitions de ſon Bailliage, alors ſur les repréſentations qui lui en ſont faites; c'eſt à l'Intendant à commettre une autre perſonne. La même choſe ſe pratique à l'égard des Receveurs des deniers patrimoniaux des Villes, avec cette dif-

férence que le Magiſtrat fait cette nomination, ſans que l'Intendant y par-
ticipe.

Si les deniers ſont diſſipés par l'un ou l'autre de ces comptables, ce qui
arrive très-rarement, ils ſont pourſuivis dans leur perſonne & dans leurs
biens ; & en cas d'inſolvabilité, la réimpoſition s'en fait ſur la Province ;
mais ſi c'eſt un Prévôt, la Paroiſſe en répond & ſouffre le remplacement
ſur le pied de 100 livres, comme il a été ci-devant expliqué.

§. X V I I I.

Maniere de procéder au recouvrement des Impôts.

LES termes auxquels les Communautés doivent payer leur impoſition,
ſont les premiers quinze jours après la réception du mandement ; le ſecond
terme eſt au premier Avril, le troiſieme au premier Juillet & le quatrieme
au premier Octobre.

Les Receveurs peuvent, après ces échéances, délivrer leurs contraintes,
en vertu du mandement d'impoſition, qui leur en accorde une permiſſion
générale & indéfinie pour tout l'exercice, ſans avoir beſoin de les faire
viſer, ni qu'il ſoit néceſſaire d'obtenir de nouveaux ordres de l'Intendant,
ou de ſes ſubdélégués : quoiqu'il fût plus dans la regle d'obſerver cette
derniere formalité.

Il avoit été créé des Huiſſiers en titre, comme dans les Pays d'élection :
mais ils ont été ſupprimés, & les contraintes ſont maintenant exercées par
des garniſonniers, auxquels il eſt payé 25 ſols par jour pour toutes choſes,
par ceux contre qui les garniſons ſont décernées, & ce en conſéquence
d'une ordonnance de M. d'Augervilliers, ci-devant Intendant de cette Province, laquelle eſt annuellement relatée dans les mandemens d'impoſition.

Ainſi, lorſque le Receveur eſtime néceſſaire de faire quelques pourſuites
contre un Bailli en arriere de paiement, il remet au garniſonnier ſa contrainte, portant ordre d'aller s'établir chez lui ; ce que le porteur lui notifie
par l'exhibition dudit ordre ſans autre écriture ni formalité.

Comme le Bailli ne doit ordinairement que parce que les Communautés
ſont en retard à ſon égard, il envoie cette garniſon au Prévôt, qui, de ſon
côté, l'établit chez les contribuables débiteurs.

Si, après quelques jours, les redevables ne ſatisfont pas aux cauſes de
la garniſon, alors, ſur l'ordre du Bourgmeſtre, le garniſonnier, quoiqu'homme privé & ſans avoir ſerment en Juſtice, ſaiſit & vend militairement, en préſence du Sergent du Village, les meubles, effets & beſtiaux
du débiteur, à la réſerve de ceux défendus par l'ordonnance.

Quoique ce qui vient d'être rapporté ſur la forme des contraintes ſoit
fort éloigné de la regle uſitée dans le Royaume, & paroiſſe ſuſceptible de

monopole & de vexation, cependant il n'y a jamais eu de plaintes à cette occasion, soit parce que ces sortes de pourfuites ne font pas fréquentes, soit parce que la bonne-foi & la droiture ne font pas encore totalement bannies de cette Province.

Au refte, tout, dans cette Province, s'écrit fur du papier commun, & rien n'eft fujet au contrôle, ni l'un ni l'autre des droits de papier timbré & de contrôle n'y étant établi.

§. XIX.

Des Impôts qui ne paffent pas à la Recette générale.

PLUSIEURS édits, déclarations & arrêts, notamment la déclaration du 21 Juin 1723, chargent expreffément les Receveurs-Généraux des Finances de faire le recouvrement de toutes les impofitions, tant ordinaires qu'extraordinaires, de quelque nature qu'elles foient, pour enfuite en compter aux Chambres des Comptes, & ce aux peines des amendes prononcées par les édits & déclarations de 1669, 1714, & autres.

Les motifs de ces réglemens ont été de conferver l'ordre dans les caiffes, d'affurer l'état & la fortune des Receveurs-Généraux & particuliers, & de procurer aux uns & aux autres des décharges valables par un acte de compte & d'appurement jugé d'une maniere fouveraine.

L'impofition pour les ouvrages imprévus & les fourrages de la Province, qui fait un des principaux objets du recouvrement, quoique paffant par les mains des Receveurs particuliers, avoit été ci-devant diftraite de la caiffe générale, pour être remife à un Prépofé particulier; mais ayant fait attention que ces Receveurs n'étoient pas valablement déchargés, & que c'étoit l'occafion d'un défordre continuel dans la caiffe générale, en ce que les Receveurs, fous prétexte d'acquitter la partie du fourrage, pouvoient difpofer indiftinctement de tous les fonds, & que la concurrence & la confufion des deniers pouvoient en traverfer la deftination & interrompre le fervice des autres parties, le Confeil ordonna que ces fonds pafferoient à l'avenir des mains des Receveurs particuliers, dans celles des Receveurs généraux, & que l'emploi en feroit fait dans les Etats du Souverain; ce qui a été exécuté jufqu'à préfent à la fatisfaction de toutes les parties, parce que les raifons de jaloufie & de préférence ne fubfiftant plus, & tout étant devenu intérêt commun, les ordonnances des Intendans, de même que les refcriptions des Receveurs généraux, font exactement acquittées à leurs échéances.

Il refte encore plufieurs impofitions, qui montent, année commune, à 170 ou 180,000 livres; mais on a craint de troubler le fervice intérieur de la Province, en les affujettiffant au même ordre que le fourrage.

Ces

Ces impofitions font :

Frais communs des Bailliages & des comptes. . .	86,000 l.
Gages du Directoire de la Nobleffe de la baffe Alface.	17,742
Entretien des Officiers de Juftice de Hanau. . . .	6,000
Idem du Prince de Birkenfeld.	4,000
Entretien des Officiers de Juftice de l'Evêché de Strasbourg.	8,000
Partie des gages des Officiers du Confeil fupérieur de Colmar.	5,150
Appointement du Médecin.	4,000
Idem des grands Voyers.	3,192 — 10 f.

Impofitions paffageres.

Paiement des dettes de la Nobleffe , naiffances & mariages des enfans des Seigneurs de Birkenfeld & de Hanau, conftruction d'édifices & dettes de Communautés ou territoires, le tout évalué, année commune, feulement à 52,000

Total. . . . 180,084 — 10

Le recouvrement de ces impofitions fe fait par le miniftere des Baillis, & l'on prétend que, par attention pour les Seigneurs, & par l'intérêt perfonnel qu'ils ont eux-mêmes aux frais communs des Bailliages , ils les font toutes rentrer par préférence aux impofitions du Roi qui languiffent pendant ce temps-là : que, s'il arrive des augmentations ou diminutions, le bénéfice qui réfulte des unes eft toujours appliqué aux deniers étrangers , & la perte que les autres occafionnent tombe fur ceux du Roi: à quoi on ajoute que les Baillis ont la liberté de faire, pour raifons de ces impofitions, tant de frais & de pourfuites qu'il leur plaît, & qu'ils taxent les Huiffiers qu'ils emploient à 5 à 6 livres par jour, pendant que les Receveurs ne peuvent donner que 25 fols à leurs garnifonniers. Du moins font-ce les griefs allégués dans un mémoire préfenté au Confeil le 12 Décembre 1728 , par les habitans de la Province, qui y expofent.

» Que tous les réglemens, tant anciens que modernes, ont fait défenfes ,
» fous les plus rigoureufes peines, d'impofer aucune fomme, fans y être
» autorifé par édit, déclaration ou arrêt; & que toutes les fois que la liberté en a été accordée, ce n'a été que pour des raifons importantes
» & connues , & à la charge d'en compter & d'en faire connoître
» l'emploi.

Tome III.   Bbbb

» Que l'exécution de ce réglement a été suivie dans tous les temps
» avec la plus exacte précision, parce que le Conseil en a toujours re-
» gardé les conséquences, comme un des objets les plus dignes de son
» attention. »

» Que les seuls habitans de la Province d'Alsace ne jouissent pas encore
» de cet avantage, soit que le Roi n'ait pas été instruit des abus qui s'y
» commettent, soit qu'une vaine idée d'opulence & de fertilité ait fait
» croire le pays en état de supporter toutes les charges que l'on voudroit
» lui imposer : ce qui a, sans doute, fait qu'il n'a été ménagé, ni pen-
» dant la guerre, ni pendant la paix. »

» Qu'en guerre, il fait subsister les armées par les contributions qu'on
» y leve en grains & en fourrages, & par le transport de toutes mu-
» nitions de guerre & de bouche ; & que pour être convaincu de cette
» vérité, il ne faut que considérer ce qui s'est passé pendant les derniers
» sieges de Landaw & de Fribourg. »

» Qu'en paix, les habitans sont chargés de toutes les voitures, pour les
» approvisionnemens des Places, pour les courses des Officiers-Généraux
» & Majors, pour les marches des troupes, & de ce qu'ils paient aux
» Seigneurs, à la Noblesse, aux Particuliers, aux Corps ou Communautés,
» dont les deniers, qui ne vont au profit du Roi, montent à des sommes
» excessives. »

» Que lesdits habitans n'ignorent pas leur condition ; qu'ils se sont tou-
» jours livrés avec joie à tout ce qui leur a été demandé pour le service
» du Roi ; qu'ils n'ont jamais refusé les devoirs dûs aux Seigneurs & à la
» Noblesse ; qu'ils ont supporté avec la même patience les charges de leurs
» Communautés ; mais que, comme ils ont le bonheur de faire partie
» d'un Etat, dont les loix & la justice du Prince font l'admiration de l'Eu-
» rope, ils demandent qu'elles soient pour eux, comme pour ses autres
» sujets ; & qu'en conséquence, il soit rendu un arrêt qui ordonne : »

» Qu'il ne pourra, à l'avenir, être faite aucune imposition qu'en vertu
» d'un arrêt du Conseil sur l'avis du Sr. Intendant de la Province. »

» Que ceux ci-devant rendus au profit des Seigneurs, Noblesse, Parti-
» culiers, Corps ou Communautés, seront rapportés par-devant ledit Sr. In-
» tendant, pour connoître le temps qu'ils ont encore à subsister. »

» Que ledit Sr. Intendant se fera informer avec soin si les impositions,
» ordonnées par aucun des susdits arrêts, ne s'imposent point encore,
» quoique les termes en soient expirés ; & dans ce cas qu'elles cesseront
» sur le champ, sauf à Sa Majesté à faire procéder, ainsi qu'elle avisera
» pour raison de l'indue perception. »

» Que pour tout ce qui s'impose actuellement ou s'imposera à l'avenir, en
» vertu d'arrêts rendus ou à rendre au profit des Seigneurs, Noblesse, Par-
» ticuliers, Corps ou Communautés, les rôles n'en pourront être mis à
» exécution qu'après le vu du Sr. Intendant, auquel sera remis copie du

» compte qui fera rendu defdites impofitions par les Baillifs ou Bourgmef-
» tres auxdits Seigneurs, Nobleffe ou à leurs Régences, Particuliers, Corps
» ou Communautés. »

» Que les contraintes que lefdits Seigneurs, Nobleffe ou leurs Régen-
» ces, Particuliers, Corps ou Communautés délivreront contre les rede-
» vables, feront auffi vifées par ledit Sieur Intendant, & les frais des Huif-
» fiers par lui réglés fur le pied de ceux qui font employés au recouvre-
» ment des deniers de Sa Majefté. „

Ce mémoire, qui ne contenoit que des demandes juftes, qui ne tendoit
qu'à l'établiffement de la regle & à la deftruction des abus, n'a produit
aucun effet, parce qu'il n'a été foutenu par aucune perfonne de crédit, &
qu'au contraire, il a trouvé contre lui tous ceux qui avoient intérêt à s'oppofer à l'ordre & à la difcipline. Ce n'eft pas le parti le plus nombreux,
mais c'eft le plus puiffant & celui qui fera toujours préférablement
écouté, tant que la qualité des perfonnes prévaudra fur la qualité des chofes.

Pour ne rien laiffer à défirer fur la matiere des impôts, nous croyons
devoir ajouter ici les principaux réglemens qui en font la bafe.

RÉGLEMENT DE M. D'AUGERVILLIERS.

Du 20 Décembre 1727.

Sur les comptes à rendre par les Baillifs.

» PAR notre ordonnance du 16 du mois d'Octobre dernier, mife au bas
de l'arrêt du Confeil du 23 Août précédent, nous avons réglé que les
Collecteurs qui ont fait le recouvrement des deniers impofés, feront tenus
d'en rendre compte dans l'année fuivante devant les Baillifs, en préfence
de deux ou trois habitans, nommés à cet effet par la Communauté; mais
comme les fommes impofées fur les Communautés d'un même Bailliage
font portées entre les mains du Baillif, qui les délivre au Receveur du
Roi, il n'eft pas moins important d'établir une regle fur la maniere dont
les Baillifs doivent eux-mêmes compter de leur maniement; par ce moyen
les peuples feront toujours certains que les fommes, par eux payées, n'ont
point été diverties; & les Baillifs, de leur part, fe trouveront à couvert
de tout foupçon & d'inquiétude : à l'effet de quoi nous ordonnons : »

» I. Que les Baillifs feront tenus de faire remettre, aux Prévôts &
gens de juftice de chaque Communauté de leur département, le mandement original des impofitions, figné de nous, huitaine après qu'il leur
aura été envoyé par le Receveur des Finances, & d'en retirer des récépiffés defdits Prévôts, pour les repréfenter lors du compte que les Baillifs
auront à rendre du recouvrement defdites impofitions, à la tête defquels
récépiffés, il fera mis un état en détail des fommes dont l'impofition fera

ordonnée par le mandement, & des taxations qui feront à impofer pour chaque nature de deniers : il y fera auffi fait mention des 40 fols pour le Droit de quittances attribué aux Receveurs des Finances. »

» II. Que dans le mois d'Octobre, au plus tard, de l'année qui fuivra le recouvrement, les Baillifs remettront aux Communautés de leur département les quittances par eux retirées des Receveurs des Finances, au profit de chacune defdites Communautés. Enjoignons, à cet effet, aux Receveurs des Finances de délivrer aux Baillifs des quittances particulieres pour chaque Communauté du même Département, obfervant que, dans chacune, il foit fait mention en détail des différentes fommes payées par la même Communauté, foit pour fubvention, capitation, fourrage, même pour les impofitions extraordinaires, comme dettes de Colmar & de l'Evêché, & auffi des taxations des Receveurs-Généraux & particuliers, & du Droit de quittance attribué auxdits Receveurs particuliers. »

» III. Que les Baillifs, en remettant lefdites quittances aux Communautés, en retireront des ampliations, au bas defquelles ceux des Officiers du lieu, à qui elles feront délivrées, certifieront que l'original leur aura été remis, pour être dépofé aux archives de la Communauté.

» IV. Que dans les trois mois de l'année qui fuivra le recouvrement, les Baillifs nous préfenteront un compte par recette & dépenfe de leur maniement. Ils emploieront d'abord en recette toutes les fommes impofées fur chaque Communauté du Bailliage, diftinguant chaque nature d'impofition par Article féparé, & établiront la recette fur les récépiffés des Mandemens qu'ils auront retirés des Prévôts, conformément au premier Article de la préfente Ordonnance; ils donneront enfuite en dépenfe les fommes par eux délivrées aux Receveurs des Finances ; & pour pieces juftificatives de la dépenfe, ils rapporteront des reconnoiffances des Communautés, portant que les quittances originales leur ont été remifes. Ils emploieront auffi en recette, dans un Chapitre particulier, les taxations impofées & les Droits de quittances des Receveurs particuliers, & les donneront en dépenfe favoir, la partie qui eft deftinée aux Receveurs-Généraux & particuliers, fur les quittances ci-deffus mentionnées, & les taxations attribuées au Baillif, fur une ampliation qu'il retirera de la quittance qui en fera par lui délivrée. «

» V. S'il a été impofé fur le Bailliage en général quelque fomme pour frais extraordinaires, il en fera fait auffi mention dans la recette par un Article particulier & de même dans la dépenfe, en rapportant des pieces juftificatives, telles qu'elles puiffent faire connoître que l'emploi en a été fait fuivant fa deftination ; étant à obferver que, conformément à notre Ordonnance du 16 Octobre dernier, toutes fommes impofées fans notre autorité feront rejettées dudit compte, & le Baillif tenu de les rendre & reftituer aux Communautés, avec la peine du quadruple, fauf plus grande s'il y échoit. «

» VI. Lefdits comptes feront affirmés valables par les comptables à la marge de la premiere page, & enfuite clos & arrêtés par nous. Il fera fait deux doubles originaux de chaque compte, dont l'un fera remis au comptable & l'autre nous demeurera. «

» VII. La préfente Ordonnance commencera à avoir fon exécution pour le recouvrement de l'année 1716, à l'effet de quoi ordonnons que les comptes de ladite année nous feront préfentés par les Baillifs au plus tard dans le mois de Mars de l'année prochaine. «

» VIII. Ceux defdits Baillifs qui feront en retard de préfenter leurs comptes de l'année 1716, dans le mois de Mars prochain, & à l'avenir dans le mois de Décembre de l'année qui fuivra celle du recouvrement, feront condamnés à 30 livres d'amende, pour chaque mois de retardement, payables en leur propre & privé nom fans aucun recours ; & s'il s'en trouve qui different plus de trois mois, le recouvrement leur fera ôté pour toujours. «

RÉGLEMENT-GÉNÉRAL

Du 30 Décembre 1721,

Sur les Exemptions, Privileges, Etats des perfonnes, &c. au fujet des Impofitions.

» I. LEs biens d'Eglife d'ancienne dotation & fondation font exempts de la Subvention, lorfque les propriétaires les font valoir par leurs mains; ne font reputés d'ancienne dotation que ceux poffédés par l'Eglife avant le Traité de Munfter, du 24 Octobre 1648, & les biens qui depuis par échange ou autrement ont été fubftitués dans une même Communauté à la place de ceux poffédés avant ledit Traité, lefquels, étant fortis des mains des Bénéficiers ou Communautés Eccléfiaftiques, fe trouvent actuellement impofés ; les Eglifes fondées & les Communautés établies depuis ledit Traité, en vertu de Lettres-Patentes enrégiftrées, jouiffent de la même exemption pour les biens acquis pendant les trois premieres années de leur établiffement. «

» II. Les biens tenus en Fiefs avant ledit jour 24 Octobre 1648, & les biens Allodiaux poffédés par des Nobles avant ce temps, font pareillement exempts de la Subvention lorfque les propriétaires Nobles les font valoir par leurs mains, & ils jouiffent de la même franchife pour les biens qu'ils ont acquis depuis, en remplacement de ceux qu'ils poffédoient dans le territoire des mêmes Communautés, & qui, ayant été aliénés, fe trouvent employés dans les rôles des mêmes Communautés où la vente & le remplacement auront été faits. «

» III. Tous les autres fonds & héritages fans exception, font fujets à la Subvention, de quelque qualité & condition que foient les propriétaires, à la réferve des poffeffeurs qui fe trouvent dans le cas des exemptions perfonnelles, dont il fera fait mention ci-après. «

» IV. Lorfque les biens ci-deffus déclarés exempts font amodiés, les Fermiers fans aucune exception ni diftinction de la qualité des Poffeffeurs, font impofés à la portion colonique fur le pied de la moitié de ce que lefdits Fermiers devroient fupporter, s'ils étoient cotifés comme propriétaires ; & il en eft ufé de même à l'égard des emphitéotes. «

» V. Les biens des Préfidens, Confeillers, Avocats & Procureurs-Généraux, leurs Subftituts, Greffiers en Chef, Payeurs des gages & Receveurs des confignations, comme auffi ceux des Officiers de la Chancellerie, établie près ledit Confeil, qui ont la Nobleffe par leurs charges, font réduits, de quelque nature que foient lefdits biens, à la portion colonique, lorf-qu'ils font exploités par des Fermiers ; & lorfque les Propriétaires les font valoir par leurs mains, ils font exempts de la Subvention ; favoir, les Préfidens, Confeillers, Avocats & Procureurs-Généraux, & particuliérement les Officiers de la Chancellerie, qui jouiffent du privilege de la Nobleffe, du labourage de trois charrues ; & tous les autres Officiers, tant dudit Confeil que de la Chancellerie, d'une charrue feulement. Le Prévôt-Général de la Maréchauffée d'Alface, a l'exemption de deux charrues, & chacun des Lieutenants-Procureurs du Roi, Affeffeurs & Greffiers de ladite Compagnie, font exempts pour une charrue, & les Fermiers defdits Officiers de la Maréchauffée, font réduits à la partie colonique. «

„ VI. Les Baillifs des terres qui étoient ci-devant Etats de l'Empire & ceux des autres Seigneurs qui fe trouvent avoir dans leurs Jurifdictions dix Communautés & au-deffus, jouiffent, pour les biens qu'ils font valoir par leurs mains, de la franchife d'une charrue ; & les Procureurs Fifcaux & Greffiers font exempts de la partie de l'impofition qui tombe fur l'induf-trie : ledit privilege n'a lieu que pour les biens & fonds que lefdits Officiers peuvent avoir dans l'étendue de leurs Jurifdictions. "

„ VII. Sa Majefté voulant traiter favorablement la ville de Strasbourg, a ordonné que tous les biens-fonds poffédés en 1681, lors de la capitulation de la ville, par des Bourgeois, lefquels biens n'étoient point compris dans les rôles des impofitions, & qui font actuellement poffédés par les mêmes Propriétaires, ou ceux qui, leur ayant fuccédé en ligne mafculine & di-recte, ont joui fans difcontinuation de la franchife, continuent d'être exempts, tant qu'ils refteront dans les mêmes mains, ou dans le cas qu'ils feront paffés à des héritiers, en ligne mafculine & directe, les Fermiers defdits biens feront réduits à la portion colonique."

„ VIII. Tous ceux à qui la franchife eft ci-devant accordée pour les biens qu'ils font valoir par leurs mains, n'en jouiffent que lorfque les do-meftiques qu'ils y emploient, n'ont aucun fonds dans les Communautés où font fitués lefdits biens, faute de quoi lefdits domefiques font réputés Fermiers, & comme tels impofés. "

„ IX. Les pourvus d'offices ou emplois, autres que ceux ci-deffus nientionnés, auxquels l'exception des Tailles ou Subvention peut avoir été attribuée par les Edits de création ou autres titres, ne jouiffent que de l'exemption purement perfonnelle. "

„ X. La ville de Landaw, en confidération de quatre fieges qu'elle a foufferts pendant la derniere guerre, & les villes de Neuf-Brifac, Huningue & du Fort-Louis, nouvellement conftruites, jouiffent de l'exemption de la Subvention jufqu'à ce qu'autrement foit ordonné; & la ville de Strasbourg continue d'être traitée fur le pied de fa capitulation. "

„ XI. Toutes les autres villes, bourgs & villages font compris dans les Etats de Répartition, de la Subvention, même les villes de Schelefladt & de Betfort, qui depuis quelques années en avoient été exemptes par des raifons particulieres concernant le fervice de Sa Majefté. "

„ XII. Les biens contribuables aux impofitions font exempts dans les rôles des Communautés où ils font fitués, quoique les Propriétaires aient ailleurs leur domicile, même dans les villes ci-devant Impériales. "

Et par l'Ordonnance de M. d'Augervilliers du 28 Septembre 1722, il a été fatué que les biens contribuables, poffédés par des Eccléfiaftiques, des Nobles ou des Officiers, foit des troupes du Roi ou de magiftrature, feront exempts de la partie des impofitions qui fe met fur l'induftrie, laquelle portion a été réglée au tiers defdites impofitions & que les Propriétaires defdits biens ne feront point tenus de contribuer à la capitation des habitans de Communautés où lefdits biens font fitués, fauf de cotifer les Domeftiques ou les Fermiers qui les font valoir : comme auffi que lefdits Domeftiques ne feront pas fujets aux corvées concernant le fervice du Roi ou les réparations des chemins, defquelles corvées les Fermiers feront auffi exempts, lorfqu'ils ne pofféderont aucun bien en leur propre, & qu'ils n'auront que les beftiaux fervant à la culture des terres dépendantes de leurs fermes, & que lefdits biens feront taxés d'office par les Baillifs, chargés de la vérification des rôles & du recouvrement des deniers en provenans.

RÉGLEMENT

Du 19 Mai 1722,

Sur l'Impofition & Exemption de la Nobleffe de la Baffe-Alface.

„ I. IL fera inceffamment procédé au renouvellement du Regiftre, appellé *Matricule de la Nobleffe de la Baffe-Alface,* dans lequel regiftre ne pourront néanmoins être compris que les familles & biens contenus en celui arrêté en 1651, ou qui depuis y ont été ajoutés par délibération des Offi-

ciers du Directoire de la Nobleſſe, juſques & compriſe l'année derniere 1721.
Fait Sa Majeſté très-expreſſes inhibitions & défenſes auxdits Officiers d'admettre à l'avenir dans leur matricule aucune famille, ni aucun bien ſans
permiſſion expreſſe ; à l'effet de quoi, dés que la nouvelle matricule ſera
arrêtée, il en ſera dépoſé une expédition en forme authentique au Greffe du
Conſeil ſupérieur d'Alſace. "

„ II. Tous les biens, compris dans ledit regiſtre ou matricule, ſeront
exempts de la Subvention, lorſque les Propriétaires les feront valoir par
leurs mains. "

„ III. Lorſque les biens ci-deſſus ſeront exploités par des métayers,
demeurant dans des maiſons dépendantes des biens immatriculés, & que
le prix de l'exploitation ſera ſtipulé payable en fruits, la même exemption
aura lieu à l'égard des métayers. "

„ IV. Lorſque leſdits biens ſeront donnés à ferme à prix d'argent, ſoit
que les fonds ſe trouvent dans la Seigneurie du Propriétaire ou ailleurs,
les Fermiers ou Colons qui les tiendront, ſeront impoſés à la portion colonique, qui eſt la moitié de ce qu'ils devroient ſupporter s'ils étoient Propriétaires. "

„ V. Permet Sa Majeſté aux Propriétaires des biens immatriculés, lorſqu'ils les vendront à un acquéreur non Noble, de ſe réſerver le remplacement de la franchiſe, à la charge qu'il en ſera fait mention dans le contrat, & en ce⁻cas ledit bien vendu, ſera impoſé après l'année du retrait
accordé à la Nobleſſe, & demeurera pour toujours ſujet aux impoſitions,
en quelque main qu'il paſſe à l'avenir ; mais auſſi le vendeur aura liberté,
pendant l'eſpace de vingt-ans, en acquérant, dans l'étendue de la juriſdiction du Directoire, une valeur en bien taillable, égale à celle qu'il auroit aliénée, de jouir de la Franchiſe par forme dudit remplacement, ſur
les fonds nouvellement acquis, en juſtifiant néanmoins que ceux qu'il a vendus ſont impoſés, & pour lors il en ſera fait mention dans la matricule. Si
ladite réſerve n'eſt point exprimée dans le contrat, le bien immatriculé
reſtera toujours franc entre les mains de l'acquéreur de quelque condition
qu'il ſoit, & le vendeur ne ſera admis à aucun remplacement : quant à la
franchiſe, il en ſera de même déchu, ſi la clauſe de réſerve, ayant été
ſtipulée, n'avoit pas eu lieu pendant ledit eſpace de vingt-ans. "

„ VI. Les Officiers du Directoire préſidial de la Nobleſſe de la Baſſe-
Alſace, jouiront dans l'étendue des Terres de ladite Nobleſſe, lorſqu'ils feront valoir leurs biens par leurs mains, des exemptions ci-après ; ſavoir,
le Sindic & le Procureur Fiſcal, de la Franchiſe de deux charues; le premier Secrétaire, le Greffier ſervant d'Interprete & le Commis Régiſſeur,
enſemble les Baillifs au nombre de quatre, pour toutes les terres de la Juriſdiction dudit Directoire, d'une charue ſeulement, & à l'égard des Procureurs Fiſcaux & Greffiers deſdits quatre Baillifs, ils n'auront que l'exemption de l'impoſition qui tombe ſur l'induſtrie : quant aux Fermiers ou Colons

lons defdits Officiers, ceux du Sindic & du Procureur Fifcal dudit Directoire feulement, feront réduits à la portion colonique. "

„ VII. Les contribuables feront impofés en entier dans le lieu de leur
domicile pour tous les biens qu'ils poffèderont dans l'étendue de la Jurifdiction dudit Directoire Préfidial de la Nobleffe de la Baffe-Alface. "

„ VIII. Les biens étant hors de ladite Jurifdiction, feront impofés dans
les Communautés où ils font fitués, quoiqu'ils appartiennent à un Propriétaire domicilié dans ladite Jurifdiction, & il en fera ufé de même pour les
biens fitués dans les Terres de ladite Nobleffe & appartenant à des gens
domiciliés hors de la Jurifdiction dudit Directoire Préfidial. "

„ IX. Veut au furplus Sa Majefté, que l'Arrêt de fon Confeil du 30 Décembre dernier, portant réglement pour toute la Province d'Alface en général foit exécuté, même dans les Terres de la Jurifdiction du Directoire
de la Nobleffe de la Baffe-Alface, pour tous les cas qui peuvent n'avoir
pas été prévus par les difpofitions ci-deffus, notamment à l'égard des biens,
qui, étant dans ladite Jurifdiction, ne fe trouveront pas neanmoins immatriculés. "

RÉGLEMENT

Du 22 Mai 1722, fur les Impofitions des Terres dépendantes de la Sei-
gneurie temporelle de l'Evéché de Strasbourg; les Officiers principaux dudit
Evéché pour les Terres du grand Chapitre.

„ I. QUe tous les biens qui appartiennent en propriété au Domaine de
l'Evéché de Strasbourg, feront exempts de la Subvention, lorfqu'ils feront
exploités par des domeftiques, par des métayers ou emphitéotes, demeurant dans les maifons dépendantes dudit domaine, & lorfque le prix de
l'exploitation fera ftipulé en fruits. "

„ II. Lorfque lefdits biens feront donnés à prix d'argent, les Fermiers qui
les tiendront, feront impofés à la portion colonique, qui eft la moitié de
ce qu'ils devroient fupporter s'ils étoient Propriétaires. Il en fera ufé de
même pour les emphitéotes, autres que ceux exceptés par l'article précédent. "

„ III. Les Officiers de la Régence au nombre de douze, y compris le
Procureur Fifcal; ceux de la Chambre des Comptes, enfemble le Maître
des Eaux & Forêts, & le Prévôt des Fiefs, jouiront de la franchife de deux
charues. "

» IV. Le premier Secrétaire de la Régence, celui pour les Finances,
deux Commis Régiftrateurs, les Baillifs, les Prévôts des Villes dudit Evéché, les Receveurs à raifon d'un pour chaque Bailliage, y compris ceux
d'Holenbourg, Sttenville & Ely, le Procureur-Fifcal & le Greffier des
Eaux & Forêts, jouiront de l'exemption d'une Charue feulement. Les

Greffiers des Bailliages & ceux des Villes, jouiront de l'exemption d'un tiers des impositions. «

» V. Les Procureurs-Fiscaux des Bailliages, & les Prévôts des Villages, jouiront de l'exemption de la partie de l'imposition qui tombe sur l'industrie. «

» VI. Les Fermiers des Officiers de la Régence & ceux de la Chambre des Comptes, du Maître des Eaux & Forêts & du Prévôt des Fiefs, seront réduits à la portion colonique. «

» VII. Entend Sa Majesté, que les exemptions ci-dessus accordées aux Officiers dudit Evêché, soit personnellement ou pour leurs Fermiers, n'aient lieu que pour les biens qu'ils posséderont dans l'étendue de la Seigneurie temporelle dudit Evêché. «

» VIII. Les Officiers dudit Evêché, qui se trouveront de qualité Noble, jouiront de tous les privileges accordés à ceux de leur état, par les Arrêts du Conseil des 30 Décembre & 19 Mai de la présente année. «

» IX. Les dispositions ci-dessus, auront lieu dans les terres du Domaine du Chapitre de la Cathédrale de Strasbourg. «

» X. Veut au surplus Sa Majesté, que l'Arrêt de son Conseil du 30 Décembre dernier, portant Réglement pour toute la Province d'Alsace en général, soit exécuté, tant dans les terres de l'Evêché, que dans celles du Chapitre, pour tous les cas qui peuvent n'avoir pas été prévus par le présent Arrêt. «

§. X X.

Bureau de Colmar.

CETTE Ville est située sur la petite riviere de la Bruck, à treize lieues de Strasbourg. Elle a été bâtie, par Wolfelin, Préfet d'Alsace, pour l'Empereur Frédéric II. Elle étoit Impériale & immédiate, & elle a joui des privileges & de l'*Immédiateté* jusqu'en 1680, qu'elle fut réunie au corps de la Province d'Alsace & à la Couronne de France.

C'étoit, après Haguenau, la plus puissante des dix Villes Impériales, & maintenant elle tient le second rang après Strasbourg. Le Roi Louis XIV, la fit démanteler en 1673, & après la paix de Riswik, le Conseil supérieur, auparavant établi à Brisac y a été transféré. Du reste ses habitans jouissent de leurs anciens privileges, & sur-tout de la liberté de conscience.

C'est le Chef-lieu du Bureau de Recette & le premier des trois de l'Alsace. Il comprend 321 Paroisses ou Communautés, dont les Collecteurs ou Bourgmestres remettent les deniers aux Baillifs qui sont au nombre de dix, non comprises les Villes de Colmar & de Schélestat, qui ont leurs Receveurs particuliers auxquels sont remis les deniers Royaux.

S A V O I R,

Noms des Bailliages.	Nombre des Paroiſſ.	Nombre des feux.	Impoſitions an. comm.
Ville de Colmar.	. 1	. 1877	. 33600
Ville de Schéleſtat.	. 1	. 1056	. 15000
Ville & Baill. de Betfort.	. 41	. 1767	. 35000
Seign. de Rougemont & de Maſmunſter.	. 17	. 470	. 10000
Nidermorchviller.	. 1	. 47	. 2000
Bailliage de Delle.	. 66	. 1161	. 40000
Baill. de Ferrete.	. 46	. 1774	. 88000
Baill. d'Altkire.	. 51	. 1751	. 92000
Baill. de Tann.	. 56	. 2268	. 90000
Seign. de Bolleviller.	. 6	. 303	. 900
Baill. de Rouffach.	. 9	. 1738	. 40500
Baill. de Guebviller.	. 26	. 1218	. 18000
Total.	. 321	. 15430	. 465000

En conféquence de la regle & de la forme que nous avons ci-devant expliquées, les Baillifs & Receveurs des Villes portent les deniers de leur Recette au Receveur-Général de la Province.

Ce Bureau avoit autrefois beaucoup plus d'étendue qu'il n'en a maintenant : mais les villes de Fribourg & du Vieux-Brifac, avec environ cinquante ou foixante Paroiffes, fituées au-delà du Rhin, en ont été diftraites & rendues à l'Empereur & à l'Empire par le Traité de Rifwik.

Au moyen des différentes finances payées par les Receveurs de cette Province, tous les offices au nombre de fix, revenoient à la fomme de 370,959 livres 15 fols, ce qui faifoit pour chacun 61,826 livres 12 fols 6 deniers, & ils jouiffoient, outre leurs gages, de 20 livres de taxations pendant leur année d'exercice : mais ils ne fubfiftent plus que pour 184,800 livres, au total, qui eft le montant de leur premiere finance, payée en conféquence de l'Edit de création du mois de Septembre 1696, ce qui fait pour chacun d'eux 30,800 livres, & leurs taxations ont été réduites à 6 livres fur la Subvention, & à 4 livres fur les autres impofitions. Les finances qu'ils avoient payées pour acquérir le furplus, montant à 186,159 livres 15 fols, ayant été fupprimées & rembourfées en quittances de finances, employées dans les Etats du Roi à un pour cent.

Ce que nous venons de dire concernant les Offices de Colmar, fervira pour les deux autres Bureaux ci-après, attendu qu'ils ont toujours été traités également.

Mulhausen, petit Etat indépendant, est situé au milieu de ce Bureau. *Voyez* MULHAUSEN.

§. XXI.

Du Bureau de Strasbourg.

STRASBOURG, Capitale de la Basse Alsace, sur la riviere d'Ill, à une portée de carabine du Rhin, grande, peuplée, très-bien fortifiée, & l'une des plus célebres villes de l'Europe, fut fondée sous le nom d'*Argentoratum* par les Romains, pour servir de boulevard à leur Empire contre la Germanie.

On voit, par l'Itinéraire d'Antonin, que les grands chemins des Romains aboutissoient à cette ville, & par la notice de l'Empire, qu'ils y avoient une manufacture de toutes sortes d'armes.

Elle fut totalement détruite par Attila vers l'an 450, selon quelques Auteurs; elle fut rebâtie par Clovis le Grand, près de l'ancien Argentorate. Mais d'autres veulent que cela ait été fait par ses fils & petits-fils; ce qui est certain, c'est qu'elle étoit entiérement rétablie avant la fin du VIe. siecle, & qu'alors elle portoit le nom de Strasbourg qui lui avoit été donné par les François. Les Rois d'Austrasie y avoient un palais, & plusieurs y ont fait leur demeure.

L'enceinte de cette ville a été agrandie en différentes fois, & l'an 1374, elle a été mise dans l'état où elle est aujourd'hui, à la réserve des fortifications modernes, qui n'ont été faites que dans le XVIIe. siecle.

Sous les Rois d'Austrasie, Strasbourg étoit une ville Royale. Sous les Empereurs, elle fut ville Impériale. L'Empereur Lothaire le Saxon lui accorda en 1132, une protection plus singuliere qu'aux autres Villes Impériales, ce qui fut confirmé par une Chartre de Ferdinand II, de l'an 1629.

Maximilien I lui donna le droit de battre monnoie, & elle reçut de Sigismond celui d'une Foire franche à la St. Jean dans les années 1414 & 1436.

Vincellas, Roi des Romains, lui donna le pont du Rhin, & les Empereurs Maximilien & Rodolphe II, les Droits de péages qui se levent dessus, dont elle jouit encore aujourd'hui.

Autrefois le gouvernement étoit entre les mains des Nobles : mais les plébéiens ont pris le dessus depuis long-tems. Les Citoyens sont distribués en vingt classes, Corps de métiers ou Tribus. *Voyez* STRASBOURG.

Cette Ville ne payoit aucun tribut aux Empereurs, & n'étoit pas même tenue de leur rendre hommages, quoiqu'elle fût membre de l'Empire. Elle a passé au pouvoir de la France par la capitulation Royale de 1681,

& a été confervée dans tous fes privileges ; elle paie cependant une capitation annuelle de 70,000 livres , qui fe portent à la Recette-générale
des Finances , & ne tient que le fecond rang dans l'ordre des Bureaux des
Finances de la Province.

La Ville de Sainte-Hippolite, près Schéleftat, en faifoit ci-devant
partie : mais elle a été unie à la Lorraine par le Traité de Paris en 1718.

*Etat des Bailliages , des Paroiffes & des feux compris dans ce Bureau ,
& le montant des impofitions , année commune.*

Noms des Bailliages.	paroiffes.	feux.	Impôts.
Bailliages d'Enfisheim & Sainte-Croix.	29	1955	50000
Baill. de Ribauvillé.	30	2369	55000
Baill. du haut Landfer.	27	1469	57000
Baill. du bas Landfer.	13	778	31000
Baill. de Marckolsheim.	8	157	8400
Prévôté d'Hocbourg.	2	33	400
Comté d'Hocbourg & Rickwir.	17	1024	32000
Ville & vallée de Munfter.	1	1027	8000
Ville de Turckeim.	1	161	1600
Ville de Kaiferberg.	1	240	3200
Village d'Orfcheviller.	1	69	1900
Baill. de Ville.	18	1145	14000
Baill. du ban de la Roche.	8	172	700
Baill. du grand Chapitre.	8	1529	23000
Baill. de Baar.	5	1035	15000
Baill. de la Nobleffe.	79	4213	117000
Ville d'Obernheim.	1	802	14000
Ville de Rosheim.	1	390	6000
Village de Wefthaufen.	1	48	500
Village de Baldenheim.	1	53	500
Niderotterolt *la moitié*.	1	15	100
Villages du P. de Rohan.	3	90	700
Baill. d'Echentzwiller.	8	296	10000
Total.	264	19070	450,000

§. XXII.

Du Bureau de Landaw.

CETTE Ville, fituée fur la Riviere de Queich, enclavée dans le bas Palatinat, à 16 lieues de Strasbourg, eft une des plus anciennes Villes Impériales. Rodolphe I lui accorda de grands privileges. L'Empereur, Louis de Baviere, l'engagea l'an 1320, à l'Evêché de Spire, qui en a joui près de deux cens ans. Maximilien I la retira en 1511, la joignit à la Préfecture d'Haguenau, & céda en 1517, par forme d'engagement, aux Bourgmeftres & Sénat de la Ville, moyennant 12,000 florins, les Droits de fupériorité, Bailliages, Offices, Tailles, Fiefs, Jurifdiction, Cens, Droits Régaliens, & autres Droits que l'Empereur & l'Empire avoient dans ladite Ville. Elle fut unie à la France par arrêt du Confeil d'Alface, l'an 1680. Le Roi y fit faire enfuite de belles fortifications. L'Empereur Jofeph, en fit le fiege en perfonne, & la prit en 1702, & les François la reprirent en 1703. Les Impériaux y rentrerent l'année fuivante: mais elle fe foumit de nouveau aux François en 1713.

Les Allémands prétendoient que cette Ville, étant hors de l'Alface, devoit être reftituée à l'Empire : mais elle a été cédée aux François par le Traité de Baden, en l'année 1714, avec fes dépendances confiftant dans trois Villages, qui compofent fon territoire.

Ce Bureau qui ne tient que le troifieme rang, étoit autrefois plus confidérable qu'il ne l'eft maintenant : mais tout le Bailliage de Guermesheim ayant été cédé, par la paix de Rifwik, à la Maifon Palatine, à celle de Baden & à l'Evêque de Spire, il fe trouva fi foible qu'il fallut faire une nouvelle répartition des paroiffes de la Province ; pour le mettre au niveau des autres, fuivant qu'il eft d'ufage en pareil cas, ainfi que nous l'avons ci-devant rapporté. Il comprend préfentement 350 paroiffes renfermées en 35 Bailliages.

S A V O I R.

Noms des Bailliages.	paroiſſes.	feux.	Impôts.
Landaw.	3	829	1800
Dachftem.	17	1066	38700
Ilkrick.	8	731	19900
Muzicq.	13	634	10540
La Wantzenaw & Weyfersheim.	5	810	31800
Benfeld.	26	1645	48260
Total.	72	5715	151000

Noms des Bailliages.	paroisses.	feux.	Impôts.
Ci-joint.	72	5715	151000
Wancloon.	8	629	23590
Dabo.	6	151	3200
Marmoutier.	9	348	7500
Kochesberg.	27	627	27300
Saverne.	9	506	11200
S. Jean des Choux. . .	2	52	2000
Terweiller.	3	190	1400
Bischweiller.	3	311	5400
Haguenau & dépendances.	1	551	10000
Baill. d'Haguenau. . .	38	1461	58200
Neubourg.	2	108	4900
Oberbroon.	13	293	12000
La petite Pierre. . . .	25	378	4000
Sept Bailliages du Comte d'Hanau.	88	4282	117000
Flekenstein.	27	907	15600
Weisfembourg. . . .	1	485	7000
Kurfenhaufen. . . .	5	116	1000
Horbourg.	2	30	600
Schoneek.	6	213	1350
Remoffen.	1	130	1800
Ingersheim.	1	27	660
Ricgels.	1	55	1340
Total.	350	17565	464080

ALTENA, ou ALTONA, *grande Ville d'Allemagne, fur l'Elbe.*

CETTE ville eft fituée dans la Province de Stormarie un peu au-deffous de Hambourg. Elle appartient au Roi de Danemarck. On y tolere toutes les Religions. Cette tolérance jointe aux Priviléges que lui ont accordé le Roi de Danemarck & le Czar, y fait fleurir le Commerce & l'induftrie. Chriftian VI y établit un Gymnafe; & en 1740 on y conftruifit un Théâtre Anatomique.

TRAITÉ D'ALTENA

Entre le Roi de Danemarck & le Duc de Holstein-Gottorp.

En 1689.

CE Traité dont il suffit de donner ici la substance, fut conclu le 20 Juin 1689, par la médiation & sous la garantie de l'Empereur Léopold & des Electeurs de Saxe & de Brandebourg. Il termina les premiers différens qui éclaterent entre la Cour de Coppenhague & celle de Gottorp, après la Pacification de Nimegue. Il rappelloit & maintenoit dans toute leur force les Traités de Roschild, de Coppenhague, de Fontainebleau & de Lunden.

Le Roi de Danemarck y renonçoit à l'hypotheque & aux droits qu'il prétendoit avoir sur le Bailliage de Trittau.

Le Prince George, que les Médiateurs se chargeoient de dédommager sans qu'il en coûtât rien à la Couronne de Danemarck, renonçoit aussi à toutes ses prétentions sur l'Isle de Fehmeren & sur les Bailliages de Tremsbuttel & de Heinhorst.

Ce Traité fut interprété diversement par les deux Princes qui partageoient la Souveraineté des Duchés de Sleswick & de Holstein; d'où naquit une nouvelle guerre entr'eux.

Voyez HOLSTEIN, SLESWICK & TRAVENDAL.

ALTENBOURG, *Ville & Principauté d'Allemagne, en Saxe.*

ALTENBOURG, située sur la Pleisse, à cinq lieues de Leipsic, est la capitale d'une Principauté de ce nom, dont la souveraineté appartient à la Maison de Saxe-Gotha, mais dont celle de Saxe-Cobourg possede quelques parties, à-peu-près le quart. C'étoit, dans les anciens temps, une ville Impériale qui s'appelloit Pleissenbourg, & étoit la capitale du Pleissen-land, ou pays, situé sur la Pleisse, & une résidence même assez fréquente de quelques-uns des Empereurs; mais dès le commencement du XIVᵉ siecle un Marckgrave de Misnie s'en empara & changea son nom. Elle a un château, une maison de l'Ordre Teutonique, un Collége académique, une fondation pour subvenir à l'éducation d'un certain nombre de pauvres filles de qualité, & une maison d'orphelins. Le pays d'Altenbourg produit beaucoup de grains & de fourrages, & il nourrit sur-tout de bons chevaux. Il a des mines de fer, de cuivre & de vitriol, & de belles forêts. La Pleisse & la Saale en sont les principales rivieres.

ALTESSE,

A L T E S S E, f. f. *Titre d'honneur qu'on donne aux Princes.*

LES Rois d'Angleterre & d'Espagne n'avoient point autrefois d'autre titre que celui d'*Alteße.* Les premiers l'ont conservé jusqu'au temps de Jacques I, & les seconds jusqu'à Charles V.

Le Prince de Condé est le premier qui ait pris le titre d'*Alteße Séréniſſime,* & qui ait laiſſé celui de ſimple *Alteße* aux Princes légitimés.

Le Duc Souverain de Bouillon a le titre d'*Alteße Séréniſſime.*

On donne en Allemagne aux Electeurs, tant eccléſiaſtiques que ſéculiers, le titre d'*Alteße Electorale;* & les Plénipotentiaires de France à Munſter, donnerent par ordre du Roi le titre d'*Alteße* à tous les Princes Souverains d'Allemagne.

Le titre d'*Alteße Royale* ſe donne aux enfans, aux freres & aux ſœurs des Rois. C'étoit auſſi autrefois le titre du Grand-Duc de Toſcane, & celui du Duc de Savoie, à cauſe de ſes prétentions ſur l'Iſle de Chypre.

En 1633, lorſque le Cardinal Infant paſſa par l'Italie pour aller aux Pays-Bas, ſe voyant ſur le point d'être environné d'une multitude de petits Princes d'Italie, qui tous affectoient le titre d'*Alteße,* avec leſquels il étoit chagrin d'être confondu, il fit enſorte que le Duc de Savoie convînt de le traiter d'*Alteße Royale.* Gaſton de France, Duc d'Orléans & frere de Louis XIII étant alors à Bruxelles, & ne voulant pas ſouffrir qu'il y eût de diſtinction entre le Cardinal & lui, puiſqu'ils étoient tous deux fils & freres de Rois, prit auſſi-tôt la même qualité; & à leur exemple, les fils & petits-fils de Rois en France, en Angleterre, & dans le Nord, ont auſſi pris ce titre. C'eſt ainſi que l'ont porté Monſieur Philippe de France, frere unique du Roi Louis XIV & ſon fils Philippe, Régent du Royaume, ſous la minorité du Roi; & l'on donna auſſi le titre d'*Alteße Royale* à la Princeſſe ſa Douairiere : au lieu qu'on ne donne que le titre d'*Alteße Séréniſſime,* aux Princes des Maiſons de Condé & de Conti.

On ne donne point le titre d'*Alteße Royale* au Dauphin de France, à cauſe du grand nombre de Princes qui le prennent; cependant Louis XIV agréa que les Cardinaux en écrivant à Monſeigneur le Dauphin, le traitaſſent de *Séréniſſime Alteße Royale,* parce que le tour de la phraſe italienne, veut que l'on donne quelque titre en cette langue, & qu'après celui de *Majeſté,* il n'y en a point de plus relevé que celui d'*Alteße Royale.*

La Czarine Eliſabeth, en déſignant pour ſucceſſeur au trône de Ruſſie, le Prince de Holſtein, lui donna le titre d'*Alteße Impériale.*

Les Princes de la Maiſon de Rohan, en France, ont auſſi le titre d'*Alteße;* & ceux d'entr'eux qui ſont Cardinaux, prennent le titre d'*Alteße Eminentiſſime.*

Tome III.   D d d d

A L T - R A N S T A D T, *Village de Saxe dans l'Evêché de Merſebourg,
entre Leipſic & Lutzen, avec une Seigneurie.*

CEST dans ce village que Charles XII, Roi de Suede, avoit ſon quar-
tier-général en 1706, lorſqu'il força, par le fameux Traité d'Alt-Ranſtadt,
l'Electeur de Saxe Auguſte II, élu Roi de Pologne, à abdiquer cette Couronne en faveur de Staniſlas. En 1707, il obligea l'Empereur, par une
Convention conclue au même endroit, à accorder, conformément à la Paix
de Weſtphalie, le libre exercice de Religion aux Proteſtans de Siléſie &
à leur reſtituer les Egliſes & les Ecoles qu'on leur avoit enlevées.

Voici une traduction fidele de ce Traité & de cette Convention dont les
originaux ſont en Latin.

T R A I T É D E P A I X

Entre les Rois de Suede & de Pologne,

A Alt-Ranſtadt, les 14 (24) Septembre 1706.

AU NOM DE LA SAINTE TRINITÉ.

„COMME il s'eſt allumé, pendant que le très-Haut, très-Excellent &
très-Puiſſant Prince Frédéric-Auguſte, Roi & Electeur de Saxe, tenoit le
Sceptre de Pologne, une guerre ſanglante qui trouble & déſole déja dans
la ſeptieme année non-ſeulement les Royaumes de Suede & de Pologne,
mais auſſi l'Electorat de Saxe, & pendant le cours de laquelle il eſt arrivé
une telle révolution que la République de Pologne, après une Sciſſion,
a élu pour Roi le très-Haut, très-Excellent & très-Puiſſant Prince Staniſlas premier, & fait, pour le ſoutenir ſur le Trône, une Alliance avec le
très-Haut, très-Excellent & très-Puiſſant Prince Charles XII, Roi de Suede;
par où la guerre ſembloit devoir prendre de nouvelles forces & jetter ſa
flamme encore plus loin; mais qu'il eſt néanmoins arrivé par la bonté Divine que les parties touchées d'un déſir ſincere d'éteindre par la Paix le
funeſte embraſement d'une ſi cruelle guerre, y ont concouru avec un empreſſement égal; de ſorte qu'il y a été nommé de part & d'autre des Plénipotentiaires pour en traiter; ſavoir, de la part du Roi de Suede, le
Sieur Comte Charles Piper, Sénateur de Sa Majeſté, Grand-Maître de ſa
Maiſon, Conſeiller en ſon Conſeil de la Chancellerie, & Chancelier de
l'Académie d'Upſal, & le Sieur Olof Hermelin, Secrétaire d'Etat de Sa Majeſté: De la part du Roi de Pologne comme Allié de Sa Majeſté de Suede,
le Sieur Jean Staniſlas, Comte Jablonoski, Palatin & Général du Palatinat

de Ruffie; & le Sieur Alexandre-Paul , Comte Sapieha & Grand-Maréchal du Grand Duché de Lithuanie : Et de la part du Roi & Electeur de Saxe ; le Sieur Antoine Albrecht , Baron d'Imhof, Conseiller-Privé , & Préfident de la Chambre ; & le Sieur George-Erneſte Pfingſten, Référendaire du Conſeil-Privé : ces Plénipotentiaires s'étant aſſemblés dans le camp du Roi de Suede , & ayant fait l'échange de leurs pouvoirs, ſont enfin , par la grace de Dieu , parvenus au but ſi long-temps ſouhaité de rétablir la paix & l'amitié réciproque, aux conditions ſuivantes. "

„ I. Il y aura une paix perpétuelle, & amitié ſincere entre le très-Haut, très-Excellent, & très-Puiſſant Prince Charles XII , par la grace de Dieu, Roi de Suede , des Goths & des Vandales, Grand-Prince de Finlande , Duc de Scanie , d'Eſthonie, de Livonie, de Carelie, de Bremen, de Vandalie , Prince de Rugen , Seigneur d'Ingrie & de Viſmar; Comte Palatin du Rhin ; Duc de Baviere, de Juliers, de Cleves, & de Berguen , &c. &c. & les Rois ſes Succeſſeurs , le Royaume de Suede , ſes Etats & Provinces. Et auſſi entre l'Allié de Sadite Majeſté , le très-Haut, très-Excellent , & très-Puiſſant Prince Staniſlas premier, par la grace de Dieu Roi de Pologne, Grand-Duc de Lithuanie , de Ruſſie , de Pruſſe , de Maſovie , de Samogitie , de Kiovie , de Volhinie , de Podolie , de Podlachie , de Livonie , de Smolensko , de Severie , de Czernikovie , &c. &c. & ſes Succeſſeurs Rois de Pologne , & Grands-Ducs de Lithuanie , leurs Etats & Provinces d'une part ; & de l'autre, entre le très-Haut, très-Excellent , & très-Puiſſant Prince Frédéric-Auguſte , par la grace de Dieu, Roi , Duc Héréditaire de Saxe, Archi-Maréchal & Electeur du Saint Empire, Landgrave de Thuringue , Marquis de Miſnie & de la haute & baſſe Luſace, Bourg-Grave de Magdebourg, &c. &c. & ſes héritiers & ſucceſſeurs. En conſéquence de quoi ils feront ceſſer toutes hoſtilités entr'eux, & promettent de ne rien faire , par eux-mêmes ni par d'autres, ſecrétement ni ouvertement, directement ni indirectement pour s'entre-nuire; de ne donner aucun ſecours l'un contre l'autre ſous quelque prétexte que ce puiſſe être , ni conclure avec d'autres aucun Traité contraire à celui-ci; mais plutôt de chercher & de faire dorénavant tout ce qui peut contribuer mutuellement à leur honneur & avantage , & à l'entretien d'une bonne intelligence & amitié fidelle. "

„ II. Il y aura un oubli éternel de tous les dommages ſoufferts de part & d'autre à l'occaſion de cette guerre : de ſorte qu'on ne pourra ſe reſſentir des choſes paſſées en aucune maniere , ſoit par paroles, par la voie de fait, ou ſous prétexte de droit ; ni demander l'un à l'autre aucune ſatisfaction pour les dépenſes de la guerre ou autres pertes faites à ſon occaſion. "

§. 1. Ne ſera permis à aucun particulier d'intenter action pour des biens confiſqués pendant la guerre, ſauf néanmoins le contenu de l'Article VI de ce Traité.

„ III. Et afin de couper juſqu'à la racine de cette funeſte guerre, le Séréniſſime Prince Frédéric-Auguſte , Roi & Electeur de Saxe, pour l'amour

de la Paix renonce dès-à-préfent pour jamais à la Couronne de Pologne &
à tous fes droits & prétentions fur ce Royaume, le Grand-Duché de Lithuanie & les Provinces qui en dépendent : Déclare de plus & reconnoît
folemnellement en vertu de cette tranfaction le Séréniffime Prince Staniflas premier pour véritable & légitime Roi de Pologne & Grand-Duc de
Lithuanie ; de maniere qu'il ne pourra jamais ni pendant la vie dudit Roi,
ni après fa mort, former aucune prétention fur lefdits Royaume, Grand-
Duché & Provinces en dépendantes. "

§. 1. Mais on eft convenu que le Séréniffime Roi & Electeur de Saxe
pourra retenir pendant fa vie le nom & les honneurs de Roi ; fans néanmoins fe fervir des armes ni du titre de Roi de Pologne.

,, IV. Le Séréniffime Roi & Electeur promet en outre de notifier cette
abdication aux Etats de la République de Pologne par un Diplôme en bonne
forme, lequel fera remis entre les mains du Séréniffime Roi de Suede dans
l'efpace de fix femaines à compter du jour de la fignature de ce Traité.
Abfout cependant & décharge dès-à-préfent & par cette Convention, tant
lefdits Etats en général que chaque habitant de Pologne & de Lithuanie
en particulier, du ferment de fidélité par lequel ils ont été jufqu'ici engagés envers lui, & leur permet de paffer fous l'obéiffance du Séréniffime
Roi Stanillas I. "

§. 1. Promet auffi de n'avoir plus avec eux aucune brigue cachée ni déclarée ; de ne recevoir, aider ni protéger aucun d'entre eux qui auroit déja
refufé ou qui pourroit à l'avenir malicieufement refufer de fe foumettre
au nouveau Roi ; & de ne rien tramer ni entreprendre avec eux ou avec
d'autres qui foit contraire à ce Traité, ou au préjudice du Séréniffime Roi
Stanillas & de la République de Pologne.

,, V. Renonce de plus à tous les Traités qu'il peut avoir avec d'autres Puiffances contre les Séréniffimes Rois & les Royaumes de Suede
& de Pologne ; & particulièrement à ceux qu'il a faits avec le Czar
de Mofcovie contre lefdits Rois & Royaumes, foit avant ou durant la
guerre. "

§. 1. N'envoiera plus aucun fecours audit Czar de Mofcovie ; ainfi rappellera tous les Saxons, qui lui ayant été ci-devant fournis font encore
en fon fervice.

,, VI. Caffe & annulle tous les Décrets & Statuts nommés vulgairement
Lauda ; & fpecialement ceux qui ont été faits dans la Diete de Varfovie,
dans les affemblées de Marienbourg, de Thorn, d'Elbingue, de Javaro-
vie, de Sendomir, de Cracovie, de Breft, d'Olchinie, de Grodno & autres, même dans la Diete de Lublin, entant qu'ils fe trouvent contraires
au préfent Traité ; & de plus toutes les confifcations de biens, privations
de charge, Arrêts & Sentences en contumace prononcées depuis le 5 (15) Février 1704. "

§. 1. Il fera libre au Séréniffime Roi de Pologne d'ôter ou de conferver les charges & dignités, tant Eccléfiaftiques que Séculieres à ceux que le Séréniffime Roi & Electeur en a gratifiés depuis ledit jour.

„ VII. Seront délivrés audit Roi immédiatement après la ratification de cette Paix, les Couronnes de Pologne & autres marques de la Royauté, enfemble les Archives du Royaume qui ont été tranfportées en Saxe, avec les pierreries & autres ornemens de la Couronne. "

„ VIII. Seront en même-temps remis en liberté & menés d'une maniere décente au Camp du Roi de Suede, les Princes Jacques & Conftantin, après avoir promis par écrit de ne point offenfer ni fe venger de ce qu'ils ont fouffert pendant la guerre & leur détention. "

§. 1. Le Séréniffime Roi & Electeur promet de payer au Prince Jacques la fomme qu'il lui doit par fon obligation, & de la faire inceffamment li-quider.

„ IX. Seront pareillement remis en liberté tous les Polonois & Lithua-niens, de quelque qualité ou condition qu'ils puiffent être, qui ont été em-menés en Saxe, & qui, par ordre du Séréniffime Roi & Electeur, font gardés prifonniers là ou ailleurs. Ledit Roi & Electeur promet auffi d'em-ployer fes bons offices auprès du Pape pour obtenir au plutôt l'élargiffement de l'Evêque de Pofnanie. "

„ X. Seront relâchés de même fans rançon, dès après la ratification, tous les Suédois de quelque qualité & condition qu'ils puiffent être, qui ont été pris pendant cette guerre & qui font au pouvoir dudit Roi & Electeur en quelque lieu qu'ils fe trouvent : & Sa Majefté de Suede fera relâcher en même-temps, auffi fans rançon, autant de Saxons, & en outre tous les Généraux & autres Officiers de guerre. Mais à l'égard du furplus des fol-dats il fera libre à Sa Majefté de les retenir & les employer dans fes trou-pes, de même que ceux qui y ont ci-devant pris parti. "

§. 1. Ceux des Officiers de part & d'autre qui ont fait des dettes pendant leur captivité, ne feront remis en liberté qu'après les avoir payées ou donné caution.

„ XI. Seront délivrés à Sa Majefté de Suede tous les déferteurs & traî-tres qui fe trouveront en Saxe, foit Suédois, ou natifs des Provinces de la domination Suédoife, & nommément Jean Reinholdt Patkul, lequel en attendant fera étroitement gardé. "

„ XII. Seront en outre remis au pouvoir de Sadite Majefté comme pri-fonniers de guerre tous les Soldats Mofcovites qui font encore dans l'Electo-rat de Saxe. "

„ XIII. Toutes les Enfeignes militaires, comme drapeaux, timbales, ca-nons, & autres de cette nature qui ont été prifes fur les Suédois, & pour-roient fervir de trophées, feront rapportées & reftituées fans aucune excufe ni chicane. "

„ XIV. Et comme le Colonel Gorz, que Sa Majefté de Suede a reçu en fon fervice, a été pendant fon abfence & fans avoir été entendu, noté d'une fentence infamante ; elle fera comme non avenue, fans que fon honneur & fa réputation en foit aucunement altérée."

„ XV. Comme la diftance des lieux demande quelque-temps pour la ratification de cette Paix, & aufli pour obtenir les Garanties ci-deffous mentionnées, il fera permis à Sa Majefté de Suede, de mettre *fes troupes en quartiers d'hyver dans l'Electorat* & *les Provinces qui y font attachées*, & d'y exiger de quoi les faire fubfifter. Les troupes Saxonnes qui font reftées dans le Pays, y auront néanmoins aufli certains Bailliages pour leur fubfiftance. Et celles qui font en Pologne y auront des quartiers éloignés de ceux des troupes Suédoifes, dans lefquels elles vivront paifiblement & fans degât, jufqu'à ce qu'après la fortie des Suédois de la Saxe elles y puiffent retourner."

„ XVI. Seront évacués en même-temps les villes & châteaux de Cracovie, & de Tykozin avec tous les autres lieux fortifiés, où il y a garnifon Saxonne, & remis avec tout le canon & les munitions de guerre qui s'y trouvent préfentement, à ceux que le Roi de Pologne aura nommés pour les recevoir. "

„ XVII. Et comme outre la ville de Leipfic déja rendue avec fon château, celle de Wittemberg reçoit aufli garnifon Suédoife jufqu'à l'exécution de la Paix ; il a été convenu qu'immédiatement après, lefdites Places feront évacuées & remifes dans leur premier état ; & l'armée Suédoife fortira de la Saxe dans un jour fixé. «

„ XVIII. Les hoftilités cefferont en Saxe, & dans les terres Electorales, du jour de la fignature du préfent Traité, mais en Pologne & en Lithuanie lorfque la connoiffance de la paix aura pu parvenir aux deux armées ; à quoi on a jugé que trois femaines pourroient fuffire. "

„ XIX. On eft fpécialement convenu que le Séréniffime Roi de Suede & le Séréniffime Roi & Electeur de Saxe, comme membres de l'Empire, protégeront la religion établie par la paix de Weftphalie, & agiront aufli de concert dans les autres affaires de l'Empire. Et afin que les Etats & habitans de Saxe, & de la Luface foient d'autant plus affurés de la confervation de la religion Evangélique chez eux, le Roi & Electeur, aux inftances du Roi de Suede comme garant de ladite paix, promet pour lui & fes Succeffeurs Electeurs de Saxe, de n'introduire ni admettre jamais dans ces Etats aucun changement à l'égard de la religion Evangélique, ni de permettre que les Catholiques y puiffent jamais avoir aucune Eglife, Ecole, Académie, College ni Monaftere. "

„ XX. Si le Séréniffime Roi & Electeur de Saxe, venoit à être attaqué pour raifon de ce Traité, foit par le Czar de Mofcovie ou par quelqu'autre, les Séréniffimes Rois de Suede & de Pologne viendront à fon fecours. "

§. 1. Ils promettent aufli que quand on viendra à faire la paix avec ledit Czar, ils auront foin de procurer audit Roi & Electeur une jufte fatisfaction fur ce qu'il pourra avoir alors à prétendre.

„ XXI. Les Séréniſſimes Rois & Princes Contractans promettent d'exécuter & d'obſerver de bonne-foi le contenu de ce Traité en tous ſes points, Clauſes & Articles. Mais pour le rendre encore plus ferme & ſtable, le Roi & Electeur de Saxe ſe charge d'en demander la garantie de Sa Majeſté Impériale, de Sa Majeſté Britannique & des Seigneurs Etats-Généraux des Provinces-Unies, & d'en fournir les inſtrumens en bonne forme, s'il ſe peut, dans l'eſpace de ſix mois à compter du jour de la ſignature du préſent Traité. Et il ſera permis au Roi de Suede de procurer, outre leſdites garanties, auſſi celles d'autres Puiſſances.

„ Et enfin ce Traité, dont on a ſigné deux exemplaires, ſera ratifié en la meilleure forme par chacune des parties contractantes dans ſix ſemaines après la ſignature. De maniere toutefois que contre une ſeule ratification de la part du Roi de Suede, & une autre de la part du Roi de Pologne, il en ſera fourni deux de la part du Roi & Electeur de Saxe, leſquelles ſeront échangées dans ledit terme au jour & lieu dont on conviendra. En foi de quoi Nous Plénipotentiaires ci-deſſus nommés, avons ſigné de nos mains & confirmé par l'appoſition du cachet de nos armes deux inſtrumens de même teneur. Fait au Village d'Alt-Ranſtadt, le 14 (24) Septembre 1706. „

.(L. S.) C. Piper.   (L. S.) Antoine Albrecht Baron d'Imhof.
(L. S.) O. Hermelin. (L. S.) George Erneste Pfingsten.

Article Séparé.

„ **C**omme le Séréniſſime Roi & Electeur de Saxe a promis par l'Article 21 du Traité principal de procurer les garanties qui y ſont mentionnées, & qu'il pourroit cependant arriver qu'il ne pût les obtenir toutes, ou du moins qu'il ne pût les fournir dans le temps fixé, on eſt convenu que le Traité n'en demeurera pas moins dans toute ſa force & vigueur, ſans que cela puiſſe aucunement déroger à ſa validité. „

„ Nous Plénipotentiaires nommés au Traité principal, déclarons que cet Article aura la même force & valeur que s'il étoit inſéré dans le corps dudit Traité ; & qu'il ſera ratifié dans le même temps. Et en avons ainſi ſigné & confirmé par les cachets de nos armes deux exemplaires de même teneur. Fait au Village d'Alt-Ranſtadt, le 14 (24) Septembre 1706. „

(L. S.) C. Piper.   (L. S.) Antoine Albrecht Baron d'Imhof.
(L. S.) O. Hermelin. (L. S.) George Erneste Pfingsten.

Réflexions fur ce Traité & fes fuites.

Le Traité qu'on vient de lire eft un monument de la profpérité de Charles XII, qu'on ne confidere point fans applaudir à la fortune pour les difgraces qu'elle fit effuyer à ce Monarque impérieux qui, fier de la force
de fes armes, s'arrogeoit le droit de difpofer à fon gré des Couronnes. Il
avoit agi prudemment en conduifant les Suédois en Saxe, & il parvint à
fon but ; mais il foutint mal cette démarche hardie ; il avoit fu prendre
l'unique moyen de mettre la Couronne de Pologne fur la tête de Staniflas, & ne vit pas l'unique moyen qui pouvoit la lui conferver. Le Traité
d'Alt-Ranftadt devoit être immédiatement fuivi du retour de Charles en
Pologne. La fidélité d'Augufte aux conditions qu'il lui impofoit, dépendoit
de fa promptitude à y faire foufcrire les Polonois, & à les faire ratifier
par le Czar de Ruffie. Tandis qu'il perdoit un temps précieux à jouir du
plaifir barbare de faire reconnoître le Roi qu'il mettoit fur le Trône par
celui qu'il détrônoit ; tandis qu'il s'arrêtoit à mortifier l'Empereur, à bra-
ver l'Empire, à vuider le procès des Miniftres Luthériens avec les Curés
Catholiques de Siléfie (comme l'attefte la convention rapportée ci-après);
les troupes Ruffiennes s'accoutumoient à tenir tête aux Suédois, & les
adverfaires de Staniflas, groffiffant leur nombre, & revenant de leur
abattement, fe mettoient en état de lui enlever une Couronne mal-affer-
mie fur fa tête.

Quoiqu'il en foit, Frédéric-Augufte fe trouva dans le cas de ne point
héfiter fur un prompt accommodement, quelles qu'en duffent être les conditions. Déja le Comte Piper (*) avoit fait infinuer au Duc de Saxe-Gotha, que l'occafion fe préfentoit de faire relever la poftérité de Jean-Frédéric du ban auquel Charles-Quint avoit mis cet Electeur. Ni l'Empereur, ni l'Empire n'étoient en état de rejetter les inftances que Charles XII
en auroit faites ; & ce dernier n'avoit befoin que de menacer pour réduire
le Roi Electeur au Marquifat de Mifnie. Finften, Plénipotentiaire d'Augufte, jugea le danger trop preffant pour contefter fur les articles qu'il
plut au vainqueur de dicter. L'étendue de fes pouvoirs, qui étoient fans
bornes, prouve que fon maître n'en mettoit point à fa déférence aux volontés de fon ennemi. Il figna pour lui fa renonciation fans retour à la
Couronne de Pologne, pour être valable, même après la mort de Staniflas,
qu'il reconnoiffoit pour Roi légitime. Il défavoua, & abjura tous les Traités relatifs à cette guerre, & fur-tout ceux qu'il avoit faits avec le Czar.
Il promit de renvoyer avec honneur au Camp d'Alt-Ranftadt les Princes Sobieski, qui avoient été enlevés en Siléfie, avec plus de hardieffe que de

_____

(*) L'Anecdote fe fait du Miniftre Finften lui-même, qui en produifit les preuves à
celui auquel il la donna.

juftice,

juſtice, lorſqu'on parloit de mettre l'aîné ſur le Trône. Enfin, il s'engagea de livrer tous les Sujets de la Suede, paſſés au ſervice de Saxe, & nommément Jean Palkul, alors Général dans les armées du Czar, & Ambaſſadeur de ce Prince auprès d'Auguſte.

. Toutes les Puiſſances de l'Europe, à l'exception du Pape & du Czar, garantirent ce Traité. La terreur des armes Suédoiſes, étoit ſi grande chez celles qui faiſoient alors la guerre pour la Succeſſion d'Eſpagne, que du fond de la Saxe, Charles marquoit les opérations de leurs armées. Il menaça d'entrer dans les Pays héréditaires de l'Empereur, ſi Toulon étoit enlevé à la France, & il n'en fallut pas davantage pour réduire le ſiege projetté de cette importante Place à un blocus infructueux. Charles fut juſqu'au 8 de Juillet de l'an 1709, l'Arbitre, le Maître de l'Europe. La malheureuſe journée de Pultawa, qui le mit au nombre des fameux téméraires, lui enleva le fruit de neuf années de proſpérités.

Mais pour nous en tenir à ce qui concerne le Traité d'Alt-Ranſtadt, le Roi Auguſte profita de l'occaſion que la fortune lui offroit, de ſe relever du coup terrible que Charles lui avoit porté. Il fut ſecondé par une Bulle du Pape, qui, ne voyant qu'à regret la Pologne ſoumiſe à un Prince élu par l'ordre d'un Luthérien, diſpenſa Auguſte de ſes ſermens & lui permit de violer, en ſûreté de conſcience, la fidélité due au Traité de 1706. Fortifié des diſpenſes du ſouverain Pontife, ce Prince rentra en Pologne à la tête d'un corps de troupes Saxonnes. Mais, peu perſuadé ſans doute de la validité des abſolutions de Rome, il crut devoir à ſon honneur le deſaveu des Plénipotentiaires d'Alt-Ranſtadt. Ainſi, Finſten, à qui il devoit de n'avoir pas perdu ſon Electorat avec ſon Royaume, fut la victime des circonſtances, ou plutôt de l'ingratitude de ſon Maître, qui le traitant au moins en apparence, comme un traitre, le confina ſur un rocher où il finit ſes jours. Staniſlas fut forcé de céder à ſon tour la Couronne à ſon rival.

Voyez ci-devant ABDICATION.

CONVENTION

Entre l'Empereur & le Roi de Suede.

À Alt-Ranſtadt, le 1 Septembre 1707.

On promet de la part de Sa Sacrée Majeſté Impériale, que,

„ I. LE libre exercice de la Religion, accordé par la Paix d'Oſnabrug aux Princes, Comtes, Barons & Nobles de Siléſie qui ſont de la Confeſſion d'Auſbourg, à leurs Sujets, & aux Villes, Fauxbourgs, Villages & Lieux qui en dépendent, leur ſera, non-ſeulement conſervé ſans trouble, ni empêchement, mais aussi on redressera ce qui se trouvera avoir été innové contre le sens naturel du Traité."

„ §. 1. Les temples & les écoles des Principautés de Lignits, Briga, Monsterberg, & Oelsna, comme aussi de la Ville de Wratislau, & des autres Lieux qui en dépendent, qui ont été ôtés depuis la Paix de Westphalie, soit qu'on les ait appliqués aux usages de l'Eglise Catholique, ou qu'on les ait simplement fermés, seront rendus à ceux de la Confession d'Ausbourg, avec tous les Droits, Privileges, Rentes, Fonds & Biens qui y sont attachés, & qui y appartiennent, & cela dans six mois au plus tard, ou même plutôt. "

„ §. 2. Il sera libre aux églises qui ont des temples bâtis proche des murs des villes de Swinits, de Jawerin, & de Glogau, non-seulement d'y entretenir autant de Prêtres qu'il en sera besoin pour le Service Divin, mais aussi de construire & avoir proche de ces temples des écoles pour l'éducation de la jeunesse. "

„ §. 3. Dans les lieux où l'exercice public de la Religion est interdit à ceux de la Confession d'Ausbourg, il ne sera défendu à personne de vaquer au Culte Divin paisiblement & tranquillement, chacun en sa maison, pour soi & ses enfans, ses domestiques, & les étrangers qui y sont logés, non plus que d'envoyer ses enfans en des écoles étrangeres de la même Religion, ou de prendre chez soi des Précepteurs particuliers pour les enseigner. On ne contraindra non plus, qui que ce soit de la Confession d'Ausbourg en Silésie, d'assister au Service divin des Catholiques, de fréquenter leurs Ecoles, d'embrasser leur Religion, ou de se servir des Curés Catholiques pour les fonctions Ecclésiastiques, comme dans les mariages, baptêmes, funérailles, communion aux Sacremens, & autres semblables. Mais il sera libre à un chacun de se transporter aux lieux voisins, où il y a exercice public de la Religion, selon la Confession d'Ausbourg, soit dedans ou hors de la Silésie, & d'y employer les Ministres du lieu, conformément à l'ancien usage. Et de même on n'empêchera point les Prêtres de la Confession d'Ausbourg, lorsqu'ils y seront appellés, d'aller visiter les malades de leur Religion, qui demeurent dans la Jurisdiction des Catholiques, ni d'assister les prisonniers condamnés à mort, en communiquant avec eux, les conduisant & les consolant. "

» §. 4. Les Nobles & autres de la Religion Catholique, qui demeurent dans les Paroisses de la Confession d'Ausbourg, ou qui y ont des biens en fonds, seront obligés de payer au Ministre les dimes & autres rentes affectées au Pastorat. «

» §. 5. On ne donnera point aux pupilles & orphelins qui sont nés de parens évangéliques, (de quelque sexe & condition qu'ils soient) des Tuteurs ou Curateurs de Religion différente; moins encore les obligera-t-on à entrer dans des Couvens, pour y être instruits dans les principes de la Religion Catholique. Et comme la tutelle & l'éducation des enfans, appartient de Droit naturel aux meres, il leur sera permis, lorsqu'il n'y aura point de Tuteurs ou de Curateurs légitimes ou testamentaires, d'en chercher d'autres qui soient de la Confession d'Ausbourg, & de se les adjoindre. «

» §. 6. Lorsqu'il surviendra quelque affaire pour cause de Réligion, il ne sera donné aucun mandement d'exécution par aucun Président, ou par aucun Juge inférieur, avant que celui à qui le procès sera intenté, ait pu s'adresser à la Régence suprême de Silésie, ou à Sa Majesté Impériale elle-même, pour y demander justice. C'est pourquoi, il sera permis aux Etats de la Confession d'Ausbourg, de tenir & entretenir, à leurs frais, des Procureurs & Mandataires, à la Cour Impériale. «

» §. 7. Les causes matrimoniales & les autres concernant la Religion, ou ne seront point portées au Consistoire Catholique, ou y seront décidées par les Canons reçus dans la Religion de la Confession d'Ausbourg. Et à l'égard des Principautés, dans lesquelles il y avoit des Consistoires de la Confession d'Ausbourg, du temps de la Paix de Westphalie, ils y seront rétablis selon l'ancien usage, & décideront lesdites causes, sauf par-tout l'appel au Souverain. «

» §. 8. En outre, aucune des Eglises ou Ecoles, où l'exercice de la Religion de la Confession d'Ausbourg a été maintenu jusqu'à présent, ne pourra être supprimée, soit qu'elle dépende de la collation de l'Empereur ou d'autres Patrons Catholiques, mais elles seront conservées & protégées, avec leurs Pasteurs & Maîtres d'Ecoles. Quant au droit de nommer les Prêtres & Ministres de la Confession d'Ausbourg, pour le service des Eglises & des Ecoles, il appartiendra sain & entier aux Patrons desdites Eglises, sans pouvoir y être empêchés par les contradictions des Catholiques, qui pourroient y avoir un droit commun, & en cas qu'ils tergiversent & ne se déclarent pas dans le temps accoutumé, l'Université pourra appeller tels Prêtres ou autres Maîtres d'Ecole qu'elle jugera convenables, toutefois sans préjudice du droit du Patron. «

» §. 9. Les Nobles, ni les Vassaux & Sujets, de la Confession d'Ausbourg, ne seront point exclus des charges publiques, quand ils y seront propres ; on ne les molestera point, ni on ne les empêchera point de vendre leurs biens, & de se retirer en Pays étranger, quand cela sera licite, selon qu'il est plus amplement expliqué par la Paix de Westphalie. «

» §. 10. Sa Sacrée Majesté Impériale ne refusera point de donner lieu, suivant le désir de la Paix de Westphalie, aux interventions & intercessions amiables de Sa Sacrée Royale Majesté de Suede, & des Princes & Etats de sa Religion, pour obtenir une plus grande liberté d'exercice dans ces mêmes Etats. «

» §. 11. Pareillement Sa Majesté Impériale ordonnera, dans les formes accoutumées, non-seulement que ce qui a été ici convenu & arrêté soit mis à exécution au temps marqué, mais aussi que tous & chacun des articles ici compris, soient observés & accomplis exactement & de bonne-foi, en tout temps ; attendu qu'il leur eſt attribué, dès-à-préſent & pour toujours, une force de loi inaltérable par aucuns mandemens ou reſcrits contraires. Finalement Sa Majeſté Impériale promet que le Miniſtre de Suede pourra veiller à l'exécution d'iceux, & pour cet effet communiquer avec ceux qui agiront dans l'affaire. «

» II. Comme Sa Royale Majeſté de Suede a déclaré, d'avoir extrêmement à cœur les intérêts de la Séréniſſime Maiſon de Holſtein-Gottorp, Sa Sacrée Majeſté Impériale promet, qu'après une préalable connoiſſance du fait, & après en avoir été duement requiſe, de la part de ladite Maiſon Ducale, elle donnera dans quatre mois la confirmation de la Convention de l'an 1647, par laquelle le Chapitre de Lubec promit de prendre ſes Evêques & ſes Coadjuteurs dans ladite Séréniſſime Maiſon, juſqu'à la ſixieme génération incluſivement. «

» §. 1. De plus, Sa Majeſté Impériale déclare, qu'elle eſt favorablement diſpoſée, pour la continuation du Droit de Primogéniture ſelon l'ordre introduit dans la Maiſon de Holſtein-Gottorp par le Duc Jean Adolphe, le 9 Janvier 1608, entant qu'il a été confirmé ſucceſſivement par tous les Empereurs. Tellement que, non-ſeulement, Sa Majeſté Impériale veut confirmer dans la meilleure forme uſitée à la Cour Impériale, la Convention ci-deſſus mentionnée, & cet ordre ſi ſouvent affermi, mais auſſi conſerver dans toute ſa vigueur, à la Séréniſſime Maiſon de Holſtein-Gottorp, le droit qui lui eſt acquis par-là, ſans permettre qu'il ſoit jamais rien ſtatué au contraire. «

» III. Sa Sacrée Majeſté Impériale remet à Sa Sacrée Royale Majeſté de Suede, tout ſubſide militaire ou pécuniaire, & tout autre contingent à quoi elle pourroit être obligée envers Sa Majeſté Impériale & l'Empire, à cauſe de ſes Provinces Germaniques, en vertu du décret de guerre contre la France, tant pour le paſſé que pour le préſent & durant tout le cours de ladite guerre ; ſans que, pour ce ſujet, Sa Majeſté Royale de Suede, ſes Succeſſeurs ou le Royaume de Suede, & ſeſdites Provinces Germaniques, puiſſent être troublées, ni moleſtées en aucun temps, ni ſous quelque prétexte que ce ſoit : tout autre engagement ou obligation dont ſes Provinces ſont tenues, ou pourront être tenues à l'avenir envers Sa Majeſté Impériale & l'Empire, demeurant néanmoins en leur entier. «

» IV. Et afin de donner plus de force à ce qui a été ici convenu, & qu'il ſoit plus aſſuré que tous & chacun des points y contenus, ſeront ſaintement & inviolablement obſervés, il demeure au pouvoir de Sa Majeſté Royale de Suede de nommer & choiſir tels Garants qu'il lui plaira. «

En foi de toutes leſquelles choſes, le Miniſtre de ſa Sacrée Majeſté Impériale, inſtruit & muni à cet effet d'un plein-pouvoir, a ſigné de ſa main, & ſcellé de ſon cachet la préſente Convention, avec promeſſe que dans le terme de deux ſemaines, à compter d'aujourd'hui, Sa Majeſté Impériale la ratifiera, & qu'il en livrera l'Acte en bonne forme. Fait au Camp Royal d'Alt-Ranstadt, le 1 Septembre 1707. (*)

(L. S.)

WENCESLAS, Comte de Wratislau.

Promesse du Roi de Suede.

NOUS CHARLES, par la grace de Dieu Roi de Suede, des Gots & des Vandales, &c. . . . . . Savoir faisons, que comme le Sérénissime & très-puissant Prince & Seigneur Joseph, Empereur des Romains, toujours Auguste, &c. . . . . . Notre très-cher Frere, Cousin & Ami, après avoir envoyé à notre camp son Conseiller-Privé & Chancelier du Royaume de Bohême l'Illustre Jean Wenceslas, Comte de Wratislau, auroit fait composer par son Ministre les différens qui étoient survenus entre nous, aux conditions amplement exprimées & comprises dans l'Acte ci-dessus passé le 22 Août (1 Septembre) dernier, lequel nous a été remis par ledit Ministre, signé de sa main, & que nous ne sommes pas moins disposés à entretenir & affermir l'ancienne Alliance que nous avons avec Sa Majesté Impériale & l'Auguste Maison d'Autriche, & à prévenir toutes les occasions d'inimitié qui pourroient arriver dans la suite, nous avons voulu déclarer & certifier, comme nous déclarons & certifions sincérement & de bonne foi par les Articles suivans :

„ I. Que nous entretiendrons fidélement & inviolablement la Paix d'Osnabrug, comme une Loi commune & perpétuelle entre nous, sa Sacrée Majesté Impériale & l'Empire Romain. Que nous conserverons sincérement l'amitié avec sa Sacrée Majesté Impériale, & que comme nous avons reçu satisfaction sur les différens derniérement arrivés entre nous; de même nous abolissons toutes les prétentions que nous pouvions avoir à ce sujet, voulant qu'elles demeurent ensevelies dans un perpétuel oubli. "

„ II. Pareillement nous promettons de faire sortir sans retardement hors des Pays héréditaires de Sa Majesté Impériale en Silésie toutes nos troupes, tant de pied que de cheval, si-tôt que la ratification des choses promises nous aura été délivrée, & que les ordres pour l'exécution d'icelles, auront été publiés en bonne forme. Mais si en attendant cette ratification & ces ordres, nous étions obligés de faire séjourner nos troupes en Silésie, on devra leur y fournir la subsistance, & nous promettons qu'au reste, elles y observeront une bonne discipline, & que nous ne permettrons pas qu'elles y commettent aucune sorte de violence. "

„ III. Que si contre notre attente, les choses promises de la part de Sa

(*) L'Empereur ratifia cette Convention par un Acte exprès le 6 du même mois.

Majesté Impériale, n'étoient pas accomplies dans le temps marqué ; en ce cas nous nous réservons la faculté de tenir nos troupes en Siléfie, jufques à l'entiere exécution d'icelles. En foi de quoi nous avons figné le préfent Acte de notre main, & avons ordonné que l'on y appofât notre Sceau Royal. Fait à notre Camp de Wolckowic, le 22 Août 1707. "

C H A R L E S.

(L. S.)

C. PIPER.

Obfervations fur l'Article III de cette Convention.

ON a remarqué avec raifon que cet Article fut mal dreffé de la part de la Suede, en ce que l'Empereur n'étoit pas feul en droit d'exiger les arrérages de fon contingent. L'Empire pouvoit les répéter ; mais l'Empereur ne pouvoit ftipuler que pour lui feul. Pour contracter validement au nom de l'Empire, il faut qu'il y foit autorifé par la Diete, ou que du moins les Colleges de l'Empire ratifient enfuite ce qu'il a contracté pour eux. Ce défaut de formalité rendoit invalide l'Article III de cette Convention. Ce qui prouve, ce que nous expliquerons plus amplement ailleurs, combien les Miniftres, chargés de dreffer & conclure des Traités, doivent être inftruits des ufages & des loix de chaque Nation dans fa maniere de traiter, & des principes du Droit des gens relatifs à cette matiere.
Voyez NÉGOCIATION, TRAITÉ.

ALTUSIUS, (Jean) *Jurifconfulte*.

CE Jurifconfulte Allemand, Profeffeur en Droit à Herborn, puis Syndic de la Ville de Brême, a compofé un ouvrage de Politique d'après les leçons qu'il donna publiquement à Herborn, intitulé *Politica methodice digefta*. Il fut imprimé, en 1603, dans le lieu même où il avoit profeffé le Droit. Ce livre, où Altufius enfeigne que la Souveraineté des Etats appartient aux peuples ; que les Rois ne font que des Magiftrats, & qu'il eft loifible de détrôner un Prince qui regne tyranniquement, de le priver de l'adminiftration qui lui a été confiée, même de le faire périr fi on n'a point d'autre remede, & d'en fubftituer un autre à fa place : *Ejufmodi tyrannum ab Officio removere, adminiftratione demandatá privare, imò etiam, fi aliter contrà vim fe defendere non poffunt, interficere, & alium in ejus locum fubftituere poffunt* ; ce livre, dis-je, fit beaucoup de bruit & attira à l'Auteur de sanglantes repliques de la part de quelques autres Jurisconsultes Allemands, tels que Boëcler & Conringius.

Cette matiere qui, au temps où écrivoit Altusius, pouvoit paroître importante, & sur laquelle on a dit des choses fort outrées de part & d'autre, tant par la chaleur que prennent les esprits dans le feu de la dispute, que par un zele indiscret pour le bien public, n'a presque plus rien de piquant aujourd'hui que l'on ne voit point de tyrans, graces aux progrès de la science du Gouvernement, qui en apprenant aux Rois à respecter les Droits des Nations, a établi leur autorité sur une base inébranlable.

A M

AMAN, *Ministre & Favori d'Assuérus, Roi de Perse.*

LE Roi Assuérus éleva Aman au-deſſus de tous les Grands du Royaume, & tous les ſerviteurs du Roi fléchiſſoient le genou, & adoroient le favori, comme le Roi l'avoit commandé : tel étoit l'aſcendant de ce Miniſtre impérieux ſur l'eſprit de ſon maître, que celui-ci, loin de réprimer ſon orgueil inſolent, avoit la foibleſſe de l'autoriſer. Le Juif Mardochée étoit le ſeul qui refuſât de ramper ſervilement devant lui, ſans néanmoins manquer de reſpect à l'ami du Prince. Sa Religion ne lui permettoit pas une adoration qui tenoit de l'honneur Divin.

Aman, enflé de ſa faveur, appella ſa femme & ſes amis, & commença à leur vanter ſes richeſſes, le grand nombre de ſes eſclaves, & la gloire où le Roi l'avoit élevé. Tout concouroit à ſa grandeur, & la nature même ſembloit ſeconder les volontés du Roi ; & il ajouta comme le comble de ſa faveur : ,, La Reine même n'a invité que moi ſeul au feſtin qu'elle ,, donne au Roi, & demain j'aurai cet honneur. Mais quoique j'aie tous ,, ces avantages, je crois n'avoir rien, quand je vois le Juif Mardochée, qui, ,, à la porte du Roi, ne branle pas de ſa place à mon abord. ,,

Ce qui flatte les ambitieux, c'eſt une image de toute-puiſſance, qui ſemble en faire des Dieux ſur la terre. On ne peut voir, ſans chagrin, l'endroit par où elle manque, & tout paroît manquer par ce ſeul endroit ; plus l'obſtacle qu'on trouve à ſes grandeurs paroît foible, plus l'ambition s'irrite de ne le pas vaincre ; & tout le repos de la vie en eſt troublé.

Par malheur pour le favori, il avoit une femme auſſi hautaine & auſſi ambitieuſe que lui. Faites élever, lui dit-elle, une potence de cinquante coudées, & faites-y pendre Mardochée ; ainſi vous irez en joie au feſtin du Roi. Une vengeance éclatante & prompte, eſt aux ames ambitieuſes le plus délicat de tous les mets. Ce conſeil plut au favori, & il fit dreſſer le funebre appareil.

Mais il jugea peu digne de lui de mettre les mains ſur Mardochée ſeul, & il réſolut de perdre à la fois toute la Nation, ſoit qu'il voulût couvrir une vengeance particuliere ſous un ordre plus général, ſoit qu'il s'en prît à la Religion, qui inſpiroit ce refus à Mardochée, ſoit qu'il ſe plût de donner à l'univers une marque plus éclatante de ſon pouvoir, & que le ſupplice d'un ſeul particulier, fût une trop legere pâture à ſa vanité.

Le prétexte ne pouvoit pas être plus ſpécieux. ,, Il y a un peuple, dit-,, il au Roi, diſperſé par tout votre Empire, qui trouble la paix publique ,, par ſes ſingularités. Perſonne ne s'intéreſſe à la conſervation d'une Nation

„ fi étrange. Ils font en divers endroits, remarque-t-il, fans pouvoir s'en-
„ tre-fecourir ; & il eft facile de les opprimer. C'eft une race défobéiffante
„ à vos ordres, ajoute cet artificieux Miniftre, dont il faut réprimer l'in-
„ folence. " On ne pouvoit pas propofer à un Roi, une vue politique
mieux colorée : la néceffité & la facilité concouroient enfemble. Aman
d'ailleurs qui favoit que fouvent les plus grands Rois, pour le malheur du
genre humain, au milieu de leur abondance, ne font pas infenfibles à
l'augmentation de leurs tréfors, ajouta pour conclufion. „ Ordonnez qu'ils
„ périffent ; & par la confifcation de leurs biens, je ferai entrer dix mille
„ talens dans vos coffres. " Le Roi étoit au-deffus de la tentation d'avoir
de l'argent ; mais non au-deffus de celle de le donner, pour enrichir un
Miniftre fi agréable ; & qui lui parut fi affectionné aux intérêts de l'Etat
& de fa perfonne. „ L'argent eft à vous, dit-il, faites ce que vous voulez
„ de ce peuple, & il lui donna fon anneau pour fceller les ordres. "

Tandis qu'Aman s'applaudiffoit de fon impofture, Affuérus informé que
Mardochée avoit autrefois découvert une confpiration tramée contre lui,
fans en avoir reçu aucune récompenfe, parce qu'il ne l'avoit pas deman-
dée, fit venir fon Favori & lui dit : „ Aman, que peut-on faire à un
„ homme que le Roi défire de combler d'honneur? " Aman croyant parler pour lui-même, répondit à Affuérus qu'il falloit revêtir cet homme des
habits Royaux, lui mettre le Diadême fur la tête, le faire monter fur le
cheval du Roi, & ordonner au premier des Grands de la Cour de le conduire en triomphe par la Ville en criant : c'eft ainfi que fera honoré *celui
que le Roi voudra honorer.* Affuérus lui dit : „ allez, & faites vous-même
„ ce que vous venez de dire envers le Juif Mardochée qui a découvert
„ une confpiration contre ma perfonne, & qui n'en a point été recom-
„ penfé. "

Un favori heureux n'eft plein que de lui-même. Aman n'imagine pas
que le Roi puiffe compter d'autres fervices que les fiens. Ainfi confulté fur
les honneurs que le Roi avoit deftinés à Mardochée, il procure les plus
grands honneurs à fon ennemi, & à lui-même la plus honteufe humiliation. Les Rois fe plaifent fouvent à donner les plus grands dégoûts à leurs
favoris, ravis de fe montrer maîtres. Il fallut qu'Aman marchât à pied
devant Mardochée, & qu'il fût le héraut de fa gloire dans toutes les places publiques. On vit dès-lors l'afcendant que Mardochée alloit prendre fur
lui, & fa perte s'approchoit.

Vint enfin le moment du feftin fatal de la Reine, dont le favori s'étoit
tant enorgueilli. Les hommes ne connoiffent point leur deftinée. Les ambitieux font aifés à tromper : puifqu'ils aident eux-mêmes à la féduction,
& qu'ils ne croient que trop aifément qu'on les favorife. Ce fut à ce feftin tant défiré par Aman, qu'il reçut le dernier coup par la jufte plainte
de cette Princeffe. Elle faifit cette occafion de défabufer le Roi des ca-
lomnies qu'on lui avoit faites contre les Juifs. Affuérus ouvrit les yeux fur

le conseil sanguinaire du Ministre, & il en eut horreur. Pour comble de disgrace, le Roi qui vit Aman aux pieds de la Reine pour implorer sa clémence, s'alla mettre dans l'esprit qu'il entreprenoit sur son honneur : chose qui n'avoit pas la moindre apparence en l'état où étoit Aman.

Mais la confiance une fois blessée se porte aux sentimens les plus extrêmes. Aman périt ; déçu par sa propre gloire, il fut lui-même l'artisan de sa perte, jusqu'à avoir fabriqué la potence où il fut attaché ; puisque ce fut celle qu'il avoit préparée à son ennemi. *Politique tirée de l'Ecriture Sainte*, par J. B. BOSSUET, Evêque de Meaux.

AMAZONE, ou RIVIERE DES AMAZONES.

L'AMAZONE, ce fleuve si renommé par l'étendue de son cours, ce grand vassal de la mer à laquelle il va porter le tribut qu'il a reçu de tant d'autres vassaux, semble puiser ses sources dans cette multitude de torrens, qui, descendus de la partie orientale des Andes, se réunissent dans un terrein spacieux, pour en composer cette riviere immense. Cependant l'opinion la plus commune la fait sortir du lac de Lauricocha, comme d'un réservoir des Cordelieres, situé dans le corrégiment de Guanuco, à trente lieues de Lima, vers les onze degrés de latitude australe. Dans sa marche de mille à onze cents lieues, elle reçoit un nombre prodigieux de rivieres, dont plusieurs ont un fort long cours, & sont très-larges & très-profondes. Ses eaux forment une infinité d'isles, trop souvent submergées pour pouvoir être cultivées. Elle entre enfin dans l'Océan sous l'équateur même, par une embouchure large de cinquante lieues.

Cette embouchure fut découverte en 1500 par Vincent Pinçon, un des compagnons de Colomb ; & sa source, à ce qu'on croit, en 1538, par Gonzale Pisarre. Son lieutenant Orellana s'embarqua sur ce fleuve, & en parcourut toute l'étendue. Il eut à combattre un grand nombre de nations, qui embarrassoient la navigation avec leurs canots, & qui du rivage l'accabloient de fleches. Ce fut alors que le spectacle de quelques sauvages sans barbe, comme le sont tous les peuples Américains, offrit sans doute à l'imagination vive des Espagnols, une armée de femmes guerrieres, & détermina l'officier qui commandoit, à changer le nom de Maragnon que portoit ce fleuve, en celui de l'Amazone, qu'on lui a depuis conservé.

On pourroit s'étonner que l'Amérique n'eût pas enfanté beaucoup de prodiges dans la tête des Espagnols, si leurs conquêtes & les richesses que leur valoient des massacres inouis, n'avoient détruit un pays si propre à seconder leur penchant pour le merveilleux. C'est-là que l'imagination des Grecs auroit puisé d'agréables chimeres. Ce peuple, qui ne pouvoit faire un pas dans un territoire borné, sans y trouver une foule de merveilles, avoit, du temps même d'Hercule & de Théfée, donné l'exiftence à une Nation d'Amazones. (*Voyez ci-après* AMAZONES.) Cette idée l'enchantoit tellement, qu'il ne manqua jamais d'en embellir l'hiftoire de tous fes héros, jufqu'à celle d'Alexandre. Peut-être les Efpagnols infatués encore de ce fonge de l'antiquité profane, en furent-ils plus difpofés à réalifer cette fiction, en tranfportant dans le nouveau-monde ce qu'ils avoient appris dans l'ancien.

Telle fut vraifemblablement l'origine de l'opinion qu'ils établirent en Europe & en Amérique, qu'il exiftoit une République de femmes guerrieres qui ne vivoient pas en fociété avec des hommes, & qui ne les admettoient parmi elles qu'une fois l'année, pour le plaifir de fe perpétuer. Afin de donner du poids à cette idée romanefque, ils publierent, avec raifon, que dans le nouveau-monde, les femmes étoient toutes fi malheureufes, toutes traitées avec tant de mépris & d'inhumanité, qu'un grand nombre d'entr'elles avoient formé, de concert, le projet de fecouer le joug de leurs tyrans. L'habitude de les fuivre dans les forêts, de porter les vivres & le bagage dans les guerres & dans leurs chaffes, avoit dû, ajoute-t-on, les rendre naturellement capables de cette réfolution hardie.

Mais des femmes qui avoient une averfion fi décidée pour les hommes, pouvoient-elles confentir à devenir meres? Mais des époux pouvoient-ils aller chercher des époufes, dont ils avoient rendu la condition intolérable, & qui les chaffoient dès que l'ouvrage de la génération étoit achevé? Mais le fexe le plus doux, le plus compatiffant, pouvoit-il expofer ou égorger fes enfans, fous prétexte que ces enfans n'étoient pas des filles; & commettre de fang froid, d'un accord général, des atrocités qui appartiennent à peine à quelques individus qu'agitent la rage & le défefpoir?

Si quelques préjugés bifarres ont pu former au milieu de nous, des congrégations de l'un & de l'autre fexe, qui vivent féparés, fans ce befoin & ce défir naturel qui doit les rapprocher & les réunir, il n'eft pas dans l'ordre des chofes que le hafard ait compofé des peuples d'hommes fans femmes, encore moins un peuple de femmes fans hommes. Ce qui eft certain, c'eft que depuis qu'on parle de cette conftitution politique, on n'en a jamais apperçu la moindre trace, avec quelque activité, avec quelque foin qu'on l'ait cherchée. Il en fera donc de ce prodige fingulier, comme de tant d'autres, qu'on fuppofe toujours exifter, fans favoir où ils exiftent.

Quoi qu'il en foit du phénomene des Amazones, le voyage d'Orellana donna moins de lumieres qu'il n'infpira de curiofité. Les guerres civiles qui défoloient le Pérou, ne permirent pas d'abord de la fatisfaire. Les efprits s'étant enfin calmés, Pedro d'Orfua, gentilhomme Navarrois, diftingué par fa fageffe & par fon courage, offrit au vice-Roi en 1560, de reprendre cette navigation. Il partit de Cufco avec fept cents hommes. Ces monftres nourris de fang, altérés de celui de tous les gens de bien, mafsacrerent un Chef qui avoit des mœurs & qui vouloit l'ordre. Ils mirent à leur tête, avec le titre de Roi, un Basque féroce nommé Lopés d'Aguirre, qui leur promettoit tous les tréfors du nouveau-monde.

Echauffés par des espérances si séduisantes, ces barbares descendirent dans l'Océan par l'Amazone, & aborderent à la Trinité. Le Gouverneur de l'Isle est égorgé, le pays pillé. Les côtes de Cumana, de Caraque, de Sainte-Marthe éprouvent encore plus d'horreurs, parce qu'elles sont plus riches. On pénetre dans la Nouvelle-Grenade pour gagner Quito & le sein du Pérou, où tout devoit être mis à feu & à sang. Un corps de troupes, assemblé avec précipitation, attaque ces furieux, les bat & les disperse. D'Aguirre qui ne voit pas de jour à s'échapper, marque son désespoir par une action atroce. „ Mon enfant, dit-il à sa fille unique, qui le suivoit „ dans ses voyages, j'espérois te placer sur le trône ; les événemens trom- „ pent mon attente. Mon honneur & le tien ne permettent pas que tu „ vives pour devenir l'esclave de mes ennemis : meurs de la main d'un „ pere. ” A l'instant, il lui tire un coup de fusil au travers du corps, & l'acheve tout de suite, en plongeant un poignard dans son cœur encore palpitant. Après cet acte dénaturé, la force l'abandonne ; il est pris, & écartelé.

Ces événemens malheureux firent perdre de vue l'Amazone. On l'ou-blia entiérement pendant un demi-siecle. Quelques tentatives qu'on fit dans la suite, pour en reprendre la découverte, furent mal combinées & plus mal conduites. L'honneur de surmonter les difficultés qui s'op-posoient à une connoissance utile de ce grand fleuve, étoit réservé aux Portugais.

Cette Nation, qui conservoit encore un reste de vigueur, avoit bâti depuis quelques années, à l'embouchure, une ville qu'on nommoit Para. Pedro Texeira en partit en 1638, avec un grand nombre de canots rem-plis d'Indiens & de Portugais. Il remonta l'Amazone jusqu'à l'embouchure du Napo, & ensuite le Napo même qui le conduisit assez près de Quito, où il se rendit par terre. La haine qui divisoit les Espagnols & les Portu-gais, quoique soumis au même maître, n'empêcha pas qu'on ne le reçût avec les égards, l'estime & la confiance qu'on devoit à un homme qui rendoit un service signalé. Il repartit accompagné de d'Acuna & d'Artiéda, deux Jésuites éclairés, qu'on chargea de vérifier ses observations & d'en faire d'autres. Le résultat des deux voyages également exacts & heureux, fut porté à la Cour de Madrid, où il fit naître un projet bien extraor-dinaire.

Depuis long-temps les Colonies Espagnoles communiquoient difficilement entr'elles. Des Corsaires ennemis, qui infestoient les mers du Nord & du Sud, interceptoient leur Navigation. Ceux même de leurs vaisseaux qui étoient parvenus à se réunir à la Havane, n'étoient pas sans danger. Les galions étoient souvent attaqués par des escadres qui les enlevoient, &

toujours fuivis par des armateurs, qui manquoient rarement de prendre les bâtimens écartés du convoi par le gros temps, ou par la lenteur de leur marche. L'Amazone parut devoir remédier aux inconvéniens. On crut poffible, facile même, d'y faire arriver par des rivieres navigables, ou à peu de frais, par terre, les tréfors de la Nouvelle-Grenade, du Popayan, de Quito, du Pérou, du Chili même. Defcendus à l'embouchure, ils auroient trouvé dans le port de Para, les galions prêts à les recevoir. La flotte du Bréfil auroit fortifié la flotte Efpagnole, en fe joignant à elle. On feroit parti en toute fûreté de parages peu connus & peu fréquentés, & on feroit arrivé en Europe avec un appareil propre à en impofer, ou avec des moyens de furmonter les obftacles qu'on auroit trouvés. La révolution qui plaça le Duc de Bragance fur le trône, fit évanouir ces grands projets. Chacune des deux Nations ne fongea qu'à s'approprier la partie du fleuve qui convenoit à fa fituation.

Les Jéfuites Efpagnols entreprirent de former une miffion dans le pays compris entre les bords de l'Amazone & du Napo, jufqu'au confluent de ces deux rivieres. Chaque miffionnaire, accompagné d'un feul homme de fa Nation, fe chargeoit de haches, de couteaux, d'aiguilles, de toutes fortes d'outils de fer, & s'enfonçoit dans des forêts impénétrables. Il paffoit les mois entiers à grimper fur les arbres, pour voir s'il ne découvriroit pas quelque cabane, s'il n'appercevroit pas de la fumée, s'il n'entendroit pas le fon de quelque tambour ou de quelque fifre. Dès qu'il étoit affuré qu'il y avoit des fauvages au voifinage, il s'avançoit vers eux. La plupart fuyoient, fur-tout s'ils étoient en guerre. Ceux qu'il pouvoit joindre, fe laiffoient féduire par les feuls préfens dont leur ignorance leur permît de faire cas. C'étoit toute l'éloquence que le miffionnaire put employer, & dont il eût befoin.

Lorfqu'il avoit raffemblé quelques familles, il les conduifoit dans des lieux qu'il avoit choifis pour former une bourgade. Il réuffiffoit rarement à les y fixer. Accoutumés à de continuels voyages, ils trouvoient infupportable de ne jamais changer de demeure. L'état d'indépendance où ils avoient vécu, leur paroiffoit préférable à l'efprit de fociété qu'on vouloit qu'ils priffent, & une averfion infurmontable pour le travail, les ramenoit naturellement dans leurs forêts, où ils avoient paffé leur vie fans rien faire. Ceux même qui étoient contenus par l'autorité ou les foins paternels de leur Légiflateur, ne manquoient guere de fe difperfer à la moindre abfence qu'il faifoit. Sa mort enfin entraînoit la ruine entiere de l'établiffement.

La conftance des Jéfuites a furmonté ces obftacles qui paroiffoient infurmontables. Leur miffion commencée en 1637, a pris par degrés quelque confiftance. On y compte aujourd'hui trente-fix peuplades, dont douze font fituées fur le Napo, & vingt-quatre fur l'Amazone. La plus nombreufe n'a pas plus de douze cents habitans, & les autres en ont beaucoup moins.

Les accroiſſemens de la miſſion doivent être lents, & ne peuvent jamais être conſidérables.

Les femmes de cette partie de l'Amérique ne ſont pas fécondes, & leur ſtérilité augmente lorſqu'on les fait changer de demeure. Les hommes ſont foibles ; & l'habitude où ils ſont de ſe baigner à toute heure, n'augmente pas leur force. Le climat n'eſt pas ſain, & les maladies contagieuſes y ſont fréquentes. On n'a pas encore réuſſi, & il eſt vraiſemblable qu'on ne réuſſira jamais, à tourner l'inclination de ces ſauvages vers la culture. Ils ſe plaiſent à la pêche & à la chaſſe, qui ne ſont pas favorables à la population. Dans un pays preſque entiérement ſubmergé, il y a peu de poſitions favorables pour des établiſſemens. Ils ſont, la plupart, ſi éloignés les uns des autres, qu'il leur eſt impoſſible de ſe ſecourir. Les nations qu'on pourroit travailler à incorporer, ſont trop iſolées ; la plupart enfoncées dans des lieux inacceſſibles, & ſi peu nombreuſes, qu'elles ſe réduiſent ſouvent à cinq ou ſix familles.

De tous les Indiens que les Jéſuites avoient raſſemblés & qu'ils gouvernoient, c'étoient ceux qui avoient acquis le moins de reſſort. Il faut que chaque Miſſionnaire ſe mette à leur tête pour les forcer à recueillir du cacao, de la vanille, de la ſalſepareille, que la nature libérale leur préſente, & qu'on envoie tous les ans à Quito, qui en eſt éloigné de trois cents lieues, pour les échanger contre des choſes de premier beſoin. Une cabane ouverte de tous côtés, formée de quelques lianes & couverte de feuilles de palmier, peu d'outils pour l'agriculture, une lance, des arcs & des flé-ches pour la chaſſe, des hameçons pour la pêche, une tente, un hamac & un canot : voilà tout leur bien. C'eſt juſques-là qu'on eſt parvenu à étendre leurs déſirs. Ils ſont ſi contens de ce qu'ils poſſédent, qu'ils ne ſouhaitent rien de plus ; ils vivent ſans ſouci, dorment ſans inquiétude, & meurent ſans crainte. On peut les dire heureux, ſi le bonheur conſiſte plus dans l'exemption des peines qui ſuivent les beſoins, que dans la multiplicité des jouiſſances que ces beſoins demandent.

Cet état naiſſant, qui eſt l'ouvrage de la Religion ſeule, n'a produit juſ-qu'ici aucun avantage à l'Eſpagne, & il eſt difficile qu'il lui devienne jamais utile. On en a cependant formé le Gouvernement de Maynas. Le bourg de Borgia en eſt la capitale. Les deſtructeurs du nouveau monde n'ont jamais ſongé à s'établir dans un pays qui n'offroit ni métaux, ni aucun des genres de richeſſe qui excitent ſi puiſſamment leur avidité : mais les ſauvages voiſins viennent de temps en temps s'y mêler.

Tandis que des Miſſionnaires établiſſoient l'autorité de la Cour de Madrid ſur les bords de l'Amazone, d'autres Miſſionnaires rendoient à celle de Liſbonne un pareil ſervice. A ſix ou ſept journées au-deſſous de Pevas, la derniere peuplade dépendante de l'Eſpagne, on trouve Saint-Paul, la premiere des ſix bourgades formées par des Carmes Portugais, à une très-grande diſtance l'une de l'autre. Elles ſont toutes ſituées ſur la rive auſtrale du fleuve, où les terres font plus élevées & moins expofées aux inondations: Ces miffions offrent à cinq cens lieues de la mer, un fpectacle agréable, des églifes & des maifons joliment bâties, des Américains vêtus proprement, mille meubles d'Europe que les Indiens fe procurent tous les ans à Para, dans les voyages qu'ils y font fur leurs bâtimens, pour vendre le cacao qu'ils recueillent fans culture fur le bord du fleuve. Si les Maynas avoient la liberté de former des liaifons avec ces voifins, ils parviendroient à fe procurer, par cette communication, des commodités qu'ils ne peuvent pas tirer de Quito, dont ils font plus féparés par la Cordeliere, qu'ils ne le feroient par des mers immenfes. Cette facilité du gouvernement auroit peut-être des fuites plus heureufes. Il ne feroit pas impoffible que, malgré leur rivalité, l'Efpagne & le Portugal fentiffent qu'il eft de l'intérêt des deux nations d'étendre cette permiffion. On fait que la Province de Quito lan-guit dans la pauvreté, faute de débouché pour le fuperflu des mêmes den-rées dont le Para manque entiérement. Les deux Provinces, en fe fecou-rant mutuellement par le Napo & par l'Amazone, s'éleveroient à un degré de profpérité, où fans ce concours elles ne fauroient atteindre. Les métro-poles tireroient, avec le temps, de grands avantages de cette activité, qui ne peut jamais leur nuire ; puifque Quito eft dans l'impoffibilité d'acheter ce qui paffe de l'ancien-monde dans le nouveau, & que Para ne confomme que ce que Lisbonne tire de l'étranger. Mais il en eft des antipathies na-tionales, ou des jaloufies des Couronnes, comme des paffions aveugles des particuliers. Il ne faut qu'un malheureux événement, pour mettre des bar-rieres éternelles entre des familles & des peuples, dont le plus grand in-térêt eft de s'aimer, de s'entr'aider & de concourir au bien univerfel. La haine & la vengeance confentent à fouffrir, pourvu qu'elles nuifent. Elles fe nourriffent mutuellement des plaies qu'elles fe font, du fang qu'elles s'arrachent. Quelle différence entre l'homme de la nature & l'homme cor-rompu dans nos malheureufes fociétés ! Ce dernier paroît digne de tous les maux qu'il s'eft forgés.

Témoins de fa méchanceté, ces boulevards & cette échelle de forts, que l'avarice & la méfiance des conquérans du Bréfil ont élevés depuis la peuplade de Coari, jufqu'aux bords de l'Océan. C'eft pour garder leurs ufurpations dans cette partie du nouveau-monde, que les Portugais les ont bâtis. Quoique ces forts foient fitués à une grande diftance les uns des au-tres, qu'ils aient peu d'ouvrages, que les garnifons en foient très-foibles ; les Indiens peu nombreux, placés dans les intervalles, font parfaitement foumis. Les petites nations qui fe font refufées au joug, ont difparu, & elles font allées chercher un afyle dans des contrées éloignées ou inconnues. Le riche terrein qu'elles ont abandonné n'a pas été cultivé, comme l'in-térêt de la Métropole fembloit l'exiger. Ainfi les Portugais & les Efpagnols ont recueilli jufqu'à préfent de leurs conquêtes, plus de haine & d'indigna-tion contre leurs cruautés, que de richeffes & de profpérité.

A la vérité, l'Amazone fournit au Portugal de la salse pareille, de la vanille, du café, du coton, des bois de marqueterie & de construction, & beaucoup de cacao, qui, jusques dans les derniers temps, a été la monnoie courante du pays; mais ces productions ne sont rien en comparaison de ce qu'elles pourroient être. On n'en trouve qu'à quelques lieues du grand Para, capitale de la colonie; tandis qu'elles devroient occuper tout le cours du fleuve, & les rives très-fertiles d'une infinité de rivieres navigables qui y portent leurs eaux.

Ces objets d'un grand commerce, ne sont pas même les seuls que cette partie du nouveau-monde offriroit au Portugal, s'il avoit l'attention d'y envoyer des naturalistes habiles, comme les autres Nations en ont fait passer en divers temps dans leurs colonies. Le hasard seul a fait découvrir le cucheris & le pecuri, deux arbres aromatiques, dont les fruits ont les propriétés de la muscade & du girofle. La culture leur donneroit peut-être la perfection qui leur manque. Une étude suivie conduiroit vraisemblablement à d'autres connoissances utiles, dans un climat où la nature est si différente de la nôtre.

Malheureusement les Portugais, qui, sur l'Amazone, n'emploient à leurs travaux que des sauvages, n'ont cherché qu'à faire des esclaves. Au commencement, ils plantoient une croix sur quelque lieu élevé des contrées qu'ils parcouroient. Les Indiens étoient chargés d'en prendre soin. S'ils la laissoient dépérir, eux & leurs enfans étoient réduits en servitude, pour cette horrible profanation. Ainsi ce signe de salut & de délivrance pour les Chrétiens, devenoit un signe de mort & d'esclavage pour les Indiens. Dans la suite, les forts qu'on avoit élevés servirent à augmenter le nombre des esclaves. Cette ressource n'étant pas suffisante, les Portugais du Para firent des courses de cinq à six cents lieues, pour grossir ces troupeaux d'hommes qui devoient leur tenir lieu de bêtes pour la culture. En 1719, ils en allerent prendre chez les Maynas; en 1733, dans les missions du Napo; en 1741, jusqu'à la source de la Madere, & dans les différens temps sur des rivieres moins éloignées. Rio-Negro est celle qui leur en fournit le plus. Ils y ont déja, depuis long-temps, un fort considérable. Sur ses bords, campe & veille sans cesse un détachement de la garnison de Para, pour contenir & pour rassurer les peuples soumis. Ses rives sont couvertes de missions, dans lesquelles on encourage chrétiennement les Indiens à attaquer les Nations voisines pour faire des esclaves. Enfin une troupe militaire, chargée en 1744 de pousser les découvertes, est arrivée sur des bateaux jusqu'à l'Orenoque. Ce dernier succès, en dissipant tous les doutes sur la communication de ce fleuve avec l'Amazone par Rio-Negro, a étendu les vues des Portugais. C'est à la cour de Madrid à voir si elles sont chimériques, ou s'il lui convient de prendre des mesures pour les rendre vaines.
Histoire Philosophique & Politique des Etablissemens & du Commerce des Européens dans les deux Indes.

AMAZONES.

AMAZONES, f. f. pl.

§. I.

Des Amazones de l'Asie mineure & de leur République.

HÉRODOTE eft le premier qui ait parlé des Amazones avec un certain détail.

Cet Auteur fuppofe que les Amazones, dans les temps héroïques, habitoient la Côte Septentrionale de l'Afie-mineure ; que les Grecs, fous la conduite d'Hercule & de Théfée, les allerent attaquer fur les bords du Thermodon, les battirent dans différens combats, en prirent plufieurs, & que voulant conduire leurs captives dans la Grece, ils les embarquerent fur trois vaiffeaux. L'efclavage paroiffant à ces femmes courageufes le plus grand des malheurs, elles vinrent à bout de fe défaire de leurs gardes & de s'emparer des vaiffeaux qui les portoient ; mais, ignorant l'art de les conduire, elles ne purent regagner leur Pays ; les vents & les flots les pousferent dans le Palus Méotide, & les firent échouer fur le rivage du Pays occupé par les Scythes Royaux ou Paralates.

Les Amazones étant débarquées, rencontrerent heureufement un haras, s'emparerent des chevaux, & s'en fervirent pour faire des courfes dans le Pays. La vue de ces ennemis inconnus étonna d'abord les Scythes, qui les prirent pour une troupe de jeunes guerriers. Mais, après un combat, où quelques Amazones demeurerent fur la place, ils furent détrompés, & penferent au moyen le plus naturel de faire la paix & même de s'allier avec ces Héroïnes, qu'ils nommerent dans leur langue *Æorpatæ*, c'eft-à-dire, *Tueufes d'hommes.*

L'expédient imaginé par les Scythes, pour apprivoifer les Amazones, leur réuffit. Elles confentirent même à fe marier avec la troupe de jeunes hommes qu'on leur avoit oppofée ; mais ne pouvant fe réduire à la vie fédentaire des femmes Scythes qui ne fortoient point de leurs chariots, elles engagerent leurs nouveaux époux à traverfer le Tanaïs avec ce qu'ils avoient de troupeaux, pour s'établir à l'Orient de ce fleuve. » Leurs defcendans, » dit Hérodote, ont formé la nombreufe nation des Sauromates qui occu- » pent un Pays de quinze journées d'étendue, en remontant le fleuve vers » le Nord ; & de huit journées de largeur du côté de l'Orient. «

Quant aux Amazones qui étoient reftées dans l'Afie-mineure, voici ce que nous en apprend Diodore de Sicile. Une de leurs Reines qu'on croit être Thomiris, diftinguée par fa force & par fa bravoure, leva une armée

Tome III. Gggg

qui ne fut compofée que de femmes. Elle les exerça pendant quelque temps, & les conduifit enfuite contre quelques-uns de fes voifins. Ses fuccès lui ayant enflé le cœur, elle mena fon armée plus loin ; & la fortune la favorifant de plus en plus, elle fe dit d'abord fille de Mars. Elle contraignit enfuite les hommes de travailler à la laine & aux autres ouvrages des femmes, pendant que les femmes iroient à la guerre & auroient en toutes chofes une autorité abfolue fur les hommes. Elles eftropioient les bras & les jambes à leurs enfans mâles dès qu'ils venoient au monde, afin de les rendre incapables de tous les exercices militaires. Elles brûloient la mammelle droite aux filles de peur que cette partie, qui avance, ne les empêchât de tirer de l'arc.

Cette même Reine, qui étoit intelligente en tout, bâtit une grande ville à l'embouchure du Thermodon. Elle la nomma Thémifcyre, & y fit élever un magnifique palais. Après avoir établi une excellente difcipline parmi fes troupes, elle porta fon empire jufqu'au-delà du Tanaïs & elle fut tuée enfin dans une bataille, où elle avoit combattu vaillamment. Sa fille lui fuccéda & la furpaffa même en quelques-unes de fes actions. Dès fa plus tendre jeuneffe elle menoit les filles à la chaffe, & leur faifoit faire tous les jours quelques exercices de guerre. Elle inftitua des facrifices en l'honneur de Mars & de Diane, furnommée Tauropole. Elle porta les armes fort avant au-delà du Tanaïs, & joignit à fes Etats tout le pays qui s'étendoit depuis ce fleuve jufqu'à la Thrace. Etant revenue chargée de dépouilles, elle éleva des temples fomptueux aux dieux que nous venons de nommer, & s'acquit l'amour de fes Sujets par la modération & la juftice de fon Gouvernement. Revenant du côté de l'Afie, elle en conquit une partie confidérable & étendit fa domination jufques dans la Syrie. Les Reines qui lui fuccéderent, foutinrent l'honneur de leur race, & firent toujours croître la gloire & la puiffance de leur Nation.

Nous avons dit dès le commencement, que Théfée accompagna Hercule dans fon expédition contre les Amazones. Il y en a qui penfent que ce Prince, Roi des Athéniens, ne fit ce voyage que long-temps après Hercule, & qu'il fit prifonniere Antiope qui régnoit alors fur les Amazones; ce qui eft beaucoup plus vraifemblable. Quoiqu'il en foit, ce fut-là le prétexte de la guerre des Amazones contre les Athéniens, guerre qui ne paroît nullement avoir été légere, ni une guerre de femmes; car auroient-elles pénétré jufques dans l'ancienne ville, & donné un fanglant combat entre le lieu appellé Pnyx & le Mufée, fi elles n'avoient foumis auparavant tout le pays des environs, pour pouvoir venir auffi hardiment attaquer les Athéniens jufques dans leurs murailles. Ce qu'Hellanicus écrit, qu'elles parvinrent par terre & qu'elles pafferent fur la glace le Bofphore Cimmérien, eft affez à croire; mais qu'elles aient campé dans Athenes même, c'eft ce qui eft confirmé par les noms des lieux, & par les tombeaux de celles qui furent tuées dans le combat.

Quand les deux armées furent en présence, elles balancerent long-temps à donner le signal ; mais enfin Thésée ayant sacrifié à la Peur pour accomplir quelque ancienne prophétie, commença l'attaque. Le combat fut donné dans le mois d'Octobre, le même jour que les Athéniens célébroient les fêtes qu'on appelloit Boëdromies. L'Historien Clidémus, qui a voulu rapporter exactement toutes les particularités de cette journée, écrit que l'aîle gauche des Amazones s'étendoit jusqu'à l'endroit qui de-là fut appellé Amazonien, & que leur droite alloit jusqu'à la place appellée Pnyx, le long de la Place-dorée ; que l'aîle droite des Athéniens qui s'étoit formée près du Musée, donna sur l'aîle gauche des Amazones, comme cela se voyoit encore par les tombeaux de celles qui moururent en cette occasion ; car ils étoient dans la place qui menoit aux portes du Pérée, du temps de Plutarque, vis-à-vis de la Chapelle de Chalcodon.

Clidémus ajoute que les Athéniens plierent en cet endroit & furent repoussés jusqu'au Temple des Euménides ; mais que leur aîle gauche, qui occupoit les portes du Palladium, d'Ardette & du Lycée, marcha à l'aîle droite des Amazones, les poussa jusques dans leur camp, & en fit un grand carnage ; & que le quatrieme mois il y eut un Traité qui fut conclu par le moyen d'Hippolyte, & non pas Antiope, l'Amazone qui étoit avec Thésée. D'autres écrivent pourtant qu'elle fut tuée d'un coup de javelot par une autre Amazone, nommée Molpadia, comme elle combattoit vaillamment près de Thésée ; en mémoire de quoi on lui éleva sur son tombeau la colonne qui étoit près du temple de la Terre Olympique. Il ne faut pas s'étonner que l'histoire varie en des choses d'une si grande antiquité : on trouve même qu'Antiope envoya secrettement à Chalcis les Amazones qui étoient blessées, qu'il en réchappa une partie ; & que les autres furent enterrées dans le lieu que les Chalcidiens appelloient Amazonien.

Ce qu'il y a de constant, c'est que cette guerre fut terminée par un Traité de Paix ; & cela est fondé non-seulement sur le nom du lieu, où cette paix fut jurée, qui se nomma de-là *Horcomosion*, & qui étoit situé vis-à-vis du Temple de Thésée ; mais encore sur l'ancien sacrifice qu'on faisoit tous les ans aux Amazones, la veille des fêtes de ce Héros. Ceux de Mégare montroient aussi chez eux un cimetiere des Amazones en forme de lozange, entre la grande place & le lieu qu'ils appelloient Blioüs. On dit encore qu'il en mourut plusieurs à Chéronée, & qu'on les enterra près d'un petit ruisseau qui anciennement étoit appellé Thermodon, & qu'on appelloit Hœmon, du vivant de Plutarque. Il paroit aussi qu'elles ne traverserent pas la Thessalie sans beaucoup d'obstacles & de difficulté, parce qu'on trouvoit encore plusieurs de leurs tombeaux, près de la ville de Séotute & des rochers appellés Cynocéphales.

Quelques années après, & au temps de la guerre de Troye, on dit que Penthésilée, fille de Mars & Reine du petit nombre des Amazones qui avoit échappé à la fureur de leurs ennemis, ayant été obligée de quitter le trône & sa patrie , pour un meurtre qu'elle avoit commis, combattit parmi les Troyens après la mort d'Hector ; qu'elle tua même plusieurs Grecs ; & qu'après s'être distinguée dans toutes les rencontres, elle perdit glorieusement la vie par la main d'Achille. Mais c'est la derniere des Amazones dont on fasse une mention honorable ; & leur nation ayant toujours décliné depuis ce temps-là, disparut enfin.

§. I I.

Des Amazones d'Afrique & de leur République. Leurs guerres.

ON parle encore d'une autre nation d'Amazones qui habiterent vers les extrémités & à l'Occident de l'Afrique. Celles-ci, au témoignage de Diodore de Sicile, étoient plus anciennes que les autres, ayant été éteintes plusieurs siecles avant la guerre de Troyes ; & elles les avoient surpassées par leurs exploits. C'étoit la coutume parmi les Amazones d'Afrique, qu'elles allassent à la guerre, & elles devoient servir un certain espace de temps en conservant leur virginité. Quand ce temps étoit passé, elles épousoient des hommes pour avoir des enfans. Elles exerçoient les magistratures & les charges publiques. Les hommes passoient toute leur vie dans la maison, comme faisoient ailleurs les femmes, & ils ne travailloient qu'aux affaires domestiques ; car on avoit soin de les éloigner de toutes les fonctions qui pouvoient relever leur courage. Dès que ces Amazones étoient accouchées, elles remettoient l'enfant qui venoit de naître entre les mains des hommes, qui le nourrissoient de lait & d'autres alimens convenables à son âge. Si cet enfant étoit une fille, on lui brûloit les mammelles, de peur que dans la suite du temps elles ne vinssent à s'élever ; ce qu'elles regardoient comme une incommodité dans les combats. On prétend qu'elles habitoient une Isle, appellée Hespérie, parce qu'elle étoit située au couchant du Lac Tritonide.

Les Amazones d'Afrique, portées par leur inclination à faire la guerre, soumirent d'abord à leurs armes toutes les villes du voisinage, excepté une seule qu'on appelloit Mène, & qu'on regardoit comme sacrée. Elle étoit habitée par des Ethiopiens Icthyophages, & il en sortoit des exhalaisons enflammées. On y trouvoit aussi quantité de pierres précieuses, comme des escarboucles, des sardoines, & des émeraudes. Ayant soumis ensuite les Numides & les autres nations Africaines, qui leur étoient voisines, elles bâtirent sur le Lac Tritonide, une ville qui fut appellée Chersonese, c'est-à-dire presqu'Isle, à cause de sa figure. Ce succès les encourageant à de plus grandes entreprises, elles parcoururent plusieurs parties du monde.

Les premiers Peuples qu'elles attaquerent, furent, dit-on, les Atlantes. Ils étoient les mieux policés de toute l'Afrique, & habitoient un Pays riche & rempli de grandes villes. Ils prétendoient que c'étoit sur les côtes maritimes de leur Pays que les Dieux avoient pris naiſſance ; ce qui s'accorde aſſez avec ce que les Grecs en racontent. Myrine, Reine des Amazones, aſſembla contre eux une armée de trente mille femmes d'infanterie & de deux mille de cavalerie; car l'exercice de cheval étoit auſſi en recommandation chez ces femmes, à cauſe de ſon utilité dans la guerre. Elles portoient pour armes défenſives des dépouilles de ſerpens. L'Afrique en produit d'une groſſeur qui paſſe toute croyance, ſelon le ſentiment de Diodore de Sicile. Leurs armes offenſives étoient des épées, des lances & des arcs. Elles ſe ſervoient fort adroitement de ces dernieres armes, non-ſeulement contre ceux qui leur réſiſtoient, mais contre ceux qui les pourſuivoient dans leur fuite. Ayant fait une irruption dans le Pays des Atlantes, elles vainquirent d'abord en bataille rangée les habitans de la ville Cercène, & étant entrées dans cette Place, pêle-mêle avec les fuyards, elles s'en rendirent maîtreſſes. Elles traiterent ce Peuple avec beaucoup d'inhumanité, afin de jetter la terreur dans l'ame de leurs voiſins ; car elles paſſerent au fil de l'épée tous les hommes qui avoient atteint l'âge de puberté, elle réduiſirent en ſervitude les femmes & les enfans ; après quoi elles démolirent la ville.

Le déſaſtre des Cercéniens s'étant divulgué dans tout le Pays, le reſte des Atlantes en fut ſi épouvanté, que tous, d'un commun accord, rendirent leurs villes, & promirent de faire ce qu'on leur ordonneroit. La Reine Myrine les traita avec beaucoup de douceur. Elle leur accorda ſon amitié, & en la place de la ville qu'elle avoit détruite, elle en fit bâtir une autre, à laquelle elle donna ſon nom. Elle la peupla de priſonniers, qu'elle avoit faits dans ſes conquêtes & des gens du Pays qui voulurent y demeurer. Cependant les Atlantes lui apportant des préſens magnifiques, & lui décernant toutes ſortes d'honneurs, elle reçut, avec plaiſir, ces marques de leur affection, & leur promit de les protéger.

En effet, comme ils étoient ſouvent attaqués par les Gorgones, cette autre Nation de femmes, qui étoient leurs voiſines, & qui tâchoient en tout d'égaler les Amazones ; la Reine Myrine voulut bien les aller combattre dans leur Pays, à la priere des Atlantes. Les Gorgones s'étant rangées en bataille, le combat fut opiniâtre. Mais enfin, les Amazones ayant eu le deſſus, elles paſſerent au fil de l'épée quantité de leurs ennemies, & n'en prirent gueres moins de trois mille priſonnieres. Le reſte s'étant ſauvé dans les bois, Myrine qui vouloit abolir entièrement cette Nation, commanda qu'on y mît le feu. Mais ce deſſein n'ayant pas réuſſi, elle ſe retira ſur les frontieres du Pays des Gorgones. Cependant, comme les Amazones faiſoient la garde avec beaucoup de négligence, à cauſe de leurs ſuccès, leurs priſonnieres s'étant ſaiſies de leurs épées, lorſqu'elles dormoient, en égorgerent un grand nombre. Mais enfin, étant accablées par les Amazones, qui ſe mirent bientôt en défenſe, elles furent toutes tuées, après une réſiſtance très-vigoureuſe. Myrine fit brûler les corps de ſes compagnes mortes, fur trois bûchers ; & elle leur fit élever trois grands tombeaux , qui s'appellerent les tombeaux des Amazones.

Les Gorgones s'étant relevées dans la fuite, furent attaquées encore une fois par Perfée, fils de Jupiter. Médufe étoit alors leur Reine. Mais enfin cette Nation & celle des Amazones, furent détruites l'une & l'autre par Hercule, lorfqu'étant paffé dans l'Occident, il planta une colonne dans l'Afrique, ne pouvant fouffrir, après tant de bienfaits que le Genre Humain avoit reçus de lui, qu'il y eût une Nation gouvernée par des femmes.

On dit, pour l'ordinaire, que les Amazones ont été ainfi appellées du Grec, Αμαζω, qui veut dire fans mammelles ; parce que, comme on l'a vu, elles brûloient la mammelle droite à leurs filles. Tous les Anciens en conviennent. Cependant, les Amazones, qu'on trouve repréfentées dans les monumens, ont les deux mammelles. Auffi, M. Freret, regarde-t-il cette étymologie comme peu digne d'être rapportée. Ce favant Académicien conjecture que le nom d'Amazones, qui eft barbare, vient de deux mots Calmouques, E'me ou Aëme, qui fignifie une femme, & Tӡaïme, qui prononcé Saïne dans le dialecte de Montchoüs, veut dire la perfection d'une chofe, fon excellence, fa bonté. Ainfi Amaӡon, fuivant la prononciation Grecque, & Aïme, Tӡaïme, felon celle des Tartares, pourra fignifier une Héroïne, Fœmina excellens. Cette conjecture paroît affez vraifemblable.

Au refte, quelques Auteurs, parmi lefquels eft Strabon, ont cru qu'il n'y avoit jamais eu d'Amazones ; que tout ce qu'on publioit fur ce fujet, n'étoit qu'une fable. M. Le Clerc ajoute que ce qui y a donné lieu, c'eft qu'en Cappadoce les femmes alloient avec leurs maris à la guerre, comme elles avoient été autrefois à la conquête des Indes avec Bacchus ou Ofiris ; que les noms qu'on leur donne, comme Antiope, Penthéfilée, & les autres, font Grecs, & non pas Scythes ; & que les meilleurs Hiftoriens de la vie d'Alexandre n'en difent rien. Mais de la maniere que tous les anciens, je veux dire, Hérodote, Diodore de Sicile, Velléius Paterculus, Pomponius Méla, Paufanias, Trogue, & plufieurs autres, parlent des Amazones, on ne fauroit révoquer en doute ce qu'ils en difent.

D'ailleurs, la chofe n'eft nullement impoffible. On a vu prefque de nos jours, au cœur de l'Afrique, chez les Jagas, un Etat compofé de femmes, où les meres tuoient les enfans mâles, au moment de leur naiffance, pour ne conferver que les filles, & où les plus braves des prifonniers de guerre n'étoient épargnés que pour devenir les efclaves des femmes. L'hiftoire de Zingha, Reine de cette Nation, eft fuffifamment atteftée par les relations de divers Européens, témoins oculaires ; par la guerre que les Portugais du Congo eurent à foutenir contre cette Reine ; par le Traité qu'ils firent avec elle ; enfin par fa converfion au Chriftianifme, & par fon mariage avec le jeune Portugais qu'elle époufa dans un âge très-avancé.

Voyeӡ JAGAS.

AMBASSADE, f. f. (*)

Motif des Ambassades. Leur ancienneté. Deux especes d'Ambassades.

ON nomme *Ambassade*, l'envoi que les Princes Souverains ou les Etats se font les uns aux autres de quelque personne distinguée & habile pour négocier quelque affaire particuliere, ou en général pour former & entretenir la bonne intelligence entre eux, sans aucun objet spécial. L'usage des Ambassades est aussi ancien que l'établissement des sociétés civiles. Dès qu'un Etat a été formé, il a senti le besoin qu'il avoit des Etats voisins, & de leur utilité mutuelle est née la communication que les peuples ont eue les uns avec les autres par le moyen des Ambassades. Autrefois toutes les Ambassades étoient extraordinaires, elles avoient un objet réel de négociation, & les Ambassadeurs ne demeuroient dans les Cours étrangeres, qu'autant que l'exigeoit leur Mission passagere. On ne savoit ce que c'étoit qu'une Ambassade ordinaire, car on ne doit pas appeler de ce nom l'*Ambassade libre* ou honoraire en usage chez les Romains, dont il sera parlé dans la suite, puisque ce n'étoit qu'une marque de distinc-

---

(*) Nous avons un assez grand nombre d'Ouvrages qui traitent des Ambassades & des Ambassadeurs ; il seroit superflu de les nommer tous. Voici les principaux :

El Embaxador, par ANTOINE DE VERA.
De Legationibus, par ALBERIC GENTILIS.
Legatus, par CHARLES PASCHAL.
De la Charge & Dignité de l'Ambassadeur, par JEAN HOTMAN.
Legatus, par FRÉDÉRIC DE MARSELAER.
L'Ambasciatore Politice Christiano, par le Prince CHARLES-MARIE CARAFE.
De Jure Belli & Pacis, par GROTIUS.
L'Ambassadeur & ses fonctions, par WICQUEFORT.
De la maniere de négocier avec les Souverains, &c. par CALLIERES.
De foro Legatorum, par BYNKERSHOEK, traduit en François, par BARBEYRAC, sous le titre de *Traité du Juge compétent des Ambassadeurs, tant pour le civil que pour le criminel.*
Discours sur l'Art de négocier, par PECQUET.
Le Ministre public dans les Cours étrangeres, &c. par J. DE LA SARRAZ DU FRAN-QUESNAY.
Principes des Négociations, par M. l'Abbé DE MABLY.
La Science du Gouvernement, Tome VI, par M. DE RÉAL.
Nous avons consulté tous ces Ouvrages & plusieurs autres dont nous donnerons dans la suite des analyses ou des notices sous le nom de leurs Auteurs; mais nous nous sommes mis en garde contre les principes faux, ou supposés, de quelques-uns, & dans la contrariété de leurs opinions, nous avons tâché de démêler le vrai, & de ne rien assurer qui ne puisse être avoué par la raison, l'usage & les conventions, qui sont les trois autorités décisives dans cette matiere.

tion dont on décoroit des perfonnes d'un certain rang, fans qu'ils euffent rien à négocier. Mais on diftingue parmi les Nations modernes
deux efpeces d'Ambaffades, les *Ambaffades ordinaires* & les *Ambaffades
extraordinaires*.

Des Ambaffades ordinaires. Leur origine, leur objet, leur époque.

LA grande liaifon des peuples lés uns avec les autres, la multiplicité de
leurs rapports, & leurs intérêts réciproques, le befoin d'une protection
puiffante à laquelle les particuliers, qui trafiquent chez une Nation étrangere, puiffent commodément & efficacement recourir ; la défiance encore
& l'envie d'être inftruit de ce qui fe paffe chez les autres, ont introduit,
dans ces derniers temps, l'ufage des Ambaffades ordinaires, c'eft-à-dire,
de celles que rempliffent des Miniftres publics qui réfident continuellement
dans les Cours où ils font envoyés. Par cet expédient les Princes font
comme toujours préfens par-tout, où ils ont des Ambaffadeurs. Une des
connoiffances les plus importantes pour un Etat, eft celle de toutes les
affaires & négociations qui peuvent avoir rapport à lui, à fes alliés, à fes
ennemis, ou aux Puiffances neutres. On a des Miniftres par-tout, parce
que l'on découvre dans une Cour ce qui fe cache foigneufement dans une
autre. L'Homme d'Etat, averti par l'un ou l'autre de ces obfervateurs, de
ce qui fe projette ou fe trame contre les intérêts de fa Nation, eft en
état de diffiper de fon cabinet des projets dont il eût été la victime fans
ces informations hâtives, de rompre les liaifons qui lui donnent de juftes
craintes, de conclure des traités avantageux, en un mot, de procurer le
repos & la fûreté au-dehors comme au-dedans. Il eft aifé de faire échouer
les plus grandes entreprifes, lorfqu'on les découvre dès leur naiffance ;
& comme il faut ordinairement de grands efforts & de grands moyens
pour les faire réuffir, il n'eft prefque pas poffible de les cacher à un Négociateur habile qui réfide dans le lieu où elles fe forment.

On affure que le Roi d'Angleterre, Henri VII, qui avoit des Ambaffadeurs dans toutes les Cours, ne leur donnoit rien à négocier, parce qu'il
ne vouloit pas leur confier fon fecret : l'unique inftruction qu'il leur donnoit, confiftoit à l'informer exactement de tout ce que les Ambaffadeurs
des autres Princes traitoient dans les mêmes Cours. Il apprenoit ainfi les
affaires & les intentions de fes voifins, amis, ou ennemis, fans qu'ils puffent rien apprendre des fiennes. Mais eft-il honnête, eft-il fans inconvéniens de n'avoir d'autre confiance en un Miniftre public que celle qu'on
ne peut refufer à un efpion ?

L'époque des Ambaffades ordinaires ne remonte guere au-delà de deux
cens ans, dans les Cours même où l'ufage s'en eft le plutôt introduit. Un
Baron de Forquevaux, de Pavie, nommé Raymond de Beccaria, qui étoit
Chevalier de l'Ordre de St. Michel, fut un des premiers Miniftres qui ré-
fiderent

fiderent dans les Cours étrangeres. Envoyé en Efpagne, en 1565, en qualité d'Ambaffadeur du Roi de France Charles IX auprès de Philippe II, vraifemblablement à l'occafion de la méfintelligence qui régnoit entre Philippe & Elifabeth de France, fa feconde femme, il y demeura jufqu'à la mort de cette Princeffe dont il fut le témoin, & dont il parle dans fes mémoires confervés parmi les manufcrits de la Bibliotheque du Roi à Paris.

La Pologne s'eft accommodée fi tard des Ambaffades ordinaires que, dans les Dietes de 1666 & de 1668, les Nonces des Palatinats demandoient qu'on congédiât tous les Ambaffadeurs, & qu'on réglât le féjour qu'ils pourroient faire en Pologne.

Avant le fiecle où nous vivons, il n'y avoit jamais eu aucune correfpondance entre la France & la Ruffie. Jamais les Rois François n'avoient envoyé de Miniftre aux Czars; & ceux qui étoient venus de Ruffie en France, quelque qualité qu'ils fe donnaffent, étoient prefque tous des Marchands qui obtenoient des lettres de créance de leur Maitre, pour venir vendre leurs marchandifes dans ce Royaume.

L'ufage des Ambaffades ordinaires eft aujourd'hui fuivi par prefque toutes les Puiffances. (Je dis prefque toutes, car les Turcs & les Suiffes n'envoient que des Ambaffades extraordinaires.) Ce nouvel ufage n'empêche pas que les Princes n'envoient, lorfqu'ils le jugent à propos, des Ambaffadeurs extraordinaires, dans les Cours même où ils en ont d'ordinaires.

Des Ambaffades extraordinaires. De leur magnificence.

LES Ambaffades extraordinaires font envoyées, foit pour des objets particuliers d'utilité à négocier, tels que la conclufion d'une paix, une alliance, une médiation, &c. foit pour des motifs de pure bienféance, ou même de magnificence & d'oftentation, comme pour féliciter un Monarque fur fon avénement au Trône, fur fon mariage, fur fes victoires, &c. Ces dernieres Ambaffades confiftent plutôt à remplir convenablement une commiffion, qu'à négocier quelque affaire qui exige une grande Politique. Elles finiffent dès que la commiffion, quelle qu'elle foit, eft remplie.

Les Ambaffades extraordinaires font communément très-brillantes & compofées de plufieurs perfonnes; mais elles étoient autrefois beaucoup plus nombreufes qu'à-préfent. Les Athéniens envoyerent dix Ambaffadeurs à Philippe, pere d'Alexandre, pour lui demander la paix; les Sambartes, Nation des Indes, en envoyerent cinquante à Alexandre; les Amphictions, au nom de la Grece, quinze; les Scythes, vingt; Alexandre en envoya cinquante au Sénat des Maniciens; les Carthaginois en envoyerent trente à Tyr, affiégée par Alexandre; les Romains, deux à Annibal affiégeant Sa-

gonte ; les Carthaginois, trente à Scipion, dans deux Ambaſſades avant &
après la défaite d'Annibal ; les Crétois, trente aux Romains. Pour ne point
rapporter d'autres exemples, Artaxerxès I, Roi des Parthes, en envoya
quatre cens à Alexandre Sévere, qui lui faiſoit la guerre en Perſonne.

Cet uſage d'envoyer pluſieurs Ambaſſadeurs, venoit peut-être de la penſée où l'on étoit que des Collegues pouvoient contribuer mutuellement au
ſuccès de l'Ambaſſade, & il étoit ſi établi parmi les Anciens, qu'il fournit
à Tigrane, Roi d'Arménie, la matiere d'une penſée fort agréable. Lucullus,
marchant avec une petite armée contre ce Prince dont les troupes étoient
fort nombreuſes, S'ils viennent, dit l'Arménien, comme Ambaſſadeurs, ils
ſont beaucoup ; s'ils ſe préſentent comme ennemis, ils ſont bien peu.

Cet uſage pouvoit auſſi avoir ſa ſource dans le déſir que le Prince, qui
envoyoit l'Ambaſſade, avoit de marquer de la conſidération à l'Etat auquel
elle étoit deſtinée. Nous voyons que Démétrius Poliorcetes regarda comme
une marque de mépris, que les Lacédémoniens ne lui euſſent député qu'un
ſeul Ambaſſadeur. Il en marqua ſon étonnement par cette exclamation :
Quoi ! les Lacédémoniens ne m'envoyent qu'un Ambaſſadeur ! Dans le goût
ſentencieux de ſa Nation, l'Ambaſſadeur Spartiate répondit froidement :
Un auprès d'un.

Il y a long-temps que les Souverains ne ſont plus étonnés de ne voir
arriver dans leur Cour qu'un ſeul Ambaſſadeur. Les Princes qui envoient
plus d'un Miniſtre, n'en nomment que deux ou trois tout au plus ; mais
le Droit des Gens laiſſe à cet égard une liberté entiere, à moins que les
Ambaſſadeurs ne vouluſſent mener à leur ſuite un nombre de domeſtiques
aſſez grand pour donner de l'inquiétude dans les endroits où ils paſſent.
Le Duc de Féria, qui vint en France dans le commencement du dix-ſeptieme ſiecle (en 1610) de la part du Roi d'Eſpagne, pour faire compliment à Louis XIII, ſur l'aſſaſſinat de Henri IV, avoit une ſi grande ſuite,
que le Gouverneur de Bordeaux lui refuſa l'entrée de cette Ville. Il fit
marquer à l'Ambaſſadeur ſon logement dans les fauxbourgs, & lui fit dire
qu'il ne le recevroit pas dans ſa place, parce que ſon équipage reſſembloit
à une petite armée, d'où il pouvoit aiſément ſortir mille mouſquets. La
conduite du Gouverneur devoit être approuvée, & elle le fut. Le fameux
Koulikan n'envoya en 1741 qu'un ſeul Ambaſſadeur en Ruſſie ; mais cet
Ambaſſadeur avoit une ſuite de plus de deux mille perſonnes, & il fallut
que le Czar fît marcher des troupes pour diriger & contenir une ſuite ſi
nombreuſe.

Les Ambaſſades du Corps Helvétique ſont toujours nombreuſes, parce
que chaque Canton nomme ſes Ambaſſadeurs, quoique le Corps de l'Ambaſſade reçoive ſa miſſion de tout le Corps Helvétique. La derniere Ambaſſade des Suiſſes en France (en 1663) étoit de quarante-deux perſonnes.

La République de Veniſe a coutume d'envoyer quatre Ambaſſadeurs à
Rome pour féliciter le Souverain Pontife ſur ſon exaltation à la Papauté.

On recherche beaucoup les Ambassades. Pourquoi ?

LES Ambassades sont fort recherchées, & l'on ne fait presque rien pour s'en rendre digne. On les brigue, on les demande, sans se mettre en peine comment on s'acquittera d'un emploi si difficile. Quand on voit la Cour de près, on est étonné avec quelle légéreté, avec quelle indiscrétion on se jette dans ce que la Politique a de plus important, de plus délicat, de plus épineux. D'où vient cet empressement de la plupart des jeunes Seigneurs pour les Ambassades ? C'est que cela fait changer de place, & l'on aime à se montrer sur différens théâtres. C'est qu'un Ambassadeur a au moins l'apparence de la considération, si son mérite personnel ne lui en donne pas la réalité. C'est que cet état oblige, à ce qu'on croit, à étaler un luxe & un faste prodigieux, pour faire honneur à la Nation. C'est qu'un Ambassadeur du moment qu'il est nommé trouve crédit par-tout, ce qui convient fort à ceux qui n'en trouveroient pas sans cela. C'est qu'un Ambassadeur est de toutes les fêtes, de tous les plaisirs, & quand on ne sait rien faire, il faut bien chercher à s'amuser. C'est enfin qu'avec un Secrétaire sage & instruit, qui fait toute la besogne, on se fait une sorte de réputation à peu de frais : le Secrétaire fait les dépêches, les mémoires, &c. Son Excellence n'a que la peine de s'amuser le plus qu'il peut pour faire honneur à la Nation.

Je suis fâché d'être obligé de dire cette vérité qui souffre sans doute des exceptions, mais qui, malheureusement aussi, est confirmée par trop d'exemples. Que l'on fasse attention aux fonctions d'un Ambassadeur & aux qualités qu'elles exigent, loin d'ambitionner un Ministere si difficile, on n'y entrera qu'avec peine, & plutôt par un amour généreux de la Patrie, que par aucun autre motif.

Voyez ci-après AMBASSADEUR.

Du Droit d'Ambassade. A qui il appartient.

LE Droit de Représentation imprime tant de majesté, qu'il ne peut découler que du pouvoir souverain. L'Ambassade est un attribut précieux de la Souveraineté, & c'est au Souverain seul qu'il appartient d'envoyer des Ambassadeurs, parce qu'il n'y a que le Souverain qui soit armé, & qui puisse mettre ses Ministres sous la protection du Droit des Gens.

Reconnoître dans un Ministre le caractere représentatif, c'est, par une conséquence nécessaire, reconnoître la Souveraineté du Prince qui l'emploie; & comme il n'y a que des Souverains qui puissent envoyer des Ambassadeurs, il n'y a aussi que des Souverains qui puissent en recevoir. Les seuls Ministres, envoyés de Souverain à Souverain, peuvent jouir de la protection du Droit des Gens.

Pendant que le feu de la guerre civile dévoroit la France fous Henri III, & après la journée des Barricades qui fit, de la ville de Paris, un théâtre de confufion & d'horreur, le Duc de Guife envoya le Comte de Briffac à l'Hôtel d'Edouard Comte de Stafford, alors Ambaffadeur d'Elifabeth à la Cour de France, pour offrir une Sauvegarde à ce Miniftre. L'Ambaffadeur répondit que, s'il fe trouvoit fimple particulier en France, il accepteroit volontiers, dans les circonftances, l'offre que Guife avoit l'honnêteté de lui faire ; mais que fe trouvant revêtu de la qualité d'Ambaffadeur d'une grande Reine alliée du Roi, il ne vouloit ni ne pouvoit accepter de fûreté d'autre que du Roi (*). Il n'y eut pas moins de raifon que de fermeté dans cette réponfe.

Les Sujets ne peuvent, fans crime, ni députer vers un Prince étranger, ni en recevoir des Miniftres, ni envoyer des Ambaffadeurs à leur propre Souverain, parce que le droit d'Ambaffade n'appartient qu'à des étrangers & à des étrangers revêtus de la Puiffance fuprême, & qui ne font point dans la dépendance du Prince à qui l'Ambaffade eft envoyée. Deux Colonies Romaines de Circeies & de Velitres, ayant envoyé des Ambaffadeurs à la République, on leur ordonna, de la part du Sénat, de fortir promptement de la ville, & de s'éloigner de la vue du Peuple Romain, fans quoi ils éprouveroient que le Droit des Gens n'avoit pas été établi en faveur des citoyens, mais des étrangers.

Ce ne font point des Ambaffadeurs qu'un Souverain envoie à fes Sujets, mais des Commiffaires chargés de l'exécution de fes ordres. Il n'en députe pas non plus aux Sujets des autres Souverains, à moins qu'il ne veuille offenfer ces Souverains, en excitant ou en favorifant la révolte de leurs peuples. S'il en adreffe à des ufurpateurs, c'eft parce qu'il veut les traiter en vrais Souverains. S'il en dépêche à des Gouverneurs Généraux, c'eft par l'égard qu'il veut marquer pour la volonté des Princes qui ont autorifé ces Gouverneurs à en recevoir. L'envoi qui leur eft fait eft toujours relatif à ces Princes, comme celui qui eft fait aux Miniftres compofant des Affemblées, des Etats, des Dietes, eft relatif aux Souverains que ces Corps repréfentent.

Des Ambaffades des Princes alliés, mais inférieurs ; & de celles des Princes, qui, à certains égards, font fujets, tels que les Electeurs & les Princes d'Allemagne.

P ARMI les Souverains, une alliance peut être inégale, fans que l'Allié inférieur ceffe d'être indépendant. L'Allié inférieur, peut, par conféquent, envoyer des Ambaffadeurs à l'Allié fupérieur.

_____

(*) *Hift. Thuan. lib. XC. ad an.* 1588.

Les Princes qui font en partie fujets, & en partie indépendans, ont auffi le droit d'envoyer des Ambaffades. Tels font les Electeurs & les Princes d'Allemagne. Ils ne jouiffent ni de tous les avantages d'une pleine Souveraineté, ni ne font tenus de tous les devoirs d'une véritable fujétion. Ils ont droit d'Ambaffade dans toutes les Cours, même dans celle du Chef de l'Empire dont ils relevent.

Mais ce dernier Droit, les Membres du Corps Germanique ne l'ont pas toujours exercé avec une entiere indépendance. L'Empereur d'Allemagne prétend avoir une jurifdiction immédiate fur les Miniftres publics des Electeurs, Princes & Etats de l'Empire, tant à la Cour Impériale, que dans l'Empire. Charles-Quint fit arrêter (en 1549) les Miniftres des Princes qui avoient protefté contre le Décret de la Diete de Spire ; & les Empereurs Ferdinand II & Ferdinand III, uferent de la même autorité dans des cas à-peu-près femblables. Cette jurifdiction de l'Empereur, fur les Miniftres des Princes de l'Empire à la Diete, a été même reconnue & confirmée par une tranfaction entre le Vice-Maréchal de l'Empire, & les Villes libres d'Allemagne, laquelle fut conclue (en 1614) par l'entremife des Ducs de Baviere & de Wirtemberg. Il eft vrai que le College des Princes fit des proteftations contre cet accord ; mais les Empereurs ont de temps en temps fait faire des actes de Jurifdiction, quelquefois fur les Miniftres même, & toujours fur la fuite des Miniftres dans leurs maifons, tant par le Grand-Maréchal de la Cour Impériale, que par le Vice-Maréchal de l'Empire, qui ont fait, de leur autorité, mettre & lever les fcellés par leurs Officiers dans les hôtels des Miniftres publics de l'Empire décédés, fait enlever & punir leurs domeftiques, & renvoyé de la Diete les Miniftres des Princes de l'Empire. Sur la fin du dernier fiecle (en 1686) le Vice-Maréchal de l'Empire fit arrêter le Secrétaire du Miniftre du Duc de Saxe-Weymar. Dans le commencement de celui-ci (en 1711), l'Empereur fit fortir de Ratisbonne, Neuforge, Ambaffadeur du Cercle de Bourgogne, l'Ambaffadeur de Baviere en 1704, & celui de Savoye en 1714. Quelques années après, le Vice-Maréchal de l'Empire fit faire (en 1718) des informations contre les domeftiques de l'Ambaffadeur de Baviere. Tout cela eft particulier au Corps Germanique, & ne vient que de la forme irréguliere de fon Gouvernement.

Des Ambaffades des Princes Feudataires ; & de celles des Princes Poffeffeurs de fimples Fiefs.

CEUX qui, en vertu de leur premiere inveftiture, tiennent leurs Fiefs avec tous les droits de Souveraineté, ont le droit d'Ambaffade auprès de tous les Princes, & même auprès de leurs Seigneurs Suzerains. Ils ne doivent qu'un fimple hommage, & quelques-uns d'eux une reconnoiffance annuelle ; mais ils font d'ailleurs de vrais Souverains. Le droit de réverfion qui peut réfulter de la féodalité de leurs Etats, n'eft qu'éventuel; & il faut diftinguer les droits établis éventuellement, d'avec la poffeffion actuelle.

Le Prince qui poffede un Fief aux mêmes charges & aux mêmes conditions que les Sujets de l'Etat où ce Fief eft fitué, n'a pas droit d'Ambaffade pour raifon du Fief, quoiqu'il ait d'ailleurs un Etat fouverain. Le Fief non fouverain eft foumis aux Loix civiles du pays; & le poffeffeur de ce Fief, quoique maître d'un Etat fouverain, n'eft confidéré que comme une perfonne privée, en tout ce qui ne regarde que ce Fief (*). C'eft un principe certain que ce qui eft jufte pour une partie, l'eft auffi pour toutes les autres qui fe trouvent dans les mêmes circonftances (**). Ainfi, le propriétaire du Fief, le poffédant comme un fimple particulier pourroit le pofféder, la fouveraineté qu'il a d'ailleurs ne peut communiquer au fimple Fief un droit qui n'y eft pas attaché. La même raifon veut qu'on ne prive pas ce poffeffeur de la terre, des Droits de la fouveraineté qu'il a indépendamment de la terre. Il peut, en vertu de fa fouveraineté, envoyer une Ambaffade au Souverain du Fief : &, pourvu que les lettres de créance ne parlent de rien qui ait rapport au Fief, fon Ambaffadeur doit être admis, fi quelqu'autre motif ne s'y oppofe. *Voyez l'Article* ADMISSION & *non-admiffion des Miniftres.* L'Ambaffadeur admis fera à portée de parler, comme particulier, de l'affaire du Fief; mais le Prince auprès duquel il réfidera, ne fera rien d'irrégulier, quand il refufera de l'entendre comme Miniftre, fur cette matiere.

Des Ambaffades d'un Etat naiffant.

UN Etat fe forme; il n'a pas Droit d'Ambaffade. Eft-il formé? le Droit d'Ambaffade lui eft acquis auprès des Princes qui le reconnoiffent pour un Etat libre & indépendant. C'eft le reconnoître tel que d'en recevoir des Ambaffadeurs.

De la double Ambaffade de deux Partis qui divifent un Etat.

S'IL y a divers partis dans un Etat, les deux factions peuvent s'envoyer des Ambaffadeurs, mais il faut qu'elles en foient convenues auparavant. Le Tyran Magnence fe fait proclamer Empereur. L'Empereur Conftance lui envoie faire des propofitions par un des plus grands Seigneurs de fa Cour, nommé Philippe. Magnence envoie Titien, Sénateur Romain, à Conftance. Celui-ci délibere s'il fera mourir ce Miniftre, pour ne pas re-

---

(*) *Grotius, lib. II. Chap. II. de Jure belli & pacis.*
(**) *Quod uni parti juftum eft; alteri quoque fit juftum.* C'eft le principe établi en Allemagne par les Traités de Weftphalie entre la Religion Catholique & la Religion Proteftante, qui y font également autorifées.

connoître le Droit d'Ambaffade dans fon compétiteur; & il le renvoie, foit refpeét pour le Droit des Gens, foit crainte de repréfailles (a).

Les divers partis qui divifent un pays, peuvent n'être pas reconnus par les Puiffances voifines, & s'ils exercent le droit d'Ambaffade dans les Cours étrangeres, ce ne fera qu'autant que ces Cours l'auront agréable. Si elles admettent en même-temps des Ambaffadeurs de l'un & de l'autre parti, c'eft parce que, dans une telle circonftance, une feule & même Nation eft regardée, pour un temps, comme faifant deux corps de peuple; & que chaque parti eft confidéré comme ayant le droit d'Ambaffade, par rapport au pays dont il eft en poffeffion, & dont il fe prétend Souverain.

De la double Ambaffade du Prince détrôné & de l'ufurpateur.

UN Ufurpateur détrône un Prince, & tous deux prétender jouir du droit d'Ambaffade. Le Prince détrôné vante fes droits, & tâche d'infpirer l'horreur de l'ufurpation. L'ufurpateur, au contraire, s'efforce de prouver que le changement de Gouvernement a été légitime, & fait valoir fa poffeffion. Auquel des deux appartient le droit d'Ambaffade?

Abfolument parlant, il n'appartient à aucune Puiffance de fe conftituer Juge de la querelle de deux Souverains, parce qu'on ne peut ériger un tribunal de la Souveraineté, qui n'en reconnoît aucun. Les Nations neutres (Voyez l'Article NEUTRALITÉ.) doivent tenir pour légitime & fondé en droit, tout ce que chacun des partis en guerre fait à l'égard de l'autre; & cette difpofition d'efprit eft en effet une fuite néceffaire de la neutralité entre des Puiffances qui n'ont point de Juges. Mais fans ufurper un droit de fupériorité, qu'aucun Souverain n'a fur les autres Souverains, chaque Prince peut appuyer la prétention qui lui paroît fondée, & employer fes armes contre celle qu'il croit illégitime. C'eft ainfi que, lorfque deux Puiffances fe font la guerre, les autres, fi elles n'aiment mieux être neutres, fe déclarent pour ou contre l'une des parties belligérantes.

Le problême que je propofe ici, chaque Puiffance voifine le réfout à fon gré, & d'ordinaire le réfout moins felon les regles de l'équité que felon des vues politiques. Dès qu'il y a deux prétendans dans un pays, chaque Etat fe détermine provifoirement de la maniere qu'il le juge à propos, en attendant que la fortune fe foit déclarée fans retour pour l'un ou pour l'autre parti. Qu'un Souverain, dans ces circonftances, ne confulte que la juftice, il méritera toutes fortes d'éloges; mais la juftice n'eft pas toujours affife fur le Trône; elle eft fouvent facrifiée au parti le plus heureux, &

(a) Zozim. lib. II. Hift. cap. 47. num. 3. p. édit. Cellar.; le P. Barre, Hift. génér. d'Allemagne.

le droit le plus légitime cede fréquemment à celui qu'un heureux compétireur s'attribue par les armes.

C'est la possession, c'est la puissance que les Souverains étrangers considerent principalement. La politique fait recevoir quelquefois les Ambassadeurs de l'usurpateur, dans des Cours dont elle refuse l'entrée à ceux du Prince légitime. Les Ministres de Cromwel, Protecteur d'Angleterre, étoient écoutés en France, tandis qu'on y refusoit audience à Charles II lui-même (b), dont Cromwel occupoit le Trône (c). Ce Roi d'Angleterre, qui avoit d'abord été bien reçu par les François & qui en fut dans la suite abandonné (d), recevoit toutes sortes de bons traitemens des Espagnols. Est-ce que le droit de ce Prince étoit différent en France, de ce qu'il étoit en Espagne? Non mais la France avoit des liaisons utiles avec Cromwel, & l'Espagne jalouse ne pouvoit embrasser les mêmes intérêts. Elle favorisoit Charles II, par la seule raison que Cromwel s'étoit attaché à la France.

Dans le même temps qu'un autre Prince détrôné (e) étoit traité en France comme Roi d'Angleterre, le Prince (f) qui s'étoit emparé de ses Etats fut reconnu solemnellement (g) par cette même Puissance qui avoit donné un asyle au Roi dépossédé. Cette reconnoissance n'empêcha point que le fils du Roi dépossédé ne fut, à la mort de son pere, reconnu en France, Roi d'Angleterre. Le possesseur du Trône s'en plaignit, & la France répondit (h) que le Roi Très-Chrétien ayant toujours traité le Chevalier de S. George comme Prince de Galles, la conséquence étoit naturelle de l'appeller Roi d'Angleterre, aussi-tôt que le Roi son pere étoit mort; que nulle raison ne s'y opposoit, lorsqu'il n'y avoit point d'engagement contraire; que cette reconnoissance ne portoit aucune atteinte à l'article qu'on citoit du Traité de Riswick; que cet article portoit seulement que le Roi de France ne troubleroit point le possesseur dans sa possession, & qu'il n'assisteroit ni de ses vaisseaux, ni de ses troupes, ni d'aucun secours ceux qui voudroient l'inquiéter; que la générosité du Roi Très-Chrétien ne lui permettoit pas d'abandonner ni ce Prince ni sa famille; que le titre de Roi d'Angleterre, donné au Prince de Galles, ne lui procureroit jamais d'autre secours de la part du Roi de France, que ceux que le Roi son pere en avoit retirés depuis la paix de Riswick; & qu'enfin ce Monarque

---

(b) En 1659, Mazarin qui négocioit la paix des Pyrénées, refusa de le voir. *Voyez, dans les lettres de Mazarin, celle qu'il écrivit à le Tellier le 28 d'Octobre 1659.*
(c) Depuis 1651.
(d) En 1655, il eut ordre de sortir de France.
(e) Jacques II.
(f) Guillaume III.
(g) Par l'Article IV du Traité de Riswick. *Voyez ce Traité au mot* RISWICK.
(h) On trouve cette apologie dans les Mémoires du regne de George 1er. Roi de la Grande-Bretagne, tom. 1, p. 37; & dans Reboulet, Histoire du regne de Louis XIV. sous l'an 1701.

n'étant

n'étant point Juge entre le Roi de la Grande-Bretagne, & le Prince de Galles, ne pouvoit décider contre ce dernier, en lui refusant un titre que sa naissance lui donnoit. Un Traité postérieur (i) termina cette contestation, & la France cessa de reconnoître le fils du Roi détrôné.

Le Pape Urbain VIII reconnut Roi de Portugal le Duc de Bragance, sans cesser de reconnoître, en cette qualité, Philippe II, à qui la révolution venoit d'enlever ce Royaume.

Philippe V fut reconnu à Rome pour Souverain légitime de l'Espagne; mais le même Pape (k) qui l'avoit reconnu (l), reconnut aussi dans la suite (m), en la même qualité, l'Archiduc d'Autriche qui fut depuis l'Empereur Charles VI.

Ces démarches ne sont pas honorables. Peut-être étoient-elles nécessaires. On tâche de les excuser par la distinction du fait & du droit. J'ai reconnu, dit-on, ce Prince, parce qu'il est possesseur, & par conséquent Roi de fait. J'ai reconnu cet autre Prince, parce que son droit m'a paru fondé; & quoiqu'il ne possede qu'une partie de l'Etat, ou qu'il n'en possede rien du tout, il n'en est pas moins Roi de droit. On a recours à ces distinctions plus ingénieuses que solides, pour sauver les apparences : conduite trop ordinaire aux Princes, & que les loix de la politique autorisent plus qu'elles ne la justifient! Si l'on osoit, on diroit à la face de l'Univers; j'ai varié, parce que j'ai trouvé mon avantage à varier, ou parce que j'y ai été contraint. Mais cet aveu coûteroit trop à l'amour-propre & à la réputation.

Observons que, dans les différens des Catholiques, le Pape est celui de tous les Princes auquel, en tant que Pape, il est le moins permis de refuser à l'un des prétendans un titre qu'il accorde à l'autre, sans violer la neutralité que la qualité de pere commun des fideles lui donne avec tous. Un Souverain peut rompre tout commerce avec un autre Souverain, qui l'offense par la reconnoissance injurieuse d'un titre contesté; mais ni le Pape ne peut rompre tout commerce avec un Prince Catholique, sans manquer au devoir de Pere commun, ni un Prince Catholique avec le Pape, sans manquer au devoir d'Enfant de l'Eglise. Revenons aux principes des Ambassades.

Si la seule possession d'un Etat acquiert au possesseur le droit d'Ambassade, il en faudroit conclure que le Prince dépossédé est privé de ce droit, puisqu'il est privé de l'Etat auquel ce droit est attaché; mais comme le droit à la Souveraineté lui demeure, qu'il n'a pas renoncé à son Etat, qu'il

___

(i) Celui d'Utrecht.
(k) Clément XI.
(l) En 1701.
(m) En 1709.

en a été chaffé par violence, & que le temps peut amener des changemens, fes Miniftres font fous la protection du Droit des Gens, dès qu'on
a trouvé à propos de les admettre. Ceux de l'ufurpateur en doivent jouir
auffi, dès qu'ils font admis.

De la double Ambaffade du Prince qui a abdiqué, & du Prince régnant.

EN abdiquant la Couronne, un Prince renonce au droit d'Ambaffade
attaché inféparablement, non à fa perfonne, mais à fa Souveraineté. Le
caractere de la Royauté concilie au Prince qui en a été décoré, un refpect
dont aucun homme ne doit jamais fe difpenfer. Quelque part qu'il foit,
lors même qu'il eft defcendu du Trône, il doit être honoré; mais en abdiquant la Couronne, il a renoncé à tout exercice de la puiffance Souveraine, & par conféquent à l'ufage des Ambaffades qui en émane; les droits
en font paffés à fon fucceffeur; & de tous ceux de la Royauté, il n'a
confervé que des égards purement perfonnels.

Des Ambaffades des Corfaires & des Pirates.

J'EXPLIQUERAI ailleurs (Voyez CORSAIRE, PIRATE.) la différence qu'il
y a entre les Corfaires & les Pirates, & je ferai voir que les Pirates ne
font point de juftes ennemis. Il fuffit de remarquer ici qu'ils ne peuvent,
par conféquent, ni envoyer des Ambaffadeurs, ni mettre fous la protection du Droit des Gens les Miniftres qui feroient envoyés de leur part. Ce
n'eft pas qu'on n'ait accordé autrefois le droit d'Ambaffade à des brigands
& à des fugitifs des Monts Pyrénées (*); mais cet exemple unique, produit par des circonftances particulieres, ne peut tirer à conféquence.

Les Corfaires n'ont pas le droit des armes par eux-mêmes; ce droit
n'appartient qu'aux Puiffances dont ils ont une Commiffion : ils n'ont par conféquent pas le droit d'Ambaffade. Si les Princes de l'Europe reconnoiffent les
Miniftres d'Alger, de Tunis & de Tripoli, c'eft parce qu'on regarde les
Chefs de ces trois pays d'Afrique comme Corfaires & non comme Pirates; c'eft à caufe de l'étendue de leurs poffeffions; c'eft parce qu'ils ont
une République, une Cour, un Tréfor, des Citoyens; c'eft enfin à caufe
de la liaifon de leurs Etats avec l'Empire Turc dont ils font tributaires.

(*) Liceret ne civibus de pace Legatos mittere, quod etiam fugitivis ab faltu Pyrenæo præ-
donibufque licuiffet. Cæfar, de bello civili lib. III.

Si le Droit d'Ambassade appartient aux Vicaires-Généraux, aux Gouverneurs, aux Vice-Rois.

LES Auteurs qui ont examiné si le droit d'Ambassade appartenoit aux Vicaires-Généraux des Pays-Bas, aux Gouverneurs du Milanez, aux Vice-Rois de Naples & de Sicile, dans un temps que ces divers pays étoient à la Couronne d'Espagne, ont rapporté des exemples qui, opposés les uns aux autres, laissent la question indécise. Des Princes ont reçu sans discussion des Ambassadeurs qui leur étoient envoyés par ces Gouverneurs, d'autres ont refusé de les connoître. Tout cela instruit du fait, mais c'est du droit qu'il s'agit ; & c'est sur quoi il est plus aisé de se déterminer.

Les petits Princes ont des ménagemens obligeans pour des particuliers qui gouvernent des Etats considérables, dans le voisinage des leurs ; mais les grands Potentats mesurent un peu plus leurs démarches. Des Officiers, des Sujets, ne peuvent donner un caractere de Ministre public à celui qu'ils chargent d'une négociation ; & le droit d'Ambassade, qui n'appartient qu'aux Souverains, ne peut être communiqué à des Gouverneurs, que par la volonté expresse de leurs maîtres, & par une volonté écrite d'une maniere qui ne laisse aucun lieu à l'équivoque, qui fasse voir que ces Gouverneurs n'agissent point par leur propre autorité, & que ce sont leurs maîtres & non eux qui exercent le droit d'Ambassade. Louis XII, Roi de France, envoyant le Cardinal d'Amboise, son premier Ministre, dans le Milanez, lui accorda des lettres-patentes qui l'établissoient son Lieutenant-Général, représentant sa personne, & qui lui donnoient le pouvoir de traiter avec les Princes, *d'en recevoir des Ambassades, de leur en envoyer,* & de faire généralement dedans & dehors le Royaume, ce que le Roi y pourroit faire en personne.

La volonté du Prince ne se présume ni ne se supplée. Comment, dans de si grands intérêts, admettre une fiction que le Droit Civil n'admet pas dans les moindres affaires des particuliers ! Delà, il résulte qu'aucun Gouverneur n'a droit d'Ambassade, & que les personnes qu'il envoie de son chef, dans les Cours voisines de son Gouvernement, n'y doivent être considérées que comme ses Agens.

Des Ambassadeurs substitués.

COMME dans le Droit Civil un Juge délégué ne peut subdéléguer, dans le Droit des Gens un Ambassadeur ne peut substituer un autre Ambassadeur à sa place.

Un Souverain, qui ne veut avoir qu'un Ambassadeur dans une Cour, & qui appréhende que ses négociations ne soient interrompues par la mort de cet Ambassadeur, doit prendre la précaution de mettre auprès de ce

Ministre quelque personne qui ait droit de le remplacer. C'est sur ce pied qu'à la Diete d'élection à Francfort, qui éleva à l'Empire l'Electeur de Baviere, le 24 de Janvier 1742, le Chevalier de Belle-Isle accompagna le Maréchal, son frere; & Carvajal, le Comte de Montijo. Le Chevalier de Belle-Isle avoit une lettre de créance du Roi de France, qui lui donnoit la qualité d'Ambassadeur extraordinaire, au cas que le Maréchal de Belle-Isle vînt à mourir pendant la Diete; & Carvajal en avoit une du Roi d'Espagne qui le substituoit au Comte de Montijo en pareil cas.

Le Souverain peut aussi autoriser, par un pouvoir exprès, son Ambassadeur à substituer un autre Ambassadeur à sa place; mais cette voie n'est pas sûre. Le Prince avec qui l'on doit traiter, jaloux de son rang, est en droit de la contredire. Il peut penser que nommer lui-même ses Ambassadeurs, par exemple, pour un Congrès, & les autoriser à traiter avec d'autres Ambassadeurs qui n'ont pas été nommés immédiatement par leur Souverain, c'est mettre dans la maniere de traiter une différence qu'il ne doit pas souffrir, à moins que les conjonctures ne demandent qu'il passe par-dessus tous les incidens qui peuvent l'éloigner de son objet. Il y a en cela une sorte d'inégalité : mais l'éloignement du lieu où réside le Souverain, peut ou l'effacer ou la diminuer.

Des Ambassades des Monarchies pendant la minorité des Rois, dans les débats pour la succession à la Couronne, & pendant les interregnes.

LEs Régens, qui gouvernent les Etats Monarchiques pendant la minorité des Rois, n'ont pas pour eux-mêmes le droit d'Ambassade. L'administration publique doit se faire sous le nom du Roi mineur, & celui qui en est le dépositaire, l'exerce dans toute sa plénitude; mais l'autorité du Régent n'est qu'empruntée. Ce ne sont donc pas les Ambassadeurs du Régent, ce sont ceux du Roi qui doivent être reconnus.

Si la succession à la Couronne est contestée entre divers prétendans, les Etats du Royaume peuvent envoyer en leur nom des Ambassadeurs, parce qu'ils ont dans leurs mains l'autorité publique. C'est la décision de Wicquefort.

Le Roi élu meurt, mais le Roi électif ne meurt pas. La Puissance Souveraine, qui en regle la destinée, doit nécessairement résider sur la tête de quelqu'un. Pendant les interregnes, dans les Monarchies électives, le Primat, les Sénateurs, les Etats-Généraux, ceux enfin qui sont revêtus de la puissance publique, ont incontestablement le Droit d'Ambassade.

Si le Droit d'Ambassade appartient aux plus petits Souverains, comme aux plus grands Monarques.

IL y a des petits Princes qui n'ont ni rang ni séance parmi les autres Souverains, & qui n'ont aucun caractere de Souraineté, hors du territoire de leur domination. Ces Princes ne peuvent avoir ni Ambassadeurs, ni Envoyés, ni autres Ministres publics. Ni eux, ni leurs Députés, ne jouissent des privileges que le Droit des Gens accorde aux Princes étrangers & à leurs Ministres. Les traitemens, les rangs, les distinctions des Princes Souverains dans un Etat étranger dépendent de leur puissance, plus ou moins grande; & les Princes dont il est ici question, n'entrent point en société avec les autres. Il y a, dit un Jurisconsulte François, (Loyseau, *Traité des Seigneuries*, *Chap. II, n. 95.*) de petites Seigneuries Souveraines, dont les Princes, quoiqu'ils usent du même pouvoir que les Monarques', n'ont toutefois, hors de leur territoire, aucun rang d'honneur parmi les autres Souverains. Cela est certain. On en voit des exemples dans toute l'Europe. L'Allemagne & l'Italie en fournissent mille ; & la France en a quelques-uns, tels que le Prince de Monaco, & d'autres.

Des Villes Hanséatiques.

LEs Villes dont l'alliance Hanséatique étoit composée, n'étoient pas Souveraines, mais municipales & dépendantes des Princes. Elles n'ont jamais formé un Etat Souverain, mais seulement une société de Marchands qui n'avoient, aux yeux des Nations, que la considération qu'exige la sûreté de la Navigation. *Voyez* HANSE. La Hanse Teutonique n'avoit donc pas droit d'Ambassade, & si ce droit n'appartenoit pas à la Hanse, il peut encore moins appartenir aux trois Villes, Lubeck, Brême & Hambourg, qui en sont aujourd'hui les restes.

DE L'AMBASSADE LIBRE ou HONORAIRE chez les Romains.

LEs Romains avoient une espece d'Ambassade qu'ils appelloient *Ambassade libre* ou *honoraire*. C'étoit une marque de distinction dont on décoroit les personnes d'un certain rang, pour leur donner une sorte de considération dans les pays étrangers, lorsque leurs affaires les obligeoient d'y faire quelque séjour, ou qu'ils y alloient chercher un asyle. Ce fut avec ce caractere public que Scipion Nasica, contraint de quitter Rome pour se souftraire à la fureur du peuple qui vouloit venger dans son sang la mort de Gracchus, se retira en Asie. Tibere porta la même qualité, lorsque des affaires, qui lui faisoient peu d'honneur, firent prendre à ce Prince le parti de s'exiler lui-même à Rhodes. Du reste, ceux que l'on

revêtiffoit ainfi d'un caractere fi beau, n'étoient chargés d'aucune négociation, & pouvoient partir & revenir quand bon leur fembloit. Cicéron déclame avec force contre cet ufage ridicule de donner un titre fans aucune
commiffion. Il voulut l'abolir, pendant fon confulat. Il ne put y réuffir,
mais il eut le crédit d'en faire reftraindre à un an la durée qui, auparavant, étoit illimitée.

CONSEILLERS D'AMBASSADE

Crééés par le Roi de Pruffe, actuellement régnant.

LA difficulté reconnue de trouver des fujets habiles pour la Négociation,
a engagé le Roi de Pruffe, actuellement régnant, à faire un établiffement
dont nous propofons l'imitation aux Etats jaloux d'avoir des Négociateurs
capables de ménager habilement leurs intérêts. Je parle de la création de
dix Confeillers d'Ambaffade que ce Monarque entretient conftamment au
Département des Affaires Etrangeres. On choifit pour cet emploi des jeunes
gens de condition qui ont du bien, qui viennent d'achever leurs études &
qui font paroître des difpofitions avantageufes pour les Affaires publiques.
Ils font aggrégés au Département des Affaires Etrangeres; on leur affigne
une penfion modique qui leur fert d'encouragement pour mériter, par leur
application, leur zele, leur difcrétion, & les connoiffances qu'ils acquierent,
d'être chargés d'emplois plus confidérables. On les admet aux conférences
fur les Affaires courantes, on leur communique quelques relations des Miniftres Etrangers, on les charge de dreffer des dépêches, ou de minuter
quelques autres expéditions. Leur ouvrage eft revu & corrigé par un des
Confeillers ou Secrétaires d'Etat, qui leur eft donné pour guide, & qu'ils
confultent fur les études particulieres qu'ils doivent faire dans la retraite de
leur cabinet, jufqu'à ce qu'ils atteignent l'âge convenable, & acquierent la
capacité néceffaire pour être employés à quelque légation. Ils ont outre
cela un libre accès à la Cour, & fe forment par-là en même-temps au
grand monde & aux affaires. Les Miniftres du Cabinet ont l'œil fur ce College, pour connoître le génie de ces jeunes Candidats, leurs qualités tant
du cœur que de l'efprit, les progrès qu'ils font dans la Politique, afin que,
pouvant apprécier ce qu'ils valent, & ce à quoi ils font le plus propres,
ils puiffent les placer convenablement. Car il ne faut pas s'imaginer qu'un
fujet foit également propre à toutes efpeces de Commiffions & d'Ambaffades. Tel eft capable de réuffir à une certaine Cour, qui ne feroit rien à
une autre Cour; cela dépend de plufieurs circonftances que nous détaille-
rons en traitant des Négociations & des qualités du Négociateur.

Cette Inftitution me paroît des plus judicieufes & des plus utiles. Négocier avec les Souverains eft un art difficile, qu'il faut apprendre de bonne-

heure pour ne pas faire des fautes d'écolier lorſqu'on eſt appellé à agir. Arracher un ſujet, même capable, d'un autre emploi qu'il a fait toute ſa vie, pour le charger de la fonction de Négociateur, ou confier une commiſſion un peu délicate à un homme qui fait à peine les premiers élémens de la Science Politique, c'eſt une double faute dont l'expérience a ſi ſouvent fait connoître les inconvéniens, qu'il paroît ſurprenant qu'on ne s'en corrige pas; au-lieu que le Monarque Pruſſien trouve aujourd'hui des ſujets tout préparés à l'emploi auquel il les deſtine. Voilà un exemple digne d'être imité par les autres Souverains.

AMBASSADEUR, ſ. m.

L'AMBASSADEUR eſt un Miniſtre public envoyé par un Souverain pour le repréſenter auprès d'un autre Souverain, & pour exercer ſon miniſtere ſous la foi du Droit des Gens, en vertu d'un écrit qui lui donne expreſſément le titre d'Ambaſſadeur. Cet écrit ſe nomme *Lettre de Créance*, ou *Créditif*: (*Voyez* LETTRE DE CRÉANCE.) c'eſt un pouvoir, une procuration, un acte qui annonce ſa miſſion au Prince à qui il eſt envoyé. C'eſt cette Lettre de Créance qui conſtitue le Miniſtre public, & c'eſt ſa préſentation & ſon admiſſion qui le manifeſtent.

Voyez ADMISSION *du Miniſtre public*, MINISTRE PUBLIC.

On ne ſe propoſe pas de donner dans cet article un Traité complet de l'Ambaſſadeur. On ſe contentera de parler ſuccinctement de la dignité & du caractere de l'Ambaſſadeur, des principales qualités qui lui ſont néceſſaires, des privileges attachés à ſon miniſtere, des devoirs & des fonctions qu'il lui impoſe. On renvoie tous les détails aux articles particuliers. On peut conſulter ſur-tout MINISTRE PUBLIC, NÉGOCIATEUR, NÉGOCIATION, & les autres qui ſont annoncés dans le cours de celui qui va nous occuper.

De la Dignité & du Caractere de l'Ambaſſadeur.

L'AMBASSADE ſeule conſtitue le premier & le plus ſublime ordre des Miniſtres publics. De toutes les qualités qu'ils peuvent avoir, celle d'Ambaſſadeur eſt la plus relevée, celle qui donne plus de conſidération, parce que l'Ambaſſadeur repréſente la perſonne du Prince, & la majeſté de la Nation qui l'envoie. Les Miniſtres du ſecond & du troiſieme ordre ont bien auſſi le caractere repréſentatif; mais ils ne l'ont pas au même degré que l'Ambaſſadeur.

On conçoit aiſément que ce droit de repréſentation immédiate oblige & l'Ambaſſadeur & le Souverain auprès duquel il eſt accrédité, à obſerver un cérémonial fort exact & fort délicat. La gêne, qui en réfulte pour l'un & pour l'autre, nuit fouvent au fuccès des affaires. On négocie mal, quand il faut compaffer chaque démarche, chaque mot, fur l'étiquette. Par cette raifon fondée fur l'expérience, on a beaucoup plus d'avantage à n'employer aux Négociations importantes que des Miniftres du fecond ordre qui ont bien plus de facilités à conduire les affaires au but qu'on fe propofe. Cette maxime eft fi utile, fi vraie, que dans les grandes occafions, lorfqu'il s'agit de conclure un Traité ou une Alliance, on revêt le Négociateur du caractere d'Envoyé extraordinaire, ou de Miniftre Plénipotentiaire, en le muniffant fecrétement du créditif d'Ambaffadeur qu'il préfente & dont il déploie le caractere immédiatement avant la fignature, pour donner plus d'éclat au Traité & plus de poids à ce qui en fait l'objet.

L'Ambaffadeur ordinaire & l'extraordinaire ont le même caractere. Ils ont, l'un & l'autre, le droit de repréfentation, & jouiffent de toutes les prérogatives qui en font une conféquence. Et quoique l'étiquette de certaines Cours accorde à l'Ambaffadeur extraordinaire quelques petites diftinctions dont l'Ambaffadeur ordinaire ne jouit pas, cela ne met aucune différence effentielle entre eux.

Du choix & des qualités de l'Ambaffadeur.

ON ne fauroit apporter trop de précautions dans le choix d'un Ambaffadeur. Il faut bien connoître un homme, être bien fûr de fa vertu, de fa probité, de fes talens, pour lui confier l'honneur de repréfenter une Nation, & le foin de veiller à fes intérêts politiques. Il faut, pour un emploi fi important, un homme fage, prudent fans aftuce, qui ait de la nobleffe dans les fentimens, de la grandeur dans l'ame, une haute réputation, un extérieur prévenant, des mœurs pures, la parole facile & une éloquence naturelle, une vertu à toute épreuve; un homme laborieux, actif, vigilant, généreux & magnifique à propos, fans prodigalité, ayant l'art de faire parler les autres en parlant peu; un homme maître de lui dans tous les cas. Entrons dans quelques détails.

Le Prince doit être inftruit de tout ce qui fe paffe hors de fon Royaume, qui a quelque rapport à lui, à fes alliés, à fes ennemis, à ceux qui n'ont point pris de parti. Un Ambaffadeur habile peut découvrir dans une Cour, ce qu'on cache à fon Maître dans une autre. Il peut dans celle-même où il réfide, être averti qu'on y forme des deffeins contre fon fervice. Ses avis alors font d'un grand ufage, & il eft de la prudence d'avoir partout des hommes fideles & éclairés, qui préviennent les confpirations & les furprifes.

Le défir d'entretenir une bonne intelligence avec les autres Princes, eft un motif encore plus légitime, & plus digne d'un grand Roi qui aime la

paix,

paix, qui eſt ſans jalouſie, & qui s'intéreſſe véritablement au bonheur des
autres Souverains, qu'il regarde comme ſes freres. Un Ambaſſadeur plein
d'eſprit & de ſageſſe, peut contribuer beaucoup à maintenir l'union, en
prévenant de part & d'autre les ſoupçons, en donnant des éclairciſſemens
néceſſaires, en remédiant à de légers mécontentemens, qui auroient de
grandes ſuites s'ils étoient négligés.

, Enfin un Ambaſſadeur eſt un homme de confiance pour les Traités &
les Négociations; & quand il a de la dextérité & de l'intelligence, il eſt
un utile médiateur entre deux Princes, dont l'un eſt ſon maître, & l'autre eſt plein d'eſtime pour lui.

Il eſt aiſé de comprendre par ce ſeul expoſé, que les qualités d'un Ambaſſadeur doivent être grandes, & que les défauts dans un homme de ce
caractere ſont très-importans.

Il doit être fort ſage, modéré, ſecret, attentif, habile dans l'Hiſtoire,
ſur-tout de ſon Pays & de celui où il eſt envoyé; très-inſtruit des bien-
ſéances en général, & en particulier de celles qui ſervent de regle dans la
Cour où il doit réſider; plein de dignité, mais ennemi de la fauſſe gloire :
ſoutenant ſon caractere avec nobleſſe, mais n'étant, ni pointilleux, ni délicat mal à propos : évitant de ſe commettre, & ne répondant jamais à
un procédé violent par la violence : réſervant tout à ſon maître, qui eſt ſon
juge, & ne l'engageant pas indiſcrétement dans ſa querelle, en ſe hâtant
de ſe faire juſtice à lui-même : ſe ſouvenant toujours de la majeſté du Prince
qu'il repréſente; mais n'oubliant pas ce qui eſt dû à celui vers lequel il
eſt envoyé : & ne faiſant jamais d'odieuſes comparaiſons entre l'un & l'autre, qui ſe pardonnent moins quand elles ſont fondées.

Dans les Mémoires qu'il préſente aux Miniſtres, & dans les lettres qu'il
leur écrit, il ne doit rien mettre qui ne ſoit fort médité, & dont il n'ait
bien vû toutes les conſéquences. Il ne doit compter que ſur la force de
ſes raiſons, ne montrer que la juſtice; ne répondre jamais avec aigreur à
des Mémoires peu reſpectueux, mais allant toujours au but, & n'obſcur-
ciſſant pas le bon droit par les nuages de la colere & de la paſſion; ne
faire jamais de menaces, ſi ſon maître ne les lui preſcrit; les différer même
alors, & les adoucir, au cas qu'il lui en laiſſe la liberté; & ſe bien ſou-
venir, qu'on intimide rarement ceux qu'on menace, mais qu'on les avertit
de prendre de ſi ſûres précautions, qu'ils puiſſent devenir eux-mêmes terribles.

Il eſt néceſſaire qu'un Ambaſſadeur ait beaucoup d'eſprit & de pénétration; mais dès qu'il s'en pique, c'eſt une preuve qu'il en manque. Il n'y
a rien de plus mépriſable, ni de plus odieux, qu'un homme qui croit voir
plus de choſes que les autres; & l'on réuſſit preſque toujours à le tromper, ou en lui faiſant donner en ſecret de faux avis, ou en affectant de lui
cacher ce qu'on ne fait que dans le deſſein qu'il le ſache, en couvrant
réellement, par ces myſteres frivoles, des affaires importantes, dont il n'eſt
averti que lorſqu'il ne peut les empêcher.

Tome III. Kkkk

C'eft auffi une qualité effentielle à un Ambaffadeur, que d'être attentif & vigilant, & que de former des liaifons avec des perfonnes capables de l'inftruire de tout ; mais il faut qu'il prenne garde à ne pas fe donner pour efpion, & à ne pas éloigner de lui les plus honnêtes gens, pendant qu'il écoute des perfonnes obfcures, dont il paie chérement les vaines conjectures & les faux avis. Il faut qu'il aime la probité & la fidélité dans les autres, & qu'il tâche de mériter leur confiance par les bonnes voies. Un Ambaffadeur eftimé, & digne d'avoir des amis, en trouve de fûrs, qui, fans manquer à ce qu'ils doivent à leur Prince & à leur patrie, lui font entrevoir par des mots, dont il fait faire ufage, ce que des ames mercénaires ne lui apprendroient pas : & le moyen de fe procurer cet important fervice, eft d'être connu pour un homme d'un fecret impénétrable, & d'une telle circonfpection pour fes amis, qu'il ne les expofe jamais à la moindre inquiétude fur ce qu'il apprend par leur canal.

Il eft utile à un Ambaffadeur d'entretenir des liaifons avec des hommes qui aient part au miniftere dans les autres Cours. Il en reçoit quelquefois des avis très-certains & très-circonftanciés de ce qu'on lui cache avec foin dans celle où il réfide ; & il ne commet alors perfonne dans l'ufage qu'il en fait ; parce que ceux qui les donnent, font en droit & en liberté de les donner.

Mais pour fe bien conduire en tout cela, il faut avoir acquis une grande connoiffance des hommes, & être capable de bien difcerner ce qu'ils valent : car autrement on fait beaucoup de fautes en penfant être fort prudent, & l'on écoute ce qu'il auroit fallu méprifer, pendant qu'on rejette ce qui mériteroit une férieufe attention.

Lorfqu'un Ambaffadeur écrit à fon Maître, ou à fes Miniftres, il ne faut point qu'il penfe à faire de belles lettres, ni à y faire fentir fa capacité. On eft un médiocre Politique, quand on veut fe donner pour un Politique profond. Il ne faut dans ces lettres que de la vérité & de l'exactitude ; n'y rien exagérer ; n'y rien mêler de douteux : rapporter les faits fimplement, fupprimer les conjectures ; attendre les ordres ; & quand on eft obligé de dire fa penfée, l'appuyer de folides raifons, mais fans cacher aucune de celles qui la combattent.

Il eft de la dignité du Souverain, que fon Ambaffadeur paroiffe avec un certain éclat : mais il ne faut pas que l'Ambaffadeur aime cette pompe, qui eft pour le peuple & non pour lui, & qui n'eft excufable que parce que la foibleffe des hommes la rend néceffaire ; peu de perfonnes étant capables de difcerner un grand mérite quand il eft feul, & que l'extérieur ne groffit pas fon idée au jugement des fens.

C'eft donc une faute, & une preuve même que l'Ambaffadeur eft peu de chofe quand il s'épuife en dépenfes, & qu'il s'imagine être plus grand, parce qu'il eft plus magnifique : & néanmoins c'eft le goût prefque général. Quiconque a du bien, & confent à fe ruiner, fe croit propre à une

Ambaſſade. A la Cour même, on examine peu les autres qualités ; & l'on y compte ſi foiblement, que pour l'ordinaire l'Ambaſſadeur n'eſt que pour la montre, & que les plus importantes affaires ſe traitent par un autre canal que le ſien.

Il me ſemble qu'un Souverain a un grand intérêt à mieux choiſir ceux qui le repréſentent dans des Cours étrangeres, où l'on juge ſouvent de lui-même & de toute la nation par eux ; & qu'il ne doit charger d'un tel caractere que ceux dont les qualités extraordinaires peuvent lui attirer le reſpect & la vénération.

Lorſqu'il en a trouvé qui les ont, il en doit connoître le prix ; les conſerver long-temps dans l'emploi ; faire un cas particulier de leurs avis ; les aider par des ſecours extraordinaires, s'ils ne ſont pas riches ; prendre ſoin de leurs familles, s'ils en ont, & réparer le tort que leur abſence y fait ; & quand leur âge demande du repos, les rappeller, pour les conſulter de plus près, & leur faire beaucoup d'honneur, en exigeant d'eux peu de travail.

Des Ambaſſadeurs chez les Anciens.

LEs Anciens vouloient que le rang, l'âge & les autres qualités perſonnelles de ceux qui étoient choiſis pour Ambaſſadeurs, donnaſſent un nouveau poids à un titre déja ſi reſpectable. Chez Homere, c'eſt Ulyſſe & Ménélas qu'on députe pour aller porter des propoſitions de paix aux Troyens ; & il ſuffit d'ouvrir Thucydide & Tite-Live, pour voir qu'on s'écartoit rarement d'un principe ſi naturel.

I. On n'envoyoit preſque jamais de jeunes gens en Ambaſſade. Le terme de *Presbus*, πρέσβυς, employé chez les Grecs pour déſigner un Ambaſſadeur, ſignifioit dans le ſens propre un vieillard. Cinquante ans étoit l'âge fixé par les Loix des peuples de Chalcide, pour être jugé capable de cet emploi. Polybe rapporte de lui-même, que les Achéens le nommerent, lui troiſieme, pour Ambaſſadeur auprès du Roi Ptolémée, quoiqu'il n'eût pas encore l'âge preſcrit pour remplir cette dignité. Comme on ſait que parmi les Romains on ne pouvoit parvenir aux premiers emplois de la République qu'à l'âge de 40 ans, & que d'un autre côté tous les Ambaſſadeurs preſque ſans exception, étoient tirés du Corps du Sénat, on ne peut douter que la maturité de l'âge ne fût chez le peuple Romain, comme chez tous les autres peuples, une condition communément néceſſaire pour être revêtu de ce caractere.

C'eſt pour cette raiſon qu'on s'étonnera moins que les Romains tiraſſent quelquefois au ſort les Ambaſſadeurs. Tacite nous apprend qu'il s'éleva un grand débat dans le Sénat, pour ſavoir s'il falloit nommer par élection, ou choiſir au ſort les Ambaſſadeurs qu'on avoit réſolu d'envoyer à Veſpaſien. Cet Hiſtorien nous a conſervé les diſcours qui ſe firent de part & d'autre à cette occaſion ; & il ajoute qu'il fut arrêté que, ſuivant l'ancienne coutume, *secundùm vetera exempla*, le fort décideroit du choix des Ambassadeurs. On voit en effet par une Lettre de Cicéron même qu'il fut nommé Ambassadeur par cette voie. Un autre Auteur (*Dio Cassius*) rapporte que de plusieurs personnes dont une Ambassade étoit composée, les unes avoient été nommées par élection & les autres par le sort. Mais ces deux exemples font si rares, que deux Savans, (*Gentilis, de Legationibus* ; *Paschal, Legatus*) à qui ils ont échappé, vont presque jusqu'à s'inscrire en faux contre cet endroit de Tacite.

II. Les Romains qui ont peut-être senti mieux qu'aucun autre peuple, de quelle conséquence il étoit de frapper les yeux de la multitude, pour attirer sa vénération, donnoient à leurs Ambassadeurs divers ornemens extérieurs. C'est pourquoi, selon un Auteur, ils avoient le privilege de porter un anneau d'or, dans le temps même où les Sénateurs & les Chevaliers-mêmes n'avoient pas encore le droit de le porter. Ils avoient aussi un habit distingué, que Denis d'Halicarnasse appelle une Robe sacrée. Elle étoit, selon quelques-uns, de pourpre dans les Ambassades où il s'agissoit d'affaires d'Etat ; mais dans celles qui n'avoient pour objet que des devoirs de bienséance & de politesse, Tite-Live nous apprend qu'ils prenoient une robe blanche.

Les Romains étoient, comme nous, dans l'usage d'envoyer des Ambassadeurs, soit pour faire des complimens de condoléance, soit pour en faire de félicitation. Alexandre, revenu victorieux de ses grandes expéditions, reçut à Babylone des Ambassadeurs, de presque toutes les parties du monde. Aux noces de Persée & à celles du Roi Prusias, assisterent divers Ambassadeurs, qui avoient apporté aux nouveaux époux des présens de la part de leurs maitres. A l'égard des complimens de condoléance, on fait le bon mot de Tibere aux Ambassadeurs d'Ilium, qui étoient venus un an après la mort de Drusus, lui marquer la part qu'ils prenoient à sa douleur.

III. Il y avoit encore une espece d'Ambassade, dont on ne trouve d'exemple que parmi les Romains. On l'appelloit l'Ambassade libre ; parce que ceux à qui on accordoit cette prérogative, n'avoient aucune affaire à négocier, & qu'ils pouvoient partir & revenir quand bon leur sembloit. C'étoit proprement une marque de distinction, dont on décoroit les personnes d'un certain rang, pour leur attirer plus de respect, lorsque leurs affaires particulieres les obligeoient de faire quelque séjour dans les pays étrangers. On s'en servoit même quelquefois comme d'un prétexte honnête pour colorer la retraite d'un homme, que quelque disgrace obligeoit de chercher un asyle hors de l'Italie. Ce fut sous ce titre que Scipion Nasica, contraint de quitter Rome pour se soustraire à la fureur du peuple qui vouloit venger dans son sang la mort de Gracchus, se retira en Asie. Suétone n'oublie pas de remarquer que Tibere porta cette qualité, lorsque certaines affaires qui lui étoient peu honorables, firent prendre à ce Prince le parti de s'exiler lui-même à Rhodes.

Cicéron déclame avec beaucoup de force contre ces fortes d'Ambaſſades. Il fait ſentir combien étoit ridicule le titre d'Ambaſſadeur dans un homme qui n'étoit chargé d'aucune négociation. Il nous aſſure que pendant ſon Conſulat il auroit déſiré d'abolir entiérement ce genre d'Ambaſſade; mais que n'ayant pu y réuſſir, il eut du moins le crédit d'en faire reſtraindre le temps à une année, au lieu qu'auparavant la durée n'en étoit point limitée.

IV. Quel que fût en général l'objet de l'Ambaſſade, on voit, tant chez les Grecs que chez les Romains, que pour l'ordinaire on n'envoyoit pas moins de trois Ambaſſadeurs, ni plus de dix. Il y avoit néanmoins des occaſions, où ils étoient en plus grand nombre, non-ſeulement pour que ces Députés fuſſent en état de s'aider mutuellement de leurs lumieres, mais encore pour marquer plus de conſidération à celui vers lequel on les envoyoit. Auſſi voyons-nous que Démétrius Poliorcete regarda comme une marque de mépris, que les Lacédémoniens ne lui euſſent député qu'un ſeul Ambaſſadeur, & que celui-ci, pour les diſculper, lui dit finement que le Sénat de Sparte n'ayant à traiter qu'avec une ſeule perſonne, avoit cru auſſi ne devoir lui en envoyer qu'une ſeule.

V. Les ordres dont on chargeoit les Ambaſſadeurs, étoient contenus dans le décret du Prince, du Sénat ou du Peuple qui les députoit. Ce décret leur tenoit lieu de ce que nous appellons Lettres de créance. Ils étoient obligés de le repréſenter, ſans quoi, on ſe croyoit bien fondé à refuſer de les entendre. Ce fut pour cette ſeule raiſon que les Achéens s'excuſerent de n'avoir pas admis dans leur Conſeil quelques Ambaſſadeurs que le Sénat avoit envoyés, pour examiner ſi les Villes qui, pendant les diviſions d'Eumene & de Philippe, avoient été enlevées à différens Peuples de la Grece, leur avoient été rendues. La coutume des Athéniens étoit, d'ajouter toujours cette clauſe générale au décret, dont nous parlons : *Qu'au ſurplus les Ambaſſadeurs faſſent tout ce qu'ils croiront être le meilleur pour le bien de l'Etat.* Quelquefois auſſi, on donnoit plein-pouvoir aux Ambaſſadeurs de traiter aux conditions que leur prudence leur ſuggéreroit.

Mais, comme à la faveur d'un nom auſſi reſpectable que celui d'Ambaſſadeurs, il auroit pu ſe gliſſer des eſpions, des gens ſans aveu, ou venus même à deſſein de tramer quelques pratiques ſecrettes, on ne les recevoit nulle part en cette qualité, ſans avoir pris auparavant les précautions néceſſaires contre toute ſurpriſe. A Rome, lorſque leur arrivée n'étoit pas annoncée, ou qu'ils n'étoient pas attendus, on ne les admettoit pas auſſi-tôt dans la Ville; mais on s'informoit d'abord de tout ce qui concernoit leur perſonne, & du ſujet de leur commiſſion. Ce ſoin regardoit les Queſteurs. Ces Magiſtrats alloient trouver les Ambaſſadeurs dans un lieu marqué hors de l'enceinte de Rome. Ils enregiſtroient leurs noms; & lorſque ces Ambaſſadeurs venoient de la part de quelque Puiſſance

amie, on les logeoit aux dépens du Public. On les défrayoit eux & leur
suite durant leur séjour. On leur faisoit des présens considérables d'armes,
de chevaux, d'habits, de vases d'argent, &c.

Tite-Live appelle ces présens *Lautia*, terme particulier aux Romains
& que Plutarque n'a pu rendre en sa langue, par aucun qui fut équivalent. En un mot, on pourvoyoit magnifiquement à toute leur dépense. Et
quand ils venoient à mourir dans le cours de leur Ambassade, ces mêmes
Questeurs prenoient soin de leurs funérailles, & la République en payoit
les frais, ce qui toutefois ne doit s'entendre que de ceux qui venoient de
la part des amis & des alliés. On traita autrement ceux de Rhodes,
qu'on soupçonnoit être dans le parti de Pompée, & ceux que Persée envoya à Rome pour le justifier des embûches qu'on l'accusoit d'avoir ten-
dues à Eumene. Ses excuses n'ayant point été admises, on congédia les
Envoyés, & on leur donna trente jours pour sortir d'Italie. Ceux des
Etoliens furent traités avec encore plus de rigueur, car on ne leur donna
que la moitié de ce temps-là pour se retirer hors des terres de la République.

Plutarque nous apprend que de son temps, l'étendue de l'Empire Romain ayant multiplié à l'infini le nombre des Ambassadeurs; & que la dépense qui se faisoit pour les défrayer, étant devenue par-là fort onéreuse
à la République, on cessa de pourvoir à leur subsistance. Mais on continua à inscrire leurs noms dans les Registres publics; & on ne diminua
rien par rapport aux prérogatives qu'on leur avoit accordées, & dont une
des plus considérables étoit d'avoir place dans l'orchestre aux jeux & aux
combats publics. Les Députés de la Ville de Marseille jouissoient de cette
prérogative, en considération des services qu'elle avoit rendus au Peuple
Romain. On trouve dans Josephe un décret de l'Empereur Caïus & du
Sénat, par lequel le même honneur est accordé à Hircan, à ses enfans &
à ses Ambassadeurs. Tacite rapporte que deux Envoyés de certains Peuples de la Belgique, étant entrés dans le Théâtre de Pompée, lorsqu'on
y célébroit les jeux, y remarquerent quelques étrangers assis parmi les
Sénateurs ; qu'ayant su de ceux qui les conduisoient, qu'on faisoit cet
honneur aux Ambassadeurs des nations qui se distinguoient des autres par
leur attachement au Peuple Romain, ils s'étoient écriés qu'il n'y avoit
aucune nation dans le monde qui l'emportât sur la leur par les armes &
par la bonne foi, & que là-dessus, sans autre cérémonie, ils s'étoient assis
dans l'orchestre ; ce qui fut pris en bonne part & regardé comme une
saillie de zele & d'affection. Cependant Auguste ayant appris que parmi
les Grecs certaines personnes sorties de familles d'affranchis, étoient quelquefois revêtues du titre d'Ambassadeur, défendit par un édit public l'entrée de l'orchestre à tous les Ambassadeurs. Dans la suite Trajan la rendit
à ceux qui étoient envoyés par les têtes couronnées.

VI. Il n'y avoit point de lieu marqué chez les Romains, pour donner audience aux Ambassadeurs. On les écoutoit en divers endroits situés hors de l'enceinte de la Ville, ordinairement dans le Temple de Saturne, quelquefois dans celui d'Apollon, ou de Minerve. Il ne faut pas croire, comme quelques-uns se le font faussement imaginé sur quelques passages mal-entendus, qu'on ne traitoit à Rome avec les ambassadeurs que dans le seul mois de Février. Tous les Historiens font foi du contraire. Il est seulement vrai que ce mois étoit destiné à écouter les demandes de ceux qui étoient envoyés par les Provinces immédiatement soumises à l'Empire Romain. Cet usage s'observoit si religieusement que Cicéron assure que pendant tout ce temps, on ne traitoit absolument d'aucune autre sorte d'affaire. Et ce qui montre, pour se servir des paroles de Valere-Maxime, combien les Romains étoient attentifs en tout, à conserver leur dignité & celle de la République, c'est qu'ils ne rendoient jamais réponse aux Ambassadeurs qu'en latin, & qu'ils les obligeoient de parler la même langue, par le moyen des Interpretes, non-seulement à Rome, mais par-tout où on leur donnoit audience.

Il paroit que parmi les Grecs, les Ambassadeurs n'étoient ni logés, ni défrayés aux dépens du public, & que c'étoient les particuliers qui exerçoient l'hospitalité envers eux, à-peu-près comme elle étoit exercée envers les autres étrangers. C'est ce que l'on peut conclure de cet endroit de Xénophon, où il reproche vivement aux Athéniens d'avoir refusé l'hospitalité à un Héraut. On voit par un autre trait du même Auteur, que les Ambassadeurs de Sparte à Athenes, y prenoient leur logement chez une personne qui faisoit profession publique de recevoir chez soi tous ceux que leurs affaires appelloient à Athenes. Ajoutons que les Grecs conserverent l'ancienne coutume qui étoit, en temps de guerre, d'envoyer devant les Ambassadeurs un Héraut, à-peu-près comme nous envoyons aujourd'hui un Trompette, pour s'assurer que l'ennemi accorderoit aux Envoyés la sûreté nécessaire pour s'acquitter de leur commission. Thucydide, dans ces circonstances, joint toujours un Héraut aux Ambassadeurs; & Démosthene fait un crime aux dix Ambassadeurs, nommés pour traiter avec Philippe, qui assiégeoit pour lors une ville de l'Attique, de s'être rendus auprès de ce Prince, sans avoir attendu la réponse du Héraut qu'ils lui avoient dépêché.

VII. Comme les Athéniens & les Corinthiens avoient une Loi précise qui défendoit de recevoir absolument aucun présent de la part de ceux auxquels ils étoient envoyés, il est assez naturel de croire qu'ils se dispensoient aussi d'en donner à ceux des autres Nations, à moins que ce ne fût de ces petits présens d'amitié qu'on faisoit aux hôtes, & qu'on appelloit *Xenia*. En effet, Philippe, Roi de Macédoine, voulant corrompre certains Ambassadeurs d'Athenes, se servit, selon Demosthene, de ce prétexte, pour leur faire agréer des sommes considérables en argent. Ce même Orateur soutient avec sa véhémence ordinaire, que c'étoit un crime capital,

& l'hiftoire nous apprend que quelques Ambaffadeurs qui en furent convaincus, l'expierent auffi par leur mort.

On étoit fi religieux fur ce point à Athenes, que Callias, pour cette feule
raifon, y fut condamné à une amende de cinquante talens, quoiqu'il eut
conclu une paix avantageufe avec le Roi de Perfe. C'étoit cependant l'u-
fage parmi les Princes de cette Nation, de faire de grands préfens à ceux
qui alloient chez eux en Ambaffade. Il femble même qu'il étoit de la
dignité des Rois d'en ufer ainfi. C'eft peut-être pour cela que les Ambaffadeurs que le Sénat avoit envoyés à Ptolémée Philadelphe, n'ayant pu
fe difpenfer de recevoir les dons précieux que ce Prince leur avoit offerts, avant même d'avoir rendu compte de leur négociation, commencerent par les remettre dans le tréfor public; générofité qui frappa tellement les Sénateurs, qu'avec la permiffion du peuple ces préfens leur
furent rendus.

VIII. Dans ces temps de barbarie, où les hommes vivoient dans un
brigandage continuel, & pour ainfi dire en guerre ouverte les uns avec
les autres, il n'y avoit pour lors que le bouclier de la religion qui pût
mettre à couvert la vie & les biens de ceux qui étoient obligés de traiter
avec leurs ennemis, ou même avec les étrangers. De-là cet appareil de
cérémonies, ces herbes facrées, ces couronnes, ces libations & ces fym-
boles religieux que portoient les Hérauts chez les Grecs, & les Féciales
chez les Romains, lorfqu'ils avoient quelques ordres à exécuter auprès
d'un peuple ennemi. Mais l'intérêt commun de la fociété ayant adouci la
férocité des mœurs, ces ufages s'abolirent infenfiblement. On n'en trouve
prefque plus de traces dans la Grece, depuis Homere, & parmi les Romains, depuis les deux premiers fiecles de la fondation de leur Empire. On
comprit enfin, même parmi les Barbares, que l'avantage réciproque des
Etats demandoit que la perfonne de l'Ambaffadeur fût regardée comme
inviolable.

IX. Selon l'ancien Droit des Gens, toute perfonne qui avoit fait quelque violence à un Ambaffadeur, devoit être remife entre les mains de la
Fuiffance qui l'avoit envoyé, pour en tirer telle vengeance qu'il lui plairoit. C'eft ainfi qu'un certain Leptinés qui avoit tué Cnéus Octavius, fut
livré aux Romains par les Grecs. Les Romains eux-mêmes firent remettre
entre les mains des Carthaginois les jeunes gens qui avoient infulté leurs
Ambaffadeurs. Ils en uferent de la même maniere avec deux Ediles qui
avoient maltraité les Envoyés des Appolloniates, & dans la crainte que
les parens de ces deux Magiftrats ne les enlevaffent fur la route, le Sénat
donna ordre à un Quefteur de les accompagner jufqu'au port où ils devoient s'embarquer.

X. On accordoit des honneurs particuliers à la perfonne, ou même à
la mémoire des Ambaffadeurs, qui s'étoient dignement acquittés de leurs
fonctions. A Sparte & à Athenes, outre le remerciement qu'on leur faifoit

en

en public, on leur donnoit un repas de cérémonie. Chez les Romains, on les élevoit aux premieres Magiſtratures, & s'il arrivoit qu'ils fuſſent tués dans l'exercice de leur miniſtere, on leur décernoit un ſtatue. Cicéron nous apprend que celles qu'on avoit érigées en l'honneur de ces quatre Ambaſſadeurs qui furent mis à mort à Fidenes, par un Roi des Véiens, avoient ſubſiſté juſqu'à ſon temps. Il n'oublie pas qu'on voyoit dans la place, où étoit la Tribune aux harangues, la ſtatue de Cnéus Octavius qui fut tué à Laodicée dans le cours de ſon Ambaſſade. Ce droit étoit ſi bien établi, que le même Orateur ſoutient qu'il doit s'étendre juſqu'à ceux qui meurent de maladie, tandis qu'ils ſont revêtus du titre d'Ambaſſadeur. Ainſi non content que le Sénat eût ordonné qu'on conſtruiroit, aux dépens du public, un tombeau à Servius Sulpitius, mort Ambaſſadeur auprès d'Antoine, Cicéron obtint encore qu'on lui éleveroit une ſtatue d'airain en pied. Les Athéniens dreſſerent auſſi un monument ſur la Voie ſacrée, pour honorer la mémoire du Héraut Anthémocrite qui avoit été tué par les Mégariens.

Privileges de l'Ambaſſadeur.

AVANT d'entrer dans l'énumération des prérogatives de l'Ambaſſadeur, il eſt à propos d'obſerver que les privileges de l'Ambaſſade étant un attribut de la Souveraineté, le Miniſtre public ne peut, ſans un pouvoir exprès du Souverain, les abandonner ni en matiere civile, ni en matiere criminelle. Les pactes des particuliers ne ſauroient préjudicier à la Loi publique. Ces privileges ſont accordés au Miniſtere, & non à la perſonne; & loin qu'il y puiſſe renoncer, il eſt de ſon devoir de les maintenir: c'eſt une obligation. Aucun homme n'a le droit de renoncer à des privileges qui ne lui ſont pas perſonnels, ce ſeroit renoncer aux privileges d'autrui. Un Miniſtre public peut encore moins renoncer à ceux du rang ſuprême qu'il ne fait que repréſenter. L'Ambaſſadeur qui y renonceroit, nuiroit, non à un ſimple particulier, mais à ſon Souverain; il aviliroit la dignité de ſon Maître, la majeſté de l'Etat dont il eſt le ſujet, & l'honneur de ſon propre caractere dont il eſt reſponſable à la Puiſſance de qui il le tient. Le Souverain ſeul peut, lorſque des raiſons de convenance ou d'intérêt l'exigent, renoncer aux privileges de l'Ambaſſade.

Les Ambaſſadeurs ne jouiſſent des privileges attachés à leur Miniſtere que dans les Cours où ils doivent l'exercer. Le Droit des Gens ne les protege point ailleurs, pas même dans les pays où ils paſſent pour ſe rendre au lieu de leur miſſion. La raiſon en eſt que l'Ambaſſade, qui forme un commerce entre celui qui l'envoie & celui qui la reçoit, eſt tout-à-fait étrangere à l'Etat qui ne l'envoie ni ne la reçoit. Les Ambaſſadeurs peuvent être arrêtés dans un pays ennemi qu'ils traverſent ſans paſſe-port. Par-tout ailleurs ils ſont regardés comme des particuliers qui n'ont pour eux que le droit d'hofpitalité, & la confidération de convention due aux perfonnes d'un rang diftingué.

Une troifieme obfervation importante, c'eft que l'Ambaffadeur ne jouit des privileges que le Droit des Gens lui accorde, qu'autant qu'il conferve fon caractere, & ne viole pas lui-même ce Droit des Gens. Que deviendroient les Rois, les Etats & les Peuples, fi d'autres Souverains pouvoient envoyer des affaffins, des perturbateurs du repos public, des gens capables de tramer des deffeins finiftres dans un pays, avec le caractere d'Ambaffadeur, & qu'ils y puffent, à l'ombre de ce titre, commettre impunément des crimes, violer les Droits les plus facrés, & faire trembler les Princes pour leurs jours ? En pareil cas tout Souverain eft en droit de faire arrêter un Miniftre public, & peut, en rigueur, le châtier, le punir même du dernier fupplice, fi fon crime le mérite. Cependant, la prudence & la faine politique prefcrivent d'agir avec modération, même dans ces cas graves ; & dans d'autres occafions où le crime eft découvert avant qu'il foit confommé, on prend le parti d'arrêter le Miniftre & de le renvoyer à fon Maitre. C'eft ce que nous expliquerons aux Articles MINISTRE PUBLIC, CELLAMARE, MONTI, PLELO, &c.

Grotius remarque qu'il y a deux maximes principales du Droit des Gens touchant les Ambaffadeurs : la premiere, qu'il faut recevoir les Ambaffadeurs ; la feconde, que leur perfonne eft facrée & inviolable. De ces deux maximes découlent tous les privileges des Ambaffadeurs.

L'obligation où font les Princes & les Etats de recevoir les Ambaffadeurs, eft fondée en général fur la fociété & l'humanité. Comme toutes les Nations forment entre elles une efpece de fociété, & qu'en conféquence, elles doivent s'entr'aider les unes les autres par un commerce mutuel de fervices & d'offices, l'ufage des Ambaffadeurs leur devient néceffaire pour cet effet. Cette obligation regarde auffi-bien ceux qui font envoyés par l'ennemi que ceux qui viennent d'une Puiffance amie. Il eft du devoir des Princes qui font en guerre, de chercher les moyens de rétablir entr'eux une paix jufte & raifonnable, & ils ne fauroient en venir à bout, fans écouter les propofitions qu'ils peuvent fe faire réciproquement. La maniere la plus convenable pour cela eft de fe fervir d'Ambaffadeurs ou de Miniftres, quelque nom qu'on leur donne. Le même devoir femble impofer aux Princes neutres, ou à des tiers, l'obligation de laiffer paffer fur leurs terres les Ambaffadeurs que d'autres Puiffances s'envoient. C'eft donc une regle du Droit des Gens que l'on doit recevoir les Ambaffadeurs, & ne pas les refufer fans une jufte caufe : ce qui a été fuffifamment éclairci plus haut à l'Article ADMISSION du Miniftre public.

Les Peuples civilifés ont toujours regardé les Ambaffadeurs comme des perfonnes facrées. C'étoit un principe reçu des Anciens que violer le droit d'ambaffade, c'étoit non-feulement une injuftice, mais encore une impiété. Il n'eft pas jufqu'aux Barbares qui n'aient refpecté les Ambaffadeurs. Les modernes reconnoiffent unanimement que la perfonne des Miniftres publics eft facrée & inviolable. Les Mahométans penfent fur ce point comme les Chrétiens. Mais qu'eft-ce que l'on entend par ces mots *facré & inviolable*.

Le terme *facré*, dans le fens que lui donnent les Jurifconfultes & les Publiciftes, défigne ce qui eft mis à couvert de toute injure, de toute infulte de la part des hommes. Les Ambaffadeurs & leurs gens, car ce privilege s'étend à tout ce qui leur appartient, font donc *facrés* en tant qu'il n'eft jamais permis de les offenfer ni en action ni en parole.

Quand on dit que le Droit des Gens défend de faire aucun mal aux Ambaffadeurs, ou en paroles ou en actions, on ne donne en cela aucun privilege particulier aux Ambaffadeurs; car les loix de la nature affurent à tous particuliers la jouiffance de leur vie, de leur honneur & de leurs biens. Mais quand on ajoute que la perfonne des Ambaffadeurs eft facrée & inviolable par le Droit des Gens, on prétend attribuer par-là aux Ambaffadeurs des prérogatives, des privileges qui ne font pas dûs aux fimples particuliers.

On punit plus rigoureufement ceux qui ont maltraité un Ambaffadeur, que ceux qui ont fait quelque injure ou quelque infulte à un particulier, & c'eft à caufe du caractere qui rend les Ambaffadeurs facrés, que l'on décerne une peine fi différente pour un même genre d'offenfe.

D'ailleurs, fi la perfonne des Ambaffadeurs n'eft pas à couvert de toute violence, le droit des ambaffades devient précaire, & leur fuccès très-incertain. Le droit à la fin eft inféparable du droit aux moyens néceffaires. Les ambaffades étant d'une fi grande importance, dans la fociété univerfelle des Nations, fi néceffaires à leur falut commun, la perfonne des Miniftres chargés de ces ambaffades doit être facrée & inviolable chez tous les Peuples. Quiconque fait violence à un Ambaffadeur, ou à tout autre Miniftre public, ne fait pas feulement injure au Souverain que ce Miniftre repréfente, il bleffe la fûreté commune & le falut des Nations; il fe rend coupable d'un crime atroce envers tous les Peuples.

Enfuite, ce qui fait que l'on appelle facrée & inviolable la perfonne des Ambaffadeurs, c'eft qu'ils ne font point foumis à la jurifdiction civile ou criminelle du Souverain, auprès duquel ils font envoyés, ni à l'égard de leurs perfonnes, ni à l'égard des gens de leur fuite, ni à l'égard de leurs biens, & par conféquent on ne peut pas agir contre eux par les voies ordinaires de la juftice; & c'eft en cela que confiftent principalement leurs privileges.

L'Ambaffadeur étant le Miniftre public par excellence, & conftituant feul le premier ordre de Miniftres publics, a des privileges qui lui font communs avec tous les autres, & des privileges qui lui font particuliers, à l'exclufion des autres. Notre deffein n'eft pas de traiter ici des Privileges communs à l'Ambaffadeur & aux autres Miniftres publics. Il nous fuffira de les énoncer pour le préfent. Ils feront traités en général à l'article MINISTRE

PUBLIC, & plus en détail dans des articles particuliers aux mots qui leur font propres. Ces privileges peuvent se réduire à sept, qui sont :

1. Le Privilege d'Indépendance. *Voyez* INDÉPENDANCE.
2. Celui de Chapelle. *Voyez* CHAPELLE.
3. Celui d'Asyle dans leurs hôtels. *Voyez* ASYLE.
4. Celui d'exemption d'Impôts & Droits de Douane. *Voyez* MINISTRE PUBLIC.
5. Le Privilege d'être à couvert du Droit de représailles & d'être exempts du Droit d'Aubaine sur leurs effets mobiliers.
6. Celui d'entiere liberté dans toutes leurs fonctions.
7. Celui de présent. *Voyez* PRÉSENT.

Outre les Privileges communs à tous les Ministres publics, les Ambassadeurs en ont de particuliers, réservés à eux seuls. Ces Privileges sont :

1. D'être salués du canon des Places par où ils passent, dans le pays où ils sont envoyés.

2. D'être complimentés de la part du Souverain, dès qu'ils lui ont fait notifier leur arrivée.

3. De faire une entrée publique dans la ville où le Souverain fait sa résidence. L'Envoyé-extraordinaire a aussi droit de faire une entrée publique. *Voyez* ENTRÉE PUBLIQUE *des Ambassadeurs.*

4. De jouir des plus grands honneurs aux audiences publiques des Souverains, où ils ont droit de parler couverts. *Voyez* AUDIENCE.

Il n'y avoit point de lieu marqué chez les Romains pour donner audience aux Ambassadeurs, & il n'y en a point parmi nous. On les écoutoit en divers endroits, ordinairement dans le temple de Saturne, souvent dans celui d'Apollon, & quelquefois aussi dans celui de Minerve; & les Souverains d'aujourd'hui donnent audience aux Ministres publics, dans tous les lieux où ils le jugent à propos.

5. D'avoir pour eux une place distinguée dans toutes les fêtes & les cérémonies publiques. L'une des prérogatives des Ambassadeurs à Rome, c'étoit le droit d'avoir une place dans l'Orchestre, aux jeux & aux combats publics. Les Députés de Marseille jouissoient de cette prérogative, en considération des services que cette ville avoit rendus au peuple Romain (*). On trouve dans Josephe (**) un décret de Caligula & du Sénat, par lequel le même honneur est accordé à Hircan, à ses enfans, & à ses Ambassadeurs. Tacite rapporte que deux Envoyés des Frisons étant entrés dans le théâtre de Pompée lorsqu'on y célébroit les jeux, demanderent où étoient les places des Sénateurs & celles des Chevaliers; qu'ils apperçurent assis, parmi ces derniers, des gens qu'ils jugerent à leurs habillemens être

(*) *Justin. L. XLIII.*
(**) *L. XIV. c. 10.*

des étrangers ; & qu'apprenant que c'étoient les Ambassadeurs des Nations les plus braves & les plus fideles au peuple Romain, ils s'étoient écriés, qu'il n'y avoit aucune Nation dans le monde qui surpassât les Frisons en courage & en bonne foi ; & que là-dessus, sans autre cérémonie, ils s'étoient assis dans l'Orchestre : ce qui fut (ajoute l'Historien) pris en bonne part, & regardé comme l'effet d'une simplicité antique & comme une saillie de zele & d'affection. Cependant Auguste, ayant appris que parmi les Grecs, certaines personnes, sorties de familles d'affranchis, étoient quelquefois revêtues du titre d'Ambassadeur, ce Prince défendit, par un Edit public, l'entrée de l'Orchestre à tous les Ambassadeurs, pour ne pas mêler ces hommes vils avec la fleur de la Noblesse Romaine. Dans la suite Trajan rendit cette place dans l'Orchestre aux Ambassadeurs qui étoient envoyés par les Têtes couronnées. Aujourd'hui, il n'est point de Cour en Europe où les Ambassadeurs n'aient, dans toutes les occasions, des places distinguées, & où les Ministres publics ne siegent après eux.

6. D'avoir pour leurs femmes le tabouret dans les cercles des Reines & des Impératrices, ou aux repas des Rois & des Empereurs.

7. D'avoir un dais chez eux.

8. D'être traités d'Excellence par les Ministres de la Cour où ils résident & auxquels ils donnent le même titre. Ce titre, inconnu en France parmi les Nationaux, ambitionné par tant de personnes en Italie & dans quelques autres pays, n'a été introduit pour les Ambassadeurs que depuis la fin du seizieme siecle. Un Ambassadeur de France ayant été traité d'Excellence à Rome, en 1593, les Ambassadeurs des autres Couronnes prirent le même titre ; & il est devenu le titre distinctif des Ministres publics du premier ordre dans toutes les Cours de l'Europe. *Voyez* EXCELLENCE.

Ces divers Privileges sont regardés comme si précieux & si certains, que, lorsqu'ils reçoivent quelqu'atteinte dans une Cour, tous les Ministres qui y résident, & qui y font un ordre particulier d'hommes, se croient offensés en la personne de l'un d'entre eux, & s'intéressent à la réparation, même pour des Ministres, dont les Maîtres ne vivent pas bien avec les leurs.

Tous ces Privileges, ainsi que les principes qui les établissent, ont été reconnus & consacrés par des Déclarations, Réglemens & Ordonnances de différentes Cours, que l'on trouvera à l'Article MINISTRE PUBLIC. Nous y renvoyons le Lecteur.

Du Rang entre les Ambassadeurs d'un même Prince; du respect qui est dû
aux Ambassadeurs par les Sujets de leurs Maîtres.

LORSQU'UN Prince emploie dans une même Cour deux Ambassadeurs,
dont l'un est Ordinaire, & l'autre Extraordinaire, celui-ci précede celui-là.

S'ils sont tous deux Extraordinaires, le dernier venu précede le premier
arrivé, à moins que leur Maître commun n'en ait disposé autrement.

L'Ambassadeur qui est relevé, prend la main sur celui qui le releve, en
allant à l'audience, où l'un reçoit son audience de congé, & l'autre sa premiere audience; mais en revenant de l'audience, celui qui se retire, &
dont les fonctions ont cessé par l'audience de congé, cede à celui qui vient
de prendre une audience, laquelle fait commencer les siennes.

Voilà ce qu'on peut dire du rang entre les Ambassadeurs du même Prince.
Celui des Ambassadeurs de divers Princes dépend de la grandeur de leurs
maîtres; & il en sera parlé à l'Article PRÉSÉANCE *entre les Souverains.*

Les Nationaux doivent donner des marques de leur respect au Ministre
de leur Souverain, dans une Cour étrangere. Quelque rang qu'ils aient dans
leur pays, ils sont censés, dans ceux où ils voyagent, inférieurs au Ministre qui représente leur maître. L'Ambassade de France à Venise, dans le
temps qu'elle étoit remplie par le Président de S. André en 1669, 1670
& 1671, a fourni sur cela trois exemples remarquables.

I. Le Duc de Nevers, qui se trouva à Venise dans le cours de l'Ambassade de S. André, crut que ce Ministre de France devoit lui donner la
main lorsqu'il recevroit sa visite; mais l'Ambassadeur refusa cette condition, & la visite ne fut point faite. L'Evêque de Beziers (depuis Cardinal
de Bonzy) à qui le Président de S. André avoit succédé, avoit donné la
main dans sa maison au Duc de Nevers; mais c'avoit été pour plaire au
Cardinal de Mazarin, son oncle, qui gouvernoit absolument le Royaume.
Un honneur fait dans ces circonstances, ne pouvoit tirer à conséquence depuis la mort de ce premier Ministre. Le retranchement en fut approuvé à
la Cour de France, laquelle, dans ses Instructions, avoit défendu à Saint-
André de donner la main chez lui, à d'autres qu'aux Ducs Souverains d'I-
talie & aux Cardinaux.

II. Le Duc & le Chevalier de Vendôme, dont le rang étoit supérieur
à celui du Duc de Nevers, n'eurent pas la main dans les visites qu'ils rendirent à Saint-André, pendant cette même Ambassade. Ces deux Princes,
mangeant chez lui, étoient assis, l'un à sa droite, l'autre à sa gauche, ensorte que la place du milieu, réputée la plus honorable, demeuroit à l'Ambassadeur.

III. Ce même Président de Saint-André voulut mal-à-propos donner la
main chez lui au Marquis de Seignelay, reçu en survivance dans la Charge
de Secrétaire d'Etat de son pere, le Grand Colbert. Il s'y portoit, sans

doute, par une raison toute semblable à celle qui avoit déterminé l'Evê-que de Beziers; mais le jeune Secrétaire d'Etat la refusa sagement, & vou-lut donner lui-même l'exemple du respect dû au Maître en la personne de ses Ambassadeurs.

Remarque particuliere sur le Rang des Ambassadeurs de Venise, des Pro-vinces-Unies, de l'Ordre de Malte, & du Corps Helvétique.

1. LES Ambassadeurs de la République de Venise reçoivent le même traitement que les Ambassadeurs des Rois.

2. Ceux de la République des Provinces-Unies ont aussi, après ceux de Venise, le même traitement que les Ambassadeurs des têtes couronnées, depuis la treve (en 1609, *voyez ci-devant l'Article* AERSENS.) où le Roi d'Espagne, Philippe II, traita avec les Provinces-Unies, comme avec un Etat souverain. Pour les animer à mettre la derniere main à l'ouvrage de leur Souveraineté, Henri IV, Roi de France, leur accorda de nouveaux honneurs. Ce Prince voulut que, lorsque leurs Députés entreroient au Louvre, les Gardes prissent les armes à leur passage, & que ses Ambas-sadeurs chez eux leur donnassent la main. Cet honneur leur fut retranché sous Louis XIII; mais ils l'obtinrent pour toujours de Louis XIV, & les Ambassadeurs de cette République n'ont pas cessé d'en jouir depuis. Dans le Traité que les Etats-Généraux firent à la Haye avec la France, il y a plus de cent ans (en 1644) les Commissaires Hollandois prétendirent que les Plénipotentiaires François, d'Avaux & Servien, devoient signer d'un côté sur une colonne, & eux de l'autre sur une semblable colonne, pa-rallele à la premiere, en sorte que le nom du premier Commissaire Hol-landois fût plus honorablement placé que celui du second & du troisieme Plénipotentiaire François; mais les Commissaires furent obligés de signer sur la même ligne tout de suite après les Plénipotentiaires François. Les Hollandois ont enfin gagné encore ce point, & leurs Ambassadeurs signent dans tous les Traités à la gauche de ceux des Rois.

3. Les Ambassadeurs de l'Ordre qui a son siege à Malte, & qui est répandu dans tout le monde Catholique, jouissent également, après ceux de Venise & de Hollande, des mêmes prérogatives que les Ambassadeurs des têtes couronnées. Ils ont l'honneur de se couvrir en France devant le Roi aux audiences publiques, lors même qu'ils sont ses sujets.

4. Ceux du Corps Helvétique sont traités avec une considération ex-trême en France. Caressés par les Peuples, honorés par les Magistrats mu-nicipaux, défrayés par le Roi; ils sont reçus à Paris par le Gouverneur, le Prévôt des Marchands, & les Echevins, mais à cinquante pas hors de la porte S. Antoine, par où ils font leur entrée, pour marquer que c'est la Ville & non le Roi qui leur fait cet honneur. Au reste, ils ne se cou-vrent ni dans l'audience que le Roi leur donne, ni dans celle qu'ils re-

çoivent de la Reine & des Enfans de France ; & cet honneur qui caractérife proprement le traitement de Miniftres du premier ordre , retranché aux Ambaffadeurs du Corps Helvétique , fait voir qu'en France ils ne font pas traités précifément comme Ambaffadeurs. Les Ambaffadeurs qui ne viennent en ce Royaume que de la part de quelques Cantons, ne reçoivent abfolument que le traitement de Miniftres du fecond ordre.

Devoirs & fonctions de l'Ambaffadeur.

L'AMBASSADEUR doit être tout entier aux affaires de fon Souverain. Il eft l'Homme de l'Etat : dans tout ce qui concerne fon emploi, il lui eft défendu de fe déterminer par des vues perfonnelles, de fuivre fes goûts particuliers. Tout doit céder à l'impreffion qu'il reçoit de fon Maître. Il fe doit, lui & toutes fes facultés, à l'emploi dont il eft chargé. Toute autre occupation, tout autre foin devient illégitime, fi cette occupation & ce foin prennent un temps que réclament les affaires de l'Ambaffade. Les devoirs & les fonctions de l'Ambaffadeur font d'une plus grande étendue qu'on ne fe l'imagine quelquefois. Une occafion que l'on néglige comme de peu de conféquence, eft fouvent celle qui auroit donné des lumieres, & fourni des facilités qu'on ne recevra point d'ailleurs. Rien n'eft à méprifer dans une négociation délicate.

L'objet général de l'Ambaffade eft de procurer l'avancement des affaires du Souverain qui l'envoie. Quelquefois elle a un objet particulier, détaillé dans une inftruction, à laquelle le Miniftre public doit fe conformer, tant qu'il ne reçoit pas d'ordres contraires. *Voyez* INSTRUCTION. Mais quel que foit l'objet de l'Ambaffade, général ou particulier, les fonctions de l'Ambaffadeur fe réduifent toujours à deux points principaux : l'un de remplir l'objet des Négociations dont il eft chargé, l'autre, de découvrir celles des autres Princes & d'en informer fon Souverain autant qu'elles peuvent l'intéreffer. De ces deux fonctions, la premiere eft publique, & la feconde fecrette. Ménager les intérêts de fon Prince, rendre fes Lettres, en folliciter la réponfe, protéger fes fujets, entretenir la correfpondance des deux Cours, celle qui l'envoie & celle à laquelle il eft envoyé, telle eft en deux mots la fonction publique de l'Ambaffadeur. Sous ce point de vue le Miniftre public eft le lien des deux Etats, entre lefquels il entretient l'amitié, le commerce & l'union. L'avantage mutuel des deux Nations eft fon objet, car il ne doit pas fe flatter de faire le bien de la fienne à l'exclufion de l'autre. Mais auffi quoiqu'il vante la fincérité des intentions de fon Souverain , quoiqu'il faffe pour écarter les ombrages que la Cour où il réfide pourroit prendre, on n'eft pas la dupe des affurances les plus pofitives, lorfqu'elles font démenties par les faits. L'Ambaffadeur, s'il veut être réellement un Miniftre de paix , doit fe rendre utile à fa Cour, fans perdre de vue ce qui peut convenir à la Cour où il réfide.

Cependant,

Cependant l'égoïsme national est tellement exalté, que chacun jugeant des autres par soi-même, un Ambassadeur parvient rarement à persuader qu'il veut sincérement le bien mutuel des deux Nations, & qu'il n'est pas aussi porté à nuire à la Nation étrangere, que zélé pour l'avancement de la sienne. Cette prévention, malheureusement trop fondée, est un des plus grands obstacles qu'éprouvent les Négociateurs dans la conciliation des intérêts réciproques des Puissances, & dans le maintien de la bonne intelligence entre elles.

Observer ce qui se passe à la Cour où l'on est envoyé, l'esprit qui y regne, le système qu'on y suit; étudier ceux qui composent le Conseil du Prince, pénétrer le caractere des Ministres, la regle & les vues de leur Ministere, connoître les personnes qui ont la confiance des Ministres, sur-tout de ceux qui influent le plus dans les affaires, & avec qui on doit particuliérement traiter; découvrir les liaisons que cette Cour entretient, celles qu'elle peut prendre, celles auxquelles elle se refuse; épier les actions du Prince, & déguiser celles de son Maître, sans montrer d'affectation à aucun de ces deux égards; voilà en raccourci la fonction secrette de l'Ambassadeur. Sous ce nouveau point de vue, le Ministre public, convenons-en, est un honnête espion qui, à la faveur de ses privileges, cherche, je ne dis pas à nuire au Souverain auprès de qui il est accrédité, mais à profiter de toutes ses démarches pour avancer les affaires de son propre Souverain, soit en prévenant ce qu'elles pourroient avoir de contraire à ses intérêts, soit en secondant avec adresse ce qu'elles pourroient avoir de favorable à ses vues.

L'Ambassadeur a beaucoup gagné, s'il a su se rendre agréable aux Ministres que sa mission l'oblige de voir. Il lui est essentiel de captiver leur amitié, si toutefois on peut concevoir de l'amitié pour quelqu'un dont on croit devoir se défier : car, je le répete, le caractere dont il est revêtu, inspire toujours de la réserve à ceux qui doivent avoir affaire à lui; & il est bien difficile qu'il puisse s'attirer leur confiance. Cela pourtant n'est pas sans exemples. Alexandre Bichi, Cardinal, Nonce en France, sut s'y faire aimer & estimer, jusques-là que cette Cour le consulta souvent, principalement dans l'affaire des démélés qui subsistoient entre la Maison des Barberins & le Duc de Parme. Angelo Cornaro, Ambassadeur de Venise à la même Cour de France, étoit lié d'une amitié si étroite avec le Cardinal de Richelieu, premier Ministre, que celui-ci l'employoit dans les affaires de la plus grande conséquence. Si l'Ambassadeur se dépouille volontiers de sa dignité, sans paroître enflé de son rang, s'il sait voiler à propos son caractere, pour ne montrer que les manieres aisées d'un particulier, s'il se relâche facilement, mais sans foiblesse, sur des prétentions de peu d'importance, sans montrer de la roideur, ni sur les objets de sa commission, ni sur les obstacles qu'on pourroit opposer à ses instances, sur-tout s'il est doué de ces heureuses qualités naturelles qui engagent doucement les cœurs & forcent l'estime, s'il n'affecte point une réserve repoussante, s'il a assez de souplesse pour se faire à tous les caractères, sans perdre le sien, il peut espérer de parvenir à adoucir l'ombrage que donne naturellement la qualité. Comme cette qualité le met au niveau des personnages les plus distingués, & l'autorise à agir avec eux d'une maniere aisée, ce commerce aimable & facile, soutenu avec esprit, peut faire naître insensiblement une liaison semblable à l'amitié, & bien propre à applanir la voie à toute espece de négociation. Le mérite personnel a un grand ascendant sur les cœurs. On tient à honneur d'être ami d'un homme qui jouit de l'estime publique.

Les distinctions, les prééminences, les prérogatives inséparables du caractere d'Ambassadeur, sont assez souvent des sujets de déplaisir pour certains esprits qui s'en croient blessés, comme on le voit fréquemment dans les Cours d'Allemagne & d'Italie, où l'étiquette a plus d'empire qu'ailleurs. Il convient donc de ne faire de tous ces Privileges, que l'usage le plus modéré, éloignant ou retranchant, autant qu'il est possible, les occasions de s'en prévaloir. Du reste, l'Ambassadeur ne mettra ni duplicité, ni fourberie dans son habileté à déguiser la pompe de son rang. Quoiqu'il ne soit pas nouveau de voir, dans les Cours, des pratiques qui portent toute autre empreinte que celle de la sincérité, il ne cherchera point à tromper. Lors même qu'il veut pénétrer un secret qu'on lui cache, il ne doit employer pour cela que des moyens honnêtes en politique, & ne pas agir avec une Puissance amie, comme avec un ennemi.

D'habiles Auteurs ont soutenu que l'Ambassadeur avoit droit de s'attacher les Ministres & les Sujets de la Cour où il résidoit, pour découvrir les intrigues qu'on pourroit faire contre les intérêts de son Maître ; que cette conduite de l'Ambassadeur étoit à la vérité désobligeante pour le Souverain, mais que l'Ambassadeur étoit en droit de la tenir ; que quant à la liaison du Sujet qui trafiquoit avec l'Ambassadeur étranger des secrets de son Souverain, c'étoit un crime capital, mais un crime qui ne pouvoit être puni que sur le sujet. D'autres restraignent ce Droit aux seules occasions où un Ambassadeur est certain, ou presque certain, que l'on trame quelque chose contre les intérêts de sa Cour. Alors, disent-ils, le Droit naturel qui prescrit de repousser la force par la force, permet d'opposer la ruse à la ruse.

Rien n'est si ordinaire, de la part des Ambassadeurs, que de donner de l'argent aux uns, de faire des présens aux autres, nourrir les espérances des Ministres, flatter l'ambition des favoris & des favorites, donner des pensions & acquérir, par toutes sortes de moyens semblables, des serviteurs & des partisans à leurs Princes. Un Négociateur peut découvrir les secrets du pays où il négocie, par ceux qui ont part aux affaires, ou par ceux auxquels ils se confient. Il y en a d'intéressés qu'il peut gagner, d'indiscrets qu'il peut faire parler plus qu'ils ne doivent, de mécontens & de

paſſionnés qui révelent des ſecrets importans. Tout cela fournit à un Miniſtre public des occaſions de ſervir ſon Maître, & il a droit, abſolument
parlant, d'en profiter; au moins la coutume paroît avoir paſſé en Droit.
Les intrigues ſont à la politique ce que les ſtratagêmes ſont à la guerre.
L'Ambaſſadeur, avons-nous dit d'après Philippe de Comines, eſt toujours
un honnête eſpion, quelque choſe qu'il vienne faire. C'eſt le langage de
tous les Ecrivains anciens & modernes, c'eſt celui des Richelieu, des d'Oſſat, de tous les Négociateurs, de tous les Miniſtres, de tous les Princes.
Pour peu que l'on ſoit inſtruit des précautions que les anciens Peuples
prenoient, & que les Nations modernes prennent encore aujourd'hui à
l'égard de tous les Miniſtres étrangers, on ſe perſuadera aiſément que
preſque par-tout on a reconnu le Droit que la coutume attribue à l'Ambaſſadeur.

On prétend encore que l'Ambaſſadeur peut légitimement avoir des eſpions, quoiqu'il ſoit dangereux de ſe fier à des hommes aſſez vils pour faire
un pareil métier. Il a le droit d'entretenir telles correſpondances qu'il juge
à propos, non-ſeulement en écrivant ſouvent à ſa Cour, mais en dépê-
chant auſſi des Couriers dans d'autres Cours, même dans des Cours ennemies, s'il y eſt autoriſé. Le Prince auprès duquel il réſide, ne peut l'en
empêcher, parce qu'il ne lui appartient pas de régler les relations d'un
Miniſtre qui tient du Droit des gens la liberté d'entretenir celles qu'il juge
utiles au ſervice de ſon Souverain. L'Ambaſſadeur cependant doit en uſer
avec circonſpection, dans la crainte de donner de l'ombrage à la Cour
étrangere, & même de déplaire à la ſienne. Certainement il ne peut, ſans un
ordre exprès, ni ſe mêler des affaires domeſtiques de l'Etat où il réſide, ni
s'attacher les Nationaux, ni avoir des eſpions, ni entretenir aucune correſpondance, ſoit avec les Miniſtres de ſon Souverain dans les autres Cours,
ſoit avec les autres Princes, auxquels ſa miſſion ne l'adreſſe pas. C'eſt au
Souverain ſeul de régler les démarches & les relations de ſon Miniſtre:
celui-ci ne peut, ſans l'aveu de ſon Maître, s'intriguer dans aucune affaire,
ni rien écrire à qui que ce ſoit, de ce qui a rapport à ſon emploi. Les intentions du Souverain ne manquent jamais d'être clairement expliquées dans
les inſtructions qu'il donne à ſes Ambaſſadeurs. *Voyez* INSTRUCTION.
Voyez auſſi l'Article INTRIGUE, où nous tâchons d'établir ſur cette matiere
des Principes également conformes à l'honnêteté morale, à la ſaine Politique, & à ce que le Miniſtre public doit aux intérêts de ſa Nation.

Un Ambaſſadeur ne doit jamais oublier ni dans les Audiences où il eſt
admis, ni dans les Mémoires qu'il donne, qu'il repréſente un Souverain,
& qu'il parle à un Souverain. La dignité, la décence & la liberté doivent
caractériſer toutes ſes paroles. La liberté honnête ne dégénere jamais en
inſolence; la dignité n'eſt point hauteur, & la décence s'allie très-bien avec
la fermeté. Si un Souverain, à qui un Ambaſſadeur parle, mêloit à ſes diſcours des menaces, ou des paroles injurieuſes au Maître de l'Ambaſſadeur,

celui-ci pourroit & devroit les relever fans manquer ni au refpect dû au Prince étranger, ni à la dignité de fon Maître. Il feroit coupable, s'il ne le faifoit pas, à moins que des confidérations politiques, prifes de la difpofition des deux Princes, de la Puiffance des deux Etats, & d'autres circonftances ne lui fiffent un devoir de diffimuler cet affront. Mais la prudence en ce cas ne doit point aller jufqu'à la lâcheté.

L'Ambaffadeur infidele mérite la mort. Etre infidele, ce n'eft pas feulement fe laiffer corrompre, trahir le fecret de l'Ambaffade, quitter fon pofte fans une permiffion expreffe de fon Maître, paffer au fervice d'un autre Prince: trahifons énormes dont on voit peu d'exemples; mais il eft d'autres manieres de manquer de fidélité, qui, fans paroître auffi odieufes, ne laiffent pas de rendre un Miniftre très-coupable envers la Nation qui l'emploie. Les Ambaffadeurs qui éventent le fecret d'une négociation, par foibleffe, par vanité, par légéreté, méritent d'être punis de leur imprudence. Les retrancher de l'Ordre illuftre des Miniftres Publics, eft peut-être une punition trop légere pour une faute fi grave. Le fecret, fi important dans les affaires des Particuliers, l'eft bien davantage dans les affaires d'Etat. Les deffeins les mieux concertés échouent ordinairement dès qu'ils font découverts. Quelques qualités qu'ait d'ailleurs un Ambaffadeur, on peut dire qu'il n'eft bon à rien, s'il ne fait pas garder un fecret.

Voyez DISCRÉTION. SECRET.

L'Evêque de Macon, & Velly, homme de Robe, Ambaffadeurs de François I, Roi de France, à Rome, manquerent de fidélité, lorfqu'ayant entendu Charles-Quint déchirer en plein Confiftoire la réputation de leur Maître, ils fe contenterent d'en informer le Roi en gros, lui en diffimulant une partie, & exténuant les propos injurieux que l'Empereur avoit tenus. L'Office du Miniftre eft de repréfenter fidélement les chofes comme elles fe font paffées, de rendre les propres mots d'un difcours, s'il eft poffible, fans aucune addition ni retranchement, fans rien aggraver ni affoiblir, laiffant au Souverain la liberté de juger & d'ordonner. Altérer ou cacher au Maître la vérité, de peur qu'il ne la prenne autrement qu'il ne doit, & que cela ne le pouffe à quelque mauvais parti, c'eft lui laiffer ignorer l'état réel de fes affaires. Le jugement appartient à celui qui donne la loi, & non à celui qui la reçoit, au Maître & non à celui qui, étant inférieur en autorité, doit auffi fe regarder comme tel en prudence & en fageffe.

Négliger les foins de fon Ambaffade pour fuivre fes plaifirs, fes goûts, fes affaires ou fes vues particulieres, eft un manque de fidélité. On a vu un Ambaffadeur à la Cour de Turin, s'enfermer avec fa femme, attaquée de la petite vérole, & la foigner avec l'attention d'une garde, tandis qu'il devoit ce temps à une négociation importante. C'eft une prévarication que ne fauroit excufer la tendreffe conjugale. Un Ambaffadeur n'eft plus époux, s'il ne peut pas l'être fans ceffer d'être Homme d'Etat.

On fe rend coupable d'infidélité en quittant fon Ambaffade fans un ordre exprès de fa Cour. La Haye-Ventelet, Ambaffadeur de France à Conftantinople, averti de fe retirer pour éviter la fureur du Grand-Seigneur, dans une circonftance où la vie de ce Miniftre étoit menacée, répondit „ que „ fon emploi & fon honneur l'empêchoient de fe retirer fans l'ordre du „ Roi fon Maître. " Sorance, Baile de Venife, dans la même Cour, repliqua à un avis qui lui fut donné dans une pareille conjonéture „ qu'il ne „ doutoit point qu'il ne courût rifque, en continuant de demeurer à Con- „ ftantinople, & que néanmoins il ne fe retireroit pas fans un ordre ex- „ près de fa République. " Ainfi parlent & agiffent des Ambaffadeurs dignes d'un fi noble emploi. Il eft auffi des occafions où un Ambaffadeur peut préfumer une permiffion de fe retirer, lorfqu'il ne pourroit refter avec bienféance ; par exemple, lorfque le Prince, auprès duquel il eft accrédité, déclare la guerre à fon Maître. Si un Prince prenoit un parti, ou faifoit à l'Ambaffadeur quelque traitement dont celui-ci jugeroit que fon Maître feroit mécontent, l'Ambaffadeur feroit fondé à fe retirer à la campagne ou dans un Etat voifin, jufqu'à ce qu'il eut reçu des ordres de fa Cour fur une affaire qui intéreffe fon honneur & le Droit des Gens.

Les Ambaffadeurs doivent de la protection à tous ceux de leurs compatriotes qui fe trouvent dans la Cour où ces Miniftres réfident, à moins que ces compatriotes ne s'en foient rendus indignes par leur conduite. Si, dans les affaires qui peuvent arriver à ces particuliers, les Miniftres ont des ordres de leur Souverain, leur devoir eft de s'y conformer exactement. S'ils n'en ont point, c'eft à eux de voir jufqu'où la juftice & l'honneur de la Nation leur prefcrivent ou leur permettent d'aller, ou pour empêcher l'oppreffion, ou pour fauver une perte, un affront aux fujets de leur Maître commun.

Nous parlerons à l'article INSTRUCTION, de tout ce qu'il eft à propos que l'Ambaffadeur faffe pour fe mettre en état d'agir par des ordres précis, fans rien prendre fur lui, s'il eft poffible. Car, faute de prendre cette fage précaution, s'il arrive que fa négociation échoue, tout le blâme en tombera fur lui. L'Ambaffadeur, une fois muni d'ordres précis, en fera la grande regle de fa conduite, & la bafe de fes pouvoirs, fans s'en écarter jamais, bien fûr que, s'il en paffoit les limites, fon procédé feroit fans fondement : auquel cas il n'auroit à attendre que l'improbation de fon Maître, avec la peine due à fa témérité. Mais il s'eleve ici un doute qui n'eft pas encore bien décidé : favoir, fi l'Ambaffadeur eft toujours obligé de fuivre aveuglément les ordres de fon Souverain, ou s'il peut les interpréter, ou même en altérer la difpofition quand il le juge plus expédient au bien des affaires. Nous avons établi ci-deffus, comme un principe général & inconteftable, que c'eft au Souverain de régler toutes les démarches de fon Miniftre; & certainement le parti le plus fûr pour l'Ambaffadeur eft de fuivre ponctuellement fes inftructions, fur-tout lorfqu'elles font fi expreffes qu'elles femblent ne fouffrir aucune efpece d'interprétation, ni autorifer aucune condition. Il ne doit pas s'eſtimer plus ſage que le Prince ou le Conſeil qui a dreſſé ces inſtructions, d'après ſes lumieres & ſes vues. Un Ambaſſadeur peut n'avoir pas le ſecret des affaires, même de celles qu'il traite; ſouvent il ne connoît qu'une partie des vues de ſa Cour. Le Conſeil qui le dirige a les dépêches des Ambaſſadeurs qui réſident dans les autres Cours, d'où il a tiré des connoiſſances que n'a pas un tel Ambaſſadeur, & que peut-être il n'eſt pas à propos qu'il ait. Ces raiſons ſuffiſent pour l'obliger à ſe conformer, même contre ſon ſentiment, aux ordres qu'il reçoit de ſa Cour. Si cependant l'affaire qu'il eſt chargé de traiter a pris un autre biais, par le changement des circonſtances, par de nouveaux incidens, ou par le laps du temps, enſorte qu'elle ſe trouve toute différente de ce qu'elle étoit quand il a reçu les ordres d'agir; il peut raiſonnablement préſumer que le changement des circonſtances exige qu'il change auſſi de conduite; alors il pourra faire ſes obſervations & attendre, ſi le temps le permet, de nouvelles inſtructions. Une commiſſion n'eſt-elle pas nulle lorſqu'elle a été donnée en vue d'une affaire qui a changé de nature? Cependant il faut ici beaucoup de prudence & de diſcrétion. Sans doute un Ambaſſadeur n'eſt pas un automate qu'on faſſe agir par reſſorts; l'art de négocier ne ſe réduit pas à un pur méchaniſme; l'Envoyé doit craindre auſſi de prendre trop ſur lui-même. C'eſt ſur-tout dans les affaires importantes qu'on ſe perſuade volontiers que ſon avis eſt le meilleur. On veut le bien, & un Ambaſſadeur, qui eſt un Homme-d'Etat, croit le voir où il veut qu'il ſoit. D'après cette perſuaſion, s'il ſuppoſe les ordres qu'on lui a donnés, oppoſés aux intérêts eſſentiels de ſon Prince, il ſe refuſe à l'exécution, dût-il tomber en diſgrace. Cette conduite eſt trop ſujette à inconvénient pour l'approuver. Elle ne pourroit être autoriſée que par une évidence dont on ne doit pas ſe flatter dans des affaires compliquées. Je ſais que d'habiles Négociateurs ont pris quelquefois des tempéramens avantageux pour éluder une commiſſion qui ſembloit contraire au plus grand bien. On leur preſcrivoit un parti violent, de montrer trop de réſolution à un Prince aſſez puiſſant pour faire la loi, d'entrer dans des engagemens dangereux & difficiles à ſoutenir; ils ont différé ſous différens prétextes honnêtes, ils ont repréſenté les inconvéniens à craindre dans l'exécution des ordres qu'ils recevoient; ils ont feint de ne les pas comprendre, ils en ont demandé la confirmation. Mais auſſi dès qu'ils ont été réitérés, ils s'y ſont rendus prudemment, perſuadés que le Souverain affermi dans ſa réſolution, agiſſoit par des motifs qu'il ne jugeoit pas à propos de déclarer. Walſingham & d'Oſſat aimerent mieux expoſer par des refus conſtans, leur fortune & leur vie, que les intérêts de leurs maîtres, par l'exécution des commandemens dont les ſuites auroient été funeſtes. Les circonſtances, qui légitiment de pareilles exceptions, ſont ſi rares, ſi incertaines, que je ne propoſe pas pour exemples en ce point ces deux Ambaſſadeurs qui méritent d'être imités à tant d'autres égards. *Voyez* NÉGOCIATEUR.

Le pouvoir d'un Ambassadeur cesse par son rappel, par la cessation de la Souveraineté en la personne du Prince qui l'a envoyé, par la mort de l'un ou de l'autre Souverain, par une retraite forcée, par une déclaration de guerre.

Un Ambassadeur en danger de mort, doit pourvoir à ce que les papiers de l'ambassade ne tombent pas en des mains qui pourroient en abuser. Pour cet effet, il les remettra, ouverts ou cachetés, selon le besoin des affaires, à la personne de sa suite la plus digne d'un pareil dépôt, c'est ordinairement son Secrétaire, ou un Secrétaire d'ambassade qu'il instruira de vive voix ou par écrit de ce qu'il y a à faire en attendant les ordres du Souverain. Si l'Ambassadeur mort n'y a pas pourvu, tous ses papiers feront mis sous le scellé par son Secrétaire, ou par un de ses domestiques, pour n'être vus que du Ministre qui lui succédera, ou des personnes à qui le Souverain en confiera le soin.

Lorsqu'un Ambassadeur est rappellé, ou que n'ayant été nommé que pour un temps, ou pour une affaire particuliere, ce temps est écoulé & cette affaire terminée, son service est achevé & son ministere cesse. Il cesse encore si son Souverain meurt, à moins que la Cour où il réside ne juge à propos de se contenter des anciennes lettres de créance ; sans quoi, il lui faut attendre d'autres pouvoirs du nouveau Souverain pour exercer validement ses fonctions. La mort du Prince auquel il est envoyé, suspend encore l'activité du Ministre public : il faut qu'il soit accrédité auprès du nouveau Souverain par une nouvelle autorisation, le défaut d'une autre lettre de créance pouvant faire supposer que le successeur à la Souveraineté ne seroit pas reconnu par le Maître de l'Ambassadeur. Dans la pratique néanmoins, la Cour où l'Ambassadeur réside ne laisse pas de négocier, sur-tout s'il y a quelque affaire pressante, avec un Ministre dont le pouvoir n'est que suspendu, à moins que des circonstances particulieres ne s'y opposent. D'ailleurs il continue à jouir inviolablement de la protection du Droit des Gens. Dans les deux derniers cas que l'on vient d'expliquer, l'Ambassadeur ayant reçu de nouvelles lettres de créance, reprend l'exercice de son ministere, sans autre formalité que de les présenter.

Un Ambassadeur que l'on oblige de se retirer, & que l'on fait conduire sur la frontiere, conserve son caractere & ses privileges, tant qu'il est sur les terres de la Puissance qui le renvoie. On doit lui donner un temps convenable pour sortir du Pays, & respecter, pendant ce temps-là, son caractere. On ne peut même traiter en ennemi, l'Ambassadeur d'un Prince à qui l'on vient de déclarer la guerre, qu'on n'ait donné à ce Ministre public le temps de se retirer, lui, ses gens & ses équipages. L'usage veut de plus qu'on lui donne tous les passe-ports nécessaires.

Nous avons dit que la lettre de créance constituoit le Ministre public, & que la présentation de cette lettre le manifestoit. L'audience de congé prise, la lettre de créance retirée, ou le récréditif expédié, le présent accoutumé reçu, & les dernieres vifites rendues aux Miniftres & à ceux qui occupent les premieres charges civiles & militaires de l'Etat, font une marque certaine que les fonctions de l'ambaffade ont fini. Mais le terme des fonctions de l'Ambaffadeur n'eft pas celui de fes privileges. Il conferve toujours fa qualité inviolable tant qu'il demeure dans l'Etat où il a réfidé; il ne la perd qu'en la dépofant entre les mains du Prince ou de la République qui la lui a conférée. L'on ne peut le pourfuivre dans fa route pour lui faire la moindre violence, fans bleffer ouvertement le Droit des Gens le plus clair & le plus pofitif. C'eft un principe inconteftable qu'un Souverain étranger peut bien faire ceffer les fonctions d'un Ambaffadeur qui lui eft envoyé, mais qu'il ne peut le priver de fon caractere. Comme il ne le lui a pas donné, il ne peut le lui ôter. Que la retraite de l'Ambaffadeur foit volontaire ou forcée, de quelque maniere que l'ambaffade finiffe, il n'eft pas moins Miniftre en revenant qu'en allant.

INSTRUCTION

D'UN AMBASSADEUR MOURANT,

A SON FILS,

QUI SE DESTINOIT A LA NÉGOCIATION.

JE touche, mon cher fils, à ma derniere heure, fouffrez que j'emploie le peu de momens qui me reftent, à vous tracer quelques préceptes qui pourront vous être utiles dans la carriere que vous allez courir.

Attaché depuis trente ans au Miniftere, j'ai ébloui fans perfuader, & mes fuccés ont été l'effet du hafard, bien plus que de la politique & de la faine raifon.

Les inftructions que je vous donne ici, feront tout-à-la fois la critique de ma conduite & la bafe de celle que vous devez tenir dans la place que vous allez remplir.

Perfuadé de la dignité de votre titre, faites refpecter l'Ambaffadeur, mais ne compromettez jamais la perfonne; je ne veux pas dire par-là que, minutieux obfervateur de l'étiquette miniftérielle, on ne trouve en vous que l'homme du Prince fans y rencontrer l'homme aimable. Quand vous verrez un Miniftre concentré fans relâche dans une gravité méthodique, tout plein de lui-même, & occupé des formalités acceffoires de fa place, prononcez hardiment que cet homme eft un efprit médiocre, qui n'ira jamais au grand; il faura très-bien comment un fauteuil doit être placé, à qui il doit donner la main, & compofer fon vifage à l'afpect du Miniftre d'une Puiffance ennemie, neutre, ou indécife; mais toute fa pénétration bornée au fafte, ne pourra s'étendre fur un Traité effentiel,

en

en faifir l'efprit, en prévoir les motifs, & en déterminer les conféquences.

Depuis que la plûpart des Souverains font convenus de n'obferver que les Traités qui leur font avantageux, on a quitté les grandes regles de la négociation, & on a fubftitué la fupercherie à l'étude de la politique & du Droit des Gens, que fi peu d'Ambaffadeurs connoiffent.

Voyez toutes les négociations du quinzieme & du feizieme fiecle ; celles que l'équité, la bonne foi, & le code Diplomatique ont cimentées, ont paffé jufqu'à nous dans toute leur intégrité ; au lieu que les conventions des Princes qui n'ont eu pour bafe que la furprife & la fourberie, font anéanties ; elles ne fubfiftent dans les Ecrits des Publiciftes, que pour y dépofer contre la gloire de ceux qui les ont fignées. J'en dois excepter cependant tous les Traités conclus par Louis XI, Roi de France ; ce Monarque appellé par tous les Auteurs de fa nation (*) *Superftitieux & Fourbe*, n'accorda jamais une claufe de réciprocité ou d'échange dans une négociation, qu'il n'en jurât *in petto* la violation au moment de la fignature ; Louis XI réuffit, parce qu'il n'avoit contre lui que des Souverains qui avoient de la bonne foi, ou dont les forces étoient inférieures aux fiennes.

Ce Prince qui, pour me fervir des expreffions de Mezerai, fut le premier qui tira les Rois hors de Page, ne doit point fervir de modele, parce que les fuccès, fondés fur la violation des Loix, font toujours odieux.

Quand je lis l'Hiftoire du dernier fiecle, je fuis furpris que le Cardinal de Richelieu, qui avoit le fens droit & l'ame élevée, ait employé, pour réuffir, toutes les petites fineffes qu'un efprit médiocre met en œuvre ; la fublimité de fon génie & les grands hommes qu'il trouva à fon avénement au trône, (c'eft ainfi qu'on doit appeller le Miniftere de Richelieu) auroient dû lui épargner toutes les foupleffes dont il fe fervit, & qui dévoient répugner à la hauteur de fon caractere & de fes fentimens. Je crois, mon cher Fils, trouver les motifs de la conduite du Cardinal dans les inquiétudes qui agiterent fon miniftere ; fon autorité l'avoit rendu odieux. Que cela ne vous étonne point : Tout homme élevé par fes dignités ou par fon mérite au-deffus des autres, encourra la haine des fots qui forment la moitié de l'Univers & les deux tiers des Cours. La vie de Richelieu fut expofée à une infinité de conjurations toujours terraffées & toujours renaiffantes, & l'embarras & le foin de conferver tout-à-la-fois fes jours & fa faveur, ne lui permettant pas d'employer les grands moyens pour réuffir,

---

(*) Philippe de Comines, domeftique de ce Monarque, Mezerai, de Thou, Mrs. Duclos & Henault difent que quand Louis vouloit manquer à fes ferments, il croyoit être à l'abri de la perfidie en prévenant une petite image de la Vierge qu'il appelloit fa *Bonne-Dame*.

il fut toujours obligé de faire jouer de petits reſſorts qui le menerent à ſon but par des voies obliques.

Mazarin lui ſuccéda, & malgré l'étalage pompeux que le Préſident Hénault fait des talens de ce premier Miniſtre, Mazarin ne pouvoit pas être un grand homme, il étoit avare; indépendamment de ce vice eſſentiel dans une Place ſupérieure, le Cardinal n'avoit pour lui que l'art de feindre; rampant & petit, quand il doutoit du ſuccès, il n'étoit orgueilleux que quand il avoit réuſſi. Tout plein de cette aſtuce Italienne, il avoit l'art de tromper, miſérable talent qui affiche la fourberie & la médiocrité.

Il y a cependant, mon Fils, deux époques glorieuſes dans le miniſtere de Mazarin; mais ſi vous réfléchiſſez ſur les objets qui occupoient alors l'Europe, & que vous rapprochiez les événemens des circonſtances, vous verrez que le Traité de Weſtphalie & la Paix des Pirénées contribuerent peu à la gloire de ce Cardinal. Les qualités éminentes du Comte d'Avaux firent l'un, & la mauvaiſe foi de Mazarin ſigna l'autre; Don Louis de Haro, Génie éclairé & Négociateur très-ſupérieur au Miniſtre François, fut trompé, parce qu'il avoit de la bonne foi & qu'il crut que la renonciation à la Couronne d'Eſpagne étoit réelle. Philippe IV, ſon maitre, Prince borné, appella la renonciation une *Petaradas*, & il devina juſte, pourquoi? c'eſt qu'il penſoit en Roi, & que ſon Miniſtre avoit raiſonné en homme.

Fuyez donc ces détours ſubtils qui décelent la ſéchereſſe de l'eſprit & ôtent à la fin la confiance.

Un Miniſtre des affaires étrangeres écrivoit à un Ambaſſadeur de ſa Cour: *Promettez toujours, mais nous ne tiendrons rien*. Celui-ci, qui connoiſſoit ſes forces, & qui devoit moins encore à l'étendue de ſes talens qu'à ſa probité, la réputation dont il jouiſſoit, répondit: *Je ne promettrai point, parce que je ne veux pas me déshonorer, vous ne tiendrez rien, puiſque je ne vous engagerai point; mais je réuſſirai ſûrement avec de la bonne foi, voilà ma ſeule fineſſe; ſi vous voulez en employer une autre, rappellez-moi, parce que je ne veux pas perdre dans un inſtant le fruit de vingt années de travaux & de confiance.* Il eſt à remarquer que celui qui s'expliquoit de la ſorte, n'a échoué dans aucune négociation; ſes ſuccès le firent parvenir au Miniſtere, il eut la foibleſſe d'accepter cette place, & la honte de ne pouvoir s'y ſoutenir, parce que ſon eſprit porté vers un ſeul objet, le rempliſſoit parfaitement; mais l'étendue de la machine & la quantité de reſſorts qu'il falloit faire mouvoir dans toutes les branches de ſon département, le rebuterent; il voulut ſubſtituer la fineſſe & la ſéduction aux grands principes, il dérangea l'Etat en payant des eſpions & en achetant des créatures dans toutes les Cours; chacun le trompa, parce qu'il vouloit tromper, moins par mauvaiſe foi que par l'impuiſſance où il étoit de réuſſir par d'autres moyens; ainſi il fut forcé de quitter ſa place, chargé de la haine de ſa patrie & du mépris des étrangers.

Que cet exemple foit toujours devant vos yeux.

Que d'Empires fauvés! Que de batailles gagnées, fi des Guerriers excel-lens pour conduire dix mille hommes au plus, n'avoient pas préfumé trop de leurs forces, en fe chargeant du commandement d'une armée! Fardeau que la vanité allége aux yeux de celui qui doit le porter, mais qui n'en a pas moins un poids réel que la médiocrité ne peut foutenir.

Il en eft, mon cher fils, de la partie politique du Gouvernement comme de la partie militaire : tel peut fuivre avec intelligence l'efprit d'une Cour dans laquelle il eft refferré, qui échouera, quand il voudra étendre fa né-gociation & porter fes vues trop loin.

Connoiffez-vous, & n'embraffez que les objets que vous pouvez remplir dignement; j'ai vu toutes les Cours, & au moment où j'écris cette inftruc-tion, je ne connois que trois hommes en Europe capables d'être à la tête du département des affaires étrangeres dans un Royaume vafte; vous voyez par-là que je ne veux point vous parler des petits Princes d'Allemagne & d'Italie; le train de leur domination fe monte comme une pendule à la-quelle on rend l'activité, quand les poids affaiffés fufpendent le mouve-ment des refforts.

Quand je vous ai recommandé plus haut de fuir dans les négociations dont vous ferez chargé, tout ce qui tient au fubterfuge & à la fineffe, je n'ai pas prétendu vous dire par-là de renoncer à l'art de cacher votre fe-cret en cherchant à pénétrer celui des autres; il y a des occafions où il eft effentiel de mettre en avant une propofition finguliere, chimérique, & quelquefois révoltante, pour juger, par l'impreffion qu'elle fait fur celui qui l'écoute, de l'efprit & de l'intention de fa Cour. Le Marquis des If-farts, homme de beaucoup d'efprit & de talens, difoit en parlant de cette maniere de fe conduire : *C'eft jetter une fottife à terre pour voir qui courra après.* Ces procédés font des rufes de l'art qu'on peut employer fans être taxé de perfidie; ce font enfin de ces fineffes que le plus fameux des Poë-tes Latins met à côté du talent : *Dolus an virtus*, &c. Le foin de com-pofer fa phyfionomie, doit fans doute entrer dans l'art du Négociateur; mais un homme fupérieur faura fe fouftraire à cet apprentiffage puérile quoique néceffaire, s'il conferve toujours le même vifage gai ou trifte, ferein ou flegmatique; *Le Comte Duc d'Olivarès,* écrivoit un François qui étoit à Madrid, *n'a jamais changé de vifage; que les Efpagnols foient battus ou vainqueurs, fa phyfionomie eft la même; heureux ou malheureux il ne fourcille pas, & jamais vifage ne fut moins Barometre que le fien.* Croyez, mon Fils, que de pareils Miniftres, qui joignent une fage difcré-tion à cette égalité d'humeur, feront toujours impénétrables, & que le fecret que les Ambaffadeurs étrangers croient leur arracher, n'eft qu'une chofe qu'il eft effentiel qu'ils fachent pour l'honneur de celui qui fait la confidence.

Les Efpagnols, que le climat & l'orgueil rendent flegmatiques, fe laiffant rarement deviner, pénetrent sans peine ceux qui veulent les approfondir, & ils ont déja votre secret quand vous cherchez le leur.

Le talent ne consiste pas dans le flegme, mais une présence d'esprit taciturne réunie au mérite, contribue beaucoup au succès, & triomphera toujours à coup sûr de cet esprit volatil & superficiel qui consiste dans un assemblage de grands mots qui annoncent moins un politique qu'un homme fastueux qui croit que l'Europe doit être tranquille quand il a dit gravement, *le Roi mon Maître.*

. Gardez-vous d'avilir jamais votre dignité, mais n'allez pas donner dans une autre extrémité, en affectant toujours de vous monter sur des échasses & de compromettre votre Souverain en le plaçant par-tout ; soyez Ministre dans le cours des affaires soumises à votre Négociation, mais ne prenez point le ton d'un Ambassadeur dans la société où vous êtes entraîné par la nécessité de vous distraire du travail & de chercher de la dissipation.

. La gravité Ministérielle est un fardeau qui devient incommode à mesure que vous le portez mal-à-propos. J'ai vu, à la Cour de Turin, un Ambassadeur qui ne prenoit jamais son chocolat que son maître d'hôtel, qui l'apportoit, ne fût précédé de deux Ecuyers & suivis de vingt valets de pied ; ce pénible service étoit à peine fini que le Ministre éconduisant d'un geste toute cette valetaille, se plaignoit du joug superbe auquel sa dignité l'asservissoit ; grimace dont personne n'étoit la dupe, parce que l'on ne plaint point un homme qui se met lui-même dans les fers.

Evitez aussi ces cérémonies d'éclat qui, tenant de la Souveraineté, sont au-dessus de la qualité d'un Représentant, dont les fonctions sont toujours motivées, quoique subordonnées aux circonstances ; n'allez pas imiter cet Ambassadeur qui, voulant parodier son Maître dans une cérémonie respectable, lavoit tous les Jeudis-Saints les pieds de douze pauvres ; acte apparent d'humilité, qui affichoit l'orgueil le plus ridicule.

Respectez les lieux où vous êtes : le Représentant d'un Souverain, que dis-je? un Souverain même, ne peut, dans une Cour étrangere, exercer aucun acte d'autorité sur ses propres sujets.

L'Ambassadeur d'une certaine Puissance fit pendre à Constantinople, vers le milieu du siecle dernier, un de ses gens dans la cour de son Palais ; le Grand-Visir ne s'en plaignit point, parce qu'il dit que c'étoit un Chrétien de moins ; mais si cet attentat avoit été commis dans toute autre Cour de l'Europe, il pouvoit entraîner une guerre, dont la tête de l'Ambassadeur indiscret auroit répondu.

Je sais, mon Fils, que des Ministres ont prétendu établir la validité du prétendu droit de juger leurs gens, mais ils ont eu tort ; je vous renvoie, pour n'en pas douter, à ce qui arriva sous Louis XIV, lorsque cette femme trop fameuse, qui quitta la Religion de ses Peres par inconstance, & le Trône par singularité, viola l'asyle que le Monarque François

lui avoit donné à Fontainebleau. Chriſtine condamna le Marquis Monal-
deſchi, ſon premier Ecuyer, à mort, & le fit périr dans la Sale des Cerfs,
où les murs teints encore du ſang de ce malheureux, dépoſent contre la
Reine de Suede.

Le Roi Très-Chrétien, inſtruit de cette forme illicite de procéder, priva
Chriſtine de la retraite honorable qu'il lui avoit donnée, & lui fit ſavoir
qu'aucun Souverain n'avoit point le droit de juger, encore moins de faire
exécuter un de ſes Sujets, dans les Etats d'un tiers; le Prince moins modéré auroit pû ajouter que Chriſtine ne régnoit plus, & qu'elle venoit
d'agir moins en Reine qu'en femme galante, qui termine une intrigue
amoureuſe par un aſſaſſinat.

Or, ſi la prérogative de condamner n'appartient point à un Souverain
hors de ſa domination, je demande s'il eſt poſſible qu'un Ambaſſadeur
puiſſe raiſonnablement la réclamer.

Vous ſerez toujours certain de ne point vous écarter des maximes reçues, quand joignant l'intelligence que je vous connois à l'étude du Droit
des Gens, vous peſerez d'une main équitable les principes que Puffendorf, Grotius & quelques Publiciſtes modernes ont établi ſur le droit public, combiné avec celui de la nature (*).

Une intelligence ſupérieure, un eſprit vrai & indépendant de tous les
préjugés, la connoiſſance du Droit des Gens, & ſur-tout une étude réfléchie du code Diplomatique & de tous les Traités (**), voilà, mon Fils,
tout ce qu'il faut pour former un Miniſtre accompli; s'il ne faut que cela,
me direz-vous ſans doute, pourquoi voit-on ſi peu de bons Miniſtres?

Ma réponſe vous compromettroit, & quoique l'état languiſſant où je me
trouve, doive me mettre bientôt à l'abri du reſſentiment des vivans, je
dois me taire par conſidération pour vous; ſachez cependant, qu'il y a
trois perſonnes au moins dans l'Europe, dignes des principales places qu'ils
occupent à la cour de leurs Maîtres, & qu'on compte aujourd'hui dans
l'Univers policé, douze Repréſentans de leurs Souverains capables de négocier utilement, & d'honorer à la fois leurs Nations & leurs places; le
nombre en ſeroit plus conſidérable, ſi les événemens pouvoient être ſub-
ordonnés aux principes, mais ils ſont preſque toujours au-deſſus des loix
écrites; & privé alors des reſſources que les préceptes fourniſſent, il faut
qu'un Miniſtre ait une ſupériorité de génie pour ſe décider d'après lui, &
pour prendre un parti victorieux dans l'objet ſoumis à ſa ſagacité.

(*) Nous donnons dans cette Bibliotheque de l'Homme-d'Etat, des Analyſes raiſonnées
des ouvrages de Puffendorf, de Grotius, & d'un grand nombre d'autres écrivains également eſtimés. Note de l'Editeur.

(**) Nous oſons aſſurer que l'Hiſtoire des Traités & des Négociations qui les ont pré-
cédés, eſt plus exacte, plus raiſonnée, plus complette dans cet Ouvrage que dans aucun
autre. Voyez ABO, ALLIANCE, &c. &c. Note de l'Editeur.

Faites un bon choix des livres relatifs à vos fonctions, mais n'allez pas errer par excès de bonne foi, en vous rapportant vaguement aux titres des ouvrages qu'on vous présentera (*).

Gardez-vous bien de recevoir de ces Avanturiers, qui favent s'impatroniſer dans les maiſons des Ambaſſadeurs, pour trouver à l'abri de cet appui, les moyens de faire des dupes, ſe déshonorer, & vous compromettre.

L'inconvénient dont je vous entretiens, eſt moins commun depuis que l'uſage a été introduit, de ne recevoir que des perſonnes munies de lettres du bureau des affaires étrangeres; cette précaution a produit deux, avantages aux Ambaſſadeurs, 1°. en ce qu'elle écarte de leur table une foule de Paraſites qui, pour être nés à Vienne, à Paris, ou à Madrid, croient avoir un couvert fondé chez l'Ambaſſadeur de leur Nation; 2°. en ce qu'elle évite des déſagrémens à un Repréſentant ſujet à être trompé, & par conſéquent à ſe compromettre.

Il ne faut pas cependant qu'une circonſpection trop grande, vous rende inacceſſible aux Sujets de votre Maître, à qui vous pouvez être utile; jugez, pour les protéger, de leur mérite, de leur honnêteté plutôt que de leur naiſſance, & ne leur faites point acheter par des baſſeſſes & des humiliations, l'avantage que vous avez de pouvoir les ſervir; ſouffrez encore moins que vos ſecrétaires vendent vos bons offices, comme cela ſe pratique chez plus d'un Miniſtre, & ne permettent à un homme de votre Nation de changer de climat, qu'en lui faiſant payer d'avance l'air qu'il va reſpirer ailleurs; je parle des paſſe-ports au-bas deſquels preſque tous les Miniſtres ont ſoin de faire mettre le mot *gratis*, & que beaucoup de ſecrétaires font payer malgré cela. Veillez donc avec ſoin ſur ce déſordre, parce que les fripponneries qui ſe font chez vous, vous compromettent.

N'allez pas ſur-tout, plein d'un orgueil déplacé, vous effaroucher d'un mot, & quitter votre Ambaſſade de votre propre mouvement; un Miniſtre ne doit point abandonner la Cour auprès de laquelle il eſt envoyé, que le Roi ſon Maître n'ait été inſulté dans ſa perſonne, & qu'on n'ait point réparé l'inſulte; telle fut la conduite du Duc de Crequi avec Chigi, Pape ſous le nom d'Alexandre VII. Ce Pontife, victime de l'inſolence du Prince Mario ſon neveu, oſa manquer à Louis XIV qui reſpecta l'égliſe, & mortifia Rome, en la forçant de venir s'humilier à Verſailles; ce qui a fait dire que *les François baiſoient les pieds du Pape, & ſavoient lui lier les mains*; ayez toujours le cas du Duc de Crequi devant les yeux, & ſongez que vous ne pouvez décemment vous éloigner, que dans des circonſtances équivalentes à celles que je viens de citer, c'eſt-à-dire, lorſ-

(*) Auſſi n'avons-nous extrait & analyſé que ceux qui peuvent être réellement utiles. *Note de l'Editeur.*

que la dignité du Souverain eſt vivement attaquée dans ſon Repréſentant ; n'allez jamais immoler la gloire de votre caractere à un premier mouvement.

Il faut que la même circonſpection qui guide vos actions, regle auſſi vos paroles ; le Repréſentant d'un Roi n'eſt pas un Souverain, & il ne faut jamais franchir tout-à-fait l'intervale, qui vous ſépare du trône du Prince auprès de qui vous êtes accrédité ; quand je vous recommande une extrême tempérance dans vos actions & dans vos propos, je ne prétens pas que vous eſſuyez, ſans répliquer, la mauvaiſe humeur, ou les bons mots d'un Souverain.

Un Prince d'Italie à qui les ſaillies ne réuſſirent jamais, parce qu'il y mettoit plus d'aigreur que d'eſprit, étant un jour ſur un balcon avec un Miniſtre étranger qu'il cherchoit à humilier, lui dit : *C'eſt de ce balcon qu'un de mes ayeux fit ſauter un Ambaſſadeur. Apparemment*, répondit ſéchement le Miniſtre, *que les Ambaſſadeurs ne portoient point l'épée dans ce temps-là.* La repartie eſt vive, mais le Prince avoit bien mérité qu'on la lui fît, parce qu'en voulant manquer à un ſeul homme, il avoit offenſé les Repréſentans de toutes les Puiſſances.

Souvenez-vous, ſi vous vous trouvez jamais dans le cas de répondre à des ſaillies, de conſulter auparavant votre naturel, & de ne vous livrer à un bon mot, que quand vous vous appercevrez que le projet du Souverain, qui vous adreſſe la parole, a été de vous attaquer perſonnellement.

Un Roi du Nord, qui paſſa pour cruel, demanda un jour à un Ambaſſadeur d'Angleterre, s'il harangueroit le peuple en cas qu'on le pendît ou qu'on lui tranchât la tête. Le Miniſtre, ſans ſe déconcerter, répondit, qu'il avoit toujours ſon diſcours prêt & ſes gants blancs dans ſa poche. Je voudrois bien vous entendre, repartit le Monarque.

L'Ambaſſadeur s'étant mis alors dans l'attitude d'uſage, parla ainſi : (*)
Vous me voyez, Meſſieurs, au moment de perdre le jour ; je ne regrette point la vie, mais je vois avec peine que ceux qu'on ne devroit connoître que par des actes d'humanité & de bienfaiſance, viennent jouir avec avidité d'un ſpectacle cruel qu'ils ont mendié ; ces ſcenes tragiques ſont faites pour la barbare populace, mais les cœurs vertueux & ſenſibles devroient rougir d'entendre de ſang-froid….. En voilà aſſez, Mr. l'Ambaſſadeur, dit le Roi, qui reconnut alors que le but de la harangue étoit de lui reprocher une curioſité qui le dégradoit.

Ces manieres de faire ſentir votre reſſentiment à un Prince qui a voulu

---

(*) Je copie cette harangue ſur les Mémoires d'une perſonne, alors en caractere à cette Cour du Nord.

vous humilier, font tolérables, quand on ne les emploie qu'avec difcré-
tion, & dans des cas indifpenfables.

Je dois auffi, mon cher Fils, vous recommander de ne point avilir votre place en faifant des dettes, & fur-tout de celles qui font crier le petit peuple; mefurez votre dépenfe & vos plaifirs fur vos revenus, & n'i-
mitez point ces Miniftres dont l'anti-chambre n'offre, aux yeux des étrangers, que des ufuriers & des farceurs, qui, fe voyant préférés aux hon-
nêtes-gens, jouiffent, avec infolence, des premiers momens de l'audience:
banniffez les ufuriers, eftimez les comédiens qui auront des mœurs, ne
voyez les autres que fur les planches, & n'allez point traîner l'Excellence
dans les loges des Actrices, qui riront de votre bon-hommie avec le fat
qui vous fupplante.

Ne donnez jamais de prife aux épigrammes du public en vous extafiant
fur les talens d'une Actrice ou d'une Danfeufe au point de *faire cabale* &
de former un parti en fa faveur; ces manœuvres ne conviennent qu'à des
freluquets qui vont acheter, par ces fingularités déshonorantes, les faveurs
d'une fille de fpectacle qui prend tout au défaut d'argent comptant.

Je fais, mon cher Fils, qu'un Négociateur habile ne regarde pas comme
purement frivole *le commerce avec les femmes.* Il eft des pays où elles ont
une influence directe dans les affaires, & d'autres où elles en paroiffent
exclufes, mais où leur afcendant n'en eft peut-être que plus puiffant. Le
Prince qui regne, le Magiftrat qui gouverne, eft fouvent afferviti à l'empire
d'une Beauté. Quand même le Souverain feroit infenfible aux attraits de
l'amour, ou trop jaloux de fon autorité, trop prudent, trop fage pour la
partager avec une compagne vertueufe ou avec une maîtreffe féduifante,
fes Miniftres, fes Généraux, fes Favoris, fes Confeillers, en un mot,
tous ceux qui l'environnent font-ils exempts de foibleffes? La Politique
puife fes préceptes dans la Nature. Elle dit que tant que la terre fera habitée par deux fexes différens, ils auront toujours la même priere à fe
faire, & la même reconnoiffance à exiger de leur complaifance mutuelle.
Un tendre fentiment eft payé quelquefois par une confidence férieufe,
par une infinuation écoutée, par un confeil demandé, ou fuivi, dans une
affaire importante. Les objets les plus graves ne font fouvent portés dans
les Cabinets des Princes les plus aufteres, qu'après avoir paffé par la bouche des femmes; & il feroit rare qu'un Négociateur qui auroit le fexe en
général contre lui, parvînt à réuffir. Vous devez donc tâcher de plaire aux
Dames qualifiées, par toutes fortes de politeffes, de prévenances & d'attentions; mériter leur eftime & leur amitié par une conduite également
fage & agréable; former avec elles des liaifons qui pourront vous devenir
utiles, lorfque vous faurez profiter de leur habileté comme de leurs foibleffes. L'ambition féduit les unes, l'intérêt gagne les autres, la coquet-
terie flatte les troifiemes; mais fouvenez-vous que toutes ou prefque toutes
vous tendront des pieges dont vous devez vous garder.

N'imitez

N'imitez pas ce Mondoris que les femmes appellent, par excellence, le *galant Ambassadeur*, & les sages *l'Ambassadeur des ruelles*. Vous diriez en effet qu'il est accrédité aux toilettes. Les Beautés les plus célébres de la Ville ont à peine quitté le duvet, que Mondoris se présente pour rendre hommage à leurs charmes. La Nymphe des modes préside à son ajustement, il suit tous ses changemens & tous ses caprices. Brillant comme le soleil, frisé, poudré comme une divinité de Théâtre, exhalant l'ambre, la bergamotte & le jasmin, il se jette dans un carrosse tout étincelant d'or & de crystal. Ses courfiers, couverts de riches harnois, partent comme l'éclair. Mondoris vole de porte en porte & de belle en belle. Il étale par-tout des perfections de la nature & de l'art. Tantôt il présente une jambe faite au tour, & couverte d'un bas de trame de Perse merveilleusement bien tiré; tantôt il pirouette sur un pied pour faire appercevoir l'élégance de sa taille, ou l'effet de la broderie qui enrichit le satin ou la moire dont il est habillé. Mondoris est fameux par son goût; il devient l'arbitre de la parure des Dames & le Directeur de leurs emplettes. Mondoris se pique d'une propreté extrême. Deux brosses à manches d'ivoire ou d'écaille artistement travaillés, sortent successivement de sa poche & servent de contenance à ses doigts délicats. L'une est destinée à enlever les grains de poudre que le jeu de sa tête fait tomber sur ses habits, l'autre est pour nettoyer les brillans de ses ordres & de ses bagues. Un Ambassadeur qui fait tant pour plaire au sexe, ne peut que réussir. Il gagne tous les cœurs, il acquiert un crédit immense pour l'arrangement de toutes les parties de plaisir. Nulle bonne fête sans lui. Il joue fort gros jeu, perd des sommes considérables, & se ruine de la meilleure grace du monde. Il appelle cela faire honneur à sa Nation. Tant de frivolités néanmoins èmportent un temps dû aux affaires. La Négociation est pour lui l'accessoire. Il ne s'en occupe que dans les intervalles de loisir que lui laissent ses conquêtes, son jeu, & ses dissipations. Mondoris sera rappellé. Vous le verrez partir accablé de dettes, regretté des femmes, méprisé des hommes sensés, maudit de ses créanciers, & disgracié de son Maître.

Sachez, mon Fils, que les querelles, qui s'élevent entre deux Ministres, pour des objets qui n'ont aucune analogie à leur Mission, ont souvent brouillé leurs Maîtres, parce que l'Ambassadeur le plus honnête ne pouvant écarter la prévention qui l'anime contre celui à qui il croit avoir des torts à imputer, n'épie plus ses démarches de sang-froid & leur donne aux yeux de sa Cour, une tournure, qui aigrissant les esprits, engage à des partis violens.

N'allez pas imiter les petits *Merveilleux* de France qui courent le matin en habit de *Poliçons*, déguisement mal-adroit qui devient leur vêtement de caractere; ces travestissemens de porte-faix peuvent aisément vous faire méconnoître; un homme du peuple qui vous prend pour son égal, vous manquera; le Gouvernement, auquel vous porterez vos plaintes, ne punira point un particulier qui ne pouvoit deviner un Ambaſſadeur ſous la ſouquenille d'un crocheteur, & vous aurez le déſagrément d'avoir été inſulté & d'être blâmé enſuite.

La même dignité qui doit régler toutes vos démarches, ne veut pas que vous fréquentiez ces maiſons ouvertes aux joueurs, dans leſquelles la bonne foi ſuccombe ſous les coups de l'adreſſe. Si, vous êtes ſoupçonné, vous êtes perdu; en vain chercherez-vous à vous juſtifier en implorant des témoignages qui atteſtent votre probité; un homme en place eſt déshonoré, dès qu'il eſt forcé de donner ſon apologie dans un cas auſſi grave; ſi je connoiſſois moins vos ſentimens, je vous rapporterois ce qui eſt arrivé à un Miniſtre le plus chétif & le plus opulent de tous ceux qui ſont répandus ſur la ſurface des Cours (*)

Je croirois manquer à vos ſentimens, ſi je vous entretenois ici des dangers d'une paſſion aveugle & d'une alliance déshonorante; la place que vous occuperez, ne vous mettra jamais au-deſſus des regles reçues, & ſi vous oſiez vous marier ſans le conſentement de votre Maître, vous perdriez votre état, votre fortune, & la conſidération attachée à l'un & à l'autre.

Si vous voyez que le parti de votre Maître ſoit balancé dans la Cour où vous réſidez, faites-vous des Partiſans; mais, ſage dans vos choix, prenez des gens dont les mœurs ne ſont point ſuſpectes, & gardez-vous de faire donner des penſions, qui chargent l'Etat, à ces aboyeurs téméraires qui ſe font un jeu de votre ſimplicité, & vous trahiſſent en mangeant l'argent de votre Prince.

J'eſpere auſſi que vous ne ſuivrez point l'exemple de ces Heros à *talons rouges*, qui croient avoir acquis une célébrité guerriere, parce qu'un Ecrivain famélique, ſoudoyé dans ſon grenier pour en impoſer, les repréſente couverts de pouſſiere & de ſang, portant par-tout l'épouvante & la mort, dans le temps qu'éloignés du champ de bataille, ils s'enivrent paiſiblement à l'abri des coups, & que les chevaux qu'on fait tuer ſous eux, ſont pleins de vigueur & donnent en henniſſant un démenti à l'extrait mortuaire des Gazettes.

Concluez, mon Fils, de ce que je viens de vous dire, que vous ne devez pas imiter ces Miniſtres minutieux, qui n'ayant pour occupation que la lecture des Papiers publics, font des *Gazettes* une *Affaire d'Etat*, prennent ces chiffons hebdomadaires pour un code Diplomatique, & partent delà pour aſſommer le Miniſtere de leur Cour de réflexions vuides & puériles, qu'on enveloppe dans de grands mots qui veulent afficher la Politi-

---

(*) Le Miniſtre qui a donné lieu à cet Article, loin de recevoir des Honoraires du Prince qu'il repréſente, fait le Négociateur à ſes dépens, & envoie tous les ans un habit de chaque ſaiſon au Grand-Maréchal de la Cour de ſon Maître.

que, & qui ne montrent aux connoisseurs qu'un espion désœuvré, qui cherche à se rendre nécessaire pour perpétuer dans l'apparence du crédit une inutile Excellence.

Je connois de ces Politiques à Gazettes qui se font un point capital de Négociation, d'emplir les Feuilles Périodiques, de la prétendue protection qu'ils accordent aux Gens-de-Lettres, dans le temps qu'ils les avilissent pour prévenir le mépris dont ceux-ci accableroient leur fastueuse imbécillité; ou des fêtes qu'ils donnent, & dans lesquelles le complaisant Gazetier réunissant le goût à la délicatesse, arrange de lui-même un repas imaginaire, & fait gagner, dans une Table à fer à cheval, des indigestions à beaucoup d'honnêtes gens qui n'ont point mangé.

J'ai eu cette orgueilleuse manie; elle a excité la générosité de notre Cour, qui a payé plus d'une fois mes dettes d'après le détail pompeux des Gazetiers que je payois, & dont je faisois passer les gages dans le Tableau des dépenses secrettes; les gens qui m'examinoient de près m'ont berné; évitez-donc ces petites supercheries, si vous voulez ne pas mériter les reproches que j'ai essuyés plus d'une fois, & fuyant une gloire misérable & chimérique, ne prenez jamais les Papiers publics pour vos fastes; si vous voulez mêler votre nom à la multitude, que ce ne soit, mon Fils, que pour la gloire de votre Prince & le bonheur de ses Sujets.

N'allez pas, entêté dans vos préventions, rejetter la vérité qu'on vous présentera, & ne persécutez point un honnête-homme qui démasquera les fourbes & les ignorans que vous protégez. Aimez tous les talens, accueillez ceux qui sont utiles; mais ne vous laissez jamais surprendre par des impudens qui vous en imposent sur des livres qu'ils n'ont pas faits, ou sur des monumens qu'ils n'ont point élevés, & vous engagent à de fausses démarches, dont vous êtes tôt ou tard contraint de vous repentir aux yeux de votre Cour, surprise de vous voir la dupe des fripons & des sots que vous n'auriez pas protégés, si vous aviez voulu les connoître.

Voilà, mon cher Fils, tout ce que le temps me permet de vous écrire; votre esprit suppléera à ce que j'ai omis, & votre juste défiance vous garantira des pieges dans lesquels je suis tombé; adieu; ma langue s'épaissit, mes yeux se troublent, & ma main chancelante ne me laisse que le triste plaisir de vous dire adieu pour toujours.

AMBASSADRICE, s. f.

IL ne s'agit pas ici des femmes des Ambassadeurs, que l'on nomme Ambassadrices relativement à leurs maris, & qui ne sont sous la protection du Droit des Gens qu'autant qu'elles sont auprès d'eux. Mais il y a eu, & il peut y avoir des Ambassadrices, proprement dites, des Ambassadrices de leur chef.

L'Asie n'en a vu qu'un exemple. Le Roi de Perse envoya une Dame de sa Cour en ambassade vers le Grand-Seigneur, pendant les troubles de l'Empire.

L'Histoire de Pologne ne nous en fournit aussi qu'un. C'est celui de la Maréchale de Guebriant (*a*), laquelle, dans le siecle passé (*b*), fut chargée, en qualité d'Ambassadrice extraordinaire du Roi Très-Chrétien, de mener la Princesse Marie de Gonzague, fille du Duc de Nevers, au Roi de Pologne, qui l'avoit épousée par procureur (*c*).

Si quelques auteurs ont supposé que, dans le commencement de ce siecle, le Roi de Pologne, Auguste II, envoya au Roi de Suede, Charles XII, la Comtesse de Konigsmarck en qualité de son Ambassadrice, pour traiter de la paix entre ces deux Princes qui se faisoient alors la guerre, ces écrivains étoient dans l'erreur. Cette Dame n'avoit ni la qualité d'Ambassadrice, ni des lettres de créance, ni le secret d'aucune négociation, & elle avoit été tout simplement chargée de vive voix de tâcher d'en entamer une. Aussi le Roi de Suede refusa-t-il de voir cette Dame, soit parce qu'elle n'étoit pas expressément autorisée, soit qu'il ne voulût pas traiter de si grands intérêts avec une femme.

De grandes Princesses se sont mêlées des négociations. La Ligue de Cambrai (*d*) fut signée de la part de Maximilien I, par Marguerite d'Autriche sa fille, Duchesse Douairiere de Savoye & Gouvernante des Pays-Bas, munie du plein pouvoir de l'Empereur son pere. Le traité de paix conclu dans la même ville (*e*), est appellé communément *la paix des Dames*, parce qu'elle fut faite par Louise de Savoye, au nom de François I son fils, & par une autre Marguerite d'Autriche, Duchesse de Parme & Gouvernante aussi des Pays-Bas, au nom de Charles-Quint, dont elle étoit la fille naturelle. Ces deux Princesses signerent cette paix, en vertu des pleins pouvoirs du Roi de France & de l'Empereur d'Allemagne; mais elles avoient la qualité de Plénipotentiaires seulement, & non celle d'Ambassadrices.

Comme le Roi Très-Chrétien, qui seul a donné la qualité d'Ambassadrice à une femme en Europe, n'avoit imité personne, personne ne l'a

(*a*) Renée du Bec-Crepin, femme de J. B. Budes de Guebriant, Maréchal de France.
(*b*) En 1645.
(*c*) *Voyez la Relation de cette Ambassade, par le Laboureur.*
(*d*) On l'appelle ainsi, du lieu où elle fut conclue le 10 Décembre 1508, entre Jules II, Pape; Louis XII, Roi de France; Maximilien I, Empereur d'Allemagne; Ferdinand V, Roi d'Arragon, & tous les Princes d'Italie, contre la République de Venise.
(*e*) Le 3 d'Août 1529, sur le plan de celui de Madrid, auquel il fit des changemens dans les points les plus importans.

imité. Aucun Etat n'emploie des femmes à des Ambaffades ; foit que la maniere dont les femmes font élevées, les éloignant des affaires, les en rendent communément incapables ; foit que les affujettiffemens & les occupations de leur fexe ne leur permettent pas plus de s'appliquer aux affaires, que la bienféance ne leur permet de fe livrer aux tête-à-tête que les affaires exigent ; foit enfin que les Princes penfent qu'il n'eft pas de la grandeur des Etats, que les femmes, qui font dans la dépendance des hommes, partagent avec eux la gloire d'en négocier les intérêts. Mais ce qui s'eft vu deux fois peut fe renouveller ; & il eft toujours utile de connoître la regle, pour l'appliquer dans les occafions : or la regle met l'Ambaffadrice, ainfi proprement nommée, fous la protection du Droit des Gens comme l'Ambaffadeur, & elle doit jouir des mêmes privileges que l'Ambaffadeur, puifqu'elle eft revêtue du même caractere.

D'ailleurs il pourroit arriver plus d'un cas où il feroit expédient de revêtir une Dame du caractere d'Ambaffadrice, fur-tout auprès de quelque grande Princeffe dont elle pourroit gagner la confiance, & approcher de fa perfonne plus facilement qu'un Négociateur.

L'Ambaffadeur & fes fonctions, par WICQUEFORT. *La Science du Gouvernement*, par M. DE RÉAL. *Inftitutions Politiques*, par le Baron DE BIELFELD. *Maniere de négocier avec les Souverains*, par CALLIERES, &c. &c.

AMBITION, f. f. *Sa nature & fes efpeces.*

IL y a deux fortes d'Ambition. La premiere infpire à l'homme qu'elle poffede, l'envie de parvenir à un rang élevé, lui fait envifager ce défir, comme la paffion des grands cœurs, & lui leve tous les fcrupules qui pourroient traverfer fa carriere. Tous moyens lui font bons, s'ils le peuvent conduire au but. Qu'il n'ait de digues à furmonter que de la part de fa confcience, fes fuccès font affurés, il faura bien la faire taire. La caufe de fes forfaits lui paroit fi belle, qu'il eft perfuadé qu'elle leur doit fervir d'excufe. Quiconque fe laiffe ébranler par l'horreur du crime & par les remords, ou n'étoit pas né ambitieux, ou ne l'étoit qu'à demi : ce n'eft point fur lui que pleuvront les graces & les dignités.

L'homme de bien peut être utile à l'Etat : mais, quels que foient fes talens, il eft rare que l'Etat prenne foin de fa fortune. Il a tout le zele qu'il faut pour fervir dignement fon Prince : mais il n'a pas la foupleffe qu'il faudroit pour ramper fous fes favoris, & c'eft-là néanmoins le talent effentiel, fans lequel on refte en chemin.

C'eft cette forte d'Ambition qui forme des conquérans inhumains, qui les rend ennemis des Etats voifins, qui leur fait violer le droit des Nations,

& la fainteté des traités; qui les rend les fléaux des étrangers & les tyrans de leurs fujets.

C'eft elle auffi qui forme de lâches Magiftrats, vendus aux paffions des Grands, trop foibles pour leur donner des avis falutaires, affez injuftes pour prononcer fans difcernement des arrêts dictés par le defpotifme, oppreffeurs des peuples dont ils devroient être le refuge.

C'eft elle encore qui dans le cœur même des Prêtres, des Cénobites & des Moines, verfe la foif des honneurs, qui profane fouvent par d'indignes flatteries, des bouches deftinées à célébrer les grandeurs de Dieu, qui transforme en vils courtifans les chefs de la Religion; qui les fait afpirer à des dignités de caprice, aux livrées humiliantes d'un Souverain étranger.

Paradoxe étonnant, mais vrai : on n'a gueres une Ambition démefurée fans y joindre une extrême baffeffe. Curieux de grandeur, fans favoir ce qui eft véritablement grand, l'ambitieux rampe pour s'élever, à la maniere des ferpens qui ne s'élancent qu'en preffant la terre de leur ventre.

Orgafte eft brufque & féroce, voluptueux, vain & méchant : il ne fait rien, mais il décide. Il ne connoît ni Juftice ni Loix, mais fon caprice lui en tient lieu. Il avale paifiblement les affronts, mais il fait s'en dédommager, en outrageant les malheureux.

Un pofte vaquoit; pofte odieux, qui ne donne du pouvoir à celui qui le remplit que pour le malheur de fes concitoyens : Orgafte en eft revêtu; c'étoit l'homme qu'il falloit pour le remplir. Il y faut prendre un ton impérieux : il eft fier & hautain. Il y faut châtier : il eft dur & inflexible. Il y faut juger militairement : quelle maniere de procéder peut être mieux affortie aux lubies d'un Juge quinteux?

Vous vous étonneriez fans doute, fi avec tant d'aptitude pour l'emploi qu'on lui a confié, Orgafte en étoit dépouillé. Peut-il mieux répondre qu'il ne fait, aux vues de ceux qui l'ont mis en place? Ne fait-il pas tout le mal qu'on exige de lui? Ne le fait-il pas avec fermeté, avec goût, fans trouble, & fans remords? Quel homme mérite donc mieux d'être confervé dans fon pofte, ou de n'en être dépoffédé que pour être porté plus haut?

Il eft de regle, que ceux qui tiennent les rênes du Gouvernement, récompenfent mieux les Miniftres qui travaillent fous leurs ordres, des mauvaifes actions qu'ils leur font faire, que des bonnes. Et cet ufage paroît jufte & raifonnable : l'honneur étant au-deffus de la vie, celui qui le foule aux pieds pour le fervice d'un Grand, a plus fait pour fon maitre qu'un brave qui n'auroit que verfé fon fang pour le défendre. Celui-ci ne rifque que fon corps : l'autre fait plus, il perd fon ame.

Pourquoi Polydamas eft-il fait Chevalier? C'eft pour avoir eu la complaifance de commettre un affaffinat. Peut-être que fa confcience alarmée a été vingt fois fur le point de faire manquer le coup : mais enfin il a fçu la dompter & triompher de fes répugnances. Eft-il un prix affez grand pour un fi grand facrifice? Ne voudriez-vous pas qu'on vous récompensât

de même pour avoir fauvé la vie à un Citoyen? Quel effort vous en a-
t-il coûté ? Vous en êtes affez payé par le plaifir inexprimable de l'a-
voir fait. Vous fouhaiteriez fans doute retrouver tous les jours mille occafions femblables. N'enviez donc pas le fort de Polydamas : vous avez gagné
bien plus que lui, & vous n'avez rien hazardé en comparaifon de ce qu'il
a perdu.

L'autre forte d'Ambition eft moins criminelle, mais plus puérile & plus
ridicule. Elle ne s'enhardit pas jufqu'à briguer le rang des hommes quali-
fiés : elle fe contente d'en affecter les manieres & de les copier comme
elle peut.

. Le peuple eft fi perfuadé qu'il eft de la dignité d'un Grand d'être vain
& arrogant, que quand un homme forti du néant s'eft mis en tête de faire
oublier fon origine, il ne croit pas pouvoir mieux faire que de s'annoncer
dans le monde par des fatuités.

Voyez FATUITÉ.

Nouvelles confidérations fur l'Ambition.

L'AMBITION a ce rapport avec la colere, que fi elle ne s'exhale au-
dehors, elle nous mine & nous confume au fonds de l'ame, & fe tranf-
forme en jaloufie dans un mauvais cœur : dès qu'un homme réuffit mal,
faute de talens ou de ce qu'on appelle bonheur, il commence à regarder
de travers les hommes & les affaires, & fon grand plaifir eft de voir tout
empirer ou échouer; fon dépit fe change alors en joie. Ainfi les Rois qui
ont auprès de leur Trône des génies ambitieux, doivent toujours leur laiffer quelque pas à faire, plutôt que de les forcer à reculer ; car des Miniftres ambitieux remuent fans ceffe, & dès qu'on les arrête, ils s'efforcent
d'entrainer tout dans leur chûte.

Etrange fituation! Sans Ambition, nous n'agiffons pas, & cette paffion
nous mene toujours trop loin; elle eft bien placée à la guerre, fur-tout
dans le cœur d'un Général; comme il l'exerce contre l'ennemi, la patrie
en profite, fans avoir rien à craindre. Mais elle eft dangereufe dans l'ame
d'un Courtifan ou d'un Miniftre, parce qu'ils ne peuvent fouvent la fatif-
faire qu'aux dépens de l'Etat. Cependant un Prince habile faura fe faire
un rempart de l'Ambition des Grands qui l'environnent, & fe fervir d'eux
tour-à-tour, comme d'un bouclier qu'il oppofera fans ceffe à leurs coups;
il les contiendra l'un par l'autre, & fera tranquille au milieu de leur agitation; fur-tout fi c'étoient des efprits téméraires, qui comme des milans
à qui on a crévé les yeux, ne volent en haut, que parce qu'ils ne voient
rien autour d'eux.

C'eft une foibleffe dans un Roi que d'avoir des favoris, & malheureu-
fement, c'eft prefque une néceffité. Un favori tiendra fes créatures dans
la fujétion & la dépendance, fi le pouvoir d'abattre & d'élever eft dans

fes mains. L'Ambition des Nobles eſt redoutable, parce que la naiſſance leur donne du crédit & des appuis. La Politique veut donc qu'on avance des hommes de néant, pour être comme le fouet de la Nobleſſe. Tels étoient à Rome les Traitans qui marchoient fur la tête du Peuple, pour monter au niveau des Grands. Les eſprits ſouples & intrigans ont une marche couverte dans leur Ambition ; ce ſont des brouillons plus à craindre, que ces ambitieux d'un caractere bruſque & opiniâtre ; le peuple n'aime gueres ceux-ci, il ſe plait au contraire à jouir de leur diſgrace & de leur confuſion.

Quand une tempête doit tomber fur des hommes en place, il faut les effrayer de loin par de ſourdes menaces, les tenir entre la crainte & l'eſpérance par une alternative de graces & de refus ; ils marcheront alors d'un pas lent & mal aſſuré, comme des voyageurs égarés la nuit dans un bois, & cet état d'incertitude les conſternera mieux qu'un coup inattendu ; car dans la chaleur du déſeſpoir, ils oſent quelquefois tout tenter, & ſecouer le Trône en tombant.

Cette Ambition inquiete & entreprenante, qui embraſſe tous les moyens de faire du bruit, fatigue plus l'Etat que celle d'un homme actif qui pourſuit une ſeule route, pour arriver au terme d'élévation qu'il s'eſt preſcrit.

L'Ambition réglée & bornée par l'émulation de ſe diſtinguer, de dominer dans une carriere, eſt utile à la patrie ; mais celui qui veut tout effacer, pour être ſeul compté, devient une eſpece de calamité publique, & doit être regardé comme la peſte de ſon ſiecle.

L'Ambition a ces avantages, de nous approcher du Prince, d'avancer notre fortune, & de nous mettre, par cette double poſition, en état de faire du bien. C'eſt alors une vertu que le Prince ne ſauroit trop récompenſer, puiſque les faveurs particulieres que reçoit un homme de probité, deviennent des bienfaits publics entre ſes mains. Une ame vertueuſe peut embraſſer les affaires par goût, jamais par intérêt ; l'amour du devoir la ſoutient dans ſes fonctions, & lui tient lieu de cette oſtentation qui eſt l'aliment des ames foibles : enfin elle témoignera quelquefois de l'empreſſement qui naît de la bonne volonté, mais elle n'aura point cette précipitation tumultueuſe qu'un naturel ardent porte dans toutes ſes entrepriſes.

Il faut ranger les ambitieux ſous trois claſſes ; les uns ne ſongent qu'à s'élever eux-mêmes ; eſpece commune & mépriſable : les autres, avec les mêmes vues, font entrer dans leurs moyens l'élévation de la patrie, Ambition plus noble, plus rafinée, & peut-être plus violente : d'autres enfin embraſſent le bonheur & la gloire de tous les hommes dans l'immenſité de leurs projets ; c'eſt l'Ambition des Philoſophes qui veulent éclairer l'eſprit, ou corriger les mœurs. L'Ambition eſt donc quelquefois un vice, & quelquefois une vertu. *Extrait des Œuvres du Chancelier BACON.*

AMBOINE

AMBOINE, *Isle d'Asie, l'une des Moluques aux Indes Orientales, avec une ville de même nom.*

AMBOINE est la plus considérable des Isles Moluques, celle qui produit le plus de girofle & de muscade. On ne lui donne cependant que 24 lieues de tour. Elle fut découverte par les Portugais en 1515; conquise sur eux par les Hollandois en 1603; prise à ceux-ci par les Espagnols en 1620, & reprise enfin par les Hollandois en 1656 : elle est depuis cette derniere époque restée entre leurs mains, en dépit même des Anglois, qui n'ont pû seulement y conserver un Comptoir, qu'ils y avoient établi, dans le courant du XVII siecle. Les Peuples naturels de cette Isle, ont des mœurs & des usages assez particuliers. Il y a des Catholiques Romains parmi eux, mais en petit nombre; ce n'est que la postérité de ceux que les Portugais & les Espagnols avoient pu y convertir ou y laisser, lors de leur possession passagere : la plupart de ces naturels sont Mahométans. Ils s'habillent d'une étoffe legere qui ne leur couvre que le milieu du corps. Leurs mariages se font à prix d'argent de la part des hommes; mais toujours sous la condition qu'il en naîtra des enfans. Une femme stérile est rendue à son pere & à sa mere, qui restituent à leur tour, la somme que son mari leur en avoit payée. (D. G.)

. L'arbre qui donne le girofle, ressemble beaucoup à l'olivier par son écorce, & au laurier par la grandeur & la forme de ses feuilles. Ses nombreuses branches se chargent à leur extrémité d'une prodigieuse quantité de fleurs, d'abord blanches, ensuite vertes, rouges enfin & assez dures. Dans ce dernier degré de maturité, elles sont proprement clous. En séchant, le clou devient d'un brun jaunâtre. Lorsqu'il est cueilli, il prend la couleur d'un brun foncé. Jamais on ne voit de verdure sous le giroflier, ce qui vient sans doute de ce qu'il attire à lui tous les sucs nourriciers du sol qui le produit.

La récolte du girofle se fait depuis le mois d'Octobre, jusqu'au mois de Février. On secoue fortement les branches de l'arbre, ou bien on fait tomber les clous avec de longs roseaux. Ils sont reçus dans de grandes toiles, placées à ce dessein; ensuite on les fait sécher aux rayons du soleil, ou à la fumée des cannes de bambou.

Les clous qui échappent à l'exactitude de ceux qui en font la récolte, ou qu'on veut laisser sur l'arbre, continuent à grossir jusqu'à l'épaisseur d'un pouce : ils tombent ensuite, & reproduisent le giroflier, qui ne donne des fruits qu'au bout de huit ou neuf ans. Ces clous, qu'on nomme matrices, quoiqu'inférieurs aux clous ordinaires, ont des vertus. Les Hollandois ont coutume d'en confire avec du sucre; & dans les longs voyages, ils en mangent après le repas, pour rendre la digeftion meilleure ; ou ils s'en fervent comme d'un remede agréable contre le fcorbut.

Le clou de girofle, pour être parfait, doit être bien nourri, pefant, gras, facile à caffer, d'une odeur excellente, d'un goût chaud & aromatique, prefque brûlant à la gorge, piquant les doigts quand on le manie, & y laiffant une humidité huileufe quand on le preffe. La grande confommation s'en fait dans les cuifines. Il eft tellement recherché dans quelques pays de l'Europe, & fur-tout aux Indes, que l'on y méprife prefque toutes les nourritures où il ne fe trouve pas. On le mêle dans les mets, dans les vins, dans les liqueurs : on l'emploie auffi parmi les odeurs. On s'en fert peu dans la médecine ; mais on en tire une huile dont elle fait un affez grand ufage.

La Compagnie Hollandoife a partagé aux habitans d'Amboine quatre mille terreins, fur chacun defquels elle a d'abord permis, & s'eft vu forcée vers l'an 1720, d'ordonner qu'on plantât cent vingt-cinq arbres, ce qui forme un nombre de cinq cens mille girofliers. Chacun donne, année commune, au-delà de deux livres de girofle ; & par conféquent, leur produit réuni s'éleve au-deffus d'un million pefant.

Le cultivateur eft payé avec de l'argent qui revient toujours à la Compagnie, & avec quelques toiles bleues ou écrues, tirées du Coromandel. Ce foible Commerce auroit reçu quelque accroiffement, fi les habitans d'Amboine, & des petites Ifles qui en dépendent, avoient voulu fe livrer à la culture du poivre & de l'indigo, dont les effais ont été heureux. Tout miférables que font ces infulaires, on n'a pas réuffi à les tirer de leur indolence, parce qu'on ne les a pas tentés par une récompenfe proportionnée à leurs travaux. *Hift. Phil. & Politique des Etabliffemens & du Commerce des Européens dans les deux Indes.*

Conjuration d'Amboine.

NOUS rapporterons cette Conjuration, vraie ou prétendue, telle qu'on la trouve racontée dans l'Hiftoire de la Marine Angloife par Lédiard, fans prétendre en certifier toutes les circonftances, quoiqu'il paroiffe prefque prouvé aujourd'hui que les Hollandois s'écarterent en cette occafion des principes de bonne foi qu'ils ont fuivis inviolablement dans d'autres circonftances. Quand on eft Juge & Partie, qu'il eft difficile de s'en tenir à l'exacte équité !

„ Dès l'an 1619, les Anglois & les Hollandois avoient fait un Traité,
» par lequel ceux-ci, en confidération des dépenfes & des pertes qu'ils
» avoient faites pour fe rendre maîtres des Ifles Moluques, de Banda &
» d'Amboine, devoient jouir des deux tiers du Commerce de ces Ifles, &
» les Anglois devoient avoir l'autre tiers. Les Anglois, en vertu de ce Traité,
» avoient établi des Factories à Amboine ; mais ils n'en jouirent gueres

» que deux ou trois ans : les Hollandois trouverent bientôt le moyen de
» les en déposséder, en les accufant d'avoir formé une confpiration pour fe
» rendre maîtres du Fort des Hollandois à Amboine, & pour les chaffer
» de l'Ifle ; ce qui n'avoit, dit Lédiard, aucune apparence de vérité, puif-
» que les Anglois n'étoient dans cette Ifle qu'au nombre de vingt ; au-lieu
» que les Hollandois avoient plus de deux cens foldats dans le Château &
» qu'il y avoit alors huit de leurs vaiffeaux dans la rade.

„ Quoi qu'il en foit, voici fur quoi les Hollandois fonderent le foupçon
» de cette Confpiration réelle ou prétendue. Un Japonois qui étoit à Am-
» boine, fe promenant une nuit fur les remparts du Château, fit quelques
» queftions à la fentinelle, fur la force du Château, & fur le nombre
» d'hommes qu'il y avoit. Les Hollandois qui ne cherchoient qu'un pré-
» texte de faire querelle aux Anglois, faifirent cette occafion : ils accufe-
» rent ce Japonois d'avoir quelque mauvais deffein & le mirent en prifon :
» ils lui firent donner la queftion, & à force de tourmens lui extorquerent
» une confeffion, par laquelle il avouoit que lui & quelques autres Japo-
» nois, avoient, à l'inftigation des Anglois, fait un complot de fe rendre
» maîtres du Château ; fur quoi on prit ces Japonois, qui furent auffi exa-
» minés & mis à la queftion ; on en fit autant à un Portugais, qui étoit
» Gouverneur des Efclaves des Hollandois.

„ Cet examen dura trois ou quatre jours, pendant lefquels les Anglois
» qui fe fentoient parfaitement innocens, ne firent aucune mine de vou-
» loir s'enfuir ; ils alloient & venoient librement dans le Château, maïs
» un Chirurgien Anglois, (qui étoit en prifon pour avoir voulu mettre le
» feu à une maifon) à qui on avoit dit de quoi fes Compatriotes étoient
» accufés, ayant été mis à la queftion, confeffa tout ce qu'on voulut. Là-
» deffus le Capitaine Towerfon, Chef de la Factorie Angloife, & tous les
» Anglois qui étoient dans la ville, furent cités devant le Gouverneur, qui
» leur dit qu'ils étoient accufés d'avoir formé une Confpiration contre les
» Hollandois, & qu'ils demeureroient prifonniers jufqu'à ce qu'on eût fait
» de plus amples informations : & les Hollandois faifirent & inventorierent
» les marchandifes, & les livres appartenant à la Compagnie Angloife, &
» s'afturerent de tous les Anglois qui étoient dans l'Ifle, dont quelques-uns
» furent mis aux fers.

„ Après qu'on eut couché par écrit la confeffion & déclaration des Ja-
» ponois, on procéda à l'examen des Anglois, & tous ceux qui ne voulu-
» rent pas avouer la Confpiration, furent mis à la queftion. La plupart ne
» purent réfifter aux tourmens, & confefferent ce qu'ils favoient n'être pas
» vrai : d'autres effrayés à l'idée feule des tortures par lefquelles ils alloient
» paffer, fe déclarerent coupables ; il n'y en eut que quatre qui fubirent
» la queftion fans rien confeffer : mais tous les autres généralement fe
» rétracterent & déclarerent avec les fermens les plus folemnels qu'ils
» étoient innocens de ce dont on les chargeoit, & fe demanderent pardon

» réciproquement de ce qu'ils s'étoient accusés les uns les autres, disant
» qu'il n'y avoit que les tourmens qui eussent arraché cette confession.

„ Dix Anglois, plusieurs Japonois & le Portugais furent condamnés à
» mort; le jour qu'on les amena dans la sale du Château pour entendre
» prononcer leur sentence, tous les Japonois s'écrierent : *O vous, An-*
» *glois, dites-nous quand est-ce que nous avons mangé ou conversé avec vous?*
» *Pourquoi donc,* répondirent les Anglois, *nous avez-vous accusés?* Sur
» quoi ces pauvres gens montrerent leurs corps qui portoient encore les
» marques de la torture & dirent : *si une pierre avoit été ainsi brûlée,*
» *n'auroit-elle pas changé de nature, combien plus nous, qui sommes de chair*
» *& de sang?* Et comme le Ministre Hollandois vint pour les préparer à
» la mort, il leur représenta qu'ils n'avoient plus qu'un peu de temps à
» vivre & les exhorta à confesser la vérité : mais ils continuerent tous à
» soutenir leur innocence & y persisterent jusqu'à la fin : il y en eut vingt
» d'exécutés pour cette prétendue Conspiration, savoir, dix Anglois entre
» lesquels étoient Mr. Towerson l'Agent de leur Compagnie, neuf Japo-
» nois & un Portugais : tout ceci se passa en Février 1623.

„ On a su toutes ces particularités par le moyen des Anglois qui avoient
» été absous ou pardonnés : & qui à leur retour en Angleterre furent exa-
» minés à la Cour de l'Amirauté, & déclarerent sous serment la maniere
» dont cette affaire s'étoit passée. Les Hollandois cependant ne s'arrêterent
» pas là ; ils s'emparerent de toutes les autres Factories que les Anglois
» avoient dans ces Isles, & devinrent ainsi seuls maîtres du Commerce des
» épiceries. "

Quoique les Anglois ressentissent extrémement cet affront & la perte
qu'ils avoient faite par-là; cependant ils n'en purent avoir satisfaction, que
du temps de Cromwell, qui en 1654 n'accorda la paix aux Hollandois qu'à
condition qu'ils paieroient 300000 liv. Sterling pour l'affaire d'Amboine,
& qu'ils restitueroient l'Isle de Poleron.

A M B O I S E, *Ville de France dans la Touraine.*

ELLE est au confluent de la Loire & de la Masse, à cinq lieues Est de
Tours, & quarante-sept Sud-Ouest de Paris. Elle a une Election, une Cour
de Justice, un Bureau des sels, une Maîtrise des eaux & forêts, une Maréchauffée, deux Eglises paroissiales, quatre Couvens, un Hôpital, & un
Château très-ancien où naquit le Roi Charles VIII en 1471, & où il
mourut en 1498. Louis XI y institua l'ordre de S. Michel en 1469. Cette
ville est sur-tout fameuse par la conjuration tramée en 1560, sous François II, & connue dans l'histoire de France sous le nom de *Conjuration*
d'Amboise, dont nous allons parler.

Conjuration d'Amboise.

I. LE vice, comme la vertu, est de tous les pays. Il n'existe point de Gouvernement sur la terre qui ne nourrisse, ou n'ait quelquefois nourri dans son sein, des Grands ambitieux & des ames basses propres à seconder leur ambition criminelle, des Sujets factieux & des Citoyens perfides. L'amour mutuel du Prince pour son Peuple, & du Peuple pour son Prince a été dans tous les temps le plus ferme appui du trône François, & cependant la France, comme tous les autres pays, a été souvent agitée par le choc de diverses factions; ses Rois y ont été en butte à d'horribles conjurations : quelques-uns ont péri par le fer des assassins; quelques autres ne se sont mis à l'abri des complots qu'en prévenant les conjurés par une rigueur malheureusement nécessaire.

Vers le milieu du seizieme siecle, la diversité des opinions religieuses, les intrigues de la Cour de Rome, & sur-tout l'ambition des Grands trop puissans pour que l'autorité légitime pût les contenir dans le devoir, divisoient les François sur des matieres qui communément intéressent d'autant plus les hommes, qu'elles sont au-dessus de la portée de leur intelligence. Les progrès du Calvinisme irritoient les Catholiques excités contre la Religion nouvelle, par les Moines qui emploient contre les Calvinistes des moyens violens, au-lieu de la douce voie de la persuasion. Le nombre de ceux-ci s'accroissoit de jour en jour par la persécution; & cherchant à devenir oppresseurs à leur tour, comme l'est toute secte qui se croit la plus forte, ils ne garderent plus de mesure, lorsque leurs ennemis eurent inhumainement fait pendre & brûler Anne du Bourg, Magistrat respectable, & neveu du célèbre Chancelier Antoine du Bourg. Les réformés déterminés alors à défendre leurs biens, leur liberté, leur vie même qu'ils croyoient en danger, mirent à leur tête le Prince de Condé qui, mécontent de se voir sans crédit, tandis que toute l'autorité étoit entre les mains des Guises, rassembla dans son Château de la Ferté, les plus zélés d'entre ses partisans, & prit avec eux la résolution de s'armer, pour venger les affronts & les outrages que lui & le Roi de Navarre, son frere, prétendoient avoir reçus de la Cour, & pour assurer en même-temps les Droits & les Privileges des réformés. Dans cette vue il fut délibéré, que l'on commenceroit par se liguer avec Elisabeth, Reine d'Angleterre, & tous les Princes protestans d'Allemagne, & que, quand les forces de tous les alliés seroient réunies, on prendroit hautement les armes.

La Renaudie, homme hardi, entreprenant, capable de tout sacrifier, l'honneur & la probité même, au désir de faire fortune, fut chargé d'aller, au nom des Calvinistes François, implorer le secours d'Elisabeth qui lui donna de grandes espérances, d'après lesquelles il parcourut toute la France, & donna aux Chefs des réformés rendez-vous à Nantes, pour y

concerter enfemble le plan de leurs hoftilités. De-là les Calviniftes parti-
rent pour le Blefois, après avoir réglé entr'eux que, quand les troupes
feroient réunies, une partie des réformés iroient à Blois, préfenteroient
une requête au Roi pour luf demander la liberté de confcience, & l'exercice public de leur Religion ; que fur le refus qu'on ne manqueroit pas
de faire, les foldats paroîtroient en armes, fous les murs de la ville, y
entreroient de force, tueroient le Duc de Guife, ainfi que le Cardinal de
Lorraine fon frere, & contraindroient le Roi à confier la Lieutenance-Gé-
nérale du Royaume au Prince de Condé qui, fous prétexte de rétablir le
calme, accorderoit aux Calviniftes toutes leurs demandes.

Averti de ce complot, le Duc de Guife, fans témoigner aucune défiance, fortit de Blois qui n'étoit point fortifié, fe retira avec toute la
Cour au Château d'Amboife, & prit de fi bonnes mefures que, fûr d'empêcher l'exécution de l'entreprife, il confia la garde de la porte du Château d'Amboife au Prince de Condé, plaçant autour de lui plufieurs Seigneurs qui avoient ordre de veiller fur fes démarches. Les troupes des réformés s'avancerent, & tombant dans une embufcade que Guife leur avoit
dreffée, ils y périrent prefque tous, à la réferve de ceux qui furent faits
prifonniers, & qui furent les uns pendus aux creneaux du Château, les autres noyés dans la Loire, & quelques-uns envoyés fur l'échaffaud. L'Amiral de Coligny, qui avoit dirigé le plan de la confpiration, s'étoit retiré
dans fa maifon de Châtillon, où la nouvelle de la déroute des conjurés
l'agita auffi vivement que Condé & le Roi de Navarre, deftinés par les
Guifes à fervir d'exemple au refte des factieux. En effet, ils eurent ordre
de fe rendre aux Etats qui s'affembloient à Orléans, où ces deux Princes
ne furent pas plutôt arrivés qu'on les arrêta. Leur procès fut bientôt inftruit,
& ils furent condamnés à perdre la tête. Le jour de l'exécution étoit déja
fixé, & rien ne paroiffoit devoir les dérober au fupplice, lorfque le jeune
Roi François II mourut d'un abfcès à la tête.

Cet événement fut fuivi de nouveaux troubles qui ramenerent Catherine
de Médicis, jufqu'alors ennemie du Prince de Condé & du Roi de Navarre, à une réconciliation avec ces Princes. Catherine, la plus ambitieufe des femmes, ne voyant qu'avec un extrême déplaifir le Cardinal
de Lorraine & fon frere, partager avec elle la Puiffance Royale, délivra
les deux Princes de la prifon étroite où ils étoient retenus, convint avec
eux qu'elle garderoit feule & fans affociés la Régence, ou plutôt l'autorité fuprême fans avoir le titre de *Régente* qu'elle ne prit réellement pas ;
& les engagea à feindre un entier oubli de ce qui s'étoit paffé entre eux
& les Guifes.

Ce raccommodement apparent du Prince de Condé avec les Guifes, ne
pouvoit pas fe foutenir long-temps. A peine il fe vit libre, que ne refpi-
rant que la vengeance il raffembla les Calviniftes, & alla s'emparer d'Orléans. Les réformés foulevés contre les rigueurs qu'on leur faifoit éprouver,

prirent les armes dans toutes les Provinces, & fe rendirent maîtres de plufieurs villes. Le feu de la guerre civile s'alluma dans toutes les parties du
Royaume. Condé appella à fon fecours les Anglois qui s'emparerent de
Rouen ; mais peu de jours après, cette ville fut reprife par les Royaliftes
qui bientôt ayant fur les rebelles une fupériorité décidée, les battirent en
bataille rangée, & firent prifonnier le Prince de Condé. Il ne reftoit plus
aux réformés qu'Orléans. Le Duc de Guife alla en former le fiege ; il
touchoit au moment de s'en rendre maître, lorfqu'il fut lâchement affaffiné par Poltrot, gentilhomme Angoumois. Poltrot fut pris, & avant que
d'expirer dans les tourmens, il chargea beaucoup l'Amiral de Coligny &
quelques autres Calviniftes, à la follicitation defquels il foutint avoir tué
le Duc. Quoiqu'il en foit la mort de Guife fut fuivie d'une treve qui fut
bientôt convertie en une paix générale, enforte que les Catholiques & les
Calviniftes réunis, au moins pour un moment, marcherent contre les Anglois qu'ils chafferent de Normandie.

II. Cette Conjuration d'Amboife eft un événement des plus remarquables
par le concert qui régna entre les Conjurés, & par le fecret qui fut gardé
entr'eux. Il ne s'agiffoit pas de moins que d'exterminer les Guifes, qui
étoient maîtres abfolus dans le Royaume, & de changer la forme du Gouvernement, ou plutôt de faire triompher le Calvinifme en France ; ce qui
ne pouvoit que jetter le Royaume dans la plus affreufe confufion.

Les principaux des Conjurés, après s'être affemblés, s'appliquerent à partager entr'eux les Provinces d'où ils devoient tirer des troupes pour les mener à Blois. Au refte, ces Conjurés étoient des plus vaillans & des plus
expérimentés Colonels du Royaume, & les Calviniftes n'avoient rien oublié pour les gagner, parce qu'ils étoient perfuadés qu'il n'y en avoit point
de meilleurs en France qu'eux pour une prompte exécution. On laiffa des
troupes dans les Provinces pour empêcher les Catholiques de remuer ; on
détourna tous les fecours qui pouvoient arriver au Duc de Guife.

Les Conjurés fortirent de Nantes avec auffi peu de bruit qu'ils en avoient
fait en y entrant, & retournerent avec une extrême diligence dans leurs
maifons, pour préparer les troupes & les autres provifions dont ils étoient
chargés. Il n'y en eut pas un qui manquât à ce qu'il avoit promis ; la Ré-
naudie qui étoit accouru à Paris pour rendre compte de l'Affemblée de
Nantes au Prince de Condé, vifita pour la troifieme fois avec un foin infatigable, les principaux complices de la conjuration fur la fin de Février 1560.
Il trouva toutes les chofes difpofées pour l'exécution de fon deffein, qui,
dans toute autre conjoncture, auroit été capable de faire trembler le plus
hardi d'entr'eux.

Jamais fecret, non pas même celui des Vêpres Siciliennes, n'avoit été
communiqué à tant de perfonnes, fans être découvert. Toute la Nobleffe
Calvinifte, en quelque coin du Royaume qu'elle fut confinée, tous les Miniftres, tous les Surveillans des prétendus Réformés, non-feulement de Fran-

ce, mais encore de Geneve & de Suisse en étoient informés. On avoit enrôlé dans chaque Province le nombre de Capitaines qui devoient s'assurer des meilleures Places de France, immédiatement après le succès de l'entreprise, & cela n'avoit pu se faire sans que les Eglises Calvinistes de chaque Province n'en eussent conféré ensemble, du moins par Députés. Malgré tout cela, le secret étoit si bien gardé, que la Reine-Mere, le Cardinal & le Duc de Guise vivoient à leur ordinaire dans une confiance qui les auroit livrés en peu de jours à la discrétion de leurs ennemis.

Ce qu'il y a de surprenant, c'est que, lors même que la conspiration fut découverte, la Renaudie ne continua pas moins son voyage à la Cour, quoiqu'il fût informé de toutes les mesures que prenoit la Maison de Guise pour déconcerter son dessein, & se saisir de lui. Car enfin il ne pouvoit éviter de périr, s'il achevoit ce qu'il avoit si bien conduit jusques-là. Il est vrai que le désespoir avoit précipité la Renaudie dans une résolution si déterminée; mais il est encore plus étrange que son exemple eût tant de force à l'égard des autres conjurés, que quoiqu'ils fussent informés des précautions que les Guises avoient prises pour les accabler, il n'y en eut cependant aucun qui manquât de courage, & qui ne se mît en chemin avec l'équipage qu'il avoit promis pour se rendre à point nommé aux portes d'Amboise. Cet exemple est singulier dans l'histoire, car c'étoit une conjoncture où les cœurs les plus fermes auroient fait gloire de se rétracter. Mais rien ne tient contre le fanatisme; & il n'est point de monstre que les Souverains aient plus à redouter.

AMBOISE (George d') *Ministre d'Etat sous Louis XII, Roi de France.*

UN grand Ministre aux yeux du vulgaire est plus qu'un grand-homme. C'est une espece de divinité dont l'œil pénétre, où l'œil humain n'a jamais pénétré, qui, seul & sans effort, fait mouvoir une machine vaste & compliquée, dont le plus foible ressort semble exiger, pour se mettre en mouvement, une impulsion toute-puissante. Un Ministre même ordinaire, qui n'a pas plus de part au cours des affaires, que le bateau n'en a au courant du fleuve qui l'entraîne, étonne, éblouit le Peuple, qui ne peut concevoir comment tant d'objets différens, tant d'idées disparates peuvent se rassembler dans le même cerveau.

Sous le regne de Louis XIII & le Ministere de d'Amboise, l'Etat fut riche & florissant, les dettes furent acquittées & presque en même temps les impôts supprimés; le Roi vécut des revenus de son domaine, la population, l'Agriculture furent encouragées; on fit la guerre, on la fit avec gloire, elle coûta du sang à la Noblesse, mais elle ne coûta point

d'argent

d'argent au Peuple ; les conquêtes furent gardées avec quelques légers fublides qu'on tira de ces conquêtes même ; en un mot la France fut à la fois heureufe & redoutable. Voilà fans doute tout ce qu'on peut exiger d'un grand Roi, fecondé par un grand Miniftre ; cependant Louis XII & d'Amboife, n'avoient point de grands talens. Beaucoup de droiture & dans l'efprit & dans le cœur, des mœurs fimples, l'amour de la juftice, une économie foutenue, une attention continuelle & fur eux-mêmes & fur l'Etat, leur fuffirent pour opérer ce prodige de la félicité publique, qu'on ne peut concevoir. Louis XII à la guerre n'étoit qu'un foldat ; il fut cependant victorieux, parce qu'il la fit en perfonne ; & que la préfence d'un Roi de France, fupplée, dans un jour de bataille, aux grandes vues, à l'expérience, aux talens q ui peuvent lui manquer. D'Amboife pour les affaires intérieures n'avoit que du bon fens & de la fermeté. Dans les affaires extérieures, il avoit moins de capacité que le plus foible Négociateur d'I-talie. Les Cardinaux de Rome le jouerent comme on joue un enfant. Il étoit même atteint d'un vice, qui ne peut s'accorder avec les talens d'un politique : le vin troubloit fouvent fa raifon. Que feroient devenus dans ces momens d'ivreffe les fecrets de l'Etat, fi l'Etat avoit eu des fecrets. D'ailleurs il étoit intéreffé ; l'or avoit des charmes pour lui ; mais c'étoit fur nos ennemis & non fur fes compatriotes que fon avarice levoit des tributs.

L'hiftoire de fon miniftere n'offre ni grandes opérations de finances, ni révolutions difficiles, ni négociations fort épineufes, ni vues très-étendues. Il ne faut donc pas un génie fi vafte pour rendre un peuple heureux. C'eft pour le faire gémir fous le joug du defpotifme, c'eft pour arracher des richeffes du fein même de fon indigence, c'eft pour le forcer au filence en l'opprimant, qu'il faut du génie & des talens extraordinaires ; gardons-nous donc de demander au ciel pour maître, ce que le vulgaire appelle de grands hommes. Si l'on en excepte Sully qui eut autant de vertu que de génie, il eft peu de ces Miniftres vantés qui n'aient opprimé ou quelques claffes dans l'Etat ou l'Etat tout entier. N'allons point imiter la république des grenouilles, qui s'indigne contre un maître doux & bon que l'on approche fans crainte, & qui demande un Souverain qui s'agite. La gloire de nos maîtres nous coûteroit notre bonheur. L'homme de génie veut faire époque & donner de grands exemples ; l'homme médiocre fe contente de fuivre les bons exemples qui font tracés. Le premier veut que l'Univers entier ait les yeux fixés fur lui : l'eftime de la patrie fuffit au fecond : celui-ci fe contente de conferver aux refforts de l'Etat un jeu facile, l'autre veut faire une machine nouvelle. L'homme médiocre ne cherche qu'à perpétuer le bien qui exifte, & qu'à détruire par degrés les maux qu'il a découverts. L'autre veut que le bien & le mal foient fon ouvrage ; & pourvu que parmi les noms odieux que lui donne un peuple miférable, il n'entende pas prononcer celui d'homme médiocre, il eft fatisfait. Enfin l'un tend à conferver, l'autre veut créer, & les grandes revolutions font toujours accompagnées de grands maux. Il est vrai, que par la fuccession de mille circonftances déplorables, par les malheurs des guerres, par l'accroissement du luxe de la Cour & de la Capitale, par la magnificence des Souverains qui ont mesuré les récompenses, non fur la valeur des services, mais fur leur vaste reconnoissance, les dettes de l'Etat se font tellement accrues, les impôts se font tellement aggravés, qu'un d'Amboise avec le feul fecour du bons fens ne fuffiroit peut-être pas pour rendre la France heureufe; mais il ne faut pas demander un Richelieu; entre ces deux Miniftres il eft tant de degrés, qu'on trouvera l'homme néceffaire à la patrie plus près de la claffe du Miniftre de Louis XII, que de celle du Maître de Louis XIII.

Avant de gouverner le Royaume, d'Amboife avoit fait en Normandie quelques essais de fes talens pour l'administration. Il étoit à la fois Archevêque de Rouen & Lieutenant-Général de la Province. La réunion de ces deux titres & de cette double autorité auroit pû être dangereufe en d'autres mains. Mais quoique l'amitié de d'Amboife pour le Duc d'Orléans, l'eut dans fa jeuneffe entraîné dans des factions, Charles VIII avoit une fi haute idée de fa bonne foi, qu'il ne balança point à lui confier l'une & l'autre jurifdiction. Il confidéra fans doute que les revenus de l'Archevêque fuffifant au fafte du Lieutenant-Général, ce feroit une économie pour la Cour, un foulagement pour la Province. Cette Politique eft fage, il eft peu d'Evêchés en France dont les richeffes annuelles ne puiffent faire fubfifter avec décence l'Evêque, le Gouverneur, l'Etat-Major, & même une partie de la Magiftrature. Quelle épargne pour l'Etat que le changement de tant de penfions fur le tréfor Royal, en penfions fur les Evêchés & les Abbayes! Les aumônes que les Evêques font fuppofés verfer dans le fein des familles indigentes, ne font qu'un prétexte illufoire pour écarter une revolution funefte à leur cupidité. Il eft certain que les Prélats les plus opulents viennent diffiper, chaque année dans la Capitale les trois quarts de ce revenu, qu'ils appellent le patrimoine des pauvres lorfque l'Etat demande des fubfides, & qu'ils nomment leur propre bien lorfque le peuple veut le partager avec eux. La médiocrité de leur fortune les forceroit, ainfi que les Officiers-Généraux, à confommer leurs richeffes dans la Province dont ils les tirent; ainfi l'Artifan, le Manouvrier, loin de rien perdre à ce changement, trouveroient dans la réfidence de leurs Gouverneurs Eccléfiaftiques & Laïques des falaires dont leur abfence les privoit. Les Prélats allégueroient envain que la décadence de leur luxe attenueroit par degrés ce vieux refpect du Peuple dont ils étoient redevables à leur opulence autant qu'à leur caractere. L'Etat, en les traitant comme les Officiers dont il veut payer le fang & les travaux, ne leur feroit certainement point d'injuftice; & cette égalité n'auroit rien d'humiliant, au moins pour eux.

Lorfque d'Amboife fut appellé au Gouvernement de la Normandie, le Commerce de Rouen étoit foible & languiffant. Peu de Vaiffeaux remontoient le cours de la Seine pour aborder à ce Port aujourd'hui fi fréquenté. L'induftrie étoit dans fon enfance, & cette enfance avoit duré plufieurs fiecles. La Ville n'avoit que les Manufactures néceffaires à fes befoins; fon Commerce, en un mot, fe bornoit à fa confommation. Le Prélat découvrit une richeffe naturelle que les habitans poffédoient fans l'avoir foupçonné; un ruiffeau qui promenoit dans fon cours des fels utiles à la teinture, couloit près des murs de la Ville; il l'introduifit dans fon enceinte; &, nouveau Pactole, ce foible ruiffeau a fait en partie la richeffe de cette Capitale. Des Manufactures s'éleverent, & l'on vit y accourir des hommes que le défaut d'emploi forçoit à peupler les forêts & à infefter les grands chemins. D'Amboife eut encore le courage d'abolir ces droits d'afyle qui ouvroient les Temples aux affaffins, bifarre préjugé, qui outrageoit Dieu par refpect pour Dieu-même. On voit encore dans quelques Villes des monumens de cette barbarie. Pour l'honneur & pour la fûreté des hommes, le Gouvernement devroit les fupprimer. Eh! pourquoi tous les Souverains, par un traité folemnel, ne fe donneroient-ils pas le droit réciproque de réclamer, même en temps de guerre, les malfaiteurs qui fe feroient retirés dans les Etats voifins ou ennemis : l'efpoir de l'impunité aiguife feul les poignards. Il n'y aura plus de crime, lorfqu'il ne trouvera plus d'afyle que dans les cachots. On eft déja convenu de la reftitution mutuelle des déferteurs; ils font coupables fans doute, mais ce font les moins odieux de tous les criminels.

Une carriere plus vafte s'ouvrit pour d'Amboife; Charles VIII mourut, Louis XII monta fur le Trône & appella l'Archevêque près de lui. Les autres Rois avoient eu des favoris, Louis XII eut un ami. L'inutile & difpendieufe conquête de Naples avoit mis les Finances dans un mauvais ordre; il falloit le réparer : un de ces Miniftres qu'on appelle des hommes de génie, n'eût trouvé d'autre reffource que celle d'établir de nouveaux impôts; & c'eft à la fécondité de fon imagination, pour en créer d'inconnus jufqu'alors, qu'on auroit mefuré l'admiration qu'on auroit eue pour lui. D'Amboife ne s'occupa que du foin de les fupprimer. De nos jours la taille eft proportionnelle aux fuccès de l'induftrie; elle augmente en même proportion que les améliorations des terres. Le contraire arriva fous le regne de Louis XII; la taille fut réduite d'année en année, & l'on fent affez quels encouragemens, quels avantages l'Agriculture dut tirer de cette diminution fucceffive. Le fyftême de d'Amboife n'étoit point de groffir les tréfors du Roi : il favoit, dit Mézerai, *que l'épargne du Prince eft comme la rate, moins elle eft groffe, plus le corps de l'Etat s'en porte bien.* Les tréfors d'un Roi, quelqu'immenfes qu'ils puiffent être, ne font point à l'épreuve d'une longue fuite de guerres & de calamités. C'eft un lac que l'on peut deffécher par de fréquentes faignées; mais la richeffe d'un Peuple induſtrieux eſt inépuiſable. C'eſt un fleuve dont les eaux ſe renouvellent & groſſiſſent ſans ceſſe. On n'avoit point de troupes à entretenir pendant la paix ; l'entretien des fortereſſes ſur les frontieres étoit preſque la ſeule dé- penſe militaire qu'il fallut ſoutenir lorſqu'on avoit mis bas les armes. Les ſoldats bleſſés à la guerre trouvoient une retraite dans les Monaſteres, & n'étoient point un fardeau pour l'Etat qu'ils avoient ſervi. L'Egliſe ſe char- geoit d'acquitter envers eux la dette de la Patrie. Le Roi avoit moins de vaiſſeaux que n'en a aujourd'hui une compagnie de Commerçans ; il falloit peu de Marine militaire pour protéger un commerce extérieur, foible & preſque ignoré ; il falloit peu de frais pour entretenir des Ports preſque déſerts. La Cour ſimple, frugale, peu nombreuſe, ſubſiſtoit des revenus du domaine du Roi, qui lui-même ſe ſeroit accuſé de larcin, s'il avoit réſervé pour ſon uſage la plus legere portion des impôts. Sa garde étoit l'amour de ſon Peuple, ou du moins il ne conſervoit près de ſa perſonne que les Officiers dont il n'eut pas pu ſe priver ſans manquer à ſon rang. Les Princes & les Grands vivoient dans leurs terres, enrichis par leurs vaſſaux qu'ils enrichiſſoient à leur tour ; diſtribution ſage & avantageuſe, ſi l'éloignement où ils étoient de la Cour ne leur eut pas ſi ſouvent inſpiré des projets d'indépendance ! Pour les attirer à la Cour il a fallu leur pro- mettre de grandes charges, auſſi lucratives pour eux qu'inutiles au Roi & onéreuſes au Peuple. Pour les y fixer, il a fallu multiplier les plaiſirs, les ſpectacles, les fêtes ; il a fallu remplir tous les châteaux d'équipages de chaſſe, dont un ſeul auroit formé la Maiſon preſque entiere de nos anciens Rois. D'ailleurs, la France n'étoit point couverte d'une armée de commis payés plus cher pour vexer la Nation, que les ſoldats ne le ſont pour la défendre. La perception des impôts étoit ſimple & directe, on ne les de- mandoit pas encore les armes à la main ; ce ton menaçant n'étoit en uſage qu'envers les ennemis qu'on vouloit faire contribuer. Deux Miniſtres ſuffi- ſoient, en temps de paix, l'un pour la direction des Finances, l'autre pour le maintien des Loix. On n'envoyoit des ambaſſades chez l'Etranger, que lorſque les circonſtances les rendoient néceſſaires. Les Rois n'avoient point encore d'Ambaſſadeurs Réſidens dans toutes les Cours, luxe diſpen- dieux & devenu inévitable. Moins inquiets que leurs ſucceſſeurs, ils n'a- chetoient point les ſecrets les uns des autres. Leurs Palais étoient des for- tereſſes ſans ornement ; leurs meubles ſe bornoient au néceſſaire ; leur table ne leur offroit que de quoi ſatisfaire les beſoins de la nature ; leurs parcs étoient plutôt des forêts que des jardins ; & l'on n'avoit encore aucune idée de ce genre de décoration que le Nôtre a porté ſi loin, & qui a tant coûté. Cette ſimple expoſition ſuffit pour faire voir combien la machine de l'Etat étoit ſimple & facile à diriger. Il ſuffiſoit de combiner la recette & la dépenſe, d'employer le ſuperflu à la liquidation des dettes, & de dimi- nuer les impôts à meſure que les dettes s'éteignoient. Il ſuffiſoit de veiller ſur les Receveurs & ſur ceux qui étoient chargés de l'entretien des fortereffes, des grands chemins & des édifices publics. Leur conduite n'étoit pas toujours irréprochable, mais le fuperflu n'étant point encore devenu néceffaire, le luxe étant inconnu, le prétexte de foutenir l'honneur de fon rang n'autorifoit point les vexations. Le Commerce avoit trop peu de branches pour exiger les foins d'un grand nombre de Miniftres. Il faifoit naître peu d'affaires au dedans, encore moins au dehors. L'agriculture feule attiroit l'attention du Gouvernement. Pour la rendre floriffante, il n'étoit pas befoin d'établir des Académies, mais de diminuer la taille ; & c'eft ce que fit d'Amboife.

Cependant, on n'avoit nulle idée des heureux effets de la liberté du commerce des grains ; & pourvu que les récoltes fuffent égales à la confommation, le Gouvernement ne défiroit rien de plus. L'exportation eut été peu avantageufe chez un peuple qui n'avoit point de luxe, dont les befoins fe bornoient à ceux de la Nature, & qui, fans le fecours des richeffes de l'étranger, pouvoit fubfifter & fe défendre. C'eft le raffinement des plaifirs, ce font les commodités de la vie tant multipliées qui ont rendu néceffaires & l'exportation des grains, & les richeffes qu'elle produit. On protégeoit le travail du Laboureur ; de fages ordonnances veilloient à fa fûreté ; tant qu'il cultivoit il étoit libre, indépendant : mais à l'inftant de la vente, commençoit fa fervitude. D'anciennes Loix, renouvellées par d'Amboife, Loix actives & prohibitives, l'empêchoient de conferver dans fes greniers plus de bled qu'il n'en falloit pour la fubfiftance de fa famille & le forçoient à expofer fes grains dans les marchés. Comme ce fyftème defpotique étoit adopté dans tous les Etats, une année de ftérilité produifoit néceffairement une difette générale. Ce fléau qui s'étoit fait fentir tant de fois & avec tant de violence, n'avoit point encore inftruit, ni les Miniftres, ni les peuples. On défendoit aux Laboureurs de vendre leur bled *en verd*, & l'on ne fongeoit pas que c'étoit le *manger en verd* que de ne rien réferver pour les années fuivantes. Louis XII & d'Amboife croyoient donner à la Nation la plus grande preuve de leur zele pour fon bonheur en tenant le Laboureur dans cet état de gêne & de contrainte. Il en étoit à-peu-près de même pour la vente des beftiaux ; & le Cultivateur, quelque fût le genre de fa culture, ne pouvoit l'étendre au-delà des bornes de la confommation. Quant à la pêche, on lui laiffoit une liberté prefque indéfinie, & l'on défendit, fous des peines féveres, de retarder la marche des maraieurs chargés de l'approvifionnement de Paris. La police n'étoit encore qu'un défordre, & la Capitale n'étoit qu'un cloaque ; tant d'épidémies qui, dans cette Ville, avoient enlevé des générations prefque entieres, n'avoient point encore fait fentir la néceffité d'y épurer l'air. Au fon d'une cloche aujourd'hui toutes les rues font nettoyées ; il falloit alors que le Parlement rendit des arrêts, pour forcer les Citoyens à prendre foin de leur bien-être, & ces arrêts avoient moins de force que n'en a aujourd'hui la préfence d'un Commiffaire. On impofa des taxes pour l'entretien

& le nettoiement du pavé ; & la répartition se faisoit de la même maniere que se fait de nos jours celle des tailles dans les paroisses. Ainsi ce fut sous le Ministere de d'Amboise que l'on commença à connoître tout le prix d'un air pur & d'une police vigilante.

Un luxe modéré commençoit à s'introduire dans les maisons des simples bourgeois. Sous Louis XI, on avoit déja vu leurs tables couvertes de vaisselles précieuses. L'industrie des Orfevres, celle dont les progrès ont été les plus rapides en France, multiplia les meubles à qui le temps & les révolutions des modes ôtent peu de leur prix. Louis XII & d'Amboise qui n'avoient pas assez réfléchi sur les avantages du luxe, croyoient que sans l'austere simplicité, il n'est, ni bonheur, ni vertu. Ils suivoient l'exemple de nos anciens Rois qui, pour me servir de l'expression d'un grand-homme, *avoient fait de leur Royaume un Séminaire*, & qui prétendoient régler le nombre des plats qu'on devoit servir sur une table, & mesurer l'étoffe dont on se couvroit. On défendit aux Orfevres de faire d'autre vaisselle, que celle de premiere nécessité. On acheta, des Orfevres étrangers, ce qu'on ne pouvoit acheter des Orfevres François. Cette importation étoit la moins dangereuse de toutes, parce qu'elle n'est que l'échange de l'argent contre l'argent. Mais on considéra qu'il valoit mieux occuper l'industrie des ouvriers François que celle de nos voisins, ou de nos ennemis; que d'ailleurs, le prix de la façon étoit un excédant qui restoit dans les mains de l'étranger, & que la Nation ne recouvroit pas. La Loi fut donc révoquée ; le commerce de l'Orfévrerie devint libre. Le Gouvernement ne rougissoit pas de reconnoître ses erreurs, & de les avouer ; c'étoit le moyen de se tromper plus rarement.

On sait qu'il y avoit alors peu de ressources pour la circulation du Commerce. Il est vrai que les inquiétudes perpétuelles de Louis XI, sa timide curiosité, avoient fait naître l'établissement des Postes; mais le Gouvernement seul en étoit l'objet, le Roi seul en faisoit usage ; & les Particuliers placés dans des villes éloignées, n'avoient de correspondance entre eux, que par eux-mêmes, ou par des émissaires coûteux & très-lents. Les Postes Royales étoient établies de quatre en quatre lieues. Un *Grand Maître des Coureurs de France* veilloit *sur les Maîtres, tenant les chevaux courants pour le service du Roi*. Il étoit défendu à ce *Maître*, sous peine de la vie, de donner des chevaux sans avoir vu l'ordre du Roi. Les Couriers des Princes alliés de la France, pouvoient faire usage des Postes : mais on les visitoit, on les interrogeoit avec la plus scrupuleuse inquiétude. Le *Grand Maître* avoit sur les *Maîtres* une autorité absolue, & pouvoit les priver de leurs charges. On payoit 10 sols par poste de quatre lieues. Louis XI avoit porté le nombre de ses Couriers jusqu'à deux cens trente-quatre. Charles VIII les réduisit au nombre de cent vingt, & Louis XII confirma cette disposition. Dans un Edit donné à Blois en 1509, il se plaint de ce que *les Marchands, Banquiers, & autres manieres de gens, quand ils chevauchent &*

vont par le Royaume pour eux déguifer, & feindre qu'ils font du nombre
des Chevaucheurs Royaux, & vont pour les affaires du Roi ; portent & font
porter fes Armes & Enfeignes, & fous ombre de ce prennent des chevaux
de pofte. Il défendit cet abus & ne vit pas quels avantages immenfes le
Commerce & l'Etat pouvoient tirer de la propagation de cet Etabliffement,
& de la liberté accordée aux Particuliers d'en faire ufage. Il a fallu aux
Rois & aux Miniftres plufieurs fiecles pour concevoir, qu'en perfection-
nant cet établiffement, un tribut fixe & confidérable entreroit dans le tréfor Royal, & que le Commerce circulant plus librement par la rapidité &
la multitude des Correfpondances, produiroit à l'Etat une feconde richeffe
plus avantageufe que la premiere.

Un objet plus important encore occupoit d'Amboife, c'étoit l'adminiftration de la Juftice. Le Temple de Thémis étoit une efpece de Dédale, où
il falloit fuivre mille détours avant d'arriver au Sanctuaire, & payer fort
cher des guides adroits, qui favoient égarer le malheureux qui leur avoit
donné fa confiance, le faire revenir fans ceffe fur fes pas, & ne lui laiffer toucher le but auquel il afpiroit, qu'après l'avoir entiérement dépouillé.
L'obfcurité des procédures, la maniere de les multiplier, de les alonger,
étoient pour les Avocats une mine inépuifable. Auffi cette profeffion, qui
n'eft d'aucun produit pour l'Etat, s'étoit-elle accrue aux dépens des Pro-
feffions utiles. Abréger les procédures, c'étoit rendre à l'Etat deux fervices
importans, le premier en dérobant la fortune des clients à l'avidité de leurs
défenfeurs, le fecond en diminuant le nombre de ces Citoyens, dont le
travail n'étoit utile qu'à eux-mêmes, & qui trouvant moins de reffources
dans le barreau, retournoient à la charue. D'Amboife prit donc le parti de
fimplifier les procédures, de fupprimer tout ce qui étoit fuperflu, & donna
à la juftice une marche plus droite & plus uniforme. Cette révolution in-
firmoit certains Privileges de l'Univerfité ; & ce Corps, feul dépofitaire des
connoiffances humaines, fe tenoit alors en équilibre avec les Corps les
plus puiffans dans l'Etat. Le titre de fille aînée des Rois en impofoit au
Peuple. L'appui du Clergé, qui avoit été formé dans fon fein, en impofoit aux Souverains. On fe fouvient à la honte de ces temps barbares, que
deux Clercs ayant été pendus pour un crime public & bien conftaté, on
fit déterrer leurs cadavres pour leur donner une fépulture honorable, & que
le juge qui avoit porté la fentence de mort, fut condamné lui-même à
baifer le corps de ces miférables. L'abréviation des procédures caufa une
fédition dans l'Univerfité. Mais Louis XII parut ; l'appareil militaire de fon
entrée fit rentrer les plus mutins dans le devoir, & la *fille aînée* du Monarque voulut bien fe foumettre aux volontés de fon Pere.

L'Echiquier étoit encore *ambulatoire* en Normandie ; il ne s'affembloit
qu'à certaines époques ; il fe tranfportoit aux lieux, où des différens élevés entre les Citoyens demandoient fa préfence. On fent combien cette
maniere de rendre la juftice étoit lente & défectueufe, fur-tout dans une

Contrée, que les amateurs des procès ont toujours regardé comme leur mere-patrie. L'Echiquier fut érigé en Parlement; on en donna un à la Provence; Louis XII foumettoit fes propres affaires au jugement de fes Sénateurs, il permettoit à fes Sujets de réclamer fa juftice contre lui-même, & les Juges qui annuloient fes prétentions par des Arrêts équitables, n'en recevoient pas un accueil moins gracieux à fa Cour. „ Il a tellement déféré, „ dit Seiffel, à l'autorité de fes Cours fouveraines & de fa Juftice, que „ jamais n'eft venu au contraire de ce qui a été jugé par icelles, foit en „ fes propres caufes ou de fes Sujets, ne jamais ne les a requis ne preffé „ pour fes affaires; " il avoit en horreur tous ces coups d'autorité dont la fûreté de l'Etat eft le prétexte, dont le defpotifme eft le motif véritable. „ Il n'a jamais, dit le même Auteur, fait punir, ne perfécuter perfonne, „ de corps, ne de biens, autrement que par forme de Juftice & connoif- „ fance de Juge. " Ses Succeffeurs ont fenti qu'ils ne devoient pas être Juges dans leur propre caufe; qu'un feul homme ne devoit pas décider de la vie & de l'honneur d'un accufé. Mais ils fe font réfervé le droit de nommer des Commiffaires pour examiner les procès criminels, où la raifon d'Etat leur donne quelqu'intérêt, & un Ecrivain eftimable obferve, que, de tous les accufés qui ont comparu devant ce Tribunal nommé par la Cour, il n'en eft pas un qui ait été renvoyé abfous.

Louis XII, en montant fur le trône, avoit publié un Edit, par lequel il exhortoit fes Parlemens à juger toujours fuivant les Loix du Royaume, quand bien même, entraîné par la féduction, il pourroit par la fuite leur donner des ordres contraires. Il leur enjoignoit de lui repréfenter cet Edit toutes les fois qu'il pourroit s'écarter des regles de la juftice & des coutumes adoptées dans les Provinces. Il vouloit que cet Edit fût la regle immuable de la conduite de fes Succeffeurs, comme de la fienne. En blâmant le refpect de ce Prince pour tant de coutumes barbares, dont les contradictions prouvent l'injuftice, on ne peut s'empêcher d'admirer la défiance, qu'il avoit de lui-même, fa modeftie, & fon amour pour fon Peuple. D'Amboife partage avec lui la gloire de tant de vertus; il aimoit également la Juftice & fon Maître. Sa vigilance contenoit les Juges, fon autorité les ralluroit; & fon équité étoit l'effroi des Avocats & la fûreté des Clients.

La Bretagne n'étoit point encore réunie à la Couronne de France : tant de révoltes, tant de guerres, l'entrée du Royaume tant de fois ouverte aux Anglois par les Bretons, tant d'hommages rendus aux Rois d'Angleterre par leurs Ducs, avoient appris à Louis XII qu'avoir un vaffal puiffant, c'eft avoir un puiffant ennemi. Anne, veuve de Charles VIII, poffédoit alors ce Duché, mais Louis XII étoit lié par les nœuds d'un premier Hymen; d'ailleurs les nœuds du fang l'écartoient de la couche de la Princeffe, il falloit obtenir à la fois & divorce & difpenfe. Rome étoit une efpece de marché, où l'on vendoit les chofes facrées à différens prix

fuivant le nombre, la qualité, & le défir plus ou moins violent des ache-
teurs. Alexandre VI avoit fait un Cardinal de Borgia fon fils; mais le jeune
batard plus flatté des grandeurs humaines, préféroit le cafque à la barrette;
il vint en France & y apporta des difpenfes, un chapeau pour d'Amboife,
& tous les vices de la Cour de fon pere. On lui donna en échange une
compagnie de cent lances, une époufe jeune, riche, belle, & digne d'un
autre hymenée. Anne de Bretagne entra dans la couche de Louis XII &
la Province fut réunie pour jamais au domaine de la Couronne. Louis XII
& d'Amboife rougirent fans doute en recevant les bienfaits de l'Eglife, des
mains d'un homme fi méprifé, que fa naiffance étoit le moindre reproche
qu'on pût lui faire. Mais la raifon d'Etat leur parut au-deffus de toutes les
confidérations humaines.

D'ailleurs le Pontife, naturellement inquiet, turbulent, aimant le fpectacle des troubles, des guerres, & dont les plaifirs les plus innocens étoient
des intrigues, des cabales, vouloit attirer les François en Italie; Venife
les y appelloit de même, & c'étoit fur la tête de Ludovic Sforce, Duc
de Milan, que grondoit cet orage. Louis écouta les propofitions de Venife
& de Rome. Ses droits fur le Duché de Milan étoient inconteftables; par
le traité de mariage de Louis Duc d'Orléans & de Valentine, fille de Galeas Vifcomti, premier Duc de Milan, il étoit réglé, *que, défaillant la ligne
mafculine de Jean Galeas, Valentine fuccéderoit au Duché de Milan, ou
bien, elle morte, fes plus proches defcendants.* La poftérité mafculine s'é-
teignit, François Sforce, homme entreprenant, courageux, & à qui fes
exploits tenoient lieu de naiffance & de nobleffe, plaça fur le Trône de
Milan une batarde de la Maifon de Vifcomti qu'il avoit époufée, & s'y
plaça lui-même; il eut l'art de s'y foutenir; Ludovic lui fuccéda; mais
Louis XII réclama les droits de fa mere, & les réclama en Roi, les armes
à la main. Les Vénitiens le feconderent; ils avoient jetté leurs vues fur Cré-
mone & Gera d'Adda; &, des débris de ce Duché, le Pape exigeoit pour
fon fils, Imola, Forli, Pezaro & Faënza. Il eft étonnant qu'un Roi, tel
que Louis XII, eut befoin d'Alliés pour vaincre un Prince auffi foible que
Sforce, & qu'il confentit à partager une conquête qui lui appartenoit toute
entiere. Il falloit des tréfors pour faire la guerre; la voie des emprunts n'é-
toit pas auffi commune qu'aujourd'hui; mais comme les intérêts de la Nation ne fe trouvoient point liés avec ceux du Roi; comme il alloit non
défendre la patrie, mais conquérir fon patrimoine, Louis *le Jufle* ne voulut
point qu'une querelle étrangere aux François leur fût onéreufe. Il n'exigea
point de fubfides; il imagina une reffource, qu'on a depuis tant & tant de
fois employée, & pour des fujets bien moins graves. On vendit les offices
de finances. *Non ceux de judicature,* dit Baudier, *la juftice eft une chofe fi
divine, que ceux qui l'exercent & la rendent aux hommes, faifant l'Office
de Dieu en terre, doivent être introduits aux charges par le mérite de leurs
vertus & non par l'or de leurs bourfes.* On ne fongea point que ces offices

Tome III.   Rrrr devenoient alors une propriété, que le Roi s'ôtoit ainsi le choix des sujets à qui il vouloit donner sa confiance, &, qu'à moins d'une malversation criminelle & bien prouvée, il ne pourroit plus destituer de son office un homme qui n'auroit pas les talents ou la vigilance nécessaires à sa place, qu'enfin une charge, dont la nomination lui appartenoit, devenoit ainsi le patrimoine d'une famille. Tels étoient les inconvéniens de cette opération : elle avoit aussi ses avantages. La voie ordinaire de l'élection faite par le Prince ou par un Corps, éleve aussi souvent le vice que la vertu aux plus hautes dignités. Ce qu'on n'achete pas publiquement par un contract, on l'achete en secret par des présens, & cet or qui alloit entrer dans les coffres du Roi, passoit auparavant dans ceux de quelques obscurs intrigans. D'ailleurs le prix d'une charge est un garant de la fortune d'un titulaire, & semble promettre qu'il sera moins enclin aux rapines, que ces hommes nouveaux qui placés tout-à-coup dans des emplois lucratifs, se hâtent de se faire un sort brillant, & bravent le glaive de la justice qui s'est si souvent émoussé contre l'or des coupables. Toujours attaché à ce principe, que le Souverain ne doit point sacrifier ni le sang, ni les richesses de ses sujets pour ses intérêts personnels, mais seulement pour ceux de l'Etat, Louis XII ne voulut point qu'on arrachât le Laboureur de sa charrue, pour le traîner en Italie ; il ne reçut sous ses drapeaux que les victimes volontaires de la gloire des armes. *Il ne travailloit point ses sujets d'arriere-bans,* dit Seissel, *toutes ses guerres, il les a conduites & faites à sa solde, sans y contraindre aucun, si ce n'est de libérale volonté, & ceux qui sont à ses gages & bienfaits.*

Le moyen le plus sûr de faire la guerre avec succès à un Prince, est de s'assurer la paix avec tous les autres. D'Amboise, qui avoit trouvé des ressources pécuniaires, en trouva aussi de politiques. Il s'assura de l'amitié des Anglois & de la neutralité de Ferdinand, Roi d'Espagne ; il sut aussi lier les mains de Philippe, Archiduc d'Autriche & Comte de Flandres ; & ce Prince, au grand étonnement de l'Europe, se reconnut vassal de la Couronne, & *prêta foi & hommage, tête nue & déceint,* entre les mains de Guy de Rochefort, Chancelier de Louis XII. Il restoit encore un ennemi à écarter ; c'étoit l'Empereur Maximilien. Ce Prince, ami des arts, mais qui ignoroit celui de régner ; toujours avare & toujours indigent, avoit reçu quelques sommes de Ludovic Sforce, & ravageoit les frontieres de la France. Mais les Finances & la générosité du Duc de Milan étant épuisées, il fut aisé au Cardinal de conclure avec l'Empereur une treve de quelques mois. On partit enfin. On connoît les détails de cette guerre ; les succès de Louis XII, la fuite de Sforce, l'entrée triomphante du Roi dans Milan ; la taille en partie supprimée dans la ville conquise, la domination Françoise établie dans Gênes, Florence implorant la clémence du vainqueur, une foule de Princes Italiens briguant ses faveurs, enfin le retour de Ludovic, ses succès, sa chûte, sa captivité, & celle du Cardinal Afcagne Sforce. Ce Prélat adroit, fpirituel, éloquent, careffant, menteur profond, Italien, en un mot, promit à d'Amboife, d'aller à Rome ménager les intérêts de la Cour de France, ceux même du Prélat, s'il vouloit brifer fes fers. Le Miniftre lui rendit la liberté, & le Cardinal en fit ufage contre la France & contre fon bienfaiteur.

Milan avoit fecoué le joug une feconde fois; d'Amboife, Gouverneur des conquêtes de Louis XII, parut, menaca, leva le bras prêt à frapper & pardonna. Ce fyftême de clémence politique eft refpectable, lors même que les effets n'en font pas heureux; à Dieu ne plaife, que nous voulions allumer les feux de la vengeance dans le cœur des Maîtres du monde; mais il faut connoître le caractere des peuples; pardonner à des François, à des Suédois, à des Efpagnols rebelles, c'eft les enchaîner pour jamais aux pieds du trône; l'héroïfme a fur leurs cœurs des effets plus puiffants que l'autorité même. Mais en pardonnant à des Italiens, il falloit fe précautionner contre une nouvelle rebellion, & ne pas fe repofer fur la grandeur d'un effort généreux, qu'ils traitoient de foibleffe. Dans toute la conduite du Cardinal, on voit peu de connoiffance des hommes. L'excès de la confiance, louable dans un particulier, n'eft pas toujours excufable dans un Miniftre. D'Amboife étoit alors l'arbitre de l'Italie; Florence vouloit ajouter à fon Domaine, Pife, Pietra-Santa, Monte-Pulciano. Les Républiques de Sienne, de Gênes, de Luques, jaloufes de la puiffance des Florentins, offrirent au Cardinal de l'argent & des troupes, s'il vouloit rejetter la demande de ces ambitieux Républicains. Cette caufe entre des Etats, fut agitée devant le Cardinal comme une caufe ordinaire eut été plaidée devant un Magiftrat. Il prononça en faveur des Florentins; mais il falloit une armée pour faire exécuter un arrêt de cette nature. Pietra-Santa & Monte-Pulciano fe foumirent; mais Pife fut l'écueil des armes Françoifes, & le Cardinal ne fentit pas combien il étoit dangereux de les compromettre dans un pays où, pour abattre les François, on attendoit feulement qu'ils paruffent chanceler. La politique la plus fage eût été de tenir les Républiques en haleine, les unes contre les autres, & de ne prendre aucun parti dans leurs différens. Leurs divifions auroient fait la fûreté de nos conquêtes. Mais le titre d'arbitre entre des Souvèrains, careffoit l'orgueil du Cardinal, & fa vanité changeoit fouvent, fans qu'il s'en apperçût lui-même, le but de fa politique.

Maximilien lui donnoit encore quelqu'inquiétude. Pour attacher à la France un voifin dont la préfence pût contenir cet Empereur, d'Amboife conclut le mariage d'Anne de Candalle, Princeffe du fang de France, avec Ladiflas, Roi de Pologne, de Hongrie & de Bohême. Cette négociation eft une des plus belles que le Cardinal ait conduites. Ce fuccès ne calmoit point encore toutes fes alarmes. Il vouloit enchaîner Maximilien lui-même : une chaine d'or étoit la plus fûre; il s'en fervit. Il fit plus encore; le projet de mariage, entre la Princeffe Claude de France, & le jeune Charles, fut arrêté, à condition que le Roi donneroit le Milanez pour dot à la Princeſſe, & qu'elle en jouiroit lorſque l'age lui permettroit d'entrer dans la couche de ſon époux. Une nouvelle treve fut conclue à ce prix. Ces Négociations n'étoient que les préliminaires d'une plus grande entrepriſe ; Charles VIII avoit conquis rapidement le Royaume de Naples & l'avoit perdu plus rapidement encore. Louis XII, ſuccédant à tous les droits de ce Prince, méditoit, depuis long-temps, cette conquête ; Ferdinand, Roi de Caſtille & d'Arragon, voulut la partager. D'Amboiſe ne ſut pas prévoir, que, combiner ainſi les forces de deux Princes rivaux, c'étoit leur préparer les diſcordes les plus funeſtes ; on ſait que les brigands qui s'accordent pour attaquer un voyageur, ſe diviſent toujours, lorſqu'il s'agit de partager la dépouille. Les deux armées entrerent dans ce Royaume, & le ſoumirent en courant. La Capitale ſe rendit, &, ce qui donne une haute idée de la bonne-foi de Louis XII, Frédéric chercha un aſyle chez ſon ennemi vainqueur, *trouvant*, dit Baudier, *plus de ſecours chez des étrangers que chez les Eſpagnols ſes parens.*

Mais bientôt le partage des conquêtes diviſa ces fiers Conquérans ; ils tournerent contre eux les armes qu'ils avoient priſes contre les Napolitains, & des combats meurtriers leur firent trouver leur tombeau dans le champ même de leur victoire. Philippe, Archiduc d'Autriche, paſſoit alors en France, avec Jeanne, ſon épouſe, fille de Ferdinand ; il s'offrit pour Médiateur, & l'on convint de remettre entre ſes mains les Provinces de Naples qui étoient conteſtées, juſqu'à ce que Charles, fils de l'Archiduc, & la Princeſſe Claude de France, priſſent, avec le titre d'époux, celui de Roi & Reine de Naples. Cette paix fut bientôt violée par les Eſpagnols, & les François éprouverent à Ceriſoles qu'ils n'étoient plus invincibles, quand leur Roi n'étoit pas à leur tête ; le Traité conclu par Philippe fut déſavoué par Ferdinand. Il approuva la conduite de Gonzalve qui, au mépris de la paix, avoit attaqué les François, & les avoit chaſſés du Royaume de Naples. Il fallut rentrer en Italie les armes à la main ; la mort venoit de purger la terre de cet Alexandre VI, l'opprobre de l'égliſe & de l'humanité. D'Amboiſe étoit à Rome ; & l'armée rangée autour des murs de la ville, offroit un ſpectacle auſſi pompeux que redoutable. Le Cardinal aſpiroit à la Thiare, ſa vertu devoit faire oublier qu'il étoit François ; le Cardinal Jules de la Rovere, habile intrigant, vint le trouver, lui dit, que tous les ſuffrages étoient réunis en ſa faveur, mais que la préſence de l'armée donneroit à ſon Election, un air de contrainte qui pourroit indiſpoſer des eſprits ſoupçonneux ; qu'il falloit l'éloigner pour laiſſer au Conclave une liberté dont il ne feroit uſage que pour le couronner. D'Amboiſe le crut ; les enſeignes Françoiſes diſparurent, Jules fit élire Picolomini, l'empoiſonna, & ſe fit décerner ſa dépouille. Il eſt probable, que ſi l'armée fut reſtée aux portes de Rome, l'Eſprit ſaint auroit nommé d'Amboiſe.

Jules ne tarda pas à faire éclater la haine qu'il avoit jurée aux François. Le premier acte d'hostilité fut d'ôter à Louis XII le titre de Roi Très-Chrétien, pour en décorer le Roi d'Angleterre. On prétend même que, dans ses projets généreux, il vouloit faire présent du Royaume de France à ce dernier. Il réussit du moins à enlever aux François ce qui leur restoit dans celui de Naples. D'autres causes concoururent encore avec ces sourdes menées; la mésintelligence des Généraux, l'avidité des Trésoriers qui regorgeoient de richesses, tandis que le soldat expiroit de faim sous sa tente, laissèrent à peine à d'Aubigny amener quelques restes d'une si belle armée.

Louis se lassoit de prodiguer le sang de ses Sujets ; d'Amboise partit pour l'Allemagne, & conclut dans Haguenau un Traité par lequel il fut arrêté, que de nouveaux sermens donneroient une force nouvelle au projet d'unir Charles & la Princesse Claude ; que l'Empereur révoqueroit toutes les investitures qu'il avoit données du Duché de Milan; qu'il en investiroit Louis XII pour lui & ses enfans mâles, & à leur défaut pour les deux époux & le plus jeune de leurs enfans ; pour cette investiture, le Roi devoit donner à l'Empereur soixante mille florins du Rhin, & une pareille somme six mois après. On ne sait ce qui doit le plus étonner, ou de la bonhommie de Louis XII qui achetoit ce qui lui appartenoit, ou de l'avidité de Maximilien qui vendoit ce qui ne lui appartenoit pas. L'Empereur exigeoit encore une paire d'éperons d'or pour le jour de Noël ; on conclut une ligue entre le Roi, l'Empereur, & le Pape, pour enlever à la République de Venise, ce qu'elle avoit usurpé sur ces trois Princes. On reculoit jusqu'à quatre mois l'époque à laquelle Ferdinand pourroit entrer dans cette ligue. Ce Traité que la République regarda comme le coup le plus terrible qu'on lui eut porté, est peut-être ce qui l'a conservée. Son ambition ne connoissoit plus de bornes, elle aspiroit à jouer sur le théâtre du monde, le même rôle que l'ancienne Rome; d'un côté elle vouloit asservir l'Italie, de l'autre reculer les limites de son Empire jusques chez les Allemands, les Hongrois, & les Turcs. Si on n'eut point opposé de digue à ce torrent, l'immensité de ses conquêtes eut divisé ses forces, on les auroit détruites en détail, & Venise elle-même auroit subi le sort de Carthage & de Rome. Ferdinand voulut partager une si riche dépouille; dans cette vue il épousa Germaine de Foix nièce de Louis XII. En faveur de cette alliance le Roi cédoit à sa nièce les Droits qu'il avoit sur le Royaume de Naples ; si la Princesse mouroit sans enfans, Ferdinand lui succédoit. Mais si Ferdinand mouroit avant elle, Louis devenoit l'héritier de sa nièce : à tant d'avantages on ajoutoit une dot de trois cens mille ducats. On arrêta encore que Ferdinand prêteroit le secours de ses armes à Gaston de Foix, son beau-frere, pour monter sur le trône de Navarre, où Catherine de Foix étoit assise.

Louis XII n'avoit pas prévu les difficultés que ce Traité essuieroit de

la part de fes Sujets ; les Etats s'affemblerent, & lui repréfenterent que,
fi les Rois avoient un libre ufage de leur Puiffance, lorfqu'il s'agiffoit
d'acquérir de nouveaux Domaines, ils retomboient fous la tutelle des loix,
lorfqu'ils vouloient aliéner leur patrimoine ; que des Sujets, dont il étoit
adoré, n'étoient pas des efclaves qu'il put donner ou vendre à un autre
maître comme de vils troupeaux ; qu'il étoit plus jufte de donner & la
main de Claude, & de fi beaux appanages à François d'Orléans, héritier
préfomptif de la Couronne, qu'à Charles Duc de Luxembourg, qui avoit
fucé avec le lait la haine du nom François. Ces réflexions étoient juftes ;
mais il eut fallu les faire avant de promettre la main de la Princeffe.
Cependant Louis & fon Miniftre fentirent la faute qu'ils avoient faite, &
qu'un Monarque doit quelquefois mettre fon Peuple dans fa confidence.
La promeffe fut donc révoquée ; l'hymen de François & de Claude fut réfolu ; & l'on fent quelle fut, à cette nouvelle, l'indignation de la Cour
Impériale. La Cour de Rome faifoit auffi éclater un mécontentement,
dont on craignoit les fuites ; Jules avoit ufurpé dans le Milanez la collation des bénéfices, afin d'augmenter dans ce Duché le nombre de fes
créatures. Le Roi fit faifir les revenus de ces bénéfices ; Jules refufa avec
hauteur deux chapeaux rouges que Louis lui demandoit ; mais toutes ces
querelles fe calmerent. Jules avoit perdu Bologne, on lui aida à le récon-
quérir ; il renonça à fes prétentions, & envoya les deux chapeaux qui furent
payés du fang de quelques braves foldats. Pour prix de ce fervice, le Saint
Pere excita fecrétement les Génois à s'affranchir de la Domination Françoife. Louis parut en Italie, entra triomphant dans Gênes, vit les rebelles
tomber à fes pieds, & leur pardonna.

Mais Venife paroiffoit défier la puiffance du vainqueur, & chaque jour
des tracafferies politiques déceloient fon audace & fon averfion. La ligue
avoit été conclue ; mais le plan n'en étoit pas tracé. Ce fut à Cambray que
d'Amboife mit la derniere main à cet ouvrage qu'il regardoit comme le
chef-d'œuvre de fa Politique. Poncher, Archevêque de Sens, blâma hautement ce projet ; il repréfenta que des dépouilles de cette République on
alloit enrichir & le Pape & l'Empereur, ennemis fecrets de la France.
Il parla avec éloquence, & ne fut point écouté. Tous les projets qui ra-
menoient les François en Italie, flattoient le Cardinal, qui fe reprochoit
chaque jour d'avoir manqué une belle occafion d'être Pape, & qui vouloit
fe mettre à portée d'en faifir une feconde, fi elle fe préfentoit. Le Traité
fut donc figné, & telles en furent les conditions.

Le Roi devoit ouvrir la campagne en perfonne. Deux mois après, l'armée Impériale devoit defcendre en Italie, tandis que, d'un autre côté,
Maximilien infulteroit les frontieres de l'Etat Vénitien. Pour colorer la perfidie de Ferdinand, qui avoit fait avec la République une alliance folen-
nelle, il fut convenu que le Pape le fommeroit, comme défenfeur de
l'Eglife, de forcer fes alliés à reftituer les Places qu'ils avoient envahies

fur le patrimoine de Saint Pierre ; que le Pape feroit tonner, contre la République, tous les foudres du Vatican. Enfin, Louis devoit recevoir de l'Empereur une nouvelle inveftiture du Duché de Milan, pour lui & pour François, Comte d'Angoulême, & la Princeffe Claude. Aucun des alliés ne pouvoit fe détacher de la ligue fans le confentement des autres, & on pouvoit y admettre tous les Princes d'Italie, qui auroient quelque Domaine à réclamer contre les Vénitiens. Louis part, triomphe à Agnadel, & partage les fruits de fa victoire avec fes alliés, qui en avoient été tranquilles fpectateurs. La Ville de Venife étoit une Métropole égoïfte, qui s'étoit arrogé des droits exclufifs; ces privileges faifoient fa fplendeur & la ruine des autres Villes de fon Domaine. Le Roi, dans toutes fes conquêtes, rétablit la liberté du Commerce, & cette révolution fit chérir fon Empire.

L'intelligence qui régnoit entre les alliés, fut bientôt altérée par un nouveau différent; il s'agiffoit de la Régence du Royaume de Caftille. Ferdinand, ayeul maternel de Charles d'Autriche, fondoit fes prétentions fur ce titre, & fur le teftament de la feue Reine Ifabelle fon époufe. Maximilien foutenoit que ces droits étoient annullés par fa qualité d'ayeul paternel du même Prince. Le premier Sénat de la France eut la gloire de voir les deux Monarques les plus fuperbes & les plus puiffans de la terre, le prendre pour arbitre de leurs querelles. Louis XII préfida à cette augufte affemblée; après avoir écouté les deux partis, après avoir confulté les Princes & les Magiftrats dont il étoit entouré, il prononça que, *Si le Roi Ferdinand n'avoit point d'enfans de la Reine Germaine de Foix, fa feconde femme, en ce cas là, & non autrement, il feroit Régent du Royaume de Caftille, jufques à ce que le Prince Charles eut atteint l'âge de vingt-cinq ans; qu'alors la Couronne, l'Autorité, le Gouvernement & l'Adminiftration de cet Etat-là feroient remis au même Prince Charles, comme au vrai & légitime héritier du Royaume, auquel pourtant ne feroit loifible de porter le nom de Roi, tant que la Reine Jeanne fa mere vivroit feule propriétaire de cette Couronne.* (Elle étoit alors tombée en enfance, effet ordinaire d'une dévotion mal-entendue.) Les deux Souverains fe foumirent à ce jugement; le feul Charles fut indocile; il fe fentoit dès-lors fait pour donner des loix & non pour en recevoir; il prit le titre de Roi, en attendant que celui d'Empereur ouvrît à fon génie & à fon ambition une plus vafte carriere.

D'Amboife, dans cette affemblée, avoit déployé cette éloquence de la raifon, qui cherche moins à perfuader qu'à convaincre Il parloit avec beaucoup de clarté; c'étoit là toute fa Réthorique. Son ambition prolongea les guerres d'Italie, qu'on n'auroit jamais dû entreprendre, parce qu'il y a toujours beaucoup plus à perdre qu'à gagner en franchiffant les limites que la nature a marquées aux Etats. Il n'étoit pas moins jaloux de conquérir le Saint-Siege pour lui-même, que le Trône de Naples pour fon Maître. Mais, malgré cette politique qui s'accordoit peu avec les intérêts de la Patrie, malgré quelques défauts & quelques ridicules, la poftérité l'a placé parmi les bons Miniſtres. Son nom ſera toujours révéré en France. On a oublié & ſes vices domeſtiques, & les contributions annuelles qu'il tiroit de l'Italie, & le Traité de Blois, où il ſacrifia l'honneur de la France à la cupidité de recouvrer quelques terres au-delà des Monts. On ſe ſouvient ſeulement que pendant ſon Miniſtere, la France fut heureuſe, la richeſſe nationale s'accrut, les impôts diminuerent, la population augmenta. Il voulut même la favoriſer après ſa mort. Il laiſſa une ſomme conſidérable pour marier cent cinquante filles, *en l'honneur des cent cinquante ave Maria du Pſeautier Notre-Dame, & des cent cinquante Pſeaumes contenus au Pſeautier.* M. D. S.

A M B U L A T O I R E, adj.

AMBULATOIRE ſe dit des Tribunaux qui ne ſont point fixes, mais qui ſe tiennent tantôt en un endroit, tantôt dans un autre. Le Parlement de Paris, aujourd'hui ſédentaire, étoit autrefois Ambulatoire.

On dit d'une dignité qu'elle eſt Ambulatoire, pour ſignifier qu'elle n'eſt point à vie, mais qu'elle ſe transfere d'une perſonne à une autre, comme le Conſulat à Rome, le Capitoulat à Toulouſe, le Rectorat & le Décanat dans les Univerſités.

L'on dit encore, en terme de Palais, que la volonté de l'homme eſt Ambulatoire juſqu'à la mort, pour faire entendre qu'ils ſont toujours libres de faire, de changer, de caſſer leur teſtament.

A M E, ſ. f.

IL ne s'agit point ici de queſtions métaphyſiques ſur l'Ame. Nous ne demandons point qu'eſt-ce que l'Ame, d'où vient l'Ame, quel eſt le ſiege de l'Ame, quelles ſont les facultés de l'Ame, quelle eſt ſa deſtinée. Nous avons une Ame.

Le Droit Naturel nous ordonne d'avoir tout le ſoin poſſible de notre Ame; ce ſoin de l'Ame, ou la culture de la raiſon eſt pour l'homme de la derniere importance; car l'homme ne peut ſe promettre un véritable bonheur que par le moyen de la raiſon, & la raiſon ne peut le conduire à ce but qu'autant qu'il prend ſoin de cultiver & de perfectionner ſes facultés.

Mais en quoi conſiſte le ſoin de l'Ame, & la culture de la raiſon? Voilà une queſtion intéreſſante en Morale & en Politique, à laquelle il eſt à propos de répondre. Ce ſoin conſiſte en général à former l'eſprit & le cœur. Former

mer fon efprit, c'eft fe faire des idées droites des chofes & principalement de nos devoirs. Former fon cœur, c'eft bien régler les mouvemens de fa volonté, en conformer fes actions à la droite raifon. En un mot, la perfection de la raifon confifte en deux habitudes, la fageffe & la vertu.

La fageffe eft cette habitude qui forme la raifon à une attention fuivie, à un difcernement folide, & à un raifonnement jufte; par où l'Ame fe trouve en état d'acquérir, & acquiert en effet la connoiffance des chofes, fur-tout de celles qui intéreffent fes devoirs & fon bonheur. La vertu eft cette habitude qui augmente, qui perfectionne la liberté; cette force de l'Ame, au moyen de laquelle l'homme fe trouve en état de fuivre avec facilité les confeils de la fageffe, c'eft-à-dire, d'une raifon éclairée, & de réfifter efficacement à tout ce qui pourroit le déterminer au contraire.

Or il eft aifé de prouver qu'il n'y a que ces deux habitudes qui puiffent perfectionner la raifon. En effet, la fin de la raifon étant de nous conduire au bonheur, d'un côté par la connoiffance des vrais biens, & de l'autre par une conduite & une fuite d'actions dirigées fur cette connoiffance, ce n'eft que par l'entendement & par la volonté qu'elle peut fatisfaire à cette double fin. Mais la fageffe ne laiffe rien à défirer pour la perfection de l'entendement, & il eft bien évident qu'un homme attentif & capable de bien raifonner, eft en état d'acquérir les connoiffances les plus utiles, & que jamais il ne s'écartera de la vérité. De même on peut dire, que la vertu fait la perfection de la volonté; puifqu'elle donne à l'Ame la force qui lui eft néceffaire, pour fe déterminer conftamment à fuivre les confeils d'une raifon éclairée.

L'on voit par ces définitions que la fageffe dans ce fens n'eft autre chofe que l'entendement éclairé, & la vertu, que la volonté perfectionnée. Par la fageffe l'homme fe rend attentif à fes véritables & folides intérêts; il les démêle d'avec ce qui n'en a que l'apparence; il choifit bien, & il fe foutient dans des choix éclairés. La vertu va plus loin : elle a à cœur le bien de la fociété : elle lui facrifie dans le befoin, fes propres avantages; elle fent la beauté & le prix de ce facrifice, & elle ne balance point de le faire, quand il le faut. (*Voyez l'Article* VERTU.)

Pour dire quelque chofe de plus particulier, fur ce qui peut former l'Ame à la fageffe & à la vertu, & la conduire enfuite au bonheur, il faut remarquer qu'il y a plufieurs connoiffances qui peuvent beaucoup y contribuer.

Chacun doit travailler à fe faire une jufte idée de foi-même, & de fon état; idée que les anciens regardoient comme fondamentale dans la recherche de la vraie fageffe. Ils en faifoient tant de cas, qu'on avoit gravé, en caracteres d'or, fur la porte du temple de Delphes, cette fentence, *Connois-toi toi-même*. Or, felon la remarque judicieufe d'un ancien, » ce » précepte d'Apollon ne prefcrivoit pas à chacun de connoître fes mem- » bres, fa taille, ou fa figure : car nos corps ne font pas proprement ce

» que nous appellons, Nous. *Connois-toi*, *toi-même*, vouloit donc dire :
» apprends à bien connoître ton Ame. En effet, le corps n'eſt que le vaſe
» de l'Ame, ou ce qui lui ſert de logis. Et il n'y a que ce que l'Ame
» fait, qui puiſſe être regardé comme fait par nous «. Cic. *Tuſcul. I. c. 22.*

Cette connoiſſance de ſoi-même bien entendue, mene l'homme à la découverte de ſon origine, & en même-temps du rôle, pour ainſi dire,
dont il eſt chargé dans ce monde par une ſuite néceſſaire de ſa condition
naturelle. Car il apprend par-là, qu'il n'exiſte pas de lui-même, & qu'il
doit ſa vie à un principe plus relevé; qu'il eſt orné de facultés plus nobles
que celles des bêtes; qu'il n'eſt pas ſeul ici bas, qu'il n'eſt pas né pour
lui ſeul, qu'il fait partie du genre humain, envers qui il doit pratiquer
les loix de la ſociabilité. Or ce ſont là les ſources d'où découlent mani-
feſtement tous les devoirs de l'homme. Voici là-deſſus de belles paroles
d'un ancien Poëte. » Apprenez mortels, apprenez donc de bonne heure à
» vous connoître, & à raiſonner ſur les choſes; apprenez ce que c'eſt que
» l'homme, pourquoi il eſt au monde, quel ordre il doit garder en tout;
» avec quelles précautions il faut éviter les écueils & les dangers dans le
» cours de la vie; par où il faut commencer; juſqu'où l'on doit aller; avec
» quelle modération l'on doit chercher les richeſſes; à quoi nous devons
» borner nos deſirs; quel uſage on doit faire de l'argent, ce qu'on en doit
» employer pour ſes proches & pour ſa patrie. Concevez bien ce que le
» ciel a voulu que vous fuſſiez en ce monde, & le rang que vous y
» teniez «. Perſ. *Sat. III. v. 66. & ſuiv.*

La connoiſſance de ſoi-même renferme auſſi l'examen de nos forces &
de leur étendue. Et c'eſt le ſens que Socrate donnoit à l'inſcription du temple de Delphes, comme nous l'apprend Xénophon. *Mem. Lib. IV. cap. 2.*
§. 24. A quoi il faut ajouter la conſidération des ſuites des actions humaines; comme auſſi du rapport que les choſes extérieures ont avec nous,
& de l'uſage que nous en pouvons faire.

Cette connoiſſance de ſoi-même fournit à l'homme pluſieurs réflexions
importantes pour ſon bonheur. La premiere, que puiſque nous ſommes
enrichis de nobles facultés pour nous ſervir de principe & de regle, nous
ne devons point agir à l'étourdie; mais au contraire nous propoſer toujours
un but déterminé, poſſible & honnête, & prendre enſuite les meſures
les plus convenables pour y parvenir.

D'où il s'enſuit que l'homme doit ſe propoſer une fin conforme à ſa
nature. C'eſt le fameux principe de la morale des Stoïciens : *Qu'il faut
vivre conformément à la nature raiſonnable;* diriger convenablement à cette
fin principale & ſes propres actions & les autres moyens qui y conduiſent,
ne point penſer de mettre en uſage les moyens, avant que d'avoir déterminé poſitivement la fin que l'on ſe propoſe; & n'aſpirer jamais à une fin,
ſans être pourvu des moyens néceſſaires pour y parvenir.

De plus, le vrai & le droit étant conſtamment uniformes, nous ſommer fon efprit, c'eft fe faire des idées droites des chofes & principalement de nos devoirs. Former fon cœur, c'eft bien régler les mouvemens de fa volonté, en conformer fes actions à la droite raifon. En un mot, la perfection de la raifon confifte en deux habitudes, la fageffe & la vertu.

La fageffe eft cette habitude qui forme la raifon à une attention fuivie, à un difcernement folide, & à un raifonnement jufte; par où l'Ame fe trouve en état d'acquérir, & acquiert en effet la connoiffance des chofes, fur-tout de celles qui intéreffent fes devoirs & fon bonheur. La vertu eft cette habitude qui augmente, qui perfectionne la liberté; cette force de l'Ame, au moyen de laquelle l'homme fe trouve en état de fuivre avec facilité les confeils de la fageffe, c'eft-à-dire, d'une raifon éclairée, & de réfifter efficacement à tout ce qui pourroit le déterminer au contraire.

Or il eft aifé de prouver qu'il n'y a que ces deux habitudes qui puiffent perfectionner la raifon. En effet, la fin de la raifon étant de nous conduire au bonheur, d'un côté par la connoiffance des vrais biens, & de l'autre par une conduite & une fuite d'actions dirigées fur cette connoiffance, ce n'eft que par l'entendement & par la volonté qu'elle peut fatisfaire à cette double fin. Mais la fageffe ne laiffe rien à défirer pour la perfection de l'entendement, & il eft bien évident qu'un homme attentif & capable de bien raifonner, eft en état d'acquérir les connoiffances les plus utiles, & que jamais il ne s'écartera de la vérité. De même on peut dire, que la vertu fait la perfection de la volonté; puifqu'elle donne à l'Ame la force qui lui eft néceffaire, pour fe déterminer conftamment à fuivre les confeils d'une raifon éclairée.

L'on voit par ces définitions que la fageffe dans ce fens n'eft autre chofe que l'entendement éclairé, & la vertu, que la volonté perfectionnée. Par la fageffe l'homme fe rend attentif à fes véritables & folides intérêts; il les démêle d'avec ce qui n'en a que l'apparence; il choifit bien, & il fe foutient dans des choix éclairés. La vertu va plus loin: elle a à cœur le bien de la fociété: elle lui facrifie dans le befoin, fes propres avantages; elle fent la beauté & le prix de ce facrifice, & elle ne balance point de le faire, quand il le faut. (*Voyez l'Article* VERTU.)

Pour dire quelque chofe de plus particulier, fur ce qui peut former l'Ame à la fageffe & à la vertu, & la conduire enfuite au bonheur, il faut remarquer qu'il y a plufieurs connoiffances qui peuvent beaucoup y contribuer.

Chacun doit travailler à fe faire une jufte idée de foi-même, & de fon état; idée que les anciens regardoient comme fondamentale dans la recherche de la vraie fageffe. Ils en faifoient tant de cas, qu'on avoit gravé, en caracteres d'or, fur la porte du temple de Delphes, cette fentence, *Connois-toi toi-même*. Or, felon la remarque judicieufe d'un ancien, » ce » précepte d'Apollon ne prefcrivoit pas à chacun de connoître fes mem- » bres, fa taille, ou fa figure: car nos corps ne font pas proprement ce

Tome III. Sfff

» que nous appellons, Nous. *Connois-toi*, *toi-même*, vouloit donc dire :
» apprends à bien connoître ton Ame. En effet, le corps n'est que le vase
» de l'Ame, ou ce qui lui sert de logis. Et il n'y a que ce que l'Ame
» fait, qui puisse être regardé comme fait par nous «. Cic. *Tuscul. I. c. 22.*

Cette connoissance de soi-même bien entendue, mene l'homme à la découverte de son origine, & en même-temps du rôle, pour ainsi dire,
dont il est chargé dans ce monde par une suite nécessaire de sa condition
naturelle. Car il apprend par-là, qu'il n'existe pas de lui-même, & qu'il
doit sa vie à un principe plus relevé; qu'il est orné de facultés plus nobles
que celles des bêtes; qu'il n'est pas seul ici bas, qu'il n'est pas né pour
lui seul, qu'il fait partie du genre humain, envers qui il doit pratiquer
les loix de la sociabilité. Or ce sont là les sources d'où découlent manifestement tous les devoirs de l'homme. Voici là-dessus de belles paroles
d'un ancien Poëte. » Apprenez mortels, apprenez donc de bonne heure à
» vous connoître, & à raisonner sur les choses; apprenez ce que c'est que
» l'homme, pourquoi il est au monde, quel ordre il doit garder en tout;
» avec quelles précautions il faut éviter les écueils & les dangers dans le
» cours de la vie; par où il faut commencer; jusqu'où l'on doit aller; avec
» quelle modération l'on doit chercher les richesses; à quoi nous devons
» borner nos desirs; quel usage on doit faire de l'argent, ce qu'on en doit
» employer pour ses proches & pour sa patrie. Concevez bien ce que le
» ciel a voulu que vous fussiez en ce monde, & le rang que vous y
» teniez «. Pers. *Sat. III. v. 66. & suiv.*

La connoissance de soi-même renferme aussi l'examen de nos forces &
de leur étendue. Et c'est le sens que Socrate donnoit à l'inscription du temple de Delphes, comme nous l'apprend Xénophon. *Mem. Lib. IV. cap. 2.
§. 24.* A quoi il faut ajouter la considération des suites des actions humaines; comme aussi du rapport que les choses extérieures ont avec nous,
& de l'usage que nous en pouvons faire.

Cette connoissance de soi-même fournit à l'homme plusieurs réflexions
importantes pour son bonheur. La premiere, que puisque nous sommes
enrichis de nobles facultés pour nous servir de principe & de regle, nous
ne devons point agir à l'étourdie; mais au contraire nous proposer toujours
un but déterminé, possible & honnête, & prendre ensuite les mesures
les plus convenables pour y parvenir.

D'où il s'ensuit que l'homme doit se proposer une fin conforme à sa
nature. C'est le fameux principe de la morale des Stoïciens : *Qu'il faut
vivre conformément à la nature raisonnable;* diriger convenablement à cette
fin principale & ses propres actions & les autres moyens qui y conduisent,
ne point penser de mettre en usage les moyens, avant que d'avoir déterminé positivement la fin que l'on se propose; & n'aspirer jamais à une fin,
sans être pourvu des moyens nécessaires pour y parvenir.

De plus, le vrai & le droit étant constamment uniformes, nous sommes engagés à former nos jugemens de telle maniere, que nous ne jugions pas différemment des mêmes chofes; & qu'après avoir une fois bien jugé, nous ne nous démentions jamais. L'ufage de cette regle regarde principale-ment les différentes manieres dont on juge d'une même chofe, felon qu'il s'agit de nous ou des autres, de nos amis ou de ceux qui ne le font pas, felon que nous fommes animés de quelque paffion ou que notre cœur eft tranquille. C'eft le reproche qu'Ifocrate fait avec beaucoup de vivacité aux Athéniens, au fujet de l'empire de la mer, dont ils vouloient s'emparer, pendant qu'ils le regardoient comme également nuifible & tyrannique dans les autres : c'eft, dit-il, agir honteufement contre une des maximes les plus claires du bon fens, qui veut qu'en tout & par-tout on juge unifor-mément des mêmes actions. *Orat. de Pace.* Quoique toute forte de per-fonnes péchent contre cette regle, les Grands font les plus fujets à la vio-ler envers leurs inférieurs, en les traitant comme s'ils étoient eux-mêmes difpenfés à leur égard, des loix les plus communes de la juftice & de l'équité.

Une autre conféquence qu'il faut tirer delà, c'eft que notre volonté & nos défirs ne doivent ni anticiper le jugement droit de notre efprit, ni s'op-pofer à fes décifions. Cicéron l'a très-bien remarqué. ,, Il faut foumettre ,, les défirs à la raifon, enforte qu'ils ne la préviennent point, & qu'au-,, cune pareffe ou lâcheté ne les empêche de la fuivre. Ils doivent auffi ,, être tranquilles & n'exciter aucun trouble dans l'efprit. Delà réfulte tout ,, ce qu'on appelle, *égalité*, & *modération.* " *De Offic. lib. I. cap. 29.*

La feconde chofe que nous apprend la connoiffance de nous-mêmes, c'eft que nos facultés, quoique confidérables & excellentes, font pourtant bor-nées, & qu'elles ne fauroient atteindre à tout. Delà cette fage maxime : que nous ne devons pas, fur des efpérances vaines & chimériques, & par d'inutiles efforts, confumer nos forces dans la recherche des chofes qui font au-deffus de nous, & auxquelles nous ne faurions parvenir. Au con-traire nous devons employer toute notre activité dans les chofes qui dé-pendent de nous, c'eft-à-dire, dans le bon ufage de nos facultés & de no-tre raifon. C'eft en cela que confifte le vrai mérite.

Pour développer plus clairement cette excellente maxime, nous remar-querons qu'il y a dans l'univers une infinité de chofes qui ne dépendent point de nous, ou aux effets defquelles nous ne faurions en aucune forte réfifter. Il y en a d'autres qui ne font pas à la vérité entiérement au-deffus de nos forces, mais dont l'exécution peut être empêchée par quelque caufe plus puiffante. D'autres enfin ne cedent à nos efforts que quand elles font aidées & foutenues par l'adreffe. A cela fe rapporte la célèbre diftinction des Stoïciens, en chofes qui dépendent de nous, & en chofes qui n'en dépendent point.

Ce qui dépend le plus de nous, c'eft notre volonté ou notre libre arbi-tre, fur-tout en ce qui concerne la production des actions propres à un ani-mal raifonnable. Car quoique l'exercice de cette faculté rencontre fouvent dans ſes actes quelque réſiſtance, & que ces obſtacles faſſent pencher la balance d'un ou d'autre côté, il n'y a rien pourtant qui nous touche de plus près & qui ſoit plus inſéparablement attaché à nous, ni dont l'effet puiſſe être moins ſuſpendu par un pouvoir extérieur, & par conſéquent dont les mouvemens nous appartiennent & puiſſent nous être imputés d'une façon plus particuliere. Chacun donc doit travailler principalement à prévenir & à corriger tout ce qui peut gêner le moins du monde les déterminations de ſa volonté ; & en général à uſer de toutes ſes facultés & de toutes ſes forces d'une maniere conforme aux maximes de la droite raiſon ; enſorte qu'il ait du moins une volonté conſtante & perpétuelle de faire toujours, autant qu'il dépend de lui, tout ce qui eſt convenable à ſes vues légitimes & à ſes obligations.

Pour les choſes qui ſont hors de nous, avant que de rien entreprendre à leur égard, il faut bien examiner ſi elles ſont proportionnées à nos forces, ſi elles contribuent à l'acquiſition de quelque fin légitime, & ſi elles valent la peine qu'elles nous donneront.

Mais après avoir fait ce qui dépendoit de nous ; il faut abandonner le reſte à la Providence, ſe préparer, autant qu'il eſt poſſible, à recevoir tranquillement ce qui arrivera ; ne s'inquiéter des maux qui ſont arrivés ou qui peuvent arriver, ſans qu'il y ait de notre faute. Par cette réſignation nous nous épargnerons une grande partie des chagrins qui ſuivent ordinairement les mouvemens impétueux de douleur, de colere ou de crainte, & les vaines eſpérances qui engagent dans des projets téméraires & chimériques.

Delà il ſuit encore, que par les ſeules lumieres de la raiſon, on ne ſauroit ſe promettre, en ce monde, d'autre félicité, que celle qui naît du droit uſage de nos facultés, aidées des ſecours ordinaires de la Providence.

A la vérité, dans toutes les choſes où la prévoyance humaine peut influer, il ne faut point abandonner l'événement au caprice du haſard : mais auſſi après avoir fait tout ce qui dépendoit de nous, il faut à l'avance prendre ſon parti en ſe conſolant des accidens imprévus qui peuvent arriver, & dont on n'eſt point reſponſable. Si, d'un côté, l'on peut appliquer à toutes les perſonnes ſages & aviſées, ce qu'on a dit autrefois des Généraux d'armée, il leur ſied mal de dire, je n'y avois pas penſé ; de l'autre, il ne faut pas juger des actions par l'événement, ainſi que font les Mahométans, qui regardent communément les heureux ſuccès, comme une marque infaillible de la bonté d'une cauſe, & comme une approbation tacite du ciel. C'eſt là une penſée qui doit être miſe au rang des ſottes erreurs du vulgaire ; car comme le dit très-bien un ancien Poëte. „ Tel eſt parvenu au » diadême qui ne méritoit pas moins le giber que celui qui y a été mis » en effet. Tant il eſt vrai qu'un même crime peut avoir des ſuites bien » différentes. "

Il eſt d'un homme ſage de voir non-ſeulement ce qu'il a devant les yeux ; mais encore de prévoir de loin, ce qui doit arriver ; & lorſque après un mûr examen, on a pris une ferme réfolution d'exécuter un projet, il doit perfifter de toutes fes forces, fans fe laiffer détourner ni par la crainte de quelque petit mal imprévu, ni par les attraits d'un plaifir préfent. Mais d'un autre côté il faudroit être bien infenfé pour fe roidir en vain contre le torrent, & pour ne pas s'accommoder aux chofes, comme dit Epiétete, lorfqu'elles ne veulent pas s'accommoder à nous.

Enfin, comme la prévoyance humaine eft fort bornée, & qu'il ne dépend pas de nous de diriger l'avenir, il ne faut ni fe repofer avec trop de fécurité fur le préfent, ni anticiper l'avenir par des inquiétudes & des craintes fuperflues. Par la même raifon on doit éviter également de s'enorgueillir dans les bons fuccès & de perdre courage dans les mauvais.

Æquam memento rebus in arduis
Servare mentem : non fecus in bonis
Ab infolenti temperatam
Lætitiâ. HORAT. Lib. II. Od. III.

Enfin la connoiffance de nous-mêmes & de notre état, nous apprend encore, qu'étant nés membres de la fociété, le moyen le plus fûr de nous rendre heureux, c'eft de travailler au bonheur des autres. Si les Fondateurs des Sociétés & les Princes avoient été pénétrés de cette vérité importante, les Loix & les Coutumes feroient à-peu-près uniformes par-tout. Mais nous courons encore après ce bonheur qui nous fuit, parce que chacun d'eux l'a placé fuivant ce que lui diétoit fon humeur & fes inclinations; différences qui ont dû fe manifefter dans leurs inftitutions que l'on voit auffi variées que leurs caprices. C'eft donc avec raifon qu'on accufe les Légiflateurs d'être caufe du peu de concert qui regne entre les hommes, nonfeulement parce qu'ils ont mis l'intérêt général en oppofition avec l'intérêt particulier; mais fur-tout pour n'avoir pas affez appris aux hommes que c'eft dans le bonheur général uniquement que chaque particulier doit puifer le fien. Lycurgue, en fe traçant une route particuliere, avoit bien approché du point de perfeétion à cet égard; car d'ailleurs fon plan de Légiflation avoit des défauts effentiels. Il eft certain que le bonheur des parties eft celui du tout : or les individus de la fociété ne fauroient le trouver & l'obtenir fans travailler à celui de la fociété dont ils font membres. Le bonheur particulier eft le bonheur de ces efprits bornés qui s'imaginent être en fûreté dans un incendie, tandis que la maifon de leur voifin brûle.

Une autre chofe abfolument néceffaire pour la perfeétion de notre Ame & de notre bonheur, c'eft de connoître le jufte prix des chofes, qui excitent ordinairement nos défirs. Car c'eft de-là que dépend le degré plus ou moins grand d'empreffement avec lequel nous pouvons les rechercher. J'avoue que cette tâche eft difficile, & même prife dans toute fon étendue, elle eft au-deffus des forces humaines. Donner le jufte prix aux chofes c'est connoître à fond leur nature, leur rapport entr'elles, & relativement à notre bonheur ; or je dis que cette connoissance est au-dessus de nos facultés. Cependant il faut tâcher de s'en approcher autant qu'il est possible, & à l'aide d'une culture assidue de notre esprit, d'en acquérir une partie, si on ne peut l'obtenir en entier.

Gardons-nous bien de conclure de cette difficulté, à l'inutilité des efforts que nous faisons pour connoître le juste prix des choses, au moins de celles qui intéressent principalement notre véritable bonheur. Car par cette façon de raisonner, on prouveroit également l'inutilité de toutes les sciences, dont les connoissances certaines, si on en excepte les Mathématiques pures, & quelques-unes des mixtes, sont en très-petit nombre. C'est un principe assuré, que sans la connoissance du vrai & du faux, du bien & du mal, l'homme ne sauroit parvenir au bonheur, & que la juste appréciation du mérite des objets constitue la perfection de notre entendement : tous les hommes donc par le droit naturel, sont obligés de faire tous leurs efforts, pour parvenir à la connoissance des choses qui tiennent essentiellement à leur bonheur, pour assigner à chaque chose son juste prix moral. On voit par-là la nécessité d'une bonne éducation, & combien il importe de cultiver de bonne heure l'esprit & le cœur, de peur que les passions ne soient un obstacle à cette connoissance si importante pour le bonheur de l'homme.

Voyez l'Article ÉDUCATION.

Ces choses qui entraînent les décisions de notre Ame, & qui la déterminent aux actions morales, sont principalement, l'estime ou la gloire, les richesses, & les plaisirs. Ces choses sont sans doute nécessaires au bonheur de l'homme ; mais il doit apporter plusieurs ménagemens à leur recherche. *Voyez* ces mots.

Ajoutons enfin sur les soins que le Droit naturel nous ordonne de prendre de notre Ame, que comme l'homme n'apporte en naissant que de foibles dispositions à recevoir la culture de la raison, il a un besoin tout particulier de discipline & du secours des autres hommes, pour acquérir la sagesse & la vertu.

Si l'homme en naissant apportoit au monde des connoissances distinctes, assurées, suffisantes, la science du bien & du mal lui seroit naturelle, & tous les actes de sa volonté auroient la même rectitude que ceux des organes des sens, lorsqu'ils sont bien construits. Quand même on accorderoit l'existence d'un sens moral, il faudroit, pour qu'il pût servir de guide infaillible, qu'il se développât aussi-tôt & aussi-bien que les sens corporels dans les individus ordinaires. Mais l'expérience dépose malheureusement le contraire. L'entendement ne se manifeste dans les hommes qu'après des opérations préalables, lentes & tardives. La raison a besoin de culture pour agir, & sans culture elle reste en friche. Chacun connoît la nécessité de l'éducation, & de cette éducation qui tend à éclairer l'entendement, à ap-

précier les chofes, à former la raifon ; car les vices de la volonté viennent
d'un vice de l'entendement. Quiconque refufe de faire fon devoir, puife
ce refus dans l'idée où il eft, que ce n'eft pas un devoir, ou qu'il peut
s'en difpenfer. S'il eft vrai que l'efprit foit quelquefois la dupe du cœur, il
eft encore plus vrai que le cœur à fon tour eft· égaré par l'efprit, qui ne
l'éclaire point, ou qui l'éclaire mal. Que l'on travaille à former l'efprit de
bonne heure par une éducation fenfée ; on formera en même temps le
cœur. Mais pendant qu'on laiffera agir la jeuneffe fuivant fes caprices, qu'on
ne préviendra pas le développement des paffions par celui de la raifon,
qu'on fe bornera à la culture du corps, comme fi l'Ame n'exiftoit pas, ou
n'avoit point befoin de culture ; les foins qu'on voudroit lui donner dans la
fuite, viendroient trop tard. Lorfqu'une fois les paffions ont pris le deffus,
la jeuneffe fe refufe à toute modération ; & ce que l'on peut faire alors, fe
réduit à former chez elle un dehors trompeur, un extérieur féduifant, en
un mot, une morale de compagnie. N'eft-ce point là, la façon de penfer
de la plupart des peres, lorfqu'ils confient l'éducation de leurs enfans à un
Inftructeur ? Pourvu qu'un enfant fe préfente bien, qu'il fache faire une
révérence de bonne grace ; qu'il fe tire bien d'affaire dans une compagnie
de Dames, il a tout ce qu'il faut pour entrer dans le monde & pour y
paroître avec fuccès ; & fi la perfonne, chargée de l'éducation de cet enfant, penfe autrement, s'il fe propofe de lui former le cœur par principes,
il eft fort à craindre que dans l'efprit de plufieurs, l'Inftituteur ne paffe
pour un pédant, qui ne s'entend guere en éducation de la jeuneffe de qualité.

Mais comme ces fecours feroient inutiles, fi l'homme n'apportoit aux
enfeignemens qu'il reçoit, un efprit curieux d'apprendre, attentif & docile ;
ces difpofitions deviennent tout autant de devoirs indifpenfables par rapport
à lui-même.

Les mêmes raifons qui démontrent l'obligation indifpenfable, où font les
peres de donner de l'éducation à leurs enfans, font fentir en même-temps
la néceffité où fe trouvent les enfans de fe prêter aux foins qu'on veut
leur donner. Les inftructions que l'on donne à des êtres raifonnables, ne
font pas comme la femence qui doit naturellement profpérer fi la terre eft
bien préparée, & que les faifons foient favorables, parce qu'elle eft affujettie à des loix méchaniques : mais le fuccès des inftructions dépend des
loix morales ; elles ne réuffiffent qu'autant que la volonté des fujets auxquels on les adreffe, les reçoit. Auffi voyons-nous tous les jours que des
mêmes écoles fortent des difciples ignorans auffi-bien que des grands
hommes.

Ce que l'on a dit jufqu'ici de la culture de la raifon & du foin de l'Ame,
convient à tous les hommes en général. Mais ceux d'entre les hommes qui
par leur naiffance ou par leurs talens, fe trouvent dans une fituation plus
heureufe, peuvent donner à la culture de leur Ame un plus grand degré
de perfection par l'étude des Scieuces.

Cependant cette claſſe d'hommes eſt celle peut-être qui s'applique le moins à cette eſpece de culture : ce défaut n'eſt pas nouveau ; il régnoit déja du temps d'Epiĉtete. » Rien n'eſt ſi ordinaire, diſoit-il, que de voir » des Grands qui croient tout ſavoir, quoiqu'ils ne ſachent rien, & qu'ils » ignorent les choſes les plus néceſſaires. Comme ils nagent dans les ri- » cheſſes, & qu'ils n'ont beſoin de rien, ils ne ſoupçonnent pas ſeulement » qu'il leur manque quelque choſe. C'eſt ce que je diſois un jour à un des » plus conſidérables : vous êtes bien auprès du Prince : vous avez quantité » d'amis très-puiſſans, & de grandes alliances : par votre crédit vous » pourrez ſervir vos amis, & nuire à vos ennemis. Qu'eſt-ce donc qui » me manque ? me dit-il : Tout ce qu'il y a de plus important & de » plus néceſſaire pour le véritable bonheur. Et juſqu'ici vous avez fait toute » autre choſe que ce qui vous convenoit. Voici ce qu'il y a de plus ca- » pital. Vous ne ſavez ni ce que c'eſt que Dieu, ni ce que c'eſt que » l'homme. Vous ignorez la nature du bien & du mal, & ce qui vous » ſurprendra plus que tout, vous ne vous connoiſſez pas vous-même. Ah ! » vous fuyez, & vous êtes en colere de ce que je vous parle ſi franche- » ment. Quel mal vous fais-je ? je ne fais que vous préſenter le miroir » qui vous rend tel que vous êtes. " Les Philoſophes qui diſent la vé- rité ſi franchement, ſont bien rares de nos jours. Il en eſt de la vérité comme de la vertu : on la loue & on la laiſſe ſouffrir : *Virtus laudatur & alget.*

Ce n'eſt que par la connoiſſance du vrai & du faux que nous pouvons prétendre de parvenir à celle du bien & du mal. Mais quel autre moyen pour connoître & le vrai & le faux que celui des ſciences ? Ce ſont les ſciences qui nous font connoître la nature des êtres, leurs qualités, leurs différens rapports : ce ſont les ſciences qui nous en étalent la juſte valeur, afin que les apparences ne nous trompent point dans leur eſtimation ; ce ſont les ſciences qui forment notre raiſonnement & qui étendent les lu- mieres de notre raiſon. Ce ſont elles qui nous ont appris les devoirs de l'humanité, & qui ont arraché notre Ame des ténebres, pour leur faire voir, comme dit Montaigne, toutes choſes hautes & baſſes, premieres, dernieres & moyennes : ce ſont elles enfin qui nous font paſſer un âge malheureux ſans déplaiſir & ſans ennui. » Illuſtre Memius, celui-là fut un » Dieu qui trouva l'art de vivre, auquel on donne le nom de ſageſſe. " Cela étant abſolument néceſſaire dans une pratique raiſonnée de nos de- voirs, il s'enſuit naturellement que l'étude des ſciences doit être un des principaux ſoins de notre Ame.

Mais, dira-t-on, ſi l'étude des ſciences eſt un devoir de l'humanité, tous les hommes devroient donc être des ſavans : les laboureurs, les do- meſtiques, les gens de métiers devroient s'appliquer aux ſciences auſſi- bien que les philoſophes, & le devenir à leur tour.

L'Encyclopédie des ſciences eſt immenſe ; l'homme avec un entendement

précier les chofes, à former la raifon ; car les vices de la volonté viennent d'un vice de l'entendement. Quiconque refufe de faire fon devoir, puife ce refus dans l'idée où il eft, que ce n'eft pas un devoir, ou qu'il peut s'en difpenfer. S'il eft vrai que l'efprit foit quelquefois la dupe du cœur, il eft encore plus vrai que le cœur à fon tour eft égaré par l'efprit, qui ne l'éclaire point, ou qui l'éclaire mal. Que l'on travaille à former l'efprit de bonne heure par une éducation fenfée ; on formera en même temps le cœur. Mais pendant qu'on laiffera agir la jeuneffe fuivant fes caprices, qu'on ne préviendra pas le développement des paffions par celui de la raifon, qu'on fe bornera à la culture du corps, comme fi l'Ame n'exiftoit pas, ou n'avoit point befoin de culture ; les foins qu'on voudroit lui donner dans la fuite, viendroient trop tard. Lorfqu'une fois les paffions ont pris le deffus, la jeuneffe fe refufe à toute modération ; & ce que l'on peut faire alors, fe réduit à former chez elle un dehors trompeur, un extérieur féduifant, en un mot, une morale de compagnie. N'eft-ce point là, la façon de penfer de la plupart des peres, lorfqu'ils confient l'éducation de leurs enfans à un Inftructeur ? Pourvu qu'un enfant fe préfente bien, qu'il fache faire une révérence de bonne grace ; qu'il fe tire bien d'affaire dans une compagnie de Dames, il a tout ce qu'il faut pour entrer dans le monde & pour y paroître avec fuccès ; & fi la perfonne, chargée de l'éducation de cet enfant, penfe autrement, s'il fe propofe de lui former le cœur par principes, il eft fort à craindre que dans l'efprit de plufieurs, l'Inftituteur ne paffe pour un pédant, qui ne s'entend guere en éducation de la jeuneffe de qualité.

Mais comme ces fecours feroient inutiles, fi l'homme n'apportoit aux enfeignemens qu'il reçoit, un efprit curieux d'apprendre, attentif & docile; ces difpofitions deviennent tout autant de devoirs indifpenfables par rapport à lui-même.

Les mêmes raifons qui démontrent l'obligation indifpenfable, où font les peres de donner de l'éducation à leurs enfans, font fentir en même-temps la néceffité où fe trouvent les enfans de fe prêter aux foins qu'on veut leur donner. Les inftructions que l'on donne à des êtres raifonnables, ne font pas comme la femence qui doit naturellement profpérer fi la terre eft bien préparée, & que les faifons foient favorables, parce qu'elle eft affujettie à des loix méchaniques : mais le fuccès des inftructions dépend des loix morales ; elles ne réuffiffent qu'autant que la volonté des fujets auxquels on les adreffe, les reçoit. Auffi voyons-nous tous les jours que des mêmes écoles fortent des difciples ignorans auffi-bien que des grands hommes.

Ce que l'on a dit jufqu'ici de la culture de la raifon & du foin de l'Ame, convient à tous les hommes en général. Mais ceux d'entre les hommes qui par leur naiffance ou par leurs talens, fe trouvent dans une fituation plus heureufe, peuvent donner à la culture de leur Ame un plus grand degré de perfection par l'étude des Sciences.

Cependant cette claffe d'hommes eft celle peut-être qui s'applique le moins à cette efpece de culture : ce défaut n'eft pas nouveau ; il régnoit déja du temps d'Epiétete. » Rien n'eft fi ordinaire, difoit-il, que de voir » des Grands qui croient tout favoir, quoiqu'ils ne fachent rien, & qu'ils » ignorent les chofes les plus néceffaires. Comme ils nagent dans les ri- » cheffes, & qu'ils n'ont befoin de rien, ils ne foupçonnent pas feulement » qu'il leur manque quelque chofe. C'eft ce que je difois un jour à un des » plus confidérables : vous êtes bien auprès du Prince : vous avez quantité » d'amis très-puiffans, & de grandes alliances : par votre crédit vous » pourrez fervir vos amis, & nuire à vos ennemis. Qu'eft-ce donc qui » me manque ? me dit-il : Tout ce qu'il y a de plus important & de » plus néceffaire pour le véritable bonheur. Et jufqu'ici vous avez fait toute » autre chofe que ce qui vous convenoit. Voici ce qu'il y a de plus ca- » pital. Vous ne favez ni ce que c'eft que Dieu, ni ce que c'eft que » l'homme. Vous ignorez la nature du bien & du mal, & ce qui vous » furprendra plus que tout, vous ne vous connoiffez pas vous-même. Ah ! » vous fuyez, & vous êtes en colere de ce que je vous parle fi franche- » ment. Quel mal vous fais-je ? je ne fais que vous préfenter le miroir » qui vous rend tel que vous êtes. » Les Philofophes qui difent la vé- rité fi franchement, font bien rares de nos jours. Il en eft de la vérité comme de la vertu : on la loue & on la laiffe fouffrir : *Virtus laudatur & alget.*

Ce n'eft que par la connoiffance du vrai & du faux que nous pouvons prétendre de parvenir à celle du bien & du mal. Mais quel autre moyen pour connoitre & le vrai & le faux que celui des fciences ? Ce font les fciences qui nous font connoitre la nature des êtres, leurs qualités, leurs différens rapports : ce font les fciences qui nous en étalent la jufte valeur, afin que les apparences ne nous trompent point dans leur eftimation ; ce font les fciences qui forment notre raifonnement & qui étendent les lu- mieres de notre raifon. Ce font elles qui nous ont appris les devoirs de l'humanité, & qui ont arraché notre Ame des ténebres, pour leur faire voir, comme dit Montaigne, toutes chofes hautes & baffes, premieres, dernieres & moyennes : ce font elles enfin qui nous font paffer un âge malheureux fans déplaifir & fans ennui. » Illuftre Memius, celui-là fut un » Dieu qui trouva l'art de vivre, auquel on donne le nom de fageffe. » Cela étant abfolument néceffaire dans une pratique raifonnée de nos de- voirs, il s'enfuit naturellement que l'étude des fciences doit être un des principaux foins de notre Ame.

Mais, dira-t-on, fi l'étude des fciences eft un devoir de l'humanité, tous les hommes devroient donc être des favans : les laboureurs, les do- meftiques, les gens de métiers devroient s'appliquer aux fciences auffi- bien que les philofophes, & le devenir à leur tour.

L'Encyclopédie des fciences eft immenfe ; l'homme avec un entendement

ment très-borné, ne sauroit s'occuper qu'à une très-petite partie ; il ne
sauroit même y faire que des progrès très-médiocres ; & on ne connoît
pas assez ni les bornes de l'entendement humain, ni la vaste étendue des
sciences, lorsqu'on appelle certains esprits des esprits universels. Il y a des
sciences nécessaires à tout le monde, il y en a d'utiles à tout le monde,
ou à de certaines personnes ; il y en a enfin d'inutiles, au moins relativement à certaines classes de gens. Lors donc que je dis que l'étude des
sciences est un des soins principaux de notre Ame, j'entends parler de la
morale & des autres sciences qui y ont rapport : ce sont là des sciences
que l'homme ne peut pas ignorer impunément, des sciences que tout homme doit cultiver par un devoir essentiel, qui est une suite de sa nature,
& du but de sa création. Tout homme est tenu de vivre sagement : il
faut donc qu'il connoisse la sagesse afin d'y conformer ses actions : or, il
n'est pas possible de la connoître sans la culture des sciences. Je ne pré-
tends pas que tous ces hommes doivent avoir un observatoire pour devenir de grands Astronomes, qu'ils doivent s'appliquer à trouver la qua-
drature du cercle, la duplication du cube, à ramasser des coquilles, des
insectes, des cailloux, des plantes, à faire des collections de médailles,
de peintures, &c. Mais je dis que l'homme est obligé par le Droit Naturel de cultiver les sciences qui seules peuvent former les mœurs, développer sa raison, & le rendre un être raisonnable : une vie animale, telle
qu'est celle des hommes plongés dans les ténebres de l'ignorance, n'est
point l'état naturel de l'homme. A quoi bon, Dieu auroit-il donné à ces
misérables victimes du préjugé, ces facultés intellectuelles qui peuvent être
développées, perfectionn es, & employées à les rendre eux-mêmes plus
parfaits ? est-ce seulement pour apprendre des arts qui entretiennent notre
orgueil ? Quoi ! y auroit-il des hommes qui se trouvent au monde pour
être des artistes, des négocians, des cultivateurs, des domestiques, &c.
& il n'y en auroit pas pour avoir de la raison & de la sagesse, des principes & des mœurs?

Je tire encore un autre argument pour démontrer, que tous les hommes
en général sont obligés de cultiver la science des mœurs, de la nature de
l'action moralement bonne. Une action moralement bonne est celle qui
est en elle-même conforme à la disposition de la Loi, & qui d'ailleurs est
faite dans les dispositions & accompagnée de circonstances conformes à
l'intention du Législateur. Le défaut de cette conformité suffit pour faire
que l'action ne soit pas positivement bonne ; de façon que si l'on fait une
action bonne en elle-même, sans connoissance de cause, & en ignorant
que la loi l'ordonne ; ou bien si l'on agit par un motif différent que celui
que prescrit la loi, quoique innocent, l'action n'est réputée ni bonne, ni
mauvaise. Or, comment ceux qui ignorent la science des mœurs & celles
qui y ont du rapport, pourront-ils agir suivant les dispositions & les circonstances conformes à l'intention du Législateur ? Concluons donc que,

fans la culture de la fcience des mœurs & de celles qui y ont du rapport, point d'action moralement bonne, point d'action proprement conforme à la Loi : ce font donc des hommes, fuivant les Loix civiles, qui
fe bornent à l'extérieur, mais peu fupérieurs aux bêtes, fi on les envifage
relativement aux Loix Naturelles.

Mais une réflexion importante fur l'étude des fciences, c'eft qu'il faut
les rapporter toutes à l'ufage de la vie. L'homme eft né pour l'action.
Ce feroit donc miférablement abufer de fon temps, que de l'employer
dans des fpéculations vaines & frivoles, & qui ne font d'aucun ufage
dans la vie humaine. C'eft feulement au fiecle paffé que nous devons cette
maniere faine & raifonnable d'envifager les fciences. Avant les Verulam,
les Galilée, les Defcartes, les Boyle, les Stahl, les Boerhaave, les New-
ton, &c. les fciences n'étoient que des fuites de fpéculations vaines, frivoles & même fuperftitieufes : c'eft à ces grands hommes, dignes de recevoir les oracles de la Nature, parce qu'ils commencerent à la confulter,
que nous devons tous les progrès que les arts utiles à la vie ont fait, à
l'aide des fciences cultivées pour le bonheur de la fociété. Le Philofophe
Ariftippe, comme on lui demandoit, quelles chofes il falloit enfeigner aux
enfans ; celles, répondit-il, qui pourront leur fervir, quand ils feront grands,
Diog. Laert. Lib. II. §. 80. Ifocrate, parlant des Inftructions des Sophiftes, „ ces Sophiftes, difoit-il, auroient mieux fait de renoncer à tous ces
» preftiges d'une fauffe rhétorique, par lefquels ils fe flattent de perfua-
» der, mais dont l'expérience a découvert depuis long-temps la vanité.
» Il eût mieux valu, dis-je, qu'ils fe fuffent attachés à la vérité, qu'ils
» euffent enfeigné à leurs Auditeurs des chofes qui font en ufage dans
» la vie civile, & qu'ils les euffent exercés à la pratique de ces fortes de
» chofes ; car ils devoient penfer qu'il vaut beaucoup mieux n'avoir qu'une
» connoiffance médiocre des chofes utiles, que de favoir à fond un grand
» nombre de chofes inutiles ; & furpaffer un peu les autres en des chofes
» d'importance, que d'être fort au-deffus d'eux en des chofes peu confi-
» dérables & qui ne font d'aucun ufage dans la vie. » (D. F.)

A M E L A N D, Ifle des Provinces-Unies.

CETTE petite Ifle des Provinces-Unies, dont les habitans s'adonnent
uniquement à la pêche & à la marine, eft fur la côte de Frife, qu'elle
protege, en quelque forte, contre la violence des vagues, lorfque la mer
eft en tourmente. Elle forme une Seigneurie libre & indépendante, compofée de trois villages, & poffédée affez long-temps par la famille de Kan-
nega, de qui la Maifon d'Orange en fit l'acquifition au fiecle dernier. Le
Prince Stathouder en jouit aujourd'hui en toute Souveraineté.

AMÉLIORATION, f. f. AMÉLIORER, v. a.

L'AMÉLIORATION eft l'accroiffement ou le progrès de la valeur, du prix, du revenu d'une chofe. Améliorer une chofe, c'eft en augmenter le prix, la valeur, le revenu.

On diftingue plufieurs fortes d'Améliorations. Les unes font indifpenfables, les autres utiles, d'autres de pur agrément. Les Améliorations indifpenfables font celles qui étoient abfolument néceffaires pour la confervation de la chofe. Les utiles font celles qui n'ont fait qu'augmenter fa valeur ou fon produit. On tient compte à celui qui a fait les unes ou les autres, quoiqu'il n'eût pas commiffion de les faire. Les Améliorations de pur agrément font celles qui n'ajoutent que des agrémens extérieurs à la chofe, fans en augmenter le prix. On n'eft pas obligé de tenir compte de celles-là à celui qui les a faites fans pouvoir, ou fans autorifation.

Dans l'eftimation des dépenfes faites par l'acquéreur d'un héritage pour l'améliorer, comme s'il y a fait un plant, il faut compenfer avec ces dépenfes les fruits provenus de l'Amélioration, & qui auront augmenté le revenu de cet héritage. De forte que fi les jouiffances de ces fruits acquittent le principal & les intérêts des avances faites pour améliorer, il n'en fera point dû de rembourfement; car il fuffit à l'acheteur qu'il ne perde rien. Et fi les jouiffances font moindres, il recouvrera le furplus de ces avances en principal & en intérêts; car il ne doit rien perdre; mais fi les jouiffances excedent ce qui pourroit lui être dû de rembourfement, il en profitera.

Si la dépenfe employée par les Améliorations eft moindre que leur valeur, l'acheteur évincé ne recouvrera que cette dépenfe; & fi, au contraire, la dépenfe excede cette valeur, il ne recouvrera que ce qu'il y aura de profit; mais felon les circonftances il fera de la prudence du Juge de ne pas priver cet acheteur des dépenfes raifonnables, & que le maître du fonds auroit pu ou dû faire, & auffi de ne pas trop charger le vendeur, ou celui qui évince; & il faut les régler felon que le demandent la qualité des dépenfes, celle des perfonnes, la néceffité ou utilité des Améliorations, & tout ce qui peut être confidéré dans l'état des chofes.

Ceux de qui les deniers ont été employés pour améliorer un fonds, comme pour y faire un plant, ou pour y bâtir, ou pour augmenter le logement d'une maifon, ou pour d'autres caufes femblables, ont un privilege fur ces Améliorations, comme fur une acquifition faite de leurs deniers.

Cette préférence pour les Améliorations est bornée à ce qui en reste en nature, & n'affecte pas le corps de l'héritage, comme celle des réparations qui l'ont conservé. Car s'il ne reste rien des Améliorations, l'héritage n'en étant pas plus précieux, & personne n'en profitant, il ne reste plus de cause de la préférence. Et lorsque les Améliorations subsistent, le privilege de celui qui les a faites ne le prend que sur la valeur de ce qui en reste. (D. F.)

Fin du Tome premiere.

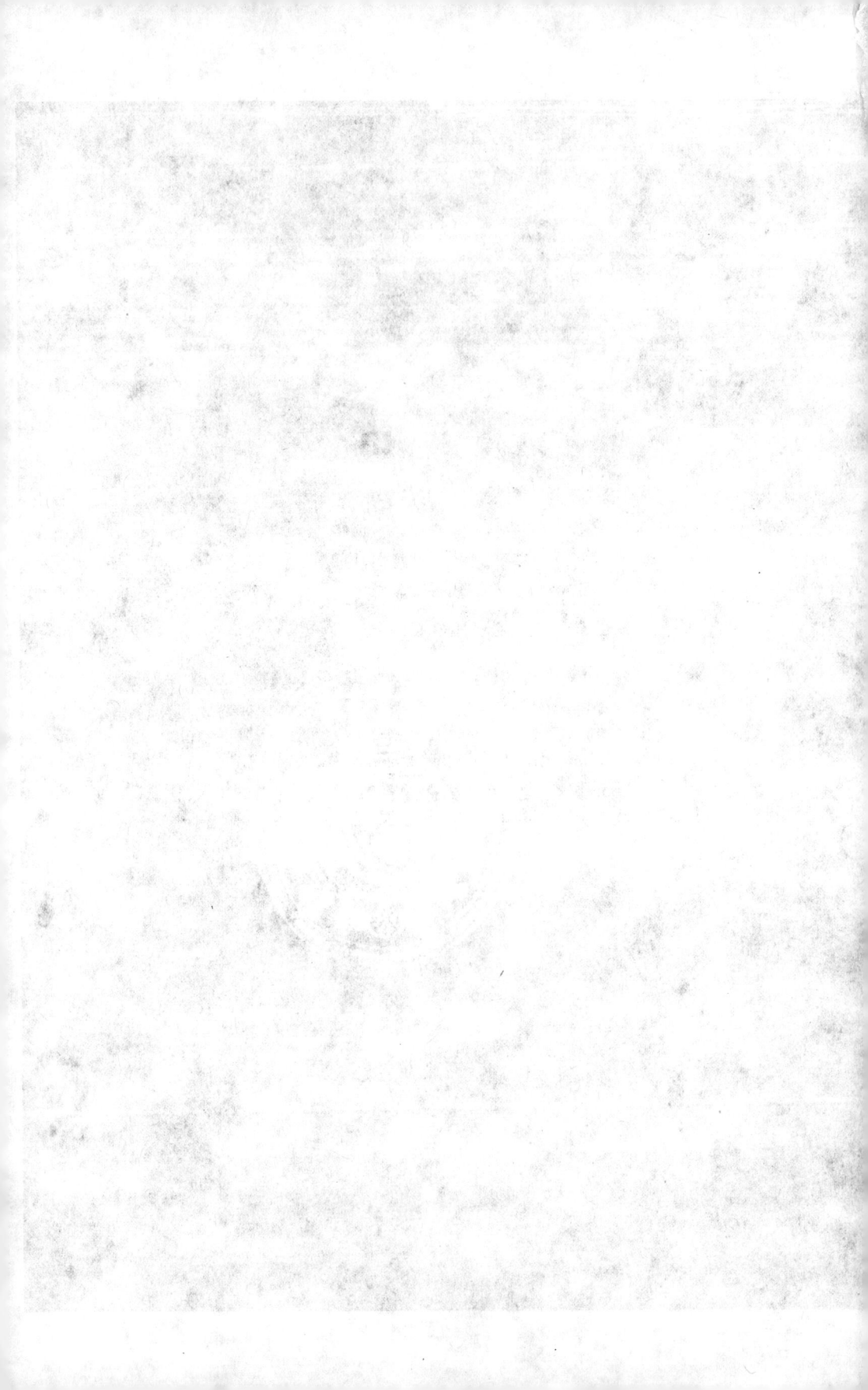